Augusto Balestra Monica Scotti
Marianna Molica Franco
Lucio Sisana

3 In partes tres

L'età imperiale

CICERO LECTIO TUTOR

Cicero Lectio è il tutor online che ti guida nell'analisi dei testi latini.

Cicero ti presenta i testi e ti segue passo passo nell'analisi e nella comprensione. Se sbagli, ti aiuta: così non resti bloccato. **Quando hai finito, puoi inviare il tuo elaborato all'insegnante.**

▶ Per fare l'analisi dei testi che sul libro hanno l'icona CICERO LECTIO vai su **online.zanichelli.it/balestra-letteraturalatina/tutor**

PER IL COMPUTER E PER IL TABLET

L'eBook multimediale

1 REGÌSTRATI A MYZANICHELLI

Vai su **my.zanichelli.it** e registrati come studente

2 SCARICA BOOKTAB

- Scarica **Booktab** e installalo
- Lancia l'applicazione e fai login

3 ATTIVA IL TUO LIBRO

- Clicca su **Attiva il tuo libro**
- Inserisci il **codice di attivazione** che trovi sul **bollino argentato adesivo** in questa pagina

4 CLICCA SULLA COPERTINA

Scarica il tuo libro per usarlo offline

ZANICHELLI

Realizzazione editoriale:
- Coordinamento redazionale: Giuliana Gambari
- Redazione: Andrea D. Licambi
- Correzione bozze: Fabio Nanni, Caterina Ragghianti
- Rilettura critica: Caterina Ragghianti
- Progetto grafico: Dario Zannier
- Impaginazione: Edistudio, Milano
- Ricerca iconografica: Valentina Romagnoli, con la collaborazione di Claudia Patella
- Cartine: Bernardo Mannucci
- Segreteria di redazione: Deborah Lorenzini e Rossella Frezzato

Contributi:
- Elaborazione delle *Prove di traduzione e commento*: Marianna Molica Franco
- Stesura dei contesti: Antonio Forte

Realizzazione delle risorse digitali:
- Redazione: Giuliana Gambari, Delphina Fabbrini
- Elaborazione dei testi *Cicero Lectio*: Marianna Molica Franco
- Elaborazione degli esercizi interattivi online su ZTE: Michela Curti
- Realizzazione delle risorse digitali: duDAT srl, Bologna

Copertina:
- Progetto grafico: Miguel Sal & C., Bologna
- Realizzazione: Roberto Marchetti e Francesca Ponti
- Immagine di copertina: **Donna flagellata e danza di una baccante**. Pompei, Villa dei Misteri.
  © 2015. Foto Scala, Firenze/Luciano Romano - su concessione Ministero Beni e Attività Culturali

Prima edizione: marzo 2016

Ristampa:
6 5 4 3 2021 2022 2023 2024

Zanichelli garantisce che le risorse digitali di questo volume sotto il suo controllo saranno accessibili, a partire dall'acquisto dell'esemplare nuovo, per tutta la durata della normale utilizzazione didattica dell'opera. Passato questo periodo, alcune o tutte le risorse potrebbero non essere più accessibili o disponibili: per maggiori informazioni, leggi my.zanichelli.it/fuoricatalogo

File per sintesi vocale
L'editore mette a disposizione degli studenti non vedenti, ipovedenti, disabili motori o con disturbi specifici di apprendimento i file pdf in cui sono memorizzate le pagine di questo libro. Il formato del file permette l'ingrandimento dei caratteri del testo e la lettura mediante software screen reader.
Le informazioni su come ottenere i file sono sul sito http://www.zanichelli.it/scuola/bisogni-educativi-speciali

Grazie a chi ci segnala gli errori
Segnalate gli errori e le proposte di correzione su **www.zanichelli.it/correzioni**.
Controlleremo e inseriremo le eventuali correzioni nelle ristampe del libro.
Nello stesso sito troverete anche l'errata corrige, con l'elenco degli errori e delle correzioni.

Zanichelli editore S.p.A. opera con sistema qualità
certificato CertiCarGraf n. 477
secondo la norma UNI EN ISO 9001:2015

Questo libro è stampato su carta che rispetta le foreste.
www.zanichelli.it/chi-siamo/sostenibilita

Stampa: Rotomail Italia
Strada Rivoltana (SP 14), 12/AB - 20060 Vignate (MI)
per conto di Zanichelli editore S.p.A.
Via Irnerio 34, 40126 Bologna

La dinastia giulio-claudia 14-69 d.C.

Il Contesto

Gli Autori

ZTE ONLINE ESERCIZI INTERATTIVI

Petronio

ZTE ONLINE ESERCIZI INTERATTIVI

La letteratura tecnica e scientifica

ZTE ONLINE ESERCIZI INTERATTIVI

L'oratoria, la politica, la cultura

ZTE ONLINE ESERCIZI INTERATTIVI

Apuleio

ZTE ONLINE ESERCIZI INTERATTIVI

La crisi dell'impero 193-476 d.C.

Il Contesto

Gli Autori

Gli autori cristiani

LA DINASTIA GIULIO-CLAUDIA 14-69 D.C.

■ Estensione dell'impero di Roma all'epoca dei Giulio-Claudi.

STORIA

14 d.C.-37 d.C. principato di Tiberio

19 d.C. morte sospetta di Germanico

27 d.C. trasferimento di Tiberio a Capri

31 d.C. condanna a morte di Seiano

37 d.C.-41 d.C. principato di Caligola

I secolo a.C. | I secolo d.C.

4 a.C. (o 1 d.C.)-65 d.C. Seneca

14 d.C.-37 d.C. probabile

23-79 d.C. Plinio il Vecchio

25-30 d.C. soggiorno di Seneca in Egitto

34-62 d.C. Persio

39 d.C. Seneca diventa senatore

CULTURA

« Sul momento vennero portate delle anfore di vetro sigillate a gesso con cura che recavano sul collo, appiccicate, delle etichette su cui stava scritto "Falerno Opimiano di cento anni". Mentre noi esaminavamo le etichette, Trimalchione batté le mani aggiungendo: «Ahimè, dunque il vino ha vita più lunga dell'omuncolo. Ma allora inzuppiamoci le budella. È la vita, il vino. Io metto in tavola dell'autentico Opimiano. Ieri ne feci servire di meno pregiato, eppure avevo a cena gente molto più di riguardo». Mentre dunque noi eravamo intenti a bere e ad ammirare stupiti quel lusso senza tralasciare un solo particolare, un servo portò uno scheletrino d'argento con un automatismo tale che le articolazioni e la colonna vertebrale, snodate, potevano flettersi in ogni senso. Dopo averlo gettato sul tavolo una volta ed un'altra di modo che i legami snodati fecero assumere allo scheletro alcune posizioni, Trimalchione aggiunse: «Ahimè, poveri noi, come si riduce ad un bel nulla, l'omuncolo tutto intero! Così diventeremo tutti, dopo che l'Orco ci avrà rapito. Perciò viviamo la vita, finché siamo vivi e vegeti. »

(Petronio, *Satyricon* 34, trad. di A. Aragosti)

41 d.C.-54 d.C. principato di Claudio

54 d.C.-68 d.C. principato di Nerone

55 d.C. uccisione di Britannico

59 d.C. uccisione di Agrippina

64 d.C. incendio di Roma

65 d.C. congiura dei Pisoni

69 d.C. anno dei quattro imperatori

40-65 d.C. Lucano

41-49 d.C esilio di Seneca in Corsica

54 d.C. Seneca compone l'*Apocolocyntosis*

55 d.C. Seneca compone il *De clementia*

60 d.C. Lucano vince ai *Neronia*

60-65 d.C *De re rustica* di Columella

65 d.C. morte di Petronio *Arbiter*

77 d.C. Plinio il Vecchio dedica la *Naturalis historia* a Tito

L'EVOLUZIONE DEL PRINCIPATO IN IMPERO

Tunc divus Augustus surrexit sententiae suae loco dicendae, et summa facundia disseruit: «Ego» inquit «patres conscripti, vos testes habeo, ex quo deus factus sum, nullum me verbum fecisse: semper meum negotium ago. Sed non possum amplius dissimulare et dolorem, quem graviorem pudor facit, continere. In hoc terra marique pacem peperi? Ideo civilia bella compescui? Ideo legibus urbem fundavi, operibus ornavi, ut – quid dicam patres conscripti non invenio: omnia infra indignationem verba sunt. [...] *Hic, patres conscripti, qui vobis non posse videtur muscam excitare, tam facile homines occidebat, quam canis adsidit.* [...] *Dic mihi, dive Claudi, quare quemquam ex his, quos quasque occidisti, antequam de causa cognosceres, antequam audires, damnasti? Hoc ubi fieri solet? In caelo non fit.*

(Seneca, *Apocolocyntosis* 10)

Allora, giunto il suo turno, si alzò a dire la sua il divo Augusto; e parlò con suprema eloquenza. «Padri coscritti», disse, «voi siete testimoni del fatto che, da quando son diventato un dio, non ho mai preso la parola: mi faccio sempre i fatti miei. Ma non posso dissimulare oltre, e contenere un dolore che la vergogna rende insopportabile. Per questo ho portato la pace in terra e in mare? Per questo ho messo un freno alle guerre civili? Per questo ho rifondato Roma sulle leggi, l'ho resa bella con le opere, affinché... Padri coscritti, non so cosa dire: qualsiasi parola non è all'altezza della mia indignazione. [...] Costui, padri coscritti, che vi sembra incapace di scacciare una mosca, ammazzava le persone con la stessa facilità con cui un cane si mette a sedere per fare pipì. [...] Dimmi, divo Claudio, perché ognuno di quelli e di quelle che tu hai messo a morte l'hai condannato prima di fargli il processo, prima di sentire le sue ragioni? Dove accade di solito questo? In cielo, no».

È il *III Idus Octobris* (13 ottobre) del 54 d.C.: in cielo è in corso un'animata quanto confusa discussione tra gli dei, riuniti in concilio per ratificare gli onori divini che il Senato ha conferito a Claudio dopo la sua morte; il riconoscimento della divinizzazione di questo *princeps* giulio-claudio sta sollevando tra i celesti perplessità e riserve, ma Claudio, un *monstrum* claudicante che si è presentato in cielo a perorare la sua divinizzazione, ha ottenuto l'appoggio incondizionato di Ercole, che sta ora guidando con febbrili maneggi l'assemblea verso l'approvazione della richiesta. Giunto il momento del suo intervento, prende la parola Augusto, fondatore del principato e capostipite della dinastia su cui Claudio ha legittimato il suo potere; Augusto stesso è stato accolto dopo la morte tra gli dèi ed è quindi oggetto di culto presso i Romani per le straordinarie doti e i suoi altissimi meriti. Ma Augusto parla contro Claudio e dichiara l'impossibilità di tacere tutto il dolore e la vergogna per le sorti di Roma e del principato, che egli aveva introdotto allo scopo di garantire la pace universale e di comporre i conflitti intestini.

La riprovazione radicale per ciò che il principato è diventato, in conseguenza della indegnità morale con cui Claudio lo ha esercitato, fa giustizia dell'impostura con cui si sta cercando di far "approvare" la sua divinizzazione. Il capostipite della *gens Iulia* taglia il cordone dinastico con cui Claudio si è legato a lui, sbugiardandolo per l'uso strumentale che ha fatto del suo potere, e lo denuda nella sua meschinità davanti all'assemblea. Claudio era stato in precedenza canzonato per aver distribuito a destra e a manca la cittadinanza romana, ma il tradimento decisivo di cui lo accusa Augusto è la mancanza di *clementia* con cui ha governato: la pratica gratuita e disinvolta dell'assassinio di tanti e così validi uomini lo denuncia irrimediabilmente come un tiranno. Ma la tragedia pubblica è anche il riflesso di un dramma familiare: Augusto elenca, uno a uno, i nomi dei membri della *familia* del *princeps* che hanno subito una persecuzione impietosa da parte di Claudio a tutela del suo potere. L'ultimo atto di accusa di Augusto segna la distanza tra la *iustitia* divina che il principe dovrebbe incarnare, e che ne giustificherebbe l'apoteosi *post mortem*, e la perversa condotta di Claudio.

La conseguenza immediata dell'orazione di Augusto è la condanna di Claudio agli Inferi: così, mentre in terra gli uomini inconsapevoli celebrano in modo fastoso l'apoteosi dell'imperatore defunto, Claudio agli Inferi realizza l'unico consacrazione che merita: un «inzuccamento» (tale il senso del termine greco *apocolocyntosis*). La "eternazione" della stupidità di Claudio è del resto confermata non solo dalla pena a cui viene condannato (giocare a dadi con un bossolo bucato), ma anche dalla degradazione delle mansioni servili cui è adibito (fare da segretario a un liberto). Ma per gli uomini c'è ancora una speranza: mentre la Parca Cloto taglia la stupida vita di Claudio, Lachesi prende a filare la vita di Nerone, il *princeps* che porterà *felicia saecula*, una rinnovata età dell'oro, a una umanità stanca e smarrita.

L'*Apocolocyntosis* è una geniale e irridente immagine del principato creata da Seneca (che con Claudio aveva pure motivi personali di rancore), ma anche il riflesso di un momento storico critico: lo Stato romano si manterrà coeso e forte grazie all'integrazione dei suoi ceti sociali e delle sue comunità (secondo il principio che aveva ispirato la politica di Claudio), oppure mediante una suprema autorità che con la sua sapienza sappia governare gli imperfetti rapporti tra gli uomini (come aveva cercato di fare Augusto, e secondo i princìpi della "pedagogia politica" che avrebbe poi ispirato Seneca nei confronti di Nerone)?

■ Gemma Claudia, 49 d.C. Vienna, Kunsthistorisches Museum.

Il contesto storico e sociale

1. LA SUCCESSIONE DI AUGUSTO

Con "dinastia giulio-claudia" si indica la serie dei prìncipi, successori di Augusto, nel cinquantennio che andò dal 14 d.C. (anno della morte dello stesso Augusto) al 68 d.C. (anno del suicidio di Nerone). Durante questo periodo si succedettero i seguenti imperatori: Tiberio (14 d.C.-37 d.C.), Caligola (37 d.C.-41 d.C.), Claudio (41 d.C.-54 d.C.) e Nerone (54 d.C.-68 d.C.). Il nome con cui si indica la dinastia deriva dal fatto che i suoi esponenti appartenevano sia alla *gens Iulia* sia alla *gens Claudia*, due antichissime famiglie patrizie. Augusto (esponente della *gens Iulia*, in quanto adottato da Gaio Giulio Cesare) non aveva avuto figli maschi, per cui i suoi successori provennero da rami laterali della famiglia (discendendo da Ottavia, sua sorella) e da sua moglie Livia Drusilla: Livia, in particolare, aveva avuto due figli maschi (uno dei quali era Tiberio) da un esponente della *gens Claudia* con cui era stata sposata prima di divenire moglie di Augusto.

2. TIBERIO (14-37 D.C.), UN PERSONAGGIO CONTROVERSO

Tacito e Svetonio, storici latini del II secolo d.C., ci presentano di Tiberio un ritratto negativo, caratterizzato dalla *dissimulatio* («ipocrisia»), con cui l'imperatore nascondeva, dietro un'apparenza virtuosa, una personalità crudele e tirannica. Storici suoi contemporanei, a lui favorevoli, come Velleio Patercolo o come Valerio Massimo, ne parlano, invece, sottolineando le sue doti di soldato e di severo amministratore. Nei fatti, malgrado un carattere introverso e diffidente, sembra che Tiberio abbia cercato di esercitare il suo potere in modo equilibrato e rispettoso della tradizione repubblicana. Egli, infatti, discendente della antica

■ **Albero genealogico** della famiglia giulio-claudia.

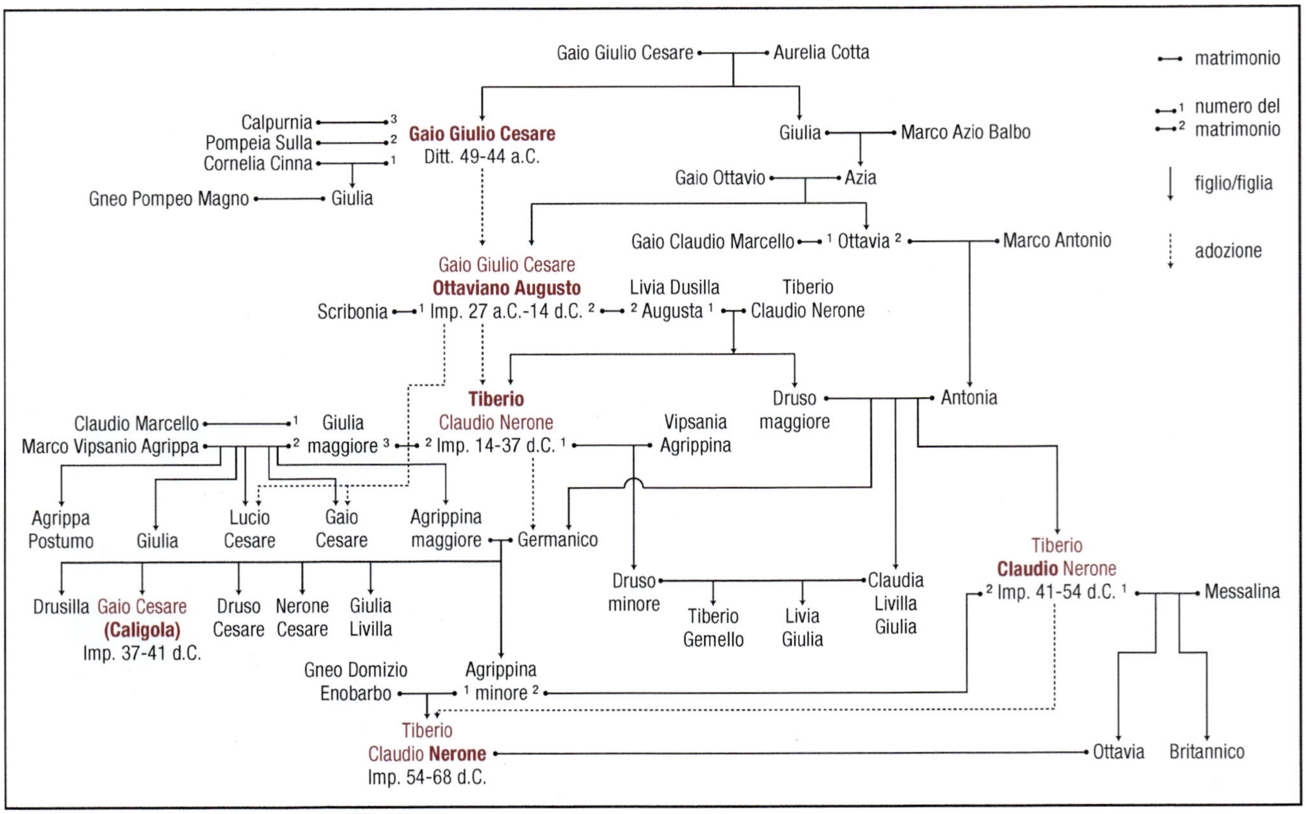

gens Claudia e valoroso generale, assunse l'eredità di Augusto, pensando che la sua carica fosse un *maius aliquid et excelsius* («qualcosa di più grande e di superiore») da ricoprire nel rispetto delle leggi e con la collaborazione del senato. Come già Augusto, anche Tiberio rifiutò, per esempio, che la sua persona venisse onorata come un dio e consentì che questo tipo di onore venisse riconosciuto solo al defunto Augusto. Forse anche per il disagio suscitato dal clima di sospetti e invidie di Roma, nel 27 d.C. Tiberio si trasferì a Capri, dove rimase quasi ininterrottamente fino alla sua morte e da dove continuò a esercitare il potere.

Alla morte di Augusto il senato aveva formalmente assegnato a Tiberio poteri eccezionali, riconoscendo di fatto che il governo della *res publica* richiedeva ormai, oltre alle istituzioni tradizionali, la presenza di una persona che concentrasse nelle proprie mani un'autorità superiore. Tiberio, da parte sua, aveva continuato la politica augustea di valorizzazione del senato, chiamandolo a emanare leggi o sentenze su molti argomenti e trasferendo a esso il compito di indicare alle assemblee popolari, che dovevano eleggere i magistrati, i nominativi dei candidati. Ma la collaborazione istituzionale con il senato non si tradusse mai in piena alleanza politica, perché molti senatori opponevano al condizionamento politico che il *princeps* esercitava sui provvedimenti il diritto di decidere autonomamente, rivendicando l'antica *libertas* del senato repubblicano contro ogni potere personale e autoritario, di fatto monarchico. Forse anche queste resistenze, quindi, indussero man mano Tiberio a esercitare il suo potere in modo più rigido e repressivo.

GLI SCONTRI PER LA SUCCESSIONE

Le insofferenze del senato si inserirono nel conflitto per definire chi sarebbe stato il successore di Tiberio. Si videro contrapposti, così, i rappresentanti delle due famiglie gentilizie, la *gens Iulia* e la *gens Claudia*, che componevano la *domus* del principe. Questo conflitto era emerso fin dalla elezione di Tiberio e si basava su una diversa interpretazione del principato augusteo da parte dei due gruppi di potere: da un lato Tiberio, e i Claudi, che volevano un principato rispettoso dell'ordinamento repubblicano, dall'altro i membri della *gens Iulia*, che spingevano per un *princeps* più simile ai sovrani assoluti del mondo orientale. Nel 19 d.C., la morte sospetta di Germanico, brillante figlio adottivo di Tiberio e candidato alla sua successione, aprì lo scontro tra Tiberio e Agrippina, vedova di Germanico e figlia di Giulia, la figlia di Augusto. L'accusa, mai dimostrata, che fu mossa a Tiberio era di aver fatto uccidere il figlio adottivo, poiché diventato un temibile competitore di Tiberio stesso: Germanico, infatti, riscuoteva un notevole favore popolare ed esercitava un forte ascendente sulle truppe, grazie agli importanti successi militari e diplomatici che aveva riportato in Germania e in Oriente con i Parti.

Dopo la morte di Germanico, lo scontro si spostò intorno alle candidature di Druso, figlio naturale di Tiberio, e dei figli di Germanico e di Agrippina. Ma la morte di Druso nel 23 d.C. e il trasferimento a Capri di Tiberio nel 27 d.C. sembrarono aprire la strada alle ambizioni del comandante dei pretoriani (la milizia addetta alla protezione della persona del principe), Lucio Elio Seiano, affermatosi a corte in forza della sua carica militare e della collaborazione fedele che gli aveva fatto conquistare la fiducia di Tiberio. Seiano fece concentrare le sue truppe a Roma, usandole come strumento di pressione politica, e avviò azioni persecutorie contro i senatori resistenti all'autorità del *princeps* e anche contro i membri della famiglia di Agrippina. Ma, in tal modo, Seiano rivelò anche le sue aspirazioni al principato: Tiberio, presa coscienza della minaccia, isolò Seiano dai suoi pretoriani e lo fece mettere sotto accusa in senato, che lo condannò a morte nel 31 d.C.

GLI ULTIMI ANNI

Negli ultimi anni del suo regno Tiberio, costretto a far fronte a una seria crisi finanziaria e alle sempre più frequenti ostilità di molti senatori, divenne sempre più sospettoso e autoritario: le tensioni portarono a una serie drammatica di processi per lesa maestà (ossia per crimini contro l'autorità dell'imperatore) e di condanne nei confronti di seguaci di Seiano ma anche di esponenti dell'opposizione senatoria. Tiberio nominò suoi eredi Tiberio Gemello, figlio di Druso, e Gaio, detto "Caligola", unico sopravvissuto dei figli di Germanico. Ma, alla morte di Tiberio nel 37 d.C., i pretoriani acclamarono imperatore il solo Caligola, interpretando il consenso che la sua candidatura riscuoteva soprattutto presso le legioni e il popolo.

3. IL TENTATIVO AUTOCRATICO DI CALIGOLA (37-41 D.C.)

«Finora abbiamo parlato di un principe, ora dobbiamo raccontarvi di un mostro»: queste parole di Svetonio (*Caligula* 22) sintetizzano la leggenda nera, fatta di squilibri psichici e di stranezze egocentriche, che pesa sul profilo storico di Gaio Cesare, l'ultimo figlio di Germanico. Gaio era cresciuto godendo del prestigio che il padre deteneva presso le legioni, e all'ambiente degli accampamenti militari frequentati da bambino si deve il nomignolo di *Caligola* (da *calĭga*, la calzatura dei soldati) che lo consegnò alla storia. L'elezione di Caligola non costituì, come per Augusto e Tiberio, il punto d'arrivo di una carriera politico-militare, ma si legittimò solo sulla base del testamento privato di Tiberio. Forse consapevole di questa posizione privilegiata e unica, Caligola, dopo una fase iniziale di apertura al senato, cercò di imporre un forte potere autocratico, in nome di una concezione assoluta e sacrale della persona del re: in ciò è molto probabile che Caligola risentisse del fascino dei sovrani orientali, conosciuti attraverso la memoria familiare di Marco Antonio, padre della nonna Antonia Minore, e soprattutto grazie alle esperienze fatte al seguito del padre Germanico. Ma l'ambizioso progetto si risolse in una serie di iniziative fortemente esibizionistiche e provocatorie, con cui l'imperatore cercava di mettere in scena il proprio potere assoluto, senza però operare significative riforme delle istituzioni romane in senso monarchico. Caligola celebrò, per esempio, il suo trionfo su un ponte di barche da Baia a Pozzuoli, evocando Alessandro Magno e i grandi re persiani Dario e Serse; si identificò con diverse divinità orientali e collegò il culto della sua famiglia a quello del sole (Apollo): anche in questo modo, comunque, non arrivò a

Busto di Caligola, I sec. d.C. Copenhagen, Carlsberg Glyptotek Museum.

stabilire per legge la divinità dell'imperatore vivente. D'altro canto, l'interpretazione patologica di questa serie di comportamenti, promossa dalla tradizione storiografica di matrice senatoria, determinò la fortuna del motivo della pazzia di Caligola.

UN NUOVO ASSE POLITICO

Caligola rafforzò l'autorità del principe spostando l'asse del consenso dal senato al ceto equestre e al popolo. Anche per questo avviò una politica di epurazione del senato, con frequenti condanne a morte di senatori che si opponevano al suo potere. Accrebbe il consenso popolare, invece, con generose elargizioni e allestimenti di spettacoli.

La morte di Caligola sopravvenne nel 41 d.C. in seguito all'ennesima congiura provocata dalla reazione al suo assolutismo: una congiura che fu organizzata con il contributo di molti membri della corte e soprattutto dei pretoriani. Furono proprio i pretoriani, del resto, ad acclamare come nuovo principe Claudio, fratello di Germanico e zio di Caligola, e ad imporre il nuovo principe al senato con l'appoggio del popolo.

4. LE RIFORME DI CLAUDIO (41-54 D.C.)

Svetonio accusa Claudio di *ineptitudo* («inadeguatezza») alla vita politica per la sua salute malferma e per il suo profilo di intellettuale appartato, che fino all'ascesa al principato si era dedicato esclusivamente agli studi storici e a quelli linguistico-letterari. In realtà Claudio accettò con determinazione la candidatura dei pretoriani e si fece spalleggiare da questi nell'imporla al senato. Il suo principato ebbe l'obiettivo di mediare tra i diversi gruppi sociali e favorire l'integrazione politica tra le diverse parti dell'impero.

Sul primo versante, Claudio avviò, a favore della plebe, un'intensa attività di opere pubbliche, per garantire in modo sistematico gli approvvigionamenti di grano e la fornitura d'acqua agli abitanti di Roma, e finanziò con elargizioni generose le attività di intrattenimento popolare. Cercò inoltre una riconciliazione con il senato dopo le persecuzioni di Caligola; favorì l'accesso dei liberti e dei cavalieri alle funzioni amministrative.

Nel secondo ambito, favorì l'accesso al senato delle *élites* provinciali, in particolare dei Galli Transalpini; estese, inoltre, la cittadinanza romana ai soldati che avevano prestato servizio nelle coorti ausiliarie (cioè i reparti, composti da provinciali, messi a guardia delle frontiere), a singole città e a comunità provinciali ormai integrate con Roma. Claudio giustificava il suo operato ricordando che l'assimilazione dei migliori elementi provinciali aveva garantito storicamente ai Romani una pace duratura e consentito loro di imporsi sui nemici esterni. Questa politica di integrazione dell'imperatore trovò però opposizione in senato, che accusò il *princeps* di concedere con eccessiva disinvoltura la cittadinanza romana (il filosofo Seneca ne fece motivo di satira feroce contro l'im-

■ Cammeo con il ritratto dell'imperatore Claudio, 41-45 d.C. ca. Parigi, Bibliothèque Nationale, Cabinet des Médailles.

peratore nell'*Apocolocyntosis*): in realtà, l'obiettivo dei senatori era quello di ostacolare l'apertura della *curia* all'elemento provinciale, per difendere i privilegi della componente italica.

LA RIFORMA AMMINISTRATIVA

Claudio, per governare in modo più diretto ed efficiente, divise l'amministrazione del regno in quattro grandi settori (finanze, giustizia, direttive imperiali, cultura) e ne affidò la direzione principalmente ai suoi liberti: nel fare ciò, in pratica, estese all'impero la pratica delle famiglie nobili, che era appunto quella di affidare la gestione della loro casa ai liberti. Questa decisione, però, concentrando poteri importanti nelle mani di figure di origine servile, provocò dure reazioni nel ceto senatorio; e la tradizione storiografica ostile al principe lo accusò per questo di essere stato succube dei suoi liberti.

Claudio, in realtà, rafforzò il ruolo dei liberti e dei funzionari equestri di nomina regia (*procuratores*) perché voleva estendere il suo controllo, tramite persone legate direttamente a lui, su poteri che da sempre erano affidati a titolo onorifico all'aristocrazia senatoria. L'intuizione di Claudio, quindi, fu quella di cominciare a dotare l'impero di un personale specializzato che svolgesse dei servizi in qualche misura "pubblici" per conto dell'autorità imperiale.

I CONFLITTI DINASTICI

Anche durante il regno di Claudio continuarono i conflitti per la successione, soprattutto per opera delle sue due ultime mogli, Messalina ed Agrippina Minore.Messalina era la pronipote di Ottavia, la sorella di Augusto, e aveva dato a Claudio due figli, Tiberio Claudio (detto "Britannico") e Ottavia. La donna, passionale e spregiudicata, ambiva a controllare la successione, ma quando decise di legarsi in matrimonio con l'avvenente Gaio Silio, Claudio, con l'appoggio dei pretoriani, la fece mettere a morte.

La nuova moglie di Claudio, Agrippina, figlia di Germanico, iniziò subito a favorire la successione del figlio Nerone, nato dalla sua precedente unione con Gneo Domizio Enobarbo. In seguito alla decisione di Claudio di far testamento a favore sia di Britannico sia di Nerone, Agrippina lo fece avvelenare. I pretoriani acclamarono imperatore il diciassettenne Nerone.

Busto di Agrippina. Roma, Musei Capitolini.

5. NERONE (54-68 D.C.), UN *PRINCEPS* CHE GUARDA A ORIENTE

Nerone ruppe con il modello augusteo – seguito da Tiberio e ancora da Claudio – che consiteva nel fondare il potere del *princeps* sul riconoscimento formale del senato e perseguì in modo sistematico le tendenze autocratiche emerse durante il breve regno di Caligola. Nerone, suggestionato dall'Oriente e dalla cultura greca, interpretò il suo ruolo in senso monarchico, identificando lo Stato con la sua persona, che egli esaltò circondandosi di una corte fastosa e cercando il consenso delle masse popolari nella città di Roma e nei territori orientali dell'impero. Sul modello greco, istituì feste e giochi, come gli *Iuvenilia*, e organizzò manifestazioni artistiche pubbliche (come i *Neronia*), in cui arrivò a prodursi in esibizioni teatrali e musicali, dando sfogo al suo istrionismo e alle sue ambizioni di artista.

L'attenzione di Nerone agli interessi popolari si rivelò anche in provvedimenti finanziari come la riforma monetaria del 64 d.C., con cui ridusse il quantitativo di oro e di argento negli *aurii* e nei *denarii*: ciò mirava ad avvantaggiare sia il fisco imperiale sia i piccoli risparmiatori, grazie al rapporto favorevole della moneta argentea, più diffusa, rispetto a quella aurea. Nerone riscosse il suo più grande trionfo personale in Grecia, nel 66 d.C., partecipando ai quattro più importanti agoni e proclamando la liberazione della provincia dal tributo fiscale e dalla giurisdizione romana. Ma questa strategia di ricerca teatrale del consenso popolare gli alienò la stima non solo dei tradizionalisti, ma, più in generale, dei ceti dirigenti politico-militari dell'impero.

IL PRIMO QUINQUENNIO

I primi cinque anni del regno di Nerone videro il dominio della madre Agrippina, che fece affiancare il figlio dal prefetto del pretorio Afranio Burro e dal filosofo Seneca. In questa fase i consiglieri spinsero il giovane principe a un uso moderato del potere regale e a una collaborazione con il senato, dopo la gestione accentratrice di Claudio. Ma l'influenza preponderante di Agrippina portò il figlio alla ribellione: Nerone, dotato di una personalità intemperante e mosso dal desiderio di governare in modo autonomo, eliminò Britannico, suo potenziale rivale, nel 55 d.C. e si scontrò apertamente con la madre, che egli fece uccidere nel 59 d.C.

L'INCENDIO DI ROMA

Dopo la morte di Agrippina, si imposero come consiglieri influenti del principe il nuovo prefetto del pretorio Tigellino e Poppea, sposata da Nerone nel 62 d.C.; nel contempo si esasperarono i contrasti con l'aristocrazia senatoria. Nel 64 d.C. un grave incendio devastò Roma. Si diffuse l'opinione che Nerone stesso avesse fatto appiccare l'incendio con intenti speculativi, cioè per liberare lo spazio utile alla costruzione di una nuova residenza imperiale (la *Domus Aurea*), e che avesse accompagnato il divampare delle fiamme con un suo canto epico, celebrando una nuova caduta di Troia. La colpa dell'incendio, ancora controversa allo stato della documentazione storica, fu fatta ricadere sui cristiani (forse anche allo scopo di evitare che la popolazione della città in cerca di un capro espiatorio si accanisse contro l'intero gruppo ebraico, di cui i cristiani erano ritenuti una setta). Da parte sua Nerone intervenne con tempestività in soccorso della popolazione, ricostruì i quartieri devastati dalle fiamme, a eccezione delle parti che poi sarebbero rientrate nel perimetro della *Domus aurea*, ed emanò norme più severe in materia di sicurezza delle costruzioni.

LA FINE DELLA DINASTIA GIULIO-CLAUDIA

L'emergere di un'insofferenza sempre più manifesta verso l'autocrazia di Nerone portò allo scoppio nel 65 d.C. di una congiura capeggiata da Gaio Pisone. La congiura fu scoperta e repressa con spietatezza. Nel giro di vite che ne seguì furono indotte al suicidio personalità come Lucano, Petronio e lo stesso Seneca, che pure non aveva preso parte attiva alla trama. Ma la caduta del principato di Nerone arrivò pochi anni dopo, per l'insurrezione delle legioni occidentali. Dopo il fallito tentativo di rivolta del governatore Vindice in Gallia, le legioni della Spagna Tarraconense (centro-nord-occidentale) acclamarono imperatore il governatore Galba, che ottenne, grazie alla complicità del nuovo prefetto del pretorio Ninfidio Sabino, l'appoggio dei pretoriani. Nel 68 d.C. Nerone, perso il sostegno dei pretoriani e proclamato nemico pubblico dal senato, fu indotto al suicidio. Il principe non aveva figli, né la dinastia offriva possibili eredi.

6. L'ANNO DEI QUATTRO IMPERATORI

Il 69 d.C. vide risorgere lo spettro delle guerre civili: l'esaurirsi della discendenza familiare di Augusto sembrò bloccare il meccanismo dinastico che fino ad allora aveva legittimato il potere dei prìncipi. Il regno di Galba, acclamato dalle legioni occidentali, durò comunque solo sette mesi, proprio perché Galba non si preoccupò di garantirsi la fedeltà delle forze militari che lo avevano spalleggiato, non inaugurò una politica di riconciliazione con gli avversari, si inimicò la plebe per le misure di contenimento delle spese dopo la stagione neroniana.

In questo contesto si inserì la rivolta di Vitellio, capo delle legioni del Reno, a cui Galba rispose nominando successore, per adozione, Pisone Liciniano. Questa scelta costituiva il tentativo di rispondere alla crisi dinastica e all'affermarsi del potere delle legioni ridando spazio all'aristocrazia senatoria nella scelta del principe. Ma i capi militari, rappresentanti di una nobiltà nuova rispetto a quella delle grandi famiglie senatorie, rinfocolarono i conflitti, che durarono un anno: un anno definito da Tacito *longus et unus* («lungo e unico»). La nomina di Pisone provocò, infatti, la ribellione di Salvio Otone, già governatore della Lusitania (odierno Portogallo), che si fece acclamare imperatore dai pretoriani. Il rifiuto da parte di Vitellio di riconoscere Otone portò alla guerra civile, in cui si imposero alla fine i seguaci di Vitellio.

Una ulteriore ribellione al nuovo principe scoppiò in seno alle truppe danubiane e a quelle di stanza in Oriente, che acclamarono imperatore Vespasiano: un generale italico di famiglia equestre che si stava distinguendo per la repressione della rivolta giudaica scoppiata nel 66 d.C. Lo scontro con i vitelliani avvenne a *Bedriacum* (Cremona) ed ebbe strascichi violenti a Roma, fino all'incendio del Campidoglio. Dopo la morte di Vitellio, il senato riconobbe l'autorità imperiale a Vespasiano. Le vicende del 69 d.C. avevano dimostrato che la figura del *princeps* era ormai divenuta un riferimento politico-simbolico insostituibile per l'unità dell'impero.

Cammeo di Francia. Al centro compare l'imperatore Tiberio circondato dalla madre e dagli altri membri della dinastia giulio-claudia. Parigi, Bibliothèque Nationale.

7. LA POLITICA NELL'ETÀ DEI GIULIO-CLAUDI

IL PROBLEMA DELLA SUCCESSIONE

Augusto aveva deciso di trasmettere il principato a una persona (Tiberio), che, per adozione, fosse un membro della sua famiglia, ma che avesse anche dimostrato di saper rivestire in modo legale, cioè riconosciuto dal senato, le più importanti cariche dell'ordinamento repubblicano, la potestà tribunizia e il potere proconsolare. A Roma, infatti, il potere del principe non si poteva presentare apertamente come un potere personale, date le tradizioni di libertà repubblicana, ma doveva giustificarsi come un potere eccezionale con cui Augusto, da privato cittadino, aveva salvato la *res publica* dall'orrore delle guerre civili. Negli anni successivi alla morte di Augusto, il potere del principe si rivelò sempre più necessario allo Stato romano, per garantirne la gestione e l'efficienza, ma così si ripropose anche il problema della sua giustificazione, e soprattutto della successione.

- Chi deve scegliere il principe: il senato? O la famiglia, con il consenso dei militari e del popolo?
- Dove, cioè in quale contesto, il principe deve essere scelto: fra gli eredi maschi diretti del principe, per legame di sangue? Fra i membri maschi delle famiglie che facevano parte della sua *domus*? O anche scegliendo una personalità importante, ma non legata, o legata alla lontana, alla sua famiglia? Un successore non consanguineo, infatti, poteva essere scelto dal principe mediante l'adozione o il matrimonio del candidato con le donne della famiglia imperiale.
- Come il principe deve comportarsi: rispettando i valori della tradizione repubblicana (*mos maiorum*) o aprendosi ai modelli di comportamento dei monarchi orientali (riassunti dagli oppositori nel termine negativo *luxus*)?

Gli imperatori giulio-claudi derivarono tutti la loro autorità dalla discendenza familiare da Augusto, ma ambirono a trasformare questa condizione privata in un potere pubblico, che rappresentasse lo Stato e il popolo romano. Tiberio e Claudio cercarono, come Augusto, di legittimare il loro potere assoluto attraverso un riconoscimento formale del senato; Caligola e Nerone, legati alle suggestioni orientali, rivendicarono il diritto a governare senza compromessi formali con l'aristocrazia senatoria, in nome della maestà della loro persona e del favore del popolo di Roma.

L'AUTORITÀ DEL *PRINCEPS*

Il *princeps* rappresentava una autorità centrale, capace di assumere delle decisioni definitive in ogni ambito: in ciò il principato svolse, indirettamente, anche un importante ruolo nella integrazione politica fra i diversi territori dell'impero. Questa identificazione della figura del principe con lo Stato fu agevolata anche dalla diffusione del culto dell'imperatore, in base al quale si offrivano sacrifici al suo spirito divino (*genius*) e alla sua volontà superiore (*numen*): con queste pratiche si riconosceva che l'autorità del principe dipendeva da un potenziamento delle normali capacità umane prodotto in lui dalla divinità; per questo motivo il principe era *Augustus* (da *augeo*, «accresco») e la sua azione non poteva che essere vittoriosa.

Il culto del principe, però, ebbe caratteri diversi in Occidente e in Oriente, per via delle diverse tradizioni politico-religiose che caratterizzavano le due parti dell'impero: i Romani divinizzarono l'imperatore solo da morto, su autorizzazione del senato e dietro approvazione del successore, mentre in Oriente era invece normale l'esaltazione divina del sovrano da vivo. Per i prìncipi (in particolare quelli "orientaleggianti" come Nerone) risultava perciò molto utile accogliere le libere manifestazioni di culto in questi territori, senza che questo si traducesse nel riconoscimento ufficiale a Roma della divinità dell'imperatore. Tra i territori provinciali solo la Giudea oppose un rifiuto intransigente al riconoscimento del culto del principe, per via dell'inconciliabilità di questa pratica con la rigorosa fede monoteista di quel popolo.

L'aspetto più significativo dell'autorità del principe sul piano dell'immaginario popolare fu il suo ruolo di giudice supremo, capace di modificare le sentenze o le decisioni delle altre autorità per soddisfare le richieste e le aspettative di ogni suddito.

LA CORTE IMPERIALE

Il consolidamento del principato portò la *domus* – ossia la «casa» del principe stesso – a diventare pian piano una corte: in essa l'autorità del principe si presentava come il perno intorno a cui ruotava una complessa rete di persone e di funzioni. La corte, infatti, attraverso l'opera dei collaboratori personali del principe, consentiva una gestione amministrativa dell'impero più centralizzata ed efficiente; ma essa era anche il luogo dove il principe poteva gestire i rapporti con gli esponenti della vecchia e della nuova nobiltà (per esempio i nuovi senatori che alcuni prìncipi crearono scegliendoli tra i provinciali). La *domus* mescolava in modo originale, quindi, elementi della struttura familiare dell'aristocrazia romana a caratteri cortigiani tipici delle corti ellenistico-orientali, e si componeva di molte figure.

- I *familiares*: consanguinei o acquisiti, che appartenevano alle *gentes* di più antica nobiltà strettamente imparentate tra loro, e per questo anche in competizione.
- Gli *amici:* coloro che a vario titolo – esponenti della vecchia e nuova nobiltà, cavalieri, intellettuali, militari ecc. – potevano rivendicare un rapporto personale e fiduciario con il principe, e per questo ottenevano incarichi più o meno ufficiali, tutele, promozione sociale nell'ambito della corte e della società.
- I consiglieri del principe: una categoria particolare di *amici* che coltivavano un rapporto esclusivo con il *princeps*, arrivando a influenzarne l'operato di governo. Furono consiglieri di Nerone, per esempio, Seneca e Petronio; ma in questo ruolo si imposero anche personalità forti e spregiudicate come Seiano e Tigellino, che ricoprivano la carica di prefetto del pretorio.
- La *familia Caesaris*: l'apparato domestico composto da schiavi, liberti, uomini liberi preposti all'educazione dei fanciulli, alla segreteria amministrativa, alla cura degli affari privati del *princeps*.

LE CONTRADDIZIONI DEL SENATO

Augusto aveva ridotto drasticamente il numero dei senatori (portandone i membri a 600), elevato il reddito richiesto per accedervi (a 1.000.000 di sesterzi), reso ereditario il rango (facevano automaticamente parte dell'ordine senatorio, per tre generazioni, la moglie e i figli maschi del singolo senatore), trasferito man mano dalle assemblee popolari al senato il potere di fare le leggi, di svolgere processi e di indicare i candidati alle magistrature. Ciò, almeno nella propaganda augustea, soprattutto per conferire maggiore prestigio al senato.

Il principe, però, esercitava di fatto sul senato una influenza che lo rendeva subalterno, sia perché era il principe a fornire a molti senatori le risorse economiche necessarie per mantenere lo *status* richiesto, sia perché il principe godeva di una serie di privilegi che condizionavano la composizione e il funzionamento autonomo dell'assemblea: poteva, infatti, nominare direttamente i senatori (*adlectio*), convocare le sedute e presentare una proposta in qualche misura vincolante (*relatio*), essere presente durante i processi e condizionarne psicologicamente l'esito.

Anche le magistrature repubblicane (questura, edilità, pretura e consolato) si svuotarono progressivamente di parte dei poteri tradizionali per diventare tappe di una carriera amministrativa posta sotto il controllo del principe e degli influenti membri della sua *domus*. Ciò spiega anche perché i conflitti dinastici della *domus* giulio-claudia non si tradussero mai in un tentativo vero e proprio di cancellazione del principato: i senatori si impegnarono, in difesa delle loro prerogative o ambizioni, in una lotta politica che non prevedeva alternative al principato, ma si riduceva alla partecipazione a congiure politiche e a giochi di alleanze cortigiane per proteggersi dall'autorità del singolo principe o pilotarne la successione.

D'altro canto, anche se Augusto aveva avuto l'intenzione di rendere più elitaria l'aristocrazia senatoria, nel corso dell'età giulio-claudia gli alti costi di mantenimento del censo e la partecipazione ai conflitti dinastici produssero una vera e propria decimazione delle grandi famiglie senatorie. Ciò determinò, sotto le successive dinastie, un fortissimo ricambio sociale, che portò in senato una nuova nobiltà, proveniente dai territori italici, prima, e da quelli provinciali, poi.

L'ASCESA DEGLI *EQUITES* E DEI LIBERTI

La chiusura dell'ordine senatorio, di cui abbiamo appena discusso, entrava però in conflitto con la necessità per il principe di ampliare il numero dei collaboratori nella gestione di un potere complesso e vasto. Di conseguenza fu necessario chiamare a svolgere importanti funzioni amministrative persone provenienti dall'ordine equestre. In questo modo, a partire soprattutto dal regno di Claudio, i funzionari imperiali furono scelti sempre più spesso tra gli esponenti di un ceto composto da affaristi, appaltatori di imposte, commercianti, operatori finanziari. Si andò a definire, anzi, una carriera ordinata sostanzialmente su tre livelli: un apprendistato militare di tre anni come ufficiale dell'esercito, l'accesso alla carriera burocratica attraverso la funzione di *procurator* in Italia o nelle province, infine – all'apice, e solo per un numero ridotto di funzionari – l'ottenimento di una prefettura, che consentiva di gestire alcune funzioni amministrative decisive per il potere del principe (per esempio il governo del suo più importante dominio personale, cioè la provincia d'Egitto, o la gestione dei grandi servizi e dell'ordine pubblico a Roma).

Un'altra importante categoria sociale in ascesa fu quella dei liberti. Il numero dei liberti era andato aumentando

■ **Frammento del sarcofago di Acilia** raffigurante il senato romano in processione per la nomina di un console, 270 d.C. Roma, Museo Nazionale Romano.

nel corso dell'età repubblicana, e così pure la loro presenza nella conduzione di attività imprenditoriali e commerciali importanti. Questa affermazione economica, la possibilità per i discendenti dei liberti (perso il marchio servile) di entrare nei ranghi equestri e infine l'estraneità culturale agli ideali della repubblica (per via dell'origine spesso straniera) avevano reso i liberti un gruppo sociale naturalmente portato a vedere nel principato uno strumento di tutela delle posizioni raggiunte e un riferimento per una ulteriore ascesa politico-economica. Appannaggio dei liberti divenne, per esempio, la gestione degli enormi beni personali del principe e della maggioranza delle attività che vi facevano capo. E questi compiti gestionali acquistarono sempre più una rilevanza pubblica, man mano che il principe rafforzò il suo potere politico ed economico sui territori dell'impero.

I più importanti liberti imperiali, sotto Claudio, ricoprirono incarichi amministrativi di un'importanza senza precedenti. La crescita enorme della loro influenza politica nella *domus* e della loro ricchezza personale provocò invidie tremende e risentimenti moralistici, soprattutto presso l'aristocrazia senatoria: un esempio letterario della riprovazione con cui l'aristocrazia guardava all'affermazione economica dei liberti in età imperiale è rappresentato dal ritratto di Trimalchione nel *Satyricon* di **Petronio**.

"Il tempo dell'autore", p. 169

IL NUOVO RUOLO DEI MILITARI

La riforma militare augustea aveva sancito il passaggio dalla milizia cittadina all'esercito stanziale, che aveva lasciato l'Italia ed era stato dislocato nelle province: questa distribuzione rifletteva l'idea che l'impero avesse ormai raggiunto i suoi confini naturali e che ai militari toccasse solo la difesa dalle minacce esterne e il controllo delle popolazioni interne, senza ambire a ulteriori conquiste. L'allontanamento dell'esercito da Roma, però, aprì il problema dell'effettivo controllo che l'autorità imperiale poteva esercitare su di esso: diventarono determinanti la competenza del *princeps* nella scelta di comandanti militari preparati e fedeli. Ma alla fine furono proprio le legioni a svolgere un ruolo decisivo nel crollo della dinastia giulio-claudia.

La "demilitarizzazione" di Roma e dell'Italia fece sì che la sicurezza personale del *princeps* e della sua dinastia nella capitale e nella penisola fosse garantita dalla assoluta fedeltà del corpo di guardia dei pretoriani e del loro capo, il prefetto del pretorio. Il carattere fiduciario della carica e la sua importanza fondamentale per la sicurezza del *princeps* spiegano, del resto, le ascese politiche folgoranti, ma anche le altrettanto rovinose cadute, di alcuni prefetti che detennero questa potente carica. Soprattutto nell'età giulio-claudia, infatti, la vicinanza al *princeps* faceva spesso del prefetto del pretorio il principale consigliere della *domus*, e quindi una figura di primo piano anche nelle lotte per la successione dinastica.

LA POLITICA ESTERA

Gli imperatori giulio-claudi si attennero sostanzialmente alle prescrizioni di Augusto: mantenere l'impero entro i confini e affrontare la maggioranza delle questioni territoriali con la prudenza più che con la forza. All'epoca di Augusto, del resto, queste scelte erano state dettate da due ragioni ben precise: l'insufficienza delle risorse economiche e l'impossibilità di rafforzare le legioni con nuovi arruolamenti degli italici, per via dei recenti massacri delle guerre civili e perché le legioni erano dislocate lontano dalla penisola. I confini vennero difesi dai nemici esterni mediante, a Occidente, la presenza militare delle legioni, a Oriente, l'uso di Stati-cuscinetto indipendenti, ma legati ai romani da vincoli di clientela o grazie all'imposizione di sovrani filoromani (per esempio in Armenia, che costituiva una barriera contro i bellicosi Parti).

Tiberio dopo essersi distinto come generale di Augusto, impedì che Germanico portasse le legioni oltre l'Elba ma consolidò il dominio al di qua del confine, rinunciando definitivamente alla Germania. Claudio avviò una politica di consolidamento dei confini imperiali attraverso il passaggio di alcuni Stati-clienti sotto il diretto controllo imperiale (Mauritania, Tracia) e l'annessione di nuovi territori. In questi territori, dove l'urbanizzazione era minima e il controllo militare era svolto solo dalle truppe ausiliarie, Claudio sperimentò forme di concentrazione dei poteri nelle mani di *procuratores* equestri di nomina imperiale, per gestire in modo più centralizzato il territorio. Si presentò invece come un'eccezione la conquista della Britannia meridionale, conseguita sempre durante il principato di Claudio.

Tra gli eventi significativi del principato di Nerone, infine, va segnalato l'avvio della repressione della rivolta giudaica che era scoppiata nel 66 d.C. in seguito al tentativo romano di confisca del tesoro del tempio di Gerusalemme: una rivolta che fu repressa grazie all'abilità di Vespasiano, allora generale al servizio del principe.

GUIDA ALLO STUDIO

1. Da quali atti istituzionali e relazioni fu caratterizzato il rapporto tra Tiberio e il senato?

2. Spiega come può essere interpretata, secondo un malriuscito progetto politico, la politica di Caligola, che ha dato adito alle accuse di follia da parte degli storici successivi.

3. Illustra la riforma amministrativa di Claudio e spiega come fu accolta dal senato.

4. Riassumi i principali fatti del principato di Nerone prima dell'uccisione di Britannico.

5. Quali ragioni hanno determinato la fine del principato di Galba?

6. Spiega come si giustificava e come si realizzava il culto del *princeps*.

7. Riepiloga i principali cambiamenti sociali avvenuti al tempo della dinastia giulio-claudia.

8. Quali furono i principali fatti di politica estera nell'età giulio-claudia?

Navi da guerra, affresco proveniente da Pompei. Napoli, Museo Archeologico Nazionale.

Il contesto culturale

1. LA CRISI DEL MECENATISMO

La fine dell'età augustea segnò un mutamento profondo nei rapporti tra cultura e potere politico. Gli elementi caratterizzanti questo nuovo clima possono essere schematizzati come segue.

- Avvio di una attività di censura nei confronti degli intellettuali che non si riconoscevano nel regime del principe. Dalla politica culturale di Mecenate – che consentiva libertà di espressione agli autori, ma nel contempo comportava una loro sostanziale adesione al programma ideologico del principato augusteo – si passò, già a partire dagli ultimi anni di Augusto, a una censura esercitata nei confronti di chi, per via della sua attività culturale, fosse entrato in conflitto con il *princeps* e la sua *domus*.
- Sviluppo di una letteratura cortigiana, che avrebbe esasperato i suoi caratteri adulatori ed encomiastici soprattutto all'epoca di Nerone. I riferimenti all'autorità politica presenti nelle opere divennero sempre più formali e vuoti e, pur non incidendo necessariamente sull'ispirazione dei componimenti, denotarono un sostanziale asservimento dei letterati al potere.
- Sensazione di conclusione dell'età di Augusto, percepita come irripetibile, sia per la grandezza della produzione letteraria (con opere, come quelle di Virgilio e Orazio, capaci di imporsi subito come modelli insuperabili di stile diventando dei classici), sia per il rapporto più aperto che il potere aveva saputo intrattenere con gli autori. Questa nostalgia amara si traduce in un senso ineluttabile di decadenza (che potrebbe essere definita anche "epigonismo") e in una sorta di complesso di inferiorità, alimentando, da un lato, l'interesse per generi letterari "minori" come la poesia didascalica, la poesia d'occasione ecc., dall'altro, la volontà di ripensare criticamente quei grandi modelli lontani.

Ai letterati venne a mancare un progetto culturale comune (che all'epoca di Augusto era rientrato nell'ambito di un articolato e complesso sistema di propaganda) a cui poter fare riferimento e da cui ricavare anche la legittimazione della propria funzione sociale. Questo disorientamento implicò, in certi autori, la scelta di reinterpretare il passato (il passato dei grandi modelli augustei) in chiave parodica, o tormentata, o nostalgico-critica. Nell'età neroniana, per esempio, il poeta epico **Lucano** distrusse i miti augustei celebrati nell'*Eneide*; il poeta **Persio** forzò fino all'oscurità le *iuncturae* di Orazio; **Petronio** mostrò come l'apprendimento scolastico degli autori augustei fosse ormai divenuto perdente e ridicolo in una società dove dominavano retori e liberti volgari e arricchiti.

"Il tempo dell'autore", pp. 53, 61, 169

2. UN NUOVO PUBBLICO, UN NUOVO TIPO DI ARTISTA

L'ALLARGAMENTO DEL NUMERO DEI LETTORI, E DEGLI ASCOLTATORI

Nel corso del I secolo d.C. si andò formando un nuovo pubblico. A ciò contribuirono il notevole sviluppo del commercio librario, favorito dal consolidamento politico-economico dell'impero e dalla diffusione delle opere letterarie nelle province, e una più ampia circolazione dei testi, attraverso letture pubbliche (*recitationes*) per un uditorio allargato rispetto alle cerchie tradizionali di fruitori. L'esecuzione pubblica di un'opera era in realtà una prassi tradizionale, ma già nell'età tardo-repubblicana Asinio Pollione aveva inaugurato la pratica della lettura di testi letterari di fronte a un pubblico di invitati; prassi che venne poi spostata in sale pubbliche o teatri, acquistando il connotato dell'intrattenimento spettacolare. La letteratura divenne, così, un'esibizione virtuosistica, finalizzata a stupire l'uditorio con l'utilizzo cospicuo di risorse che erano attinte dai repertori delle scuole di retorica; proprio queste scuole, del resto, iniziarono a produrre al loro interno attività di intrattenimento ispirate alla stessa logica spettacolare.

Questo nuovo tipo di pubblico si presentava, del resto, anonimo e indifferenziato, e per questo suscitava negli autori più ispirati una manifestazione drammatica della propria solitudine spirituale, come in **Lucano**, o il senso esclusivo di una poesia riservata a pochi eletti, come in Manilio e **Persio**.

"Il tempo dell'autore", pp. 53, 61

LA NUOVA CONDIZIONE DELL'ARTISTA

L'allargamento e la diversificazione del pubblico portò, del resto, anche a una corrispondente crescita del numero degli autori. Ciò si collegava al fatto che l'attività letteraria non era più accusata di essere un momento di disimpegno rispetto ai doveri del cittadino, ma veniva piuttosto considerata uno strumento di affermazione sociale: sia perché la figura stessa del cittadino, impegnato in prima persona nella politica, era venuta a mancare, sia perché la letteratura poteva essere uno strumento di adulazione e dunque di carriera.

I rapporti tra letterati e "mecenati" erano comunque complessi. Il letterato che non apparteneva all'aristocrazia spesso rimaneva povero e dunque succube dei ceti dominanti; il numero dei benestanti o degli arricchiti, che andavano in cerca di modesti letterati utili alla loro consacrazione sociale, era del resto aumentato, e dunque alimentava le fila degli scrittori pronti all'adulazione.

La letteratura dell'epoca giulio-claudia assunse, dunque, un volto cortigiano, ma in molte occasioni seppe anche rispondere alle esigenze di un pubblico più vario: due voci riassumono in modo emblematico questa distanza di atteggiamenti. Calpurnio Siculo, oscuro autore di sette egloghe, si servì del genere bucolico per celebrare in modo enfatico e servile il dominio, sostanzialmente divino, del principe sulla realtà, rappresentando la natura in modo sereno e armonioso: una scelta agli antipodi di quella operata da Virgilio, che si era invece servito del mondo bucolico per evocare i drammi della storia.

"Il tempo dell'autore", p. 40

Fedro, invece, in età tiberiana impose la favola come genere letterario autonomo, facendola divenire una sorta di voce del mondo servile. L'autore, ex schiavo, nobilitò letterariamente la favola esopica, mantenendosi fedele, sul piano sia ideologico sia stilistico, alla realtà sociale del mondo subalterno e alla sua amara visione del mondo.

3. LA SPETTACOLARIZZAZIONE DELLA LETTERATURA

LA RETORICA COME TECNICA PROFESSIONALE

L'oratoria politica e quella giudiziaria avevano rappresentato gli strumenti della lotta politica all'interno delle istituzioni della repubblica romana; l'affermazione del principato aveva drasticamente limitato la libertà di espressione dell'oratore e mortificato il suo ruolo politico. Paradossalmente i retori più affermati diventarono coloro che, come in età tiberiana Domizio Afro, praticavano l'arte della denuncia pubblica (delazione) di persone cadute in disgrazia agli occhi del principe. L'arte di parlare in pubblico restava, però, a Roma un'abilità decisiva per affermarsi socialmente ed era una risorsa determinante per chi ricopriva incarichi politici e giudiziari all'interno dell'impero. La retorica divenne così una competenza professionale richiesta a chiunque volesse percorrere carriere politico-amministrative. La crisi dell'eloquenza civile portò, nelle scuole di retorica, alla trasformazione delle tradizionali *declamationes* retoriche, che erano semplici esercizi per la formazione del futuro oratore, in esibizioni di virtuosismo oratorio, su vari argomenti offerti dai maestri e dagli allievi. Questi spettacoli erano aperti al pubblico, che accorreva numeroso: alla appassionata frequentazione di questi spettacoli, per esempio, si deve la raccolta di declamazioni operata da Seneca il Vecchio (➤ p. 438), padre del filosofo, nell'arco di circa sessant'anni, dal secondo triumvirato all'età di Tiberio. I generi di declamazione più affermati erano le *controversiae*, cioè finti dibattiti giudiziari su cause inventate, in base a leggi vere o immaginarie (per esempio, un figlio ripudiato dal padre mutilato delle mani per non aver voluto uccidere, al suo posto, la madre adultera), e le *suasoriae*, cioè discorsi tesi a influenzare l'operato di un personaggio celebre in una situazione difficile (per esempio, gli Spartani alle Termopili, incerti se rimanere o fuggire).

"Il tempo dell'autore", p.169

Questi pezzi di bravura oratoria spesso vennero messi sotto accusa – per esempio da **Petronio** nel *Satyricon* – come esercizi vuoti e artificiosi, che allontanavano la scuola dalla realtà. Lo stesso Seneca il Vecchio, pur appassionato di queste pratiche, ne parla come di segni della decadenza dell'oratoria, legata alla corruzione morale della società. In realtà l'importanza delle declamazioni fu decisiva nella cultura dell'età imperiale per il formarsi di un nuovo gusto stilistico, basato su frasi brevi a effetto (*sententiae*), su espressioni ricercate, sull'esaltazione degli effetti emotivi e patetici (*colores*). Uno stile che finì per segnare tutta la produzione letteraria del I secolo d.C., dato che nelle scuole di retorica si formavano tutti gli esponenti delle fasce letterate della società.

UN'ETÀ "BAROCCA"

La prosa delle *declamationes* favorì in ambito letterario il prevalere di uno stile asiano (➤ p. 437), disarmonico, in qualche misura barocco, finalizzato all'intrattenimento spettacolare; in certi autori, però, questo stile diviene uno strumento per far emergere le contraddizioni interne alla realtà o esasperarle in modo ossessivo e irrisolvibile, grazie alla brevità nervosa delle frasi, alla complessità delle tecniche retoriche e all'enfasi conferita al discorso. È lo stile "anti-classico" di scrittori come Seneca, Persio e Lucano che, in modi diversi, rappresentarono gli aspetti più oscuri dell'animo umano e l'incubo comune che la società romana fosse esposta alla minaccia di tremende forze disgregatrici. Esso fu, dunque, lo strumento espressivo del tormentato rapporto che questi autori dell'età neroniana ebbero con la realtà del principato, che risultava sempre più incompatibile con la loro visione etico-politica.

4. LE POLITICHE CULTURALI DEI PRÌNCIPI

TIBERIO E CLAUDIO, CONTENIMENTO E REPRESSIONE

Sotto Augusto si era prodotta una convergenza decisiva tra l'interesse del *princeps* a una letteratura dai forti contenuti etico-politici, che giustificasse ideologicamente il suo potere, e il bisogno di una poesia "impegnata", dai solidi contenuti, manifestato dagli autori della sua epoca. Come abbiamo già anticipato, le forme successive di mecenatismo si presentarono invece deboli, prive di impegno e di capacità organizzativa: sotto i prìncipi giulio-claudi, in particolare, non si formarono movimenti letterari o cenacoli che producessero letteratura organica rispetto agli orientamenti del potere politico. E i prìncipi, spesso, non si posero neppure il problema di organizzare una simile letteratura: Tiberio si limitò ad avallare un ritorno a una poesia ispirata alla tradizione dei *poetae novi*, tecnicamente ricercata e disimpegnata, forse nel timore che un'arte impegnata non potesse essere coerente con il suo processo di consolidamento del principato; neppure Claudio, del resto, fu capace di invertire questa tendenza, se non riducendo i casi di repressione dei letterati indipendenti, non allineati alla politica del *princeps*.

NERONE, IL PRINCIPE-ARTISTA

Nerone, invece, ambì a ripristinare un mecenatismo artistico degno di Augusto e fece della produzione culturale una componente fondamentale della vita dello Stato: a corte si circondò di letterati, organizzò concorsi di poesia e di oratoria, partecipandovi in prima persona; si servì, però, di questi strumenti soprattutto per legittimare se stesso come esempio di principe-artista, che interpreta la vita in modo gioioso e piacevole, rompendo con il modello austero dell'uomo di governo repubblicano. L'organizzazione di spettacoli fastosi, la sontuosità della vita di corte e la drammaticità dei suoi delitti dinastici diventavano, per Nerone, altrettante manifestazioni di un potere assoluto e grandioso che non ammetteva limiti, secondo i canoni della regalità orientale.

Questa originale interpretazione della figura del principe portò a una sorta di riattivazione della vita letteraria della corte, ma in modo effimero; le grandi opere letterarie prodotte all'interno della corte neroniana, invece, trassero la loro ispirazione più profonda proprio dal rapporto conflittuale dei loro autori, radicati nella tradizione repubblicana, con il modello politico-culturale propagandato da Nerone. E questo paradosso trovò la sua conferma più evidente, infine, nella eliminazione fisica da parte del *princeps* dei grandi letterati-cortigiani del suo tempo: **Seneca**, **Petronio** e **Lucano**.

"Il tempo dell'autore", pp. 69, 169, 53

■ Affresco con Nerone raffigurato come Apollo citaredo, dalla *Domus* del Triclinio di Moregine. 64 d.C., Napoli, Museo Archeologico Nazionale.

5. LA FUNZIONE LEGITTIMATRICE DELLA FILOSOFIA

LO STOICISMO: UNA FILOSOFIA D'OPPOSIZIONE

Il fallimento di queste forme di (pseudo)mecenatismo dimostrava che il principato giulio-claudio non era in grado di esprimere una reale egemonia culturale, ma fu sostanzialmente subìto da parte dei ceti colti. Il carattere sostanzialmente monarchico del principato, infatti, entrava in conflitto con i valori etico-politici repubblicani in cui si riconosceva tradizionalmente l'aristocrazia senatoria. Essa si opponeva all'evoluzione assolutistica del principato, trovando nella filosofia stoica il sostegno intellettuale per stabilire un rapporto indipendente e dignitoso con il principe autocrate.

Lo stoicismo di epoca repubblicana era stato vissuto come la filosofia con cui il nobile romano poteva meglio giustificare il suo impegno pubblico. Ciò dipendeva dalla consonanza tra il concetto di virtù stoica, intesa come attività che collabora a un ordine cosmico, e l'etica patrizia del senatore, che opera al servizio dello Stato. Quando, però, il principato sembrò imporsi come un ostacolo all'esercizio della *libertas* politica, l'aristocrazia senatoria trovò nello stesso stoicismo argomenti e modelli di comportamento utili per confermare l'adesione ai *mores* repubblicani e nel contempo giustificare l'opposizione a un regime, pur inevitabile. La tradizionale dignità del senatore romano era esaltata da modelli come Bruto, il cesaricida, e Catone l'Uticense, che aveva manifestasto con il suicidio l'opposizione estrema a Giulio Cesare, colui che aveva aperto la strada al principato.

IL SUICIDIO COME MODELLO FILOSOFICO-LETTERARIO

La figura di Catone, in particolare, incarnò il modello di una resistenza praticabile dagli spiriti liberi di fronte a un potere autoritario, che non ammetteva alternative politiche: Catone era l'eroe che aveva perso sul piano storico, ma aveva dimostrato con il suicidio la propria invincibile libertà interiore. Il suicidio, da condanna imperiale inflitta al nobile che congiurava contro l'autorità, diventò così occasione di testimonianza politica e morale. Una condotta stoica esemplare davanti alla morte è attribuita, per esempio, allo storico Cremuzio Cordo, suicidatosi prima della condanna inflittagli da Tiberio per i suoi libri filorepubblicani; autore di una vera e propria biografia di Catone fu invece il campione dell'opposizione a Nerone, Tràsea Peto, suicida a seguito della congiura dei Pisoni (65 d.C.). Ma anche **Seneca** filosofo, suicida dopo la stessa congiura, aveva evocato questo tipo di morte nella *consolatio ad Marciam*, trasformandola nell'atto di autodifesa spirituale di un sapiente, che con la morte conferma la validità dei contenuti della sua opera.

"Il tempo dell'autore", pp. 69, 53

Lucano, altra vittima della repressione neroniana, portò alle estreme conseguenze la coscienza aristocratico-repubblicana della mancanza di alternative alla tirannide del principato: nel suo poema *Pharsalia*, infatti, rappresenta Catone come il saggio stoico che, di fronte a un destino che impone la fine della *libertas* per Roma e pur consapevole della sconfitta cui è destinato, sceglie comunque di impegnarsi nello scontro con Cesare e, in ultimo, di darsi la morte sulla base della coscienza della propria libertà morale.

Anche il suicidio stoico, del resto, poteva ridursi a una vanitosa posa teatrale. A denunciarlo è **Petronio**, maestro di stile di Nerone, che, secondo Tacito (➤ p. 332), rifiutò per il suo suicidio, sempre collegato alla congiura dei Pisoni, la teatralità austera del santo stoico, e scelse invece di accompagnare il trapasso con la lentezza dolce della con-

"Il tempo dell'autore", p. 169

versazione scherzosa e dell'intrattenimento letterario. Il fermo controllo di sé e il rifiuto di ogni vuota ostentazione di virtù forse dimostrano, del resto, che anche il cortigiano Petronio era partecipe della austera tradizione repubblicana del *mos maiorum*.

TESTI E TEMI | IL SUICIDIO DI SENECA (TACITO, *ANNALES* 15, 62-64)

«LASCIO L'IMMAGINE DELLA MIA VITA» Nerone nel 65 d.C. invia i suoi pretoriani presso Seneca, per comunicargli che per lui era stata decisa la morte, in quanto sospettato di far parte di coloro che, riunitisi attorno a Pisone, avevano ordito una congiura contro il principe. Di fronte a tale intimazione Seneca decide di darsi volontariamente la morte, imitando il gesto di Catone Uticense, da lui numerose volte ricordato nelle sue opere. Il suicidio rappresenta per il filosofo il gesto estremo di libertà: l'accettazione della morte – nella razionale consapevolezza, caratteristica dello stoicismo, che dopo di essa non esiste probabilmente nulla – rappresenta l'adesione al corso degli eventi (il fato) fino alle estreme conseguenze e viene a coincidere, nell'ottica stoica, con la virtù. In questo senso, compiuto il suo disegno di vita, il filosofo lascia come eredità ai posteri, come esempio di onestà intellettuale, l'immagine della sua vita, e soprattutto di come essa si sia onorevolmente conclusa.

IL RACCONTO DI TACITO Tacito (➛ p. 322) racconta la morte del filosofo nel libro XV degli *Annales*: il suicidio, portato a compimento senza disperazione, vicino alle persone che gli erano care (dato che Seneca aveva ricevuto l'intimazione mentre era a cena con la moglie Paolina e alcuni amici) ricorda la morte di Socrate, avvenuta nel carcere di Atene, dove il filosofo, dopo aver assunto la cicuta, si spense senza mai interrompere la conversazione con i discepoli che lo circondavano, come narra Platone nel *Fedone*.

[62] Lui, senza mostrare timore, chiede le tavolette su cui redigere il proprio testamento; ma, dato che il centurione lo impediva, rivoltosi agli amici, visto che gli veniva impedito di ringraziarli per i loro meriti, afferma di lasciar loro in eredità l'unico e più bel bene di cui era in possesso, l'immagine della sua vita. Se si fossero ricordati di quella, da un'amicizia tanto salda avrebbero ricavato la fama di virtù. Allo stesso tempo frena le loro lacrime ora con parole, ora con maggior severità, al modo di chi richiama al dovere della fermezza, chiedendo insistentemente dove siano finiti gli insegnamenti della saggezza, dove la forza della ragione nell'imminenza delle sciagure, argomento su cui per tanti anni si era riflettuto. A chi del resto era ignota la ferocia di Nerone? Dopo aver fatto fuori la madre e il fratello [*Nerone aveva eliminato Agrippina, sua madre, e Britannico, suo fratello adottivo*], non gli rimaneva nient'altro che aggiungere l'assassinio del precettore e maestro.

[63] Dopo aver riflettuto in mezzo a tutti di tali questioni, abbraccia la moglie, e, un poco inteneritosi nonostante la viva forza d'animo, la prega ripetutamente di moderare il dolore, per non mantenerlo troppo a lungo, e di sopportare il rimpianto per il marito cercando un'onorevole consolazione nel ricordo di una vita trascorsa sulla via della virtù. Quella invece afferma con serietà che la morte è destinata anche a lei e invoca la mano dell'assassino. Allora Seneca, non contrario al suo onorevole gesto, e anche per amore, per non lasciare l'unica donna da lui amata esposta alle offese, disse: «Ti avevo mostrato come consolare la vita, tu invece preferisci la bellezza della morte: non mi opporrò a un gesto esemplare. Sia pure pari, per te e per me, la fermezza di fronte a una morte tanto crudele, nella tua fine c'è tuttavia maggiore nobiltà». E dopo queste parole con il medesimo gesto recidono con un pugnale le vene dei polsi. Seneca, dato che il suo fisico anziano e provato dal digiuno versava sangue lentamente, recide anche le vene delle gambe e dei polpacci; e spossato per i lancinanti dolori, per non fiaccare il coraggio della moglie con la vista della propria sofferenza e per non cedere lui stesso per l'incapacità di sopportare la vista di lei, la convince a ritirarsi in un'altra camera. Quindi, dato che la parola non venne meno fino all'ultimo istante, fatti chiamare degli scrivani, dettò molti pensieri, che tralascio di parafrasare, in quanto resi pubblici con le sue parole originali.

[64] Ma Nerone, non avendo alcun motivo particolare di odio nei confronti di Paolina, perché l'odio nei confronti della sua crudeltà non aumentasse troppo, fa recapitare l'ordine che la morte di lei sia impedita. Al comando dei centurioni i servi e i liberti fasciano i suoi polsi e fermano l'emorragia: non è dato sapere se lei se ne rendesse conto.

Infatti, come è abitudine del popolo pronto a dar credito alla voce peggiore, non mancarono quelli che si dissero sicuri che Paolina, fin a quando aveva creduto che l'ira di Nerone fosse implacabile, aveva cercato la gloria morendo insieme al marito, successivamente, apertosi uno spiraglio di speranza, era stata vinta dalla lusinga della vita. Ma a lui sopravvisse ancora per pochi anni, nell'onorevole ricordo del marito e con il volto e le membra di un tale pallore da rendere palese che molto dello spirito vitale era andato disperso.
Seneca intanto, poiché si prolungava lentamente l'agonia, prega Stazio Anneo, da lungo tempo suo amico sincero e medico di rinomata competenza, di somministrargli il veleno, già preparato in precedenza, con cui si facevano morire i condannati secondo le sentenze del popolo ateniese [*la cicuta*]; ma, una volta fornitogli, lo assunse inutilmente, dato che ormai gli arti erano irrigiditi e il fisico era insensibile alla forza del veleno. Infine si immerse in una vasca di acqua calda, con cui spruzzò leggermente i servi che stavano vicini, aggiungendo che offriva quell'acqua come libagione a Giove Liberatore [*probabilmente per ringraziare di essere stato liberato dalla vita; anche Socrate poco prima di morire offrì un sacrificio di ringraziamento a una divinità*]. Quindi fu trasferito in una stanza da bagno assai riscaldata e rimase esanime a causa del vapore, quindi fu cremato senza alcuna cerimonia funebre. Così aveva lasciato scritto in alcuni documenti, quando, al culmine della ricchezza e del potere, dava disposizioni sulle sue esequie.

(Tacito, *Annales* 15, 62-64; trad. di A. Balestra)

LO STOICISMO: UNA FILOSOFIA DELL'ORDINE COSTITUITO

Sul versante opposto, la concezione stoica forniva anche gli strumenti per la potenziale legittimazione della funzione provvidenziale e razionale della autorità del principe, in analogia con l'ordine dei fenomeni fisici. La pacificazione politica portata da Augusto nel mondo aveva favorito la diffusione del principio stoico secondo cui gli avvenimenti hanno un fine interno positivo, che l'uomo non può condizionare ma solo riconoscere razionalmente; il mondo sarebbe un organismo vivente all'interno del quale opera il dio, che ordina con giustizia la realtà; l'uomo, dunque, deve accettare con fiducia il corso delle cose, impegnandosi a riconoscere intellettualmente questo ordine in tutti i fenomeni; la monarchia corrisponde sul piano politico alla mente divina che ordina il mondo.

Sulla base di questi princìpi, che risalivano alle teorizzazioni politico-filosofiche già affermate nelle monarchie ellenistiche, **Seneca** aveva – inutilmente – cercato di spingere il giovane Nerone a interpretare in modo non tirannico il suo ruolo, adottando una condotta illuminata e clemente, e per questo aperta al dialogo con il senato e i ceti colti. Queste concezioni, però, avrebbero trovato una ben più forte legittimità politica sotto i Flavi, e poi soprattutto gli Antonini.

"Il tempo dell'autore", p. 69

ORDINE COSMICO E ORDINE STORICO

La diffusione di concezioni fatalistiche della realtà aveva portato nella prima età imperiale alla crescente penetrazione a Roma, in tutte le fasce sociali, di culti di origine orientale (Iside, Mitra, Cibele ecc.), che introducevano nella dimensione comunitaria della religione romana un bisogno di benessere individuale da parte del fedele. La nuova religiosità si esprimeva nella purificazione della condotta personale e nel riconoscimento del valore escatologico della morte, che offriva un destino privilegiato a colui che veniva iniziato ai misteri di ogni culto, a compensazione dei mali della vita reale, che non potevano essere modificati.

Il bisogno di dominare le inquietudini favorì anche la diffusione di saperi magici ed astrologici, in grado di dimostrare (anche grazie all'innesto sul tronco della filosofia stoica) che l'ordine storico rimanda a un ordine cosmico comprensibile e spiegabile. Questi interessi, insieme al gusto ellenistico per una poesia elegante e difficile, avevano portato lo stesso **Germanico** a tradurre in latino i *Fenomeni* di Arato (un poema astrologico greco del III secolo a.C.) e a progettare un suo poema astrologico, di cui ci restano soltanto frammenti. La traduzione di Arato rappresenta per Germanico l'occasione di illustrare le sue vaste competenze astrologiche, con cui aggiorna la mappa delle costellazioni presente nell'originale greco. I modelli stilistici di riferimento per la traduzione sono Virgilio e Ovidio. Germanico dedica il poema a un padre (*genitor*), pregandolo di assicurargli quella pace che consenta l'impegno poetico: non sappiamo se intendesse rivolgersi ad Augusto o a Tiberio, ma è possibile che, nella fatalità dei movimenti celesti, Germanico cercasse anche così di trovare la conferma della sua successione a Tiberio.

MANILIO: UN LIBERO VIAGGIATORE DELL'UNIVERSO

L'esigenza di rappresentare un cosmo ordinato secondo una fatalità rigorosa e provvidenziale è interpretata nel modo più sistematico dal poema didascalico di Manilio (➤ p. 236), un autore di cui conosciamo solo il nome. Nei suoi *Astronomica* (poema in cinque libri, di età tiberiana) Manilio rivendica di aver affrontato per la prima volta in poesia una materia difficile a causa della terminologia tecnica e della complessità dei calcoli numerici: il poema, infatti, contiene una complessa descrizione dei segni zodiacali e delle congiunzioni dei pianeti, delle corrispondenze tra i segni e le parti del corpo umano, infine della tecnica degli oroscopi. La scelta del tema è motivata dal desiderio di andare oltre le abusate tematiche epiche virgiliane e dal rifiuto di un pubblico che cerchi nella poesia solo facile intrattenimento; il tema scientifico, invece, consente a Manilio di percorrere con vibrante emozione gli spazi immensi dell'universo, per rivelare che i fenomeni celesti sono eternamente regolari e inalterabili. I movimenti cosmici sono infatti regolati da norme rigorose che fanno prevedere le posizioni degli astri; ed è possibile fare previsioni, perché c'è una corrispondenza tra i fenomeni celesti, le variazioni meteorologiche e stagionali dell'atmosfera e lo sviluppo fisico degli esseri viventi sulla terra.

Manilio, come Lucrezio, vive il tormento di dover trovare una conciliazione tra la verità scientifica e le esigenze dell'espressione poetica; allo stesso modo, esalta le possibilità infinite della ragione umana e manifesta l'orgoglio di portare in mezzo agli uomini verità nascoste e assolute; Manilio, però, rovescia la prospettiva di Lucrezio, perché celebra il sapere scientifico non come conquista epica dell'intelligenza umana, ma come un dono che la provvidenza fa all'uomo. Il poeta tratteggia, infatti, una cosmologia stoica, in base alla quale il dio coincide con il mondo, tenuto insieme da una "simpatia" che lega anche l'uomo al macrocosmo. Il canto poetico consente al cosmo di gioire di questo rispecchiamento.

■ Atlante Farnese, II sec. d.C. Napoli, Museo Archeologico Nazionale.

Sul piano storico, lo svolgimento degli eventi è necessitato in modo ferreo e risulta inutile ogni reazione dell'individuo a esso: «ciascuno deve sopportare il proprio destino», dice Manilio (4, 22). La disposizione gerarchica delle classi sociali sulla terra si riflette nella disposizione degli astri: la subordinazione dei corpi inferiori agli alti ranghi (*proceres*) è la garanzia di una convivenza che evita lo scontro tra i corpi celesti e, sulla terra, lo scontro tra i gruppi sociali. Il poema sembra, dunque, concludersi con una legittimazione cosmica dell'ordine sociale governato dal *princeps*; ma i riferimenti concreti al principe non sembrano sempre del tutto integrati alle emozioni intellettuali del poeta, segno, forse, della formalità di certe manifestazioni di ossequio.

6. IL DIFFICILE MESTIERE DELLO STORICO

LA STORIOGRAFIA SENATORIA E IL *PRINCEPS*

Dopo l'instaurazione del principato, la storia di Roma venne a coincidere – almeno nella lettura data dai contemporanei – con la storia degli imperatori. Ma il giudizio degli storici latini sui prìncipi fu condizionato dal fatto che a Roma, tradizionalmente, gli scrittori di storia provenivano in prevalenza dalle file dell'aristocrazia senatoria: l'immagine storica dei prìncipi giulio-claudi riflette quindi la sfiducia che l'aristocrazia nutriva nei confronti di un potere assoluto capace di minacciare il dominio della stessa aristocrazia senatoria. Il principato, perciò, venne rappresentato come una degenerazione tirannica della repubblica e i singoli prìncipi furono di volta in volta giudicati in base al grado di *libertas* repubblicana che, secondo gli autori, essi avevano riconosciuto ai senatori.

In queste rappresentazioni la parabola del governo di ogni principe segue uno schema costante: all'inizio il *princeps* si presenta equilibrato e disponibile alla collaborazione con il senato; segue un momento-spartiacque, spesso identificato con l'inizio della follia del principe; infine inizia un periodo di cupo terrore e di crimini efferati. La gravità e l'assurdità dei crimini aumentano, nelle versioni degli storici senatori, in rapporto alla forza delle rivendicazioni assolutistiche degli imperatori: ciò spiega la rappresentazione particolarmente negativa di Caligola e di Nerone. Proprio questa tradizione ostile avrebbe poi alimentato i grandi ritratti degli imperatori giulio-claudi composti nel II secolo d.C. da Svetonio (➤ p. 330) e da Tacito (➤ p. 322), che costituiscono ancora oggi una fonte essenziale per la ricostruzione storica del periodo.

UN ALTRO PUNTO DI VISTA SUL PRINCIPATO

La repressione del dissenso nobiliare da parte dei prìncipi – a partire già da Augusto, nel caso di Tito Labieno – e il trascorrere del tempo portarono alla perdita delle opere degli storici che esprimevano sentimenti di nostalgia repubblicana: opere come gli *Annales* di Cremuzio Cordo, già ricordato, o le opere di Aufidio Basso, Servilio Noniano (forse utilizzato come fonte da Tacito) ecc.

Il progressivo formarsi di un ceto di funzionari fedeli ai prìncipi portò, d'altro canto, alla composizione di opere storiche che, aderendo in modo sincero e non ideologico al nuovo regime, offrivano una "contro-storia" positiva del principato: una storia che, dal nostro punto di vista, racconta i fermenti e il protagonismo dei nuovi ceti sociali su cui il *princeps* poggiava la sua affermazione. L'unica *Storia di Roma* d'età tiberiana giunta fino a noi è quella di **Velleio Patercolo**, ufficiale di origine irpina, devoto funzionario militare del principe, che Velleio aveva seguito durante le sue campagne militari. Le ragioni della composizione dell'opera non sono chiare: essa si presenta come una storia universale, che muove dalla guerra di Troia fino al principato di Tiberio; Velleio, nel solco di Sallustio, interpreta la storia romana come un processo di decadenza rispetto a una fase originaria valorosa e virtuosa, ma celebra il riscatto e l'apertura ottimistica verso il futuro mediante l'elogio di Augusto e di Tiberio. L'obiettività dello storico risente del suo affetto sincero per Tiberio e dell'apprezzamento per la scalata sociale di Seiano, di cui esalta la fedeltà al principe e l'abnegazione nell'assolvere le sue funzioni. Proprio l'elogio di Seiano, del resto, costituisce un esempio di quella "ideologia dei burocrati" (come l'ha definita A. La Penna), con cui personaggi di origine non nobile, come appunto Velleio, nobilitavano la loro ascesa al servizio del principe e si riconoscevano nel successo sociale di chi, come Seiano, pur di origini modeste, era diventato una personalità decisiva dell'impero.

Per Velleio, la storia di Roma si riduce a una serie di ritratti di grandi personaggi, dalle cui caratteristiche morali si originano i processi storici: degli avversari di Giulio Cesare, per esempio, lo storico condanna le mire tiranniche (nel caso di Bruto e Cassio), o celebra le virtù (nel caso di Catone), ma in astratto, staccando le stesse virtù da quella che fu la loro reale applicazione politica. Un aspetto originale, benché di modesto valore, è infine l'inserimento nella narrazione storica di temi legati alla storia della cultura, come la disquisizione circa le cause della decadenza dell'oratoria. Lo stile si presenta semplice e lineare nelle sintesi storiche, più vivace nei ritratti e nella narrazione degli episodi esemplari.

TESTI E TEMI

LODI DI TIBERIO (VELLEIO PATERCOLO, *STORIA DI ROMA* 2, 114, 1-3; 103, 3-5)

L'AMMIRAZIONE DI VELLEIO PER IL PRINCIPE La *Storia di Roma* di Velleio Patercolo riserva uno spazio decisamente ampio a Tiberio, il generale al quale l'autore era legato dal tempo in cui aveva militato ai suoi ordini. L'ammirazione è sincera ed è dettata soprattutto dalla riconoscenza per l'estrema umanità dimostrata da Tiberio nei confronti dei legionari durante le lunghe campagne condotte in Germania e in Pannonia.

Che gesto splendido non solo a raccontarsi, ma grandissimo per autentica e reale virtù e utilità, dolcissimo per chi ne abbia fatto esperienza e unico per umanità! Per l'intera durata della guerra in Germania e in Pannonia nessuno di noi [*ufficiali di cavalleria*] o di grado superiore o inferiore al nostro fu malato senza che la sua salvezza e salute non trovasse l'assistenza di Tiberio Cesare al punto che lui, pur impegnato in affari di tanto grande importanza, trovava il tempo soprattutto per questo tipo di faccende. Un carro sempre aggiogato era tenuto pronto per chi ne avesse avuto bisogno, e la sua lettiga personale era a disposizione di tutti, della cui utilità anch'io, come altri, ho avuto modo di far prova. Diventa una risorsa per il benessere di tutti ora il materiale di pronto soccorso, ora la cucina da campo, ora il necessario per il bagno caldo, attrezzature portate in quella campagna per le necessità di lui solo. Mancavano soltanto una ricca dimora e i domestici, per il resto nulla di ciò che da quelli potesse o essere messo a disposizione o rendersi necessario. Aggiungerò ciò che chiunque abbia partecipato a quelle campagne crederà senza dubbio, come le altre cose che ho detto: Tiberio procedette sempre a cavallo senza scorta e, per la maggior parte della durata delle spedizioni, cenò rimanendo seduto [*quindi non partecipando a lussuosi banchetti, durante i quali i commensali prendevano posto sui letti triclinari*], circondato solo da quanti aveva invitato. Si mostrò indulgente verso quanti non rispettavano la disciplina, tutte le volte che il cattivo esempio non fosse risultato dannoso; era frequente il richiamo, talvolta anche i rimbrotti, ma la punizione rarissima, e si comportava con moderazione, facendo finta di non vedere molte cose, e impedendone alcune.

(Velleio Patercolo, *Storia di Roma* 2, 114, 1-3; trad. di A. Balestra)

In alcuni casi tuttavia la comprensibile ammirazione del soldato per un comandante che si distingueva per il rispetto e l'umanità con cui trattava i militari lascia il posto a vera e propria adulazione, come nel momento in cui viene rievocata l'adozione di Tiberio da parte di Augusto, avvenuta nel 4 d.C. Lo storico si lascia andare a toni trionfalistici, mentre sappiamo che per Augusto la scelta fu un doloroso ripiego, dovuto alla morte di coloro che aveva prospettato per la successione.

E così [Augusto], ciò che avrebbe voluto fare dopo la morte di Lucio Cesare, quando Caio Cesare era ancora vivo, e che gli era stato impedito dal deciso rifiuto di Tiberio, insistette per effettuarlo dopo la morte di entrambi i giovani: stabilì cioè che Tiberio condividesse con lui la *tribunicia potestas*, nonostante lui si opponesse non solo in privato ma anche di fronte al senato, e, durante il consolato di Elio Cato e di Caio Senzio, ne dispose l'adozione, il giorno 27 giugno, settecentocinquantaquattro anni dopo la fondazione di Roma, ventisette anni or sono.
A stento potremo esprimere con la dovuta misura, e in questo luogo non tenteremo nemmeno, a proposito di quel giusto provvedimento il tripudio di quel giorno e l'accorrere della cittadinanza e i sogni di quanti avevano l'impressione per la gioia di toccare il cielo con le mani, e la speranza di sicurezza e di eternità per l'impero romano; ci rende felici anche solo aver affermato questo, quanto quell'uomo sia stato propizio e fausto per tutti. Allora brillò per i genitori la sicura speranza di avere figli, per gli uomini di avere matrimoni felici, per i proprietari di conservare il patrimonio, per tutti gli uomini di avere salvezza, quiete, pace, tranquillità, al punto tale che non si sarebbe potuto sperare di più e alle speranze non si sarebbe potuto rispondere in modo più adeguato.

(Velleio Patercolo, *Storia di Roma* 2, 103, 3-5; trad. di A. Balestra)

Altrettanto devota nei confronti di Tiberio è l'opera *Factorum vel dictorum memorabilium libri*, in nove libri, di **Valerio Massimo**. In essa l'autore, di umili origini, esalta il principe come il custode di grandi virtù, celebrate appunto nel corso dell'opera, mentre critica violentemente Seiano: forse segno, questo, di una nuova stagione politica rispetto all'epoca di Velleio. L'opera di Valerio Massimo riporta aneddoti su personaggi famosi della storia latina e greca, divisi per temi, in una novantina di rubriche (costanza, clemenza, vita militare ecc.). La ripartizione della materia non è rigorosa, ma sembra procedere secondo un ordine casuale e legato all'estemporaneità della raccolta del materiale da parte dell'autore.

Le virtù esaltate sono quelle del *mos maiorum* repubblicano, scelte forse per sostenere il tradizionalismo con cui Tiberio giustificava ideologicamente il suo regno. Oltre all'esaltazione di Tiberio, comunque, l'opera di Valerio Massimo ha lo scopo di offrire un campionario dell'etica romana, messa a confronto con i costumi di altre popolazioni, per educare il lettore, intrattenendolo. In particolare, la raccolta doveva fornire materiali per le declamazioni agli allievi delle scuole di retorica, veicolando nel contempo i valori di riferimento del principato. Lo stile dell'opera si presenta molto elaborato, pieno di formule retoriche e di un lessico ricercato.

LA STORIA COME ROMANZO

Tra l'epoca di Caligola e quella di Claudio si colloca l'opera storiografica di **Curzio Rufo**, intitolata *Historiae Alexandri Magni*, in 10 libri (di cui non ci sono giunti i primi due e il proemio). Curzio narra le imprese di Alessandro Magno dal 333 a.C. (data della battaglia di Isso, decisiva per la conquista del Medio Oriente) al 323 a.C. (anno della morte di Alessandro); la vicenda si snoda dalla conquista della Siria e dell'Egitto alla marcia, ricca di vittorie e di difficoltà, che porta Alessandro sulle rive dell'Oceano Indiano. La scelta dell'argomento dipendeva dal fatto che il sovrano macedone rappresentava un modello di regalità per i prìncipi, le sue imprese venivano usate come materiale di esercitazione nelle scuole di retorica e gli scenari orientali delle sue campagne militari alimentavano il gusto per l'esotico e il meraviglioso del pubblico romano. Curzio Rufo infatti costruisce l'opera secondo le caratteristiche della storiografia drammatica (o mimetica), di ascendenza ellenistica, che aveva l'obiettivo di avvincere e dilettare il lettore, utilizzando con disinvoltura fonti storiografiche di diverso orientamento e ricche di elementi avventurosi.

Il ritratto di Alessandro che ne esce è quello di una personalità romanzesca, ma complessa: di lui vengono descritte le virtù luminose di condottiero, ma anche gli scoppi d'ira e l'orgoglio superbo. In ciò Curzio Rufo si rifaceva a una radicata tradizione romana, che aveva prodotto una immagine negativa del sovrano macedone, in quanto esempio di una regalità assolutistica, orientale, non adatta a Roma. Dal punto di vista narrativo, invece, Alessandro viene rappresentato nell'atto di compiere un viaggio affascinante in un mondo remoto, che consente all'autore *excursus* etno-geografici sulle popolazioni orientali e descrizioni suggestive di paesaggi esotici e di situazioni fiabesche.

7. LA LETTERATURA TECNICA

FILOSOFIA E SAPERI "MECCANICI"

Presso i Romani la scienza veniva identificata con la filosofia: ciò implicava una separazione tra la scienza pura, attività intellettuale riservata ai ceti elevati colti, e la scienza applicata, destinata ai meccanici, tecnici e artigiani; il sapere scientifico "alto" non si fondava sull'esperimento ma sulla teorizzazione, espressa in trattazioni di prosa filosofica o in poemi didascalici. La sapienza filosofica, del resto, aveva come obiettivo non il progresso tecnologico, ma il perfezionamento morale. Nelle *Naturales quaestiones* di **Seneca** , che trattano in sette libri di geografia fisica, meteorologia ed astronomia, il sapere scientifico coincide con la contemplazione dell'universo, che porta al riconoscimento della divinità.

"Il tempo dell'autore", p. 69

La scienza "bassa" si manifestava, invece, in una serie di saperi professionali, privi di collegamento tra di loro e di riconoscimento all'interno del sistema educativo dei ceti dirigenti (che metteva invece al centro, per motivi ideologici, la formazione politico-retorica). Non erano del resto mancati i tentativi di colmare il dislivello tra le due dimensioni. Nell'età augustea, per esempio, Vitruvio aveva tentato una sintesi tra sapere tecnico ed umanistico nel suo trattato *De architectura* (27-23 a.C.), proponendo per l'architetto, sul modello dell'oratore ciceroniano, la conoscenza delle *artes* (lettere, diritto, musica, medicina) accanto alle discipline professionali (disegno, geometria ecc.). Nel senso opposto si era mossa la scuola dei Sesti, una scuola filosofica fiorita a Roma tra la seconda metà del I secolo a.C. e l'inizio del I secolo d.C., che aveva cercato, sotto la direzione del medico Sestio Nigro (figlio del fondatore Quinto Sestio), di subordinare la scienza pura a quella applicata, ma senza riuscire a definire un modello organico di sapere che concepisse il progresso come frutto di una crescita tecnologica e non di un miglioramento morale.

LA SCIENZA COME INTRATTENIMENTO

Le scienze applicate venivano trattate, per tradizione già ellenistica, in opere di tipo enciclopedico, in cui erano distinti i diversi campi dello scibile. L'obiettivo di questa classificazione, però, non era più quello – caro ad Aristotele – di realizzare la sintesi organica tra le singole scienze e una filosofia generale che interpretasse il mondo, ma di informare e intrattenere le persone colte. L'altra forma espressiva tipica del sapere scientifico era il manuale, di derivazione alessandrina, sempre rivolto alla formazione dell'uomo di cultura o del professionista. Gli autori di questo tipo di opera erano cultori dilettanti delle discipline, o al contrario tecnici specializzati delle stesse: queste differenze influiscono, alternativamente, sulla precisione dei contenuti, oppure sulla ricercatezza retorica dello stile.

La prima età imperiale segnò, comunque, una crescita della richiesta di divulgazione scientifica, per via dell'aumento dei ceti tecnico-professionali (medici, architetti, agronomi ecc.) e del personale politico chiamato a gestire complessi problemi amministrativi nei vari territori dell'impero. Prese piede, inoltre, il gusto per l'intrattenimento scientifico mediante raccolte di fatti sorprendenti (*mirabilia*), raccolti dai cosiddetti "paradossografi": presunti viaggiatori, che in realtà riportavano notizie da trattati scientifici o da materiali eterogenei, spesso poco attendibili.

L'ENCICLOPEDIA MEDICA DI CELSO

In età tiberiana visse il miglior prosatore tecnico latino: **Aulo Cornelio Celso** (14 a.C. circa-37 d.C. circa). Della sua enciclopedia, forse ripartita in monografie disciplinari autonome, ci è pervenuto solo il *De medicina*, in otto libri, che si caratterizza come un *unicum* nella letteratura medica dei primi due secoli dell'impero, tradizionalmente in lingua greca. Celso intende illustrare i principi delle due scuole mediche principali del suo tempo: la scuola dogmatica e quella empirica. Esse riflettevano il superamento (anche grazie al contatto con la cultura greca) della medicina tradizionale romana, intrisa di magia e di religione, e l'apertura a una visione della medicina fondata su

Rilievo raffigurante Telefo sottoposto a un'operazione chirurgica. Da Ercolano. I sec. d.C. Napoli, Museo Archeologico Nazionale.

una concezione filosofico-razionale della realtà. I dogmatici, sulla base della tradizione legata a Ippocrate (il padre della medicina greca), ritenevano che la cura delle malattie dovesse basarsi sulla conoscenza teorica dell'organismo e dei suoi processi; gli empirici, invece, sostenevano, sulla base della filosofia scettica, che solo l'osservazione delle reazioni dei pazienti ai farmaci potesse risultare illuminante circa l'individuazione della terapia. Celso, in sintonia con gli empirici, circoscrive la sua trattazione alla dietetica (in cui collega lo stile di vita del paziente alle prescrizioni mediche), alla farmacologia e alla chirurgia. La sua rassegna delle posizioni delle diverse scuole al riguardo delle singole patologie offre, però, un quadro importante della scienza medica dell'età ellenistica. Non meno importante è la costruzione da parte di Celso di un linguaggio divulgativo nuovo, con cui, in un latino chiaro ed elegante, egli riesce ad affrontare questioni tradizionalmente illustrate in lingua greca.

Dell'età di Claudio è invece il ricettario (*Compositiones*) di **Scribonio Largo**: in esso l'autore propone il modello ippocratico di medico tenuto a curare con umanità pazienti di ogni estrazione sociale.

IL MONDO IN UN CATALOGO

Catalogo onnisciente della natura è la *Naturalis historia*, in 37 libri, di **Plinio il Vecchio** (23-79 d.C.): la materia spazia dalla mineralogia alla geografia, dalla medicina alla botanica e alla storia dell'arte; l'opera si presenta, dunque, come un enorme "inventario" (G.B. Conte) del mondo della natura, frutto di una ricerca di informazioni libresche o di osservazioni empiriche animate da una insaziabile *curiositas* (da intendere in tal caso come desiderio di conoscenza). E fu proprio in nome di questa curiosità che Plinio morì, per aver voluto osservare troppo da vicino l'eruzione con cui il Vesuvio nel 79 d.C. seppellì Pompei ed Ercolano.

Per Plinio i fenomeni naturali non costituiscono mai lo spunto per fare una ricerca sperimentale, ma solo il volto della natura che si manifesta e che deve essere descritto sulla base di princìpi generali conosciuti: il modello filosofico di interpretazione della realtà, infatti, è la relazione simpatetica tra le cose, di matrice stoica. Questa simpatia implica la negazione di ogni diritto dell'uomo di manipolare con la tecnologia i fenomeni naturali, che si producono per il bene dell'umanità e per questo vengono descritti dallo scienziato. Ma l'opera di Plinio soddisfaceva le esigenze di informazione e di intrattenimento di un più largo pubblico, interessato anche all'aspetto esotico della natura. Il legame tra la moltitudine dei dati raccolti è costituito dalla continua capacità dell'autore di stupirsi dello spettacolo ininterrotto della natura, e di far stupire il lettore. Questo spettacolo, del resto, deve compensare l'infelicità che grava sull'essere umano per via della sua condizione di perenne esposizione al dolore. Sul piano politico, invece, Plinio introduce l'interessante concetto che la *pax* portata dal *princeps* faccia male alla vivacità dell'indagine scientifica, in quanto placa i conflitti sociali che, invece, alimentano il confronto e la ricerca intellettuale.

L'AGRICOLTURA COME FILOSOFIA

Dignità filosofica pretende, per l'agricoltura, **Columella** nel suo *De re rustica*, in 12 libri, che costituisce il più grande trattato di scienze agricole del mondo antico. Columella rivendica una formazione enciclopedica per l'agricoltore che voglia trovare (sul modello di Varrone) insieme al vantaggio economico (*utilitas*) anche il piacere (*voluptas*) di una vita sana e morigerata in campagna. Questa formazione appariva tanto più urgente all'epoca di Columella, in cui servivano soluzioni per rispondere alla crisi dell'agricoltura italica, ma nel contempo veniva trascurata proprio la formazione tecnica del proprietario terriero: ciò causava spesso l'abbandono delle terre da parte dei contadini, che si trasferivano in città, dove però conducevano una vita inoperosa, mentre la gestione delle aziende agricole veniva lasciata alla manodopera servile.

Nell'opera di Columella, quindi, l'agricoltura si presenta come una risorsa economica da rilanciare ma anche come un possibile antidoto alla crisi del *mos maiorum*. L'agricoltore non deve avere un'intelligenza raffinatissima, ma neppure grossolana: occorrono cognizioni di astronomia e di meteorologia, oltre a una conoscenza approfondita della natura; tutte nozioni acquisibili soltanto attraverso l'apprendimento della disciplina. L'opera di Columella affronta così le tematiche della coltivazione del suolo e dell'allevamento degli animali, ma anche i doveri del massaro e della massaia. Il decimo libro è in versi, sul modello delle *Georgiche* di Virgilio, e in tal caso Columella si dimostra pure abile versificatore.

LA GEOGRAFIA DI POMPONIO MELA

Il primo manuale di geografia latina a noi pervenuto è quello composto (all'epoca di Claudio) da **Pomponio Mela** e intitolato *De chorographia*, in 3 libri. Pomponio riprende i trattati greci dello stesso argomento, ma in modo dilettantesco, senza competenze di geografia matematica e senza coinvolgimento culturale. L'interesse per la geografia si imponeva ai Romani per controllare il loro grande impero, ma il loro approccio tradisce una acquisizione obbligata della trattatistica greca, senza però avere alle spalle la tradizione marinara che il modello presupponeva. Il metodo greco delle descrizioni geografiche era infatti quello del periplo: la descrizione dei porti di un determinato mare, con le indicazioni utili alla navigazione e talora con notizie etnografiche sulle forme di vita politica e religiosa delle popolazioni. Pomponio utilizza questo metodo, ma riporta in modo acritico informazioni desunte dalla tradizione manualistica, incorrendo spesso in errore.

LE RICETTE DI UN GHIOTTONE

Viene considerata come appartenente alla prosa tecnica anche la raccolta di ricette di cucina di **Marco Gavio**, detto "**Apicio**": un gaudente crapulone vissuto in età tiberiana. Queste ricette sono confluite nel *De re coquinaria*, che in realtà raccoglie materiali che vanno dal II secolo a.C. al IV secolo d.C.; l'opera è scritta in un latino semplice, adatto all'uso quotidiano da parte dei cuochi.

Scena di banchetto in un *triclinium* pompeiano, I sec. d.C. Pompei, Casa dei casti amanti.

La ricercatezza di alcune pietanze descritte da Apicio rimanda alla *cena Trimalchionis*, la sontuosa cena descritta nel *Satyricon* di Petronio (➤ p. 173): anche in ciò il ricettario di Apicio costituisce un segno del passaggio dall'alimentazione semplice della tradizione patriarcale a nuove abitudini alimentari, in un mondo dove il cibo attesta codici sociali nuovi, improntati all'ostentazione e a modelli etici alternativi rispetto a quelli aristocratico-repubblicani.

GUIDA ALLO STUDIO

1. Come cambia il rapporto tra potere e intellettuali con la fine dell'età augustea?

2. Quali sono le conseguenze sull'arte retorica della crisi dell'oratoria civile?

3. In che modo la filosofia stoica, che in età repubblicana si sposava con l'impegno civile al servizio dello Stato, diventa in età imperiale una sorta di "filosofia di opposizione"?

4. Per quale motivo la *Storia di Roma* di Velleio Patercolo ci appare dissonante rispetto al resto della produzione storiografica di autori come Tacito o Svetonio?

5. In che senso la *Historiae Alexandri Magni* di Curzio Rufo può essere avvicinata al genere del romanzo?

6. Qual è la principale novità introdotta dalle opere di Celso e di Scribonio Largo nella medicina tradizionale romana?

INDICAZIONI BIBLIOGRAFICHE

Agili ma densi profili di storia dell'impero sono forniti in K. Christ, *Breve storia dell'Impero Romano*, Bologna 2003, e C.M. Wells, *L'impero romano*, Bologna 2005. Accattivante nello stile è la trattazione della storia imperiale per temi, in G. Woolf, *Roma. Storia di un impero*, Torino 2014. Illuminante è l'analisi della corte giulio-claudia in M. Pani, *La corte dei Cesari tra Augusto e Nerone*, Roma-Bari 2003. Incisivi profili storico-letterari dell'età giulio-claudia si trovano in M. Citroni, *Produzione letteraria e forme del potere. Gli scrittori latini nel I secolo dell'Impero*, in *Storia di Roma*, Vol. 2, III, Torino 1992, pp. 383-435, e A. La Penna, *La cultura letteraria a Roma*, Roma-Bari 2006. A questi ultimi si può aggiungere la vivace e documentata analisi del rapporto tra letterati e *principes* svolta in E. Paratore, *La letteratura latina dell'età imperiale*, Firenze 1969.
Per comprendere la complessità metropolitana della città di Roma sotto l'impero, sono utili i saggi raccolti in E. Lo Cascio (a cura di), *Roma imperiale. Una metropoli antica*, Roma 2010. Per approfondire la figura delle donne della famiglia imperiale nel contesto della storia delle donne romane, si veda F. Cenerini, *Dive e donne. Mogli, madri, figlie e sorelle degli imperatori romani da Augusto a Commodo*, Imola 2009; Il saggio di E. Cantarella, *La vita delle donne*, in *Storia di Roma*, Vol. 4, Torino 1989, pp. 557-608, consente invece di ricostruire i caratteri di fondo del ruolo storico delle donne. Costituisce una ricca introduzione al rapporto tra filosofia e scienza il testo introduttivo di P. Parroni alle *Ricerche sulla natura* (*Naturales quaestiones*) di Seneca, Milano 2002. Un profilo delle religioni misteriche dell'età imperiale e una ricca antologia di testi originali con traduzione italiana e commento si trovano in P. Scarpi (a cura di), *Le religioni dei misteri*, Vol. II, Milano 2002; testi esemplari della tradizione magico-astrologica antica, sempre con traduzione italiana e commento, sono riportati in G. Luck (a cura di), *Arcana Mundi*, 2 voll., Milano 1999.

SINTESI

La dinastia giulio-claudia (14-69 d.C.)

Il contesto storico e sociale

- I prìncipi della **dinastia giulio-claudia** furono Tiberio (14 d.C.-37 d.C.), Caligola (37 d.C.-41 d.C.), Claudio (41 d.C.-54 d.C.) e Nerone (54 d.C.-68 d.C).
- **Tiberio** cercò di esercitare il suo potere nel rispetto della tradizione repubblicana, ma le resistenze dei senatori, unite allo scoppio di una crisi finanziaria, negli ultimi anni di regno portarono il principe a usare la sua autorità in modo più rigido e repressivo. La scelta del successore contrappose Tiberio e i membri della *gens Claudia*, fautori di un principato rispettoso della repubblica, ad Agrippina Maggiore, vedova di Germanico, e alla *gens Iulia*, che spingevano per un principe più simile ai sovrani orientali. Alla morte di Tiberio, i pretoriani acclamarono imperatore Caligola.
- **Caligola** cercò di imporre un forte potere autocratico, cercando il consenso del ceto equestre e del popolo piuttosto che del senato, ma il progetto del principe si risolse in una serie di iniziative esibizionistiche e provocatorie. Caligola fu ucciso nel 41 d.C. in una congiura, in seguito alla quale i pretoriani acclamarono principe suo zio, Claudio.
- **Claudio** ebbe l'obiettivo di mediare gli interessi dei diversi gruppi sociali e di favorire l'integrazione politica tra le diverse parti dell'impero. L'imperatore divise l'amministrazione del regno in quattro grandi settori e ne affidò la direzione ai suoi liberti, al fine di dotare l'impero di un personale che operasse per conto diretto dell'autorità imperiale. Claudio fu avvelenato forse dalla sua ultima moglie, Agrippina minore, per favorire la successione al trono del figlio di lei, il diciassettenne Nerone.
- **Nerone** interpretò il suo ruolo di reggitore del governo di Roma in senso monarchico, identificando lo Stato con la sua persona e cercando, con l'allestimento di feste e giochi e con una politica monetaria attenta agli interessi popolari, il consenso del popolo dell'Urbe e dei territori orientali dell'impero. Dopo cinque anni di regno condotti sotto la guida di Agrippina, Nerone uccise la madre ed esasperò i contrasti con l'aristocrazia senatoria. L'insofferenza verso lo strapotere del principe portò, dopo il fallimento di una congiura nobiliare, all'insurrezione delle legioni occidentali e dei pretoriani. Nerone si suicidò, aprendo un vuoto di potere che provocò per tutto il 69 d.C un risorgere dei conflitti tra i capi militari. Alla fine il senato elesse principe **Vespasiano**, il generale italico che aveva represso la rivolta giudaica scoppiata nel 66 d.C. sotto Nerone.
- La progressiva affermazione dell'autorità del principe rese il senato politicamente subalterno mentre le **grandi famiglie gentilizie** vennero decimate, soprattutto perché coinvolte nelle sanguinose lotte dinastiche interne alle famiglie dei prìncipi. Le necessità di gestione dello Stato romano, d'altro canto, favorirono l'ascesa di esponenti del **ceto equestre** e anche di **liberti**, coinvolti nella conduzione delle attività economiche collegate, in particolare, al patrimonio personale del principe.
- L'allontanamento dell'esercito da Roma comportò che la sicurezza personale del principe fosse garantita solo dalla fedeltà dei **pretoriani** e del loro comandante, il prefetto del pretorio, che finì per imporsi spesso come una figura di primo piano della politica di Roma (in quanto soggetto influente anche nei conflitti dinastici della corte). I prìncipi giulio-claudi stabilizzarono i **confini** dell'impero grazie alla presenza, a Oriente, di Stati-cuscinetto indipendenti e alla dislocazione delle legioni soprattutto ai confini settentrionali e occidentali.

Il contesto culturale

- La fine della età augustea segnò la **crisi del mecenatismo**, con l'avvio della censura nei confronti degli intellettuali, lo sviluppo di una letteratura cortigiana e il venir meno per i letterati di un progetto culturale comune. Si diffuse il senso di una ineluttabile **decadenza**, che stimolò l'interesse per i generi letterari minori e il ripensamento critico dei modelli augustei. Iniziò, d'altro canto, a formarsi un **nuovo pubblico, allargato e diversificato**, e crebbe, in corrispondenza, il numero degli autori.

- Le politiche culturali dei principi giulio-claudi si presentano poco significative. Il solo **Nerone** ripristinò forme di mecenatismo in parte simili a quelle dell'epoca augustea, ma soprattutto con il fine di legittimare se stesso come principe-artista, detentore di un potere assoluto che non ammetteva limiti.

- Lo **stoicismo** – abbracciato per esempio da **Seneca** – offriva all'aristocrazia senatoria modelli di comportamento per opporsi al principato, ma anche strumenti per legittimare l'autorità del principe, in nome della corrispondenza della monarchia alla divinità che ordina il mondo. Si diffusero anche concezioni fatalistiche della realtà che favorirono la penetrazione in Roma di **culti orientali** e di saperi magici ed astrologici. L'interesse a descrivere l'ordine cosmico si ritrova in **Germanico**, che tradusse in latino i *Fenomeni* di Arato, e negli *Astronomica* di **Manilio**.

- La **retorica** divenne una competenza professionale al servizio dei ceti dirigenti per le loro carriere, mentre la crisi dell'eloquenza civile portò la trasformazione delle ***declamationes*** in esibizioni di virtuosismo oratorio. Prevalse il gusto per uno stile asiano, utile all'intrattenimento spettacolare, ma anche rappresentativo delle oscurità dell'animo umano e delle angosce dei letterati per il destino di Roma sotto il principato: si tratta delle stesse istanze che ritroviamo anche nell'ispirazione dei pochi poeti dell'epoca, come **Lucano** e **Persio**.

- La **storiografia senatoria** rappresentò il principato come una degenerazione tirannica della repubblica; l'opera storica di **Velleio Patercolo**, invece, documenta il punto di vista dei nuovi ceti sociali su cui il principato poggiava la sua affermazione. In età tiberiana, **Valerio Massimo** compose una raccolta di aneddoti su personaggi famosi; le *Historiae Alexandri Magni* di **Curzio Rufo** hanno l'obiettivo di dilettare il lettore, proponendo un ritratto romanzesco di Alessandro e descrizioni suggestive di paesaggi esotici e di situazioni fiabesche.

- La **favola** con **Fedro** acquisì lo *status* di genere letterario autonomo. Un'opera *sui generis* è invece il *Satyricon* di **Petronio**, risalente con ogni probabilità all'epoca neroniana.

- Nell'età imperiale emerse una crescente richiesta di **divulgazione dei saperi tecnico-professionali**, illustrati in opere enciclopediche o in manuali. Si diffuse, inoltre, un gusto per l'intrattenimento scientifico mediante raccolte di *mirabilia* curate dai paradossografi. **Celso** nel suo *De medicina* illustrò con un linguaggio divulgativo nuovo i princìpi delle due scuole mediche principali del suo tempo. La *Naturalis historia* di **Plinio il Vecchio** si presenta come un enorme catalogo dei fenomeni naturali. **Columella** compose il *De re rustica*, il più grande trattato di scienze agricole del mondo antico. Sotto Claudio fu redatto il *De chorographia* di **Pomponio Mela**, il primo manuale di geografia latina. La raccolta di ricette di **Apicio** attesta, infine, i gusti alimentari dei Romani dell'epoca e la nascita di nuovi codici sociali di consumo.

LABORATORIO DELLE COMPETENZE

COMPETENZA DIGITALE

• SAPER UTILIZZARE CON DIMESTICHEZZA E SPIRITO CRITICO LE TECNOLOGIE DELLA SOCIETÀ DELL'INFORMAZIONE (TSI), DELL'INFORMAZIONE E DELLA COMUNICAZIONE (TIC)

1. L'EVOLUZIONE DEL PRINCIPATO IN ETÀ GIULIO-CLAUDIA

Insieme alla tua classe devi realizzare un documentario sul periodo della dinastia giulio-claudia, usando un programma di montaggio video come Moviemaker.
Concordate con l'insegnante i tempi e i luoghi di lavoro (nel laboratorio multimediale, in classe con smartphone o tablet, oppure a casa).

Dividetevi in gruppi secondo l'argomento che ciascuno preferisce approfondire:

- Tiberio
- Caligola
- Claudio
- Nerone
- La società in età imperiale
- Filosofia, scienza, storiografia
- Letteratura tecnico-scientifica

2. COORDINAMENTO DEL LAVORO DEGLI ALTRI GRUPPI E SUPPORTO TECNICO

Ciascun gruppo dovrà preparare i materiali per una proiezione di circa 10 minuti (70 minuti complessivi). I materiali possono comprendere anche musiche di accompagnamento, ma devono innanzitutto prevedere un breve testo, scritto per essere letto, che fornisca informazioni essenziali ma chiare su ciascun argomento.

La seguente tabella potrà fornire a ciascun gruppo brevi spunti per la ricerca di materiali in Internet.

GRUPPO	INFORMAZIONI IRRINUNCIABILI
■ Tiberio 	Legame di parentela con Augusto Compiti e prerogative a lui assegnati Azioni svolte durante il principato Rapporti con il senato Giudizio della storiografia
■ Caligola 	Legame di parentela con Tiberio Concezione del potere Rapporto con il senato Stranezze più famose Giudizio della storiografia senatoria
■ Claudio 	Attività militare Rapporti con i provinciali e *Tabula Lugdunensis* Riforma amministrativa e rapporto con il senato Scandali sulla vita privata Elogio recitato da Seneca e *Apocolocyntosis*

■ Nerone 	Avvento al principato Provvedimenti dei primi anni di governo con Seneca e Afranio Burro Passione per lo spettacolo e mecenatismo Delitti commessi dopo il primo quinquennio Provvedimenti in occasione dell'incendio
■ La società in età imperiale 	Poteri del *princeps* e rapporto con il senato Nuova importanza dei liberti Rapporto tra intellettuali e potere Ruolo dei militari e fatti del 69 d.C.
■ Filosofia, storiografia 	Nuclei teorici essenziali dello stoicismo e sue ricadute etiche in età imperiale Diversi orientamenti della storiografia
■ Letteratura tecnico-scientifica 	*Excursus* sulle principali opere oppure approfondimento su un genere o un'opera a scelta Poesia astronomica

- Le immagini reperite in Internet dovranno essere catalogate con l'indicazione della sitografia e salvate su una apposita cartella condivisa; si può usare a questo scopo un servizio Cloud come Google Drive, Dropbox, OneDrive, ecc.
- Le informazioni acquisite dovranno essere organizzate in un testo di circa 1000 parole, realizzato collaborativamente e infine letto in maniera espressiva per essere registrato su un supporto digitale (anche tramite smartphone).
- A questo punto, usando Moviemaker o un altro programma simile, la registrazione dei testi e le eventuali musiche di accompagnamento saranno sovrapposte come tracce audio alle immagini precedentemente selezionate tramite la ricerca in Internet (anche con l'aggiunta di didascalie).
- Il gruppo di coordinamento si preoccuperà infine di assemblare il lavoro di tutti i gruppi e di realizzare le pagine introduttive e i titoli di coda (che dovranno contenere anche i riferimenti bibliografici e sitografici relativi a tutti i materiali usati).

Fedro, Lucano, Persio
La poesia dell'amarezza e del pessimismo

ZTE ONLINE
Mettiti alla prova con 20 esercizi interattivi

PER COMPRENDERE

LA TRISTE CONDIZIONE DEI DEBOLI

PER ANALIZZARE

LA CADUTA DELLE ILLUSIONI

PER APPROFONDIRE

LA VANITÀ DELLA POESIA

Lawrence Alma-Tadema, *Scena pompeiana o La Siesta*, 1868. Madrid, Museo del Prado.

La poesia dell'amarezza e del pessimismo

TRE POETI IN CONFLITTO CON IL LORO TEMPO Durante la prima età imperiale, con gli imperatori della dinastia giulio-claudia, viene meno il felice sodalizio tra letteratura e politica che aveva caratterizzato l'età augustea. Fedro, Lucano e Persio, infatti, vissero tutti in modo conflittuale il rapporto con il potere e con la società imperiale e manifestarono nelle loro opere un evidente pessimismo rispetto al destino dell'uomo in generale.

GENERI LETTERARI DIVERSI, UN COMUNE PESSIMISMO Fedro, con la scelta della poesia giambica, ambisce a collocare la favola esopica, che a Roma era stata introdotta dalla diàtriba cinico-stoica, al livello di un genere della tradizione letteraria alta; proclama a più riprese la volontà di giovare oltre che di dilettare (*risum movere* e *prudenti vitam consilio monere*, Prologo 1, 4); il suo pessimismo nei confronti della società e dell'uomo, tuttavia, sembra vanificare il tentativo di promuovere la saggezza: non c'è virtù che possa salvare dall'ingiustizia. Inoltre, la sua speranza di agire per il cambiamento grazie alla sua opera letteraria è minima, dato il problematico rapporto dell'autore con il pubblico; ben presto il poeta rinuncia alla possibilità di indicare ai suoi lettori la virtù e, nei suoi interventi d'autore, si concentra su questioni di interesse prevalentemente letterario.

Lucano, come Persio, è stato educato secondo lo stoicismo alla scuola di Anneo Cornuto; tuttavia, egli non sembra fedele a un'unica dottrina filosofica: nel suo poema, infatti, ci sono anche riferimenti riconducibili all'epicureismo. Ma ciò che distanzia maggiormente Lucano dallo stoicismo è la mancanza di fede in un disegno razionale del Fato: la Fortuna è per lui *tyche*, sorte imprevedibile, non certo *logos* provvidenziale; è una dèa capricciosa e volubile che dispensa vittorie e insuccessi in modo tanto irrazionale quanto inevitabile. Inoltre, la virtù che dovrebbe consentire agli uomini di raggiungere il sommo bene si dimostra completamente inutile. L'unico personaggio pienamente positivo del *Bellum civile*, Catone "Uticense", incarna il modello ideale del saggio stoico: decide di combattere per la patria anche se vorrebbe stare lontano dal conflitto; sceglie sempre il bene per lo Stato a discapito dei propri interessi; persegue con tenacia la pace e la giustizia; sa affidarsi alla volontà divina senza cedere alla tentazione di conoscere la propria sorte per sfuggirle; affronta qualsiasi sofferenza con coraggio per offrire un esempio positivo ai suoi seguaci. Ma la virtù di Catone è predestinata a essere sconfitta dalla violenza e dalla follia (*furor*) delle quali Cesare è pervaso.

Persio, infine, riveste i panni dell'intellettuale che, sdegnato dalla corruzione della società, decide di arroccarsi nell'isolamento e dedica tutta la sua breve esistenza alla ricerca filosofica. Poiché non vede alcun margine d'azione per l'esercizio attivo della virtù al servizio dello Stato, si accontenta di essere compreso da quei pochi che sanno cogliere e apprezzare la sua arte, mentre schernisce con la propria superiorità morale la pochezza degli individui del suo tempo. Persio si rivolge a un pubblico non definito, idealmente ampio, ma non nutre alcuna fiducia nella possibilità di essere ascoltato e apprezzato al di fuori di una cerchia ristrettissima; sembra, al contrario, convinto che i suoi insegnamenti cadranno nel vuoto.

La triste condizione dei deboli

PER COMPRENDERE

LA VOCE DEGLI ESCLUSI Fedro, attraverso la finzione allegorica della favola esopica, ci tramanda la visione delle classi subalterne e raffigura il suo tempo come un periodo di abusi e di violenza: una cosa rara, dato che la letteratura latina era solitamente espressione degli strati elevati della società. La morale proposta nelle sue *Favole* è quasi sempre un invito a rassegnarsi, ad accontentarsi di sopravvivere senza nutrire illusioni in un futuro migliore.

LA MORALE DI FEDRO Fedro lascia intravedere nella propria opera una ben riconoscibile concezione del potere. Egli non mette in discussione l'ordinamento monarchico, senza il quale gli uomini sarebbero in balia di loro stessi, e anzi attribuisce qualità positive ai primi imperatori: per esempio rappresenta Augusto come un sovrano saggio, capace di dirimere il diritto portando la luce e la verità nelle questioni giudiziarie più oscure (*tenebras dispulit calumniae certumque fontem veritatis repperit*, favola 3, 10); mentre a Tiberio vengono attribuite intelligenza nell'interpretare i comportamenti delle persone e sagacia nel motteggiare con spirito (favola 2, 5).

La monarchia, però, ha spesso un volto violento e autoritario e questo aspetto negativo si manifesta a diversi livelli della società. Agli esclusi dal potere e dalle ricchezze non resta che sopportare e sforzarsi di esercitare la virtù con prudenza e moderazione: la morale di Fedro è un atteggiamento tipico di chi non ha fiducia nei propri tempi, e sarebbe riduttivo attribuirla soltanto alla bassa condizione sociale del poeta.

Tigre che assale un vitello, proveniente dalla basilica di Giunio Basso, I secolo d.C. Roma, Musei Capitolini.

IL TEMPO DELL'AUTORE | FEDRO

UN'AUTOBIOGRAFIA IN VERSI? Fedro nasce verosimilmente intorno al 20-15 a.C. in Tracia, viene portato schiavo a Roma e assegnato alla *familia* di Augusto, poi liberato. Pubblica i suoi libri di favole esopiche nell'età di Tiberio. Continua poi a scrivere e pubblicare anche durante l'età avanzata e muore all'epoca di Claudio o di Caligola. Queste poche notizie sono tutte ricavate dai riferimenti biografici presenti nelle iscrizioni dei manoscritti o nel testo delle *Fabulae Aesopiae*: nei prologhi e negli epiloghi dei diversi libri della raccolta, infatti, Fedro si ritaglia spesso uno spazio per dialogare in prima persona con il lettore. Alcune informazioni che il poeta fornisce di sé (per esempio quelle relative alla propria nascita) sembrano però contraddittorie e devono essere interpretate come affermazioni di carattere letterario.

UNA DATAZIONE RICAVATA INDIRETTAMENTE Si pensa che la pubblicazione del terzo libro delle *Fabulae* sia posteriore alla morte di Seiano, avvenuta nel 31 d.C.; Fedro ci informa infatti di aver subito le conseguenze negative di un'azione giudiziaria in cui Seiano compariva (forse per interposta persona) sia come accusatore, sia come testimone sia come giudice del poeta. Pare che Seiano si riconoscesse nel ruolo di prepotente spesso affidato a personaggi negativi come il lupo ed è possibile che il secondo libro delle *Favole*, ben più ridotto degli altri, sia stato censurato.
Fedro, del resto, torna spesso sul pericolo di parlare per chi non è nato fortunato e nei suoi interventi d'autore successivi al terzo libro sembra volersi mantenere su un profilo di basso rischio, prediligendo argomenti letterari ed esortazioni alla sapienza per i suoi dedicatari. I suoi protettori sono personaggi poco o per nulla conosciuti: Eutico (a cui il poeta si rivolge nel terzo libro) potrebbe essere identificato con uno dei liberti di Claudio, mentre di Particolone e Fileto (citati nel quarto e quinto libro) non abbiamo altre notizie; sembra di capire però che Fedro non avesse fatto carriera, se anche i suoi patroni risultano persone di bassa estrazione sociale.

UN POETA EMARGINATO? Fedro non viene quasi mai citato dai suoi contemporanei, nonostante le sue favole debbano aver goduto di una discreta diffusione. È sorprendente in particolare che Seneca, scrivendo a proposito del genere della *fabula* nella *Consolatio ad Polybium* (par. 8, 3), affermi che a Roma non esiste un autore corrispondente al greco Esopo. Forse Seneca era male informato perché si trovava in esilio all'epoca della pubblicazione delle *Fabulae Aesopiae*, o forse il filosofo, ignorando Fedro a bella posta, voleva significare che non lo riteneva degno di considerazione come poeta. Se è così, sembra che proprio a Seneca voglia contrapporsi Marziale, quando fa il nome di Fedro in uno dei suoi epigrammi (3, 20) per riconoscere nuova dignità al genere della favola, colpevolmente trascurato da chi ha una concezione elitaria della letteratura.
Il nome di Fedro viene poi citato da Aviano (IV secolo d.C.), autore di una raccolta di favole in distici che dovevano circolare nelle scuole, dove venivano usate come esercizio di dettato per i giovani allievi. Anche nel Medioevo le favole venivano usate a scopo didattico, ma circolavano anonime. La rinnovata conoscenza del nome di Fedro è dovuta principalmente agli studi dell'umanista Niccolò Perotti e alla pubblicazione delle favole nel 1596 da parte del francese Pierre Pithou, che le aveva ritrovate in un manoscritto del IX-X secolo.

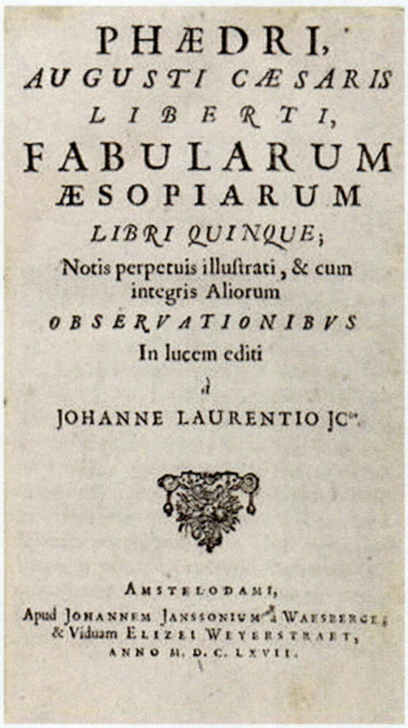
PHÆDRI,
AUGUSTI CÆSARIS
LIBERTI,
FABULARUM
ÆSOPIARUM
LIBRI QUINQUE;
Notis perpetuis illustrati, & cum integris Aliorum
OBSERVATIONIBUS
In lucem editi
à
JOHANNE LAURENTIO JC^to.
AMSTELODAMI,
Apud JOHANNEM JANSSONIUM à WAESBERGE,
& Viduam ELIZEI WEYERSTRAET,
ANNO M. D. C. LXVII.

■ Frontespizio delle favole di Fedro, Amsterdam 1667.

GUIDA ALLO STUDIO

1. Da quali fonti possiamo ricavare informazioni sulla vita di Fedro?

2. Che cosa sappiamo della collocazione cronologica dell'opera di Fedro?

3. Quale fu la fortuna di Fedro presso i letterati dell'età antica e medievale?

T1-T2

La sopraffazione dei più forti

Fedro, *Fabulae* 1, 1; 1, 5

Queste due favole riassumono molto bene il messaggio complessivo di Fedro. La prima favola (1, 1), forse la più celebre, mostra che qualsiasi tentativo di ricorrere alla giustizia è vano contro i prepotenti: l'innocenza non tutela il mite, se il forte vuole nuocergli. La seconda favola (1, 5) svela che anche credere di mettersi al sicuro alleandosi con un forte è in realtà una pura illusione.

Il genere della favola esopica si caratterizza per l'essenzialità: un breve racconto è accompagnato da un commento (la morale) che può precedere (si parla in questo caso di "promitio") o seguire ("epimitio") la narrazione. Una situazione iniziale viene turbata dall'insorgere di un conflitto tra due personaggi (raramente, tra più personaggi o parti) e un rapido scambio di battute determina il vincitore del conflitto, cioè colui che, attraverso la sua sagacia, dimostra di possedere la métis *(«sagacia») o* prudentia *e ottiene l'ultima parola. I titoli che introducono le favole non risalgono a Fedro, ma sono stati verosimilmente aggiunti dai copisti dei manoscritti.*

T1

LATINO

Lupus et agnus

Fedro, *Fabulae* 1, 1 | senari giambici

Ad rivum eundem lupus et agnus venerant
siti compulsi; superior stabat lupus
longeque inferior agnus. Tunc fauce improba

Le motivazioni disoneste del più forte

latro incitatus iurgii causam intulit.
«Cur», inquit, «turbulentam fecisti mihi
aquam bibenti?». Laniger contra timens:
«Qui possum, quaeso, facere, quod quereris, lupe?
A te decurrit ad meos haustus liquor».

Le conseguenze ingiuste per i più deboli

Repulsus ille veritatis viribus:
«Ante hos sex menses male», ait, «dixisti mihi».
Respondit agnus: «Equidem natus non eram».
«Pater hercle tuus», ille inquit, «male dixit mihi»;
atque ita correptum lacerat, iniusta nece.

L'epimitio della favola

Haec propter illos scripta est homines fabula,
qui fictis causis innocentes opprimunt.

[vv. 1-4] **siti**: è un ablativo di causa efficiente. • **compulsi**: il participio è concordato con i due nominativi *lupus* e *agnus*. • **superior**: è predicativo del soggetto, come poi *inferior*. • **fauce**: è usato per metonimia con significato di «fame», «avidità».
[vv. 5-8] **turbulentam**: è predicativo dell'oggetto *aquam*. • **bibenti**: il participio è congiunto con *mihi*. • **Qui**: è avverbio interrogativo, «come?». • **quaeso**: è una formula di cortesia, «di grazia». • **quod**: il pronome relativo funge da complemento oggetto di *queror* (costruito transitivamente). • **meos haustus**: lett. «i miei sorsi», per metonimia «il luogo in cui bevo io».
[vv. 9-12] **ille**: è il lupo. • **Ante hos sex menses**: «Sei mesi fa». • **hercle**: è la forma sincopata della imprecazione *Hercule!* • **mihi**: il verbo *maledico* (qui in tmesi) regge il dativo.
[vv. 13-15] **correptum**: il participio è congiunto con *agnum* sottinteso.

T2 LATINO Vacca, capella, ovis et leo

| Fedro, *Fabulae* 1, 5 | senari giambici |

Il promitio della favola

Numquam est fidelis cum potente societas:
testatur haec fabella propositum meum.

La giustizia negata

Vacca et capella et patiens ovis iniuriae
socii fuere cum leone in saltibus.
Hi cum cepissent cervum vasti corporis,
sic est locutus, partibus factis, leo:
«Ego primam tollo, nominor quia rex meast;
secundam, quia sum socius, tribuetis mihi;
tum, quia plus valeo, me sequetur tertia;
malo adficietur siquis quartam tetigerit».

L'onestà negata

Sic totam praedam sola improbitas abstulit.

[vv. 1-4] **testatur**: è voce del verbo *testor*, deponente transitivo. • **iniuriae**: è un dativo in dipendenza da *patiens*, lett. «la pecora paziente nei confronti dell'offesa». • **fuere**: sta per *fuerunt*.

[vv. 5-10] **primam**: sott. *partem*. • **nominor quia**: è una anastrofe. • **rex**: funge da predicativo del soggetto. • **meast**: *mea est*. Il verso 7 è tramandato in molteplici varianti. • **plus valeo**: «sono più forte».

PER COMPRENDERE IL TESTO

Il testo e il contesto

LA RICERCA DI *BREVITAS* Come accade quasi sempre nella favola esopica, i protagonisti del racconto sono animali che rappresentano, sotto il velo dell'allegoria, vizi e virtù umane. Il lupo e l'agnello, per esempio, simboleggiano rispettivamente l'uomo forte e prepotente e l'uomo debole, mite e indifeso. L'ambientazione del racconto è scarna, quasi inesistente: nessuna descrizione e nessun aggettivo caratterizzano il *rivus* e i *saltus* in cui si svolgono le azioni delle due favole.

Fedro persegue la *brevitas* dello stile, con la quale fa risaltare le lapidarie *sententiae* pronunciate dai suoi personaggi. La sintassi è molto semplice, ma il lessico viene usato con estrema attenzione: in entrambe le favole possiamo riconoscere termini afferenti al campo semantico della giustizia e del diritto, usati in forma "negativa" (*improba*, *iniusta*, *iniuria*, *improbitas*). Osserviamo inoltre la funzione metaforica dell'antitesi tra gli aggettivi *inferior* e *superior* (la posizione dei contendenti rispetto al ruscello, infatti, rispecchia i rapporti di forza esistenti tra i due). L'allitterazione che lega gli appellativi con i quali il lupo e l'agnello sono definiti (*la*tro-*la*niger) mette in evidenza la contrapposizione tra la violenza di uno e l'innocenza dell'altro.

Nella favola 1, 5, l'aggettivo *vasti* riferito al corpo del cervo sembra non avere una funzione riempitiva, ma voler mettere in risalto l'ingordigia del leone, che avrebbe certamente potuto sfamarsi anche soltanto con una parte del bottino, e invece pretende di avere tutto per sé. Si osserva inoltre la cura nella disposizione delle parole nel verso, con la presenza di iperbati e anastrofi in tutto il componimento.

LE PAROLE DEI POTENTI Sia il lupo sia il leone fanno un uso prevaricatore della parola, che diventa uno strumento di distorsione della realtà prima ancora che di esplicita intimidazione. Ciò si nota in particolare nella seconda favola: il leone non minaccia apertamente le altre bestie, ma attraverso una sapiente *variatio* lessicale ottiene l'effetto di non poter essere accusato di violenza. Infatti, egli reclama apertamente soltanto la prima parte del bottino, facendo uso di un verbo in prima persona (*tollo*); la sua richiesta, fin qui, sembra più che giustificata dalla sola menzione del suo titolo regale (come se si trattasse di una sorta di tassa imposta al suddito). Quanto alla seconda parte, non sarà lui a prenderla ma saranno i suoi stessi soci "d'affari" ad attribuirgliela (*tribuetis mihi*) secondo i patti prestabiliti; la terza parte del bottino seguirà il leone (*sequetur mihi*) come se avesse volontà propria; da ultimo, la forma passiva del verbo *adficio* e la genericità del *malum* che affliggerà chi oserà toccare la quarta parte del bottino sembrano voler allontanare dal leone qualsiasi sospetto di responsabilità per il danno recato agli altri contendenti.

Di fronte a questo uso sofisticato della parola, i deboli →

non hanno speranza di ricevere giustizia. Mentre l'agnello della prima favola protesta con cauta cortesia le proprie valide giustificazioni (*quaeso*, *equidem*), la capretta, la vacca e la pecora della seconda favola tacciono del tutto: in entrambi i casi è chiaro che le parole non servono a difendersi dai soprusi.

Il senso del testo

UNA LETTURA POLITICA Fin dall'antichità alcuni commentatori hanno ritenuto che nel personaggio del lupo Fedro intendesse raffigurare Seiano. Allo stesso modo, anche in altre favole sono stati individuati riferimenti, difficilmente dimostrabili, a personaggi e avvenimenti della prima età imperiale: ancora a Tiberio e Seiano sarebbero riconducibili rispettivamente il pezzo di legno e il serpente della favola 1, 2 (➤ **T3**), così come l'aquila e la cornacchia che le suggerisce il modo di uccidere la tartaruga nella favola 2, 6. Oggi gli studiosi reputano improbabile che Fedro potesse permettersi delle allusioni così scoperte, se si pensa che l'età di Tiberio fu un periodo di processi per lesa maestà, un'epoca in cui anche solo suscitare il sospetti di voler contestare il potere imperiale era pericoloso.

Perciò gli studiosi si sono chiesti se davvero la persecuzione di Seiano nei confronti di Fedro fosse da imputarsi a un reato d'opinione: il processo di cui il poeta parla potrebbe essere stato intentato per un reato comune, cosa che spiegherebbe come mai la sorte di Fedro non si sia risollevata dopo la caduta di Seiano. D'altra parte, la brevità del secondo libro delle favole rispetto agli altri ha fatto pensare che alcuni suoi testi siano stati tolti perché censurati.

Il tema della persecuzione subita in prima persona e dell'impossibilità di difendersi è, in ogni caso, molto presente nell'opera di Fedro.

LEGGO E COMPRENDO

1. Che cosa rappresentano rispettivamente gli animali protagonisti delle due favole?

2. Quale funzione hanno la parola e l'intelligenza nelle due favole?

3. Qual è la posizione degli studiosi sull'interpretazione politica delle favole di Fedro?

L'OPERA | LE *FABULAE AESOPIAE* DI FEDRO

LA STRUTTURA E LA TRADIZIONE DELLA RACCOLTA Le *Fabulae Aesopiae* sono una raccolta in 5 libri che contengono complessivamente oltre un centinaio di componimenti. Poiché il secondo libro è molto ridotto rispetto agli altri (8 favole a fronte di 31 nel primo e 19 nel terzo) si suppone che esso ci sia giunto incompleto; gli studiosi ritengono possibile che il secondo libro sia stato censurato a seguito dell'intervento di Seiano nei confronti di Fedro. La maggior parte delle favole ci è giunta in seguito alla pubblicazione di un manoscritto del IX-X secolo nel 1596; inoltre, disponiamo di 30 favole (più un breve epilogo) trascritte nel XV secolo dall'umanista Niccolò Perotti da un codice ora perduto. Queste favole sono considerate autentiche dagli studiosi, ma, poiché non si conosce la loro collocazione nell'opera, vengono pubblicate in una sezione separata in fondo alla raccolta e sono perciò indicate come "Appendice Perottina".

L'ELABORAZIONE ARTISTICA DELLA FAVOLA Fedro è probabilmente il primo autore ad aver realizzato, nell'ambito del mondo greco-romano, una raccolta di favole in versi concepita come genere letterario autonomo. Pare che sia stata la tradizione diatribica a diffondere a Roma la conoscenza della favola esopica, ovvero di quel genere di narrazioni brevi che, pur avendo varie provenienze, vennero attribuite a partire dal V sec. a.C. al leggendario favolista Esopo. La diàtriba cinico-stoica, infatti, si serviva spesso della favola come argomento a sostegno delle proprie tesi ed esistevano raccolte greche di favole in prosa (un esempio delle quali ci è pervenuto attraverso dei frammenti di papiro); queste favole potevano avere sia una funzione di servizio, cioè quella di catalogare *topoi* che potessero essere inseriti in altre opere, sia un uso come lettura di intrattenimento.

Anche altri autori latini avevano usato favole all'interno di opere di altro genere (satire, commedie, orazioni ecc.); Fedro però scelse innalzare la favola a genere letterario autonomo e di collocarlo nella tradizione giambica (sulla scia di Orazio, Lucilio, e dei greci Callimaco e

Archiloco) per segnalare la propria volontà di trasmettere un intento didascalico serio attraverso un discorso di stile comico.
La poetica di Fedro è dichiarata in apertura della raccolta, nel prologo al primo libro: «La materia che l'autore Esopo trovò, questa io la levigai con versi senari (*hanc ego polivi versibus senariis*, v. 2). Duplice è il pregio del libretto: che suscita il riso, e che ammonisce la vita con prudente saggezza. Se qualcuno poi volesse parlarne male, perché parlano gli alberi, non soltanto gli animali, si ricordi che noi scherziamo con favole inventate». Pur rendendo omaggio al nome di Esopo, Fedro dichiara di volersi mettere alla pari con il maestro; il poeta latino reclama infatti il merito di aver «levigato», cioè raffinato attraverso la propria opera letteraria, la materia fornita da Esopo.

FEDRO, ESOPO E I LETTORI Nel corso della produzione, Fedro chiarisce che il suo rapporto con Esopo è *aemulatio, non invidia* (Epilogo 2, v. 7) e rivendica progressivamente l'autonomia dal proprio modello arrivando a dichiarare, nel prologo al quarto libro, che le sue favole sono *Aesopiae, non Aesopi* («esopiche, non di Esopo»), in quanto lui stesso le ha arricchite usando nuovi soggetti alll'interno di un genere antico. Le favole inventate da Fedro (individuabili grazie al confronto con le sue fonti) fanno comparire personaggi come Pompeo, Augusto e Tiberio o chiamano in causa valori tipicamente romani come la *Religio* o la *Pietas*; in alcuni casi si tratta di racconti eziologici, in quanto si pongono l'obiettivo di spiegare come siano nati determinati usi e costumi romani (per esempio il divieto di usare il fuoco proveniente dagli altari degli dèi per usi comuni, che viene spiegato con il racconto del ladro e della lucerna nella favola 4, 11). Fedro trae il suo materiale da aneddoti, novelle e proverbi ai quali dà le caratteristiche della favola esopica: seleziona un numero limitato di personaggi, usa una forma breve, rappresenta un conflitto che viene risolto per mezzo di una battuta e accompagna il racconto con una morale.
Fedro, però, non riuscì nel suo intento di essere riconosciuto dai rappresentanti della cultura alta del suo tempo e dai suoi interventi vediamo che egli vive in maniera conflittuale il rapporto con il pubblico. Possiamo misurare il suo disappunto dalla frequenza delle lamentele che egli rivolge ai suoi detrattori, accusati di *calumniari* (Prologo 1, v. 5), provare *livor*, *obtrectare* (Epilogo 2, v. 10) per pura *malignitas* (Prologo 4, 15) e *invidia mordax* (Prologo 5, v. 9). Numerose sono inoltre le favole di intento apologetico, nelle quali il poeta, per difendersi dalle critiche, compare a volte come personaggio; come nella favola 4, 22, in cui vengono denigrati quei lettori che, per distinguere quali favole siano di Esopo e quali originali, attribuiranno quelle meno belle a Fedro e quelle degne di memoria a Esopo.

LO STILE DELLE *FABULAE AESOPIAE* Fedro fa uso del *sermo urbanus* di stile medio, talvolta con l'inserzione di termini epici e poetismi oppure di parole appartenenti al livello basso, quotidiano. Nelle sue favole si osservano spesso la presenza del linguaggio giuridico e la ripetizione formulare di parole chiave, diminutivi, termini astratti per il concreto. Tra le figure retoriche più usate prevalgono allitterazioni e omeoteleuti, antitesi, chiasmi e anafore.

■ Illustrazione delle *Fabulae Aesopiae* di Fedro. Milano, Biblioteca Ambrosiana.

GUIDA ALLO STUDIO

1. Come ci è giunta la raccolta di Fedro?

2. Qual è la principale innovazione introdotta da Fedro nella produzione letteraria sia latina sia greca?

3. Come viene vissuto da Fedro il rapporto con il suo pubblico?

T3-T4 La vanità della lotta politica

| Fedro, *Fabulae* 1, 2; 1, 15 |

La favola delle rane che chiesero un re (1, 2) viene inserita da Fedro in una cornice narrativa che non solo serve a richiamare la fonte (cioè la favola 66 della raccolta di Esopo), ma a questa attribuisce un contesto storico-politico, in riferimento all'avvento della tirannide di Pisistrato ad Atene. Per questo e per come vengono caratterizzate le rane, che sono una personificazione del popolo inteso come folla informe, Fedro sembra esprimere la sua concezione politica qui meglio che in altri luoghi.

Nella seconda favola (1, 15) gli uomini compaiono indifferenti a qualsiasi mutamento istituzionale, dal momento che la loro sorte non ne trarrà mai alcun giovamento. Sembra quasi di vedere una sorta di rivincita morale del povero, che per una volta riesce con la parola a zittire il proprio padrone; ma questa prima impressione viene cancellata dalla riflessione che anche il timidus senex, *il padrone dell'asino, è in realtà un pesce piccolo in un mare di pesci più grossi.*

T3 *Ranae regem petierunt*

LATINO

| Fedro, *Fabulae* 1, 2 | senari giambici |

Athenae cum florerent aequis legibus,
procax libertas civitatem miscuit
frenumque solvit pristinum licentia.
Hic conspiratis factionum partibus
arcem tyrannus occupat Pisistratus.
Cum tristem servitutem flerent Attici,
(non quia crudelis ille, sed quoniam grave
omne insuetis onus, et coepissent queri),
Aesopus talem tum fabellam rettulit.
Ranae vagantes liberis paludibus
clamore magno regem petiere ab Iove,
qui dissolutos mores vi compesceret.
Pater deorum risit atque illis dedit
parvum tigillum, missum quod subito vadi
motu sonoque terruit pavidum genus.
Hoc mersum limo cum iaceret diutius,
forte una tacite profert e stagno caput
et explorato rege cunctas evocat.
Illae timore posito certatim adnatant
lignumque supera turba petulans insilit.
Quod cum inquinassent omni contumelia,
alium rogantes regem misere ad Iovem,
inutilis quoniam esset qui fuerat datus.

[vv. 1-9] **florerent**: è concordato con *Athenae*, che è un *plurale tantum*. • **aequis legibus**: è un ablativo di causa. • **grave**: sott. *est*. [vv. 10-18] **liberis paludibus**: è un ablativo di stato in luogo. • **petiere**: è indicativo perfetto, per *petierunt*. • **qui... compesceret**: è una relativa impropria con valore consecutivo; il pronome *qui* è riferito a *regem*. **missum quod**: è una anastrofe; *quod* è riferito a *tigillum* ed è il soggetto di *terruit*. • **mersum**: è predicativo del soggetto *Hoc*, riferito al *tigillum*. [vv. 19-26] **lignum(que) supera**: è una anastrofe; *supera* è epentesi per *supra*. • **Quod**: è un nesso relativo, riferito a *lignum*. • **inquinassent**: è forma sincopata di *inquinavissent*. • **misere**: per *miserunt*, ha come complemento oggetto il participio sostantivato *rogantes*. • **inutilis quoniam**: è una anastrofe.

■ Fascia decorativa con scena nilotica: anatre e rana. Napoli, Museo Archeologico Nazionale.

Tum misit illis hydrum, qui dente aspero
corripere coepit singulas. Frustra necem
fugitant inertes, vocem praecludit metus.
Furtim igitur dant Mercurio mandata ad Iovem,
adflictis ut succurrat. Tunc contra deus:
«Quia noluistis vestrum ferre», inquit, «bonum,
malum perferte!». – «Vos quoque, o cives», ait,
«hoc sustinete, maius ne veniat malum».

• **misit**: ha come soggetto sottinteso Giove.
[vv. 27-31] **adflictis ut**: è una anastrofe. • **deus**: è Giove. • **ait**: chi parla ora è Esopo, che racconta la *fabella* agli Ateniesi.

T4 LATINO

Asinus ad senem pastorem

| Fedro, *Fabulae* 1, 15 | senari giambici |

In principatu commutando saepius
nil praeter domini mores mutant pauperes.
Id esse verum parva haec fabella indicat.
Asellum in prato timidus pascebat senex.
Is, hostium clamore subito territus,
suadebat asino fugere, ne possent capi.
At ille lentus: «Quaeso, num binas mihi
clitellas impositurum victorem putas?».
Senex negavit. «Ergo quid refert mea
cui serviam clitellas cum portem meas?».

[vv. 1-3] **commutando**: è un gerundivo in funzione attributiva. • **saepius**: è avverbio al grado comparativo. • **pauperes**: è il soggetto di *mutant*. • **id esse verum**: è una infinitiva oggettiva dipendente da *indicat*.
[vv. 4-6] **Is**: è il *senex*. • **asino**: è dativo in dipendenza dal verbo *suadeo*.
[vv. 7-10] **ille**: è l'asino. • **num**: introduce un'interrogativa retorica con risposta negativa. • **impositurum**: sott. *esse*, ha come soggetto *victorem*. • **quid**: è un avverbio interrogativo. • **mea**: indica la persona a cui interessa qualcosa, secondo la costruzione di *refert*. • **cui serviam**: è una proposizione interrogativa indiretta.

Il testo e il contesto

UNA VISIONE NEGATIVA DELLA LIBERTÀ? La favola 1, 2 è inserita in una cornice che ne rivela la fonte e il contesto in cui essa sarebbe stata composta. È difficile valutare l'attendibilità dell'informazione fornita da Fedro sul legame tra la favola esopica e la tirannide di Pisistrato: su Esopo, leggendario schiavo frigio che grazie alla propria saggezza sarebbe stato onorato da intere città e sovrani, possediamo poche informazioni ritenute affidabili (quelle tramandate da Erodoto in *Storie* 2, 134 e da Aristotele in un frammento della *Costituzione di Samo*), mentre le molte avventure che leggiamo nel *Romanzo di Esopo* (compilazione anonima del II secolo d.C.) sconfinano per lo più nella narrazione fantastica.
Possiamo osservare, però, che l'analisi politica compiuta da Fedro, per quanto vaga, denota un atteggiamento per certi versi conservatore: la legislazione di Dracone viene indicata come un periodo di *aequae leges* (v. 1), mentre l'ordinamento timocratico di Solone (se a ciò Fedro voleva riferirsi) viene definito come un periodo di *libertas procax* (v. 2, «sfrontata») e di *licentia* («eccessiva permessività»); per contro, viene chiarito che Pisistrato non era crudele (*non quia crudelis ille*, v. 7). Il comportamento del popolo quando non ha paura del re è di grave indegnità morale: la caratterizzazione negativa delle rane sembra suggerire che per Fedro un governo autoritario sia l'unico modo per impedire i *dissolutos mores* (v. 12) connaturati alla libertà. In questo testo, in sostanza, non vediamo alcuna simpatia per il popolo.
L'epimitio è affidato a Esopo stesso nella chiusura della cornice, in forma di discorso diretto che richiama le parole di Giove alle rane; l'invito a sopportare un male perché non ne venga uno peggiore manifesta una evidente mancanza di fiducia nella lotta politica e nella possibilità che l'uomo possa migliorare la propria sorte.

Il senso del testo

LA RIVINCITA DELL'ASINO? La favola 1, 15 mette ulteriormente in evidenza l'immutabilità della sorte dei deboli, che non hanno nessun vantaggio nel partecipare alla lotta politica, dal momento che non possono sperare in alcun miglioramento della loro condizione. L'asino non vuole fuggire perché ritiene di non avere nulla da perdere e con una doppia interrogativa retorica costringe il padrone ad affermare la ragionevolezza delle sue motivazioni. In un certo senso, è come se l'asino si prendesse una rivincita intellettuale sul padrone; rimane tuttavia il fatto che anche il padrone è a sua volta un debole oppresso e perdente, destinato forse a essere ucciso o catturato dagli *hostes* in arrivo.

■ Mosaico con un uomo che porge un cesto, IV secolo. Istanbul, Palazzo Imperiale.

LEGGO E COMPRENDO

1. Dividi in sequenze la favola delle rane (1, 2) e assegna a ciascuna sequenza un titolo che ne riassuma brevemente il contenuto.

2. Quale visione del popolo emerge in Fedro, a partire dalla caratterizzazione delle rane?

3. È possibile individuare un vero vincitore del conflitto nella favola dell'asino e del pastore (1, 15)?

LESSICO | IL CINISMO

UNA SCUOLA SOCRATICA Il cinismo è una delle scuole filosofiche nate in seguito agli insegnamenti di Socrate e si può considerare un precursore dello stoicismo: poiché alcune parti dell'etica stoica sono in comune con quella cinica, si parla di tradizione cinico-stoica, soprattutto al di fuori dell'insegnamento "ufficiale" delle scuole filosofiche. Per ottenere una diffusione più ampia degli insegnamenti di argomento morale, infatti, alcuni filosofi usavano intrattenere discussioni di livello informale nei luoghi pubblici, con un linguaggio privo di tecnicismi filosofici e in tono spesso provocatorio, proprio allo scopo di attirare l'attenzione del maggior numero di persone possibile. Con il tempo questo tipo di conversazione o intrattenimento (in greco *diàtriba*) fu codificato come genere filosofico-letterario di livello medio o popolareggiante, caratterizzato dal tono aggressivo e ironico nei confronti di un destinatario fittizio; autori conosciuti della diàtriba letteraria furono Bione di Boristene (della cui produzione scritta, risalente al III sec. a.C., ci sono rimaste poche tracce) e Telete (IV sec. a.C.).

Rispetto allo stoicismo (➛ p. 74), il cinismo si caratterizza per la sfiducia nei confronti della vita associata e per l'asprezza della critica ai falsi valori inseguiti dai più, come la bellezza, la ricchezza, il potere. La posizione di alcuni filosofi cinici nei confronti della ricchezza e della vita associata fu talmente radicale che essi divennero esempi leggendari dell'autosufficienza del saggio (*autàrkeia*); ben noti sono gli aneddoti su Diogene di Sinòpe (IV sec. a.C.), discepolo di Antistene (V-IV sec. a.C.), fondatore del cinismo. Da varie fonti ci viene riferito che Diogene rinunciò a ogni ricchezza andando a vivere in una botte riversa su un angolo di strada e che ad Alessandro Magno, il quale si era offerto di esaudire ogni suo desiderio, chiese che si spostasse, perché gli faceva ombra. Forse per il loro stile di vita "randagio", oltre che per il luogo in cui si trovava la loro prima scuola (cioè il portico detto "Cinosarge"), Diogene e i filosofi che si rifacevano ai suoi insegnamenti vennero chiamati spregiativamente "cinici" (con una parola allusiva al termine greco "cane"). La tradizione delle favole esopiche venne condizionata e arricchita dalla diàtriba cinico-stoica e Fedro, benché ai suoi tempi non esistessero più scuole ciniche, accolse nella sua raccolta molte favole che provenivano da quell'ambito filosofico. Sono riconoscibili come ciniche le favole che mostrano il lato deleterio delle ricchezze, come quelle che hanno per protagonista Ercole (favole 4, 12 e 5, 4). Ercole infatti era un eroe particolarmente caro ai cinici perché, essendo stato accolto tra gli dèi dopo aver superato le dodici fatiche, veniva considerato il modello dell'uomo paziente nei confronti della sorte avversa, che sa elevarsi al cielo grazie alla propria virtù. Fedro inoltre accentua il tema dell'autosufficienza del saggio dando la forma della favola anche ad alcuni aneddoti che hanno come protagonista il poeta Simonide (4, 23 e 26) e rendendo Esopo protagonista di altri aneddoti che la tradizione attribuiva a Diogene di Sinope (come quello della ricerca dell'uomo con la lanterna).

■ John William Waterhouse, *Diogene*, 1882.
Sydney, Art Gallery of New South Wales.

GUIDA ALLO STUDIO

1. Che cosa è il cinismo?

2. Che cosa è la diàtriba?

3. Quale legame esiste tra il genere della favola e la diatriba cinico-stoica?

VERIFICA PER LA COMPRENSIONE

QUESITI A SCELTA MULTIPLA

1. ricordare Le notizie che possediamo sulla biografia di Fedro:
- ☐ derivano da un *excursus* sulla favola all'interno di un'opera di Seneca
- ☐ sono riportate in alcune fonti epigrafiche
- ☐ si ricavano da compilazioni scolastiche risalenti all'età imperiale
- ☐ provengono dalle sue opere

2. ricordare Si definisce promitio:
- ☐ una raccolta di favole finalizzata all'uso di un repertorio di *topoi*
- ☐ la morale che conclude una favola
- ☐ la morale che viene affermata e subito illustrata da una narrazione
- ☐ una raccolta di favole finalizzata all'intrattenimento

3. ricordare Le favole di Fedro:
- ☐ possono essere definite "esopiche" in quanto provengono tutte dalla raccolta di Esopo
- ☐ sono in massima parte originali
- ☐ sono forse state in parte censurate
- ☐ garantirono un grande successo al loro autore

4. comprendere Una lettura politica delle favole di Fedro:
- ☐ consente di riconoscere dietro la finzione allegorica personaggi e avvenimenti dell'età giulio-claudia
- ☐ rivela un atteggiamento tendenzialmente conservatore da parte dell'autore
- ☐ permette di leggere tra le righe le aspirazioni libertarie e filodemocratiche del poeta
- ☐ dovette certamente provocare guai giudiziari all'autore

5. comprendere Nella favola delle rane di Fedro (➤**T3**), il re travicello viene identificato:
- ☐ con Giove
- ☐ con Mercurio
- ☐ con Pisistrato
- ☐ con Esopo

6. comprendere Nella favola dell'asino (➤ **T4**), Fedro:
- ☐ manifesta le ragioni per le quali gli oppressi rinunciano alla lotta
- ☐ cela per le classi deboli un invito alla lotta politica
- ☐ denuncia il cattivo governo del suo tempo
- ☐ nasconde con l'allegoria un intento satirico

QUESITI A RISPOSTA BREVE

Rispondi ai quesiti nello spazio di 7-8 righe per ciascuno. Quando lo ritieni opportuno, puoi consultare i testi.

1. Quali possono essere le ragioni per le quali Fedro sceglie per le sue favole i senari giambici?

2. Quale interpretazione politica è stata fornita delle favole di Fedro nell'antichità?

TRATTAZIONE SINTETICA

1. Ripercorri le origini del genere della favola dalla tradizione esopica ai suoi primi utilizzi nella letteratura latina; soffermati poi sull'uso che intende farne Fedro e sulla fortuna di questo genere letterario nell'antichità.

2. Probabilmente conoscerai altre favole di Fedro, oltre a quelle qui antologizzate. Alla luce di quanto hai appreso in questo capitolo, commentane qualcuna tenendo conto sia delle possibili interpretazioni politiche sia dei punti di contatto con la diàtriba cinico-stoica.

La caduta delle illusioni

PER ANALIZZARE

L'ANTI-VIRGILIO Rispetto a Fedro e Persio, Lucano fu più esplicito nel manifestare la propria visione del potere, e forse anche questo atteggiamento gli costò la vita. Lucano trasmette la sua visione della realtà attraverso precise scelte strutturali e stilistiche che fanno del *Bellum civile* quasi un manifesto ideologico.

Dal punto di vista del genere letterario, Lucano contrappone il proprio poema epico-storico (sul modello del *Bellum Poenicum* di Nevio e degli *Annales* di Ennio) al poema epico-mitologico di Virgilio. L'*Eneide* è tuttavia un riferimento costante per Lucano, che spinge all'estremo il rapporto di *aemulatio* con il modello con l'obiettivo di confutare, attraverso l'allusività, ogni affermazione di Virgilio che potesse avere un risvolto ideologico. Con ciò, Lucano sembra voler svelare quelle che ritiene essere le finzioni di Virgilio, cioè l'esaltazione dell'età augustea attraverso l'allegoria delle gesta di Enea e la concezione provvidenziale dell'impero romano. All'ottimismo di Virgilio, che canta le sofferenze di Enea con lo sguardo di chi vive un presente dorato, Lucano risponde con l'amaro pessimismo per l'inutilità del conflitto civile, che ha svelato a quali orrori possa portare la brama di potere e ha prefigurato la fine imminente di Roma e del mondo intero. Per questi motivi Lucano è stato definito un Anti-Virgilio e il *Bellum civile* un'Anti-*Eneide*.

IL PESSIMISMO DI LUCANO È possibile che Lucano abbia maturato il proprio pessimismo cogliendo qualche zona d'ombra già nella visione del poeta mantovano, apparentemente idilliaca. Forse proprio dallo sgomento che comunque Virgilio manifestava di fronte alle molte morti che erano state necessarie per arrivare a un presente di splendore, di pace e prosperità, Lucano acquisì la consapevolezza che il principato non poteva valere il prezzo di tanto sangue. Lucano afferma, tramite le parole dei Romani impauriti per l'arrivo di Cesare con l'esercito, che la pace successiva alla fine delle guerre civili verrà dominata da un padrone (*cum domino pax ista venit*, 1, vv. 669-670) e che soltanto durante le guerre civili sarà permesso di piangere, perché, quando uno dei due capi avrà vinto, bisognerà mostrarsi gioiosi (*nunc flere potestas, dum pendet fortuna ducum; cum vicerit alter, gaudendum est*, 2, vv. 41-43).

Affermazioni di questo tipo non possono essere bilanciate dall'esaltazione del principato di Nerone con la quale si apre il poema. Si può ben comprendere perché al poeta sia stato vietato di recitare pubblicamente i suoi versi.

UN POEMA SENZA EROI... Dal punto di vista strutturale, Lucano contrappone una poetica della molteplicità alla poetica dell'unità perseguita da Virgilio. Mentre l'*Eneide* è incentrata sulla missione del fondatore di Roma, il *Bellum civile* è frantumato in una molteplicità di episodi che avvengono anche contemporaneamente in luoghi differenti, e che spesso hanno per protagonisti personaggi minori, celebrati nel poema con altisonanti *aristie*.

Un vero e proprio protagonista del *Bellum civile*, per contro, sembra mancare. I due principali avversari del conflitto civile, cioè Cesare e Pompeo, non sono personaggi positivi; si può dire anzi che Cesare sia un campione di empietà. Pompeo, avversario di Cesare, è rappresentato anch'egli come schiavo della brama di potere, smanioso di mantenere la fama della propria grandezza ma incapace di affrontare la sorte prendendola di petto: viene trascinato dagli eventi e sembra destinato a riscattarsi soltanto dopo la morte, quando prende distanza dalle vicende umane contemplandole dal cielo (libro IX ➤ p. 55). Il terzo personaggio più rilevante del poema, Catone, è presentato fin dalle prime battute come colui che insegue una causa persa, ma la sua statura morale è tale da nobilitare anche la sconfitta: Lucano contribuisce alla creazione del mito di Catone Uticense come modello di virtù che indica nel suicidio stoico l'unica strada percorribile per combattere il potere tirannico.

... E SENZA DÈI Un'altra grande assenza nel poema di Lucano, fortemente censurata dai critici antichi, è quella degli dèi. Le divinità olimpiche sono spesso nominate nel poema, ma, diversamente da quanto accadeva nell'*Eneide*, non sono il motore dell'azione, bensì agiscono solo all'interno degli *excursus* (per esempio il racconto eziologico della lotta tra Ercole e Anteo nel libro quarto). Fa eccezione la dèa Fortuna, caratterizzata in modo tradizionale, come la dea bendata che distribuisce casualmente i propri favori: essa determina il capovolgersi della situazione in varie fasi del conflitto agendo insieme alle divinità infere, le Erinni, portatrici di sofferenza e di morte.

Lucano dichiara il proprio scetticismo nei confronti delle divinità tradizionali e al contempo rifiuta la concezione stoica del divino come *Logos* provvidenziale, affermando con amarezza la legge del caso: «Di sicuro noi non abbiamo dèi: poiché il cieco caso domina e trascina la vicenda delle generazioni, noi mentiamo quando affermiamo che esiste Giove» (*Bellum civile* 7, v. 445; trad. di R. Badalì).

IL SOPRANNATURALE NEL *BELLUM CIVILE* Nonostante il rifiuto della mitologia tradizionale, Lucano fa largo uso del soprannaturale nel suo poema: l'elemento fantastico viene usato allo scopo di suscitare il coinvolgimento del lettore, facendo leva sulle emozioni.

Molto numerose e dettagliate sono le descrizioni di prodigi funesti e le predizioni di tipo oracolare. Naturalmente si tratta di profezie *post eventum* (cioè riguardano avvenimenti già accaduti e dei quali sia il poeta sia i lettori conoscono già l'esito), come del resto erano anche quelle dell'*Eneide*. Spesso le profezie del *Bellum civile* svolgono anche la funzione di segnalare, in luoghi appositamente scelti del poema, il rapporto ambivalente con l'*Eneide*, che aveva basato sulle profezie il progressivo disvelamento del destino glorioso di Enea. Per esempio, alla profezia centrale nell'*Eneide*, cioè quella di Anchise a Enea nel libro sesto, corrisponde l'episodio della necromanzia nel libro sesto del *Bellum civile*.

L'ASIANESIMO NEL PRIMO SECOLO La ricerca di *novitas* («straordinarietà») da parte di Lucano si accorda con la poetica dell'asianesimo, che persegue il coinvolgimento del lettore sia attraverso le scelte tematiche sia attraverso lo stile.

L'età augustea aveva manifestato una preferenza per la poetica della misura e del decoro, che dal punto di vista teorico era stata sostenuta nei trattati di Dionigi di Alicarnasso e Cecilio di Calatte, dove erano esaltate l'armonia, la gradevolezza, la naturalezza del discorso. Nella prima età imperiale, al contrario, l'asianesimo conosce un rinnovato successo grazie all'insegnamento di Teodoro di Gàdara, che – secondo la testimonianza di Svetonio (*Vite dei Cesari* 3, 57) – era stato anche maestro di Tiberio. Lo stile asiano dà spazio alla creatività, consente la ridondanza e l'amplificazione fino all'esagerazione e permette a Lucano di porre al centro della propria poetica la soggettività del poeta, il quale interviene spesso nella narrazione con esclamazioni, apostrofi, interrogative retoriche e fornisce anticipazioni sugli eventi, qualificandoli con aggettivi che esprimono chiaramente il suo punto di vista.

IL TEMPO DELL'AUTORE | LUCANO

UNA PARABOLA FULMINEA Marco Anneo Lucano nasce a Còrdoba nel 40 d.C. da una famiglia provinciale benestante che presto si trasferisce a Roma per partecipare attivamente alla vita politica e letteraria dell'impero: il nonno di Lucano è Seneca il Retore, suo zio è Seneca filosofo, precettore di Nerone, suo padre è Marco Anneo Mela, procuratore imperiale. Anche la madre del poeta, Acilia, proviene da una famiglia molto in vista di Cordoba, ed è proprio dalla famiglia materna che il poeta riceve il *cognomen* "Lucano".

Lucano frequenta a Roma la scuola dello stoico Cornuto (dove incontra Persio) e, probabilmente grazie ai legami familiari, entra in contatto con l'ambiente della corte imperiale. La sua prima produzione poetica, che doveva essere piuttosto ampia ma per noi è quasi interamente perduta, lo rese famoso dimostrando il suo talento letterario, raro e precoce. Ci sono rimasti frammenti sulla guerra di Troia e sulla vicenda di Orfeo, e pochi versi di epigrammi; i suoi biografi ci hanno tramandato inoltre i titoli di alcune opere (come *Iliacon*, *Orpheus*, *Catachtonion*, *Silvae* e una tragedia *Medea*) che mostrano una coincidenza di interessi con Nerone (autore in prima persona di opere sugli stessi argomenti); Lucano è inoltre il vincitore dei *Neronia* nel 60 d.C.

Il progetto di un poema epico-storico sulle guerre civili, al quale Lucano lavora probabilmente dal 60 fino alla morte, attira l'attenzione del pubblico. Forse proprio la gelosia di Nerone per il successo letterario di Lucano o forse il progressivo cambiamento delle convinzioni politiche del poeta producono una progressiva avversione nel *princeps*; Lucano risulta tra gli aderenti alla congiura dei Pisoni (➤ p. 22) e, una volta scoperto, viene costretto al suicidio. Muore appena venticinquenne, nel 65 d.C.

LE TRADIZIONI BIOGRAFICHE SU LUCANO Siamo abbastanza informati sulla vita di Marco Anneo Lucano poiché l'antichità ce ne ha tramandato due biografie complete: una è attribuita a Svetonio e l'altra ci è giunta a nome di un certo Vacca (un commentatore del *Bellum civile*, vissuto forse nel VI sec. d.C.). Le due biografie riportano notizie talvolta in contrasto tra loro, e rispecchiano interpretazioni diverse della personalità del poeta: secondo Vacca, per esempio, sempre celebrativo nei confronti di Lucano, sarebbe stata la gelosia di Nerone per il talento e per i successi di Lucano a causare la rovina del poeta. Svetonio, invece, che esprime sempre giudizi negativi su Lucano, ritrae il poeta come un esteta capriccioso e volubile, che avrebbe aderito alla congiura dei Pisoni perché offeso con Nerone, colpevole di essersi allontanato mentre il poeta recitava i propri versi, e avrebbe osato provocare l'imperatore con ogni sorta di insolenze. Anche Tacito (in *Annales* 15, 49) attribuisce il coinvolgimento di Lucano nella congiura a motivazioni personali, cioè il divieto (impostogli da Nerone) di recitare ancora i suoi versi in pubblico. Inoltre, viene detto sia da Tacito sia da Svetonio che Lucano avrebbe cercato di salvarsi dalla morte denunciando tra i congiurati la propria stessa madre, Acilia. La causa di tale disonorevole comportamento viene variamente interpretata: Svetonio dice che Lucano, condannando a morte la madre, cercava di attirare la simpatia di Nerone, anch'egli matricida; altri attribuiscono il gesto di Lucano all'avversione nei confronti di Acilia, che da tempo si era separata dal marito. Una terza possibile spiegazione della decisione di Lucano di denunciare la propria madre viene fornita in un suggestivo racconto dello scrittore Alberto Moravia (nella raccolta *L'epidemia*), dedicato appunto a questo episodio antico: il personaggio del racconto viene trascinato a un simile comportamento non tanto per la paura di morire, ma per il suo disperato desiderio di continuare ancora a scrivere. Sarebbe la passione per la gloria letteraria, dunque, a indurre Lucano a un gesto tanto abietto.

GUIDA ALLO STUDIO

1. In quali ambienti politici e culturali si colloca la formazione di Lucano?

2. Da quali fonti provengono le nostre informazioni sulla sua vita?

3. A quali ragioni viene attribuita la sua rottura con Nerone?

L'OPERA | IL *BELLUM CIVILE*, O *PHARSALIA*, DI LUCANO

IL CONTENUTO DEL POEMA Il poema di Lucano narra la guerra civile tra Cesare e Pompeo a partire dal passaggio del Rubicone fino all'inizio della guerra alessandrina. Il *Bellum civile* è noto anche come *Pharsalia*, dal nome del luogo in cui si svolse la battaglia decisiva tra Cesare e Pompeo; ai vv. 980-986 del libro IX, Lucano, all'interno di un'apostrofe a Giulio Cesare, augura eterna gloria sia all'impresa militare compiuta dal personaggio sia al poema, e si riferisce a entrambe le cose usando l'espressione *Pharsalia nostra*.

LA FIGURA DI CESARE Tra le fonti di Lucano possono essere annoverati i libri di Livio sulle guerre civili e il *De bello civili* di Giulio Cesare. La narrazione di Lucano, però, si discosta notevolmente da quella di Cesare: il dittatore voleva mettere in buona luce il proprio operato, mentre Lucano non esita a caratterizzare Cesare come un violento sanguinario favorito dal capriccio della sorte. In poche occasioni Lucano riconosce a Cesare la mancanza di responsabilità per un avvenimento funesto, mentre spesso si spinge, pur di caratterizzare in modo negativo il suo personaggio, a deformare i fatti presentandoli in maniera contrastante con la realtà storica.

LIBRO I	Dopo il proemio che contiene un lungo elogio a Nerone si passa all'esposizione delle cause del conflitto. La narrazione comincia con la rappresentazione di Cesare sul punto di attraversare il fiume Rubicone, nonostante la Patria personificata gli appaia implorando la pace. A Roma, nel frattempo, il timore dei cittadini per l'arrivo imminente di Cesare è accresciuto da una serie di prodigi nefasti e profezie di sventure che alludono anche alla battaglia di Filippi.
LIBRO II	Mentre la città è atterrita dal timore, Bruto, incerto se unirsi o meno al conflitto, dichiara di voler seguire il partito dello zio, Catone, il quale decide di schierarsi dalla parte di Pompeo. Pompeo, dopo aver cercato inutilmente di incoraggiare le truppe allo scontro aperto con i cesariani, è costretto dalla paura dei suoi soldati a cercare la fuga verso Brindisi. Da lì invia un figlio e i consoli a sollevare gli alleati d'Oriente; nel frattempo Cesare cerca inutilmente di raggiungerlo.
LIBRO III	Mentre Pompeo, perseguitato dal fantasma di Giulia, approda sulle coste della Grecia, Cesare deluso rientra a Roma, dove riceve la sottomissione del popolo e del senato e saccheggia le ricchezze dell'erario. Tutte le popolazioni della Grecia convergono al fianco di Pompeo. Cesare, attraversate le Alpi, cinge d'assedio Marsiglia e, violando una foresta sacra, fa costruire una flotta con la quale si aggiudica il primo scontro navale.
LIBRO IV	Il conflitto di Cesare contro i pompeiani continua in Spagna, presso la città di Ilerda. Nel trovarsi tanto vicini, i due eserciti tentennano, riconoscendo tra i nemici i loro congiunti e comprendendo la follia del conflitto. Infine la città viene costretta alla resa per la fame e la sete. Vengono narrati anche gli scontri sull'Adriatico. In Africa i cesariani guidati da Curione affrontano le truppe pompeiane ma vengono sterminati a causa di un tranello degli alleati africani e Curione stesso si dà la morte.
LIBRO V	Il senato, riunitosi in Epiro, rinnova la propria fedeltà a Pompeo. Si decide di interrogare l'oracolo di Apollo a Delfi, ma il responso è ambiguo e Appio, il capo dell'esercito di Pompeo in Grecia, lo interpreta vanamente come una promessa di dominio sull'isola di Eubea. Cesare, vincitore della Spagna, soffoca con le sole parole un tentativo di rivolta del suo esercito che chiede la pace; si reca a Roma per ricevere il consolato, poi raggiunge le truppe a Brindisi e attraversa il mare con una parte dell'esercito. Pompeo mette la moglie al sicuro sull'isola di Lesbo.
LIBRO VI	Pompeo subisce l'assedio di Durazzo, durante il quale si distingue per valore il centurione cesariano Sceva. Nella confusione successiva alla penetrazione delle difese, i due eserciti non riescono a scontrarsi: quello di Cesare fugge verso l'Emazia, mentre Pompeo, rifiutando per amore di patria il suggerimento dei compagni di portare la guerra in Italia, lo insegue. Sesto Pompeo, figlio del generale, decide di rivolgersi alla strega Eritto per conoscere il volere del fato ed essa, con un rito necromantico, richiama in vita un soldato che predice la morte prossima di Pompeo e della sua famiglia.
LIBRO VII	La notte prima della battaglia decisiva a Farsàlo, Pompeo viene ingannato da un sogno di vittoria; al risveglio, Cicerone infiamma con la sua eloquenza l'animo di Pompeo, che rompe ogni indugio alla battaglia. Si manifestano numerosi prodigi infausti. Cesare e Pompeo, per un istante assaliti dal dubbio, traggono forza arringando l'esercito; il combattimento fatale inizia. Vedendo il proprio esercito in rotta, Pompeo si dirige verso Larissa perché il resto del suo esercito venga risparmiato.
LIBRO VIII	Pompeo in fuga raccoglie la sposa che aveva messo in salvo a Lesbo. Naviga poi in direzione dell'Egitto costeggiando l'Asia e medita di coinvolgere nel conflitto civile i Parti. Alla notizia del suo arrivo, Potino, il consigliere di Tolomeo, suggerisce al faraone l'uccisione di Pompeo. Il corpo decapitato di Pompeo viene fortunosamente raccolto e sepolto dai suoi.

LIBRO IX	Lo spirito di Pompeo, asceso al cielo, sopravvive nel vigore con il quale Bruto e Catone riprendono il conflitto. Catone raduna l'esercito disperso di Pompeo e decide di avventurarsi nelle Sirti via terra per andare incontro all'esercito dei cesariani in Africa. Resiste alla richiesta di Labieno di interrogare l'oracolo di Giove Ammone e intraprende la durissima marcia nel deserto. Molti soldati muoiono tra orribili tormenti per il veleno dei serpenti, finché la popolazione dei maghi Psilli non presta loro soccorso. Cesare nel frattempo visita la Troade; il poeta augura a Cesare e al proprio poema gloria pari a quella della guerra di Troia, narrata da Omero. Giunto in Egitto, Cesare riceve in dono la testa di Pompeo da un ministro del faraone. Solo dopo essersi accertato che si tratti di Pompeo, Cesare finge di piangere e condanna il gesto del sovrano d'Egitto.
LIBRO X	Sbarcato ad Alessandria (luogo di sepoltura di Alessandro Magno), Cesare riceve inaspettatamente la visita di Cleopatra, che denuncia la cattiva influenza del ministro Potino sul fratello Tolomeo, seduce Cesare e lo accoglie nella sua lussuosa reggia. Segue un *excursus* sulle origini del Nilo. Potino, nel frattempo, medita l'assassinio di Cesare il quale, rinserrato nel palazzo, si difende dall'assalto. Qui il poema si interrompe.

GUIDA ALLO STUDIO

1. Qual è il rapporto di Lucano con le sue fonti storiografiche?

2. Come mai il *Bellum civile* di Lucano è noto anche con il nome di *Pharsalia*?

3. Quali differenze si notano tra la trama del *Bellum civile* e la narrazione lasciataci da Cesare?

T5

LATINO

Guerre fratricide

| Lucano, *Bellum civile* 1, 1-32 | esametri dattilici |

Il Bellum civile *inizia con la consueta proposizione dell'argomento, impostata secondo i canoni dell'epica tradizionale, ma rivisitata per dare più spazio agli interventi del poeta, e fortemente allusiva nei confronti del proemio dell'*Eneide. *Mentre Virgilio ha cantato la nascita di Roma, Lucano ne canterà la fine, dovuta al folle gesto autodistruttivo con il quale la città ha rivolto verso se stessa le proprie armi micidiali. Lo stile adottato da Lucano si caratterizza per una sintassi ampia, talvolta faticosa per la posposizione dei predicati principali e per la frequenza di interrogative retoriche, esclamazioni ed apostrofi.*

Bella per Emathios plus quam civilia campos
iusque datum sceleri canimus, populumque potentem
in sua victrici conversum viscera dextra
cognatasque acies, et rupto foedere regni
certatum totis concussi viribus orbis
in commune nefas, infestisque obvia signis
signa, pares aquilas et pila minantia pilis.
Quis furor, o cives, quae tanta licentia ferri?
Gentibus invisis Latium praebere cruorem
cumque superba foret Babylon spolianda tropaeis

[vv. 1-7] **canimus**: è il verbo principale di questo lungo periodo e regge i complementi oggetto *Bella*, *ius(que)*, *populum(que)*, *acies*, *certatum*, *signa*, *aquilas* e *pila*. • **per Emathios campos**: nel corso del poema Lucano nomina ripetutamente l'Emazia (regione del monte Emo in Macedonia) per indicare metonimicamente la regione contigua, cioè la Tessaglia, dove si svolse la battaglia di Farsàlo; del resto, durante il periodo delle guerre civili, la Tessaglia faceva parte della provincia romana di Macedonia. Il poeta potrebbe però riferirsi anche alla battaglia di Filippi in Macedonia (in cui morirono i cesaricidi Bruto e Cassio), menzionata espressamente nella profezia della matrona che conclude il primo libro. • **populum... dextra**: «il popolo che con la destra vittoriosa si è rivolto contro le proprie viscere». • **rupto foedere regni**: ablativo assoluto; la «rottura del patto del potere» è una allusione alla fine del primo triumvirato. • **certatum**: è un participio sostantivato, «il fatto che si sia combattuto».
[vv. 8-12] **ferri**: «delle armi», per metonimia. • **praebere... geri**: sono due infiniti dipendenti da *placuit*. • **foret**: per *esset*, forma con *spolianda* una perifrastica passiva con soggetto *Babylon*; è da tradurre preferibilmente con il condizionale perché esprime una

Ausoniis umbraque erraret Crassus inulta
bella geri placuit nullos habitura triumphos?
Heu, quantum terrae potuit pelagique parari
hoc quem civiles hauserunt sanguine dextrae?
Unde venit Titan et nox ubi sidera condit
quaque dies medius flagrantibus aestuat horis
et qua bruma rigens ac nescia vere remitti
astringit Scythico glacialem frigore pontum!
Sub iuga iam Seres, iam barbarus isset Araxes
et gens siqua iacet nascenti conscia Nilo.
Tum, si tantus amor belli tibi, Roma, nefandi,
totum sub Latias leges cum miseris orbem,
in te verte manus: nondum tibi defuit hostis.
At nunc semirutis pendent quod moenia tectis
urbibus Italiae lapsisque ingentia muris
saxa iacent nulloque domus custode tenentur
rarus et antiquis habitator in urbibus errat,
horrida quod dumis multosque inarata per annos
Hesperia est desuntque manus poscentibus arvis,
non tu, Pyrrhe ferox, nec tantis cladibus auctor
Poenus erit: nulli penitus descendere ferro
contigit; alta sedent civilis volnera dextrae.

possibilità che non si è avverata («si sarebbe dovuta spogliare»). • **tropaeis Ausoniis**: è un ablativo di privazione. • **umbra**: è predicativo del soggetto *Crassus*. • **habitura**: è participio attributivo di *bella* e regge il complemento oggetto *nullos triumphos*.
[vv. 13-14] **quantum**: è un pronome interrogativo, regge i partitivi *terrae* e *pelagi* e fa da soggetto a *potuit parari*, che è preferibile tradurre con il condizionale, «quante terre e quanti mari si sarebbero potuti conquistare?»). • **hoc... sanguine**: è un ablativo strumentale, antecedente del relativo *quem* (riferito a *sanguis*, maschile). • **civiles... dextrae**: lett. «mani di concittadini».
[vv. 15-20] Il catalogo dei luoghi risponde alla domanda retorica dei vv. 13-14. • **Titan**: cioè il Sole. • **quaque**: «e dove», lett. «e nel luogo attraverso il quale». • **dies medius**: «il mezzogiorno»; l'aggettivo è in funzione predicativa. • **flagrantibus horis**: ablativo assoluto. • **remitti**: è il predicato di un'infinitiva dipendente dall'aggettivo *nescia* (lett. «incapace di essere messa da parte persino in primavera»). • **isset**: è forma sincopata per *ivisset*, congiuntivo irreale; ha come soggetti *Seres* (nome di una popolazione orientale), *Araxes* (fiume dell'Armenia) e *gens*. • **siqua**: pronome indefinito. • **conscia**: regge il dativo *nascenti Nilo*.
[vv. 21-23] **tibi**: è un dativo di possesso, sott. *est*. • **nefandi**: è attributo di *belli*. • **totum... orbem**: è complemento oggetto di *miseris*, che è futuro anteriore retto da *cum*, congiunzione con valore temporale. • **verte**: è imperativo.
[vv. 24-32] Il lungo periodo ha come principale *non tu... nec... auctor Poenus erit* (vv. 30-31); dal predicato nominale *auctor erit* dipendono le subordinate dichiarative introdotte da *quod* (ripetuto, ai v. 24 e v. 28) con i predicati *pendent*, *iacent*, *tenentur*, *errat*, *est* e *desunt*. • **tectis**: dativo retto da *pendent*, lett. «le mura pendono sopra i tetti semicrollati». • **urbibus**: ha il valore di stato in luogo. • **lapsis(que)... muris**: ablativo assoluto. • **rarus et**: è una anastrofe, come anche *horrida quod*. • **dumis**: è un ablativo di causa, retto dall'aggettivo *horrida*. • **poscentibus**: è un participio attributivo. • **alta**: è predicativo del soggetto *volnera*, lett. «profonde si trovano le ferite». • **civilis... dextrae**: «della mano concittadina».

PER ANALIZZARE IL TESTO

Il testo e il contesto

UN PROEMIO "MANIERISTA" È facile osservare come il proemio del *Bellum civile* renda omaggio alla tradizione epica imitandone i canoni, ma al contempo si distacchi in modo significativo dai criteri di equilibrio e misura tipici della poesia classica. All'epica tradizionale si collega la divisione del proemio:

- vv. 1-7, presentazione dell'argomento;
- vv. 8-12, domanda sulle cause;

→

- vv. 13-20, indignazione del poeta;
- vv. 21-23, apostrofe a Roma;
- vv. 24-32, descrizione dell'Italia desolata;
- vv. 33-66 (qui omessi): dedica alla divinità ispiratrice (in questo caso Nerone).

La struttura riprende in modo fedele quella dei proemi epici: al v. 8, per esempio, Lucano fa iniziare, in perfetta corrispondenza con l'*Eneide*, che a sua volta riprendeva l'*Iliade*, la serie delle interrogative retoriche sulle cause del conflitto. Questo proemio, però, è ben più lungo dei suoi modelli, e in esso occupa maggiore spazio l'espressione dei sentimenti del poeta, che viene messa in primo piano.

Lo stile del testo

L'ENFASI STILISTICA DI LUCANO La guerra civile viene descritta come il risultato di uno sconvolgimento del naturale ordine delle cose, come una follia fratricida e suicida. Lucano ottiene questo effetto grazie all'uso di periodi lunghi e complessi, immagini iperboliche e un accento reso accorato da lunghe esclamazioni e interrogative retoriche. Al primo verso, la definizione delle guerre come *plus quam civilia* è un'iperbole che mette in risalto la follia delle guerre portate dentro la città, persino all'interno del nucleo familiare (v. 4, *cognatas acies*): molto pregnante è l'immagine del popolo personificato e rappresentato come un suicida che si pugnala le viscere con la stessa mano che ha usato per sconfiggere tanti nemici (v. 3, *in sua victrici conversum viscera dextra*); in questo verso l'allitterazione sottolinea la gravità del gesto compiuto. Le parole che definiscono il conflitto appartengono tutte al campo semantico della moralità infranta (v. 2 ...., in antitesi con *ius*; v. 6 *nefas*). Due .... (vv. 5-6, *signis signa*, *pila pilis*) mettono in evidenza la specularità dei due schieramenti, entrambi seguaci dell'insegna dell'aquila perché entrambi romani.

IL *FUROR* DEL CONFLITTO: CRASSO A CARRE La parola chiave per definire il conflitto è *furor*: la caratteristica che più spesso verrà messa in relazione con Cesare, ritenuto il principale responsabile del conflitto. Fin da ora la follia si manifesta attraverso una serie di antitesi, che contrappongono ciò che avrebbe dovuto essere con ciò che è stato. È stata una follia, infatti, rivolgere la spada contro se stessi mentre si sarebbero dovute vendicare la morte di Crasso e la sottrazione delle insegne imperiali nella battaglia di Carre, combattuta contro i Parti (indicati per metonimia con il nome della città di ...., v. 10). Il fatto che Crasso venga rappresentato errante come *umbra inulta* aggiunge un tocco orrorifico alla constatazione, di sapore quasi economico, che la guerra contro i Parti avrebbe potuto portare un ricco bottino, e invece la guerra civile non ha portato alcuna gloria (*nullos triumphos*, v. 12). Nuove guerre avrebbero dovuto estendere il potere di Roma verso tutti e quattro i punti cardinali (l'Oriente: *unde venit Titan*; l'Occidente: ....; il Meridione: *qua dies medius... horis*; il Settentrione: *qua bruma rigens... pontum*) sottomettendo nuove popolazioni (i *Seres*; gli abitanti dell'Estremo Oriente; gli Armeni, indicati per .... con il nome del fiume Araxes; i possibili abitatori delle terre dove nasce il Nilo, sconosciute ai Romani). Attraverso la fitta presenza di nomi geografici Lucano non si limita a uno sfoggio di dottrina (secondo un canone della poesia ellenistica ereditato da poeti come Catullo, Virgilio e Orazio); ricordare che Roma avrebbe potuto sottomettere tutto il mondo, ma non lo ha fatto, significa anche contestare la validità della profezia di Giove ripetuta più volte nell'*Eneide*: nel quarto libro del poema virgiliano, inviando Mercurio a Cartagine per sollecitare Enea a partire, Giove aveva ricordato che l'eroe *fore qui... totum sub leges mitteret orbem*. Queste parole sono richiamate da vicino al v. 22 di Lucano: .... Questo è un esempio di come Lucano usi la tecnica allusiva per ribaltare l'ideologia di Virgilio: Lucano riusa lo stesso materiale linguistico dell'*Eneide* per confutarne il messaggio.

LEGGO E ANALIZZO

1. ricordare Crasso viene nominato nel proemio del *Bellum civile* perché:

- ☐ Lucano rimpiange la morte dell'unico uomo che avrebbe potuto porre un argine alla rivalità tra Cesare e Pompeo
- ☐ Lucano sottolinea l'assurdità della violenza tra concittadini, che avrebbero dovuto invece vendicare la sconfitta inflitta loro dai Parti nella battaglia di Carre
- ☐ Lucano giudica negativamente gli accordi di Lucca stretti da Crasso, Cesare e Pompeo
- ☐ Lucano attribuisce all'ambizione di Crasso l'inizio del conflitto civile

2. comprendere L'indicazione dei nomi geografici nel proemio:

- ☐ serve a elogiare l'espansione di Roma
- ☐ serve esclusivamente per uno sfoggio di dottrina
- ☐ assume un valore ideologico
- ☐ costituisce un omaggio all'*Eneide* di Virgilio

3. **analizzare** La sintassi nel proemio del *Bellum civile* è:

- ☐ prevalentemente paratattica ai vv. 9-12
- ☐ franta, spezzata in brevi periodi
- ☐ ampia, con lunghi periodi che occupano molti versi e *enjambement*
- ☐ piana, rispettosa dell'ordine naturale delle proposizioni nel periodo

4. **analizzare** Completa la messa in costruzione dei vv. 9-12, inserendo al posto giusto le parole mancanti.

.... *praebere cruorem* .... *gentibus invisis et (-que) geri* .... *habitura nullos* .... *cum foret* .... *superba* .... *tropaeis Ausoniis et (-que) Crassus erraret* .... *inulta?*

5. **applicare** Sulla base della messa in costruzione che hai stabilito, completa la traduzione dei vv. 9-12.

.... *offrire il sangue* .... *a popoli ostili e che fossero combattute* .... *che non avrebbero avuto nessun* ....*, mentre si sarebbe dovuta* .... *la superba* .... *dei trofei italici e mentre Crasso vagava* .... *invendicata.*

LINGUA E STILE

LO STILE DI LUCANO

MANIERISMO, BAROCCO Al *Bellum civile* vengono spesso applicate definizioni che possono sembrare anacronistiche, come "manierismo" e "barocco". Tali definizioni, pur essendo nate storicamente per definire l'arte e la letteratura del secondo Cinquecento e del Seicento in opposizione allo stile rinascimentale, possono essere usate come categorie estetiche anche al di fuori del periodo a cui si riferivano originariamente: indicano l'atteggiamento di chi distorce lo stile facendo un uso esagerato degli ornamenti, allo scopo di ottenere un maggior coinvolgimento emotivo e intellettuale dello spettatore (o del lettore).

CONCETTISMO Dal punto di vista retorico, Lucano fa uso di molte e frequenti figure retoriche, con particolare predilezione per le iperboli, le amplificazioni, le antitesi e per l'accumulo di metafore ardite, con accostamenti sorprendenti: la definizione di "concettismo", nata nell'ambito del Barocco, si adatta perfettamente all'arte di Lucano. Lo stile di Lucano può essere definito "concettoso" perché nei suoi versi ogni metafora è generata da un elemento presente *in nuce* (*conceptus*) nella metafora precedente (spesso un'allusione riconducibile all'*Eneide*); tale elemento comune, il «concetto», è il punto di accesso che collega due campi semantici differenti. Questo procedimento valorizza l'ingegno del poeta e instaura con il lettore un raffinatissimo gioco intellettuale, una sorta di sfida a trovare la chiave per decifrare la lettura della realtà nascosta dal poeta tra i suoi versi.

ESPRESSIONISMO E COLORISMO Un'altra caratteristica dello stile di Lucano è l'espressionismo; anche in questo caso, usiamo un termine nato per definire una corrente artistica (un'avanguardia pittorica degli inizi del Novecento) che si caratterizza per l'uso di colori forti, accesi, accostati in modo dissonante e senza sfumature: in effetti per Lucano si è parlato anche di "colorismo", sempre in relazione alle allusioni al poema di Virgilio.
L'espressionismo si riconosce anche nel gusto per le descrizioni raccapriccianti, molto frequenti nel *Bellum civile*; anche questo aspetto era già presente nell'*Eneide* (seppure in maniera più misurata) e verrà sviluppato dalle tragedie di Seneca. L'espressionismo è, in effetti,

■ Manoscritto miniato della *Pharsalia*, XIV secolo (particolare). Milano, Biblioteca Trivulziana.

una costante della letteratura latina, fin dalle origini: è possibile coglierlo fin dai frammenti di Nevio e di Ennio giunti in nostro possesso, ma anche dalla traduzione dell'*Odusia* di Livio Andronico. Lucano segue il precetto della *enàrgheia*, che consiste nel rappresentare la realtà narrata come se fosse presente dinanzi al lettore e lo coinvolgesse completamente. Nel *Bellum civile* la rappresentazione visiva dei dettagli è talmente insistita che i commentatori antichi accusavano Lucano di prolissità.

SINTASSI Dal punto di vista sintattico, Lucano alterna nei suoi versi periodi lunghi e complessi, con largo uso di *enjambements*, a sentenze lapidarie, di sapore gnomico, soprattutto per far risaltare le più terribili verità sul destino dell'uomo (per es. «il potere non si divide che con il ferro») o per meglio caratterizzare un personaggio. Questo è quanto già osservava nella sua storia dell'oratoria Quintiliano, che definiva Lucano *ardens et concitatus et sententiis clarissimus* («infuocato e concitato e famosissimo per le sue sentenze»), anche se avrebbe consigliato di imitare il suo stile più agli oratori che agli altri poeti.

GUIDA ALLO STUDIO

1. Quale significato assume il termine "barocco", se inteso come categoria estetica?

2. In che senso si può parlare di "espressionismo" per lo stile di Lucano?

3. In che cosa consiste l'*enargheia*?

LABORATORIO DI ANALISI

Leggi il testo seguente aiutandoti con le note; poi esegui quanto richiesto, realizzando un testo organico e armonizzando le risposte ai quesiti con opportuni connettivi testuali. Se lo desideri, puoi anche modificare l'ordine delle risposte nel modo che ti sembra più efficace.

Il cadavere di Pompeo

| *Bellum civile* 8, vv. 698-711 | esametri dattilici |

Dopo l'assassinio di Pompeo, uno sgherro di Tolomeo ne taglia la testa per imbalsamarla. Il poeta interviene nella scena per commentarla, rivolgendosi direttamente al sovrano egizio; viene compianta la sorte del corpo di Pompeo, abbandonato ai flutti nella terra in cui si erigono le sepolture degli antichi faraoni e anche di Alessandro Magno.

Litora Pompeium feriunt, truncusque vadosis
huc illuc iactatur aquis. Adeone molesta
totum cura fuit socero servare cadaver?
Hac Fortuna fide Magni tam prospera fata
pertulit, hac illum summo de culmine rerum
morte petit cladesque omnis exegit in uno
saeva die quibus immunes tot praestitit annos,
Pompeiusque fuit qui numquam mixta videret

[vv. 698-700] • **Adeone**: = *adeo* + *-ne* (enclitico). • **socero**: è un dativo di vantaggio; si riferisce a Cesare, al quale la testa mozzata verrà mostrata come segno di riconoscimento.
[vv. 701-707] **omnis**: è attributo di *clades*. • **uno**: è attributo di *die*. • **saeva**: è predicativo del soggetto *Fortuna*. • **quibus**: ha come antecedente *clades*. • **immunes**: concordato con *annos*, si riferisce a Pompeo per ipallage. • **qui... videret**: è una relativa con il congiuntivo caratterizzante. • **mixta**: è predicativo dell'oggetto

laeta malis, felix nullo turbante deorum
et nullo parcente miser; semel inpulit illum
dilata Fortuna manu. Pulsatur harenis,
carpitur in scopulis hausto per volnera fluctu,
ludibrium pelagi, nullaque manente figura
una nota est Magno capitis iactura revulsi.

laeta (che a sua volta è un aggettivo sostantivato). • **nullo turbante**: ablativo assoluto, come poi *nullo parcente*. • **deorum**: è un genitivo partitivo. • **dilata... manu**: è un altro ablativo assoluto. [vv. 708-711] **harenis**: è un ablativo di luogo. • **hausto... fluctu**: è un ablativo assoluto. • **ludibrium**: funge da apposizione del soggetto sottinteso, cioè il corpo di Pompeo. • **nota**: «segno di riconoscimento».

PRIMA PARTE **COMPRENSIONE DEL TESTO**

1. Dividi il testo in sequenze e assegna a ciascuna un titolo che ne riassuma il contenuto.

2. Qual è la particolarità della sorte di Pompeo, messa in evidenza ai vv. 705-708?

SECONDA PARTE **ANALISI DEL TESTO**

1. Individua a quali termini si riferiscono i due *hac* ai vv. 701 e 702 e commenta l'effetto prodotto da questa anafora.

2. Riconosci la figura di ordine presente ai vv. 706-707 e spiegane la funzione.

TERZA PARTE **INTERPRETAZIONE COMPLESSIVA E APPROFONDIMENTI**

1. Spiega in che cosa consista l'espressionismo dello stile di Lucano e individua in questo testo almeno un dettaglio che lo possa esemplificare.

2. Lucano afferma che l'unico segno di riconoscimento del cadavere di Pompeo è la mancanza della testa. Questo passo è riconoscibile come una allusione al lamento sul corpo di Priamo nell'*Eneide*: rileggi i vv. 554-558 del libro secondo dell'*Eneide* ed esprimi le tue considerazioni in merito.

La vanità della poesia

PER APPROFONDIRE

AL DI LÀ DELLE MODE DEL TEMPO: PERSIO Benché amico di Lucano e condiscepolo del maestro Anneo Cornuto, Persio non mostra di condividere certe scelte del poeta di Cordova: egli, anzi, disprezza la poesia elogiativa e di intrattenimento in generale e nella sua prima satira (➤ **T6**) si lancia in una impietosa messa in ridicolo della vanità degli aspiranti poeti e della mollezza del loro pubblico. Persio ironizza sul fatto che un autore come Lucilio è pressoché sconosciuto ai Romani, che non lo leggono più. Il pubblico romano sembra non chiedere altro che l'epica, e in molti si dedicano alla scrittura con la sola ambizione di essere letti e conosciuti; perciò scrivono nel tentativo di incontrare i gusti del pubblico e senza aver nulla da dire.

Persio, al contrario, si dichiara immune dalla ricerca della gloria poetica, per quanto ammetta di provare piacere nell'essere apprezzato. Nei suoi coliambi (componimento di incerta collocazione, ma che potrebbe avere la funzione di proemio della sua raccolta di satire) afferma orgogliosamente la propria estraneità alla tradizione epica negando sia il *topos* dell'iniziazione delle Muse sia la concezione del poeta come vate ispirato dalla divinità.

IL TEMPO DELL'AUTORE | PERSIO

UN POETA-FILOSOFO Aulo Persio Flacco nasce a Volterra nel 34 d.C. da una ricca famiglia etrusca. Compie gli studi a Roma con i migliori maestri ed entra in contatto con Anneo Cornuto, liberto della famiglia di Seneca, autore di un compendio di teologia greca e filosofo stoico a cui viene anche affidata l'educazione di Lucano (più giovane di Persio di qualche anno). L'incontro con Cornuto segna la vita del giovane Persio. Quando dovrà decidere a quale attività dedicarsi nella sua vita adulta, infatti, il giovane sceglierà di tenersi in disparte dal mondo politico e di impiegare il suo tempo negli studi filosofici. Persio stesso documenta queste fasi e queste decisioni di vita nella satira quinta, che ha un carattere autobiografico: «Appena la porpora, custode dell'adolescenza, mi abbandonò timoroso / [...] io m'affidai a te. Tu accogli la mia giovane / età, o Cornuto, nel tuo seno socratico. [...] / Ricordo, trascorrevo lunghe giornate con te, / e per cenare insieme sottraevo le prime ore alla notte; / comune il lavoro, e ugualmente insieme disponiamo il riposo, / riposiamo dai faticosi impegni con una casta mensa. / Invero non dubitare di ciò, per norma sicura concordano / i nostri giorni, guidati da un'unica stella: [...] / non so quale, ma certo un astro mi conforma a te» (*Satire* 5, vv. 30-51; trad. di L. Canali). Persio fa il ritratto di una vita dedita agli studi, conformata alla sapienza, che sa accontentarsi di poco e godere di una sana amicizia fondata sulla comunanza degli interessi intellettuali.

La vita di Persio, testimoniataci da una biografia del I secolo d.C. e attribuibile forse all'autorevole grammatico Valerio Probo, è priva di avvenimenti notevoli, se si eccettuano i contatti con alcuni personaggi dell'ambiente d'opposizione a Nerone: Lucano, il poeta Cesio Basso, il senatore Trasea Peto e Seneca filosofo. Persio muore giovanissimo, a ventotto anni, nel 62 d.C.: la sua biografia fa riferimento a una malattia allo stomaco, ma potrebbe trattarsi di un autoschediasmo, cioè della trasposizione biografica del v. 12 della prima satira, dove il poeta diceva di se stesso di soffrire di milza "petulante" (potremmo dire "irritabile").

LE OPERE DI PERSIO La produzione letteraria di Persio, che doveva essere comunque poco estesa, rimane inedita in vita e dopo la morte del poeta viene affidata ad Anneo Cornuto per la pubblicazione; il maestro, forse per tutelare la madre da possibili rappresaglie, cancella le allusioni più pericolose all'imperatore. In questo modo sono stati perduti una tragedia di ambientazione romana, un elogio di Arria Maggiore (moglie di Cecina Peto, colei che si uccise per incoraggiare il marito, costretto al suicidio da Claudio) e un racconto di viaggi.

GUIDA ALLO STUDIO

1. In quale ambiente sociale visse Persio?

2. Chi era Anneo Cornuto, il maestro di Persio?

3. Come fu pubblicata l'opera di Persio?

T6

ITALIANO

Il successo del cattivo gusto

| Persio, *Satire* 1, 1-49 | esametri dattilici |

Persio ha fama di essere un poeta difficile, oscuro, tanto che nel Medioevo circolava la notizia che San Girolamo – o, a seconda dei commentatori, Sant'Ambrogio – avesse liquidato la lettura della sua opera esclamando: Si non vis intellegi, non debes legi! *(«Se non vuoi essere compreso, non devi essere letto!»). La difficoltà della poesia di Persio dipende soprattutto dall'uso di termini insoliti, vocaboli del registro informale basso e molti neologismi, insieme a modi di dire e riferimenti a opere o personaggi poco conosciuti al di fuori della sua contemporaneità. Non si può però affermare, come pure è stato detto, che i suoi componimenti manchino di un filo logico; di certo la lettura delle sue satire richiede un alto livello di attenzione.*

*Il primo verso della prima satira è l'*incipit *di una satira di Lucilio: Persio immagina che, proprio mentre sta cominciando a recitare una satira di Lucilio, un interlocutore contesti la sua scelta del genere satirico; il poeta sa benissimo che la sua scelta non incontrerà il gusto del pubblico (soltanto due persone o forse nessuna leggeranno le satire), ma non per questo intende mettersi a competere per il successo con gli autori maggiormente in voga nella sua epoca (come il citato Labeone). Lo spettacolo dell'umanità del suo tempo infatti suscita in lui soltanto la voglia di sghignazzare.*

O insensata cura dei mortali! O quanto vuoto nelle cose[1]!
«Chi leggerà i tuoi versi?». Dici a me? Nessuno, per Ercole.
«Nessuno?». O due o nessuno. «Vergogna, sventura». E perché?
Certo Polidamante e le Troiane mi preferiranno Labeone[2]!
Sciocchezze! Se la torbida Roma non apprezza qualcosa, non farti
avanti a raddrizzare nella bilancia l'ago storto[3], non cercare
fuori di te. Infatti a Roma chi non... Potessi
parlare... Ma sì che si può, al guardare certe teste
canute e la nostra melanconica vita e cosa facciamo
appena lasciato il gioco delle noci[4], quando ci diamo
arie di saccenti zii; allora, perdonate. «Non voglio».
Che farci? Ma sono un burlone con la milza petulante[5].
Scriviamo rinchiusi, in versi o liberi da impacci
metrici, qualcosa di sublime da soffiare fuori a pieni
polmoni, che infine leggerai in pubblico, pallido, ravviato,
con la toga nuova, la sardonica di compleanno[6] al dito, dall'alto
di un soglio, gargarizzato l'agile gola da modulati sciacqui,
pesto l'occhietto lascivo. E vedrai oscenamente agitarsi
con voce roca i corpulenti Titi[7] se i carmi

1. Questo verso può essere identificato con un frammento della satira X di Lucilio. La scelta del testo non è casuale: Persio vorrebbe declamare una delle satire di argomento morale, nelle quali Lucilio derideva le futili preoccupazioni degli uomini.
2. Polidamante viene citato come il paradigma dell'uomo saggio poiché il suo nome compare nell'*Iliade* come un personaggio a cui Ettore si rivolge per chiedere consiglio. Le «Troiane» sono i Romani, che si proclamano epicamente discendenti dei Troiani, ma sono nominati al femminile in spregio alla loro scarsa virilità. Labeone incarna forse il prototipo dell'uomo sciocco, in quanto compare con la stessa funzione anche in una satira di Orazio, oppure va identificato con un autore epico famoso al tempo di Persio.
3. Raddrizzare l'ago della bilancia significa voler correggere a tutti i costi un errore insanabile (in quanto l'errore nasce dal criterio di misura stesso).
4. Il gioco delle noci è il tipico passatempo dei ragazzini romani, paragonabile ai nostri giochi con le biglie.
5. La milza era ritenuta la sede del riso.
6. La sardonica (o onice) era una pietra preziosa usata come gemma incastonata negli anelli.
7. Tito è un nome molto comune presso gli antichi Romani, perciò i Romani sono indicati per sineddoche come i «Titi».

gli penetrano nei lombi e i tremuli versi gli solleticano
le pudende. E tu, nonnetto, raccogli esche
per le altrui orecchie[8] cui, per quanto di pelle
incallita, una volta dovrai pur dire basta?
«Perché aver studiato, se il fermento e il caprifico che ci nacquero
dentro, lacerato il fegato non possono uscire fuori[9]?».
Di qui il pallore e la vecchiaia. O costumi[10]! A tal punto
il tuo sapere è nulla se altri non sappia che tu sai?
«Ma è bello essere additati, e sentir dire: "Eccolo, è lui!".
Ti pare trascurabile cosa servire da dettato a cento
scolaretti ricciuti?[11]». Ecco i discendenti di Romolo chiedere
sbevazzando a pancia piena che cosa narrino i divini poemi.
Ora qualcuno con una mantellina color di giacinto sulle spalle
dice qualcosa di stantìo con balbuziente voce nasale,
e sbrodola tutte le Fìllidi e le Issìpili[12] e quanto di lagrimevole
sia nei poeti, storpiando le parole con il palato languido.
Assentirono gli illustri ospiti: ora non sarà pago
il cenere del poeta? Non sarà più lieve il cippo sulle sue ossa[13]?
I convitati tessono elogi: ora da quell'ombra, da quel tumulo,
da quel cenere venturoso non nasceranno viole?
«Tu scherzi», dici, «e troppo ti compiaci di arricciare
ironicamente il naso. O vi sarà chi ricusi citazioni al merito
sulle labbra della gente, e, composte pagine degne del cedro[14]
che non temono di incartare sgombri e spezie[15], non voglia tramandarle?»
Chiunque tu sia che or ora ho finto mio contraddittore,
se scrivo e per caso mi riesce qualcosa di decente
– uccello raro –[16], se tuttavia mi riesce qualcosa di decente,
non certo io fuggirò le lodi, non sono di fibra
di corno[17]. Ma escludo che il fine ultimo di ciò che si fa
di buono, consista in quel tuo «Bravo!» «Bene!».

(trad. di L. Canali)

8. "Raccogliere esche per le orecchie" è un'espressione di cui non conosciamo l'origine; possiamo dedurre dal contesto che indichi il ricercare il gradimento altrui.
9. Stando a un epodo oraziano (5, v. 17), il caprifico o fico selvatico, germogliando, spezza le pietre nelle quali è stato seminato: può essere usato come metafora per indicare la fatica dello scrivere nonostante l'aridità della vena poetica.
10. Riecheggia l'esclamazione ciceroniana *O tempora! O mores!* della prima *Catilinaria* di Cicerone.
11. Persio allude ironicamente alla massima aspirazione dei poeti suoi contemporanei, cioè che le loro opere fossero usate come esercizi di dettato nelle scuole.
12. I nomi di Fillide e Issipile indicano per metonimia il genere bucolico, elegiaco o epico, cioè quelli in cui la materia della narrazione è fittizia.
13. S'intende il cippo funerario: si veda anche in seguito il riferimento al tumulo e alla cenere. Il poeta tratta con ironia il tema dell'aspirazione alla gloria come sollievo alla morte.
14. Le pergamene di pregio venivano spennellate con olio di cedro e risposte in cassettine di legno perché si conservassero meglio.
15. Le pergamente di scarso valore venivano invece usate per imballare i generi alimentari al mercato.
16. L'espressione «uccello raro» (*rara avis*, usata ancora oggi) indica qualcosa di introvabile: oggi noi potremmo dire anche una «mosca bianca».
17. Essere fatti di fibra di corno (anziché di carne) significa essere duri e impassibili di fronte – in questo caso – alle lodi e alle lusinghe.

Il testo e il contesto

LE SEQUENZE DELL'*INCIPIT* DELLA PRIMA SATIRA
La porzione della satira che abbiamo letto può essere divisa in diverse sequenze.

- Nella prima sequenza (vv. 1-7), il poeta viene interrotto mentre si accinge a leggere ad alta voce una satira di Lucilio. Egli è del tutto indifferente ai gusti dell'insipiente pubblico romano. Il timore di non essere letto è per lui una sciocchezza (*Nugae*, v. 5); egli non ha nessuna intenzione di raddrizzare ciò che non va, non si cura se un autore mediocre (oppure uno sciocco) gli sarà preferito.
- Nella seconda sequenza (vv. 8-12) il poeta accenna ai sentimenti che prova davanti agli individui del suo tempo, sia gli anziani (le «teste canute», vv. 8-9) sia coloro che, pur avendo appena lasciato l'età infantile (rappresentata dal gioco delle noci) già cominciano ad atteggiarsi a modello di sapienza. Tale spettacolo di varia umanità suscita in lui una risata amara, accompagnata da un senso di nausea.
- Nella terza sequenza (vv. 13-23), Persio descrive il quadro di una declamazione: da una parte l'aspirante poeta, che si è preparato la voce con gargarismi, ben azzimato, ma con un aspetto studiatamente trasandato (pallido, con l'occhio pesto) per mostrare i segni dell'affaticamento sui libri; dall'altra parte il pubblico, osservato con disgusto per le sue reazioni "impudiche", cioè svenevoli ed eccessivamente esibite.
- Nella quarta sequenza (vv. 24-30), il contraddittore del poeta prende la parola per reclamare la liceità del desiderio di fama dei poeti; Persio finge di acconsentire, ma il poeta votato alla filosofia stoica vuole giovare tramite la letteratura, non mettersi in mostra e finire nei dettati di scuola.
- Perciò il poeta, nella quinta sequenza (vv. 30-35), descrive un'altra scena di declamazione durante un banchetto: il poeta che si esibisce viene tratteggiato con i dettagli del suo abbigliamento strampalato, eccessivamente eccentrico e appariscente.
- Ai vv. 36-39 viene toccato il tema della gloria: con una serie di domande retoriche, il poeta lascia intendere che la fama non potrà certo rendere meno dura la condizione dei morti.
- Infine, ai vv. 40-49, anche il poeta ammette di provare compiacimento all'idea di essere lodato; tuttavia, il suo criterio non sarà inseguire la lode, poiché egli non tiene in nessun conto il giudizio di un pubblico che metterebbe sullo stesso piano la sua satira con la scadente poesia epica della sua epoca.

Oltre il testo

GLI STILEMI DELLA DIATRIBA In questo testo spiccano immagini, convenzioni e modi che dovevano appartenere alla diàtriba cinico-stoica (➛ p. 49): il ricorso a modi di dire ed espressioni tipiche del parlato (come "aggiustare l'ago della bilancia", "darsi arie da zii", "raccogliere esche per le orecchie altrui"); l'atteggiamento irridente nei confronti dei Romani, che vengono chiamati ora "Troiane" (cioè discendenti dei Troiani venuti nel Lazio con Enea, ma effeminati), ora "Titi" (da un *praenomen* antico e molto usato), ora sarcasticamente "Romulidi", con un iperbolico patronimico di sapore epico. Alla diàtriba cinico-stoica può essere ricondotto anche l'uso di un interlocutore la cui natura puramente fittizia viene svelata al v. 44 (*o modo quem ex adverso dicere feci*) con un intervento metaletterario dell'autore: pur avendo finto di avere un contraddittore per rendere più vivace la propria trattazione, ora il poeta lo liquida dimostrandogli scarso interesse (*Quisquis es*).
Nei confronti di questo interlocutore il dialogo viene ricostruito con particolare attenzione: le abbreviazioni (*min*), le interiezioni (*hercule*, *nugae*, *ohe*, *euge*), le ellissi e le interruzioni (*nam Romae quis non...?* oppure *a, si fas dicere... sed fas*) sono tutti accorgimenti attraverso i quali il poeta ottiene l'effetto di un dialogo reale, che con le sue sospensioni, i cambi di progetto e gli anacoluti, sembra svolgersi sotto gli occhi del lettore.

UN ABILE "RITRATTISTA" Persio tratteggia con rapidi dettagli ritratti molto gustosi: durante la lettura dei suoi versi si proiettano davanti ai nostri occhi gli adolescenti saputelli che si danno arie da esperti vissuti, gli aspiranti poeti indecisi se seguire la moda *dandy* o *bohémienne*, i corpulenti romani che si rendono ridicoli con svenevoli smancerie e i ragazzini riccioluti intenti a scrivere il dettato. Numerosi sono i richiami alla fisicità; non soltanto le descrizioni, ma anche le metafore fanno largo uso di termini che rimandano alle parti del corpo e sembrano voler suscitare un'immagine di concretezza: vengono nominati gli occhi, i polmoni, il fegato, la milza. La metafora del caprifico, che viene usata già in Orazio (epodo 5, v. 17) per indicare qualcosa che cresce a fatica in un terreno arido, viene però usata in accostamento al termine *iecur* e quindi forse suggeriva anche l'immagine del fegato ripieno di fichi (una ricetta molto diffusa in età imperiale), con l'effetto di risultare più concreta e realistica.

- Prova ora a trascrivere in prosa il dialogo tra il poeta e il suo contraddittore, mantenendo il tono ironico del moralizzatore e quello conciliante del suo interlocutore, modernizzandoli però entrambi tramite il ricorso a riferimenti a oggetti, fatti o personaggi dell'attualità contemporanea.

L'OPERA | LE SATIRE DI PERSIO

COMPONIMENTI POLIMETRICI La produzione di Persio non doveva essere molto estesa, ma di essa ci è rimasta soltanto una esigua raccolta di satire, che comprende sei componimenti in versi esametrici, oltre a un breve componimento di incerta collocazione in coliambi o scazonti (cioè in trimetri giambici in cui l'ultimo piede può essere uno spondeo o trocheo anziché un giambo): il fatto che Persio scrivesse anche satire in coliambi oltre che in esametri sembra poter essere ricondotto alla volontà del poeta di rifarsi alla satira di età arcaica (quella di Lucilio ed Ennio), che era per l'appunto polimetrica. Il modello poetico più presente nell'opera, con fitti richiami testuali, è tuttavia la satira oraziana.

LA POSIZIONE DEI *CHOLIAMBI* I *choliambi*, che contengono una sorta di *recusatio* della poesia epica, sembrano rivestire una funzione proemiale nei confronti della raccolta. Tuttavia, nessun manoscritto la riporta in tale posizione, il che non ha mancato di sollevare la curiosità degli studiosi, senza peraltro dar luogo a risposte convincenti. Questo è il loro contenuto: «Non ricordo di avere bagnato le labbra / nella fonte del cavallo né di avere sognato sul Parnaso / dalla doppia cima, così da diventare all'improvviso / poeta; le dèe dell'Elicona e la pallida Pirene / lascio a coloro le cui immagini lambiscono / attorte edere; io, mezzo paesano, / porto da me stesso i miei versi alla sagra dei vati. / Chi suggerì al pappagallo quel suo "Salve", / e insegnò alle gazze a tentare le nostre parole? / Maestro d'arte e largitore d'ingegno il ventre, / un artista nell'imitare voci innaturali. / Poiché se brilli speranza del danaro ingannatore, / ti potrà capitare di credere che poeti corvi / e poetesse gazze stiano cantando il nettare di Pegaso» (trad. di L. Canali).
Vengono qui denigrati i più famosi *topoi* dell'investitura poetica, usati da diversi poeti per reclamare l'autorevolezza della propria poesia epica; anche il linguaggio stesso dell'epica viene rinnegato, tramite l'uso di un registro colloquiale basso. La nobile fonte Ippocrene, scaturita dal monte Elicona al primo scalpitare di Pegaso (il cavallo alato che nacque dalle gocce di sangue stillate dalla testa di Medusa quando questa venne decapitata da Perseo) viene per esempio definita *fons caballinus*, con un aggettivo derivato dal sostantivo del latino volgare *caballus*: si tratta di un vocabolo decisamente impoetico, che ha generato la parola "cavallo" in italiano, ma che in latino aveva piuttosto un significato corrispondente al nostro "ronzino" (mentre il termine del registro medio per indicare il cavallo era *equus*). Il sogno del Parnàso fa riferimento al *topos* del sogno usato per esempio da Esiodo e da Ennio. È dunque chiaro il rifiuto da parte di Persio della concezione del poeta vate e delle Muse come fonte di ispirazione poetica: vera fonte della poesia contemporanea sono piuttosto il ventre (cioè, per metonimia, la fame che aguzza l'ingegno) e il denaro «ingannatore»; tali fonti di ispirazione sono persino in grado di addestrare corvi e gazze a imitare le voci umane, come fanno i pappagalli.

I CONTENUTI DELLE SATIRE La prima satira è una critica alla poesia contemporanea e ai gusti del pubblico, sempre attratto dalla poesia narrativa dai toni magniloquenti e incapace di apprezzare gli insegnamenti della poesia satirica.
La seconda satira, rivolta a Macrino, è una critica ai desideri della gente comune, che dice di aspirare a valori sani ma in segreto insegue le ricchezze, e nutre le più volgari speranze, e formula agli dèi le preghiere più abbiette. Del resto, anche le offerte in oro poste nei templi indicano la corruzione della religione. Il poeta auspica invece offerte spirituali.
La terza satira descrive la vita dissoluta di un giovane rampollo di famiglia nobile, dedito alle gozzoviglie e votato a una morte precoce per la sua incapacità di controllare i desideri insani e di assumere uno stile di vita più salutare.
La quarta satira è un dialogo immaginario tra Socrate e il giovane Alcibiade, che il maestro cerca di indurre sulla via della virtù prima che questi si butti a capofitto nella vita politica.
La quinta satira è dedicata al tema della libertà, che Persio definisce mettendo a confronto la propria scelta per la filosofia, nata dall'amicizia con Cornuto, e la falsa concezione che ne hanno i più.
Infine, la sesta satira, indirizzata a Basso, ironizza sui possibili danni derivanti dal cattivo uso delle ricchezze.

GUIDA ALLO STUDIO

1. Quali forme metriche possiamo trovare nelle satire di Persio? Si tratta di un dato significativo per valutare il tipo di poesia dell'autore?

2. Quali indicazioni di carattere letterario possiamo ricavare dalla lettura dei *choliambi*?

3. Quali sono gli argomenti delle satire di Persio?

PROVA DI COMMENTO

Leggi con attenzione il seguente brano tratto dalla prima satira di Persio e proposto nella traduzione di Luca Canali; quindi rispondi alle domande che ti guideranno nella comprensione. Potrai infine rendere ragione della tua interpretazione con un testo organico di commento.

L'impopolarità della poesia satirica

| Persio, *Satire* 1, 107-134 | esametri |

Dopo avere ironizzato sulla pomposità e sulla mollezza dello stile epico del suo tempo, ben lontano dall'ideale di virilità e forza che ci si potrebbe aspettare dal popolo romano (→ **T6***), Persio si rassegna a non proseguire oltre nella sua critica. Non rinuncia però a ricordare l'acume della poesia satirica di Lucilio e di Orazio, i suoi modelli, degni della stessa venerazione che Orazio riservava a Eupoli, Cratino e Aristofane, gli iniziatori della commedia arcaica greca e padri dello stile satirico. A coloro che non si accontentano di questo canone, Persio dice che le loro preferenze saranno per loro stessi il castigo più appropriato.*

«A che serve raschiare con verità mordaci le orecchie delicate? Attento che non si raffreddino per te le soglie dei potenti: mi sembra già di sentire un nasale ringhio di cane». Oh per me considera ciò una cosa innocente: non obietto. Bravi, tutti! Tutti diverrete mirabili cose. Vi piace così? «Qui», dici, «nessuno insudici». Dipingici due serpenti: «Ragazzi, qui è sacro, orinate fuori». Me ne vado, Lucilio morse a sangue la città, e te, o Lupo, e te, o Mucio, e ci si ruppe un molare. Lo scaltro Flacco punge i vizi dell'amico inducendolo a sorridere, e accolto così nel cuore, scherza esperto nel sospendere la gente al suo naso pulito. E io non posso fiatare? Neanche di nascosto, o con la buca di Mida? In nessun luogo? Ma scaverò qui: o mio libretto, ho visto coi miei occhi: chi non ha le orecchie d'asino? Questo segreto e questo mio riso – un nulla – non te li vendo per nessuna *Iliade*. O tu, chiunque sia, toccato dal soffio dell'audace Cratino, o impallidito per lo studio dell'iracondo Eupoli e del sommo vegliardo, guarda anche me, le mie satire, se per caso ci trovi qualcosa di ben cotto, a cui si appassioni un lettore dall'orecchio purgato, non chi si diverte, sudicio, a celiare sulle pianelle dei Greci, e pensa di poter dire «Guercio» al guercio, credendosi qualcuno, imbaldanzito dall'italico onore, per aver infranto – edile ad Arezzo – delle mezzette fasulle, o quello che si crede furbo se ride dei numeri sull'abaco e dei disegni tracciati sulla sabbia, pronto alle risa se una sfacciata meretrice tira la barba a un cinico. A costoro assegno di mattina l'editto del pretore, dopopranzo Callìroe.

(Trad. di L. Canali)

GUIDA ALLA COMPRENSIONE

Una museruola per il poeta Nella prima parte di questo passo il poeta immagina che il suo interlocutore lo avverta del pericolo di inimicarsi qualche potente troppo suscettibile e ironizza sui limiti imposti alla satira.

- Quali immagini concrete vengono usate per indicare l'ostilità del pubblico e la censura su alcuni argomenti?

Poeti di un tempo... Con amarezza il poeta rimpiange i tempi in cui alla poesia satirica era consentito motteggiare con spirito persino i potenti: Lucio Cornelio Lentulo Lupo e Quinto Muzio Scevola erano infatti i consoli contro cui si era scagliata la feroce satira di Lucilio.

- Quali bersagli e quale diverso stile viene riconosciuto, invece, alla satira di Orazio (Flacco)?

... e lettori di oggi Con le parole «O tu, chiunque sii» Persio si rivolge al suo destinatario ideale, cioè il lettore che saprà finalmente apprezzare la satira perché è ancora capace di indignarsi leggendo i commediografi Cratino, Eupoli e Aristofane (il «sommo vegliardo»).

Subito dopo viene tratteggiato il lettore mediocre: quali dettagli permettono di riconoscerlo?

- ☐ è irascibile e audace
- ☐ ironizza sulla cultura greca (le «pianelle» sono infatti una calzatura greca)
- ☐ ha le orecchie pulite
- ☐ si vanta di aver sventato degli imbrogli
- ☐ è un imbroglione
- ☐ è seguace della scuola cinica
- ☐ ride delle volgarità

GUIDA AL COMMENTO

Contestualizzazione

Illustra l'argomento della prima satira di Persio e riassumi brevemente i passaggi che hai avuto modo di leggere (➛ **T6**).

- Qual è l'atteggiamento del pubblico nei confronti della satira? Quali sono invece i generi letterari preferiti dai Romani?

Persio afferma orgogliosamente che non scambierebbe la propria poesia neppure con la gloria di aver scritto una *Iliade*.

- Qual è la sua posizione nei confronti della gloria poetica e della poesia d'invenzione? Quale deve essere, secondo Persio, lo scopo della poesia?

Interpretazione e approfondimenti

Dal momento che gli viene impedito di formulare apertamente i suoi attacchi contro i vizi della letteratura e della società, Persio nasconderà la sua vena satirica in una buca, nel suo «libretto». La buca e il riferimento alle orecchie d'asino riconducono alla favola del re Mida e del suo barbiere.

- Dopo aver svolto una breve ricerca su questa favola, spiega la metafora usata da Persio.

I commediografi ai quali Persio fa riferimento alle rr. 10-11 sono gli stessi che Orazio indicava come predecessori della satira latina. Sembra evidente, pertanto, che Persio intenda collocare la propria opera all'interno di un percorso ideale che dalla commedia greca arcaica, passando per Lucilio, sia arrivato a Orazio e quindi a Persio stesso.

- Rileggendo la *Satira* 1, 4 di Orazio, illustra i cambiamenti formali e di tono che si possono riconoscere nell'evoluzione del genere satirico da Lucilio a Persio.

Sembra di capire che per Persio la cultura giuridica («l'editto del pretore») e la poesia di ispirazione mitologica (evocata con il nome della ninfa «Calliroe») siano una sorta di condanna, ben meritata da certi individui di bassa cultura e di dubbia moralità.

- Illustra il ritratto dell'anti-lettore di Persio, provando a spiegarne i tratti caratteristici, appena abbozzati nella parte finale del brano. Spiega, in particolare, perché si potrebbe affermare che si tratti di un lettore che si accontenta di una morale superficiale e ipocrita.

GLI AUTORI

Seneca
La medicina dell'anima

ZTE ONLINE
Mettiti alla prova con 20 esercizi interattivi

IL TEMPO DELL'AUTORE

LUCIO ANNEO SENECA

INFANZIA E GIOVINEZZA Lucio Anneo Seneca – detto a volte anche "Seneca il filosofo" o "Seneca il Giovane", per distinguerlo dal padre, "Seneca il Vecchio" o "Seneca il Retore", per i suoi interessi nel campo dell'oratoria – nasce nel 4 a.C. o nell'1 d.C. a *Cordoba*, oggi Cordova, nella *Hispania Baetica*, provincia allora profondamente romanizzata, da una famiglia benestante di rango equestre (gli *Annaei*). Il padre, persona colta, si trasferisce a Roma, perché i suoi figli, Lucio e Novato (il maggiore, che in futuro avrebbe preso il nome di Gallione, per motivi di adozione), possano avere la migliore istruzione possibile e accedano alla carriera politica, aumentando il prestigio della famiglia. Seneca a Roma vive con il padre e con una zia, a cui rimase sempre assai affezionato: la zia è sorella maggiore di sua madre Elvia, rimasta a Cordova per amministrare il patrimonio. Seneca ha poi un altro fratello minore, Anneo Mela, che diventerà padre del poeta Lucano.

A Roma Seneca segue le lezioni dei filosofi Sozione, Attalo e Papirio Fabiano, attraverso i quali conosce lo stoicismo (a cui aderisce soprattutto Attalo), ma anche tutte le tendenze filosofiche dominanti a Roma in quell'epoca (principalmente pitagorismo e medio-platonismo): si tratta in generale di correnti di pensiero che tendono a presentare la filosofia come una cura dell'anima, prescrivendo norme di vita quasi ascetiche. Seneca viene influenzato anche dall'ambiente della scuola fondata a Roma da Sestio nel secolo precedente e adotta comportamenti di vita molto austeri (per esempio diviene un rigoroso vegetariano). Manterrà l'ammirazione per questi maestri per tutto il resto della vita, cercando di metterne in pratica i precetti.

Verso i vent'anni, per avviare la sua carriera politica e divenire senatore (secondo i desideri del padre che ammirava molto), Seneca inizia ad approfondire gli studi di oratoria, ma la sua salute cagionevole consiglia alla famiglia di far trasferire il giovane in Egitto, presso la medesima zia che lo aveva condotto a Roma, e che è divenuta moglie del prefetto dell'Egitto Galerio. Non è chiaro per quanto tempo Seneca sia rimasto in Egitto; secondo il Grimal il soggiorno è durato circa cinque anni a partire dal 25 d.C. Qui Seneca viene a contatto con il vivace ambiente filosofico di Alessandria, dove sono nella massima fioritura anche le scuole che tentano mediazioni fra l'ebraismo e il pensiero greco.

L'ESORDIO IN POLITICA Seneca torna a Roma nel 31 d.C. e, aiutato sempre dalla zia, che poteva vantare buone conoscenze nell'ambiente politico, riveste le cariche minori, mettendosi in evidenza come avvocato e oratore: diviene infine senatore, probabilmente nel 39 d.C. L'imperatore Caligola, però, che è succeduto a Tiberio nel 37 d.C., avendo ascoltato Seneca che difendeva egregiamente una causa di fronte al senato, geloso del suo successo, dà ordine di ucciderlo; la condanna viene evitata per l'intercessione di una amante dell'imperatore che suggerisce che, cagionevole come era di salute, sarebbe morto comunque di lì a poco. Da allora fino al 41 d.C., anno della morte di Caligola, Seneca cerca di non farsi notare troppo in senato. In questi anni scrive diverse opere, alcune di scienza naturale non giunte fino a noi, e la *Consolatio ad Marciam*, opera volta a consolare dalle disgrazie della vita Marzia, figlia dello storico Cremuzio Cordo, che era stato perseguitato da Tiberio perché aveva apertamente criticato il governo imperiale (Cremuzio aveva scritto un'opera che la figlia, contro la volontà dell'imperatore, aveva sottratto alla distruzione).

GLI ANNI DELL'ESILIO IN CORSICA Con l'ascesa al potere di Claudio, nel 41 d.C., Seneca si libera della paura di Caligola (morto assassinato in una congiura). In questo periodo si dedica alla composizione del dialogo *De ira*, ma all'improvviso, prima della fine di quell'anno, per volere di Messalina, moglie di Claudio, viene accusato di adulterio con Giulia Livilla, una sorella di Caligola: Livilla viene esiliata e poi fatta uccidere, Seneca viene esiliato in Corsica (allora isola assai poco abitata), ma ha salva la vita. Non ci sono prove dell'adulterio e forse Seneca, che effettivamente frequentava le sorelle di Caligola (oltre a Giulia Livilla anche Agrippina Minore) rimase coinvolto in una faida inter-

■ **Busto di filosofo, cosiddetto "Pseudo-Seneca"**, dalla Villa dei Papiri di Ercolano, I secolo. Napoli, Museo Archeologico Nazionale.

na alla famiglia imperiale. In effetti, Giulia e Agrippina due anni prima, nel 39 d.C., erano state mandate in esilio da Caligola, ma, appena morto costui, erano state immediatamente richiamate a Roma da Claudio, loro zio; Messalina tuttavia, non volendo vicino a sé delle concorrenti che avrebbero potuto sostituirla nel cuore di Claudio, puntò a eliminare le sorelle di Caligola appena rientrate nell'Urbe, con accuse che finirono per coinvolgere anche Seneca. Uccisa Giulia Livilla, Agrippina Minore rimane lontana dalla corte insieme al figlio Nerone, fino a quando anche Messalina non viene assassinata.

Durante l'esilio Seneca si dedica agli studi. Compone la *Consolatio ad Helviam matrem* e la *Consolatio ad Polybium*. La prima, animata da nobili sentimenti, è volta a consolare la madre addolorata per l'esilio in Corsica del figlio; la seconda, invece, con il pretesto di consolare per un lutto familiare Polibio (un potente liberto di Claudio), in realtà è una umiliante supplica rivolta all'imperatore per essere riammesso a Roma.

LA FINE DELL'ESILIO All'inizio del 49 d.C., pochi mesi dopo l'assassinio di Messalina, Agrippina Minore diviene moglie di Claudio, non senza suscitare scandalo in quanto l'imperatore era suo zio (che, per l'occasione, dovette far approvare una apposita legge). Seneca, dopo otto anni di esilio, viene immediatamente richiamato a Roma. Il filosofo, vistosi inaspettatamente graziato, ormai attorno ai cinquant'anni, pensa di condurre vita ritirata e probabilmente compone il dialogo *De brevitate vitae*, lodando la lontananza dalla politica. I suoi piani vengono tuttavia bruscamente sconvolti da Agrippina, che nel 50 d.C. fa adottare al marito suo figlio Nerone, facendo convergere su di lui le aspettative della successione, anziché su Britannico, figlio di Claudio e Messalina. Per dare al giovane Nerone (aveva poco più di dodici anni) una adeguata istruzione, Agrippina sceglie Seneca, suo amico dai tempi di Caligola. Seneca non è in condizione di rifiutare la proposta di una donna tanto potente: la filosofia stoica del resto aveva sempre raccomandato al saggio l'azione politica, quindi probabilmente il filosofo non sente nessuna contraddizione fra l'incarico avuto e la tendenza alla vita contemplativa.

Negli anni seguenti Seneca diviene sempre più ascoltato e influente a corte e, grazie ad Agrippina, riprende l'attività politica come senatore e riveste la pretura nel 50 e il consolato nel 56 d.C. In questo periodo vengono composte anche alcune opere importanti: forse tra il 53 e il 55 d.C. i dialoghi *De tranquillitate animi*, *De constantia sapientis* e *De otio*; nel 55 d.C. dedica il *De clementia* al discepolo Nerone, che era diventato imperatore secondo le attese della madre l'anno precedente, alla morte di Claudio (avvelenato dalla stessa Agrippina). Contro questo imperatore, che l'aveva esiliato, Seneca scrive immediatamente dopo la sua morte anche un'aspra satira, l'*Apocolocyntosis* («trasformazione in zucca»).

CONSIGLIERE DEL PRINCIPE Anche se la questione è ampiamente dibattuta, pare che Seneca, principale consigliere del giovane principe, in pieno accordo con Afranio Burro, il prefetto del Pretorio (che si occupava principalmente degli affari militari), abbia fatto in modo che la politica dell'impero fosse improntata ai principi dello stoicismo esposti nel *De clementia*, e dunque orientata alla creazione di un regime equilibrato e non dispotico. Tra il 54 e il 58 d.C., durante gli anni in cui l'influenza del filosofo sul principe è più forte, vengono promulgate per esempio leggi volte ad impedire la delazione, con cui molti senatori e cavalieri erano stati rovinati durante l'impero di Caligola e Claudio; viene proposta l'abolizione dei dazi sulle merci; viene mantenuto un atteggiamento molto cauto nelle zone calde ai confini, come l'Armenia. Anche i rifornimenti di grano nella capitale sono oggetto di particolare attenzione, per evitare sia ruberie da parte dei magistrati, sia carestie che fomentino rivolte popolari.

L'azione del filosofo-consigliere non è tuttavia esente da ombre. In questi anni Seneca si arricchisce enormemente: il malcontento che si diffonde in Britannia (e che sfocerà verso il 60 d.C. in una sanguinosa rivolta capeggiata dalla principessa Budicca) è provocato, per esempio, dagli esosi interessi pretesi dal filosofo, che presta ad usura i suoi capitali nell'isola. Seneca nel 58 d.C. affronta un'accusa di malversazione, promossagli di fronte al senato da Suillio, un avvocato che aveva lavorato come delatore per conto di Messalina. Suillio finisce in esilio, ma Seneca probabilmente per discolparsi di fronte all'opinione pubblica scrive il *De vita beata*, dove sostiene che il saggio resta indifferente alle ricchezze. Forse in questi anni Seneca compone anche le sue tragedie: esse rientravano nel programma educativo di Nerone, in quanto Agrippina non desiderava che il figlio si avvicinasse alla filosofia, ma alla letteratura, e forse Seneca pensava di entrare nell'animo del discepolo attraverso un genere letterario da questi prediletto. Gli argomenti delle tragedie, tratti dal mito, riguardano principalmente il difficile rapporto tra tirannide e libertà.

IL FALLIMENTO DELL'EDUCAZIONE DEL PRINCIPE Una serie di fatti costringe a poco a poco il filosofo a constatare che il tentativo di formare un imperatore-filosofo sta fallendo. Non solo le manie di grandezza di Nerone e il suo desiderio di primeggiare come poeta sono ormai fuori controllo, ma soprattutto già nel 55 d.C. Nerone fa assassinare Britannico, che avrebbe potuto legittimamente aspirare all'impero. Inoltre il principe ha rapporti sempre più tesi con la madre, con la quale rompe definitivamente nel 58 d.C., quando si innamora dell'aristocratica Poppea Sabina. Nerone, che per volere della madre aveva sposato Ottavia, figlia di Claudio e Messalina, su istigazione di Poppea decide di sbarazzarsi di Agrippina, che fa uccidere nel 59 d.C.

IL RITIRO E LA MORTE Seneca è certamente a conoscenza di questi delitti e dei numerosi altri che Nerone aveva compiuto (a volte con la complicità di Agrippina) durante la sua permanenza a corte. Forse tuttavia egli spera di riprendere il controllo della situazione, almeno fino a quando può contare sulla collaborazione con Afranio Burro. Questi però muore nel 62 d.C., anno in cui viene eliminata anche Ottavia, e Nerone sposa Poppea. Seneca lascia la corte di Nerone, anche se l'imperatore, per salvare le apparenze, avrebbe preferito che l'anziano filosofo continuasse a comparire vicino a lui.

Seneca si ritira a vita privata e, deluso da Nerone, decide di affidare solo alla scrittura il suo messaggio. Nascono in questo periodo opere grandiose: oltre al *De beneficiis*, in 7 libri, Seneca compone numerose lettere (noi ne conserviamo 124 raccolte in 20 libri, ma sappiamo che non ci sono giunte tutte) per l'amico Lucilio, intenzionato a compiere il cammino verso la saggezza; scrive il *De providentia*; scrive le *Naturales quaestiones*, che in 7 libri studiano e indagano le leggi immutabili del cosmo fisico, suprema forma di conoscenza del saggio stoico.

Il 19 aprile del 65 d.C. si presentano a Seneca (che già era stato vittima di un tentativo di avvelenamento) i pretoriani di Nerone, che, accusandolo di aver partecipato alla congiura di Pisone, lo invitava a suicidarsi. Seneca senza indugi affronta il suicidio, trascorrendo serenamente gli ultimi istanti della vita insieme ai suoi cari. Anche la moglie Pompea Paolina (assai più giovane del marito, al quale era unita da tenero amore) avrebbe desiderato unirsi a lui nella morte, ma per ordine di Nerone viene risparmiata.

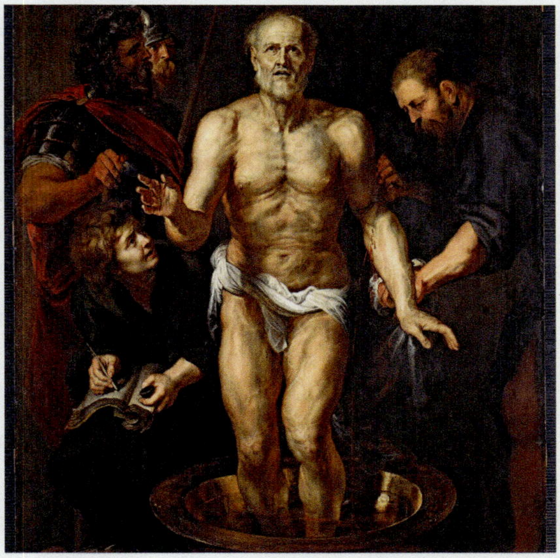

■ Peter Paul Rubens, *Morte di Seneca*, 1614. Monaco, Alte Pinakothek, Bayerische Staatsgemaeldesammlungen.

SENECA

GUIDA ALLO STUDIO

1. Ripercorri la vita di Seneca dividendola in periodi e indica i fatti salienti di ciascun periodo.

2. Quali leggi dei primi anni dell'impero di Nerone testimoniano la volontà di creare un regime non dispotico?

3. Quali aspetti critici si possono riconoscere nell'attività di Seneca come consigliere di Nerone?

La medicina dell'anima

L'ATTUALITÀ DI SENECA Le opere di Seneca trovano da sempre numerosi lettori e molte di esse – soprattutto le *Lettere a Lucilio* e alcuni dialoghi come il *De brevitate vitae* – conoscono un successo ininterrotto dal momento della loro pubblicazione: anche ora le opere di Seneca sono le più lette e amate della letteratura latina, soprattutto dal pubblico non specialistico al di fuori della scuola. Esse effettivamente sono assai distanti da fredde dissertazioni dottrinali e mettono a proprio agio il lettore conducendolo ad alte verità filosofiche, ma prendendo spesso spunto da semplici osservazioni sulla vita quotidiana. L'immediatezza che sempre è piaciuta ai lettori è forse dovuta al fatto che Seneca nella vita non ha fatto di "mestiere" il filosofo, anzi ha fatto tutt'altro e, terminati gli studi, non ha più frequentato le scuole di filosofia. Seneca perciò non è un dogmatico che indica una e una sola verità, ma un uomo che in mezzo al caos dell'esistenza si trova in cerca della strada giusta; la perenne attualità del suo messaggio dipende dal fatto che nessuno può concepire una vita che non sia ricerca, indipendentemente dalla cultura in cui vive.

LE AMBIGUITÀ DEL PERSONAGGIO STORICO Seneca, quando crede di aver intravisto la strada giusta, si rende conto della necessità di lasciare dei segni, perché altri lo seguano: per questo scrive. Certamente, quando si confronta la sua tumultuosa vita con quanto leggiamo nelle sue opere, può venire il dubbio che le buone intenzioni siano rimaste sulla carta; tuttavia l'onestà di Seneca è testimoniata soprattutto dalla serenità con cui ha affrontato la morte, raccontata in una nota pagina dello storico Tacito. L'"io" delle *Lettere a Lucilio*, che tanto spesso invita a considerare la vita umana e tutto quanto la riguarda come un bene transitorio, nel momento supremo, ha così rivelato di non essere una finzione letteraria. Non solo la morte, tuttavia, ma l'intera vita del filosofo è stata esaminata alla luce dell'ideale di saggezza che egli ha propugnato nelle sue opere. È facile capire come molti abbiano ravvisato una stridente contraddizione tra l'ideale di vita vagheggiato negli scritti, che predicano distacco dai beni materiali, e una carriera, assai ben remunerata, sviluppatasi in mezzo ai peggiori intrighi di corte. D'altra parte le testimonianze, pur relativamente numerose, sulla vita di Seneca, presenti nelle pagine di Tacito (I-II sec. d.C.), Svetonio (I-II d.C.) e dello storico greco Dione Cassio Cocceiano (II-III sec. d.C.), spesso non sono di grande utilità, perché gli storici hanno utilizzato scritti di contemporanei, viziati da simpatie o da antipatie nei confronti della figura del filosofo.

SENECA SENATORE SOTTO CALIGOLA, CLAUDIO E NERONE Senza voler attenuare i comportamenti ambigui del filosofo, per una corretta comprensione storica del suo operato va considerata l'effettiva condizione dei senatori durante l'età giulio-claudia. A differenza di quanto accaduto durante il periodo repubblicano, i senatori non avevano autonomia politica, ma facevano carriera soprattutto prestando la propria parola all'imperatore, cioè accusando o difendendo i soggetti da lui indicati, o perorando per suo conto le leggi da approvare. Tutto questo risultava rischioso, perché ciascun senatore era disposto a inimicarsi altri senatori, con accuse anche false, per ottenere il favore dell'imperatore. Pertanto ciascuno, per proteggersi, doveva inserirsi in fitte trame di appoggi e alleanze, sotterranee e mutevoli, intessute di odi e ripicche personali. Al vertice di queste logge di potere c'erano spesso membri della famiglia imperiale, portati a vivere di complotti, in quanto chiunque avesse nelle proprie vene il «sangue di Augusto» (data l'indeterminatezza dei meccanismi di successione al vertice dell'impero) allo stesso tempo poteva aspirare al trono ma doversi difendere dai concorrenti che vantavano i suoi stessi diritti. Le donne della famiglia imperiale erano potentissime, in quanto erano le uniche che potevano far nascere eredi al trono, e per rafforzare il loro dominio, aspiravano a essere madre o moglie del principe. Seneca non poté sottrarsi a questa situazione, ma la sua ambizione fu proprio quella di mantenere il suo spirito libero, nonostante tanti odi e violenze.

■ Affresco con filosofo o pedagogo, da Boscoreale, 60 d.C. circa. Napoli, Museo Archeologico Nazionale.

IL MESSAGGIO DI SENECA Indipendentemente dalle tumultuose vicende della sua vita, l'ambizione di Seneca è insegnare all'uomo ad accettare razionalmente l'oggi, invitando ciascuno a concentrarsi su ciò che può fare ogni giorno meglio di quanto abbia fatto il giorno precedente, senza nutrire false speranze, fino al giorno della morte. Per esprimere questi concetti, profondamente radicati sia nella filosofia stoica (soprattutto per quanto riguarda la razionalità che guida l'indagine), sia nella morale romana (per quanto concerne l'invito all'azione), Seneca prende spunto da eventi quotidiani, che poi trascende per giungere a una visione complessiva della vita umana.

Secondo Alfonso Traina, che sottolinea come in Seneca il verbo «sperare» abbia una connotazione negativa, «sinché ci sarà chi rifiuti le illusioni o le mistificazioni della speranza, la saggezza senecana potrà sempre insegnargli a trovare solo in sé stesso la forza di accettare il proprio destino». Gli scritti di Seneca esprimono l'atto di libertà dell'uomo che cerca con la propria ragione una motivazione dell'esistenza nell'unico luogo non soggetto al capriccio della sorte, cioè il proprio animo. Inevitabilmente, quindi, in questi scritti si trovano anche contraddizioni e ripensamenti, che coincidono con il percorso tortuoso di qualsiasi uomo capace di guardarsi dentro senza illusioni.

UN FILOSOFO ASISTEMATICO Seneca è un autentico filosofo: senza rinnovare integralmente lo stoicismo, sa indicare tutti i passaggi necessari all'uomo per raggiungere la saggezza. La sua filosofia assume le proporzioni di una «terapia dei mali dell'anima» (Giovanni Reale) sulla strada verso la felicità. Va inoltre rilevato che alcune conclusioni cui giunge il filosofo, soprattutto per quanto riguarda la sostanziale uguaglianza di tutti gli esseri umani e la necessità di giovare agli altri gratuitamente, possono essere considerate ancora molto attuali.

Nonostante ciò, a Seneca spesso è stato negato lo *status* di filosofo, forse per due ordini di motivi. In primo luogo Seneca non ci ha lasciato in nessuna delle sue opere una trattazione completa della sua filosofia, in forma di sistema: il suo pensiero sembra in perenne divenire, con alcuni poli di attrazione costante, come la riflessione sul tempo e sulla morte. Inoltre a Roma la filosofia, pur dopo lo sforzo di Cicerone di creare uno specifico linguaggio filosofico latino, resta legata alla lingua greca: l'opera di Seneca, in tal senso, può essere considerata un fenomeno isolato, perché ancora per molto tempo i filosofi latini (compreso l'imperatore Marco Aurelio) scriveranno in greco. Soprattutto questa circostanza ha fatto in modo che gli studi su Seneca, fino a tempi molto recenti, siano stati condotti più da filologi ed eruditi che da storici della filosofia, i quali spesso gli hanno riservato poco spazio.

FILOSOFIA E RETORICA Per Seneca lo stile non è solo una questione estetica, ma è profondamente connesso con le scelte filosofiche. Seneca ha poca fiducia nelle argomentazioni logico-deduttive, nel sillogismo, perché nei suoi scritti non vuole dimostrare le verità filosofiche, ma convincere l'interlocutore della necessità di agire. Il testo perciò non è un semplice tramite, una sorta di veicolo passivo, ma è una parte attiva del pensiero filosofico: le scelte di stile divengono, quindi, sostanza stessa della filosofia. Alfonso Traina spiega la funzione della retorica nelle opere di Seneca con queste parole: «per passare all'azione occorre agire sulla volontà con la potenza psicagogica della parola, delegata alla retorica: non basta "insegnare" (*docere*) coi "principi dottrinari" (*decreta philosophiae*), le dimostrazioni teoriche (*probationes*), le sottigliezze dialettiche (*cavillationes*), occorre svegliare l'attenzione (*advertere*), far leva sull'emotività (*excitare*, *adfectus tangere*) mediante i precetti (*praecepta*, *admonitiones*) foggiati in forma di massime o di versi».

Verso la saggezza

PER COMPRENDERE

IL NEO-STOICISMO DI SENECA Il pensiero di Seneca prende le mosse dalle teorie di Zenone (333-263 a.C.), il fondatore dello stoicismo, ma tiene in considerazione anche la speculazione di altre scuole filosofiche, non escluso l'epicureismo. La differenza più marcata rispetto allo stoicismo originario consiste nel fatto che a Seneca non interessa particolarmente delineare quali siano le caratteristiche del saggio, ossia dell'uomo che ha raggiunto la virtù completa e con essa la felicità. Seneca infatti considera quasi impossibile l'esistenza del perfetto sapiente e si interessa piuttosto del percorso verso la saggezza che può compiere ciascun uomo. Il pensiero di Seneca presenta, quindi, un allargamento rispetto alle tematiche trattate dallo stoicismo originario e perciò, per indicarlo, si usa il termine "neo-stoicismo", anche se per praticità non è scorretto definire Seneca semplicemente uno stoico, come spesso avviene. Del resto Seneca stesso, riferendosi a Zenone e ai suoi seguaci, usa abitualmente l'espressione *nostri*.

L'ETICA STOICA TRA FISICA E LOGICA Lo stoicismo, come tutte le filosofie ellenistiche, aveva concentrato la propria riflessione sull'uomo nella sua dimensione individuale e, in particolare, su quali comportamenti l'uomo debba tenere per conseguire la felicità: dopo le conquiste di Alessandro Magno (356-323 a.C.), infatti, in seguito alle quali era venuta meno la libertà e l'autonomia delle *pòleis*, in sede filosofica aveva perso importanza la riflessione sul rapporto tra il cittadino e le leggi (temi particolarmente cari a filosofi precedenti, come Platone e Aristotele). L'etica – cioè la branca della filosofia che studia come distinguere i comportamenti giusti e corretti dal loro opposto – è dunque il ramo del pensiero filosofico che maggiormente interessa allo stoicismo, come pure all'epicureismo, l'altra grande scuola nata nell'ellenismo. Dagli stoici, però, i fondamenti dell'etica vengono saldamente derivati da una serie di teorie relative al mondo fisico – è il ramo di studi che prende il nome di "fisica" – e dall'esame attento dei processi della conoscenza; in particolare in questo ultimo settore – la "logica" – la scuola stoica ha dato contributi assai originali, soprattutto nel delineare le condizioni necessarie perché un'affermazione si possa ritenere valida.

La logica e la fisica sono campi di studio importantissimi anche per Seneca, il quale condivide senza riserve l'assunto fondamentale della sua scuola: il sommo bene (da cui deriva la felicità) consiste nella virtù, che deriva dalla conoscenza, che è soprattutto conoscenza del mondo fisico. L'orizzonte dello stoicismo (in questo assai vicino all'epicureismo) è infatti esclusivamente materialistico, ossia non ammette alcun tipo di trascendenza. Seneca, però, nella maggior parte della sua opera evita accuratamente le complessità della fisica e della logica (anzi biasima i filosofi che si compiacciono troppo delle raffinatezze dei loro ragionamenti) e dedica la maggior parte del suo interesse al cammino che l'uomo deve fare, fin dai primissimi passi, per arrivare alla sapienza, ma analizza anche gli errori da cui l'uomo deve guardarsi per poter procedere fino agli stadi finali. In questo senso si può dire senza dubbio che il maggior contributo di Seneca è nell'etica.

IL PERCORSO PROPOSTO DA SENECA: LA "RIAPPROPRIAZIONE DI SÉ" Per gli uomini che vogliono giungere alla felicità, Seneca delinea un percorso che può essere suddiviso in due fasi (e inserisce se stesso tra i destinatari del suo messaggio, dato che egli non si presenta mai come giunto al termine della ricerca). Nella prima è necessario che l'uomo riconosca quanto effettivamente dipende dalle proprie forze e quanto invece dipende da situazioni casuali, non soggette alla propria volontà: questa prima fase coincide con quella che abitualmente viene definita la "riappropriazione di sé". Si tratta di un percorso solo apparentemente facile, che impone il graduale distacco da quelli che in genere sono considerati "beni" (per esempio la ricchezza, la fama, la bellezza, la felicità in amore, la salute), e conduce a capire che, se l'uomo possiede veramente solo la propria interiorità, allora non può disporre liberamente di alcun bene se non di essa. Per intraprendere questo cammino, è necessaria soprattutto la forza di volontà: non è sufficiente, cioè, capire dove si trova la strada giusta, ma è necessaria anche la volontà di percorrerla. Questa è la notevole innovazione di Seneca rispetto ai filosofi precedenti. Per intraprendere questo difficile percorso, è utile avere vicino a sé una guida, che non si stanchi di incoraggiare incessantemente i primi passi. In questo momento è necessario anche condurre vita ritirata, per non rischiare che l'animo, con la frequentazione di ogni sorta di persone, non sappia resistere alla tentazione di abbandonare la via intrapresa.

L'AZIONE NELLA SOCIETÀ Quando l'uomo si è effettivamente abituato a considerare come altro da sé qualsiasi bene che non dipende dalla propria volontà, quando ha raggiunto l'indifferenza (*apàtheia*) nei confronti dei beni apparenti (come la bellezza, la ricchezza e il successo), il possesso dei quali di per sé non è negativo, ma spesso è determinato da circostanze casuali, quando è consapevole che il dolore, sia spirituale sia fisico, è sempre sopportabile, solo allora l'uomo è pronto per agire nella società.

L'uomo agirà dove lo ha collocato il destino e porterà con sé, indipendentemente dalla condizione sociale in cui si trova, la solidità del proprio animo. E così l'uomo agirà con serenità, libero da paure e consapevole che anche la morte (anche quella dei propri cari) va accettata come qualcosa di inevitabile. La morte diventa un dramma solo se, nel momento della fine, ci si rende conto di aver vissuto alla ricerca affannosa di beni caduchi, dai quali non poteva nascere la felicità interiore, ma solo l'ansia derivante dalla paura di perderli.

LA VITA CONTEMPLATIVA E IL SUICIDIO L'uomo che si è avviato verso la saggezza, però, quando si accorge che le circostanze non gli permettono alcuna azione virtuosa, ma che, al contrario, implicano la necessità di giungere a compromessi infamanti, allora può scegliere di condurre vita ritirata e dedicarsi allo studio e alla contemplazione della natura. In casi estremi, infine, abituatosi all'indifferenza verso i beni terreni, piuttosto che affrontare l'ansia derivante dal desiderio di rimanere in vita a ogni costo, il saggio può consapevolmente scegliere la morte, nella coscienza di aver speso la vita in attività degne dell'uomo.

In questa precisa situazione deve essersi trovato Seneca durante gli ultimi anni dell'impero di Nerone: dopo aver provato a ritirarsi nella vita contemplativa (dedicandosi alla composizione delle *Naturales quaestiones*), essendo rimasto coinvolto nelle trame di corte, affrontò la morte con estrema dignità.

IL FONDAMENTALE OTTIMISMO DELLA SCUOLA STOICA L'austerità di vita raccomandata dagli stoici e la fermezza nella sopportazione del dolore non devono far dimenticare che lo stoicismo comunica un messaggio sostanzialmente ottimistico e positivo, in quanto ammette che ciascun uomo abbia in sé la possibilità di giungere alla felicità e alla conoscenza. Nel pensiero stoico l'uomo sapiente ha una dignità che lo rende simile agli dèi; anzi in un certo senso è a essi superiore, in quanto ha saputo guadagnarsi con le proprie forze la felicità che agli dèi il destino ha invece regalato, quasi banalmente.

I primi passi

T1

LATINO/ ITALIANO

CICERO LECTIO

Non poveri di tempo, ma sciuponi | *De brevitate vitae* 1 |

Il dialogo De brevitate vitae *rappresenta uno degli scritti dove più chiaramente si trova l'indicazione dei primi passi che un uomo deve compiere, quando vuole mettersi in cammino per raggiungere una stabile e duratura condizione di felicità. Seneca si rivolge a Paolino (suo suocero) senza far ricorso a tecnicismi, ma con la comprensione e l'affetto necessari per chi pare necessitare dei primi rudimenti della filosofia. Nell'esordio del dialogo troviamo un assunto fondamentale: è necessario convincersi che la vita di ciascun uomo, per quanto possa risultare paradossale, è lunga a sufficienza per raggiungere la felicità. Il punto sarà capire come distribuire il proprio tempo.*

La natura sembra crudele con l'uomo, perché gli concede poco tempo

[1, 1] Maior pars mortalium, Pauline, de naturae malignitate conqueritur, quod in exiguum aevi gignimur, quod haec tam velociter, tam rapide dati nobis temporis spatia decurrant, adeo ut exceptis admodum paucis ceteros in ipso vitae apparatu vita destituat. Nec huic publico, ut opinantur, malo turba tantum et inprudens vulgus ingemuit: clarorum quoque virorum hic adfectus querellas evocavit. Inde illa maximi medicorum exclamatio est, «vitam brevem esse, longam artem»; [2] inde Aristotelis cum rerum natura exigentis minime conveniens sapienti viro lis: «aetatis illam animalibus tantum indulsisse ut quina aut dena saecula educerent, homini in tam multa ac magna genito

La natura sembra crudele con l'uomo, perché gli concede poco tempo

[1, 1] La maggior parte dei mortali, o Paolino, si lamenta per la malignità della natura, perché siamo messi al mondo per un breve spazio di tempo, perché questo periodo di tempo a noi concesso trascorre così velocemente, così in fretta che, tranne pochissime persone, la vita pianta in asso gli altri proprio nel momento in cui si preparano alla vita. Né di tale comune calamità, come credono, si è lamentata solo la gente e il popolo ignorante; questo sentimento ha suscitato le lamentele anche di uomini illustri. Da qui deriva la famosa sentenza del più illustre dei medici[1]: «La vita è breve, l'arte lunga»[2]; [2] di qui la controversia, poco decorosa per un saggio, di Aristotele, che si mette a discutere con la natura: «ha concesso agli animali tanto tempo, che possono vivere

[1, 1] **quod... gignimur, quod... decurrant**: i due *quod* individuano due proposizioni causali; la prima ha l'indicativo ed esprime oggettività, mentre la seconda ha il congiuntivo ed esprime la valutazione soggettiva dei parlanti (cong. obliquo). • **haec... spatia**: l'iperbato *haec spatia* contiene a sua volta un altro iperbato, *dati temporis*. • **adeo ut**: introduce una proposizione consecutiva, che ha come predicato *destituat*. • **exceptis... paucis**: ablativo assoluto con valore temporale.

[2] **inde Aristotelis... lis**: il soggetto è *lis*, che ha come participio congiunto *conveniens*, completato dal dativo *sapienti viro* (participio e sostantivo); *exigentis* è participio congiunto con *Aristotelis*, complemento di specificazione del soggetto. • **aetatis... indulsisse**: la proposizione infinitiva sottintende un verbo di dire che la introduce; *illam* è la «natura», soggetto dell'infinitiva; *indulsisse* ha sia il complemento oggetto (*tantum* da unire a *aetatis*, genitivo partitivo), sia il complemento di termine, *animalibus*.

1. È Ippocrate di Cos (460-377 a.C. ca.).
2. È la traduzione latina di una massima attribuita a Ippocrate (*Aforismi* 1, 1), il cui significato probabilmente è che non è sufficiente lo spazio di una vita, ma è necessario il lavoro di generazioni, per conoscere i segreti dell'arte della medicina.

tanto citeriorem terminum stare». [3] Non exiguum temporis habemus, sed multum perdidimus. Satis longa vita et in maximarum rerum consummationem large data est, si tota bene conlocaretur; sed ubi per luxum ac neglegentiam diffluit, ubi nulli bonae rei inpenditur, ultima demum necessitate cogente quam ire non intelleximus transisse sentimus. [4] Ita est: non accipimus brevem vitam sed facimus nec inopes eius sed prodigi sumus. Sicut amplae et regiae opes, ubi ad malum dominum pervenerunt, momento dissipantur, at quamvis modicae, si bono custodi traditae sunt, usu crescunt, ita aetas nostra bene disponenti multum patet.

In realtà, è l'uomo che spreca il tempo concesso

Un *exemplum*, per capire come ben "investire" il tempo della vita

ciascuno cinque o dieci generazioni, mentre un termine tanto più breve è fissato per l'uomo, nato per azioni tanto numerose e grandi»[3]. [3] Noi non disponiamo di poco tempo, ma ne perdiamo molto. La vita è lunga abbastanza e ci è stata data con larghezza per la realizzazione delle più grandi imprese, se fosse messa a frutto[4] tutta intera con attenzione; ma quando essa scivola via nel lusso e nell'indifferenza, quando non viene spesa per nulla di buono, una volta che l'ora estrema ci incalza, ci accorgiamo che è trascorsa quella che non ci siamo accorti che stava passando. [4] Sì: non riceviamo una vita breve, ma noi l'abbiamo resa tale, e non siamo poveri di essa, ma prodighi. Come sontuose e regali ricchezze, quando siano giunte ad un cattivo padrone, vengono dissipate in un attimo, mentre, benché modeste, se sono state consegnate ad un buon amministratore, aumentano con l'impiego, così la nostra vita molto si estende per chi la sa bene organizzare.

In realtà, è l'uomo che spreca il tempo concesso

Un *exemplum*, per capire come ben "investire" il tempo della vita

Mosaico raffigurante un uomo che guarda una meridiana, da Daphne (Turchia), IV sec. d.C. Antakya, Museo Archeologico.

• **quina... dena**: aggettivi numerali distributivi. • **homini... stare**: proposizione infinitiva unita alla precedente mediante asindeto avversativo; *genito* è participio attributivo del complemento di vantaggio *homini*; il soggetto della infinitiva è *terminum*, lett. «cippo miliare», che allude metaforicamente alla vita come strada da percorrere. [3] **temporis**: è genitivo partitivo sia di *exiguum* sia di *multum*. • **perdidimus**: perfetto logico, lett. «ne abbiamo perso molto e ora ne siamo quasi privi». • **si... conlocaretur**: protasi della irrealtà nel presente, forma un periodo ipotetico misto insieme alla precedente apodosi con l'indicativo (*Satis longa... data est*); il verbo *conlocaretur* è qui usato nel senso tecnico di «mettere a frutto», proprio del lessico finanziario. • **nulli... inpenditur**: il verbo *inpendo* («spendere») è costruito con il dativo. • **ultima... necessitate cogente**: ablativo assoluto con valore temporale; *necessitas*, lett. «conseguenza inevitabile», unito a *ultima* è eufemismo per «morte». • **quam... sentimus**: *quam... intelleximus* è una proposizione relativa anticipata (prolessi del relativo); costruisci *sentimus transisse* (*eam vitam*) *quam non intelleximus ire*.
[4] **brevem**: aggettivo in posizione predicativa di *vitam*, che è complemento oggetto sia di *accipimus* sia di *facimus*. • **momento**: è ablativo di tempo determinato, «in un attimo». • **quamvis**: avverbio, «per quanto». • **disponenti**: participio presente sostantivato (*bene* è suo avverbio), dativo di vantaggio da unire al predicato *patet*.

3. Non sappiamo se la massima risalga effettivamente ad Aristotele (384-322 a.C.): da Cicerone (*Tusculanae Disputationes* 3, 69) è attribuita a Teofrasto (371-287 a.C.), successore di Aristotele nella direzione della scuola peripatetica.

4. Spesso nelle sue opere, Seneca parla del tempo attraverso metafore tratte dal campo della finanza: il tempo è un «capitale» che può essere «messo a frutto» o dilapidato, ciascun uomo è l'«amministratore» del proprio tempo.

Il testo e il contesto

UN BREVE DIALOGO D'OCCASIONE Secondo la maggior parte degli studiosi il *De brevitate vitae* fu composto nel 49 d.C., poco dopo il ritorno dall'esilio, quando a Seneca non era ancora giunta la chiamata a corte come precettore di Nerone. Il libello, assai breve (20 capitoletti), pare inserirsi nella scia delle numerose opere filosofiche che, a partire dall'inizio dell'ellenismo, riflettevano su come utilizzare positivamente il tempo della vecchiaia e che prendevano di solito le mosse da considerazioni sulla brevità della vita umana: nella letteratura latina, per esempio, sullo stesso tema leggiamo il *Cato Maior de senectute* di Cicerone. L'apparente garbato manierismo dell'opera senecana viene però smentito dal fatto che, sviluppando la tesi iniziale, il filosofo giunge, nei capitoli centrali dell'opera, a conclusioni sul valore del tempo assai importanti, che resteranno fondamentali nel suo pensiero.

La scelta dell'argomento dipende probabilmente dall'occasione in cui l'opuscolo è stato redatto: Seneca, sulla soglia dei cinquant'anni, risolte le travagliate vicende che lo avevano portato in esilio, forse pensa di ritirarsi a vita privata, come il dedicatario Paolino (ossia Pompeo Paolino, suo suocero), di poco più anziano di lui; è probabile, infatti, che anche Paolino proprio allora intendesse lasciare il delicato – e lucroso – incarico di prefetto dell'annona (l'ufficio incaricato di rifornire l'Urbe delle derrate necessarie alle distribuzioni di olio, vino e frumento alla plebe).

Il senso del testo

UNA BRILLANTE CONFERENZA L'andamento del *De brevitate vitae* sembra richiamare le caratteristiche dei testi che gli oratori predisponevano per le recitazioni: vere e proprie conferenze, spesso tenute in ambito privato. In esso, infatti, riconosciamo una veste retorica abilmente studiata, che si muove su due piani, quello stilistico e quello concettuale.

A livello stilistico sono particolarmente curate la scelta e la disposizione delle parole. Anche solo soffermandoci sull'esordio, si notano espressioni di tono epico, come il sostantivo *mortalium* per «uomini» (1, 1) e le perifrasi *exiguum aevi* e *dati... temporis spatia*, ma anche le insistenze su termini affini etimologicamente (*decurrant* e *destituat*, *conqueritur* e *querellas*, *malignitate* e *malo*) o semanticamente (*aevi* e *temporis*). La letterarietà del passo è evidente anche nel richiamo all'*incipit* della *Guerra contro Giugurta* di Sallustio (*Falso queritur de natura sua genus humanum, quod inbecilla atque aevi brevis forte potius quam virtute regatur*: *Bellum Iugurthinum* 1). Particolarmente cara a Seneca è anche l'abitudine di evitare parallelismi troppo evidenti, variando un elemento del costrutto, come si evidenzia nell'alternanza di indicativo e di congiuntivo nelle due brevi causali iniziali (*gignimur... decurrant*, con *variatio* anche della persona). Infine si può notare l'antitesi *brevem / longam* (1, 1) messa in evidenza dal chiasmo *vitam brevem... longam artem*, assente nell'originale greco di Ippocrate, *Aforismi* 1, 1: *ho mèn bìos* (sost.) *brachỳs* (agg.), *he dè tèchne* (sost.) *makrè* (agg.).

ARGOMENTARE PER INDUZIONE Dal punto di vista concettuale si può notare che il testo, proprio perché probabilmente pensato per un'agile conferenza, non si sviluppa mediante argomentazioni rigorosamente fondate sul processo logico deduttivo, ossia non procede per sillogismi con la deduzione di verità particolari da assunti generali: Seneca sceglie di agire più sulla sfera emotiva che su quella razionale dell'ascoltatore. Dopo aver evidenziato la tesi con una icastica *sententia* (procedimento frequente nelle opere di Seneca) a 1, 3 (*Non exiguum temporis habemus, sed multum perdidimus*), l'oratore "martella" l'ascoltatore replicando il concetto con leggere variazioni (*Satis longa vita et in maximarum rerum consummationem large data est*, 1, 3; *non accipimus brevem vitam sed fecimus*, 1, 4).

La *sententiae* hanno tutte una natura vagamente paradossale, nel senso che sembrano in contrasto con quella che potrebbe essere l'opinione comune. L'uso di paradossi, oltre a essere caratteristico della scuola stoica e richiamare il modo di argomentare di Socrate (del quale, per esempio, è assai nota l'affermazione di «sapere di non sapere»), è un modo per incuriosire l'ascoltatore. L'esordio stesso, con la confutazione di una massima di Aristotele, filosofo di indubbia autorevolezza, ha il sapore di una sfida all'ascoltatore. L'argomentazione vera e propria è affidata a un esempio (*Sicut... patet*, 1, 4), in modo che l'ascoltatore ricavi intuitivamente da un caso particolare una verità generale, con metodo opposto rispetto a quello sillogistico. La similitudine è tratta dall'ambito finanziario, forse per catturare meglio l'interesse di Paolino, persona che nella propria vita lavorativa si occupava di finanza.

Anche nel resto dell'opera la validità della tesi sarà sostenuta da numerosi esempi, da imitare o da respingere.

LEGGO E COMPRENDO

1. A quali opere precedenti di altri autori risulta affine il *De brevitate vitae*?

2. Quali procedimenti usa Seneca per conferire un carattere letterario alla sua scrittura?

3. Da quale ambito viene tratta la similitudine che conclude il passo?

L'OPERA

I DIALOGHI E L'*APOCOLOCYNTOSIS*

I DIALOGHI E L'INFLUENZA DELLA DIATRIBA Con il titolo di *Dialogorum libri XII* («Dodici libri di dialoghi») sono giunte a noi dieci opere di Seneca, delle quali una, il *De ira*, è in tre libri (per questo i libri sono dodici nel complesso). Non si tratta di veri dialoghi, nel senso che non compaiono interlocutori, ma Seneca, in prima persona, si rivolge generalmente a un amico, o a un destinatario immaginario. Hanno andamento discorsivo e, sebbene di solito sia presente una tematica dominante (rappresentata nel titolo), in ogni dialogo vengono toccati diversi argomenti. Sebbene il modello ideale del genere resti quello platonico, in realtà i *Dialoghi* di Seneca risentono della diatriba cinico-stoica, ossia di un modo di praticare la filosofia originatosi a partire dall'insegnamento di Socrate e trasmesso attraverso le cosiddette scuole socratiche minori; in base a questo modello, il filosofo dialoga con i discepoli di argomenti moraleggianti, volti a stimolare l'acquisizione di uno stile di vita virtuoso, senza insistere con spiegazioni dotte o teorie dottrinarie.

LA CRONOLOGIA E I TEMI Le date di composizione dei vari dialoghi di Seneca sono oggetto di dibattito da parte degli studiosi, tranne in alcuni casi; in mancanza di riferimenti sicuri, per datare ogni dialogo ci si fonda sulla comparazione tra i riferimenti interni alle opere e altri dati provenienti da fonti storiografiche. Certamente l'ordine con cui i dialoghi compaiono nei manoscritti tramandati non coincide con quello di composizione. Nel prospetto che segue sono riportate per ogni dialogo le date che paiono più attendibili.

- *De providentia* («La provvidenza»), probabilmente scritto tra il 62 e il 65 d.C., dopo il ritiro dalla corte di Nerone: è dedicato all'amico Lucilio (di poco più giovane). Spiega per quale motivo la divinità assegni sventure anche alle persone rette e onesti.
- *De constantia sapientis* («La fermezza del saggio»), forse databile agli anni attorno al 55 d.C.: è dedicato al parente Anneo Sereno ed è volto ad avvicinare alla filosofia stoica Sereno, forse più incline a quella epicurea. Illustra le doti del sapiente e come egli sia immune dal male.
- *De ira* («L'ira»), in tre libri, scritto nel 41 d.C. dopo la morte di Caligola: è dedicato al fratello Anneo Novato, detto "Gallione" (dal nome del retore Lucio Giunio Gallione che lo aveva adottato). Tratta dell'utilità sociale di chi ha imparato a tenere sotto controllo le passioni, in particolare l'ira.
- *Consolatio ad Marciam* («Consolazione a Marcia»), scritto nel 37 d.C.: è volto a consolare la nobile Marcia, figlia dello storico Cremuzio Cordo (perseguitato sotto Tiberio), per la morte del figlio.
- *De vita beata* («La vita felice»), scritto nel 58 d.C.: è dedicato al fratello Gallione. Tratta del rapporto tra il saggio e la ricchezza. Probabilmente fu composto da Seneca per difendersi dalle accuse di essersi arricchito smodatamente grazie alla posizione di prestigio come consigliere di Nerone.
- *De otio* («La vita contemplativa»), dedicato a Anneo Sereno: è di datazione assai incerta, forse vicino al *De constantia sapientis*. Spiega la necessità per il sapiente di mantenere uno spazio per la ricerca della verità e il miglioramento di sé.
- *De tranquillitate animi* («La tranquillità dell'animo»), ancora dedicato ad Anneo Sereno, probabilmente dello stesso periodo. Riflette sulla necessità di distaccarsi dalle cose futili e ritirarsi nel privato.

Doppia erma romana con i volti di Seneca e di Socrate, I sec.-metà III sec. d.C. Berlino, Antikensammlung, Staatliche Museen.

- *De brevitate vitae* («La brevità della vita»), dedicato all'amico Paolino, suocero di Seneca, molto probabilmente scritto subito dopo il ritorno dall'esilio (nel 49 d.C.). Spiega che la vita di ciascuno è abbastanza lunga per giungere alla felicità, purché il tempo sia dedicato all'interiorità.
- *Ad Helviam matrem de consolatione* («Consolazione alla madre Elvia»), dedicato alla madre per consolarla dell'esilio del figlio, è stato scritto nel primo anno di permanenza in Corsica, tra il 41 e il 42 d.C.
- *Ad Polybium de consolatione* («Consolazione a Polibio»), è dedicato a Polibio, potente liberto di Claudio, per consolarlo della morte di un fratello; il dialogo è databile tra il 43 e il 44 d.C. Lo scopo reale dell'operetta è rivolgere una supplica all'imperatore perché revochi l'esilio di Seneca.

L'*APOCOLOCYNTOSIS* Un testo molto originale di Seneca è l'*Apocolocyntosis*, termine ironico che in greco significherebbe «trasformazione in zucca» e rappresenta la parodia del termine «apoteosi», «trasformazione in dio». È una satira corrosiva scritta immediatamente dopo la morte di Claudio, nel 54 d.C., nella quale Seneca sfoga il suo malanimo contro l'imperatore che lo aveva condannato all'esilio. Come genere letterario, l'*Apocolocyntosis* appartiene alla satira menippea, ossia è un testo parte in prosa e parte in versi, con accenti comici e satirici, sul modello delle satire di Menippo di Gadara (filosofo greco del III sec. a.C., esponente della scuola cinica). Il testo racconta che Claudio dopo la morte giunge di fronte a un tribunale formato da divinità; questo tribunale, però, non accetta di accogliere Claudio sull'Olimpo, dietro consiglio di Ottaviano Augusto; Claudio viene perciò condannato ad essere schiavo di un liberto e a giocare per l'eternità a dadi con un bussolotto forato.

GUIDA ALLO STUDIO

1. Quali sono i modelli letterari e filosofici con i quali possiamo confrontare i *Dialoghi* di Seneca?

2. Che cosa è la diatriba cinico-stoica?

3. Che cosa è l'*Apocolocyntosis*?

T2

ITALIANO

Il paradosso del tempo: *occupati* contro *otiosi*

De brevitate vitae 10, 1-6; 12, 1-2; 14, 1-2

Dopo aver ricordato alcuni noti esempi di persone (come Cicerone e Ottaviano Augusto) che sembrano essersi rese conto troppo tardi di aver gettato la maggior parte della loro vita in attività che non rendono felici, Seneca tocca qui gli argomenti fondamentali del De brevitate vitae*. In primo luogo spiega che cosa intenda dire quando parla del tempo (10, 1-6), poi chiarisce che la vita, per paradosso, è breve e inconsistente per quelli che paiono avere un'attività frenetica, gli* occupati*, ossia gli «affaccendati» (12, 1-2), mentre è sufficientemente, anzi abbondantemente lunga, per i sapienti, quelli che fanno buon uso del tempo, gli* otiosi *(14, 1-2).*

[10, 1] Se io desiderassi dividere in parti e argomenti quello che mi sono proposto di dire, mi si presenterebbero molte prove grazie alle quali dimostrerei che la vita di chi è affaccendato è brevissima[1]. [...] [2] La vita si divide in tre tempi: il passato, il presente, il futuro[2]. Di questi il presente è breve, il futuro incerto, il passato certo. Questa infatti

1. Seneca vuol dire che avrebbe materia per dimostrare la propria tesi con un trattato vero e proprio, mentre, coerentemente con il fine dell'opera, intende sviluppare a sostegno del proprio pensiero solo alcuni esempi.
2. La riflessione sul tempo con la suddivisione tripartita in passato, presente e futuro, era stata avviata da Aristotele.

è quella parte contro la quale il destino ha perso ogni diritto, che non può essere sottomessa al potere di nessuno[3]. [3] Gli sfaccendati perdono proprio questo; infatti non rimane loro il tempo per riflettere sul passato e, se rimanesse, sarebbe fastidioso il ricordo di un tempo di cui si è rimasti scontenti. E così malvolentieri ritornano col pensiero a momenti trascorsi penosamente e non hanno il coraggio di riesaminare quelle azioni i cui mali, che rimanevano occultati dall'attrattiva di un immediato diletto, ripensandoci risultano evidenti. [4] Nessuno, se non colui che ha agito esercitando da sé un'attenta censura delle proprie azioni[4], l'unica forma di controllo che non sbaglia mai[5], si rivolge volentieri al proprio passato; colui che ha nutrito molti desideri con ambizione, che ha disprezzato con superbia, che ha vinto con arroganza, che ha ingannato con dolo, che ha arraffato con avidità, che ha dissipato con prodigalità, è necessario che abbia timore della sua memoria[6]. Eppure è questa la parte del nostro tempo sacra e inviolabile, che ha superato tutti gli avvenimenti umani, che è stata sottratta alla tirannide della sorte, che non la miseria, non la paura, non l'incursione delle malattie può tormentare; questa non può subire turbamento né essere rubata; il possesso di essa è eterno e sicuro. Vanno a formare il presente soltanto giorni presi a uno a uno, e in più attimo per attimo; ma tutti i giorni del passato, a un tuo ordine, compariranno, permetteranno di essere ispezionati e trattenuti secondo il tuo arbitrio, ma per gli affaccendati non c'è tempo per fare questo. [5] È caratteristico di un animo saldo e tranquillo muoversi attraverso tutte le parti della sua vita; come se fossero sotto un giogo, gli animi degli affaccendati non possono girarsi e guardare indietro. Perciò la loro vita se ne va in un profondo abisso; e come a nulla giova, per quanto si versi dentro, se non c'è un fondo che fermi e mantenga, così non importa nulla quanto tempo sia concesso, se non c'è un luogo dove possa fermarsi: passa attraverso animi fessurati e forati. [6] Il presente è brevissimo, al punto che a taluni pare non esistere; è infatti sempre in movimento, scorre e va a precipizio; smette di esistere prima di essere giunto, e non ammette alcuna fermata come la volta celeste e le stelle, il cui moto sempre senza sosta mai rimane nella medesima posizione. Agli affaccendati spetta solo il tempo presente, che è tanto breve da non poter essere bloccato e anche quello viene loro sottratto, da tanto che sono persi in vane attività.

[...]

[12, 1] Mi chiedi forse chi io definisca "affaccendati"? Non devi pensare che io mi riferisca solo a quelli che i cani sguinzagliati alla fine fanno scappare fuori dal mercato coperto[7], o a quelli che vedi schiacciati, in modo un po' più decoroso, dalla folla dei

3. Il passato non può cambiare: questa osservazione, apparentemente banale, è in realtà importantissima nel quadro dello stoicismo di Seneca (➛ "Per comprendere il testo").
4. Secondo Seneca, come appare evidente nella lettera a Lucilio 1, 1 (➛ T3), il presente viene usato bene solo dall'uomo che è pienamente cosciente delle proprie azioni e che perciò potrà poi riesaminarle alla luce della propria coscienza.
5. Una persona, se è onesta con se stessa, può esercitarsi a conoscere anche gli aspetti più reconditi della propria personalità, che agli altri possono sfuggire.
6. Chi agisce sulla base di passioni irrazionali, come l'ira, la superbia ecc. si espone al male peggiore, il male morale, e non è disposto a riesaminare volentieri le proprie azioni.
7. Seneca usa qui il termine *basilica*, ossia l'edificio pubblico presente nel Foro delle città romane: era formato da più navate rette da colonnati e i suoi spazi venivano usati per il mercato e per le attività civili; moltissime persone frequentavano abitualmente la basilica, anche perché era il luogo dove era più facile venire a sapere le ultime novità su qualsiasi questione.

loro clienti, o, in modo un po' meno dignitoso, dalla folla dei clienti altrui[8], o a quelli che portano fuori di casa i propri impegni, per andare a bussare alla porta di altri, o che l'asta del pretore tiene impegnati con guadagni disonesti e che prima o poi andranno in malora[9]. [2] La vita ritirata di alcuni è piena di faccende: nella loro villa, o nel loro letto, nella totale solitudine, anche se si sono allontanati da tutti, sono fonte di ansia per se stessi: la vita di costoro non va definita "ritirata", ma "pigro affaccendarsi"[10]. Tu definisci "persona che dedica il tempo a se stesso" uno che riordina con rigorosa precisione i suoi vasi di Corinto[11], preziosi per la folle passione di pochi, e consuma la maggior parte della giornata con laminette arrugginite[12]? Uno che resta seduto in palestra (infatti – maledizione! – ci roviniamo con vizi nemmeno romani) a guardare i ragazzi che lottano[13]? Uno che suddivide le greggi dei suoi animali in coppie identiche per età e per colore?[14]

[...]

[14, 1] Soli tra tutti dispongono del tempo coloro che si dedicano alla conoscenza, solo loro vivono[15]; e infatti non solo amministrano bene il tempo della loro vita: aggiungono ogni età passata alla propria; tutti gli anni che sono trascorsi prima di essi, per essi sono stati acquisiti. Se non siamo persone assai ingrate, quegli illustrissimi fondatori di venerabili dottrine[16] sono nati per noi, per noi hanno allestito in anticipo la vita. Siamo guidati dalla fatica altrui verso nobilissime verità, disseppellite dalle tenebre verso la luce; non siamo esclusi da nessuna epoca, in tutte siamo ammessi e, se grazie alla grandezza del nostro animo ci è concesso di oltrepassare le angustie della debolezza umana, è molto il tempo attraverso cui potremo spaziare. [2] Ci è concesso discutere con Socrate, dubitare con Carneade, vivere senza turbamenti con Epicuro, vincere con gli stoici la natura dell'uomo, oltrepassarla con i cinici[17].

8. L'uomo romano è sempre inserito, per quanto riguarda la vita pubblica, in un sistema di clientele, o nel ruolo di *patronus*, o nel ruolo di *cliens*: tale abitudine sociale si manifestava chiaramente nel fatto che raramente una persona si faceva vedere in pubblico sola, ma era sempre in un gruppo di persone, spesso anche assai numeroso.

9. È un riferimento alle aste fallimentari, bandite dal giudice (il pretore), che fornivano laute occasioni di guadagno agli speculatori e spesso erano affollatissime, anche se l'acquisto di beni provenienti da fallimenti moralmente non era considerato positivo.

10. Seneca vuol dire che non necessariamente quanti si ritirano dalla vita attiva e lavorativa sono effettivamente in grado di fare buon uso del tempo: possono infatti continuare a sprecare la loro vita con attività inutili.

11. I vasi di Corinto erano tra i più preziosi dell'antichità.

12. Il riferimento è a collezionisti di oggetti metallici di antiquariato.

13. Dalla cultura greca era giunta a Roma anche la passione per lo sport: in questo caso l'allusione è alle attività che si svolgevano nei ginnasi.

14. Il resto del capitolo, qui omesso per brevità, prosegue con numerosi esempi di sfaccendati e forma un gustoso quadro della Roma dell'epoca.

15. L'enfasi posta su «solo» e «soli» è in funzione del fatto che, secondo Seneca, sebbene teoricamente tutti gli uomini possano raggiungere la sapienza, solo pochi effettivamente lo fanno.

16. Sono i filosofi del passato: Seneca sostiene che la vita di un uomo, se è in grado di aggiungere alla propria esperienza anche quella altrui, paradossalmente si allunga.

17. Oltre agli stoici e ai cinici, vengono citate altre due grandi scuole filosofiche dell'ellenismo attraverso i loro esponenti di spicco: Carneade (214-129 a.C.), fondatore della Nuova Accademia, ed Epicuro (342-270 a.C.), fondatore dell'epicureismo. Socrate (470-399 a.C.) è qui ricordato soprattutto per la sua propensione all'indagine.

Il testo e il contesto

CHI VIVE A LUNGO? La tesi che si evince dall'unione di 10, 1, «la vita di chi è affaccendato è brevissima», e di 14, 1, «Soli tra tutti dispongono del tempo coloro che si dedicano alla conoscenza, solo loro vivono», forma un paradosso, che si può enunciare così: "solo le persone che si dedicano alla conoscenza hanno una vita sufficientemente lunga, mentre gli altri hanno vita breve o non vivono addirittura". Il paradosso è evidente perché l'esperienza dice che ci possono essere persone che, pur dedicando la loro vita alla conoscenza, muoiono prematuramente e persone che, pur praticando le attività più inutili, raggiungono età considerevoli. Ma Seneca considera tempo della vita ben speso soltanto quello che una persona dedica a riflettere sul proprio passato (10, 3), il resto invece è tempo perso, vita non vissuta (10, 5). Ne risulta che chi, oltre a trovare il tempo per riflettere sulla propria vita, sa anche fare tesoro delle riflessioni di altri sapienti, vedrà addirittura prolungato il proprio spazio di vita (14, 1), mentre gli altri, pur longevi, di fatto è come se non fossero vissuti. Questo costituisce un nodo argomentativo fondamentale del dialogo.

LA DISSOCIAZIONE TRA APPARENZA E REALTÀ Seneca, pur con un innocuo tono discorsivo, adotta procedimenti logici assai raffinati. In primo luogo egli riflette sul valore effettivo dei termini *otiosus* e *occupatus* mediante un procedimento ampiamente conosciuto e praticato nell'ambito della retorica, ossia la "dissociazione tra apparenza e realtà". Gli *occupati* sono coloro che "apparentemente" hanno molto da fare, ma che "in realtà" non fanno nulla di veramente importante, perché non hanno mai tempo per riflettere su se stessi. Al contrario gli *otiosi* sono coloro che dedicano il loro tempo a riflettere su se stessi, quindi "apparentemente" non si dedicano ad affari importanti, "in realtà" sono gli unici a impiegare il tempo in modo sensato.
Seneca introduce anche il concetto di *desidiosa occupatio* (12, 2, «pigro affaccendarsi»), per differenziare il tempo sprecato in attività insignificanti (12, 1-2) dal vero *otium*. In pratica egli osserva che il tempo libero dagli affari non necessariamente è tempo impiegato utilmente in vista della saggezza, ma anch'esso può anche essere sprecato. All'epoca di Cicerone il termine *otium* era percepito con sospetto dalla morale ufficiale, che dava maggiore importanza al *negotium*; Seneca invece non prende nemmeno in considerazione quest'ultimo concetto e riflette esclusivamente sull'*otium*, conseguenza evidente del ruolo estraneo alla politica in cui è ormai confinato il cittadino romano in età imperiale.

Il senso del testo

PERCHÉ L'UNICO TEMPO UTILE È IL PASSATO? Nel capitolo 10 Seneca spiega che, posta la tripartizione del tempo in passato, presente e futuro, soltanto il passato è importante, mentre il presente è quasi inesistente (10, 6) e il futuro incerto (10, 2). Sebbene un uso positivo del presente venga altrove prospettato dal filosofo (➤ **T3**), le motivazioni date da Seneca in merito alla sua valutazione del passato sono fondamentalmente due:

- il passato è inalterabile («la parte del nostro tempo... che non la miseria, non la paura, non l'incursione delle malattie può tormentare», 10, 4);
- il passato è sottratto all'azione del destino («quella parte contro la quale il destino ha perso ogni diritto», 10, 2).

Relativamente alla prima motivazione va rilevato che, nel pensiero filosofico greco (ma anche nel senso comune degli antichi), è quasi sempre positivo ciò che si può considerare sottratto al cambiamento. A conferma di tale realtà si possono notare, pur con le dovute differenze, due cose: in ambito filosofico, la funzione della teoria platonica delle idee assolveva alla necessità di ancorare la mutevolezza delle forme a solidi principi intelligibili; in ambito politico, l'universale ammirazione di cui nel mondo antico godeva la civiltà spartana era dovuta al fatto che, a differenza di tutte le altre città, essa si fondava su una costituzione ritenuta stabile e inalterabile (le leggi di Licurgo).

■ **Affresco con scena di vita nel Foro**, I sec. d.C. Napoli, Museo Archeologico Nazionale.

IL DESTINO SECONDO GLI STOICI Per capire la seconda motivazione del prevalere del passato sulle altre dimensioni del tempo (ossia il fatto che il passato è sottratto al destino) è invece necessario addentrarsi nei fondamenti dello stoicismo. Secondo tale dottrina, tutto ciò che esiste, l'universo, è il risultato di due fattori: la "forma", o principio attivo, e la "materia", o principio passivo: se adottiamo – per fare un esempio – la metafora della statua, la materia sarebbe il marmo, o il bronzo ecc., la forma sarebbe l'idea dell'artista.

La forma prende il nome di *lògos* e il divino coincide con il *lògos* dell'universo. Il pensiero stoico è completamente materialista, perciò il *lògos* non esiste separato dalla materia: non è quindi possibile alcuna forma di trascendenza. Per riprendere la metafora, una statua esiste solo come unione di forma e materia; il marmo prima di essere scolpito non è una statua, il progetto dell'artista non è ancora una statua.

Il *lògos* che permea l'universo dà la direzione agli avvenimenti, quindi è il destino. L'esplicarsi dell'azione del *lògos* nel tempo rappresenta il fine ultimo dell'universo, e in questo senso è "il bene".

IL RUOLO DELL'UOMO RISPETTO AL DESTINO Il compito dell'uomo è quello di inserirsi coscientemente nel corso del destino, distinguendo mediante l'uso della ragione quanto è sotto il suo dominio e quanto invece non è altro che l'esplicarsi del *lògos*, del destino, che si muove indipendentemente dalla volontà umana. A questo punto, dato che sul futuro l'uomo può esercitare un'azione assai incerta (in quanto è dominio per eccellenza del destino) e che pare impossibile fondarsi sul presente, inteso come una sequenza di attimi, l'unica parte della vita di cui l'uomo dispone è il proprio passato, inteso come la rappresentazione delle proprie azioni nella propria memoria. Solo fondandosi su questo, unico elemento che appartiene esclusivamente all'uomo e che non può essere in alcun modo cambiato dal destino, si potrà pensare di dare una coerente disposizione alle proprie azioni, ossia di "vivere". Non fondarsi sull'esame del passato (anche quello che viene dall'esperienza altrui può essere importante, 14, 1), significa fluttuare nell'incertezza, come fanno gli *occupati*, e soprattutto perdere l'unica realtà certa della vita: concetto che icasticamente Seneca esprime con l'immagine del tempo come liquido gettato nel baratro o in un vaso senza fondo (10, 5).

LEGGO E COMPRENDO

1. A quali condizioni, secondo Seneca, gli uomini sono in grado di volgersi indietro a guardare il passato per vivere in pienezza la loro vita?

2. Qual è l'unica dimensione temporale che gli affaccendati riescono a vivere?

3. Riporta alcuni degli esempi che Seneca usa per indicare le molteplici occupazioni futili del tempo dei Romani.

T3 LATINO

Il tempo e l'interiorità

| *Epistulae ad Lucilium* 1, 1 |

Una volta compreso che l'uomo ha pieno potere sul proprio passato, nel senso che può con tutta libertà esaminarlo quando vuole (➛ **T2***), ha inizio il cammino verso la saggezza, che a poco a poco diventa il cammino verso la felicità. La lettera che apre la raccolta delle* Epistulae ad Lucilium *riprende questo fondamentale concetto, ossia la necessità di comprendere che il tempo è l'unico vero possesso dell'uomo, ma da essa emerge anche un'indicazione su come comportarsi giorno per giorno. Seneca afferma, infatti, che il pieno dominio sulla parte più intima e più vera di se stessi, ossia sulla propria interiorità, avviene quando il tempo della vita è vissuto con coscienza, riconoscendo che ogni giorno rappresenta un valore unico, da conservare con cura nel proprio animo. Da questa riflessione appare evidente che il saggio sarà colui che, secondo la felice espressione di Alfonso Traina, riuscirà a trasformare il valore del tempo della vita da «quantitativo» a «qualitativo».*

Dalla lettera inoltre ricaviamo un'immagine assai umana di Seneca filosofo: egli (che quando scrive la lettera è già sessantenne), pur additando senza esitazioni la via della saggezza, non si presenta come un "sapiente", ma come un uomo che è in cammino, forse solo di un passo più avanti rispetto ai suoi interlocutori, ma ancora assai lontano dalla perfezione.

Seneca Lucilio suo salutem.

[1, 1] Ita fac, mi Lucili: vindica te tibi, et tempus quod adhuc aut auferebatur aut subripiebatur aut excidebat collige et serva. Persuade tibi hoc sic esse ut scribo: quaedam tempora eripiuntur nobis, quaedam subducuntur, quaedam effluunt. Turpissima tamen est iactura quae per neglegentiam fit. Et si volueris adtendere, magna pars vitae elabitur male agentibus, maxima nihil agentibus, tota vita aliud agentibus. [2] Quem mihi dabis qui aliquod pretium tempori ponat, qui diem aestimet, qui intellegat se cotidie mori? In hoc enim fallimur, quod mortem prospicimus: magna pars eius iam praeterit; quidquid aetatis retro est mors tenet. Fac ergo, mi Lucili, quod facere te scribis, omnes horas complectere; sic fiet ut minus ex crastino pendeas, si hodierno manum inieceris. [3] Dum differtur vita transcurrit. Omnia, Lucili, aliena sunt, tempus tantum nostrum est; in huius rei unius fugacis ac lubricae possessionem natura nos misit, ex qua expellit quicumque vult. Et tanta stultitia mortalium est ut quae minima et vilissima sunt, certe reparabilia, imputari sibi cum impetravere patiantur, nemo se iudicet quicquam debere qui tempus accepit, cum interim hoc unum est quod ne gratus quidem potest reddere.

[4] Interrogabis fortasse quid ego faciam qui tibi ista praecipio. Fatebor ingenue: quod apud luxuriosum sed diligentem evenit, ratio mihi constat impensae. Non pos-

[1] **vindica... tibi**: l'enunciato è assai pregnante, lett. «ricompra te per te stesso», da cui «rivendica il tuo diritto su te stesso» (trad. C. Barone); il verbo *vindico* appartiene al lessico giuridico e indica propriamente l'azione di chi riscatta un bene che aveva dato in pegno oppure l'atto con cui lo schiavo compra la propria libertà dal padrone, divenendo liberto (➛ Scheda "Lessico", p. 88); pertanto, usato in forma riflessiva, come in questo caso, il verbo *vindico* suggerisce che il soggetto sia in stato di schiavitù. • **aut... excidebat**: il polisindeto (*aut... aut... aut*) enfatizza tre predicati semanticamente in *climax* discendente, in quanto *auferebatur* vale «veniva rapinato», *subripiebatur* «veniva scippato» e *excidebat* «svaniva per sbadataggine». • **sic... ut**: «così... come»; qui *ut* introduce una proposizione comparativa. • **si... adtendere**: protasi dell'eventualità, ossia del II tipo; l'apodosi è sottintesa, ma concettualmente sarebbe "noterai che...". • **agentibus... agentibus... agentibus**: sono tre participi sostantivati, dativo di svantaggio; il primo, intransitivo, è precisato dall'avverbio *male*, mentre gli altri due, transitivi, hanno il complemento oggetto *nihil* e *aliud*.

[2] **Quem... mori**: *Quem... dabis(?)* è la proposizione principale, interrogativa diretta; *qui... qui... qui* introducono tre proposizioni relative, il cui antecedente è *quem*; *se... mori* (infinito da *morior*) è una proposizione infinitiva retta da *intellegat*. • **quod... prospicimus**: proposizione completiva epesegetica, che spiega il precedente *hoc*. • **quidquid... est**: proposizione relativa; il pronome relativo indefinito *quidquid* (soggetto) forma l'antecedente del complemento oggetto sott. (*id*) della successiva proposizione principale *mors tenet* (per elisione del dimostrativo); *aetatis* è genitivo partitivo. • **quod... scribis**: da ordinare *quod scribis* (proposizione relativa) *te facere* (proposizione infinitiva). • **complectere**: imperativo presente II pers. sing. da *complector*, lett. «abbracciare». • **ut... inieceris**: periodo ipotetico dipendente dell'oggettività (I tipo); l'apodosi è la proposizione completiva soggettiva *ut... pendeas*, mentre la protasi è *si... inieceris*, «se avrai messo mano all'oggi»; *hodierno* (sott. *diei*) è dativo.

[3] **Dum differtur**: proposizione temporale; *differtur* si può ritenere impersonale, oppure con sottinteso il soggetto della principale, *vita*. • **in huius... possessionem**: *huius rei unius fugacis ac lubricae* è il complemento di specificazione di *possessionem* con i suoi attributi, «in possesso di questo unico bene fugace e instabile». • **ex qua... vult**: *ex qua* è nesso relativo, «e da questo (possesso) ci estromette chiunque lo voglia». • **ut quae... patiantur**: la proposizione consecutiva *ut patiantur* (il cui soggetto sott. è *mortales*, che si ricava dalla proposizione principale *Et tanta stultitia mortalium est*) regge l'infinito *imputari sibi*; il soggetto di questa infinitiva è rappresentato dalla proposizione relativa anticipata *quae... reparabilia*, mentre *sibi* è pronome riflessivo riferito al soggetto della reggente. Puoi perciò intendere: «che sopportano che siano loro addebitati (beni) che sono minuscoli e insignificanti, certamente risarcibili»; *cum impetravere* (*impetraverunt*) è una proposizione temporale, «una volta che li hanno ottenuti». • **nemo... accepit**: *nemo... iudicet* è un'altra proposizione consecutiva, sempre introdotta dal precedente *ut*, che regge l'infinito *quicquam debere* e che ha come soggetto la proposizione relativa *qui... accepit*. • **cum... reddere**: *cum interim* introduce una proposizione temporale (subordinata) che esprime simultaneità rispetto alla reggente (*ut... iudicet*), e può essere resa «e intanto»; *quod* è pronome relativo riferito a *hoc unum*; *ne... quidem*, «neppure», è riferito al soggetto *gratus*, che è un aggettivo sostantivato («la persona riconoscente»).

[4] **quid... praecipio**: *quid* introduce una proposizione interrogativa indiretta, il cui soggetto *ego* è antecedente del successivo pronome relativo *qui*. • **quod... evenit**: proposizione relativa; il soggetto *quod* è riferito alla proposizione reggente

sum dicere nihil perdere, sed quid perdam et quare et quemadmodum dicam; causas paupertatis meae reddam. Sed evenit mihi quod plerisque non suo vitio ad inopiam redactis: omnes ignoscunt, nemo succurrit. [5] Quid ergo est? Non puto pauperem cui quantulumcumque superest sat est; tu tamen malo serves tua, et bono tempore incipies. Nam ut visum est maioribus nostris, «Sera parsimonia in fundo est»; non enim tantum minimum in imo sed pessimum remanet. Vale.

sottintesa, *ego facio id*, che si ricava dal periodo precedente; *luxuriosum* e *diligentem* sono aggettivi sostantivati («una persona spendacciona ma precisa»). • **ratio... impensae**: lessico tecnico della finanza, «mi risulta chiaro il calcolo delle uscite». • **Non possum... reddam**: l'infinito (*nihil*) *perdere* dipende dal precedente *Non possum dicere*; *dicam*, futuro indicativo, regge le proposizioni interrogative indirette *quid... quemadmodum*, «che cosa perdo e perché e in che modo»; *reddam* è indicativo futuro. • **Sed... redactis**: costruisci *sed evenit mihi* (*id*) *quod* (*evenit*) *plerisque redactis ad inopiam non suo vitio*; *redactis* è participio congiunto a *plerisque* con valore temporale, «alla maggior parte delle persone dopo che sono state ridotte»; *suo*, riflessivo, è riferito a *plerisque*. • **omnes... succurrit**: è sottinteso il complemento indiretto, *illis*.
[5] **Quid ergo est?**: formula allocutiva, «E quindi?». • **Non puto... est**: *pauperem* è complemento predicativo dell'oggetto sottinteso *eum*, antecedente del pronome relativo *cui*, da unire a *sat est* («è sufficiente»); *quantulumcumque superest*, «qualunque cosa rimanga», proposizione relativa, funge da soggetto di *sat est*. • **tu tamen... incipies**: *malo*, «preferisco», introduce le proposizioni completive volitive (senza *ut*) *tu serves tua* e *bono tempore incipies*; *bono tempore* è un ablativo di tempo determinato, «al momento giusto». • **visum est**: impersonale, «parve giusto». • **Sera... est**: *Sera* è nome del predicato, femminile singolare, lett. «è in ritardo il risparmio sul fondo»; si tratta di un proverbio riferito metaforicamente al vino nelle anfore, per cui «è troppo tardi risparmiare quando si è giunti al fondo». • **non enim... remanet**: *non tantum* è avverbio, «non soltanto»; *minimum* e *pessimum*, aggettivi di grado superlativo sostantivati («la parte minore» e «la parte peggiore»), sono il soggetto; *in imo* è un complemento di stato in luogo, «sul fondo».

PER COMPRENDERE IL TESTO

Il testo e il contesto

IL TEMPO, UNICO BENE La lettera sviluppa alcuni temi presenti nel *De brevitate vitae*, e peraltro assai ricorrenti nelle opere di Seneca. Nel passo infatti è assai marcato il biasimo verso le numerose persone che non si curano del valore del tempo (1, 2 e 3) e che lo usano come se non valesse nulla (1, 3): motivo fondamentale anche del *De brevitate vitae*. La lettera inoltre espone una serie di concetti basilari della filosofia di Seneca (non a caso del resto è inserita al primo posto nell'epistolario) che chiariscono la relazione tra il tempo e l'interiorità.

- Posto che l'unico bene di cui l'uomo dispone effettivamente è il tempo della propria vita (*tempus tantum nostrum est*, 3), è necessario avere coscienza di come viene speso e conservarlo nella memoria (*tempus... collige et serva*, 1; *omnes horas complectere*, 2).
- Un'attenta sorveglianza sul presente (*ratio mihi constat impensae*, 4) permette di aver sempre a disposizione nella memoria i momenti della propria vita passata (➛ **T2**) e coincide con l'esercizio massimo della libertà: l'esortazione a curarsi del tempo diventa così esortazione a riprendere pieno possesso di se stessi, *vindica te tibi* (1).

L'insieme di questi concetti evidenzia il fatto che il tempo della vita, nel momento in cui è vissuto con consapevolezza e resta a disposizione della memoria (*collige et serva*, 1), viene a formare la coscienza, ossia coincide con l'interiorità, nel senso che rappresenta la parte essenziale e costitutiva della persona così come previsto nel disegno strutturale dell'universo, la *natura* (*in huius rei unius fugacis ac lubricae possessionem natura nos misit*, 3).
Inoltre la coscienza del tempo che passa, ossia il mantenimento nel proprio animo del ricordo di azioni e pensieri su cui si esercita attenta sorveglianza, da un lato si presenta come sottrazione alla morte del suo dominio sul tempo (*quidquid aetatis retro est mors tenet*, 2), dall'altro dà un solido fondamento alle azioni future ed evita che ci si debba ingenuamente affidare a una vaga speranza nel domani (*minus ex crastino pendeas, si hodierno manum inieceris*, 2: ➛ **T4**).

Il senso del testo

LA FILOSOFIA PER TUTTI, GIORNO PER GIORNO La prima lettera a Lucilio, se da un lato fissa con rigore →

alcuni concetti fondanti della filosofia di Seneca, dall'altro lascia nel lettore l'idea che la ricerca filosofica non sia effettivamente interdetta a nessuno. Seneca, infatti, dopo aver usato nette espressioni di riprovazione per il diffuso costume di valutare assai poco il tempo della vita – la maggior parte del quale viene speso in attività poco sensate e addirittura viene sprecato per incuria (*per neglegentiam*, 1) –, confessa candidamente che, in fatto di tempo, lui stesso è uno sciupone (*luxuriosum*, ossia «persona che ama spendere molto», 4) e che è come le persone ridotte in miseria (*ad inopiam*, 4). Nonostante ciò riesce a farsi bastare quello che ha (*sat est*, 5). Ovviamente egli spera che il suo allievo faccia meglio (*tu tamen...*, 5).

Dalle parole di Seneca si ricava l'impressione gratificante che non è impossibile entrare nella schiera degli *otiosi* e abbandonare quella degli *occupati*: lo stoicismo, in effetti, prevede che chiunque possa raggiungere la saggezza. E, se questo non accade, è perché la maggior parte della gente non se ne cura abbastanza.

***CARPE DIEM*? NO, GRAZIE!** Si noti che l'esortazione di Seneca a prendere possesso della parte vera di sé, della propria interiorità (mediante l'attento esame dei momenti della propria vita da conservare e mantenere, perché non scivolino via) comunica un messaggio assai differente rispetto a quello contenuto nel *carpe diem* dell'Ode 1, 11 di Orazio. Orazio, infatti, rifacendosi al pensiero sapienziale greco, esorta a vivere il presente come unica dimensione possibile del tempo, nella coscienza che la durata della vita e i piaceri a essa connessi possano essere brevi. Secondo Seneca invece la dimensione del tempo che conta è il passato, formato dagli attimi di vita del presente che fugge, consapevolmente vissuti e mantenuti nella memoria.

In entrambi gli autori, comunque, si esprime sfiducia verso il futuro: *quam minimum credula postero*, al verso 8 del carme oraziano; *minus ex crastino pendeas*, in Seneca 1, 2. Tuttavia, nei testi successivi, vedremo che per Seneca l'esame attento del passato permette di annullare l'azione negativa del destino (compresa la morte) sull'uomo, mentre in Orazio l'incertezza sul futuro rimane unicamente stimolo a rifugiarsi nel presente.

L'ANDAMENTO COLLOQUIALE, MA SORVEGLIATO
La lettera ha una duplice funzione: da un lato afferma con energia i fondamenti filosofici della ricerca della felicità, dall'altra esprime una visione non integralista, soprattutto per il fatto che Seneca stesso non pone la propria vita come esempio da seguire. La strategia espressiva conferma pienamente tale duplice valenza. Da un lato infatti il tono è piuttosto colloquiale, lontano da espressioni colte e auliche: lo si può ricavare dal fatto che si parla del tempo attingendo a campi semantici come quello del denaro e del commercio (*pretium*, *aestimet*, 2; *aliena*, *possessionem*, *vilissima*, *imputari*, *quicquam debere*, 3; *ratio*, *impensae*, *perdere*, *paupertatis*, *inopiam*, 4) e quello giuridico (*vindica*, 1; *manum inieceris*, 2), assai vicini all'esperienza della gente comune; e Seneca fa ricorso anche a espressioni di sapienza popolare (*sera parsimonia in fundo est*, 5).

D'altra parte, però, la scelta e la disposizione delle parole sono studiate con la perizia di un oratore consumato. Si osservi per esempio con quanta cura nell'esordio viene reiterato l'utilizzo nelle frasi di tre membri paralleli, il *trìcolon* (*aut... aut... aut...*; *quaedam... quaedam... quaedam...*; *agentibus... agentibus... agentibus*, 1; *qui... qui... qui...*, 2), associato a *climax* (*auferebatur*, «veniva rapinato», *subripiebatur*, «veniva scippato», *excidebat*, «svaniva per sbadataggine», 1; *eripiuntur... subducuntur... effluunt*, 1; *magna... maxima... tota...*, 1), con lievi variazioni (*auferebatur* e *subripiebatur*, passivi, *excidebat*, attivo; identico schema in *eripiuntur... subducuntur... effluunt*; *agentibus... agentibus... agentibus*, nel primo caso intransitivo, negli altri due transitivo). Si notano poi l'uso della domanda retorica (*Quem mihi dabis...*, 2) e le numerose antitesi (per esempio *crastino... hodierno*, 2; *Omnia... aliena... nostrum*; *misit... expellit*; *accepit... reddere*, 3), oltre alle icastiche *sententiae* che condensano in poche parole, facilmente memorizzabili, i concetti: per esempio, *quidquid aetatis retro est mors tenet* (2), oppure *Dum differtur vita transcurrit* (3), o ancora *Omnia... aliena sunt, tempus tantum nostrum est* (3). Nel complesso la pagina risulta un'originalissima sintesi tra lo stile drammatico di un'accorata allocuzione tragica e il colloquio quotidiano.

LEGGO E COMPRENDO

1. Seneca come si descrive in questo passo, relativamente alla ricerca del tempo?

2. Quali sono i punti in comune e le differenze tra la riflessione sul tempo di Seneca in questa lettera e l'ode 1, 11 di Orazio (quella del famoso *carpe diem*)?

3. Quali aspetti della lettera riflettono un tono colloquiale e quali, invece, segnalano una cura formale particolare?

LESSICO | *VINDICARE*

DA «BACCHETTA» A «VENDETTA» Nell'esordio della prima lettera a Lucilio, Seneca usa con significato innovativo il verbo *vindicare*: un termine profondamente radicato nella sfera giudirica, cioè in uno degli ambiti più tradizionali e arcaici della cultura latina. Il verbo *vindicare* è etimologicamente legato al sostantivo *vindex,* che nel lessico giuridico romano indica il difensore, ossia la persona che rappresenta i diritti di chi viene convocato *in ius*, «a processo», e impedisce che l'imputato divenga possesso dell'accusatore (negli antichi processi per debiti) o che il bene contestato venga tolto al suo protetto. L'etimologia di *vindex* è piuttosto incerta, perché, se *-dex* deriva certamente da *dico* (come in *iudex*, da *ius dico*), *vin-* può forse essere collegato alla radice indoeuropea **wen-* presente in *venia*, intesa come «fedeltà a un patto». Da *vindex* deriva anche il termine *vindicta*, che propriamente sarebbe il bastoncino o bacchetta con cui il *vindex*, di fronte a testimoni, nel caso che la contestazione riguardasse un terreno, toccava una zolla (detta *vindiciae*, lett. «cosa contestata») per rivendicarne il possesso. La *vindicta* veniva usata anche dal padrone per toccare lo schiavo nel momento in cui questi riprendeva la propria libertà.

Successivamente il termine *vindicta* assunse anche un significato astratto, «colpo di bacchetta» e quindi «rivendicazione». Con il senso di «giusta rivendicazione» e «risarcimento» passò al significato che ha in italiano "vendetta", ma nel latino classico, per esempio in Livio, per esprimere il concetto di «vendetta» è preferito il termine *ultio*, etimologicamente affine a *ulciscor*, «vendicare».

L'OPERA | LE *EPISTULAE AD LUCILIUM*

UN AUTENTICO EPISTOLARIO Le *Lettere a Lucilio* sono un'imponente raccolta di 124 lettere, giunte a noi suddivise in 20 libri. Può darsi che la raccolta fosse più ampia, dato che abbiamo frammenti di altre lettere e che un autore del II sec. d.C., Aulo Gellio, cita il XXII libro delle lettere. Sono lettere autentiche, nel senso che, sebbene non si possa escludere che Seneca le abbia riviste pensando alla pubblicazione e per quanto affermi di scriverle anche per i posteri, una buona parte di esse fu probabilmente inviata dal filosofo all'amico, nel periodo compreso tra il 62 e il 65 d.C., dopo l'abbandono della corte di Nerone. Seneca allora soggiornava in parte a Roma e in parte in Campania, mentre Lucilio, originario di Pompei, era probabilmente in Sicilia come procuratore imperiale. Lo scambio di missive, secondo i calcoli degli studiosi, avveniva attraverso corrieri privati e piuttosto spesso, in certi periodi anche ogni 4/5 giorni.

L'EFFICACIA STILISTICA La raccolta viene considerata una delle opere più importanti di Seneca anche dal punto di vista stilistico. La forma epistolare consente infatti al filosofo di esprimersi con estrema libertà, spesso con tono e modi estremamente colloquiali. Molte lettere, nonostante l'apparente spontaneità e facilità di espressione, sono in realtà veri capolavori di stile, dato l'uso efficace e misurato di tutte le risorse della retorica. Nei primi tre libri Seneca si pone in modo evidente come maestro, mentre in seguito si rivolge a Lucilio da pari a pari, probabilmente per i progressi dimostrati dall'allievo. Le ultime lettere trattano anche principi molto complessi della dottrina stoica e in alcuni casi, per proporzioni, assumono l'aspetto di veri e propri trattati. Seneca comunque evita il più possibile ragionamenti astratti e troppo complicati, e preferisce affidare le sue tesi all'efficacia degli esempi. Tra i personaggi che più frequentemente compaiono come modelli di virtù vengono menzionati Socrate e Catone l'Uticense, mentre esempio di desiderio insaziabile di potere è Alessandro Magno.

I TEMI Nelle lettere si trovano, pur in forma asistematica, tutti i temi dei *Dialoghi*: in particolare, l'importanza dell'interiorità, l'uso consapevole del tempo, l'uguaglianza degli uomini di fronte alla morte, la sottomissione al destino di tutti gli esseri viventi, la distinzione tra il vero bene e i beni indifferenti o inutili. Rispetto ai *Dialoghi*, però, nelle lettere si insiste molto sul tema della filosofia come medicina dell'anima e sulla pratica della virtù, che libera l'uomo dalla paura e lo porta alla felicità.

GUIDA ALLO STUDIO

1. Quando e da quali località Seneca compose le lettere a Lucilio?

2. Chi è Lucilio? Per quale motivo Seneca gli scrive tanto spesso?

3. Quali sono i temi ricorrenti nelle *Epistulae*?

T4 ITALIANO

L'esame di coscienza

De ira 3, 36-38

Il dialogo De ira *in realtà è un vero e proprio trattato in tre libri, composto nel 41 d.C. poco dopo la morte di Caligola. Seneca vi esamina accuratamente le cause e gli effetti di una delle passioni umane più sconvolgenti: le esplosioni d'ira di Caligola dovevano essere ancora nella memoria di tutti coloro che avevano frequentato la corte. Verso la fine del dialogo, nel terzo libro, dopo una disamina della materia (che ripercorre fondamentalmente le teorie espresse dalla scuola aristotelica e da quella stoica), Seneca spiega il suo metodo personale per evitare o limitare i danni di questa passione e racconta come giornalmente, alla sera, esamini le proprie azioni, cercando tutti gli errori commessi e proponendosi di evitarli il giorno successivo. La pagina è molto importante perché, oltre a chiarire il senso del valore del tempo e dell'interiorità, secondo quanto abbiamo letto nel* De brevitate vitae *(→* **T1***) e nella lettera 1, 1 (→* **T3***), diviene evidente come la via della saggezza richieda innanzitutto la volontà e necessiti di piccoli passi quotidiani.*

[36, 1] Tutti i sensi devono essere condotti alla stabilità; essi per natura sono in grado di sopportare con pazienza, se cessa di danneggiarli l'animo, il quale deve essere chiamato ogni giorno a rendere conto. Sestio[1] faceva questo: una volta terminata la giornata, dopo che si era ritirato per il riposo notturno, interrogava il suo animo: «Oggi quale tuo difetto hai sanato? A quale vizio ti sei opposto? Sotto quale punto di vista sei migliore?». [2] Cesserà e sarà un po' più moderata l'ira[2] che saprà di doversi presentare tutti i giorni di fronte a un giudice. Che cosa dunque può esserci più bello di questa abitudine di passare al setaccio l'intera giornata? Quale sonno particolare viene dopo l'esame di se stessi, quanto tranquillo, quanto profondo e sereno, quando l'animo è stato lodato o rimproverato e quando, in qualità di esploratore e di censore di sé, ha preso atto dei propri costumi! [3] Mi servo di questa possibilità e ogni giorno mi metto sotto processo[3]. Quando viene spenta la luce e mia moglie[4], che conosce ormai le mie abitudini, smette di parlare, esamino l'intera mia giornata e ripercorro col pensiero le mie azioni e le mie parole; niente mi tengo nascosto, di fronte a nulla passo oltre. Perché infatti dovrei temere un mio errore, quando posso dire: [4] «Sta' attento a non fare più questo[5], per ora ti perdono. In quella discussione sei stato troppo ostinato[6]: quelli che non hanno mai imparato non sono disposti a imparare, perciò in futuro non conversare con gente ignorante. Hai rimproverato quell'uomo più schiettamente di quanto dovessi e così non lo hai corretto, ma offeso: d'ora in avanti controlla non solo se è vero ciò che dici, ma anche se è in grado di accettare la verità colui al quale viene detta: la persona intelligente ha piacere di essere corretta, ma tutti gli ignoranti sopportano con grandissima difficoltà chi li corregge».

1. Quinto Sestio è un filosofo romano che ebbe una notevole influenza su Seneca, anche se allo stato attuale degli studi non è facile dire in quale misura. Al circolo filosofico sorto a Roma all'inizio dell'era volgare a opera di Sestio, e continuato poi dal figlio, appartennero anche Sozione di Alessandria e Papirio Fabiano, maestri di Seneca. Probabilmente nel circolo dei Sestii si dibattevano problemi inerenti al pitagorismo e allo stoicismo: pare che Sestio avesse aderito a una concezione che prevedeva l'incorporeità dell'anima e la metempsicosi.
2. L'attenzione è posta sull'ira in quanto argomento del trattato, ma le parole attribuite a Sestio indicano chiaramente che il riesame della propria giornata è funzionale all'individuazione e alla correzione anche di altre passioni.
3. Seneca parla spesso di filosofia utilizzando metafore tratte da altri linguaggi, come in questo caso dal linguaggio giuridico.
4. Si tratta di Paolina, seconda moglie di Seneca (della prima non si sa nulla) e assai più giovane di lui, figlia del Paolino a cui è dedicato il *De brevitate vitae*. Il matrimonio tra Seneca e Paolina, caratterizzato da intenso affetto nonostante il lungo esilio, durerà fino alla morte del filosofo.
5. L'invito al proprio animo indica che, per migliorare se stessi, non è necessaria solo la conoscenza, ma anche la volontà.
6. Sempre per il fatto che l'argomento del trattato è l'ira, i numerosi esempi di casi che possono occorrere nella giornata di Seneca sono inerenti a tale passione.

[37, 1] «Durante una cena ti hanno offeso le battute di alcuni e le parole scagliate per farti male: ricordati di evitare le riunioni conviviali con gente ordinaria, la sfacciataggine dopo una bevuta è ancora più sfrenata, poiché alcuni non hanno pudore neppure quando sono sobri. [2] Hai visto un tuo amico adirato con l'usciere di un avvocato o di un ricco per il fatto che lo aveva rimandato indietro mentre stava entrando, e tu stesso ti sei adirato al suo posto con l'ultimo dei servi[7]: te la prendi dunque con un cane da guardia alla catena? Anche questo, se gli viene gettato del cibo, diventa mansueto. [3] Vattene lontano e ridi! Costui crede di essere qualcuno perché ha in custodia una porta assediata da una folla di gente che litiga; ma è quello che se ne sta dentro il baciato dalla fortuna e lui giudica indice di un uomo di successo e potente una porta di difficile accesso[8]: ignora che la più resistente è la porta del carcere[9]. Aspettati di dover sopportare molte cose: chi si stupisce di avere freddo d'inverno, di soffrire il mal di mare durante la navigazione, di essere sballottato in viaggio? È forte l'animo preparato ai mali che affronta. [4] Poiché sei stato fatto accomodare in un posto meno prestigioso, incominci ad arrabbiarti con chi offre la cena, con chi ha fatto gli inviti, con chi ti è stato preferito: pazzo, che importanza ha su quale parte del letto ti trovi? Un cuscino può rendere te più rispettabile o più spregevole? [5] Non hai visto di buon occhio uno, perché ha parlato male del tuo talento letterario[10]: accetti questa regola? Perciò Ennio, che non ti piace, ti odierebbe e Ortensio ti manifesterebbe il suo rancore e Cicerone, se tu deridessi le sue opere poetiche, ti sarebbe nemico[11]. Una volta che sei candidato, accetta il voto con animo sereno».

[38, 1] «Un tale ti ha insultato: un'offesa forse maggiore di quella recata al filosofo stoico Diogene[12], al quale, mentre per l'appunto dissertava relativamente all'ira, un giovane sfrontato sputò? Egli sopportò il fatto con serenità e saggezza: "Di certo non mi adiro" – disse – "ma mi resta il dubbio che forse sarebbe il caso di adirarsi". [2] Quanto meglio ha fatto il nostro Catone[13]! Questi infatti, dopo che quel famoso Lentulo[14], intrigante e prepotente secondo il ricordo dei nostri padri, una volta raccolta in bocca quanta più saliva densa poteva, gli aveva sputato in mezzo alla fronte mentre trattava una causa, si ripulì il volto e disse: "Lentulo, dirò a tutti che sbagliano coloro che affermano che tu non hai la bocca"».

7. Nelle dimore delle persone ragguardevoli l'ingresso era sorvegliato da uno schiavo, che spesso era legato con una catena, perché non approfittasse del fatto di essere vicino alla porta per scappare.
8. La frase è carica di ironia: il potente che si sente al sicuro nella villa ha i tratti dell'*occupatus*, che non sa dare una valutazione corretta di ciò che lo circonda.
9. Significa che qualsiasi carcerato ha la porta della cella sorvegliata meglio di quanto un potente ha sorvegliata la porta di casa.
10. Nel raffinato ambiente frequentato da Seneca era assai diffusa la passione per la poesia, che spesso molti praticavano, diffondendo le proprie composizioni tramite pubbliche recitazioni; anche le cene offrivano l'occasione di esibire il proprio talento letterario.
11. Lo stile di Ennio (239-169 a.C.) era ritenuto assolutamente fuori moda all'epoca di Seneca. Anche l'oratoria del periodo finale della repubblica, uno dei cui esempi maggiori fu Ortensio Ortalo (114-50 a.C.), non era più sentita di moda. Cicerone, della cui opera poetica sono rimasti pochi frammenti, era poco apprezzato come poeta anche dai contemporanei.
12. Diogene di Babilonia (230-150 a.C.), stoico, è uno dei tre filosofi che avevano partecipato all'ambasceria ateniese a Roma nel 155 a.C.
13. Catone l'Uticense (95-46 a.C.), acerrimo avversario di Gaio Giulio Cesare, è detto «nostro» in quanto romano; anch'egli apparteneva dichiaratamente alla scuola stoica.
14. Forse è Publio Cornelio Lentulo Sura, uno dei congiurati compagni di Catilina, messo a morte da Cicerone alla fine del 63 a.C.

Il testo e il contesto

TEMPUS COLLIGE ET SERVA Questo brano, pur redatto diversi anni prima del *De brevitate vitae* e delle *Epistulae ad Lucilium*, presenta profondi legami con i temi dibattuti in tali opere e chiarisce come Seneca, pur nella varietà dei generi praticati e nella distribuzione degli scritti in un ampio arco temporale, mantenga un nucleo di pensiero assai solido, collegato con gli studi condotti in giovane età, sui quali vari maestri – come Sestio (36, 1) – avevano esercitato notevole influsso. L'esame di coscienza quotidiano non è altro che l'esplicarsi della tanto raccomandata azione di «raccogliere e conservare» il proprio tempo, rivolta a Lucilio all'inizio della prima lettera (➤ **T3**). E dal brano si evince molto bene anche quale sia il valore del passato: all'esame di una giornata immaginaria è dedicato il lungo monologo interiore che va da 36, 4 a 38, 2. Va notato, in particolare, che la giornata di Seneca può assomigliare a quella di un *occupatus*: a fare la differenza è proprio l'autocoscienza, la capacità di osservare razionalmente il proprio operato e soprattutto la volontà di migliorarsi, liberando il proprio spirito da deleterie passioni (in questo caso l'ira, ma ovviamente lo stesso discorso vale anche per altre passioni).

Il senso del testo

LA VOLONTÀ Particolare importanza nel testo riveste la citazione da Sestio (36, 1), ripresa nella prima frase del monologo interiore («Sta' attento a non fare più questo», 36, 4). La componente innovativa del pensiero di Seneca consiste nell'aver sottolineato il ruolo fondamentale della volontà per orientarsi verso il bene: nella filosofia greca, infatti, di solito prevale la concezione intellettualistica, in base alla quale la conoscenza del bene coincide con la sua realizzazione e perciò il male è l'ignoranza. Seneca invece è fautore di un'analisi quotidiana delle proprie azioni e dei propri pensieri, dominata dalla convinzione che ogni giorno, se si vuole, si può fare qualcosa di meglio rispetto al giorno prima. Tale innovativa concezione della *voluntas*, inaugurata da Seneca, passerà dallo stoicismo al pensiero dei Padri della Chiesa. Giovanni Reale (riprendendo tesi di studiosi a lui precedenti, come Max Pohlenz) ha messo in particolare evidenza tale novità del pensiero di Seneca, da interpretarsi come contributo originale del filosofo latino alla scuola greca a cui apparteneva. Proprio Reale afferma che «mentre l'antica Stoà divideva gli uomini fra saggi e stolti, Seneca li divide piuttosto nella nuova ottica della volontà, ossia quelli che hanno buona volontà e quelli che hanno cattiva volontà».

IL VALORE DEGLI ESEMPI Seneca ama molto inserire nelle sue opere esempi morali positivi o negativi, che, meglio di qualsiasi ragionamento astratto, possono indurre il lettore ad adottare determinati comportamenti e a rifiutarne altri. In questo caso il passo, nella parte finale, cita Diogene di Babilonia e Catone l'Uticense (38, 1-2). La preferenza viene di solito accordata a personaggi tratti dalla storia romana. Anche in questo caso l'esempio di Catone è giudicato migliore di quello di Diogene («Quanto meglio ha fatto il nostro Catone!», 38, 2). Il filosofo greco infatti, pur resistendo all'ira a fronte di una grave offesa, rimane nel dubbio che, in quell'occasione, una reazione violenta potesse essere ammessa (38, 1).
Seneca sceglie con una certa originalità i personaggi che a suo giudizio sono esempi di virtù. Per esempio egli non mostra alcun interesse per Romolo, né per gli altri re; e nemmeno Lucio Giunio Bruto o altri fondatori della repubblica gli sembrano interessanti. Altri personaggi più vicini a lui, come Cesare e Pompeo sono genericamente criticati per la loro sete di dominio; Cicerone è apertamente disprezzato per la sua indecisione e incostanza. Una certa ammirazione si nota, invece, per alcuni protagonisti delle lunghe guerre di Roma in Italia e nel Mediterraneo, dei quali di solito Seneca loda la sobrietà: Curio Dentato, eroe delle guerre sannitiche, o Fabio Massimo e Scipione l'Africano, eroi delle guerre annibaliche. Il personaggio più citato da Seneca, però, è proprio Catone l'Uticense, ammirato per il fatto di non aver mai fatto scelte che andassero contro la virtù.

Affresco con uomo che legge, 55-79 a.C. Napoli, Museo Archeologico Nazionale.

LEGGO E COMPRENDO

1. Con quale abitudine quotidiana Seneca si propone di temperare gli effetti dell'ira?

2. In che cosa consiste l'esame di coscienza praticato da Seneca?

3. Chi sono i protagonisti degli aneddoti riportati da Seneca verso la fine del passo?

T5

ITALIANO

I falsi beni

Tieste, vv. 446-470

La convinzione che l'uomo disponga liberamente solo della propria interiorità e che su quella possa costruire la sua personale strada verso la virtù e la felicità porta a riflettere sul fatto che, per un errore di valutazione, la maggior parte delle persone chiami "beni" quelli che in realtà sono "falsi beni". La distinzione tra i due concetti è il risultato iniziale a cui giunge colui che ha mosso i primi passi verso la saggezza.

Il tema dei falsi beni è ricorrente nelle opere di Seneca e compare spesso anche nelle tragedie da lui composte. Un esempio è rappresentato dalle parole di Tieste, protagonista dell'omonima tragedia: il re di Argo, ormai in esilio, viene richiamato da Atreo, suo fratello, a condividere di nuovo il regno. Tieste però sa che quelle che molta gente considera fortune (il potere e la ricchezza) in realtà non sono affatto tali.

TIESTE

Credimi[1], grandi cose piacciono sotto falsi nomi:
le miserie si temono invano. Mentre rimasi in alto,
mai non cessai di avere paura e di temere[2]
perfino il ferro[3] stesso al mio fianco. O che gran bene è mai
non opporsi a nessuno, assumere cibi tranquilli
restandosene a terra! Non entrano nelle capanne i crimini,
e su piccola mensa sta tazza sicura;
il veleno si beve nell'oro – parlo da uno che ne ha fatto prova:
si può ben preferire la cattiva fortuna alla buona[4].
La città, posta in basso, non paventa il palazzo
posto sul culmine dell'alto monte, incombente[5],
né l'avorio risplende fulgente sulle alte pareti[6],
non c'è guardia a proteggermi i sonni;
non peschiamo con intere flotte, né facciamo fuggire
il mare, gettandone indietro la mole[7], né uno sfrenato ventre alimentiamo
col tributo dei popoli[8]; nessun fondo di mia proprietà

1. Tieste sta rispondendo al figlio Tantalo (che porta lo stesso nome dello sventurato antenato condannato negli inferi a un eterno supplizio). Tantalo ha domandato al padre per quale motivo egli non mostri entusiasmo nel ritornare ad Argo, dove sarà di nuovo re, dato che Atreo, suo fratello, pentito di averlo esiliato, ora intende condividere con lui il regno.
2. Il timore, che genera l'ansia e spinge a comportamenti irrazionali, è considerato da Seneca (e dallo stoicismo) l'origine dell'infelicità e il maggior ostacolo da rimuovere per giungere alla serenità.
3. La spada, per metonimia.
4. Si intende che la «cattiva fortuna», con cui nella mentalità comune si indica la povertà, in realtà rappresenta la «buona (fortuna)», perché permette una vita esente da timore.
5. Si riferisce alla conformazione caratteristica di città come Argo e Micene, dove sono ambientate le terribili vicende narrate nella tragedia: queste città hanno il palazzo del sovrano arroccato sul culmine di un colle e difeso da possenti mura, mentre l'abitato della gente comune è immaginato da Seneca in capanne fuori dalle mura ai piedi del colle.
6. La potenza del re si manifesta anche nello sfarzo della reggia: in questo caso Tieste allude alle decorazioni in avorio (materiale ritenuto di particolare pregio nella cultura greco-romana) che adornavano con preziosi intarsi le colonne e i soffitti dei palazzi, secondo un uso diffusosi anche nella Roma imperiale.
7. Si riferisce alle opere di bonifica, mediante argini e canali, dei terreni adiacenti al mare, per costruire ville il più possibile spettacolari.
8. Inizia a essere evidente che le parole di Tieste vanno riferite, attualizzandole, alla Roma in cui viveva Seneca, il cui potere e benessere si reggeva sul tributo versato dalle popolazioni provinciali sottomesse.

vi è al di là dei Geti e dei Parti[9]; non siamo
adorati per mezzo d'incenso, né, escluso da esse Giove,
si adornano are mie[10]; non ondeggia alcun bosco
posto sulla mia casa[11], né molti stagni fumano
accesi da una folla[12], né è dedicato al sonno
il giorno e a Bacco vigile la notte, da congiungergli:
ma non siamo temuti; sicura è la casa, pur senza armi,
e grande quiete è offerta a ciò che è piccolo –
sapere rimanere senza regno, che regno immenso è mai!

(trad. di I. Ramelli)

9. I Geti sono una popolazione barbara stanziata nella regione danubiana (all'incirca corrispondente all'attuale Bulgaria), all'estremità orientale dell'impero romano, mentre i Parti, eredi dei Persiani e del regno ellenistico dei Seleucidi, stabilirono il loro regno nella zona tra gli attuali Iran e Iraq (tra il III sec. a.C. e il III sec. d.C.): i Romani cercarono con estrema fatica di piegarne la potenza. Il riferimento sarebbe completamente antistorico se riferito all'epoca micenea in cui sono ambientati i miti a cui fa riferimento la tragedia, ma è chiaro che Seneca attualizza il mito, attribuendo a Tieste le riflessioni che potevano essere comuni in chi frequentava la corte nel periodo della dinastia giulio-claudia.
10. Allude all'abitudine in uso a Roma all'epoca di Seneca di divinizzare gli imperatori.
11. È un'allusione ai giardini pensili, di cui Roma aveva incominciato ad arricchirsi dal tempo di Ottaviano Augusto.
12. Si riferisce al *calidarium*, l'ambiente dotato di una piscina di acqua calda, caratteristico delle lussuose terme romane. Era necessaria molta manodopera servile per tenere in funzione le caldaie necessarie al riscaldamento dell'acqua.

PER COMPRENDERE IL TESTO

Il testo e il contesto

LA TRAGEDIA *TIESTE* La terribile vicenda dei fratelli Atreo e Tieste era uno dei soggetti prediletti dei tragediografi latini, trattato già da Ennio e Accio. Atreo è divenuto re di Argo dopo aver scacciato Tieste, suo fratello, contro il quale ha un antico rancore perché questi gli aveva sedotto la moglie. Nel timore però che Tieste possa ritornare, riprendere il trono e trasmetterlo ai suoi eredi legittimi, Atreo medita un terribile inganno. Finge di volersi riconciliare con il fratello e lo richiama nella reggia promettendo di condividere con lui il regno. In realtà, una volta che Tieste è giunto a palazzo accompagnato dai suoi figli, Atreo uccide i nipoti e ne imbandisce le carni a Tieste nel banchetto che dà in suo onore. Atreo mostra a Tieste le teste e le mani dei giovani di cui ha mangiato le carni e la tragedia si conclude cupamente tra le maledizioni reciproche che si scambiano i fratelli.

LE PAROLE DI TIESTE Tieste nella tragedia senecana non è una vittima, non tanto perché a sua volta secondo il mito si è macchiato di gravi colpe, quanto per il fatto che cede alle lusinghe del potere. Nella raffigurazione data da Seneca, infatti, proprio grazie alle parole pronunciate al figlio, risulta chiaro che Tieste ha ben chiara la scala dei valori e sa che il potere e la ricchezza non sono veri beni, tuttavia gli manca la volontà necessaria per distaccarsene completamente; e la volontà, nel pensiero di Seneca, è un elemento chiave per intraprendere il percorso verso la virtù (➤ **T4**). I princìpi che egli razionalmente conosce non si traducono, dunque, in azione e per debolezza Tieste si fa riprendere dalla spirale del vizio, ossia torna ad ambire al potere.

Il senso del testo

RICCHEZZA E POTERE: "FALSI BENI"? «Grandi cose piacciono sotto falsi nomi» (v. 446). Questa è la definizione dei "falsi beni", ossia di quei beni nei quali gli uomini si illudono di trovare la felicità. Tra di essi in primo luogo vi è la ricchezza, che si traduce in vita lussuosa (esempi nel testo sono le ville riccamente ornate di avorio, v. 457; la ricerca di cibi raffinati in grandi quantità, v. 459; le proprietà fondiarie in regioni lontane, v. 462; i giardini pensili, v. 465; le piscine mantenute da numerosa manodopera servile, vv. 465-466; i banchetti che si prolungano per tutta la notte, v. 467). L'elenco di piaceri legati a beni voluttuari è riferito al contesto della Roma dell'epoca di Seneca, nella quale i membri della famiglia imperiale, i potenti liberti dell'imperatore e i senatori facevano a gara nell'esibire le proprie ricchezze, provenienti dall'amministrazione dei territori conquistati. L'altro "falso bene" è il potere, nel testo rappresentato dal «palazzo» (v. 455) e dalla divinizzazione dei potenti (vv. 462-464).

Secondo la morale stoica accettata da Seneca la ricchezza e il potere non hanno connotazione negativa in virtù di un moralismo di maniera; tantomeno si può dire che il pensiero di Seneca si orienti al "pauperismo", ossia alla tendenza (che poi sarà per esempio caratteristica del francescanesimo) a identificare nella povertà un bene in sé. Secondo lo stoicismo ricchezza e potere sono negativi per due motivi. (1) Perché generano nell'uomo passioni devastanti: se non si possiedono, il desiderio di averli porta l'uomo a commettere ogni bassezza e a sprecare la vita inseguendo l'avvenire (mentre l'atteggiamento del sapiente è sempre quello di chi non dipende dalla speranza, ma ha il pieno controllo sull'oggi); se invece si possiedono, generano nell'uomo il timore di perderli, a cui allude Tieste (v. 448), mentre lo scopo del sapiente è proprio quello di liberarsi del timore e accettare senza ansia la condizione in cui si trova a vivere. (2) Perché in definitiva né il possesso della ricchezza né il possesso del potere dipendono interamente dall'uomo, ma in buona parte sono affidati all'azione del destino; ne risulta che l'uomo che insegue ricchezza e potere non avrà mai la piena autonomia su di sé, che invece avrà chi è certo di possedere solo la propria interiorità.

UN ERRORE DI VALUTAZIONE L'uomo cerca i "falsi beni" per un vero e proprio errore di valutazione, che Seneca esprime con una efficace metafora. Le persone ricche e potenti di solito sono giudicate importanti solo perché chi le osserva le misura «assieme al piedistallo», formato da beni che in realtà dipendono in buona parte dall'azione del destino: «un nano non è alto anche se è in cima a una montagna, un gigante conserva la sua immane statura anche se sta ritto in un pozzo» (*Epistulae ad Lucilium*, 76, 31). L'errore di valutazione comporta che l'uomo venga valutato insieme ai beni di cui lo ha circondato in buona parte il destino.
Da queste considerazioni emergono due conclusioni. Per paradosso ciò che pare disprezzabile (miseria e umiltà) va ampiamente rivalutato, in quanto non è da quello che dipende l'infelicità dell'uomo: perciò Tieste afferma paradossalmente che «si può ben preferire la cattiva fortuna alla buona» (v. 454), e Seneca esprime anche altrove il medesimo concetto, «avrai ciò che è veramente tuo quando capirai che i più infelici sono i felici» (*Epistulae ad Lucilium*, 124, 24). All'opposto, spesso una condizione di vita modesta può essere considerata felice, perché esente dai timori e dalle ansie connesse alla ricchezza e al potere (vv. 447-454). Inoltre, dal momento che la ricchezza e al potere non generano la felicità, il loro effetto sull'uomo dipende dall'atteggiamento con cui l'uomo stesso si rapporta con essi, ossia, una volta che ha capito che sono "indifferenti" rispetto alla vera virtù, può farne uso senza delegare a essi la speranza della sua felicità.

Vestizione e toeletta di una donna nobile, II sec. d.C. Tunisi, Museo del Bardo.

LEGGO E COMPRENDO

1. Chi è Tieste? A chi si rivolge in questo passo? Riassumi brevemente la trama della tragedia.

2. Individua nelle parole di Tieste l'elenco delle cose che rientrano tra i falsi beni, secondo la morale senecana.

3. Da quali elementi del testo possiamo rilevare che Seneca ha effettuato una sorta di attualizzazione del mito?

L'OPERA | LE TRAGEDIE

POESIA O DIDATTICA? La tradizione manoscritta ha trasmesso sotto il nome di Seneca il testo di dieci tragedie, nove coturnate e una togata, l'*Octavia* («Ottavia»), che prende il nome dalla sfortunata prima moglie di Nerone. Quest'ultima, anche per il fatto che tra i personaggi annovera lo stesso Seneca, è ritenuta spuria: si pensa sia stata composta alla fine del I sec. d.C. da un autore sconosciuto, e poi attribuita a Seneca. Le altre nove tragedie sono *Agamemnon* («Agamennone»), *Hercules Furens* («La follia di Ercole»), *Medea* («Medea»), *Oedipus* («Edipo»), *Phaedra* («Fedra»), *Phoenissae* («Le Fenicie»), *Thyestes* («Tieste»), *Troades* («Le Troiane»), *Hercules Oetaeus* («Ercole sull'Eta»): sono tutte tratte da noti episodi del mito greco, per lo più già utilizzati oltre che nella tragedia greca anche in quella latina; e sono ritenute tutte autentiche, tranne *Ercole sull'Eta*, sulla quale sono stati avanzati autorevoli dubbi.

Le coturnate di Seneca formano un *corpus* importantissimo, in quanto sono l'unico esempio di tragedie latine giunte fino a noi intere. Si tratta, però, di opere altamente problematiche. In primo luogo non sappiamo nulla del periodo in cui sono state scritte. È stata avanzata l'ipotesi che siano state composte durante i lunghi anni di esilio, ma recentemente gli studiosi hanno pensato anche che potrebbero risalire al periodo in cui il filosofo era precettore di Nerone. Questa seconda proposta potrebbe essere suffragata dal fatto che Agrippina aveva vietato a Seneca di insegnare la filosofia al giovane principe e quindi può darsi che, per entrare in sintonia con il giovane discepolo appassionato di musica e teatro, Seneca abbia pensato di stendere una serie di testi "didattici", volti a catturare l'interesse del giovane Nerone. Certamente tutte le tragedie sono accomunate dal fatto di presentare l'effetto nefasto delle passioni, quando queste sono lasciate libere di agire sull'animo umano, quindi implicano tematiche non lontane dall'etica stoica cara al filosofo, pur proiettate nel mito. Di fatto i personaggi delle tragedie sono assimilabili a esempi negativi, utili per conoscere i vizi più orrendi che è necessario evitare. Nelle tragedie, inoltre, emerge in modo chiaro la critica della tirannide e ciò potrebbe accordarsi al fatto che, anche in altre opere dedicate a Nerone, Seneca desiderava far riflettere il giovane discepolo sulla necessità per un principe di usare sempre la clemenza.

Oltre a questo non possiamo neanche sapere se le tragedie senecane siano state pensate per la recitazione in teatro o per la lettura, dato che all'epoca erano possibili entrambe le modalità di fruizione.

TEMI, STILE E FORTUNA Nelle tragedie l'atmosfera è sempre cupa, con frequenti scene truculente o che rievocano fatti di sangue, incesti, parricidi e orribili delitti. Non mancano scene di magia nera, fantasmi e paesaggi lugubri. I dialoghi e i monologhi sono spesso carichi di passione e di violenza, con allusioni ironiche o sarcastiche e scambi reciproci di maledizioni. Lo stile è carico ed esasperato, con frasi brevi e concitate, che esprimono l'animo di personaggi in preda alle passioni e incapaci di un sereno ragionamento. Nel complesso viene raffigurata una umanità travolta dalla dimensione irrazionale, dove i peggiori incubi si trasformano in realtà.

Le tragedie di Seneca sono tornate al centro dell'attenzione degli studiosi in anni relativamente recenti, ma nel corso degli ultimi due secoli sono state molto svalutate per la tendenza all'eccesso che le caratterizza e in alcuni casi per l'oggettiva prolissità. Tuttavia, soprattutto nei secoli del Rinascimento e del Barocco, furono molto ammirate e imitate e certamente hanno fornito un modello al teatro shakespeariano.

■ Maschera tragica in marmo, V secolo. Roma, Musei Capitolini.

GUIDA ALLO STUDIO

1. Quali ipotesi di datazione sono state proposte per le tragedie di Seneca?

2. Quali sono i temi delle coturnate di Seneca?

3. Per quale motivo le tragedie di Seneca hanno un prezioso valore documentario?

PER COMPRENDERE SENECA

T6

ITALIANO

Gli "indifferenti" e i "preferibili"

De vita beata **22**

La ricchezza (come il successo e la bellezza) per il saggio non riveste un vero valore e il sapiente non cambia il suo modo di vita e soprattutto il suo atteggiamento interiore quando si trova a passare repentinamente dal benessere alla povertà e viceversa. Posto quindi che la ricchezza è da annoverare tra i "falsi beni" (➛ **T5***), il rapporto tra l'uomo e il denaro è comunque oggetto di attenta riflessione per Seneca.*

Nel passo del De vita beata *che viene qui proposto, Seneca afferma che il sapiente, pur convinto che la ricchezza sia da inserire in ciò che è "indifferente" al fine del raggiungimento della felicità, la può comunque ritenere "preferibile" rispetto alla povertà; così molti beni, inutili al conseguimento della felicità, possono essere preferibili rispetto ad altri.*

Il De vita beata*, dedicato al fratello maggiore e composto nel 58 d.C., quando Seneca era all'apice del successo, è uno dei dialoghi più discussi. Tale dialogo in realtà spesso è stato interpretato come un tentativo di giustificare, da parte di Seneca, la propria condotta di vita, assai lontana dalle teorie da lui esposte nelle opere filosofiche.*

[22, 1] Qual dubbio ci può essere che per l'uomo sapiente codesta occasione di mettere in luce le doti del suo animo sia maggiore nella ricchezza che nella povertà, dato che in quest'ultima compare un solo genere di virtù, non lasciarsi piegare e deprimere, mentre nella ricchezza trovano ampio posto sia la temperanza, sia la generosità, sia la prudenza, sia la buona condotta di vita, sia la munificenza[1]? [2] Il sapiente non si disprezzerà se è di bassa statura, tuttavia preferirà essere alto. E si sentirà bene anche se di fisico gracile o cieco da un occhio, preferirà tuttavia avere una sana e robusta costituzione, e questo pur sapendo che in lui c'è qualcos'altro che vale ben di più; sopporterà una salute cagionevole, ne preferirà una buona. [3] Alcuni beni infatti, anche se rispetto ai valori principali sono poca cosa e possono essere tolti senza compromettere il bene principale, aggiungono tuttavia qualcosa alla felicità perpetua, anche se questa nasce dalla virtù[2]: al saggio le ricchezze recano piacevole conforto, come il vento favorevole a un navigatore, come una giornata tiepida e un luogo soleggiato nel freddo dell'inverno. [4] Quale dei sapienti (dico dei nostri[3], secondo i quali l'unico bene è la virtù) nega anche che questi beni che chiamiamo "indifferenti" abbiano in sé un certo valore e che alcuni siano "preferibili" rispetto ad altri? Ad alcuni di essi viene conferita una certa importanza, ad altri molta; perché tu dunque non ti confonda, la ricchezza è tra i "preferibili"[4]. [5] «E che dunque? – dici – ti prendi gioco di me affermando che il denaro per te ha la stessa importanza che ha per me?». Vuoi sapere in che misura non hanno la stessa importanza? A me, se i soldi svaniscono, niente, se non loro stessi, verrà sottratto, tu, se le ricchezze ti abbandoneranno, rimarrai stordito e ti sembrerà di essere rimasto privo di te stesso; presso di me il denaro ha un posto qualsiasi, presso di te ha il più importante; in conclusione a me il denaro appartiene, tu invece appartieni al denaro.

1. Seneca vuol dire che per un povero l'unica occasione di mostrare la propria virtù consiste nella serena sopportazione della propria condizione, mentre la condizione del ricco, che comporta svariate occasioni di cedere al vizio, permette anche molteplici possibilità di mettere alla prova la virtù, esercitando la generosità e la temperanza.
2. La «virtù» consiste in ciò che è proprio e specifico dell'uomo e si può considerare che essa coincida con la capacità di ritirarsi nella propria interiorità (➛ **T3**). Tale concetto sarà precisato con la lettura dei testi successivi (➛ **T8-T15**).
3. Sono gli stoici, con sui Seneca si identificava.
4. Il concetto non è una novità di Seneca, ma è effettivamente presente nella dottrina stoica: prima di Seneca, nell'ambito della letteratura latina, ne aveva parlato Cicerone, riprendendo questioni trattate dai filosofi greci.

Il testo e il contesto

IL *DE VITA BEATA* Il breve dialogo, dedicato al fratello maggiore Marco Anneo Novato (detto "Gallione", ➛ p. 69) è stato scritto nel 58 d.C., quando Seneca era all'apice del successo, come principale consigliere di Nerone. L'operetta probabilmente vuole rispondere alle accuse di opportunismo che venivano rivolte al filosofo dai detrattori, i quali gli imputavano di aver fatto carriera con metodi assai discutibili e, ora che era alla corte di Nerone, di approfittare della sua posizione per accumulare una immensa ricchezza e di circondarsi di lusso estremo; tutto questo mentre nelle sue opere continuava a propugnare la virtù, il distacco dai beni materiali ecc.
Nell'anno 58 d.C. Seneca fu effettivamente posto sotto processo in senato per la sua condotta, da un avvocato di nome Suillio (➛Scheda "Il parere degli autori", p. 98), ma uscì assolto, mentre fu condannato all'esilio il suo accusatore.

Il senso del testo

"ESSERE" E "AVERE" Lo stoicismo originario si concentrava soprattutto sulla delineazione delle doti del sapiente, il quale, giunto alla perfezione della virtù, è in grado di mantenere l'assoluta indifferenza (*apàtheia*) verso tutto quanto dipende dal destino e pertanto si concentra sulla propria interiorità. Nelle fasi successive l'interesse della scuola stoica tuttavia si spostò più sull'esame dello spazio che intercorre tra la virtù, che possiede solo il sapiente, e il vizio, individuando una serie di gradi intermedi. Panezio di Rodi, il filosofo che ha portato a Roma lo stoicismo nel II sec. a.C., fu probabilmente uno dei pensatori che più sviluppò riflessioni in questo ambito e il successo che ottenne tra i romani (poco propensi alla speculazione fine a se stessa) fu connesso al fatto che non proponeva astratte forme di saggezza, ma cercava una conciliazione tra gli aspetti pratici della vita e la ricerca della virtù.
Seneca si inserisce in questa tradizione, che ha individuato una serie di azioni "intermedie" tra il bene e il male. In particolare egli sottolinea in numerosi suoi scritti che l'importante è separare l'"essere" dall'"avere": la felicità dipende solo dall'"essere". Determinati beni sono esterni all'uomo, come dice Seneca in una lettera a Lucilio: «sappiamo che sono beni da noi acquisiti, non parti di noi; stiano pure con noi, ma senza dimenticare che sono fuori di noi» (74, 17). Tra tali beni Seneca, oltre alla ricchezza di cui parla nel *De vita beata*, inserisce di solito salute, bellezza, piacere, buona reputazione. Anche la vita stessa entra negli "indifferenti", tanto che il saggio stoico non esita a rinunciarvi, se non ci sono le condizioni per praticare la virtù.

SAGGEZZA PRATICA Se ricchezza, bellezza, piacere ecc. sono beni "indifferenti", è logico che lo siano anche i loro opposti: miseria, malattia, deformità fisica, disprezzo ecc. non hanno dunque alcuna influenza rispetto alla felicità e lasciano il saggio indifferente.
Tra tutti gli "indifferenti", però, Seneca non mette in dubbio che esistano i "preferibili": per questo tra miseria e ricchezza egli dice che è meglio la ricchezza, non certo perché permette di godere del lusso, ma perché permette di giovare agli altri disinteressatamente («nella ricchezza trovano ampio posto sia la temperanza, sia la generosità, sia la prudenza, sia la buona condotta di vita, sia la munificenza», 22, 1). L'importante è che i "preferibili" – compresa la ricchezza – restino sempre "indifferenti": «A me, se i soldi svaniscono, niente, se non loro stessi, verrà sottratto» (22, 5).

■ Affresco con *instrumenta scriptoria* da Pompei, 49-79 d.C. circa. Napoli, Museo Archeologico Nazionale.

LEGGO E COMPRENDO

1. Come viene definito nel *De vita beata* il rapporto tra felicità e ricchezze?

2. Individua e sottolinea nel testo immagini, esempi e similitudini che Seneca usa per rafforzare la propria argomentazione.

3. Che relazione c'è tra la riflessione di Seneca nel *De vita beata* e la riflessione di Panezio di Rodi?

IL PARERE DEGLI ALTRI AUTORI

SENECA PERSONAGGIO STORICO

UNA QUESTIONE COMPLESSA Seneca, almeno nel periodo in cui fu a fianco di Nerone, ebbe veramente un ruolo di primo piano nella politica di Roma: anche per questo motivo è ampiamente citato dagli storici che hanno trattato il periodo. L'immagine del filosofo che proviene dalle sue opere, piene di interesse per i temi della virtù e dell'interiorità, pare – a noi, come a molti suoi contemporanei – molto spesso in forte contrasto con la sua condotta di uomo politico; tuttavia, prima di esaminare le fonti (limitandoci alla più importanti), è necessario fare alcune distinzioni.

COERENZA DELLA VISIONE FILOSOFICA E POLITICA In primo luogo va detto che le idee filosofiche propugnate nelle opere pervenuteci formano un nucleo coerente e coeso e, per alcuni aspetti, degno di rilievo (non solo all'interno della scuola stoica, ma anche nel complesso del pensiero del mondo antico): si pensi a temi come la scoperta della volontà, l'uguaglianza naturale di tutti gli esseri umani, la necessità di giovare agli altri. Seneca inoltre non afferma mai di aver raggiunto la saggezza e di solito appare piuttosto chiaro che quanto raccomanda ai suoi interlocutori è in primo luogo un monito rivolto a se stesso. Infine si può notare che – stando al resoconto di Tacito – Seneca disse di lasciare come esempio ai posteri il modo in cui affrontò la morte, non certo la vita.
Bisogna poi distinguere le convinzioni politiche di Seneca (manifestate nelle persone che egli presenta come modelli di virtù filosofica) da quanto egli realizzò mentre era alla guida dell'impero. Come ha evidenziato Emilio Gabba, Seneca era convinto della necessità che il potere di Roma fosse saldamente nelle mani di una persona sola ed era consapevole del fatto che l'alternativa al processo storico avviato da Ottaviano Augusto fosse il ritorno alle guerre civili e alla dissoluzione del potere di Roma. Gli elogi verso coloro che ammiravano la forma repubblicana, come Cremuzio Cordo e Catone l'Uticense da un lato, e l'avversione per la tendenza tirannica rilevata in Caligola, Claudio e certamente anche in Nerone dall'altro non sono in contrasto con questa visione politica di fondo, perché dipendono dalla valutazione della virtù dei singoli e della coerenza con cui tale virtù è stata perseguita. Catone era ammirato per il costante rifiuto del male morale, anche se la sua parte politica, se vittoriosa, avrebbe ostacolato la compattezza dell'impero; la brutalità di Caligola e la debolezza di Claudio non mettevano in discussione la necessità di un imperatore, ma evidenziavano il fatto che questi dovesse essere illuminato.
Durante la permanenza a corte, Seneca di certo dette il suo assenso a delitti orribili. Non dovrebbe tuttavia essere irrealistico ipotizzare che in alcuni casi, come per l'assassinio di Agrippina, la decisione non fu dettata da opportunismo, ma dalla consapevolezza che le legioni fedeli alla pronipote di Augusto avrebbero potuto scatenare una guerra civile devastante, se la madre del principe avesse prolungato il rapporto di ostilità con il figlio.

L'AMBIGUITÀ STORICA Al di là di queste osservazioni, comunque, Seneca mantenne nella sua condotta una ambiguità di fondo, adottando nella vita pubblica comportamenti che nei suoi stessi scritti erano oggetto di biasimo. L'esempio più evidente è il fatto che nel 54 d.C., dopo la morte di Claudio, Seneca scrisse di proprio pugno l'elogio funebre dell'imperatore, che Nerone pronunciò pubblicamente in senato (provocando l'ilarità dei senatori che lo ascoltarono, per l'enormità delle lodi), ma in privato Seneca stesso scrisse l'*Apocolocyntosis*, dura e crudele satira contro il principe che lo aveva esiliato.
È certo inoltre che il filosofo trasse cospicui vantaggi economici dal suo ruolo prima di brillante avvocato/senatore, e poi di consigliere del principe, e che l'avidità nel praticare prestiti a tassi da usura abbia contribuito al malcontento che sfociò nella sanguinosissima rivolta della Britannia, attorno al 60 d.C.

IL PROCESSO A SUILLIO Le fonti storiche principali, ossia Tacito (➤ p. 322) e Dione Cassio (storico greco, vissuto tra il II e il III sec. d.C.), testimoniano nelle loro opere una doppia tradizione, l'una favorevole, l'altra decisamente ostile a Seneca. Essi trattano da angolazioni differenti, per esempio, un episodio assai controverso, accaduto nel 58 d.C., quando Seneca era al culmine del potere: un avvocato di nome Suillio, in auge come accusatore all'epoca di Claudio, manifestò la volontà di voler citare in giudizio il filosofo per malversazione, ma fu poi lui stesso a finire sotto accusa e a essere condannato da Nerone all'esilio e alla parziale confisca del patrimonio. Difficile non pensare che allora attaccare Seneca fosse assai rischioso. E, d'altro canto, Nerone (probabilmente ispirato da Seneca) con leggi apposite aveva posto un limite al sistema di pubbliche delazioni grazie al quale avevano sostenuto il loro potere Tiberio, Caligola e Claudio: leggi che avevano danneggiato gli avvocati come Suillio.

LA VERSIONE DI TACITO... Tacito, che dà un giudizio positivo sull'operato di Seneca, presenta Suillio in modo negativo, come un uomo che nutriva solo rancori personali contro il filosofo.

«In seguito, un uomo, passato attraverso avventurose vicende e oggetto di meritate avversioni di molti, subì, non senza ombre sgradevoli per Seneca, una condanna. Si trattava di Publio Suillio, assai temuto e venale sotto l'imperatore Claudio e, mutati i tempi, decaduto ma non quanto i suoi nemici desideravano. Quanto a lui, preferiva apparire colpevole piuttosto che abbassarsi a pregare. [...] Suillio, sprezzante di natura, non risparmiava proteste e invettive, sentendosi libero per l'età assai avanzata, e attaccava personalmente Seneca, quale nemico giurato degli amici di Claudio, sotto il quale aveva subìto un esilio assolutamente giusto [*si intende a giudizio di Suillio*]. Diceva ancora che, dedito a studi appartati, fra la compagnia di giovani inesperti, nutriva livore per chi praticava, in difesa dei cittadini, un'eloquenza piena di vita e non artificiosa. A suo dire, lui di Germanico [*Caligola*] era stato questore e invece Seneca solo un adultero in casa sua [*Seneca fu esiliato perché accusato di avere una relazione extraconiugale con Giulia Livilla, sorella di Caligola e di Agrippina Minore*] [...] Con quale dottrina, con quali insegnamenti filosofici aveva Seneca potuto accumulare trecento milioni di sesterzi? A Roma faceva cadere nella sua rete i testamenti dei vecchi senza eredi e dissanguava l'Italia e le province praticando l'usura senza limite [...]». (*Annales* 13, 42-43; trad. di M. Stefanoni).

Tacito riferisce poi che nel processo Suillio si difese dall'accusa di essere stato per anni un calunniatore di professione, sostenendo di aver agito per conto di Messalina e di Claudio. E così viene commentata da Tacito la sentenza di condanna infine inflitta a Suillio: «Andava punito chi, prestatosi a quelle atrocità, dopo aver intascato il premio delle sue nefandezze, le scaricava sulle spalle degli altri».

■ Miniatura della *Vita Senecae* di San Gerolamo: Seneca è rappresentato immerso in una tinozza di legno con le vene delle braccia recise, XV secolo. Città del Vaticano, Biblioteca Apostolica Vaticana.

... E QUELLA DI CASSIO DIONE Ben diverso è il resoconto di Cassio Dione, che deve aver attinto a fonti ostili a Seneca. Suillio non è nemmeno preso in considerazione, mentre vengono riferite nei dettagli diverse accuse a Seneca, e viene rimarcata la sua doppiezza.

«Seneca venne messo sotto accusa, e tra le varie accuse di cui fu imputato ci fu anche quella di avere dei rapporti con Agrippina: non gli era bastato aver commesso adulterio con Giulia [*sorella di Caligola*], né l'esilio lo aveva reso più accorto, ma s'intratteneva con Agrippina, sebbene ella fosse quello che era ed avesse il figlio che aveva [*Nerone*]. Né era solo questo l'aspetto in cui la sua condotta si dimostrava esattamente opposta ai precetti filosofici che divulgava, ma ve n'erano anche altri. Infatti, proprio mentre puntava il dito contro le tirannidi, stava esercitando il ruolo di maestro di un tiranno; mentre inveiva contro i collaboratori dei signori assoluti, non si asteneva dal partecipare alla vita del *Palatium*; mentre deplorava gli adulatori, egli stesso aveva adulato Messalina [*moglie di Claudio, per ispirazione della quale Seneca era stato esiliato*] e i liberti di Claudio così supinamente da indirizzare loro, dall'isola in cui si trovava in esilio, un libro con cui li elogiava, un'opera che successivamente non riconobbe per la vergogna [*la "Consolazione a Polibio"*]; mentre poi rimproverava ai ricchi la loro condizione, lui stesso era entrato in possesso di una fortuna di trecento milioni di sesterzi; infine, mentre criticava la sontuosità in cui vivevano gli altri, possedeva cinquecento tavole in legno di cedro con le gambe di avorio, tutte uguali, che utilizzava per servirvi dei banchetti. Dicendo ciò ho rivelato anche gli altri aspetti del suo tenore di vita, cioè le dissolutezze a cui si abbandonava proprio nel momento in cui celebrò le nozze più rinomate [*con Paolina*] e la passione che nutriva per ragazzi ormai non più tanto giovani, vizio che trasmise anche a Nerone. [...] Pertanto venne messo sotto accusa con queste imputazioni e con quella di adulterio: tuttavia in quell'occasione venne prosciolto senza che l'accusa venisse formalizzata, e nelle sue richieste di grazia trovò degli interlocutori sia in Pallante che in Burro [*rispettivamente liberto di Agrippina e prefetto del pretorio*], sebbene un po' di tempo dopo non se la sarebbe cavata tanto facilmente». (Cassio Dione, *Storia romana* 61, 10; trad. di A. Stroppa).

GUIDA ALLO STUDIO

1. Quali sono le fonti storiche principali di cui disponiamo per ricostruire la vita di Seneca?

2. Quale contrasto emerge tra le testimonianze degli antichi e l'immagine che di Seneca offrono le sue opere?

3. Metti a confronto le accuse rivolte a Seneca nelle pagine degli storici Tacito e Dione Cassio.

T7

ITALIANO

Il male morale: la folle passione di Medea

Medea, vv. 849-878

*Una volta individuati i "falsi beni", pur con la sottile distinzione dei "preferibili" (➤ **T6**), se l'interiorità è l'unico vero bene dell'uomo, allora sono le passioni, come l'ira, la gelosia, l'odio, l'avidità ecc., il peggior nemico del sapiente, in quanto alterano l'animo. Le passioni generano il male dell'anima, il "male morale", quello che il sapiente deve imparare a evitare. Nelle tragedie Seneca rappresenta personaggi che sono in preda alle passioni, esempi negativi che il lettore deve conoscere, per imparare a dirigere le sue azioni in direzione opposta. Medea, per esempio, ha aiutato per amore Giasone e gli Argonauti a conquistare il vello d'oro, ma ha tradito il padre e la patria; ora, quando l'eroe amato (che le ha dato due figli) decide di sposare un'altra donna, cede alla gelosia e all'ira più furibonda. Quando Medea si risolve all'atroce vendetta, che terminerà con l'uccisione della rivale, di suo padre e dei figli avuti da Giasone, dal suo volto e dai suoi gesti traspare la folle passione.*

CORO

Dove mai, quale cruenta mènade[1],
si lascia trascinare a precipizio
da un amore efferato? Quale crimine
appresta nella sua incontrollabile follia?
Contratto è il volto, eccitato dall'ira,
e, scuotendo il capo con selvaggio
movimento[2], superba,
è ella stessa a minacciare il re[3].
Chi la direbbe un'esule[4]?
Arrossate fiammeggiano le guance,
il pallore discaccia poi il rossore.
Variando l'aspetto, non conserva
a lungo alcun colore[5].
Qui e là muove i passi,
come una tigre priva dei suoi figli
perlustra con dissennata corsa
la foresta gangètica[6].
Non sa frenare le ire
Medea, non gli amori[7];

1. Le menadi sono le donne seguaci dei culti di Bacco, che erano esempio di comportamento irrazionale e eccessivo.
2. Lo studio delle passioni, ampiamente praticato da stoici e peripatetici, catalogava con cura le espressioni e i movimenti che accompagnano le varie passioni dell'animo.
3. È Creonte, il re di Corinto, città in cui è ambientata la tragedia: Creusa, la figlia di Creonte, deve sposare Giasone.
4. Creonte ha decretato l'esilio per Medea, dopo essersi accorto che la donna all'annuncio del matrimonio tra Creusa e Giasone ha pensato a un folle disegno di vendetta.
5. L'alternarsi dei colori sul volto è il più vistoso effetto dell'ira, secondo la tradizionale raffigurazione di tale passione. L'imperturbabilità del volto, apprezzata anche dal *mos maiorum*, era invece caratteristica esteriore del sapiente.
6. Anche il paragone con una belva rientra nel repertorio più tradizionale della raffigurazione dell'ira; la tigre rimanda non solo alla ferocia, ma anche a ciò che è straniero e lontano dalla civiltà: «gangetico» (cioè del Gange) indica l'estremo Oriente, ai confini delle regioni conosciute dai Romani.
7. Il coro, che osserva con la razionalità del sapiente, tocca qui la questione cruciale: il male nasce dall'incapacità di dominio delle passioni. Anche l'amore è da annoverare tra le passioni, perché, tutto sommato, la corresponsione del proprio sentimento da parte del partner è qualcosa che attiene assai più al destino che non alla volontà e alle risorse dell'uomo.

or ira e amore hanno fatto
causa comune: che ne seguirà?
Allorché l'esecrabile donna della Còlchide[8]
si avventurerà fuori dalle lande pelàsgiche[9]
e di terrore annienterà il regno
e i re al contempo[10]?
Fa' avanzare ora, Febo, il tuo cocchio[11],
senza che alcuna briglia lo trattenga:
la pia notte nasconda la luce;
Vespero, che reca le tenebre,
sommerga questo giorno orrendo.

(trad. di I. Ramelli)

8. Medea era figlia di Eeta, re della Colchide, regione della Penisola Anatolica a ridosso del Caucaso e affacciata sul Mar Nero: qui si erano diretti gli Argonauti per prendere il vello d'oro.
9. Cioè la Grecia, che secondo il mito era stata abitata anticamente dai Pelasgi. Medea dovrebbe partire per l'esilio.
10. Il coro ha un presentimento di ciò che di lì a poco annuncerà un messo: la morte del re Creonte e di sua figlia, provocata dalle arti magiche di cui Medea è esperta.
11. Febo è appellativo di Apollo, dio del Sole. Il coro si augura che la giornata termini in fretta, perché non accadano sciagure.

■ **Sarcofago con scene del mito di Medea**, metà II sec. d.C. Roma, Museo Nazionale Romano (Palazzo Massimo alle Terme).

PER COMPRENDERE IL TESTO

Il testo e il contesto

LA *MEDEA* Giasone e gli Argonauti, giunti nella lontana Colchide per impossessarsi del vello d'oro, riescono nell'impresa solo grazie all'aiuto di Medea, figlia di Eeta, re di quella terra. Medea aiuta Giasone perché si è follemente innamorata di lui e lo segue nel viaggio di ritorno verso la Grecia. Inizialmente la sua passione viene corrisposta e dall'unione nascono due figli. Tuttavia, giunto in Grecia, Giasone per opportunità decide di sposare Creusa, figlia del re di Corinto Creonte. Medea, folle di gelosia, medita la vendetta e, osservando quanto amore Giasone provi per i figli, decide di ucciderli in sua presenza. Facendo ricorso alle sue arti magiche, dopo aver eliminato Creusa e Creonte, nel palazzo reale ormai in fiamme, Medea uccide i figli davanti a Giasone e poi lascia la terra per salire in cielo su un carro trainato da serpenti. La trama della *Medea* di Seneca richiama, in particolare, il modello del greco Euripide (485-407/6 a.C.), anche se nell'originale la protagonista appare più fredda e razionale: a Seneca, invece, interessa mettere in risalto l'irrazionalità della passione.

IL RITRATTO DELL'IRATO Un noto ritratto della persona irata si trova anche in apertura del *De ira*, dove si sottolineano proprio gli aspetti deformanti della passione, che è una vera forma di follia: «sono sicuri sintomi di pazzia l'espressione risoluta e minacciosa, la fronte aggrottata, la faccia scura, il passo concitato, le mani irrequiete, il colorito alterato, il respiro frequente e affannoso, tali e quali sono i sintomi dell'ira incipiente: gli occhi ardono e lampeggiano, il viso si copre di rossore per il rifluire del sangue dal fondo dei precordi [...]» (*De ira* 1, 1, 3-4; trad. di A. Marastoni).

La descrizione ha comunque tratti stereotipati. Già nelle pagine di Sallustio il desiderio di potere di Catilina, che lo spinge a tramare per rovesciare lo Stato, si traduce in un atteggiamento simile: «infatti quell'animo impuro, odioso agli dèi e agli uomini, non poteva trovare requie né nella veglia né nel sonno: a tal punto la consapevolezza devastava l'animo esagitato. E dunque esangue il colorito, gli occhi maligni, l'incedere ora rapido ora lento: insomma la pazzia era sul volto e nello sguardo» (*De coniuratione Catilinae* 15, 4-5).

Il senso del testo

IL MALE MORALE L'interiorità, nel pensiero di Seneca, è il vero possesso dell'uomo. Dentro di essa, attraverso l'analisi quotidiana, chi è avviato verso la saggezza trova la strada per compiere il proprio disegno esistenziale, senza farsi attirare dai falsi beni: in altre parole, asseconda il *lògos* dell'universo. Ma in pratica che cosa comporta tutto questo? Per quale motivo le passioni sono tanto dannose? Secondo gli stoici ogni essere tende a sviluppare la natura che gli ha assegnato il destino, il quale procede verso il bene, seguendo una sorta di disegno provvidenziale (detto appunto *providentia*). Nel caso dell'uomo, il suo tratto specifico – ciò che lo distingue da tutti gli altri esseri – è la razionalità, che si esprime attraverso la tensione verso la conoscenza. Questa considerazione incide sul sistema di valori che l'uomo deve seguire: il vero bene è tutto quello che permette la realizzazione di ciò che è compreso nella natura dell'essere umano, mentre il vero male è l'opposto; per l'uomo, quindi, il vero bene è tutto quanto gli permette di esprimere e coltivare la propria ragione, che risiede nell'anima. Perciò le passioni sono sempre negative, in quanto spingono l'uomo verso atteggiamenti irrazionali, e rappresentano il male peggiore, il male morale, che porta l'uomo a compiere le azioni più turpi.

DALLE PASSIONI AI VIZI CAPITALI Nella scuola stoica fin dalle origini fu riservata particolare attenzione allo studio delle passioni, nella convinzione che tale fenomeno dello spirito umano andasse conosciuto a fondo per limitarne il più possibile i danni. Vennero distinte, in particolare, quattro specie di passioni fondamentali, in base al falso giudizio da cui erano generate, e da ciascuna di esse venne fatta derivare una serie di sottospecie:

- falso giudizio circa un bene futuro ➛ desiderio ➛ ira, cupidigia, ambizione;
- falso giudizio su un male futuro ➛ paura ➛ esitazione, angoscia, trepidazione;
- falso giudizio su un presunto male presente ➛ dolore ➛ invidia, gelosia, compassione;
- falso giudizio su un presunto bene presente ➛ piacere ➛ godimento, esaltazione, malevolenza.

In seguito allo studio delle passioni si compilò anche una catalogazione dei comportamenti, atteggiamenti ed espressioni del volto dei soggetti in preda alle varie passioni, di cui risente anche il ritratto senecano di Medea.

Le teorie degli stoici ebbero vasta diffusione nel mondo antico e vennero tenute in considerazione dai Padri della Chiesa, che, attraverso successive rielaborazioni, produssero una classificazione dei vizi capitali. La prima catalogazione di questi, come «pensieri tentatori» (*loghismòi* in greco) riferiti alle varie funzioni dell'anima, fu effettuata dal monaco Evagrio Pontico, nel IV sec. d.C., secondo il seguente schema:

- funzione concupiscibile (desiderio) ↔ gola, lussuria, avidità;
- funzione irascibile (emozione) ↔ tristezza, ira, accidia;
- funzione razionale (mente) ↔ vanagloria, invidia, superbia.

Dai teorici successivi i vizi furono poi ridotti a sette, accorpando la tristezza all'accidia e la vanagloria alla superbia, e dunque giungendo alla "lista" tradizionale: gola, lussuria, avidità, ira, accidia, invidia e superbia.

Mosaico raffigurante maschere sceniche e una lira, II sec. d.C. Roma, Museo Pio-Clementino.

LEGGO E COMPRENDO

1. Qual è la considerazione delle passioni all'interno della morale senecana?

2. Individua le strategie con le quali Seneca rappresenta l'ira di Medea.

3. Come nascono le passioni, secondo la scuola stoica?

VERIFICA *IN ITINERE* | PRIMI PASSI

QUESITI A SCELTA MULTIPLA

1. ricordare Il *De brevitate vitae* è dedicato:
- ☐ al suocero di Seneca, Paolino
- ☐ al fratello di Seneca, Mela
- ☐ al fratello di Seneca, Novato
- ☐ a un parente di Seneca, Sereno

2. ricordare Da quale ambito proviene l'espressione *vindica te tibi* posta in apertura della lettera a Lucilio 1, 1 (➛**T3**)?
- ☐ Giuridico
- ☐ Economico
- ☐ Religioso
- ☐ Letterario

3. ricordare Come cambia, nel corso del tempo, l'atteggiamento di Seneca nei confronti di Lucilio, il destinatario delle sue lettere?
- ☐ La confidenza e l'affetto tra i due diventano più profondi
- ☐ Cresce il rispetto nei confronti del discepolo, che progredendo nella disciplina viene trattato alla pari di un maestro
- ☐ Si denota una presa di distanza dovuta all'insanabile divergenza di opinioni filosofiche
- ☐ Si nota una crescita di rispetto con l'aumentare del prestigio del governatore della Sicilia

4. ricordare Nel paragrafo 38,1-2 del *De brevitate vitae* (➛**T4**), Seneca:
- ☐ dichiara l'insuperabilità dell'esempio di Diogene
- ☐ proclama la superiorità dei Romani sui Greci
- ☐ manifesta disprezzo per Cicerone
- ☐ esprime la sua preferenza per l'esempio di Catone

5. comprendere Quale elemento centrale della morale senecana manca al personaggio di Tieste?
- ☐ La consapevolezza di dove sia il vero bene
- ☐ La volontà di perseguire il bene
- ☐ La razionalità
- ☐ La libertà dalle passioni

6. comprendere Qual è il posto dell'amore nella morale senecana?
- ☐ È la più alta forma di conoscenza
- ☐ È una manifestazione di volontà
- ☐ È una passione che distoglie dal *logos*
- ☐ È un bene preferibile

7. comprendere Da che cosa nasce la paura, secondo la riflessione stoica?
- ☐ Da falsa presunzione di un male futuro
- ☐ Da falso giudizio di un bene futuro
- ☐ Da falsa opinione di un male presente
- ☐ Da falso giudizio di un bene presente

QUESITI A RISPOSTA BREVE

Rispondi ai quesiti nello spazio di 7-8 righe per ciascuno. Quando lo ritieni opportuno, puoi consultare i testi.

1. Su quali fonti possiamo basarci per ricostruire la vita di Seneca?

2. Spiega la distinzione tra *occupati* e *otiosi* e indica quale delle due categorie Seneca ritenga preferibile.

TRATTAZIONE SINTETICA

Svolgi le seguenti tracce nelle spazio di 20-25 righe per ciascuna. Quando lo ritieni opportuno, puoi consultare i testi.

1. Il percorso teorizzato da Seneca per condurre gli uomini verso la felicità può essere diviso in due fasi: illustrale entrambe.

2. Dopo aver collocato la composizione del *De vita beata* all'interno della biografia di Seneca, illustra le probabili ragioni che spinsero il filosofo a scrivere quest'opera e presenta le argomentazioni attraverso le quali egli cerca di dimostrare la propria autosufficienza dal denaro.

T8

LATINO/ITALIANO

Perché esiste il male?

De providentia 4, 1-5; 8

Quando un uomo inizia a essere consapevole del fatto che l'unico vero possesso è la propria interiorità e, attraverso l'esame di essa, incomincia a individuare le passioni che, se lasciate incontrollate, trascinano la vita in un precipizio, vuol dire che i primi passi verso la saggezza sono stati mossi. Questo tuttavia non è sufficiente perché la filosofia diventi quella "cura dell'anima" che Seneca vuole trasmettere attraverso i suoi scritti. È necessario anche iniziare ad agire, accettando il destino, nella convinzione che la direzione imposta dal lògos *all'universo, che coinvolge ogni essere umano, tenda fatalmente verso un fine positivo.*

In questo passo del De providentia *Seneca spiega all'amico Lucilio che l'ingiustizia che spesso viene imputata al destino, ossia il fatto di riservare alle persone oneste sciagure e lutti del tutto immeritati, è frutto di un'osservazione poco attenta. Per l'uomo onesto e forte le prove della vita, nella consapevolezza che non possono intaccare la sua interiorità, diventano solo un'occasione per mettere alla prova la virtù del proprio animo, per agire secondo coscienza verso il bene.*

[4, 1] Prosperae res et in plebem ac vilia ingenia deveniunt; at calamitates terroresque mortalium sub iugum mittere proprium magni viri est. Semper vero esse felicem et sine morsu animi transire vitam ignorare est rerum naturae alteram partem. [2] Magnus vir es: sed unde scio, si tibi fortuna non dat facultatem exhibendae virtutis? Descendisti ad Olympia, sed nemo praeter te: coronam habes, victoriam non habes; non gratulor tamquam viro forti, sed tamquam consulatum praeturamve adepto: honore auctus es. [3] Idem dicere et bono viro possum, si illi nullam occasionem difficilior casus dedit in qua vim animi sui ostenderet: «Miserum te iudico, quod numquam fuisti miser.

[4, 1] Le fortune capitano accidentalmente anche alla plebe e alla gente qualunque; ma è proprio di un uomo grande riuscire a piegare e vincere le sventure e le paure che attanagliano i mortali. Essere sempre fortunato e trascorrere la vita senza un cruccio significa ignorare l'altra metà dell'universo. [2] Sei un uomo grande: ma da che cosa lo capisco, se il destino non ti dà la possibilità di mettere in mostra la virtù? Scendi in campo a Olimpia[1], ma non c'è nessuno oltre a te: ottieni il primo posto, ma non hai la vittoria; non posso congratularmi con te, come con una persona che ha appena vinto le elezioni per il consolato o la pretura: hai solo aumentato il tuo prestigio[2]. [3] La medesima cosa posso dire anche di una brava persona, se un caso un po' critico non gli ha dato alcuna occasione nella quale trovasse da dimostrare la forza del suo animo: «Ti giudico sventurato, poiché non sei mai stato sventurato[3].

[4, 1] **sub iugum mittere**: lett. «far passare sotto il giogo», quindi «domare», «vincere». • **magni viri**: genitivo di pertinenza, o convenienza. • **Semper... vitam**: i due infiniti *esse* (con il nome del predicato *felicem*) e *transire*, con i loro complementi e avverbi, formano il soggetto del predicato nominale *ignorare est*.
[2] **unde**: è avverbio di moto da luogo, «da dove». • **exhibendae virtutis**: costrutto del gerundivo attributivo, «di esibire la virtù» (in genitivo retto da *facultatem*). • **coronam**: una corona di alloro era il premio simbolico per i vincitori delle competizioni sportive ad Olimpia. • **consulatum... adepto**: *adepto* è participio perfetto sostantivato da *adipiscor* (in dativo, concordato a un *tibi* sottinteso) e ha come complementi oggetto *consulatum* e *praeturam*.
[3] **in qua... ostenderet**: proposizione relativa impropria, con valore consecutivo.

1. Sede delle Olimpiadi, i giochi sportivi più noti dell'antichità.
2. Al momento dell'elezione il neo-magistrato non può infatti aver compiuto ancora nulla degno di nota.
3. Paradosso, caratteristico del modo di esprimersi dei filosofi stoici: quelle che vengono ritenute normalmente sventure in realtà sono occasioni per svelare le proprie virtù.

Transisti sine adversario vitam; nemo sciet quid potueris, ne tu quidem ipse». Opus est enim ad notitiam sui experimento; quid quisque posset nisi temptando non didicit. Itaque quidam ipsi ultro se cessantibus malis optulerunt et virtuti iturae in obscurum occasionem per quam enitesceret quaesierunt. [4] Gaudent, inquam, magni viri aliquando rebus adversis, non aliter quam fortes milites bello; Triumphum ego murmillonem sub Ti. Caesare de raritate munerum audivi querentem: «Quam bella – inquit – aetas perit!». Avida est periculi virtus et quo tendat, non quid passura sit cogitat, quoniam etiam quod passura est gloriae pars est. Militares viri gloriantur vulneribus, laeti fluentem meliori casu sanguinem ostentant: idem licet fecerint qui integri revertuntur ex acie, magis spectatur qui saucius redit.

Hai attraversato la vita senza un avversario; nessuno saprà di che cosa saresti stato capace, neppure tu». È necessario infatti mettersi alla prova per conoscere se stessi; nessuno ha imparato che cosa fosse in grado di fare, se non mettendosi in gioco. E così alcuni si offrirono spontaneamente alle difficoltà della vita che si facevano attendere e, per la loro virtù, che rischiava di disperdersi nell'ombra, cercarono un'occasione per mezzo della quale risplendesse. [4] A volte, voglio dire, gli uomini grandi provano piacere per le avversità, non diversamente dai militari valorosi per la guerra; ho sentito con le mie orecchie il mirmillone[4] Trionfo, al tempo dell'imperatore Tiberio[5], che si lamentava per la rarità dei giochi: «L'età più bella – disse – che va in malora!». La virtù è avida di pericolo e pensa al suo obiettivo, non a che cosa le capiterà di patire, poiché anche ciò che sta per soffrire fa parte della gloria. I soldati si fanno vanto delle ferite, mostrano lieti il sangue che scorre per un'azione dall'esito favorevole; quelli che ritornano senza ferite dal campo di battaglia abbiano pur partecipato alla medesima impresa, ma viene ammirato di più quello che ritorna ferito.

• **quid potueris**: proposizione interrogativa indiretta; il congiuntivo perfetto esprime anteriorità rispetto alla reggente. • **ne tu quidem**: i due avverbi *ne* e *quidem* uniti negano *tu*, «neppure tu». • **quid... posset**: proposizione interrogativa indiretta; il congiuntivo imperfetto esprime contemporaneità rispetto al successivo perfetto *didicit*. • **nisi temptando**: *temptando* (sott. *se*, perché è un verbo transitivo) è gerundio, in ablativo strumentale; la congiunzione *nisi* gli dà valore eccettuativo. • **quidam... quaesierunt**: *ultro* è avverbio, «spontaneamente»; *cessantibus* è participio congiunto di *malis* (dativo), con valore temporale; *optulerunt* è perfetto da *offero*; *iturae*, participio futuro da *eo*, è dativo femminile, congiunto a *virtuti* (con valore temporale). [4] **rebus adversis... bello**: ablativi di causa. • **Triumphum... querentem**: *querentem* è participio predicativo di *Triumphum*, complemento oggetto di *audivi*. • **bella**: dall'aggettivo *bellus*, significa «bella» ed è voce popolare per l'aulico *pulcher*, realisticamente attribuito alle parole di un gladiatore. • **quo... quid... sit**: proposizioni interrogative indirette, rette da *cogitat*; *quo* è avverbio interrogativo di moto a luogo, lett. «verso dove?». • **fluentem**: participio congiunto a *sanguinem*, con valore temporale/causale. • **idem... fecerint**: *licet* dà al congiuntivo perfetto *fecerint* un valore concessivo (nel passato).

4. Il mirmillone è il gladiatore che combatte con armi galliche (spada corta, scudo ed elmo); deve il suo nome al *mòrmylos*, il fregio a forma di pesce che recava sull'elmo.
5. L'imperatore Tiberio, morto nel 37 d.C., aveva ridotto notevolmente i *ludi* di gladiatori, per contenere le spese. Siccome il dialogo senecano è stato probabilmente composto tra il 60 e il 62 d.C., la fama di Trionfo doveva all'epoca essere ancora grandissima: i gladiatori allora erano oggetto di venerazione popolare, un po' come nel nostro tempo i calciatori.

[5] Ipsis, inquam, deus consulit quos esse quam honestissimos cupit, quotiens illis materiam praebet aliquid animose fortiterque faciendi, ad quam rem opus est aliqua rerum difficultate: gubernatorem in tempestate, in acie militem intellegas. Unde possum scire quantum adversus paupertatem tibi animi sit, si divitiis diffluis? Unde possum scire quantum adversus ignominiam et infamiam odiumque populare constantiae habeas, si inter plausus senescis, si te inexpugnabilis et inclinatione quadam mentium pronus favor sequitur? [...] [8] Quare deus optimum quemque aut mala valetudine aut luctu aut aliis incommodis adficit? Quia in castris quoque periculosa fortissimis imperantur: dux lectissimos mittit qui nocturnis hostes adgrediantur insidiis aut explorent iter aut praesidium loco deiciant. Nemo eorum qui exeunt dicit «Male de me imperator meruit», sed «bene iudicavit». Idem dicant quicumque iubentur pati timidis ignavisque flebilia: «Digni visi sumus deo in quibus experiretur quantum humana natura posset pati».

[5] Dio[6], ti dico, si prende cura[7] di quelli che desidera siano il più possibile virtuosi, tutte le volte che offre loro materia di compiere qualcosa con coraggio e con forza, per la cui riuscita sia necessaria una certa difficoltà di esecuzione: puoi riconoscere il timoniere nella tempesta, in battaglia il soldato. Da dove posso capire quanta resistenza tu abbia di fronte alla povertà, se navighi nella ricchezza? Da dove posso capire quanta fermezza tu abbia contro l'ignominia e l'infamia e l'odio popolare, se diventi vecchio tra l'approvazione generale, se ti accompagna un plauso indistruttibile e accondiscendente per una certa simpatia nei tuoi confronti? [...] **[8]** Perché dio colpisce tutte le persone migliori o con una malattia o con un lutto o con altri dolori[8]? Perché anche in un accampamento le missioni difficili vengono assegnate ai più forti: un comandante manda i militari meglio selezionati ad assalire i nemici in un'imboscata notturna o a esplorare una via o a espugnare una postazione avversaria. Nessuno di quelli che escono dice: «Il comandante si è comportato male con me», ma dice: «Ha capito bene». La stessa cosa dicano tutti quelli ai quali viene imposto un compito che fa piangere i timorosi e gli ignavi: «A dio siamo parsi tali da poter dimostrare quanto può sopportare la natura umana».

[5] **Ipsis... cupit**: *Ipsis* (retto da *consulit*) è l'antecedente del pronome relativo *quos* che funge anche da soggetto dell'infinito *esse*; (*quam*) *honestissimos* è nome del predicato, riferito a *quos*. • **quotiens... faciendi**: proposizione temporale, con il predicato *praebet*; *quotiens* è avverbio, «tutte le volte che»; *faciendi* è gerundio (in genitivo, retto da *materiam*) e *animose* e *fortiter* sono suoi avverbi. • **ad quam rem**: «per la qual cosa»; la proposizione relativa *ad quam... difficultate* ha attratto al suo interno l'antecedente *rem*. • **quantum... sit**: proposizione interrogativa indiretta; *tibi* è dativo di possesso, mentre *animi* è genitivo partitivo da unire a *quantum*. • **si... diffluis**: proposizione ipotetica, protasi dell'oggettività; l'apodosi è la proposizione principale, *Unde possum scire*; il verbo *diffluo* lett. significa «consumarsi». • **constantiae**: genitivo partitivo da unire al precedente *quantum*. • **si... senescis, si... sequitur**: due protasi dell'oggettività.
[8] **optimum quemque**: espressione idiomatica, «tutti i migliori». • **qui... deiciant**: proposizioni relative improprie con valore finale. • **dicant**: congiuntivo esortativo. • **quicumque... flebilia**: costruzione personale di *iubentur* con nominativo (*quicumque*) e infinito (*pati*); di *pati* è complemento oggetto l'aggettivo sostantivato *flebilia*, che a sua volta regge il dativo di vantaggio *timidis ignavisque*. • **in quibus... pati**: *in quibus* introduce una proposizione relativa impropria (dipendente da *Digni*), con valore consecutivo; *quantum* introduce una proposizione interrogativa indiretta, che ha per soggetto *natura humana* e per predicato *posset* (*pati*).

6. Gli stoici pensano la divinità come immanente nell'universo, ossia come *lògos*, «forma» e anche destino del cosmo, non trascendente: essa risulta quindi incompatibile con l'idea giudaico-cristiana di Dio. Nel linguaggio di Seneca, che si uniforma alle fonti greco-latine precedenti (Cicerone), "dio" può essere nome generico per indicare tale concetto.
7. In ciò si manifesta la "provvidenza", intesa come la direzione data dal *lògos* all'intero universo.
8. È l'interrogativo che dà origine al dialogo, e che durante la trattazione viene più volte ribadito.

Il testo e il contesto

IL *DE PROVIDENTIA* Il *De providentia* è stato probabilmente scritto nel 62-65 d.C., ossia quando Seneca, ritiratosi dalla corte di Nerone, intrattiene con l'amico Lucilio (destinatario del dialogo) anche una fitta corrispondenza su temi filosofici. In effetti l'opera sembra una lunga lettera, che nasce da un quesito posto da Lucilio, esposto in 4, 8: «Perché dio colpisce tutte le persone migliori o con una malattia o con un lutto o con altri dolori?». La risposta è semplice e disarmante: se l'interiorità di una persona è solida, le disgrazie che inevitabilmente colpiranno la sua esistenza diventeranno solo occasioni per evidenziare le sue virtù spirituali.

IL *DEUS* DEGLI STOICI Nel testo compare due volte la menzione di un *deus* (in 4, 5 e in 4, 8). Con tale termine, che in italiano possiamo tradurre «dio» (o «divinità», o «divino»), gli stoici intendono il *lògos* che permea l'universo, che gli dà forma e direzione nel tempo. Tale "dio" non è un concetto trascendente, ossia non sussiste come "principio", indipendente e separato dalla materia: dio è il tutto, composto dalla forma inscindibile dalla materia.
Gli stoici non avevano negato i tradizionali dèi dell'Olimpo, sebbene avessero offerto una interpretazione filosofica della religione. Spesso il dio è rappresentato come Zeus, in quanto divinità più potente di tutte, oppure come Apollo, divinità della ragione: secondo gli stoici, infatti, l'universo è permeato e guidato da una forza – il divino appunto – che essenzialmente è razionale.

LA *PROVIDENTIA* La direzione imposta dal *lògos* all'universo non è altro che l'insieme delle cause e dei loro effetti, ed è irreversibile: nessuno può opporsi alla direzione in cui si muovono gli eventi dell'universo e quindi l'universo stesso. Questo corso degli eventi è il *fatum*, che spesso è sinonimo di *deus* come pure di *natura*, termine che a sua volta esprime il tutto, *l'universus*. Il *lògos* è ragione e perciò l'universo non si muove secondo il caso, ma esprime un disegno razionale, che coincide con il bene.
Il termine *providentia* (da *pro* + *video*) esprime il disegno razionale dell'universo, e rimanda sia al concetto di «prevedere», ossia di contenere in sé le cause e le conseguenze, sia quello di «provvedere», ossia di fornire tutto il necessario. Secondo gli stoici, il cosmo, in quanto materia, è destinato a corrompersi e a perire (con una deflagrazione finale), ma questo non toglie che, nella fase di esistenza del *lògos* e dunque dell'universo stesso, la natura coincida con il bene.

Il senso del testo

IL PASSAGGIO ALL'AZIONE Dagli esempi scelti da Seneca si comprende quale ruolo a suo avviso competa all'uomo nell'universo: nel passo troviamo l'esempio dell'atleta a Olimpia (4, 2), del gladiatore (4, 4) dei soldati in battaglia (4, 4-5 e 4, 8) e del timoniere che affronta la tempesta (4, 5); e si noti l'energia che sprigiona dalla triplice immagine dei militari impegnati in azioni pericolose: *qui nocturnis hostes adgrediantur insidiis aut explorent iter aut praesidium loco deiciant* (4, 8). Al contrario di quanto ci si potrebbe aspettare, di fronte a un universo in cui tutto quanto pare già stabilito, il ruolo dell'uomo è prevalentemente attivo. Le disgrazie fanno evidentemente parte della natura materiale del mondo: malattie, privazioni, morte rientrano nel disegno del destino. Quando tali sventure non siano frutto di male morale, di cedimento alle passioni, vanno valutate come naturale corso degli eventi. Lo sforzo che l'uomo onesto deve compiere è quello di non cedere al male morale di fronte alle sventure: questa è la lotta che impegna l'uomo ed è quella in cui si esprime la virtù. Per questo il senso della vita umana è condensato efficacemente nel paradosso *Miserum te iudico, quod numquam fuisti miser* (4, 3).

IL DOLORE FISICO L'esempio dei militari che sembrano non patire nemmeno quando sono feriti (4, 4) non è scelto a caso: il dolore fisico e la malattia sono un tema al quale Seneca dedica numerose riflessioni, consapevole del fatto che spesso siano fonte di profondo turbamento e sofferenza. Seneca non nega che il saggio senta il dolore, ma afferma che spesso il dolore è sopportabile assai più di quanto ciascuno immagina. L'esempio di uomini che antepongono la virtù alla integrità fisica (per esempio i militari) deve stimolare a pensare che anche le più atroci sofferenze in certi casi rientrino nei "preferibili" (➝ **T6**) e che perciò non rappresentino un vero male. Inoltre, una volta raggiunta la certezza che tutto quanto riguarda il cosmo è formato da materia e quindi soggetto a deperimento, il dolore che proviene dalle malattie va accettato come conseguenza ovvia della nostra esistenza. Ciò non significa che il dolore non venga avvertito, ma significa che il sapiente non gli permette di abbattere la solidità del suo animo.

LEGGO E COMPRENDO

1. Qual è l'argomento principale del *De providentia*?

2. Individua nel testo un esempio di paradosso.

3. Riassumi il contenuto del brano con parole tue, mettendo in evidenza gli snodi della trattazione.

T9-T10

La *apàtheia* del saggio

*L'uomo sapiente riesce a evitare il male morale attraverso il controllo delle proprie passioni e riesce ad affrontare con serenità il dolore fisico (➛***T8***). Ma come può rimanere impassibile il sapiente di fronte ad altri eventi che abitualmente affliggono tutti, quali per esempio i danni subiti a causa di ingiustizie e la perdita delle persone care? L'impassibilità di fronte a ogni tipo di disgrazia è tuttavia un passaggio importantissimo sulla via della saggezza. E Seneca affronta spesso questo tema nelle sue opere: nel primo dei due passi che seguono dimostra che il sapiente è in grado di rimanere impassibile anche di fronte ai peggiori torti, mentre nel secondo affronta in particolare il tema della perdita di una persona cara.*

T9

LATINO

Il male non può nulla sull'uomo saggio

De constantia sapientis 5, 3-6

[5, 3] [...] Nam si iniuria alicuius mali patientia est, sapiens autem nullius mali est patiens, nulla ad sapientem iniuria pertinet. [4] Omnis iniuria deminutio eius est in quem incurrit, nec potest quisquam iniuriam accipere sine aliquo detrimento vel dignitatis vel corporis vel rerum extra nos positarum. Sapiens autem nihil perdere potest; omnia in se reposuit, nihil fortunae credit, bona sua in solido habet contentus virtute, quae fortuitis non indiget ideoque nec augeri nec minui potest; nam et in summum perducta incrementi non habent locum et nihil eripit fortuna nisi quod dedit; virtutem autem non dat, ideo nec detrahit: libera est, inviolabilis, inmota, inconcussa, sic contra casus indurata ut ne inclinari quidem, nedum vinci possit; adversus apparatus terribilium rectos oculos tenet, nihil ex vultu mutat sive illi dura sive secunda ostentantur. [5] Itaque nihil perdet quod perire sensurus sit; unius enim in possessione virtutis est, ex qua depelli numquam potest, ceteris precario utitur: quis autem iactura movetur alieni? Quodsi iniuria nihil laedere potest ex his quae propria sapientis sunt, quia salva virtute sua salva sunt, iniuria sapienti non potest fieri.

[5, 3] **si iniuria... pertinet**: periodo ipotetico della oggettività; *iniuria* ha significato tecnico-giuridico, «violazione del diritto», «torto», e *patientia* significa lett. «il subire» (*alicuius mali* è il suo complemento di specificazione); il participio *patiens* funge da nome del predicato. Si può tradurre liberamente: «se ingiustizia significa subire un male, siccome il sapiente è colui che non subisce alcun male, allora al sapiente non può toccare nessuna ingiustizia».
[4] **eius**: è l'antecedente del pronome relativo *in quem*. • **nihil fortunae credit**: *credit* appartiene al linguaggio tecnico della finanza, «non ha dato nulla in prestito al destino». • **in solido habet**: espressione idiomatica, «tiene al sicuro». • **quae... potest**: proposizione relativa; l'antecedente del pronome relativo *quae* è *virtute*; *ideo* è avverbio, «perciò». • **nam et... locum**: *perducta* è participio perfetto neutro sostantivato, «le realtà che sono state condotte»; *in summum*, «alla perfezione», lett. «nel luogo più alto». • **non dat**: il soggetto sott. è *fortuna*, che si ricava dalla frase precedente. • **libera... possit**: il soggetto sottinteso è *virtus*; *ut* introduce una proposizione consecutiva; *ne... quidem* è nesso avverbiale, «neppure»; *nedum* è pure avverbio, «e nemmeno». • **adversus... mutat**: il soggetto sott. grammaticalmente è sempre *virtus*, ma, in quanto evidentemente personificata, si può anche tradurre con «il sapiente», ossia colui che possiede la virtù. • **sive... ostentantur**: proposizione ipotetica, protasi dell'oggettività; *sive... sive* sono due congiunzioni correlative, «sia che... sia che...»; *illi* è riferito al sott. *virtus* e *dura* e *secunda* sono agg. sostantivati.
[5] **Itaque... sit**: il soggetto di *perdet* è *sapiens*, che si ricava dal contesto; *quod... sit* è una proposizione relativa propria con il congiuntivo eventuale; l'antecedente del pronome relativo *quod* è *nihil*, mentre *sensurus sit* è forma di congiuntivo perifrastico che esprime posteriorità rispetto alla reggente. • **unius**: è da unire a *virtutis* (in iperbato). • **ceteris... utitur**: *ceteris* è aggettivo sostantivato (neutro plurale, ablativo strumentale) ed è complemento di *utitur*; *precario* è avverbio, «provvisoriamente». • **quis... alieni?**: proposizione interrogativa diretta, con funzione di domanda retorica; *iactura* è ablativo di causa efficiente e *alieni* è aggettivo sostantivato, «di un bene altrui». • **Quodsi**: nesso che introduce una proposizione ipotetica, qui protasi della oggettività. • **salva virtute**: ablativo assoluto con valore temporale, «una volta che la virtù è salva». • **sua salva sunt**: *sua* è aggettivo neutro sostantivato, con funzione di soggetto, «i suoi beni sono salvi».

[6] Megaram Demetrius ceperat, cui cognomen Poliorcetes fuit. Ab hoc Stilpon philosophus interrogatus num aliquid perdidisset, «Nihil», inquit, «omnia mea mecum sunt». Atqui et patrimonium eius in praedam cesserat et filias rapuerat hostis et patria in alienam dicionem pervenerat et ipsum rex circumfusus victoris exercitus armis ex superiore loco rogitabat.

[6] **Megaram**: città greca dell'Istmo di Corinto. • **Demetrius**: è Demetrio Poliorcete (336-283 a.C.), figlio di Antioco I, uno dei primi sovrani ellenistici successori di Alessandro Magno; *Poliorcetes* in greco significa lett. «espugnatore di città». • **Stilpon**: «Stilpone», filosofo di Megara, visse tra IV e III sec. a.C. e fu esponente di una scuola filosofica fondata da discepoli di Socrate, detta appunto "scuola megarica" (o "megarese"). • **num... perdidisset**: proposizione interrogativa indiretta, retta dal precedente *interrogatus*, participio congiunto con il soggetto *Stilpon*. • **Nihil**: sottintende *perdidi*. • **mea**: aggettivo sostantivato, «i miei beni»; si intende ovviamente l'interiorità, unico vero bene per il filosofo. • **hostis**: è nominativo, soggetto di *rapuerat*, singolare per plurale (con sineddoche). • **ipsum**: complemento oggetto, è riferito a Stilpone.

T10

ITALIANO

La morte non è nulla

Consolatio ad Marciam 19, 4-6

[19, 4] Medita[1] sul fatto che nessuna persona defunta viene più colpita dai mali, che sono favole quei racconti che ci rendono terribili gli inferi, che nessuna tenebra incombe sui defunti, né carcere, né torrenti ribollenti di fiamma, né il fiume dell'Oblio, né tribunali e imputati e ancora tiranni[2], in quello stato di libertà tanto lungo: hanno inventato per finta queste fole i poeti e ci hanno messo agitazione con vane paure. [5] La morte è l'interruzione di tutti i dolori e il confine oltre al quale non vanno le nostre pene[3]; essa ci riporta in quello stato di quiete nel quale giacevamo prima di nascere[4]. Se uno ha compassione per i morti, dovrebbe compatire anche quelli che non sono ancora nati. La morte non è né un bene né un male; può essere o un bene o un male ciò che è qualcosa; ma ciò che in sé non è nulla, che riduce tutto al nulla, non ci consegna ad alcuna ulteriore sorte. I mali e i beni agiscono sulla materia: il destino non può tenere presso di sé quello che la natura ha congedato e non può essere degno di compassione colui che non è nulla. [6] Tuo figlio[5] ha oltrepassato i confini entro i quali un essere umano è tenuto soggetto, lo ha accolto una pace grande ed eterna: non è attaccato dal timore della miseria, dalla preoccupazione per il denaro, dal desiderio del piacere che consuma piano piano lo spirito con le pulsioni, non è toccato dall'invidia per il successo altrui, non è oppresso dall'invidia per il suo, e nemmeno le sue orecchie vereconde sono violentate dai litigi, non gli compare davanti agli occhi nessuna sciagura pubblica, nessuna privata; né in ansia per il futuro resta legato a un esito che promette sempre risultati incerti. Invece resta stabilmente in un luogo da dove niente lo può cacciare, dove niente lo può spaventare.

1. Seneca si rivolge a Marcia, donna di nobili ideali e sentimenti, rimasta sola dopo la perdita del marito e dei figli.
2. La religione tradizionale romana non prevedeva l'esistenza di un oltretomba in cui il morto ricevesse premi o punizioni per quanto aveva fatto in vita, tuttavia l'idea di giudizio dopo la morte era penetrato nella cultura latina sotto l'influenza della cultura etrusca e il mito greco conteneva diversi esempi di punizioni eterne dopo la morte (ma solo in casi eccezionali, per individui che si erano macchiati di colpe straordinarie contro gli dèi).
3. Lo stoicismo, dottrina materialista, non ammette che ci sia alcuna sensibilità dove non c'è materia; relativamente a questo concetto le conclusioni degli stoici sono simili a quelle degli epicurei. Per quanto riguarda una possibile sopravvivenza dell'anima (sempre da concepire come formata da materia) dopo la morte → Scheda "Lettura critica", p. 111.
4. In altre occasioni (*Lettere a Lucilio*, 54, 5) Seneca spiega il concetto con la metafora della lucerna: quando una persona è viva è come una lucerna accesa. Quando la lucerna viene spenta, ritorna nel medesimo stato in cui si trovava prima di essere accesa.
5. Si tratta di Metillo, il secondo figlio di Marcia: il suo suicidio aveva gettato la madre in una profonda prostrazione.

PER COMPRENDERE IL TESTO

Il testo e il contesto

IL *DE CONSTANTIA SAPIENTIS* Questo breve dialogo, probabilmente composto attorno al 55 d.C., è dedicato ad Anneo Sereno, un giovane parente di Seneca, che deve aver rivestito un ruolo abbastanza ambiguo alla corte di Nerone, ricavando vantaggi in termini di carriera in cambio di favori poco dignitosi. Anneo Sereno comunque, dotato di cultura letteraria più che filosofica, dovette mantenere un contatto piuttosto stretto con Seneca, quasi in un rapporto di discepolo-maestro, dato che a lui sono dedicati altri due dialoghi, il *De tranquillitate animi* e il *De otio*. L'obiettivo del *De constantia sapientis* è quello di presentare la superiorità della dottrina stoica su quella epicurea: per questo Seneca passa in rassegna alcuni capisaldi di tale scuola, per esempio il concetto di saggezza, quello di *apàtheia* (ossia di «impassibilità» di fronte al dolore) e quello di magnanimità.

LA *CONSOLATIO AD MARCIAM* Nel periodo tra il 37 e il 41 a.C., quando è imperatore Caligola, Seneca compone questa breve opera, che si inserisce nel genere delle "consolazioni", ossia degli scritti (spesso pensati per essere recitati) dedicati a consolare il destinatario per il dolore causato dalla perdita di una persona cara. Numerosi erano gli esempi di tale letteratura, soprattutto in greco, sia in ambito esclusivamente retorico (dove la tradizione aveva accumulato una serie di *tòpoi* adatti alla situazione) sia in ambito filosofico. In latino è conservata una consolazione rivolta a Livia, moglie di Ottaviano Augusto, attribuita dalla tradizione a Ovidio, ma probabilmente spuria.
Marcia era figlia dello storico Aulo Cremuzio Cordo, i cui *Annales*, scritti durante l'impero di Tiberio e inneggianti alla passata libertà repubblicana, erano stati bruciati pubblicamente nel 25 d.C.; tuttavia Marcia ne conservò coraggiosamente una copia, che diffuse dopo la morte di Tiberio.
La *Consolatio ad Marciam* è l'unico scritto di Seneca completamente dedicato al problema della morte, anche se cenni a tale tema sono frequenti in tutte le opere senecane. La tesi di fondo di Seneca è che la morte non deve essere fonte né di timore né di dolore: dal punto di vista del defunto la morte segna la cessazione di ogni affanno; dal punto di vista dei suoi cari deve essere concepita come un fenomeno ineluttabile, inserito nella natura e quindi non riguardante l'uomo, che deve disporsi ad accettarlo come tutto ciò che non dipende da lui. Nell'opera sono svariati gli esempi di donne che hanno coraggiosamente sopportato il dolore, ma non mancano, come nel passo antologizzato, anche argomentazioni logico-deduttive.

L'ARGOMENTAZIONE LOGICO-DEDUTTIVA In entrambi i passi presi in considerazione l'argomentazione deduttiva prevale sulla esemplificazione.
Per quanto riguarda il brano del *De constantia sapientis*, l'argomentazione può essere così schematizzata:

- i torti agiscono su beni che sono esterni rispetto all'uomo, quali il corpo, la dignità o il patrimonio (la vera essenza dell'uomo infatti consiste nella sua interiorità, 5, 4);
- il sapiente ha tutti i beni nella sua interiorità, la quale, essendo sottratta al destino (*nihil fortunae credit*, 5, 4, ➤ **T1-T3**), non può essere aumentata o diminuita da un evento o da una volontà esterna (*fortuitis non indiget ideoque nec augeri nec minui potest*, 5, 4);
- ne consegue che il vero bene di cui dispone il saggio non può ricevere danno e quindi nulla può danneggiare un saggio.

In questo ragionamento teoricamente è già contenuta anche la motivazione per respingere il dolore di fronte alla morte: il disfacimento della materia è un fenomeno esterno all'uomo, e appartiene al dominio della natura, mentre all'uomo compete solo il dominio sulla propria interiorità; è quindi inutile dolersi per qualcosa che non dipende dalle proprie facoltà.
Ma Seneca nel passo della consolazione a Marcia aggiunge un'altra argomentazione:

- dato che l'uomo è materia, nel momento in cui cessa di esistere diventa non-uomo, ritorna al medesimo stato di non-esistenza in cui era prima della nascita, non fa più parte della natura (19, 5);
- i mali e i beni, come tutte le realtà, esistono solo in presenza della materia;
- chi è morto non può né subire mali né provare beni, perché, in quanto fuori dall'esistente, non è soggetto al destino (19, 5).

Poste queste premesse, non è dunque ragionevole compiangere i morti, che non provano dolore (19, 6).

Il senso del testo

L'*APATHEIA* Entrambi i brani, in forma diversa e con tono diverso (più distaccato il primo e più partecipato il secondo), tendono a spiegare che la situazione in cui vive il saggio è l'*apàtheia*, cioè l'«impassibilità»: dal greco *a-* (*alpha* privativo) + radice *path-*, connessa all'idea di «subire dolore» (cfr. l'italiano «patire»). Seneca in questo caso utilizza soprattutto una argomentazione logico-deduttiva e ciò è sintomatico del fatto che per gli stoici, che vedono nella natura un disegno razionale, sia soprattutto la logica la facoltà che permette all'uomo di penetrare i segreti dell'universo e giungere quindi a quella sapienza che è anche liberazione dagli affanni. Ne consegue che l'infelicità che scaturisce dalle passioni incontrollate è fondamentalmente frutto di un errore di valutazione, di un errore logico. Come il riconoscimento dei veri beni

rispetto ai falsi beni dipende dalla logica, così anche la convinzione che il sapiente non possa subire male e che quindi anche la morte non possa recare turbamento è una conquista dovuta al ragionamento.
Lo stoicismo, in definitiva, non nega l'esistenza di pulsioni irrazionali nell'uomo, come la paura della morte o il dispiacere per la perdita dei propri cari, ma afferma che anche tali sentimenti, come tutte le passioni, sono frutto di calcoli errati, e possono essere eliminati attraverso corretti ragionamenti.

L'ESEMPIO DI STILPONE Oltre alle argomentazioni logiche, il brano del *De constantia sapientis* contiene anche un esempio: quello della reazione di Silpone all'assedio di Demetrio Poliorcete. La figura di Stilpone, però, appare tutto sommato "disumana", un po' come le conseguenze del razionalismo stoico: Stilpone, nella convinzione di avere tutti i beni nell'interiorità, resta impassibile anche di fronte alla perdita delle figlie e alla distruzione della patria.
In realtà Seneca, in un altro luogo, spiega che l'*apàtheia* non è «insensibilità», ma una sorta di disciplina interiore che porta a non alterare la propria interiorità di fronte alle sventure. In altre parole il saggio prova il dolore, ma il dolore non lo piega. Confrontando l'*ataraxìa* del saggio epicureo con l'*apàtheia* dello stoico, Seneca dice: «C'è questa differenza tra noi e loro: il nostro sapiente vince di certo ogni avversità, ma ne sente gli effetti, il loro non li sente» (*Epistulae ad Lucilium* 9, 3); questo perché secondo gli epicurei il saggio non prova turbamento.

LEGGO E COMPRENDO

1. Riassumi il contenuto del brano con parole tue, mettendo in evidenza gli snodi della trattazione.

2. Per quali motivi Seneca ritiene che il sapiente non possa perdere nulla?

3. Come viene concepita la morte da Seneca?

LETTURA CRITICA

Che cosa c'è dopo la morte?

IL TEMPO DOPO LA MORTE Il pensiero di Seneca si muove sempre nell'ambito del materialismo corporeista, perciò di fatto la morte è disfacimento materiale del corpo e la questione più importante relativamente a essa è che l'uomo non ne provi timore. Nonostante ciò, il filosofo sviluppa una serie di riflessioni sul tempo successivo alla morte, comprendendo anche l'ipotesi che le anime nobili sopravvivano. Di esse è dato conto con precisione nel seguente testo di Concetto Marchesi.

«Dove ci porta la morte? Qui il pensiero di Seneca ha violente oscillazioni e fluttua tra il concetto epicureo dell'annullamento e quello di una sopravvivenza spirituale: e non è possibile fermarlo neppure in un'opera sola e talvolta nella medesima pagina. Una opinione espressa più volte è che la morte annulla la nostra esistenza e ci riporta là dove eravamo prima di nascere. Dunque l'esistenza umana finisce con la morte. Noi che ora siamo non saremo più: torniamo ad essere quello che eravamo prima di nascere, quando non eravamo ancora. Ma tali opinioni, ancorché appariscano recisamente enunciate, non sono mai persuasioni nella mente di Seneca. Esse rivelano, anzi che una maturata convinzione, un momento dello scrittore, il quale nelle stesse lettere a Lucilio mostra il suo costante dubitare sul mistero dell'oltretomba: «La morte o ci annienta o ci libera. Se ci libera il meglio di noi rimane, detratto il fardello del corpo; se ci consuma, non resta più nulla: i beni e i mali sono ugualmente scomparsi» (*Epist.* 24, 18). Altrove si domanda se non sia vera la voce dei sapienti che ci assegna, al di là della esistenza terrena, un ultimo asilo (*Epist.* 63, 15); e, pure nella epistola in cui parla del rimutamento universale degli esseri (*Epist.* 71, 16), espone il medesimo dubbio: «Una grande anima deve obbedire a Dio e sottomettersi senza esitazione alla legge universale. O essa lascia questa vita per una vita migliore, destinata a rimanere nella calma luminosa delle cose divine; oppure, esente da ogni incomodo, si ricongiungerà alla sua natura e ritornerà nel gran tutto (*suae naturae remiscebitur et reverteretur in totum*)». Da questo ritorno nel gran tutto Seneca ammise pure che l'individuo potesse di nuovo venire alla luce e rinascere ancora, dopo la morte. Mentre scriveva a Lucilio (*Epist.* 36, 10-11; 71, 12-14): «Pensa che di tutti gli es- →

seri che scompariscono dai tuoi occhi per ritornare alla natura delle cose, donde sono usciti e donde usciranno di nuovo, nessuno si consuma. Tutto cessa, niente perisce. La morte, che fino all'ultimo temiamo e ricusiamo, interrompe la vita, non la rapisce. Verrà un giorno che ci riporterà una seconda volta alla luce: giorno fatale che molti rifiuterebbero, se non fossero dimentichi della prima esistenza. Tutte le cose che sembrano perire sono mutate». [...] Accanto a questa concezione fisica della vita e della morte, è pure calorosamente enunciata quella della sopravvivenza spirituale che Seneca finì col preferire ad ogni altra nell'estremo tempo della sua vita. Nell'ultimo capitolo della *Consolatio ad Marciam* egli, che aveva già annunciato a conforto della madre desolata il ritorno degli esseri umani nella immutabile pace del non essere (cap. XIX), espone con eloquenza commossa l'alto e luminoso destino delle grandi anime dopo la morte. Esse liberate dal miserabile viluppo corporeo, dopo una breve dimora in mezzo a noi per purificarsi dei vizi inerenti alla vita mortale, libere e schiette finalmente e consapevoli dei fenomeni e delle leggi universali, vanno per l'immensità dei cieli, trascorrendo nello spazio infinito senza impedimento, e penetrandosi l'una nell'altra, frammiste alle stelle. Più tardi quando piacerà a Dio che il mondo sia distrutto perché sia ricreato, anche le anime, con le terre, coi mari, con gli astri si ridurranno, fra la universale rovina, agli elementi primordiali. [...] Talora [*Seneca*] ha istanti che paiono di religioso rapimento. «Io mi compiacevo l'altro giorno» scrive a Lucilio (*Epist.* 102, 1-2) «di pensare anzi di credere all'immortalità dell'anima, e credevo volentieri all'opinione dei grandi uomini che di una cosa tanto consolatrice ci dànno piuttosto la promessa che non la prova: e mi abbandonavo a tanta speranza». Sentiva che invano avrebbe cercato, anche lui, la prova dell'enorme mistero, e nell'aspirazione stessa dell'anima alla vita del cielo e nel desiderio stesso dell'anima di uscire dalle miserie del corpo, egli trovava una conferma a quella sua «tanta speranza». [...] Dunque l'individuo muore. E allora a che giova l'atto della virtù? Al godimento di se stesso e a vivere immutabilmente nel ricordo degli altri. Quando si muore si nasce veramente: il giorno della morte è il giorno dell'eterno natalizio (*Epist.* 102, 26): perché allora non si pecca più, allora il dramma della nostra vita è compiuto e si comincia a vivere senza incertezze nella memoria che resterà di noi (*Epist.* 77, 20; *De benef.* IV, 11, 5). È questo l'atto di fede onde Seneca concluse il suo lungo dubitare sul mistero del sepolcro. Se l'abbia mantenuto pur nell'ultimo istante della vita, quando morendo dettava il suo testamento morale, non sappiamo. Ma non il dubbio di Seneca né la credenza cui finalmente si abbandonò potevano offendere la saldezza e la continuità della sua dottrina, perché supremo rimedio ai mali della vita restava sempre la morte, la quale se annulla è la fine dei mali, se tramuta è il principio dei massimi beni. »

(Concetto Marchesi, *Seneca*, Messina-Milano 1934, pp. 363-370)

Sarcofago rappresentante il passaggio dalla vita alla morte, II sec. d.C. Capua, Museo Nazionale Campano.

GUIDA ALLO STUDIO

1. Quali ipotesi vengono prese in considerazione da Seneca sul destino dell'uomo dopo la morte?

2. In quali opere di Seneca possiamo trovare accenni alla sopravvivenza spirituale dopo la morte?

T11 ITALIANO

La vita secondo natura

De tranquillitate animi 10

Nel De tranquillitate animi *Seneca spiega a Sereno, lo stesso interlocutore del* De constantia sapientis *(➛* **T10***), che tutti gli uomini sono sottoposti al destino e che solo il riconoscimento di tale realtà permette di trovare la tranquillità dello spirito. Riconoscere il ruolo in cui la fortuna ci fa trovare, momento per momento, significa "vivere secondo natura"; ma accettare il destino non significa sopportare tutto con atteggiamento fatalistico, lasciando che gli eventi scorrano senza intervenire: bisogna infatti guardarsi intorno e capire che anche nella situazione in apparenza più sfavorevole si può trovare lo spunto per non lasciarsi travolgere dal dolore. Inoltre, quando i problemi più elementari sono stati risolti, nel saggio emerge anche la coscienza del fatto che tutti gli uomini sono per natura uguali; e ciò rappresenta uno dei punti di arrivo più alti del pensiero antico.*

[10, 1] Contrariamente al previsto sei incappato[1] in una situazione della vita sgradevole e una vicenda legata alla sfera pubblica o a quella privata ti ha stretto al collo, mentre non te ne accorgevi, un cappio che non puoi né sciogliere né spezzare: pensa che le persone incatenate[2] in un primo tempo sopportano con fatica il peso e l'impedimento alle gambe; poi, quando si sono convinti a non provare insofferenza per le catene, ma a sopportarle, la necessità insegna loro a sopportarle con forza, l'abitudine con facilità. Troverai in qualsivoglia genere di vita diletti e momenti di calma e piaceri, se vorrai ritenere le disgrazie leggere anziché renderle odiose. [2] A nessun titolo la natura può vantare nei nostri confronti meriti migliori che aver inventato, sapendo in mezzo a quali sventure nasciamo, la consuetudine come rimedio delle calamità, e così ha reso rapidamente familiari anche le sventure più gravi. Nessuno resisterebbe, se la permanenza di una disgrazia conservasse la medesima violenza del primo impatto. [3] Tutti siamo legati al destino: la catena di alcuni è d'oro, allentata, di altri è stretta e di metallo di poco valore, ma che importa? La medesima prigionia coinvolge tutti e sono legati anche quelli che hanno legato, a meno che tu ritenga più leggera una catena nella mano sinistra[3]. Uno tengono legato le cariche pubbliche, un altro le ricchezze; altri affanna la nobiltà, altri l'infima condizione; ad alcuni pesano sul capo gli ordini dati da altri, ad alcuni pesano quelli dati da loro stessi; alcuni trattiene sempre nello stesso posto l'esilio, altri i doveri sacerdotali: ogni vita è una forma di schiavitù. [4] Perciò bisogna abituarsi alla propria condizione e lamentarsi di essa il meno possibile e bisogna cogliere qualunque motivo di positività abbia intorno a sé: niente è tanto amaro, che in esso uno spirito equilibrato non trovi un sollievo. Spesso terreni angusti si sono aperti a una pluralità di funzioni grazie all'abilità di colui che ne ha distribuito gli spazi e una razionale disposizione ha reso abitabile anche una superficie ristretta. Unisci la ragione alle difficoltà: possono ammorbidirsi le durezze e le strettoie allargarsi e i pesi opprimere meno chi li porta con disinvoltura. [5] Non bisogna inoltre lasciare andare i desideri troppo avanti, ma lasciamo loro la libertà di muoversi nei nostri paraggi, poiché non sopportano di essere tenuti al chiuso del tutto.

1. Il "tu" in questo caso è generico, serve per introdurre una situazione esemplare e non è specificatamente rivolto a Sereno, dedicatario del dialogo.
2. La manodopera servile nelle campagne e nei cantieri spesso lavorava portando le catene ai piedi.
3. La mano destra dei prigionieri veniva incatenata alla mano sinistra dei loro custodi: da questo fatto Seneca ricava che anche chi custodisce ha la catena, come chi è custodito.

Il testo e il contesto

IL *DE TRANQUILLITATE ANIMI* È probabile che il *De tranquillitate animi* sia stato composto nel periodo del *De constantia sapientis*, ossia attorno al 55 d.C., dato che è indirizzato ad Anneo Sereno, come l'altro dialogo. Sereno pare determinato a seguire la dottrina stoica e chiede consiglio a Seneca, scrivendogli una lettera per capire come mai il suo animo sia spesso incostante, a volte tenda alla virtù e a volte all'opposto. Seneca risponde con tono affabile, cercando di rinsaldare la volontà che Sereno dimostra verso la filosofia senza troppo insistere con precetti dottrinari, ma avvalendosi di esempi pratici di virtù. La costanza di cui va in cerca Sereno deve radicarsi in una disposizione d'animo stabile: quella che i filosofi greci hanno chiamato *euthymìa* (lett. «buona disposizione di spirito») e che Cicerone ha tradotto con *tranquillitas animi*. Tale disposizione è collegata alla capacità di comprendere il proprio ruolo nel cosmo e accettarlo consapevolmente; in altre parole la tranquillità interiore dipende dalla capacità di "vivere secondo natura".

LA METAFORA DELLA CATENA L'argomentazione del passo, conformemente alla volontà di Seneca di parlare di filosofia in modo "pratico", evita l'impostazione logico-deduttiva e preferisce adottare il metodo induttivo, introducendo la metafora della catena per spiegare il rapporto tra l'uomo e il destino. Tale metafora dà luogo a una serie di immagini differenti in 10, 1 e in 10, 3, e la carrellata di esempi formati dalla variazione dello stesso motivo si conclude con una *sententia* («ogni vita è una forma di schiavitù», in 10, 3). Questo è un punto di arrivo assai importante per il pensiero di Seneca, che teorizza la sostanziale uguaglianza tra gli uomini, in quanto sottoposti al destino.

Il senso del testo

VIVERE SECONDO NATURA Pur con tono discorsivo, senza introdurre termini tecnici, Seneca tocca due temi assai rilevanti all'interno dello stoicismo. L'uomo che accetta il destino, infatti, lungi dall'attribuire interamente a se stesso i successi che ottiene durante la propria vita («la catena di alcuni è d'oro, allentata, di altri è stretta e di metallo di poco valore, ma che importa?», 10, 3), non rinuncia affatto all'azione, ma valuta con la propria razionalità quanto di meglio può fare all'interno dello spazio, anche piccolissimo, che gli è concesso («una razionale disposizione ha reso abitabile anche una superficie ristretta», 10, 4). Tale azione, che è caratteristica del saggio, viene definita *katòrthoma*, ossia «azione retta», e si fonda sul *lògos*; "vivere secondo natura" significa propriamente prendere atto della posizione che il destino assegna e agire valutando che cosa si possa fare di onesto, senza cadere nel male morale.
Vivere secondo natura porta alla felicità, ossia alla pace interiore, senza la rinuncia al libero arbitrio: è innanzitutto espressione della libertà personale, in quanto frutto di libera scelta dettata dalla ragione. Ma il vivere secondo natura lascia anche spazio al libero arbitrio, ispirando un tipo di comportamento razionale lontanissimo da quello impulsivo che nasce dalla passione e anche da quello casuale che caratterizza chi non è abituato a tenere conto della propria interiorità e insegue i falsi beni. Il *katòrthoma* è l'azione perfetta che caratterizza il saggio.

AZIONI E INTENZIONI La bontà di un'azione non è determinata dal suo risultato, ma dall'intenzione con cui viene compiuta. La stessa azione, compiuta da due persone diverse, non è necessariamente positiva in modo identico; ma la sola intenzione positiva, d'altro canto, può animare comportamenti non condivisibili sul piano storico o politico. Seneca addita sempre come massimo esempio della virtù romana Catone l'Uticense, che ha preferito il suicidio piuttosto che continuare a vivere sottomesso a Giulio Cesare: la vita sotto Cesare probabilmente lo avrebbe portato ad accettare compromessi che lo avrebbero fatto retrocedere verso il male morale. Seneca capisce e apprezza la motivazione di Catone, ma non approva assolutamente la nostalgia di Catone verso la repubblica (come si capisce per esempio dalla lettera 14 a Lucilio), e anzi pensa che l'impero sia ineluttabile.

GLI *OFFICIA* STOICI La perfezione, in ogni caso, può riguardare solo pochissime persone (i saggi) ed è difficile da raggiungere per la maggior parte degli uomini, che pure aspirerebbero alla pace interiore. Proprio per questo lo stoicismo, soprattutto nell'ambito della cultura romana a partire da Panezio, aveva sviluppato il concetto di *kathèkon*, lett. «azione conveniente»: termine tradotto da Cicerone con *officium* (argomento del trattato *De officiis*). Come ci sono beni preferibili e non preferibili tra ciò che è indifferente al conseguimento della piena virtù (➛ **T6**), così nella vita di ciascuno spesso si aprono spazi per comportamenti che, pur non finalizzati al sommo bene, sono da considerarsi "azioni intermedie" tra la virtù e il vizio; e tali azioni – per esempio nutrirsi, curare il benessere e l'aspetto della persona, coltivare le amicizie ecc. – sono praticabili perché non appaiono in contrasto con la natura e il destino.
Proprio a queste azioni, che sono conformi alla natura umana, Seneca allude nell'ultima parte del brano, quando dice «lasciamo [ai nostri desideri] la libertà di muoversi nei nostri paraggi» (10, 5).
La traduzione di *officium*, usato nell'ambito dello stoicismo, con «dovere» risulta quindi poco propria, perché in realtà l'*officium* stoico indica un'azione che non è obbligatoria, ma che è conforme alla natura umana, pur essendo "intermedia" tra bene e male.

STOICISMO E MORALE ROMANA Attraverso il concetto di *kathèkon* l'élite colta della società romana trovò anche una giustificazione filosofica per il mantenimento dei *veteres mores*: azioni conformi alla natura della loro civiltà, anche se non rigorosamente dedicate al bene supremo. Se pensiamo per esempio ai personaggi indicati da Tito Livio come esempio di virtù (soprattutto coloro che operavano per la *concordia* all'interno della cittadinanza, come Menenio Agrippa), possiamo osservare che essi sono presentati come uomini "stoicamente" disposti ad agire nella situazione in cui si sono trovati, pur carica di difficoltà, senza derogare ai *veteres mores*. Anche in ambito poetico si incontrano personaggi le cui azioni sono evidentemente modellate sul concetto di *kathèkon*. Esempio principale è l'Enea virgiliano: il suo rapporto con il destino, che accetta come ineluttabile pur senza ridursi alla passività, esprime alla perfezione una massima dello stoico greco Cleante (330-232 a.C.), che Seneca traduceva *ducunt volentem fata, nolentem trahunt* («il destino guida colui che lo segue, trascina colui che vi si oppone», *Epistulae ad Lucilium* 107, 11).

LEGGO E COMPRENDO

1. In che cosa consiste la *tranquillitas animi* e da che cosa dipende?

2. Spiega la metafora della catena e individuane le occorrenze nel passo.

3. Perché il saggio, pur vivendo in un universo determinato da leggi meccanicistiche, gode del libero arbitrio?

T12

LATINO/ITALIANO

Schiavi? No, uomini

Epistulae ad Lucilium 47, 1-6; 10

La convinzione che qualsiasi essere umano è sottoposto al destino porta Seneca a teorizzare la fondamentale uguaglianza tra il padrone e lo schiavo: la differenza nel destino di due persone non presuppone una diversità per quanto riguarda la loro intrinseca natura di esseri umani. Seneca, rivolgendosi a Lucilio, lo loda perché tratta in maniera degna di esseri umani i suoi servi: questo comportamento dimostra la coscienza del fatto che il ruolo che ciascuno riveste nella vita non dipende esclusivamente da meriti e demeriti. La lunga lettera che Seneca dedica all'argomento si segnala per l'originalità con cui il filosofo tocca un argomento assai poco presente nella letteratura classica.

SENECA LUCILIO SUO SALUTEM

[47, 1] Libenter ex iis qui a te veniunt cognovi familiariter te cum servis tuis vivere: hoc prudentiam tuam, hoc eruditionem decet. «Servi sunt». Immo homines. «Servi sunt». Immo contubernales. «Servi sunt». Immo humiles amici. «Servi sunt».

SENECA SALUTA IL SUO LUCILIO

[49, 1] Con piacere ho saputo da coloro che vengono da parte tua che vivi in rapporti di familiarità con i tuoi schiavi: questo si addice alla tua saggezza, questo si addice alla tua cultura. «Sono schiavi». Sì, però uomini. «Sono schiavi». Sì, però compagni di tenda[1]. «Sono schiavi». Sì, però umili amici. «Sono schiavi».

[47, 1] **«Servi sunt»**: è l'obiezione che viene introdotta da un interlocutore immaginario, contrario a considerare gli schiavi come esseri umani. • **Immo**: avverbio, nega in parte quanto precede e afferma quanto segue, perciò in italiano può essere tradotto «no, ma...», oppure «sì, però...». • **contubernales**: sono i legionari che dormono nella stessa tenda, e che quindi si dà per scontato abbiano un rapporto di solidarietà fondato sull'aiuto reciproco di fronte alle durezze della vita militare.

1. Una tenda era di solito condivisa da una squadra di otto legionari, ai quali era assegnato un animale per il trasporto del necessario: oltre alla tenda, a sette posti in quanto un militare a turno era impegnato nella guardia, essi condividevano il focolare e la preparazione del cibo.

Immo conservi, si cogitaveris tantundem in utrosque licere fortunae. [2] Itaque rideo istos qui turpe existimant cum servo suo cenare: quare, nisi quia superbissima consuetudo cenanti domino stantium servorum turbam circumdedit? Est ille plus quam capit, et ingenti aviditate onerat distentum ventrem ac desuetum iam ventris officio, ut maiore opera omnia egerat quam ingessit. [3] At infelicibus servis movere labra ne in hoc quidem ut loquantur, licet; virga murmur omne compescitur, et ne fortuita quidem verberibus excepta sunt, tussis, sternumenta, singultus; magno malo ulla voce interpellatum silentium luitur; nocte tota ieiuni mutique perstant.

Sì, però compagni di schiavitù, se hai capito che al destino è concesso lo stesso spazio di azione nei confronti di entrambi[2]. [2] Perciò rido di costoro che ritengono vergognoso mettersi a tavola insieme agli schiavi: per quale motivo, se non perché un'abitudine grondante di superbia ha imposto una schiera di schiavi in piedi attorno al padrone intento alla cena? Quello mangia più di quanto può contenere[3], e sovraccarica con smisurata avidità il ventre dilatato e ormai disabituato al compito di ventre[4], tanto che **rimette tutto il cibo con più** fatica di quella impiegata per ingoiarlo[5]. [3] Ma **assolutamente ai poveri** schiavi non è permesso muovere le labbra nemmeno **per parlare; ogni** mormorio è messo a tacere dalla verga, e non vengono **risparmiati** dalle vergate nemmeno i rumori involontari, tosse, starnuti, singhiozzo; il silenzio interrotto da una parola viene fatto pagare con una pena severa; gli schiavi restano in piedi per l'intera notte a digiuno e muti.

■ Schiavi adibiti al torchio, II-III sec. d.C.
Aquileia, Museo Archeologico.

• **tantundem... fortunae**: proposizione infinitiva retta dal precedente *cogitaveris*; *tantundem*, pronome neutro sostantivato, è il soggetto (lett. «la stessa quantità»); *fortunae* è dativo.
[2] **suo**: è riferito al soggetto *qui*. • **nisi**: congiunzione, lett. «se non». • **cenanti... stantium**: participi attributivi, rispettivamente di *domino* e di *servorum*. • **Est**: da *edo* («mangiare»), che non è un termine semanticamente neutro, ma connotato nel senso di «divorare». • **ut... egerat**: proposizione consecutiva.
[3] **ne... quidem**: *in hoc*, negato dalla locuzione avverbiale *ne... quidem* (lett. «neppure»), anticipa la proposizione completiva epesegetica *ut loquantur*. • **ieiuni mutique**: complementi predicativi del soggetto sottinteso *servi*.

2. Si tratta della base concettuale del passo: ➤ **T11**.
3. Nel corso della lettera Seneca si soffermerà su immagini che riguardano i più ricchi personaggi della Roma del suo tempo: essi potevano permettersi ogni giorno veri e propri banchetti.
4. L'osservazione ha rilevanza dal punto di vista filosofico, in quanto il vivere secondo natura presuppone che gli organi del corpo svolgano la funzione per la quale sono stati generati e non diventino organi di piacere.
5. Il banchetto, all'epoca di Seneca, era soprattutto un'occasione per degustare portate succulente cucinate in maniera stravagante. Per prolungare il più possibile tale piacere, in cene che offrivano decine di portate, i commensali ogni tanto si inducevano il vomito per essere pronti a continuare gli assaggi: Seneca biasima questa abitudine, assai più che per lo spontaneo ribrezzo, per il suo aspetto assolutamente contrario alla funzione naturale della nutrizione.

[4] Sic fit ut isti de domino loquantur quibus coram domino loqui non licet. At illi quibus non tantum coram dominis sed cum ipsis erat sermo, quorum os non consuebatur, parati erant pro domino porrigere cervicem, periculum imminens in caput suum avertere; in conviviis loquebantur, sed in tormentis tacebant. [5] Deinde eiusdem adrogantiae proverbium iactatur, totidem hostes esse quot servos: non habemus illos hostes sed facimus. Alia interim crudelia, inhumana praetereo, quod ne tamquam hominibus quidem sed tamquam iumentis abutimur. Cum ad cenandum discubuimus, alius sputa deterget, alius reliquias temulentorum toro subditus colligit. [6] Alius pretiosas aves scindit; per pectus et clunes certis ductibus circumferens eruditam manum frusta excutit, infelix, qui huic uni rei vivit, ut altilia decenter secet, nisi quod miserior est qui hoc voluptatis causa docet quam qui necessitatis discit. [...]

[4] In questo modo accade che facciano chiacchiere sul conto del padrone proprio costoro ai quali non è consentito parlare davanti al padrone. Ma quelli che avevano il diritto di parola non solo davanti ai padroni, ma anche con i padroni, quelli la cui bocca non era cucita, erano pronti a porgere il collo per il padrone, a rivolgere contro la propria testa un pericolo imminente; a cena parlavano, ma sotto tortura tacevano[6]. [5] In più circola un detto frutto della medesima arroganza, che i nemici sono tanti quanti gli schiavi: non li riceviamo nemici, ma li rendiamo tali. Per ora lascio perdere altri comportamenti crudeli, disumani, cioè il fatto che li usiamo fino allo sfinimento non di certo come esseri umani ma come animali da soma. Quando siamo sdraiati a cena, uno pulisce gli sputi, uno piegato sotto il letto[7] raccoglie quel che lasciano gli ubriachi[8]. [6] Un altro seziona preziosi volatili; muovendo con abili gesti la mano esperta tra petti e cosce estrae bocconcini[9]: un infelice, che vive per questo solo motivo, per tagliare in modo confacente polli d'allevamento, salvo il fatto che è più da compatire quello che insegna questo compito per il proprio piacere che quello che lo apprende perché costretto. [...][10]

[4] **ut... loquantur**: proposizione completiva che esprime constatazione, introdotta dal precedente *fit*. • **quibus... licet**: proposizione relativa; l'antecedente di *quibus* (dativo) è il precedente *isti*. • **quibus... sermo**: altra proposizione relativa, in cui *quibus* è dativo di possesso. • **in caput suum**: l'aggettivo *suum* è riferito al soggetto sott. *servi*.
[5] **eiusdem adrogantiae**: genitivo di qualità che determina *proverbium*. • **illos hostes**: *hostes* è complemento predicativo dell'oggetto *illos*. • **quod... abutimur**: proposizione completiva; *hominibus* e *iumentis* sono ablativi concordati con il sott. *eis* (= *servi*), strumentale (retto da *abutimur*). • **ad cenandum**: gerundio con funzione finale.
[6] **huic uni rei**: dativo di fine, anticipa la successiva proposizione finale *ut... secet*.

6. Seneca nel *De beneficiis* ricorda numerosi episodi di favori grandissimi resi dagli schiavi ai padroni: per esempio (in 3, 25) ricorda che, durante le guerre civili, uno schiavo si era abbigliato con le vesti del suo padrone e si era consegnato alle guardie, che lo uccisero credendo che fosse il padrone.
7. Nelle case aristocratiche i convitati si sdraiavano su letti (detti "letti tricliniari") a due o tre piazze, intorno alle mense, su cui erano disposti i vassoi contenenti le vivande già tagliate.
8. Durante il banchetto faceva parte del *bon ton* gettare sul pavimento ogni sorta di rifiuti, che gli schiavi provvedevano a pulire. Disponiamo di alcune raffigurazioni musive che illustrano con particolari realistici la situazione.
9. Tra le pietanze più ricercate, oltre al pesce, c'erano anche gli uccelli, come per esempio i pavoni e le galline faraone.
10. Nel passo omesso Seneca prosegue nell'elencazione delle specializzazioni imposte agli schiavi per assolvere al meglio ai piaceri dei padroni durante i banchetti, poi introduce il tema del destino, che ha fatto in modo che alcuni importanti senatori si siano trovati a sottostare ai voleri di loro ex schiavi divenuti potenti liberti dell'imperatore.

Mosaico da Vigna Lupi, II sec. d.C. Città del Vaticano, Musei Vaticani.

[10] Vis tu cogitare istum quem servum tuum vocas ex isdem seminibus ortum eodem frui caelo, aeque spirare, aeque vivere, aeque mori! Tam tu illum videre ingenuum potes quam ille te servum. Variana clade multos splendidissime natos, senatorium per militiam auspicantes gradum, fortuna depressit: alium ex illis pastorem, alium custodem casae fecit. Contemne nunc eius fortunae hominem in quam transire dum contemnis potes.

[10] Vuoi tu capire che costui, che chiami tuo servo, nato dai medesimi semi, si trova sotto il tuo stesso cielo, allo stesso modo respira, allo stesso modo vive, allo stesso modo muore! La stessa probabilità hai tu di vederlo libero, che lui di vederti schiavo. Nella disfatta subita da Varo[11] il destino ha schiacciato molti di nobilissimi natali, che grazie alla carriera militare aspiravano ad un posto in senato: tra quelli, di uno il destino ha fatto un pastore, di un altro il guardiano di una baita. E adesso continua a disprezzare l'uomo che ha avuto una sorte nella quale puoi passare anche tu, mentre te ne fai beffe.

[10] **istum**: soggetto di una serie di proposizioni infinitive, i cui predicati sono *frui*, *spirare*, *vivere* e *mori*. • **quem... vocas**: proposizione relativa; l'antecedente è *istum*, mentre *servum tuum* è il complemento predicativo dell'oggetto *quem*. • **ortum**: participio attributivo di *istum*. • **ingenuum... servum**: complementi predicativi dell'oggetto, rispettivamente di *illum* e di *te*. • **natos... auspicantes**: participi congiunti a *multos*. • **Contemne... potes**: quest'ultima frase è detta con ironia.

11. Si tratta della battaglia della foresta di Teutoburgo, del 9 d.C., la peggiore sconfitta subita dagli eserciti di Ottaviano Augusto, nella quale due intere legioni romane, comandate dal generale Quintilio Varo, furono massacrate dai Germani guidati da Arminio.

Il testo e il contesto

GLI SCHIAVI La lettera 47 è l'unico testo del mondo antico esclusivamente dedicato al tema della schiavitù. Tale istituzione non fu mai vissuta in modo problematico dai Greci o dai Romani. Anche Aristotele, per esempio, aveva espresso il proprio parere in merito: «se ogni strumento riuscisse a compiere la sua funzione o dietro un comando o precedendolo in anticipo [...] allora i capi artigiani non avrebbero bisogno di subordinati, né i padroni di schiavi» (*Politica* 1, 4, 1253b-1254a; trad. di A. Schiavone). La giustificazione teorica della schiavitù si lega, dunque, «alla mancanza di automatismo delle macchine antiche», come rilevato dallo storico Aldo Schiavone. Ed è plausibile che tale opinione fosse condivisa anche in ambiente romano. A mantenere il sistema schiavistico concorse, inoltre, la diffusa mentalità che svalutava qualsiasi attività manuale e riteneva degna dell'uomo libero solo la fase di progettazione intellettuale. Questo è anche il motivo per cui della maggior parte delle opere che necessitarono di lavoro materiale conosciamo il nome del committente che ha voluto l'opera, ma non il vero progettista o esecutore: così parliamo del "portico di Ottavia", opera di cui la nobile committente era sentita come la vera ispiratrice, ma che certo non fu costruito da lei; mentre diciamo l'"*Eneide* di Virgilio", e non "di Augusto" (il committente), in quanto la poesia è esclusivamente opera dell'ingegno.

All'inizio dell'età imperiale la presenza di schiavi in Italia era assai consistente: gli studiosi calcolano che ammontasse a circa il 35% del totale alla popolazione, ossia circa due milioni di persone. Sempre Schiavone sottolinea che l'assuefazione alla presenza continua di un numero tanto cospicuo di schiavi, sui quali il padrone aveva di fatto ogni diritto, avesse determinato un «abisso di diversità» tra «l'esperienza mentale di un cittadino romano» e quella di un uomo moderno.

LA STRATEGIA ESPOSITIVA Seneca non contesta in alcun modo l'istituzione della schiavitù, ma contesta il comportamento dei padroni che non riconoscono gli schiavi come esseri umani, trasformandoli in macchine, pronte a fare solo gesti ripetitivi. Da un lato, infatti, Seneca denuncia la cancellazione dei più banali istinti (*ne fortuita quidem verberibus excepta sunt, tussis, sternumenta, singultus*, 47, 3), dall'altro l'impiego degli schiavi per compiti tanto specialistici quanto futili e alienanti (47, 6), che esulano dal "vivere secondo natura".

Anche in questo caso, per trasmettere il suo messaggio, Seneca fa ampio ricorso a esempi caricati da un abile uso della retorica. Si segnala in particolare l'efficacissima *climax* che apre la lettera (*homines... contubernales... humiles amici... conservi*, 47, 1) e che è ritmata dall'anafora (*servi sunt. Immo...*): la *climax* porta così alla stessa altezza padrone e schiavo, in modo graduale. Inoltre Seneca si concentra su scene familiari, come il banchetto, evidenziando attraverso un abile uso delle antitesi le mostruosità che si celano anche nel quotidiano. Al ritratto del banchettante sfigurato dall'eccessivo gozzovigliare (*Est ille plus quam capit, et ingenti aviditate onerat distentum ventrem ac desuetum iam ventris officio, ut maiore opera omnia egerat quam ingessit*, 47, 2, con l'antitesi *egerat-ingessit*) è contrapposta l'immagine degli schiavi puniti (*nocte tota ieiuni mutique*, 47, 3). Il comportamento virtuoso dei padroni di un tempo è sottolineato dall'antitetica reazione dei loro servi rispetto a quelli del tempo di Seneca (*in conviviis loquebantur, sed in tormentis tacebant*, 47, 4). Oltre a ciò, come sempre accade quando desidera enfatizzare un concetto, Seneca ricorre all'accumulo di immagini in vere e proprie "gallerie" di personaggi (la rassegna di schiavi marcata dall'anafora di *alius* tra 47, 5 e 47, 6) e all'*exemplum* di 47, 10.

Schiavi costruiscono un muro sotto la supervisione dei maestri, frammento di affresco, I sec. a.C. Roma, Museo Nazionale Romano.

Il senso del testo

UN PUNTO D'ARRIVO NELLA RICERCA FILOSOFICA
Anche se Seneca ricorre alle armi della retorica per ottenere l'adesione del lettore, il suo ragionamento è fondato sulla razionale osservazione dell'universo: in primo luogo il destino esercita il suo potere allo stesso modo sui padroni e sugli schiavi (47, 1 e 10), in secondo luogo l'esperienza dice che padroni e schiavi sono generati allo stesso modo e biologicamente non sono ravvisabili differenze tra di loro (*ex isdem seminibus ortum eodem frui caelo, aeque spirare, aeque vivere, aeque mori*, 47, 10). Attraverso la ragione Seneca giunge alla conclusione che "vivere secondo natura" comporta il mantenere un rapporto umano e solidale con tutti i propri simili, anche con persone che si trovano a livelli molto differenti della scala sociale. Partendo dal presupposto che l'uomo ha pieno possesso solo sulla propria interiorità, la persona incamminata verso la sapienza giunge a concepire razionalmente la necessità della solidarietà, come chiaramente espresso in un altro passo delle *Lettere a Lucilio*: «Come ci si deve comportare con gli uomini? [...] Insegniamo a tendere la mano al naufrago, a indicare la strada a chi si è smarrito, a dividere il pane con chi ha fame? E perché elencare tutte le azioni che si devono fare o non fare, mentre posso dargli questa breve formula, che comprende tutti i doveri dell'uomo? Tutto ciò che vedi, che racchiude il divino e l'umano, è un tutt'uno: siamo le membra di un immenso organismo. La natura ci ha creato fratelli, generandoci dagli stessi elementi e per gli stessi fini; ci ha infuso amore reciproco e ci ha fatto socievoli» (trad. Monica Natali).

LEGGO E COMPRENDO

1. Come veniva considerata la schiavitù nel mondo antico?

2. Qual è l'atteggiamento di Seneca nei confronti della schiavitù?

3. Come è cambiato, dal tempo della repubblica romana arcaica all'impero, il rapporto tra i padroni e i loro schiavi?

T13

ITALIANO

Essere utile agli altri

Epistulae ad Lucilium 8, 1-6

Poco dopo essersi allontanato dalla corte di Nerone (quindi attorno al 62 d.C.), Seneca chiarisce a Lucilio che il fine supremo dell'uomo è quello di agire per essere di aiuto ai suoi simili e che, nel suo caso, essersi ritirato dalla vita attiva non rappresenta certo una rinuncia all'azione: avendo tempo per scrivere, anzi, egli ha ora la possibilità di far giungere anche ai posteri il suo messaggio. Mettere per scritto la sua esperienza – che non lo ha portato ancora alla completa realizzazione della saggezza, ma che gli ha già dato molto – diventa così un modo per estendere il naturale dovere di essere utile agli altri, e anche ai posteri.

SENECA SALUTA IL SUO LUCILIO

[8, 1] Mi dici: «Proprio tu mi esorti a evitare la folla, a starmene per conto mio e ad essere pago della mia coscienza? Dove sono quei precetti della vostra filosofia che impongono di morire nel pieno dell'attività?[1]». Ma come? Ti sembra che proprio io ti inviti all'inerzia? Io mi sono rifugiato in me stesso e ho sbarrato le porte per essere

1. Evidentemente Seneca ha ricevuto una lettera nella quale Lucilio gli chiedeva spiegazioni per il fatto che aveva abbandonato la vita attiva e quindi, apparentemente, la possibilità di operare il bene tra i suoi simili. In realtà, Seneca raccomanda spesso la vita ritirata, ma soprattutto nelle prime fasi del percorso filosofico, quando uno spirito non ancora solido, frequentando ogni sorta di persone, potrebbe corrompersi e tornare al vizio. Quando invece i primi gradini della preparazione filosofica sono stati superati, è auspicabile che il filosofo stoico stia nella società e agisca lasciando che la sua virtù dia i suoi frutti.

utile a più numerose persone[2]. Nell'inerzia non mi scorre via nemmeno un giorno: mi sono anche riappropriato di una parte della notte per i miei studi; non avrei tempo per il sonno, ma soccombo e tengo fissi sul lavoro gli occhi stanchi e cadenti per la veglia. [2] Mi sono allontanato non tanto dagli uomini quanto dagli impegni e prima di tutto dai miei impegni personali: tratto affari per conto dei posteri[3]. Scrivo opere che possano essere utili a loro; affido alle mie pagine consigli salutari, come ricette di medicine utili[4], dopo aver sperimentato che sono efficaci sulle mie piaghe, che, anche se non sono guarite completamente, hanno smesso di propagarsi. [3] Mostro agli altri la strada giusta: io l'ho conosciuta tardi e stanco dell'errare. Grido: «Evitate tutto ciò che piace al volgo, che il caso distribuisce; fermatevi sospettosi e timorosi di fronte ad ogni bene della fortuna: sia gli animali selvatici sia i pesci sono tratti in inganno da un'esca allettante. Li credete doni della fortuna? Sono trappole. Chi di voi vorrà vivere una vita sicura, eviti quanto più può questi beni vischiosi, nei riguardi dei quali anche in questo noi, poveri miseri, ci sbagliamo: pensiamo di tenerli in pugno e, invece, vi rimaniamo impigliati. [4] Questa direzione porta nel baratro; la fine di una vita che mira in alto è cadere. Dopo, quando la buona sorte incomincia a farci deviare dalla retta via, non è consentito neppure resistere, o almeno affondare con la prua verso l'alto o in una sola volta; la sorte non solo fa deviare, ma fa cadere a capofitto e andare a sbattere. [5] Seguite questa sana e salutare regola di vita: concedete al corpo solo quanto è sufficiente per la buona salute. Bisogna trattarlo con una certa durezza perché non disobbedisca all'animo: il cibo plachi la fame, il bere estingua la sete, il vestito tenga lontano il freddo, la casa sia un riparo dalle intemperie. Non importa nulla se è stata costruita con zolle o con marmo variegato di una terra straniera: sappiate che una persona è tenuta al riparo tanto bene da un tetto di paglia quanto da uno d'oro. Disprezzate tutto ciò che un inutile dispendio di fatiche fa diventare lusso e pregio; pensate che nulla è degno di ammirazione tranne l'anima, di fronte alla quale, se è grande, nulla è grande». [6] Se tratto questi argomenti tra me e me, se ne parlo con i posteri, non ti pare che io sia più utile rispetto a quando mi presentavo come avvocato difensore in giudizio o imprimevo il sigillo dell'anello sulle tavole testamentarie o in senato prestavo il gesto e la voce al servizio di un candidato? Credimi, fanno di più quelli che sembra che non facciano niente: si curano nello stesso tempo delle faccende divine e di quelle umane[5].

2. L'espressione suona paradossale, ma verrà chiarita nel corso della lettera.
3. Con queste parole viene spiegato il precedente paradosso: attraverso la scrittura Seneca potrà raggiungere, anche dal chiuso della sua casa, assai più persone nello spazio e nel tempo rispetto a quanto potrebbe fare a voce. Anche Cicerone sosteneva che l'insegnamento della virtù e la trasmissione ai posteri delle regole della saggezza sono una delle principali forme in cui si può manifestare la naturale tendenza dell'uomo a giovare agli altri.
4. Nelle pagine di Seneca è ricorrente la metafora della filosofia come medicina dell'anima: immagine che risale a Socrate, secondo la testimonianza di Platone.
5. Ancora un paradosso per esprimere la sua situazione: trattare le cose divine significa occuparsi di ciò che riguarda la natura e il *lògos*, ovviamente immanente e non trascendente.

PER COMPRENDERE IL TESTO

Il testo e il contesto

UN SOMMARIO DELL'ETICA STOICA La lettera 8 rappresenta un vero compendio della morale di Seneca, sebbene il filosofo, come sua abitudine, non intenda presentarsi come una persona arrivata al culmine della saggezza, ma solo un po' più avanti rispetto a tanti altri («dopo aver sperimentato che sono efficaci sulle mie piaghe, che, anche se non sono guarite completamente, hanno smesso di propagarsi», 8, 2). Nella lettera ritroviamo argomenti ampiamente trattati in diversi suoi scritti: per esempio Seneca ricorda che cadere nelle passioni è frutto di un errore di valutazione in merito ai falsi beni (riconoscibili nella metafora «un'esca allettante», 8, 3) e che una volta preda delle passioni la rovina è completa («Questa direzione porta nel baratro», 8, 4: concetto ampiamente illustrato nelle tragedie); in 8, 5, invece, fa cenno ai beni preferibili, da usare comunque con moderazione, e ai beni indifferenti («una persona è tenuta al riparo tanto bene da un tetto di paglia quanto da uno d'oro»). Infine torna anche al confronto tra *occupati* e *otiosi*: dopo una vita da *occupatus*, infatti, forse ora Seneca è finalmente giunto tra gli *otiosi* (8, 6). E questa nuova condizione si traduce nella possibilità di aiutare gli altri: scrivere per esortare alla virtù non è meno utile che agire nella società (8, 2).

Il senso del testo

LEGGERE DA FILOSOFI Seneca ha fiducia nella possibilità di trasmettere la filosofia attraverso la scrittura e quindi pensa che la lettura rivesta una funzione di primo piano nel percorso verso la saggezza. Sappiamo che Seneca era un appassionato lettore: in una lettera a Lucilio (46), ricorda di aver letto un libro dalla prima all'ultima riga senza interrompersi nemmeno per mangiare e per dormire. In altre lettere specifica però che la lettura deve essere finalizzata allo studio («La lettura nutre l'intelligenza e la ristora – certo non senza applicazione – qualora sia affiancata dallo studio», lettera 84, 1; trad. Fernando Solinas), mentre nella lettera 108 chiarisce anche come deve essere fatta la lettura dei testi filosofici: dopo aver chiarito che i «filologi» leggono per capire a quali modelli si sia ispirato un autore e per individuare eventuali incoerenze nell'uso delle fonti, che i «grammatici» leggono per studiare gli aspetti linguistici, Seneca aggiunge che «i filosofi si devono ascoltare e leggere con il proposito di raggiungere la felicità, non per cercare di cogliere gli arcaismi o i neologismi, le metafore troppo ardite e le figure retoriche, ma i precetti utili, le massime nobili e coraggiose da mettere subito in pratica» (trad. di Monica Natali).

LEGGO E COMPRENDO

1. Riepiloga la situazione in cui la lettera è stata scritta. Qual è il suo contenuto a grandi linee?

2. A quali attività si dedica Seneca nella sua giornata?

3. Per quali motivi Seneca ritiene di essere adesso più utile agli altri, rispetto a quando svolgeva una funzione pubblica?

STORIA, CULTURA, CIVILTÀ | LA LUNGA VITA DEI FILOSOFI

UN PATRIMONIO DI BUONE REGOLE DI VITA Nella lettera 8 al par. 5 Seneca fa riferimento a una condotta di vita salutare («Seguite questa sana e salutare regola di vita...»): un comportamento che lo stoico deve adottare, in quanto deriva dalla conoscenza di cosa sia il vivere secondo natura. Troviamo esortazioni a una vita sana in diversi luoghi delle opere di Seneca e in particolare nella lettera 58, quando, parlando di Platone, si dice che «grazie al suo attento modo di vivere» (31), giunse all'età di 81 anni, che per l'epoca erano un traguardo veramente notevole. La vita di Platone tuttavia non è un'eccezione se si scorrono le date di nascita e di morte di molti filosofi antichi che appartenevano a diverse scuole, tutte però accomunate dal raccomandare la moderazione e un profondo autocontrollo degli istinti. Viene fatto di pensare che in effetti chi abbracciava la filosofia facesse anche una scelta di vita salutare e potesse contare su un patrimonio di conoscenze, trasmesse dai maestri, relative anche a sane abitudini di vita: i filosofi stessi con la loro longevità erano, in un certo senso, la rappresentazione vivente dei benefici di un esercizio continuo della ragione.

FILOSOFO	ETÀ
Socrate (V sec.)	70
Platone (IV sec.)	81
Zenone, stoico (IV-III sec.)	73
Cleante, stoico (IV-III sec.)	98
Crisippo, stoico (III sec.)	73
Panezio, stoico (III-II sec.)	76
Posidonio, stoico (II-I sec.)	85
Epicuro (IV-III sec.)	72
Carneade, accademico (II sec.)	85
Diogene il Cinico (V-IV sec.)	89
Diogene di Babilonia, stoico (III-II sec.)	90

UN TERMINE DI CONFRONTO: LE VITE DEI "POLITICI" Tra i filosofi Aristotele, morto a 62 anni – età già rispettabile –, rappresenta quasi un'eccezione. Un rapido confronto tra la longevità dei filosofi e la lunghezza della vita dei maggiori uomini politici romani della tarda repubblica e dell'inizio dell'età imperiale rende chiaro come la raccomandazione di una vita tranquilla dedicata alla filosofia potesse affascinare molte persone.

POLITICO	ETÀ
Silla	60
Crasso	61 (morto in battaglia)
Pompeo	58 (assassinato)
Cesare	57 (assassinato)
Cicerone	66 (assassinato)
Marco Antonio	53 (suicida)
Mecenate	60
Agrippa	51
Caligola	29 (assassinato)
Claudio	64 (assassinato)
Nerone	31 (suicida)

In questo gruppo Gaio Mario, morto a 71 anni, Ottaviano Augusto a 77 e Tiberio a 79 rappresentano le eccezioni. Si consideri, però, che secondo gli studi compiuti sui resti ossei rinvenuti nelle tombe romane si stima che l'aspettativa di vita delle persone "normali", non appartenenti ai ceti abbienti, fosse di circa 23 anni (tra la fine della repubblica e l'inizio dell'impero) e che raggiungere i 40 anni era già un considerevole traguardo; ciò anzitutto a causa dei diffusi problemi igienico-sanitari e dei frequenti momenti di crisi alimentare (carestie, insufficienza dei raccolti ecc.).

GUIDA ALLO STUDIO

1. Quali osservazioni si possono condurre esaminando la tabella che mette a confronto le età raggiunte da alcuni filosofi e da alcuni uomini politici romani?

2. A quali cause si può attribuire la longevità dei filosofi?

3. Qual era l'aspettativa di vita media degli antichi Romani nei diversi periodi della loro storia?

T14-T15

La *ratio perfecta*

| *Epistulae ad Lucilium* 92, 2-3 | *Naturales quaestiones* 1, prefazione 5-8 |

Superati tutti i gradini e gli ostacoli generati da valutazioni errate di ciò che compete all'uomo, giunge la vera felicità, come Seneca chiarisce nella lettera 92. Tale felicità, intesa come tranquillità dell'animo, scaturisce dalla ragione, una volta che la ragione stessa si sia abituata a non fondarsi sui beni che sono sotto il dominio della fortuna.

La ragione, però, è incompleta e forse inutile se non porta l'uomo ad addentrarsi nei segreti della natura, ossia a studiare l'universo: nella prefazione al primo libro delle Naturales quaestiones *Seneca spiega proprio questo. Lo scopo più alto della vita umana, una volta raggiunta la perfezione morale, che apre le porte alla felicità, consiste nell'elevarsi dai problemi di tutti i giorni, per dedicarsi alla ricerca della verità con le forze della ragione.*

T14

LATINO

La felicità

| *Epistulae ad Lucilium* 92, 2-3 |

[92, 2] Si de hoc inter nos convenit, sequitur ut de illo quoque conveniat, in hoc uno positam esse beatam vitam, ut in nobis ratio perfecta sit. Haec enim sola non summittit animum, stat contra fortunam; in quolibet rerum habitu †servitus† servat. Id autem unum bonum est quod numquam defringitur. Is est, inquam, beatus quem nulla res minorem facit; tenet summa, et ne ulli quidem nisi sibi innixus; nam qui aliquo auxilio sustinetur potest cadere. Si aliter est, incipient multum in nobis valere non nostra. Quis autem vult constare fortuna aut quis se prudens ob aliena miratur? [3] Quid est beata vita? Securitas et perpetua tranquillitas. Hanc dabit animi magnitudo, dabit constantia bene iudicati tenax. Ad haec quomodo pervenitur? Si veritas tota perspecta est; si servatus est in rebus agendis ordo, modus, decor, innoxia voluntas ac benigna, intenta rationi nec umquam ab illa recedens, amabilis simul mirabilisque. Denique ut breviter tibi formulam scribam, talis animus esse sapientis viri debet qualis deum deceat.

[2] **Si... convenit**: si riferisce al contenuto del primo paragrafo della lettera (qui omesso), dove si afferma che l'interesse principale dell'uomo deve essere la cura della propria interiorità. • **ut... conveniat**: proposizione completiva che esprime una constatazione, «che anche riguardo a quello ci sia accordo». • **in... vitam**: proposizione infinitiva, epesegetica rispetto al precedente *de illo*; *vitam beatam*, lett. «vita felice». • **ut... perfecta sit**: proposizione completiva, epesegetica rispetto al precedente *in hoc*. • **in quolibet... servat**: il testo è irrimediabilmente guasto e la lezione †*servitus*† non dà molto senso (come segnalato dalle *cruces* poste dai revisori); Solinas traduce per congettura «in qualsiasi situazione *è una via di salvezza*». • **tenet summa**: «occupa il posto più alto», *summa* è aggettivo neutro sostantivato (superlativo). • **ne ulli... innixus**: *ne... quidem*, locuzione avverbiale, nega *ulli*, mentre *innixus* sottintende *est*. • **qui... sustinetur**: proposizione relativa, che funge da soggetto di *potest cadere*. • **multum... valere**: proposizione infinitiva, che funge da soggetto del precedente *incipient*; *multum* è accusativo avverbiale. • **constare fortuna**: *fortuna* è ablativo di stato in luogo, «reggersi sulla sorte». • **quis se... miratur?**: costruisci *quis prudens miratur se ob aliena*; *aliena* è neutro sostantivato, «per beni non suoi».
[3] **dabit constantia... tenax**: «la tenace costanza nel mantenere ciò che è stato correttamente valutato»; *iudicati* è participio perfetto, neutro sostantivato, in genitivo oggettivo. • **in rebus agendis**: costrutto del gerundivo attributivo, lett. «nel compiere le azioni». • **intenta... mirabilisque**: *intenta, recedens, amabilis* e *mirabilis* sono tutti nominativi singolari femminili, riferiti a *voluntas*. • **ut... scribam**: proposizione finale. • **qualis deum deceat**: proposizione comparativa, «quale si conviene alla divinità».

Il filosofo Bertrand Russell commenta la morale stoica

I LIMITI DELLO STOICISMO Nonostante la morale stoica abbia avuto una funzione di primo piano nella cultura antica, a giudizio dei filosofi moderni manifesta evidenti limiti. Leggiamo per esempio l'autorevole parere di uno dei maggiori filosofi del XX secolo, l'inglese Bertrand Russell (1872-1970).

«Nella vita di un individuo [*secondo gli stoici*], la virtù è l'unico bene; le altre cose come la salute, la felicità, gli averi non hanno importanza. Dato che la virtù risiede nella volontà, tutto ciò che c'è di buono – o di cattivo – nella vita d'un uomo dipende unicamente da lui. Egli può diventar povero, ma con questo? Può essere ancora virtuoso. Un tiranno può metterlo in prigione, ma egli può ancora continuare a vivere in armonia con la Natura. Può venir condannato a morte, ma può morir nobilmente come Socrate. Gli uomini hanno potere soltanto sulle cose esteriori; ma la virtù, che sola è veramente buona, appartiene interamente all'individuo. Quindi ogni uomo gode d'una perfetta libertà, purché si emancipi dai desideri mondani. È solo in conseguenza di falsi giudizi, che tali desideri prevalgono: il saggio, i cui giudizi sono giusti, è padrone del suo destino in tutto ciò che stima necessario, dato che nessuna forza esterna lo può privare della virtù.
Ci sono delle evidenti difficoltà logiche in questa dottrina. Se la virtù è veramente l'unico bene, una benefica Provvidenza deve occuparsi unicamente di provocare la virtù, mentre le leggi della Natura hanno prodotto peccatori in abbondanza. Se la virtù è l'unico bene, non deve esserci nulla in contrario alla crudeltà e all'ingiustizia, dato che, come gli stoici non si sono mai stancati di affermare, la crudeltà e l'ingiustizia offrono a chi soffre le migliori opportunità per esercitare la virtù. Se il mondo è completamente deterministico, le leggi naturali decideranno se io sarò virtuoso o no. Se sono cattivo, la Natura mi costringe ad esser cattivo, e la libertà, che si suppone offerta dalla virtù, per me non è possibile.
Per una mente moderna è difficile provare entusiasmo per una vita virtuosa, se mediante essa non si riesce a nulla. Ammiriamo un medico che arrischia la vita in una epidemia di peste, perché pensiamo che la malattia sia un male e speriamo di diminuirne la frequenza. Ma se la malattia non è un male, il medico potrebbe restarsene tranquillamente a casa. Per lo stoico, la sua virtù è fine a se stessa, e non qualcosa che opera il bene. E, se vediamo le cose più in prospettiva, che cosa accadrà infine? La distruzione del mondo presente ad opera del fuoco e poi la ripetizione dell'intero processo. Potrebbe darsi qualcosa di più disperatamente futile? Ci può essere un progresso qua e là per un certo tempo, ma a lungo andare ci sono solo ricorsi. Quando assistiamo a qualcosa di insopportabilmente penoso, speriamo che entro un certo tempo ciò non accada più; ma lo stoico ci assicura che ciò che accade ora si ripeterà all'infinito. La Provvidenza che vede tutto, deve finire, ci vien fatto di pensare, col disperarsi fino alla noia.
A ciò va unita una certa freddezza nella concezione stoica della virtù. Non si condannano solo le cattive passioni, ma tutte le passioni. Il saggio non prova affetto alcuno; quando sua moglie ed i suoi figli muoiono, riflette che questo avvenimento non è d'ostacolo alla sua virtù e quindi non ne soffre profondamente.
L'amicizia, così altamente apprezzata da Epicuro, va benissimo, ma non deve portarci al punto che le disgrazie dei nostri amici distruggano la nostra beata tranquillità. Quanto alla vita pubblica, può essere vostro dovere impegnarvi in essa, dato che offre delle opportunità alla giustizia, alla forza d'animo, e così via, di manifestarsi; ma non dovete esser spinto dal desiderio di beneficare l'umanità, dato che i benefici che potete realizzare (come la pace, o una più equa divisione dei cibi) non sono autentici benefici, ed in ogni modo nulla vi riguarda se non la vostra virtù.
Lo stoico non è virtuoso per fare il bene, ma fa il bene per essere virtuoso. Non gli occorre di amare il suo prossimo come se stesso; l'amore, fuorché in un senso superficiale, è assente dal concetto di virtù dello stoico».

(da AA.VV. *Storia della filosofia occidentale*, Longanesi, Milano 1977, vol. 2, pp. 357-359; trad. di L. Pavolini)

GUIDA ALLO STUDIO

1. Quali sono i punti deboli della morale stoica che Russell mette in evidenza dal punto di vista logico?

2. Per quale motivo Russell ritiene che la morale stoica sia distante dalla mentalità moderna?

3. Per quale motivo neanche la virtù stoica, secondo Russell, può essere considerata come un valore completamente positivo?

T15

ITALIANO

La vera sapienza

Naturales quaestiones 1, prefazione 5-8

[6] La virtù cui tendiamo è meravigliosa, non già perché sia di per sé invidiabile essere privo di vizi, ma perché ristora l'anima e la rende pronta alla conoscenza delle cose celesti e degna di entrare in comunicazione con Dio. [7] Essa ha raggiunto la perfezione e la pienezza della felicità concessa alla condizione umana solo quando, calpestata ogni bassezza, si è librata verso il cielo ed è penetrata nel grembo riposto della natura[1]. Allora sì che le è gradito, vagando tra le stelle, irridere i pavimenti preziosi e la terra con tutto il suo oro, non intendo solo quello che essa portò alla luce e diede alla zecca perché fosse coniato, ma anche quello che preserva nelle sue viscere per l'avidità dei posteri. [8] Non può l'anima disprezzare portici e soffitti rilucenti d'avorio e boschetti ben potati e rivi fatti defluire nelle abitazioni[2] prima di aver perlustrato l'intero universo e, gettando dall'alto uno sguardo verso la terra, minuscola, ricoperta in gran parte dal mare e, anche dove emerge, per ampio tratto desolata e avvampata dal calore o irrigidita dal ghiaccio, prima di aver detto a sé stessa: «È proprio questo quel granello che tanti popoli si spartiscono col ferro e col fuoco!».

(trad. di P. Parroni)

1. Si intende che la virtù si realizza quando, lasciando lo spirito umano libero da passioni, lo mette in condizioni per dedicarsi interamente alla scienza della natura.

2. Seneca allude ai portici, ai saloni, alle piscine e ai giardini delle lussuose ville, in cui vivevano i ceti abbienti della sua epoca.

PER COMPRENDERE IL TESTO

Il testo e il contesto

IL LESSICO DELLA FELICITÀ Nel passo riportato della lettera 92, per esprimere il concetto di felicità e di approssimazione alla virtù, Seneca usa il termine *beatus* (*beatam vitam* e *Is est... beatus*, 92, 2; *beata vita*, 92, 3) e non *felix*, come di consueto nelle sue opere: *felix*, infatti, indica propriamente «colui che dispone di ampie ricchezze (*opes*) e di potere», derivando tali valenze dal lessico della campagna (*felix* è detto il terreno fertile, dalla medesima radice di *fero*, «generare», e di *felicitas*, «fertilità»), e perciò Seneca lo utilizza con valenza negativa e spesso con ironia, non riconoscendo alla ricchezza e al potere un'effettiva importanza ai fini della felicità. Come ha rilevato Giovanni Viansino, Seneca utilizza volentieri *felix* per formare giochi di parole, che veicolano l'idea che il *felix* è colui che in realtà va ritenuto *infelix*, per esempio *umquam credideris felicem quemquam ex felicitate suspensum*, cioè «non riterrai mai felice chiunque sia in ansia per la ricchezza e il potere» (*Epistulae ad Lucilium* 98, 1): l'italiano, però, perde il gioco di parole presente nell'espressione latina. In pratica, per comprendere il significato corretto di *felix* e derivati nei testi di Seneca, è necessario conoscere le concezioni filosofiche a cui il filosofo si ispira, che ritengono la *felicitas* un falso bene.
I giochi di parole riguardano anche l'opposto, cioè *infelix*. Questo termine è usato propriamente nella lettera 47, dove gli schiavi sono definiti *infelices* (➤ 47, 3), mentre è impiegato per costruire un paradosso proprio in chiusura dell'ultima lettera a Lucilio (la 124), quando Seneca dice: *infelicissimos esse felices*, cioè che «gli uomini fortunati sono i più sfortunati» (trad. di F. Solinas).
Il termine *beatus*, invece, è connesso con i termini che rimandano alla vera felicità, quali *securitas* e *tranquillitas* (92, 3), e che implicano lo stato di quiete in cui si trova lo spirito del sapiente. La *vita beata*, comunque, è connessa anzitutto con la *ratio perfecta* (92, 2), ossia con la «ragione perfetta»: proprio questa connessione spiega perché il punto di arrivo della filosofia di Seneca sia da individuare nelle *Naturales quaestiones*.

Il senso del testo

IL CORONAMENTO DEL PERCORSO FILOSOFICO Dedicando gli ultimi anni della sua vita alle *Naturales quaestiones* si potrebbe pensare che Seneca abbia mutato interessi, passando dalla filosofia morale alla fisica; in realtà, a suo parere, il punto di arrivo del percorso filosofico di un uomo, una volta liberatosi dal male morale, è proprio l'osservazione del cosmo, che rappresenta l'attività più alta in cui si esplica la ragione umana. In questo modo, anzi, la ragione dell'uomo si avvicina al *lògos* che permea l'universo.

Per spiegare l'importanza di tale trattato all'interno delle opere di Seneca, possiamo usare le parole di Giovanni Reale: «Nelle *Questioni naturali* Seneca si prefigge per lo meno un duplice scopo. Lo scopo scientifico dell'opera è quello di presentare una panoramica sullo stato delle conoscenze raggiunte nel campo della meteorologia, cioè dello studio dei fenomeni naturali che si verificano nella regione compresa fra il cielo e la terra. Ciò che gli preme è di dare una spiegazione "naturale" di tali fenomeni, vale a dire una spiegazione che eviti di far ricorso all'intervento divino; fiducioso nella ragione e nelle possibilità di progresso della scienza, rifiuta le "favole" degli antichi, stoici compresi, e cerca di trovare per ogni cosa una causa ad essa "omogenea" capace di renderne conto. Allo stesso tempo Seneca persegue, però, un altro fine, che gli sta molto a cuore, un fine di ordine morale: attraverso le spiegazioni razionali dei fenomeni naturali vuole condurre l'uomo a liberarsi dalla superstizione e dalla paura di tali fenomeni, stati d'animo generati appunto dall'ignoranza delle cause di essi. In particolare, Seneca vuole liberare l'uomo dalla paura della morte: quanto più e quanto meglio gli uomini conosceranno la realtà naturale, tanto meno ne avranno paura e, una volta superata questa paura, riusciranno a vincere ogni altra paura, inclusa quella della morte» (da Seneca, *Tutte le opere*, Milano 2000, p. 505).

LEGGO E COMPRENDO

1. Individua nel brano **T14** i termini appartenenti al campo semantico della felicità.

2. Perché le *Naturales quaestiones* possono essere considerate un punto di arrivo della filosofia morale di Seneca?

3. Per quale motivo la conoscenza del mondo naturale è necessaria per assumere il giusto distacco nei confronti della vita?

L'OPERA | I TRATTATI

OPERE DI NOTEVOLI PROPORZIONI Di Seneca ci sono giunte tre opere, di notevole mole, che probabilmente non sono state inserite nei *Dialoghi* a causa della loro notevole estensione, anche se dal punto di vista stilistico non si differenziano particolarmente da essi.

- Il *De clementia* («La clemenza»), in tre libri, di cui abbiamo il primo e l'inizio del secondo: fu scritto nel 56 d.C. ed è dedicato a Nerone. Seneca loda Nerone per aver dimostrato nell'esordio del suo principato un atteggiamento assai migliore nei confronti del senato rispetto a Caligola e Claudio. Il comportamento moderato e clemente del principe assicura prosperità allo Stato.
- Il *De beneficiis* («I benefici»), in sette libri: i primi quattro furono composti prima del ritiro dalla politica nel 62 d.C. e gli altri dopo; è dedicato all'amico Ebuzio Liberale, che aveva chiesto al filosofo di trattare tale materia. Seneca riflette in maniera approfondita sul "fare bene", oltrepassando il semplice concetto di reciprocità nello scambio di favori e teorizzando una vicendevole gratuità di benefici tra gli uomini; questo tipo di rapporti, impostato sulla solidarietà, realizzerebbe l'uguaglianza all'interno del genere umano, conformemente al piano della natura.
- Le *Naturales quaestiones* («Questioni inerenti alla natura»), in sette libri (ma il quarto è diviso in due parti, perciò di fatto i libri sono otto), scritte dopo il 62 d.C.: l'opera è dedicata a Lucilio, come tutte le opere senecane dell'ultimo periodo. Ciascun libro si occupa di un tipo particolare dei fenomeni che avvengono nello spazio compreso tra cielo e terra: secondo i nostri parametri, quindi, l'opera tratta di astronomia e di meteorologia (per esempio tuoni e fulmini, nubi, venti, terremoti, comete ecc.). Tutti i libri si aprono e si chiudono con un passo relativo a temi di morale. Seneca probabilmente trasse le informazioni da un unico manuale, data la rapidità con cui venne composta un'opera tanto vasta. Le *Naturales quaestiones* all'interno delle opere di Seneca rivestono un'importanza notevole perché lo studio della natura è concepito come il vero punto di arrivo della conoscenza umana, quando saldamente guidata dalla ragione.

GUIDA ALLO STUDIO

1. Quali sono gli argomenti dei trattati di Seneca di maggiori dimensioni?

2. Come affronta Seneca il tema del beneficio?

3. Come sono organizzate le *Naturales quaestiones*?.

VERIFICA *IN ITINERE* LA CONOSCENZA DEL VERO

QUESITI A SCELTA MULTIPLA

1. ricordare In quale periodo è stato composto, probabilmente, il *De providentia*?
   - ☐ Negli anni dell'esilio in Corsica
   - ☐ Nell'ultimo periodo del principato di Claudio
   - ☐ Nel periodo in cui Seneca era consigliere di Nerone
   - ☐ Dopo il ritiro dalla vita politica

2. ricordare Chi è Marcia, la destinataria di una delle *consolationes*?
   - ☐ La figlia dello storico Cremuzio Cordo
   - ☐ La madre di Seneca
   - ☐ La moglie di un potente liberto di Claudio
   - ☐ Una delle sorelle di Caligola

3. ricordare Da che cosa nascono le passioni, frutto di infelicità per l'uomo?
   - ☐ Dall'impressione dei sensi
   - ☐ Da errori logici
   - ☐ Da avvenimenti incontrastabili
   - ☐ Da attitudini dell'animo umano

4. comprendere In quale caso il sapiente può ritenersi salvo anche in condizioni apparentemente disperate?
   - ☐ Se i suoi beni sono salvi
   - ☐ Se nessuno può fargli del male
   - ☐ Se vive in solitudine
   - ☐ Se possiede la virtù

5. comprendere In riferimento al passo del *De tranquillitate animi* qui antologizzato (➛ **T11**), individua quale dei seguenti termini indica il margine di azione del saggio nello spazio che gli è concesso:
   - ☐ *euthymìa*
   - ☐ *officium*
   - ☐ *kathèkon*
   - ☐ *katòrthoma*

6. comprendere La posizione di Seneca rispetto alla schiavitù piò essere riassunta in questo modo:
   - ☐ Seneca, primo nel mondo antico, ritiene che essa debba essere abolita
   - ☐ Seneca ritiene che gli schiavi dei suoi tempi siano servi più fedeli rispetto a quelli dell'età più antica
   - ☐ pur essendo servi, gli schiavi devono essere trattati con rispetto e possono aspirare alla sapienza
   - ☐ pur essendo servi, gli schiavi sono uomini liberi

7. comprendere Qual è l'aspetto più innovativo della morale senecana rispetto allo stoicismo?
   - ☐ La concezione della divinità
   - ☐ La concezione della morte
   - ☐ L'importanza della volontà
   - ☐ L'importanza della razionalità

QUESITI A RISPOSTA BREVE

Rispondi ai quesiti nello spazio di 7-8 righe per ciascuno. Quando lo ritieni opportuno, puoi consultare i testi.

1. Che differenza c'è tra *kathèkon* (o *officium*) e quello che intendiamo con la parola italiana "dovere"?
2. Che cosa intende Seneca con *providentia*?

TRATTAZIONE SINTETICA

Svolgi le seguenti tracce nelle spazio di 20-25 righe per ciascuna. Quando lo ritieni opportuno, puoi consultare i testi.

1. Illustra in che cosa consista la vita secondo natura di cui Seneca parla nel *De constantia sapientis* e in altre opere.
2. Spiega la critica rivolta dal filosofo Bertrand Russell all'esercizio della virtù da parte del sapiente stoico e, facendo opportuni riferimenti ai testi letti, immagina la possibile risposta di Seneca a tale critica.

VERIFICA PER LA COMPRENSIONE

QUESITI A SCELTA MULTIPLA

1. ricordare A chi è dedicato il *De clementia*?

- ☐ A Caligola
- ☐ A Claudio
- ☐ A Nerone
- ☐ A Lucilio

2. ricordare Quale delle tragedie di Seneca è ritenuta spuria?

- ☐ *Octavia*
- ☐ *Medea*
- ☐ *Hercules furens*
- ☐ L'unica *cothurnata* tramandataci

3. ricordare Qual è l'idea di fondo del pensiero politico di Seneca?

- ☐ Seneca lotta per una maggiore autorità del senato
- ☐ Seneca propugna la restaurazione della repubblica
- ☐ Seneca si rassegna al principato pur ritenendo preferibile la repubblica
- ☐ Seneca aborrisce la tirannide e auspica un principato illuminato

4. comprendere Per quali ragioni il passato è, secondo Seneca, la dimensione più importante del tempo?

- ☐ Perché è l'unico possesso che non può essere tolto all'uomo
- ☐ Perché consente di riflettere per migliorarsi
- ☐ Perché il futuro è incerto, il presente è breve
- ☐ Perché al passato appartengono gli insegnamenti della storia romana

5. comprendere Quale distinzione introduce Seneca tra i falsi beni?

- ☐ Tutto ciò che distoglie dalla virtù è un male
- ☐ Possono esistere falsi beni preferibili tra quelli indifferenti
- ☐ Possono esistere falsi beni necessari alla vita dell'uomo
- ☐ Possono esistere falsi beni preferibili e dei falsi beni indifferenti

6. comprendere In riferimento al passo del *De tranquillitate animi* antologizzato (➤ **T11**), quale dei seguenti termini indica la buona disposizione del saggio ad accettare quanto gli capita?

- ☐ *Euthymìa*
- ☐ *Officium*
- ☐ *Kathèkon*
- ☐ *Katòrthoma*

QUESITI A RISPOSTA BREVE

Rispondi ai quesiti nello spazio di 7-8 righe per ciascuno. Quando lo ritieni opportuno, puoi consultare i testi.

1. Che cosa è la *desidiosa occupatio*? In che cosa essa si differenzia dall'*otium*?

2. Facendo riferimento alla lettera 8 a Lucilio (➤ **T13**), qual è il messaggio che Seneca cerca di trasmettere agli altri e alle generazioni future attraverso il proprio insegnamento?

TRATTAZIONE SINTETICA

Svolgi le seguenti tracce nelle spazio di 20-25 righe per ciascuna. Quando lo ritieni opportuno, puoi consultare i testi.

1. Illustra le tematiche principali delle tragedie di Seneca, quindi soffermati in particolare sul *Tieste* mettendone in evidenza le connessioni con il tema dei falsi beni e ricordando quali vantaggi della povertà e svantaggi del potere siano messi in evidenza nel passo che hai letto (➤ **T5**). Infine, spiega perché Tieste può dirsi un personaggio di statura tragica e non una semplice vittima di circostanze infelici.

2. Illustra il tema della *providentia* riepilogando la concezione della divinità secondo lo stoicismo e spiegando in che cosa consista il libero arbitrio concesso agli uomini; concludi ricordando gli esempi di cui Seneca si serve per dimostrare che gli uomini, anche quando ricevono dei mali, hanno la possibilità di essere felici.

CICERO LECTIO **Vivere in disparte per godere dell'amicizia** *Epistulae ad Lucilium* 22

Per una nuova retorica

PER ANALIZZARE

ALLA RICERCA DI UN'ESPRESSIONE EFFICACE Seneca ha sempre appassionato i lettori non solo per il suo pensiero, ma anche per la sua capacità di scrivere pagine intense ed espressive. In una lettera a Lucilio è Seneca stesso a dire su quali presupposti si fondi il suo stile: se si devono convincere le persone ad abbracciare un nuovo corso di vita, ad abbandonare i falsi beni, a cercare in loro stessi la verità, vanno banditi i sillogismi cavillosi. Sono troppo freddi per riuscire convincenti. Ci vogliono immagini vive, come quelle che userebbe un generale che parla ai soldati prima della battaglia.

Contro la gelida razionalità dei sillogismi, utili forse per parlare tra esperti, ma inefficaci con chi spera di trovare nella filosofia conforto ai suoi mali, Seneca rivolge spesso la sua pungente ironia. Per esempio dice a Lucilio, pensando a quali parole si possono trovare per far cessare il timore della morte: «Come farai a dare ai soldati il coraggio di fare scudo con i loro corpi alla distruzione del loro popolo e a esortarli a perdere la vita piuttosto che la posizione in battaglia? [...] Ti metterai a dire: "Ciò che è male, non è glorioso; ma la morte è gloriosa; quindi la morte non è un male"? Un'argomentazione veramente efficace! Chi dopo un sillogismo di questo genere potrebbe esitare a gettarsi contro le spade e a morire rimanendo al suo posto? Il famoso Leonida [*il comandante spartano alle Termopili*] invece ha fatto il contrario e si è rivolto ai soldati con eccezionale vigore! "Fate colazione", disse, "o compagni, come se poi la cena la doveste fare agli Inferi!". [...] Loro promisero che avrebbero pranzato e anche cenato in allegria». (*Lettere a Lucilio* 82, 20-21).

LA «FILOSOFIA APPLICATA» Seneca, da abile oratore, sa che le parole "agiscono" sull'ascoltatore e sul lettore: il testo perciò non è un semplice tramite, una sorta di veicolo passivo, ma è una parte attiva del percorso filosofico e diventa, secondo la definizione dello studioso Michael Erler, «filosofia applicata». Il filosofo, esperto di eloquenza, è consapevole del fatto che senza un'accorta scelta delle parole, anche la più profonda verità va sprecata; ma questo, d'altro canto, non comporta un uso della retorica fine a se stesso, in quanto il compito principale per Seneca sarà sempre *docere*, non *delectare*.

Proprio perché evitano i sillogismi, le argomentazioni di Seneca si articolano spesso con la proposta di metafore ed esempi: il suo metodo, infatti, è prevalentemente induttivo.

LO STILE "DRAMMATICO" Il modo di scrivere di Seneca è assai distante dal periodare fluente, ricco di eleganti simmetrie, di Cicerone: procede con frasi brevi, asimmetriche, che espongono i concetti attraverso un inesausto lavoro di precisazioni e variazioni. Fa pensare al fluire delle parole entro l'animo di una persona che vive appassionatamente i problemi di cui discorre. Nella prima metà del secolo scorso Concetto Marchesi, parlando del modo di scrivere di Seneca, disse: «è lo stile drammatico dell'anima umana che è in guerra con se stessa». La radice della lacerazione che il lettore avverte nelle pagine del filosofo fu poi messa in luce in modo chiarissimo da Alfonso Traina, le cui riflessioni – ancora oggi insuperate – prendono le mosse proprio dall'analisi di Marchesi.

Traina, fondandosi su un'analisi precisa delle parole e delle frasi usate da Seneca, ha spiegato che nei suoi testi c'è «un doppio e opposto movimento» del discorso: uno direzionato verso l'interno, ossia «verso la solitaria libertà dell'io», e l'altro verso l'esterno, verso «la liberazione dell'umanità». Grazie a un uso innovativo e creativo del linguaggio (spesso attinto dalla conversazione quotidiana), la prima tendenza espressiva piega le forme della sintassi e della lingua latina (soprattutto le forme verbali e i pronomi) fino a diventare un perfetto strumento per l'analisi dell'interiorità; la seconda tendenza invece, mediante una estrema concentrazione dell'espressione, chiude nel giro di poche parole (nella *sententia*) un concetto, destinato a rimanere saldamente nella memoria dell'ascoltatore e a fornirgli il punto di appoggio nei momenti di dubbio. In questa scissione «si avverte il dramma di un uomo perennemente oscillante fra la cella e il pulpito; ma forse c'è qualcosa di più, che ci tocca più da vicino: il dramma della saggezza fra l'amore di sé e l'amore degli uomini».

LO STILE PER LETTORI E ASCOLTATORI La mancanza di dati certi sulla cronologia delle opere non permette di individuare con sicurezza l'evoluzione dello stile di Seneca, che comunque ha mantenuto fin dalle prime opere alcune caratteristiche costanti. Probabilmente i testi di Seneca erano pensati più per la lettura ad alta voce e la recitazione che per la lettura silenziosa: nel I sec. d.C., infatti, erano diffuse anche a Roma le letture pubbliche (*recitationes*), ossia vere e proprie conferenze; spesso, inoltre, il "lettore" era in realtà un "ascoltatore", poiché i ricchi romani cultori di letteratura e filosofia avevano presso di sé schiavi lettori, appositamente preparati per leggere il testo con espressività e sentimento. Per questi motivi, apparenti incongruenze, dovute a ripetizioni o riprese di argomenti parzialmente già trattati (soprattutto nei dialoghi), può darsi che in realtà fossero funzionali ad agevolare l'ascoltatore: chi ascolta, a differenza di chi legge, non può "tornare indietro" quando non ha capito e quindi la ripetizione di concetti-chiave ha spesso una funzione chiarificatrice. Anche l'impianto retorico di molti testi senecani, che a volte può apparire eccessivo, va pensato in funzione della recitazione: anafore, allitterazioni e simili figure sono state inserite nel testo perché un abile conferenziere sappia sottolinearle per tenere attento e sospeso l'uditorio, ora aumentando la concitazione delle parole, ora inserendo pause nel discorso.

Affresco con conversazione, dalla villa di *Fannius Synistor* a Boscoreale. 50-40 a.C. circa. New York, Metropolitan Museum of Art.

LINGUA E STILE

LA LINGUA DELLA PROSA DI SENECA

UNA SPONTANEITÀ APPARENTE Lucilio si è lamentato perché riceve da Seneca lettere che non paiono abbastanza curate dal punto di vista formale; Seneca dunque, riflettendo sul proprio stile, così risponde all'amico: «Chi si esprime con estrema accuratezza se non uno che vuole riuscire affettato? Come sarebbero le mie parole, senza orpelli e semplici, se fossimo seduti uno vicino all'altro o se passeggiassimo, così desidero siano le mie lettere, che non hanno niente di artificiale e finto. Se fosse possibile, preferirei manifestare le mie sensazioni piuttosto che parlarne. [...] Non desidero, per Ercole, che siano secche e aride le parole che vengono dette relativamente ad argomenti tanto importanti (la filosofia infatti non rinnega l'ingegno), tuttavia non è il caso di spendere troppa fatica per le parole» (*Lettere a Lucilio* 75, 1 e 3). Seneca, dunque, nelle lettere – ma tutto sommato il giudizio si rivela valido anche per le altre opere in prosa – predilige uno stile che richiami il registro e l'andamento della conversazione quotidiana: la sua scrittura, in effetti, può dare questa impressione, anche se a un attento esame appare assai ben calcolata e tutt'altro che spontanea.

LA SINTASSI Seneca cerca sempre la massima concentrazione sintattica, usando poche parole per dire molto. Desiderando lodare lo stile dell'amico Lucilio, gli dice: *plus significas quam loqueris*, «tu fai capire di più di quello che dici» (*Lettere a Lucilio* 59, 5). I procedimenti più comuni per ottenere questo risultato sono l'ellissi del predicato e la litote della negazione, per esempio: *nulla non virtus laborabit* (*Lettere a Lucilio* 76, 22), in cui *nulla non* significa «non c'è nessuna virtù». In altri casi Seneca semplifica il rapporto di subordinazione, per esempio sostituendo *ut* + congiuntivo con il semplice infinito: *nulli contigit inpune nasci* (*Consolatio ad Marciam* 15), «a nessuno capita di nascere senza avere una pena». Oppure ottiene effetti di particolare stringatezza sfruttando le possibilità del participio futuro usato secondo le abitudini della sintassi greca, ossia non necessariamente unito alle voci di *sum*: *accipimus peritura perituri* (*De providentia* 7), «destinati a morire riceviamo beni destinati a morire».

Il pensiero viene articolato in brevi frasi, connesse in modo tale che ciascuna rappresenti allo stesso tempo una precisazione e una piccola variazione della precedente, attraverso un procedimento che prevede continue rettifiche dei concetti nel corso del periodo. I connettivi preferiti sono *et* (come il *kài* in greco), nel senso di «anche», e *immo*, che vale «e per di più», «anzi», «no, al contrario», per esempio: *in vitam suam incedere alios sinunt, immo vero ipsi etiam possessores eius futuros inducunt* (*De brevitate vitae* 3, 1), «lasciano entrare gli altri nella loro vita, anzi loro stessi vi introducono quelli che ne saranno i proprietari».

IL LESSICO Per il lessico tecnico della filosofia, che era per lo più greco, Seneca si giova del grande lavoro compiuto nel secolo precedente da Cicerone. Di solito, proprio come Cicerone, adotta questo criterio: o translittera in latino dal greco una parola tecnica (per esempio *philosophia*), oppure cerca all'interno del lessico latino termini che corrispondano a quelli greci (per esempio *gaudium* per il concetto stoico di *charà*, «gioia»; *voluptas* per il greco *hedonè*, «piacere»; *fatum*, «destino», per il greco *heimarmène*). Questo secondo procedimento non è semplice nel caso di concetti complessi legati a usi caratteristici della lingua greca e non presenti in latino: è per esempio notevole lo sforzo per differenziare *tò òn* («l'essere») da *ousìa* (la «sostanza»), che Seneca esprime rispettivamente con *quod est* e *essentia* (per poi identificare la *essentia* con *res necessaria, natura continens fundamentum omnium*, in *Lettere a Lucilio* 58, 6-8). In altri casi Seneca non esita a coniare neologismi, soprattutto per quanto riguarda il lessico scientifico, per esempio: *arietatio*, «urto» (da *aries*, l'«ariete», in *Naturales quaestiones* 5, 13); *subtervaco*, «essere sotto vuoto» (da *subter*, «sotto», e *vacuum*, «vuoto», in *Naturales quaestiones* 6, 25, 1).

La dimensione colloquiale è assicurata dal ricorso abbastanza frequente, soprattutto nelle lettere, al *sermo cotidianus* (per esempio *concoquas*, «digerisci», detto di un concetto, in *Lettere a Lucilio* 2, 4) e a modi espressivi popolari (per esempio l'uso di *ille* come articolo determinativo, soprattutto davanti a aggettivi sostantivati, *bona vera idem pendent* [...]. *Illa falsa multum habent vani*, «I veri beni hanno lo stesso peso... i falsi hanno molto vuoto», in *Lettere a Lucilio* 66, 30). Caratteristico di Seneca, inoltre, è il ricorso a termini del diritto, come il verbo *vindicare* («rivendicare in giudizio»), o della finanza, come il nesso *ratio impensae* («registro della contabilità», *Lettere a Lucilio* 1 e 4).

LE FIGURE RETORICHE Seneca predilige le figure retoriche che sono basate sulla ripetizione (anafore, chiasmi e parallelismi) e sull'antitesi. L'antitesi, in particolare, si trova spesso alla base di efficaci *sententiae*, ossia di quelle brevi e icastiche frasi in cui il filosofo riassume il suo pensiero: *tunc habebis tuum cum intelleges infelicissimos esse felices* (*Lettere a Lucilio* 124, 24),«allora otterrai il tuo scopo, quando capirai che i più sfortunati sono i fortunati».

Sia a livello lessicale che sintattico ricorre la *variatio*, adottata per evitare di cadere in un andamento artificiosamente simmetrico: si pensi a espressioni come *exiguum temporis* e *exiguum aevi* (variazione lessicale, in *De brevitate vitae* 1, 1 e 3), «poco tempo», oppure a locuzioni come *Non vixit iste, sed in vita moratus est, nec sero mortuus est, sed diu*, «costui non è vissuto, ma ha indugiato nella vita, né è morto tardi, ma per lungo tempo» (variazione sintattica, con l'ultimo membro privo di predicato in una serie di quattro, *Lettere a Lucilio* 93, 3). Seneca utilizza poi numerose metafore e similitudini, ricavando spesso le immagini dal repertorio di *tòpoi* relativi alla paura del dolore, della morte e della povertà messo a punto dalla diatriba cinico-stoica (➤ p. 79), che si ispirava ai discorsi moraleggianti di Bione di Boristene (III sec. a.C.).

GUIDA ALLO STUDIO

1. Quale livello stilistico sceglie Seneca per le sue opere?

2. Quali caratteristiche sintattiche possiamo trovare nei testi di Seneca?

3. Quali sono le scelte compiute da Seneca per riprodurre in latino il lessico filosofico greco?

T16-T17

Il "linguaggio della predicazione"

| *Consolatio ad Marciam* 22, 4-8 | *Consolatio ad Helviam matrem* 6, 1-5 |

CICERO LECTIO

Le consolazioni offrono un valido esempio di come Seneca intenda "agire" con le sue parole sul destinatario, per poterne alleviare il dolore: nella Consolazione a Marcia *si rivolge a una donna addolorata per la perdita di un figlio, ma che già aveva conosciuto la sventura a causa del suicidio del padre (lo storico Cremuzio Cordo, perseguitato da Tiberio); un'altra consolazione è invece indirizzata alla propria madre Elvia, affranta per l'esilio a cui il figlio è stato condannato da Claudio. In entrambe le opere sono ampiamente rilevabili quei procedimenti stilistici che Seneca manterrà nella sua prosa fino alle opere più tarde, nella convinzione che la filosofia non vada insegnata mediante fredde dissertazioni, ma vada resa viva con precetti formulati in modo da muovere le emozioni del lettore.*

T16

LATINO/ ITALIANO

Il suicidio di Cremuzio Cordo

| *Consolatio ad Marciam* 22, 4-8 |

[22, 4] Propone illud acerbissimum tibi tempus, quo Seianus patrem tuum clienti suo Satrio Secundo congiarium dedit. Irascebatur illi ob unum aut alterum liberius dictum, quod tacitus ferre non potuerat Seianum in cervices nostras ne inponi quidem sed escendere. Decernebatur illi statua in Pompei theatro ponenda, quod exustum Caesar reficiebat: exclamavit Cordus tunc vere theatrum perire.

[22, 4] Richiama alla memoria quel periodo per te terribile, durante il quale Seiano consegnò tuo padre[1] al suo cliente Satrio Secondo come se fosse un regalino. Era adirato con lui per una o due battute troppo libere, perché non aveva potuto sopportare in silenzio che Seiano[2], non che esserci imposto, ci mettesse materialmente i piedi in testa. Si stava decretando in suo onore una statua da collocare nel teatro di Pompeo[3], che Tiberio Cesare stava restaurando dopo che era stato distrutto da un incendio: Cordo esclamò che allora il teatro veramente crollava del tutto.

[22, 4] **congiarium**: complemento predicativo dell'oggetto *patrem tuum*; il *congiarium* propriamente è la distribuzione da parte dei magistrati preposti di un contenitore della capacità di un «congio» (poco più di tre litri) di vino o olio, ma poi il termine indicò anche i donativi dei patroni ai clienti. Qui l'espressione usata da Seneca è ironica e amara. • **liberius**: comparativo neutro da *liber*. • **tacitus**: complemento predicativo del soggetto sott. *pater tuus*. • **Seianum... escendere**: proposizione infinitiva oggettiva, introdotta dal precedente *ferre non potuerat*. • **ponenda**: gerundivo attributivo di *statua*. • **exustum**: participio perfetto congiunto con il complemento oggetto *quod*. • **Caesar**: è il nome proprio di solito usato per indicare gli imperatori in quanto discendenti (per adozione) da Gaio Giulio Cesare; in questo caso si tratta di Tiberio.

1. Il senatore Aulo Cremuzio Cordo visse al tempo di Ottaviano Augusto e di Tiberio. Scrisse degli *Annales* nei quali, a proposito delle guerre civili, aveva espresso lodi nei confronti dei cesaricidi Bruto e Cassio. Per questo Tiberio, istigato da Seiano, nel 25 d.C. gli fece intentare un processo. L'opera di Cremuzio Cordo, che si lasciò morire di fame prima della sentenza, fu data pubblicamente alle fiamme, ma la figlia Marcia, sfidando l'autorità imperiale, ne nascose una copia che divulgò alla morte di Tiberio: a noi sono giunti soltanto dei frammenti. La vicenda ebbe molta fama, tanto che trova spazio sia negli *Annali* di Tacito sia nella *Storia romana* del greco Dione Cassio.
2. Lucio Elio Seiano, appartenente al ceto equestre, fu il prefetto del pretorio durante il principato di Tiberio (→ p. 7): decidendo che la coorte pretoria stazionasse stabilmente a Roma, di fatto egli fu il vero artefice della trasformazione del governo di Tiberio in uno stato poliziesco. Tuttavia, nel 31 d.C., proprio quando Seiano, dopo aver ottenuto sempre maggiori poteri, stava per essere associato al governo dell'impero, Tiberio inviò da Capri, dove si era ritirato, una lettera al senato con la quale condannava Seiano a morte.
3. È il teatro inaugurato da Pompeo nel 55 a.C., in un complesso monumentale che intendeva celebrare la sua gloria: in esso troneggiava una statua di Pompeo, ai piedi della quale era stato assassinato Cesare. Sebbene in parte chiuso per volere di Ottaviano, il luogo manteneva un alto valore simbolico per i senatori ancora fedeli alla causa anticesariana. Era stato colpito da un incendio nel 22 d.C.

[5] Quid ergo? Non rumperetur supra cineres Cn. Pompei constitui Seianum et in monumentis maximi imperatoris consecrari perfidum militem? Consignatur subscriptio, et acerrimi canes, quos ille, ut sibi uni mansuetos, omnibus feros haberet, sanguine humano pascebat, circumlatrare hominem etiam illo in periculo imperturbatum incipiunt. [6]. Quid faceret? Si vivere vellet, Seianus rogandus erat, si mori, filia, uterque inexorabilis: constituit filiam fallere. Usus itaque balineo et quo plus virium poneret, in cubiculum se quasi gustaturus contulit et dimissis pueris quaedam per fenestram, ut videretur edisse, proiecit; a cena deinde, quasi iam satis in cubiculo edisset, abstinuit. Altero quoque die et tertio idem fecit; quartus ipsa infirmitate corporis faciebat indicium.

[5] E dunque? Si poteva non esplodere di fronte al fatto che sulle ceneri di Gneo Pompeo veniva eretto Seiano e sulla tomba del più grande generale veniva consacrato un soldato traditore[4]? Viene consegnata l'accusa, e i cani rabbiosi[5], che lui nutriva di sangue umano, per averli fedeli a sé solo, aggressivi con tutti, incominciano a circondare ringhiosi una persona anche in un tale pericolo imperturbabile. [6] Che cosa avrebbe dovuto fare? Se voleva vivere, doveva pregare Seiano, se morire, la figlia[6], entrambi sordi a certe preghiere: stabilì di ingannare la figlia. E così, dopo aver fatto un bagno caldo, e tale da affievolire buona parte del suo vigore, si ritirò nella camera da letto come se avesse intenzione di assaggiare qualcosa e, fatti uscire i servi, gettò degli avanzi dalla finestra, per dar l'impressione di aver mangiato; poi si astenne dalla cena, come se avesse già mangiato a sufficienza in camera. Anche il secondo e il terzo giorno fece la medesima operazione; il quarto giorno rendeva palese la situazione per via della debolezza del fisico.

[5] **Quid ergo?**: formula colloquiale che ha la funzione di introdurre una interrogativa; in italiano si può tradurre con «E che?», «E dunque?» e simili. • **Non... militem?**: il predicato principale è *rumperetur*, congiuntivo potenziale riferito al passato, di forma medio-passiva; da esso dipendono le due proposizioni infinitive *supra... constitui Seianum* e *in monumentis... consecrari... militem*. • **ille**: è Seiano. • **mansuetos... feros**: complementi predicativi del complemento oggetto *quos*. • **circumlatrare**: il verbo indica l'azione dei cani che si dispongono attorno (*circum*) a una persona e abbaiano furiosamente. • **imperturbatum**: Cordo è raffigurato come un saggio stoico.

[6] **faceret**: congiuntivo dubitativo, riferito al passato. • **Si vivere... erat**: periodo ipotetico misto, con protasi dell'irrealtà e apodosi dell'oggettività. • **si mori, filia**: da intendere *si mori (vellet), filia (roganda erat)*; *filia* è Marcia, alla quale Seneca si sta rivolgendo. • **uterque**: pronome indefinito duale, riferito a Seiano e alla figlia. • **et quo... poneret**: proposizione relativa impropria con valore consecutivo; il soggetto sott. è *Cordus*. • **gustaturus**: participio futuro, predicativo del soggetto sott., al quale l'avverbio *quasi* dà una sfumatura comparativo-ipotetica. • **dimissis pueris**: ablativo assoluto con valore temporale. • **quasi iam... edisset**: proposizione comparativa ipotetica.

4. Pompeo, nella coscienza dei Romani, rimase sempre il più grande dei generali per gli immensi bottini ricavati dalle vittorie in Oriente, mentre a Cesare non venne mai riconosciuta simile gloria. Seneca, pur favorevole in linea di principio all'idea che il governo di Roma, per evitare le guerre civili, risiedesse nelle mani di una sola persona, vedeva con ostilità la tendenza alla tirannide manifestata pur in vario modo dagli imperatori della dinastia giulio-claudia (→ p. 6) e soprattutto – con lo snobismo caratteristico del ceto senatorio – non poteva accettare che un cavaliere come Seiano raggiungesse il vertice del comando.
5. Metafora per indicare gli avvocati che prestavano la loro opera al principe e al suo consigliere come pubblici accusatori in cambio di lauti compensi: il loro diffondersi era connesso all'inasprirsi delle pene previste per il reato di lesa maestà, che a partire da norme emanate da Ottaviano Augusto comprendeva anche l'oltraggio alla persona dell'imperatore e dei suoi familiari, oltre all'oltraggio allo Stato. Accusare qualcuno di lesa maestà era, dunque, un valido mezzo per eliminare le voci di dissenso.
6. Nel senso che per vivere avrebbe dovuto formulare una supplica a Seiano, dichiarando il proprio pentimento, mentre attuare il suicidio si presentava piuttosto difficile per la presenza vicino a lui della figlia Marcia.

Complexus itaque te, «Carissima», inquit, «filia et hoc unum tota celata vita, iter mortis ingressus sum et iam medium fere teneo; revocare me nec debes nec potes». Atque ita iussit lumen omne praecludi et se in tenebras condidit. [7] Cognito consilio eius publica voluptas erat, quod e faucibus avidissimorum luporum educeretur praeda. Accusatores auctore Seiano adeunt consulum tribunalia, queruntur mori Cordum, ut interpellarent quod coegerant: adeo illis Cordus videbatur effugere. Magna res erat in quaestione, an mortis ius rei perderent; dum deliberatur, dum accusatores iterum adeunt, ille se absolverat. [8] Videsne, Marcia, quantae iniquorum temporum vices ex inopinato ingruant? Fles, quod alicui tuorum mori necesse fuit? Paene non licuit!

PER ANALIZZARE

SENECA

■ Ritratto di donna, da El Fayum, I-III sec. d.C. Il Cairo, Museo Egizio.

Allora, dopo averti abbracciato, disse: «Carissima figlia, alla quale in tutta la vita solo questo ho nascosto, ho imboccato la strada della morte e ormai sono quasi a metà; chiamarmi indietro né devi né puoi». E quindi diede ordine che nessuna luce fosse lasciata filtrare e si seppellì nelle tenebre. [7] Conosciuta la sua decisione, si diffondeva una generale soddisfazione, per il fatto che una preda veniva sfilata dalle fauci dei ferocissimi lupi. Gli accusatori, su istigazione di Seiano, si presentano davanti alla tribuna dei giudici, si lagnano che Cordo sta morendo per impedire ciò che loro stessi lo avevano costretto a fare: fino a tal segno pareva che Codro sfuggisse loro. Si dibatteva un gran caso, se gli imputati perdessero il diritto di morire[7]; mentre si delibera, mentre gli accusatori si presentano una seconda volta, lui si era liberato da solo. [8] Vedi, Marcia, che alternanza di disgrazie incombe imprevedibilmente? Stai piangendo perché a uno dei tuoi cari è toccato di dover morire? A un altro quasi non fu permesso di farlo[8].

• **Complexus itaque te**: *complexus* è participio perfetto da *complector*, congiunto al soggetto con valore temporale; *te* è il suo complemento oggetto. • **hoc... vita**: *celata* è participio perfetto, concordato al vocativo *filia*; *hoc unum* è il complemento di relazione, in accusativo; *tota vita* è ablativo di tempo determinato. • **lumen... praecludi**: proposizione infinitiva introdotta dal precedente *iussit*. [7] **Cognito... eius**: ablativo assoluto con valore temporale. • **quod... praeda**: proposizione causale con il congiuntivo obliquo, che esprime il parere soggettivo dell'opinione pubblica. • **auctore Seiano**: ablativo assoluto, con valore causale. • **an mortis... perderent**: proposizione interrogativa indiretta, retta dalla precedente espressione *Magna res erat in quaestione* (tratta dal lessico giuridico). • **iterum**: avverbio, «una seconda volta». • **se absolverat**: il verbo ha il doppio significato di «assolversi», nell'accezione giuridica, ma anche di «rendersi libero», nell'accezione filosofica; Cordo ha compiuto una scelta volta a preservare la propria integrità interiore.
[8] **Videsne**: *-ne* è particella interrogativa. • **quantae... ingruant**: proposizione interrogativa indiretta, introdotta da *Videsne*; *ex inopinato* è una locuzione avverbiale, lett. «al di là delle previsioni». • **quod... fuit**: proposizione causale; *alicui* è riferito al figlio che ora Marcia sta piangendo. • **Paene non licuit!**: sottintende *alicui tuorum* (riferito al padre Cremuzio Cordo) *mori*.

7. È detto con amara ironia, anche se dobbiamo pensare che il motivo dell'appello ai giudici risiedesse nel fatto che, in caso di morte dell'imputato prima della sentenza, i pubblici accusatori rischiavano di perdere il diritto di ricevere quanto pattuito per la loro delazione.

8. Il primo dei «cari» a cui Seneca allude è il defunto figlio di Marcia, per cui il filosofo scrive ora la consolazione; l'altro caro, a cui non fu concesso di morire naturalmente, è invece Cremuzio, il padre di Marcia.

T17 Che cos'è l'esilio? | *Consolatio ad Helviam matrem* 6, 1-5

LATINO

[6, 1] Remoto ergo iudicio plurium, quos prima rerum species, utcumque credita est, aufert, videamus quid sit exilium. Nempe loci commutatio. Ne angustare videar vim eius et quidquid pessimum in se habet subtrahere, hanc commutationem loci sequuntur incommoda, paupertas ignominia contemptus. Adversus ista postea confligam: interim primum illud intueri volo, quid acerbi adferat ipsa loci commutatio. [2] «Carere patria intolerabile est». Aspice agedum hanc frequentiam, cui vix urbis immensae tecta sufficiunt: maxima pars istius turbae patria caret. Ex municipiis et coloniis suis, ex toto denique orbe terrarum confluxerunt: alios adduxit ambitio, alios necessitas officii publici, alios imposita legatio, alios luxuria opportunum et opulentum vitiis locum quaerens, alios liberalium studiorum cupiditas, alios spectacula; quosdam traxit amicitia, quosdam industria laxam ostendendae virtuti nancta materiam; quidam venalem formam attulerunt, quidam venalem eloquentiam. [3] Nullum non hominum genus concucurrit in urbem et virtutibus et vitiis magna pretia ponentem. Iube istos omnes ad nomen citari et «unde domo» quisque sit quaere: videbis maiorem partem esse quae relictis sedibus suis venerit in maximam quidem ac pulcherrimam urbem, non tamen suam.

[6, 1] **Remoto... aufert**: *remoto... plurium* è un ablativo assoluto, lett. «una volta levato il giudizio dei più»; il pronome relativo *quos* (retto da *aufert*, nel senso di «porta fuori strada») è riferito a *plurium*; *prima... species* è soggetto, lett. «la prima apparenza dei fenomeni»; *utcumque credita sit* è una proposizione relativa con sfumatura ipotetica, «in qualunque modo sia apparsa credibile»; *videamus* è un congiuntivo esortativo. • **Nempe**: avverbio, «evidentemente». • **Ne angustare... subtrahere**: *ne* introduce una proposizione finale negativa il cui predicato verbale è *videar*, costruito personalmente con gli infiniti *angustare* («sminuire», il cui complemento oggetto è *vim*) e *subtrahere*; quest'ultimo infinito ha come oggetto la proposizione relativa *quidquid... habet* (prolessi del relativo). • **paupertas... contemptus**: sono tre apposizioni di *incommoda*, che è soggetto della proposizione principale *hanc... incommoda*. • **Adversus... confligam**: *adversus* è preposizione impropria, da unire a *ista* (che a sua volta allude ai precedenti *incommoda*). • **interim... commutatio**: *interim* è avverbio, «per il momento»; *primum* è accusativo avverbiale, «in primo luogo»; *illud* è prolettico della proposizione interrogativa indiretta *quid... commutatio*, in cui *acerbi* è genitivo partitivo di *quid*, «quale dolore».
[2] **«Carere... est»**: è l'obiezione di un possibile interlocutore a cui il filosofo ora controbatterà; *patria* è ablativo di privazione, complemento di *carere*. • **Aspice... caret**: *agedum* è avverbio, «dunque»; *hanc frequentiam*, «questa massa di gente», è riferito alla popolazione di Roma, la maggior parte della quale era formata da proletari inurbatisi con la speranza di accedere più facilmente ai frequenti donativi; *cui* è riferito a *frequentiam*; *vix* è avverbio, «a fatica»; *tecta* vale lett. «tetti», quindi «case» (sineddoche del registro colloquiale); *patria* è ablativo di privazione da unire a *caret*. • **Ex municipiis... confluxerunt**: *suis*, «loro», è riferito al soggetto sottinteso, che si ricava a senso dal precedente *turba* (quindi per esempio *homines*, «persone»). • **alios adduxit... spectacula**: serie di proposizioni il cui predicato verbale è sempre *adduxit*; il complemento oggetto è *alios... alios...* ecc., cioè «alcuni... altri... altri ancora...»; *quaerens* è participio attributivo di *luxuria*, mentre *locum* è il suo complemento oggetto; *vitiis*, ablativo di abbondanza, determina *opulentum*. • **quosdam... materiam**: il predicato *traxit* vale per entrambe le proposizioni; la seconda va costruita *quosdam (traxit) industria nancta materiam laxam ostendendae virtuti* (costrutto del gerundivo attributivo, dativo di fine), lett. «altri (*quosdam*) attirò lo spirito di iniziativa, che trova materia abbondante per dimostrare il talento (*ostendendae virtuti*)». • **quidam... eloquentiam**: *quidam* è pronome indefinito, nominativo plurale, e ha funzione di soggetto.
[3] **Nullum... genus**: la doppia negazione *Nullum non* forma una espressione frequente in Seneca che significa «Non c'è nessun genere di persone che non...». • **in urbem... ponentem**: *ponentem* è participio congiunto a *urbem*, *pretia* è il suo complemento oggetto e *virtutibus* e *vitiis* il suo complemento di termine. • **Iube... citari**: lett. «Ordina che tutti costoro siano chiamati per nome». • **et... quaere**: *«unde domo»*, «da dove?», è una proposizione interrogativa diretta, introdotta da *quaere*; *quisque sit*, «chiunque sia». • **videbis... suam**: *maiorem... esse* è una proposizione infinitiva oggettiva retta da *videbis*; *quae... suam* è una proposizione relativa con il congiuntivo obliquo (*venerit*), in quanto presenta una convinzione dello scrivente; l'antecedente del relativo *quae* è un pronome dimostrativo (*ea*) sottinteso, «quella che»; *quidem* e *tamen* sono avverbi, «certamente» e «tuttavia».

[4] Deinde ab hac civitate discede, quae veluti communis potest dici, omnes urbes circumi: nulla non magnam partem peregrinae multitudinis habet. Transi ab iis quarum amoena positio et opportunitas regionis plures adlicit, deserta loca et asperrimas insulas, Sciathum et Seriphum, Gyaram et Cossuran percense: nullum invenies exilium in quo non aliquis animi causa moretur. [5] Quid tam nudum inveniri potest, quid tam abruptum undique quam hoc saxum? Quid ad copias respicienti ieiunius? Quid ad homines inmansuetius? Quid ad ipsum loci situm horridius? Quid ad caeli naturam intemperantius? Plures tamen hic peregrini quam cives consistunt. Usque eo ergo commutatio ipsa locorum gravis non est ut hic quoque locus a patria quosdam abduxerit.

[4] **Deinde... dici**: *civitate* è Roma; *discede*, «allontanati», in senso figurativo; *dici* è infinito presente passivo, mentre *communis* è predicativo del soggetto *quae*. • **circumi**: imperativo, 2ª persona singolare. • **nulla non**: «non c'è nessuna che non...». • **Transi... adlicit**: *transi* è imperativo, 2ª persona singolare; *ab iis* sott. *civitatibus*; *plures*, sott. *homines*, «persone», è il complemento oggetto di *adlicit*, «attira». • **deserta... percense**: *loca* e *insulas* sono complemento oggetto dell'imperativo *percense*, «esamina»; *Sciathum... Cossuran* sono apposizioni di *insulas*. Si tratta di quattro piccole isole: Schìato nell'Egeo; Serìfo e Gìara dell'arcipelago delle Cicladi, sempre nell'Egeo; *Cossuran* (accusativo secondo la declinazione greca) è identificata con Pantelleria. • **nullum... exilium**: «non troverai alcun luogo usato come esilio»; i Romani usavano come luoghi di confino per i condannati le isole e le località sperdute. • **in quo... moretur**: proposizione relativa impropria con valore consecutivo, «tale che in esso non soggiorni qualcuno per puro piacere spirituale». [5] **Quid... intemperantius?**: serie di proposizione interrogative retoriche; il predicato verbale per tutte è *inveniri potest*, passivo impersonale, «si può trovare»; *quam hoc saxum* è il secondo termine di paragone, valido per tutti i comparativi, e allude alla Corsica, isola rocciosa e luogo di esilio di Seneca; *respicienti* è participio sostantivato, dativo di svantaggio, «per colui che mira (alla ricchezza)»; *ad homines... ad ipsum loci situm*, «per quanto riguarda la popolazione... per quanto riguarda il luogo»; *caeli*, «del clima». • **Usque... abduxerit**: gli avverbi *usque eo* anticipano la proposizione consecutiva *ut... abduxerit*, lett. «Perciò in sé un cambiamento di luogo non è grave al punto tale che anche questo posto [= la Corsica] ha attirato alcuni lontano dalla loro patria».

■ Sarcofago delle Muse: particolare del lato sinistro con filosofo e Musa, II secolo. Parigi, Museo del Louvre.

Il testo e il contesto

L'ARGOMENTAZIONE PER *EXEMPLA* In entrambi i passi delle due *consolationes* l'argomentazione si fonda essenzialmente sull'uso di esempi. Tale procedimento è caratteristico di Seneca, che sostituisce i sillogismi con vividi quadri, fatti per rimanere nella memoria dell'ascoltatore. L'argomentazione per mezzo di esempi inoltre è consona alla mentalità romana, dato che su di essa si fondava il tradizionale insegnamento impartito dal *mos maiorum*. Anche in ambito giuridico il procedimento è familiare ai Romani: gli avvocati erano soliti porre una questione determinata, un caso particolare, entro una questione generale, riscontrando le affinità tra le due per mezzo di esempi.
La tecnica utilizzata da Seneca per gli *exempla*, in particolare, può essere studiata alla luce della teoria dell'argomentazione, nata poco dopo la metà del secolo scorso nell'ambito della filosofia del linguaggio, soprattutto grazie agli studi del filosofo Chaim Perelman.

CREMUZIO CORDO L'esempio dello storico Cremuzio Cordo all'interno della consolazione rivolta a Marcia per la perdita del figlio potrebbe apparire un espediente piuttosto azzardato: perché ricordare alla donna un altro acuto dolore oltre a quello per il quale ora sta soffrendo? In realtà l'esempio scelto è particolarmente efficace, e la moderna teoria dell'argomentazione lo identifica come "caso invalidante". Il fatto che una persona onesta come Cremuzio Cordo abbia desiderato ciò che per molti è una disgrazia e che, paradossalmente, proprio i suoi persecutori abbiano desiderato tenerlo in vita, dimostra che pensare la morte come un male è una generalizzazione indebita. Chiaramente Seneca non sviluppa l'argomentazione in modo freddo: lascia all'esempio tutta la sua forza, in modo tale che sia il lettore a ricavare il fatto che esiste almeno qualche motivo per pensare la morte non sempre e solo come disgrazia.
L'efficacia della scelta risiede anche nel fatto che la cultura latina è profondamente patriarcale e il ragionamento proposto a Marcia può riassumersi così: se una persona onesta come tuo padre Cremuzio Cordo ha affrontato con serenità la propria morte, a maggior ragione tu che sei sua figlia sei tenuta a imitare la sua forza d'animo e a sopportare con serenità il tuo dolore. Il lettore si trova di fronte a quello che la logica antica definiva "ragionamento *a fortiori*" (un caso è reso valido da un argomento più forte) e la moderna teoria dell'argomentazione chiama "esempio gerarchizzato" (ossia esempio che si pone a livello superiore rispetto a quanto si vuole dimostrare).

L'ESILIO NON È UN MALE Anche l'argomentazione proposta nel passo tratto dalla consolazione a Elvia è svolta attraverso esempi. Il ragionamento sotteso può essere così riassunto: se molte persone decidono volontariamente di abbandonare la patria, vuol dire che in sé abbandonare la patria non si può ritenere una disgrazia. Tale tesi è sostenuta con una moltiplicazione imponente di esempi di persone che si recano a Roma, esempi introdotti da formule ripetute: *alios* sei volte, *quosdam* due volte e così *quidam* (6, 2). I casi proposti alla fine, pur con piccole variazioni, vengono tutti accomunati dal fatto che si tratta di persone che lasciano volontariamente la patria. Tale "moltiplicazione dei casi non differenziati" è analizzata, all'interno della moderna teoria dell'argomentazione, come un procedimento logico volto a presentare un fenomeno come altamente probabile. Ma Seneca sa che un'obiezione molto semplice potrebbe essere che molti si recano a Roma perché è una città bellissima e, perciò, aggiunge un "caso invalidante": anche in Corsica, terra assai diversa da Roma, ci sono più stranieri che nativi (6, 5).

Lo stile del testo

QUASI UN *CARMEN* Oltre alla potenza delle immagini e degli esempi, è l'uso delle parole a marcare in forma inconfondibile lo stile senecano, nel momento in cui vuole agire sull'ascoltatore/lettore. Secondo Alfonso Traina, Seneca, quando intende conferire alle sue parole una «direzione verso l'esterno» (il "linguaggio della predicazione"), adotta procedimenti che riportano la sua prosa alla cadenza fortemente ritmata degli antichi *carmina*, i testi tramandati per secoli oralmente dai Latini.
In primo luogo Seneca tende a racchiudere in proposizioni brevi e icastiche le sue affermazioni: sono le cosiddette *sententiae*, ossia frasi che assumono il tono di veri e propri precetti. Per giungere a questo risultato Seneca agisce sulla sintassi, alla ricerca della *brevitas*, riducendo al minimo la subordinazione (in entrambi i testi proposti raramente si procede oltre il secondo grado) ed eliminando i nessi che possono appesantire la frase. Per esempio, adotta il participio futuro secondo la prassi comune nella lingua greca anche non unito alle voci di *sum*: in **T16** (a 22, 6), per esempio, il nesso *quasi gustaturus* (participio futuro) permette di "risparmiare" una proposizione temporale.
A rendere sintetica e sentenziosa la frase è anche la diffusa presenza della doppia negazione, sul tipo di *nemo non* («non c'è nessuno che non...»). In **T17**, per esempio, ricorre ben tre volte: in 6, 3, *Nullum non hominum*; in 6, 4 .... e *nullum invenies exilium in quo non*. Insieme a questo procedimento, spesso Seneca prevede anche la ripetizione avvicinata del medesimo termine, in frasi che assumono il tono di proverbi: per esempio in **T17**, *venalem formam... venalem eloquentiam* (6, 2). Ottengono lo stesso effetto anche le antitesi, rafforzate dalla giustapposizione per asindeto, per esempio in **T16**, *uni mansuetos, omnibus feros* (22, 5) e .... (22, 6).

ANAFORA E *VARIATIO* La figura però che si può considerare come l'autentica cifra dello stile di Seneca è l'anafora: il suo effetto martellante ricrea l'antico ritmo dei *carmina*. In **T17** si trovano esempi evidentissimi: sull'anafora è costruito l'intero paragrafo 6, 2 (anafora di *alios*, di .... e di *quidam*) e la prima parte di 6, 5 (anafora di *Quid*), ma un'anafora bimembre è posta anche in chiusura del paragrafo 22, 7 di **T16** (*dum... dum...*).
Nelle sue più efficaci *sententiae* Seneca introduce piccole variazioni nei vari membri del periodo che sono collegati dall'anafora fonicamente, più che sintatticamente: con questo procedimento si allontana in maniera netta dalla *concinnitas* ciceroniana, che ama invece i parallelismi perfetti. Nei periodi di Seneca invece pare che il pensiero si affini gradualmente, fino a giungere a una formulazione sintetica finale: la *variatio* senecana tende ad abbreviare l'ultimo membro di una serie accorciandolo, mentre nello stile di Cicerone l'ultimo membro di una serie, se mai, deve essere il più ampio. Nella lunga serie introdotta da *alios* in 6, 2 di **T17**, il membro più breve è *alios spectacula*, che è anche l'ultimo. Questo non accade – per *variatio*! – con la successiva anafora, ma di nuovo con quella introdotta da *quidam*.
L'abbreviazione del secondo membro dà tono epigrammatico ai passaggi-chiave. Ciò è evidente in 22, 6 di **T16**, nella *sententia* che esprime il dubbio tragico di Cremuzio Cordo: *Si vivere vellet, Seianus rogandus erat, si mori, filia*, in cui progressivamente si riduce la dimensione degli elementi sintattici. E ancora nella frase finale del passo (22, 8): *alicui tuorum mori necesse fuit? Paene non licuit!*, in cui l'abbreviazione del secondo membro giunge a rendere oscuro e misterioso, quasi oracolare, il tono della frase.

LEGGO E ANALIZZO

1. Attraverso quale procedimento argomentativo Seneca rende l'*exemplum* del suicidio di Cremuzio Cordo un "caso invalidante" per persuadere Marcia a non soffrire per la morte del figlio?

2. In che cosa consiste la "moltiplicazione dei casi non differenziati"?

3. Che cosa ha osservato Alfonso Traina a proposito del "linguaggio della predicazione" di Seneca?

IL PARERE DEGLI ALTRI AUTORI | I RETORI CONTRO SENECA

«ARENA SENZA CALCE» Seneca ebbe ampio successo grazie alle sue opere, che circolarono rapidamente: il suo stile fece presa soprattutto sulle giovani generazioni. Della diffusione dei suoi scritti e della sua fama possono essere ritenute prove anche alcune pagine del *Satyricon*, attribuito a Petronio, probabilmente scritto durante l'epoca neroniana (➛ p. 168), che paiono voler fare la parodia delle tesi del filosofo. Tuttavia lo stile di Seneca non fu apprezzato dai retori che dominarono le scuole tra la fine del I sec. e l'inizio del II sec. d.C.: non piaceva lo stile frammentato, che veniva avvertito come troppo debole e fiacco rispetto al modello offerto dalla ampia sonorità dei periodi ciceroniani.
Quintiliano, che scrive alla fine del I sec. d.C., pur apprezzando la vasta cultura di Seneca, ne raccomanda la lettura con la massima prudenza, per evitare quelli che lui riteneva vizi espressivi. Dopo aver ricordato il grande successo e i numerosi imitatori del filosofo, soprattutto nei primi anni dopo la sua morte, Quintiliano dice: «Ci sono in lui molti celebri aforismi e di molti suoi brani è consigliabile la lettura a scopo moraleggiante, ma per il riguardo stilistico sono di solito corrotti e tanto più pericolosi, in quanto pieni di allettanti vizi. Avresti voluto che egli si fosse espresso col suo ingegno, ma con il senso critico di un altro. Ché [...], se non fosse stato indulgente con tutto quel che componeva, se non avesse sminuzzato con pensieri resi frammentariamente argomenti ponderosi, egli sarebbe stato favorevolmente apprezzato da tutte le persone colte, piuttosto che prediletto dai ragazzi» (*Institutio oratoria*, 10, 1, 129-130; trad. Rino Faranda e Piero Pecchiura).
Questo parere sembra rispecchiare anche quello formulato dall'imperatore Caligola, esperto di eloquenza, che ebbe modo di ascoltare sovente le parole di Seneca e che non apprezzò l'eccessiva frammentazione dei periodi. Secondo la testimonianza dello storico Svetonio (I-II sec. d.C.), l'imperatore «disprezzava lo stile morbido e adorno, tanto da dire di Seneca, il quale allora era sommamente in voga, che componeva "scritti meramente retorici", e che era "arena senza calce"» (*Vita di Caligola* 53; trad. di G. Vitali).

LE STRONCATURE DI FRONTONE E GELLIO

Seneca fu criticato soprattutto dai retori del II sec. d.C. che ammiravano lo stile di Cicerone e le forme linguistiche tendenti all'arcaismo. Frontone, insegnante degli imperatori Antonino Pio e Marco Aurelio, in una lettera rivolta proprio a Marco Aurelio e risalente al 162 d.C. disse: «Penso che vada sradicata completamente quella eloquenza confusa che si comporta come gli alberi con innesti di piante di qualità diverse, fondata parte sulle pigne di Catone [*ossia sull'utilizzo di forme rustiche e grezze*] e parte sulle prugnette flaccide e malaticce di Seneca» (*De orationibus* 2).

Un parere simile si trova anche in Aulo Gellio, giurista e scrittore del II sec. d.C., allievo di Frontone. Gellio, irato per le critiche che Seneca muove allo stile di Cicerone, sconsiglia assolutamente la lettura del filosofo ai giovani, perché, pur ammettendo che qua e là si possa trovare qualcosa di detto bene: «all'indole dei giovani non tanto giova ciò che è stato detto bene quanto nuoce ciò che è pessimamente detto; tanto più se le frasi cattive sono la maggioranza e se alcune tra esse vengono pronunciate non già per gusto dialettico [*ossia solo per polemica*] in un argomento di poco conto ma a titolo di consiglio in una situazione critica» (*Le notti attiche* 12, 2, 12; trad. di G. Bernardi-Perini).

Seneca invece conobbe un inarrestabile successo presso gli autori cristiani, che si interessarono alle sue idee più che al suo stile.

■ Busto di Catone Uticense, I secolo. Firenze, Museo Archeologico.

GUIDA ALLO STUDIO

1. Per quale motivo Quintiliano disapprova lo stile di Seneca?

2. Che cosa può significare il giudizio di Caligola riportato da Svetonio a proposito dello stile di Seneca?

3. Perché Gellio ritiene che Seneca non debba essere fatto leggere ai giovani?

T18-T19 Il "linguaggio dell'interiorità"

Epistulae ad Lucilium 25, 4-7; 9, 13-16

Un tema assai caro a Seneca, che diventa sempre più frequente negli scritti dell'ultimo periodo e in particolare nelle Lettere a Lucilio, *è rappresentato dalla necessità di ritirarsi in se stessi, coscienti del fatto che l'unico vero bene sia l'interiorità. Tutto il resto è in balia del destino e bisogna avvalersene come se fosse un prestito che va restituito.*

Da alcune delle prime lettere che il filosofo indirizza all'amico, risultano evidenti, oltre allo specifico contenuto filosofico, anche le innovazioni linguistiche connesse con il tema dell'interiorità: Seneca insiste nell'uso di forme riflessive ed esprime una piena identità tra il possessore (il sapiente) e il bene posseduto (l'interiorità); giunge così a elaborare un linguaggio che, pur convivendo con quello della predicazione, prende la direzione opposta, ossia verso l'interno, divenendo un "linguaggio dell'interiorità".

T18

LATINO/ ITALIANO

Come imparare a ritirarsi in se stessi

Epistulae ad Lucilium 25, 4-7

[25, 4] Tu nobis te, ut facis, fortem praesta et sarcinas contrahe; nihil ex his quae habemus necessarium est. Ad legem naturae revertamur; divitiae paratae sunt. Aut gratuitum est quo egemus, aut vile: panem et aquam natura desiderat. Nemo ad haec pauper est, intra quae quisquis desiderium suum clusit cum ipso Iove de felicitate contendat, ut ait Epicurus, cuius aliquam vocem huic epistulae involvam. [5] «Sic fac», inquit, «omnia tamquam spectet Epicurus». Prodest sine dubio custodem sibi imposuisse et habere quem respicias, quem interesse cogitationibus tuis iudices. Hoc quidem longe magnificentius est, sic vivere tamquam sub alicuius boni viri ac semper praesentis oculis, sed ego etiam hoc contentus sum, ut sic facias quaecumque facies tamquam spectet aliquis: omnia nobis mala solitudo persuadet.

[25, 4] Tu, come stai facendo[1], presentati coraggioso di fronte a noi e riduci i bagagli[2]; niente di ciò che possediamo è necessario. Torniamo alla legge della natura; i beni materiali sono stati acquistati[3]. Ciò di cui necessitiamo o è gratuito o costa poco: la natura ha bisogno di pane e acqua. Relativamente a questi nessuno è povero[4], all'interno della limitata cerchia di beni entro i quali ciascuno ha posto un limite ai suoi desideri, uno potrebbe gareggiare con Giove in fatto di felicità[5], come dice Epicuro[6], di cui allego una frase alla presente lettera. [5] «Fai tutto», dice, «come se Epicuro ti stesse guardando[7]». Senza dubbio è utile imporre a se stesso un custode e avere una persona da tenere in considerazione, da ritenere partecipe dei propri pensieri. Questo di gran lunga sarebbe il meglio, vivere come davanti agli occhi di una persona onesta e sempre presente, ma io sarei già contento di questo, che tu faccia tutto quello che fai come se un'altra persona ti guardasse: la solitudine ci induce a tutti i vizi.

[25, 4] **Tu... contrahe:** *nobis* è riferito a Seneca; *fortem* è complemento predicativo dell'oggetto *te*; *sarcina* indica il bagaglio, al plurale propriamente quello dei militari. • **revertamur**: congiuntivo esortativo; l'uso della 1ª persona plurale dimostra che Seneca include anche se stesso tra coloro ai quali è rivolto l'invito. • **intra... contendat**: *intra quae* (pronome relativo accusativo neutro plurale) ha come antecedente un pronome dimostrativo sottinteso, e quindi va inteso *intra (ea) quae*; *clusit* equivale a *clausit*; *contendat* è congiuntivo indipendente, con sfumatura potenziale, in quanto il soggetto è indeterminato. • **ut**: «come», introduce una proposizione comparativa. • **cuius**: ha come antecedente *Epicurus*.

[5] **Sic fac... Epicurus**: *tamquam* introduce una proposizione comparativa ipotetica. • **Prodest... iudices**: *prodest* va unito sia a *imposuisse* sia a *habere*; le proposizioni relative *quem respicias* e *quem... iudices* hanno come antecedente un pronome maschile sottinteso (*eum*), complemento oggetto di *habere*; il secondo *quem* è anche soggetto della proposizione infinitiva retta da *iudices*, il cui predicato verbale è *interesse*. • **ut sic facias**: proposizione completiva volitiva. • **tamquam spectet aliquis**: proposizione comparativa ipotetica. • **persuadet**: ha sia il complemento diretto della cosa (*omnia*), sia quello indiretto della persona (*nobis*), perciò significa «indurre qualcuno a qualcosa».

1. Nella prima parte della lettera, qui omessa, Seneca aveva riferito a Lucilio di una questione privata, non inerente la filosofia. La trattazione vera e propria inizia da qui e Seneca si compiace per i progressi che sta osservando (evidentemente da quanto legge nelle lettere dell'amico).
2. Metafora per invitare l'amico a identificare il superfluo e a rinunciarvi.
3. Ossia non sono un vero e sicuro possesso.
4. Ai cittadini romani venivano distribuiti gratuitamente dallo Stato i generi di prima necessità, grano, olio e vino.
5. Il saggio che basta a se stesso secondo Seneca è pari agli dèi, anzi superiore, perché ha guadagnato con le sue forze la felicità che agli dèi è regalata dal destino.
6. Pur essendo in disaccordo con alcuni principi fondamentali dell'epicureismo, Seneca cita spesso Epicuro, i cui testi erano tra le sue letture preferite.
7. Rivolgendosi ai discepoli, Epicuro aveva raccomandato loro di agire sempre come se fossero in presenza del maestro.

[6] Cum iam profeceris tantum ut sit tibi etiam tui reverentia, licebit dimittas paedagogum: interim aliquorum te auctoritate custodi – aut Cato ille sit aut Scipio aut Laelius aut alius cuius interventu perditi quoque homines vitia supprimerent, dum te efficis eum cum quo peccare non audeas. Cum hoc effeceris et aliqua coeperit apud te tui esse dignatio, incipiam tibi permittere quod idem suadet Epicurus: «Tunc praecipue in te ipse secede cum esse cogeris in turba». [7] Dissimilem te fieri multis oportet, dum tibi tutum sit ad te recedere. Circumspice singulos: nemo est cui non satius sit cum quolibet esse quam secum. «Tunc praecipue in te ipse secede cum esse cogeris in turba» – si bonus vir es, si quietus, si temperans. Alioquin in turbam tibi a te recedendum est: istic malo viro propius es. Vale.

[6] Quando poi tu sarai arrivato al punto da avere tu stesso un timore reverenziale di te, sarà il momento di congedare il pedagogo[8]: nel frattempo custodisci te stesso con l'autorità di qualcun altro – sia egli il famoso Catone o Scipione o Lelio[9] o un altro grazie all'intervento del quale anche uomini ormai persi tratterrebbero i vizi, fino a quando non ti sei reso quella persona insieme alla quale non oseresti peccare. Quando avrai raggiunto questo risultato e incomincerà a esserci presso di te una certa soggezione nei confronti di te stesso, incomincerò a permetterti ciò che suggerisce Epicuro: «Ritirati in te stesso soprattutto quando sei costretto a stare in mezzo alla folla[10]». [7] È necessario che tu divenga diverso da molti, purché l'atto di raccoglierti in te stesso avvenga in sicurezza[11]. Guarda gli altri uno a uno: non c'è nessuno per il quale non sia meglio stare con qualsiasi altro che con se stesso. «Ritirati con te stesso soprattutto quando sei costretto a stare in mezzo alla folla» – se sei un uomo onesto, se sei quieto, se sei temperante. Diversamente tu devi ritirarti nella folla separandoti da te stesso: lì dove ti trovi sei un po' troppo vicino a una persona malvagia[12]. Stammi bene.

[6] **profeceris**: è futuro anteriore. • **ut sit... reverentia**: proposizione consecutiva; *tibi* è dativo di possesso. • **dimittas**: congiuntivo introdotto dalla forma impersonale *licebit* (da *licet*), lett. «sarà concesso». • **custodi**: è imperativo, 2ª persona singolare. • **sit**: congiuntivo indipendente con valore concessivo. • **cuius... supprimerent**: proposizione relativa propria, con il congiuntivo potenziale. • **dum... eum**: proposizione temporale. • **cum quo... audeas**: proposizione relativa impropria con valore consecutivo. • **Cum hoc... dignatio**: due proposizioni temporali, introdotte da *cum* e coordinate, con il predicato all'indicativo, *effeceris* e *coeperit*; *tui* è genitivo oggettivo, da unire a *dignatio*. • **quod**: l'antecedente è sottinteso (*id*). • **cogeris**: presente indicativo, 2ª persona singolare, passivo da *cogo*.

[7] **Dissimilem... multis**: proposizione infinitiva soggettiva, introdotta dal successivo *oportet* (impersonale); *dissimilem* è complemento predicativo del soggetto *te*. • **dum... recedere**: proposizione temporale, con il predicato al congiuntivo perché esprime azione eventuale; *recedere* è il soggetto, *tutum sit* è il predicato nominale. • **satius**: avverbio, comparativo di *satis*. • **tibi... recedendum est**: perifrastica passiva impersonale; *tibi* è dativo di agente. • **istic**: avverbio di stato in luogo, lett. «in questo posto», e quindi anche «a questo proposito», «per quanto riguarda questo».

8. Come si evince anche dal seguito della lettera, Seneca considera Lucilio già bene incamminato sulla strada della saggezza, ma ancora lontano dalla mèta per poter proseguire da solo.
9. Come sempre Seneca attinge esempi di virtù dalla storia romana. Catone l'Uticense, esempio tra i più frequenti, diede prova di libertà interiore, preferendo il suicidio alla sottomissione a Cesare; Scipione (probabilmente l'Emiliano) e Lelio, animatori del circolo scipionico nel II sec. a.C., sono modelli di saggezza e moderazione ampiamente presenti nella letteratura, fin dalle opere di Cicerone.
10. È necessario ritirarsi in se stessi quando si è in compagnia di molta gente, per evitare di seguire modelli negativi che potrebbero capitare sotto gli occhi.
11. Ci si può ritirare in se stessi quando il controllo su di sé si è sviluppato in modo sufficiente a impedire pensieri e azioni che comportino il male morale.
12. La chiosa di Seneca limita la portata della frase di Epicuro: prima di ritirarsi in se stesso, mentre è in compagnia di molti sconosciuti, un uomo deve aver intrapreso il cammino verso la saggezza. Seneca in pratica dice: quando una personalità non è ancora sufficientemente strutturata, tanto vale stare serenamente in mezzo alla gente, in quanto i pericoli maggiori possono sorgere ancora da una interiorità non molto salda.

Stile e recitazione

UN TESTO DA RECITARE volte possiamo avere l'impressione che gli autori antichi avessero una vera e propria ossessione per lo stile, ma questo è probabilmente dovuto al fatto che la letteratura continuava a mantenere anche all'epoca di Seneca la dimensione dell'oralità: il testo spesso era pensato per essere recitato e perciò era concepito per essere valutato assai più con le orecchie che con gli occhi. Tale concetto è spiegato da Guglielmo Cavallo in un saggio in cui viene esaminata la pratica della lettura nel mondo antico.

« Fino al II-III secolo d.C. "leggere un libro" significava di solito "leggere un rotolo" [...]. Per leggere si prendeva il rotolo nella mano destra e lo si svolgeva progressivamente con la sinistra, la quale ne riavvolgeva e tratteneva la parte già letta; a lettura ultimata, il rotolo restava tutto avvolto nella sinistra. Queste fasi, così come certi gesti e momenti complementari, risultano largamente testimoniati nelle rappresentazioni figurative, soprattutto sui monumenti funerari. Fondamentalmente, al di là di sfumature, vi si ritrovano: il rotolo tenuto nella mano destra e con l'estremità svolta, a lettura appena iniziata, sporgente verso sinistra; il rotolo aperto, nella specie di due cilindri tenuti dalle due mani e collegati da una parte più o meno ampia in corso di lettura; il rotolo aperto nel tipo detto "della lettura interrotta", trattenuto da una sola mano, congiungendo i due cilindri alle estremità, e lasciando quindi libera l'altra mano; il rotolo aperto sull'ultima banda, sporgente verso destra, a lettura che si va concludendo; il rotolo, infine, completamente riavvolto, stretto nella mano sinistra. [...] Ma le "descrizioni" iconografiche mostrano alcune situazioni complessive della lettura. Si possono osservare il lettore seduto, solo con il suo libro o che un uditorio in piedi ascolta leggere, il maestro impegnato in una lettura di scuola, l'oratore che declama il suo discorso con lo scritto sott'occhio, il viaggiatore che legge sul carro, il banchettante disteso che coglie con lo sguardo le righe dal rotolo tra le mani, la fanciulla intenta a leggere in piedi o seduta sotto un porticato. La lettura insomma, come in età moderna, sembra essere stata un'operazione molto libera, non solo nelle situazioni, ma anche nella fisiologia. [...] La maniera più abituale di leggere era comunque, a qualsiasi livello e con qualsiasi funzione, quella a voce alta, a quanto risulta anche da altri luoghi dello stesso Quintiliano e da testimonianze diverse. La lettura poteva essere diretta o anche fatta da un lettore interposto tra il libro e chi ascoltava, uditorio o individuo; nel caso di certi componimenti poetici, più voci lettrici si alternavano, secondo la struttura del testo. Queste pratiche spiegavano anche l'interazione assai stretta tra scrittura letteraria e letteratura. La prima era dominata dalla retorica, che imponeva le sue categorie anche alle altre forme letterarie, poesia, storiografia, trattazioni filosofiche e scientifiche; essa perciò richiedeva, soprattutto nel caso di letture davanti a un pubblico, una lettura espressiva, modulata da toni e cadenze di voci aderenti al carattere specifico del testo e alle sue movenze formali. Non a caso il termine che indica il leggere la poesia è sovente *cantare*, e *canora* dunque è la voce che la interpreta. Leggere un testo letterario era, insomma, quasi eseguire una partitura musicale. Già la lettura scolare a Roma prevede che il *puer*, il giovinetto, impari «dove... trattenere il fiato, in che punto dividere il rigo con una pausa, dove si concluda il senso e dove cominci, quando sia da alzare e quando da abbassare la voce, con quale inflessione si debba articolare con la voce ciascun elemento, che cosa con più lentezza o più rapidità, con più impeto o con più dolcezza» [Quintiliano, *Inst. or.* 1, 8 ,1]. [...] Voce e gesto davano alla lettura il carattere di una *performance*. [...] I segni interpuntivi – pur di varietà e frequenza più numerosa di quanto si sia creduto – erano funzionali non alla strutturazione "logica" ma a quella "retorica" dello scritto, e perciò solo alla necessità di segnare pause di respirazione e di ritmo per la lettura a voce alta; né, per altro, essi erano adoperati sistematicamente o avevano valenza fissa. [...] L'articolazione vocale del testo scritto era d'aiuto alla comprensione del senso: questo spesso si svelava piuttosto all'udito che alla vista. »

(Guglielmo Cavallo, *Testo, libro, lettura*, in *Lo spazio letterario di Roma antica*, Roma-Salerno 1998, vol. II, pp. 330-335)

GUIDA ALLO STUDIO

1. Grazie a quali fonti siamo informati sui gesti che accompagnavano la lettura presso gli antichi Romani?

2. Quale verbo veniva usato per indicare l'azione di "leggere" la poesia?

3. Qual era la funzione della punteggiatura nei testi latini?

T19

LATINO

Il saggio trova la pace in se stesso

Epistulae ad Lucilium 9, 13-16

[9, 13] «Se contentus est sapiens». Hoc, mi Lucili, plerique perperam interpretantur: sapientem undique submovent et intra cutem suam cogunt. Distinguendum autem est quid et quatenus vox ista promittat: se contentus est sapiens ad beate vivendum, non ad vivendum; ad hoc enim multis illi rebus opus est, ad illud tantum animo sano et erecto et despiciente fortunam. [14] Volo tibi Chrysippi quoque distinctionem indicare. Ait sapientem nulla re egere, et tamen multis illi rebus opus esse: «Contra stulto nulla re opus est (nulla enim re uti scit) sed omnibus eget». Sapienti et manibus et oculis et multis ad cotidianum usum necessariis opus est, eget nulla re; egere enim necessitatis est, nihil necesse sapienti est. [15] Ergo quamvis se ipso contentus sit, amicis illi opus est; hos cupit habere quam plurimos, non ut beate vivat; vivet enim etiam sine amicis beate. Summum bonum extrinsecus instrumenta non quaerit; domi colitur, ex se totum est; incipit fortunae esse subiectum si quam partem sui foris quaerit. [16] «Qualis tamen futura est vita sapientis, si sine amicis relinquatur in custodiam coniectus vel in aliqua gente aliena destitutus vel in navigatione longa retentus aut in desertum litus eiectus?». Qualis est Iovis, cum resoluto mundo et dis in unum confusis paulisper cessante natura adquiescit sibi cogitationibus suis traditus. Tale quiddam sapiens facit: in se reconditur, secum est.

[9, 13] **«Se... sapiens»**: lett. «il sapiente è contento di sé», ossia «il saggio basta a se stesso»; la proposizione è tra virgolette perché rappresenta il tema che viene discusso nella lettera e che qui viene ripreso dopo una breve digressione. • **perperam**: avverbio «in modo errato». • **sapientem... cogunt**: il soggetto è sempre *plerique*, «la gente»; *intra cutem suam cogunt* è un'espressione del linguaggio quotidiano, lett. «costringono il saggio dentro la sua pelle», che equivale a «lasciano che se ne stia nel suo guscio»; *suam* è riferito a *sapiens*, che rappresenta il soggetto logico. • **Distinguendum... promittat**: la proposizione interrogativa indiretta *quid... promittat* (*quatenus* è avverbio interrogativo, «fino a che punto») rappresenta il soggetto della perifrastica passiva *distinguendum est*. • **ad beate vivendum, non ad vivendum**: entrambi i gerundi hanno valore finale, «per vivere»; Seneca intende dire che il saggio basta a se stesso non per quanto riguarda la mera sopravvivenza (per cui come tutti ha bisogno di sostentamento e affetto), ma per quanto riguarda il raggiungimento della felicità. • **ad hoc**: cioè *ad vivendum*. • **illi**: dativo, riferito al sapiente. • **ad illud**: cioè *ad beate vivendum*. • **animo... fortunam**: *animo* è ablativo strumentale dipendente da *opus est*; *fortunam* è complemento oggetto di *despiciente* (participio congiunto ad *animo*).

[14] **Chrysippi**: Crisippo (III sec. a.C.) è stato il terzo capo della scuola stoica; lasciò oltre settecento opere, contribuendo assai alla diffusione delle tesi stoiche. • **Ait... esse**: il soggetto sott. di *ait* è *Chrysippus*; *ait* regge due proposizioni infinitive, *sapientem... egere* (*sapientem* è il soggetto) e *multis... opus esse* (con predicato impersonale); il verbo *egere* ha il senso di «provare la mancanza», mentre *opus esse* significa «aver bisogno». Il saggio è capace di essere felice anche se privo di tutto, sebbene abbia bisogno, per condurre una vita normale, di soddisfare i bisogni naturali, fra cui anche la necessità di avere relazioni di amicizia. • **«Contra... eget»**: *contra* è avverbio; *stulto* è aggettivo sostantivato, dativo, «alla persona stolta»; *opus est* e *eget* hanno la medesima accezione che nella frase precedente; *uti* è infinito di *utor*. • **Sapienti... eget nulla re**: *sapienti* è dativo; *manibus*, *oculis*, *multis* e *necessariis* sono ablativi strumentali da unire a *opus est*. Con questa frase si illustra meglio il concetto espresso poco prima. • **egere... est**: *necessitatis* è genitivo di pertinenza, lett. «sentire il bisogno attiene allo stato di necessità».

[15] **Ergo... est**: *quamvis... sit* è una proposizione concessiva; *illi* è un dativo, riferito al *sapiens*. • **quam plurimos**: l'avverbio *quam* accentua il superlativo *plurimos*, «quanti più possibile». • **ut beate vivat**: proposizione finale. • **extrinsecus**: avverbio, «all'esterno». • **domi... quaerit**: il soggetto è sempre *summum bonum*; *quam* è aggettivo indefinito da unire a *partem*; *foris* è avverbio, «fuori», ed è specificato da *sui*, «di sé».

[16] **Qualis... sapientis**: la perifrastica *futura est* indica la predestinazione, «come capiterà che sia la vita del sapiente». • **si sine amicis... eiectus?**: protasi dell'eventualità; il soggetto sott. è *sapiens*; *coniectus*, *destitutus*, *retentus* ed *eiectus* sono participi predicativi del soggetto; *in custodiam*, lett. «in prigione». • **Qualis est Iovis**: è sott. il soggetto, *vita*, e anche il predicato *futura est*. • **cum... traditus**: proposizione temporale con il modo indicativo; il soggetto sottinteso è *Iuppiter*, «Giove», che ha *traditus* come participio predicativo; *resoluto mundo... dis... confusis... cessante natura* sono tre ablativi assoluti. • **Tale quiddam**: complemento oggetto di *facit*, «qualcosa di simile».

Il testo e il contesto

AVVICINARSI AL POSSESSO DI SÉ I due passi delle *Lettere a Lucilio* rappresentano le tappe fondamentali del percorso che l'uomo compie per giungere al possesso stabile della propria interiorità, condizione per ottenere la felicità secondo la scuola stoica. Nel primo (**T18**) Seneca raccomanda a Lucilio di sorvegliare attentamente la sua coscienza, che evidentemente il filosofo sente non ancora abbastanza solida per essere indipendente, ma ancora bisognosa di intenso lavoro (*sarcinas contrahe*, 25, 4), per imparare a vivere secondo natura. Pertanto Seneca raccomanda al discepolo di agire come se fosse sempre in presenza di una guida spirituale, come suggeriva anche Epicuro ai suoi discepoli (25, 4 e 5).
Concentrarsi su esempi di virtù (*Cato... aut Scipio aut Laelius*, 25, 6) può essere un valido aiuto per mantenere la coscienza nella rettitudine. Solo quando uno sente la propria coscienza particolarmente vigile può congedare la sua guida (*licebit dimittas paedagogum*, 25, 6).

L'AUTOSUFFICIENZA DEL SAGGIO Il passo dalla seconda lettera (**T19**) riflette sulla condizione del sapiente quando ha raggiunto la piena padronanza della propria interiorità. L'autosufficienza è da valutare solo in funzione del raggiungimento della felicità, non della vita ordinariamente intesa (*ad beate vivendum, non ad vivendum*, 9, 13): è ovvio che per vivere anche il sapiente ha bisogno di soddisfare i bisogni del corpo e che gradisce, come tutti, la compagnia degli amici, tuttavia, anche se si trovasse a essere privo di tutti questi beni (*si... relinquatur... eiectus*, 9, 16), non sarebbe scalfita la sua serenità interiore (*vivet... beate*, 9, 15), perché il sommo bene non può aver bisogno di qualcosa che sia proveniente dall'esterno (*Summum bonum extrinsecus instrumenta non quaerit*, 9, 15). La condizione del saggio per questo motivo può essere assimilata a quella della divinità (9, 16).

Lo stile del testo

L'INTERIORITÀ COME POSSESSO E RIFUGIO Seneca compie un intenso lavoro sulla lingua e sulle immagini veicolate dai suoi testi per esprimere il concetto di interiorità. Alfonso Traina, che ha studiato a fondo il fenomeno (➛ p. 130), nota che il filosofo usa principalmente la metafora dell'interiorità come rifugio e dell'interiorità come possesso (e quindi con termini tratti dal linguaggio giuridico: l'esempio massimo è il *vindica te tibi* di *Epistulae ad Lucilium* 1, 1, ➛ **T3**). Abbiamo esempi di entrambe le possibilità nei due testi ora letti.
In **T19**, interiorità come possesso interiore e non esteriore: *Se contentus est sapiens*, 9, 13; il concetto viene ripetuto con formulazione opposta in ...., 9, 14, e teorizzato in *Summum bonum extrinsecus instrumenta non quaerit*, 9, 15.
Interiorità come rifugio: *in se reconditur*, 9, 16 (sempre in **T19**). Il concetto è assai presente anche nel passo della prima lettera (**T18**), per esempio in *in te ipse secede*, 25, 7: citazione da Epicuro, che Seneca parafrasa con *ad te recedere*, 25, 7, variando il preverbo (*se-cedere* è composto dal preverbo *se-* + *cedo*, propriamente «tirarsi in disparte»; mentre *re-cedere* è composto dal preverbo *re-* + *cedo*, propriamente «tirarsi indietro»).

L'USO DEL RIFLESSIVO Un altro accorgimento che Seneca usa per formare *iuncturae* innovative al fine di esprimere l'interiorità come "autopossesso" si fonda sull'uso dei pronomi riflessivi. I predicati verbali in questi casi si trovano chiusi entro un circolo in cui il soggetto viene a coincidere con l'oggetto diretto o indiretto dell'azione: per esempio *Tu... te... fortem praesta*, in 25, 4 (**T18**). La struttura grammaticale, fondata sulla coincidenza dei costituenti essenziali, sembra rappresentare l'intimo raccoglimento del filosofo in se stesso.
Traina nota che la lingua latina dispone di molti verbi deponenti di diatesi media, come *laetor*, «mi rallegro», che esprimono un forte coinvolgimento del soggetto, tanto che in italiano corrispondono spesso a verbi riflessivi. Seneca tuttavia preferisce formare il riflessivo con il pronome personale (o riflessivo) in funzione di oggetto: questo è dovuto al fatto che in latino le forme autenticamente riflessive esprimono un'azione consapevole e volontaria, mentre quelle medie (deponenti transitive o intransitive) denotano un'azione istintiva e incontrollata. Il raccoglimento in se stesso del filosofo si connota dunque come un atto di libera scelta.
Osserviamo alcuni esempi di tali forme riflessive con il pronome come complemento diretto o indiretto tratte dal passo della prima lettera (**T18**): in 25, 6 la forma propriamente riflessiva, oltre alla citazione da Epicuro, si trova nei due casi *te... custodi* e *te efficis*. Sempre in questo paragrafo, pur dissociando il soggetto dall'oggetto, hanno una componente di riflessività anche espressioni come *sit tibi etiam tui reverentia*, a cui può essere assimilata, poche righe sotto, *apud te tui esse dignatio*. Particolarmente efficaci sono proprio le espressioni in cui ricorrono due pronomi, come *in te ipse secede* (25, 7) che Seneca spiega con due proposizioni diverse, ma sempre contenenti due pronomi: .... e *tibi a te recedendum est*. Sempre in **T18** solo in un caso Seneca ricorre a una forma media, ossia con *Dissimilem te fieri multis oportet* (25, 7), che tuttavia è una variazione rispetto alla forma autenticamente riflessiva proposta poche righe sopra: *te efficis* (25, 6).
Anche nel passo della seconda lettera (**T19**) il tema dell'interiorità si concretizza in forme riflessive, come per esempio nelle due brevi frasi che chiudono il testo, (*sapiens*) *in se reconditur, secum est* (9, 16). Traina tuttavia fa notare che il fenomeno più interessante qui è rappresentato da *adquiescit sibi* (9, 16), in quanto il verbo *acquiescere*, lett. «riposare», nella letteratura latina risulta essere usato con il dativo di persona, e →

non con *in* e l'ablativo, soltanto in questo passo (ed è per questo detto *hàpax legòmenon*, dal gr. «detto una sola volta»). Questi fenomeni chiariscono la creatività del linguaggio utilizzato da Seneca, il cui lessico relativo all'interiorità fornirà la base linguistica per gli scritti di Agostino (→ p. 610).

LEGGO E ANALIZZO

1. Riassumi con parole tue il passo dell'epistola 9 a Lucilio riportato in **T19**.

2. Di quali metafore si serve Seneca per esprimere il concetto di interiorità?

3. Attraverso quale accorgimento linguistico Seneca descrive l'interiorità come autopossesso?

TRADUZIONI A CONFRONTO | LA SINTESI E L'EFFICACIA DELLA PROSA DI SENECA

La resa in italiano dei testi di Seneca è faciliata dal fatto che sintatticamente non si trovano periodi lunghi, caratterizzati da molti nessi subordinanti; spesso tuttavia la traduzione del testo senecano richiede molta esperienza, perché, oltre alla necessità di conoscere nelle linee essenziali il pensiero stoico a cui il filosofo generalmente si ispira, la tendenza alla *brevitas* rende necessaria una attenta analisi per capire quali elementi siano stati sottintesi nel discorso. Difficilmente sarà possibile lasciarli parimenti sottintesi anche in italiano, che preferisce una sintassi più lineare.

Osserviamo un caso paradigmatico: l'inizio del par. 12 della lettera 49: *De iustitia mihi, de pietate disputa, de frugalitate, de pudicitia utraque, et illa cui alieni corporis abstinentia est, et hac cui sui cura*. Il predicato della proposizione principale è l'imperativo *disputa*, al quale si accompagna, oltre al dativo *mihi*, il complemento di argomento articolato in quattro membri, ciascuno introdotto dalla preposizione: *de iustitia*, *de... pietate*, *de frugalitate* e *de pudicitia*. Quest'ultimo ha l'aggettivo indefinito *utraque*, lett. «l'uno e l'altro pudore», che viene poi definito da *et illa* ed *et hac*. A questo punto è necessario comprendere che entrambi, *illa* e *hac* sottintendono la preposizione *de*, che Seneca ha omesso, per la sua tendenza ad abbreviare i sintagmi mano a mano che si avvicina alla fine del periodo. *Illa* e *hac* a loro volta sono determinati ciascuno da una proposizione relativa, *cui... est* e *cui... cura* (*cui* è dativo di vantaggio), fondata su parallelismo e antitesi (*alieni... sui*). L'ultimo membro, secondo le abitudini di Seneca, è abbreviato e bisogna stabilire che cosa è sottinteso: certamente *est*, ma forse anche *corporis*, dato che *sui* potrebbe essere aggettivo possessivo oltre che pronome riflessivo.

È difficile ricreare in italiano la sintetica efficacia di Seneca e ciò che è sottinteso andrà reintegrato. Consideriamo due traduzioni d'autore.

- «Disserta, affinché ne tragga vantaggio, di giustizia, di sentimento del dovere, di frugalità, di pudore in duplice senso: sia di quello che si astiene dall'offendere il corpo altrui, sia di quello che ha riguardo per il proprio». (Fernando Solinas)
- «Discuti con me della giustizia, della pietà, della frugalità, delle due forme di pudore, sia di quella consistente nel ritegno verso il corpo altrui, sia di quella consistente nel rispetto verso se stessi». (Monica Natali).

A parte le scelte lessicali (un po' più aulica la prima che esordisce con «Disserta») si può osservare che entrambi i traduttori hanno dovuto esplicitare quanto sottinteso nella clausola finale, con il risultato – praticamente inevitabile – di rinunciare a una peculiarità dello stile senecano. Nella prima, per meglio evidenziare il significato, il traduttore ha reso le due proposizioni relative con verbi diversi («che si astiene... che ha riguardo...»), mentre nella seconda è stato ricreato il parallelismo («sia di quella consistente... sia di quella consistente...»).

I due traduttori hanno poi dato interpretazioni differenti sia del dativo *mihi* sia del *sui* finale: Solinas, dato che il verbo *disputo* non ha solitamente il dativo della persona (ma eventualmente *cum* con ablativo), ha reso il pronome come complemento di vantaggio («affinché ne tragga vantaggio»), mentre Natali ha preferito una traduzione aderente allo stile quotidiano dell'italiano, rinunciando alla sfumatura («Discuti con me»), che del resto non si può dire certa. Per quanto riguarda *sui*, Solinas ha evidentemente pensato che fosse sottinteso *corporis*, mentre Natali ha inteso come pronome riflessivo («verso se stessi»). In un caso come questo la scelta tra le due versioni è difficoltosa: eventualmente si potrebbe operare un'indagine comparativa con altre clausole simili, per capire le consuetudini linguistiche di Seneca, valutarne la frequenza e quindi stabilire se una interpretazione possa essere considerata preferibile rispetto a un'altra.

LEGGO, CONFRONTO E... VALUTO

Scegli un breve estratto da uno dei testi proposti in latino in questo capitolo e procuratene una o due traduzioni d'autore (per esempio quella di F. Solinas negli Oscar Mondadori e quella di M. Natali nell'edizione Rusconi 1994). Metti a confronto le due traduzioni e poniti le seguenti domande.

- Le due traduzioni trasmettono la stessa interpretazione del passo? In quali punti si notano differenti sfumature di significato?
- Analizza la sintassi del brano (anche con l'aiuto delle note) e verifica se la tua analisi corrisponde alle scelte sintattiche dei due traduttori.
- I due traduttori sono stati costretti, per ragioni morfosintattiche, ad ampliare e parafrasare una formulazione sintetica di Seneca? Oppure a variare una figura di ripetizione, oppure a ridurre una *variatio*?
- Osservi qualche rilevante difformità lessicale nella traduzione di termini specifici del lessico filosofico oppure, in generale, di concetti astratti?

ORA TRADUCO IO

Lavorando a coppie, ciascuno studente scelga una frase di Seneca che gli è particolarmente piaciuta, che ha sentito risuonare come se gli suggerisse qualcosa del proprio modo di vivere o dei propri desideri. Dopo aver analizzato insieme le due frasi, ciascuno le traduca per conto proprio: bisogna prestare attenzione a rispettare il messaggio di Seneca, rendendolo in un modo che possa suonare naturale all'interno di una lettera indirizzata a un amico. Mettete infine a confronto le diverse traduzioni e discutete sull'effetto prodotto, motivando anche le ragioni per le quali le parole di Seneca siano sembrate significative.

LABORATORIO DI ANALISI

Leggi il testo seguente aiutandoti con le note; poi esegui quanto richiesto, realizzando un testo organico e armonizzando le risposte ai quesiti. Se lo desideri, puoi anche modificare l'ordine delle risposte nel modo che ti sembra più efficace.

Le preoccupazioni per lo stile sono vane

Epistulae ad Lucilium, 115, 1-3

Seneca ammonisce Lucilio a meditare, ogniqualvolta si trova scrivere, non tanto sulla forma quanto sui concetti che intende esprimere, perché questi riflettano fedelmente ciò che ha dentro di sé. Per contrasto, lo mette in guardia dalla facile ammirazione per chi parla in modo elegante, ma non ha dentro di sé altro che sterili preoccupazioni sullo stile. Viceversa, l'animo dei saggi, se fosse possibile contemplarlo, sarebbe uno spettacolo paragonabile a un'apparizione della divinità.

[1] Nimis anxium esse te circa verba et compositionem, mi Lucili, nolo: habeo maiora quae cures. Quaere quid scribas, non quemadmodum; et hoc ipsum non ut scribas sed ut sentias, ut illa quae senseris magis adplices tibi et velut signes. [2] Cuiuscumque orationem videris sollicitam et politam, scito animum quoque non

[1] **quae cures**: è una relativa impropria con valore finale. • **hoc ipsum**: si intende il *quid scribas* precedente. • **ut**: è congiunzione con valore finale. • **velut signes**: si tratta di una subordinata finale coordinata tramite *et* alla precedente con predicato *adplices*; l'avverbio *velut* indica che il verbo *signes* è da intendere in senso traslato.

minus esse pusillis occupatum. Magnus ille remissius loquitur et securius; quaecumque dicit plus habent fiduciae quam curae. Nosti comptulos iuvenes, barba et coma nitidos, de capsula totos: nihil ab illis speraveris forte, nihil solidum. Oratio cultus animi est: si circumtonsa est et fucata et manu facta, ostendit illum quoque non esse sincerum et habere aliquid fracti. Non est ornamentum virile concinnitas. [3] Si nobis animum boni viri liceret inspicere, o quam pulchram faciem, quam sanctam, quam ex magnifico placidoque fulgentem videremus hinc iustitia, illinc fortitudine, hinc temperantia prudentiaque lucentibus! Praeter has frugalitas et continentia et tolerantia et liberalitas comitasque et – quis credat? – in homine rarum – humanitas – bonum splendorem illi suum adfunderent. Tunc providentia cum elegantia et ex istis magnanimitas eminentissima quantum, di boni, decoris illi, quantum ponderis gravitatisque adderent! Quanta esset cum gratia auctoritas! Nemo illam amabilem qui non simul venerabilem diceret. [...]

[2] **Cuiuscumque**: introduce una proposizione relativa prolettica; il genitivo determina sia *orationem* (complemento oggetto di *videris*) sia *animum* (soggetto dell'infinitiva oggettiva dipendente dall'imperativo *scito*). • **remissius**: è avverbio di grado comparativo, come *securius*. • **plus**: è complemento oggetto di *habent* e regge i due genitivi partitivi *fiduciae* e *curae*. • **Nosti**: è forma contratta per *novisti*. • **comptulos**: è aggettivo con suffisso diminutivo (con valore dispregiativo) per *comptus*. • **barba et coma**: sono ablativi di limitazione. • **de capsula totos**: «tutti tirati a lustro». • **nihil... speraveris**: è un imperativo negativo. • **illum**: va riferito a *animus*.

[3] **iustitia...prudentia(que)**: sono due ablativi di causa ai quali si riferisce il participio attributivo *lucentibus*. • **credat**: è un congiuntivo dubitativo. • **illi**: si riferisce a *faciem* del periodo precedente. • **adfunderent**: è un congiuntivo irreale, come il successivo *esset* (sottinteso anche come predicato di *nemo* nella proposizione successiva); questi congiuntivi si collegano, dal punto di vista semantico, alla situazione immaginata nel periodo ipotetico *Si... liceret... videremus*. • **qui**: ha come antecedente *Nemo* e introduce una relativa con il congiuntivo caratterizzante *diceret*; *diceret* ha come complemento oggetto *illam* (sempre riferito a *faciem*) e come predicativi dell'oggetto *amabilem* e *venerabilem*.

PRIMA PARTE **COMPRENSIONE DEL TESTO**

1. Dividi il brano in sequenze e assegna a ciascuna sequenza un titolo che ne indichi il contenuto.
2. Che cosa è la *concinnitas* di cui si parla alla fine del par. 2? Qual è il giudizio di Seneca su di essa?

SECONDA PARTE **ANALISI DEL TESTO**

1. Nel par. 1 Seneca usa due volte, in due diverse costruzioni sintattiche, il verbo *scribo* e il verbo *sentio*: quale legame di suono rafforza l'antitesi tra *scribas* e *sentias*?
2. Spiega che cosa intende dire Seneca con la similitudine *velut signes* al par. 1.
3. Individua da quali ambiti semantici provengono gli aggettivi con i quali Seneca definisce l'*oratio* al par. 2.

TERZA PARTE **INTERPRETAZIONE COMPLESSIVA E APPROFONDIMENTI**

1. Alla r. 5 trovi il termine *occupatum*; mettilo in relazione con il ritratto degli infelici del par. 17 e approfondisci la tua interpretazione con riferimenti ad altri testi letti.
2. Alle rr. 12-17 trovi l'elenco delle virtù stoiche: descrivi il modello del sapiente secondo la filosofia senecana.
3. Alla fine del brano si auspica l'assenza di desiderio e di paura come misura dei progressi conseguiti nel cammino verso la saggezza. Spiega in che cosa consista e di quali fasi si componga il percorso verso la felicità definito da Seneca nelle sue opere.

CICERO LECTIO Dominare le parole per esprimere pensieri autentici *Epistulae ad Lucilium* 59

Per una nuova etica

PER APPROFONDIRE

DAL SINGOLO ALLA COMUNITÀ Nel pensiero di Seneca la filosofia si configura come "medicina dell'anima", come un percorso che sin dai primi passi deve essere compiuto da ogni uomo singolarmente. Ciò è forse motivato anche dalla contingenza storica: nell'età della dinastia giulio-claudia, ogni funzione civile e politica è demandata all'imperatore, e quindi la riflessione sull'uomo non può che concentrarsi sull'interiorità del singolo. Seneca, tuttavia, forse perché impegnato nel governo dell'impero come consigliere di Nerone, tra il 55 e il 62 d.C., sviluppò una serie di riflessioni relative anche al rapporto che intercorre tra il singolo e la società. Questo avvenne in due ambiti particolari: in ambito politico, fece una serie di riflessioni sul principe e sul suo ruolo nella società; in ambito sociale, meditò sul legame (profondamente avvertito nella società romana) tra patrono e cliente, tra colui che dona e colui che riceve un beneficio. A questo proposito le opere di riferimento sono due trattati: il *De clementia*, del 56 d.C., dedicato a Nerone, e il *De beneficiis*, del 60-64 d.C., dedicato all'amico Ebuzio Liberale.

LA NECESSITÀ DELL'IMPERO Lo storico Emilio Gabba, prescindendo da ogni giudizio – peraltro poco rilevante in sede storica – sui comportamenti opportunistici di Seneca (➤ p. 98), individua una sostanziale coerenza nel suo pensiero politico, attraverso una linea che giunge al *De clementia* attraverso la *Consolazione a Polibio* (del 43/44 d.C. ➤ p. 150) e l'*Apocolocyntosis* (del 55 ➤ p. 79). Il presupposto da cui parte Seneca, nella riflessione politica, è che la popolazione dell'impero non è in grado di reggersi senza una guida, e anzi va verso la distruzione. «Immensa moltitudine discorde, sediziosa, incapace di dominarsi, pronta a saltar su per la rovina altrui e per la

■ Scena di censimento effettuato da funzionari romani, dall'ara di Domizio Enobarbo, 100 a.C. ca. Parigi, Museo del Louvre.

propria, una volta che avrà abbattuto questo giogo» (*De clementia*, proemio 1): questa è la visione che Seneca ha della popolazione dell'impero; il «giogo» rappresentato dall'imperatore, nella cui volontà risiede la sorte di ciascuno, è dunque a suo avviso ineluttabile. L'imperatore gode della più totale libertà, tranne quella di distruggere l'impero stesso (*licentia pereundi*, il «potere di annientarsi»). La sua funzione, pur essendo paragonabile a quella di una divinità benefica, assomiglia perciò, paradossalmente, a una *servitus*: l'imperatore ha l'obbligo di dedicare la vita a preservare la pace e l'integrità di tutta la comunità e impedire che nell'impero si faccia strada la guerra civile. I suoi collaboratori, per agevolare questo compito, devono la più totale sottomissione alla sua volontà, l'*obsequium*: il loro compito è preservare sempre l'integrità dell'autorità imperiale.

LA SINCERITÀ DI SENECA Secondo Gabba, Seneca è dunque sostanzialmente sincero quando rivolge le sue lodi a Claudio, il principe che pure tanto odia, nella *Consolazione a Polibio*: rendere ossequio all'imperatore significa riconoscere che nella sua autorità risiede l'unica garanzia perché si perpetui il potere di Roma. È sincero anche quando, nella stessa opera, afferma che un alto funzionario come Polibio non ha in realtà la possibilità di abbandonarsi al proprio dolore per un lutto privato: i funzionari devono la totale dedizione all'imperatore, la cui posizione è pari a quella degli dèi. Seneca infatti nella *Apocolocyntosis* non esita a inserire Ottaviano Augusto tra gli dèi: se il suo successore Claudio è stato indegno, questo non autorizza a mettere in discussione l'assetto monarchico dello Stato; nessuno può arrogarsi il diritto di sostituire l'imperatore, nemmeno quando questi delira, perché l'alternativa sarebbe il caos.

D'altra parte, se pubblicamente l'ossequio è un dovere, privatamente il funzionario può odiare il principe: Seneca è dunque sincero sia quando scrive l'elogio di Claudio che Nerone appena insediato sul trono pronuncia davanti a un senato perplesso (➤ p. 98) sia quando dileggia Claudio nella *Apocolocyntosis*, testo destinato a pochi intimi lettori.

La riflessione politica di Seneca si concentra su un altro punto: dato che la presenza dell'imperatore è necessaria, diviene dunque indispensabile agire sull'imperatore, come consigliere, perché non si trasformi in tiranno. Siccome l'imperatore non è sottoposto di fatto ad alcuna legge, solo per libera scelta può decidere di tenere a freno le proprie passioni, adottando nelle sue scelte la *clementia*, che si può concretizzare in un rapporto franco e collaborativo col senato. La felicità dell'impero, ormai, non dipende tanto dalle leggi, quanto dalla moralità di colui che le applica.

L'ETICA DEL BENEFICIO L'altro ambito in cui le riflessioni di Seneca escono dalla morale individuale per approdare all'analisi di comportamenti che coinvolgono la società riguarda lo scambio reciproco di doni e favori tra gli uomini. La morale romana prevedeva che la concessione di un favore di un uomo a un altro uomo (un prestito in denaro, un'agevolazione nella carriera, un patrocinio in sede legale, un matrimonio vantaggioso ecc.) comportasse l'obbligo della restituzione. Di fatto accettando un favore si faceva però anche atto di sottomissione a una persona ritenuta più potente, che esigeva un contraccambio: non rendere un beneficio era considerato un comportamento assai riprovevole (come dimostrano anche le leggi, tradizionalmente assai dure con i debitori insolventi). Attraverso lo scambio e la restituzione di favori si reggeva del resto una delle istituzioni più arcaiche di Roma, la clientela, mai codificata da norme scritte, ma di enorme importanza per il funzionamento della società. Seneca osserva che la relazione tra benefattore e beneficato produce una società avviluppata in una ragnatela di consuetudini, che finiscono per incentivare l'adulazione, e arriva alla conclusione che si deve spostare l'attenzione dal dono (o favore) in sé alla volontà di donare: questa non necessita di alcun contraccambio. Il vero dono non può che essere gratuito e, se non è così, rientra in una sorta di scambio commerciale. Se dietro al dono c'è la volontà di fare il bene, il fatto che il dono sia accettato rappresenta già il suo contraccambio.

DAGLI ELEMENTI AL SISTEMA Il grande contributo offerto dal *De beneficiis* al pensiero occidentale è la messa in evidenza della volontà come stimolo dell'agire umano (elemento studiato da Seneca anche in altre opere ➤ **T4**), che modifica la prospettiva centrata esclusivamente sulla conoscenza, tipica della filosofia greca. Questo innovativo approccio di Seneca è stato valorizzato dalla trattatistica cristiana dei secoli successivi, proseguita per tutto il Medioevo e il Rinascimento. Negli ultimi anni, tuttavia, si è rivelato fertile anche lo studio della relazione tra benefattore e beneficato compresa nel *De beneficiis* (soprattutto dello sdoppiamento tra l'azione del donare e il dono in sé), alla luce delle teorie connesse con la pragmatica della comunicazione (che studia in che modo ogni forma di comunicazione sia in realtà paragonabile a una vera e propria azione). Secondo questa teoria va perciò considerata l'importanza comunicativa non solo delle parole, ma anche dei gesti che abitualmente compiamo e della reazione che questi provocano su chi è vicino: per esempio, assume significato diverso consegnare a un amico un libro così com'è, oppure consegnarlo avvolto in una confezione da regalo; la presenza o meno della confezione reca una informazione aggiuntiva, perché chiarisce come vada interpretato l'atto del consegnare il libro.

L'approccio pragmatico evidenzia la profondità del pensiero di Seneca, che, ponendo più attenzione sull'atto del donare che sul dono in se stesso, opera uno spostamento dagli elementi del sistema (i doni) al sistema stesso (la volontà di donare e la capacità di ricevere). Secondo Seneca, in pratica, per cambiare il rapporto tra benefattore e beneficato bisogna non tanto intervenire sull'oggetto dello scambio, quanto mutare i presupposti culturali in cui si inserisce lo scambio stesso.

■ *Cubiculum* della Villa del Fannius Synistor a Boscoreale, 50-40 a.C. ca. New York, Metropolitan Museum of Art.

T20-T21

CICERO LECTIO

Parlare al principe

De clementia 1, 1, 1-4; 1, 12

Trascorso poco più di un anno dall'inizio dell'impero di Nerone, Seneca, divenuto suo consigliere, gli dedica un trattato, il De clementia, *con l'intenzione di indicargli quali debbano essere le linee guida del suo governo. Il trattato presenta un complesso problema filologico: la forma in cui ci è giunto ha destato diverse perplessità tra gli studiosi, perché non è chiaro se ciò che leggiamo sia solo una parte o se sia l'intera opera, trasmessa tuttavia con un ordine approssimativo della materia originale; sono state avanzate, infatti, ipotesi diverse di ordinamento dei capitoli a seconda che il testo sia considerato mutilo o corrotto (noi faremo riferimento alla numerazione tradizionale, che prevede che ci siano giunti, di tre libri, solo il primo e l'inizio del secondo). Il trattato è comunque molto interessante perché riflette su temi come la natura del potere imperiale e le condizioni necessarie perché Roma continui a dominare l'impero.*

Nell'esordio del trattato (➛ **T20***), Seneca propone a Nerone un "esame di coscienza" quotidiano: il principe è ovviamente un essere privilegiato, ma deve fare i conti con la propria interiorità, come ogni uomo, e comprendere quale sia il ruolo a lui assegnato dal destino. Secondo Seneca il principe è l'unico che può mantenere unito il potere di Roma, che si estende su una società immensa e multiforme. La posizione che gli ha dato il destino, equiparabile a quella degli dèi, deve suggerirgli di mantenere un comportamento equilibrato, ispirato alla clemenza: l'uso della forza può essere consentito solo in difesa della pace.*

Una volta assodato che il potere di Nerone è quello di un monarca assoluto, Seneca riflette sulla differenza tra la figura del re (termine che in Seneca non ha l'accezione negativa che ha abitualmente nella trattatistica latina) e quella del tiranno (➛ **T21***). Questi infatti usa la violenza in modo perverso, per il piacere personale, e si serve del terrore per mantenere il potere, mentre il vero re evita di esasperare i sudditi con il sopruso, sapendo che la disperazione prima o poi genererebbe forze distruttrici della stessa monarchia.*

T20

LATINO/ ITALIANO

La coscienza di Nerone

De clementia 1, 1, 1-4

[1, 1] Scribere de clementia, Nero Caesar, institui, ut quodam modo speculi vice fungerer et te tibi ostenderem perventurum ad voluptatem maximam omnium. Quamvis enim recte factorum verus fructus sit fecisse nec ullum virtutum pretium dignum illis extra ipsas sit, iuvat inspicere et circumire bonam conscientiam, tum immittere oculos in hanc immensam multitudinem discordem, seditiosam, impotentem, in perniciem alie-

[1, 1] Ho stabilito di trattare della clemenza, Nerone Cesare, per assumere in un certo modo la funzione di uno specchio e renderti visibile l'immagine di te stesso in procinto di giungere alla soddisfazione più alta di tutte. Sebbene infatti il frutto autentico delle buone azioni consista nell'averle compiute e non esista ricompensa di alcuna virtù degna di esse al di fuori di loro stesse[1], è utile indagare e controllare l'integrità della propria coscienza, e poi gettare uno sguardo su questa immensa moltitudine discorde, sedizio-

[1, 1] **ut... fungerer et... ostenderem... omnium**: proposizioni finali; *vice* è ablativo strumentale, complemento di *fungerer*; *perventurum* è participio futuro, predicativo di *te*, che è complemento oggetto di *ostenderem*; il termine *voluptas* esprime il piacere per aver raggiunto il posto maggiormente privilegiato e desiderato di tutta la società. • **Quamvis... sit... sit**: proposizioni concessive; *fecisse* è infinito perfetto sostantivato, soggetto del predicato nominale *verus fructus sit*; *illis* è ablativo da unire a *dignum*, riferito al precedente *factorum* (le «azioni»).

1. La morale stoica non prevedeva nessun fine nell'azione virtuosa se non l'azione stessa, tuttavia Seneca, seguendo una logica meno austera rispetto al messaggio stoico originario, considera che il retto comportamento del principe possa generare anche un'utilità sociale e politica. Sulla "gratuità" della buona azione ➛ p. 150.

nam suamque pariter exultaturam, si hoc iugum fregerit, et ita loqui secum: [2] «Egone ex omnibus mortalibus placui electusque sum, qui in terris deorum vice fungerer? Ego vitae necisque gentibus arbiter; qualem quisque sortem statumque habeat, in mea manu positum est; quid cuique mortalium fortuna datum velit, meo ore pronuntiat; ex nostro responso laetitiae causas populi urbesque concipiunt; nulla pars usquam nisi volente propitioque me floret; haec tot milia gladiorum, quae pax mea comprimit, ad nutum meum stringentur; quas nationes funditus excidi, quas transportari, quibus libertatem dari, quibus eripi, quos reges mancipia fieri quorumque capiti regium circumdari decus oporteat, quae ruant urbes, quae oriantur, mea iuris dictio est. [3] In hac tanta facultate rerum non ira me ad iniqua supplicia compulit, non iuvenilis impetus, non temeritas hominum et contumacia, quae saepe tranquillissimis quoque pectoribus

sa, incapace di autocontrollo, pronta a esultare di fronte alla rovina altrui e parimenti alla propria, se avrà infranto questo giogo[2], e quindi conviene parlare così a se stessi: [2] «Proprio io dunque tra tutti i mortali sono stato preferito e prescelto per svolgere in terra le veci degli dèi[3]? Proprio io sono arbitro di vita e di morte per le genti; quale destino e quale condizione ciascuno abbia, è stato posto nelle mie mani; che cosa la sorte vuole che sia assegnato a ciascuno dei mortali, esce dalla mia bocca; da una mia risposta popoli e città ricavano motivi di gioia; nessuna parte dell'impero prospera a meno che io non divenga a lei favorevole e propizio; queste migliaia di spade, tanto numerose, che la mia pace tiene abbassate, a un mio cenno saranno sguainate; quali nazioni è opportuno che siano sterminate alla radice, quali deportate, a quali concessa la libertà, a quali tolta, quali sovrani divengano schiavi, attorno al capo di quali sia posta una corona regale, quali città siano rase al suolo, quali fondate, è mio potere decidere. [3] A fronte di un potere tanto illimitato non mi ha indotto a supplizi ingiusti l'ira, non la giovanile irruenza, non l'avventatezza e l'alterigia delle persone, che spesso hanno sradicato la pazienza anche dai cuori più tranquilli, non l'infausta

• **exultaturam**: participio futuro, concordato a *multitudinem*. • **si... fregerit**: protasi dell'oggettività; *fregerit* è indicativo futuro anteriore.
[2] **Egone... sum**: proposizione interrogativa diretta; *-ne* è particella interrogativa, unita a *ego*. • **qui... fungerer**: proposizione relativa impropria con valore finale. • **Ego... arbiter**: è sott. *sum*. • **qualem... habeat**: proposizione interrogativa indiretta, retta da *in mea manu positum est*. • **quid... velit**: proposizione interrogativa indiretta, retta da *meo ore pronuntiat*; *cuique* è pronome indefinito, dativo singolare. • **nisi volente propitioque me**: ablativo assoluto con valore eccettuativo, lett. «se non con me favorevole e propizio». • **quas nationes... oriantur**: serie di proposizioni interrogative indirette rette da *mea iuris dictio est*; *oporteat* è da unire a ciascuno degli infiniti precedenti (*excidi*, *transportari*, *dari*, *eripi*, *fieri* e *circumdari*).
[3] **tranquillissimis... pectoribus**: ablativo di allontanamen-

2. Seneca esprime i due capisaldi del suo pensiero politico: il potere dell'imperatore è un pesante giogo, una coercizione, ma esso è irrinunciabile, perché la popolazione dell'impero finirebbe per distruggersi se fosse lasciata libera di decidere del proprio destino. La dura lezione delle guerre civili combattute nel secolo precedente ha lasciato in Seneca e probabilmente nella maggior parte della classe politica romana la convinzione che le libere istituzioni della repubblica fossero ormai divenute impossibili da restaurare.
3. Seneca giustifica la divinizzazione dell'imperatore constatando che sulla terra egli detiene un potere che generalmente viene attribuito agli dèi.

■ Eduardo Barrón, *Nerone e Seneca*, 1904. Madrid, Museo del Prado.

patientiam extorsit, non ipsa ostentandae per terrores potentiae dira, sed frequens magnis imperiis gloria. Conditum, immo constrictum apud me ferrum est, summa parsimonia etiam vilissimi sanguinis; nemo non, cui alia desunt, hominis nomine apud me gratiosus est. [4] Severitatem abditam, at clementiam in procinctu habeo; sic me custodio, tamquam legibus, quas ex situ ac tenebris in lucem evocavi, rationem redditurus sim. Alterius aetate prima motus sum, alterius ultima; alium dignitati donavi, alium humilitati; quotiens nullam inveneram misericordiae causam, mihi peperci. Hodie dis immortalibus, si a me rationem repetant, adnumerare genus humanum paratus sum».

ambizione di dimostrare il proprio potere per mezzo di azioni che incutono terrore, circostanza frequente in chi detiene poteri forti[4]. Per quanto mi riguarda la spada resta riposta nel fodero, anzi saldamente legata, il massimo risparmio anche del sangue più infimo; non c'è nessuno che, grazie alla sola qualifica di essere umano, pur privo di tutto il resto, non sia degno di rispetto di fronte a me[5]. [4] Tengo nascosta la severità, ma la clemenza sempre pronta; mi regolo come se dovessi rendere conto alle leggi, che dalla decadenza e dalle tenebre ho riportato alla luce. Mi sono commosso per la giovane età di uno, di un altro per la vecchiaia; di uno ho premiato il prestigio sociale, di un altro l'umile condizione; tutte le volte che non avevo trovato un buon motivo di misericordia, ho avuto riguardo di me stesso. Oggi sono pronto a enumerare agli dèi i componenti del genere umano, se me ne chiedessero ragione».

to. • **ostendendae... potentiae**: costrutto del gerundivo attributivo, complemento di specificazione di *gloria*. • **ipsa... dira... frequens**: sono da riferire a *gloria*. • **magnis imperiis**: ablativo di stato in luogo. • **nemo non**: «non c'è nessuno che...», nesso caratteristico di Seneca (➤ p. 138). • **cui**: dativo di possesso. • **nomine**: ablativo di causa. [4] **abditam**: participio perfetto, predicativo dell'oggetto *severitatem*. • **tamquam legibus... rationem redditurus sim**: proposizione comparativa ipotetica, con il predicato che esprime posteriorità rispetto alla reggente. • **ultima**: sottintende *aetate*. • **alium... alium... humilitati**: costrutto di *dono* con l'accusativo di ciò che è donato e il dativo del destinatario del dono, lett. «ho donato uno al prestigio sociale, un altro all'umiltà». • **mihi peperci**: lett. «ho risparmiato me stesso», cioè "mi sono astenuto" da un'azione non misericordiosa. • **paratus sum**: predicato nominale.

4. La morale stoica è evidente nella raccomandazione a tenere a freno le passioni: vale per ciascun uomo, ma l'imperatore, a differenza di tutti gli altri, deve rispondere solo alla sua coscienza e di fatto non alle leggi, a meno che non se lo imponga lui stesso.

5. È una affermazione di "umanesimo", condiviso da parte della cultura romana e risalente sino all'epoca degli Scipioni: basta ricordare il verso dell'*Heautontimorumenos* di Terenzio, *homo sum, nihil humani alienum a me puto*.

T21

ITALIANO

La differenza tra il re e il tiranno

| *De clementia* 1, 12 |

[12, 1] «E che dunque? Non sono soliti anche i re commettere delitti?[1]». Sì, ma ogni qual volta ciò accade è l'interesse pubblico a imporglielo; ai tiranni sta a cuore unicamente la crudeltà. Il tiranno del resto si differenzia dal re per le azioni, non per il titolo; infatti anche Dionigi il Vecchio[2] a buon diritto può essere anteposto a molti re, mentre che cosa impedisce che sia chiamato tiranno Lucio Silla, che finì di ammazzare solo a causa della scarsità di cittadini[3]? [2] Si sarà pure dimesso dalla carica di dittatore e sarà tornato privato cittadino, ma quale tiranno ha mai bevuto sangue umano tanto avidamente quanto lui, che ha ordinato che settemila cittadini fossero trucidati e, poiché mentre stava seduto nelle vicinanze, presso il tempio di Bellona[4], aveva sentito le urla di tante migliaia di persone che gemevano sotto i colpi di spada, disse di fronte a un senato atterrito: «Andiamo avanti con la discussione, senatori: uno sparuto gruppo di rivoltosi viene giustiziato per mio ordine»? Non mentì riguardo a questo: a Silla, dal suo punto di vista, sembravano pochi. [3] [...] È la clemenza a fare in modo che tra re e tiranno ci sia una differenza, siano pure entrambi protetti da guardie armate[5]; ma l'uno detiene le armi di cui si avvale in difesa della pace, mentre l'altro per reprimere una grande ostilità con un grande terrore, e non guarda con tranquillità nemmeno quelle stesse mani alle quali si è affidato. [4] Si reagisce in modo opposto a esigenze opposte; infatti il tiranno, dato che è odiato, in conseguenza al fatto che è temuto, vuole anche continuare a essere temuto, proprio perché è odiato, e usa quel noto esecrabile motto, che ha avviato molti alla rovina: «Odino, purché temano»[6], ignaro di quanta rabbia monti, quando l'odio è cresciuto oltre misura. Un moderato timore infatti tiene a freno gli animi, ma un timore continuo e aspro e tale da indurre a reazioni estreme converte le persone avvilite all'audacia e induce a tentare qualsiasi gesto. [5] Allo stesso modo una fune e una barriera tengano bloccate delle belve, e dall'altro lato un cavaliere le attacchi a colpi di lancia: loro tenteranno la fuga proprio attraverso quei colpi che avevano cercato di sfuggire e supereranno la loro paura. La

1. È la battuta di un possibile interlocutore; nella conclusione del paragrafo precedente Seneca aveva affermato che un tiranno opera crudeltà gratuite, mentre un re no.
2. Dionigi il Vecchio (432-367 a.C.) fu tiranno di Siracusa, dove prese il potere con un colpo di Stato nel 407 a.C., rovesciando il regime democratico preesistente. Formalmente aveva il titolo di "stratega", ma venne sempre ricordato nella storia come "tiranno". Pur detenendo un potere assoluto, Dionigi il Vecchio si avvalse dell'appoggio delle classi popolari e condusse una politica espansionistica ai danni dei Cartaginesi e degli Etruschi, garantendo notevole prosperità economica alla città.
3. Lucio Silla (138-78 a.C.), generale romano, fu protagonista delle guerre civili dei primi decenni del I sec. a.C., schierandosi in particolare contro Gaio Mario. Detenne una dittatura straordinaria dall'82 al 79 a.C., con il compito di riformare lo Stato; fece strage degli avversari politici senza alcun processo ma mediante le liste di proscrizione, che di fatto erano anonime denunce. Alla fine presentò spontaneamente le dimissioni dal suo mandato. Silla rimase nel ricordo degli storici romani come uno dei politici più crudeli.
4. Il tempio di Bellona, divinità della guerra, era stato fatto edificare da Appio Claudio Cieco nel 296 a.C., in seguito a una vittoria conseguita contro gli Etruschi; il tempio si trovava nella zona occidentale dell'Urbe, in epoca imperiale nei pressi del teatro di Marcello. Posto ai confini dell'abitato, era uno dei luoghi in cui il senato incontrava abitualmente i generali prima che deponessero il loro potere.
5. A Roma, durante il periodo repubblicano, era assolutamente proibito che l'esercito varcasse i confini dello Stato e che un magistrato si circondasse di guardie armate: ciò avrebbe inevitabilmente comportato la fine dell'esistenza delle istituzioni repubblicane, fondate sul libero dibattito all'interno del senato. La presenza in città della coorte pretoria a disposizione dell'imperatore, dai tempi di Ottaviano Augusto, fu il più evidente indizio per tutti del cambiamento radicale avvenuto nel potere di Roma, se non di nome, certo di fatto.
6. È un verso della tragedia *Atreo* di Accio (*oderint, dum metuant*), divenuto proverbiale e citato anche da Cicerone.

virtù più vigorosa è quella che balza fuori dal pericolo estremo. È necessario che la paura lasci qualche sicurezza e che lasci intravedere più speranza che rischio; diversamente, quando si teme che a starsene buoni si corrano gli stessi rischi, è utile correre incontro al pericolo e disporre della propria vita come se fosse di un'altra persona.

PER APPROFONDIRE IL TESTO

Il testo e il contesto

SENECA E IL POTERE IMPERIALE Seneca, da senatore, conobbe in prima persona l'enorme potere di cui disponevano gli imperatori: scampato alle antipatie di Caligola, che avrebbe voluto giustiziarlo, dopo la morte di questi fu condannato a morte dal senato, nel 41 d.C., per adulterio con Giulia Livilla, sorella di Caligola (su istigazione della fazione fedele a Messalina, moglie dell'imperatore Claudio), ma la pena fu commutata in esilio da Claudio. Nel 49 d.C. fu graziato per intervento di Agrippina, divenuta moglie dell'imperatore, che lo richiamò a Roma come precettore del figlio Nerone. Nel 54 d.C., quando Nerone divenne imperatore grazie all'appoggio della madre e di Afranio Burro, prefetto del pretorio, divenne il principale consigliere del nuovo principe, e rimase al suo fianco fino al 60 d.C., assistendo e forse dando il suo assenso ad alcuni delitti efferati, come l'eliminazione di Britannico nel 55 d.C. (figlio di Claudio e possibile pretendente al trono imperiale) e di Agrippina nel 59 d.C., probabilmente per non compromettere la stabilità dello Stato. A giudizio di Seneca, infatti, solo la presenza dell'imperatore poteva impedire lo sfaldamento dello Stato, data l'immensa, volubile e multiforme massa dei suoi abitanti, spesso animati da esigenze inconciliabili: lo si deduce chiaramente dal **T20**, *hanc immensam multitudinem discordem, seditiosam, impotentem, in perniciem alienam suamque pariter exultaturam, si hoc iugum fregerit* (*De clementia* 1, 1, 1).

L'IMPOSSIBILE RITORNO ALLA *RES PUBLICA* D'altra parte Seneca riteneva impossibile che Roma potesse ritornare alle istituzioni repubblicane. In un passo del *De beneficiis* (2, 20) spiega che Marco Bruto aveva commesso un grave errore assassinando Cesare, nell'illusione di ripristinare la *res publica*, dato che essa si reggeva non tanto sulle leggi, quanto sugli «antichi costumi», scomparsi i quali era impossibile tornare al passato. Anche Seneca, quindi, sembra condividere il parere espresso da storici come Sallustio e Livio, che per spiegare la grandezza del passato repubblicano si affidano a motivazioni di carattere etico.

IL *REX* In **T21** Seneca introduce una distinzione terminologica nuova, adottando il termine «re» (*De clementia* 1, 12, 1) con accezione positiva e opponendolo a «tiranno»: in ciò rivela originalità, e anche onestà intellettuale, perché nessun imperatore, nemmeno quelli più propensi a esibire un potere effettivamente monarchico, avevano mai osato assumere il titolo di *rex*, nella convinzione che ciò avrebbe urtato la coscienza dei romani. Gli imperatori preferirono sempre assumere il nome di *Caesar*, perpetuando l'uso inaugurato da Ottaviano di legittimare il suo potere proponendosi come erede di Gaio Giulio Cesare, che aveva riscosso notevole favore popolare.

Oltre il testo

UNA NUOVA ETICA PER UN NUOVO MONARCA L'imperatore può moderare se stesso solo seguendo alcuni princìpi dello stoicismo, il primo dei quali è quello di dedicarsi alla propria interiorità, al "guardarsi dentro", situazione in questo caso agevolata dalla presenza di uno «specchio» (**T20** = *De clementia* 1, 1, 1), rappresentato dal precettore, cioè Seneca stesso. Possiamo seguire in **T20** lo sviluppo del ragionamento di Seneca.

- Nerone in primo luogo deve sapere di essere imperatore non per merito personale ma per volere del destino: .... (1, 2);
- quindi il suo comportamento, come quello di tutti coloro che desiderano essere sapienti, deve essere volto a limitare l'azione delle passioni, fra le quali primeggia l'ira: .... (1, 3);
- l'imperatore deve quindi condividere l'idea di una fondamentale pari dignità di tutti gli esseri umani: *nemo non, cui alia desunt, hominis nomine apud me gratiosus est* (1, 3).

Infine il comportamento moderato, quello che diversifica il re dal tiranno, è l'atteggiamento razionale. In base a un preciso ragionamento, infatti, l'imperatore, per mantenere saldamente il proprio potere, preferirà non imporre uno spietato regime di terrore. In **T21** Seneca dice: «Un moderato timore infatti tiene a freno gli animi, ma un timore continuo e aspro e tale da indurre a reazioni estreme converte le persone avvilite all'audacia e induce a tentare qualsiasi gesto» (1, 12, 4).

I PROBLEMI APERTI Il *De clementia* (scritto dopo che Nerone aveva già eliminato Britannico) ribadisce con coerenza le convinzioni politiche che Seneca aveva maturato nei decenni precedenti, ossia non solo la necessità di un unico reggitore dell'impero, ma anche il fatto che questi detenga il potere assoluto al di sopra delle leggi e che sia di fatto divinizzato. In **T20**, Nerone, nel suo immaginario esame di coscienza, direbbe di se stesso che *in terris deorum vice fungerer* (*De clementia* 1, 1, 2) e poi aggiungerebbe che solo per libera scelta mantiene un comportamento rispettoso delle leggi, alle quali però non è sottoposto: .... (1, 4).

Secondo Emilio Gabba, con questo trattato Seneca desiderava probabilmente stabilire una sorta di compromesso all'interno dello Stato, affinché il principe, grazie alla propria volontaria moderazione, mantenesse un rapporto sereno e collaborativo con il senato (➛ p. 149). Auspicando una cooperazione tra le parti (senato e imperatore) il filosofo ha effettivamente intuito quali fossero le criticità insite nel regime imperiale, che potevano portare alla distruzione del potere di Roma. Da un lato infatti il potere dell'imperatore rappresentava un vero e proprio «giogo», una privazione della libertà; senza di esso, però, il popolo romano sarebbe precipitato incoscientemente nella rovina (**T20**), e questo obbligava i senatori all'ossequio nei confronti del principe. D'altra parte però il potere del principe, pur grandissimo, non era così assoluto come poteva sembrare, o esente da rischi: una degenerazione dell'imperatore verso comportamenti tirannici, quasi per una legge di natura (**T21**), avrebbe suscitato le forze che ne avrebbero determinato la distruzione. «Odino, purché temano» (*De clementia* 1, 12, 4) è un «esecrabile motto, che ha avviato molti alla rovina»: forse riflettendo sull'esperienza di Caligola e di Claudio, Seneca dimostra di essere consapevole del fatto che il senato è ancora in grado di promuovere congiure volte a eliminare l'imperatore, anche al prezzo di portare Roma alla distruzione.

LA COSCIENZA DELL'IMPERIALISMO ROMANO Se al vertice dell'impero il potere esige una gestione umana e moderata, rispetto ai popoli dominati Roma amministra spietatamente il suo potere. Da un passo di **T20** si ricava che Seneca, come probabilmente tutta la classe senatoria romana, era cosciente della natura imperialistica del potere di Roma nei confronti delle popolazioni sottomesse. L'imperatore può decidere in modo autonomo quali popoli e quali re trattare pacificamente e quali sterminare e deportare. Ritroviamo in questi passi, dal punto di vista dei Romani, le situazioni che danno lo spunto per le fiere critiche all'imperialismo romano mosse dalle popolazioni sottomesse, ricostruite nelle pagine a noi pervenute di alcuni storici, come il discorso del gallo Critognato in Cesare, le parole di Giugurta a Bocco e la lettera di Mitridate ad Arsace in Sallustio.

LE IMMUNITÀ DEL POTERE: IERI E OGGI Seneca prende atto del fatto che l'imperatore ha un potere monarchico che lo pone al di sopra delle leggi, mentre le moderne democrazie si reggono sul principio opposto, ossia che nessun cittadino si trova al di sopra della legge. Nel nostro Paese tuttavia, come in molte altre democrazie, le più alte cariche dello Stato e i parlamentari sono protetti da alcune immunità, sono ossia esentati da alcuni obblighi o doveri (secondo quanto previsto dall'art. 68 della Costituzione).

- Svolgi una ricerca relativamente a quali sono le immunità parlamentari e rifletti con i tuoi compagni sulle implicazioni che esse comportano. Per esempio: chi gode di tali immunità deve sentirsi obbligato a mantenere in pubblico e in privato una forma di autocontrollo maggiore rispetto a quella che è richiesta a tutti i normali cittadini?

■ Manoscritto delle opere di Seneca con illustrazione delle quattro virtù cardinali, 1475. Chantilly, Museo Condé.

Era veramente assoluto il potere del principe?

L'IMPERATORE SOTTO CONTROLLO Luigi Capogrossi Colognesi individua nel sistema inaugurato da Ottaviano Augusto (e proseguito per quasi due secoli) una sorta di compromesso tra imperatore e senato: un sistema non regolato in modo formale, ma fondato sul fatto che, se il principe si fosse troppo sbilanciato verso un potere tirannico, era quasi sottinteso che sarebbe stato eliminato da una congiura di palazzo. Esisteva quindi nei meccanismi del potere di Roma una sorta di «sotterraneo controllo del potere imperiale», che tutto sommato giustifica pienamente le raccomandazioni rivolte da Seneca a Nerone, esortandolo alla clemenza come unica soluzione per gestire il potere. I singoli senatori erano infatti alla mercè dell'imperatore, ma nel complesso l'aristocrazia senatoria era in grado di promuovere azioni volte a fermare un imperatore sgradito.

« La discussione sulla natura giuridico-istituzionale della costruzione di Augusto ha fatto riempire innumerevoli pagine agli storici moderni. Mentre molti hanno interpretato il principato come una poco mascherata forma di monarchia militare, altri insistendo maggiormente sulla formale conservazione delle istituzioni e magistrature repubblicane e sul restaurato ruolo del senato, lo hanno considerato una forma di diarchia tra il vecchio sistema repubblicano e il superiore "protettorato" del principe. Senza considerare l'intensità polemica ravvivata, nel corso del secolo scorso, dall'emergere nella storia contemporanea, di grandi poteri totalitari che ambivano anch'essi a divenire imperi millenari. [...] D'altra parte, al di là dei giudizi di valore, appare indispensabile andare oltre al problema delle sole remore giuridico-istituzionali che si ponevano a un esercizio "monarchico" del potere da parte di Augusto (remore per altro già di per sé rilevanti in una società così fortemente impregnata degli aspetti legalistici e formali). Né è sufficiente circoscrivere la nostra attenzione al progetto politico e al programma ideologico di Ottaviano-Augusto. [...] A cogliere le ragioni ultime dell'equilibrio, sia pure "sbilanciato", che caratterizzò a lungo questa nuova stagione politica, ben oltre la vita di Augusto, almeno sino al tardo II secolo d.C., ci aiuta la considerazione delle strutture sociali che caratterizzarono questa età.
Si impone allora alla nostra visuale l'autonoma e persistente forza dell'aristocrazia senatoria: al vertice non solo delle strutture politiche, ma di un intero sistema economico fondato ancora tanto su quella ricchezza fondiaria, di cui essa aveva una parte consistente. Ma anche per le sue profonde tradizioni, da sempre associate anzitutto al governo del vasto apparato militare romano, ora direttamente sottoposto al superiore controllo di Augusto, ma non radicalmente trasformato. La stessa fisionomia del *princeps*, per più versi, come vedremo, non si differenziava da questo ceto: egli era il più ricco, il titolare di un patrimonio personale immenso, ma non diverso, in ultima analisi, da quello di molti altri membri dell'antica *nobilitas* senatoria. Si trattava di una gerarchia sociale, economica e militare che non poteva non pesare direttamente sul piano degli equilibri politici di cui l'autorità del *princeps* doveva tener conto.
Insomma, e per concludere, il principe [...] era titolare di un potere assolutamente sovrastante che metteva alla sua mercè qualsiasi cittadino, pur di rango elevato o appartenente al ceto senatorio, come qualsiasi magistrato in carica. Ciò non poteva non far trasparire quelle venature monarchiche, nella sua posizione di preminenza, echeggiate nelle testimonianze antiche. E tuttavia a questo potere così espansivo e potenzialmente assoluto, reali anche se informali limiti erano posti dalla persistenza dei vari blocchi sociali e in particolare dalla struttura stessa della società imperiale. La sua azione politica non mirava certo a intaccare il fondamento di quel mondo che egli intendeva controllare e consolidare, non distruggere. Per questo essa doveva salvaguardare anche l'antica gerarchia nobiliare che di tali equilibri era insieme frutto e garanzia: come del resto il suo intervento mostra in modo chiaro. Insomma il singolo era alla mercè del principe, non l'intero gruppo sociale cui apparteneva. »

(Da L. Capogrossi Colognesi *Storia di Roma tra diritto e potere*, il Mulino, Bologna 2009, pp. 296-297)

GUIDA ALLO STUDIO

1. Quale forma di "autoregolazione" esisteva nel rapporto tra il senato e il *princeps*?

2. Quali interpretazioni politiche sono state fornite del sistema istituzionale inaugurato da Augusto?

3. Grazie a che cosa il senato riusciva a bilanciare il potere del principe?

T22-T23 La gratuità del dono

| *De beneficiis* 1, 1, 1-10; 5, 12, 3; 13, 1-4 |

Tra i risultati più interessanti e innovativi cui giunge il pensiero di Seneca si pone la valorizzazione della volontà nel quadro dei comportamenti umani. Nel trattato De beneficiis, *opera lunga e dall'argomentare complesso, Seneca cerca di impostare una nuova etica del beneficio, spostando l'attenzione dal beneficio che viene reso a chi si trova in situazione di bisogno (che l'etica tradizionale imponeva di restituire appena possibile) alla volontà di beneficare nutrita dal benefattore, che trova appagamento in sé, nell'atto del donare.*

*L'esordio del trattato (***T22***) esplicita l'argomento e chiarisce come spesso quella che comunemente viene bollata come ingratitudine non è altro che l'istintiva reazione di chi si accorge che il beneficio ricevuto è stato fatto solo nell'ottica di ricevere un contraccambio, con tanto di interessi. Seneca distingue questa forma di rapporto, commerciale, dal vero beneficio.*

*Procedendo con la discussione (***T23***), poi, Seneca raggiunge conclusioni innovative sul piano etico, anche smussando alcune rigidità della scuola stoica, che opponeva in modo netto il comportamento del saggio a quello dello stolto. Seneca, pur accettando in via di principio il paradosso stoico che prevede che l'ingratitudine non esista (il saggio teoricamente non può in alcun modo ricevere benefici, in quanto è già al colmo della perfezione), trova praticabili anche altre forme di generosità che si adattano meglio alla multiforme esperienza quotidiana.*

T22 Dal donare al voler donare

ITALIANO

| *De beneficiis* 1, 1, 1-10 |

[1, 1] Tra i tanti errori commessi da coloro che vivono a caso e senza coscienza[1], non bisogna meravigliarsi, mio ottimo Liberale[2], quasi per nulla, potrei dire, del fatto che non sappiamo né dare né ricevere benefici[3]. Ne segue dunque che i beni donati scorrettamente, siano ritenuti malvolentieri un debito; e troppo tardi ci lamentiamo che essi non siano stati restituiti; infatti essi sono andati persi nel momento in cui sono stati consegnati. [2] E non è strano che tra numerosissimi e grandissimi vizi nessuno risulti più frequente dell'ingratitudine. Vedo che ciò può essere determinato da più motivazioni. La prima è quella che non scegliamo le persone degne a cui destinare i doni. Ma quando siamo sul punto di concedere un prestito facciamo accurate indagini sul patrimonio e sullo stile di vita del debitore, non spargiamo la semenza su un terreno disseccato e arido: i benefici invece più che donarli li distribuiamo a caso senza alcun criterio di scelta[4]. [3] D'altra parte non saprei dire facilmente se sia peggio negare un favore o chiederne la restituzione; infatti quello è un tipo di credito dal quale sia doveroso recuperare tanto quanto viene spontaneamente restituito[5]; ma si dà per scontato che sia cosa assai sconveniente andare in bancarotta, perché in quel caso per

1. Sono le persone che non hanno alcuna coscienza della propria interiorità, gli stolti.
2. Ebuzio Liberale pare che sia stato un caro amico di Seneca durante gli ultimi anni della sua vita.
3. Da intendere: non sappiamo concedere favori senza farli pesare e non siamo solerti nel dimostrare gratitudine.
4. Per comprendere il ragionamento di Seneca bisogna pensare che la società romana si reggeva su una fittissima trama di relazioni clientelari (perfettamente legali) che si manifestavano nella concessione di favori da parte dei patroni ai clienti: avanzamenti di carriera, prestiti in denaro, miglioramento della posizione sociale attraverso il matrimonio, patrocinio legale, raccomandazioni di ogni genere per occupazioni all'interno dell'amministrazione imperiale ecc. I clienti, poi, dovevano essere pronti a rendere il beneficio sotto forma di assidua presenza a fianco del patrono nella vita pubblica, ma soprattutto accettando qualsiasi altra richiesta di favore.
5. Seneca intende che la concessione di un beneficio dovrebbe presupporre al massimo una restituzione spontanea del favore.

liberarsi del debito non c'è bisogno di denaro, ma c'è bisogno di una disposizione d'animo; rende il prestito quello che accetta di essere nella parte del debitore[6]. [4] Ma, se c'è una colpa in coloro che non si dimostrano grati neppure a parole, allora c'è anche in noi[7]. Molti li troviamo ingrati, ma più ancora li rendiamo tali, per il fatto che a volte rinfacciamo crudamente il debito e lo esigiamo indietro, altre volte siamo incerti e come se ci pentissimo poco dopo aver accordato il favore, altre volte siamo lamentosi e critichiamo per questioni di poco conto; roviniamo tutta la bontà del gesto non soltanto dopo che abbiamo concesso il beneficio, ma già mentre lo stiamo concedendo. [5] A chi di noi è stato sufficiente o essere pregato appena un poco o addirittura una volta sola? Chi, non appena ha avuto il sospetto che gli venisse chiesto un favore, non ha corrugato la fronte, volto altrove lo sguardo, finto di avere altri impegni, chi non ha annullato la possibilità di proferire la richiesta con lunghi discorsi anche sul proprio impegno, ma che non arrivavano mai alla conclusione, e non ha eluso, con vari sistemi, situazioni di pressante necessità economica, [6] e poi messo alle strette o ha rinviato, che equivale a negare cortesemente, o ha promesso, ma a fatica, corrugando le sopracciglia, e con parole antipatiche e proferite a fatica? [7] D'altra parte nessuno prova piacere a essere in debito di ciò che non ha ricevuto, ma che ha dovuto spremere. Può qualcuno sentirsi grato verso chi o gli ha lasciato cadere dall'alto il favore con superbia o glielo ha gettato addosso irato o stanco, glielo ha accordato per levarsi il fastidio? Se qualcuno spera che gli dimostrerà gratitudine quello che lui ha spossato con i rinvii e torturato con l'attesa, si sbaglia. [8] Un beneficio viene restituito con lo stesso spirito con cui è stato accordato, e perciò non va dato senza riguardi (ognuno infatti è debitore solo con se stesso di ciò che ha ricevuto da una persona che non sapeva di donare); e neppure un beneficio è da dare in ritardo, poiché, sebbene in ogni affare sia valutata assai la volontà di chi offre, tuttavia chi ha agito tardi vuol dire che per lungo tempo non ha voluto agire; certamente un favore non va accompagnato con offese: infatti se la natura ha fatto in modo che si conficchino più profondamente nell'animo le offese che i favori e che questi rapidamente scompaiano, mentre la memoria tiene presente gli altri con più tenacia, che cosa si aspetta chi offende mentre obbliga a sé un altro? [9] Non c'è d'altra parte motivo che la massa degli ingrati ci renda un po' più pigri nell'operare buone azioni. In primo luogo, infatti, come già ho detto, siamo noi che la facciamo aumentare; poi neppure i sacrileghi e gli indifferenti nei loro confronti distolgono gli dèi immortali da questa loro tanto diffusa e incessante attività benefica: gli dèi si avvalgono della loro natura e spandono benefici su tutti e tra quelli risultano di giovamento anche a quelli che non capiscono i loro benefici. Teniamo gli dèi come

6. Chi dichiara la bancarotta per definizione non è più in grado di rendere i crediti ricevuti, si dichiara spontaneamente debitore insolvente e questo lo esenta dal rendere i prestiti: secondo Seneca tale comportamento, ossia il riconoscere i meriti dei creditori, non viene percepito come forma di gratitudine, ma al contrario è ritenuto riprovevole, proprio perché non è l'atteggiamento interiore che viene tenuto in considerazione, ma i beni assegnati mediante il favore.

7. Questo è lo snodo concettuale determinante, perché Seneca identifica nell'atteggiamento del donatore le origini del comportamento che manterrà il destinatario del dono: se il dono non è un vero dono (gratuito), non si potrà parlare di ingratitudine da parte del beneficiario.

guide, per quanto permette la debolezza umana; regaliamo i favori, non prestiamoli a interesse. Colui che mentre donava pensava a ricevere un contraccambio è degno di essere ingannato. [10] «Ma è andata a finire male». Anche figli e moglie hanno tradito le speranze, tuttavia sia li educhiamo sia ci sposiamo, e siamo a tal punto tenaci nei tentativi che, una volta vinti, riprendiamo le guerre e dopo i naufragi riprendiamo la navigazione. Quanto più conviene rimanere saldi nel donare benefici! Ma se uno non dà perché non ha ricevuto indietro, vuol dire che ha dato per ricevere, ha fatto il gioco degli ingrati, a carico dei quali si ascrive a vergogna il non rendere, se hanno la possibilità di farlo.

T23

LATINO/ ITALIANO

Nessuno è ingrato

De beneficiis 5, 12, 3; 13, 1-4

[12, 3] Dicitur nemo ingratus esse; id sic colligitur: «Beneficium est, quod prodest; prodesse autem nemo homini malo potest, ut dicitis Stoici; ergo beneficium non accipit malus, itaque nec ingratus est. Etiamnunc beneficium honesta et probabilis res est; apud malum nulli honestae rei aut probabili locus est, ergo nec beneficio; quod si accipere non potest, ne reddere quidem debet, et ideo non fit ingratus». [...]

[12, 3] Si dice che nessuno è ingrato[1]; questo si dimostra così: «È un beneficio ciò che procura il bene; ma nessuno può procurare il bene a un uomo malvagio – come affermate voi stoici[2] –; perciò il malvagio non può ricevere beneficio, e non può risultare ingrato. Inoltre il beneficio è qualcosa di onesto e lodevole; ma presso un malvagio non c'è posto per una cosa onesta o lodevole, perciò nemmeno per un beneficio; e se uno non può ricevere una cosa, nemmeno ha il dovere di restituirla, e perciò non può divenire un ingrato[3]». [...]

[12, 3] **colligitur**: il verbo *colligo* è specifico della trattazione logico-scientifica, da intendere «si spiega», «si argomenta». • **Beneficium... autem... ergo**: è un sillogismo; la premessa minore è introdotta da *autem*, «ma», e la conclusione da *ergo*, «quindi», «perciò». • **Etiamnunc... beneficio**: un altro sillogismo; la premessa minore *apud... est* è giustapposta alla maggiore per asindeto. • **quod... ingratus**: terzo sillogismo; *quod* è un nesso relativo, *et ideo*, «e perciò» introduce la conclusione.

1. È uno dei numerosi paradossi con cui gli stoici intendevano confutare il senso comune evidenziando la contrapposizione tra il sapiente e lo stolto.
2. Interviene un interlocutore immaginario, a conoscenza della filosofia stoica.
3. Il presupposto di tutto il ragionamento, articolato in tre sillogismi, è che secondo gli stoici l'unico vero bene è quello morale, interiore, che non può essere oggetto di scambio, ma viene raggiunto attraverso un percorso personale. Solo il sapiente è in grado di conoscere il bene e praticarlo mediante l'azione virtuosa. Quindi per definizione il malvagio, non conoscendo il bene morale, potrebbe ricevere solo la parvenza del bene. Non ricevendo il vero bene, non dovrà nemmeno restituirlo, quindi non potrà neppure essere considerato ingrato. Nemmeno il sapiente sarà ingrato, perché, conoscendo il vero bene (che è solo interiore), non può ricevere dall'esterno nulla di veramente buono, e quindi nemmeno potrà renderlo. Perciò, paradossalmente, gli ingrati non esistono.

[13, 1] Sed quamvis haec ita sint, accipere etiam malus tamen quaedam potest, quae beneficiis similia sint, quibus non redditis ingratus erit. Sunt animi bona, sunt corporis, sunt fortunae; illa animi bona a stulto ac malo submoventur; ad haec admittitur, quae et accipere potest et debet reddere, et, si non reddit, ingratus est. Nec hoc ex nostra tantum constitutione; Peripatetici quoque, qui felicitatis humanae longe lateque terminos ponunt, aiunt minuta beneficia perventura ad malos; haec qui non reddit, ingratus est. [2] Nobis itaque beneficia esse non placet, quae non sunt animum factura meliorem; commoda tamen illa esse et expetenda non negamus. Haec et viro bono dare malus potest et accipere a bono, ut pecuniam et vestem et honores et vitam; quae si non reddit, in ingrati nomen incidet. [3] «At quomodo ingratum vocas eo non reddito, quod negas esse beneficium?».

[13, 1] Sebbene la realtà sia così, tuttavia anche un malvagio può ricevere qualcosa che sia simile a un beneficio, non rendendo il quale diventerà un ingrato. Ci sono beni dello spirito, beni del corpo e beni assegnati dal caso[4]; i beni dell'animo stanno lontani da un uomo stolto e malvagio; egli ha accesso solo a quei beni che può ricevere e deve rendere, e, se non li rende, è ingrato. E questo non soltanto in accordo alla nostra dottrina; anche i peripatetici, che ampliano in lungo e in largo i termini della felicità umana[5], dicono che piccoli benefici toccheranno anche ai malvagi; chi non li rende, è ingrato. [2] Noi[6] non concordiamo sul fatto che ci siano benefici che non siano atti a rendere l'animo migliore; tuttavia non neghiamo che essi siano dei vantaggi e che debbano essere cercati[7]. E, questi vantaggi, sia un malvagio li può dare a un onesto, sia può riceverli da un onesto, come del denaro e un vestito e una carica politica e la vita; ma se non li rende, ricade nel ruolo di ingrato. [3] «Ma come puoi definirlo ingrato, se non ha reso quello che tu affermi che non è un beneficio?».

[13, 1] **quamvis... sint**: proposizione concessiva. • **quae... sint**: proposizione relativa propria con il congiuntivo eventuale. • **quibus non redditis**: ablativo assoluto, con valore ipotetico; *quibus* è nesso relativo (= *et iis*). • **ad haec**: ossia ai *bona corporis* e *fortunae*. • **minuta... ad malos**: proposizione infinitiva, con sott. *esse*, dipendente dal precedente *aiunt*. • **haec qui**: anastrofe per *qui haec*.
[2] **commoda... expetenda**: due proposizioni infinitive rette dal successivo *non negamus*; *expetenda*, con sott. *esse*, è costrutto del gerundivo predicativo (perifrastica passiva). • **ut... vitam**: *ut* vale «come», mentre gli accusativi che seguono sono secondo termine di paragone (uguaglianza). • **quae si**: nesso relativo, che corrisponde a *et si ea*.
[3] **At**: «ma», introduce l'obiezione di un possibile interlocutore. • **quomodo... beneficium?**: *quomodo... vocas* è una proposizione interrogativa diretta; *quomodo*, «come», è avverbio interrogativo; *ingratum* è complemento predicativo dell'oggetto sott. *eum*; *eo... reddito* è ablativo assoluto con valore causale/temporale; *quod* ha valore causale.

4. In queste due ultime categorie possono rientrare i preferibili, ➛ T6.
5. Mentre secondo gli stoici la felicità coincideva con l'*apàtheia*, da conseguire dopo un lungo percorso interiore, per i peripatetici la felicità era raggiungibile attraverso la contemplazione delle realtà intelligibili o anche semplicemente uniformandosi alle virtù etiche.
6. Esprime il parere di Seneca, che sostiene una posizione non completamente allineata con i dettami dello stoicismo, dato che ammette alcuni beni anche per gli stolti.
7. Seneca inserisce di fatto tra i beni anche i preferibili, che egli chiama «vantaggi», in lat. *commoda*.

■ Frammento di coppa romana in cammeo vitreo, fine I sec. a.C.-inizio I sec. d.C. New York, Metropolitan Museum of Art.

Quaedam, etiam si vera non sunt, propter similitudinem eodem vocabulo conprehensa sunt: sic pyxidem et argenteam et auream dicimus; sic inlitteratum non ex toto rudem, sed ad litteras altiores non perductum; sic, qui male vestitum et pannosum vidit, nudum vidisse se dicit. Beneficia ista non sunt, habent tamen beneficii speciem. [4] «Quomodo ista sunt tamquam beneficia, sic et ille tamquam ingratus est, non ingratus». Falsum est, quia illa beneficia et qui dat adpellat et qui accipit; ita, qui veri beneficii speciem fefellit, tam ingratus est quam veneficus, qui soporem, cum venenum esse crederet, miscuit.

Alcune realtà a causa della somiglianza rientrano nello stesso termine, anche se veramente non lo sono: così noi chiamiamo "pisside"[8] sia quella d'argento, sia quella d'oro; così diciamo "illetterato" non solo uno totalmente analfabeta, ma anche uno che non è giunto agli studi superiori; così chi ha visto una persona dagli abiti laceri e cenciosi, dice di avere visto uno nudo. Questi non sono benefici, ma hanno l'aspetto dei benefici. [4] «Come questi sono benefici per modo di dire, così anche quello è ingrato per modo di dire, non un vero ingrato[9]». È falso, perché sia chi li dà sia chi li riceve li chiama benefici; e così chi ha solo simulato l'apparenza di un beneficio è ingrato tanto quanto un avvelenatore che ha somministrato un banale sonnifero, credendo però che fosse un veleno mortale[10].

• **eodem vocabulo**: ablativo di causa efficiente. • **sic pyxidem... perductum**: sott. *dicimus*; *rudem* è aggettivo sostantivato maschile, lett. «la persona inesperta». • **qui... dicit**: *vestitum*, *pannosum* e *nudum* sono tutti aggettivi maschili sostantivati. • **ista**: sono i *commoda*.

[4] **Quomodo... ingratus**: *quomodo* significa «come» ed è correlato al successivo *sic*, «così», della proposizione principale. • **quia... accipit**: *et qui dat... et qui accipit* rappresentano i soggetti di *adpellat*; *beneficia* è complemento predicativo dell'oggetto *illa*. • **cum... crederet**: costrutto del *cum* con il congiuntivo.

8. Termine greco, comunemente usato anche in latino per indicare un piccolo contenitore; Seneca vuol dire che non c'è un termine che differenzia una pisside d'oro da una d'argento.
9. L'interlocutore ribadisce la posizione conforme alla dottrina stoica.
10. La posizione di Seneca valorizza la volontà con cui agisce una persona e valuta la sua azione in base a essa.

Il testo e il contesto

LA GRATUITÀ DEL *BENEFICIUM* Nei paragrafi di esordio del *De beneficiis* Seneca imposta con chiarezza l'argomento che intende trattare: attorno al tema del *beneficium* (sulla cui importanza nella società romana, ➛ p. 150) il filosofo individua diversi malintesi, che sfociano nella percezione da parte dei benefattori della diffusa ingratitudine dei beneficati. In primo luogo (**T22**) Seneca, secondo la prassi stoica, riporta il problema a un errore di valutazione, in quanto ai par. 1, 1-2 chiarisce che non si dedica alle persone che si intende beneficare l'attenzione che invece si presta in altre attività. Al par. 3 spiega che l'errore consiste nel confondere il «beneficio» con il «credito»: il primo è fondato sulla spontaneità, mentre il secondo è un rapporto commerciale. Nel primo caso conta la disposizione d'animo, mentre nel secondo non basta: al bancarottiere infatti non basta la buona disposizione d'animo per poter essere giustificato. Il vero snodo concettuale giunge al par. 4, quando Seneca collega la reazione del beneficato a quella del benefattore: se questi non opera con animo sincero, colui che riceve il beneficio non sarà mai realmente grato, perché percepisce la falsità del comportamento. L'ingratitudine (il non saper ricevere) viene collegata al non saper donare (con sincerità, senza secondi fini). La soluzione al problema è proposta ai parr. 9-10: non bisogna stancarsi di offrire benefici, senza aspettarsi alcun contraccambio, esattamente come fanno gli dèi. Inoltre, se si smette di donare, perchè non si riceve nulla in cambio, ci si pone sullo stesso piano degli ingrati, i quali, pur potendo rendere il beneficio, non lo fanno.

RAGIONARE PER PARADOSSI Nello sviluppare la sua argomentazione (**T23**), Seneca enuncia un paradosso stoico (par. 5, 12, 3): nessuno è ingrato. La spiegazione canonica di tale paradosso discende dalla definizione del "bene" data dagli stoici: siccome il vero bene è esclusivamente interiore, non può essere né donato né restituito; né è pensabile che un malvagio, al quale il bene per definizione non può toccare, possa restituire ciò che non ha. Seneca tuttavia, rifacendosi alla dottrina dei preferibili (par. 13, 1), spiega che ci sono tre categorie di beni: *Sunt animi bona, sunt corporis, sunt fortunae*. Di questi, Seneca ammette che gli ultimi due non sono veri benefici (non rendono migliore l'animo), però si possono definire *commoda* (13, 2) e possono essere dati e resi anche da persone che non conoscono il vero bene, ossia gli stolti e i malvagi. È quindi possibile definire ingrato chi non li restituisce (13, 2). Perché il paradosso iniziale, che nega l'esistenza degli ingrati, si possa ritenere parzialmente modificato manca tuttavia un passaggio: anche se non sono veri benefici, i *commoda*, nel momento in cui vengono dati con spirito sincero, possono essere oggetto di gratitudine; è infatti la volontà che conta, come dimostra l'esempio dell'avvelenatore che resta tale anche se sbaglia pozione (13, 4).

Oltre il testo

DAGLI ELEMENTI AL SISTEMA Alcuni studiosi italiani, tra cui recentemente Renata Raccanelli, hanno condotto approfondite indagini sul *De beneficiis* alla luce delle teorie elaborate nell'ambito della pragmatica della comunicazione. Tale disciplina distingue nella comunicazione umana la componente gestuale (di cui fanno parte il tono della voce, la posizione del corpo, delle mani ecc., ma anche l'atto di dare un dono) e la componente propriamente legata al linguaggio. La componente gestuale (definita "linguaggio analogico") comunica informazioni essenziali per interpretare correttamente quanto avviene a livello del linguaggio verbale (definito, per analogia con l'informatica, "linguaggio numerico"); per questo si può dire che la componente gestuale sia collocata sul piano della "metacomunicazione", in quanto dà informazioni sulla comunicazione stessa. Esiste quindi un "sistema" comunicativo al quale i singoli atti, gestuali o verbali, vanno riferiti perché siano correttamente interpretati. La coerenza del linguaggio analogico e di quello numerico è determinante per comunicare in modo corretto, e "agire" sugli interlocutori.
Seneca, per spiegare la diffusa ingratitudine (comportamento assai riprovevole nel quadro di una società clientelare), in primo luogo (**T22**) abbandona la prospettiva del singolo atto, ma osserva l'intero sistema, collegando la reazione del beneficato all'atteggiamento del benefattore (1, 1, 4) e individua una sorta di «malattia» del sistema connessa con l'errore di valutazione soprattutto del benefattore, che scambia il beneficio con il credito. Il linguaggio analogico, mirabilmente descritto ai parr. 5-8, svela però l'errore del benefattore, che provoca una disfunzione: tale disfunzione si manifesta attraverso un comportamento che viene recepito come ingratitudine, senza realmente esserlo. In definitiva, in un orizzonte pragmatico, si potrebbe dire che coloro che vivono senza coscienza di sé non sono capaci di capire e usare all'interno del processo comunicativo gli elementi di metacomunicazione; il sapiente invece è capace di farlo.
L'importanza di aver allargato lo sguardo, riflettendo sul beneficio, dal singolo gesto al sistema, distinguendo due piani comunicativi (il bene oggetto di scambio e la volontà di fare bene in sé), permette a Seneca di giungere a interessanti conclusioni: per cambiare un elemento del sistema (eliminare l'ingratitudine) è necessario cambiare anche il resto. Prima, dunque, deve mutare l'atteggiamento di chi compie il beneficio, poi cambierà anche quello di chi deve dimostrare gratitudine. Come dire: per cambiare gli altri, prima dobbiamo cambiare noi stessi.

OLTRE IL PARADOSSO Il ragionamento sviluppato attorno al paradosso del par. 5, 12, 3 (**T23**) parte dai medesimi presupposti enunciati nell'esordio del trattato (**T22**). Seneca infatti supera la morale stoica, fondata sull'*aut-aut* (o l'uomo è saggio e conosce e pratica il bene, o è stolto e non può né conoscere né praticare il bene). Insistendo sul fatto che nel donare l'elemento determinante è la volontà di chi agisce (desiderare di avvelenare è già un atto colpevole, indipendentemente dalla riuscita dell'azione: par. 5, 13, 4), Seneca riconosce che chiunque, se vuole, può distinguere beni preferibili, che possono essere donati e rendere la vita migliore, e chi li riceve può e deve essere riconoscente. Seneca quindi ammorbidisce l'etica stoica e la rende più vicina alle necessità dell'uomo.

I limiti dello stoicismo romano, per l'uomo moderno, possono essere connessi con il fatto che la cultura antica non aveva alcuna nozione dell'inconscio, quale è emersa all'inizio del Novecento grazie agli studi di Sigmund Freud e alla psicanalisi. L'uomo antico considerava le pulsioni come distorsioni dell'animo, da tenere sotto controllo e se possibile eliminare, e dava la massima importanza alla razionalità, vincolando a essa le possibilità di felicità dell'uomo.

- Tenendo in considerazione questa circostanza, discuti con i tuoi compagni e con il tuo insegnante quali aspetti della filosofia di Seneca possono essere anche oggi considerati attuali.

LETTURA CRITICA

Gli aspetti "pragmatici" del *beneficium*

SENECA E LA TEORIA DELLA COMUNICAZIONE

Renata Raccanelli spiega i punti di contatto tra la teoria del *beneficium* di Seneca e la pragmatica della comunicazione, evidenziando le profonde differenze tra le moderne teorie, nate anche per rispondere a esigenze di tipo psichiatrico, e le analisi del filosofo romano.

« Il beneficio è presentato dall'autore come un atto in cui sono compresenti due livelli comunicativi, la *materia beneficii* e la *tribuentis voluntas*. Il contenuto materiale del dono è solo *signum*, *materia beneficii*, *beneficii vestigium et nota*, *species* e non *res*: è ridimensionato dunque nei limiti di una semplice apparenza esteriore che in certi modi usurpa il nome di *beneficium*, poiché più propriamente si dovrebbero definire *ministeria* (servizi, prestazioni) le cose *per quae se voluntas amica explicat* [«attraverso le quali si esprime una volontà benevola»]. Solo gli imperiti scambiano per sostanza del dono il suo contesto materiale, il suo aspetto esteriore, tangibile e perituro. Per contro è sul piano della volontà, dell'intenzione, dell'affetto, che invece va ricercata la vera essenza del dono, non al livello delle prestazioni, che di per sé altro non sono se non "segni" che esprimono l'adempiersi di una volontà di relazione. Con questi presupposti il *beneficium* è definito come una *benivola actio tribuens gaudium capiensque tribuendo in id, quod facit prona et sponte sua parata* (1.6.1) [«Azione benevola che procura e dona gioia nell'atto del donare, preparata a ciò che fa con prontezza e spontaneità»]. Il *beneficium* dunque è un "agire"', un "*bene facere*", appunto, sostanziato da un *bene velle*, ovvero da una *voluntas* orientata al bene dell'altro [...]. Nella formula senecana, quindi, il dono contempera paradossalmente la tensione verso la relazione e l'autosufficienza propria di un virtuoso e radicale disinteresse. La *vera amicitia* è il quadro relazionale di riferimento per il *beneficium*, espressione della virtù con cui il *sapiens* realizza la natura sociale dell'uomo.

Si sarà osservato come la definizione senecana di *beneficium* offra suggestivi punti di contatto con alcuni aspetti della teoria della comunicazione. Opponendosi rigorosamente l'oggetto donato all'intenzione di amicizia, Seneca sdoppia i livelli di comunicazione nel gesto del dono, con un'intuizione molto vicina a quella formalizzata nell'assioma pragmatico per cui "ogni comunicazione ha un aspetto di contenuto e un aspetto di relazione in modo che il secondo classifica il primo ed è quindi metacomunicazione". In altre parole nell'atto di chi dona sarebbe veicolato un contenuto (più o meno "materiale") e insieme un'informazione sul modo in cui si deve recepire la comunicazione, ovvero sulla relazione fra interagenti, sulle regole interattive che si intendono proporre: la *materia beneficii* recepita dal donatario insieme alla "direttiva" impressa dalla *voluntas tribuentis*, ossia dell'*animus* con cui il donatore propone la relazione. »

(da R. Raccanelli, *Esercizi di dono. Pragmatica e paradossi nel* De beneficiis *di Seneca*, Palumbo, Palermo 2010, pp. 47-50)

GUIDA ALLO STUDIO

1. Qual è la funzione del dono in un contesto sociale? Qual è il vero segno dell'autenticità del dono?

2. Quali analogie si possono individuare tra la teoria pragmatica della comunicazione e la riflessione di Seneca sul *beneficium*?

PROVA DI TRADUZIONE E COMMENTO

Leggi con attenzione il seguente passo tratto dal *De beneficiis*, quindi rispondi alle domande che ti guideranno nella comprensione. Infine, dopo che avrai analizzato e tradotto il passo, potrai rendere ragione della tua interpretazione con un testo organico di commento.

Si deve restituire un beneficio al saggio che è diventato un tiranno?

De beneficiis 19, 8-20, 4

Questo passo del De beneficiis *va letto in relazione all'allontanamento di Seneca dalla corte di Nerone e nella prospettiva dei fatti del 65: in questo senso rivela una particolare tensione emotiva. Prima di rispondere alla domanda se occorra oppure no mantenere un legame sociale con un tiranno, Seneca ha vagliato accuratamente tutte le possibilità: ha ricordato che si deve sempre restituire quanto si è ricevuto e che a maggior ragione bisogna farlo con chi è malato (puntualizzando che la stoltezza è una malattia dell'animo); ha protestato che un uomo che è stato saggio in passato non può poi cambiare fino al punto di diventare un Falaride (tiranno di Agrigento dalla crudeltà leggendaria). Anche nella situazione in cui i comportamenti del tiranno fossero quelli di una belva sanguinaria, dunque, si potrebbe continuare a ricambiare i suoi benefici, pur in modi che non danneggino gli altri. Però, alla fine, Seneca sembra costringersi a riconoscere che, per un malato irrecuperabile di follia, il miglior beneficio che si possa concedere sia a lui sia alla comunità è il tirannicidio.*

[19] Si vero sanguine humano non tantum gaudet, sed pascitur, sed et suppliciis omnium aetatium crudelitatem insatiabilem exercet nec ira, sed aviditate quadam saeviendi furit; si in ore parentium liberos iugulat; si, non contentus simplici morte, distorquet, nec urit solum perituros, sed excoquit; si arx eius cruore semper recenti madet: parum est huic beneficium non reddere. Quidquid erat, quo mihi cohaereret, intercisa iuris humani societas abscidit. [20] Sed quamvis hoc ita sit et ex eo tempore omnia mihi in illum libera sint, ex quo, corrumpendo fas omne, ut nihil in eum nefas esset effecerit, illum mihi servandum modum credam: ut, si beneficium illi meum neque vires maiores daturum est in exitium commune nec confirmaturum quas habet (id autem erit quod illi reddi sine pernicie publica possit), reddam. Servabo filium eius infantem; quid hoc beneficium obest cuiquam eorum quos crudelitas eius lacerat? Pecuniam, quae satellitem stipendio teneat, non subministrabo. Si marmora et vestes desideraverit, nihil oberit cuiquam id quo luxuria eius instruitur; militem et arma non suggeram. Si pro magno petet munere artifices scenae et scorta et quae feritatem eius emolliant, libens offeram. [...] Et si ex toto desperata eius sanitas fuerit, eadem manu beneficium omnibus dabo, illi reddam; quoniam ingeniis talibus exitus remedium est optimumque est abire, ei qui ad se numquam rediturus est.

GUIDA ALLA COMPRENSIONE

Per giungere a una prima comprensione del testo, rispondi alle seguenti domande.

- Quali azioni del tiranno vengono descritte nel primo paragrafo?
- Quali esempi di doni che non possono danneggiare la comunità vengono proposti tra le rr. 10-14?

GUIDA ALLA TRADUZIONE

Le seguenti domande ti guideranno nella traduzione.

- Nel primo paragrafo trovi una serie di protasi di periodo ipotetico dell'oggettività; qual è l'apodosi che rappresenta la conseguenza ineluttabile di tutte le azioni descritte?
- Alla r. 6 *abscidit* ha come soggetto *societas*, accompagnato da un participio in funzione attributiva; individua il complemento oggetto di *abscidit*.
- Alla r. 7 trovi la voce verbale *corrumpendo* seguita dal complemento oggetto *fas omne*; si tratta di un gerundio o di un gerundivo?
- Alla r. 7 *effecerit* è il predicato della proposizione relativa impropria (con valore temporale) introdotta da *ex quo*; quali proposizioni esplicite e implicite dipendono dalla relativa?
- Alla r. 8 il congiuntivo indipendente con valore potenziale *credam* regge la proposizione infinitiva *illum mihi servandum modum* (*esse*); qual è, rispetto a questa infinitiva, la funzione della subordinata ut… *reddam*?

GUIDA AL COMMENTO

Contestualizzazione Per prima cosa, riepiloga brevemente le vicende biografiche di Seneca nel periodo in cui è stato composto il *De beneficiis*, soffermandoti in particolare sulle circostanze dell'allontanamento definitivo di Seneca dalla vita pubblica e degli eventi che condussero alla sua morte.

- Quali ragioni provocarono l'allontanamento di Seneca? Con quale accusa Seneca fu infine costretto al suicidio?

Interpretazione e approfondimenti Qualcuno degli esempi di benefici che possono essere ammessi persino nel caso di un tiranno più sanguinario, perché potrebbero contribuire a placarne la violenza, sembra alludere proprio a Nerone.

- Quali note passioni di Nerone sembra di poter riconoscere nell'elenco alle rr. 10-14?

I benefici ammessi per il più sanguinario dei tiranni sono presentati secondo una logica argomentativa mirata a ottenere il consenso del lettore-ascoltatore.

- In quale ordine e con quali accorgimenti stilistici Seneca introduce l'elenco dei benefici ammissibili?

Il tema del beneficio come fondamento della vita associata emerge con chiarezza anche in questo passo.

- Individua i punti nei quali viene affermato l'obbligo personale e sociale del beneficio.

Infine, rifacendosi alla concezione stoica delle passioni, Seneca legittima il tirannicidio in quanto estrema forma di beneficio.

- Spiega attraverso quale percorso logico Seneca possa giungere a questa affermazione apparentemente paradossale

Lo stile del testo Prendi in esame gli aspetti formali di questo passo e verifica se anche qui si possano riconoscere i tratti stilistici ricorrenti nelle opere di Seneca:

- valuta la frequenza del costrutto *si… sed*;
- individua la presenza di *climax* e antitesi;
- riconosci esempi di *fulmina in clausola*.

L'uso del participio *libens* alla r. 14 caratterizza la volontà che deve accompagnare il gesto dell'autentico beneficio.

- Individua nella seconda parte del brano le ricorrenze del campo semantico del dono e del beneficio.

CICERO LECTIO La volontà di donare come base dei legami sociali *De beneficiis* 1, 5-6

Petronio

Il *Satyricon*

ZTE ONLINE
Mettiti alla prova con 20 esercizi interattivi

Alessandro Allori, particolare con scena di banchetto dagli affreschi della Villa Medicea di Poggio a Caiano, XVI secolo.

IL TEMPO DELL'AUTORE | PETRONIO

UNA FIGURA MISTERIOSA Le notizie sulla biografia dell'autore del *Satyricon* sono molto controverse: i codici in cui quest'opera viene trasmessa ne attribuiscono la composizione a un certo "Petronio Arbitro", ma la sua identificazione rimane ancora oggetto di congetture. La maggior parte degli studiosi ascrive l'opera all'età neroniana e identifica l'autore con il *T. Petronius*, *elegantiae arbiter* di Nerone, di cui racconta Tacito negli *Annales* (XVI 18-19 ➛ p. 378): questo Petronio è noto anche dalle testimonianze di Plinio il Vecchio (*Naturalis historia* XXXVII 20) e Plutarco (*De discrimine amici et adulatori* 19, 60e). Si tratta di un personaggio eccentrico, un uomo di profonda cultura e di gusti raffinati, figura di spicco alla corte di Nerone, dove viene accolto quale maestro di eleganza (*elegantiae arbiter*) tra gli intimi dell'imperatore; lo stesso Nerone giunge persino ad assegnare a Petronio la carica di proconsole della Bitinia, che viene peraltro esercitata con competenza.

Petronio cade poi in disgrazia presso l'imperatore a causa dell'invidia e dell'odio di Tigellino, il crudele prefetto del pretorio che lo fa falsamente accusare di coinvolgimento nella congiura dei Pisoni (➛ p. 22). Pertanto ne viene decretata la condanna a morte. Ma anche in questa tragica circostanza Petronio dimostra la sua superiore finezza, scegliendo di compiere il proprio suicidio come se si trattasse di una rappresentazione scenica, facendosi incidere e richiudere le vene per prolungare l'attesa della fine; nel frattempo discorre con gli amici non di temi filosofici, ma di poesia frivola, simulando parodicamente il suicidio degli stoici.

IL "RITRATTO" DI TACITO Un memorabile ritratto di Petronio è stato fornito, come già detto, nelle pagine degli *Annales* di Tacito, che vale la pena di riportare. Petronio «Passava le giornate dormendo, la notte la riservava agli affari e ai piaceri della vita e, se altri erano arrivati alla fama con l'operosità, egli vi era giunto per il suo rallentato distacco. Non passava per un volgare crapulone e uno scialacquatore, bensì per un raffinato uomo di mondo. Le sue parole e i suoi gesti, quanto più liberi e all'insegna di una trascurata noncuranza, tanto più incontravano favore per la loro apparenza di semplicità. Peraltro, come proconsole in Bitinia e più tardi come console, si rivelò energico e all'altezza dei compiti. Tornato poi ai suoi vizi, o meglio alla loro ostentazione, fu ammesso nella ristretta cerchia degli intimi di Nerone, come arbitro di eleganza, al punto che il principe, in quel turbine di piaceri, trovava amabile e raffinato solo ciò che ricevesse approvazione da Petronio. Da qui la gelosia di Tigellino, rivolta, si direbbe, a un rivale che ha più successo nella scienza della voluttà. E Tigellino s'appiglia allora alla crudeltà del principe, più forte, in lui, di ogni altra passione, imputando a Petronio l'amicizia con Scevino. Fu corrotto alla delazione uno schiavo e fu sottratto a Petronio ogni mezzo di difesa, gettando in carcere la maggior parte dei servi. Casualmente, in quei giorni, si era recato Cesare in Campania, e Petronio aveva proseguito fino a Cuma e là si tratteneva. Non volle protrarre oltre l'attesa, nel timore o nella speranza, però non corse a liberarsi della vita: si fece aprire le vene, per poi, a capriccio, chiuderle e poi riaprirle ancora, intrattenendosi con gli amici ma non su temi seri, quelli che gli procurassero gloria di fermezza. Non ascoltava discorsi sull'immortalità dell'anima o massime di filosofi, ma poesie leggere e versi giocosi. Ad alcuni servi distribuì doni, ad altri frustate. Sedette a banchetto, indulse al sonno, perché la sua morte, benché imposta, apparisse accidentale. Neppure nel suo ultimo scritto, cosa che invece facevano i più, avviandosi alla morte, adulò Nerone o Tigellino o qualche altro potente, ma scrisse dettagliatamente le infamie del principe, coi nomi dei suoi amanti e delle sue amanti e con specificata l'eccentrica novità di ogni rapporto sessuale, e mandò il testo, con tanto di sigillo, a Nerone. Poi spezzò l'anello di sigillo, perché non servisse in seguito a danneggiare altre persone» (trad. di M. Stefanoni).

GUIDA ALLO STUDIO

1. Perché riteniamo che l'autore del *Satyricon* si chiami Petronio?

2. Quali autori latini ci hanno lasciato testimonianze del Petronio vissuto alla corte di Nerone?

3. Quali informazioni ci fornisce il racconto di Tacito sulla morte di Petronio?

Il *Satyricon*

LA QUESTIONE PETRONIANA Il *Satyricon* di Petronio è uno dei massimi capolavori della letteratura di ogni tempo, ma ne sono incerti l'autore, la data di composizione, il titolo, l'estensione originaria e il genere letterario. Se ne è conservato solo un frammento, riferibile presumibilmente alla parte centrale dell'opera (libri XIV, XV e XVI), ma non si è neppure certi che l'opera sia stata portata a termine, viste le circostanze in cui morì quello che viene riconosciuto dai più come l'autore dell'opera, ovvero quel *Petronius Arbiter* menzionato nella tradizione manoscritta più affidabile e anche nell'esigua tradizione indiretta. Considerando il tono e i contenuti del romanzo, è probabile che il titolo sia da intendere come un genitivo alla greca e sottintenda la parola *libri*, indicando dunque dei «libri di storie satiriche», o «di satiri», o qualcosa di simile. Quanto all'epoca, invece, gli studiosi recenti ritengono l'opera espressione dell'età neroniana, identificando l'autore del *Satyricon* con il *T. Petronius* che fu *elegantiae arbiter* alla corte di Nerone e si suicidò per ordine dell'imperatore in seguito alla scoperta della congiura dei Pisoni.

L'OPERA La vicenda – stando all'ampio frammento che ci è pervenuto – è narrata in prima persona da Encolpio, uno *scholasticus*, in viaggio con Ascilto, un giovane spregiudicato in cerca di avventure, e con Gitone, un ragazzo affascinante che è oggetto dell'interesse erotico degli altri due compagni di viaggio. La trama si sviluppa come un libero accostamento di scene collegate fra loro da un complicato reticolo di richiami e rimandi narrativi, in una sorta di labirinto in cui i personaggi entrano in scena e ne escono di continuo, le situazioni si ripetono soggette solo all'arbitrio del caso e della fortuna. Il filone principale della vicenda segue le peregrinazioni del protagonista Encolpio, invischiato in situazioni imbarazzanti, umiliato e continuamente costretto a cercare vie di fuga che, quando trovate, riescono solo a proiettarlo in situazioni peggiori.

Particolare dell'ambulacro della grande caccia, 36 a.C. Piazza Armerina, Villa Romana del Casale.

Lo scenario in cui le vicende si ambientano è duplice: nella prima parte, una indefinita *Graeca urbs* (come Cuma, Napoli, Pompei o Pozzuoli); nella parte successiva, dopo il racconto di un viaggio per mare e di un naufragio, Crotone. Anche la narrazione condotta in prima persona da Encolpio (io narrante) si rivela un elemento di complessità, in quanto il protagonista, unico motore della narrazione, munito di una cultura retorico-scolastica, legge e interpreta continuamente le sue vicissitudini attraverso la lente della sua sensibilità letteraria. Spesso infatti egli si trova a vivere situazioni che gli ricordano gli illustri modelli epici che fanno parte della sua cultura letteraria, così avviene in lui una sorta di identificazione con quei personaggi eroici (Achille, Odisseo, Enea), che determina la perdita del senso di realtà. Encolpio in questo modo si eleva dal contesto reale degradato in cui è costretto a vivere per calarsi in una dimensione eroica del tutto illusoria. Tuttavia l'autore Petronio (che rimane "nascosto" dietro questo gioco letterario di identificazioni del narratore) attraverso lo strumento della parodia interviene a determinare la caduta delle illusioni del protagonista e il suo conseguente senso di frustrazione.

Sul piano formale la peculiarità del romanzo è rappresentata dal fatto di essere un prosimetro, ovvero di presentare alternanza di prosa e poesia tipica della satira menippea. Gli inserti in versi, pronunciati dal narratore o da altri personaggi, non costituiscono affatto uno sfoggio erudito, ma un contrappunto allo svolgersi del racconto, in quanto hanno funzione ironica oppure creano uno scarto fra i contenuti di basso livello e lo stile poetico sublime.

LA PARODIA Una componente tipica del *Satyricon* è rappresentata dalla parodia con cui ogni elemento della narrazione viene filtrato. L'intera costruzione narrativa si fonda infatti sulla parodia letteraria dei canoni e dei temi del romanzo greco, che subisce una degradazione comica: la coppia di giovani innamorati, casti e puri, alle prese con numerose peripezie che, pur mettendo a rischio la loro unione, si concludono con un lieto fine, viene sostituita da un triangolo amoroso fra giovani poco seri e credibili, per nulla casti e idealizzati.

La vena parodistica di Petronio è stata anche letta come volontà di dissacrare i modelli del genere sublime dell'epica, in particolare dell'*Odissea*: le avventure di Encolpio, perseguitato dal dio fallico Priapo, sono state interpretate come una degradazione delle peregrinazioni dell'Odisseo omerico, perseguitato dall'ira implacabile di Poseidone. In realtà, è soprattutto il protagonista Encolpio a "leggere" le proprie vicissitudini in chiave odissiaca, paragonandosi all'eroe omerico per eccellenza; e Petronio, dall'alto della sua posizione, sembra sorridere della vanità delle pretese letterarie del suo personaggio. Il giovane, orgoglioso della propria cultura letteraria e degli studi compiuti, tende a nobilitare la tristezza della propria esistenza, cercando di imitare le illustri figure del mito e della letteratura, ma il suo tentativo andrà incontro all'insuccesso.

Alla parodia letteraria si aggiunge quella etico-sociale: costumi individuali e sociali, atteggiamenti personali o collettivi dell'età neroniana vengono filtrati in chiave parodica con un esito grandioso; Petronio infatti presenta gli elementi più palesemente distorti della propria epoca, quali le bassezze umane, i comportamenti gretti, l'esibizionismo sfrontato, con l'indifferenza di chi è superiore e il sorriso divertito di chi non osa esprimere giudizi.

Il tratto peculiare di tale parodia rimane tuttavia il fatto che essa non si traduca mai in una satira polemica, aggressiva o moraleggiante. Petronio non esercita mai il suo giudizio, non prova partecipazione morale o sociale: rimane distaccato, per scelta consapevole o per istinto, si tiene lontano dalle oscenità e dalla grettezza che rappresenta, non condannandole né correggendole. Egli esercita soltanto il suo superiore disprezzo su tutto ciò che descrive e che lo circonda (in fondo in linea con l'immagine che di lui viene fornita da Tacito): non un moralista, bensì un esteta, che sorride amaramente delle oscenità che vede intorno a sé, che egli giudica con la lente dello stile e non dell'etica.

IL REALISMO Altra componente essenziale dell'opera è il realismo, ovvero lo sguardo attento rivolto dall'autore alla realtà, che egli intende rappresentare in tutti i suoi aspetti: etici, sociali, materiali, linguistici. Questo è l'elemento che maggiormente differenzia il *Satyricon* dal romanzo greco, in cui l'atmosfera, i personaggi e il contesto sono altamente idealizzati.

La più evidente e nota esemplificazione del realismo petroniano si trova nella *Cena Trimalchionis* («cena di Trimalchione»), la lunga sequenza che occupa una sezione notevole del testo sopravvissuto: la descrizione dell'ambiente sociale dei liberti, della loro mentalità, dei loro princìpi avviene attraverso una straordinaria "mimesi" linguistica (secondo la felice espressione di Erich Auerbach), in grado di rivelare tutta la grettezza e la vacuità dei loro valori, che sono riconducibili al denaro, al cibo, al sesso. Questi personaggi vengono caratterizzati attraverso la lingua di cui si servono per esprimere se stessi e la propria concezione della realtà. Questo aspetto rende il *Satyricon* l'opera classica che maggiormente si avvicina alla letteratura realistica moderna, pur mancando di quell'indagine sociologica ed economica che è uno degli intenti fondamentali della rappresentazione realistica per esempio dell'Ottocento: l'opera di Petronio, al contrario, non costituisce una denuncia dei mali della società del suo tempo, essendo priva di ogni finalità moralistica; è piuttosto l'osservazione acuta e divertita del mondo "reale", effettuata da parte di un aristocratico disincantato.

Affresco con banchetto, I secolo d.C. Napoli, Museo Archeologico.

Parodia e realismo nel *Satyricon*

PER COMPRENDERE

LA *CENA DI TRIMALCHIONE* Uno degli elementi più interessanti della tecnica narrativa sottesa alla composizione del *Satyricon* è la parodia costante con cui viene rappresentato ogni aspetto della vicenda. Se da un lato troviamo la parodia letteraria che riguarda non solo i canoni e le strutture del romanzo greco, ma che investe anche tutti i generi letterari latini e greci, dall'altro cogliamo palesemente la parodia di matrice etico-sociale, che si mescola a un chiaro intento realistico: anche la parodia si configura, nel *Satyricon*, come una modalità letteraria funzionale al raggiungimento del realismo. Il passo che maggiormente mette in evidenza questo principio è la *Cena di Trimalchione*: un episodio in cui emerge un mondo – quello dei liberti arricchiti – che l'autore disprezza per l'ignoranza e il cattivo gusto da cui è dominato, ma che non può far a meno di rappresentare, poiché è ben conscio del fatto che esso è una parte ormai significativa della società in cui vive. Petronio tuttavia prende le distanze dall'ascesa dei nuovi ricchi, da quel mondo dei liberti che tende a sostituire agli antichi valori della cultura e della poesia quelli del cibo, del denaro e del sesso.

Su tutti i personaggi della *Cena Trimalchionis* spicca il liberto Trimalchione, uomo volgare, arricchito e esibizionista, in cui Petronio sintetizza tutti i caratteri della società multiforme del tempo, fatta di provinciali ambiziosi e di nuovi ricchi spregiudicati, il cui unico credo è il denaro e la cui sola ossessione è la morte. Il pensiero della morte, ovvero l'idea della fragilità e della brevità dell'esistenza umana, nell'episodio della cena è simboleggiato da un piccolo scheletro d'argento, snodato, che un servitore getta sulla tavola e che, ricadendovi in posizioni sempre differenti, rappresenta le molteplici figurazioni che la morte può assumere. Ciò dà inizio alla meditazione sull'esistenza umana e sul suo ineluttabile destino che Trimalchione, in un *climax* crescente, porterà avanti sino alla fine del banchetto, con l'iperbolica messa in scena del suo funerale.

LA *MATRONA DI EFESO* Un altro filone che ha influenzato la composizione del *Satyricon* è quello delle *fabulae Milesiae*: novelle caratterizzate da situazioni comiche a sfondo spesso licenzioso, che in seguito alla traduzione di Sisenna (I secolo a.C.) ebbero grande fortuna a Roma. I temi trattati in queste narrazioni sono molto lontani dai contenuti idealizzati del romanzo greco. Petronio se ne serve certamente per costruire la novella della *Matrona di Efeso*, un racconto piccante narrato dal poeta Eumolpo (*Satyricon*, 111-112), in cui una giovane vedova inconsolabile si lascia via via andare alle lusinghe di un soldato. In questo passo la parodia si cela nelle parole dell'ancella che assiste la padrona nel suo disperato tentativo di consumarsi di inedia in onore del ricordo del marito defunto: la giovane schiava, per indurre la padrona ad accettare il cibo offertole dal soldato, si serve delle parole con cui la regina fenicia Didone viene convinta dalla sorella Anna ad accettare l'amore di Enea. Petronio attribuisce all'ancella, personaggio di bassa cultura, il linguaggio elevato dell'epica virgiliana, infrangendo apertamente il criterio della mimesi linguistica. Se la scena virgiliana si conclude con il suicidio della regina abbandonata dall'amante, la novella narrata da Petronio termina con la crocefissione del marito morto per salvare la vita del nuovo amante.

T1
ITALIANO

L'entrata in scena di Trimalchione

| *Satyricon* 32-34 |

La Cena di Trimalchione *è la sezione più conosciuta del* Satyricon *e descrive un lauto banchetto offerto dal ricchissimo liberto Trimalchione, a cui i protagonisti si ritrovano a partecipare. Per l'arrivo del padrone di casa, Petronio costruisce una scena accurata e descrive minuziosamente ogni dettaglio dell'abbigliamento del* dominus *e della servitù, ogni loro gesto, ogni particolare dell'arredamento della casa e ogni passaggio della presentazione delle pietanze. Tutto è curato in modo maniacale, finalizzato all'ostentazione più manifesta: non c'è bene materiale di cui Trimalchione non dia sfoggio, in un trionfo di esibizionismo, che suscita nei presenti una profonda ilarità. Ma, in questo scenario grottesco, l'esortazione finale di Trimalchione a godere dei piaceri della vita nasconde il suo pensiero ossessivo alla morte.*

La eccessiva ostentazione di ricchezza di Trimalchione

[32] Eravamo immersi in queste prelibatezze, quando fu portato a tavola[1] Trimalchione in persona a suon di musica: venne adagiato in mezzo ad un mare di guanciali imbottiti da scoppiare e questo spettacolo ci strappò delle risate inconsulte. Da un mantello scarlatto sbucava infatti la sua testa pelata e intorno al collo, infagottato dal vestito, aveva rincalzato un bavaglio con una larga balza purpurea[2] dal quale pendevano qua e là delle frange. Al dito mignolo della mano sinistra portava anche un grande anello d'oro, mentre l'ultima falange del medio un anello più piccolo, d'oro massiccio, per quel che potevo giudicare, ma tutto intarsiato con pezzetti di ferro saldato, a mo' di stelline. E, per non limitarsi ad ostentare solo questi gioielli, si scoprì il braccio destro, ornato di un bracciale d'oro e di un cerchio d'avorio intrecciato con una lamina luccicante.

[33] Dopo essersi perlustrato i denti con uno stecchino d'argento, disse: «Amici, non ero ancora in comodo per venire a tavola ma, per evitare di prolungare la vostra attesa continuando a non presentarmi, ho deciso di rinunciare ad ogni mio divertimento. Mi consentirete, tuttavia, di finire la partita»[3].

Lo seguiva un valletto con una scacchiera di legno di terebinto[4] e dei dadi di cristallo; ebbi in più modo di notare un particolare estremamente raffinato: invece di pedine bianche e nere, Trimalchione usava monete d'oro e d'argento.

Nel frattempo, mentre quello esaurisce, nelle fasi del gioco, l'intero repertorio di parolacce dei filandieri[5] e mentre noi eravamo ancora alle prese con gli antipasti, fu portato in tavola un vassoio con sopra una cesta, dentro la quale era sistemata una gallina di legno con le ali aperte a mo' di ventaglio, come si mettono, cioè, quando le covano le uova. Immediatamente si avvicinarono al vassoio due schiavi ed al ritmo di una musica assordante cominciarono ad ispezionare la paglia finché, tiratene fuori delle uova di pavone una dopo l'altra, le distribuirono ai commensali. Trimalchione girò la faccia in direzione di questa sceneggiata e soggiunse: «Amici, ho fatto collocare sotto la gallina delle uova di pavone ma, perdio, ho paura che ci sia già il pulcino; comunque proviamo se sono ancora bevibili. Sì, le possiamo bere». Riceviamo dei cucchiai, pe-

Artefazione del cibo e ricerca della sorpresa

1. Il padrone di casa viene portato a tavola dai suoi schiavi, quasi come una delle tante portate servite.
2. Si tratta di un tovagliolo listato di porpora che imita il *laticlavium*, la striscia di stoffa rossa applicata alla tunica dei senatori.
3. Si tratta di un gioco molto simile alla nostra dama, denominato probabilmente *ludus duodecim scriptorum*.
4. Il terebinto è una pianta delle anacardiacee tipica dell'ambiente mediterraneo.
5. I filandieri, ossia coloro che amministravano una filanda, appartenevano al ceto popolare, pertanto si servivano di un linguaggio piuttosto volgare.

santi non meno di mezza libbra, e rompiamo le uova ricoperte di uno spesso strato di farina impastata. Per parte mia fui quasi sul punto di gettare la mia porzione, perché mi sembrava che il tuorlo si fosse già rassodato a formare il pulcino. Poi, quando sentii un invitato, veterano della casa, che diceva: «Qui dentro ci deve essere qualcosa di buono», cercai all'interno del guscio con la mano e trovai un beccafico[6] che nuotava nel tuorlo pepato.

[**34**] Già Trimalchione, interrotta la sua partita, si era fatto servire gli stessi nostri antipasti senza tralasciarne uno e ci aveva dato facoltà, invitandoci ad alta voce, di bere ancora vino melato nel caso qualcuno avesse voglia di bissare, quando, d'un tratto, parte un segnale dall'orchestra ed immediatamente una corale di servi, cantando, fa sparire i vassoi degli antipasti. In seguito, poiché nel trambusto del servizio era caduta accidentalmente un'insalatiera e un valletto l'aveva raccolta da terra, Trimalchione se ne accorse e fece schiaffeggiare il ragazzo, ingiungendo di gettare l'insalatiera di nuovo a terra. Arrivò prontamente il cameriere addetto alle stoviglie e cominciò a spazzare via con la scopa l'insalatiera d'argento insieme con gli altri rifiuti. Quindi fecero il loro ingresso due servi etiopi dai capelli lunghi, tenendo dei piccolissimi otri, del tipo di quelli che nell'anfiteatro servono a spargere la sabbia, e ci versarono vino sulle mani; acqua, infatti, nessuno ce ne offrì. Dopo essersi preso delle lodi per queste raffinatezze, il padrone di casa sentenziò: «Marte predilige l'equiparazione. Per questo ho fatto predisporre per ciascun convitato una mensa personale. Avremo così l'ulteriore vantaggio che questi fetidissimi servi ci asfissieranno meno con la ressa del loro servizio». Sul momento vennero portate delle anfore di vetro sigillate a gesso con cura che recavano sul collo, appiccicate, delle etichette su cui stava scritto "Falerno Opimiano di cento anni"[7].

Mentre noi esaminavamo le etichette, Trimalchione batté le mani aggiungendo: «Ahimè, dunque il vino ha vita più lunga dell'omuncolo. Ma allora inzuppiamoci le budella. È la vita, il vino. Io metto in tavola dell'autentico Opimiano. Ieri ne feci servire di meno pregiato, eppure avevo a cena gente molto più di riguardo»[8].

Percezione della morte e volontà di stordimento

Mentre dunque noi eravamo intenti a bere e ad ammirare stupiti quel lusso senza tralasciare un solo particolare, un servo portò uno scheletrino d'argento[9] con un automatismo tale che le articolazioni e la colonna vertebrale, snodate, potevano flettersi in ogni senso. Dopo averlo gettato sul tavolo una volta ed un'altra di modo che i legami snodati fecero assumere allo scheletro alcune posizioni, Trimalchione aggiunse:

«Ahimè, poveri noi, come si riduce ad un bel nulla, l'omuncolo tutto intero!
così diventeremo tutti, dopo che l'Orco[10] ci avrà rapito.
Perciò viviamo la vita, finché siamo vivi e vegeti»[11].

(trad. di A. Aragosti)

6. Il beccafico è un piccolo uccello canoro.
7. Il falerno era un vino pregiatissimo: con «Opimiano» si deve intendere «della annata del console Opimio». Cento anni, in ogni caso, sembrano indicare un invecchiamento davvero eccessivo e probabilmente costituiscono un'altra spacconata del padrone di casa.
8. La tracotanza di Trimalchione non ha limiti: giunge a offendere i propri ospiti definendoli meno illustri di quelli del giorno precedente.
9. Le *larvae*, ossia piccoli scheletri d'argento, venivano poste sulle mense per ricordare ai commensali la caducità della vita e invitarli a godere intensamente dei suoi piaceri.
10. Cioè Plutone, dio dell'oltretomba.
11. L'intervento di Trimalchione è in versi.

Il testo e il contesto

UNA LUNGA DIGRESSIONE La descrizione della cena che il ricchissimo liberto Trimalchione offre ai suoi ospiti è una sorta di digressione dalla storia principale, una sequenza descrittiva che non fa procedere la narrazione: si tratta di un episodio che copre i capitoli dal 27, momento in cui Trimalchione fa la sua comparsa alle terme, al 78, quando l'intervento dei pompieri, causato dal fracasso della marcia funebre inscenata dal padrone di casa per simulare il proprio funerale, consente ai tre protagonisti di fuggire. La descrizione dettagliata dell'esperienza che Encolpio, Ascilto e Gitone vivono è incentrata su un esasperato spettacolarismo, in cui l'arrivo delle portate (sempre artefatte, innaturali) si alterna alla conversazione, monopolizzata dal padrone di casa: Trimalchione si sbilancia a parlare di tutto lo scibile umano, compresa la narrazione della propria ascesa sociale; non mancano tuttavia le chiacchiere, spesso vuote, degli altri commensali quando l'ospite esce temporaneamente di scena.

OSTENTAZIONE E SENSO DELLA MORTE Nel passo riportato si descrive l'arrivo di Trimalchione alla cena, preceduto dalla minuziosa raffigurazione degli ambienti, degli arredi e degli accessori di quella sorta di gabbia dorata che è la dimora del ricco liberto, in cui i giovani rimangono intrappolati. Il padrone di casa è scortesemente in ritardo, ma insiste per portare a termine comunque il suo gioco a dama, su una scacchiera di legno prezioso con dadi di cristallo e monete d'oro e d'argento come pedine. Nel frattempo prosegue il servizio in tavola degli antipasti, piatti elaborati in modo tale che la materia commestibile sia pressoché irriconoscibile. Mentre si apparecchia per le portate principali, a uno schiavetto cade di mano un vassoio d'argento che Trimalchione fa sprezzantemente gettare nella spazzatura insieme ad altri rifiuti della tavola. Infine viene portato in tavola un vino vecchio di cent'anni, sigillato in anfore di vetro. Questo fatto, insieme allo scheletrino d'argento snodato gettato sulla mensa da uno schiavo, offre lo spunto all'anfitrione per una declamazione sulla caducità della vita. Egli infatti mostra di avere un'autentica ossessione per la morte, che poi concretizzerà con una serie di disposizioni in merito al proprio testamento, al monumento funebre, all'iscrizione da apporvi, arrivando a simulare il corteo funebre che seguirà la cerimonia di commiato.

Il senso del testo

I MODELLI LETTERARI DELLA *CENA* L'episodio della *Cena* ha diverse fonti letterarie: innanzitutto il *Simposio* di Platone, un'opera fondata sulla narrazione indiretta di un dialogo (che ha per tema l'Eros) avvenuto a casa del poeta Agatone per festeggiare la vittoria per la rappresentazione di una sua tragedia; fra i protagonisti vi sono personaggi illustri della cultura e della politica della Atene della fine del V secolo a.C., come Socrate, Aristofane e Alcibiade. Quest'opera di Platone viene riletta da Petronio in chiave parodistica. Un altro modello è costituito dalla *Cena Nasidieni*, una satira di Orazio (*Sermones* 2, 8) incentrata su un nuovo ricco che ospita in casa propria Mecenate, Fundanio e altri amici di Orazio. Da questi modelli Petronio riprende alcuni elementi su cui imposta la narrazione della propria *Cena*: i monologhi che si succedono nella conversazione degli ospiti rimandano al *Simposio* di Platone, mentre il desiderio smodato del padrone di casa di impressionare i convitati trova riscontro nel testo oraziano. Accanto alle fonti letterarie, per realizzare l'imponente quadro del banchetto Petronio attinge probabilmente anche alla conoscenza personale e alle proprie osservazioni: i dettagli fisici dei personaggi, la descrizione degli ambienti interni, la riproduzione della lingua con cui i presenti comunicano rispondono a un criterio di verisimiglianza e di realismo che mai si è visto nella letteratura latina.

IL REALISMO LINGUISTICO E LA SATIRA Per quel che concerne l'ambientazione della scena, la lente attraverso la quale viene osservata e descritta è senza dubbio quella del gusto: gli oggetti, le raffinatezze e i comportamenti rappresentati sono talora di cattivo gusto, talora sono semplicemente fuori luogo rispetto al contesto, se anche non appaiono eccessivi, o vengono stravolti nel loro significato da Trimalchione, che fraintende o esagera come suo solito. Dietro questa caratterizzazione di ambienti e costumi non sta solo la volontà dell'autore di fare "satira", ma anche l'intento di criticare determinate innovazioni dell'alta società romana o addirittura della corte imperiale, che egli apertamente disapprova. La raffigurazione di Trimalchione da parte di Petronio oscilla quindi fra l'ironia sulla rozzezza degli eccessi e le punte sottili di critica al costume e di satira leggera su mode e gusti contemporanei. Non bisogna tuttavia dimenticare che il ritratto grottesco di questo personaggio non è frutto della profonda indignazione morale del poeta satirico, bensì della indifferente superiorità dell'esteta.

LEGGO E COMPRENDO

1. Dividi il brano in sequenze e assegna a ciascuna sequenza un titolo che ne presenti brevemente il contenuto.

2. Quali sono i modelli letterari per questo episodio del *Satyricon*?

3. Qual è il criterio di giudizio attraverso il quale il narratore osserva la scena?

L'OPERA | IL *SATYRICON*

L'OPERA L'opera di Petronio, il *Satyricon*, è giunta a noi **in forma frammentaria** e incompleta. Probabilmente la **struttura e l'estensione** originarie dovettero favorire una **sua immediata circolazione** in forma antologizzata, che **poi diede origine alla diffusione** di raccolte di estratti. Ciò **che oggi possediamo** si limita a 141 capitoli provenienti – a quanto pare – dai libri XIV, XV, XVI: sicuramente una esigua parte rispetto all'originale, sufficiente tuttavia per annoverare il *Satyricon* tra i massimi capolavori della letteratura latina. Peraltro, anche rispetto alla sezione tramandataci, molti punti rimangono oscuri: l'autore, la data di composizione, il titolo e il suo significato, l'estensione originaria e il genere.

Sull'autore ormai la maggior parte dei critici concorda con l'identificazione con il *Petronius Arbiter* a cui Tacito, Plinio e Plutarco fanno riferimento: ciò comporta che l'opera risalga alla piena epoca neroniana. A sostegno di tale tesi vi sono argomenti storici (allusioni a personaggi, avvenimenti, costumi sociali e fatti economici di epoca neroniana), linguistici (parallelismi linguistici con altre fonti del I sec. d.C., come le iscrizioni di Pompei o l'*Apocolocyntosis* di Seneca), letterari (l'opera petroniana sarebbe pressoché coeva alla *Pharsalia* di Lucano, rispetto alla quale possono essere individuati collegamenti tematici). Il titolo, *Satyricon*, che nei manoscritti si presenta anche sotto forma di *Satirica* o *Saturae,* probabilmente rappresenta un genitivo plurale greco retto da *libri* e forse fa riferimento a un genere letterario preciso, quello della satira menippea, di cui però conserva soltanto la struttura mista di prosa e versi (➛ p. 171).

IL GENERE Il *Satyricon* presenta una complessità letteraria notevole: la prosa narrativa si alterna a passi in versi che in alcuni casi sono declamati da un personaggio, in altri si configurano come interventi del narratore con funzione di commento degli eventi. La struttura del testo è composita, la *fabula* si presta a numerose digressioni, i toni passano dall'aulico al grottesco nel giro di poche frasi. Pertanto risulta difficile qualsiasi classificazione retorica che ne definisca l'appartenenza a un genere preciso.

Il *Satyricon* è da mettere in relazione alla grande tradizione satirica latina, in particolare alla forma della satira menippea (genere nato nel III secolo a.C. in Grecia con Menippo di Gadara e portato a Roma dall'erudito Varrone); rispetto a questo genere tuttavia il romanzo petroniano presenta caratteri più complessi: una struttura più unitaria, il tema erotico dominante, l'assenza di toni indignati o predicazioni moralistiche. A prevalere su tutto è il tono parodico che investe di luce ironica ogni aspetto della narrazione. Proprio la parodia dominante ha indotto a ritenere il *Satyricon* un anti-romanzo ellenistico (per il carattere erotico-avventuroso con fine edificante) o un anti-poema epico, come l'*Odissea* greca o l'*Eneide* latina (per il tema del viaggio, dell'avversità di un dio nei confronti del protagonista, del naufragio). Non mancano neppure, del resto, suggestioni provenienti dal mimo (per le molteplici azioni scabrose e scene grottesche) e dal genere delle *Fabulae Milesiae* (come nelle novelle del fanciullo di Pergamo e della Matrona di Efeso, che sono narrazioni realistiche a contenuto erotico).

Anche in funzione di questa natura multiforme, per il *Satyricon* si adotta solitamente la classificazione di "romanzo", sebbene questo termine risulti anacronistico per definire la narrativa latina di invenzione con fini d'intrattenimento.

LA TRAMA Nei primi capitoli del **libro XIV** il protagonista e io narrante Encolpio è alle prese con un retore, Agamennone: i due dissertano sulle ragioni della decadenza dell'oratoria e sulla necessità che i maestri di eloquenza abbandonino quel rigore che la tradizione ha sempre imposto, in favore di un atteggiamento più morbido e compiacente nei confronti dei propri discepoli. Durante la discussione, però, Encolpio si accorge della scomparsa di Ascilto, un giovane che viaggia con lui e che da subito si palesa come suo rivale in amore nei confronti di Gitone, un giovane affascinante: fra questi tre personaggi si è instaurato un triangolo amoroso, fatto di gelosie, tradimenti e liti furibonde. Così Encolpio parte alla ricerca di Ascilto, affrontando una serie di peripezie nel tentativo di ritrovare la locanda in cui alloggia. Entra poi in scena Quartilla, una sacerdotessa del dio Priapo (dio della sessualità), che accusa i tre giovani di avere violato i sacri misteri del dio e li coinvolge in una serie di riti espiatori che si rivelano come un'orgia estenuante. Sfuggiti alle insidie della sacerdotessa, ai tre viene ricordato da un servo l'impegno di partecipare a un banchetto serale a casa di un facoltoso liberto.

Nel **libro XV** ha inizio il lungo racconto della cena cui Encolpio, Ascilto e Gitone partecipano nella dimora del ricchissimo Trimalchione. Durante il banchetto il padrone di casa esibisce in modo teatrale lo sfarzo e la ricchezza nei modi più sorprendenti e grotteschi in uno spettacolo di cattivo gusto: a ciò partecipano la moglie Fortunata, oculata amministratrice dei suoi beni, e alcuni amici di Trimalchione, liberti arricchitisi dai cui discorsi emerge il rispetto servile e la deferenza nei confronti dell'ospite. Infine giunge un personaggio sinistro, un marmista a cui Trimalchione affida l'incarico di edificare la propria tomba inscenando al momento una marcia funebre; il baccano provocato, però, fa intervenire i pompieri convinti dello scoppio di un incendio. Questo fatto consente ai tre giovani di fuggire e di rientrare nel loro alloggio, dove scoppia nuovamente una rissa fra Encolpio ed Ascilto per Gitone, il quale alla fine se ne va via con Ascilto.

Nel **libro XVI** Encolpio, affranto per l'abbandono degli altri due, entrato in una pinacoteca incontra Eumolpo, poeta anziano e uomo depravato che in un primo tempo, per consolarlo, gli racconta un episodio della propria vita, poi recita per lui un poemetto in versi sulla «presa di Troia» (la cosiddetta *Troiae Halosis*), non particolarmente apprezzato dagli astanti. I due divengono amici e affrontano una serie di peripezie grazie alle quali ritrovano Gitone, ma Encolpio si accorge pressoché immediatamente di avere in Eumolpo un altro rivale in amore: viene così a costituirsi un nuovo triangolo amoroso, dato che Ascilto ormai è uscito di scena. Il nuovo terzetto si imbarca poi sulla nave di un mercante, Lica, che si rivelerà il peggior nemico di Encolpio, per giunta intenzionato a vendicarsi di lui (l'antefatto di questo episodio non ci è altrimenti noto). Durante il viaggio il poeta Eumolpo, per tener calma la situazione, narra la novella della *Matrona di Efeso*, un racconto a carattere licenzioso che dovrebbe rallegrare l'atmosfera. Poco dopo sopraggiunge una tempesta che fa uscire di scena Lica e fa naufragare i tre protagonisti su una spiaggia nelle vicinanze della cittadina di Crotone, nota per i numerosi cacciatori di eredità che vi si aggirano. Sulla strada verso la città Eumolpo illustra ai due giovani le caratteristiche della poesia elevata, dandone un saggio con la declamazione di un lungo passo epico (295 esametri) sul *Bellum Civile*, la guerra tra Cesare e Pompeo. Da questo momento il testo diviene lacunoso: Encolpio, intrapresa un'avventura con una nobildonna di nome Circe, è successivamente reso sterile dal dio Priapo adirato; per placarlo, e quindi per recuperare la virilità, si sottopone a una serie di pratiche magiche. Eumolpo nel frattempo redige il proprio testamento (non si sa se sia malato o in procinto di morire, oppure se sia un espediente per attirare i cacciatori di eredità) che contiene una clausola particolarmente inquietante per gli eredi: chi vorrà godere dei suoi lasciti dovrà essere pronto a cibarsi del suo cadavere. L'avidità di alcuni presenti lascia supporre che essi siano disposti a tutto pur di entrare in possesso della sua presunta eredità. A questo punto il romanzo si interrompe in modo brusco.

L'AMBIENTAZIONE E IL "RITMO" DEL RACCONTO Per quel che riguarda l'ambientazione della vicenda, l'azione ha inizio in una *Graeca urbs*, una cittadina non menzionata della costa campana, si sposta poi sul mare, precisamente su un'imbarcazione diretta a Taranto, per poi concludersi nella città di Crotone. I luoghi interni e quelli esterni non sono mai privi di una valenza simbolica: gli interni spesso si rivelano teatro di trappole, inganni, litigi (il bordello, la locanda, la casa di Trimalchione); i luoghi aperti (la città, il mercato, il mare aperto) spesso simboleggiano il labirinto entro cui i protagonisti si smarriscono, ma dal quale in genere riescono poi ad emergere.
Sul piano del ritmo la narrazione ha un andamento variabile: da sequenze concitate e fortemente riassuntive si passa a scene molto lente, in cui prevalgono descrizioni estenuanti o dialoghi minuziosamente riportati.

■ **Veduta di un porto**, mosaico proveniente da Stabia, I sec. d.C. Napoli, Museo Archeologico Nazionale.

GUIDA ALLO STUDIO

1. Per quali motivi non è facile stabilire a quale genere letterario si possa ricondurre il *Satyricon*?

2. Chi sono i principali personaggi del *Satyricon*?

3. Come si inserisce nella trama la novella della matrona di Efeso?

4. In quali luoghi è ambientato il *Satyricon*?

T2 ITALIANO

L'ascesa sociale di Trimalchione

Satyricon 75, 8-76, 8; 77, 4-7

Nella seconda parte della cena, il padrone di casa, il potente Trimalchione, intrattiene i suoi ospiti con un discorso che assume i tratti di una vera e propria orazione: in essa egli ripercorre i passi della sua scalata sociale, da piccolo schiavo venuto dall'Asia a ricchissimo liberto, che vive in una dimora con i caratteri di un tempio e che possiede beni e ricchezze pressoché incommensurabili. La considerazione sul proprio attuale status *sociale induce Trimalchione a concludere che la grandezza di una persona si misura sul valore dei beni che possiede, sui quali tuttavia si stende l'ombra lunga della morte. E, per esorcizzarne la paura, a Trimalchione non rimane che dare disposizioni per il proprio funerale: anche questo, ovviamente, dovrà rispecchiare in tutto e per tutto la sua condizione sociale.*

[75] «Amici miei, vi prego, state allegri. Anch'io infatti ero come voi siete ora, ma con le mie risorse sono arrivato a questo punto. È il cervellino che fa gli uomini, il resto sono tutte bagatelle. "Compro a poco, vendo a molto"[1]; un altro vi potrà dire altro. Io scoppio di benessere. Ma tu[2], russona, piangi a ancora? Vedrai che ti faccio piangere io sulla tua mala stella. Ma, come avevo principiato a dire, a questo stato di grazia mi ha portato il mio saper fare. Son giunto dall'Asia che ero alto come questo candelabro. Insomma, ogni giorno avevo l'abitudine di misurarmici accanto e per ritrovarmi il grugno barbuto più alla svelta, mi ungevo le labbra con la fuliggine della lucerna[3]. Com'è come non è, quando avevo quattordici anni, divenni l'amasio del mio padrone. Non c'è niente di male a fare quel che il padrone comanda. Tuttavia io facevo contenta anche la padrona. Voi sapete cosa intendo dire: sto zitto, perché non sono uno che si dà arie.

[76] Per quanto riguarda il resto, come dio vuole, in casa diventai il signore e in quattr'e quattr'otto feci il lavaggio del cervello al padrone. Per farla breve mi fece coerede con l'imperatore[4] e ricevetti un patrimonio favoloso. Tuttavia nulla basta mai a nessuno. Mi misi in testa il commercio. Per non annoiarvi con tanti discorsi, feci costruire cinque navi, le caricai di vino – e allora valeva quanto l'oro – e le spedii a Roma. Come se rientrasse nei miei piani, naufragarono tutte: questi son fatti, non discorsi. In un sol giorno Nettuno si inghiottì trenta milioni di sesterzi. Credete che mi sia dato per vinto? No, per Ercole, questa perdita non mi ha lasciato l'amaro in bocca, come se nulla fosse successo. Ne feci costruire una seconda serie di più grandi, più belle e che promettevano utili maggiori, cosicché nessuno potesse dire che ero un uomo che si perde d'animo. Lo sapete com'è, una nave grande ha una grande resistenza. [...] Con un viaggio solo realizzai dieci milioni di sesterzi tondi tondi. Immediatamente riscattai tutti gli immobili che erano appartenuti al mio padrone. Mi faccio costruire una casa, compro schiavi, bestie; tutto quel che io toccavo, cresceva come un favo. [...]

1. Questa massima esprime appieno l'ideale di vita di Trimalchione.
2. Qui Trimalchione si rivolge in malo modo alla moglie Fortunata, con cui ha appena avuto un pesante scambio di insulti.
3. Secondo una falsa credenza popolare ungersi il viso con la fuliggine accelerava la crescita dei peli.
4. In età giulio-claudia era usanza che i Romani facoltosi lasciassero in eredità parte del proprio patrimonio all'imperatore, per evitare confische o annullamenti.

[77] [...] Per il momento, intanto che Mercurio sta con gli occhi ben aperti, ho fatto costruire questa casa. Come saprete era una stamberga; ora è un tempio. Ha quattro sale da pranzo, venti stanze da letto, due portici in marmo, al piano di sopra una serie di stanze di disbrigo, la camera dove dormo io, il salottino di questa vipera, lo sgabuzzino del portiere, molto confortato; la foresteria può alloggiare cento ospiti. Per farla breve, quando Scauro[5] passò da queste parti, lo preferì ad ogni altro alloggio, e dire che ha, al mare, la villa di suo padre, dove può andare. E poi ci sono mille altre cose, che vi farò vedere. Datemi retta: hai un soldo, vali un soldo; hai qualcosa, sarai qualcuno[6]. Così l'amico vostro che un tempo era un ranocchio, ora è un re[7]. Intanto tu, Stico[8], porta i paramenti funebri, coi quali voglio essere portato via. Porta anche l'unguento e un assaggio di vino da quell'anfora, che voglio sia usata per lavare le mie ossa»[9].

(trad. di A. Aragosti)

5. Questo personaggio è di incerta identificazione, ma doveva comunque evocare un individuo di alto rango, o importante, che Trimalchione menziona per farsene vanto.
6. Un'altra massima che riflette l'etica di Trimalchione.
7. Questa espressione ha una coloritura proverbiale, e potrebbe dipendere da una fonte favolistica non meglio precisata.
8. Stico è il servo guardarobiere di Trimalchione.
9. Era usanza versare una piccola quantità di vino sul cadavere dei defunti o lavarne le ossa con latte e vino in caso di cremazione.

PER COMPRENDERE IL TESTO

Il testo e il contesto

LA BIOGRAFIA DI TRIMALCHIONE La cena si avvia ormai alla conclusione. Trimalchione inizia il racconto della sua esistenza a partire da quando, piccolo schiavo di origine asiatica, è condotto a Roma. Qui viene comprato da un ricco signore di cui diviene a poco a poco amante e uomo di fiducia, sino a riceverne in eredità parte del patrimonio; questo denaro, messo a frutto con notevole maestria tramite il commercio e l'acquisto di proprietà terriere, porta Trimalchione a divenire un uomo ricchissimo, che fa dello sfarzo e dello sfoggio estremo del lusso la sua unica ragion d'essere.

Il senso del testo

LA "MORALE" DI TRIMALCHIONE Il discorso di Trimalchione riassume la sua eccezionale ascesa sociale. Ragazzino ambizioso e intelligente, con la smania di voler crescere in fretta, testimoniata dal tentativo di accelerare la crescita della barba, viene presto notato dai padroni che lo avviano a una istruzione pratica: l'aver imparato a far di conto, del resto, gli consente di divenire *dispensator*, ovvero tesoriere, del padrone (era infatti abitudine dei padroni offrire agli schiavi più dotati una minima istruzione in modo da avere una servitù più qualificata). L'essere designato poi erede da parte del padrone lo porta a intraprendere una fulminea ascesa sociale, che si configura come frutto di straordinaria determinazione, coraggio, lungimiranza e spregiudicatezza negli affari.
Trimalchione si butta nel commercio di alto livello, in cui ottiene enormi guadagni nonostante alcune disgrazie. Poi, consapevole che solo l'*otium* e la terra, appannaggio della classe elevata, nobilitano l'uomo, rinuncia a tutte le sue attività commerciali per acquistare proprietà fondiarie e vivere come un aristocratico. Ma la società in cui vive non consente a un liberto arricchito di diventare un nobile, pertanto egli è costretto a rimanere nel suo ambiente, con la sua compagnia abituale, composta da benestanti liberti cittadini, che certamente sono meno ricchi di lui, ma che con lui condividono gli stessi valori. Proprio a costoro Trimalchione regala la fiaba dorata che si fonda sul racconto delle proprie imprese e sulla storia del proprio successo, basato sul merito personale e sul denaro, che poi rappresentano l'uno la dimostrazione dell'altro: «hai un soldo, vali un soldo; hai qualcosa, sarai qualcuno» dichiara Trimalchione a sostegno di questo principio.

LE PAROLE DEL LIBERTO Petronio, con il suo consueto acume realistico, rappresenta il padrone di casa anche attraverso una straordinaria mimesi linguistica: il liberto arricchito, pur sempre privo di cultura, infarcisce il suo discorso di modi di dire popolari, di massime di basso livello, di proverbi tipici dei mercanti intraprendenti e senza scrupoli, che ne riassumono compiutamente la filosofia di vita: «Compro a poco, vendo a molto»; «non c'è niente di male a fare quel che il padrone comanda»; «tuttavia nulla basta mai a nessuno»; «tutto quel che io toccavo, cresceva come un favo». È l'autoesaltazione dell'uomo che "si è fatto da sé", grazie alle sue brillanti qualità, alla spregiudicatezza, alla fiducia nel conseguimento di risultati positivi nonostante ostacoli o sovvertimenti della sorte. Così, gradualmente, il suo discorso diviene un'apologia travolgente.

LEGGO E COMPRENDO

1. Come si può riassumere la morale di Trimalchione?

2. Da quali elementi si può riconoscere la funzione mimetica del linguaggio di Trimalchione?

3. Ripercorri brevemente le principali tappe dell'ascesa sociale di Trimalchione.

LETTURA CRITICA

Il grottesco come presagio di morte

UN REALISMO IRONICO Nel grottesco gioco delle passioni che caratterizza il *Satyricon*, emerge lo sguardo disincantato che l'autore rivolge a un mondo di individui degradati, lontani dall'aristocrazia del censo e della cultura, ormai in decadenza inarrestabile. Il realismo con cui Petronio descrive questi personaggi, il cui unico valore è il denaro unito all'ostentazione dello *status* sociale che esso fa acquisire, non abbandona mai, però, i toni ironici e il sorriso disincantato, non incorre mai nell'invettiva sdegnata né nella condanna morale.

« È grottesco tutto ciò che in una situazione di rilievo e di stallo appare buffamente tragico o tragicamente buffo, in una esorbitanza involontaria di forma e di atteggiamento, in una deformità fisica o fisiognomica che quasi sempre si coagula in una sorta di kitsch, fatto di anomalie e di deformità che possono suscitare il riso o lo sgomento. In questo senso, il grottesco, oltre all'erotico, e spesso combinato con esso, costituisce lo stigma unico e onnipresente del *Satyricon*. [...] Non è l'intera *Cena* una dilatazione multiforme della stessa categoria [*del grottesco*]?
Ma all'interno della *Cena* il grottesco assume in un punto una connotazione funebre: e non è un caso. Il vitalismo, che è la vera forza motrice del *Satyricon*, si sposa quasi sempre a un sentimento o a un presagio di morte. E l'intero romanzo, pur nella sua apparente smodata allegria, quando non in tutte le sue situazioni grottescamente tragiche, trabocca di questo sentimento e di questo presagio. Né poteva essere diversamente. Petronio sente e tocca con mano la fine di un mondo: dopo il tramonto della repubblica, fra bagliori di gloria, di nobiltà, di armi, di sangue, con Cesare, Augusto e in parte Tiberio, il principato aveva avuto un'aristocratica grandezza; con Caligola, Claudio, Nerone, l'aristocrazia restava in vetta ai poteri dello Stato – i Cesari erano tutti della *gens* Giulio-Claudia, una delle più nobili e antiche. Ma sia Caligola che Claudio e Nerone avevano cambiato "linea", l'avevano addirittura invertita, privilegiando, nella politica economica e nella scelta dei collaboratori più intimi i "borghesi", i "nuovi ricchi", i mercanti, i liberti. All'esaurirsi della dinastia Giulio-Claudia, dopo il 69, l'anno della spaventosa anarchia in cui ben tre imperatori trovarono morte violenta, sarà un generale di estrazione borghese, Vespasiano, a prendere saldamente in pugno le sorti dell'impero, per sé e per i suoi figli, dando inizio alla dinastia dei Flavi.
L'aristocratico e raffinato Petronio, proprio al giro di boa, non può non trasfondere questa lugubre temperie nel suo romanzo, ma con il distacco e il disincanto che lo tengono in disparte dagli astratti e orripilanti furori di Lucano e dalle tragedie di Seneca, la soffonde tra l'ironia e il melodramma, offrendoci spunti di un grottesco che rimarrà artisticamente insuperabile nella letteratura d'ogni età e paese.
Egli la comunica persino a chi invece dovrebbe esaltarsene: ai vincitori nella contesa economica e alla fin fine politica, i "nuovi ricchi" appunto, e fra essi, qui, al gigante dell'impresa privata, a Trimalcione, signore di terre e schiavi, oltreché d'immobili, senza nozione egli stesso della loro sterminata entità. Anche Trimalcione "sente" la morte, forse anch'egli contagiato da una sorta →

di angoscia per la brevità della vita, proiezione inconscia del rimpianto dello schiavo affrancato per la nobile, seppur brutale società che gli schiavi, con la loro instancabile attività di termiti, avevano eroso dall'interno fino a farla crollare.

È un altro fatto incontestabile che qua e là nel *Satyricon* si avvertano con chiarezza accenti oraziani, dell'Orazio dei *Carmina*, più compostamente angosciosi, quelli del *carpe diem*, del *tu ne quaesieris – scire nefas –*, e *serius ocius sors exitura*.

È un grottesco mortuario, di respiro faraonico, solo in fine spezzettato in tanti rigagnoli di cordoglio che finisce per assomigliare a una pantomima di queruli flagellanti.

Ad Abinna, incaricato di costruirgli già da ora il sepolcro, Trimalcione ribadisce le sue estreme volontà architettoniche [...]. Quest'uomo potente e collerico, ma anche a suo modo "egualitario" e generoso, non è appagato dalle sue ricchezze: sente il bisogno di essere amato: «E perciò tutte queste disposizioni le rendo pubbliche, perché la servitù già adesso mi ami come se fossi morto». È una ben triste constatazione: dover lasciare dei beni per essere amati almeno dopo morti, e dover rendere pubbliche le proprie volontà testamentarie per avere da vivo un poco almeno di quell'amore che si ha talora per i morti, soprattutto se morti ricchi con piena soddisfazione per gli eredi. E qui la frase valica i limiti angusti della battuta di circostanza per trasferirsi su ogni continente dell'esistere umano. [...]

Al termine del discorso Trimalcione si commuove: «cominciò a piangere a dirotto. Piangeva anche Fortunata, piangeva anche Abinna; e infine tutta la servitù, come invitata a un funerale, riempì di lamenti tutto il triclinio». »

(L. Canali, *L'erotico e il grottesco nel* Satyricon, Laterza, Roma-Bari 1986, pp. 23-27)

GUIDA ALLO STUDIO

1. Come viene definita da Luca Canali la categoria estetico-letteraria del "grottesco"?

2. In conseguenza di quali motivazioni politiche e sociali, secondo Canali, è inevitabile che il grottesco del *Satyricon* sfoci costantemente nel presagio di morte?

3. Quale può essere il senso delle disposizioni testamentarie di Trimalchione a proposito dei suoi servi?

T3

LATINO/ITALIANO

Fortunata, la moglie di Trimalchione

| *Satyricon* 37 |

La moglie di Trimalchione, Fortunata, è indubbiamente una delle figure femminili meglio tratteggiate del Satyricon. *La sua presenza è limitata all'episodio della cena, ma l'immagine che Petronio offre di lei, attraverso un gioco sapiente di focalizzazioni diverse, rimane ben salda nella memoria del lettore. Fortunata è una donna non nobile né colta, non bella né giovane: è una popolana arricchita che ora sa amministrare con oculatezza e buon senso il patrimonio acquisito, che sa farsi rispettare dal marito e dalla servitù. In questo passo, in particolare, Fortunata è presentata dal punto di vista di un liberto che presenzia alla cena, il quale spiega a Encolpio chi sia questa donna che corre qua e là per la sala. Con notevole efficacia realistica, la moglie di Trimalchione viene così osservata e descritta "in prospettiva", da un personaggio che appartiene al suo ambiente sociale e che la giudica con le categorie interne al mondo rappresentato.*

[37, 1] Non potui amplius quicquam gustare, sed conversus ad eum, ut quam plurima exciperem, longe accersere fabulas coepi sciscitarique, quae esset mulier illa quae huc atque illuc discurreret. [2] «Uxor, inquit, Trimalchionis, Fortunata appellatur, quae nummos modio metitur. [3] Et modo, modo quid fuit? Ignoscet mihi genius tuus, noluisses de manu illius panem accipere. [4] Nunc, nec quid nec quare, in caelum abiit et Trimalchionis topanta est. [5] Ad summam, mero meridie si dixerit illi tenebras esse, credet. [6] Ipse nescit quid habeat, adeo saplutus est; sed haec lupatria providet omnia, est ubi non putes. [7] Est sicca, sobria, bonorum consiliorum – tantum auri vides –, est tamen malae linguae, pica pulvinaris. [8] Quem amat, amat; quem non amat, non amat. Ipse Trimalchio fundos habet,

[37, 1] Io non riuscivo a buttar giù più nulla ma, rivolgendomi[1] a lui per saperne di più, la presi alla larga e gli chiesi chi fosse quella donna che continuava ad andare avanti e indietro. [2] «Ma è la moglie di Trimalchione», specifica lui, «si chiama Fortunata[2] e i soldi li conta a palate[3]. [3] E lo sai cos'era fino all'altro ieri? Lasciamelo dire: era una che da lei non avresti accettato nemmeno un tozzo di pane. [4] Adesso non chiedermi come né perché, ha toccato il cielo con il dito e è il braccio destro di Trimalchione. [5] Al punto che se a mezzogiorno spaccato lei gli dicesse che è notte, lui ci crede anche. [6] Lui stesso non lo sa mica quanto ha, tanto è ricco sfondato, ma quella figlia di troia ne sa una più del diavolo e non le sfugge niente. [7] Mangia poco, non beve e ha la testa sul collo: tutt'oro quel che vedi. Però ha una lingua, una vera cornacchia[4]. [8] Chi ama ama, chi non ama non ama. Lui, Trimalchione, ha tan-

Busto di donna, dalla decorazione di un piatto d'argento ritrovato a Boscoreale, I sec. d.C. Londra, British Museum.

[37, 1] **conversus**: è un participio perfetto con valore verbale riferito al soggetto sottinteso *ego*. • **ut... exciperem**: si tratta di una proposizione finale. • **coepi**: regge i due infiniti *accersere* e *sciscitari(que)*. • **quae... illa**: è una proposizione interrogativa indiretta introdotta da *sciscitari*. • **quae... discurreret**: è una proposizione relativa con congiuntivo obliquo.

[2-3] **Uxor**: sott. *est*. • **modio**: è un ablativo strumentale; il moggio era un'antica misura di capacità usata per misurare le granaglie. L'espressione è iperbolica. • **modo, modo**: nella lingua d'uso la ripetizione dell'avverbio ha lo scopo di esprimere l'ammirazione di Ermerote per la donna. • **Ignoscet... tuus**: espressione della lingua d'uso che ha valore di formula di cortesia, «Che il tuo nume tutelare mi perdoni»; *Ignoscet* è congiuntivo esortativo. • **noluisses**: è un congiuntivo irreale, impiegato in una frase di sapore proverbiale.

[4-5] **nec... quare**: è un'altra espressione del registro colloquiale, in cui è sottinteso un *verbum dicendi*. • **topanta**: è una forma popolare che riproduce (in modo scorretto) il termine greco *tà panta*, lett. «tutte le cose»; il senso è quello di "tuttofare". • **mero meridie**: è un ablativo di tempo. • **si dixerit... credet**: è un periodo ipotetico della realtà al futuro.

[6-7] **Ipse**: Trimalchione. • **quid habeat**: è una proposizione interrogativa indiretta introdotta da *nescit*. • **saplutus**: è un grecismo, che ha valore di "straricco". • **lupatria**: è un termine coniato dall'autore, formato da *lupa* (che spesso era usato con il valore di «prostituta») e dal suffisso greco *-tria*. • **bonorum consiliorum**: è un genitivo di qualità. • **auri**: è un genitivo partitivo in dipendenza da *tantum*. • **pica pulvinaris**: espressione allitterante che allude al vizio del pettegolezzo proprio della donna.

1. A parlare è Encolpio che, nauseato dalle portate della cena, si rivolge al liberto Ermerote per sapere chi sia la donna che in continuazione si muove fra gli invitati.
2. Fortunata è uno dei nomi che ricorrono più spesso nell'onomastica epigrafica di schiavi e liberti: il nome è evidentemente scelto con una funzione caratterizzante ed è aderente alla vita e alla realtà del personaggio.
3. Espressione iperbolica che significa "avere denaro in estrema abbondanza".
4. Qui si allude all'attitudine al pettegolezzo propria di Fortunata.

quantum milvi volant, nummorum nummos. Argentum in ostiarii illius cella plus iacet, quam quisquam in fortunis habet. [9] Familia vero babae babae, non mehercules puto decumam partem esse quae dominum suum noverit. [10] Ad summam, quemvis ex istis babaecalis in rutae folium coniciet».

te terre che per vederle ci vorrebbero le ali di un nibbio e fa soldi su soldi. Nella guardiola del suo portiere c'è più oro di quanto altri ne hanno in un patrimonio intiero. **[9]** Circa la servitù, lasciamo perdere: ad aver visto in faccia il padrone, porcaccia la miseria, ce ne sarà sì e no uno su dieci. **[10]** Sta di fatto che questi scrocconi lui se li rivolta come vuole».

(trad. di G. Reverdito)

[8-10] **quantum... volant**: è una espressione iperbolica. • **nummorum nummos**: nota il poliptoto. • **Familia vero**: è l'esordio di un periodo che rimane in sospeso. • **babae babae**: è una interiezione esclamativa allitterante di origine greca, da *babài*, «capperi». • **quae... noverit**: è una proposizione relativa impropria con valore consecutivo. • **ex istis babaecalis**: è un complemento partitivo; *babaecalus* deriva dal greco *babài kalèin* che ha valore di "babbeo".

PER COMPRENDERE IL TESTO

Il testo e il contesto

UN RITRATTO "IN PROSPETTIVA" Protagonista di questo passo è Fortunata, moglie di Trimalchione, che Petronio sceglie di presentare indirettamente attraverso le parole di un liberto, Ermerote, al quale l'io narrante Encolpio chiede informazioni su di lei. Non è questo il primo momento in cui la donna compare in scena, in quanto bisogna immaginarla presente anche prima, durante la *gustatio* degli antipasti. Ma è proprio a questo punto della narrazione, dopo che i convitati hanno apprezzato il sapore di una coppa di Falerno Opimiano e potuto assistere all'incontenibile esibizionismo di Trimalchione (→ **T2**), che Encolpio, a tratti attonito a tratti disgustato, si rivolge al commensale che occupa il lettino posteriore e, prendendo il discorso alla lontana, gli domanda chi sia quella donna che si muove *huc atque illuc*, «qua e là». L'interlocutore, che sembra conoscere bene persone e costumi della casa, risponde prontamente, fornendo un ritratto della donna "in prospettiva" (E. Auerbach), cioè attraverso il punto di vista di un personaggio interno all'ambiente in cui la donna è inserita.

Il senso del testo

LA "FORTUNA" DI FORTUNATA Fortunata è una donna di umili origini, che ha conosciuto gli stenti e la povertà, ma ora la sorte l'ha posta ad amministrare un ricco patrimonio, che lei stessa ha contribuito ad accumulare. Il ricordo della vita precedente le consente ora una concretezza e un'oculatezza tali da avere perfettamente sotto controllo i conti di casa. Se il marito è ormai talmente ricco da non sapere nemmeno a quanto ammonti il proprio patrimonio, a questa donna, divenuta suo tuttofare, nulla sfugge, indomita com'è nel correre qua e là a controllare ogni situazione e ogni dettaglio. Pur apparendo sobria e misurata agli occhi del personaggio che la descrive, non manca di avidità di ricchezza e di vanità a tal punto da poter far credere al marito ciò che in realtà vuole lei; a ciò si aggiunge l'abitudine al pettegolezzo.

IL NUOVO *STATUS* DELLA DONNA In questo ritratto è evidente il forte mutamento dei tempi e delle abitudini sociali avvenuto in epoca neroniana: l'indipendenza e l'autonomia di Fortunata nei confronti del marito sono ben lontane dalla sottomissione e dalla frugalità delle mogli esaltate dalla tradizione romana. La sicurezza, la stabilità e lo sviluppo economico conosciuti a Roma dall'avvento di Augusto in poi hanno determinato un rafforzamento del ruolo e dei diritti delle donne, anche di quelle delle classi inferiori. In epoca neroniana poi non è infrequente trovare personalità femminili come quella di Fortunata, che grazie all'ambizione, all'avidità e alla mancanza d scrupoli, da donne di malaffare riescono a maritarsi con uomini ricchissimi, rovesciando così il proprio *status* sociale. Il risultato di questo fenomeno è pertanto sotto gli occhi di tutti: una classe sempre più numerosa di liberti arricchiti, di cui Trimalchione e la moglie sono l'emblema, il cui unico fine esistenziale è accumulare beni e ostentare un lusso sfrenato nella convinzione che la qualità della vita stia nell'abbondanza di ricchezza e nell'agire solo per il proprio utile.

UN LINGUAGGIO REALISTICO Sul piano stilistico, Petronio mostra anche in questo caso di adottare un linguaggio fortemente realistico ed espressivo, adatto a rispecchiare la parlata dei liberti. Sul piano sintattico a dominare sono le frasi brevi, legate da paratassi, talvolta con qualche anacoluto (*Familia vero... non... puto*) o ellissi verbale (*nec quid nec quare*). Non mancano espressioni iperboliche (*nummos modio metitur*), o proverbiali (*noluisses de manu illius panem accipere*), e modi di dire tipici della lingua d'uso (*topanta*; *Ignoscet mihi genius tuus*), grecismi (*saplutus*; *babaecalus*) e termini audaci (*lupatria*). Il linguaggio usato insomma è quello becero e colorito dei liberti, cittadini incolti, talvolta arricchiti, spesso invidiosi della condizione altrui, inclini al pettegolezzo, devoti al solo valore della ricchezza, che diviene anche unico metro di giudizio dei propri simili.

LEGGO E COMPRENDO

1. Come avviene la presentazione del personaggio di Fortunata?

2. Di quali mutamenti sociali della prima età imperiale possiamo vedere testimonianza nella presentazione di Fortunata?

3. Quali caratteristiche della parlata dei liberti possiamo osservare in questo brano?

PER COMPRENDERE

PETRONIO

T4 ITALIANO

La matrona di Efeso

Satyricon 111-112

La novella della matrona di Efeso costituisce un intermezzo narrativo nella sequenza che vede Encolpio e Gitone imbarcati in incognito sulla nave del mercante Lica diretta a Taranto. Il narratore di questa fabula *è il poeta Eumolpo che, sedata una lite a bordo, pensa di intrattenere i presenti con un racconto a tema licenzioso. La storia, che con tutta probabilità circolava già in forma orale e apparteneva al genere della* fabula Milesia*, viene rielaborata da Petronio in un divertente racconto a sfondo erotico, in cui una giovane e inconsolabile vedova, insidiata da un audace soldato, finirà per perdere la sua virtù.*

Mosaico con soldato con elmo, età imperiale. Istanbul, Palazzo Imperiale.

[111] «Viveva in Efeso[1] una matrona tanto nota per la sua virtù, che anche le donne dei paesi vicini ne parlavano con ammirazione. Avendo costei perduto il marito, non contenta di seguirne il funerale con i capelli sciolti e percuotendosi il petto nudo alla presenza di tutti, seguì il defunto anche nella cripta sepolcrale[2], dove cominciò a vegliare e a piangere giorno e notte presso il cadavere. Si struggeva tanto che sembrava volesse morire d'inedia, resistendo ai genitori e ai parenti che tentavano di riportarla a casa. Respinse anche i magistrati che avevano tentato di convincerla, e rimase ad offrire quel singolare esempio di fedeltà, compianta da tutti, per ben

1. Efeso è una città dell'Asia Minore.
2. A differenza dell'usanza romana di cremare i defunti, i Greci erano soliti inumarli in tombe ipogee, che nei casi delle famiglie nobili divenivano ampie cripte.

cinque giorni e sempre senza toccare cibo. Accanto a lei, altrettanto afflitta, sedeva la sua fedelissima ancella[3] anch'essa in lacrime e sempre attenta ad alimentare la lucerna davanti alla tomba, ogni volta che l'olio si consumava. Tutta la città parlava del fatto, e gli uomini d'ogni condizione affermavano che quello era l'unico, vero e lampante esempio di fedeltà e di amore. In quei giorni il governatore della provincia aveva fatto crocifiggere dei ladri nelle vicinanze della cripta dove la matrona continuava a piangere il marito di recente scomparso. Avvenne così che la notte successiva, un soldato, che montava la guardia alle croci[4] affinché nessuno venisse a portar via i corpi dei ladri per seppellirli, avendo notato un lumino in mezzo alle tombe e avendo percepito dei gemiti, per naturale curiosità desiderò sapere di cosa si trattasse. Scese nel sepolcro e, scorgendo la bellissima donna, si arrestò come se gli fosse apparso un mostro o qualche immagine infernale. Ma vedendo il corpo del morto, capì la ragione delle lacrime della donna e del suo viso solcato dalle unghie: la poveretta non poteva fare a meno del marito.

Il soldato allora portò nella tomba la sua parca cena e cominciò ad esortare la donna perché non si ostinasse in un vano dolore, squassando inutilmente il petto con dei gemiti che a nulla potevano servire, perché identica è per tutti la fine e uguale l'ultima dimora. Le disse anche altre cose, che solitamente servono per riportare la calma nei cuori feriti; ma l'infelice, ancora più sconvolta da quella consolazione non richiesta, si lacerò con maggior violenza il petto e strappandosi i capelli si gettò sul corpo dell'estinto. Lungi dallo scoraggiarsi, il soldato ripeté le sue esortazioni, tentando di far accettare alla povera donna un po' di cibo; finché l'ancella, sedotta dal profumo dei vino e vinta dalla gentilezza di chi la invitava, allungò per prima la mano. Rifocillata dalla bevanda e dal cibo, tentò anche lei di vincere l'ostinazione della padrona dicendole: «Perché vuoi morire d'inedia e seppellirti viva prima che i fati richiamino la tua anima innocente? Credi che i morti sentano e capiscano[5]? Scuoti di dosso questo errore femminile e godi le gioie della vita fin che ti è possibile. Proprio il cadavere qui disteso dovrebbe convincerti a vivere».

Nessuno è sordo del tutto alle parole di chi lo invita a mangiare quando ha fame. Così la donna, estenuata da lunghe giornate di digiuno, permise che la sua ostinazione venisse spezzata e si rimpinzò di cibo con non minore avidità dell'ancella.

[112] Ora, voi sapete quale altra tentazione susciti normalmente un ventre ben sazio[6]. Ebbene, con le stesse lusinghe usate per convincere la donna a vivere, il soldato diede l'assalto alla sua virtù. Il giovane non parve alla casta[7] donna né brutto né privo di spirito. L'ancella, per renderglielo simpatico, le ripeteva continuamente: «Ti opporrai forse a un gradevole amore? Non hai ancora capito in che mondo viviamo?»[8].

3. L'ancella, da aiutante della donna, avrà un ruolo determinante nell'esito favorevole del corteggiamento da parte del soldato.
4. L'esposizione pubblica dei cadaveri crocifissi doveva servire come monito alla popolazione a non macchiarsi dei gravi reati che comportavano come pena quel supplizio.
5. Questo verso richiama un passo dell'*Eneide* di Virgilio: le parole dell'ancella riprendono quelle con cui la regina Didone viene convinta dalla sorella Anna ad abbandonarsi all'amore che avverte nel suo cuore per Enea («Pensi che la cenere e le ombre dei morti sentano questo?», *Eneide* 4, v. 34).
6. Questo commento del narratore introduce la seconda parte del racconto in cui si narra della resa della donna in ambito erotico.
7. Il termine «casta», da questo momento in poi, viene utilizzato con sfumatura ironica.
8. Anche quest'espressione è citazione di un verso virgiliano, tratto sempre dal discorso di Anna a Didone («Lotterai anche contro un amore gradito? Non pensi a chi appartengono i territori su cui vivi?», *Eneide* 4, v. 38).

La donna, facilmente persuasa dal soldato, dopo aver rinunciato all'astinenza dal cibo, depose ogni altro ritegno. Giacquero dunque insieme non solo quella notte in cui fecero le nozze, ma anche il secondo e il terzo giorno, naturalmente dopo aver chiuso le porte in modo che, se dei parenti o degli sconosciuti si fossero recati al sepolcro, potessero pensare che quella moglie virtuosissima[9] era ormai spirata sul corpo del marito. Conquistato dalla bellezza della donna e attirato dal sapore di mistero che l'impresa andava prendendo, il soldato comperava tutte le cose buone che poteva trovare con i suoi mezzi, e non appena scendeva la notte le portava nella tomba[10]. Finché i parenti di uno dei crocifissi, vedendo che la sorveglianza si era allentata, nottetempo tolsero dalla croce il loro caro penzolante e gli resero l'estremo omaggio. Il soldato, la cui sorveglianza era stata elusa mentre se la stava spassando, vedendo il giorno dopo una croce senza cadavere e temendo di essere punito, raccontò alla donna l'accaduto dicendole che non avrebbe aspettato la sentenza del giudice[11], ma da se stesso, con la spada, avrebbe punito la sua mancanza. Dopo di che invitò la vedova a fargli un po' di posto, che stava per morire, in quel sepolcro fatale che avrebbe contenuto insieme alle spoglie del marito anche quelle dell'amico.

La donna, che al pudore univa la pietà, esclamò: «Gli dei non permetteranno che io assista in così breve tempo al funerale dei due uomini a me più cari. Preferisco appendere un morto, che uccidere un vivo». Dette queste parole, fece togliere dal sarcofago il cadavere del marito e suggerì al soldato di affiggerlo alla croce che era rimasta vuota. Il giorno dopo, tutti si chiedevano con stupore come mai il morto fosse salito da sé sulla croce.

(trad. di P. Chiara)

Affresco con amanti, I sec. d.C. Napoli, Museo Archeologico.

9. Quest'epiteto è ora impiegato in modo palesemente ironico.
10. La tomba da luogo di morte diviene la culla della più gioiosa esperienza di vita.
11. Secondo la legge romana il reato di mancata consegna da parte di un soldato veniva duramente punito con la morte.

Il testo e il contesto

UNA FAVOLA MISOGINA Nel *Satyricon* le sequenze narrative si alternano spesso a inserti novellistici introdotti da diversi personaggi, sicché avviene che il protagonista Encolpio, io narrante della storia, si ritrovi ad ascoltare favole o novelle dalla voce di personaggi occasionali. *La matrona di Efeso* costituisce la novella più lunga di tutta l'opera ed è ascrivibile al genere delle *fabulae Milesiae*: racconti raccolti da Aristide di Mileto nel II secolo a.C. e caratterizzati da situazioni realistiche e divertenti, in genere attinenti alla sfera erotica. La novella qui riportata è narrata da Eumolpo, un poetastro in cerca di gloria, con cui Encolpio e Gitone compiono un viaggio per mare. Il contesto in cui tale racconto è inserito è quello della chiacchiera incentrata sul tema della misoginia, in cui questa *fabula* entra come una digressione, un *exemplum* a sostegno della tesi che depreca la leggerezza dei costumi delle donne.
La protagonista della vicenda è una donna, una giovane vedova inizialmente inconsolabile per la morte del marito a tal punto da chiudersi nel sepolcro con il cadavere dell'uomo, lasciandosi quasi morire d'inedia, assistita solo da una serva. L'arrivo di un soldato, posto a guardia dei corpi di due ladri crocifissi nei pressi della tomba in cui la donna giace, a poco a poco le fa riacquisire la voglia di nutrirsi e di vivere. Così la donna, un tempo nobile esempio di virtù muliebre, a poco a poco si lascia sedurre dal soldato che, mentre è in sua compagnia, abbandona la sua postazione di guardia, consentendo ai parenti di uno dei due uomini crocifissi di sottrarne il cadavere. Disperato per le conseguenze che comporterà l'aver disatteso gli ordini e intenzionato a darsi la morte, il soldato viene salvato dalla donna che suggerisce di appendere alla croce il corpo del marito defunto.

Il senso del testo

LA PARODIA DELLA DONNA VIRTUOSA La cornice entro cui la novella s'iscrive è quella di un palese misoginismo, che l'io narrante, il poeta Eumolpo, dichiara nel momento in cui prende posizione contro la volubilità delle donne. La vicenda ha un'ambientazione spazio-temporale ben definita: a differenza dei romanzi greci, che narrano eventi e situazioni difficilmente collocabili nello spazio e nel tempo, Petronio ci fornisce numerosi particolari, come il nome della città (Efeso), la cultura di riferimento (quella greca), alcuni comportamenti sociali (l'uso di inumare i cadaveri).
La narrazione si sviluppa più come un racconto diegetico che mimetico, ovvero come un testo in cui la rappresentazione indiretta prevale sul dialogo. Ha un esordio solenne, tipico del tono epico («Viveva in Efeso una matrona tanto nota per la sua virtù»), ma ben presto appare chiaro, con il procedere della vicenda, che tale attacco ha intenti parodici, così come la presentazione della matrona impostata su una caratterizzazione etica. L'esemplarità delle sue virtù, infatti, è motivo di ammirazione da parte delle donne dei luoghi circostanti, ma l'esaltazione della sua condotta ammirevole non ha un fine edificante, bensì prepara il terreno alla svolta che avverrà nel corso della novella, che sarà tanto più sorprendente quanto più inattesa date le premesse: Petronio mostra il progressivo affievolirsi della pudicizia della donna, che gradualmente cede alle lusinghe del soldato e si arrende al godimento dei piaceri della vita dei quali, per amore del marito defunto, aveva pensato di privarsi. Il rovesciamento parodico è ancora più evidente se si nota la scelta dell'autore di caratterizzare, nel finale della novella, la matrona con i medesimi attributi con cui era stata inizialmente presentata («casta» e «virtuosissima»).

LA PSICOLOGIA DEL SOLDATO La figura del soldato è presentata invece con una caratterizzazione psicologica, nel senso che di questo giovane Petronio riporta il punto di vista sull'aspetto della matrona («la bellissima donna»), il processo di comprensione della situazione che si trova davanti («capì la ragione delle lacrime»), le esortazioni insistite rivolte alla donna («cominciò ad esortare la donna perché non si ostinasse in un vano dolore, squassando inutilmente il petto con dei gemiti che a nulla potevano servire, perché identica è per tutti la fine e uguale l'ultima dimora»), i moti dell'animo più reconditi («attirato dal sapore di mistero che l'impresa andava prendendo»). Il gusto per la parodia di Petronio investe in questa sequenza anche il genere della *consolatio* (➤ p. 110), che assume qui un fine ben diverso da quello di alleviare il dolore dell'animo.
Riferendo in maniera indiretta pensieri e parole del soldato, l'autore offre un esempio di identificazione fra il ruolo sociale e il linguaggio del personaggio: le metafore militari esprimono al meglio il processo di seduzione da lui messo in atto («il soldato diede l'assalto alla sua virtù»).

LA DIALETTICA DELL'ANCELLA Anche l'ancella compie una azione persuasiva nei confronti della padrona, utilizzando lo strumento dialettico: l'ancella giustifica e anticipa il comportamento della padrona, in cui la *natura* e l'istinto prevarranno sulla *virtus* e sulla *ratio,* prima in ambito gastronomico, poi in quello sessuale; il raggiungimento dell'uno è palesemente preludio della conquista dell'altro («voi sapete quale altra tentazione susciti normalmente un ventre ben sazio»). Paradossalmente, però, le parole con cui l'ancella cerca di convincere la padrona ad accettare le lusinghe del soldato sono quelle il cui tono risulta più elevato, in quanto frutto di una citazione letteraria virgiliana: le parole dell'ancella ricalcano quelle con cui nel libro IV dell'*Eneide* la sorella Anna tenta di convincere Didone ad abbandonarsi all'amore per Enea. Si tratta ovviamente di una scelta letteraria precisa: la funzione antifrastica e l'intento parodistico sono così chiari che molti critici sono giunti a interpretare l'intera novella come una parodia della tragica vicenda di Didone.

AMORE E MORTE Comunque l'effetto delle parole dell'ancella sulla padrona è positivo, in quanto al dolore per la morte del marito progressivamente subentra il piacere suscitato da un nuovo amore, con un paradossale accostamento di due temi in forte antitesi, *eros* e *thanatos*, ma con un esito non tragico, bensì consolatorio per la donna. E il cadavere del defunto, alla cui veglia la matrona si era votata per tutta la vita, diviene poi il mezzo per salvare l'amante da una punizione certa e per poter tenere in vita il nuovo amore («Preferisco appendere un morto, che uccidere un vivo»). Petronio giunge così a desacralizzare totalmente un evento tanto solenne come quello della morte, con un effetto parodico e grottesco.

LEGGO E COMPRENDO

1. Come si inserisce la novella all'interno della trama del *Satyricon*?

2. Che cosa è una *fabula Milesia*?

3. Come vengono caratterizzati i due personaggi principali della novella?

4. Per quale motivo le consolazioni rivolte dall'ancella alla sua padrona autorizzano una ulteriore interpretazione della novella come parodia della vicenda di Didone?

INTERTESTUALITÀ, FONTI, MODELLI

LA VEDOVA E IL SOLDATO, DA FEDRO A BOCCACCIO

LA VERSIONE DI FEDRO Il nucleo originario della novella della matrona di Efeso quasi sicuramente circolava già da lungo tempo, in forma orale. Il primo a rielaborarla fu Fedro che traspose in versi la vicenda della vedova e del soldato: ne possiamo leggere la versione conservata nella *Appendix Perottina*, un'appendice di trentadue favole (dette *fabulae novae*) contenuta in un codice scoperto attorno alla metà del XV secolo dall'umanista Niccolò Perotti (➛ p. 41).

«Una donna perse il marito a lungo amato e chiuse il corpo in un sarcofago; poiché nessuno riusciva a strapparla da lì ed ella trascorreva la vita piangendo nel sepolcro, acquistò splendida fama di moglie virtuosa. Nel frattempo i ladri che avevano saccheggiato il tempio di Giove pagarono il fio alla divinità appesi alla croce. Vennero poste delle guardie ai cadaveri, affinché nessuno potesse togliere i resti, proprio vicino al sepolcro dove la donna era rinchiusa.

A un certo punto una delle guardie, avendo sete, nel bel mezzo della notte chiese l'acqua ad una servetta, che per caso in quel momento assisteva la sua padrona, che stava andando a dormire; infatti aveva vegliato ed era rimasta alzata fino a notte fonda.

I battenti erano appena socchiusi, il soldato gettò uno sguardo e vide una donna addolorata e bella d'aspetto. Subito l'animo rapito si accende e brucia per il suo desiderio che non si può realizzare. Ma la sua mente acuta inventa mille scuse per vederla più spesso.

Vinta dalla frequentazione quotidiana, a poco a poco ella divenne più dolce nei confronti del forestiero; poi un laccio più stretto legò il suo animo. Mentre quella guardia diligente così trascorreva le notti, fu sottratto un corpo da una croce.

Il soldato, sconvolto, raccontò l'accaduto alla donna. E quella santa donna gli disse: «Non temere!». Poi trasse dal sepolcro il corpo del marito, per inchiodarlo sulla croce, affinché il soldato non fosse castigato per la sua negligenza.

Così il peccato prese il posto dell'onore.»

(Fedro, *Appendix Perottina*, *La vedova e il soldato,* Favola 13 trad. di F. Signoracci)

La novella della matrona di Efeso contenuta nel *Satyricon* si presenta come una rielaborazione letteraria di questo contenuto originario: in Petronio la vicenda viene contestualizzata rispetto all'intera opera in cui è inserita, i personaggi sono maggiormente caratterizzati soprattutto sul piano psicologico, i dialoghi sono costruiti su precisi riferimenti intertestuali all'opera epica virgiliana.

LA VERSIONE DEL *NOVELLINO* La novella petroniana nella tradizione manoscritta medievale è circolata anche in forma separata rispetto agli altri estratti del romanzo: con tutta probabilità la sua fortuna nel Medioevo e nell'Italia pre-umanistica può risalire a questa tradizione indipendente.

Una delle versioni più note è quella contenuta nel *Novellino*, una raccolta di novelle di autore anonimo (composta in Toscana fra il XIII e il XIV secolo), destinata a un pubblico "borghese" cittadino, al quale gli esempi narrati offrivano modelli di comportamento e di educazione. L'origine delle novelle è molto varia: molte risalgono alla tradizione classica filtrata attraverso i moduli medievali, altre sono di origine mediolatina e francese.

Qui conta d'un gentiluomo che lo 'mperadore fece impendere.
Federigo Imperadore fece impendere, un giorno, un grande gentiluomo per certo misfatto. E per fare rilucere la giustizia, sì 'l facea guardare ad uno grande Cavaliere con comandamento di gran pena che nollo lasciasse spiccare. Sì che, questi non guardando bene, lo mpiccato fu portato via. Sì che quando quelli se n'avvide, prese consiglio da se medesimo per paura di perdere la testa. E istando così pensoso in quella notte, si prese ad andare ad una badia che era ivi presso, per sapere se potesse trovare alcuno che fosse novellamente morto, a ciò che 'l potesse mettere alle forche in colui scambio. Giunto alla badia la notte medesima, sì vi trovò una donna in pianto, scapigliata e scinta, forte lamentando; et era molto sconsolata e piangea un suo caro marito lo quale era morto lo giorno. Il Cavaliere la domandò dolcemente: Madonna, che modo è questo? E la donna rispose: io l'amava tanto che mai non voglio essere più consolata, ma in pianto voglio finire li miei dì. Allora rispose il Cavaliere: Madonna, che savere è questo? Volete voi morire qui di dolore? Ché per pianto né per lagrime non si può recare a vita il corpo morto. Onde, che mattezza è quella che voi fate? Ma fate così: prendete me a marito, che non ho donna, e campatemi [*mettetemi in salvo*] la persona, perch'io ne sono in periglio e non so là dove mi nasconda. Ché io per comandamento del mio Signore guardava un Cavaliere impenduto per la gola. Li uomini del suo legnaggio il m'hanno tolto. Insegnatemi campare che potete; e io sarò vostro marito, e terrovvi onorevolmente. Allora la donna, udendo questo, s'innamorò di questo Cavaliere, e disse: io farò ciò che tu mi comanderai, tanto è l'amore che io ti porto. Prendiamo questo mio marito e traiamlo fuori della sepoltura, e impicchiamlo in luogo di quello che v'è tolto. E lasciò suo pianto: e atò [*si recò a*] trarre il marito dal sepolcro, e atollo impendere [*lo andò ad appendere*] per la gola così morto. Il Cavaliere disse: Madonna, elli avea meno un dente della bocca, e ho paura che, se fosse venuto a rivedere, che io avesse disonore. Et ella, udendo questo, li ruppe un dente in bocca. E s'altro vi fosse bisognato a quel fatto, sì l'avrebbe fatto. Allora il Cavaliere, vedendo quello che ella avea fatto di suo marito, disse: Madonna, sì come poco v'è caluto di costui che tanto mostravate d'amare, così vi carerebbe vie meno di me. Allora si partì da lei e andossi per li fatti suoi et ella rimase con gran vergogna.
(*Novellino*, novella LIX, *La vedova senza pietà*)

In questa novella la cornice narrativa è molto vivace: il testo è breve e tende a mettere in evidenza il momento conclusivo della vicenda, senza dare particolari sviluppi della trama narrativa; è scritta in volgare fiorentino, arricchito da termini e locuzioni derivanti dal francese e dal latino liturgico.

LA RIPRESA DI BOCCACCIO Il *Novellino*, quale *summa* di narrativa orientale e occidentale, popolare e colta, rappresenta due civiltà, quella cortese e quella mercantile, decretando la fine della fase della circolazione libera e non controllata del racconto medievale e aprendo quella della sua elaborazione artistica, che troverà nel *Decameron* di Boccaccio la sua piena realizzazione: il tema della vedova inconsolabile, che trova consolazione in chi sa dimostrarle attenzione e interesse, è infatti ripreso anche in una novella di Boccaccio (*Decameron* II, 2). È la storia del mercante Rinaldo d'Asti, che sulla strada per Verona viene derubato da alcuni malfattori travestiti da cavalieri; giunta la sera, Rinaldo, vagando alla ricerca di un rifugio per la notte, trova ospitalità presso la casa di una bellissima vedova, la quale lo aiuta a ristorarsi, innamorandosene immediatamente. Rinaldo ricambia l'amore della donna e così i due trascorrono la notte insieme. L'indomani, dopo aver ringraziato di tutto la donna, il mercante riparte, per ritornarsene felicemente a casa, non prima di aver recuperato lungo la via i propri vestiti e i denari, dei quali il giorno precedente era stato derubato.

GUIDA ALLO STUDIO

1. Quali somiglianze e quali differenze si notano tra la narrazione di Fedro e quella di Petronio?

2. Come viene modificata l'ambientazione nella novella LIX del *Novellino*?

3. Quale delle novelle di Boccaccio rielabora il tema della vedova inconsolabile?

T5
ITALIANO

L'arrivo a Crotone

| *Satyricon* 116 |

La città dove Encolpio, Gitone ed Eumolpo approdano in seguito al naufragio è Crotone, fiorente colonia della Magna Grecia. Al momento del loro arrivo, però, il contadino che li informa su dove si trovino non fa altro che sottolinearne il malcostume e il malaffare dominanti. L'attività prevalente è quella dei cacciatori di testamenti, che ha soppiantato l'onestà e la frugalità dei costumi. Paolo Fedeli ha felicemente definito questa città un esempio, raffinatamente costruito da Petronio, di «mondo alla rovescia».

[**116, 1**] Compiuto questo doveroso ufficio, ci avviammo per l'unica strada che avevamo davanti e in breve fummo sul dosso di un monte dal quale si scorgeva non lontano un paese, arroccato sopra una cima. [**2**] Errabondi e sperduti, non potevamo riconoscere quelle mura, ma un contadino ci informò che si trattava di Crotone, città antichissima e un tempo la prima d'Italia[1]. [**3**] Fattici allora a chiedere con maggiore interesse che gente abitasse in quella nobile terra e che genere di affari vi si praticasse dopo che le continue guerre ne avevano consumato le risorse, il contadino rispose: [**4**] «Cari forestieri, se siete mercanti dovrete cambiare mestiere per trovare da vivere in quella città. [**5**] Se invece siete uomini di più raffinata estrazione e sapete abilmente mentire, avrete facilità di guadagno a Crotone, perché è una città dove non sono in onore gli studi letterari, [**6**] dove non c'è posto per l'eloquenza, per la frugalità e la morigeratezza, ma solo per l'inganno. Tutti gli uomini che troverete lassù, sono divisi in due gruppi: [**7**] quelli che rubano e quelli che si lasciano derubare. È una città dove nessuno riconosce i propri figli, perché chi ha famiglia non viene invitato alle cene né agli spettacoli e deve starsene lontano da tutti i piaceri, confuso tra i derelitti. [**8**] Quelli invece che non si sono mai sposati e non hanno intralci di parentela, arrivano ai massimi onori e spesso vengono creduti dei grandi strateghi, degli esempi di valore e anche degli uomini specchiati. [**9**] Voi state per entrare in una città che può essere paragonata a quelle campagne dove durante le pestilenze non si vedono che cadaveri dilaniati e corvi che li dilaniano».

(trad. di P. Chiara)

■ **Affresco con veduta di città romana** (particolare), I sec. d.C. Pompei, Casa di Marco Lucrezio.

1. Crotone, fondata da coloni Achei verso il 710 a.C. circa, era una delle principali città della Magna Grecia: secondo la testimonianza di Cicerone (*De inventione* 2, 1) nel VI secolo a.C. sarebbe stata ricca di ogni bene e prospera quanto nessun'altra località di quella regione.

PER COMPRENDERE
PETRONIO

Il testo e il contesto

LICA, IL NAUFRAGIO E L'APPRODO A CROTONE Nella seconda parte del *Satyricon* la scena si sposta dalla *Graeca urbs* a una nave che procede in direzione di Crotone, sulla quale sono imbarcati Encolpio, Gitone ed Eumolpo. Sull'imbarcazione il protagonista ritrova il mercante Lica, con il quale in passato ha avuto controversie, e che ora dunque si vorrebbe vendicare. Così Encolpio si traveste per non farsi riconoscere, ma Lica lo smaschera rapidamente. Eumolpo perciò compie un vano tentativo di distrarre Lica con il vivace racconto della matrona di Efeso (➤ **T4**). Alla fine sarà una provvidenziale tempesta a mettere fine alla vita di Lica, facendo affondare la sua nave. I tre compagni di viaggio si salvano e si ritrovano sulla spiaggia di una località sconosciuta. Dopo aver seppellito il cadavere di Lica rinvenuto a riva fra le acque, si dirigono in direzione della città. Sulla strada incontrano un contadino dal quale vengono a sapere che si trovano a Crotone, città nella quale l'attività economica principale è la caccia alle eredità: uomini ricchi privi di eredi vengono coperti di onori da individui squattrinati in cerca di fortuna economica.

LO STRATAGEMMA DI EUMOLPO La menzogna più colossale è quella elaborata da Eumolpo in seguito alle informazioni ricevute dal contadino sulla città di Crotone. Avendo capito che si tratta di un mondo in cui spadroneggiano i cacciatori di eredità, tanto che nessuno più riconosce i figli per non essere escluso da ogni beneficio e rifiutato da tutti, Eumolpo ordirà un inganno grandioso: si presenterà come un uomo ricchissimo, esule dalla patria (l'Africa), straziato per la perdita dell'unico figlio, con una salute malferma in seguito allo scampato pericolo del naufragio della nave su cui viaggiava. I compagni di viaggio, invece, dopo avergli solennemente giurato fedeltà assoluta, si fingeranno suoi schiavi. Accordatisi sui dettagli della messa in scena, i tre si avviano verso Crotone, confidando nella protezione degli dèi.
La città di Crotone appare quindi come un mondo alla rovescia nel quale i valori tradizionali sono capovolti e la popolazione si divide fra imbroglioni e imbrogliati, fra corruttori e corrotti; è l'antitesi della *Graeca urbs*, una città ricca di traffici e di cultura. A una città così descritta, dunque, sembra inevitabile avvicinarsi solo mostrando il contrario di se stessi. E questo è ciò che i personaggi scelgono di fare.

Il senso del testo

UNA CITTÀ "STRAVOLTA" Lo scenario che a Encolpio e compagni viene descritto dal contadino è molto preoccupante: si trovano in un luogo in cui la truffa è l'attività che coinvolge tutti i cittadini che o vengono truffati o truffano essi stessi (116, 7). Il *vilicus* che racconta loro questa desolante realtà si serve di un'immagine forte per rappresentarla: cadaveri che vengono dilaniati e corvi che li divorano (116, 9). In questa città, in cui non si coltivano né rettitudine né buoni costumi, solo la menzogna è fonte di guadagno.
Certamente i protagonisti del *Satyricon* non sono nuovi alla pratica della menzogna: essi usano l'arte dell'arrangiarsi, fondano i propri rapporti interpersonali sulla finzione, perseguono gli obiettivi prefissati con l'inganno e con il sotterfugio. Insomma la deformazione o il mascheramento della verità, che in tanti episodi del romanzo si sono resi evidenti, sono una sorta di filo rosso che caratterizza gran parte degli avvenimenti della vicenda narrata. Che mentano per amore, per la salvaguardia della loro incolumità, per ambizione, per profitto o per lucro, l'inganno è un comportamento che caratterizza tutti i personaggi principali del romanzo.

AMORALITÀ E ROVESCIAMENTO LINGUISTICO Tuttavia è doveroso chiedersi quale sia l'atteggiamento con cui i protagonisti del *Satyricon* si pongono rispetto alla menzogna. Essi hanno ben chiara la distinzione fra verità e inganno, ma non ne esprimono un giudizio secondo le categorie etiche di bene/male, bensì secondo quelle di convenienza/non convenienza. Tutti i pensieri, le parole, i comportamenti e le relazioni che li caratterizzano non sono affatto dettati da un bisogno di coerenza morale: tutto avviene solo in base alla concreta possibilità di raggiungere le mete e gli obiettivi che i soggetti si sono prefissi.
Senza intenti moralistici, Petronio dimostra di saper cogliere la natura contraddittoria delle vicende, l'insensatezza dei comportamenti umani, il degrado sociale e politico che caratterizza la società del primo periodo imperiale, rappresentando un mondo alla rovescia in una simbolica città in decadenza. Anche lo stile raffinato (ricco di figure retoriche e sapientemente misurato) che domina il linguaggio del *vilicus* contribuisce ad avvalorare questa tesi: il suo modo di esprimersi, inappropriato per un contadino, appare un esempio «alla rovescia» di mimetismo linguistico.

LEGGO E COMPRENDO

1. Contestualizza brevemente questo episodio nella trama complessiva del romanzo.

2. Perché si può affermare che la città di Crotone tratteggiata dal contadino rappresenti una sorta di "mondo alla rovescia"?

3. Qual è l'atteggiamento dei personaggi del *Satyricon* rispetto alla menzogna?

VERIFICA PER LA COMPRENSIONE

QUESITI A SCELTA MULTIPLA

1. ricordare Un dato certo del *Satyricon*:
- ☐ è l'uso costante della parodia
- ☐ è l'autore
- ☐ è l'epoca di composizione
- ☐ è il titolo

2. ricordare Chi è Ascilto?
- ☐ il personaggio principale del *Satyricon*
- ☐ un giovane avvenente, conteso tra più personaggi
- ☐ un rivale in amore di Gitone
- ☐ un rivale in amore di Encolpio

3. ricordare Una caratteristica della tavola di Trimalchione (➤ **T1**):
- ☐ è la prevedibilità dell'esibizione dello sfarzo
- ☐ è il rovesciamento costante delle attese (niente è ciò che sembra)
- ☐ è la trascuratezza, che fa da contrasto con le enormi ricchezze millantate dal padrone di casa
- ☐ è la semplicità, che permette di apprezzare meglio il piacere della compagnia

4. comprendere Il racconto dell'ascesa sociale di Trimalchione (➤ **T2**) viene riportato da Petronio:
- ☐ con sguardo divertito e complice
- ☐ con sguardo di riprovazione morale
- ☐ con evidente ammirazione per le qualità personali e la spregiudicatezza che hanno consentito all'ex schiavo di realizzarsi economicamente
- ☐ con il senso di superiore distacco di chi giudica ciò che vede secondo il criterio del buon gusto

5. comprendere L'espressione *ignoscet mihi genius tuus* (➤ **T3**):
- ☐ introduce una forma velata di insulto all'interlocutore
- ☐ introduce un pesante insulto nei confronti della padrona di casa
- ☐ smorza con espressione di cortesia una perifrasi allusiva della precedente condizione sociale di Trimalchione
- ☐ smorza con l'eufemismo una perifrasi allusiva della precedente condizione sociale di Fortunata

6. comprendere I privilegi che, nella descrizione del contadino, sono concessi ai celibi che vivono a Crotone (➤ **T5**):
- ☐ sembrano essere una parodia della società imperiale che ha abbandonato i valori familiari della repubblica
- ☐ si configurano come un rovesciamento della politica familiare voluta da Augusto
- ☐ costituiscono un'interessante attrattiva per i personaggi principali del romanzo
- ☐ suggeriscono a Encolpio, Eumolpo e Gitone lo stratagemma per essere accolti favorevolmente nella città

QUESITI A RISPOSTA BREVE

Rispondi ai quesiti nello spazio di 7-8 righe per ciascuno. Quando lo ritieni opportuno, puoi consultare i testi.

1. Che funzione può avere la messa in scena del funerale con cui si conclude la cena di Trimalchione?

2. Come viene sviluppato nella novella della matrona di Efeso il tema della misoginia?

TRATTAZIONE SINTETICA

Svolgi le seguenti tracce nelle spazio di 20-25 righe per ciascuna. Quando lo ritieni opportuno, puoi consultare i testi.

1. Spiega quali sono i motivi di maggiore interesse del *Satyricon* di Petronio, soffermandoti sulla caratterizzazione del genere letterario (o dei generi letterari) di riferimento.

2. «Ti opporrai forse a un gradevole amore? Non hai ancora capito in che mondo viviamo?». Contestualizza questo passo all'interno del romanzo spiegando chi parla e in quale situazione; poi commenta l'affermazione dal punto di vista tematico e dei modelli letterari con i quali può essere messa a confronto.

PER ANALIZZARE

La mimesi linguistica nel *Satyricon*

MIMESI E MODULI LINGUISTICI La questione della lingua nel *Satyricon* è stata a lungo oggetto di studio soprattutto ai fini della datazione dell'opera. Oggi, essendo ormai pressoché assodato che l'opera di Petronio sia collocabile in età neroniana e che nel romanzo siano presenti due livelli linguistici ben distinti (l'uno proprio dei personaggi colti, l'altro di uno strato sociale basso e incolto), il pluralismo linguistico del *Satyricon* appare come un *unicum* nella letteratura latina. La ragione di tale valutazione non risiede soltanto nella sapiente "mimesi" linguistica (E. Auerbach) che fa del realismo la cifra stilistica di tante pagine del romanzo, ma anche nell'evidente rottura degli schemi stilistici abituali, in favore di un rinnovamento di categorie narrative ormai superate.

Anche la dicotomia fra i due livelli linguistici del romanzo non appare così netta, dal momento che la lingua usata dagli *scholastici* rimane comunque legata al *sermo familiaris* e presenta delle differenziazioni anche fra gli stessi membri di questo gruppo: per esempio la lingua di Eumolpo si colloca ad un livello più elevato rispetto a quella di Encolpio. Allo stesso modo la lingua di Trimalchione è superiore all'espressione linguistica di altri liberti.

IL LINGUAGGIO DEI COMMENSALI DI TRIMALCHIONE È proprio nella sequenza della cena e in particolar modo nei discorsi di questi personaggi che si realizza il più alto livello di mimesi linguistica: il *sermo vulgaris* che l'autore attribuisce ai commensali di Trimalchione riproduce la lingua d'uso dei ceti meno elevati originari dell'Italia meridionale, territorio in cui le vicende sono ambientate. I temi del cibo e del denaro in particolar modo dominano il lessico della cena: sono la fisicità del corpo e la materialità delle ricchezze a determinare le scelte espressive di Petronio, intenzionato a riprodurre la banalità e la meschinità dei discorsi dei commensali di Trimalchione.

Su una base linguistica di ispirazione "popolare" si innestano prestiti dal greco ed espressioni proverbiali, solecismi e colloquialismi: ne nasce una lingua esclusa dalla compostezza e dall'eleganza formale dei generi letterari alti, ma di straordinario interesse per la comprensione della mentalità di un ceto in ascesa nella società del tempo. In questa lingua peraltro è possibile riconoscere *in fieri* alcune caratteristiche "romanze", come il declino del genere neutro e dei verbi deponenti, la predominanza dell'accusativo su tutti gli altri casi e del modo indicativo sul congiuntivo, l'affermarsi dell'uso di alcune preposizioni, l'utilizzo di alcuni costrutti sintattici semplificati.

■ **Stele dei liberti della famiglia Alennia**, dall'alveo del Reno, I sec. d.C. (copia). Bologna, Museo Civico.

LINGUA E STILE

LA LINGUA DEL *SATYRICON*

MIMESI E PLURILINGUISMO Il *Satyricon* è un'opera che mescola generi letterari differenti, servendosi di diversi livelli di lingua e alternando stili assai discordanti. Contaminando generi spesso assai lontani fra loro, dall'epica alla parodia, dalla novella all'elegia, è naturale che plurilinguismo e pluristilismo siano i tratti caratterizzanti del romanzo petroniano, nel quale i registri vengono adattati al livello socio-culturale dei parlanti, secondo il principio della mimesi linguistica che è il fondamento del realismo petroniano.

La duttilità del linguaggio del *Satyricon* è modellata sullo *status* sociale e culturale dei parlanti: i personaggi colti, come il narratore Encolpio, il poeta Eumolpo, il retore Agamennone, gli *scholastici* Gitone e Ascilto, si servono del *sermo familiaris*, un linguaggio semplice, ma elegante, grammaticalmente corretto sul piano morfologico ed essenziale su quello lessicale. Tuttavia il registro utilizzato da questi personaggi dipende dai contenuti dei loro discorsi, sui quali viene ampiamente modellato il livello stilistico: per esempio le lunghe invettive di Agamennone contro la decadenza dell'oratoria o di Eumolpo contro la perdita di importanza della poesia sono realizzate con uno stile elaborato e ridondante (in cui a prevalere sono interrogative di carattere retorico ed espressioni declamatorie che contengono numerosi giudizi moralistici); quando invece Encolpio rilegge le sue squallide vicende con la lente di modelli letterari illustri si realizza un effetto di comicità attraverso la parodia dello stile epico o tragico (ricco di termini altisonanti ed espressioni sublimi).

IL *SERMO PLEBEIUS* DEI LIBERTI I personaggi di livello culturale basso, *in primis* Trimalchione e i suoi convitati, utilizzano una lingua, il *sermo plebeius*, espressione quotidiana dei ceti di cultura infima. Questo linguaggio è caratterizzato dal prevalere della paratassi sull'ipotassi, dall'uso reiterato di grecismi alla moda (per es. *topanta*, «tuttofare») o di volgarismi (per es. *lupatria*, «prostituta»), di diminutivi (per es. *Graeculae*, «piccole api greche»), di modi di dire iperbolici (per es. *nummos modio metitur*, «ha soldi a palate»).

I NOMI PARLANTI Petronio si serve spesso anche di nomi parlanti, finalizzati a caratterizzare il personaggio a cui sono attribuiti: ulteriore aspetto dell'intento comico con cui viene costruita l'identità dei personaggi. Il nome "Encolpio", per esempio, significa «colui che sta in grembo»; "Eumolpo" richiama «il bel canto»; "Fortunata" indica colei che è «supportata dalla buona sorte»; "Trimalchione" vuol dire «tre volte potente».

PARODIA E COMPETENZA DEL LETTORE Un ultimo aspetto che caratterizza la lingua e lo stile del *Satyricon* è senza dubbio la presenza di inserti poetici finalizzati a un innalzamento dello stile. Questi sono affidati soprattutto alla voce di Eumolpo che, nella narrazione della *Troiae halosis* e soprattutto del *Bellum civile*, dimostra un impegno retorico piuttosto elevato, insieme al tentativo di avvicinare all'*epos* storico il tema contemporaneo delle guerre civili, richiamandosi a modelli illustri come Virgilio, e in opposizione alle istanze letterarie di Lucano (➛ p. 58), di cui critica la scelta di rinunciare all'apparato divino in un poema epico.

La complessità stilistica del *Satyricon*, data dalla contaminazione e al tempo stesso dalla degradazione di generi assai diversi, talora sovrapposti l'uno all'altro con un'alternanza di stili e linguaggi davvero notevole, presuppone un lettore attento e competente, in grado di cogliere il gioco letterario sotteso alla narrazione e di apprezzare una creazione artistica non riconducibile in modo schematico ad alcuna matrice esclusiva.

GUIDA ALLO STUDIO

1. Come si realizza il principio della mimesi linguistica nel *Satyricon*?

2. Quali sono le caratteristiche del *sermo plebeius*?

3. Che tipo di lettore sembra essere il destinatario ideale del *Satyricon*?

T6 LATINO/ITALIANO

Libertà di parola

Satyricon 41, 9-12

Durante la cena, a un tratto, Trimalchione si assenta per un bisogno fisiologico, così alcuni convitati si lasciano andare alle chiacchiere, che il narratore Encolpio, ormai nelle vesti di un ascoltatore passivo, riporta fedelmente come se si trattasse di un dialogo teatrale. Gli argomenti che dominano i discorsi di questi personaggi sono di livello infimo: pettegolezzi di cattivo gusto, ragionamenti banali, luoghi comuni della più spicciola quotidianità. Il fluire dei pensieri dei liberti è reso in una lingua che riproduce le espressioni tipiche del parlato (colloquialismi, volgarismi, modi di dire, errori grammaticali): si tratta della testimonianza più autentica della lingua d'uso delle classi inferiori della prima età imperiale.

[41, 9] Ab hoc ferculo Trimalchio ad lasanum surrexit. Nos libertatem sine tyranno nacti coepimus invitare convivarum sermones. [10] Dama itaque primus cum pataracina poposcisset, «Dies», inquit, «nihil est. Dum versas te, nox fit. Itaque nihil est melius quam de cubiculo recta in triclinium ire. [11] Et mundum frigus habuimus. Vix me balneus calfecit. Tamen calda potio vestiarius est. [12] Staminatas duxi, et plane matus sum. Vinus mihi in cerebrum abiit».

[**41, 9**] Subito dopo questa portata Trimalchione si alzò per andare al gabinetto. Noi[1], conquistata la libertà di parola senza quel despota della conversazione, prendemmo a sollecitare i discorsi dei commensali. [**10**] Vi dette dunque inizio Dama[2] il quale, dopo aver chiesto dei capaci boccali[3], esordì: «Il giorno non esiste. Mentre ti volti, è notte. Per questo non c'è niente di meglio che alzarsi dal letto e andare di filato al triclinio. [**11**] E sì che abbiamo avuto un bel freddo[4]. Il bagno mi ha riscaldato a malapena. Tuttavia una bevanda calda è il miglior vestito. [**12**] Io ne ho scolate diverse in fila e sono proprio fradicio. Il vino mi ha dato alla testa».

(trad. di A. Aragosti)

[41, 9-10] **ferculo**: questo termine, che deriva dal verbo *fero*, indica il «piatto di portata». • **ad lasanum**: il termine *lasanum* è un calco dal greco e propriamente significa «vaso da notte». • **libertatem**: è complemento oggetto del participio perfetto *nacti*, che è congiunto a *Nos*. • **primus**: è predicativo del soggetto *Dama* (che è maschile). • **pataracina**: questo termine al neutro plurale deriva da *patera*, cioè «coppa». • **quam**: introduce il secondo termine di paragone, costituito dall'intera frase *de cubiculo... ire*. • **recta**: è attributo di un sottinteso *via*, espressione usata in forma avverbiale.
[11-12] **mundum frigus**: è espressione della lingua d'uso, che ha significato di «un bel freddo». • **balneus**: per *balneum*, neutro, con scambio di genere (metaplasmo). • **calfecit**: è forma sincopata per *calefecit*. • **calda**: è forma sincopata per *calida*, attributo di *potio*. • **Staminatas**: sott. *potiones*; è aggettivo derivato probabilmente da *stamen*, «filo». • **matus**: è un aggettivo connesso al verbo *madeo* che ha il significato di «essere umido», quindi essere ubriaco; è probabile che da esso derivi l'italiano "matto". • **Vinus**: per *vinum*, neutro, sempre con un metaplasmo. • **in cerebrum abiit**: è una espressione proverbiale, da rendere con «mi ha dato alla testa».

1. A parlare qui è Encolpio, che fa riferimento a sé e ai propri compagni.
2. Si tratta di uno dei liberti di Trimalchione, il cui nome è di origine greca.
3. Il senso dell'espressione appare piuttosto chiaro (Dama chiede da bere) e il contesto sembra echeggiare Orazio (*Satire* 2, 8, vv. 77-83).
4. L'accenno al freddo, che Dama combatterà bevendo, è un elemento significativo per inquadrare la stagione in cui si svolge la cena: presumibilmente quella invernale.

Il testo e il contesto

UN MODELLO FILOSOFICO STRAVOLTO Alcuni studiosi ritengono che la sequenza testuale che riproduce le chiacchiere dei liberti si richiami al modello del dialogo filosofico, e in particolare costituisca una degradazione del *Simposio* di Platone: quest'opera, che appartiene alla tradizione alta della letteratura conviviale, rappresenta l'apoteosi della parola filosofica, mentre il passo della cena mette in scena il trionfo del cibo. Il simposio infatti aveva inizio proprio laddove il banchetto finiva, lasciando il cibo fuori dalla scena; nel testo petroniano invece è il cibo a dominare sulla parola, facendosi materia di spettacolo e di discorso. Solo il denaro è in grado di contendere al cibo il primato nella rappresentazione del mondo. Quando infatti il discorso di Trimalchione e dei suoi convitati non si riferisce a quanto si è mangiato, cade sul tema del denaro: forse il parametro più elevato con cui si stabilisce il valore degli uomini, secondo questi convitati.
Nel simposio greco, a conclusione delle portate, aveva inizio la conversazione accompagnata dalla degustazione di buon vino, in misura moderata. Nella cena petroniana il liberto Dama reclama nuove coppe di vino, dichiarando al tempo stesso di essere già sbronzo. L'accenno alla fugacità del tempo non è spunto per una riflessione filosofica sulla necessità di vivere intensamente ogni momento dell'esistenza, bensì diviene il pretesto per una scelta di vita dissipata e senza senso. Pertanto è evidente che l'orizzonte morale e materiale in cui i liberti si muovono è privo di ambizioni culturali e di valori morali, dominato com'è dalla *luxuria* gastronomica ed economica dei nuovi ricchi.

Lo stile del testo

I PROVERBI Nel breve discorso di Dama sono ricorrenti alcune espressioni proverbiali, come .... che trovano riscontro anche nella nostra lingua. L'uso di massime e proverbi è tipico della lingua popolare, nella quale l'espressione di determinati concetti avviene attraverso l'uso di immagini concrete o accostamenti iperbolici per esaltarne il significato.

IL METAPLASMO Nel *sermo vulgaris* spesso si verifica il fenomeno linguistico del metaplasmo, ovvero del passaggio di un nome da un genere all'altro o da una declinazione all'altra, come nel caso di .... e .... Questo fenomeno linguistico, già evidente nella lingua dei ceti inferiori del I secolo d.C., determinerà nella fase di transizione dal latino tardo alle lingue romanze la definitiva perdita del genere neutro, le cui parole verranno riclassificate fra maschile (come in questo caso) e femminile.

LA SINCOPE Altro fenomeno fonetico frequentemente presente è quello della sincope, ovvero della caduta della vocale atona successiva a quella tonica, come nel caso di *calfecit* (da *calefecit*), o di .... (da ....). La scomparsa di un suono, di una sillaba, di una consonante o di una vocale all'interno di una parola avviene per semplificarne la struttura e renderla il più elementare possibile, e soprattutto facile da pronunciare.

I GRECISMI L'uso dei grecismi, come ...., è tipico della lingua colloquiale degli schiavi e dei liberti: propriamente questo termine ha significato di «vaso da notte», ma è usato in senso traslato per indicare la *toilette*, attraverso la figura retorica della sineddoche.

Statua di vecchia ubriaca, III sec. a.C. Roma, Musei Capitolini.

LEGGO E ANALIZZO

1. Quale può essere il filo conduttore dei discorsi apparentemente sconnessi dei commensali?

2. Che relazione si può ravvisare tra questo brano di Petronio e il *Simposio* di Platone?

3. Quali tratti linguistici del latino volgare si possono riconoscere in questo testo?

T7

LATINO

Le chiacchiere dei liberti

| *Satyricon* 44 |

La conversazione è ormai in pieno svolgimento anche se i liberti, più che dialogare, sembrano tenere dei monologhi in cui ognuno segue il filo dei propri pensieri senza interagire realmente con gli altri. In tutti i discorsi, però, prevale il tema della ricchezza legato indissolubilmente a quello della morte: la fragilità dell'esistenza umana può essere contrastata con l'accumulo di beni e l'abbandono ai piaceri, per allontanare il più possibile il pensiero della morte incombente. Dopo Dama, ha preso la parola Seleuco, che prima ha parlato dell'inopportunità di fare bagni quotidianamente, poi ha ricordato il funerale di un conoscente, un tale Crisanto, tessendone le lodi. In seguito ha parlato Filerote, ricordando le facili fortune accumulate dal defunto, grazie anche all'avidità incontenibile e all'indole litigiosa. A questo punto interviene Ganimede, che riporta il discorso su temi più legati all'attualità: la siccità, la carestia, il malgoverno, gli interessi personali e le connivenze politiche, il declino della religiosità.

[44, 1] Haec Phileros dixit, illa Ganymedes: «Narrat is quod nec ad caelum nec ad terram pertinet, cum interim nemo curat, quid annona mordet. [2] Non mehercules hodie buccam panis invenire potui. Et quomodo siccitas perseverat! Iam annum esurio fui. [3] Aediles male eveniat, qui cum pistoribus colludunt: «Serva me, servabo te». Itaque populus minutus laborat; nam isti maiores maxillae semper Saturnalia agunt. [4] O si haberemus illos leones, quos ego hic inveni, cum primum ex Asia veni. [5] Illud erat vivere. Simila Siciliae inferior erat et larvas sic istos percolopabant, ut illis Iuppiter iratus esset. [6] Sed memini Safinium: tunc habitabat ad arcum veterem, me puero, piper, non homo. [7] Is quacumque ibat, terram adurebat. Sed rectus, sed certus, amicus amico, cum quo audacter posses in tenebris micare. [8] In curia autem quomodo singulos [vel] pilabat [tractabat], nec schemas loquebatur sed derectum.

[44, 1-2] **quod... pertinet**: è una massima della lingua popolare, da rendere con l'espressione italiana «non sta né in cielo né in terra». • **quid... mordet**: è una proposizione interrogativa indiretta introdotta da *curat*, da intendere «di come il prezzo del grano fa sentire i suoi denti»; *mordet* è al modo indicativo anziché congiuntivo, secondo un uso tipicamente parlato. • **mehercules**: è una interiezione utilizzata normalmente dagli uomini. • **buccam panis**: si tratta di una espressione della lingua d'uso da rendere con «un boccone di pane». • **Iam... fui**: «È già da un anno che soffro la fame».
[3-4] **male eveniat**: è un congiuntivo ottativo, che nel *sermo vulgaris* regge l'accusativo (*Aediles*) invece del dativo; tutta l'espressione va resa con «Maledetti gli edili». • **isti maiores maxillae**: «queste mascelle giganti», è una metafora con cui vengono designati gli edili avidi e corrotti; *isti* al maschile è concordato *ad sensum* con il femminile *maxillae*. • **semper... agunt**: lett. «festeggiano sempre i Saturnali», ma da rendere con «si danno sempre alla pazza gioia». I Saturnali, antica festa in onore del dio Saturno, si svolgevano in dicembre e rappresentavano una sorta di carnevale per l'atmosfera di svago e libertà (soprattutto di parola) di cui godevano in particolar modo gli schiavi. • **O si haberemus**: è un congiuntivo ottativo introdotto dalle particelle *o si* invece che dal più comune *utinam*. • **illos leones**: è una metafora riferita ai politici del passato, da rendere con «quegli uomini duri». • **cum primum... veni**: proposizione temporale.
[5-6] **Simila**: «fior di farina», è soggetto di *inferior erat*. • **larvas... istos**: *istos* al maschile è concordato *ad sensum* con il femminile *larvas*. • **percolopabant**: è una forma del verbo *percolopo*, «schiaffeggiare», da *per* e *colopus*, che è una variante colloquiale del grecismo *colophus*, «schiaffo»; si tratta di un *hapax*, ovvero di un termine attestato solo in Petronio. • **ut... esset**: è una proposizione consecutiva, da rendere con «da attirare l'ira di Giove». • **Safinium**: l'accusativo sostituisce il più comune genitivo retto dal verbo *memini*. • **me puero**: ablativo assoluto nominale. • **piper, non homo**: l'espressione metaforica, che costituisce un'apposizione del soggetto sottinteso *Safinius*, vuole descrivere quest'individuo non come un uomo pacato, bensì come un essere dalla lingua franca e caustica (un «pepe», o meglio un peperino).
[7-8] **quacumque**: «dovunque», avverbio relativo e indefinito. • **terram adurebat**: rendi con l'espressione «faceva terra bruciata». • **amicus amico**: «amico con gli amici», espressione della lingua d'uso già attestata in Plauto. • **posses**: è un congiuntivo eventuale. • **in tenebris micare**: questa espressione proverbiale («giocare a morra al buio») è spiegata da Cicerone, in *De officiis* 3, 77, *cum enim fidem alicuius bonitatemque laudant dignum esse dicunt quicum in tenebris mices* («quando infatti lodano la lealtà e l'onestà di uno dicono che è degno che ci si giochi a morra al buio»). • **vel... tractabat**: queste due parole sono opportunamente espunte da molti editori, poiché appaiono come una glossa penetrata nel testo del difficile *pilabat*, che metaforicamente ha significato di «spennava». • **schemas**: è esito di semplificazione della flessione della parola *schema*, da *schema, -tos* neutro della III declinazione greca a *schema, -ae* femminile della I.

[9] Cum ageret porro in foro, sic illius vox crescebat tamquam tuba. Nec sudavit umquam nec expuit, puto eum nescio quid Asiadis habuisse. [10] Et quam benignus resalutare, nomina omnium reddere, tamquam unus de nobis. Itaque illo tempore annona pro luto erat. [11] Asse panem quem emisses, non potuisses cum altero devorare. [12] Nunc oculum bublum vidi maiorem. Heu, heu, quotidie peius. Haec colonia retroversus crescit tamquam coda vituli. [13] Sed quare nos habemus aedilem trium cauniarum, qui sibi mavult assem quam vitam nostram? Itaque domi gaudet, plus in die nummorum accipit, quam alter patrimonium habet. Iam scio unde acceperit denarios mille aureos. [14] Sed si nos coleos haberemus, non tantum sibi placeret. Nunc populus est domi leones, foras vulpes. [15] Quod ad me attinet, iam pannos meos comedi, et si perseverat haec annona, casulas meas vendam. [16] Quid enim futurum est, si nec dii nec homines huius coloniae miserentur? Ita meos fruniscar, ut ego puto omnia illa a diibus fieri. [17] Nemo enim caelum caelum putat, nemo ieiunium servat, nemo Iovem pili facit, sed omnes opertis oculis bona sua computant. [18] Antea stolatae ibant nudis pedibus in clivum, passis capillis, mentibus puris, et Iovem aquam exorabant. Itaque statim urceatim plovebat: aut tunc aut numquam: et omnes redibant udi tamquam mures. Itaque dii pedes lanatos habent, quia nos religiosi non sumus. Agri iacent...».

[9-12] **puto... habuisse**: «penso che avesse in sé qualcosa di asiatico», con un riferimento alla proverbiale magrezza dei Persiani; *Asiadis* è un *hapax* petroniano. • **resalutare... reddere**: sono infiniti narrativi; *nomina omnium reddere*, in particolare, va tradotto «chiamava ciascuno per nome». • **unus de nobis**: nella lingua d'uso la preposizione *de* tende a sostituire *ex*. • **pro luto erat**: è un modo di dire che significa «costava quattro soldi». • **devorare**: costruisci *non potuisses devorare cum altero panem quem emisses asse*, e traduci «non saresti riuscito a mangiare in due il pane comprato per un soldo». • **bublum**: è sincope per *bubulum*, attributo di *oculum*. • **Heu... peius**: «Ahimé, ahimé ogni giorno sempre peggio!». • **retroversus**: «a rovescio», avverbio. • **coda**: per *cauda*, con un volgarismo fonetico (cioè la chiusura del dittongo *au*).

[13-14] **aedilem... cauniarum**: lett. «un edile che non vale più di tre fichi secchi»; *cauniae* sono i fichi secchi di Cauno, città della Caria. I fichi nell'antichità sono spesso simbolo di poco valore. • **quam vitam nostram**: è il secondo termine di paragone introdotto da *mavult*. • **domi**: locativo. • **nummorum**: è genitivo partitivo in dipendenza dal neutro *plus*, «più denaro». • **quam... habet**: è una proposizione comparativa, che si può rendere con l'espressione «dell'intero patrimonio di un altro». • **coleos**: letteralmente «i testicoli», metaforicamente «il coraggio». • **non... placeret**: «non sarebbe tanto soddisfatto». • **domi... vulpes**: è una espressione proverbiale, attestata in forma analoga in Aristofane, *Pace*, vv. 1189 s. («essendo leoni in casa, volpi in battaglia»); *foras* («all'esterno») è avverbio di moto a luogo usato in sostituzione di *foris* che esprime lo stato in luogo.

[15-17] **iam... comedi**: «mi sono già mangiato i miei quattro stracci». • **casulas**: diminutivo di *casa*, «piccola capanna». • **Quid... futurum est**: «Infatti che cosa accadrà». • **huius coloniae**: è un genitivo retto da *miserentur*, verbo deponente intransitivo con costruzione personale (in sostituzione dell'impersonale *miseret*). • **fruniscar**: è un congiuntivo desiderativo, «possa io godermi». • **diibus**: sta per *diis*, in analogia con il femminile *deabus*. • **Nemo... putat**: «Nessuno infatti considera cielo il cielo», ovvero nessuno si occupa di questioni religiose. • **pili facit**: è una espressione idiomatica che letteralmente significa «dà il valore di un pelo», riferito alla considerazione che ormai tutti nutrono per le divinità. • **opertis oculis**: «con occhi velati», in riferimento alla pratica romana di pregare *velato capite* attestata anche da Cicerone (*De natura deorum* 2, 10).

[18] **in clivum**: «sul colle capitolino», qui si allude alla funzione sacra dei *Nudipedalia*, attraverso la quale si implorava Giove Pluvio di inviare la pioggia in gravi momenti di siccità. • **urceatim**: «a catinelle». • **plovebat**: per *pluebat*, con un volgarismo fonetico che prelude all'esito romanzo («pioveva»). • **pedes... habent**: è una espressione proverbiale, grosso modo equivalente all'italiano "avere i piedi di piombo". • **Agri iacent**: il discorso di Ganimede viene qui interrotto dall'intervento di Echione, che prende la parola.

PER ANALIZZARE IL TESTO

Il testo e il contesto

GLI ARGOMENTI DEI LIBERTI Il lungo discorso che il liberto Ganimede pronuncia a seguito di quello di Filerote si presenta chiaramente come un elogio del passato, un tempo in cui i politici avevano una condotta morale pressoché irreprensibile, la religione era ancora tenuta in altissima considerazione e non si percepiva quel declino economico ormai considerato inesorabile. Ma, ancora una volta, sono le banalità, i luoghi comuni e i modi di dire maggiormente legati alla vita materiale a prevalere nelle loro chiacchiere: l'orizzonte mentale dei liberti è strettamente legato alla realtà concreta in cui vivono, della quale colgono soltanto le manifestazioni più superficiali (la carestia, la corruzione, l'affievolirsi del senso religioso), non certo le ragioni e le dinamiche più profonde. In questo contesto domina un'atmosfera di tetro pessimismo: dopo questioni riguardanti la morte, il funerale e il testamento di un amico, affrontate da Seleuco ed Echione, si trattano problemi quali la carestia, la siccità, la povertà, la corruzione.

Lo stile del testo

PROVERBI E MODI DI DIRE La lingua d'uso che Petronio vuol riprodurre nelle chiacchiere dei liberti è uno strumento efficace di caratterizzazione di questi personaggi, che non solo si esprimono in un latino scorretto, infarcito di volgarismi, grecismi e neologismi, ma che nell'esprimersi lasciano emergere la loro rozzezza culturale e la loro gretta mentalità. Perciò nei loro discorsi è facile trovare massime proprie della lingua popolare ed espressioni proverbiali. In apertura del proprio intervento, Ganimede, per definire l'assurdità dei discorsi tenuti da chi ha parlato prima di lui, usa l'espressione *Narrat is quod nec ad caelum nec ad terram pertinet* (44, 1). Quando invece vuol ricordare la lealtà e l'onestà dell'edile Safinio, afferma che con lui si sarebbe potuto ...., ovvero «giocare a morra al buio». Infine per ammonire i presenti sul fatto che la punizione divina spesso giunga inaspettata e senza clamore, Ganimede utilizza l'immagine degli dèi che hanno *pedes lanatos* (44, 18).

ESCLAMAZIONI ED ESPRESSIONI IDIOMATICHE La lingua d'uso si indirizza continuamente verso la frase esclamativa, che serve ad affermare una realtà emotiva: nel discorso vivo, infatti, il parlante pronuncia esclamazioni che si allacciano direttamente alla realtà concreta e alla situazione presente. Sono soprattutto gli individui modesti, desiderosi di darsi un tono, a usare costantemente frasi esclamative. Nel discorso di Ganimede, per esempio, se ne possono rintracciare tre: 1. *Et quomodo siccitas perseverat* (44, 2); 2. .... (44, 8); 3. *Et quam benignus resalutare* (44, 10).

La tendenza affettiva della lingua d'uso, che trova ampia esemplificazione nel vivo scambio di battute, ha generato l'abitudine di sostituire nell'espressione del complemento di stima il termine *nihili* con diverse espressioni concrete, che rendono la piccolezza e l'esiguità dei termini di confronto. Nel testo sono presenti due esempi di quest'uso. Uno è riferito alla qualità dell'edile in carica: *aedilem trium cauniarum* (44, 13). L'altro è riferito a Giove: ....

Procedimento tipico della lingua d'uso è anche l'anafora, ovvero la ripetizione di sintagmi anche a scopo affettivo, come nel *Sed rectus, sed certus* del paragrafo 44, 7.

VOLGARISMI FONETICI E CONCORDANZE A SENSO Non mancano neppure volgarismi fonetici, riconoscibili in fenomeni come la sincope e o l'epentesi (che si affermeranno nel latino tardo): i termini *bublum*, *coda* e *plovebat* ne forniscono un chiaro esempio.

Sul piano sintattico la lingua di cui i liberti si servono si scosta notevolmente dai costrutti del latino classico: la paratassi prevale sull'ipotassi; il modo prevalente è l'indicativo, anche laddove sarebbe necessario utilizzare il congiuntivo; le concordanze spesso non vengono rispettate. Due esempi di concordanza *ad sensum* sono riconoscibili in *isti maiores maxillae* (44, 3) e .... (44, 5). È evidente quindi lo scarto fra la lingua letteraria e il *sermo vulgaris* che Petronio tenta di riprodurre con un chiaro intento realistico.

LEGGO E ANALIZZO

1. Dividi il brano in sequenze e assegna a ciascuna sequenza un titolo che ne presenti brevemente il contenuto.

2. Come si può definire l'andamento generale della conversazione qui riportata?

3. Fai alcuni esempi delle espressioni idiomatiche riportate in questo testo.

LETTURA CRITICA

Il *Satyricon* come documento della crisi del tempo

UNA ANALISI SENZA GIUDIZIO Vincenzo Ciaffi analizza il rapporto fra il romanzo di Petronio e la realtà storico-sociale in cui l'autore vive, arrivando ad affermare che il *Satyricon* la riflette pienamente, senza che tuttavia venga mai espresso un giudizio su di essa. Petronio la osserva infatti con un atteggiamento più curioso che commosso, ma con il volto severo del conservatore che continua a porre la cultura sopra ogni cosa, in una società in cui ormai sono denaro e lusso a costituire i valori fondanti dell'esistenza. Petronio, quindi, dimostra di voler costruire una dialettica fra i personaggi, partendo dalle loro evidenti differenze culturali: questa è la ragione più profonda del suo realismo che si esprime soprattutto sul piano linguistico. Nell'episodio della cena di Trimalchione, non si propone di rappresentare il male di fronte al bene, o il cattivo gusto di fronte alla sobrietà e all'eleganza, ma l'aspetto più eclatante di tale crisi: il chiasso di Trimachione e dei suoi liberti e il silenzio di Encolpio, ovvero l'eccesso del nuovo che avanza e il vuoto del passato che, ormai senza voce, a esso non sa adeguarsi.

« È indubbio che nella cena Encolpio e Trimalcione rappresentino due poli: da un lato una finezza di linguaggio un po' astratta, dall'altro una volgarità chiassosa. Ma non direi che Petronio sia sempre dalla parte di Encolpio, un po' esangue di fronte agli altri commensali così sanguigni, un po' debole in quel silenzio che non è solo di chi guarda per giudicare. Anche qui l'unico valore resta pur sempre la vita, miscuglio di bene e di male, ora ripugnante persino, ora colma di una sua pacata saggezza. Penso a Dama, col suo senso così primitivo, ma struggente, del tempo che irrimediabilmente passa; a Seleuco, dolorosamente convinto di quanto sia vana e fugace l'esistenza; a Ganimede, che ritorna con nostalgia a quel tempo migliore che fu; a Trimalcione stesso, quando parla degli schiavi come uomini: e mi accorgo che qui, come in tanti altri luoghi, quella gente nuova rivela di scorcio una sua robustezza morale, quasi che il sangue prepotente che li ha fatti arricchire, e che oggi li spinge a strafare, muti a tratti il suo corso e tenti strade nuove. Encolpio è il più composto, non c'è dubbio, ma il suo star zitto non vale il gran disordine degli altri. In lui tutto, corpo e spirito si è come raggelato. L'autore gli sta vicino, in quanto lo sente della sua razza, ma sta lì un po' svogliato, avvertendo che da quella parte non verrà mai l'iniziativa. Si tratti della cena o di qualsiasi altro episodio del romanzo, egli sa che l'iniziativa verrà sempre da fuori, da quel mondo bizzarro e diverso in cui il suo eroe si è andato a cacciare. Stiamo attenti a non far dire a Petronio più di ciò che vuol dire. La forza di quel mondo per lui non è che fisica, come fisica è la potenza delle sue sgrammaticature. Non c'è in esso nulla di veramente spirituale. Quel che domina è il corpo, e anche i suoi pensieri più alti sanno di vino e di cucina: Dama nella sua angoscia del tempo che fugge si consola bevendo, Seleuco nel suo pessimismo paragona i viventi a una passeggiata di otri, per Ganimede la decadenza si misura sulla misura del pane, gli uomini per Trimalcione sono tutti uguali perché succhiarono tutti lo stesso latte. È un mondo caldo, ma confuso e informe ancora. Comunque non è un termine di paragone: non è il male di fronte al bene, o il cattivo gusto di fronte al buono. È l'aspetto più appassionato e scoperto d'una crisi che ad ogni modo impegnava tutti: Trimalcione con il suo chiasso non meno di Encolpio con il suo silenzio. E Petronio, uomo di un altro tempo, in quella crisi non poteva prendere partito, in quanto per lui Trimalcione era un limite come Encolpio. Poteva solo guardare, risolvere la crisi in documento. »

(V. Ciaffi, *Introduzione al* Satyricon, Einaudi, Torino 2003, pp. 48-49)

■ **Mosaico con banchetto e musicanti**, IV sec. d.C. Tunisi, Museo del Bardo.

PER ANALIZZARE

PETRONIO

LABORATORIO DI ANALISI

Leggi il testo seguente aiutandoti con le note; poi esegui quanto richiesto, realizzando un testo organico e armonizzando le risposte ai quesiti con opportuni connettivi testuali. Se lo desideri, puoi anche modificare l'ordine delle risposte nel modo che ti sembra più efficace.

L'utilità delle lettere secondo i *parvenus*

| *Satyricon* 46 |

Dopo le chiacchiere dei liberti Filerote e Ganimede, prende la parola il rigattiere Echione, che porta il discorso dai luoghi comuni sulla crisi economica e valoriale al commento sugli spettacoli dei condannati dati in pasto alle belve. Poi, del tutto inaspettatamente, Echione si rivolge ad Agamennone, il retore in compagnia del quale anche Encolpio è stato invitato al banchetto, e ironizza sulla disparità di educazione tra i commensali e sulla differente concezione della cultura tra gli intellettuali e la gente comune come lui.

[46, 1] Videris mihi, Agamemnon, dicere: «Quid iste argutat molestus?». Quia tu, qui potes loquere, non loquis. Non es nostrae fasciae, et ideo pauperorum verba derides. Scimus te prae litteras fatuum esse. [2] Quid ergo est? Aliqua die te persuadeam, ut ad villam venias et videas casulas nostras? Inveniemus quod manducemus, pullum, ova: belle erit, etiam si omnia hoc anno tempestas depravavit: [3] inveniemus ergo unde saturi fiamus. Et iam tibi discipulus crescit cicaro meus. Iam quattuor partis dicit; si vixerit, habebis ad latus servulum. Nam quicquid illi vacat, caput de tabula non tollit. Ingeniosus est et bono filo, etiam si in aves morbosus est. [4] Ego illi iam tres cardeles occidi, et dixi quia mustella comedit. Invenit tamen alias nenias, et libentissime pingit. [5] Ceterum iam Graeculis calcem impingit et Latinas coepit non male appetere, etiam si magister eius sibi placens sit. Nec uno loco consistit, sed venit, dem litteras, sed non vult laborare. [6] Est et alter non quidem doctus, sed curiosus, qui plus docet quam scit. Itaque feriatis diebus solet domum venire, et quicquid dederis, contentus est. [7] Emi ergo nunc puero aliquot libra rubricata, quia volo illum ad domusionem aliquid de iure gu-

[1] **argutat**: intensivo di *arguo*. • **loquis**: voce verbale per *loqueris*, coniugato però in forma attiva anziché deponente per riprodurre la parlata sgrammaticata del rigattiere. • **pauperorum**: = *pauperum*, genitivo declinato come un nome della seconda anziché della terza declinazione. • **prae litteras**: complemento di causa formato dalla preposizione *prae* + accusativo (anziché ablativo).
[2] **te persuadeam**: *persuadeo* regge qui l'accusativo anziché il dativo. • **casulas**: diminutivo di *casa* («capanna»). • **manducemus**: il verbo *manducare* (lett. «masticare») è usato progressivamente nel latino volgare in luogo di *edo* e dei suoi composti (come al par. 4 *comedit*).
[3] **cicaro**: Echione si riferisce affettuosamente al proprio figlio. • **quattuor partis dicit**: «sa fare le divisioni per quattro». • **tabula**: si riferisce alla tavoletta su cui i bambini scrivevano per fare i compiti. • **bono filo**: ablativo di qualità, metaforicamente «di buona stoffa».
[4] **quia**: secondo un uso tipico del latino volgare, introduce la proposizione oggettiva in dipendenza da *verba dicendi* (in luogo dell'infinitiva). • **nenias**: «lamenti», qui con significato di «capricci» o «fantasticherie».
[5] **Graeculis calcem impingit**: «ha dato un calcio ai Grechetti». • **dem**: congiuntivo presente «(sott. vuole) che io gli dia delle lettere (da scrivere)».
[6] **feriatis diebus**: ablativo di tempo determinato, «nei giorni di festa».
[7] **libra**: sta per *libros* (Echione usa il neutro al posto del maschile).

stare. Habet haec res panem. Nam litteris satis inquinatus est. Quod si resilierit, destinavi illum artificium docere, aut tonstrinum aut praeconem aut certe causidicum, quod illi auferre non possit nisi Orcus. Ideo illi cotidie clamo: [8] «Primigeni, crede mihi, quicquid discis, tibi discis. Vides Phileronem causidicum: si non didicisset, hodie famem a labris non abigeret. Modo modo collo suo circumferebat onera venalia, nunc etiam adversus Norbanum se extendit. Litterae thesaurum est, et artificium numquam moritur».

• **haec res**: Echione si riferisce alla cultura giuridica. • **Quod**: formula di passaggio. • **Orcus**: metonimicamente, la morte. [8] **Primigeni**: sembra essere il nome proprio del figlio di Echione. • **abigeret**: apodosi di periodo ipotetico dell'irrealtà, riferita al presente; la protasi è riferita al passato. • **Modo modo**: «ora ora», per dire «fino a poco tempo fa». • **Norbanum**: membro di una famiglia nobile, che in un passo precedente Echione aveva indicato come candidato a qualche magistratura. • **thesaurum**: con desinenza del neutro per *thesaurus*.

PRIMA PARTE **COMPRENSIONE DEL TESTO**

1. Riassumi brevemente il senso dell'apostrofe ad Agamennone: quale sarebbe il giudizio del retore sui discorsi del rigattiere, secondo Echione?

2. Che cosa propone Echione ad Agamennone?

3. Descrivi le attitudini del figlio di Echione nei confronti dello studio.

4. A quale scopo, secondo Echione, è importante che il proprio figlio acquisisca una certa conoscenza del diritto?

SECONDA PARTE **ANALISI DEL TESTO**

1. Con l'aiuto delle note e dei testi precedentemente studiati (➛ **T6-T7**), individua nel discorso di Echione tutti i tratti del *sermo plebeius* e le espressioni idiomatiche legate all'uso concreto della lingua.

2. Individua ora i fenomeni morfosintattici e gli usi lessicali che sono stati continuati nelle lingue romanze.

3. Individua i termini con i quali Echione si riferisce alla cultura e osserva a quali campi semantici appartengono. Quale concezione della cultura ne emerge?

TERZA PARTE **INTERPRETAZIONE COMPLESSIVA E APPROFONDIMENTI**

1. Apostrofando direttamente Agamennone, Echione schernisce il retore per il suo silenzio carico di superiorità nei confronti delle chiacchiere sgrammaticate dei commensali di Trimalchione. È evidente che Echione non si sente affatto inferiore ad Agamennone, come dimostra il fatto che egli immediatamente invita il retore a pranzo a casa sua. Quale messaggio è implicito in questo avvio del discorso?

2. Dopo aver invitato Agamennone nella propria casa in campagna, il rigattiere prospetta ad Agamennone un futuro guadagno dalle lezioni che potrà impartire a Primigenio, suo figlio. Segue la descrizione, con pochi tratti, dei maestri di Primigenio; quali caratteristiche vengono attribuite ai due maestri?

3. Echione ha una concezione utilitaristica della cultura; del resto, come egli ha osservato fin dal principio della sua apostrofe ad Agamennone, il retore fino a quel momento ha taciuto: non è stato in grado di contribuire neanche in minima parte alla conversazione. Alla luce di ciò, quale sembra essere la riflessione di Petronio sulla funzione della cultura per la società?

Una strategia testuale complessa

PER APPROFONDIRE

LA FUNZIONE DELLA POESIA NEL *SATYRICON* Sul piano formale l'alternarsi di brani in prosa e passi in versi all'interno del *Satyricon* è un tratto significativo della struttura del romanzo. Le sequenze poetiche fanno continuamente da contrappunto alla narrazione in prosa, rispetto alla quale appaiono ben integrate: a volte continuano il racconto, altre volte lo commentano, altre ancora ne esplicitano il senso. Pertanto gli inserti poetici sembrano tendere a un duplice scopo: *in primis* quello di raccontare i fatti, in secondo luogo quello di rappresentare la percezione che di essi hanno i diversi personaggi in azione. Fra questi sono soprattutto quelli che tendono a vivere le diverse situazioni secondo schemi stereotipati e modellizzazioni convenzionali a servirsi dei versi, per commentare e arricchire il racconto, mente i personaggi che agiscono su uno sfondo realistico, come i protagonisti della cena, non ne sono interessati.

LA CONTAMINAZIONE DEI GENERI Questa peculiarità formale rappresenta una scelta ben precisa di Petronio che, programmaticamente, intende accumulare linguaggi, innestare un genere sull'altro, contaminare forme letterarie differenti. La letteratura quindi, all'interno del *Satyricon*, risulta essere una straordinaria presenza, quasi al limite dell'ossessività, e ciò avviene non tanto perché Petronio intenda servirsene come mezzo di espressione, quanto perché l'autore la pone come elemento tematico del discorso. Infatti poemetti epici, peripezie romanzesche, discorsi declamatori, epigrammi amorosi costituiscono modelli letterari di riferimento a cui alcuni personaggi, primo fra tutti il narratore Encolpio, paragonano in modo patetico la realtà banale e quotidiana in cui si trovano immersi. I modelli sublimi della letteratura consentono a questo *scholasticus* infarcito di cultura retorico-letteraria di vivere teatralmente la realtà in cui è calato.

L'AUTORE DALLA PARTE DEL LETTORE Gian Biagio Conte definisce Encolpio come un narratore «mitomane», ossia un personaggio che racconta le avventure di cui è protagonista mettendole spesso a confronto con i modelli epico-eroici della letteratura. Egli appare come un narratore «retoricamente condizionato», vale a dire un personaggio che, di fronte a una scena o a un contesto che possono essere letti secondo un modello letterario, assume egli stesso il ruolo del personaggio letterario che evoca, e così rappresenta teatralmente la meschina realtà quotidiana che è costretto a vivere. Petronio, invece, appare come un «autore nascosto», che ascolta la narrazione di Encolpio in compagnia del lettore: in complicità con quest'ultimo sorride delle ingenuità del narratore Encolpio e ne smaschera le illusioni. Il punto di vista dell'autore e quello del lettore coincidono, ma discordano da quello del narratore che è oggetto dell'ironia più spietata da parte dei primi due, in quanto il suo racconto non appare credibile. Infatti dalla sua narrazione emerge l'evidente incapacità di tener distinti il piano della realtà e quello della fantasia letteraria. Petronio, l'autore nascosto, si serve dell'arma dell'ironia per disilludere il narratore mitomane, smorzando la sua assurda pretesa di rivestire di sublime le insignificanti vicende che si ritrova a vivere. Bersaglio dell'ironia non sono dunque i grandi modelli epici che appaiono oggetto di parodia, ma i personaggi come Encolpio che, resi ottusi dalle scuole di declamazione, confondono la letteratura con la realtà.

IL FALLIMENTO DEL NARRATORE "MITOMANE" Per esempio, quando Gitone, per dividere Encolpio e Ascilto che si stanno sfidando a duello per lui, si getta fra i due offrendo il sacrificio della propria vita pur di farli desistere, Encolpio crede di trovarsi di fronte a Niso che, nel libro IX dell'*Eneide*, si sacrifica per salvare l'amico Eurialo, offrendosi alle spade nemiche. In seguito Encolpio, rimasto solo, seduto davanti al mare, piange come Achille, a cui Agamennone ha sottratto Briseide nel libro I dell'*Iliade*. Infine, tornato in città per vendicarsi dell'amico che lo ha tradito, immagina di essere Enea in cerca di vendetta e della sua sposa Creusa dispersa fra le rovine di Troia cadente.

L'intonazione grandiosa di queste scene, così ricche di suggestioni letterarie illustri, a un tratto si smorza e perde vigore: inizia così la caduta definitiva delle illusioni del narratore, che, da eroe velleitario, si ritrova nuovamente a essere un innamorato tradito, capace soltanto di declamare una vendetta eroica, non certo di portarla a compimento. L'esaltazione dell'ingenuo narratore è dunque frustrata, mentre lettore e autore sorridono complici.

T8

LATINO/ ITALIANO

L'*amicitiae sacramentum* secondo Encolpio

Satyricon 80

Dopo essere fuggiti dalla dimora di Trimalchione, Encolpio e i suoi due amici rientrano alla locanda a notte fonda. Qui Encolpio e Gitone trascorrono momenti appassionati d'amore, ma poi Ascilto, approfittando del placido sonno di Encolpio, gli strappa il giovane Gitone portandolo nella propria camera. Quando, il mattino successivo, si accorge del tradimento, Encolpio va su tutte le furie e decide di affrontare il rivale: questi propone di dividere fra loro il ragazzo conteso. Ha inizio così una sorta di duello nel quale ognuno dei due contendenti reclama la propria parte, mentre la "preda", disperata, cerca di fermare questo assurdo conflitto, giungendo a offrire la propria vita in cambio della pace tra i due.

[80, 1] Iocari putabam discedentem. At ille gladium parricidali manu strinxit et: «Non frueris», inquit, «hac praeda, super quam solus incumbis. Partem meam necesse est vel hoc gladio contemptus abscidam». [2] Idem ego ex altera parte feci, et intorto circa bracchium pallio, composui ad proeliandum gradum.

[80, 1] Io la credevo una spiritosaggine di congedo. Invece quello, con mano fratricida, impugnò la spada e: «Non ti godrai questa preda», disse, «sopra cui vuoi mettere le mani tu solo. Anche se non sono stato contato, mi è dovuta la mia parte, dovessi staccarla con questa spada». **[2]** Io, dall'altra parte, assunsi lo stesso atteggiamento e, avvoltomi il mantello intorno al braccio, mi misi in posizione di combattimento.

[80, 1-2] **Iocari... discedentem**: è una infinitiva oggettiva dipendente da *putabam* con soggetto sottinteso *eum*; *discedentem* è participio congiunto al soggetto. • **parricidali manu**: è un ablativo di mezzo. • **hac praeda**: questo ablativo strumentale è retto da *frueris*. • **solus**: è predicativo del soggetto sottinteso *tu*. • **Partem... abscidam**: ordina *necesse est abscidam contemptus partem meam vel hoc gladio*; *abscidam* è congiuntivo presente in dipendenza da *necesse est*; *contemptus* è participio congiunto al soggetto con valore concessivo. • **Intorto... pallio**: è un ablativo assoluto con valore temporale. • **ad proeliandum**: è un gerundio con valore finale.

[3] Inter hanc miserorum dementiam infelicissimus puer tangebat utriusque genua cum fletu, petebatque suppliciter ne Thebanum par humilis taberna spectaret, neve sanguine mutuo pollueremus familiaritatis clarissimae sacra. [4] «Quod si utique», proclamabat, «facinore opus est, nudo ecce iugulum, convertite huc manus, imprimite mucrones. Ego mori debeo, qui amicitiae sacramentum delevi». [5] Inhibuimus ferrum post has preces, et prior Ascyltos: «Ego», inquit, «finem discordiae imponam. Puer ipse quem vult sequatur, ut sit illi saltem in eligendo fratre salva libertas». [6] Ego <qui> vetustissimam consuetudinem putabam in sanguinis pignus transisse, nihil timui, immo condicionem praecipiti festinatione rapui commisique iudici litem. Qui ne deliberavit quidem, ut videretur cunctatus, verum statim ab extrema parte verbi consurrexit <et> fratrem Ascylton elegit. [7] Fulminatus hac pronuntiatione, sic ut eram, sine gladio in lectulum decidi, et attulissem mihi damnatus manus, si non inimici victoriae invidissem.

[3] In mezzo a questa squallida scenata il ragazzino, disperato, abbracciava piangendo le ginocchia ora dell'uno, ora dell'altro e supplicava che quella sordida taverna non dovesse diventare teatro di un'altra Tebaide[1] e che non contaminassimo con sangue reciproco la sacralità di un'amicizia così esemplare. [4] «Che se poi», gridava, «un delitto è comunque necessario, guardate: io denudo la mia gola, qui dirigete le vostre mani, conficcate i pugnali. Sono io a dover morire, io che ho dissolto i sacri vincoli dell'amicizia». [5] A sentire queste suppliche riponemmo le spade e fu Ascilto il primo di noi due a parlare, dicendo: «So io come mettere fine alla contesa. Sia il ragazzino, personalmente, a seguire chi vuole affinché, almeno nella scelta del partner, la sua libertà non subisca condizionamenti». [6] Io, sicuro che l'esserci da sempre praticati si fosse trasformato in un vincolo di sangue, non ebbi alcuna preoccupazione, anzi colsi al volo la proposta in maniera troppo precipitosa e rimandai il contenzioso alla decisione del nostro giudice. Il quale neppure si mise a deliberare, per non dare l'impressione di avere esitato, ma anzi, non appena ebbi pronunciato l'ultima sillaba dell'ultima parola, si alzò in piedi e scelse Ascilto come amante. [7] Questa sentenza mi investì come un fulmine: così come mi trovavo, senza più la spada sguainata, mi lasciai cadere sul lettino e, visto che ero stato condannato, avrei anche alzato su me stesso le mani se non avessi voluto negare la soddisfazione della vittoria al mio avversario.

[3-4] **infelicissimus puer**: il ragazzo disperato è Gitone. • **ne... spectaret**: è una completiva volitiva retta da *petebat*; *Thebanum par* è oggetto di *spectaret*; intendi «che quell'umile taverna non dovesse assistere ad un'altra coppia tebana», come Eteocle e Polinice. • **neve... pollueremus**: è una proposizione coordinata (negativa) alla volitiva. • **Quod**: ha valore avverbiale, di transizione da una frase all'altra. • **facinore**: l'ablativo è retto da *opus est*. • **Ego debeo mori**: è una espressione colloquiale, preferita all'uso della perifrastica passiva. [5-7] **sequatur**: è un congiuntivo esortativo. • **ut sit... libertas**: è una proposizione finale; *illi* è dativo di vantaggio. • **vetustissimam... transisse**: è una proposizione infinitiva oggettiva dipendente da *putabam*. • **praecipiti festinatione**: ablativo di modo. • **iudici**: cioè a Gitone. • **Qui**: nesso del relativo. • **ut... cunctatus**: è una proposizione finale. • **ab extrema parte verbi**: espressione di tempo. • **Fulminatus**: questo participio congiunto (riferito al soggetto) è seguito dall'ablativo di causa efficiente. • **et attulissem... invidissem**: è un periodo ipotetico dell'irrealtà; *damnatus* è participio congiunto. • **victoriae**: il dativo è retto da *invidissem*.

1. La citazione della *Tebaide* allude alla lotta fratricida di Eteocle e Polinice, i due figli di Edipo, che costituisce l'argomento di una saga tebana narrata dal poeta Antimaco di Colofone (alla fine del V sec. a.C.), fonte diretta della *Tebaide* di Stazio. Tali contenuti furono anche materia di tragedie greche di Eschilo e di Euripide, nonché della tragedia romana *Phoenissae* di Accio e dell'omonima tragedia incompiuta di Seneca.

[8] Egreditur superbus cum praemio Ascyltos, et paulo ante carissimum sibi commilitonem fortunaeque etiam similitudine parem in loco peregrino destituit abiectum.

[9] Nomen amicitiae sic, quatenus expedit, haeret;
calculus in tabula mobile ducit opus.
Cum fortuna manet, vultum servatis, amici;
cum cecidit, turpi vertitis ora fuga.

Grex agit in scaena mimum: pater ille vocatur,
filius hic, nomen divitis ille tenet.
Mox ubi ridendas inclusit pagina partes,
vera redit facies, assimulata perit.

[8] A naso all'insù Ascilto se ne esce col premio della sua vittoria e quel compagno di trincea, fino a poco prima a lui carissimo e in coppia col quale aveva condiviso le alterne vicende del destino, lo piantò in asso, lasciandolo solo nel colmo dell'abiezione, in un posto estraneo[2].

[9] La parola amicizia, finché torna conto, perdura; sulla scacchiera la pedina[3] tesse il suo mobile reticolo. Finché regge la buona sorte voi fate buon viso, amici; quando essa precipita, voltate la faccia in una fuga vergognosa.
La compagnia mette in scena un mimo: quello fa la parte del padre, questo del figlio, quell'altro impersona il ricco. Ma appena l'ultima pagina del copione si è chiusa su questi ruoli comici, il volto vero si ripristina, quello simulato si dissolve[4].

(trad. di A. Aragosti)

[8-9] **superbus**: è predicativo del soggetto *Ascyltos*. • **et... abiectum**: ordina *et destituit commilitonem, paulo ante sibi carissimum et parem etiam similitudine fortunae, abiectum in loco peregrino*; il participio perfetto *abiectum* è congiunto a *commilitonem*. • **quatenus**: avverbio relativo, lett. «fino a dove». • **mobile**: è attributo di *opus*. • **Cum... cum**: la congiunzione (in anafora) ha valore temporale. • **turpi... fuga**: è un ablativo di mezzo. • **pater... filius**: sono rispettivamente predicativi di *ille* e di *hic*. • **Mox... partes**: ordina *mox ubi pagina inclusit partes ridendas*.

2. Ascilto abbandona l'amico Encolpio, compagno di tante avventure, che rimane esule e solo in terra straniera.
3. Qui la pedina sta a significare l'incostanza della sorte: nel gioco del *duodecim scripta* il suo avanzare dipendeva esclusivamente dal lancio dei dadi.
4. La collocazione di questi otto versi (distici elegiaci) è assai dibattuta: molti critici sostengono che siano stati posizionati in questo punto solo in epoca tarda, altri che non costituiscano una sequenza unitaria per l'apparente lontananza tematica fra la prima quartina e la seconda. In realtà il tema dei primi quattro versi sembra essere un caso specifico che rientra nel motivo più generale trattato negli ultimi quattro: l'amicizia che si conclude con il mutamento della fortuna è in realtà una finzione, come tutte le parti che si recitano sul palcoscenico della vita. Il tema della vita assimilata al teatro era antico ed era stato promosso soprattutto dalla filosofia popolare vicina alla diàtriba.

Il testo e il contesto

UNA DUBBIA AMICIZIA Alla proposta di Ascilto di dividersi il bene più prezioso, cioè Gitone, Encolpio sembra reagire con leggerezza, considerandola uno scherzo. Ascilto, però, mostra subito le sue intenzioni bellicose, sicché anche Encolpio è costretto ad afferrare la spada e a prepararsi al duello. Ha inizio così una sorta di combattimento fra i due contendenti che però viene subito interrotto dai pianti disperati del giovane Gitone, il quale, nel tentativo di dividerli, si getta fra loro offrendo la propria vita in cambio di una tregua. Allora Ascilto propone di lasciar scegliere proprio a lui chi seguire. Encolpio, sicuro di essere il prescelto, accetta con baldanza, ma le sue certezze crollano nel momento in cui il giovane, senza esitazione alcuna, decide di andar via con Ascilto. A questo punto Encolpio, nei versi finali del passo, pronuncia un commento generale sull'amicizia, un bene che per molti ha valore solo quando offre dei vantaggi in cambio. Se sul palcoscenico della vita ognuno ha un ruolo, anche l'amicizia diviene una parte che qualcuno recita, ma solo finché non cala il sipario, perché poi ciascuno getta la maschera.

Oltre il testo

UNA TRAMA DI ALLUSIONI MITICO-LETTERARIE Di fronte a una situazione narrativa costruita su un conflitto fra amici che lottano per ottenere un bene prezioso, quale l'amore di un giovane, nel protagonista narratore si innesca la memoria di diversi modelli mitico-letterari: il primo senza dubbio è quello della lotta fratricida che Eteocle e Polinice, figli di Edipo, intraprendono per la conquista del trono di Tebe; il secondo è quello delle donne Sabine che intervengono per pacificare il conflitto fra i padri e i mariti in seguito al rapimento messo in atto da Romolo; infine, fra le righe, si legge anche il ricordo dell'*amicitiae sacramentum* dei virgiliani Eurialo e Niso, che sfocia nel sacrificio dell'uno per l'altro.

IL MODELLO TEBANO (SENECA) Il modello tebano, espressamente citato nel testo (*ne Thebanum par humilis taberna spectaret*) pone un parallelo fra Gitone e la regina madre Giocasta, che cerca di impedire il duello fra i suoi figli. Se in Euripide la regina giungeva ormai troppo tardi per evitare il fratricidio, in Seneca (➛ p. 95) invece penetra fra le schiere, pronte a combattere, per supplicare i duellanti di desistere dai loro propositi. «La madre straziata mostra le chiome canute, invoca chi continua a rifiutare, inonda il viso di lacrime. [...] "Volgete le armi e il fuoco contro di me, si scaglino tutti i giovani contro di me sola [...]. Assalite questo ventre, che ha generato fratelli al marito. Straziate e disperdete ovunque le mie membra: io ho partorito entrambi. [...] Se avete scelto il crimine, ve ne è stato preparato uno più grande: vostra madre si pone fra di voi come ostacolo» (Seneca, *Phoenissae*, vv. 440-457).

IL MODELLO SABINO (LIVIO) L'accumulo di sublime che questo passo propone ci fa intravedere anche un ulteriore modello eroico, narrato da Livio, che ricorda il coraggio estremo delle spose sabine intervenute nella lotta fra padri e mariti: «Allora le donne Sabine, dalla cui offesa era scaturita la guerra, con i capelli scarmigliati e la veste a brandelli, una volta che la paura tipicamente femminile era stata vinta dalla gravità della situazione, osarono lanciarsi tra i dardi vaganti, [...] pregando da un lato i padri, dall'altro i mariti, che non si macchiassero col sangue scellerato del suocero e del genero, che non disonorassero col parricidio questi i loro figli, quelli i nipoti» (Livio, *Ab Urbe condita* 1, 13, 1 ss.).

IL MODELLO TROIANO (VIRGILIO) Infine troviamo un accenno anche a una vicenda eroica narrata da Virgilio nell'*Eneide*: si tratta dell'episodio di Eurialo e Niso, due giovani valorosi legati da profonda amicizia, i quali in una incursione notturna tentano di attraversare le linee nemiche per raggiungere Enea e avvisarlo di un pericolo incombente. Durante l'azione, nel compiere strage di nemici, Eurialo è accerchiato da soldati rutuli, mentre Niso s'allontana. Non appena quest'ultimo si accorge di aver perso l'amico, torna sui suoi passi per cercarlo, ma, notando che sta per essere sopraffatto dai nemici, si avventa su di loro, uccidendone un paio. A quel punto, poiché gli è chiaro che la sua azione non ha fatto altro che affrettare la morte di Eurialo, tenta per l'ultima volta di salvarlo svelando la sua presenza con una patetica richiesta di rivolgere contro di sé le armi: «Io, io, sono io che ho colpito, volgete le armi contro di me, Rutuli! L'agguato è mio, questi non ha osato né potuto far nulla [...], amò soltanto troppo il suo sventurato amico» (Virgilio, *Eneide* 9, vv. 427-430). Il riferimento al testo virgiliano è introdotto dalla definizione *amicitiae sacramentum* (par. 80, 4) relativa al rapporto fra Encolpio e Ascilto, che viene paragonato a un'amicizia eroica.

- Scrivi un testo espositivo in cui siano messi a confronto il passo del *Satyricon* con i passi di Seneca, di Livio e di Virgilio riportati, cercando di dimostrare in che modo avvenga l'immedesimazione eroica da parte del protagonista. La trattazione dell'argomento dovrà essere in forma sintetica (massimo 30 righe).

T9

LATINO

L'ira di Encolpio

| *Satyricon* 82 |

Encolpio, deciso a vendicare il tradimento subito da Gitone, cinge la spada e, invasato dal furore, inizia ad aggirarsi per la città. È un soldato a fermarlo, sospettando che si tratti di un disertore, ma, una volta capito che non appartiene ad alcuna legione, lo lascia andare, non prima tuttavia di avergli confiscato la spada. Frustato nei suoi propositi di vendetta, Encolpio torna al suo albergo, meditando sulla labilità dei progetti umani.

[82, 1] Haec locutus gladio latus cingor, et ne infirmitas militiam perderet, largioribus cibis excito vires, mox in publicum prosilio furentisque more omnes circumeo porticus. [2] Sed dum attonito vultu efferatoque nihil aliud quam caedem et sanguinem cogito frequentiusque manum ad capulum, quem devoveram, refero, notavit me miles, sive ille planus fuit sive nocturnus grassator, et: [3] «Quid tu», inquit, «commilito, ex qua legione es aut cuius centuria?». Cum constantissime et centurionem et legionem essem ementitus, «Age ergo» inquit ille «in exercitu vestro phaecasiati milites ambulant?». [4] Cum deinde vultu atque ipsa trepidatione mendacium prodidissem, ponere iussit arma et malo cavere. Despoliatus ergo, immo praecisa ultione retro ad deversorium tendo paulatimque temeritate laxata coepi grassatoris audaciae gratias agere.

[5] Non bibit inter aquas poma aut pendentia carpit
  Tantalus infelix, quem sua vota premunt.
Divitis haec magni facies erit, omnia acervans
  qui timet et sicco concoquit ore famem.

[6] Non multum oportet consilio credere, quia suam habet fortuna rationem.

PER APPROFONDIRE

PETRONIO

[82, 1] **locutus**: il participio (da *loquor*) è congiunto al soggetto. • **latus**: vale *in latus*, «di fianco». • **ne... perderet**: è una proposizione finale da rendere con «affinché la debolezza non comprometta la spedizione». • **largioribus cibis**: ablativo di mezzo. • **mox... prosilio**: «scappo poi subito fuori». • **furentisque... porticus**: ordina *et circumeo omnes porticus more furentis*; *more furentis* significa «come un pazzo».
[2-3] **attonitu vultu efferatoque**: è un ablativo di modo. • **frequentiusque... refero**: ordina *et frequentius refero manum ad capulum quem devoveram* e traduci «e continuamente porto la mia mano all'impugnatura della spada che ho consacrata alla vendetta». • **sive... sive**: «sia che... sia che...», congiunzione correlativa. • **nocturnus grassator**: «ladro della notte». • **Quid tu... commilito**: rendi quest'espressione con «Dimmi un po', commilitone». • **ex qua legione... aut... centuria**: sono ablativi di provenienza. • **Cum... essem ementitus**: il *cum* introduce una proposizione temporale. • **phaecasiati**: è predicativo del soggetto *milites*, da rendere «vestiti con gli scarponcini bianchi». Questa calzatura era tipica dei filosofi e non certo dei soldati che invece calzavano stivali.
[4] **Cum... mendacium prodidissem**: è una proposizione causale, da intendere «Poiché avevo rivelato la bugia». • **vultu atque ipsa trepidatione**: sono ablativi di causa. • **iussit**: il soggetto è *miles*. • **malo cavere**: l'espressione è da rendere «stare alla larga dai guai». • **praecisa ultione**: è un ablativo assoluto con valore temporale. • **retro ad deversorium tendo**: «torno indietro all'albergo». • **temeritate laxata**: è un ablativo assoluto con valore causale. • **coepi... agere**: «incomincio a ringraziare la sfacciataggine del furfante».
[5-6] **Non... famem**: i due distici che si leggono a questo punto del testo probabilmente appartenevano a un contesto diverso, ma sono stati inseriti in questo passo dalla tradizione manoscritta che, in questo capitolo, risulta assai complessa. • **Non... premunt**: ordina *Infelix Tantalus, quem sua vota premunt, non bibit inter aquas aut carpit poma pendentia*, «Lo sventurato Tantalo, afflitto dai propri desideri, non beve pur in mezzo all'acqua né raccoglie i frutti penduli». Tantalo è il mitico progenitore degli Atridi, punito da Zeus, forse per averne tradito un segreto, con il supplizio qui descritto: essere immerso in un corso d'acqua senza avere la possibilità di bere e avere a portata di mano dei frutti senza riuscire a mangiarli. • **Divitis... famem**: ordina *Haec erit facies magni divitis, qui, acervans omnia, timet et concoquit famen ore sicco*, «Sarà questo il simbolo del riccone che teme per quanto ha ammucchiato e smaltisce la sua fame con la bocca asciutta». • **oportet**: questa forma verbale impersonale regge l'infinito *credere*; *consilio credere* vale «aver troppa fiducia nei propri piani». • **quia... rationem**: è una proposizione causale, «la fortuna ha una logica tutta sua».

PER APPROFONDIRE IL TESTO

Il testo e il contesto

LA DISPERAZIONE DI ENCOLPIO In seguito all'allontanamento di Gitone in compagnia di Ascilto, Encolpio, disperato, lascia la locanda per recarsi in un luogo appartato in riva al mare, dove sfoga la sua amarezza per il tradimento (cap. 81). Il tono drammatico che egli mette nei propri gesti e nelle proprie parole richiama chiaramente il modello omerico di Achille che, privato della schiava Briseide da Agamennone, si reca in solitudine davanti al mare per lamentare l'affronto subito. Il *pathos* del contesto epico tuttavia viene reinterpretato da Encolpio con un'intonazione melodrammatica: alle vette tragiche della sua disperazione e alle esternazioni contro i traditori, pronunciate con accenti che ricordano l'oratoria ciceroniana, non corrisponde una realtà altrettanto eroica e sublime. Il mondo del narratore è limitato e le vicende in cui anch'egli è invischiato sono alquanto meschine.
Dopo lo smarrimento, Encolpio rientra a casa per rifocillarsi, poi brandisce la spada ed esce di nuovo in cerca di vendetta.

Oltre il testo

ENCOLPIO COME ENEA... In questo contesto è l'autore a fornire al protagonista una "esca" narrativa per l'immedesimazione eroica: infatti, quando Encolpio si trova in situazioni che si richiamano a modelli letterari a lui ben noti, cade ingenuamente in una sorta di immedesimazione nei personaggi illustri della tradizione epico-eroica. Così, in questo passo, accade che il desiderio di compiere vendetta contro il traditore che lo ha privato dell'amato lo conduca a rivivere la furia eroica dell'Enea virgiliano, in cerca di vendetta per la rovina della sua città e del suo popolo. Quest'ultimo, nel narrare le imprese dell'ultima notte trascorsa a Troia, così raccontava: «Di nuovo mi cingo di spada e adattandola inserivo la sinistra allo scudo, e correvo fuori di casa» (*Eneide* 2, vv. 671-672). Più avanti, uscito di nuovo a cercare la moglie Creusa dispersa nell'incendio della città, Enea ricordava: «In un primo momento ripercorro le mura e l'ingresso oscuro della porta, da cui ero uscito, e seguo a ritroso le orme lasciate nella notte, scruto al bagliore delle fiamme [...] e già nei portici vuoti [...]. E mentre cercavo tra le case della città, senza sosta, come un forsennato, mi apparve lo spettro sventurato e l'ombra di lei, Creusa» (*Eneide* 2, vv. 752-771).

... E COME ACHILLE Encolpio tuttavia non si limita a ripercorrere la furia eroica di Enea in cerca di vendetta, ma rivive anche l'ira di Achille, furente con Agamennone per l'oltraggio del furto di Briseide. Il continuo correre della sua mano all'impugnatura della spada ricorda il passo dell'*Iliade* in cui la furia del Pelide sta per esplodere: «Il Pelide provò dolore, il cuore a lui nel petto villoso ondeggiò fra due idee, se, sfoderando dal fianco la spada affilata, gli altri scansare e scannare l'Atride, oppure bloccare la bile e trattenere il furore. Mentre questo agitava nel petto e nell'animo, e andava sguainando la grande spada, sopraggiunse Atena giù dal cielo» (*Iliade* 1, vv. 188-195; trad. di G. Cerri).

UN BRUSCO RITORNO ALLA REALTÀ Alla fine però la sua ira incontenibile non è smorzata dall'intervento di una dea, come accade nei due episodi epici, ma da un semplice soldato, un *miles* incontrato per caso sulla sua strada, il quale gli fa notare l'evidente inadeguatezza dei suoi calzari. Le velleità eroiche di Encolpio subiscono così una battuta d'arresto: la vendetta tanto agognata si traduce in un'azione mancata. A questo punto il narratore da potenziale aggressore diviene vittima del soldato che gli sequestra la spada, senza nemmeno che egli riesca a rendersene conto. Anzi giunge persino a ringraziare il malfattore per averlo distolto dai suoi folli propositi. L'ironia dell'autore nascosto travolge così il narratore mitomane, smascherandone l'illusione di rivestire di sublime le sue banali vicende personali.

- Scrivi un testo espositivo in cui siano messi a confronto i versi del *Satyricon* con i passi di Virgilio e di Omero riportati, cercando di dimostrare in che modo avvenga l'immedesimazione eroica da parte del protagonista e da quali eventi poi essa venga frustrata. La trattazione dell'argomento dovrà essere in forma sintetica (massimo 30 righe).

LETTURA CRITICA

Il narratore "mitomane" e l'autore nascosto

PETRONIO ED ENCOLPIO In un saggio dal titolo *L'autore nascosto. Un'interpretazione del* Satyricon, Gian Biagio Conte illustra approfonditamente i ruoli del narratore Encolpio, cioè il personaggio che racconta la vicenda in prima persona, e dell'autore, che egli definisce «nascosto», a causa delle occulte strategie ironiche che mette in atto nei confronti del primo. Attraverso l'ironia, infatti, Petronio, l'«autore nascosto», smaschera le ossessioni e le aspirazioni del protagonista-narratore, la sua stupefacente e grottesca aspirazione a rivestire di sublimità le sue meschine vicende personali.

«Il lettore previsto da Petronio interpreta il testo in aperta discordanza da come il personaggio narratore lo percepisce e lo racconta. L'autore nascosto ha scelto, per la sua regia esterna e invisibile, il modello del romanzo d'amore e d'avventura: su di questo ha costruito l'azione narrativa, gli episodi e la forma dei personaggi. Ma solo per parodiarlo, questo modello. Per il personaggio narratore egli ha scelto invece un altro regime: lo ha reso inconsapevole della trappola puramente romanzesca in cui l'ha chiuso e, facendolo ingenuo, ha lasciato che vivesse la sua vita chimerica di illusioni eroiche. L'autore si rendeva conto (e per questo ha cercato una complicità attiva nel sorriso critico del suo lettore) che per certi aspetti non molta distanza separava la grande epica e i modelli eroico-tragici dall'assetto narrativo dei romanzi, che volgarizzavano e degradavano appunto quei grandi modelli. Si era ormai costituito un genere letterario di grande popolarità, ampiamente apprezzato, forse talmente apprezzato da essere anche preferito agli stessi grandi modelli che liberamente esso riscriveva in forma di prosa: una *Trivialliteratur*, una letteratura di consumo, destinata a vari livelli sociali. [...]

Piccolo avventuriero spiantato, ladruncolo senza scrupoli e fors'anche malfattore, *scholasticus* velleitario con tutti i difetti della scuola, Encolpio è oggettivamente un personaggio (e quindi un narratore) squalificato. È lui lo strumento principale del rovesciamento parodico che Petronio opera nei confronti del romanzo d'amore e d'avventura in cui ha deciso di farlo muovere e vivere. Encolpio nelle mani dell'autore del *Satyricon* diventa l'antimodello dell'eroe del romanzo idealizzato: tanto casto è quello quanto Encolpio è debosciato, tanto è moralmente forte quello quanto Encolpio è debole e rotto ad ogni inganno. [...] L'operazione compiuta da Petronio è di grande raffinatezza letteraria: la parodia non è un gesto scoperto che monopolizza il senso del testo costruendolo come fosse *sic et simpliciter* un'antifrasi del romanzo greco d'amore e d'avventura. Il romanzo greco parodiato trasparisce dietro il *Satyricon* come un simulacro di senso appena percettibile, un fantasma che fa le sue apparizioni occasionali per poi svanire e lasciare spazio all'azione in sé. Il gioco parodico è condotto con grande leggerezza e per via di implicazioni molto più di quanto non sia reso scopertamente esplicito. [...]

Il modo ironico si serve del genere romanzo ma non si esaurisce nella parodia di esso. Spieghiamoci meglio. La falsariga del genere romanzo cala il personaggio narratore in situazioni che sono larvate parodie della forma romanzesca. Ma il quadro si anima e si complica nel momento in cui il personaggio Encolpio, vittima chiusa nella trappola della banalità melodrammatica, si rivela un «narratore mitomane», privo del principio stesso di realtà e succube (così lo ha voluto l'autore ironico) delle sue illusioni di consumatore scolastico di testi letterari sublimi. Si attiva così il dialogo tra l'autore e il lettore, o meglio una sorta di scambio, che è la sostanza dell'ironia del *Satyricon*. Il modo ironico (molto più del modo didattico e del modo fantastico) è particolarmente elitario, in quanto l'ironia esiste solo virtualmente in testi che l'autore vuole così programmati e di fatto si attualizza soltanto grazie alla collaborazione di un lettore capace di soddisfare certe esigenze: di perspicacia, di formazione letteraria adeguata. Il che implica nel lettore una competenza speciale, non generica – una competenza ideologica, valutativa.

Va solo ricordato che l'ironia comica (non diversamente dall'ironia tragica) si fonda su una "cattiva lettura": l'ironizzato è colui che legge erroneamente la situazione davanti a cui è posto; ma la sua lettura erronea viene corretta nel momento in cui essa è sussunta sotto lo sguardo dell'ironizzante. Quello ironico è un procedimento che l'autore può solo impostare ma che deve essere completato dal lettore. L'autore infatti pone le basi di una lettura alternativa (fondandola su una conoscenza superiore); il lettore accetta la prospettiva dell'autore e raggiunge così quel superiore livello di conoscenza. Senza un lettore competente la strategia ironica è solo avviata, ma non trova ancora la sua piena attuazione. Se corrispondere alle strategie dell'autore è il compito di ogni lettore intelligente, il sorriso d'intesa (che rende il lettore complice dell'autore) sarà sempre il miglior compenso per un lettore ironico. Impariamo anche noi a sorridere con l'autore se vogliamo davvero leggere il *Satyricon*.

(G.B. Conte, *L'autore nascosto. Un'interpretazione del* Satyricon, Il Mulino, Bologna 1997, pp. 35-38; 40-42)

GUIDA ALLO STUDIO

1. Quale rapporto si instaura, secondo Gian Biagio Conte, tra il personaggio-narratore Encolpio e il lettore?

2. Perché si può affermare che Encolpio sia il principale artefice del rovesciamento parodico messo in atto da Petronio?

3. Che tipo di lettore si richiede, secondo Gian Biagio Conte, per cogliere la natura ironica del romanzo?

PROVA DI TRADUZIONE E COMMENTO

Leggi con attenzione il seguente passo tratto dal *Satyricon*, quindi rispondi alle domande che ti guideranno nella comprensione. Infine, dopo che avrai analizzato e tradotto il passo, potrai rendere ragione della tua interpretazione con un testo organico di commento.

Non ci si può improvvisare poeti

| *Satyricon* 118 |

La confusione tra vita e letteratura che sembra regnare nella narrazione di Encolpio trova ancora maggiore risonanza quando alle vicende del protagonista-narratore si unisce il poeta Eumolpo. Costui non tralascia occasione per commentare tutto ciò che accade con versi di sua invenzione, mal sopportati dai suoi compagni di viaggio. Dopo il naufragio, quando la compagnia si reca verso la città di Crotone, Eumolpo si lancia in una dissertazione sulla poesia dei suoi contemporanei e inizia a declamare un poema di sua invenzione sulle guerre civili.

[118, 1] «Multos», inquit Eumolpus, «o iuvenes, carmen decepit. Nam ut quisque versum pedibus instruxit sensumque teneriorem verborum ambitu intexuit, putavit se continuo in Heliconem venisse. [2] Sic forensibus ministeriis exercitati frequenter ad carminis tranquillitatem tamquam ad portum feliciorem refugerunt, credentes facilius poema extrui posse quam controversiam sententiolis vibrantibus pictam. [3] Ceterum neque generosior spiritus vanitatem amat, neque concipere aut edere partum mens potest nisi ingenti flumine litterarum inundata. [4] Refugiendum est ab omni verborum, ut ita dicam, vilitate et sumendae voces a plebe semotae, ut fiat "Odi profanum vulgus et arceo". [5] Praeterea curandum est ne sententiae emineant extra corpus orationis expressae, sed intexto vestibus colore niteant. Homerus testis et lyrici Romanusque Vergilius et Horatii curiosa felicitas. Ceteri enim aut non viderunt viam qua iretur ad carmen aut, visam, timuerunt calcare. [6] Ecce belli civilis ingens opus: quisquis attigerit, nisi plenus litteris, sub onere labetur. Non enim res gestae versibus comprehendendae sunt, quod longe melius historici faciunt, sed per ambages deorumque ministeria et fabulosum sententiarum tormentum praecipitandus est liber spiritus, ut potius furentis animi vaticinatio appareat quam religiosae orationis sub testibus fides: tamquam, si placet, hic impetus, etiam si nondum recepit ultimam manum».

GUIDA ALLA COMPRENSIONE

Per giungere a una prima comprensione del testo, rispondi alle seguenti domande.

- A quanto dice Eumolpo, da quale professione vengono molti sedicenti poeti, e perché scelgono di dedicarsi alla poesia?
- Che cosa bisogna fare, secondo Eumolpo, per mettere in pratica il principio oraziano citato alla r. 9 (*Odi profanum vulgus et arceo*, da *Carmina* 3, 1, 1)?
- Qual è, stando ai precetti esposti da Eumolpo, la differenza tra quanto avrebbero potuto fare gli storici mettendo in versi gli episodi della guerra civile e quanto invece ci si attende dai poeti?

GUIDA ALLA TRADUZIONE

Le seguenti domande ti guideranno nella traduzione.

- Nel primo paragrafo trovi una serie di protasi di periodo ipotetico dell'oggettività; qual è l'apodosi che rappresenta la conseguenza ineluttabile di tutte le azioni descritte?
- Alla r. 3 il participio *exercitati* è usato in funzione nominale; qual è il valore di *credentes* (r. 5), che concorda con *exercitati*?
- Alla r. 6 *generosior* è un comparativo assoluto; come si può rendere in italiano?
- Alla r. 11 *testis* sottintende *sit*; quali soggetti sono concordati a senso con *sit*?
- Indica i valori dei diversi *ut* presenti nel brano.

GUIDA AL COMMENTO

Contestualizzazione Per contestualizzare il brano all'interno del *Satyricon*, devi tenere presenti le caratteristiche dell'opera dal punto di vista del genere letterario.

- Perché si può affermare che Petronio abbia attuato una sorta di commistione fra diversi generi letterari (sia in poesia sia in prosa)?
- Quali aspetti del *Satyricon* ci permettono di affermare che nella sua opera Petronio ha attuato una sorta di parodia dei diversi generi letterari chiamati in causa?

Interpretazione e approfondimenti Come è stato osservato da più studiosi, sembra evidente nelle parole e nei versi di Eumolpo un'allusione al *Bellum civile* (o *Pharsalia*) di Lucano (➤ p. 54). La lunga sezione in versi che segue il passo qui preso in esame (capp. 119-124 del *Satyricon*) presenta infatti diversi punti di contatto con il primo libro della *Pharsalia*.
Verifica se le critiche rivolte dai contemporanei all'opera di Lucano corrispondono ai precetti esposti da Eumolpo.

- Quale ruolo devono avere le divinità nella narrazione poetica?

Il tipo di poeta ideale per Eumolpo è il poeta-vate, ispirato dalla divinità, quale lui stesso ritiene di essere. Alla sua prima apparizione nel romanzo, infatti, Eumolpo si è presentato come *poeta... ut spero, non humillimi spiritus*.

- Quali termini ed espressioni nel brano richiamano questa stessa concezione della poesia come ispirazione (almeno in apparenza) divina?

Il rapporto tra i versi recitati da Eumolpo e il poema di Lucano rimane comunque problematico, a giudizio di diversi studiosi. Leggi i capitoli 119-124 del *Satyricon* in traduzione italiana e soffermati in particolare sulla figura di Giulio Cesare.

- Anche nei versi di Eumolpo Giulio Cesare ha lo stesso carattere sanguinario e ambizioso che in Lucano?
- A quali cause viene attribuito lo scoppio della guerra civile?

Nella parte iniziale del suo discorso Eumolpo si ispira a diversi poeti, tra cui Orazio, che egli cita direttamente.

- Rifacendoti alle tue conoscenze sulla poetica oraziana, ti sembra che Eumolpo sia vicino al poeta venosino, affermando che occorre usare parole *a plebe semotae* (rr. 8-9)?

Lo stile del testo Diversamente dai capitoli in cui a parlare erano i liberti (➤ **T6-T7**) o Trimalchione (➤ **T2**), la caratterizzazione del poeta Eumolpo si realizza attraverso l'adozione di un livello stilistico più elevato.

- Quali elementi puoi prendere in esame per definire il livello stilistico di questa dissertazione di Eumolpo?

Prendi in considerazione in particolare la sintassi del brano.

- A parte l'iniziale frase a effetto, enfatica e concisa, di carattere quasi sentenzioso (*multos, o iuvenes, carmen decepit*), nel resto del brano prevalgono i rapporti di coordinazione o di subordinazione?

Eumolpo fa largo uso di similitudini e metafore.

- Individuane alcune.

La letteratura tecnica e scientifica

ZTE ONLINE
Mettiti alla prova con 20 esercizi interattivi

LE SCIENZE APPLICATE E LA MANUALISTICA

PER COMPRENDERE

L'ENCICLOPEDISMO DI PLINIO IL VECCHIO

PER ANALIZZARE

LA SCIENZA PURA

PER APPROFONDIRE

Affresco dalla casa di Marco Lucrezio Frontone, metà del I sec. d.C. Pompei.

La letteratura tecnica e scientifica

IL RAPPORTO TRA IL SAPERE SCIENTIFICO E LA LETTERATURA SCIENTIFICA La trattatistica scientifica in lingua latina è assai meno consistente rispetto a quella in lingua greca e soprattutto è concentrata su alcune discipline, come l'agricoltura e il diritto. Per molto tempo perciò si è ritenuto che la civiltà romana abbia dato poca importanza alla scienza, lasciandone l'esclusiva alla cultura greca, nella quale hanno trovato ampio sviluppo la matematica, la medicina, la geografia, l'astronomia ecc.; i Romani dal canto loro avrebbero approfondito le scienze giuridiche e si sarebbero dedicati a saperi di evidente utilità pratica, come l'agronomia e la gromatica (la scienza che studia come misurare e suddividere i terreni, operazione di primaria importanza nella centuriazione). A contribuire a tale visione è stata anche la convinzione che i Romani sentissero come loro specifico dovere il dominio politico dell'impero, come suggeriscono per esempio le parole rivolte da Anchise a Enea nel libro VI dell'*Eneide* (vv. 847-850), che esortano a lasciare ad altri popoli il primato in discipline come la retorica, l'astronomia e la scultura.

In realtà questo approccio alla questione è stato ormai abbandonato dagli studiosi e sappiamo che a Roma l'interesse per la scienza e la tecnologia non era assente. La carenza di una trattatistica specifica in latino per alcuni settori del sapere non indica un disinteresse verso le discipline tecniche e scientifiche, ma è dovuta ad altre ragioni. Un primo motivo è di ordine linguistico: quando il mondo romano ha incontrato la cultura greca ellenistica, in seguito alle guerre di conquista tra III e II secolo a.C., l'uso della lingua greca si è progressivamente diffuso soprattutto nell'ordine senatorio, tanto che la classe dominante dell'impero è divenuta bilingue a partire dalla fine del II secolo a.C. Questa circostanza ha fatto in modo che alcune discipline, già sviluppate nel mondo greco, pur diffondendosi anche a Roma, siano rimaste legate alla lingua greca, evitando così anche il problema di trovare adeguata traduzione per la terminologia tecnica. L'esempio più evidente è quello della medicina, ampiamente praticata anche a Roma da medici formatisi nelle grandi scuole d'Asia, che per la loro arte hanno sempre usato il greco: ancora nel II secolo d.C. il maggior medico dell'età imperiale, Galeno, che vive a Roma alla corte di Marco Aurelio, scrive le proprie opere scientifiche in greco. Altre discipline invece, come per esempio l'agricoltura o le scienze giuridiche (a cui erano connessi gli studi grammaticali e che erano appannaggio del patriziato dall'età arcaica), hanno dato luogo a una trattatistica in latino, in quanto tale lingua disponeva già di un lessico tecnico specifico.

LA PREFERENZA PER LA CULTURA ORALE L'apertura del mondo romano alla cultura greca a partire dal III secolo a.C., insieme all'entusiasmo, ha però sviluppato anche una certa diffidenza verso quanto veniva avvertito come di provenienza straniera, per il rischio che nel contatto con i Greci andassero smarriti i tratti fondamentali della civiltà romana. La consapevolezza che il *mos maiorum* e le conoscenze relative alle varie *artes* fossero sempre state trasmesse oralmente di padre in figlio determinò una certa diffidenza verso coloro che esibivano un sapere formato su manuali greci. L'uomo romano tendeva istintivamente ad accordare maggior fiducia a chi avesse maturato le proprie competenze sul campo e non a scuola.

Affresco con rappresentazione di un cantiere edile. Roma, Via Latina, Ipogeo di Trebio Giusto.

L'*HUMANITAS* DI CICERONE E LA TENDENZA ALL'ENCICLOPEDISMO: VARRONE A cambiare parzialmente la situazione contribuì Cicerone, che non solo profuse molte energie nel dare vita a una serie di opere in latino che trattassero, secondo un'ottica rispettosa della cultura romana, discipline greche come la retorica e la filosofia, ma elaborò una tesi sulla formazione dell'uomo politico, l'oratore, come somma di svariati saperi, secondo un ideale di *humanitas* fondato sul rifiuto di un sapere specialistico. L'influsso del pensiero di Cicerone è avvertibile negli scritti del suo contemporaneo Varrone, che tra le sue opere, oltre a un trattato *De re rustica* (conservato) e a uno *De lingua latina* (parzialmente conservato), incluse un'opera intitolata *Disciplinae* in nove libri, ciascuno dei quali era dedicato a una disciplina diversa: grammatica, retorica, dialettica, aritmetica, geometria, astronomia, musica, medicina, architettura. Le *Disciplinae* avevano l'intento di raccogliere i saperi fondamentali della persona colta, secondo una forma enciclopedica che sarebbe rimasta alla base anche di molta trattatistica successiva: la selezione di Varrone, peraltro, comprende già le discipline che secoli dopo andranno a formare alle soglie del Medioevo le arti del Trivio e del Quadrivio.

UN "COMPLESSO DI INFERIORITÀ": VITRUVIO E PLINIO Dopo Varrone si segnala la figura di Vitruvio, che all'inizio dell'impero di Augusto raccoglie in dieci volumi (*De architectura*) tutte le discipline necessarie alla formazione di un buon architetto, nella convinzione che anch'egli, come l'oratore, debba avere un sapere completo: oltre alle discipline propriamente afferenti all'architettura, Vitruvio specifica che all'architetto è necessaria anche la conoscenza delle lettere (per poter scrivere correttamente riguardo alla propria disciplina), della storia (per capire la mentalità e i costumi dei popoli dai cui edifici egli trae ispirazione per i propri progetti) e della filosofia (per acquisire la magnanimità necessaria a concepire progetti non esclusivamente finalizzati al guadagno). Nel progetto vitruviano l'intenzione di innalzare l'architettura è ben visibile non solo nel fatto di concepire l'architetto come una persona dal sapere completo, al pari dell'ottimo oratore vagheggiato da Cicerone, ma soprattutto nello stile che l'autore ha adottato per scrivere l'opera, che si eleva rispetto a quello di un trattato tecnico, e cerca nell'espressione l'eleganza della lingua ciceroniana.

L'atteggiamento di Vitruvio, che comparirà spesso anche nella successiva trattatistica di età imperiale, evidenzia una sorta di «complesso di inferiorità» (secondo la definizione di Piergiorgio Parroni) delle discipline scientifiche e tecniche nei confronti dei saperi "alti", come la filosofia e l'oratoria: un "complesso" che si concretizza nell'adottare forme, come il trattato e a volte il dialogo, che imitano quelle delle opere dedicate alle discipline propriamente speculative. Il pubblico colto, del resto, difficilmente avrebbe preso in considerazione un'opera che fosse stata trasandata dal punto di vista stilistico. A parte questo, il complesso di inferiorità è avvertibile anche nelle giustificazioni degli autori ai lettori, esortati alla pazienza di fronte a discipline ritenute di valore inferiore rispetto alla letteratura e alla filosofia. A questo proposito risulta paradigmatico l'atteggiamento che si nota nella *Naturalis historia,* «Scienza della natura», di Plinio il Vecchio (➛ p. 229): l'opera, in 37 libri, raccoglie un immenso patrimonio di notizie, che spaziano dalla botanica alla medicina, dalla zoologia alla mineralogia. La *Naturalis historia* ha l'ambizione di innalzare questi saperi, anche se manifesta la convinzione che restino in definitiva appartenenti alla cultura "bassa". Plinio dichiara apertamente di aver operato cercando notizie in altri libri, anche se in lui non è assente la tendenza all'osservazione dei fenomeni: Plinio stesso trovò la morte durante l'eruzione del Vesuvio del 79 d.C., che desiderava poter studiare da vicino.

IL "DIVORZIO" TRA SCIENZA PURA E SCIENZA APPLICATA Un'altra caratteristica peculiare della cultura greco-romana è la divaricazione tra la scienza pura e la scienza applicata. Sebbene le testimonianze in nostro possesso attestino senza dubbio che il mondo antico abbia coltivato sia le scienze "pure", come la geometria o l'aritmetica, sia le scienze applicate, come l'idraulica e la meccanica, queste erano ritenute assolutamente inferiori alle prime. Le ragioni di questa mentalità, assai lontana dalla nostra, sono molteplici.

Forse una sorta di resistenza allo sviluppo delle scienze applicate, e quindi della tecnologia e delle macchine (il cui progresso soprattutto nei primi secoli dell'impero fu notevole in vari ambiti), fu determinata dall'enorme disponibilità di manodopera servile, o comunque di salariati a basso costo. Lo storico Svetonio ricorda che l'imperatore Vespasiano (*Vita di Vespasiano* 18) rifiutò di utilizzare macchine innovative per l'edificazione di monumenti, sostenendo che, se lo avesse fatto, il popolo di Roma sarebbe rimasto disoccupato e senza salario.

La resistenza a trattare la tecnologia come un sapere alto faceva parte di una visione del mondo largamente condivisa, che Seneca esplicita in una nota lettera a Lucilio (la 90), dove separa l'ingegnosità (da cui nasce la tecnologia), dalla profondità di pensiero (da cui nasce la vera conoscenza). La prima è caratteristica di chi lavora rivolgendo lo sguardo verso il basso, mentre la seconda di chi contempla l'universo. Le invenzioni tecnologiche, in base a questa mentalità, sono utili, ma in un certo senso sono "astuzie" che tendono a rompere un equilibrio cosmico, in quanto la natura ha già fornito all'uomo tutto ciò che è necessario per la sua felicità. La vera utilità della scienza, secondo Seneca, si rivela quando essa è contemplazione delle leggi dell'universo, perché in questo caso rende l'uomo non più ricco, ma moralmente elevato (Seneca dedica infatti una vasta opera, le *Naturales quaestiones*, ai fenomeni del cielo).

Le scienze applicate e la manualistica

PER COMPRENDERE

LA TRATTATISTICA TECNICA A noi è giunto un consistente numero di opere riguardanti le *artes*, ossia le scienze applicate, alle quali andrebbe a rigore aggiunta anche la *grammatica*, che nell'antichità era ritenuta un'*ars*, come la retorica. Per l'architettura di assoluta importanza è il trattato di Vitruvio (autore di età augustea), in quanto fornisce informazioni, oltre che sugli stili architettonici, anche sui materiali e le tecniche edilizie e sulle macchine da costruzione. Non secondario per l'utilissima documentazione che ci conserva è anche il trattato *De aquis*, relativo alle opere idrauliche di Roma, di Giulio Frontino, funzionario imperiale dell'età di Traiano. Dello stesso Frontino abbiamo anche un'operetta dedicata all'arte militare, gli *Stratagemata*, che raccoglieva alcuni dei più noti stratagemmi usati dai generali per vincere le battaglie o avere ragione di città assediate: l'arte militare era oggetto di numerosi trattati greci, ben conosciuti e studiati a Roma, anche se, per motivi propagandistici, nessun generale avrebbe ammesso di fronte alle proprie truppe di aver appreso i segreti dell'arte della guerra su un libro, per giunta greco. Gaio Mario, per esempio, in uno dei discorsi a lui attribuiti da Sallustio, per far presa sul popolo dichiara di aver appreso l'arte militare attraverso i lunghi anni di servizio nell'esercito (*Bellum Iugurthinum* 85, 13).

La trattatistica relativa all'agricoltura, molto diffusa a Roma, ha i suoi esordi con il *De agricultura* di Catone il Censore (opera conservata) e con la traduzione latina del trattato scritto in punico dal cartaginese Magone (III sec. a.C.): l'unico libro di Cartagine ritenuto degno di essere diffuso a Roma, dopo la distruzione della città nemica. Di agricoltura trattò anche Varrone, nel dialogo in tre libri *De re rustica*, giunto a noi quasi integralmente (e risalente al periodo del secondo triumvirato), ma l'opera certamente più significativa – se si prescinde dalle *Georgiche* di Virgilio – è il trattato di Columella, risalente alla prima età imperiale, che si distingue per l'ottima qualità delle informazioni oltre che per la cura dello stile. Dell'autore abbiamo poche notizie: di origine ispanica (nasce a Gades), ha possedimenti terrieri sia in Spagna sia nel Lazio, fa carriera nell'esercito e la sua vita si svolge durante il periodo della dinastia giulio-claudia. Il suo *De re rustica* è un ampio trattato in 12 libri, redatto forse tra il 60 e il 65 d.C., con evidenti ambizioni letterarie (il libro X, per esempio, è scritto in esametri in omaggio a Virgilio). L'opera si distingue per l'accuratezza e la competenza con cui viene svolto l'argomento, venendo a costituire uno dei documenti più importanti per capire la fisionomia delle pratiche agricole nel mondo romano. Successivamente un trattato simile fu composto da Palladio, attorno al IV secolo d.C.

Dell'erudito Celso possiamo leggere il *De medicina*, in dieci libri, che tratta con rigore il complesso sapere della scuola medica ippocratica e delle principali scuole greche, sebbene il trattato sia di fatto rivolto a un pubblico profano, in quanto i professionisti si avvalevano della vasta letteratura medica in lingua greca. A rigore Celso andrebbe considerato un enciclopedista, in quanto il trattato sulla medicina è l'unica parte conservata di una vasta opera dedicata a tutte le *artes* che l'uomo colto deve conoscere. Anche Plinio il Vecchio nella sua monumentale *Naturalis historia* si occupa di medicina, in particolare della farmacologia, dedicando numerosi libri ai rimedi estratti dalle piante e dagli animali.

LA MANUALISTICA Gli autori di trattati e di opere enciclopediche si servivano spesso, oltre che delle loro personali conoscenze e di altri trattati, perlopiù greci, anche di opere di manualistica: la manualistica non va confusa con la trattatistica, in quanto include scritti che, a differenza dei trattati, non hanno alcuna pretesa letteraria e sono rivolti agli esperti del settore, non a un pubblico generico di persone colte. Probabilmente i manuali erano diffusi in ambiti piuttosto ristretti, dato che nelle discipline tecniche era tutto sommato più comodo ed economico trasmettere il sapere oralmente, di padre in figlio, in bottega. Anche per questo motivo i manuali non sono stati inclusi, se non in rari casi, nelle biblioteche e nella letteratura destinata alla scuola, perciò di solito a noi non sono giunti, anche se possiamo avvertirne l'influenza proprio nella trattatistica.

Oggetto della manualistica, oltre a tutto ciò che riguardava le attività pratiche e artigianali (l'arte di tingere i tessuti, lavorare la creta ecc.), era spesso anche la geografia: a questa materia in realtà erano in genere dedicati testi che descrivevano itinerari, con distanze, indicazioni viarie e informazioni per i viaggiatori. Pomponio Mela, autore della prima metà del I secolo d.C., ci ha lasciato una *Chorografia*, ossia una descrizione del mondo allora conosciuto.

Un caso particolare è rappresentato dal manuale di arte culinaria giunto a noi sotto il nome di Apicio, che, senza alcuna pretesa di letterarietà, annovera un vasto numero di ricette di età imperiale ed è un documento fondamentale per conoscere le abitudini alimentari di quel periodo.

LO STILE DELLA PROSA TECNICA La trattatistica tende a mantenere un linguaggio elevato, spesso cercando di imitare lo stile ciceroniano. Nonostante ciò spesso si orienta, per praticità, a un lessico scarno ed essenziale, facendo frequente ricorso a termini greci. La sintassi, eccettuate le sezioni proemiali, è spesso improntata alla *brevitas*, con omissione del soggetto e frequenti espressioni brachilogiche.

Un discorso a parte è invece da fare per i manuali, che si avvalgono spesso della lingua d'impiego, con scarsissima attenzione per la correttezza grammaticale, soprattutto nell'impiego dei casi. In essi troviamo espressioni linguistiche che certamente caratterizzavano il parlato della gente comune e che avrebbero preso il sopravvento con il passaggio dal latino alle lingue romanze.

Coperchio di cassetta medica in argento, proveniente da Ercolano.
Napoli, Museo Archeologico Nazionale.

T1
ITALIANO

L'uomo vitruviano

Vitruvio, *De architectura* 3, 1, 1-3

All'inizio del terzo libro del De architectura*, che apre la sezione dedicata all'architettura templare (la più nobile tra le forme di quest'arte) Vitruvio premette una riflessione sulla simmetria, osservando che gli antichi hanno fatto bene a impostare la progettazione dei templi su sistemi modulari, in quanto l'ordine cosmico risponde a criteri di simmetria che possono essere espressi con proporzioni numeriche. Il corpo umano, per esempio, ha proporzioni tanto perfette che può essere inscritto in un cerchio e in un quadrato.*

Il principio della "analogia"

Il modello della proporzione umana

La simmetria dell'uomo vitruviano

[1, 1] La composizione dei templi risulta dalla «simmetria», e gli architetti debbono osservare in modo estremamente scrupoloso i principi di essa. Ed essa nasce dalla proporzione, che in greco è detta *analoghìa*[1]. La proporzione è la commensurabilità sulla base di un'unità determinata delle membrature in ogni impianto e in tutta quanta tale opera, con cui viene tradotto in atto il criterio delle relazioni modulari. E infatti non può alcun tempio avere della composizione senza «simmetria» e proporzione, se non l'ha avuto aderente al principio razionale precisamente definito proprio delle membra di un uomo dalla bella forma[2]. [2] Poiché il corpo dell'uomo è così composto per natura che nella testa il volto dal mento alla sommità della fronte e all'inizio inferiore dei capelli costituisce la decima parte[3], così pure il palmo della mano dal polso all'estremità del dito medio altrettanto, la testa dal mento alla sommità del cranio l'ottava, dalla sommità del petto con la parte più bassa del collo alle radici inferiori dei capelli la sesta, dal petto alla sommità del capo la quarta. E dalla stessa altezza del volto la parte dal limite inferiore del mento a quello delle narici è la terza, il naso dal limite inferiore delle narici al tratto intermedio della linea delle sopracciglia altrettanto. Da tale linea all'inizio inferiore della chioma la fronte è resa pure la terza parte. E il piede è la sesta parte dell'altezza del corpo, il cubito[4] la quarta, il petto pure la quarta. Anche le altre membra hanno le loro proporzioni reciprocamente commensurabili, valorizzando le quali pure rinomati antichi pittori e statuari conseguirono lodi grandi e illimitate. [3] E similmente le membrature dei sacri templi debbono essere assai convenientemente rispondenti per commensurabilità alla somma totale di tutta quanta la grandezza risultante dalle singole parti. Parimenti il centro in mezzo al corpo per natura è l'ombelico. E infatti se un uomo fosse collocato supino con le mani e i piedi distesi e il centro del compasso fosse puntato nell'ombelico[5] di questi, descrivendo una circonferenza le dita di entrambe le mani e dei piedi sarebbero toccate dalla linea. Analogamente come la forma della circonferenza viene istituita nel corpo, così si rinviene in esso il disegno di un quadrato. Infatti se si misura dalle piante dei piedi alla sommità del capo e tale misura è riferita alle mani distese, si

1. Il termine è usato da Platone e dai matematici greci per indicare un sistema numerico nel quale siano ravvisabili relazioni ricorrenti. I retori successivamente usarono la stessa parola per esprimere la tendenza di un sistema linguistico a sottostare a leggi costanti.
2. La concezione in base alla quale la simmetria sia fondamento dell'armonia e della bellezza ha probabilmente avuto origine nella scuola pitagorica; fu tuttavia affermato con chiarezza da Policleto, alla metà del V secolo a.C., non solo mediante le sue opere, ma anche attraverso il suo trattato sul *Canone*.
3. Le misure riferite da Vitruvio risalgono innanzitutto a Policleto, di cui il *Doriforo* esprime le concezioni artistiche, ma ci sono influenze anche di trattatisti e artisti successivi.
4. Letteralmente significa «gomito», quindi indica l'intero avambraccio; è un'unità di misura greca del valore di 45 cm circa.
5. La concezione in base alla quale l'ombelico sia il centro del corpo è assai diffusa nella cultura greca fin dalle sue origine, così come l'abitudine di avvalersi del termine per indicare il centro di qualsiasi entità spaziale: nel tempio di Apollo a Delfi, per esempio, era conservata una pietra ritenuta l'ombelico (ossia il centro) del mondo.

trova che pure la larghezza è come l'altezza, come le aree che sono quadrate regolari[6]. [4] Pertanto se così la natura compose il corpo dell'uomo che nelle proporzioni le membra rispondono alla figura generale, sembra che gli antichi con ragione abbiano disposto che anche nella realizzazione di impianti questi presentino la perfezione della «simmetria» delle singole membrature rispetto alla configurazione complessiva della figura. Pertanto come trasmisero le regole di tutte le opere, lo fecero anche e soprattutto nell'ambito dei templi degli dèi, costruzioni delle quali sia le lodi sia le colpe sogliono permanere in eterno.

(trad. di A. Corso e E. Romano)

6. La convinzione che il cerchio e il quadrato siano figure perfette è di origine pitagorica.

PER COMPRENDERE IL TESTO

Il testo e il contesto

VITRUVIO E IL *DE ARCHITECTURA* Marco Vitruvio Pollione visse nel I secolo a.C., iniziando la carriera militare nell'esercito di Cesare, dove fu ufficiale del genio, e proseguendola con Augusto. Non si hanno notizie precise sulla sua vita: il trattato *De architectura*, dedicato a Ottaviano, fu pubblicato tra il 27 e il 23 a.C.

Ciascuno dei 10 libri di cui il *De architectura* è composto è dedicato a un argomento specifico: il libri I e II prendono in esame gli aspetti generali, con lo studio dei luoghi adatti alle costruzioni e dei materiali; i libri III e IV trattano della costruzione dei templi; il V degli edifici pubblici; i libri VI-VII delle case private; i libri VIII-X sono dedicati all'idraulica, agli orologi solari e alla meccanica.

UNA BELLEZZA NUMERICA Dal passo emerge con chiarezza la convinzione, presente in tutta la cultura greca, che la bellezza sia strettamente connessa con una serie di esatte proporzioni numeriche. In particolare l'affermazione del paragrafo 3 – in base alla quale ogni singola parte deve avere una relazione di proporzione con l'insieme e che il centro dell'edificio (l'*umbilicus*) rappresenti il punto di convergenza di ciascun elemento dell'insieme – ad alcuni interpreti ha fatto pensare che qui Vitruvio abbia voluto richiamare la tendenza dell'architettura greca, in particolare dell'epoca periclea, a far gravitare lo spazio architettonico attorno a centri nevralgici e nodali, grazie all'uso di moduli prestabiliti (si pensi per esempio al Partenone secondo il progetto di Ictino, che in molte parti rivela l'impiego del modulo del rettangolo aureo). Tale punto focale dello spazio architettonico può essere messo in relazione con il concetto di *kairòs*, lett. «giusta misura», che nella cultura greca ha anche il significato pregnante di «momento giusto», ossia tempo adatto per intraprendere un'azione positiva e feconda. Il *kairòs* personificato, l'Occasione, era ritenuto una vera e propria divinità e, non a caso, il grande scultore Lisippo dedicò a questo dio una statua rimasta celebre per l'esattezza delle sue proporzioni.

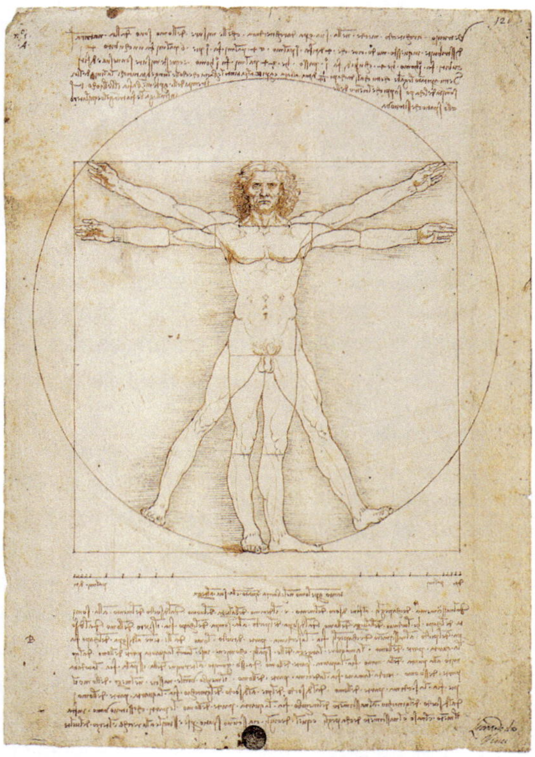

Leonardo da Vinci, *Uomo vitruviano*, 1487-1490 circa. Venezia, Gallerie dell'Accademia.

DALL'IRRAZIONALE AL RAZIONALE La possibilità di inserire la figura umana nel quadrato, oltre che nel cerchio, è una teoria di ascendenza pitagorica ripresa anche nell'ambito della scuola peripatetica: si tratta di una teoria particolarmente interessante perché permette all'architetto di fondare le sue proporzioni su numeri razionali, dato che invece le misure inerenti alla circonferenza portano a numeri irrazionali. In ciò dunque si avverte l'eco del dibattito circa la possibilità di teorizzare una "quadratura" del cerchio, ossia di costruire un quadrato che abbia la medesima area di un cerchio dato. In un certo senso inscrivere la figura umana nel cerchio significa sottolinearne la irrazionalità, o meglio l'irriducibilità a proporzioni rigorosamente razionali, mentre inscriverla in un quadrato vale l'opposto.

Il senso del testo

L'ARCHITETTURA COME ARTE MIMETICA Vitruvio adombra per l'architetto una funzione alta e importante, in quanto egli è chiamato in un certo senso a creare nel tempio un edificio che riproduca le proporzioni che regolano l'armonia dell'universo, e di cui l'uomo è espressione suprema. L'architettura come arte in sé ne risulta assai nobilitata, poiché ha una funzione di mimesi rispetto alla «natura», riproducendone le perfette proporzioni. In questo senso come arte si pone sullo stesso piano della scultura e della pittura, che per vocazione sono mimesi della natura. Vitruvio infatti sottolinea che gli antichi maestri che hanno rispettato le esatte proporzioni nella raffigurazione del corpo umano hanno ottenuto la massima lode: *Reliqua quoque membra suas habent commensus proportiones, quibus etiam antiqui pictores et statuarii nobiles usi magnas et infinitas laudes sunt adsecuti* (par. 2).
Oltre a ciò l'architettura, pur rimanendo una *ars*, in quanto arte mimetica, può essere accostata alla poesia, che era in genere ritenuta come l'espressione più nobile delle facoltà dell'ingegno dell'uomo (tanto che a essa è lecito che si dedichino anche gli uomini liberi). L'architetto, quindi, è dedito a un'attività nobile, come Vitruvio specifica con cura nella prefazione all'intera opera, e non necessita solo di conoscenze tecniche, ma ha bisogno di un sapere completo, che si fondi anche sulla filosofia, sulla storia e sulla letteratura, in maniera simile al perfetto oratore delineato da Cicerone.

LEGGO E COMPRENDO

1. Che relazione ci deve essere in un edificio tra le singole parti e l'insieme?

2. Che senso ha l'inserimento della figura umana in un cerchio e in un quadrato?

3. Perché in base alle concezioni vitruviane l'architettura può essere definita un'arte "mimetica"?

LESSICO

IL SOSTRATO AGRICOLO DELLA LINGUA LATINA

IL LATINO, UNA LINGUA DI CAMPAGNA L'attività agricola caratterizza fin dalle remote origini la popolazione del Lazio e ha lasciato una profonda influenza nella lingua. Il fatto di disporre di un vasto e preciso lessico agricolo ha certamente agevolato la redazione di trattati di agricoltura (per altro sentiti come vicini alla più autentica vocazione della civiltà di Roma), per i quali non si rendeva necessaria la difficile operazione di traduzione o di adattamento al latino di termini provenienti dal greco.
Osserviamo alcuni casi di estensione del significato di alcuni vocaboli dall'originaria sfera agricola ad altri campi semantici.
Derivano per esempio dal lessico della campagna:

- termini relativi al campo semantico della ricchezza e dell'economia, come
  - *locuples*, «ricco», da *locus plenus*, «ricco di terra»,
  - *pauper*, «povero», da *paucus*, «(campo) che produce poco», *pecunia*, «denaro», da *pecus*, «bestiame»,
  - *luxuria*, «desiderio di ricchezza», da *luxus*, «eccesso di vegetazione»,
  - *stipulor*, «firmare un contratto», da *stipula*, «pagliuzza» (che simbolicamente i due contraenti spezzavano conservandone ciascuno una metà);
- termini relativi alla sfera sociale, familiare e personale, come
  - *laetus*, «gioioso», da *laetamen*, «letame», nel senso che rende il terreno produttivo,
  - *egregius*, «egregio», da *ex grege*, «fuori dal gregge»,
  - *felix*, «fortunato», da *fero*, «produco»,
  - *aequitas*, «giustizia», da *aequus*, «pianeggiante» (detto della campagna),
  - *robustus*, «robusto», da *robur*, «quercia»,
  - *stirps*, «famiglia», da *stirps*, «radice»,
  - *rivalis*, «avversario», da *rivus*, «fiume» (spesso conteso come fonte di approvvigionamento d'acqua);

- termini relativi all'area semantica della scrittura e della lettura, come
  - *pagina*, «tavoletta su cui si incidono i segni per la scrittura», da *pango*, «conficcare»,
  - *versus*, «riga di scrittura», in origine «solco dell'aratro», da *verto*, «volto le zolle»,
  - *calamus*, «stilo», in origine «stelo»,
  - *liber*, «libro», in origine «scorza interna» (dell'albero, su cui si incideva la scrittura),
  - *sermo*, «conversazione», da *sero*, «intrecciare»,
  - *legere*, «leggere», da *lego*, «raccolgo i frutti»,
  - *exarare*, «scrivere» (sulle tavolette incerate), in origine «scavare».

T2 ITALIANO

La scelta dei cibi

Celso, *De medicina* 2, 18

Scienza di primaria importanza nel mondo antico fu considerata la medicina. Da questo passo di Celso, in particolare, possiamo ricavare come il medico nel mondo antico spesso rivestiva anche la funzione di dietologo. La conoscenza empirica delle proprietà dei cibi gli permetteva di valutare l'opportunità di somministrare determinati alimenti al paziente a seconda della sua salute. Celso esamina le caratteristiche dei vari cibi e ne indica l'uso corretto in relazione alle condizioni di salute dei pazienti.

[2, 18, 1] Una volta illustrate le sostanze che è salutare sottrarre al fisico[1], è opportuno trattare di quelle che offrono nutrimento, ossia il cibo e le bevande. Questi rappresentano una protezione generica non soltanto rispetto a ogni genere di malattia, ma anche una difesa della buona salute; conviene riguardo alla materia trattata conoscere le proprietà di tutti gli alimenti, in primo luogo perché coloro che sono sani sappiano quale uso farne, quindi, per noi che ci occupiamo della cura delle malattie, perché sia possibile elencarli per categorie, senza essere costretti ogni volta a nominarli singolarmente. [2] È dunque opportuno sapere che tutti i legumi e le qualità di pane che provengono da cereali sono della categoria più nutriente (definisco "assai nutriente" quello in cui è presente moltissima sostanza alimentare); allo stesso modo ogni quadrupede domestico; ogni selvatico di grandi proporzioni, quali sono le capre, il cervo, il cinghiale, l'onagro[2]; tutti i volatili di grandi proporzioni, come sono l'anatra e il pavone e la gru; tutti i grandi pesci, tra i quali c'è la balena[3] e quelli pari a questi; ugualmente il miele e il formaggio. Non desta quindi stupore che i prodotti da forno siano assai nutrienti, dato che risultano formati da cereali, grassi, miele e formaggio. [3] Nella categoria intermedia devono essere calcolate tra le verdure quelle delle quali consumiamo le radici o i bulbi; tra i quadrupedi la lepre; tra i volatili tutti quelli dalla selvaggina minuta fino al fenicottero; allo stesso modo tutti i pesci che non vengono conservati sotto sale o che una volta essiccati sono sottoposti a salatura. È alimento leggerissimo ogni tipo di verdura in foglia e qualunque genere di ortaglia, come è la zucca e il cetriolo e il cappero, tutti i frutti, le olive, le lumache e allo stesso modo i mitili. [4] Ma, nonostante questi cibi siano così stati suddivisi, tuttavia anche quelli che rientrano sotto la medesima categoria presentano notevoli differenze e ciascuno è più o meno nutriente: se effettivamente c'è più alimento nel pane che in

1. Nella parte precedente del libro Celso ha illustrato quali umori sia opportuno sottrarre al malato per ristabilire un salutare equilibrio: per esempio il sangue attraverso il salasso.
2. Gli onagri sono asini selvatici.
3. Il termine latino *cetus* indica la balena, ma anche grandi animali marini come il tonno, la cui pesca era certamente più praticata rispetto a quella delle balene.

qualsiasi altro cibo, il pane di frumento è più energetico di quello di miglio, questo a sua volta di quello d'orzo; e tra i derivati del frumento il più energetico è il fior di farina, poi la semola, poi la farina a cui non è stato tolto nulla, che i greci chiamano "integrale"; meno nutriente è il pane di farina setacciata e assai poco nutriente il pane comune. [...]
[13] Ne consegue che quanto più ciascuna materia è nutriente, tanto meno è rapida la cottura, ma che, una volta che sia stata cucinata, dia maggiore nutrimento. Quindi bisogna somministrare il genere di alimento in base alle forze, e di tutti va assunta una quantità in relazione alla tipologia. Perciò ai malati deboli sono necessari alimenti leggerissimi: dà ottimamente sostentamento ai malati di media condizione un alimento intermedio e a quelli vigorosi sono adatti cibi assai nutrienti. Inoltre ognuno può assumere un po' di più dei cibi più leggeri: deve al contrario usare maggiore moderazione con quelli che sono assai nutrienti.

PER COMPRENDERE IL TESTO

Il testo e il contesto

GLI SCRITTORI DI MEDICINA Aulo Cornelio Celso, vissuto in età tiberiana, è annoverato tra gli enciclopedisti, in quanto ha composto un'opera, le *Artes,* che trattava di agricoltura, medicina, arte militare, retorica e – si pensa – filosofia e giurisprudenza: appare dunque evidente l'intenzione di trattare quanto rientrava nella cultura degli esponenti della classe senatoria di Roma. A noi è giunta la sezione sulla medicina, in otto libri.
A Roma la trattatistica medica risaliva a Catone il Censore, che, in polemica con un sapere tipicamente greco, aveva catalogato le pratiche della medicina tradizionale romana. Di medicina si era poi occupato anche Varrone. Le opere di medicina in latino sono rivolte a un pubblico di non esperti, in quanto l'arte medica, a Roma, era praticata quasi esclusivamente da Greci, formatisi nelle numerose scuole di medicina presenti in tutte le maggiori città dell'Oriente, e che pertanto si avvalevano della vastissima trattatistica in lingua greca.

Il senso del testo

UN INTENSO RAZIONALISMO Celso raccoglie l'insegnamento delle scuole greche basate sulle teorie di Ippocrate: il medico di Cos che nel V sec. a.C. aveva fondato la scienza medica antica. Ippocrate diede inizio all'indirizzo della medicina seguito dai cosiddetti *loghikòi*, ossia «medici ragionatori»: secondo il suo insegnamento, dietro a ciascuna patologia, per via di ragionamento, si possono trovare delle «cause nascoste»; in particolare a suo avviso ogni patologia nasce da uno squilibrio nella temperanza dei quattro «umori» (sanguigno, flemmatico, bilioso e melanconico) che in ciascun individuo in buona salute si trovano mescolati in proporzioni armoniche. Lo squilibrio da cui nasce la patologia può spesso derivare da cause ambientali: da qui l'attento studio dei climi che caratterizza la scuola ippocratica. Ma anche lo studio dei cibi e della loro composizione è importantissimo: attraverso di essi è possibile ripristinare l'equilibrio fisico del paziente, che alterandosi, ha dato luogo alla malattia.

LEGGO E COMPRENDO

1. Che cosa sono le *Artes* di Celso?

2. A chi è rivolta la trattatistica relativa alla medicina in lingua latina?

3. Quali sono i princìpi su cui si basa la medicina ippocratica?

T3 LATINO/ITALIANO

Le ricette di Apicio

Apicio, *De re coquinaria* 3, 4 e 7, 4

Accanto alla trattatistica, che ha evidenti pretese letterarie, a Roma esisteva un'ampia manualistica, formata da testi d'uso senza alcuna pretesa letteraria. Non molto ci è rimasto di tale genere di testi; un caso dei più noti è il vasto ricettario giuntoci sotto il nome di Apicio, un buongustaio appassionato di scienza gastronomica contemporaneo di Seneca. La realizzazione delle ricette comprese nel manuale di Apicio per noi non è semplice, data la difficoltà a capire con precisione quali siano gli esatti ingredienti menzionati dall'autore e in uso all'epoca di composizione delle ricette.

[3, 4] Cucurbitas.

Gustum de cucurbitas: Cucurbitas coctas expressas in patinam conpones. Adicies in mortarium piper, cuminum, silfi modice id est laseris radicem, rutam modicum, liquamine et aceto temperabis, mittes defritum modicum ut coloretur, ius exinanies in patinam. Cum ferbuerint iterum ac tertio, depones et piper minutum asparges.

Aliter. Cucurbitas iure colocasiorum: Cucurbitas coques ex aqua in modum colocasiorum. Teres piper, cuminum, rutam, suffundes acetum, liquamen, temperabis in caccabum, cui addicies olei modicum, et eas cucurbitas incisas, expressas in ius mittes ut ferveant. Amulo obligas, piper asparges et inferes.

[3, 4] Le zucche[1]

Piatto d'entrata[2] di zucche. Sistema su un piatto le zucche cotte e sgocciolate. Metti nel mortaio[3]: pepe, cumino[4], un po' di silfio (cioè radice di sedano), un po' di ruta; lavora con *garum*[5] e aceto, metti un po' di mosto cotto[6] per dare colore; vuota la salsa nel piatto. Quando il tutto avrà bollito per due o tre volte, levalo dal fuoco e cospargilo di pepe in polvere.

Altra ricetta; zucche con salsa di colocasia[7]. Fai cuocere in acqua le zucche come le colocasie. Pesta: pepe, cumino, ruta, innaffia con aceto e *garum*, mescola il tutto in un tegame, aggiungi un po' d'olio e versa nella salsa la zucca tagliata a tocchi e spremuta, per farla bollire. Lega con l'amido, pepala e servi.

SCIENZA E TECNICA PER COMPRENDERE

[3, 4] **Gustum**: lett. «assaggio», quindi «antipasto». • **de cucurbitas**: l'uso di *de* con l'accusativo non deve stupire, in quanto la lingua usata da Apicio non è sottoposta ad alcun rigore grammaticale e tende a riprodurre gli usi del parlato, in cui tendeva a perdersi la sensibilità per la funzione sintattica del caso. • **coctas expressas**: sono participi perfetti con valore attributivo. • **silfi modice**: *silfi* è in origine un genitivo partitivo, lett. «di silfio» (dal letterario *silphium*, o anche *silpium*), divenuto poi nome indeclinabile; *modice* propriamente è avverbio, lett. «con moderazione», anche in questo caso divenuto forma stereotipa nel senso di «un po'». • **rutam modicum**: *modicum* rappresenta il dosaggio che, come frequentemente accade nelle ricette, è espresso sotto forma di apposizione. • **liquamine**: *liquamen* è il termine che indica genericamente ogni salsa, ma quando non è altrimenti specificato si intende il *garum*, la più comune delle salse. • **in caccabum**: sintatticamente l'accusativo non è corretto, in quanto sarebbe necessario l'ablativo, e testimonia la perdita di sensibilità al valore del caso nella lingua d'uso.

1. Non si tratta delle zucche gialle da noi usate (giunte dalle Americhe dopo il viaggio di Colombo), ma di una varietà proveniente dall'India con polpa di colore bianco, detta "calabaza"; essendo assai poco saporita si presta, con gli opportuni intingoli, a numerose preparazioni, sia salate sia dolci.
2. All'epoca di Apicio il pasto principale dei Romani abbienti, ossia la cena, prevedeva normalmente sette portate (*fercula*), con un antipasto, *gustum* o *gustatio*, seguito dai primi piatti (di solito tre), due arrosti, e il dolce, che si serviva durante le *secundae mensae*, che potevano essere rallegrate da musica e amene conversazioni. Gli altri due pasti erano poco più che spuntini: lo *ientaculum*, la colazione del mattino, e il *prandium*, a metà giornata.
3. Nella maggior parte delle ricette di Apicio (e presumibilmente in tutta la cucina romana) è sempre presente una salsa preparata a partire da una miscela di spezie, di cui sono possibili numerose varietà, in maniera simile a quanto accade ora con il *curry* nella cucina asiatica. La cucina romana tendeva a coprire e trasformare attraverso svariati intingoli il gusto originario del cibo, per questo motivo erano particolarmente ricercati alimenti di per sé poco saporiti, come la zucca, o alcune frattaglie, che si prestavano a fantasiose trasformazioni, oppure potevano rivelarsi utili anche carni estremamente frollate, il cui fortissimo gusto sarebbe stato coperto dagli intingoli.
4. Il pepe è conosciuto a Roma dall'inizio del I secolo a.C.; il cumino è una spezia orientale dalle proprietà medicamentose, utile per esempio contro le coliche.
5. Il *garum* è l'ingrediente principale di qualsiasi salsa della cucina romana, paragonabile, per diffusione, alla salsa di pomodoro nei piatti della cucina italiana; generalmente si acquistava e, se di buona qualità, era assai costoso; consisteva in una salamoia di pesce aromatizzata con varie spezie ed erbe. Si usava di solito a gocce e sostituiva il sale.
6. Anche il mosto cotto è un ingrediente comunissimo per le salse, al pari del *garum*; di solito ha la funzione di conferire una colorazione gradevolmente scura e attenuare il salato.
7. La colocasia è un'erba tropicale con radice carnosa.

[7, 4] Ofellas Ostienses: Designas ofellas in cute ita ut cutis sic remaneat. Teres piper, ligusticum, anetum, cuminum, silfium, bacam lauri unam, suffundis liquamen, fricas, in angularem refundis simul cum ofellis. Ubi requieverint, in condimentis biduo vel triduo ponis, surclas decussatim, et in furnum mittis. Cum coxeris, ofellas quas designaveras separabis et teres piper, ligusticum, suffundis liquamen et passum modicum, ut dulce fiat. Cum ferbuerit, ius amulo obligas. Ofellas satias et inferes.
Ofellas Apicianas: Ofellas exossas, in rotundum complicas, surclas, ad furnum admoves. Postea praeduras, levas et, ut humorem exspuant, in craticula igni lento exsiccabis, ita ne uratur. Teres piper, ligusticum, ciperis, cuminum, liquamine et passo temperabis. Cum hoc iure ofellas in caccabum mittis. Cum coctae fuerint, levas et siccas, sine iure, piper asperso, et inferes. Si pingues fuerint, cum surclas, tollis cutem. Potest et de abdomine huiusmodi ofellas facere.

[7, 4] Braciole[8] alla moda di Ostia. Incidi la pelle della braciola senza, però, levarla. Trita: pepe, ligustico, aneto, cumino, silfio, una bacca di alloro, tempera col *garum*; ritrita e versa in un recipiente insieme alla braciola. Dopo due o tre giorni di marinatura con i condimenti, ritirala, fermala con due stecchi incrociati e metti nel forno. A cottura ultimata, taglia la braciola lungo le tacche[9] e trita: pepe, ligustico[10]; tempera col *garum* e un po' di passito per addolcire. Quando questa salsa sarà ben cotta, legala con l'amido; cospargila in dose abbondante sulle braciole e servi.
Braciole alla moda di Apicio. Disossa le braciole, arrotolale, infilzale con lo spiedino e metti in forno. Quando la carne è sufficientemente soda, ritirale e, per far sì che mandino fuori l'umore, passale sulla graticola, a fuoco dolce perché non si brucino. Trita: pepe, ligustico, cipero[11] e cumino; lavora con *garum* e passito. Sistema in una pentola le braciole con questa salsa. Quando saranno cotte, ritirale, asciugale; servile senza salsa, insaporite col pepe. Se fossero grosse, spellale quando le stecchi; in questo modo possono essere preparate anche le bistecche ricavate dalla pancia della scrofa.

(trad. di G. Carazzali)

[7, 4] **surclas decussatim**: *surclas* viene da *surclo*, «infilzare», ed è termine tecnico; *decussatim* è avverbio, lett. «a forma di X», con riferimento al segno che indica il numero dieci, *decem*. • **ciperis**: è genitivo partitivo e sottintende un termine che esprime quantità, per esempio *modicum*. • **de abdomine**: sott. *suis*, dunque «di scrofa», che era l'animale più comunemente utilizzato.

8. Il termine latino *ofella*, diminutivo di *offa*, può indicare sia i «bocconcini» che le «fettine»; in questo caso dalla preparazione si evince che siano fettine (nella seconda ricetta diventano simili ai nostri involtini); è sottinteso che si tratta di carne di maiale, dato che l'uso del manzo era assai limitato, poiché per legge non potevano essere macellati i bovini, che erano indispensabili per il lavoro nei campi. La carne di bovino si rendeva disponibile solo in occasione di morte degli animali per cause naturali o in occasione di sacrifici rituali.
9. Si intende probabilmente che il taglio va eseguito in corrispondenza delle pieghe formatesi con l'inserimento degli stecchini.
10. Il ligustico è una pianta erbacea spontanea simile al sedano; anch'essa, al pari del silfio, è assai usata nelle ricette di Apicio.
11. Il cipero è una pianta erbacea di cui si utilizza il tubero, assai aromatico.

Il testo e il contesto

L'AUTORE: MARCO GAVIO APICIO Hanno tramandato alcune scarne notizie su Marco Gavio Apicio il suo contemporaneo Seneca e alcuni storici dell'età imperiale, tra cui Tacito e il greco Cassio Dione: da queste testimonianze sappiamo che Apicio frequentava la corte di Tiberio ed era amico intimo di suo figlio Druso e di Seiano. Le fonti in maniera concorde affermano che Apicio aveva sperperato in banchetti un immenso patrimonio e Seneca, con riprovazione, specifica che, essendosi ridotto a possedere "solo" dieci milioni di sesterzi (da cento milioni che prima aveva), aveva allora deciso di suicidarsi, nella convinzione di non poter più mantenere il tenore di vita lussuoso a cui si era abituato.

L'OPERA: IL *DE RE COQUINARIA* Attraverso la tradizione manoscritta è giunto fino a noi un manuale intitolato *De re coquinaria* («L'arte culinaria») attribuito a tale Celio Apicio. Secondo l'opinione della maggioranza degli studiosi il nucleo originario di ricette risale probabilmente a Marco Gavio Apicio, che dovrebbe aver composto un libro dedicato alle salse e uno alle ricette complete, assai probabilmente corredato da disegni degli attrezzi da cucina. Nei secoli successivi, fino alla tarda antichità, all'opera si sono aggiunti altri testi. Attraverso una serie di studi è stato possibile isolare le ricette più antiche da quelle successive e ciò ha permesso di ricavare un panorama attendibile delle abitudini culinarie non solo dell'età tiberiana, ma di tutta la tarda antichità. Anche nei testi proposti è possibile riscontrare la stratificazione di varie mani successive, per esempio dove viene specificato che cosa sia il silfio, *id est laseris radicem* (in 3, 4), con una glossa evidentemente inserita da un lettore per cui tale erba (comune al tempo di Apicio) era divenuta insolita. Il *corpus* a noi giunto è formato da dieci libri e seguito da alcuni estratti, tratti dall'opera stessa e tramandati insieme a essa.
Ciascun libro reca un titolo in greco, probabilmente aggiuntosi successivamente alla diffusione dell'opera: per esempio il libro III è *Cepuros*, «l'ortolano», il VII è *Politeles*, «il ricco» (alludendo al fatto che nell'uno si trova cucina povera, mentre nell'altro assai più raffinata) ecc.

IL LINGUAGGIO DI APICIO Il manuale di Apicio non ha alcuna pretesa letteraria ed è perciò diverso dalle opere, pure dedicate alle *artes*, come il *De architectura* di Vitruvio (➤ **T1**) o i trattati di Columella e di Celso (➤ **T2**), in quanto non è animato dal proposito di innalzare la materia trattata mediante il ricorso a uno stile letterario. Gli usi linguistici di Apicio riproducono in modo piuttosto attendibile la struttura sintattica della lingua d'uso, nella quale era approssimativo anche l'utilizzo del sistema dei casi. Si notano alcune caratteristiche che passeranno anche alle lingue romanze, come per esempio l'estensione dell'uso dell'accusativo, dove la correttezza sintattica esigerebbe il nominativo o un altro caso; inoltre tende a ridursi il senso del genitivo, in quanto il partitivo (per es. *silfi*, in 3, 4, o *ciperis*, in 7, 4) viene usato come forma stereotipa. Il lessico comprende numerosi tecnicismi, con termini precisi delle scienze gastronomiche, e tende alla brachilogia, secondo le abitudini tipiche della manualistica: viene di solito omesso per esempio un sostantivo che sia prevedibile nel contesto e che il lettore (non completamente digiuno della materia) potrebbe intuire senza difficoltà, come per esempio *inferes* (in 7, 4) che sottintende *ferculum*, «il piatto», «la portata».

Il senso del testo

UNO SPECCHIO DEI TEMPI La comparsa in età tiberiana di un manuale che raccoglieva e spiegava minuziosamente le raffinatezze della cucina è stata spesso messa in relazione con il progressivo venir meno delle austere regole di vita del *mos maiorum* repubblicano. Apicio è in effetti il simbolo di un'età che, nonostante il tentativo moralizzatore operato da Augusto, tende ormai all'edonismo. Anche a dispetto della scarsa rifinitura formale, il manuale è un inno alla vita godereccia, ed ebbe immensa fama, tanto che il nome del suo autore divenne, per antonomasia, sinonimo di «ghiottone».
Non è affatto insolito vedere accostata la società ritratta nel *Satyricon* di Petronio, in particolare nell'episodio della cena di Trimalchione (➤ p. 173), con il clima piacevolmente disimpegnato che traspare dalle pagine del *De re coquinaria*. Per questo motivo contro Apicio si scagliano gli spiriti più intrisi di moralismo del suo secolo, Seneca prima e Tacito poi, con espressioni di condanna che rinnoveranno anche gli autori cristiani, e in modo ancora più marcato. In realtà le abitudini di vita e la visione del mondo, che probabilmente ispirarono la composizione del manuale, dovettero essere diffuse nelle classi superiori e imitate, per quando possibile, da quelle inferiori.

LEGGO E COMPRENDO

1. Quali notizie abbiamo su Apicio?

2. Che differenza c'è tra il manuale di Apicio e i trattati come il *De architectura* di Vitruvio?

3. Quali informazioni sulla società imperiale possiamo ricavare dal *De re coquinaria* di Apicio?

VERIFICA PER LA COMPRENSIONE

QUESITI A SCELTA MULTIPLA

1. ricordare La trattatistica in lingua latina presenta meno opere rispetto a quella in lingua greca perché:

- ☐ i Romani si disinteressavano della scienza
- ☐ i Romani ritenevano che la cultura e le arti tecniche fossero appannaggio dei Greci
- ☐ i Romani colti erano bilingui e potevano leggere le opere greche nella lingua originale
- ☐ la lingua latina era povera e inadatta a trasmettere nozioni scientifiche

2. ricordare Accingendosi a trattare dell'architettura, Vitruvio afferma che:

- ☐ un buon architetto ha bisogno solo di molta esperienza
- ☐ per la formazione del buon architetto è necessaria anche la conoscenza della storia
- ☐ a un buon architetto non serve conoscere la retorica
- ☐ a un buon architetto non serve conoscere la filosofia

3. ricordare Tra i trattati latini dedicati all'agricoltura, non possiamo annoverare:

- ☐ il *De agri cultura* di Catone il Censore
- ☐ il trattato di Magone
- ☐ il *De re rustica* di Varrone
- ☐ il *De re rustica* di Columella

4. ricordare La manualistica si differenzia dalla trattatistica perché:

- ☐ a differenza di quest'ultima, è rivolta a un pubblico di esperti, per fini pratici
- ☐ a differenza di quest'ultima, è rivolta a un pubblico colto non specialista
- ☐ è caratterizzata da un intento squisitamente letterario
- ☐ si è generalmente conservata nelle biblioteche e nelle scuole

5. comprendere Secondo quanto afferma Vitruvio (➛ **T1**):

- ☐ le proporzioni tra le parti di un tempio e il tutto devono rispettare lo stesso principio razionale che si può riconoscere tra le membra dell'uomo e l'intero corpo
- ☐ la figura di un tempio deve poter essere inscritta in una circonferenza tracciata con un compasso
- ☐ un tempio deve essere composto da moduli che rispettano la sezione aurea
- ☐ in quanto è lode agli dèi, un tempio deve somigliare il più possibile a un corpo umano

6. comprendere Nel brano di Celso che hai letto (➛ **T2**):

- ☐ gli alimenti vengono classificati in base ai loro elementi nutrizionali
- ☐ gli alimenti vengono classificati in funzione della loro preferibile somministrazione a un fisico vigoroso, di medie condizioni o malato
- ☐ troviamo una classificazione degli alimenti in base al loro apporto calorico
- ☐ troviamo una classificazione degli alimenti in base alla teoria degli umori di Ippocrate

7. comprendere Un esempio della minore cura linguistica del manuale di Apicio (➛ **T3**):

- ☐ è l'uso di molte parole derivanti dal greco
- ☐ è la prevalenza delle voci verbali di seconda persona
- ☐ sono le irregolarità nell'uso dei casi
- ☐ è la preferenza per la *brevitas*

QUESITI A RISPOSTA BREVE

Rispondi ai quesiti nello spazio di 7-8 righe per ciascuno. Quando lo ritieni opportuno, puoi consultare i testi.

1. Come vengono considerate dagli autori latini le discipline tecniche in rapporto a quelle "umanistiche"?

2. Quali testimonianze possediamo su Apicio, probabile autore del primo nucleo di ricette del *De re coquinaria*?

TRATTAZIONE SINTETICA

Svolgi le seguenti tracce nelle spazio di 20-25 righe per ciascuna. Quando lo ritieni opportuno, puoi consultare i testi.

1. Spiega in che rapporto reciproco fossero considerate nel mondo greco-romano le scienze "pure" e quelle applicate, illustrando le possibili ragioni di tale rapporto e le fonti che ce lo lasciano intuire.

2. Rifacendoti al brano letto del *De architectura* (➛ **T1**), chiarisci in che modo l'organizzazione dello spazio possa essere messa in relazione con il concetto di *kairòs* e come tutto ciò contribuisca a spiegare la particolare concezione dell'architetto espressa da Vitruvio all'inizio del suo trattato.

L'enciclopedismo di Plinio il Vecchio

PER ANALIZZARE

LA SETE DI SAPERE DI PLINIO Gaio Plinio Secondo, detto "il Vecchio" (per distinguerlo dal nipote), nasce tra il 23 (o 24) d.C. da una facoltosa famiglia di cavalieri di Como; dopo gli studi di retorica a Roma intraprende la carriera militare durante il principato di Claudio e i primi anni di quello di Nerone; mentre è di stanza presso le legioni conosce Tito, il futuro imperatore. Durante le pause del servizio militare Plinio è a Roma, dove esercita l'avvocatura; negli anni più duri dell'impero di Nerone (del quale conserva un pessimo ricordo) dal 59 al 68 d.C., vive ritirato dedicandosi a studi grammaticali. La sua carriera fiorisce invece con Vespasiano e con Tito, dai quali ottiene importanti incarichi. Al momento della morte, avvenuta durante l'eruzione del Vesuvio nel 79 d.C. Plinio è comandante della base della flotta imperiale di stanza a Capo Miseno.

Come spiega Plinio "il Giovane" (➛ p. 448), nipote e figlio adottivo di Plinio "il Vecchio", in una delle lettere (3, 5, 10) che sono la principale fonte di notizie sulla vita dello zio, Plinio dedicò sempre tutto il tempo libero allo studio: «Non lesse nulla senza ricavarne degli estratti; era infatti solito dire che non c'era nessun libro tanto cattivo, da non poter essere utile almeno in qualche parte». Proprio dalla rielaborazione di questi estratti, Plinio compose numerose opere, delle quali a noi è giunta la *Naturalis historia*.

UN'ENCICLOPEDIA DELLE CONOSCENZE SCIENTIFICHE ANTICHE Con la *Naturalis historia* (lett. «Scienza naturale», anche se comunemente è conosciuta come *Storia naturale*) Plinio volle raccogliere in un unico testo una serie di discipline (geografia, zoologia, botanica, mineralogia ecc.) che avessero un uso pratico: per esempio nella trattazione della botanica si inserisce quella delle erbe medicinali. È probabile che Plinio si sia ispirato alle opere di Varrone e abbia voluto riunire in un unico testo quanto necessario alla formazione della persona colta. Alla *Naturalis historia* è premessa una lettera dedicatoria a Tito, databile al 77 d.C., quando il lavoro era ormai completo e pronto per la pubblicazione. Dei 37 libri che costituiscono l'opera, il primo contiene l'indice particolareggiato di ciascun volume (la *Naturalis historia* è infatti concepita come opera di consultazione), mentre negli altri volumi la materia è così ripartita: libri II-VI, cosmo e Terra, geografia e climatologia; libro VII, antropologia; libri VIII-XI, zoologia; libri XII-XIX, botanica; libri XX-XXXII, medicinali ricavati da piante e animali; libri XXXIII-XXXVII, metallurgia, mineralogia e pietre preziose. Nella trattazione si trovano *excursus* interessanti, come quello del libro XXIX sulla storia della medicina e quello del libro XXX sulla storia della magia.

UN'OPERA PER IL ROMANO COLTO La *Naturalis historia* non è destinata agli esperti, ma all'uomo colto romano, per esempio l'oratore, che non deve essere digiuno di alcuna forma di sapere, secondo l'idea ciceroniana di *humanitas*. Per noi, inoltre, l'opera risulta preziosissima perché conserva un'infinità di notizie che riguardano i più svariati aspetti della cultura del mondo antico e che ci permettono di capire la vastità della manualistica che circolava in epoca imperiale: le fonti di Plinio, delle quali invece non ci è rimasto assolutamente nulla. Se non avessimo l'enciclopedia pliniana le nostre conoscenze complessive sul mondo classico sarebbero decisamente inferiori.

I CRITERI PER LA STESURA DELL'OPERA Plinio si fondò essenzialmente su manuali e fonti letterarie, soprattutto perchè a lui interessava dare al lettore una *summa* del sapere. In un certo senso Plinio più che a uno scienziato è paragonabile ai moderni divulgatori scientifici, e per questo si affida alle fonti che ritiene migliori: le mette a confronto in casi di dubbio, ma di solito si attiene al principio *prodenda, quia sunt prodita* (2, 85), ossia «vanno tramandate le informazioni, dato che sono state tramandate»; in altre parole si fida spesso più dell'autorevolezza della tradizione (e uno degli autori prediletti era Aristotele) che del proprio giudizio, anche se talora non manca di far notare il proprio disaccordo.

TRA LETTERATURA E FILOSOFIA In Plinio non sono rari i tentativi di innalzare il tono, con passi di evidente derivazione poetica, con riprese da Virgilio, Orazio e Lucrezio. Tuttavia la vastità del progetto non ha permesso un'effettiva rifinitura della lingua e spesso lo stile riproduce quello delle fonti utilizzate, a volte con oscurità espressive. Anche dal punto di vista concettuale l'opera non si presenta omogenea: spesso la natura è concepita secondo l'insegnamento dello stoicismo, ossia come un essere divino ed eterno, e allo stoicismo è riconducibile anche l'idea che la natura sia provvidenziale e benigna, ma altre volte, secondo la concezione epicurea, la provvidenzialità dell'universo viene negata. Nel complesso Plinio sembra convinto che gli dèi della religione tradizionale non esistano e che con la morte la vita umana termini definitivamente: la condizione umana è nel complesso penosa e dolorosa fin dalla nascita, ma Plinio manifesta fiducia nel fatto che sia migliorabile grazie alla conoscenza della natura.

LINGUA E STILE

LO STILE DELLA LETTERATURA SCIENTIFICA E DELLA *NATURALIS HISTORIA*

IL LESSICO Dal punto di vista lessicale, nella letteratura tecnica e scientifica si nota la tendenza a coniare nuovi termini facendo ricorso a specifici formanti a seconda degli ambiti. Per esempio nel lessico della trattatistica relativa all'agricoltura prevalgono i suffissi *-etum* e *-arium*, il primo per i luoghi di coltivazione (come *mirtetum*, «piantagione di mirto»; *olivetum*, «oliveto»), il secondo per quelli di allevamento (*columbarium*, «colombaia»). In ambito medico prevalgono *-sis* e *-ma*, derivati dal greco (come *paracentesis*, «puntura chirurgica dell'occhio», o «della cavità addominale»; *carcinoma*, «cancro»): dal greco, infatti, deriva il linguaggio tecnico, e talora i termini tecnici latini, anche se esistenti, non vengono impiegati, perché percepiti come poco specialistici. Questa abitudine ha modificato il lessico della lingua latina, in quanto per esempio l'uso del termine greco *stòmachos* per una sezione precisa dell'apparato digerente ha fatto in modo che il termine latino *venter* acquisisse un significato generico e non potesse più essere utilizzato per indicare lo stomaco vero e proprio, come invece accadeva prima. Il lessico settoriale in alcuni casi ha prodotto termini nuovi partendo dall'unione di parole di uso comune: un esempio è *corvus demolitor*, che nel linguaggio tecnico dei militari significa «gru con arpione» ed è formato da due termini già singolarmente presenti nella lingua latina.

LA SINTASSI Per quanto riguarda la sintassi, se si prescinde dai passi attraverso i quali soprattutto gli autori maggiori come Vitruvio, Columella e Plinio il Vecchio intendono innalzare la stile e nobilitare la materia, la prosa scientifica e tecnica va nella direzione della *brevitas*, con frequenti omissioni del soggetto, espressioni brachilogiche, espressioni metonimiche (per es. *contra serpentes medetur*, lett. «si usano medicine contro i serpenti», cioè «si usano medicine contro il veleno dei serpenti», in *Naturalis historia* 25, 78). Inoltre si può notare la tendenza verso la paratassi oppure, al contrario, verso periodi in cui si accumulano proposizioni relative, nell'intenzione di definire con precisione i fenomeni oggetto del discorso.

LO STILE DI PLINIO IL VECCHIO Rispetto al resto della trattatistica scientifica Plinio il Vecchio usa spesso frasi esclamative, per esprimere la meraviglia che prova – e che vuole comunicare al lettore – di fronte a fenomeni inattesi e rari. Tale caratteristica rientra tuttavia nella tendenza generale dello scrittore a dare un colore retorico alle sue pagine.

T4 LATINO/ITALIANO

L'autorità delle fonti

Plinio il Vecchio, *Naturalis historia* 28, 1-3

Questo brano della Naturalis historia *apre la lunga sezione dedicata ai rimedi medicinali tratti dagli animali, che occupa i libri XXVIII-XXXII: il passo ha dunque un carattere proemiale, in quanto, oltre a dichiarare l'argomento, riepiloga i principi metodologici a cui Plinio si ispira nel comporre la sua vasta opera enciclopedica.*

[28, 1] Dictae erant naturae omnium rerum inter caelum ac terram nascentium, restabantque quae ex ipsa tellure fodiuntur, si non herbarum ac fruticum tractata remedia auferrent traversos ex ipsis animalibus, quae sanantur, reperta maiore medicina. Quid ergo? Dixerimus herbas et florum imagines ac pleraque inventu rara ac difficilia, iidem tacebimus, quid in ipso homine prosit homini, ceteraque genera remediorum inter nos viventia, cum praesertim nisi carenti doloribus morbisque vita ipsa poena fiat? [2] Minime vero, omnemque insumemus operam, licet fastidii periculum urgeat, quando ita decretum est, minorem gratiae quam utilitatium vitae respectum habere. Quin immo externa quoque et barbaros etiam ritus indagabimus. Fides tantum auctores appellet, quamquam et ipsi consensu prope iudicii ea eligere laboravimus potiusque curae rerum quam copiae institimus.

[28, 1] Avevamo finito di illustrare le proprietà di tutte le forme di vita comprese tra il cielo e la terra[1] e restava da parlare dei prodotti che si estraggono dal suolo[2]; ma il fatto di aver trattato i rimedi ricavati dalle erbe e dalle piante ci distoglie dal programma e ci indirizza verso una medicina più efficace, quella offerta dalle creature del regno animale che ne sono anche l'oggetto[3]. E allora? Avremmo descritto le piante, l'aspetto dei fiori e tanti vegetali rari e difficili a trovarsi, e poi dovremmo tacere delle risorse presenti nell'uomo stesso da lui utilizzabili, e degli altri tipi di rimedi che vivono in mezzo a noi[4], quando sappiamo che solo per chi è esente da dolori e malattie la vita in sé non è un tormento[5]? [2] No di certo. Anzi vi metteremo tutto il nostro impegno, anche a rischio di risultare noiosi; abbiamo infatti deciso di preoccuparci più dell'utilità pratica che della piacevolezza. Indagheremo perfino le usanze straniere e le pratiche dei barbari. Ci affideremo soltanto all'autorità delle fonti, sebbene anche personalmente siamo giunti ad una scelta del materiale in base all'accordo delle testimonianze, privilegiando l'esattezza rispetto all'abbondanza.

[28, 1] **nascentium**: è participio attributivo di *omnium rerum*. • **quae... fodiuntur**: proposizione relativa; l'antecedente è un pronome dimostrativo sottinteso, come *ea*, soggetto di *restabant*. • **si... traversos**: è un periodo ipotetico dell'irrealtà; *traversos* è complemento predicativo dell'oggetto *nos* sottinteso, lett. «se non ci portasse fuori dalla retta via...». • **ex... medicina**: è un ablativo assoluto con valore causale, lett. «essendo stati ritrovati rimedi medicinali da parte proprio degli animali che ne vengono guariti». • **inventu**: è un supino passivo, riferito ai successivi *rara ac difficilia*. • **iidem**: il pronome rafforza il soggetto sott. *nos*. • **praesertim**: avverbio, lett. «soprattutto». • **poena**: complemento predicativo del soggetto *vita*. [2] **licet**: dà valore concessivo a *urgeat*. • **quando**: è una congiunzione con valore causale, lett. «poiché». • **minorem... habere**: l'infinito *habere* con i suoi complementi rappresenta il soggetto di *decretum est*. • **Quin**: in questo caso funge da avverbio rafforzativo di *immo*. • **Fides... appellet**: lett. «la verità faccia appello solamente alle fonti autorevoli». • **et ipsi**: *ipsi* rafforza il soggetto sott. *nos*, perciò «anche noi».

1. La zoologia è l'argomento dei libri VIII-XI.
2. Alla mineralogia saranno dedicati i libri XXXIII-XXXVII.
3. È stato l'argomento dei precedenti otto libri, XX-XXVII.
4. Nei libri XXVIII e XXIX Plinio tratta dei rimedi che si possono ricavare da parti del corpo umano, anche riferendo con orrore pratiche che prevedevano come rimedio la somministrazione al malato di organi o ossa ricavati dai cadaveri. Riferisce anche, accordando loro maggiore fiducia, le formule di scongiuro tramandate nei secoli all'interno dei collegi sacerdotali.
5. È questa una delle numerose affermazioni da cui si ricava un certo pessimismo di Plinio sulla vita umana, forse di ascendenza filosofica, anche se altre volte l'autore manifesta fiducia nella provvidenzialità della natura, in accordo con la dottrina stoica.

[3] Illud admonuisse perquam necessarium est, dictas iam a nobis naturas animalium et quae cuiusque essent inventa – neque enim minus profuere medicinas reperiendo quam prosunt praebendo –, nunc quae in ipsis auxilientur indicari, neque illic in totum omissa; itaque haec esse quidem alia, illis tamen conexa.

[3] Ma è necessaria una premessa: abbiamo già parlato delle proprietà degli animali e delle scoperte dovute a ciascuno di essi (infatti furono utili come scopritori di terapie e continuano ad esserlo col fornircele essi stessi[6]); ora dovremo descrivere i rimedi che racchiudono in sé, materia parzialmente trattata nei libri precedenti. Così la presente esposizione è diversa, ma al tempo stesso collegata con quella di prima.

(trad. di U. Capitani e I. Garofalo)

[3] **perquam**: avverbio, «assai». • **dictas... animalium**: sott. *esse*, è una proposizione infinitiva, dipendente dal precedente *admonuisse*. • **quae... inventa**: questa proposizione relativa rappresenta il complemento oggetto di *dictas*, coordinato al precedente *naturas*. • **profuere**: vale *profuerunt*; il soggetto sott. è *animalia*. • **quae... indicari**: *indicari* dipende da *admonuisse*; il suo soggetto è rappresentato dalla proposizione relativa *quae... auxilientur* (con il congiuntivo caratterizzante). • **omissa**: neutro plurale, che fa sempre riferimento a *quae... auxilientur*. • **haec... conexa**: è una proposizione infinitiva, sempre in dipendenza da *admonuisse*.

6. Nel libro VIII Plinio descrive una serie di comportamenti degli animali, volti a ripristinare la buona salute, che l'uomo ha copiato: per esempio riferisce il fatto che gli uomini abbiano appreso a curare le ferite provocate dalle punte di freccia con le foglie del dittamo osservando i cervi feriti che si curano cibandosi di tale erba (8, 97).

PER ANALIZZARE IL TESTO

Il testo e il contesto

L'UTILITÀ PRATICA DELLA RICERCA Plinio concepisce il suo lavoro come un'opera di consultazione, nel senso che non immagina che il lettore legga per intero la *Naturalis historia*, ma che ne legga le sezioni che gli interessano. Per questo motivo il primo libro è interamente occupato da un indice dettagliato della materia presente nelle varie sezioni dell'opera, e ciascuna sezione a sua volta è introdotta da un breve proemio che chiarisce al lettore i collegamenti possibili con le altre sezioni. Il passo che introduce il libro XXVIII ricorda infatti che la sua materia (cioè i rimedi medicinali tratti dal mondo animale) segue la sezione che si è occupata dei medicinali tratti dai vegetali, la quale a sua volta è stata preceduta dalla zoologia descrittiva. L'aver trattato dei rimedi ricavati dalle erbe e di quelli tratti dagli animali fa in modo che venga posticipata la sezione che sarà dedicata alla mineralogia (*restabantque quae ex ipsa tellure fodiuntur*, in 28, 1). L'autore si premura anche di ricordare che alcuni rimedi tratti da animali sono già stati menzionati (*dictas iam a nobis naturas animalium et quae cuiusque essent inventa*, in 28, 3). Del resto, il deviare dall'ordine stabilito e dare spazio ai medicinali prima della mineralogia risponde al fine pratico dell'opera, che è esplicitamente dichiarato ed è da perseguire anche a discapito della rifinitura stilistica dell'opera (*minorem gratiae quam utilitatium vitae respectum habere*, in 28, 2).

IL METODO DI PLINIO IL VECCHIO Proprio perché l'intenzione è l'utilità pratica, Plinio si preoccupa di segnalare al lettore che quanto scrive è tratto dagli autori più degni di fede (*Fides tantum auctores appellet*, in 28, 2). Se per l'uomo moderno può sembrare strano che un testo scientifico non sia fondato sull'osservazione diretta dei fenomeni, all'epoca di Plinio sarebbe stato impossibile raccogliere attraverso l'osservazione diretta informazioni su fenomeni presenti in zone geografiche tanto lontane tra di loro ed era perciò naturale che gli enciclopedisti si documentassero soprattutto attraverso →

opere scritte, o opere letterarie, come quelle di poesia didascalica. Plinio, comunque, dichiara di aver sottoposto le fonti ad attento vaglio critico, scegliendo quelle che presentavano versioni accettabili alla luce della ragione (*consensu prope iudicii ea eligere laboravimus*, in 28, 2).

Lo stile del testo

IL *PATHOS* Plinio spesso cerca di dare al suo testo una veste letteraria, anche se non intende sacrificare l'utilità alla bellezza. La letterarietà della prosa di Plinio si svela, per esempio, nell'innalzamento di tono prodotto dalla proposizione interrogativa retorica nell'esordio del libro XXVIII, proprio dove si desidera ricordare l'utilità dell'opera; qui non manca neppure un accento di pessimismo sulla vita umana, di chiara matrice stoica: .... (in 28, 1).

I TECNICISMI Nonostante lo sforzo di Plinio di conferire al testo una veste stilistica adeguata, la prosa spesso è piuttosto spigolosa per la tendenza alla brachilogia, per la presenza di periodi in cui un termine che in una proposizione è complemento nella successiva diventa soggetto, e infine per l'uso dell'ablativo assoluto in chiusura del periodo: per esempio, ... in 28, 1. A parte queste durezze, in ragione delle quali sono state mosse critiche allo stile di Plinio, appare chiaro lo sforzo costante di descrivere i fenomeni con un lessico il più preciso possibile.

TESTI E TEMI

PLINIO MUORE NELL'ERUZIONE DEL VESUVIO (DALLE *LETTERE* DI PLINIO IL GIOVANE)

UNA MORTE NEL NOME DELLA SCIENZA Tacito, durante l'elaborazione della parte delle *Historiae* relativa all'impero di Tito (a noi non pervenuta), chiese all'amico Plinio il Giovane informazioni sulla morte di suo zio Plinio il Vecchio. Plinio il Giovane rispose assai volentieri alla richiesta dell'amico, con due lettere databili al 106 o 107 d.C. (*Lettere ai familiari* 6, 16 e 6, 20), nelle quali rievocò i momenti di quella tragedia, da lui vissuta come testimone oculare: allora, infatti, era ospite presso lo zio, che era comandante della flotta di Miseno e risiedeva non lontano dal Vesuvio. Il nipote ricorda con commozione come lo zio, appena seppe dell'eruzione, anziché pensare a mettersi in salvo, decise di avvicinarsi il più possibile al vulcano dal mare, per poter studiare il fenomeno; quindi, con ammirevole altruismo, mise la sua imbarcazione a disposizione di un amico residente nella zona per trarlo in salvo insieme alla sua famiglia.

Egli era a Miseno e comandava la flotta in persona. Il nono giorno prima delle calende di settembre [*24 agosto del 79 d.C.*], verso l'ora settima, mia madre lo avverte che si scorge una nube insolita per vastità e per aspetto. Egli, dopo aver preso un bagno di sole e poi d'acqua fredda, aveva fatto uno spuntino giacendo e stava studiando; chiese le calzature, salì a un luogo dal quale si poteva veder bene quel fenomeno. Una nube si formava (a coloro che la guardavano così da lontano non appariva bene da quale monte avesse origine, si seppe poi dal Vesuvio), il cui aspetto e la cui forma nessun albero avrebbe meglio espressi di un pino. Giacché, protesasi verso l'alto come un altissimo tronco, si allargava poi a guisa di rami; perché, ritengo, sollevata dapprima sul nascere da una corrente d'aria e poi abbandonata a se stessa per il cessare di quella o cedendo al proprio peso, si allargava pigramente. A tratti bianca, a tratti sporca e chiazzata, a cagione del terriccio o della cenere che trasportava.
Da persona erudita qual era, gli parve che quel fenomeno dovesse essere osservato meglio e più da vicino. Ordina che si prepari un battello liburnico [*una nave militare*]: mi permette se lo voglio di andar con lui; gli rispondo che preferisco rimanere a studiare, anzi per avventura lui stesso mi aveva affidato un compito. Stava uscendo di casa quando riceve un biglietto di Rettina, moglie di Casco [*amici di Plinio di difficile identificazione*], spaventata dal pericolo che la minacciava (giacché la sua villa era ai piedi del monte e non vi era altro scampo che per nave): supplicava di essere strappata da una così terribile situazione. Lo zio cambiò i propri piani e ciò che aveva intrapreso per amor di scienza, condusse a termine per spirito di dovere. Mette in mare le quadriremi e si imbarca lui stesso per recare aiuto non solo a Rettina, ma a molti altri, giacché per l'amenità del lido la zona era molto abitata. Si affretta là donde gli altri fuggono, va diritto, rivolto il timone verso il luogo del pericolo, così privo di

paura, da dettare e descrivere ogni fenomeno di quel terribile flagello, ogni aspetto, come si presenta ai suoi occhi. Già la cenere cadeva sulle navi, tanto più calda e densa quanto più si approssimava; già della pomice e anche dei ciottoli anneriti, cotti e frantumati dal fuoco; poi ecco un inatteso bassofondo e la spiaggia ostruita da massi proiettati dal monte [*in effetti la violenza del fenomeno fu tale che la zona costiera, a causa dell'intensa sismicità, cambiò completamente la propria morfologia*]. Esita un momento, se doveva rientrare, ma poi al pilota che lo esorta a far ciò, esclama: «La fortuna aiuta gli audaci, punta verso Pomponiano! [*si ritiene sia un altro nome del già ricordato Casco*]».

Plinio il Giovane, *Lettere ai familiari* 6, 16, 4-12; trad. di Luigi Rusca

In realtà la manovra non ebbe esito favorevole, in quanto Plinio, una volta sbarcato, fu costretto a pernottare presso l'amico data l'ora tarda, mentre l'eruzione era in atto; il giorno dopo, pur avendo cercato di raggiungere l'imbarcazione sotto la pioggia di lapilli, gli fu impossibile prendere il largo per la violenza del moto ondoso. Nel disordine generale Plinio il Vecchio, stremato, si sdraiò sulla spiaggia, dove fu rinvenuto cadavere il giorno successivo, probabilmente ucciso dai gas venefici dell'eruzione.

GUIDA ALLO STUDIO

1. Perché Plinio il Giovane informa Tacito di come sia avvenuta la morte dello zio Plinio il Vecchio?

2. Perché Plinio il Vecchio decide di avvicinarsi alla zona dell'eruzione?

3. Che cosa fa Plinio il Vecchio mentre si avvicina in nave alla zona dell'eruzione?

LABORATORIO DI ANALISI

Dopo aver letto il testo, serviti delle risposte ai quesiti per realizzare un testo organico.

La meravigliosa natura degli insetti

Plinio il Vecchio, *Naturalis historia* 11, 1-4

Questo è l'incipit dell'ultimo dei libri dedicati alla zoologia all'interno della Naturalis historia*. Plinio cerca di catturare l'attenzione di chi legge con un'esposizione gradevole e stimolante. Previene inoltre la possibile repulsione per certi tipi di animali insistendo con particolare* pathos *sulla meraviglia generata dalla loro varietà e perfezione, opera prodigiosa della natura.*

[11, 1] Restant inmensae subtilitatis animalia, quando aliqui ea neque spirare et sanguine etiam carere prodiderunt. Multa haec et multigenera, terrestrium volucrumque vita. Alia pedata ut iulus, alia pinnata, ut apes, alia utroque modo, ut formicae, aliqua et pinnis et pedibus carentia, et iure omnia insecta appellata ab incisuris, quae nunc cervicium loco, nunc pectorum atque alvi, praecincta separant membra, tenui modo fistula cohaerentia, aliquis vero non tota incisurae ambiente ruga, sed in alvo aut superne tantum imbricatis flexili vertebris, nusquam alibi spectatiore naturae rerum artificio.

[11, 1] quando: congiunzione con valore causale. • **ea... carere**: proposizione infinitiva retta da *aliqui* (sott. *auctores*) *prodiderunt*. • **vita**: nominativo singolare, apposizione del soggetto *haec*. • **ut**: avverbio, «come». • **iure**: complemento di modo, «a buon diritto». • **insecta**: complemento predicativo del soggetto *omnia*. • **tenui... fistula**: ablativo strumentale. • **aliquis... vertebris**: *aliquis* è il soggetto, mentre *ambiente* è participio attributivo di *ruga* (ablativo strumentale); *flexili*, attributo di *alvo*, è determinato a sua volta dall'ablativo di causa *imbricatis vertebris*, lett. «qualcuno in verità non con la piega che circonda completamente l'incisione, ma (con la piega) solo nell'addome, o poco sopra, reso flessibile dalle articolazioni

[2] In magnis siquidem corporibus aut certe maioribus facilis officina sequaci materia fuit: in his tam parvis atque tam nullis quae ratio, quanta vis, quam inextricabilis perfectio! Ubi tot sensus collocavit in culice? Et sunt alia dictu minora: sed ubi visum in eo praetendit? Ubi gustatum adplicavit? Ubi odoratum inseruit? Ubi vero truculentam illam et portione maximam vocem ingeneravit? [3] Qua subtilitate pinnas adnexuit, praelongavit pedum crura, disposuit ieiunam caveam uti alvum, avidam sanguinis et potissimum humani sitim accendit! [...] [4] Sed turrigeros elephantorum miramur umeros taurorumque colla et truces in sublime iactus, tigrium rapinas, leonum iubas, cum rerum natura nusquam magis quam in minimis tota sit. Quapropter quaeso ne legentes, quoniam ex his spernunt multa, etiam relata fastidio damnent, cum in contemplatione naturae nihil possit videri supervacuum.

connesse in forma di tegoli». • **nusquam... artificio**: ablativo assoluto (con sott. il verbo *sum*); *nusquam alibi* sono due avverbi indefiniti di luogo, «da nessuna parte altrove».
[2] **siquidem... fuit**: proposizione ipotetica (protasi dell'oggettività); *siquidem* (lett. «se pure») è posposta per anastrofe; *officina* («la lavorazione») è il soggetto e *facilis* la parte nominale. • **in his... perfectio!**: è una proposizione nominale; *in his* sott. *animalibus*. • **collocavit**: il soggetto sott. è *natura*. • **sunt... minora**: *dictu* è supino, ablativo di limitazione. • **portione**: è un altro ablativo di limitazione, lett. «in proporzione».
[3-4] **uti**: «come» (avverbio), vale *ut*. • **cum... sit**: è un costrutto del *cum* con il congiuntivo, con valore concessivo. • **ne**: introduce una proposizione completiva volitiva negativa, il cui predicato è *damnent*. • **cum... supervacuum**: è un costrutto del *cum* con il congiuntivo, con valore causale.

PRIMA PARTE **COMPRENSIONE DEL TESTO**

1. Quali esempi vengono forniti, nel par. 1, della straordinaria varietà degli insetti?
2. Come viene spiegata l'etimologia del nome degli insetti? Per rispondere, ricorda che *insectum* è una voce del verbo *inseco*, che significa «tagliare».
3. Per quali ragioni, secondo Plinio, la natura ha dato la più grande prova della propria abilità plasmando proprio gli insetti, piuttosto che altri animali di dimensioni maggiori?
4. Quale appello viene rivolto al lettore alla fine di questo passo, e con quali argomenti?

SECONDA PARTE **ANALISI DEL TESTO**

1. All'inizio del passo si può notare che l'espressione *terrestrium volucrumque vita* è particolarmente ricercata e riecheggia un verso dell'Eneide (6, v. 728: *pecudumque genus vitaeque volantum*). Quali altri espedienti retorici possono essere ricondotti al medesimo intento di innalzare il livello dell'esposizione nel par. 1?
2. Individua gli accorgimenti che permettono di ottenere un tono enfatico nel par. 2.
3. Individua nel testo tutti i termini che rimandano all'idea della piccolezza e tutti quelli che si riferiscono all'opera della natura.

TERZA PARTE **INTERPRETAZIONE COMPLESSIVA E APPROFONDIMENTI**

1. Affermando che altri autori hanno spiegato che gli insetti non hanno sangue e non respirano, Plinio fa riferimento ad Aristotele, una delle fonti che egli utilizza più spesso. Per la compilazione della sua opera, Plinio si affidava soltanto a fonti scritte?
2. Approfondisci la concezione della natura secondo Plinio; in particolare, quale definizione filosofica si può applicare all'idea (cfr. par. 2) che la natura abbia plasmato la materia come se fosse una potenza ordinatrice?

La scienza pura

SCIENZA COME VERA SAPIENZA «Tutte queste tecnologie fu la sagacità degli uomini a inventarle, non la sapienza»: con queste parole Seneca, parlando degli utensili di ferro, spiega a Lucilio (*Epistulae* 90, 11) che egli non crede, come altri, che la vera sapienza consista nell'escogitare nuovi strumenti e tecnologie sempre più avanzate.

Non è del resto casuale che Seneca, una volta ritiratosi dall'incarico di consigliere di Nerone, abbia dedicato i suoi ultimi anni alla stesura delle *Naturales quaestiones*, il vasto trattato rivolto allo studio di alcuni fenomeni che caratterizzano la troposfera e la crosta terrestre (➤ p. 127). Come spiega nelle prefazioni ai vari libri di cui si compone l'opera, egli è convinto che la conoscenza razionale delle leggi del cosmo liberi l'uomo dalle superstizioni e dalle paure che lo rendono servo dei beni terreni. La scienza pura, intesa come studio delle leggi del cosmo, non finalizzata ad applicazioni tecnologiche, secondo una concezione presente anche nel poema lucreziano, è così la fonte della vera felicità e coincide con la filosofia (➤ Seneca, **T15**). Secondo Seneca, quindi, dedicarsi alla tecnologia è un'attività da lasciare a persone di umile estrazione, che siano di intelligenza acuta, ma non grande e sublime, e che si dedichino a qualunque cosa si deve cercare con la schiena curva e l'attenzione rivolta a terra (*corpore incurvato et animo humum spectante*, in *Epistula* 90, 13).

LA POESIA COSMOLOGICA LATINA Seneca condivide una mentalità assai diffusa nella cultura classica, che spiega perché proprio lo studio delle leggi del cosmo, ossia la scienza pura, abbia costituito un argomento privilegiato per la poesia didascalica latina: l'altezza dell'argomento, destinato a lettori colti e raffinati, meritava la nobiltà della forma poetica. Nel breve spazio di un secolo, a Roma, comparvero diversi poemi di argomento cosmologico-filosofico: oltre al *De rerum natura* di Lucrezio, sia Cicerone sia Germanico, nipote di Tiberio, tradussero in latino i *Phaenomena* del poeta greco Arato di Soli (III sec. a.C., con il titolo *Aratea* ➤ p. 25), ai quali attinse anche Virgilio per la stesura delle *Georgiche* (e una terza traduzione del poema di Arato fu realizzata nel IV sec. d.C. dal poeta Sesto Avieno).

IL POEMA DI MANILIO Nell'età di Tiberio fu composto anche un poema ispirato alla cosmologia stoica: gli *Astronomica* («La scienza degli astri») di Manilio (➤ p. 25). Dell'autore non sappiamo praticamente nulla, anche se molte congetture sono state avanzate dagli studiosi. La totale mancanza di notizie è spiegabile con il fatto che il poema non è mai entrato tra i testi letti a scuola, anche se non dovette rimanere sconosciuto, in quanto la sua influenza si nota in altre opere fino alla tarda antichità. Dimenticato durante il Medioevo, il testo fu ritrovato in età umanistica. L'opera, come è a noi giunta, è in cinque libri, ma non è chiaro se questo corrisponda effettivamente al progetto dell'autore, o se invece sia incompiuta, o se ne sia andata perduta una parte. Il libro I, dopo un proemio in cui il poeta dichiara con orgoglio l'originalità del proprio

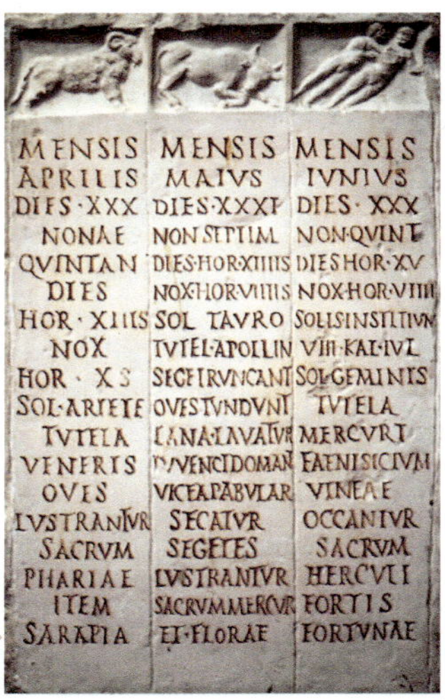

■ Calendario romano di tipo astrologico a cippo, di età imperiale. In alto sono raffigurati i segni zodiacali. Roma, Museo della civiltà romana.

lavoro, è di contenuto astronomico e introduce i successivi, in cui si tratta di astrologia, fulcro tematico del poema. Il libro II ha come oggetto le proprietà dei corpi celesti e il libro III le modalità corrette per ricavare l'oroscopo. Gli ultimi due libri spiegano gli influssi delle costellazione sul destino degli uomini.

Manilio cerca consapevolmente il confronto con Lucrezio, manifestando tuttavia una concezione filosofica di matrice stoica, dunque diversa da quella lucreziana. L'universo non è guidato dal caso, ma, secondo l'immanentismo stoico, è creato da Dio e coincide con Dio stesso. L'anima di Dio, diffusa in tutto l'universo, può essere compresa per via razionale e svelare la direzione impressa dalla provvidenza al corso degli eventi. Il poeta è l'uomo che dal destino ha ricevuto il privilegio di spiegare gli arcani segreti dell'universo. Dal punto di vista stilistico, nel poema di Manilio è visibile l'influenza di Virgilio.

T5
ITALIANO

La missione del poeta

Manilio, *Astronomica* 2, vv. 136-149

La coscienza del valore della propria opera emerge da un passo del libro II degli Astronomica*, in cui Manilio esprime l'orgoglio per aver affrontato una materia tanto alta, destinata a pochi, ossia solo a quelli che riescono a separarsi dall'interesse esclusivo verso i beni materiali.*

Poiché io per divina ispirazione questo argomento[1] desidero
innalzare alle stelle, né tra la folla né per la folla comporrò il mio poema
ma solo[2], come trasportato in una vuota arena,
libero spingerò il mio cocchio senza che alcuno mi si pari contro
o guidi una simile impresa su un comune percorso,
ma canterò cose degne di essere conosciute dal cielo, con stupore degli astri
e gioia del cosmo per il poema del suo vate,
o da coloro cui le stelle non preclusero i loro divini moti
o la contezza di sé, esigua schiera del mondo.
Numerosa è quella che predilige ricchezze, che predilige oro,
cariche e onori e il molle vizio di una vita oziosa
e diverse armonie con seducenti suoni e dolci sensazioni attraverso
le orecchie, come è ciò che si apprende con piccola fatica rispetto ai fati[3].
Anche questo è opera del fato, apprendere la sua legge[4].

(trad. di P. Parroni)

1. Nei versi immediatamente precedenti Manilio ha espresso il concetto centrale dell'intero poema, ossia il fatto che tutto il cosmo è permeato dell'anima divina (immanenza) e che in virtù di questo l'uomo è della stessa sostanza degli astri e può conoscerne i moti, che non sono casuali ma regolati dalla provvidenza.
2. La solitudine rivendicata da Manilio nella propria impresa richiama la solitudine del saggio stoico che trova la felicità attraverso un percorso individuale.
3. Per conseguire la vera sapienza, che conduce verso il bene, l'uomo deve liberarsi dagli interessi materiali che accendono le passioni e stimolano al male morale: un concetto stoico assai presente nel pensiero di Seneca (→ p. 74). Ai vv. 147-148 viene condannata la musica come fonte di piacere, ma è presumibile che come scienza pura, afferente alla matematica, non fosse oggetto di riprovazione da parte del poeta.
4. Manilio ribadisce qui il concetto espresso in 1, vv. 25-26.

Il testo e il contesto

IL RAPPORTO CON LUCREZIO Gli *Astronomica* sono fondati su principi assai differenti rispetto al *De rerum natura* di Lucrezio: secondo Manilio l'universo non si muove a caso, ma in esso è riconoscibile una mente ordinatrice, che viene a coincidere con l'universo stesso ed è la divinità. In comune tra i due poemi, però, si può rilevare la fiducia nella ragione umana, che è in grado di penetrare i segreti della natura e di portare l'uomo alla felicità: mentre nel *De rerum natura* lo svelamento degli arcani misteri è opera dell'eroe-Epicuro, negli *Astronomica* si afferma che il privilegio dell'uomo di capire il cosmo fa parte del disegno stesso che anima l'universo (vv. 136-144).

Oltre il testo

LA SAPIENZA OLTRE I VINCOLI DELLA MATERIA Nei versi conclusivi di **T5**, vv. 145-149, Manilio evidenzia un concetto peculiare del pensiero stoico, ma non assente nemmeno da quello epicureo: la vera sapienza non può essere riservata alle numerose persone che dedicano la propria vita al desiderio di beni materiali, ma è appannaggio della ristretta *élite* di uomini capaci di elevarsi rispetto agli interessi terreni. Senza qui insistere sulle motivazioni di tale concezione in seno allo stoicismo, è opportuno notare che una costante della cultura antica è costituita dallo stretto legame tra ciò che è sentito come scienza, ossia vera conoscenza, e la sfera di valori etici che presiedono alla vita dell'uomo: la vera conoscenza e la virtù non possono mai essere disgiunte. A questo modo di intendere la conoscenza è riconducibile la scarsa stima in cui il mondo antico teneva, almeno sul piano concettuale, tutto ciò che riguardava la tecnologia e il progresso materiale della civiltà. Quello che non può non impressionare noi lettori moderni è pensare che questa mentalità non abbia trovato nel mondo antico voci di opposizione, nonostante, in fondo, solo un'esigua percentuale di persone fosse di fatto esente da attività manuali. Se il nostro modo di concepire il rapporto tra scienza e tecnologia appare divaricato rispetto a quello del mondo antico, è però opportuno considerare che diventa sempre più di attualità per gli esperti di ogni branca del sapere riflettere sulle possibili ricadute in campo etico dell'attività di ricerca scientifica e tecnologica: il rapporto tra le esigenze etiche e la scienza non si può dire facilmente eludibile.

PROVVIDENZIALISMO E «PRINCIPIO ANTROPICO» Manilio, al v. 149 del libro II, afferma in forma di efficace *sententia* che il fatto che l'uomo possa comprendere le leggi del cosmo è previsto dalle leggi stesse del cosmo. Questa idea rientra nella concezione provvidenziale e finalistica del cosmo tipica dello stoicismo. Essa potrebbe essere parafrasata dicendo che secondo gli stoici era compreso nel disegno provvidenziale dell'universo che ci fosse l'intelligenza umana in grado di comprenderne le leggi.
Sebbene formulato in un contesto completamente diverso, questo concetto potrebbe richiamare il cosiddetto «principio antropico», formulato dall'astrofisico Brandon Carter nel 1973, che ha dato luogo a un interessante dibattito tra i cosmologi contemporanei, anche sulla scorta della sua ripresa nelle riflessioni degli astrofisici John Barrow e Frank Tipler, rese pubbliche nel 1986 (è disponibile in traduzione italiana un loro testo, *Il principio antropico*, Adelphi, Milano 2002).
Secondo Carter, intervenuto a un convegno nel 1973 per il quinto centenario della nascita di Niccolò Copernico, le teorie cosmologiche moderne, nate all'interno di paradigmi positivistici, tendevano a lasciare troppo in disparte l'essere umano come osservatore dei fenomeni dell'universo. Egli invece, considerando che il valore di alcuni parametri cosmologici può essere solo quello compatibile con l'esistenza di osservatori (per esempio, se la costante di gravitazione universale fosse diversa, non si formerebbero le stelle e quindi non ci sarebbe energia, o almeno non come quella che ha permesso l'esistenza dell'universo che conosciamo), postulò che l'universo doveva possedere in qualche stadio del suo sviluppo parametri compatibili con l'esistenza di osservatori. L'interesse di Carter era collegato con la possibilità di formulare previsioni sulle costanti (una delle quali è per esempio la velocità della luce) e quindi conoscere le varie fasi di sviluppo dell'universo. Tuttavia è stato subito chiaro che l'osservazione di Carter rappresentava anche una sorta di critica al paradigma tradizionale, positivistico-deterministico, che vede l'uomo come una risultante casuale di leggi fisiche.
Assai più vasta, poi, è stata la portata delle successive formulazioni del principio antropico da parte di Barrows e Tipler, secondo una delle quali (il «principio antropico ultimo») l'universo presuppone lo sviluppo di una forma di vita intelligente – quale siamo noi – capace di decodificare le informazioni provenienti dall'universo stesso.

- Svolgi, anche con la guida degli insegnanti di fisica e di filosofia, un lavoro di ricerca sul «principio antropico» nelle sue varie formulazioni e quindi, insieme ai tuoi compagni, rifletti se ci possano effettivamente essere punti di contatto tra le dottrine degli stoici e quelle dei moderni cosmologi.

PROVA DI TRADUZIONE

Leggi con attenzione il seguente passo tratto dagli *Astronomica* di Manilio, quindi rispondi alle domande che ti guideranno nella comprensione e nella elaborazione di una tua personale traduzione del passo.

Il proemio degli *Astronomica*

| Manilio, *Astronomica* 1, 1-24 | esametri dattilici |

Nel proemio del suo poema Manilio si propone di svelare i segreti di un universo concepito secondo la dottrina stoica. Il poeta dispone la materia secondo le convenzioni dell'epica e sembra mettersi a confronto soprattutto con Lucrezio, del quale riprende alcuni spunti, seppur con una preferenza per lo stile classico virgiliano.

Carmine divinas artes et conscia fati
sidera diversos hominum variantia casus,
caelestis rationis opus, deducere mundo
aggredior primusque novis Helicona movere
cantibus et viridi nutantis vertice silvas
hospita sacra ferens nulli memorata priorum.
Hunc mihi tu, Caesar, patriae princepsque paterque,
qui regis augustis parentem legibus orbem
concessumque patri mundum deus ipse mereris,
das animum viresque facis ad tanta canenda.
Iam propiusque favet mundus scrutantibus ipsum
et cupit aetherios per carmina pandere census.
Hoc sub pace vacat tantum. Iuvat ire per ipsum
aera et immenso spatiantem vivere caelo
signaque et adversos stellarum noscere cursus.
Quod solum novisse parum est. Impensius ipsa
scire iuvat magni penitus praecordia mundi,
quaque regat generetque suis animalia signis
cernere et in numerum Phoebo modulante referre.
Bina mihi positis lucent altaria flammis,
ad duo templa precor duplici circumdatus aestu
carminis et rerum: certa cum lege canentem
mundus et immenso vatem circumstrepit orbe
vixque soluta suis immittit verba figuris.

GUIDA ALLA COMPRENSIONE

Per giungere a una prima comprensione del testo, rispondi alle seguenti domande.

- Quali parti canoniche dei proemi dei poemi epico-didascalici si possono riconoscere in questo testo?
- Quale potrebbe essere il "Cesare" a cui il poeta si rivolge ai vv. 7-10?
- Quale desiderio viene espresso dal poeta ai vv. 16-24?

GUIDA ALLA TRADUZIONE

Le seguenti domande ti guideranno nella traduzione.

- Ai vv. 1-6 il verbo principale *aggredior* accompagna i due infiniti *deducere* e *movere*: individua i termini che fanno da complementi oggetto a ciascuno dei due infiniti.
- Al v. 8 il participio attributivo *parentem* viene dal verbo *pareo*, che richiede un dativo di termine; individua il dativo con il suo attributo.
- Al v. 14 il participio *spatiantem* può essere riferito a un *me*, sottinteso, complemento oggetto di *iuvat*; quali sono gli infiniti che fanno invece da soggetto a *iuvat*?
- A che cosa si riferisce il nesso relativo *Quod* al v. 16?
- Da quale verbo dipendono le subordinate interrogative indirette, coordinate tra loro, *qua(que) regat generetque* (v. 18)?

DAI FLAVI AGLI ANTONINI 69-192 D.C.

■ Impero romano all'epoca di Traiano.

STORIA

69-79 d.C. Vespasiano: inizia l'epoca dei Flavi

69 d.C. *Lex de imperio Vespasiani*

70 d.C. distruzione di Gerusalemme e del suo tempio per opera di Tito

79-81 d.C Tito

79 d.C. eruzione del Vesuvio

80 d.C. incendio di Roma

81-96 d.C. Domiziano

84 d.C. Agricola attacca i Caledoni

I secolo d.C.

35/40-96 d.C. Quintiliano

38/41-104 d.C. Marziale

50/60-dopo 127 d.C. Giovenale

55/58-117 d.C. circa Tacito

61/62-dopo 113 d.C. Plinio il Giovane

70-122 d.C. circa Svetonio

78 d.C. Vespasiano assegna a Quintiliano uno stipendio per il suo insegnamento di retorica

84-85 d.C. Marziale inizia a pubblicare i suoi componimenti

CULTURA

«Chi a tutti deve comandare deve essere scelto fra tutti; ché non si tratta di assegnare un padrone a vili schiavi, in modo da essere contenti di un erede «necessario», ma per un Imperatore di dare un Principe ai propri cittadini. Superbo e tirannico atto sarebbe se non si adottasse uno che anche senza una tale adozione apparisse degno di governare. Così ha fatto Nerva, persuaso che non vi sarebbe alcuna differenza tra il generare e lo scegliere, se non che i figliuoli non si possono senza discernimento adottare così come si accettano quando nascono; e i popoli sopportano meglio uno che il Principe ha poco felicemente generato, piuttosto di un altro che sia stato male scelto.»

(Plinio il Giovane, *Panegyricus Traiano imperatori dictus* 7; trad. di E. Faelli)

96-98 d.C.
Nerva: inizia la fase degli "imperatori per adozione"

98-117 d.C.
Traiano

117-138 d.C.
Adriano

138-161 d.C.
Antonino Pio: inizia l'epoca degli Antonini

161-180 d.C.
Marco Aurelio

175 d.C.
rivolta di Avidio Cassio in Siria

177 d.C.
Marco Aurelio associa al potere il figlio Commodo

180-192 d.C.
Commodo

Il secolo d.C.

d.C.
intiliano
ɪia
avorare
a *Institutio*
toria

98 d.C.
Tacito pubblica l'*Agricola*

100 d.C.
• Giovenale inizia a pubblicare le sue satire
• Tacito inizia a lavorare alle *Historiae*
• Plinio compone il panegirico di Traiano

100/106 d.C.
Diffusione del *Dialogus de oratoribus*

112/113 d.C.
• Tacito inizia a lavorare agli *Annales*
• costruzione della Colonna Traiana

125-170 d.C. circa
Apuleio

158-159 d.C.
processo di Apuleio (e sua difesa nel *De magia*)

L'IMPERO VERSO LA SUA "ETÀ D'ORO"

Animula vagula blandula,	Anima piccola, vagabonda, dolce,
hospes comesque corporis,	ospite e compagna del corpo,
quae nunc abibis in loca	ora te ne andrai via in luoghi
pallidula rigida nudula	palliducci, rigidi, spogli
nec, ut soles, dabis iocos!	e non ti divertirai, come è invece tuo solito!

(Adriano, dalla *Historia Augusta*)

L'autore di questi brevi versi si rivolge alla propria anima, rivelandole, con la tenerezza che si riserva a un fanciullo, che è destinata a scendere nel cupo regno dei morti, abbandonando un'esistenza piena di vitalità e di divertimenti. L'*Historia Augusta*, una raccolta di biografie di imperatori composta nel IV secolo d.C., ci dice che questi versi sono stati composti in punto di morte da Adriano, uno dei sovrani che governarono l'impero nel II secolo d.C., garantendo una fase di stabilità e di prosperità. In realtà non è certo che Adriano sia l'autore del componimento, ma la poesia rimanda ad alcuni aspetti della cultura del principe, e anche della letteratura del suo tempo, costituendo dunque un documento interessante.

Adriano fu, infatti, un uomo raffinato, appassionato della civiltà greca (tanto da essere soprannominato *Graeculus*) e compositore di versi in greco e in latino, al punto di divenire un riferimento per le tendenze artistiche del suo tempo, sofisticate ed estetizzanti. Adriano però fu anche un politico concreto e ambì a realizzare una sintesi tra mondo greco e mondo romano, ma a favore della gloria eterna di Roma: in Adriano il filo-ellenismo si coniugava, infatti, con uno sforzo sistematico di recupero delle tradizioni romane, al fine di concorrere alla creazione di una effettiva unità politico-culturale dell'impero, che era diventato territorialmente smisurato.

La ripresa e la valorizzazione delle tradizioni romane indusse Adriano a maturare un forte apprezzamento per la poesia arcaica d'età repubblicana, ma anche la tendenza a sperimentare nuove forme espressive: tendenze che resero il principe la personalità

artistica più significativa tra i poeti del II secolo, ossia tra la cerchia dei cosiddetti *poetae novelli*. Queste caratteristiche sono ben evidenti nel breve carme dedicato alla sua anima (*animula vagula blandula*...): una composizione d'occasione, apparentemente semplice, che richiama nella sua brevità i toni della poesia neoterica del I secolo a.C.; gli effetti emotivi e musicali sono ottenuti attraverso il ricorso ai diminutivi e all'utilizzo del dimetro giambico, metro tipico del teatro, scandito con un'originale scelta di sillabe (il primo ed il quarto verso presentano sette sillabe brevi di seguito). Ma il contenuto della poesia, al di là del tono lezioso e della ricercatezza formale, rimanda, più in generale, alla complessità con cui gli imperatori intellettuali (Adriano e Marco Aurelio) vissero il loro ruolo: essi operarono con determinazione, se non con spietatezza, per rendere lo Stato romano coeso sul piano politico e sicuro su quello militare; ma interpretarono la loro condizione di prìncipi con spirito umanitario e tormentata coscienza filosofico-religiosa.
Adriano sapeva bene – anche in conseguenza della sua formazione stoica – che era ormai necessario, per un principe che voleva realmente garantire la pace in un impero tanto vasto, presentarsi ai sudditi come il detentore di un potere capace di mediare tra gli dèi e gli uomini, come un padre sollecito verso i bisogni di tutti. Questa visione del potere si radicava su una concezione cosmico-sacrale che faceva coincidere – come disse il rètore Elio Aristìde – la durata di Roma con l'eternità del cosmo. A conclusione di questa parabola esaltante e ispirata, però, Adriano finì per morire – stando almeno alla *Historia Augusta* – malato e *invisus omnibus* («odiato da tutti»), forse proprio per quella resistenza (anzitutto senatoria) alla sua visione cosmopolita e autocratica. Le ultime parole dell'imperatore sarebbero consistite, dunque, in questi versi con cui egli si rivolgeva alla sua anima per annunciarle, con malinconico disincanto e non senza angoscia, il distacco dal mondo terreno.

Busto dell'imperatore Adriano, 120/130 d.C. Parigi, Louvre.

Il contesto storico e sociale

1. LA DINASTIA FLAVIA

La drammatica crisi del 69 d.C. (➤ p. 12) si era conclusa coll'avvento al potere di un esponente della nuova nobiltà italica (sabina), Tito Flavio Vespasiano, con cui ebbe inizio la dinastia imperiale dei Flavi. Il nuovo principe fondava la sua autorità sul controllo delle legioni e sull'appoggio della nobiltà recente, impostasi sulle grandi famiglie nobiliari (spesso coinvolte nei conflitti cortigiani dell'epoca giulio-claudia). La dinastia flavia proseguì con il regno dei due figli di Vespasiano, Tito (79-81 d.C) e Domiziano (81-96 d.C.).

VESPASIANO (69-79 D.C.), IL PRINCIPE AUSTERO

Vespasiano si presentò, sul modello di Augusto, come un «insigne iniziatore di costumi severi» (Tacito) rispetto al lusso orientaleggiante di Nerone. Volle, infatti, riaffermare l'autorità politica imperiale, recuperando l'antico stile di vita italico, ispirato ai valori dell'austerità morale e della fedeltà allo Stato. Ma Vespasiano esaltò il suo ruolo di salvatore della patria fondendo tradizione italica e sacralità orientale: alimentò infatti la credenza di essere stato prescelto da Serapide, una divinità greco-egizia che era stata accolta nel pantheon romano per effetto della diffusione nell'impero dei culti orientali.

La conquista armata del potere imponeva, però, a Vespasiano una legittimazione giuridica della sua autorità: questa legittimazione è documentata in un testo epigrafico, la *Lex de imperio Vespasiani* (un decreto del senato sull'autorità di Vespasiano, del 69 d.C.), che, in nome dell'autorità degli imperatori precedenti, consente a Cesare Vespasiano Augusto di compiere tutto ciò che il *princeps* ritenga utile alla *res publica*, con l'unico obbligo di rispettare nel suo operato i grandi princìpi religiosi e civili di Roma. In tal modo il documento (dietro cui è lecito ritenere vi fosse la mano dello stesso Vespasiano) definiva giuridicamente quei poteri che, a partire da Augusto, avevano consentito ai prìncipi di affermare di fatto la loro autorità assoluta sulla repubblica. Ma Vespasiano cercò anche di rendere il senato più fedele al principe, estendendone l'accesso alle aristocrazie provinciali occidentali (in particolare spagnole) e a quelle delle province d'Asia e d'Africa. Non mancarono, comunque, congiure e opposizioni di senatori, come il pretore Elvidio Prisco (genero di Tràsea Peto), che ancora rivendicavano per il senato spazi di libertà politica; ma da costoro Vespasiano si difese con intransigenza e determinazione.

Il contrasto del lusso imponeva al principe una riorganizzazione economico-finanziaria dello Stato: l'aumento delle entrate venne garantito dalla soppressione di esenzioni e privilegi legati alla politica neroniana e dall'aumento della pressione fiscale sulle province e su Roma. Vespasiano controllò le spese in modo rigoroso, ma il maggior gettito fiscale fu investito nel miglioramento delle reti viarie dell'impero e in una vasta opera edilizia e monumentale avviata a Roma, in particolare con la ricostruzione del Campidoglio e l'edificazione dell'Anfiteatro Flavio (il Colosseo): operazioni edilizie significativamente progettate sul terreno deve sorgeva la *Domus aurea* di Nerone. Il principe si distinse nel sostegno pubblico alle popolazioni in occasione di calamità naturali e per una politica di finanziamento statale di nuove scuole, come quella di retorica di **Quintiliano**.

"Il tempo dell'autore", p. 440

Dopo la vittoria del 69 d.C., Vespasiano aveva messo a capo dei pretoriani il figlio Tito e aveva riorganizzato le legioni e il reclutamento delle truppe ausiliarie. In Occidente, aveva provveduto alla repressione di una rivolta di Batavi (un tribù germanica stanziata negli attuali Paesi Bassi) provocata da Giulio Civile, mentre in Oriente aveva spento la rivolta giudaica avviatasi nel 66 d.C., all'epoca di Nerone. La resistenza della Giudea all'autorità romana, in particolare, portò alla distruzione di Gerusalemme e del suo tempio, nel 70 d.C., per opera di Tito. Vespasiano rafforzò le difese imperiali da minacce esterne, favorendo l'approntamento di un sistema di fortezze collegate da una rete stradale, che poi sarebbe stato perfezionato dai suoi successori: l'obiettivo era quello di creare in questo modo un corridoio che consentisse gli spostamenti immediati delle truppe dislocate alle frontiere, in caso di attacco. Le zone interessate da questi interventi furono la Germania, la Britannia e l'Africa mediterranea. In Oriente, invece, fu abbandonato il sistema degli Stati-clienti e venne perciò creata la grande provincia della Cappadocia: l'Eufrate definì in tal modo il confine estremo dell'impero a est.

TITO (79-81 D.C.), «AMORE E DELIZIA DEL GENERE UMANO»

Vespasiano, senza aprire conflitti con il senato, impose come suo successore il figlio Tito, che si era formato a lungo al servizio del padre come prefetto del pretorio. Svetonio (*Titus* 1) informa che Tito si fregiò dell'appellativo di «amore e delizia del genere umano», per via della sua abilità nell'ottenere il favore di tutti durante il suo breve principato. Il successo dell'immagine di Tito come imperatore fu dovuto alla clemenza da lui dimostrata nei confronti del senato e all'assistenza generosa e pronta che fornì alle popolazioni dell'impero in più momenti drammatici: un'epidemia di peste, la storica eruzione del Vesuvio del 79 d.C. (che seppellì Pompei, Ercolano e Stabia) e infine un grave incendio scoppiato a Roma nell'80 d.C.

Tito accompagnò l'assistenza umanitaria con interventi di ricostruzione edilizia e, insieme ad altre opere pubbliche, portò a termine la costruzione del Colosseo. Morì di febbre a soli 42 anni nell'81 d.C.: gli succedette il fratello Domiziano, acclamato dai pretoriani.

■ Quadriga imperiale e la Vittoria che incorona Tito. Pannello lato nord dell'Arco di Tito. Roma.

TESTI E TEMI

LA DISTRUZIONE DEL TEMPIO DI GERUSALEMME (FLAVIO GIUSEPPE, *GUERRA GIUDAICA* 6, 4, 5)

UN GIUDEO ALLA CORTE DEI FLAVI Flavio Giuseppe (in ebraico *Yosef ben Matityahu*) era un nobile ebreo che, dopo una prima resistenza contro i Romani durante la guerra giudaica, fu catturato e incarcerato fino al termine del conflitto; liberato da Vespasiano, si trasferì a Roma, diventando un cittadino romano e un letterato protetto dai Flavi.

LA DISTRUZIONE DEL "SECONDO TEMPIO": QUALI COLPE? Nel passo qui riportato, tratto dall'opera storica (*La guerra giudaica*) in cui Flavio Giuseppe ricostruisce gli avvenimenti della guerra vinta da Vespasiano e Tito, la distruzione del tempio di Gerusalemme rivela il compimento di una condanna divina già annunciata dall'incendio con cui il re babilonese Nabucodonosor aveva distrutto nel 586 a.C. il "primo tempio" (quello eretto da re Salomone nel X secolo a.C.). L'ardore distruttivo del Dio biblico trova il suo strumento inconsapevole in un soldato romano che, di sua iniziativa, appicca l'incendio con il lancio di un tizzone ardente all'interno delle stanze adiacenti il santuario, scatenando nei Giudei asserragliati a difesa del tempio uno straziante quanto vano tentativo di salvare l'edificio sacro dalle fiamme. La colpa principale di questa tragedia, secondo lo storico, va però cercata nella furiosa resistenza collettiva che i Giudei hanno opposto, senza alcuna possibilità di vittoria, al dominio romano. La violenza dello scontro dipese, in realtà, dal fatto che ebrei e Romani sentivano di incarnare, anche alla luce di profezie a quel tempo ampiamente diffuse, due culture che non potevano convivere.

LA NASCITA DEL "MURO DEL PIANTO" Secondo la tradizione ebraica, anche in quella tragica occasione Dio lasciò un segno del suo legame con il popolo eletto: il muro di cinta occidentale del cortile esterno del tempio rimase in piedi e ancora oggi costituisce il cosiddetto "muro del pianto" (*Hakotel HaMa'aravi*), dove Dio ascolta le preghiere dei fedeli. Così, il relitto lasciato da Tito a eterno monito per gli sconfitti è diventato per gli ebrei il luogo più sacro della terra.

Tito si ritirava nell'Antonia [*fortezza, sede della guarnigione romana*] deciso a scatenare all'alba del giorno dopo un assalto con tutte le forze per investire da ogni parte il Tempio. Questo già da parecchio tempo era stato dal Dio condannato alle fiamme, e col volgere degli evi ritornò il giorno fatale, il dieci del mese di Loos [*luglio*], quello in cui una volta esso era già stato incendiato dal re dei babilonesi. Le fiamme ebbero inizio e furono causate ad opera dei giudei; infatti, ritiratosi Tito, i ribelli dopo un breve riposo si scagliarono di nuovo contro i romani e infuriò uno scontro fra i difensori del santuario e i soldati intenti a spegnere il fuoco nel piazzale interno. Costoro, volti in fuga i giudei, li inseguirono fino al tempio, e fu allora che un soldato, senza aspettare l'ordine e senza provare alcun timore nel compiere un atto così terribile, spinto da una forza soprannaturale afferrò un tizzone ardente e, fattosi sollevare da un commilitone, lo scagliò dentro attraverso una finestra dorata che dava sulle stanze adiacenti al tempio sul lato settentrionale. Al levarsi delle fiamme i giudei proruppero in un grido terrificante come quel tragico momento e, incuranti della vita e senza risparmio di forze, si precipitarono al soccorso perché stava per andare distrutto quello che fino allora avevano cercato di salvare.

(Flavio Giuseppe, *La guerra giudaica* 6, 4, 5; trad. di G. Vitucci)

■ **Processione trionfale che seguì alla distruzione del tempio di Gerusalemme.** Pannello lato sud dell'Arco di Tito. Roma.

DOMIZIANO (81-96 D.C.), IL TIRANNO AUTORITARIO

Gli storici Tacito e Svetonio riprendono con Domiziano a tramandare l'immagine del *princeps* capriccioso e ambizioso, che trasforma il suo governo in una tirannia crudele per colpa della paura ossessiva delle congiure e di una vera e propria instabilità psicologica. Nei fatti Domiziano, dopo essere stato ai margini durante il regno del padre e del fratello, gestì la sua autorità senza cercare la collaborazione con il senato; rafforzò il carattere sacrale della sua carica (attribuendosi la denominazione di *dominus ac deus*), incontrando per questo l'opposizione dell'aristocrazia senatoria ma anche degli intellettuali di ispirazione stoica. Il suo regno contribuì, comunque, al consolidamento della struttura amministrativa dell'impero.

Domiziano radicò la sua azione di governo nel tradizionalismo politico-religioso romano, rivendicando di essere stato prescelto da Giove Ottimo Massimo, la divinità romana più rappresentativa. Esercitò un severo controllo sulla moralità dei funzionari pubblici e anche sui comportamenti sessuali dei privati cittadini; perseguì la corruzione, in particolare gli abusi dei governatori delle province, ottenendo una crescita significativa della loro moralità ed efficienza. Per garantire una gestione meno personale delle cariche, favorì la burocratizzazione dell'amministrazione, mediante il passaggio delle funzioni dai liberti ai cavalieri. Il suo tradizionalismo religioso lo portò ad avere rapporti difficili con i giudei e con i cristiani, per via della loro opposizione al culto imperiale. Nel 95 d.C. fece condannare a morte per ateismo (*impietas*) Flavio Clemente, suo cugino, e all'esilio Flavia Domitilla, moglie di Clemente e parente di Domiziano stesso, nell'ambito di una più ampia repressione di coloro che praticavano culti giudaici (non meglio precisati): con questa imputazione Domiziano stabilì che il rifiuto di praticare i culti ufficiali di Roma (e quindi anche di riconoscere il fondamento della sua autorità) si configurasse come alto tradimento nei confronti dello Stato.

In continuità con l'opera di fortificazione delle frontiere di Vespasiano, Domiziano approfittò della vittoria sui Chatti (nella zona del medio corso del Reno, nell'83 d.C.) per avviare una definizione più rigida dei confini occidentali dell'impero. Fece installare nel territorio conquistato i *castra* (accampamenti fortificati) delle legioni, in collegamento tra loro tramite una rete di strade, a difesa del confine che si snodava tra il fiume Meno, le sorgenti del Danubio e il corso superiore del Reno. Questi insediamenti erano a loro volta protetti da una linea più avanzata di difesa, costituita dai fortini delle truppe ausiliarie, collegati tra loro da terrapieni e fortificazioni. Si definì in questo modo una frontiera artificiale (*limes*) che disegnava con chiarezza i confini dell'impero rispetto a ciò che era esterno a esso. Il consolidamento della presenza romana portò alla creazione nel 90 d.C. delle due province della *Germania superior* (nell'area franco-svizzero-tedesca) e *inferior* (tra Germania e Paesi Bassi). Nell'area balcanico-danubiana, invece, Domiziano fu costretto a due campagne militari per contrastare le incursioni in Mesia dei Daci, unificati sotto l'autorità di Decebalo, con cui infine dovette scendere a un compromesso. Grazie all'opera del legato Giulio Agricola (il suocero di Tacito), giunse invece a compimento la penetrazione romana nel nord della Britannia, con la conquista di una parte significativa della Scozia (che però non fu annessa alla provincia).

Nell'89 d.C. Domiziano dovette intervenire per reprimere la sollevazione delle legioni del Reno, che avevano proclamato imperatore il legato L. Antonio Saturnino. Il tentativo del legato, favorito da complicità a corte, esasperò le preoccupazioni del *princeps* per la sua incolumità e provocò una dura reazione contro i senatori e gli intellettuali che manifestavano opposizione alla sua autorità. Nel 96 d.C., infine, Domiziano fu vittima di un complotto di palazzo, capeggiato forse dalla ex moglie Domizia e ordito da rappresentanti dei molti gruppi che erano stati colpiti dalle sue repressioni. Alla morte di Domiziano il senato ne proclamò la *damnatio memoriae* e acclamò successore Marco Cocceio Nerva, esponente di un'antica famiglia umbra di nobiltà repubblicana.

2. GLI IMPERATORI PER ADOZIONE

Con il regno di Nerva (96-98 d.C.) inizia una fase della storia romana che viene solitamente definita degli "imperatori per adozione", in quanto i prìncipi di quest'epoca furono scelti e adottati dal rispettivo predecessore proprio in funzione della successione al potere: a Nerva, secondo questa prassi, succedettero Traiano (98-117 d.C.) e poi Adriano (117-138 d.C.), a cui poi fece seguito Antonino Pio (138-161 d.C.). Con quest'ultimo principe si tornò invece a una successione più marcatamente familiare, poiché dopo di lui salirono al potere dapprima i figli Lucio Vero (161-169 d.C.) e Marco Aurelio (161-180 d.C.), poi il figlio di quest'ultimo, Commodo (180-192 d.C.). Alla famiglia antonina in realtà furono legati imperatori anche nei primi decenni del III secolo d.C., ma è consuetudine impiegare il nome della famiglia solo in relazione ad Antonino Pio, Marco Aurelio e Commodo.

L'intera serie degli imperatori del II secolo d.C., inoltre, viene classificata anche come "dinastia provinciale", poiché Traiano e Adriano erano originari della provincia spagnola, mentre la famiglia di Antonino Pio proveniva dalla Gallia Narbonese (ossia dalla odierna Francia meridionale).

LESSICO | IL *LIMES*

La parola (*limes*, *limĭtis*, m.), di origine incerta, ha il significato di «limite», «confine»: ciò che delimita uno spazio, ma anche lo spazio che cinge, circonda, cioè i «dintorni». Il termine era sentito dai latini in rapporto semantico con *limen* (*limen, limĭnis*, n.): il «passo», la «soglia», l'«architrave» della porta d'accesso. *Limes*, nel lessico agrimensorio, indicava il cammino che delinea i bordi di due proprietà fondiarie, separandole. Nel lessico militare, nel I secolo d.C., definiva invece la strada romana che, munita di fortificazioni, si incuneava in un territorio ostile al fine di favorirne l'assoggettamento.
L'evoluzione del sistema di difesa imperiale, nel corso del II secolo d.C., portò a una definizione più precisa e netta dei confini dell'impero: questo processo implicò un'evoluzione semantica del vocabolo, che passò a indicare la **strada** che, correndo parallela alla linea di confine del territorio romano, individua il tracciato di protezione militare dalle minacce esterne. Questa **frontiera fortificata**, però, non isolava Roma, ma definiva una fascia di territorio, posta sotto l'autorità imperiale, che la metteva in relazione col mondo non romano. Il *limes*, quindi, aveva la funzione simbolica di integrare le diverse parti di un impero universale, la cui coesione era garantita proprio dall'origine provinciale dei soldati dell'esercito preposto alla sua difesa.
Questa nuova concezione di confine rifletteva, del resto, due tendenze importanti: l'esercito era divenuto composto per lo più di provinciali, per effetto della collocazione delle legioni alla periferia dell'impero, e quindi, specularmente, veniva meno la tradizionale identità del soldato romano con il cittadino di Roma, o italico.

NERVA (96-98 D.C.), IL VECCHIO SENATORE

Il breve principato di Nerva, ultimo principe italico, segnò per la prima volta la conquista della carica imperiale da parte di un candidato del senato. Nerva era un politico moderato, esperto nella mediazione tra gruppi di potere; è probabile che sia stato scelto dal senato come un principe di transizione, data la sua anzianità (60 anni) e la mancanza di figli, ma anche per difendere gli interessi politici della classe senatoria. In realtà Nerva seppe praticare una politica autonoma dal senato e dai pretoriani, che gli garantì la fedeltà delle legioni.

Un momento di tensione politica fu provocato proprio dai pretoriani, che chiesero a Nerva di giustiziare gli assassini di Domiziano, con l'intento di delegittimarlo agli occhi dei senatori (che avevano decretato la *damnatio memoriae* del principe precedente). L'imperatore esaudì la richiesta, ma evitò che scoppiasse una crisi eleggendo come successore il senatore Marco Ulpio Traiano, di origine spagnola (ma di famiglia originaria dell'Italia), che era allora governatore della Germania Superiore: un uomo di grandi doti militari e politiche, in grado di arginare le prevaricazioni dei pretoriani. In questo modo l'ultimo principe italico ripropose la strategia con cui Galba aveva cercato di dare una soluzione politica alla fine della dinastia giulio-claudia, ma evitando di incorrere nell'errore di inimicarsi le legioni.

TRAIANO (98-117 D.C.), IL CONSOLIDATORE DELL'IMPERO

Traiano fu il primo imperatore proveniente dell'aristocrazia senatoria provinciale (spagnola). Anche per questo motivo, ricompattò intorno alla sua autorità i ceti dirigenti dell'impero, con una politica di maggiore tutela dei cittadini provinciali e di integrazione economica tra centro e periferie. Questo clima di riconciliazione fu favorito dalla diffusa consapevolezza del fatto che era ormai tramontato il principato gentilizio, inteso come trasmissione del potere nell'ambito di una sola famiglia posta al centro di una rete di rapporti tra i membri dell'antica aristocrazia repubblicana. Con Traiano, infatti, la figura del *princeps* fu intesa come espressione del miglior rappresentante del senato, istituzione che costituiva il fondamento della *res publica* e, nel contempo, era espressione di una nuova nobiltà, affermatasi grazie alla sua intraprendenza e ai meriti militari. Se la *res pubblica* si identificava con la figura dell'*optimus princeps*, ogni incarico politico-amministrativo al servizio di quest'ultimo diventava un servizio pubblico. Ciò contribuì a uniformare le carriere amministrative, superando le vecchie rivalità tra carriere nobiliari e carriere equestri.

Traiano si presentò ideologicamente come un padre sollecito, pronto a intervenire in tutti i settori a tutela dei suoi sudditi. In questo contesto si inserisce, per esempio, lo scambio epistolare con **Plinio il Giovane**, governatore in Bitinia. In una lettera il *princeps* fornisce i criteri operativi per gestire le denunce contro i cristiani, che avevano comportamenti eversivi per le autorità romane, ma che non risultavano punibili sulla base di una precisa disposizione di legge; con equilibrio, quindi, Traiano suggerisce a Plinio di non perseguitare di sua iniziativa i cristiani in modo sistematico, ma di limitarsi a condannare a morte, in caso di denuncia non anonima, solo gli indagati che non avessero abiurato la loro fede e si rifiutassero di celebrare sacrifici in onore delle divinità ufficiali di Roma (➤ p. 570).

"Il tempo dell'autore", p. 448

L'uccisione di Decebalo, re dei Daci. Particolare del fregio della Colonna Traiana, 113 d.C. Roma.

Traiano deve molto della sua immagine di *optimus princeps* alle conquiste militari della Dacia (l'attuale Romania), in Arabia e contro i Parti. Nel corso di due campagne militari, Decebalo, ancora minaccioso per gli interessi romani, fu sconfitto e ucciso, la Dacia occupata e ridotta a provincia, le grandi risorse aurifere della regione utilizzate per finanziare la politica imperiale. La vittoria dacica fu immortalata a Roma in una sequenza di scene che coprono a spirale, per oltre 200 metri, una colonna (detta appunto "Colonna Traiana") posta all'interno del complesso monumentale del Foro fatto costruire nel 112-113 d.C. da Traiano.
Dopo la conquista della Dacia, Traiano assoggettò il territorio dei Nabatei (l'attuale Giordania, con l'area del Sinai) istituendo la provincia d'Arabia (*Petrea*), che apriva al controllo delle vie carovaniere per l'India. Estese inoltre il *limes* imperiale, istituendo le province dell'Armenia e della Mesopotamia, ed espugnò Ctesifonte, la capitale dei Parti. Traiano raggiunse infine il Golfo Persico, portando l'impero alla sua massima estensione territoriale. Una serie di insurrezioni, tuttavia, indussero Traiano al ritiro dalle aree appena conquistate; solo in Dacia il controllo romano durò un secolo e mezzo, provocando una stabile romanizzazione del territorio.

Traiano morì durante il suo ritorno in Italia nel 117 d.C.: in punto di morte l'imperatore adottò (forse condizionato da sua moglie Plotina) Publio Elio Adriano, imparentato con il principe e suo influente consigliere, che fu acclamato dalle legioni.

ADRIANO (117-138 D.C.), IL PRINCIPE ELLENIZZANTE

«Incostante, complesso, versatile»: così *l'Historia augusta* definisce Adriano, un imperatore dallo stile di governo originale e contraddittorio, che unì lo spessore inquieto dell'intellettuale al ferreo controllo sociale del sovrano assoluto. Adriano, infatti, cercò di concentrare il potere nelle sue mani, intervenendo in modo diretto nelle situazioni che richiedevano soluzione; per fare ciò, compì una lunga serie di viaggi, che lo portarono lontano da Roma per ben dodici anni: sia per il monitoraggio del *limes* imperiale, sia per conoscere da vicino le diverse realtà provinciali, comprendendone le caratteristiche e verificando come venissero amministrate dai funzionari imperiali. Il modello ellenistico del sovrano saggio e cosmopolita incarnato da Adriano alimentò, del resto, molti malumori, soprattutto negli ambienti più tradizionalisti dell'aristocrazia senatoria, che non manifestò mai piena adesione ideologica al *princeps*.

Adriano rafforzò il controllo amministrativo razionalizzando le funzioni di governo: trasformò il gruppo dei consiglieri del principe in un organo di governo permanente; assegnò al ceto equestre la maggior parte delle cariche amministrative e finanziarie.

Nell'ambito legislativo Adriano introdusse, grazie al contributo del giurista Salvio Giuliano, l'editto perpetuo: questo editto stabiliva che il *princeps* era in grado di emanare editti che non erano più, come quelli dei pretori repubblicani, indicazioni programmatiche del magistrato per la durata della carica, ma valevano come prescrizioni generali permanenti. Adriano legiferò in tutti gli ambiti, ma i provvedimenti del principe non arrivarono mai a mettere in discussione l'ordinamento gerarchico della società romana, in base al quale i cittadini venivano trattati in modo molto diverso sul piano giuridico secondo il ceto di appartenenza.

Il profondo filo-ellenismo di Adriano (soprannominato perciò *Graeculus* dai Romani) lo portò a essere un patrocinatore della cultura e delle arti greche: volle per questo varare un piano di rilancio urbanistico di Atene e delle città greche; si impegnò nella tutela politico-economica dell'area orientale dell'impero e nel rafforzamento della presenza dei suoi rappresentanti in seno al senato; istituì biblioteche e finanziò attività scolastiche pubbliche. Il segno del *princeps* si manifestò con l'edificazione, a Roma, del suo grandioso mausoleo (oggi Castel Sant'Angelo) e, a Tivoli, della grandiosa Villa Adriana (un complesso di circa 30 edifici): un monumento che ancora oggi celebra le diverse facce del monarca viaggiatore e cultore d'arte, ma anche i diversi volti di un impero su cui Adriano affermava la sua autorità sacrale.

Adriano segnò una netta discontinuità rispetto alla politica espansionistica di Traiano, abbandonando le aree di recente conquista e riprendendo la politica augustea del consolidamento dei confini dell'impero. Forte della sua conoscenza diretta delle problematiche militari, Adriano potenziò il *limes* imperiale, diversificandone le caratteristiche difensive: in Britannia avviò la creazione di un *vallum* (un largo fossato), protetto da un muro lungo 120 km e alto circa 5 metri, lungo il quale erano dislocati fortini per contenere gli attacchi esterni dei Caledoni da nord e le potenziali ribellioni interne; al fine di controllare le popolazioni nomadi dell'Africa mediterranea, invece, fece approntare un *fossatum*, largo circa 5 metri e protetto da un muro alto circa 2,5 metri; sul fronte renano-danubiano, infine, potenziò la difesa naturale dei fiumi con una palizzata in legno piantata in una trincea scavata in profondità. In Oriente, inoltre, Adriano represse in modo spietato (con più di 500.000 morti, stando al numero iperbolico trasmesso dalle fonti) l'ennesima ribellione della Giudea, innescata dalla decisione imperiale di fondare nel territorio di Gerusalemme una colonia (*Aelia Capitolina*) e quindi il culto capitolino e imperiale.

Adriano morì nel 138 d.C., ma preparò la sua successione riprendendo la strategia dinastica di Augusto della adozione di più generazioni di candidati, al fine di stabilizzare gli equilibri interni all'aristocrazia: adottò infatti Tito Aurelio Antonino, senatore laziale (ma originario della Gallia Narbonese) e suo nipote acquisito, ma si preoccupò che questi adottasse anche Lucio Vero (7 anni) e il giovane Marco Aurelio, nipote della moglie. A quest'ultimo fu data in moglie la figlia di Antonino: un atto di politica matrimoniale che, secondo alcuni, dimostrerebbe che Adriano considerava Antonino un *princeps* di transizione e che la sua preferenza per la successione andava, fin dall'inizio, a Marco Aurelio.

3. LA DINASTIA DEGLI ANTONINI

ANTONINO PIO (138-161 D.C.), IL "BUON PADRE" DELL'IMPERO

Il regno di Antonino si presenta come lo specchio delle virtù del buon sovrano, quali l'umanità (*pius*) e la capacità di godere della agiatezza economica in modo non volgare: l'equilibrio interiore del principe si manifestò in un impero non lacerato da convulsioni, ma pago di una stabilità politica attenta alle esigenze dei cittadini di ogni condizione sociale e di ogni area geografica. Marco Aurelio, il successore, tracciò nella sua opera *A se stesso* (una raccolta di meditazioni morali, scritta in greco) un ritratto idealizzato di Antonino e invitava a imitare l'esempio del *princeps* per vivere in modo spiritualmente integro e operare per il bene comune; nella *Historia Augusta* Antonino viene presentato come un padre che assolve ai suoi doveri verso i figli con l'austerità e l'impegno tipici della tradizione patriarcale romana. Ma questa stabilità felice dell'impero, riproducendo nei fatti una continuità con la politica di Adriano, denunciava anche l'immobilismo del sistema politico-sociale.

Lo stile quieto di Antonino si manifestò innanzitutto nella sedentarietà della sua azione di governo (Antonino, a differenza di Adriano, non lasciò mai Roma) e in una politica di pacificazione con il senato. La sua politica amministrativa fu improntata al consolidamento dell'apparato adrianeo e al contenimento delle spese; Antonino si impegnò in iniziative di assistenza sociale e di tutela giuridica degli individui, sostenendo le fanciulle italiche orfane, attenuando alcuni aspetti della patria potestà e migliorando la condizione degli schiavi; ma difese anche gli interessi dei ceti proprietari riducendone gli obblighi fiscali.

Sul piano militare, Antonino volle rafforzare l'apparato difensivo allestito da Adriano nelle aree nevralgiche di confine: represse una rivolta in Britannia nel 142 d.C. e fece costruire nel nord del paese un *vallum* più avanzato, che però sarebbe stato ben presto abbandonato. Nonostante la modestia degli interventi militari, Antonino incontrò però molti problemi nel reclutamento delle truppe, a conferma di debolezze strutturali che la compagine imperiale ormai denunciava.

MARCO AURELIO (161-180 D.C.), IL PRINCIPE FILOSOFO

Marco Aurelio incarna il modello del principe filosofo, in quanto uomo dotato di un potere politico smisurato, ma che non rinuncia a riflettere sul suo ruolo e sul mondo, forte di una formazione filosofico-religiosa di matrice stoica. Come emerge dai suoi scritti, Marco Aurelio riteneva che la sua autorità comportasse il dovere di ordinare la realtà secondo una disposizione divina, ma nello stesso tempo era umanamente tormentato dalla consapevolezza della vanità di tutte le cose. All'atto della sua elezione, Marco Aurelio associò alla sua carica con pari poteri politici suo fratello adottivo Lucio Vero (che sarebbe morto prematuramente nel 169 d.C.), in pratica inaugurando la soluzione istituzionale della diarchia, che sarebbe stata ripresa molti anni dopo (➤ p. 531). Nel 177 d.C., poi, Marco associò al potere come suo successore Commodo, il figlio sopravvissuto agli altri 13 avuti dalla moglie Faustina, restaurando *in toto* la successione dinastica.

Marco Aurelio ispirò la sua azione amministrativa ai dettami di Antonino Pio, impostando con il senato un rapporto non conflittuale e aumentando il numero e l'utilizzo efficiente dei funzionari equestri all'interno dell'amministrazione. Curò una copiosa attività normativa, intervenendo sulle tutele delle figure sociali deboli, ma sempre all'interno di una logica di mantenimento delle gerarchie sociali. Anche il rapporto con i cristiani fu

■ Statua equestre di Marco Aurelio, 161-180 d.C.
Roma, Musei Capitolini.

segnato dalla stessa ambiguità: l'imperatore evitò una politica di persecuzione sistematica nei loro confronti, ma non ne accettò la spiritualità radicale ed eversiva rispetto alle istituzioni religiose romane; approvò quindi i provvedimenti capitali emessi nei confronti dei cristiani dalle autorità locali, in presenza di una regolare denuncia e di atteggiamenti di rifiuto intransigente di riconoscere l'autorità sacra dell'imperatore: nel 177 d.C. a Lione, per esempio, 40 cristiani furono condannati *ad belvas* nell'arena in occasione dei giochi.

Marco Aurelio dovette impegnarsi in una lunga guerra in Oriente per consolidare il *limes* minacciato dall'avvento di un principe filo-parto in Armenia e da aggressioni in Cappadocia e Siria: l'imperatore delegò il comando al fratello Lucio Vero, nonostante questi avesse fama di uomo inetto e rammollito, riservando forse a se stesso le decisioni strategiche. L'esito vittorioso della campagna nel 166 d.C. ebbe come conseguenze l'indebolimento del *limes* settentrionale, per la dislocazione delle truppe in Oriente, e lo scoppio di un'epidemia di peste, diffusa nelle città dell'impero dai soldati di Vero durante il loro viaggio di ritorno. Questa epidemia acuì ulteriormente le difficoltà del sistema economico-militare dell'impero, messo alla prova anche dalle campagne che Marco Aurelio condusse personalmente sul fronte alpino e danubiano dal 167 al 180 d.C.: l'imperatore dovette, infatti, arginare le ondate di attacchi che le popolazioni dei Quadi e dei Marcomanni man mano portarono sul fronte renano-danubiano, arrivando a minacciare l'Italia. Per proteggere l'arco alpino si procedette a un arruolamento eccezionale di legionari italici e fu istituita la *praetentura Italiae et Alpium* (un comando unificato temporaneo).

Lo stato di emergenza alimentò un clima generalizzato di insicurezza che incrinò la stabilità del potere imperiale, dando origine nel 175 d.C. a un tentativo di rivolta in Siria, capeggiato da Avidio Cassio, un brillante generale di origine siriana che si era distinto durante la guerra partica ed era stato lasciato da Marco Aurelio in Oriente come suo plenipotenziario. Il tentativo di Avidio fallì e Marco Aurelio riuscì a stabilizzare la situazione, ma la morte improvvisa (nel 180 d.C.) gli impedì di consolidare il controllo della regione: la crisi militare e il successo iniziale del tentativo di Avidio avevano del resto rivelato le debolezze del sistema imperiale.

COMMODO (180-192 D.C.), IL NUOVO ERCOLE ROMANO

La successione a Marco Aurelio del figlio Commodo era obbligata e dunque avvenne senza traumi, ma la condotta del nuovo *princeps* ritrasformò drammaticamente la corte in una fucina di congiure. Commodo incarna la figura dell'imperatore tirannico ed eccentrico, che si disinteressa del governo, consentendo a personalità a lui vicine di acquistare un'influenza abnorme sul principato. Nell'ultima fase del suo regno, inoltre, Commodo, suggestionato dai culti orientali, prese a rivendicare con forza la divinità della sua persona e l'identificazione con Ercole, pretese l'assimilazione di Roma alla sua persona (con il nome di *colonia Commodiana*), incrudelì con ferocia contro le congiure alimentate dal clima di terrore che egli stesso imponeva.

Commodo interruppe le campagne militari oltre il Danubio condotte da Marco Aurelio: ciò favorì un ritorno a una politica di accordi con i barbari che garantì una attenuazione dei disagi finanziari e materiali dei Romani ormai stremati dal prolungato sforzo bellico. Ma dopo questa iniziativa positiva e la morte di Tigidio Perenne (182 d.C.) – il prefetto del pretorio che nella prima fase del regno aveva garantito gli equilibri con il senato – l'operato di Commodo indebolì drammaticamente l'organizzazione del governo: consentì l'ascesa alla prefettura del liberto Cleandro, uomo attento ai soli interessi personali; riprese, in funzione antisenatoria, la politica delle elargizioni e dei *circenses* a favore della plebe, che alimentavano in un circuito perverso la necessità di finanziamenti continui attraverso confische e vendita delle cariche pubbliche. Nell'ultima fase del suo regno, un influsso molto negativo fu esercitato anche da personaggi come Ecletto, il suo cameriere personale (*cubicularius*), e il prefetto Emilio Leto, che favorirono la deriva psicologica e religiosa dell'imperatore.

La crisi dell'autorità imperiale portò all'uccisione di Commodo nel 192 d.C.

4. ROMA, CROCEVIA DEL MONDO

«Qui confluisce da ogni terra e da ogni mare quello che generano le stagioni e producono le varie regioni, i fiumi, i laghi e le arti dei Greci e dei barbari; se uno vuole osservare tutte queste cose, bisogna o che se le vada a vedere viaggiando per tutta l'ecumene, o che venga in questa città. Infatti quanto nasce e si produce presso ciascun popolo, non è possibile che non si trovi sempre qui addirittura in abbondanza. Tante sono le navi da carico che giungono qui trasportando tutti i prodotti da tutti i luoghi, in ogni stagione, in ogni volgere d'autunno, che l'Urbe sembra il laboratorio generale della terra». Questa rappresentazione ispirata del rètore Elio Aristìde, tratta dalla sua orazione in lode di Roma (*A Roma*, del 143 d.C.) trasfigura il dato politico-economico più rilevante dell'economia imperiale nel II secolo d.C.: la centralità di Roma, una megalopoli ormai di un milione di abitanti, con enormi bisogni di approvvigionamento di beni primari e di beni di lusso, che determinavano a loro volta un incremento complessivo della produzione e del consumo delle merci; le aree provinciali (Spagna e Francia) capaci di integrare i prodotti italici, insufficienti ormai a soddisfare da soli le esigenze della capitale, risultavano perciò sempre più integrate nell'impero e competitive rispetto al centro.

IL RUOLO ECONOMICO DELL'ESERCITO

Le trasformazioni economiche furono prodotte anche dall'ampliamento territoriale dell'impero e del suo apparato statale: la presenza degli eserciti alle frontiere, in particolare, imponeva il trasferimento sistematico di una grande quantità di beni dai centri di produzione mediterranei alle periferie dell'impero. Le paghe dei legionari consentivano, inoltre, la redistribuzione nelle province, soprattutto in quelle povere del Nord-Europa, di parte delle risorse finanziarie, che poi spesso venivano drenate verso il centro dalla tassazione delle province stesse. Questi fenomeni, unitamente all'urbanizzazione delle province e a un sistema fiscale basato sull'uso generalizzato della moneta imperiale, portarono all'incremento delle aree di mercato e di scambio, rispetto alle aree votate alla pura sussistenza (sempre, ovviamente, nei limiti di un'economia precapitalistica).

L'ETÀ AUREA DELL'IMPERO

L'età degli Antonini è considerata la stagione d'oro dell'impero romano, per la prosperità economica e la stabilità politica. Il benessere era frutto dell'integrazione dei possedimenti di Roma, che consolidava la propria presenza territoriale grazie all'urbanizzazione e allo sviluppo infrastrutturale delle diverse aree geografiche. Alla base vi era un legame politico organico tra l'autorità imperiale e le *élites* locali, ma una parte delle ricchezze di queste classi dominanti veniva devoluta in elargizioni e sovvenzioni a favore delle comunità di appartenenza ("evergetismo").

L'ordine sociale era garantito dalla divisione in due della società, che imponeva il dominio di pochi (*honestiores*) sulla grande massa della popolazione (*humiliores*), soddisfatta nelle sue modeste necessità quotidiane dalla liberalità assistenziale dei ricchi e organizzata in associazioni che ne controllavano il potenziale malcontento.

LE CONTRADDIZIONI DEL SISTEMA

La libertà economica e le possibilità di ascesa sociale dei nuovi nobili non modificavano, però, il sistema di privilegi su cui poggiava il potere economico e politico del ceto agiato. L'azione illuminata dei prìncipi legittimava quest'ordine, limitandosi ad attenuarne gli aspetti più duri, con l'estensione delle protezioni sociali e dell'assistenza ai sudditi. Sul piano economico, la vitalità originaria della piccola e media proprietà contadina si andava spegnendo, anche per il progressivo aumento dei latifondi. La manodopera tradizionale era rappresentata dagli schiavi e da braccianti stagionali di condizione libera, ma nel corso del tempo essa venne integrata e poi sostituita da contadini liberi (coloni), che stipulavano contratti di affitto con i grandi proprietari per lavorare parti delle loro terre. Con il tempo, però, questo fenomeno non favorì la modernizzazione del sistema produttivo romano: i proprietari terrieri erano privi di una cultura imprenditoriale e di risorse tecnologiche capaci di produrre trasformazioni paragonabili a una vera rivoluzione dei sistemi di produzione.

La stabilità politica sotto gli Antonini consentì, dunque, di godere i frutti della coesione sociale, ma, quando il complicarsi della situazione politico-militare impose ai ceti dirigenti di modificare il proprio ruolo sociale, allora vennero a galla tutte le fragilità nascoste sotto l'ideologia dell'età aurea dell'impero romano.

GUIDA ALLO STUDIO

1. Che cosa disciplinava la *Lex de imperio Vespasiani*?

2. Quali fatti drammatici si verificarono durante il principato di Tito?

3. Quale fu l'atteggiamento di Domiziano nei confronti della moralità e dei culti tradizionali?

4. In che modo la fortificazione del *limes* rispecchiò lo stato dei rapporti tra Roma e i territori di confine?

5. Quali scelte e situazioni favorirono il clima di riconciliazione che caratterizzò il principato di Traiano?

6. Quale innovazione giuridica fu introdotta da Adriano, grazie al contributo del giurista Salvio Giuliano?

7. Quali fatti militari crearono una situazione di emergenza durante l'impero di Marco Aurelio?

8. Individua alcuni indicatori di benessere e alcuni segnali della fragilità del sistema socio-economico dell'impero romano durante l'età degli Antonini.

Il contesto culturale

1. LA POLITICA CULTURALE DEI FLAVI

I grandi scrittori dell'età neroniana avevano mostrato la crisi del classicismo augusteo e le contraddizioni del principato. Sotto i Flavi, impegnati in un'opera di rafforzamento istituzionale e amministrativo dell'autorità imperiale, la produzione letteraria segnò invece un ritorno al classicismo. Questa tendenza portò al recupero dei modelli letterari dell'età augustea (Virgilio, per la poesia) e della tradizione repubblicana (Cicerone, per la prosa), che gli autori interpretarono soprattutto alla luce delle innovazioni stilistiche e poetiche di Ovidio, Lucano (➛ p. 53) e Seneca (➛ p. 68).

L'avvento di Vespasiano, rude soldato e severo amministratore, corrispose al venir meno di una significativa vitalità letteraria, ma il nuovo principe si distinse per il patrocinio a favore delle istituzioni scolastiche e delle attività culturali. La politica culturale di Vespasiano non ebbe i foschi caratteri censori dell'età neroniana e promosse una collaborazione sostanzialmente pacifica con i ceti colti.

Dopo la meteora di Tito, Domiziano, pur non manifestando interessi culturali specifici, continuò a favorire le attività artistico-letterarie, in un'ottica celebrativa e propagandistica della sua autorità e del suo regno: gli epigrammi mondani di **Marziale** e le poesie d'occasione di Stazio (le *Silvae* ➛ p. 259), infatti, forniscono un ricco quadro delle caratteristiche della società cortigiana del tempo. Sotto il governo di Domiziano la produzione letteraria subì una netta impennata, anche perché in questo periodo giunse a compimento una serie di opere iniziate sotto i predecessori.

"Il tempo dell'autore", p. 278

IL RITORNO DELLA CENSURA

La riaffermazione autocratica del potere imperiale da parte di Domiziano produsse anche la ripresa di una politica persecutoria da parte del *princeps* nei confronti degli intellettuali oppositori, come gli autori di biografie agiografiche di personaggi dell'opposizione neroniana, o i rètori colpevoli di declamazioni antitiranniche. I filosofi greci (come Epittèto) furono espulsi in due riprese con un provvedimento generalizzato. La durezza della repressione domizianea non alimentò però grossi travagli creativi, come sotto Nerone, ma provocò, secondo **Tacito**, un sostanziale conformismo, segno del peggior asservimento spirituale di Roma alla tirannide.

"Il tempo dell'autore", p. 323

La spiegazione di questo conformismo intellettuale è fornita da Stazio che, nelle *Silvae*, rappresenta l'ideologia del nuovo cortigiano: un funzionario solerte e riconoscente delle opportunità che il favore dell'imperatore gli offre, e che per questo coopera con lui nella faticosa gestione delle incombenze quotidiane.

LA POESIA EPICA NELL'ETÀ FLAVIA

Nella produzione epica dell'età dei Flavi si assiste a un ritorno classicistico al modello virgiliano; prevale negli autori l'esigenza di superare le sperimentazioni poetiche di Lucano, scegliendo argomenti mitologici o ambientazioni storiche remote: in questo modo i poeti non si impegnavano nell'analisi critica del presente e potevano assolvere, indirettamente, alla funzione celebrativa che il *princeps* richiedeva. Ma, al di là del rifiuto teorico, sono proprio autori come Lucano e Seneca, insieme a Ovidio, che offrono gli strumenti poetici per la rielaborazione dell'insuperabile modello virgiliano. Anche nei poeti di età flavia, infatti, si segnala l'impiego di tecniche retoriche di rottura della linearità espressiva, per far emergere dimensioni insolite e tremende rispetto alla realtà ordinaria. Queste forzature stilistiche non vogliono manifestare dissidi interiori o ideologici rispetto ai valori dominanti, come nell'età neroniana: si tratta piuttosto di un manierismo letterario che cerca di scandagliare più liberamente le inquietudini e le contraddizioni dell'essere umano.

UN MODESTO IMITATORE DI VIRGILIO

Nell'ambito della poesia epica, oltre ai maggiori Valerio Flacco e Stazio, si segnala l'opera di Silio Italico, autore dei *Punica*: un poema in 17 libri che tratta delle antiche guerre tra Roma e Cartagine. L'argomento storico, trionfale per Roma ma remoto, consente a Silio di tenersi al riparo dai rischi legati alla trattazione di argomenti di più stringente attualità; il poeta, del resto, affronta il tema della crisi spirituale che ha colpito Roma dopo la scomparsa di Annibale, l'ultimo grande nemico della *res publica*, per esaltare l'avvento della dinastia flavia come segno di grande riscossa per l'identità dell'impero. L'obiettivo è quello di scrivere un nuovo grande poema nazionale alla luce del modello virgiliano.

Silio segue la ricostruzione delle vicende storiche fatta da Livio e cerca di conciliare la cronologia degli avvenimenti, i materiali della tradizione epica (Ennio e Nevio) e l'apparato divino tradizionale: il risultato è una struttura che riproduce in modo semplificato e meccanico l'*Eneide*; nei *Punica* i protagonisti del conflitto riflettono una contrapposizione schematica tra bene e male, in quanto gli eroi della tradizione romana (come Scipione, Regolo, Fabio Massimo) si presentano come dei modelli di virtù, mentre i Cartaginesi come personaggi negativi e subdoli. Solo Annibale ha una sua vivacità letteraria, che gli deriva da una personalità perversa e demoniaca, tipica degli antieroi di Lucano (➤ p. 51). L'apparato divino è presente in quantità eccessiva e con i caratteri tradizionali della poesia epica, ma mostra la presenza aggiuntiva di entità astratte personificate e di elementi magici e irrazionali (già introdotti da Lucano).

2. LE *ARGONAUTICHE* DI VALERIO FLACCO

Valerio Flacco (poeta attivo nella seconda metà del I secolo d.C.) è l'autore degli *Argonautica*, un poema incompiuto in otto libri, in cui viene riscritto in chiave virgiliana l'omonimo poema di Apollonio Rodio (poeta greco di età ellenistica). Il modello greco risulta ampliato e i riferimenti all'attualità non sono mai espliciti, ma in Valerio Flacco il viaggio degli Argonauti verso la remota Còlchide riflette la volontà di allargare gli orizzonti geografici consueti e dunque, in un certo senso, rappresenta lo spirito espansionistico dei romani, impegnati nell'imporre il loro dominio su altre popolazioni: non a caso l'opera è dedicata a Vespasiano per le sue conquiste in Britannia.

Echi del dominio autoritario del *princeps* sembrano emergere, del resto, negli elementi che indeboliscono il carattere ottimistico ed eroico della vicenda: l'impresa di Giàsone è imposta da Pelia per scongiurare le pretese dello stesso Giasone al trono; molte azioni valorose degli eroi dell'impresa vengono compiute sotto il segno di un tragico destino.

■ Affresco raffigurante Medea, da Ercolano. I secolo, Napoli, Museo Archeologico Nazionale.

Con queste ombre, il poema sembra tradire, dunque, anche i dubbi dell'autore in merito al carattere problematico di molte conquiste romane, che in fondo si imponevano come atti predatori.

Il protagonista del poema di Valerio Flacco, Giasone (che nel poema di Apollonio presentava una personalità problematica), unisce la grandezza del viaggiatore ai tratti eroici del guerriero e richiama i caratteri dell'Enea virgiliano: è il depositario del significato dell'impresa e ha un rapporto privilegiato con gli dèi, che vegliano sul viaggio facendone una missione provvidenziale e benefica. Una volta arrivato nella Colchide, Giasone è costretto a cimentarsi in guerre che mettono alla prova il suo valore, ma Medea (la figlia di Eeta, re della Colchide), innamoratasi dell'eroe, lo aiuta con le sue arti magiche a conquistare il Vello d'oro, obiettivo della missione. Il personaggio di Medea presenta, in modo non sempre coerente, i tratti tempestosi che la tradizione tragica greca le attribuiva (anzitutto la *Medea*, tragedia di Euripide) e quelli della donna ingenua che soffre per amore di Giasone. Queste contraddizioni consentono all'autore di rappresentare Medea in modo psicologicamente complesso, servendosi di caratteristiche ricavate da diversi modelli femminili della tradizione poetica latina: Didone, le donne cantate dai poeti elegiaci, le *Heroides* («Eroine») di Ovidio.

Sul piano stilistico convivono nell'opera la ricerca di una linearità classica e la presenza di forzature stilistiche che complicano la chiarezza degli enunciati. Le *Argonautiche* sono caratterizzate, inoltre, dal gusto per le atmosfere notturne e per lo straordinario, e dallo svolgimento non organico degli avvenimenti, descritti per blocchi narrativi in cui contano maggiormente l'effetto descrittivo e l'approfondimento psicologico delle singole scene.

3. LA *TEBAIDE* E LA *ACHILLEIDE* DI STAZIO

Publio Papinio Stazio (attivo, come Valerio Flacco, nella seconda metà del I secolo d.C.) riprese nella *Tebaide* (*Thebais*, un poema in 12 libri) la saga mitica della lotta tra Eteocle e Polinice, i due figli di Edipo, re di Tebe. La struttura e i temi del poema presentano forti punti di contatto con Virgilio (e Omero), ma nella *Tebaide* non vi è un solo protagonista, bensì diversi personaggi di pari rilevanza che si contrappongono reciprocamente. Le vicende non si sviluppano in modo coerente (per le frequenti divagazioni) e i rapporti tra i singoli libri non si presentano di facile comprensione. L'opera non persegue finalità politico-ideologiche precise ma, raccontando la truce vicenda di due fratelli che si annientano reciprocamente per la loro tirannica volontà di potenza, sembra riecheggiare il clima sofferto dei traumatici avvenimenti che portarono all'avvento della dinastia flavia. A rompere il velo opprimente di una violenza distruttrice si afferma vittoriosa, a conclusione dell'opera, la figura di Teseo, re di Atene, che aveva ingaggiato un conflitto con Creonte, il nuovo re di Tebe: Teseo impone, in nome della *clementia*, il rispetto del diritto alla sepoltura degli abitanti di Argo caduti nella lotta a sostegno di Polinice, che il re tebano non voleva riconoscere. Il Fato, in tal modo, opera per il ripristino della giustizia, sebbene spesso comporti tragedie storiche che il poeta (come uomo) non può che limitarsi a contemplare con sgomento.

L'analisi psicologica dei personaggi della *Tebaide* evidenzia personalità solitarie ed angosciate, «uomini perplessi, anime titubanti» (L. Micozzi), in cui la contraddittorietà dei sentimenti fa emergere le fragilità nascoste dietro il potere e le virtù. Stazio tende a descrivere i sentimenti in modo grandioso e ama i toni vistosamente cupi; ma il carattere sanguinario e drammatico delle visioni (sul modello di Lucano) viene attenuato dal gusto (ricavato da Ovidio) per il gioco delle forme poetiche. Nella *Tebaide*, in tal modo, la morte sul campo di battaglia si fa spettacolo multiforme di sofferenze, in cui i particolari sono fortemente evidenziati e i sentimenti vengono esaltati con raffinata eloquenza. Il paesaggio partecipa alle tempestose passioni umane e riflette un universo potentemente vitale.

La lingua cerca di portare al massimo delle possibilità espressive il modello virgiliano, in un faticoso equilibrio fra la consapevolezza dell'insuperabilità dell'*Eneide* e il desiderio di innovazione.

Stazio compose anche un poema, incompiuto, su Achille: l'*Achilleide*, di cui restano il libro I e una parte del II. Il protagonista mantiene i caratteri guerrieri dell'eroe della tradizione omerica, ma si arricchisce di quegli elementi sentimentali e romanzeschi che l'ellenismo e la tradizione letteraria latina (in particolare Ovidio) avevano già sviluppato. Achille viene descritto nella fase di passaggio dall'infanzia alla maturità, quando, indetta dai Greci la spedizione contro Troia, era stato nascosto dalla madre sull'isola di Sciro travestito da donna, per sfuggire al destino di morte che lo avrebbe atteso in caso di partecipazione a quella guerra. Sull'isola, però, Achille si innamora di Deidamia, la figlia del re Licomede, e questo evento apre al giovane guerriero una nuova dimensione esistenziale, che lo rende sensibile al piacere sessuale e alle comodità della vita domestica. Una volta scoperto da Ulisse, Achille decide di partire per la guerra, ma lo fa in modo sofferto. A convincerlo è l'abilissima strategia di Ulisse, che gli prospetta l'impresa non come occasione per affermare in modo individualistico il proprio valore guerriero, ma per vendicare, con Menelao, la violazione degli affetti familiari di ogni uomo.

Il poema si presenta dunque nel segno prevalente dall'ambiguità, sia perché la materia aderisce alla tradizione epico-eroica, nel contempo distaccandosene, sia perché la serie di travestimenti e di inganni oggetto della narrazione rimanda al tema (ovidiano) della mutevolezza delle forme naturali.

TESTI E TEMI

LE BELLEZZE DI NAPOLI (STAZIO, *SILVAE* 5, 3, VV. 78-102)

LA NOSTALGIA PER LA SUA CITTÀ Stazio, oltre che poeta epico, fu anche lirico: i suoi carmi sono inseriti in un'opera dal titolo *Silvae*, ossia «Boschi», alludendo all'assenza di un piano preciso sottostante alla raccolta. I temi, in effetti, sono vari, dovuti anche al fatto che i carmi raccolti erano nati da molteplici occasioni: compianto per cari defunti, gioia per matrimoni, ricordi di viaggio con descrizione di luoghi ameni, come ville, terme, opere d'arte. Non mancano brevi biglietti in versi rivolti ad amici e carmi di adulazione al principe. Si tratta di trentadue liriche di varia lunghezza distribuite in cinque libri. Il metro prevalente è l'esametro dattilico.

Spesso nelle *Silvae* si può notare una certa vivacità (che è difficile trovare nelle opere epiche), come per esempio nella brillante descrizione di *Parthenope*, ossia Napoli, la città natale del poeta. Stazio, ormai di età piuttosto avanzata, dopo aver partecipato per anni alla vita culturale di Roma, dove ha ottenuto successo grazie alle recitazioni e ai certami poetici, esorta la moglie a lasciare la capitale per ritirarsi con lui a Napoli, città meravigliosa, dal clima particolarmente dolce, dove la cultura greca e quella latina si fondono in una sintesi unica e originale.

Nostra è anche la dolce Partenope, circondata dai suoi coloni, la sirena a cui Apollo, una volta giunta dal mare, mostrò con la dionea colomba un mite territorio [*allusione al mito della sirena Partenope, leggendaria fondatrice di Napoli, guidata da una colomba di Apollo*].
Io mi impegno per portarti [*Stazio si rivolge alla moglie*] in questi posti – non sono infatti la mia patria natale il suolo di Tracia o di Libia [*terre considerate inospitali*], che raddolciscono inverni miti e estati fresche, che un mare calmo lambisce con onde lievi. C'è una pace sicura e il riposo di una vita rilassata, il dolce dormire di un sonno mai disturbato. Non ci sono lo strepito del Foro e gli alterchi dei tribunali: la giustizia risiede nei buoni costumi degli abitanti, senza bisogno dell'intervento dei littori armati di fasci. E che dire delle magnifiche vedute e della bellezza dei luoghi, e i templi, e le piazze circondate da infiniti colonnati, e i due edifici gemelli del teatro scoperto e coperto e lo spettacolo dei giochi quinquennali, che sta alla pari di quelli del Campidoglio? E la bellezza del golfo e la piacevolezza delle commedie di Menandro, che mescolano la serietà dei Romani e la sfacciataggine dei Greci? Non mancano nei dintorni gli svaghi per una vita divertente: se ti piace, puoi visitare la zona termale di Baia, con spiagge dolcissime, oppure l'antro della Sibilla, la profetessa ispirata, oppure il promontorio indimenticabile per il passaggio degli esuli di Ilio [*Capo Miseno*], oppure i ricchi vigneti di Gauro [*località in provincia di Salerno*], oppure le dimore dei Teleboi [*Capri, sede dei mitici Teleboi*], dove un faro, che rivaleggia con la luna che attraversa la notte, rivolge le sue luci care ai trepidi navigatori, e i colli di Sorrento, cari a Bacco che dona vino corposo...

(Stazio, *Silvae* 5, 3, vv. 78-102; trad. di A. Balestra)

4. LA POLITICA CULTURALE NELL'ETÀ D'ORO DELL'IMPERO

«Ora finalmente si ritorna a respirare» (*Agricola* 3): il respiro di sollievo tirato da **Tacito** alla morte di Domiziano rappresenta il segnale d'inizio di una stagione di riconciliazione politica e culturale del principe con l'aristocrazia senatoria e con gli ambienti colti, che fu percepita come tale già dai contemporanei. Le opposizioni politiche tradizionali, nutrite di cultura stoica, furono progressivamente neutralizzate dai seguenti fattori:

"Il tempo dell'autore", p. 323

- la scomparsa delle grandi famiglie gentilizie e l'ingresso in senato dei rappresentanti di un'aristocrazia nuova e di origine provinciale, che doveva la sua ascesa politica al favore della nuova dinastia;
- la consapevolezza diffusa dell'ineliminabilità del principato;
- le garanzie che i prìncipi fornivano alla tutela dei diritti delle classi abbienti;
- la credibilità personale degli imperatori per adozione e degli Antonini, che intendevano incarnare il modello politico-filosofico del *princeps optimus*.

UNA STAGIONE PRIVA DI CONFLITTI

Si posero così nuove condizioni per il superamento del conflitto tra *libertas* repubblicana e *principatus*: il *Panegirico* di **Plinio il Giovane** mostra, per esempio, che la mediazione tra la funzione storica del principato e la difesa della libertà venne cercata dai senatori nell'esaltazione della loro qualità di funzionari pubblici, inseriti nel quadro della ammi-

"Il tempo dell'autore", p. 448

nistrazione imperiale: il principe non era più contestato nel suo diritto a governare, ma riconosciuto come il fondamento illuminato dello Stato, in virtù di una funzione storica e ideale condivisa anche dall'aristocrazia. Il clima prevalente sotto i prìncipi del II secolo fu dunque quello di un appagamento generalizzato per i vantaggi economico-sociali garantiti da un principato in cui ormai aristocrazia e popolo si identificano.

In questa raggiunta prosperità la letteratura non poteva più alimentare tensioni o turbamenti, e si ridusse in effetti ad attività di intrattenimento o di vuota decorazione. La storiografia filo-repubblicana, polemicamente impegnata contro i prìncipi, cedette il passo alle biografie degli imperatori di Svetonio (➤ p. 330), dove il gusto dell'informazione critica e del ritratto polemico si accompagna all'obiettivo della lettura piacevole e scorrevole. Ma l'opera storica di **Tacito** e la satira di **Giovenale** tradiscono gli strascichi dolenti dell'epoca domizianea e manifestano una coscienza inquieta di fronte alla precarietà e alle contraddizioni latenti nel nuovo ordine imperiale.

"Il tempo dell'autore", p. 323

"Il tempo dell'autore", p. 283

TESTI E TEMI

L'ASPETTO E IL CARATTERE DELL'IMPERATORE CLAUDIO (SVETONIO, *VITA DI CLAUDIO* 30; 33-34)

LE BIOGRAFIE DI SVETONIO Il genere biografico nella cultura greca e romana è avvertito come differente dalla storia: esso infatti non si propone di indagare i rapporti di causa e di effetto e i collegamenti tra eventi storici, come la storiografia di matrice tucididea, e neppure di mantenere la memoria delle azioni degli uomini illustri o degli eventi che hanno caratterizzato la vita di una civiltà, secondo il modello dell'annalistica. La biografia (di derivazione aristotelica ➤ p. 380) ha lo scopo di definire il carattere di un personaggio mediante le sue azioni, anche quelle abituali, il suo modo di vita, le sue parole, il suo rapporto con i familiari e in generale con la comunità in cui è inserito. Spesso sono piccoli particolari quelli che il biografo ritiene maggiormente rivelatori, perciò come genere la biografia è caratterizzata dalla presenza di aneddoti, di cui non è nemmeno importante conoscere il grado di fondatezza: il semplice fatto che essi siano stati tramandati significa che sono stati ritenuti indicativi di un determinato personaggio. La biografia perciò è coltivata da eruditi, che raccolgono informazioni attraverso la consultazione di opere di ogni genere letterario e documenti, privati (come le lettere) e ufficiali (come le sentenze, i verbali delle sedute senatorie, le epigrafi e i monumenti).

Dato il loro obiettivo, che è quello di mettere a fuoco la personalità del singolo in riferimento al tipo umano a cui ciascuno appartiene, per loro natura le biografie vennero raccolte per classi omogenee (per esempio le biografie di poeti, quelle di generali, quelle di filosofi, quelle di personaggi celebri). Dopo la raccolta di biografie di uomini illustri di Cornelio Nepote, risalente all'età di Cesare, l'opera più significativa pervenutaci sono le vite dei primi dodici imperatori (da Gaio Giulio Cesare fino a Domiziano) redatta da Svetonio. Questi, appartenente alla classe senatoria, valuta con severità l'operato degli imperatori del I secolo d.C., mantenendo un punto di vista non distante da quello di Tacito (➤ p. 325). Il pregio della sua opera risiede soprattutto nella quantità e ricchezza di informazioni, una vera miniera di notizie per chi si occupa del mondo antico: si tratta, peraltro, di notizie di buona qualità, visto che spesso derivano dalla consultazione di documenti di primissima importanza, che l'autore trova negli archivi del senato, ai quali ebbe libero accesso.

CLAUDIO, UN IMPERATORE DECISAMENTE SINGOLARE Dopo aver narrato le origini familiari e i fatti inerenti la vita pubblica, Svetonio si sofferma sugli aspetti più personali dei personaggi a cui dedica ogni biografia, indugiando sull'aspetto fisico e sul carattere. Claudio, per esempio, potrebbe avere un aspetto autorevole, se tuttavia, a causa delle sue gambe malferme, non facesse fatica a reggersi in piedi; ma soprattutto colpisce la sua propensione a gesti di crudeltà gratuita, sorprendenti in un personaggio che pure ha dato prova di poter reggere l'impero con acume e saggezza.

[30] Non gli mancava, o stesse in piedi o sedesse o sopra tutto giacesse, autorevolezza e dignità di aspetto. Era infatti alto e pieno di persona; aveva un bel viso e bella canizie, e collo robusto; ma le mal ferme ginocchia nel camminare gli si afflosciavano, e molti difetti lo imbruttivano sì quando scherzava come quando attendeva a cose serie: un riso scomposto, una collera disgustosa che gli rendeva la bocca schiumante e le narici mocciose; e oltre a ciò la lingua impacciata e un continuo tentennare del capo, particolarmente quando egli attendeva a qualunque pur minima faccenda. [...] [33] Fu in ogni tempo e in ogni luogo bramosissimo di cibo e del vino. Mentre una volta sedeva in giudizio nel Foro di Augusto, colpito dall'odor del banchetto che si stava preparando per i Salii nel vicino tempio di Marte lasciò il tribunale, salì e si assise a mensa con i sacerdoti. Non partiva dal triclinio se non arcisatollo e alticcio, sì che, mentre poi giaceva dormendo supino e a bocca aperta, gli introducevano una penna in gola per scaricargli lo stomaco. Era di brevissimo sonno, svegliandosi quasi sempre innanzi alla mezza notte, sì che poi di giorno non di rado si addormentava mentre sedeva in giudizio, e a stento gli avvocati lo destavano ingrossando apposta la voce. Era di immoderata libidine per le femmine, e del tutto astinente per i maschi. Con gran passione giocava ai dadi, su la quale arte mise fuori anche un libro; e soleva giocare anche in viaggio, facendo adattare il cocchio e il tavoliere in modo che il gioco non si scompigliasse. [34] Nelle grandi e nelle minime cose si rivelò di natura crudele e sanguinaria. Faceva eseguire in sua presenza e su l'istante le torture delle inquisizioni e i supplizi dei parricidi. Bramando di assistere in Tivoli a un supplizio all'uso antico, e poiché, quando già i rei erano legati al palo, il carnefice non c'era, lo mandò a chiamare dalla città e fino a sera stette fermo ad aspettarlo. In qualsiasi spettacolo gladiatorio, dato da lui o da altri, ordinava che si scannassero anche quelli che eran per caso stramazzati, particolarmente i reziarii, per vedere le facce dei morenti. Una volta che una coppia di gladiatori era caduta per i reciproci colpi, comandò subito che dai loro gladii gli si facessero due piccoli coltelli per suo uso. Dei gladiatori bestiarii e meridiani [*quelli che combattevano contro le belve e quelli che combattevano a mezzogiorno, nudi e armati di gladio*] si dilettava sì forte che discendeva allo spettacolo di primo mattino, e a mezzogiorno, lasciato andare il popolo a pranzo, rimaneva seduto; e, oltre ai destinati, faceva combattere per una lieve e improvvisa causa altre persone, prese tra i fabbri o i serventi o simili, se una qualche macchina e ordigno o altra cosa del genere non fosse andata bene. Mandò nell'arena anche uno dei suoi servi nomenclatori così in toga com'era [*erano servi incaricati di ricordare al padrone il nome delle persone che incontrava*].

(Svetonio, *Vita di Claudio* 30; 33-34, trad. di G. Vitali)

UNA POLITICA DI ISTRUZIONE PUBBLICA

"Il tempo dell'autore", p. 440

Nel 78 d.C. Vespasiano assegnò a **Quintiliano** uno stipendio per il suo insegnamento pubblico di retorica: questa decisione simboleggia il crescente interesse delle autorità pubbliche, centrali e provinciali, verso l'istruzione, attraverso finanziamenti delle scuole di grammatica e di retorica, ma anche con l'istituzione di biblioteche, musei, sale per conferenze.

La tendenza si accentuò in modo significativo sotto i regni di Adriano e Antonino Pio, con una moltiplicazione delle istituzioni scolastiche finanziate dal principe e una conseguente crescita, insolita per il mondo antico, del numero delle persone che sapevano leggere e scrivere, e dunque dei potenziali fruitori di opere letterarie. Il percorso scolastico tese a strutturarsi su tre livelli: uno elementare, uno secondario (impartito nelle scuole di grammatica) e uno superiore (impartito nelle scuole di retorica).

La scuola imponeva una norma vincolante per l'uso della lingua latina, basata sull'assunzione di Virgilio e di Cicerone come modelli, rispettivamente, di lingua poetica e di composizione in prosa: scrivere come Cicerone, in particolare, divenne la modalità corretta di composizione in lingua latina secondo i principali generi letterari (oratoria, filosofia, storiografia). L'assunzione a scuola di un modello unico di scrittura appartenente al passato e la memorizzazione di lunghi brani di poesia portarono le persone colte a sentire come normale l'utilizzo di una lingua raffinata, abbellita da riferimenti poetici, e a vivere come errore ogni contatto con la lingua d'uso. Per questo il distacco dal modello ciceroniano scolastico venne praticato da chi, come Tacito, voleva affermare la sua autonomia di gusto e di personalità, oppure da chi, come Apuleio (➛ p. 472), intendeva impressionare il pubblico con il suo virtuosismo linguistico. Per Quintiliano, del resto, l'impegno scolastico in difesa di uno stile "non corrotto" era lo strumento attraverso il quale proporre ai giovani un modello di uomo, l'oratore, moralmente integro e impegnato al servizio dello Stato: questo tipo di impegno non avrebbe consentito la rinascita della grande oratoria repubblicana – come pure avrebbe sottolineato Tacito –, ma era l'unica funzione politica praticabile dopo la fine della libertà repubblicana e l'avvento del principato.

UN IMPERO BILINGUE, PER UN PUBBLICO ALLARGATO

L'allargamento degli orizzonti dell'impero comportò, d'altro canto, la diffusione di molte lingue e in particolare l'affermazione del greco come lingua di cultura, a livello internazionale. L'integrazione tra le province e l'accentuata mobilità degli uomini di cultura, per motivi economici o burocratici, resero ancora più stretto il legame tra cultura greca e latina, soprattutto grazie al filellenismo di Adriano e di Marco Aurelio. L'impero diventava sempre più bilingue, almeno dal punto di vista letterario e culturale, e le conseguenze furono molteplici:

- la diffusione di autori che padroneggiavano sia il latino sia il greco, ricoprendo anche funzioni pubbliche importanti nelle diverse realtà urbane dell'impero;
- lo sviluppo di una letteratura in greco orientata su contenuti e aspetti della storia o della civiltà romane;
- l'aumento di autori provenienti dalle province dell'impero;
- l'influsso del greco sulla lingua latina.

Si consolidò, del resto, anche il processo di allargamento e di diversificazione dei fruitori della letteratura. Già nell'età flavia l'opera di **Marziale**, in particolare, rivela l'esistenza di un pubblico che, diversificato nelle sue caratteristiche economico-culturali, chiedeva alla letteratura un intrattenimento piacevole ma non banale nella sua rappresentazione della realtà. L'intrattenimento letterario, tuttavia, acquistò caratteri sempre più spettacolari e gli autori perseguirono con più attenzione l'adozione di particolari accorgimenti stilistici e linguistici in base agli effetti che intendevano suscitare nel loro uditorio: su questa tendenza influì anche la diffusione, nel II secolo d.C., della "seconda sofistica" (➛ p. 264).

"Il tempo dell'autore", p. 278

LA CRISI DELLA POESIA

Il prevalere dell'oratoria erudita fece man mano passare in secondo piano la poesia. Il quadro delle esperienze poetiche del secolo è ricostruibile solo sulla base di scarsi frammenti attribuiti ad autori che già dall'antichità venivano raggruppati sotto la definizione di *poetae novelli*. Il termine viene riportato da un metricista del II-III secolo d.C., Terenziano Mauro, e allude alla funzione storico-letteraria del gruppo dei *poetae novi* del I secolo a.C. (Catullo, Cinna, Calvo ecc.): la definizione di *novelli* per i poeti del II secolo d.C. lascia perciò intendere la ricerca di un rinnovamento espressivo e di uno sperimentalismo formale rispetto ai modelli classici. Ma, se i poeti neoterici erano stati innovativi rispetto alla tradizione poetica, i *novelli*, invece, in sintonia con le tendenze del tempo, espressero un gusto arcaizzante sul piano sia dei contenuti sia del lessico.

La personalità artisticamente più importante dei *poetae novelli* fu l'imperatore Adriano (➤ p. 250). Conosciamo poi poeti come Anniano (autore di *Carmina falisca*) e Mariano (autore di *Lupercalia*), che affrontarono in modo lezioso e suggestivo temi legati alle tradizioni agrarie più antiche, con ampio impiego di termini arcaici e popolari. L'ambito nel quale è maggiormente visibile la ricerca espressiva dei *poetae novelli* è quello metrico: Anniano elaborò il metro falisco, un verso anomalo composto di tre dattili e un giambo; un altro poeta, Settimio Sereno, compose invece poesie pastorali non in esametri (come avrebbe voluto il modello virgiliano) ma in dimetri giambici, un metro tipico del teatro. L'inventiva raggiungeva poi livelli di grande maestria nei carmi figurati, ossia in quei componimenti in cui la forma della poesia, data dalla lunghezza dei versi, era studiata per riprodurre l'oggetto descritto.

5. SECONDA SOFISTICA, ARCAISMO ED ERUDIZIONE

Con il termine di "seconda sofistica" si indica un movimento letterario e culturale che interessò dapprima i territori orientali dell'impero, quindi Atene e Roma, dall'epoca di Nerone a quella di Alessandro Severo, l'ultimo imperatore della dinastia dei Severi (➤ p. 530). Il movimento traeva ispirazione dalla sofistica, cioè la filosofia maturata nella Atene classica del V secolo a.C., che aveva sviluppato un profondo dibattito sulle funzioni della lingua, sulle sue capacità persuasive, quindi sulle forme di espressione. La seconda sofistica ripropose parte di questi elementi, declinandoli però in modo spettacolare, e quasi sempre privandoli dello spessore filosofico che aveva sostenuto le opere della prima sofistica; e divenne inoltre un modello di formazione della persona basato sulla centralità della retorica piuttosto che sulla filosofia.

■ Emblema musivo raffigurante sette filosofi, I-II sec. d.C. Napoli, Museo Archeologico Nazionale.

La declamazione oratoria (*melète*, in greco) diventò uno spettacolo pubblico e il suo successo presso la popolazione ebbe talora le caratteristiche di un fenomeno di massa. Il pubblico trattava gli oratori più abili (come Nicète di Smirne, Elio Aristìde, Erode Attico, Antonio Polemone ecc.) come veri e propri divi, apprezzandoli per il virtuosismo linguistico e le doti sceniche. La materia utilizzata nelle declamazioni era mitologica o desunta dagli storici e dagli oratori del passato e mostrava sempre una grande lontananza dalla vita reale, in ciò rafforzata dal forte arcaismo della lingua. Gli stili impiegati potevano essere diversi, improntati all'asianesimo (stile artificioso) o all'atticismo (stile semplice).

I nuovi sofisti appartenevano quasi tutti all'aristocrazia provinciale e mettevano spesso le loro notevoli capacità retoriche e letterarie al servizio delle loro città, ricoprendo importanti funzioni amministrative e diplomatiche. Non di rado, perciò, diventava rilevante il ruolo sociale e politico-culturale di queste figure, al punto che a essi furono sempre più spesso assegnati dagli imperatori incarichi prestigiosi nell'amministrazione.

LA STAGIONE DELL'ARCAISMO

Il clima culturale alimentato anche dalla seconda sofistica contribuì alla diffusione del culto degli autori del passato e di una vera e propria moda arcaizzante. La maggiore circolazione delle opere e l'esaltazione della tradizione avevano del resto contribuito ad alimentare una passione arcaizzante per gli autori dell'età repubblicana. Si andava alla ricerca non di un singolo autore da adottare come modello di stile, ma di un'atmosfera culturale remota, capace di stimolare raffinate suggestioni spirituali ed espressive. A favorire l'affermazione piena di questa tendenza agì una serie complessa di fattori, quali il favore, sul piano politico-culturale, dell'imperatore Adriano, il gusto per la ricercatezza espressiva, la volontà di praticare in modo originale l'imitazione che il modello classicistico imperante imponeva, il ruolo della scuola nel diffondere la lettura degli autori arcaici. Questo tipo di ispirazione trovò la sua compiuta rappresentazione nelle *Notti Attiche* di Aulo Gellio e nella corrispondenza privata dell'oratore Frontone con Antonino Pio e con i figli di quest'ultimo, Marco Aurelio e Lucio Vero, di cui era precettore.

Quintiliano aveva insistito, nel solco della tradizione ciceroniana, sul fatto che il gusto esasperato della parola erudita e preziosa distraeva dall'approfondimento dei contenuti e che il ricorso a vocaboli desueti impediva la comunicazione, che richiedeva invece chiarezza espressiva (*perspicuĭtas*). Marco Cornelio Frontone riconosceva all'oratoria politica la necessità di essere potente e cristallina e di usare un linguaggio diretto e comprensibile, ma individuava anche un'altra forma di eloquenza, l'*elocutio novella*, propria dei dotti, che doveva ambire a esprimere e modulare le emozioni più soggettive e insolite. Questo risultato si otteneva, secondo Frontone, usando vocaboli inattesi, che potevano essere appresi soltanto con sommo studio e ritrovati negli autori arcaici, o selezionando in modo accurato anche termini popolari. Frontone rifiuta, quindi, non solo il classicismo ciceroniano e quello augusteo, ma anche lo stile moderno di Seneca (➤ p. 131), per attingere arcaismi e volgarismi di volta in volta utili a sorprendere e spiazzare l'uditorio in modo efficace. Le sue citazioni riguardano soprattutto Plauto, Ennio, Lucrezio, mentre fra i prosatori hanno rilievo Catone e Sallustio.

Aulo Gellio compose una raccolta miscellanea in 20 libri, intitolata *Notti attiche* e costituita da informazioni ricavate dal materiale che l'autore aveva raccolto, ritenendolo significativo, nel corso delle sue vaste letture. Lo scopo dell'opera è quello di intrattenere, fornendo nel contempo le basi per una formazione culturale non specialistica. Lo sfondo è rappresentato da conversazioni dotte svolte in biblioteche o librerie, o anche durante banchetti, o nel corso di passeggiate o di viaggi: si discute a Roma o ad Atene e interlocutori di Gellio sono il sofista greco Favorino, il grammatico Sulpicio Apollinare, o retori importanti come Antonio Giuliano. Gli autori di riferimento per Gellio sono Catone e Varrone, mentre mancano modelli più recenti, a conferma dell'arcaismo tipico dell'età antonina. La materia trattata consiste in aneddoti curiosi e riflessioni grammaticali di tipo etimologico o morfologico; la riflessione lessicale è l'occasione per discutere il significato di termini importanti per la cultura romana in rapporto alla cultura greca: per esempio, la parola *humanitas* viene collegata alla parola greca *paidéia* (educazione della persona), spiegando in questo modo che la parola latina non indica una generica disposizione filantropica verso gli altri uomini, ma una sensibilità spirituale raffinata, acquisita con la cultura.

6. VERSO L'ECLETTISMO FILOSOFICO

Nel I secolo d.C. Roma era stata il centro principale della produzione filosofica in lingua latina; il II secolo d.C. segnò invece una inversione di tendenza, vedendo una ripresa della riflessione filosofica in lingua prevalentemente greca e nelle province orientali. La diffusione dello stoicismo, tradizionalmente affermato presso l'aristocrazia senatoria, nel II secolo d.C. registrò una contrazione a favore dello scetticismo, che sosteneva che le diverse scuole filosofiche non potevano detenere la verità esclusiva e dunque spingeva verso il relativismo culturale e morale. Anche la seconda sofistica, del resto, rappresentò una sorta di corrente concorrenziale rispetto allo stoicismo, poiché rivendicava, nel solco della tradizione inaugurata da Isocrate (oratore greco del IV secolo a.C.), la maggiore utilità sociale della persuasione retorica rispetto alle dottrine filosofiche e ai loro modelli di comportamento, astratti e spesso incoerenti.

In questo clima, da un lato la filosofia si ridusse a una *curiositas* erudita del passato (sempre in linea con le tendenze arcaizzanti dell'epoca), dall'altro il filosofo tese spesso a identificarsi con un rètore fornito di saperi magico-astrologici: questo tipo di figure risultava più coerente con la sensibilità di un'epoca stabile e prospera sul piano politico-economico, ma spiritualmente inquieta e alla ricerca di nuovi riferimenti morali. Lo stoicismo, infatti, aveva esaltato l'autosufficienza del sapiente rispetto all'azione imprevedibile della sorte (*fortuna*); l'astrologia e la magia, fondandosi sulla teoria (peraltro già stoica) della *sympàtheia* (legame organico) tra le cose del mondo, sembravano offrire invece strumenti efficaci di previsione e di controllo di questa forza, che si presentava agli animi come oscura e minacciosa.

La filosofia che, però, dimostrò maggiori capacità di rielaborazione delle inquietudini spirituali dell'epoca fu il platonismo: questa filosofia, infatti, si caratterizzava (nella interpretazione che le diedero soprattutto i platonici del I e II secolo d.C.) per la fede in un essere superiore e per la ambizione a orientare l'individuo verso di esso, anche sulla base del principio della giusta retribuzione dei comportamenti umani nell'Aldilà (secondo Plutarco). I platonici definivano la divinità come una complessa realtà articolata in più livelli (così per esempio Numenio di Apamea) e perciò approfondirono, nello studio dei rapporti tra il dio e l'uomo, la funzione dei "dèmoni", che erano presenze mediatrici appunto tra il dio e l'uomo, immortali come gli dèi ma passionali come gli uomini, capaci di stimolare quella *curiositas* (desiderio di conoscenza) del reale, che, se non ben gestita, poteva essere pericolosa per l'individuo: un tema che avrebbe avuto esemplare trattazione nelle *Metamorfosi* di **Apuleio**.

"Il tempo dell'autore", p. 473

LA FILOSOFIA "IN AZIONE"

Nel corso del II secolo d.C. non mancarono, del resto, tentativi di teorizzare un rapporto collaborativo tra filosofia e principato. Dione di Prusa, per esempio, sviluppò nell'orazione *Boristenitico* (scritta in greco) una concezione impegnata dell'attività filosofica: il filosofo non può chiudersi nella sfera dell'interiorità personale, ma deve assumersi delle responsabilità pubbliche; l'ordine politico, infatti, è garantito dall'ordine gerarchico del cosmo, che colloca il *princeps* nella posizione voluta dalla divinità (Zeus), obbligandolo a essere un faro per gli uomini; l'azione benefica del monarca può irradiarsi, però, solo grazie al contributo dei sapienti, chiamati nelle città a collaborare con l'autorità imperiale per illuminare e orientare i sudditi, sottraendoli a concezioni demagogiche e sovversive.

Il greco Plutarco, invece, nei suoi *Precetti politici* (del 100 d.C. circa), cercò di definire un rapporto politico non conflittuale con l'autorità romana, sottolineando come il benessere della società dovesse essere garantito dal contributo di diversi soggetti: gli dèi, che presiedono al benessere materiale della comunità; i Romani, che garantiscono la pace nella libertà; i cittadini delle varie città, che devono superare gli antichi conflitti e dimostrare di meritare l'autonomia politica.

Nell'orazione *A Roma*, invece, il grande rètore Elio Aristìde celebrò la capacità dei Romani di porsi come un modello politico-culturale, in cui tutte le comunità dell'impero potevano riconoscersi. Questo discorso (scritto in greco), in tal senso, costituisce il manifesto dell'identità ideologica che le *élites* colte e ricche delle province, di cui Aristide era interprete, avevano raggiunto durante il secolo della pacificazione politica e della prosperità economica dell'impero.

Trionfo di Marco Aurelio, 176-180 d.C. Roma, Musei Capitolini.

MARCO AURELIO, UN IMPERATORE DALLA COSCIENZA TORMENTATA

L'imperatore Marco Aurelio (➛ p. 252) compose un'opera intitolata *A se stesso* (scritta in greco), in cui seppe ripensare e rielaborare, in un insieme di pensieri sparsi, il modello ellenistico della regalità alla luce della crisi dello stoicismo. Il *princeps* filosofo riteneva, sulla base della filosofia di Eraclìto (antico filosofo greco pre-socratico), che le cose fluiscono per l'eternità in un abisso infinito dove tutto si annulla. La sua coscienza stoica riconosceva, però, che l'uomo è portatore di una natura razionale e socievole, che lo fa partecipe di una comunità politica (Roma) e di un ordine universale (*kòsmos*). La coscienza di questa doppia appartenenza rivela all'uomo la sua natura divina, che impone delle responsabilità inevitabili.

Marco stesso viveva un drammatico contrasto tra la consapevolezza filosofica del fatto che l'universo è ordinato in modo positivo e il concreto disgusto per una corte e una società civile che apparivano dominate dall'ipocrisia cortigiana e dalla mediocrità viziosa; tuttavia, l'ordine cosmico non ammette che si possa venir meno alla propria funzione e stabilisce i fini morali che devono guidare l'azione di ogni uomo, anche di chi governa. Anche il *princeps*, però, non deve mirare alla costruzione di una società perfetta, ma a una più costruttiva e realistica politica di piccoli progressi quotidiani.

UN NUOVO SPIRITO RELIGIOSO

I primi due secoli dell'impero videro crescere sempre più, in esponenti di diversi strati sociali, il bisogno di una religiosità interiore e di un rapporto salvifico personale con il divino: ciò spiega la fortuna delle religioni orientali e il fenomeno degli "uomini divini", ossia maestri di spiritualità come Apollonio di Tiana (vissuto alla fine I secolo d.C.), che associava concezioni pitagoriche a pratiche magico-miracolistiche. A metà del I secolo d.C. era stato attivo anche Filone Alessandrino, autore di importanti opere di fusione tra la filosofia greca e la religione ebraica: Filone, infatti, riscontrava analogie tra le verità contenute nel Pentateuco (i primi cinque libri della Bibbia ebraica) e le teorie dei filosofi pagani; e queste somiglianze erano giustificate sostenendo che i filosofi avevano elaborato le loro dottrine rubandole dal libro sacro. In questo modo «a prima vista sconcertante» (G. Filoramo) si affermava, per la prima volta, il diritto della Bibbia di porsi a fondamento della riflessione filosofica: concezione che sarebbe stata trasmessa alla letteratura apologetica cristiana (➤ p. 591).

Il II secolo d.C. vide anche la progressiva diffusione del cristianesimo, che si fondava sulla fede nella predicazione di Gesù di Nazareth (in Galilea). Gli esponenti della nuova religione, nata sotto Tiberio in Giudea e considerata come una setta interna all'ebraismo, non avevano aderito all'insurrezione giudaica del 66 d.C. e avevano promosso la diffusione della loro fede nelle altre comunità dell'impero. Nel corso del II secolo, dunque, il cristianesimo rafforzò la sua organizzazione in comunità (*ecclesìai*), al cui vertice si ponevano i vescovi, successori dei dodici apostoli: il gruppo originario dei seguaci di Gesù. Le autorità romane erano ostili ai cristiani per le conseguenze politiche che comportava l'adesione a questa religione: secondo la dottrina cristiana, infatti, l'autorità di Dio costituiva il fondamento di ogni potere umano, ma ciò liberava il fedele da ogni vincolo politico e sociale sulla terra che ne limitasse la testimonianza di fede, e quindi anche dall'autorità dell'imperatore.

■ Sarcofago con la predicazione di Gesù detta "il discorso della montagna". 270 d.C. ca. Roma, Museo Nazionale Romano.

Il cristianesimo si diffuse sia nelle aree rurali sia, man mano, nelle città e soprattutto quest'ultimo fenomeno favorì:

- la definizione della nuova religione sul piano teologico, giustificandone la differenza dal giudaismo;
- la risposta alle accuse di fanatismo sovversivo (*superstitio*) che i pagani le muovevano;
- la nascita di diverse interpretazioni del messaggio originario cristiano, spesso in contrasto l'una con l'altra.

Lo gnosticismo, per esempio, era un movimento religioso di salvezza che si sviluppò sempre nel corso del II secolo d.C.: si basava sull'idea che il mondo fosse l'opera malvagia di un dio (identificato di solito con il dio dell'Antico Testamento) e che gli eletti potessero, invece, raggiungere il contatto con un altro dio, positivo ma misterioso e trascendente, attraverso le verità rivelate in una serie di testi sacri (che andavano oltre il canone dei vangeli riconosciuti dalle comunità cristiane). Il compito di difendere con argomenti filosofico-razionali l'ortodossia cristiana fu assunto, a partire dalla metà del II secolo d.C., dai cosiddetti "apologisti", che produssero opere scritte sia in latino sia in greco.

GUIDA ALLO STUDIO

1. Quali sono le principali opere della poesia epica nell'età dei Flavi e quali sono le loro caratteristiche?

2. Che tipo di opera sono le *Silvae* di Stazio?

3. Quali interventi pubblici dell'età flavia e antonina segnalano il crescente interesse delle autorità per l'istruzione?

4. Chi sono i *poetae novelli*?

5. Che cosa è la "seconda sofistica"?

6. Che tipo di informazioni si possono trovare nelle *Notti attiche* di Gellio?

7. Quali correnti filosofiche si diffondono maggiormente nel II secolo d.C.?

8. In che modo la riflessione di Dione di Prusa e di Platone fornisce una giustificazione teorica all'impero romano?

9. Come cambia la sensibilità religiosa degli uomini che vivono nell'età imperiale?

INDICAZIONI BIBLIOGRAFICHE

Un quadro agile dei diversi aspetti del II secolo d.C. si trova in E. Lo Cascio, *L'impero nel II secolo*, in AA.VV., *Introduzione alla storia romana*, Milano 1999, pp. 339-364. Ancora utile per l'età flavia è anche il profilo di M. Citroni, *Produzione letteraria e forme del potere. Gli scrittori latini nel I secolo dell'Impero*, in *Storia di Roma*, Vol. 2, III, Torino 1992. Una ricca prospettiva sui rapporti tra letteratura greca e letteratura (e cultura) latina è offerta da *La produzione e la circolazione del testo. I greci e Roma*, III tomo del Vol. I di *Lo spazio letterario della Grecia antica*, Roma 1994; in questo volume, si possono consultare in particolare: P. Desideri, *La letteratura politica delle élites provinciali*; S. Nicosia, *La seconda sofistica*; E. Norelli, *Gli apologisti cristiani del II secolo*. Un quadro documentato del fenomeno dell'arcaismo a Roma è reperibile in L. Gamberale, *La riscoperta dell'arcaico*, in *Lo spazio letterario di Roma antica*, Vol. III, *La ricezione del testo*, Roma 1990, pp. 547-595. Ottime analisi delle questioni teologico-filosofiche legate allo sviluppo del cristianesimo, all'opera di Filone Alessandrino e alla gnosi sono fornite nei saggi di Giovanni Filoramo contenuti in P. Rossi – C.A. Viano (a cura di), *Storia della filosofia*, Vol. I, *L'Antichità*, Roma-Bari 1993.

SINTESI

Dai Flavi agli Antonini (69 -192 d.C.)

Il contesto storico e sociale

- La crisi del 69 d.C. portò al potere **Vespasiano**, che diede inizio alla dinastia dei Flavi. Il principe volle riaffermare l'autorità imperiale, fondendo tradizione italica e sacralità orientale, e legittimando giuridicamente la sua conquista armata del potere con la ***Lex de imperio Vespasiani***. Vespasiano operò una riorganizzazione economico-finanziaria dello Stato, pacificò l'impero e ne rafforzò le difese. Gli successe il figlio **Tito**, che però restò al potere per breve tempo.

- A Tito successe il fratello **Domiziano**, che rafforzò il carattere sacrale della sua carica, esercitò un severo controllo sulla moralità dei funzionari pubblici e favorì la burocratizzazione dell'amministrazione. Domiziano rafforzò il sistema difensivo del *limes* sul confine occidentale dell'impero, mentre nell'area balcanico-danubiana contrastò le incursioni dei Daci di **Decebalo**. Domiziano morì nel 96 d.C., vittima di un complotto di palazzo. Gli successe il vecchio senatore **Nerva**, con cui ebbe inizio la fase storica degli "imperatori per adozione".

- Nerva, sfruttando le sue abilità di mediatore, elesse come successore **Traiano**, il primo imperatore proveniente dall'aristocrazia provinciale. Traiano ricompattò intorno alla sua autorità i ceti dirigenti dell'impero, proponendosi come il miglior rappresentante del senato e come un padre sollecito verso i suoi sudditi. Proseguì l'espansione dell'impero, conquistando la Dacia e riportando vittorie in Arabia e contro i Parti. In punto di morte adottò nel 117 a.C. **Adriano.**

- Adriano unì lo spessore dell'intellettuale al ferreo controllo sociale del sovrano assoluto, che egli esercitò con una continua serie di viaggi nei territori imperiali. Rafforzò il controllo amministrativo, razionalizzando le funzioni di governo; sul piano culturale fu un patrocinatore della cultura e delle arti greche. In politica estera riprese a consolidare il *limes* imperiale e represse con severità una rivolta giudaica. Adottò come successore **Antonino Pio**, ma si preoccupò che questi adottasse Lucio Vero e Marco Aurelio.

- Antonino Pio incarnò un modello di principe umano ed equilibrato, e ciò ebbe riflesso in una stagione di **prosperità** e di **stabilità** per l'impero. La sua politica fu improntata al consolidamento dell'apparato amministrativo e militare e al contenimento delle spese. Il suo successore, **Marco Aurelio** (che in un primo tempo condivise il potere con Lucio Vero), incarnò il modello del principe-filosofo, ma per stabilizzare l'impero dovette impegnarsi in una guerra di conquista in Oriente e poi in lunghe campagne contro i Quadi e i Marcomanni. Il successore di Marco Aurelio, suo figlio **Commodo**, divenne invece un imperatore tirannico ed eccentrico. Il governo di Commodo creò un **clima di terrore** che portò all'eliminazione violenta del principe nel 192 d.C.

- Nel II secolo d.C. aumentò **l'integrazione delle aree provinciali** con Roma, ma anche la loro **capacità competitiva**; crebbe inoltre il numero delle aree di mercato e di scambio. La prosperità dell'età aurea dell'impero si basò politicamente sul legame tra il principe e le ***élites*** **locali**; sul piano economico l'estensione del latifondo non produsse significativi effetti modernizzatori sul sistema produttivo.

Il contesto culturale

- Sotto i Flavi la produzione letteraria fu segnata dal **classicismo**. Vespasiano allentò le maglie della censura e patrocinò le **istituzioni scolastiche** e le attività culturali: a **Quintiliano**, per esempio, fu concessa una cattedra pubblica di retorica. Domiziano, invece, riprese a perseguitare duramente gli intellettuali (come pure i politici) oppositori: anche per questo motivo **Tacito** salutò dapprima l'avvento del regno di Nerva e poi di Traiano come l'avvio di una nuova epoca di pace e concordia.

- Sotto i principi del II secolo d.C. crebbe l'interesse delle autorità pubbliche per l'istruzione con un conseguente **aumento degli alfabetizzati**. La scuola impose Virgilio e Cicerone come modelli vincolanti per l'uso corretto della lingua latina. L'impero divenne sempre più bilingue, in conseguenza dell'affermazione del **greco** come lingua di cultura internazionale. Si consolidò l'allargamento e la diversificazione dei fruitori della letteratura, che tese a ridursi a un'attività di **intrattenimento** dai caratteri sempre più spettacolari: i gusti di questo nuovo pubblico sono ben documentati per esempio negli epigrammi di **Marziale** e nelle satire di **Giovenale**.

- A partire da quest'epoca vi fu una ripresa di interesse per la filosofia, soprattutto in intellettuali greci e delle province orientali. La **crisi dello stoicismo** portò il filosofo a identificarsi con un rètore fornito di saperi magico-astrologici. Vi furono tentativi di teorizzare un rapporto collaborativo tra filosofia e principato, ma fu soprattutto **Marco Aurelio** a ripensare con tormentata coscienza il modello ellenistico di regalità alla luce dello stoicismo. La filosofia che, però, dimostrò maggiori capacità di rielaborazione delle inquietudini spirituali dell'epoca fu il **platonismo**, per la sua ambizione di guidare l'uomo verso un essere superiore.

- Nella produzione epica si ritornò al **modello virgiliano**, con l'obiettivo di scandagliare le contraddizioni dell'essere umano, ma senza finalità politiche specifiche. **Valerio Flacco** con gli *Argonautica* cercò di riscrivere in chiave virgiliana il poema di Apollonio Rodio. **Stazio** riprese nella *Tebaide* la saga dei due figli di Edipo, evidenziando con cupa grandiosità personalità solitarie e angosciate, mentre nell'*Achilleide* arricchì la figura di Achille di elementi sentimentali e romanzeschi. **Silio Italico** nei *Punica* riprodusse in modo meccanico l'*Eneide*, sulla base di una contrapposizione morale schematica tra gli eroi romani e i Cartaginesi. La produzione poetica dei ***poetae novelli***, invece, espresse uno sperimentalismo che si tradusse in contenuti e in un lessico di **gusto arcaicizzante**. Questo clima culturale, alimentato anche dalla seconda sofistica, favorì il culto degli autori del passato, al fine di ricreare atmosfere culturali raffinate e remote: è l'ispirazione che si ritrova, per esempio, nelle teorie retoriche di **Frontone** e nelle *Notti Attiche* di **Aulo Gellio**, una raccolta di aneddoti curiosi e di riflessioni grammaticali.

- L'accresciuto bisogno di una **religiosità interiore** e di un rapporto salvifico personale con il divino favorirono la fortuna delle religioni orientali e il fenomeno degli "uomini divini": sono motivi che troviamo riflessi anche nel romanzo di **Apuleio**. Nel II secolo d.C. si diffuse il **cristianesimo**, che andò consolidando la propria struttura e definendo la propria ortodossia, anche grazie all'opera degli Apologisti.

LABORATORIO DELLE COMPETENZE

SENSO DI INIZIATIVA E DI IMPRENDITORIALITÀ

• CAPACITÀ DI PIANIFICARE E DI GESTIRE PROGETTI PER RAGGIUNGERE OBIETTIVI

1. LATINO... IN VIAGGIO

Insieme alla tua classe devi organizzare e gestire un viaggio d'istruzione della durata di una settimana/dieci giorni, per il periodo estivo, lungo il vallo di Adriano in Gran Bretagna.

2. FASI PRELIMINARI

FORMAZIONE DEI GRUPPI

Dividetevi in gruppi secondo il compito che ciascuno intende svolgere: un gruppo dovrà occuparsi della funzione "Logistica e trasporti", mentre gli altri gruppi ("Guide") sceglieranno ciascuno una tappa del percorso, approfondiranno la conoscenza dei siti archeologici di quella zona, prepareranno presentazioni multimediali per trasmettere le informazioni agli altri gruppi e, una volta sul posto, faranno da guida ai loro compagni.

INFORMAZIONI GENERALI E DIVISIONE DEI COMPITI

Dopo aver formato i gruppi di lavoro, potrete acquisire le prime informazioni esplorando questi siti:

- http://whc.unesco.org/en/list/430
- http://www.visithadrianswall.co.uk/
- www.nationaltrail.co.uk/hadrians-wall-path
- http://www.english-heritage.org.uk/visit/places/hadrians-wall/things-to-do
- http://www.vindolanda.com/
- http://www.nationaltrust.org.uk/hadrians-wall-and-housesteads-fort/features/history-of-hadrians-wall
- http://www.bbc.com/news/uk-england-cumbria-22277334

3. LAVORO DI RICERCA

LOGISTICA

Il gruppo "Logistica e trasporti" dovrà individuare:

- quali siano gli aeroporti più comodi per raggiungere la destinazione iniziale;
- la compagnia aerea che effettua il volo dall'aeroporto più vicino alla vostra città;
- le tariffe più convenienti per le date che avete concordato;
- i mezzi di trasporto per spostarsi tra le diverse tappe (noleggio biciclette, pullman ecc.);
- le sistemazioni per le notti e per i pasti;
- il coordinamento tra il lavoro dei diversi gruppi e la fattibilità delle proposte di visita dei diversi siti (tenendo conto di tempi, costi e attrattività dei siti proposti per la visita).

PROPOSTE DI VISITA

Ciascuno degli altri gruppi ("Guide") potrà approfondire la conoscenza e preparare la visita di una (o due) località di interesse archeologico lungo il percorso:

Terme di Ravenglass

Museo romano a Senhouse

■ Tavolette di Vindolanda nel museo di Chesterholm, Carlisle

■ Banna (Birdoswald Fort) a Gilsland

■ Museo delle armi romane a Greenhead

■ Tempio di Mitra a Carrawburgh

■ Forte romano di Housesteads

■ Forte romano e museo di Chesters

■ Città romana di Corbdridge

■ Museo romano e terme di *Segedunum* (Wallsend)

Marziale e Giovenale

Realismo e umorismo nella rappresentazione della società romana

ZTE ONLINE
Mettiti alla prova con 20 esercizi interattivi

Realismo e umorismo nella rappresentazione della società romana

LA POESIA REALISTICA Nella cultura antica il quotidiano tende a essere relegato nella dimensione del comico e descritto da generi letterari considerati "minori", in grado di offrire una rappresentazione diretta della realtà nei suoi aspetti più umili, adottando un wlinguaggio vicino alla lingua d'uso. A Roma, al di là della commedia (che mette in scena caratteri e situazioni tipiche a volte piuttosto lontane dall'attualità politica e sociale), fioriscono due generi che in modo originale rappresentano l'esperienza diretta della vita sociale: la satira e l'epigramma. Tanto la satira quanto l'epigramma rivendicano, talora in modo provocatorio, il loro carattere di generi minori, opponendo ai generi alti (e in primo luogo all'*epos*) la *Musa Pedestris*, alla quale si dichiarano devoti perché ispiratrice di una poesia realistica.

LA SATIRA Nata nelle fasi iniziali della letteratura latina, la satira è un genere del tutto nuovo e originale, secondo la testimonianza del retore Quintiliano: *Satura tota nostra est* («nostra» nel senso di "romana"). La satira appare subito in contrapposizione con i generi alti, non tanto rispetto al tono maggiore o minore, quanto per la definizione di "poesia non poetica", in alternativa alla poesia "vera e propria". Gli stessi Lucilio e Orazio definiscono la loro poesia *sermo*, ovvero «conversazione», «discorso», in riferimento al tono colloquiale e dimesso più vicino alla prosa e al linguaggio modulato sull'uso corrente. Lo stesso Giovenale poi, in una sua satira programmatica, non fa altro che sottolineare la non artisticità di questo genere, dichiarandosi disinteressato alla qualità di versi che sono ispirati in lui anzitutto da una profonda *indignatio*. Ciò peraltro è valido anche e soprattutto per i contenuti, la cui adesione alla realtà quotidiana, a tratti umile e dimessa a tratti paradossale, è indice di estraneità rispetto ai generi poetici canonici. La satira di Giovenale, in particolare, si proietta sulla realtà quotidiana, ma non coglie più – come avveniva con la satira oraziana – la dimensione umile e familiare dei gesti e delle situazioni quotidiane, bensì il loro aspetto paradossale, talvolta deformato. Lo sguardo del poeta sulla realtà che lo circonda si posa prevalentemente sui comportamenti perversi, sugli aspetti più morbosi della società, di cui vengono colti i risvolti più oscuri e surreali. La voce che denuncia tutto questo ha il tono di chi detiene una verità che non si può far a meno di rivelare, di chi si sente depositario di un messaggio che non può essere taciuto.

In un'epoca come quella imperiale, in cui la società ha mutato costumi e valori di riferimento, la satira si configura come una predicazione indignata, che nei confronti del pubblico mostra una totale sfiducia in ogni possibilità di miglioramento sul piano morale: la satira è solo osservazione attenta e giudizio morale inappellabile dei comportamenti sociali. Se formulato in questo modo, il discorso satirico deve ovviamente essere supportato da modalità espressive adeguate, che a tratti si avvicinino al vigore del linguaggio della tragedia e mantengano alto il *pathos* narrativo, il solo in grado di rappresentare gli aspetti più tragici e mostruosi della realtà.

L'EPIGRAMMA L'epigramma è un genere letterario di origini greche, molto antico: ha una spiccata componente realistica ed eredita anche elementi propri della poesia giambica, sebbene in età ellenistica l'epigramma abbia dato prodotti anche molto eleganti e di realismo piuttosto sfumato. Nella poesia di Marziale, del resto, troviamo una comicità più decisa: in epoca flavia i lettori ormai prediligono una poesia che aderisca alla vita, che parli della realtà e della quotidianità che li riguarda; Marziale ne è profondamente consapevole e per questo rinuncia alle espressioni della letteratura solenne per dedicarsi alla trattazione di una realtà "umile", pur compiendo sempre un notevole lavoro di elaborazione formale. Il poeta si rivolge spesso al suo lettore, chiedendogli indulgenza, dedicandogli componimenti vari, ringraziandolo per la sua fedeltà; si dichiara convinto di voler affidare la propria gloria letteraria a un genere ritenuto comunemente minore e ai *desiderata* troppo invadenti del potere oppone una concezione di sé come poeta giocoso, pur nella consapevolezza del fatto che i suoi epigrammi rappresentino qualcosa di più di un gioco. Essi infatti risultano essere lo specchio della realtà romana, di cui il poeta mette in luce i vizi, risparmiando le persone, poiché a lui non interessa il successo ottenuto svergognando gli altri (*et mihi de nullo fama rubore placet*, «e a me piace una fama che non dipenda da alcun rossore», in 7, 12, 4).

Tra i componimenti di Marziale sono presenti epigrammi funerari e votivi, poesie celebrative, epigrammi di omaggio ai potenti, testi di polemica letteraria, testi satirici di costume che ritraggono una vasta galleria di personaggi e di maschere a volte grottesche. Tutta l'esistenza dell'uomo è rappresentata nei suoi carmi, colta con il sorriso disincantato di un poeta che, senza indignarsi e senza esprimere giudizi morali, sa ridere delle debolezze dei suoi simili, talvolta giustificandole, ma spesso riconoscendole come proprie, pur rivendicando una certa distanza fra la licenziosità di alcuni suoi versi e la propria personale moralità (*mores non habet hic meus libellus*, «questo mio libretto non contiene regole di costume», in 11, 15, 13).

Scena di taverna, affresco da Pompei. Napoli, Museo Archeologico Nazionale.

Due voci critiche differenti

PER COMPRENDERE

LA SCELTA DI UN GENERE MINORE Marziale e Giovenale, poeti della prima età imperiale, hanno in comune l'esigenza di una letteratura centrata sul reale, una letteratura che, come scrive Marziale, "abbia il sapore dell'uomo" (*hominem pagina nostra sapit*, in 10, 4, 10) e che consenta a ciascuno di conoscere se stesso e i propri modi d'essere (*tuos cognoscere mores*, in 10, 4, 11). Questi poeti, per rappresentare la realtà concreta che vedono intorno a sé, scelgono due generi minori, in contrapposizione alla letteratura impegnata, che si serve di generi alti, come l'*epos* o la tragedia (generi ormai vuoti perché fondati sul patrimonio di temi mitologici senza alcuna attinenza con il presente), ma nella convinzione che solo la letteratura minore, con la sua aderenza alla vita vera e all'attualità sociale, possa interessare i lettori. La scelta del genere epigrammatico per Marziale e di quello satirico per Giovenale è dovuta quindi a un'esigenza di realismo, ma l'interesse per la rappresentazione della vita quotidiana, in chiave (rispettivamente) comica e critica, si traduce in versi che risultano di notevole letterarietà, a dispetto della dimensione dimessa dei contenuti.

LO SGUARDO DIVERTITO DI MARZIALE Marziale osserva e rappresenta diversi aspetti della realtà, che egli ritrae in modo comico, a tratti grottesco, con il sorriso di chi preferisce assistere allo spettacolo del mondo in modo distaccato, senza giudizi morali. Il valore della poesia di Marziale si fonda sullo stretto legame con la vita (*quod possit dicere vita: meum est*, «ciò che la vita possa dire: questo è mio», in 10, 4, 8), con le innumerevoli sfaccettature di una realtà quotidiana piena di contrasti e di contraddizioni. Dagli epigrammi di Marziale emerge un "consumo" della letteratura nei vari momenti della vita quotidiana, una forma di intrattenimento letterario che accompagna i principali eventi della società romana del tempo. Le occasioni sono svariate: omaggio, celebrazione, intrattenimento, polemica, scherno. I destinatari sono differenti: parassiti, imbroglioni, cacciatori di eredità, medici incapaci, poetastri vanitosi. Ma il poeta si rivolge a personaggi quasi sempre fittizi o comunque oggi non identificabili, che rappresentano tipi umani e sociali, verso i quali si indirizzano la sua osservazione e la conseguente derisione. Il sarcasmo maggiore è diretto però contro gli ipocriti e i nuovi ricchi: la sua condizione di cliente sempre a caccia di una *sportula* («borsellino», «piccolo paniere»), grazie alla quale mantenersi per la giornata, costretto a vivere umiliazioni e frustrazioni che sottraggono tempo ed energia alla sua attività poetica, lo relega ai margini della società; una società che, pur tributandogli un discreto successo letterario, tuttavia non è pronta a corrispondergli un adeguato riconoscimento economico. Così accade che il poeta vagheggi una vita fatta di piccole soddisfazioni quotidiane e un sereno rapporto con la natura.

LA VOCE DELL'INDIGNAZIONE DI GIOVENALE La poesia di Giovenale trova invece nell'indignazione il proprio moto d'ispirazione: una visione cupamente pessimistica della società e della natura umana non lascia nessuna fiducia nella capacità delle generazioni future di riscattarsi, risanando una condotta morale da tempo degradata. Il poeta non nutre né speranza né indulgenza verso un mondo dominato dalla disumanità, verso una società fondata su corruzione e ipocrisia, verso gli uomini, e verso le donne in particolare, guidati solo dalle proprie passioni perverse. Giovenale dà voce alla propria indignazione attraverso una *vis* satirica così violenta, sanguigna e a tratti oscena che la realtà descritta ne esce deformata.

Da ciò anche la scelta del genere satirico: di fronte a vuoti poemi epici e a versi ampollosi, Giovenale dichiara di sentirsi quasi obbligato a denunciare il malcostume dilagante, i comportamenti indecorosi, così lontani dalla *dignitas* esaltata nel *mos maiorum*.

L'indole conservatrice di Giovenale, l'esasperazione dovuta alla corruzione, l'umiliazione di una condizione sociale (quella di cliente) decaduta e senza riconoscimenti esterni, l'isolamento dall'ambiente culturale della capitale rendono incontenibile la sua indignazione che si scatena contro tutti: stranieri immigrati a Roma, intellettuali decaduti, potentissimi liberti, ricchi e arricchiti, pederasti insaziabili e soprattutto donne emancipate e disinvolte che il poeta vede senza pudore e senza vergogna.

IL TEMPO DELL'AUTORE | MARZIALE

DA *BILBILIS* A ROMA Marco Valerio Marziale nasce a *Bilbilis*, nella Spagna terragonese, fra il 38 e il 41 d.C. Nella sua città natale riceve una formazione letteraria di ottimo livello grazie al sostegno della famiglia che verosimilmente non è di origini troppo umili. Lascia la Spagna nel 64 per recarsi a Roma, dove trova un appoggio generoso nella famiglia di Seneca, in quel momento la famiglia spagnola più in vista a Roma. Conosciuto Calpurnio Pisone, il protagonista della congiura antineroniana del 65 d.C., entra in contatto con gli ambienti dell'opposizione senatoria all'imperatore, sui quali però si abbatte la violenta repressione di quest'ultimo. Da questo momento in poi Marziale torna a condurre una vita tranquilla e modesta, cercando sempre di rendersi gradito agli imperatori; si dedica all'attività poetica divenendo cliente di patroni.

L'ATTIVITÀ LETTERARIA Ottiene di certo una discreta notorietà se nell'80 pubblica (forse su commissione) una raccolta di epigrammi celebrativi dedicati all'inaugurazione dell'Anfiteatro Flavio, grazie ai quali si merita anche un riconoscimento economico da parte dell'imperatore Tito. Ma è solo nell'84-85 che Marziale inizia a pubblicare con regolarità i suoi componimenti. In occasione della festa dei Saturnali, pubblica due raccolte: *Xenia* e *Apophoreta*, che comprendono bigliettini poetici di un solo distico, destinati ad accompagnare rispettivamente i doni da inviare agli amici e i doni offerti dal padrone di casa agli invitati. Il successo è immediato e gli vale anche l'attribuzione di cariche onorifiche (come il rango equestre). Entra in contatto con diverse figure eminenti dell'ambiente letterario di Roma come Plinio il Giovane, Silio Italico, Quintiliano e Giovenale e con diverse personalità politiche, come il futuro imperatore Nerva. Tuttavia il successo di pubblico, per quanto ampio, non porta a Marziale benefici economici adeguati, tanto che egli spesso lamenta la scarsa disponibilità dei protettori ad aiutare i clienti (che ricevono solo la misera gratifica della *sportula*, ossia lo stipendio quotidiano) e a riconoscerne ruolo e dignità intellettuale. Dopo la morte di Domiziano, il nuovo imperatore Nerva e i suoi collaboratori prendono le distanze da Marziale, un poeta che ha legato parte della sua attività letteraria proprio alla celebrazione di Domiziano, ora oggetto di *damnatio memoriae*. Soprattutto con l'avvento al potere di Traiano nel 98 i personaggi più legati a Domiziano vengono messi in disparte.

IL RITORNO IN PATRIA Così Marziale decide di ritornare in Spagna (grazie all'aiuto di Plinio il Giovane che gli paga il viaggio), ove conta di poter ritrovare una condizione di vita tranquilla per trascorrere serenamente gli ultimi anni; tuttavia l'ambiente provinciale chiuso e monotono e l'invidia di molti suoi concittadini lo gettano nello sconforto e nell'insoddisfazione, inducendolo al rimpianto per la vivace e stimolante vita romana. Così anche la sua vena poetica va affievolendosi lentamente. Delusione e senso di inquietudine lo accompagneranno fino alla morte avvenuta, secondo la testimonianza di Plinio il Giovane, nel 104 a *Bilbilis*.

GUIDA ALLO STUDIO

1. Quale attività professionale svolge Marziale per potersi dedicare alla poesia?
2. Perché Nerva e il suo successore prendono le distanze da Marziale?
3. Perché Marziale, rientrato a *Bilbilis*, abbandona gradualmente l'attività letteraria?

T1-T2

Il programma poetico di Marziale

Marziale, *Epigrammata* 1, 1; 10, 4

Nel primo epigramma della sua raccolta (➛ **T1***) Marziale si presenta al pubblico come un poeta di successo. In realtà, sebbene non fosse un poeta sconosciuto, appare improbabile che egli, alla pubblicazione del primo libro, avesse già ottenuto tutto questo favore da parte dei lettori. Così è stato ipotizzato che questo epigramma sia stato aggiunto in una pubblicazione successiva comprendente probabilmente più libri. Ciò che però emerge in questo componimento è l'orgoglio del poeta, che dichiara di essere destinato a una fama eterna grazie ai suoi arguti epigrammi.*

Marziale polemizza spesso contro la poesia "maggiore" soprattutto in merito alla forma, grandiosa ma del tutto innaturale, e ai contenuti, privi di rapporto con la realtà. Le vicende mitologiche narrate nei poemi epici infatti, secondo Marziale, sono ormai prive di interesse, perché ripetute innumerevoli volte. Egli si pone in contrasto con queste forme poetiche assai in auge al suo tempo, opponendo loro una poesia che ha il merito di aderire alla vita, di fondarsi sull'esperienza (➛ **T2***): la sua pagina ha il sapore dell'uomo, cioè parla di lui e dei suoi lettori, entrando nella loro vita quotidiana, descrivendone comportamenti sociali e gesti individuali. È il realismo, dunque, il tratto qualificante della sua poesia, che sa coniugare funzione pratica e intrattenimento letterario.*

T1
LATINO

La coscienza letteraria del poeta

Marziale, *Epigrammata* 1, 1 | endecasillabi faleci

Hic est quem legis ille, quem requiris,
toto notus in orbe Martialis
argutis epigrammaton libellis:
cui, lector studiose, quod dedisti
viventi decus atque sentienti,
rari post cineres habent poetae.

Il poeta afferma con orgoglio il proprio nome e la propria fama

[vv. 1-3] **Hic**: il pronome dimostrativo è rafforzato dal successivo *ille* che accompagna il nome dell'autore *Martialis*; rendi con «Ecco quel Marziale». • **quem**: il pronome relativo, in anafora, è riferito a *ille*. • **toto**: è attributo di *orbe*. • **argutis... libellis**: è un ablativo di causa. • **epigrammaton**: è genitivo plurale (alla greca) di *epigramma, epigrammatis*, retto da *libellis*.
[vv. 4-6] **cui**: è un nesso del relativo, riferito a *Martialis*. • **lector studiose**: è un vocativo; rendi con «o lettore devoto». • **quod... sentienti**: ordina *decus quod dedisti (ei) viventi atque sentienti*, «la fama che gli hai dato mentre era vivo e vegeto»; *decus* è oggetto di *habent*; *viventi... sentienti* sono participi presenti riferiti a *cui* (= *et ei*). • **rari... poetae**: è soggetto di *habent*, in forte iperbato. • **post cineres**: è una espressione di tempo determinato; rendi con «dopo la morte».

Sarcofago con studioso intento a leggere un rotolo estratto da un armadio-biblioteca, primi anni del IV secolo. New York, Metropolitan Museun of Art.

T2

LATINO/ITALIANO

Una poesia che ha il sapore dell'uomo

| Marziale, *Epigrammata* 10, 4 | distici elegiaci |

Qui legis Oedipoden caligantemque Thyesten,
  Colchidas et Scyllas, quid nisi monstra legis?
Quid tibi raptus Hylas, quid Parthenopaeus et Attis,
  quid tibi dormitor proderit Endymion?
Exutusve puer pinnis labentibus? Aut qui
  odit amatrices Hermaphroditus aquas?

Tu che leggi di Edipo[1] e di Tieste[2] cui s'oscura la vista, di Medee[3] e di Scille[4], che altro leggi se non mostruosità? Che te ne farai del rapimento d'Ila[5]? Che di Partenopeo[6] e di Attis[7]? Che ricaverai da quel dormiglione di Endimione[8]? E dal fanciullo che si vide scivolare via le ali[9]? O da Ermafrodito che odia le acque innamorate di lui[10]?

[vv. 1-2] **Qui**: questo pronome relativo è riferito al soggetto *tu* sottinteso. • **caligantem**: è un participio presente con valore attributivo riferito a *Thyesten*; rendi con «che ha la vista annebbiata». • **monstra**: è complemento oggetto di *legis*; rendi con «storie mostruose».
[vv. 3-4] **tibi... tibi**: il dativo (in anafora) è retto dal verbo *proderit*, composto di *sum*. • **Hylas... Parthenopaeus... Attis... Endymion**: sono tutti soggetti di *proderit*. • **raptus**: è participio perfetto con valore attributivo, riferito a *Hylas*.
[vv. 5-6] **Exutusve**: è participio perfetto (da *exuo*) con valore attributivo, riferito a *puer* (soggetto sottinteso di *proderit*); «privato di...». • **pinnis labentibus**: è un ablativo di separazione; *labentibus* è participio presente con valore attributivo di *labor*, e indica le ali «che si sciolgono». • **Aut... aquas**: ordina *Aut (quid proderit) Hermaphroditus qui odit aquas amatrices*, «E che ti gioverà Ermafrodito che odia le acque innamorate di lui?».

1. Edipo è un eroe greco del ciclo tebano, figlio del re di Tebe, abbandonato alla sua nascita dal padre, poiché secondo l'oracolo di Delfi lo avrebbe ucciso sposando poi la propria madre. La profezia si avvera dopo vani tentativi di scongiurarla. Conosciuta la drammatica verità sulla propria storia, Edipo si acceca ed erra vagabondo per tutta la Grecia.
2. Tieste era il mitico figlio di Pelope e Ippodamia: visse a lungo in esilio per aver insidiato il trono di Argo al fratello Atreo. Questi, al suo ritorno, fingendo di averlo perdonato, gli uccise i figli e ne imbandì le carni in un banchetto. Accortosene in tempo, Tieste fuggì inorridito lanciando una maledizione sulla stirpe del fratello e tornò in esilio.
3. Medea era una maga, figlia del signore della Colchide, regione in cui si recò Giasone alla conquista del vello d'oro.
4. Scilla qui è la figlia di Niso, che per amore di Minosse tradì il padre, tagliando il capello a cui era appesa la sua vita. Per questa ragione fu trasformata in airone.
5. Ila era un giovane bellissimo, prediletto da Eracle, con il quale partecipò alla spedizione degli Argonauti. Durante il viaggio fu rapito dalle ninfe di una fonte dove si era recato a prendere dell'acqua.
6. Partenopeo era uno dei sette eroi che parteciparono alla spedizione dei Sette contro Tebe: era spesso ricordato per la sua giovanissima età.
7. Attis era un'antica divinità frigia, che, sotto le sembianze di un giovane e incantevole pastore, proteggeva la vegetazione.
8. Endimione era un bellissimo giovane di cui Selene (la Luna), avendolo visto mentre dormiva, si innamorò. Quando Zeus gli offrì la possibilità di scegliere come vivere, egli chiese di poter rimanere sempre giovane, divenendo immortale, ma immerso in un sonno eterno.
9. Il riferimento qui è a Icaro che volò troppo vicino al sole con le ali di cera costruite dal padre Dedalo per fuggire dal Labirinto di Creta: Icaro cadde nel mare perché le ali si sciolsero.
10. Ermafrodito, figlio di Afrodite e di Ermete, era un essere che possedeva sia la natura maschile sia quella femminile. Essendo bellissimo, durante una sosta a una fonte fece innamorare di sé la ninfa Salmace che dava il nome alla fonte stessa.

Una valutazione complessiva della poesia di argomento mitologico

Quid te vana iuvant miserae ludibria chartae?
Hoc lege, quod possit dicere vita «Meum est».
Non hic Centauros, non Gorgonas Harpyiasque
invenies: hominem pagina nostra sapit.
Sed non vis, Mamurra, tuos cognoscere mores
nec te scire: legas Aetia Callimachi.

Una poesia che "ha il sapore dell'uomo"

Che gusto ci provi per le illusorie fantasie di un misero foglio di carta? Leggi piuttosto questo di cui la vita possa dire: "Mi appartiene". Non troverai qui né Centauri, né Gorgoni, né Arpie[11]: le mie pagine sanno di uomo. Ma tu non vuoi, Mamurra, comprendere i tuoi costumi, né conoscere te stesso: allora leggi le *Origini* di Callimaco[12].

(trad. di M. Scàndola)

[vv. 7-8] **te**: è complemento oggetto di *iuvant*, che ha per soggetto *vana... lubibria*. • **miserae... chartae**: il genitivo specifica *lubidria*, «le vane ilusioni di un misero foglio». • **Hoc**: è complemento oggetto di *lege*; il poeta intende le sue opere. • **lege**: è imperativo. • **quod**: il pronome introduce una relativa con valore finale. • **vita**: è soggetto di *possit dicere*.
[vv. 9-10] **hic**: è avverbio di luogo. • **Centauros... Gorgonas Harpyiasque**: sono complementi oggetto di *invenies*. • **sapit**: è un verbo intransitivo con accusativo di relazione *hominem*.
[vv. 11-12] **non vis**: è indicativo presente di *nolo*, verbo servile che regge gli infiniti *cognoscere* e *scire*. • **Mamurra**: è in vocativo. • **te**: è complemento oggetto di *scire*. • **legas**: è un congiuntivo esortativo. • **Aetia**: è complemento oggetto di *legas*; «Origini» è il titolo dell'opera di Callimaco.

11. Centauri, Gorgoni e Arpie erano mostri mitologici, che avevano in comune tanto la natura umana quanto quella bestiale: i primi erano metà uomini e metà cavalli, le seconde (e in particolare Medusa) avevano serpi invece dei capelli, le Arpie avevano il corpo per metà di donne e per metà di uccelli.
12. Le «Origini» (in greco *Aitia*) di Callimaco sono quattro libri di elegie incentrate sull'origine di nomi, usanze, tradizioni.

MARZIALE • GIOVENALE — PER COMPRENDERE

PER COMPRENDERE IL TESTO

Il testo e il contesto

CONTENUTI E SCOPI DELLA POESIA DI MARZIALE Il primo epigramma della raccolta di Marziale presenta l'autore (➤ **T1**): Marziale si ritrae come un poeta famoso, noto per i suoi epigrammi e orgoglioso per la fama acquisita in vita grazie ai suoi versi arguti. Si rivolge al lettore fedele, che legge e ricerca le sue opere, rapportando la propria fama a quella dei pochi poeti che hanno avuto gloria solo dopo la morte.
Nel secondo epigramma (➤ **T2**) Marziale difende la scelta del genere epigrammatico in contrapposizione alla poesia impegnata. Le storie del mito, narrate in poemi così in voga al tempo del poeta, ormai rappresentano un genere vuoto, privo di attinenza alla realtà che egli invece si prefigge di rappresentare. In particolare è l'uomo, nella sua dimensione più comune e più profonda, che Marziale vuol consegnare ai propri lettori attraverso i suoi versi.

Il senso del testo

LA FAMA DEL POETA, LA CONCRETEZZA DELLA SUA POESIA I passi presentati costituiscono una doppia dichiarazione di poetica: l'autore, nel definire il genere letterario prescelto, ne giustifica la scelta, dichiarandone apertamente le ragioni; rivendica orgogliosamente la predilezione per il genere epigrammatico, poesia arguta in grado di dare successo e notorietà; ribadisce la sua convinta opposizione al genere epico-mitologico, bollandolo come poesia lontana dalla realtà quotidiana (*monstra*, in 10, 4, v. 2). Marziale immagina che il lettore devoto e appassionato (*lector studiosus*, in 1, 1, v. 4) vada alla ricerca dei suoi libri per leggerli avidamente e apprezzarne il contenuto divertente, il linguaggio immediato, le espressioni argute e i paradossi inaspettati. È consapevole che ormai l'apparato mitologico più volte riproposto nei poemi epici, con il suo linguaggio magniloquente e artefatto, sia lontano dalla vita quotidiana e dall'interesse della maggior parte dei lettori. Il poeta contrappone orgogliosamente il genere minore che l'epigramma rappresenta alla poesia elevata, in quanto esso appare come una forma più immediata e autentica per esprimere la dimensione soggettiva e il contesto reale in cui essa è immersa: la poesia che aderisce alla vita è poesia che aiuta a conoscere se stessi (*tuos cognoscere mores... te scire*, in 10, 4, vv. 11-12). La vita potrebbe dire dei suoi epigrammi: "qui ci sono io", perché la sua pagina ha tutto il gusto di ciò che è l'uomo.

Marziale, consapevole del dialogo continuo che la sua opera intesse con i lettori e orgoglioso del proprio successo presso il pubblico, rivendica alla poesia minore da lui praticata un ruolo di primo piano nel panorama letterario del suo tempo, sorvolando sull'assenza di riconoscimenti da parte della critica ufficiale, incapace di liberarsi da una lode del tutto scontata per i generi tradizionali.

LEGGO E COMPRENDO

1. Quali argomenti utilizza Marziale a difesa del genere epigrammatico contro la poesia aulica?

2. Quali sono secondo Marziale le caratteristiche del suo lettore ideale?

3. Qual è il ruolo che Marziale rivendica per la poesia cosiddetta "minore"?

L'OPERA | GLI *EPIGRAMMATA* DI MARZIALE

Il *corpus* degli epigrammi di Marziale, come è organizzato oggi, ripropone probabilmente una strutturazione compiuta già nell'antichità, ma dopo la morte dell'autore.

La raccolta è aperta dall'*Epigrammaton Liber*, o *Liber de spectaculis*, destinato a celebrare nell'80 d.C. l'inaugurazione dell'Anfiteatro Flavio. Di questo libro si sono conservati una trentina di epigrammi, ma sembra che originariamente fossero molti di più.

Seguono dodici libri di epigrammi di argomento vario (comico-realistico, funebre, celebrativo), pubblicati da Marziale fra l'86 e il 102, con cadenza quasi annuale per i primi undici, a distanza di qualche anno l'ultimo. Si tratta complessivamente di circa 1175 epigrammi, composti in metri vari: il distico elegiaco è il metro prevalente, ma ricorrono anche il falecio, lo scazonte e altri metri minori. La dimensione dei componimenti è varia: si va da un solo distico ad alcune decine di versi.

Completano la raccolta due libri: *Xenia*, una raccolta di 127 epigrammi di un solo distico, usati per accompagnare doni di varia natura durante i Saturnali; *Apophoreta*, 223 epigrammi scritti per gli omaggi offerti ai convitati durante i banchetti. Questi due libri, collocati in chiusura dell'intero *corpus*, in realtà risalgono all'84-85.

GUIDA ALLO STUDIO

1. Quale evento celebra il *Liber de spectaculis*?

2. Quali sono i metri prevalentemente usati negli epigrammi?

3. Quando fu riorganizzato l'intero *corpus* degli epigrammi di Marziale?

IL TEMPO DELL'AUTORE | GIOVENALE

UNA BIOGRAFIA POVERA DI DATI
Decimo Giunio Giovenale nasce verosimilmente ad Aquino, una località del Lazio meridionale, tra il 50 e il 60 d.C. da una famiglia benestante. Riceve una buona educazione, ma non approfondisce lo studio della filosofia che non ama particolarmente. Con tutta probabilità esercita l'avvocatura e si dedica alle declamazioni, attività che tuttavia risultano ben poco redditizie se Marziale, suo amico più anziano, in un epigramma a lui dedicato parla della disagiata condizione di cliente che egli conduce a Roma. Si avvicina alla poesia satirica solo in età matura, certamente dopo la morte di Domiziano (96 d.C.). Queste informazioni si evincono dai suoi versi, che sono la fonte principale delle notizie sulla sua vita, insieme ad alcuni epigrammi di Marziale. La sua morte, sulla quale non si hanno notizie attendibili, è databile dopo il 127 d.C. (anno a cui è riconducibile un evento a cui si allude nei suoi versi).
Esiste anche una tradizione secondo cui Giovenale, ormai ottantenne, fu inviato dall'imperatore in Egitto, formalmente per ricoprire un incarico diplomatico, ufficiosamente per essere allontanato da Roma a causa di alcuni versi offensivi nei confronti di un suo protetto.

GUIDA ALLO STUDIO

1. Quale attività svolge Giovenale prima di dedicarsi alla poesia?

2. Da quali fonti si ricavano le informazioni biografiche su questo poeta?

T3 ITALIANO

Giovenale e la poetica dell'indignazione

Giovenale, *Satire* 1, vv. 1-6; 17-30; 73-88

La prima satira di Giovenale ha un carattere programmatico: il poeta rifiuta l'ufficialità della poesia accademica, sempre uguale a se stessa, con argomenti mitologici che si ripetono, e disimpegnata, in quanto lontana dalla realtà; respinge anche l'arte della retorica, che pure ha studiato e che utilizza nelle declamazioni. La sua indignazione non può che trovar voce nella poesia satirica, quale unico mezzo per giudicare la società che lo circonda, verso la quale prova un profondo disgusto: constatare il trionfo dell'ipocrisia, della corruzione, della degradazione morale, dell'avidità insaziabile accende l'indignazione del poeta che dichiara di voler mettere in poesia ogni vizio umano.

Dovrò io sempre soltanto ascoltare? Cordo mi ha straziato tante volte con la sua *Teseide*[1], fino a perderci la voce, e io non potrò mai vendicarmi? Quello mi recita le sue commedie togate[2], quest'altro le sue elegie, ed io non debbo protestare? Sarò dunque costretto a perdere ancora tutta una giornata con un *Telefo*[3] che non finisce mai e un *Oreste*[4] ancora incompiuto e che pure già riempie un mucchio di pagine, fitte fin sui margini e a tergo senza che qualcuno ne paghi il fio[5]? [...]

1. Cordo è un personaggio non identificato: probabilmente era un poetastro che aveva scritto un poema sulle gesta di Tesèo, mitico re di Atene.
2. Le commedie togate erano quelle di ambientazione romana, in cui gli attori vestivano la toga, abito tradizionale dei romani.
3. Cioè un poema dedicato a Tèlefo, figlio di Ercole, che sposò Laodìce. Nulla si sa sul suo autore.
4. Un poema epico, di autore ignoto, dedicato alla figura di Oreste, figlio di Agamennone e Clitemnestra, che per vendicare il padre uccise la madre e l'amante di lei.
5. La mania di costringere conoscenti e amici ad ascoltare la lettura di versi o interi poemi era molto diffusa nell'età imperiale.

È davvero una sciocca preoccupazione quella di risparmiare poca carta, destinata a finire al macero, quando da tutte le parti inciampi in poeti. Ecco perché preferisco correre sullo stesso campo nel quale il grande figlio di Aurunca[6] domò i suoi cavalli; naturalmente, ammesso che abbiate voglia e tempo di ascoltare con calma le mie ragioni.
Quando un eunuco rammollito prende moglie e Mevia, con le mammelle ignude e lo spiedo in mano, va a caccia di cinghiali toscani nell'arena[7]; quando tutti i patrizi sono sorpassati in ricchezza da un cialtrone[8] che, ai miei tempi, mi raschiava rumorosamente la barba; quando un avanzo della plebaglia del Nilo, un servo di Canopo, Crispino[9], tirandosi sulle spalle porpora tiria, sventola in giro, con le dita sudate, il suo anellino estivo e par quasi non riesca a sopportare il peso della gemma, ah, è difficile allora non scrivere satire! [...] Se vuoi essere qualcuno, devi avere il coraggio di fare cose degne dell'isola di Giari[10] e della galera. L'onestà è lodata da tutti, ma muore di freddo. Ai criminali vanno i giardini, gli onori pretorii, le mense, l'argento vecchio e le belle tazze ornate di caproni rampanti. Ma chi può dormire fra questi corruttori di nuore insaziabili, queste spose miserabili, questi adulteri in pretesta? Se anche non fosse nel mio carattere, è l'indignazione stessa che, come può, mi spinge a scrivere. Io faccio soltanto del mio meglio, ma credo ci riuscirebbe persino Cluvieno[11].
Da quando Deucalione, tra i nembi che gonfiavano l'acque, salì con la nave sul monte a chiedere il suo destino, e il soffio vitale a poco a poco ammollì i sassi e Pirra mostrò ai maschi le femmine ignude[12], tutto ciò che gli uomini fanno, i voti, i timori, le ire, i piaceri, le gioie, gli errori, tutto sarà mescolato nel mio libro. E quando ci fu mai abbondanza più fertile di vizi? Quando mai l'avarizia[13] spalancò di più il suo grembo? Quando mai l'azzardo fu più grande?

(trad. di E. Barelli)

L'uso delle *recitationes* pubbliche era stato introdotto da Asinio Pollione in età augustea.

6. Il riferimento è a Lucilio, il primo grande poeta satirico romano, originario di Suessa Aurunca, località situata a nord della Campania.
7. Mevia probabilmente era una matrona romana che si dilettava di ludi gladiatori. I cinghiali venivano dalla Maremma, al tempo uno dei luoghi più selvaggi della penisola.
8. Il poeta allude probabilmente a un ex barbiere arricchitosi con i commerci o con le delazioni.
9. Tale Crispino, ricco libidinoso più volte citato da Giovenale, proveniva dall'Egitto, da una cittadina sul delta del Nilo, Canopo, menzionata spesso come luogo di corruzione. Qui è ritratto mentre mostra l'anello estivo, meno pesante di quelli indossati solitamente, per evitare un'eccessiva sudorazione delle mani. Anche Tacito (➤ p. 322) parla di lui come delatore illustre sotto Domiziano.
10. Giari è una piccola isola del mar Egeo: era luogo di deportazione per condannati politici e per delinquenti comuni.
11. Cluvieno è un personaggio ignoto, forse un altro deprecabile poetastro.
12. In questo passo viene riassunto il mito di Deucalione e Pirra.
13. Il termine *avaritia* in latino significa soprattutto «ingordigia», «rapacità».

PER COMPRENDERE IL TESTO

Il testo e il contesto

LA SATIRA COME SCELTA OBBLIGATA Nella satira d'apertura Giovenale si domanda se dovrà accontentarsi di ascoltare i numerosi declamatori che in sale pubbliche e private della capitale scandiscono poemi e leggono tragedie sui soliti temi mitologici. Anche il poeta ha studiato retorica, quindi potrebbe fare lo stesso, ma lo scenario di degrado morale in cui è immerso lo spinge a scegliere ben altra strada. La corruzione dei costumi è talmente diffusa che egli non può non prendere la penna in mano per dar voce alla sua indignazione, componendo satire. La scelta di questo genere è dovuta alla necessità di rappresentare tutti i vizi degli uomini, da quando l'ideologia dell'arricchimento con qualunque mezzo ha preso piede in tutta la città.

Il senso del testo

UNA POESIA CHE NASCE DALLA *INDIGNATIO* Giovenale rifiuta il ruolo passivo di ascoltatore (*Semper ego auditor tantum?*, v. 1) di storie ormai prive di significato e attinenza con la realtà. Di fronte all'inarrestabile diffusione del vizio, il poeta dichiara di non poter trattenere la propria indignazione che lo spinge a scegliere la satira quale genere più adatto per esprimere il suo disgusto e il suo disprezzo. È dunque l'*indignatio* la fonte di ispirazione dei versi del poeta, il quale, diversamente da Orazio e dalla tradizione satirica precedente, rinuncia a proporre una terapia, una cura per arginare il vizio dilagante; egli non crede infatti di poter influire con la sua opera sul comportamento perverso degli uomini, ai quali non dà alcuna possibilità di redenzione: la satira non è più quello spazio di ricerca morale finalizzato alla costruzione di una norma di comportamento che possa regolare i rapporti sociali. Richiamandosi a Lucilio («il grande figlio di Aurunca»), il fondatore del genere, Giovenale sembra volersi inserire nel solco della tradizione, ma poi se ne discosta consapevolmente nel momento in cui rifiuta tutto quel patrimonio di *topoi* che la diatriba cinico-stoica ha elaborato: in primo luogo il principio dell'*autàrkeia* (l'autosufficienza interiore), che insegna al saggio a essere indifferente e distaccato di fronte al mondo esterno e ai beni materiali. L'*indignatio* di Giovenale è inconciliabile con questo principio: è l'indignazione che spinge il poeta a scrivere, che attiva la sua vena satirica (*difficile est satura non scribere*, v. 30), che a volte può anche sostituirsi al talento naturale (*si natura negat facit indignatio versum*, v. 79). Lo sdegno per il malcostume e la corruzione che hanno soverchiato l'onestà e la rettitudine morale si risolvono in un'invettiva feroce contro i ricchi e gli arricchiti, che devono senza dubbio la loro agiatezza a qualche attività illecita o criminosa, convinti che solo i beni materiali procurino la felicità.

LEGGO E COMPRENDO

1. A che cosa è dovuta la scelta del genere satirico da parte di Giovenale?

2. Perché la satira di Giovenale non rappresenta uno spazio di ricerca morale?

3. Quali sono i principali bersagli della satira di Giovenale?

L'OPERA | LE *SATIRAE* DI GIOVENALE

I CONTENUTI DELLA RACCOLTA DI GIOVENALE L'opera di Giovenale comprende sedici *Satirae* in esametri, suddivise in 5 libri, editi probabilmente dall'autore stesso fra il 100 ed il 127 d.C. I componimenti hanno lunghezza variabile (da un centiniaio di versi ai circa settecento della sesta satira) e un contenuto variegato.

LIBRO I	***Satira I***: testo programmatico, con esposizione delle ragioni della scelta del genere satirico. ***Satira II***: contro l'ipocrisia dei perbenisti e l'omosessualità diffusa. ***Satira III***: contrasto fra la capitale, teatro del vizio, della dissolutezza e della decadenza materiale, e la provincia, luogo dove ancora si può vivere serenamente e onestamente. ***Satira IV***: descrizione del surreale consiglio riunito dall'imperatore per decidere come cucinare un enorme pesce (un rombo) che gli è stato regalato. ***Satira V***: descrizione del disagio dei *clientes* umiliati alla cena di un ricco *patronus*.
LIBRO II	***Satira VI*** (è la satira la più lunga e occupa un intero libro): saggio sull'immoralità e sui vizi delle donne, con una celeberrima descrizione dell'insaziabile lussuria di Messalina, prima moglie dell'imperatore Claudio.
LIBRO III	***Satira VII***: riflessione sulla decadenza degli studi e sull'assenza di mecenatismo. ***Satira VIII***: riflessione sulla vera nobiltà. ***Satira IX***: monologo di un certo Nèvolo, omosessuale, che lamenta di essere poco pagato dal *patronus* per le sue prestazioni.
LIBRO IV	***Satira X***: riflessione sull'insensatezza dei desideri umani. ***Satira XI***: confronto fra la cena frugale generosamente offerta al poeta da un amico e l'eccessivo sfarzo ostentato dai ricchi. ***Satira XII***: contro i cacciatori di eredità.
LIBRO V	***Satira XIII***: contro gli imbroglioni. ***Satira XIV***: riflessione sull'educazione dei figli, con il rimpianto dei tempi in cui i genitori impartivano ai propri figli un'educazione fondata sull'onestà e sulla parsimonia. ***Satira XV***: narrazione di un episodio di cannibalismo, ambientato in Egitto (proprio questa satira potrebbe avere originato la notizia del viaggio in Egitto dell'autore nella vecchiaia). ***Satira XVI*** (il testo della satira è incompleto): contro i privilegi della vita militare (anche questa satira potrebbe essere alla base delle dicerie circa il presunto incarico militare in Egitto di Giovenale).

T4-T5

La disagiata condizione dei *clientes*

Marziale, *Epigrammata* 9, 100; 10, 74

Marziale era uno dei tanti clientes *che a Roma, nella prima età imperiale, affollavano le strade accompagnando i patroni e svolgendo commissioni da loro richieste, ricevendone una modesta* sportula, *ovvero la ricompensa quotidiana, che consentiva di sopravvivere. La principale fonte d'informazione sulla sua condizione di cliente sono i suoi epigrammi, nei quali descrive le umiliazioni di alcuni servizi commissionati dai patroni, la tracotanza dei colleghi, la frustrazione dei miseri guadagni.*

La stanchezza del poeta emerge dai due epigrammi qui presentati: nel primo prevale il disagio per la condizione economica sempre incerta (➤ **T4***), nel secondo la stanchezza per i servigi dovuti e mai ricompensati in modo adeguato, insieme all'amarezza per il confronto con i facili guadagni di personaggi di bassa estrazione (➤* **T5***).*

T4

LATINO/ ITALIANO

Vita da cliente

Marziale, *Epigrammata* 9, 100 | distici elegiaci

Denarîs tribus invitas et mane togatum
observare iubes atria, Basse, tua,
deinde haerere tuo lateri, praecedere sellam,
ad viduas tecum plus minus ire decem.
Trita quidem nobis togula est vilisque vetusque:
denarîs tamen hanc non emo, Basse, tribus.

Mi inviti per tre denarii[1], Basso, e mi ingiungi di rendere omaggio, di mattina[2], in toga[3], ai tuoi atri. Poi, di starti al fianco, di far strada alla lettiga[4], di accompagnarti da qualcosa come una decina di vedove. Il mio straccetto di toga è consunto, senza valore e vecchio[5]: ma non lo compro, Basso, con tre denarii.

(trad. di M. Scàndola)

[vv. 1-2] **Denarîs tribus**: è un ablativo di prezzo. • **togatum**: è predicativo di *me* (accusativo sottinteso). • **observare**: è il predicato di una proposizione oggettiva introdotta da *iubes* con soggetto sottinteso *me*. • **tua... atria**: è complemento oggetto di *observare*.
[vv. 3-4] **haerere... praecedere... ire**: gli infiniti hanno come soggetto sottinteso *me* e sono introdotti sempre da *iubes*. • **decem**: è attributo di *viduas*.
[vv. 5-6] **nobis togula est**: è un dativo di possesso. • **denarîs... tribus**: ordina *tamen, Basse, non emo hanc tribus denarîs*, «tuttavia, o Basso, non la posso comprare con tre denari».

1. Il *denarius* era una moneta d'argento del valore originario di 10 assi, poi portato a 16 assi alla fine del II sec. a.C. per ragioni di svalutazione del valore dell'asse.
2. La *salutatio matutina* era un obbligo che i *clientes* avevano nei confronti del *patronus*, dal quale venivano onorati con una ricompensa in denaro o cibo, la cosiddetta *sportula*. La *salutatio* si svolgeva nell'atrio della *domus*, di fronte al signore che stava seduto su uno scranno e riceveva l'omaggio dei vari *clientes* che si presentavano in ordine di importanza sociale.
3. Per rendere la *salutatio matutina* era obbligatorio indossare la toga, indumento costoso, ma scomodo e facilmente danneggiabile. L'obbligo della toga era vissuto da Marziale come una faticosa costrizione.
4. Un'altra incombenza dei *clientes* consisteva nello scortare il patrono per le strade di Roma: qui si fa riferimento alla *sella*, ovvero a una sorta di sedia trasportabile su cui sedeva il signore.
5. La qualità del tessuto e della fattura della toga dipendeva dal grado di ricchezza del *patronus*, quindi dalla *sportula* che elargiva ai suoi *clientes*: evidentemente il patrono di Marziale non era affatto munifico.

T5
ITALIANO

Un uomo stanco

Marziale, *Epigrammata* 10, 74

Ora, Roma, ti prego,
fai grazia a un uomo stanco,
a un che dice sempre: «Mi rallegro!»,
a un cliente stremato nelle forze.
Per quanto tempo ancora,
misto ai servi battistrada
o a clienti di poco o nessun conto,
guadagnerò in un intero giorno
cento miserabili quattrini,
mentre Scorpo[1] in una sola ora
si porta via, se esce vincitore,
quindici sacchi pieni zeppi d'oro
ancora del conio caldi caldi?
Non io vorrei, in premio dei miei libri
– in effetti che valgono? –
dei campi pianeggianti dell'Apulia[2],
non l'Ibla[3] mi attrae,
non la terra del Nilo frumentosa[4],
né l'uva deliziosa
che dai colli di Sezze[5] solatìi
le paludi Pontine guarda giù.
– Che mai dunque desideri – tu chiedi –
– Desidero soltanto di dormire.

(trad. di A. Carbonetto)

■ Particolare dell'affresco della Tomba delle Leonesse, 520 a.C. circa. Tarquinia.

1. Scorpo era un famoso auriga nelle corse al Circo al tempo del poeta.
2. La Puglia era famosa per la lana delle sue greggi.
3. Ibla era una città della Sicilia, rinomata per la produzione del miele.
4. Nella regione del Nilo le coltivazioni di frumento erano fonte di un'enorme ricchezza.
5. Sezze era un'antica colonia romana situata nel territorio dei Volsci: qui erano coltivate uve molto pregiate.

Il testo e il contesto

LA "CLIENTELA" A ROMA L'istituto della clientela a Roma nacque in età monarchica come rapporto di sudditanza di alcune persone giuridicamente libere nei confronti di un *patronus* (quindi della *gens* a cui questi apparteneva), in grado di assicurare loro protezione e sussidi. Era un rapporto fondato sulla *fides*, cioè l'affidamento che una persona in condizione di inferiorità compiva verso un cittadino libero e di estrazione sociale elevata, in genere il *pater familias*. Il rapporto di subordinazione fra i *clientes* e il patrono prevedeva da parte di quest'ultimo protezione, assistenza giudiziaria, donativi di cibo e denaro, mentre i primi dovevano assicurargli voti in caso di elezioni, compagnia nei viaggi, commissioni personali, arruolamento in caso di guerra.

In età imperiale, soprattutto ai tempi di Traiano, i clienti erano numerosissimi ed era stata stabilita per ogni famiglia una cifra da corrispondere a ognuna di queste persone: la cosiddetta *sportularia*. Spesso questa somma rappresentava l'unica risorsa per sopravvivere. Tra i *clientes* c'erano persone di ogni estrazione sociale e culturale e il numero di coloro che attendevano davanti alla *domus* per la *salutatio matutina* era rappresentativo del potere del *patronus*. Ciascun cliente era tenuto a indossare la toga, a presentarsi in ordine, a omaggiare il *dominus* con il proprio saluto, ma senza inchinarsi (poiché l'usanza dell'inchino davanti ai potenti appartiene ai costumi orientali e i Romani l'hanno sempre considerata priva di dignità).

Il senso del testo

DUE SFOGHI AUTOBIOGRAFICI I due epigrammi riportati sono fra i più genuini e autentici passi della raccolta di Marziale, poiché in essi il poeta parla dell'uomo che più gli è caro e che meglio conosce, vale a dire racconta di sé, dei suoi pensieri più intimi, delle sue aspirazioni e delle sue frustrazioni, dei desideri e della stanchezza che abitano il suo animo. In questi passi l'io autobiografico si confonde con l'io letterario: ne emerge una figura di poeta e di uomo irrequieto e insoddisfatto, orgoglioso dei suoi meriti, ma deluso dalla società e convinto che in un contesto sociale differente avrebbe potuto dare molto di più e molto meglio.

Marziale, poeta di origini non nobili, di provenienza provinciale, per mantenersi è costretto a divenire un cliente, cioè un uomo al servizio e alle dipendenze di un *patronus*. Egli tollera a fatica la sua condizione, che considera degradante, soprattutto per il fatto che la mancanza di una vita serena ed economicamente indipendente toglie tempo e ispirazione alla sua attività poetica. Compiere ogni giorno gli stessi gesti, quali l'omaggio e la *salutatio* al *patronus*, svolgere le medesime incombenze, come la scorta per le strade della città e la compagnia nei diversi momenti della giornata, hanno ormai sfiancato il poeta; la stanchezza genera in lui un forte desiderio di estraniarsi dalla sua condizione, di allontanarsi dalla vita che è costretto a vivere. Quando nel finale del secondo epigramma dichiara che il suo più ardente desiderio sarebbe quello di dormire, il poeta manifesta la sua volontà non tanto di riposarsi quanto di estraniarsi dalla sua condizione di cliente stanco (*lasso clienti*, in 10, 74, v. 2), costretto a confondersi con altri clienti di basso rango, a confrontarsi con la popolarità e i guadagni spropositati di Flavio Scorpo (auriga molto conosciuto, vincitore di numerosissime gare).

Da questi passi emerge insomma una figura non perfettamente collocata all'interno della società romana: il successo che i suoi epigrammi riscuotono non corrisponde a guadagni altrettanto cospicui, poiché il "mercato librario" al tempo non prevedeva la divisione dei profitti delle vendite dei libri con gli autori. Marziale, rammaricandosi di questa situazione, in un altro passo scrive: *tantum gratis pagina nostra placet* («i miei versi piacciono solo gratis», in 5, 16, v. 10).

Lunetta con anfore, particolare dei due volti, I sec. d.C. Pompei, Casa del Bracciale d'Oro.

LEGGO E COMPRENDO

1. Su quali presupposti si fonda il rapporto fra *patronus* e *clientes*?

2. Perché nei due epigrammi analizzati l'io autobiografico e l'io letterario tendono a confondersi?

3. Per quale motivo il successo letterario non procura a Marziale adeguati riconoscimenti economici?

T6
LATINO

Nostalgia di Mecenate

| Marziale, *Epigrammata* 1, 107 | distici elegiaci |

Marziale è un poeta che sperimenta il disagio di non poter vivere dei proventi del proprio lavoro intellettuale: non c'è alcun guadagno per gli autori di opere letterarie pubblicate e vendute in un mercato librario pur molto vivace come quello romano nel I secolo d.C.; il poeta è quindi obbligato a vivere grazie al sussidio di qualche patronus *che generosamente, in cambio di favori e attività svolte a suo nome, gli offre il sostentamento quotidiano. Marziale, quindi, è uno dei tanti* clientes *che si muovono per le strade di Roma, affaccendati in incombenze degradanti e dannose, e che sottraggono tempo all'attività poetica. Egli rimpiange Mecenate e l'*otium *che egli sapeva concedere ai poeti augustei: essi, liberi da costrizioni quotidiane, dedicavano serenamente il proprio tempo all'attività letteraria.*

Saepe mihi dicis, Luci carissime Iuli,
«Scribe aliquid magnum: desidiosus homo es».
Otia da nobis, sed qualia fecerat olim
Maecenas Flacco Vergilioque suo:
condere victuras temptem per saecula curas
et nomen flammis eripuisse meum.
In steriles nolunt campos iuga ferre iuvenci:
pingue solum lassat, sed iuvat ipse labor.

[vv. 1-2] **Luci... Iuli**: sono forme di vocativo in *-i*; il Lucio Giulio qui nominato probabilmente è un certo Giulio Marziale, già evocato in precedenza (1, 15), oppure un tale Giulio Ceriale, o anche Giulio Rufo, che compariranno più avanti. • **desidiosus**: è riferito a Marziale e ha valore di «pigro».
[vv. 3-4] **Otia**: è complemento oggetto di *da*, da intendere «tempo libero». • **da**: è un imperativo, rivolto a Giulio. • **nobis**: «a me». • **qualia**: riferito a *otia*, in ambito poetico è usato con il valore dell'avverbio *qualiter*, «nello stesso modo che». • **Flacco Vergilioque suo**: sono due dativi di vantaggio.
[vv. 5-6] **condere**: è un infinito retto da *temptem*. • **victuras**: è participio futuro riferito a *curas* con valore attributivo, «destinate a vivere». • **temptem**: questo congiuntivo presente è il predicato della apodosi di un periodo ipotetico, con protasi sottintesa nell'affermazione precedente; «(se io potessi godere di momenti di ozio simili a quelli) tenterei». • **curas**: è complemento oggetto di *condere*, da intendere «comporre un canto». • **flammis**: è ablativo di moto da luogo senza preposizione; *flamma* è metonimia per oblio, in quanto il fuoco cremava i cadaveri, eliminando ogni traccia della presenza fisica sulla terra. • **eripuisse**: è un infinito perfetto con valore di presente, retto da *temptem*. • **meum**: è attributo di *nomen* (in iperbato), complemento oggetto di *eripuisse*.
[vv. 7-8] **In steriles... iuvenci**: ordina *iuvenci nolunt ferre iuga in steriles campos*, «i giovenchi si rifiutano di tirare l'aratro in campi sterili». • **pingue solum**: è soggetto di *lassat*, «un terreno fertile». • **ipse labor**: è soggetto di *iuvat*, «la fatica è di per sé un piacere».

PER COMPRENDERE IL TESTO

Il testo e il contesto

IL LAMENTO PER LA MANCANZA DI *OTIUM* L'epigramma si presenta come un dialogo riportato da parte del poeta. L'interlocutore è l'amico Lucio Giulio, personaggio di incerta identificazione, ma probabilmente vicino al poeta visto l'uso dell'appellativo *carissime*. Questi lamenta una certa pigrizia in Marziale e gli chiede di scrivere qualcosa di importante. L'uso dell'aggettivo *desidiosus*, raro in poesia, denota un giudizio negativo sull'attività poetica di Marziale, ma il tono del dialogo rimane piano e colloquiale. La risposta del poeta, pacata seppur ferma, fa emergere un manifesto rimpianto per l'assenza di mecenatismo: *otia da nobis* chiede Marziale, con una chiara allusione alle parole di Titiro nella prima Bucolica virgiliana (*deus nobis haec otia fecit*, «un dio ci ha donato questa tranquillità», v. 6).
Il richiamo alla poesia augustea si fa poi più diretto, dato che il poeta paragona il tempo libero di cui avrebbe necessità (l'*otium*) con quello che Mecenate diede a Orazio

e Virgilio, anzi ai «suoi» Orazio e Virgilio, a conferma di una vicinanza e di un legame forte che l'uomo di Augusto aveva con i poeti aderenti al suo circolo. Se anche Marziale potesse godere di quell'*otium* proverebbe a comporre un'opera che il poeta definisce con metonimia *cura*, per indicare tutto l'impegno e la fatica necessari per scrivere un testo destinato a durare nei secoli.
Marziale chiarisce che un'opera letteraria non è frutto di un'ispirazione momentanea e della sua trascrizione immediata, ma di un lungo e attento lavoro intellettuale. Per strappare il proprio nome all'oblio del tempo, sono necessari un terreno fertile (*pingue solum*) e la inevitabile fatica (*labor*) per lavorarlo. Con un'immagine ripresa dal mondo agricolo (particolarmente efficace visto il rimando al mondo bucolico virgiliano), Marziale paragona l'impegno del contadino a quella del poeta: i frutti delle loro fatiche sono preziosi e indispensabili per la vita dell'uomo.

GUIDA ALLO STUDIO

1. Qual è il rapporto che Marziale mostra di intrattenere con l'interlocutore del suo epigramma?

2. Quali richiami diretti alla poesia augustea sono presenti in questo testo?

3. A che cosa è paragonato il lavoro intellettuale che un poeta compie per scrivere la propria opera?

GENERI LETTERARI

EPIGRAMMA: UNA STORIA DEL GENERE

LE ORIGINI GRECHE Il termine "epigramma" deriva dal greco *epì* («sopra») e *gràmma* («scrittura», «lettera incisa»), e dunque significa «iscrizione», ovvero un testo scritto, posto sopra una lastra sepolcrale, una lapide commemorativa, un oggetto offerto in voto agli dei. Le attestazioni più antiche di questo genere risalgono all'VIII secolo a.C. e sono il "vaso del Dìpylon" e la "coppa di Nestore". In età arcaica l'epigramma era usato soprattutto con funzione commemorativa, mentre in età classica assunse un valore letterario autonomo, svincolandosi dall'epitaffio tombale: gli esempi più significativi di quest'epoca si devono a Simonide di Ceo, autore di brevi poesie caratterizzate da una spiritosa battuta finale.
Nell'età ellenistica l'epigramma acquisisce dignità e importanza sempre più significative, aprendosi a una molteplicità di temi e contenuti. Nel giro di pochi versi, stilisticamente ricercati, il poeta può esprimere pensieri, sentimenti, riflessioni filosofiche e morali, giudizi su poeti e opere d'arte, spunti satirici, dichiarazioni, lamenti, sfoghi amorosi. Fra gli autori più importanti si possono ricordare Asclepiade di Samo, Leonida di Taranto e le poetesse Ànite di Tegea e Nosside di Locri, ma anche i poeti maggiori di quest'epoca, Callimaco e Teocrito, si dedicano a questo genere di poesia. L'epigramma continua a fiorire fino all'età cristiana e bizantina: tra il II e il I secolo a.C. ricordiamo soprattutto Meleagro di Gadara, autore di una raccolta intitolata la *Corona*, inclusa nell'*Anthologia Palatina* (che è la nostra principale raccolta di epigrammi greci antichi).

L'EPIGRAMMA A ROMA Nel mondo romano in età arcaica (da Ennio in poi) l'epigramma ha carattere solenne, con funzione celebrativa o funeraria; verso la fine del II secolo a.C., però, alcuni intellettuali e scrittori greci mostrano ai Romani un uso "mondano" di questo genere poetico, utile nelle più svariate occasioni della vita quotidiana: da quel momento anche a Roma si diffonde l'abitudine di scrivere e inviare ad amici carmi di invito a cena, di accompagnamento di un dono, di consolazione, di ringraziamento, a cui poi si aggiungono anche epigrammi a tema amoroso. I più antichi esempi di epigrammi a tema sentimentale-erotico vengono scritti da Lutazio Catulo (150-87 a.C.), poeta preneoterico, che compone epigrammi formalmente ricercati e con effetti concettistici e patetici.
Da questo momento in poi l'epigramma diviene lo spazio ideale per una composizione raffinata e ricercata, coltivata nell'*otium*. Dall'età di Cicerone in poi, uomini politici o eminenti intellettuali vi si cimentano, scrivendo carmi per lo più brevi in accompagnamento a doni, per ringraziamenti, inviti, interventi polemici o invettiva politica o letterariaw. Questo uso di poesia mondana si fonde con il filone della poesia giocosa, fondata su facezie, battute di polemica personale, versi aggressivi

di tono popolare, attestata fin dall'età di Nevio e molto diffusa in quella di Cesare. Si viene così delineando un genere romano di poesia breve, in metri vari (esametri, faleci, metri giambici, accanto al tradizionale distico elegiaco), il cui massimo esponente è Catullo, ma che viene praticato anche dagli altri poeti neoterici, come Elvio Cinna e Licinio Calvo. È Marziale, comunque, il più notevole rappresentante del genere epigrammatico nella letteratura latina, ed è anche l'unico poeta che si sia dedicato a questo genere in modo esclusivo. Ai suoi tempi l'epigramma è considerato come il più umile dei generi: la sua scelta pertanto si rivela molto coraggiosa, perché lo colloca in una posizione originale e autonoma nel clima culturale dell'età flavia, dominato dal recupero di forme letterarie più illustri, come l'epica e la tragedia.

GUIDA ALLO STUDIO

1. A quando risalgono le più antiche attestazioni del genere epigrammatico?

2. Quale funzione ha nell'età greca arcaica questo genere letterario minore?

3. Che cosa si intende per uso "mondano" dell'epigramma a Roma?

T7
LATINO/ITALIANO

A Roma non si vive più | Giovenale, *Satire* 3, vv. 21-57 | esametri dattilici |

In questa satira Giovenale presenta la figura dell'amico Umbricio, che, stanco della vita di Roma, ha deciso di trasferirsi a Cuma. La capitale infatti è divenuta invivibile sia sul piano dell'incolumità fisica (incendi, crolli di edifici e aggressioni sono all'ordine del giorno) sia soprattutto su quello della condotta morale (corruzione, disonestà, avidità sono ormai dilaganti). Ma è soprattutto quest'ultimo aspetto che lo ha spinto ad andarsene: a Roma sembra non esserci più posto per gli uomini onesti e generosi

Prima della partenza i due amici fanno l'ultima passeggiata insieme, durante la quale Umbricio spiega minuziosamente al poeta le ragioni della propria scelta, considerata inevitabile. Giovenale riproduce in forma di monologo il discorso dell'amico, che appare quasi un alter ego *letterario del poeta, il quale però, sebbene lo desideri, non riesce a compiere questa scelta definitiva.*

Hic tunc Umbricius «Quando artibus», inquit, «honestis
nullus in urbe locus, nulla emolumenta laborum,
res hodie minor est here quam fuit atque eadem cras
deteret exiguis aliquid, proponimus illuc

Qui dice allora Umbricio[1]: «Dal momento che a Roma non c'è posto per i mestieri rispettabili, non c'è ricompensa per le fatiche, ed il patrimonio è oggi minore di ieri, ed inoltre domani raschierà via qualcosa agli esigui possessi, noi ci proponiamo di andare

[vv. 21-28] **Quando**: usato in luogo di *quandoquidem*, introduce una subordinata causale. • **nullus... locus**: è soggetto di un *est* sottinteso. • **nulla emolumenta**: è soggetto di un *sunt* sottinteso. • **res**: ha valore di «patrimonio». • **quam**: introduce una subordinata comparativa. • **eadem**: il pronome, con funzione di soggetto, è riferito a *res*. • **exiguis**: è un aggettivo sostantivato, «alle poche cose possedute». • **proponimus**: va reso al singolare (è Umbricio a parlare).

1. Amico del poeta e suo interlocutore.

ire, fatigatas ubi Daedalus exuit alas,
dum nova canities, dum prima et recta senectus,
dum superest Lachesi quod torqueat et pedibus me
porto meis nullo dextram subeunte bacillo.
Cedamus patria. Vivant Artorius istic
et Catulus; maneant qui nigrum in candida vertunt,
quis facile est aedem conducere flumina portus,
siccandam eluviem, portandum ad busta cadaver,
et praebere caput domina venale sub hasta.
Quondam hi cornicines et municipalis harenae
perpetui comites notaeque per oppida buccae
munera nunc edunt et, verso pollice vulgus
cum iubet, occidunt populariter: inde reversi
conducunt foricas, et cur non omnia? Cum sint
quales ex humili magna ad fastigia rerum
extollit quotiens voluit Fortuna iocari.

là dove Dedalo si spogliò delle sue ali stanche[2], finché recente è la nostra canizie, finché la vecchiaia è al suo primo manifestarsi ed è bene eretta, finché resta a Lachesi[3] qualcosa da filare, ed io mi porto con i miei piedi, senza che il bastoncino si faccia sotto alla mano destra. Andiamocene in esilio dalla patria! Facciano la loro vita costì Artorio e Catulo[4]; vi rimangano coloro che sono capaci di volgere il nero in bianco, coloro per i quali non è causa di scrupoli prendere in appalto dallo Stato un tempio, fiumi, porti, la pulizia della cloaca, il trasporto di cadaveri alla tomba... e così offrire la propria persona al rischio della vendita sotto l'asta che segna la proprietà! Costoro un tempo suonatori di corno e costanti accompagnatori dei giochi nelle arene municipali e... gote gonfie note per i paesi, sono loro a dare ora i giochi, ed ordinano di ammazzare per ottenere popolarità, quando con il pollice verso il volgo lo comanda. Di ritorno dall'arena... prendono in appalto le latrine; e perché non dovrebbero fare tutto, se è gente che la Fortuna innalza da una condizione bassa ai grandi fastigi del potere, ogni volta che vuole divertirsi?

• **ire**: è un infinito retto da *proponimus*. • **fatigatas**: è attributo di *alas* (in iperbato), complemento oggetto di *exuit*. • **dum**: la congiunzione temporale, in triplice anafora, ha valore di «finché». • **Lachesi**: è dativo retto da *superest*. • **quod**: è un pronome relativo anticipato da *id* sottinteso; introduce una relativa impropria con valore finale. • **pedibus... meis**: è un ablativo strumentale. • **nullo... subeunte bacillo**: è un ablativo assoluto con valore temporale.

[vv. 29-33] **patria**: è un ablativo di allontanamento. • **Vivant**: è un congiuntivo esortativo, come il successivo *maneant*. • **siccandam**: è gerundivo attributivo di *eluviem* (complemento oggetto di *conducere*), come il successivo *portandum* riferito a *cadaver*.

[vv. 34-40] **cornicines**: è una apposizione del soggetto *hi*, così come le successive *perpetui comites* e *notae(que)... buccae*. • **munera... edunt**: ossia «allestiscono giochi». • **verso... iubet**: ordina *cum vulgus iubet pollice verso*, «quando il popolo ordina il pollice verso», ossia «emette parere di condanna». • **inde**: è un avverbio di moto da luogo. • **reversi**: participio congiunto, è riferito al soggetto *hi* sottinteso. • **cur non omnia?**: espressione con verbo *facerent* sottinteso. • **cum... sint**: subordinata causale. • **ex humili**: è un ablativo di origine. • **quotiens**: «tutte le volte che».

2. Dedalo, celebre architetto ateniese, costruì il Labirinto di Creta per Minosse, che al termine dei lavori ve lo rinchiuse insieme al figlio Icaro. Dedalo allora creò ali di penne e cera per fuggire via. A differenza del figlio Icaro, che durante il volo cadde in mare per essersi avvicinato troppo al Sole (che aveva sciolto la cera delle sue ali), Dedalo giunse in Italia approdando nei pressi di Cuma.
3. Lachesi era una delle Parche che filavano lo stame della vita di ogni uomo.
4. Si tratta di affaristi senza scrupoli non meglio identificabili.

Quid Romae faciam? Mentiri nescio; librum,
si malus est, nequeo laudare et poscere; motus
astrorum ignoro; funus promittere patris
nec volo nec possum; ranarum viscera numquam
inspexi; ferre ad nuptam quae mittit adulter,
quae mandat, norunt alii; me nemo ministro
fur erit, atque ideo nulli comes exeo tamquam
mancus et extinctae corpus non utile dextrae.
Quis nunc diligitur nisi conscius et cui fervens
aestuat occultis animus semperque tacendis?
Nil tibi se debere putat, nil conferet umquam,
participem qui te secreti fecit honesti.
Carus erit Verri qui Verrem tempore quo vult
accusare potest. Tanti tibi non sit opaci
omnis harena Tagi quodque in mare volvitur aurum,
ut somno careas ponendaque praemia sumas
tristis et a magno semper timearis amico».

Che potrei fare io a Roma? Non so dire menzogne; un libro, se è cattivo, non sono capace di lodarlo e di chiederlo; ignoro i movimenti degli astri; promettere il funerale del padre né lo voglio né sono capace; le viscere delle rane non le ho mai ispezionate[5]; portare ad una donna sposata i doni, i messaggi dell'amante, lo sanno fare gli altri; con il mio aiuto nessuno sarà mai ladro ed è per questo motivo che non esco da Roma come "accompagnatore" di nessun magistrato, come se fossi storpio, cioè come se, corpo non utile, avessi la mano destra morta. Chi è oggi amato, se non il complice e colui al quale l'animo fervido ribolle di occulti pensieri e che sempre debbono essere taciuti? Non crede di essere in debito con te di alcunché, mai ti farà alcun dono, chi ti ha fatto partecipe di un segreto rispettabile; sarà caro invece a Verre[6], chi è in grado di accusare Verre nel momento che vuole. Tanto per te non debbono valere tutta la sabbia del torbido Tago[7], l'oro che scorre al mare, da perderci il sonno, da assumere premi (che tu, corrucciato e preoccupato, devi mettere a deposito e nascondere) e dall'essere sempre... temuto dall'amico altolocato!».

(trad. di G. Viansino)

[vv. 41-48] **faciam**: è un congiuntivo potenziale. • **librum**: è complemento oggetto di *laudare et poscere*. • **patris**: è genitivo in dipendenza da *funus*. • **ferre... norunt**: ordina *alii norunt (= noverunt) ferre ad nuptam (ea) quae adulter mittit, quae mandat*. • **me... ministro**: è un ablativo assoluto nominale. • **comes**: è apposizione del soggetto *ego* sottinteso, con il valore di «accompagnatore». • **tamquam**: è un avverbio che introduce un paragone. • **extinctae**: è participio perfetto di *exstinguo*, qui attributivo di *dextrae*.
[vv. 49-52] **conscius**: «il complice», aggettivo sostantivato. • **cui**: è riferito a un antecedente *is* sottinteso e introduce una proposizione relativa. • **fervens**: è attributo di *animus*. • **occultis... tacendis**: è un ablativo di causa; *tacendis* è gerundivo attributivo. • **Nil... nil**: è forma contratta per *nihil*, in anafora, complemento oggetto di *debere* e di *conferet*. • **participem... honesti**: ordina *(is) qui te fecit participem honesti secreti*.
[vv. 53-57] **Verri**: è dativo retto da *carus*. • **tempore quo vult**: è una espressione temporale da rendere «quando vuole». • **Tanti**: è un genitivo di stima. • **opaci**: è attributo di *Tagi*, genitivo che specifica il nominativo *omnis harena*. • **quod(que)**: il pronome relativo è riferito ad *aurum*. • **ut... careas... -que... sumas... et timearis**: sono tre proposizioni subordinate consecutive, coordinate fra loro. • **ponenda(que)**: è gerundivo con valore attributivo, riferito a *praemia*. • **tristis**: è predicativo del soggetto sottinteso *tu*.

5. L'ispezione delle interiora delle rane non era a scopo divinatorio, ma per estrarne un veleno da somministrare a qualcuno che si voleva eliminare.
6. Verre, propretore della Sicilia nel 70 a.C., fu molto noto per le sue razzie e malversazioni, e fu messo sotto accusa da Cicerone nelle orazioni *Verrinae*.
7. Il Tago è un fiume del Portogallo, noto per le sue sabbie aurifere.

Il testo e il contesto

IL MONOLOGO DI UMBRICIO Il passo della terza satira qui riprodotto si configura come il monologo di un amico di Giovenale, che, in procinto di lasciare Roma per sempre, spiega le ragioni che l'hanno condotto a una tale decisione. Roma non sembra più essere una città per persone oneste: hanno successo e vita facile solo imbroglioni, falsari, corrotti e corruttori. Le persone appaiono ormai tutte uguali ed egli non si riconosce più in quelli con cui ha a che fare.

Il senso del testo

IL MALESSERE DI GIOVENALE Nelle parole di Umbricio si esprime lo scontento dell'autore. Da quando a Roma prevalgono solo persone moralmente discutibili, per i poveri clienti non ci sono più speranze, soprattutto per le persone oneste, incapaci di mentire, rubare, ammazzare. Di fronte a tale situazione Umbricio decide di rifugiarsi in provincia, mentre Giovenale è incapace di trovare un'alternativa al profondo disagio che vive. Nelle parole del poeta emerge l'indignazione di chi vede costantemente il vizio e la colpa premiati, mentre l'onestà e la rettitudine beffate e umiliate. Giovenale rappresenta il ceto medio di origine italica che vede mortificati i valori morali e politici della tradizione, in un ambiente cosmopolita, come quello della capitale dell'impero, che esclude dalla ricchezza larghe fasce di popolazione.

Il poeta è incapace di una riflessione critica sui complessi mutamenti sociali del I secolo d.C.; dà semplicemente sfogo alla sua indignazione attraverso l'invettiva e la furia aggressiva, che non risparmia nessuno: gli arricchiti, i delatori, gli imbroglioni, gli stranieri arrivisti e senza scrupoli. Giovenale, secondo il suo sguardo di cittadino municipale, descrive il rapporto fra Romani conquistatori e Greci conquistati in una prospettiva rovesciata rispetto al principio oraziano del *Graecia capta ferum victorem cepit*: non sono i vinti, con la loro cultura raffinata, ad aver imposto la propria supremazia culturale, ma i vincitori che si stanno adeguando alla bassezza morale dei vinti.

■ **Affresco con scena di discussione in tribunale.** Ostia, Museo Ostiense.

LEGGO E COMPRENDO

1. Perché Roma non appare più come una città per persone oneste?

2. Quali sono le ragioni dell'indignazione di Giovenale?

3. Perché Giovenale mostra di non saper compiere una riflessione critica sui mutamenti sociali del I sec. d.C.?

VERIFICA PER LA COMPRENSIONE

QUESITI A SCELTA MULTIPLA

1. ricordare Rispetto alla satira di Orazio, la poesia di Giovenale:
- ☐ è ispirata da una *Musa Pedestris*
- ☐ coglie gli aspetti paradossali e deformati della realtà
- ☐ coglie la dimensione umile e familiare dei gesti e delle situazioni
- ☐ è caratterizzata dall'adozione del *sermo familiaris*

2. ricordare Un aspetto comune alla poesia di Marziale e di Giovenale è:
- ☐ la rispondenza a un'esigenza di realismo del pubblico di età imperiale
- ☐ la scelta di una letteratura impegnata e di generi alti
- ☐ la scelta di una letteratura d'evasione e di consumo
- ☐ l'adesione alla politica del principato e l'appagamento per il successo ottenuto

3. ricordare Giunto a Roma dalla Spagna intorno al 64 d.C., Marziale:
- ☐ rimane coinvolto nella congiura dei Pisoni del 65
- ☐ trova l'appoggio dei Seneca
- ☐ è costretto al rapporto di clientela con patroni più abbienti
- ☐ milita tra le file dell'opposizione imperiale

4. comprendere A proposito della poesia di argomento mitologico, Marziale (→ **T2**):
- ☐ manifesta un senso di disagio e un complesso d'inferiorità
- ☐ mostra rispetto e ammirazione, pur non condividendone la scelta
- ☐ appare indignato per i suoi effetti corruttori della moralità
- ☐ esprime un giudizio di inutilità, in quanto non ha nulla a che vedere con la vita reale

5. comprendere Secondo Giovenale, per potersi cimentare nel genere della satira (→ **T3**):
- ☐ si rischia certamente l'esilio, vista la scarsa libertà di parola
- ☐ bisogna essere consapevoli che non si otterrà nulla dalla società
- ☐ ci si deve disporre al principio dell'*autàrkeia*
- ☐ è necessario avere la protezione di un potente e un pubblico benevolo

6. comprendere La condizione di cliente viene vissuta da Marziale:
- ☐ con disagio a causa dell'incomprensione del suo patrono nei confronti della poesia
- ☐ con rimpianto per la mancanza delle condizioni che hanno permesso ai poeti di età augustea di dedicarsi alle lettere
- ☐ con disappunto per il fatto di non potersi permettere l'acquisto di quei beni pregiati che provengono dalle province
- ☐ con insoddisfazione per l'impossibilità di esprimere liberamente il proprio pensiero politico

7. comprendere Il ritratto della Roma imperiale nella terza satira di Giovenale (→ **T7**):
- ☐ ha il carattere di una denuncia sociale finalizzata a promuovere una ribellione civile
- ☐ vagheggia per contrasto la vita di provincia, unica opzione praticabile per gli intellettuali
- ☐ offre al poeta l'occasione per esprimere il proprio irriducibile disprezzo
- ☐ rivisita in chiave comica l'affermazione oraziana *Graecia capta ferum victorem cepit*

QUESITI A RISPOSTA BREVE

Rispondi ai quesiti nello spazio di 7-8 righe per ciascuno. Quando lo ritieni opportuno, puoi consultare i testi.

1. Che tipo di poesia e di pubblico vengono delineati da Marziale nell'epigramma 1, 1 (→ **T1**)?

2. Come viene considerata la poesia epica nella prima satira di Giovenale (→ **T3**)?

TRATTAZIONE SINTETICA

1. Facendo opportuni riferimenti ai testi letti, istituisci un confronto che faccia emergere, pur nelle differenti scelte di genere, le somiglianze e le differenze tra la poetica di Marziale e quella di Giovenale.

2. Scegli, tra i testi antologizzati in questa sezione, quello che ti è piaciuto di più; presentane brevemente il contenuto e commentalo facendo emergere le tematiche trattate, il rapporto con i modelli e le scelte stilistiche del poeta.

L'atteggiamento verso il mondo: il sorriso di Marziale e l'indignazione di Giovenale

PER ANALIZZARE

DUE MODI DI VEDERE LA REALTÀ A Roma l'introduzione dell'epigramma, ripreso dalla cultura greca, e la nascita della satira, genere nuovo ed originale, sono determinati dalla necessità di trovare uno spazio letterario adatto alla rappresentazione del quotidiano e dell'attualità, ovvero dall'esigenza di dar vita a una poesia che possa superare l'esperienza del teatro comico. Marziale e Giovenale, maestri di questi due generi cosiddetti minori, osservano tuttavia la realtà che li circonda con atteggiamento diverso: l'uno con il sorriso disincantato, l'altro con l'indignazione più accesa. Gli esiti sul piano letterario sono differenti: versi arguti e spesso dettati dal sarcasmo per Marziale, denuncia del vizio mossa dal disprezzo della società per Giovenale.

MARZIALE: UN RITRATTO DELL'UMANITÀ Negli epigrammi di Marziale il lettore può ritrovare svariati momenti della propria esistenza, raccontati in numerose poesie d'occasione (doni, luoghi, ricorrenze private ecc.), in epigrammi funebri di notevole delicatezza, in testi autobiografici (essenziali per ricostruire la vicenda esistenziale del poeta), in componimenti polemici (contro i generi letterari convenzionali) o encomiastici (rivolti soprattutto a Domiziano). L'opera di Marziale tuttavia non rappresenta un semplice collettore di epigrammi scritti con finalità diverse e in differenti occasioni, ma un impegno letterario notevole che si fonda su un meccanismo comunicativo studiato. Il poeta, tramite i suoi versi, "fotografa" la società in cui vive, arrivando a ritrarre persino le pieghe più nascoste della sua realtà, con uno sguardo a tratti cinico, a tratti beffardo. Egli guarda all'uomo con sorriso malizioso, talvolta sfrontato, ma sempre divertito: il suo intento è quello di colpire il vizio e non le persone (*Parcere personis, dicere de vitiis*).

I personaggi che Marziale ritrae sono immaginari, hanno nomi fittizi, anche se si avverte che dietro quei quadretti si celano persone reali, appartenenti a ogni classe sociale. Nessuno è risparmiato dal suo sarcasmo: medici incompetenti o sedicenti avvocati, poetasti o plagiari, ipocriti o adulatori, avidi o avari, cacciatori di eredità o sfaccendati, viziosi o pervertiti, ladri o prostitute, donne leggere e insaziabili, giovani vanitose o trasandate. Ne emerge un'umanità degradata, senza costumi e ideali, in cui l'onestà non è ritenuta un valore, ma un freno al successo e all'arricchimento. Ma più in generale prende corpo il ritratto dell'Uomo, così com'è veramente, con la sua umanità e la sua meschinità, soprattutto con i suoi vizi, le ipocrisie, le manie, le debolezze.

GIOVENALE: UNA DENUNCIA FINE A SE STESSA Anche Giovenale, come Marziale, prende le distanze dalla poesia mitologica, vuota nei contenuti e falsa negli ideali. La realtà circostante è il suo punto di riferimento, è il palcoscenico su cui vede sfilare la galleria dei vizi umani e dei personaggi paradossali che li incarnano. E l'indignazione che il poeta prova di fronte a questo spettacolo grottesco è ciò che lo induce a scrivere satira, il genere poetico più adeguato a esprimere il suo disgusto. Questo motivo ispiratore allontana il discorso poetico di Giovenale dai maestri del genere, Lucilio e Orazio; egli infatti tende a sostituire l'*ethos* con il *pathos*, il *sermo* con un linguaggio sostenuto, magniloquente, atto a esprimere la sua indignazione. Le sue categorie etiche sono quelle tradizionali dell'antica Roma, talvolta dei tempi ancora più antichi: con queste egli giudica la realtà circostante che quindi gli appare deformata, destinata a soccombere sotto le macerie del vizio dilagante. La sua denuncia è fine a se stessa, non propone correttivi, non crede nella morale consolatoria della tradizione cinico-stoica. La sua satira si rivolge contro tutti, non è mossa a compassione da nessuno, è solo celebrazione di orgoglio intellettualistico e moralismo individuale: secondo la felice definizione di Luca Canali, «Giovenale è il più tragico e grande poeta dei vizi umani».

LINGUA E STILE

LA LINGUA DI MARZIALE E DI GIOVENALE

GLI *EPIGRAMMATA* DI MARZIALE La varietà di temi e tipologie epigrammatiche di Marziale determina l'impiego di un'ampia gamma di modalità espressive. Lo stile del poeta risulta efficace nel ritrarre con brevità tipi umani e situazioni particolari, ma anche nell'evocare immagini stravaganti o scenari grotteschi. La molteplicità delle soluzioni stilistiche di cui Marziale fa uso per rappresentare lo spettacolo multiforme della realtà che lo circonda non manca mai di conservare dignità formale ed eleganza espressiva, anche se il poeta si serve di numerosi prestiti della lingua d'uso. Marziale a volte si compiace di immettere nella lingua letteraria espressioni volgari, a tratti oscene. Il fine di tale scelta rimane quello di servirsi di un linguaggio il più possibile efficace e aderente alla realtà. Al di là di questo, tuttavia, Marziale sa scegliere in modo abile e mai casuale termini che poi organizza in un fraseggio tutt'altro che piatto, in costrutti basati su antitesi, giochi di parole, immagini pregnanti. L'arguzia dei suoi versi è ottenuta da una considerevole capacità di muoversi dalla parodia al sublime, giocando su vocaboli ed espressioni che spesso hanno un significato innocente e uno osceno, su termini in netta antitesi, su motti sentenziosi inattesi. Negli epigrammi celebrativi il linguaggio si fa solenne, a tratti manieristico, ma la sua espressione rimane sempre limpida e naturale, anche quando tra le sue pieghe si cela l'artificio.

Gli epigrammi di Marziale sono strutturati secondo una modalità ricorrente ampiamente riconosciuta. La prima parte ha un andamento descrittivo-narrativo in cui si presentano personaggi o situazioni, creando una sorta di attesa nel lettore; la parte finale, con un effetto sorprendente, chiude il componimento con una stoccata inattesa, una battuta finale che condensa il senso del testo (il cosiddetto *fulmen in clausula*, o *aprosdòketon*). Sul piano metrico prevale l'utilizzo del distico elegiaco, ma non mancano altri tipi di metri come l'endecasillabo falecio e lo scazonte.

LE *SATIRAE* DI GIOVENALE Secondo le dichiarazioni dello stesso Giovenale contenute nella satira d'apertura (→ **T3**), per scrivere satire è sufficiente l'indignazione, cioè non è necessaria un'arte raffinata, ma basta gettare uno sguardo attento sulla realtà. Ciononostante Giovenale si rivela un poeta legato a uno stile sempre sostenuto, lontano dal livello umile e dal tono familiare del *sermo* oraziano e luciliano: la sua satira è più vicina alla tragedia (di cui vengono riprodotti tanto lo stile, tendente sempre al sublime, quanto i contenuti, classificati come *monstra*) che non alla commedia. Il realismo perseguito da Giovenale porta a rappresentare la realtà con l'occhio deformante con cui il poeta la legge: ogni aspetto viene

■ **Uomo che scrive con stilo,** particolare da sarcofago, II sec. d.C. Treviri, Museo Archeologico.

infatti esasperato, reso grottesco e iperbolico. Il realismo ricercato in modo ossessivo finisce così per divenire surrealismo: la realtà non appare fedelmente ritratta, ma deformata dalla luce sinistra del moralismo e della indignazione del poeta.

Per rappresentare uno scenario che ha questi contorni è necessario un linguaggio magniloquente, frutto anche della mescolanza degli stili, dell'accostamento di stilemi aulici e di modi di dire colloquiali, di espressioni iperboliche che creano un effetto straniante soprattutto per il contrasto fra contenuti bassi, spesso osceni, e l'altezza della forma espressiva. Sul piano lessicale vi sono elementi della lingua d'uso, pochi arcaismi, diversi grecismi; numerose sono poi le circonlocuzioni auliche, le interrogative retoriche, le apostrofi, le espressioni enfatiche. Il repertorio retorico è robusto: metonimie, anafore, figure di ripetizione. I costrutti sintattici sono piuttosto articolati. Una scrittura così sostenuta giunge spesso alla formulazione di *sententiae*, alcune delle quali sono divenute proverbiali: *mens sana in corpore sano* («una mente equilibrata in un corpo sano», in 10, v. 356); *quis custodiet ipsos custodes?* («chi sorveglierà gli stessi sorveglianti?», in 6, v. 347); *omnia Romae cum pretio* («a Roma tutto si compra», in 3, v. 183); *probitas laudatur et alget* («l'onestà è lodata, ma muore di freddo», in 1, v. 74); *panem et circenses* («pane e spettacoli», in 10, v. 81).

Il metro utilizzato nelle *Satirae* è l'esametro dattilico.

GUIDA ALLO STUDIO

1. Perché Marziale si serve di espressioni della lingua d'uso all'interno dei suoi epigrammi?

2. Qual è la struttura ricorrente degli epigrammi di Marziale?

3. Attraverso quali strumenti espressivi Giovenale raggiunge un linguaggio magniloquente nelle sue *Satirae*?

T8

LATINO/ITALIANO

Accuse di plagio

Marziale, *Epigrammata* 1, 29; 2, 20; 1, 66

Gli epigrammi che seguono, pur con un'evidente modulazione di toni, sono tematicamente legati: in essi viene affrontato il tema del plagio, ovvero del furto di opere letterarie. Nei primi due, più brevi ed efficaci, si parla di due personaggi che recitano in pubblico gli epigrammi di Marziale presentandoli come propri; nell'ultimo, più elaborato, il poeta si scaglia contro chi cerca riconoscimenti letterari con le opere di altri. A tutti costoro egli suggerisce di comprare o i suoi versi o il silenzio altrui.

La trattazione di questo tema offre allo sguardo del lettore una delle svariate sfaccettature del malcostume dilagante a Roma.

1, 29 | distici elegiaci

Fama refert nostros te, Fidentine, libellos
  non aliter populo quam recitare tuos.
Si mea vis dici, gratis tibi carmina mittam:
  si dici tua vis, hoc eme, ne mea sint.

Corre voce che tu, o Fidentino, reciti i miei versi al popolo come se fossero tuoi. Se vuoi che siano considerati miei, te li invierò gratuitamente; se vuoi invece che siano detti tuoi, comprali: così non saranno più miei.

[vv. 1-2] **Fama... tuos**: ordina *Fama refert te, Fidentine, recitare nostros libellos populo non aliter quam tuos.*
[vv. 3-4] **Si mea vis dici**: *mea* è predicativo di *carmina*, come il successivo *tua*. • **eme**: è un imperativo rivolto a Fidentino. • **ne mea sint**: è una subordinata finale negativa.

Carmina Paulus emit, recitat sua carmina Paulus.
  Nam quod emas possis iure vocare tuum.

Paolo compra i suoi carmi; Paolo recita i suoi carmi.
Infatti quello che compri puoi a buon diritto considerarlo tuo.

[vv. 1-2] **Carmina**: è complemento oggetto di *emit*, ed è ripetuto nel secondo emistichio come complemento oggetto di *recitat*. • **emas**: è un congiuntivo eventuale. • **iure**: «a buon diritto», avverbio. • **tuum**: è predicativo di *(id) quod emas*.

Erras, meorum fur avare librorum,
fieri poetam posse qui putas tanti,
scriptura quanti constet et tomus vilis:
non sex paratur aut decem sophos nummis.
Secreta quaere carmina et rudes curas
quas novit unus scrinioque signatas
custodit ipse virginis pater chartae,
quae trita duro non inhorruit mento:
mutare dominum non potest liber notus.

Sbagli, ingordo ladro dei miei libri, a pensare che si possa diventar poeta al prezzo che paghi allo scriba o per un rotolo di volgare papiro: un "bravo!" non lo si compra con sei o dieci sesterzi[1]. Cerca delle poesie inedite e ancora in bozza, che il loro autore soltanto conosce, dei fogli ch'egli custodisce sigillati in uno scrigno, fogli freschi, non ancora resi ruvidi dal ripetuto contatto con un ispido mento[2]: non può cambiare padrone un libro già reso pubblico.

[vv. 1-4] **fur avare**: da questo vocativo dipende il genitivo *meorum... librorum*. • **qui**: è un pronome relativo riferito a *fur*. • **fieri poetam posse**: è una subordinata oggettiva dipendente da *putas*, con soggetto sottinteso *te*. • **tanti... quanti**: sono genitivi di prezzo. • **sophos**: è un avverbio (con desinenza greca *-os*) sostantivato, soggetto di *paratur*. • **sex... aut decem... nummis**: sono ablativi di prezzo.

[vv. 5-9] **Secreta**: è attributo di *carmina*, complemento oggetto dell'imperativo *quaere*. • **rudes curas**: è un altro complemento oggetto di *quaere*, con il significato di «opere grezze», «non rifinite». • **pater**: è apposizione di *ipse*, da cui dipende il genitivo *virginis chartae*. • **trita**: è participio congiunto, riferito al nominativo *quae*. • **duro... mento**: è un ablativo di causa.

1. Il poeta vuole indicare generalmente una somma modesta.
2. La barba del lettore poteva sciupare la pagina accostata al viso, soprattutto durante l'operazione di arrotolamento del *volumen*.

Sed pumicata fronte si quis est nondum
nec umbilicis cultus atque membrana,
mercare: tales habeo; nec sciet quisquam.
Aliena quisquis recitat et petit famam,
non emere librum, sed silentium debet.

Ma se ce n'è uno coi margini non ancora levigati con la pomice, senza rifiniture, bastoncini e pergamena[3], compralo: di questo genere ne ho, e nessuno verrà a saperlo. Chiunque declama versi altrui e va in cerca di celebrità, non deve comprare un libro, ma il silenzio.

(trad. di M. Scàndola)

[vv. 10-12] **pumicata fronte**: è un ablativo di qualità. • **umbilicis... atque membrana**: sono due ablativi di mezzo. • **cultus**: è un participio perfetto (da *colo*), riferito a *quis*, da intendere «adornato». • **mercare**: è imperativo del verbo *mercor*. [vv. 13-14] **Aliena**: sott. *carmina*, funge da complemento oggetto di *recitat*. • **emere**: l'infinito è retto da *debet*.

3. I margini inferiore e superiore del rotolo di papiro venivano levigati con la pietra pomice; i bastoncini erano fissati alle estremità del *volumen* che si arrotolava intorno ad essi; i libri più preziosi avevano una custodia in pergamena.

PER ANALIZZARE IL TESTO

Il testo e il contesto

MARZIALE E LE DENUNCE DI PLAGIO Già prima della pubblicazione ufficiale, la poesia di Marziale circolava in diversi ambienti della capitale (salotti, conviti, teatri), in cui a scopo di intrattenimento veniva letta e commentata talvolta dal poeta stesso, molto più spesso da amici o conoscenti che la trascrivevano e la spacciavano per propria. Il poeta purtroppo non poteva in alcun modo controllare questa circolazione e quest'appropriazione "indebita", in quanto non disponeva ancora di un testo ufficiale di riferimento. L'unico strumento a sua disposizione era la penna, con cui colpire i plagiari, smascherandone le bugie e i sotterfugi: non è un caso, perciò, che gli epigrammi sul plagio si trovino quasi tutti nei primissimi libri, a testimonianza della battaglia condotta da Marziale contro questi avidi saccheggiatori dei suoi versi. Va sottolineato, peraltro, che proprio grazie a Marziale l'uso del termine *plagium* (che in origine significava «furto di uomini, commesso tramite un sotterfugio») e del derivato *plagiarius* («colui che si impossessava di schiavi altrui») passò metaforicamente a indicare il furto di opere letterarie e l'autore stesso di tale furto.

Lo stile del testo

LE PAROLE CHIAVE DEGLI EPIGRAMMI Nei testi presi in esame ricorrono alcune parole chiave che si ripetono e che definiscono i concetti su cui il discorso poetico si svolge. Prova a elencarle:
.... in 1, 29; .... in 2, 20 (per due volte); *carmina* in 1, 66;
.... in 1, 29; *recitat* in 2, 20; .... in 1, 66;
eme in 1, 29; .... in 2, 20; .... in 1, 66.

I *CARMINA* Il punto di partenza sono i *carmina* di Marziale, raccolti nei *libelli* che egli dà alla pubblicazione: i *carmina*, le poesie, cioè i versi da lui composti, sono scritti in genere per essere declamati, recitati di fronte ad un pubblico; i termini *carmina* e *libelli* sono sempre accompagnati da pronomi o aggettivi possessivi per connotarne l'appartenenza a un autore. Trascrivili: .... in 1, 29; *sua*, *tuum* in 2, 20; *meorum* in 1, 66. Si tratta di termini con i quali di volta in volta il poeta sposta la paternità dei →

versi fra i vari interlocutori: lui, Fidentino, Paolo, l'autore del plagio.

IL *RECITARE* La seconda parola chiave che si ripete nei testi è legata al verbo *recitare*, azione che viene attribuita sempre ad altri, cioè agli interlocutori degli epigrammi, che sono rispettivamente ...., ... e .... Fidentino è di certo un personaggio che il poeta conosce bene, con il quale ha una sorta di familiarità (altri epigrammi su questo tema sono dedicati a lui): a lui si rivolge direttamente accusandolo di recitare, davanti al popolo, dei versi di Marziale che egli spaccia come propri. Quest'accusa è giustificata dall'espressione ...., che dà l'idea del fatto che tutti siano a conoscenza di ciò. Paolo è un personaggio probabilmente più lontano dal poeta, che parla di lui in terza persona; l'accusa nei suoi confronti è la stessa rivolta a Fidentino: recitare versi altrui proponendoli come propri, sebbene se ne sia comprata copia, non è accettabile.
L'ultimo interlocutore del poeta non ha identità precisa, Marziale lo apostrofa con un'espressione che non lascia spazio a dubbi: *meorum fur avare librorum*. Si tratta quindi di un plagiario al quale il poeta scrive che il riconoscimento del pubblico non si può acquistare, tanto meno con la modesta somma che si dà a uno scriba per il suo lavoro di copiatura.

LA COMMERCIALIZZAZIONE DEI VERSI A questi tre personaggi Marziale dona lo stesso consiglio che si riassume nella terza parola chiave presente negli epigrammi: ...., rinforzato nel terzo epigramma dal sinonimo *mercari*, cioè comprare i versi, i libelli che si vogliono far passare per propri. A Fidentino il poeta suggerisce di acquistare i carmi che va declamando, affinché possano essere considerati a tutti gli effetti di Fidentino stesso e non di più di Marziale. Il poeta sa bene che non vi è alcuna tutela a favore del diritto d'autore e che chiunque può appropriarsi delle sue parole, e così propone al suo interlocutore uno scambio: se Fidentino gli comprerà i versi, Marziale smetterà di esserne l'autore e quei versi saranno a tutti gli effetti del plagiario. Il susseguirsi dei pronomi e degli aggettivi personali, come .... e ...., riferiti a *carmina*, evidenziano il continuo scambio di paternità di quei versi. A Paolo, invece, il poeta propone il ragionamento contrario: l'aver comprato una copia dei suoi epigrammi non comporta il fatto che essi divengano suoi a tutti gli effetti; versi di una autore già noto non possono cambiare padrone, anche se vengono acquistati.
Questo concetto ritorna nel terzo epigramma, quello dedicato al ladro di versi, a cui il poeta ricorda che il successo non è in vendita, né per pochi né per molti denari. Pertanto gli suggerisce di cercare versi inediti e sconosciuti per soddisfare il suo desiderio di celebrità, invitandolo però a comprare non un libro, ma il .... dell'autore reale dei versi, senza dubbio più costoso delle poesie stesse.

LEGGO E ANALIZZO

1. ricordare Le denunce di Marziale nei confronti di diversi plagiari mettono in luce:
- ☐ un malcostume ampiamente diffuso
- ☐ un fenomeno isolato
- ☐ un fatto occasionale
- ☐ un crimine impunito

2. comprendere Ai vari plagiari il poeta suggerisce di:
- ☐ imparare a comporre versi autonomamente
- ☐ acquistare i versi di un poeta, corrispondendo denaro a quest'ultimo
- ☐ dichiarare la paternità autentica dei versi recitati
- ☐ nascondere il nome dell'autore reale dei versi

3. analizzare Completa la messa in costruzione del primo epigramma, inserendo al posto giusto le parole mancanti.
Fama .... te, Fidentine, recitare .... populo non aliter .... Si vis dici ...., tibi .... gratis mea carmina: si .... tua, eme hoc, ne .... mea.

4. applicare Sulla base della messa in costruzione che hai stabilito, completa la traduzione.
Si dice in giro che tu, Fidentino, ... i miei versi in pubblico .... Se desideri che .... miei, ti .... gratuitamente le mie poesie: se vuoi che siano considerati tuoi, ..., perché smettano di essere ....

MARZIALE • GIOVENALE PER ANALIZZARE

T9

LATINO

Matrimoni d'interesse

Marziale, *Epigrammata* 1, 10; 10, 8; 10, 43

Sposare ricche vedove e concludere matrimoni di interesse a Roma era uno dei tanti modi per arricchirsi in breve tempo. Marziale attacca, sorridendo, i cacciatori di eredità, che dovevano essere abbastanza diffusi al tempo, a giudicare dalla frequenza con cui il poeta ne parla.

Ancora una volta, però, l'interesse di Marziale non è rivolto tanto alla valutazione etica di tale comportamento, quanto alla sua rappresentazione: la vivacità della descrizione consente di cogliere l'aspetto grottesco di queste situazioni.

1, 10 | trimetri giambici scazonti

Petit Gemellus nuptias Maronillae
et cupit et instat et precatur et donat.
Adeone pulchra est? Immo foedius nil est.
Quid ergo in illa petitur et placet? Tussit.

[vv. 1-2] **Maronillae**: è il dativo retto dall'espressione *Petit... nuptias*, che ha valore di «chiede in sposa Maronilla». • **et**: la quadruplice anafora rafforza il *climax* ascendente dei verbi *cupit*, *instat*, *precatur* e *donat*.
[vv. 3-4] **Adeone**: all'avverbio *adeo* è unita la particella interrogativa enclitica *-ne*. • **pulchra est**: il soggetto è *Maronilla*, «è dunque così bella?». • **Immo**: «Tutt'altro»; rettifica un'interrogazione precedente, aggiungendo una precisazione. • **foedius**: è un comparativo di maggioranza riferito a *nil* (forma contratta per *nihil*), con secondo termine di paragone sottinteso (*Maronilla*). • **Quid**: il pronome interrogativo è soggetto di *petitur* e *placet*. • **Tussit**: la risposta «tossisce» implica il fatto che la donna sia molto malata e Gemello speri nella sua prossima morte.

10, 8 | distico elegiaco

Nubere Paula cupit nobis, ego ducere Paulam
nolo: anus est. Vellem, si magis esset anus.

[vv. 1-2] **nobis**: il dativo è retto da *nubere*, e va reso con «me». • **ducere**: l'infinito è retto da *nolo*. • **anus est**: il soggetto è *Paula*. • **Vellem, si... esset**: periodo ipotetico dell'irrealtà, «vorrei, se fosse più vecchia».

10, 43 | distico elegiaco

Septima iam, Phileros, tibi conditur uxor in agro:
plus nulli, Phileros, quam tibi reddit ager.

[vv. 1-2] **Septima**: è attributo di *uxor*, che è soggetto di *conditur*. • **Phileros**: è un vocativo, ripetuto nel verso successivo. • **tibi**: è un dativo etico, ripetuto nel verso successivo con valore di vantaggio. • **plus... ager**: ordina *Phileros, ager reddit plus nulli quam tibi*, «o Filerote, a nessuno un campo rende di più che a te».

Il testo e il contesto

MATRIMONI BEN CALCOLATI I tre epigrammi riportati costituiscono una sorta di narrazione continua. Nel primo e nel secondo vengono presentati due atteggiamenti antitetici di due eventuali mariti che vorrebbero perseguire il medesimo obiettivo: guadagnarsi la possibilità di ereditare il patrimonio di una ricca moglie, in seguito alla sua morte. L'ultimo rappresenta invece la situazione conseguente di chi ha già compiuto questa scelta più volte: l'accumulo da parte di un marito più volte vedovo di ricchezze considerevoli, dovute a ben sette eredità. Il poeta commenta ogni scena con un cinismo che cristallizza la scena nel frangente più paradossale: la tosse, sintomo di una malattia incurabile, per la sposa ardentemente richiesta; una vecchiaia non troppo avanzata per la sposa rifiutata; un campo di sepoltura delle spose defunte, che non ha eguali in termini di produttività.

Lo stile del testo

COME FAR FRUTTARE UN MATRIMONIO Il tema unificante dei tre testi è quello del matrimonio, visto da prospettive diverse: desiderato da Gemello per Maronilla, respinto dal poeta nei confronti di Paola, fatto continuamente rendere da Filerote, in termini di eredità ricevuta dalle sette mogli morte. Individua nei versi il termine che esprime questi concetti: .... in 1, 10; *nolo nubere* in 10, 8; .... in 10, 43.

LA TOSSE DI MARONILLA Per quel che riguarda Gemello, la sua richiesta di matrimonio si concretizza in un crescendo di azioni che descrivono il pressante desiderio di sposare Maronilla e la costanza con cui esso viene perseguito. Al racconto di questo fatto fa seguito un dialogo fra il poeta e un interlocutore sconosciuto: il primo s'interroga ingenuamente sulla bellezza della donna, mentre il secondo placa ogni suo dubbio dichiarando che *immo foedius nil est*. Allora segue un nuovo botta e risposta: la ragione di tanta insistenza dove risiede? La risposta a questo interrogativo non si fa attendere: .... La tosse è il motivo di tanta insistenza da parte di Gemello: Maronilla è malata, ha la tisi, perciò Gemello vede la possibilità di ereditare presto il suo patrimonio, cosa che lo fa soprassedere anche sulla bruttezza dell'aspetto di lei. La battuta finale risulta perciò fulminante: grazie alla tecnica del *fulmen in clausula*, il poeta porta a compimento il ritratto spietato di quest'uomo, cacciatore di eredità senza scrupoli, che non mostra alcun senso di pietà verso una donna malata che per lui rappresenta soltanto un'occasione di arricchimento.

UNA MOGLIE NON TROPPO VECCHIA Nel secondo epigramma il poeta parla in prima persona: una donna, Paola, vorrebbe sposarlo, ma lui la respinge e subito ne spiega la ragione: la donna è vecchia. La motivazione può sembrare legittima fino a questo punto, ma poi il poeta chiarisce ulteriormente la sua posizione: una sola ragione potrebbe indurlo a prendere in moglie la donna, cioè .... Solo una vecchiaia ancor più avanzata aprirebbe la prospettiva di un'eredità immediata: solo in questo caso il poeta acconsentirebbe cinicamente al matrimonio.

IL SETTIMO MATRIMONIO Nel terzo testo Marziale mostra la condizione di un uomo, Filerote, che ha portato alle estreme conseguenze le scelte invocate dai due uomini precedenti: sette mogli defunte, sette patrimoni ereditati significano una ricchezza spropositata, rappresentata con l'immagine di un *ager*, in cui le donne sono state seppellite. Il commento finale del poeta è di un umorismo spietato: nessuno possiede un podere più redditizio. Dunque la tosse, la vecchiaia, il campo sono i tre elementi chiave d'interpretazione dei testi che abbiamo analizzato. Osserva la posizione di tali termini nei versi latini: essi si trovano tutti .... dell'ultimo verso. Per quale motivo il poeta li colloca proprio in quella posizione?

LEGGO E ANALIZZO

1. comprendere I tre testi presentati costituiscono una narrazione continua perché:

- ☐ hanno il medesimo protagonista maschile
- ☐ hanno come interlocutrice la stessa figura femminile
- ☐ analizzano da diversi punti di vista il fenomeno dei matrimoni di interesse
- ☐ esprimono una valutazione morale sui cacciatori di eredità

2. analizzare Completa la messa in costruzione del secondo epigramma, inserendo al posto giusto le parole mancanti.

Paula .... *nubere nobis, ego nolo* .... *Paulam: est* .... *Vellem, si* .... *anus.*

T10
LATINO

Un uomo e la sua professione

Marziale, *Epigrammata* 1, 30; 1, 47

I due epigrammi che seguono contengono un attacco a un medico ciarlatano che, invece di provvedere alla salute dei malati che gli sono affidati, è all'origine della loro morte. Il poeta dileggia spesso improbabili esponenti di categorie professionali in vista, mettendo in luce la loro incompetenza e sbeffeggiandoli ferocemente.

1, 30 | distico elegiaco

Chirurgus fuerat, nunc est vispillo Diaulus:
coepit quo poterat clinicus esse modo.

[vv. 1-2] **vispillo**: «becchino», al nominativo. • **coepit... modo**: ordina *coepit esse clinicus modo quo poterat*, «ha iniziato a fare il medico nel modo in cui riusciva». • **clinicus**: questo termine significa sia «medico» sia «becchino».

1, 47 | distico elegiaco

Nuper erat medicus, nunc est vispillo Diaulus:
quod vispillo facit, fecerat et medicus.

[vv. 1-2] **Nuper**: avverbio, «poco tempo fa». • **vispillo... medicus**: sono complementi predicativi del soggetto *Diaulus*. • **et**: ha valore di *etiam*.

PER ANALIZZARE IL TESTO

Il testo e il contesto

UN MEDICO INQUIETANTE In questi due brevissimi epigrammi Marziale sbeffeggia un personaggio sconosciuto, tale Diaulo, che da medico è diventato becchino. Questa informazione apparentemente neutra è seguita da una conclusione fulminante: pur avendo cambiato professione, quest'uomo continua a fare ciò che ha sempre fatto e che gli riesce meglio, ovvero seppellire le persone.

Lo stile del testo

UN GIOCO DI OPPOSIZIONI Gli epigrammi hanno una struttura molto simile: sono composti entrambi da un solo distico, di cui il primo verso si ripete in modo quasi identico. In esso sono presenti alcune antitesi: *chirurgus-medicus VS vispillo*; *fuerat-erat VS est*.
Nel secondo testo quest'ultima antitesi viene rafforzata da un'altra coppia oppositiva: *nuper VS* .... Entrambe interessano il piano temporale che si orienta fra passato e presente. La prima antitesi invece riguarda più propriamente la professione: medico e becchino, che hanno compiti opposti, cioè curare i malati per salvar loro la vita il primo, seppellire i morti il secondo; ma ciò non avviene nei versi di Marziale.
I due epigrammi però si risolvono come sempre nella battuta finale. L'arguzia del primo testo è giocata tutta sull'ambiguità del termine *clinicus*, che ha valore sia di «medico» sia di .... : deriva infatti dalla parola greca *kline* che significa sia «letto» sia «bara».
La stoccata finale del secondo, invece, arriva attraverso una disposizione più articolata degli elementi della frase: il discorso passa dall'essere al fare. I due verbi presenti nel secondo verso sono forme del verbo *facere* usate con una sequenza rovesciata rispetto a quelle del verso precedente: se nel primo verso il verbo "essere" era usato prima al passato poi al presente, qui il verbo "fare" è usato prima al presente poi al passato. In più gli elementi della frase sono posti in forma chiastica nei due emistichi: nome e verbo nel primo (..................................), verbo e nome nel secondo (*fecerat et medicus*).

T11 LATINO

L'irriverenza contro le donne

Marziale, *Epigrammata* 1, 33; 1, 64; 8, 54

Marziale dedica parecchi epigrammi alle donne, sulle quali ironizza con notevole perfidia. Gli esempi che seguono mettono in luce alcuni difetti di donne diverse: dall'ipocrisia alla vanità alla leggerezza dei costumi. Gellia, Fabulla e Catulla, destinatarie degli strali del poeta, appaiono in tutte le loro debolezze, ma rendono in modo amaro l'anima autentica della società di quel tempo, percorsa da una sostanziale misoginia.

1, 33 | distici elegiaci

Amissum non flet cum sola est Gellia patrem,
si quis adest iussae prosiliunt lacrimae.
Non luget quisquis laudari, Gellia, quaerit,
ille dolet vere qui sine teste dolet.

[vv. 1-2] **Amissum**: il participio perfetto è riferito a *patrem* (in iperbato). • **cum**: funge da congiunzione temporale. • **Gellia**: è soggetto di *flet* e di *sola est* (introdotto da *cum*). • **si**: è una congiunzione condizionale. • **quis**: pronome indefinito, ha valore di «qualcuno». • **iussae**: il participio perfetto ha valore predicativo ed è riferito a *lacrimae*; può essere reso con «a comando».
[vv. 3-4] **quisquis**: «chiunque» (pronome indefinito). • **laudari**: questo infinito passivo è retto da *quaerit*. • **qui**: il pronome relativo ha come antecedente il pronome dimostrativo *ille*.

1, 64 | endecasillabi faleci

Bella es, novimus, et puella, verum est,
et dives, quis enim potest negare?
Sed cum te nimium, Fabulla, laudas,
nec dives neque bella nec puella es.

[vv. 1-2] **novimus... verum est**: sono espressioni incidentali, da rendere con «lo sappiamo» e «certamente». • **puella**: questo sostantivo è usato in funzione di aggettivo, con il valore di «giovane». • **quis**: è un pronome interrogativo.
[vv. 3-4] **cum**: funge da congiunzione temporale. • **te**: è il complemento oggetto di *laudas*. • **nimium**: avverbio, «eccessivamente».

8, 54 | endecasillabi faleci

Formosissima quae fuere vel sunt,
sed vilissima quae fuere vel sunt,
o quam te fieri, Catulla, vellem
formosam minus aut magis pudicam!

[vv. 1-2] **Formosissima**: è apposizione del vocativo *Catulla*, come il successivo *vilissima*; si tratta di un superlativo relativo con il complemento partitivo *puellarum* sottinteso. • **fuere**: = *fuerunt*.
[vv. 3-4] **o quam... vellem**: è una espressione enfatica con il congiuntivo desiderativo, «o quanto vorrei». • **te fieri... pudicam**: è una proposizione subordinata oggettiva, retta da *vellem*. • **Catulla**: è in vocativo.

Il testo e il contesto

TRE DONNE ALLA BERLINA La donna e la vanità femminile sono messe sotto accusa: nel primo epigramma, oltre all'ingenuo desiderio di Gellia di mettersi in mostra, il poeta critica l'ipocrisia che la spinge a servirsi di un evento doloroso come la morte del padre per raggiungere il suo fine; Fabulla, donna bellissima, giovane e agiata, protagonista del secondo testo, vanta la sua grazia, la sua giovinezza e le sue ricchezze, ma la vanità fa scomparire tutti i suoi pregi; infine a Catulla, la ragazza più incantevole e senza pudore che si sia mai vista, il poeta chiede vanamente di diventare più casta e meno bella.

Lo stile del testo

IL FINTO DOLORE DI GELLIA Il primo componimento è centrato sul tema del dolore che si prova alla morte di una persona cara, in questo caso un *pater*; tale motivo è evidenziato dal ricorrere di termini riconducibili al campo semantico della sofferenza: *flet*, ..., *luget*, *dolet*, ... I primi due vocaboli riguardano gli effetti visibili della sofferenza: il piangere e le lacrime; il termine *luget* ha invece sia il significato di «soffrire», «addolorarsi» sia quello di «piangere», mentre gli ultimi due termini, peraltro uguali, esprimono il concetto di sofferenza interiore, di afflizione dell'animo. Un passaggio semantico è invece segnato dal verbo *laudari*, posto al centro del componimento, a chiarire che ciò che causa l'esternazione del dolore intimo per Gellia è la ricerca di elogi e di compassione. C'è tuttavia un'altra condizione che innesca questo cambiamento: la presenza di altri. L'antitesi fra la prima e la seconda parte è data anche dalla contrapposizione fra: *si quis adest* e ....
La sofferenza di Gellia quindi è "a comando": le lacrime sono *iussae* e il dolore si leva solo alla presenza di qualcuno, quindi diviene altro, ipocrisia e vanità. Ma il dolore vero (*vere*), ammonisce il poeta, è quello intimo, quello che si vive in solitudine, che non ha secondi fini né testimoni oculari (*sine teste*).

LA VANITÀ DI FABULLA Anche nel secondo epigramma il poeta vuol colpire la vanità, il desiderio smodato di apparire. In questo caso è Fabulla la donna che ha questo vizio. Fabulla possiede bellezza, giovinezza, ricchezza, ma la vanità, spiegata dall'espressione *te nimium... laudas*, le fa perdere ogni dote. Le qualità con cui il poeta la descrive non sono opinabili, bensì unanimemente riconosciute, come si può capire dalle espressioni *novimus*, *verum est* e .... Tuttavia l'avversativa forte con cui si apre il terzo verso (...................) introduce un mutamento della situazione iniziale: chi determina tale cambiamento e chi lo subisce sono la medesima persona: .... è soggetto sottinteso del verbo *laudas* e .... ne è il complemento oggetto. Se le qualità straordinarie della giovane vengono meno, la responsabilità è soltanto della stessa che le oscura con la propria vanità.

LA SFRONTATEZZA DI CATULLA Il metro e il tono del terzo epigramma riecheggiano Catullo. A lui si richiama evidentemente anche il nome della protagonista. Questa donna emerge su tutte per due qualità che possiede al grado più alto; il poeta infatti la definisce .... , ma anche *vilissima*: doti che fra loro sono in antitesi. Viene poi espresso l'augurio che bellezza e sfrontatezza possano presentarsi in misura diversa: pur essendo consapevole del fatto che il suo desiderio è irrealizzabile (visto l'uso del congiuntivo imperfetto *vellem*), il poeta vorrebbe che Catulla diventasse .... , ma *magis pudica*. E questa inversione è rappresentata nel testo anche dal chiasmo presente nell'ultimo verso: .... / ....

LEGGO E ANALIZZO

1. **ricordare** Marziale critica la vanità delle donne, in quanto:
   - ☐ ingenera un atteggiamento ipocrita
   - ☐ amplifica qualità straordinarie come la bellezza o l'intelligenza
   - ☐ non si accompagna mai alla bellezza vera
   - ☐ cancella ogni altro pregio

2. **comprendere** Gli attacchi contro le donne da parte di Marziale lasciano emergere:
   - ☐ la sfrontatezza del poeta
   - ☐ l'ipocrisia di molti uomini del tempo
   - ☐ la misoginia della società imperiale in epoca flavia
   - ☐ la vanità delle giovani donne

3. **analizzare** Completa la messa in costruzione del primo epigramma, inserendo al posto giusto le parole mancanti.
Cum sola est Gellia .... *patrem amissum, si* .... *lacrimae prosiliunt* .... *. Gellia, quisquis quaerit* .... *non luget, dolet vere* .... *qui dolet* ....

Marziale e la società del suo tempo

LO SPECCHIO DI ROMA IMPERIALE Marziale è il primo poeta urbano, interamente calato nella sfaccettata realtà di una metropoli, dal cui incessante muoversi trae motivi di riflessione e di scrittura: egli rappresenta la Roma del I secolo d.C., sede degli imperatori Flavi e teatro della vita affaccendata della gente comune; del popolo di questa grande città Marziale esplora affetti, amicizie, sesso, felicità, polemiche, drammi. Da questa società tuttavia egli si è spesso sentito escluso, non adeguatamente ricompensato per un successo che invece i numerosissimi lettori gli avevano attribuito. Mario Citroni ci mostra come la vita romana da lui tanto amata e odiata sia alla fine la vera fonte della sua poesia.

« Davanti alla realtà Marziale non ha l'atteggiamento moralistico che per lo più predomina nella letteratura antica di costume: forse soltanto contro l'ipocrisia e la doppiezza egli sembra avere regolarmente un atteggiamento di dura condanna morale. Del resto egli ritrae tipi e situazioni ponendo in rilievo contraddizioni, paradossi, assurdità della società e del costume attraverso i brillanti effetti della sua raffinata arte verbale. Il comico, e specialmente le tecniche dell'arguzia inattesa, dell'effetto sorprendente, sono particolarmente funzionali ad evidenziare i tratti contraddittori della realtà senza impegnarsi in un giudizio morale; il giudizio morale è tuttavia in qualche modo implicito: un autore che mette in ridicolo una serie infinita di aspetti assurdi nella vita del suo tempo ha evidentemente come punto di riferimento positivo una vita naturale, semplice e quieta. [...] Nonostante il successo di pubblico e le relazioni sociali instaurate grazie all'apprezzamento riscosso dalla sua poesia, Marziale non si è mai sentito veramente integrato nella società del suo tempo. Egli si pone da un punto di osservazione in parte esterno alla società di Roma sia in quanto figlio di una provincia depositaria di costumi rustici e naturali, sia soprattutto in quanto intellettuale che opera in una società che, dimentica del lungimirante mecenatismo augusteo, non protegge e non valorizza i suoi poeti, relegandoli, se non abbiano ricchezze ereditarie, in una condizione subalterna che egli sente profondamente indegna dei propri meriti. Marziale identifica nella mancanza di un mecenatismo di larghi mezzi e di larghe vedute, da lui personalmente sperimentata, la ragione prima della decadenza della letteratura "grande" che pur si vuol riportare in auge a celebrazione ed esaltazione dello splendore della nuova età. Questa difficoltà di integrazione nella grande società romana, che alimenta e dà un particolare sapore alla sua vena di poeta realistico, gli ha anche consentito di meglio avvertire nel pubblico l'esigenza che era anche sua propria, per una letteratura più aderente alla vita quotidiana: e Marziale ha saputo sviluppare, nel tronco di una tradizione di un genere "minore", una forma nuova di letteratura capace di riflettere la complessità della sua esperienza nella società del tempo e in cui il pubblico può ritrovare un quadro della propria realtà. Un quadro vario, di tinte contrastanti e spesso impietoso, che è rimasto come una delle grandi prove che la società di Roma ha dato della sua capacità di comprendersi e rappresentarsi. »

(M. Citroni, *Introduzione* a Marziale, *Epigrammi*, Milano, 2001, pp. 92, 97-98)

GUIDA ALLO STUDIO

1. Qual è il fine ultimo per cui Marziale si serve della comicità nei suoi versi?

2. Per quale ragione il poeta non si è mai sentito integrato nella società del suo tempo?

3. Quale ruolo Marziale riconosce in generale alla letteratura e in particolare alla propria produzione letteraria?

T12

LATINO

Invettiva contro le donne

Giovenale, *Satirae* 6, vv. 136-152 | esametri dattilici

La donna è il bersaglio privilegiato degli attacchi di Giovenale, soprattutto la donna emancipata, nella quale egli vede l'apice della corruzione morale, la donna colta, di cui disprezza le doti intellettuali, e la donna ricca, la cui agiatezza è senza dubbio frutto del vizio più abominevole. Nella sesta satira, la più lunga dell'intera raccolta, troviamo esemplificate svariate ragioni che si oppongono al matrimonio: la satira è dedicata all'amico Postumo, che è appunto prossimo alle nozze, e contiene una serie di esortazioni motivate a evitare la sventura coniugale, soprattutto perché nessuna donna saprà rendere felice il marito.

Dietro ai peggiori insulti scagliati contro le donne, si coglie l'incapacità del poeta di accettare il fatto che queste abbiano ormai assunto ruoli da sempre appartenuti al genere maschile, o mostrino doti che in passato non era permesso loro di coltivare, anche esagerando in comportamenti frivoli o ridicoli.

«Optima set quare Caesennia teste marito?».
Bis quingena dedit: tanti vocat ille pudicam.
Nec pharetris Veneris macer est aut lampade fervet:
inde faces ardent, veniunt a dote sagittae.
Libertas emitur; coram licet innuat atque
rescribat: vidua est, locuples quae nupsit avaro!
«Cur desiderio Bibulae Sertorius ardet?».
Si verum excutias, facies, non uxor amatur.
Tres rugae subeant et se cutis arida laxet,
fiant obscuri dentes oculique minores:
«Collige sarcinulas», dicet libertus, «et exi,
iam gravis es nobis et saepe emungeris, exi
ocius et propera, sicco venit altera naso».
Interea calet et regnat poscitque maritum
pastores et ovem Canusinam ulmosque Falernas –
quantulum in hoc! Pueros omnis, ergastula tota;
quodque domi non est, sed habet vicinus, ematur.

[vv. 136-139] **Optima**: è sottinteso *est* ed è riferito a un sottinteso «moglie». • **set**: = *sed*. • **teste marito**: è un ablativo assoluto nominale, «secondo la testimonianza del marito». • **Bis quingena**: è complemento oggetto di *dedit*, da intendere «un milione di sesterzi». • **dedit**: ha valore di «diede in dote». • **tanti**: è un genitivo di prezzo. • **pharetris**: è un ablativo di causa da cui dipende il genitivo *Veneris*, «per i dardi di Venere». • **macer est**: il soggetto è il marito; l'espressione è da intendere «è provato per le fatiche d'amore». • **lampade**: è un ablativo strumentale. • **fervet**: ha significato figurato di «arde d'amore». • **inde**: è un avverbio di moto da luogo, «da lì», cioè «dal patrimonio». • **a dote**: è un complemento di origine.
[vv. 140-143] **coram**: «apertamente», avverbiale. • **licet**: regge i congiuntivi *innuat* e *rescribat*, da intendere «(le) è permesso far cenni d'intesa e rispondere a biglietti d'amore». • **vidua est**: l'espressione è metaforica e significa «è libera come una vedova». • **locuples**: è un aggettivo sostantivato, «la donna ricca». • **avaro**: il dativo è retto da *nupsit*. • **desiderio**: è un ablativo di causa che regge il genitivo *Bibulae*, «di passione per Bibula». **Si verum excutias**: il senso di quest'espressione è «se vuoi andare in fondo alla verità». • **facies... uxor**: sono soggetti di *amatur*, «è l'aspetto esteriore a essere amato, non la moglie», cioè «non la persona».
[vv. 144-148] **subeant... laxet, fiant**: sono tre congiuntivi suppositivi, la cui conseguenza è espressa dal futuro *dicet* al v. 146; «ammettiamo che le vengano (le rughe), che (la sua pelle fattasi arida) si afflosci, che (i denti) anneriscano e (gli occhi) si facciano piccoli: (un liberto) le dirà...». • **Collige... exi**: sono due imperativi. • **sarcinulas**: è complemento oggetto di *Collige* e ha significato di «fagotto», dunque «raccogli le tue cose!». • **iam... nobis**: rendi quest'espressione con «ormai ci hai stancato». • **saepe emungeris**: «soffi spesso il naso». • **propera**: «sbrigati», imperativo. • **sicco...naso**: è un ablativo di qualità.
[vv. 149-152] **calet**: ha per soggetto sottinteso la moglie, che «arde d'amore». • **poscit**: il verbo è costruito con il doppio accusativo della persona (*maritum*) e della cosa (*pastores... ovem... ulmos... Pueros... ergastula*); «pretende dal marito pastori, pecore... e olmi... giovani schiavi... prigioni servili». • **domi**: è locativo. • **ematur**: è un congiuntivo esortativo.

Il testo e il contesto

LE NOZZE DI POSTUMO In apertura di questa satira Giovenale afferma che la Pudicizia ha ormai abbandonato da tempo il mondo insieme alla Giustizia. Di fronte alla notizia delle nozze imminenti di Postumo, il poeta tenta di dissuaderlo dimostrandogli che non esiste sulla terra una donna casta, e che il matrimonio è soltanto un giogo pesantissimo. Nel passo riportato è affrontata la questione della ricchezza: quando il vero amore viene sostituito dall'avidità di denaro, ogni gesto e ogni sentimento sono regolati dal tornaconto.
In Giovenale tutto ciò che riguarda le donne viene rappresentato dal punto di vista dell'uomo che, al di là dell'ossessione sessuale che nutre nei loro confronti, non tollera la loro capacità di emanciparsi, di entrare attivamente nella vita sociale, di essere all'altezza del confronto con gli uomini.

Lo stile del testo

UNA ANALISI SPIETATA DEL MATRIMONIO Cesennia è una sconosciuta matrona del tempo, di cui il marito parla bene solo perché *bis quingena dedit* (v. 137), cioè per il milione di sesterzi che gli ha portato in dote. Questo fatto fa sì che egli la consideri .... (v. 137), anche se la donna si comporta come tutte le altre. Grazie alla sua ricca dote, infatti, ha comprato la condiscendenza del marito alla sua vita libertina: al v. 140 i tre termini *Libertas*, *coram* e *licet* testimoniano questa situazione. Il marito consente a Cesennia di vivere come se non dovesse rendergli conto del proprio modo di vivere, come se fosse sola, evitando di chiedere il divorzio per non dover restituire la dote: la donna ricca che sposa un uomo avido, interessato solo al suo patrimonio, ha la libertà di trovarsi un altro uomo. Il poeta esprime questo concetto in un'espressione particolarmente efficace: .... (v. 141).
Sertorio e Bibula sono un'altra coppia sconosciuta di sposi, un altro esempio di matrimonio riuscito solo in apparenza: la passione dell'uomo per la donna si riduce all'attrazione fisica, definita .... (v. 143), cosa ben diversa dall'amore verso la sua persona (*uxor*, v. 143). L'attrazione infatti è transitoria, destinata a spegnersi con l'avanzare dell'età, quando il fisico perde vigore e decade. Giovenale quindi elenca quattro elementi che subiscono variazioni con il passare dell'età: ...., ..., ... e .... (vv. 144-145). All'insorgere di questi segni del tempo, secondo il poeta, il marito non esiterà a cacciarla di casa in modo perentorio, come chiariscono gli imperativi dei vv. 146-148 (.................................., ... e ....), rimpiazzandola con una più giovane. Nel frattempo la donna ancor giovane approfitterà della situazione esigendo dal marito innamorato le spese più folli.
È singolare notare, però, come in questo passo dedicato al matrimonio gli unici elementi non presi in considerazione dal poeta siano quelli relativi alla sfera amorosa, cioè al semplice sentimento.

T13
ITALIANO

Come riconoscere i veri beni

Giovenale, *Satirae* 10, vv. 1-27; 54-81

In questa satira Giovenale sembra avvicinarsi alla filosofia, con una discussione che verte sui vera bona, *ossia su quei beni che servono all'uomo per condurre un'esistenza serena e appagata. Non si tratta di un ragionamento filosofico rigoroso e approfondito, bensì della semplice presentazione di esempi di personaggi che, avendo ricercato beni effimeri e soggetti al capriccio della Fortuna, hanno avuto una tragica sorte. Ricchezza, potere, gloria militare, bellezza sono beni mutevoli, che non hanno un valore in sé, ammonisce il poeta, ma che sono legati alla contingenza di una situazione sulla quale non si può esercitare alcun controllo.*

Su tutte le terre, che da Gades si estendono fino al Gange, dove spunta l'Aurora[1], sono pochi coloro che sanno riconoscere, allontanando le nebbie dell'errore, i veri beni da quelli che non lo sono. Che cosa infatti noi temiamo o desideriamo secondo i dettami della ragione? A quale impresa riusciamo mai a dare inizio con tante favorevo-

1. Gades, o Càdice, in Spagna, era considerato il limite occidentale del mondo, mentre il Gange era il confine orientale: si pensava che dal Gange spuntasse l'Aurora.

li prospettive da non doverci poi pentire di averla intrapresa e magari condotta fino in fondo? Gli dei non si sono mai fatti pregare due volte per distruggere intere case, quando l'abbiano voluto gli stessi padroni. Si bramano gli onori della toga, le glorie delle milizie: cose queste che o prima o poi finiranno col nuocere. A molti è cagione di morte l'abbondanza torrenziale della propria eloquenza; ad altri l'aver confidato nella propria forza e nei propri ammirevoli muscoli; ma ancora di più ne soffoca il denaro, quando lo si mette insieme con infinita pazienza e in quantità così grande da superare tutti gli altri patrimoni, come una balena britannica supera in grandezza un delfino[2].
Fu per questo che ai tempi feroci di Nerone e per ordine suo, un'intera coorte circondò il palazzo di Longino ed i grandi giardini del ricchissimo Seneca e cinse d'assedio la magnifica dimora dei Laterani[3]; è difficile che i pretoriani[4] si arrampichino sulle soffitte. Se ti metti in viaggio di notte, è sufficiente che tu porti pochi vasi d'argento puro, per temere ogni momento la spada e l'asta dei ladri e morir di spavento per l'ombra di una canna mossa sotto il lume della luna; ma il viandante che ha le tasche vuote può anche cantare davanti a un ladrone.
Il primo voto che tutti fanno e non c'è tempio che non lo sappia è quello della ricchezza: vogliamo che essa aumenti, vogliamo che la nostra cassaforte sia la più massiccia del Foro. Ma ricordati che nei bicchieri d'argilla nessuno ha mai bevuto il veleno; comincialo a temere, quando berrai in tazze gemmate ed il Setino[5] arderà in un vasto cratere d'oro! [...]
Superflue quindi e persino pericolose sono le cose che noi chiediamo agli dèi, e per le quali crediamo lecito coprire le loro ginocchia di tavolette di cera[6].
Per altri causa di rovina è la loro stessa potenza, così sovente soggetta a smisurate invidie; la lunga e fastosa sequela dei loro onori li annega. Le statue crollano dietro alla corda che le trascina; la scure s'abbatte e infrange le stesse ruote delle bighe, si spezzano le gambe ai cavalli innocenti; già stride la fiamma, già al soffio dei mantici arde nel fuoco quella testa che il popolo adorava; crepita il grande Seiano[7]; e con quella faccia che era la seconda dell'universo si fanno orciuoli, catini, padelle e pitali. Appendi gli allori alla casa, conduci in Campidoglio il bue grasso e spalmato di creta[8]. Vedi là Seiano trascinato da un uncino, tra l'allegrezza di tutti.
– Che labbra, che faccia aveva! Se mi credi, non l'ho mai potuto soffrire quell'uomo! Ma per quale accusa è caduto? Chi è che l'ha denunciato? Che prove, che testimoni gli hanno addotto contro?
– Ah, niente. È arrivata soltanto da Capri una lettera molto lunga e verbosa[9].
– Ho capito, non chiedo altro.

2. La balena è chiamata «britannica» perché allora era frequente incontrarla nei mari del Nord Europa.
3. Cassio Longino, di famiglia ricchissima, fu esiliato in Spagna per ordine di Nerone. Lucio Anneo Seneca è il filosofo, maestro e ministro di Nerone: fu coinvolto nella congiura di Pisone e condannato a morte, anche per le sue immense ricchezze che furono poi confiscate. Plauzio Laterano fece la stessa fine di Longino e Seneca, per i medesimi motivi.
4. I pretoriani erano i soldati della guardia imperiale, spesso incaricati di eseguire le condanne comminate dall'imperatore.
5. Il Setino era un vino pregiato dei vigneti di Sèzia, cittadina del Lazio.
6. Cioè di tavolette votive.
7. Seiano era il prefetto del pretorio di Tiberio: divenne talmente potente a Roma da aspirare alla successione dell'imperatore (➛ p. 7).
8. Le vittime destinate ai sacrifici venivano cosparse di gesso.
9. Si tratta della lunga lettera di denuncia che Tiberio inviò al senato contro Seiano.

Ma che fa questa gente di Remo? Come al solito corre dietro alla Fortuna e detesta le vittime. Questo medesimo popolo, se Norzia[10] avesse protetto il suo toscano, se il vecchio imperatore fosse stato tolto di mezzo prima, nel suo sicuro rifugio[11], in questo istante medesimo proclamerebbe imperatore Seiano. Già da un pezzo, da quando non usiamo più vendere i voti, il popolo non si preoccupa più di nulla; una volta distribuiva comandi, fasci e legioni, tutto. Ora se ne infischia e due cose soltanto desidera ansiosamente: pane e giochi.

10. Norzia era la dea etrusca della Fortuna: Seiano proveniva dalla Toscana.

11. Si tratta della villa a Capri presso cui Tiberio risiedeva.

PER ANALIZZARE IL TESTO

Lo stile del testo

VERI BENI E FALSI BENI La satira esordisce osservando che al mondo sono davvero pochi gli uomini in grado di discernere i beni veri da quelli falsi; procede poi dimostrando come si desiderino ricchezze e onori senza avere la consapevolezza che questi beni siano dannosi. Prima di parlare del denaro come bene più ricercato in assoluto, il poeta cita una serie di altri beni che gli uomini stoltamente inseguono: .... ed .... Il denaro è però in assoluto il desiderio più diffuso, un desiderio che non si estingue mai, che si alimenta in continuazione.

Vengono poi portati gli esempi di tre personaggi che con le loro ricchezze hanno suscitato l'invidia e l'avidità di Nerone: ...., ... e .... L'imperatore li ha fatti barbaramente uccidere per impossessarsi dei loro patrimoni. Questo non sarebbe mai accaduto a una persona indigente, che non possedendo nulla non deve temere ladri e aggressioni. Ciononostante gli uomini continuano a chiedere agli dèi di esaudire il loro desiderio di ricchezza, di riempire i loro forzieri, inconsapevoli del fatto che questo possa costituire per loro un grave pericolo. Per altri invece causa della loro rovina è la brama di potere, in quanto soggetta a .... da parte di altri. Ne è un caso emblematico Seiano, precipitato dall'alto della sua gloria facendo una fine terribile. La causa è da ricercarsi in una lunga ...., inviata da Tiberio, allora residente a Capri.

La morte violenta è quasi sempre l'epilogo di queste vicende in cui potere, ricchezza e invidia si mescolano davanti agli occhi del popolo, che rimane a guardare indifferente, chiedendo solamente per sé ....

La dea Tyche ("Fortuna" per i Romani) con in braccio Pluto (dio della ricchezza), II sec. d.C. (particolare). Istanbul, Museo Archeologico.

LABORATORIO DI ANALISI

A chi ha sarà dato

| Giovenale, *Satirae* 3, 203-222 | esametri dattilici |

Questo passo di Giovenale è la prosecuzione del discorso di Umbricio sul punto di lasciare Roma (➛ **T7***). Nella capitale, i frequenti crolli e gli incendi impoveriscono chi è già povero e viene lasciato alla propria indigenza nell'indifferenza generale, mentre, paradossalmente, i ricchi ai quali capita la medesima disgrazia (o la fanno capitare...) ne escono più ricchi di prima.*

Lectus erat Cordo Procula minor, urceoli sex
ornamentum abaci, nec non et parvulus infra
cantharus et recubans sub eodem marmore Chiron,
iamque vetus Graecos servabat cista libellos
et divina opici rodebant carmina mures.
Nil habuit Cordus; quis enim negat? Et tamen illud
perdidit infelix totum nihil. Ultimus autem
aerumnae cumulus, quod nudum et frusta rogantem
nemo cibo, nemo hospitio tectoque iuvabit.
Si magna Asturici cecidit domus, horrida mater,
pullati proceres, differt vadimonia praetor.
Tum gemimus casus urbis, tunc odimus ignem.
Ardet adhuc, et iam accurrit qui marmora donet,
conferat inpensas; hic nuda et candida signa,
hic aliquid praeclarum Euphranoris et Polycliti,
haec Asianorum vetera ornamenta deorum,
hic libros dabit et forulos mediamque Minervam,
hic modium argenti. Meliora ac plura reponit
Persicus, orborum lautissimus, et merito iam
suspectus tamquam ipse suas incenderit aedes.

[vv. 203-211] **Procula**: ablativo di paragone; Procula era il nome di una famosa nana. • **Chiron**: s'intende, per metonimia, una statuetta che rappresenta il centauro Chirone. • **Ultimus... aerumnae**: sott. *est*. • **quod**: ha valore dichiarativo. • **frusta**: compl. oggetto del participio *rogantem*, a sua volta compl. oggetto di *iuvabit*.
[vv. 212-222] **horrida mater**: sott. *est*, «la matrona è sconvolta». • **pullati**: sott. *sunt*, «vestiti di scuro, a lutto». **Ardet**: sott. *domus*. • **qui**: con omissione dell'antecedente, introduce due relative improprie con valore finale. • **hic**: è soggetto di *dabit*, insieme agli altri *hic* e *haec* dei vv. successivi. • **Euphranoris et Polycliti**: si tratta rispettivamente di famoso pittore e di un sommo scultore. • **mediam(que) Minervam**: alcuni studiosi intendono una mezza statua, cioè un busto di Minerva, altri una statua che può stare nel mezzo di una sala (con *mediam* usato in senso predicativo).

PRIMA PARTE **COMPRENSIONE DEL TESTO**

1. Che genere di ornamenti ha in casa propria Cordo? Quali "entrano" nella casa di Persico?

2. Qual è la differente reazione della gente e delle autorità quando la stessa disgrazia capita a Cordo e a Persico?

SECONDA PARTE **ANALISI DEL TESTO**

1. Evidenzia l'uso di strutture circolari all'interno del brano, sia nella narrazione dei due episodi messi a confronto, sia nella composizione dei versi (per es. vv. 209-211).

2. Quale effetto producono l'anafora e il parallelismo dei vv. 211 e 219-220? Individua altri parallelismi e anafore ai versi successivi.

TERZA PARTE **INTERPRETAZIONE COMPLESSIVA E APPROFONDIMENTI**

1. Quali informazioni emergono su Cordo in maniera indiretta?

2. Il nome di Persico suona esotico: qual è l'atteggiamento di Giovenale nei confronti degli stranieri confluiti a Roma?

Il rapporto con il *princeps*, fra adulazione e invettiva

PER APPROFONDIRE

I FLAVI E GLI "ENCOMI" DI MARZIALE La letteratura di epoca flavia presenta una componente encomiastica molto spiccata, ma la complessità del rapporto fra Marziale e il *princeps* non si risolve in una servile acquiescenza da parte del poeta ai dettami del regime; l'encomio al *princeps*, anzi, appare piuttosto come un'iniziativa autonoma: il poeta, consapevole degli strumenti professionali che l'esercizio della letteratura gli mette a disposizione, si propone come un interprete autorizzato dei valori dominanti che il regime vuole diffondere tra il popolo, al quale giunge in questo modo un'immagine idealizzata del sovrano e dell'élite che lo circonda. La letteratura diviene quindi strumento di mediazione tra il potere e la collettività: attraverso la mitizzazione della società imperiale, presentata come "il migliore dei mondi possibili", il poeta celebra il potere dominante e nel contempo negozia con il *princeps* un *beneficium*, frutto di un nuovo mecenatismo a cui i letterati di quest'epoca aspirano.

Quando nell'80, per volere del nuovo imperatore Tito, vengono organizzati giochi per inaugurare l'anfiteatro Flavio (il "Colosseo"), Marziale coglie l'occasione per pubblicare il suo primo libro di epigrammi, il *Liber de spectaculis*, che gli procura onori e riconoscimenti. Grazie a questo primo successo Tito gli concede lo *ius trium liberorum*: un beneficio (che garantiva una serie di privilegi), poi confermatogli da Domiziano, inizialmente destinato ai genitori di almeno tre figli, ma poi concesso anche a chi non ne aveva i requisiti. Tutto questo è registrato negli epigrammi 3, 95 e 9, 97, e soprattutto nell'epigramma 2, 91, dove Marziale, in seguito alla morte di Tito, chiede a Domiziano la conferma del privilegio. In seguito all'assassinio di Domiziano, nel 96, Nerva e poi Traiano instaurano a Roma un clima morale austero: Marziale non riesce a ingraziarsi i nuovi sovrani e soprattutto non gli giova il ricordo delle adulazioni rivolte a Domiziano, ormai colpito da *damnatio memoriae*.

L'OPPOSIZIONE ALL'IMPERO IN GIOVENALE Sin dalla satira programmatica Giovenale dichiara la propria intenzione di non criticare se non personaggi illustri ormai defunti, onde evitare vendette atroci da parte dei potenti. La sua quindi non è un'opposizione diretta o aperta contro il principato, ma una critica politica e sociale, in cui lamenta la perdita dell'antica *libertas* di matrice repubblicana. Secondo Giovenale il prezzo pagato alla fondazione dell'impero sono state le sanguinose guerre civili responsabili del crollo del regime repubblicano e della perdita dell'antica libertà. La critica di Giovenale non si rivolge solo all'istituzione imperiale e ai valori su cui si fonda, ma investe anche i singoli principi e i loro predecessori. L'unico che egli apprezza è Galba, *magnus civis* (6, vv. 557-559), temuto da Otone e ucciso a tradimento. Prima di lui il poeta ricorda Cesare, presentato come un tiranno le cui gesta scellerate furono causa della sua morte violenta. A partire da Augusto, nella rassegna dei principi e delle loro scelte politiche e militari, non si salva nessuno. Augusto organizzava *mensas iniquas* nelle quali umiliava i parassiti (5, v. 4); l'unica nota positiva che lo caratterizzava era il suo mecenatismo, che Giovenale rimpiange. Tiberio è ritratto sotto una pessima luce, soprattutto per aver instaurato un clima di terrore dopo l'uccisione del prefetto Seiano. Su Caligola Giovenale riporta la diceria che fosse stata la moglie a fargli bere un filtro che lo fece divenire folle. Claudio più che attaccato viene deriso e sbeffeggiato per il suo atteggiamento completamente succube della moglie. Il ritratto di Nerone che emerge dalle satire di Giovenale contiene tutti i peggiori elementi della topica anti-neroniana: il *princeps* assomma in sé tutti i vizi presenti separatamente nei nobili degenerati ed è colpevole di crimini efferati contro le persone a lui più vicine.

Anche Domiziano viene molto criticato da Giovenale, che lo accusa di ipocrisia per aver posto nuovamente in vigore una legge contro l'adulterio, pur mantenendo una relazione incestuosa con la nipote Giulia (2, vv. 29-33). Ma la critica più pesante a quest'imperatore è compiuta attraverso la descrizione di un immaginario *consilium* (nella quarta satira), ovvero di un consiglio imperiale convocato da Domiziano per deliberare sul modo più adatto di cuocere un rombo di enorme grandezza, offerto all'imperatore da un pescatore. In questa satira Giovenale mette in luce l'atteggiamento dispotico di Domiziano, la deliberata soppressione di ogni libertà di parola, la sempre maggior importanza dei delatori, la sua attività di *censor*, il suo desiderio di essere adulato, l'autoproclamazione della sua divinità e le sue svariate e inutili attività militari. La *damnatio memoriae* che Giovenale opera nei confronti di Nerone e di Domiziano non ha tuttavia un intento encomiastico verso gli imperatori successivi, come Traiano e Adriano, nei confronti dei quali i riferimenti sono pochissimi e quasi sempre indiretti: il poeta lascia al lettore il raffronto senza suggerire giudizi, in quanto la sua visione del presente e le speranze che nutre nel futuro non sono affatto positive e rassicuranti.

Il fatto di aver scritto contro imperatori e potenti non più in vita ha evitato a Giovenale persecuzioni o vendette; tuttavia, una biografia anonima del *Codex Pithoeanus* riporta la notizia che egli avrebbe subito una severa punizione per la sua opposizione politica. Sotto Nerone o più probabilmente sotto Domiziano, Giovenale avrebbe composto alcuni versi contro l'eccessivo potere di un istrione favorito dell'imperatore, un certo Paride, inserendoli tempo dopo nella settima satira (vv. 90-92) dedicata alle lodi di Traiano, o meglio di Adriano, protettore degli studi. Sospettato di aver alluso all'attore favorito di corte, Giovenale fu probabilmente inviato in Egitto con il pretesto di un incarico militare, non molto tempo prima della morte. Questa notizia è confermata anche da Sidonio Apollinare che, dopo aver ricordato l'esilio di Ovidio, menziona probabilmente Giovenale come «colui che tempo dopo, per un caso molto simile (*consimili deinde casu*), [...] fu esiliato per l'ira di un istrione (*irati fuit histrionis exul*)» (*Carm.* 9, 271).

Sepolcro degli Haterii con veduta di Roma ai tempi di Domiziano, primi anni del II sec. d.C. Città del vaticano, Museo Gregorio Profano.

T14 LATINO

A Cesare

Marziale, *Epigrammata* 1, 4; 2, 91 | distici elegiaci

Nel primo epigramma (1, 4), Marziale chiama in causa l'imperatore Domiziano, che, come lo stesso Augusto, aveva messo in atto una politica moralizzatrice dei costumi: il poeta cerca di giustificare il carattere a volte troppo licenzioso della propria opera, che egli teme possa essere messa al bando dalla censura. Svetonio ricorda che Domiziano nell'85 assunse la potestas censoria*, in seguito alla quale emanò editti contro le opere ritenute diffamatorie o eccessivamente licenziose. Marziale tuttavia, a sua difesa, ricorda il principio, già catulliano, di separazione fra la poesia e la vita.*

Nel secondo epigramma (2, 91), Marziale si rivolge di nuovo a Domiziano, definendolo «salvatore dello Stato» e «gloria del mondo», con una sorta di captatio benevolentiae *che diviene un vero e proprio omaggio nei versi finali. Il poeta gli chiede la conferma dell'attribuzione di un diritto, lo* ius trium liberorum*, già concessogli dall'imperatore Tito. Anche con Domiziano Marziale rivendica il valore della sua attività poetica, facendo riferimento in particolare ai carmi che il principe ha già avuto modo di leggere, perché inviatigli prima della pubblicazione.*

1, 4

Contingeris nostros, Caesar, si forte libellos,
terrarum dominum pone supercilium.
Consuevere iocos vestri quoque ferre triumphi,
materiam dictis nec pudet esse ducem.
Qua Thymelen spectas derisoremque Latinum,
illa fronte precor carmina nostra legas.
Innocuos censura potest permittere lusus:
lasciva est nobis pagina, vita proba.

[vv. 1-2] **Contingeris... si forte**: «se per caso avrai fra le mani», con anastrofe. • **Caesar**: è un vocativo; si tratta dell'imperatore Domiziano. • **dominum**: è predicativo di *supercilium*. • **pone**: è un imperativo che regge l'accusativo *supercilium*, da intendere «spiana la fronte».
[vv. 3-4] **Consuevere**: = *consueverunt*, che ha per soggetto *vestri... triumphi*. • **materiam... ducem**: ordina *nec pudet ducem esse materiam dictis*, «e un generale non si vergogna di essere oggetto di battute»; nota la costruzione impersonale del verbo *pudet*.
[vv. 5-6] **Qua**: il pronome relativo prolettico è riferito a *illa fronte*. • **Thymelen**: è un accusativo con desinenza greca, oggetto di *spectas* come il successivo *derisorem(que) Latinum*. • **carmina nostra legas**: è una proposizione volitiva, dipendente da *precor*.
[vv. 7-8] **Innocuos**: è attributo di *lusus* (in iperbato). • **lasciva... proba**: rendi quest'espressione con «i miei versi sono libertini, ma la mia vita è onesta»

2, 91

Rerum certa salus, terrarum gloria, Caesar,
sospite quo magnos credimus esse deos,
si festinatis totiens tibi lecta libellis
detinuere oculos carmina nostra tuos,

[vv. 1-6] **salus... gloria**: sono apposizioni del vocativo *Caesar*, qui appellativo di Domiziano. • **sospite quo**: ablativo assoluto nominale, con valore di causa. • **magnos... esse deos**: subordinata oggettiva in dipendenza da *credimus*. • **festinatis... libellis**: ablativo di mezzo. • **lecta**: il participio perfetto è congiunto a *carmina*. Prima della pubblicazione dei libri di epigrammi, Marziale aveva indirizzato a Domiziano composizioni adulatorie e libretti più brevi. • **detinuere**: = *detinuerunt*.

quod fortuna vetat fieri permitte videri,
  natorum genitor credar ut esse trium.
Haec, si displicui, fuerint solacia nobis;
  haec fuerint nobis praemia, si placui.

• **quod... videri**: ordina *permitte (me) videri quod fortuna vetat fieri*, «consentimi di essere considerato per ciò che la sorte mi vieta di diventare». • **genitor**: è predicativo del soggetto. • **ut**: la congiunzione ha valore completivo. Lo *ius trium liberorum* era un retaggio della legislazione augustea per incentivare i matrimoni e l'incremento demografico: veniva concesso di diritto a chi era padre di tre figli e per grazia imperiale anche a chi non lo era.
[vv. 7-8] **Haec... haec**: nota l'anafora. • **nobis... nobis**: sono dativi di vantaggio, da rendere con «per me».

PER APPROFONDIRE IL TESTO

Il testo e il contesto

COME GIUSTIFICARE I VERSI SALACI... Nei due testi presentati emerge chiaramente la difficoltà percepita da Marziale rispetto alle attese dell'imperatore nei confronti della sua opera: la compresenza di epigrammi comico-satirici e di epigrammi di omaggio al principe poteva rendere problematica la conciliazione fra i versi celebrativi in suo onore e carmi che la sua politica di restauratore dei costumi poteva a malapena tollerare. Da qui nasce in Marziale l'esigenza di rassicurare l'imperatore sulla natura onesta dei suoi comportamenti anche a fronte di alcuni carmi eccessivamente lascivi.
Marziale affronta il problema di affermare il carattere inoffensivo dei suoi versi e di giustificarne al tempo stesso il linguaggio licenzioso. L'epigramma 1, 4 (che è annoverato fra gli epigrammi proemiali), contiene una richiesta di tolleranza per gli epigrammi lascivi della raccolta: per giustificarsi il poeta ricorda la tradizione dei *carmina triumphalia* o gli scherzi dei mimi, poesia leggera e d'intrattenimento. Il poeta sa che dietro la figura del lettore moralista e censore incombe il più severo di tutti i lettori, l'imperatore, quel *terrarum dominus* evocato con rispetto e reverenza assoluti, e che Marziale immagina possa sfogliare per caso i suoi libri (*Contingeris nostros, Caesar, si forte libellos*, v. 1).

... E OTTENERE LA CONFERMA DEL PRIVILEGIO Nel carme 2, 91 la presenza dell'avverbio *totiens* al v. 3, riferito ai versi letti su libretti scritti in fretta, fa pensare a una conoscenza diretta dei carmi di Marziale da parte dell'imperatore. Forte di questa conoscenza (seppur esplicata in forma privata), il poeta avanza la richiesta della conferma del privilegio che già l'imperatore Tito gli aveva concesso: lo *ius trium liberorum*, quale ricompensa (*praemia*) per i suoi versi apprezzati, o consolazione (*solacia*) per carmi giudicati di poco interesse.

Oltre il testo

L'ultimo verso dell'epigramma 1, 4 (*lasciva est nobis pagina, vita proba*) esprime il principio della distanza fra arte e vita, fra la licenziosità dei versi e l'irreprensibilità della condotta del poeta. Tale concetto riecheggia senza dubbio in Ovidio, ma trova la sua prima espressione nel carme 16 di Catullo: quest'ultimo, attaccando due amici che lo avevano giudicato dissoluto solo per aver scritto carmi colmi di baci per Lesbia o per Giovenzio, rivendica per la prima volta una distanza fra il costume di vita del poeta e la sua produzione.

Nam castum esse decet pium poetam
ipsum, versiculos nihil necesse est.

Il sacro vate deve essere onesto,
senza obbligo che i suoi versi lo siano.
(Catullo, *Carmina* 16, vv. 5-6)

L'attributo *pius* riferito a *poeta* lo investe di un'aura di sacralità, facendone un sacerdote delle Muse: egli deve essere puro interiormente, *castus*, cioè incontaminato e integro moralmente.
Ovidio, invece, in *Tristia* 2, vv. 353-356, difende la propria opera poetica e la propria condotta morale durante la sua dolorosa esperienza personale di esule.

Crede mihi, distant mores a carmine nostri
  vita verecunda est, Musa iocosa mea.
Magnaque pars mendax operum est et ficta meorum:
  plus sibi permisit compositore suo.

Credimi, la mia condotta è lontana dalla mia poesia – la vita è irreprensibile, scherzosa la mia Musa. Gran parte delle mie opere è menzognera e inventata: essa si è permessa più del suo autore.

L'attributo *verecunda*, riferito a *vita* richiama il *castus* di Catullo e il *proba* di Marziale: tutti concordano sul fatto che l'esistenza del poeta sia rispettosa del decoro e dei suoi lettori.

- Metti a confronto il carme di Marziale con i due passi precedenti di Catullo e Ovidio, scrivendo una riflessione su questo tema nella quale cercherai di mettere in luce il carattere allusivo dei versi presentati.

T15

Nobiltà e non nobiltà

LATINO/ITALIANO

Giovenale, *Satirae* 8, vv. 211-226 | esametri dattilici

La satira ottava è interamente dedicata al raffronto tra la nobiltà di stirpe e quella d'animo: il poeta nega ogni valore alla nobiltà di natali che non sia sostenuta da virtù e meriti personali. Nella parte centrale del componimento Giovenale adduce alcuni esempi di personaggi di alto lignaggio che infangano le loro origini con comportamenti deprecabili ed esempi di veri nobiles *che, partendo da origini oscure, sono giunti alla nobiltà attraverso le loro gesta virtuose. Fra i primi è citato anche Nerone che, uccidendo Seneca, ha compiuto un delitto simile a un parricidio: anche Oreste uccise la madre, ma spinto da ben altre ragioni.*

Libera si dentur populo suffragia, quis tam
perditus ut dubitet Senecam praeferre Neroni?
Cuius supplicio non debuit una parari
simia, nec serpens unus, nec culleus unus.
Par Agamemnonidae crimen, sed causa facit rem
dissimilem. Quippe ille deis auctoribus ultor
patris erat caesi media inter pocula, sed nec
Electrae iugulo se polluit aut Spartani
sanguine coniugii, nullis aconita propinquis
miscuit, in scena numquam cantavit Orestes,

Se al popolo si desse la possibilità di esprimere liberamente il proprio voto, chi sarebbe così perverso da essere incerto se preferire Seneca[1] a Nerone? Per la morte di lui si sarebbe dovuto apprestare non una sola scimmia, non un solo serpente, non un solo sacco[2]. Simile fu il delitto del figlio di Agamennone[3], ma la ragione che lo causò rende il fatto molto diverso. Oreste vendicava, per istigazione divina, la strage del padre tra le tazze del banchetto; ma non si macchiò della morte di Elettra o del sangue della moglie spartana[4], non propinò veleno ai parenti, non cantò sulla scena, non scrisse un poema su Troia[5].

[vv. 211-212] **Libera si**: è anastrofe per *si libera*; l'aggettivo *Libera* è concordato a *suffragia*, soggetto di *dentur*. • **tam perditus**: è sottinteso *sit*. • **ut**: introduce una subordinata consecutiva. • **praeferre**: regge il dativo *Neroni*.
[vv. 213-214] **Cuius**: è nesso relativo riferito a *Neroni*.
[vv. 215-216] **Par**: è sottinteso *fuit*. • **Agamennonidae**: è un genitivo in dipendenza da *crimen*; si tratta di un patronimico. • **dissimilem**: è predicativo di *rem*.
[vv. 216-221] **Quippe**: ha funzione rafforzativa. • **deis auctoribus**: è un ablativo assoluto con valore nominale. • **caesi**: questo participio perfetto è congiunto al genitivo *patris*. • **iugulo... sanguine**: sono due ablativi di mezzo. • **Spartani**: è attributo del genitivo *coniugii*. • **nullis... propinquis**: è dativo di svantaggio. • **aconita**: accusativo plurale, è metonimia per «veleno». • **Orestes**: è soggetto di *cantavit* e *scripsit*.

1. Il filosofo spagnolo, maestro e confidente di Nerone, che fu da lui costretto a darsi la morte.
2. Quest'espressione significa che Nerone, per aver mandato a morte Seneca, avrebbe meritato la pena dei parricidi, che consisteva nel gettare il colpevole nel Tevere chiuso in un sacco insieme a una scimmia e a un serpente. L'antica legge prevedeva anche un cane e un gallo.
3. Oreste vendicò la morte del padre Agamennone, assassinato dalla moglie Clitemnestra, uccidendo la madre.
4. Elettra era sorella di Oreste; la moglie di Oreste era invece Ermione, figlia del re spartano Menelao.
5. Secondo diverse testimonianze Nerone compose un poema su Troia intitolato *Troica* e probabilmente anche una tragedia sul medesimo argomento.

Troica non scripsit. Quid enim Verginius armis
debuit ulcisci magis aut cum Vindice Galba,
quid Nero tam saeva crudaque tyrannide fecit?
Haec opera atque hae sunt generosi principis artes,
gaudentis foedo peregrina ad pulpita cantu
prostitui Graiaeque apium meruisse coronae.

Di qual delitto avrebbero dovuto trarre maggior vendetta Virginio, Vindice e Galba[6] con le loro armate, tra i tanti commessi con così spietata e brutale violenza da Nerone? Queste sono le imprese, queste sono le arti di un principe di tanto lignaggio, cui piaceva prostituirsi con ignobile canto sulle scene straniere e meritare l'appio della corona greca[7].

(trad. di E. Barelli)

[vv. 221-223] **Quid**: è pronome interrogativo. • **armis**: è un ablativo di mezzo. • **saeva crudaque tyrannide**: è un ablativo di modo con due attributi.
[vv. 224-226] **gaudentis**: questo participio presente è congiunto a *principis*. • **foedo... cantu**: è un ablativo di modo. • **prostitui**: è infinito presente passivo, da rendere in forma riflessiva («prostituirsi»). • **Graiae(que)**: è attributo di *coronae*.

6. Virginio, Vindice e Galba furono i governatori delle province che si ribellarono con le proprie legioni, provocando la caduta di Nerone. Fra questi Galba ne fu poi il successore per brevissimo tempo.
7. Secondo la testimonianza di diversi storici, Nerone riportò in Grecia grandi vittorie poetiche: l'appio era una pianta con cui venivano intrecciate le corone dei vincitori.

PER APPROFONDIRE IL TESTO

Il testo e il contesto

VIZI PUBBLICI E PRIVATI Questo passo è inserito da Giovenale nella spietata e pessimistica descrizione della decadenza morale e politica degli aristocratici del suo tempo: la loro mancanza di virtù sulla scena pubblica e i loro innumerevoli vizi nella vita privata li hanno privati di quella funzione di esempio, di modello etico, un tempo vivo e credibile. Secondo Giovenale, ormai, se anche il primo dei *nobiles*, ovvero l'imperatore, si macchia di colpe gravissime, come l'omicidio di un congiunto, e si degrada con comportamenti immorali, come cantare e recitare sulle scene teatrali, allora per la società del suo tempo rimangono poche speranze di salvezza e di risollevamento morale.

- Immagina di pronunciare una requisitoria contro l'imperatore Nerone. Partendo dal testo di Giovenale, elenca, spiegandoli, i capi d'accusa, senza dimenticare fatti essenziali qui non citati come il matricidio, l'omicidio del fratellastro e della prima moglie, nonché la persecuzione contro i cristiani all'epoca dell'incendio di Roma.

LETTURA CRITICA

Amare il tiranno

UNA DISTANZA "EDULCORATA" Nel suo studio sulla ricerca del consenso nell'ambito della dominazione degli imperatori flavi, Gianpiero Rosati presenta un mondo governato in apparenza da armonia e amore: in realtà, l'appello al linguaggio delle emozioni, e dell'amore reciproco tra il sovrano e i suoi sudditi, rivela la difficoltà di sottrarsi al marchio di doppiezza e adulazione che compromette la credibilità del genere encomiastico nelle sue varie espressioni. Quanto più il poeta si appella al principio dell'amore, tanto più questa retorica degli affetti (costruita sul linguaggio dell'*amicitia* tra uguali nella società repubblicana) tradisce l'incolmabile distanza che separa ormai il principe dai cittadini e anche dagli intellettuali del tempo.

« Il tema dell'amore per il sovrano torna ripetutamente nella poesia flavia: cfr. ad es. Marziale 8, 56 [...]; e 9, 7, 9-10 [...]; ma è un *topos* encomiastico particolarmente presente in un testo per noi prezioso, e pressoché coevo (100 d.C.) all'età flavia, il *Panegirico a Traiano* di Plinio il Giovane.
Ora, l'idea che l'amore dei sudditi (la benevolenza, *eunoia*), e non il terrore, sia il migliore strumento di governo e la miglior difesa per il sovrano è molto antica: è ad es. già in Isocrate, *Nic.* 21, e la ritroviamo formulata tra gli altri da Cicerone, *off.* 2, 23 [...]. È infatti l'amore che legittima il potere del principe, e lo differenzia da quello del tiranno (un'opposizione già di Platone e Aristotele), creando il consenso sociale. Questo legame affettivo è un topos largamente diffuso nella panegiristica imperiale, e rientra nel rapporto di tipo emozionale che si instaura solitamente con un leader carismatico: i poeti flavi rappresentano l'imperatore come una figura dotata di poteri numinosi, un "dio in terra", tale da esercitare sui sudditi un forte potere di seduzione alimentando la loro devozione personale. Al tempo stesso, il presupposto che porta gli autori di encomi politici ad adottare un linguaggio di tipo affettivo nei confronti del sovrano-*laudandus* è la sua grandezza senza confronti, la sua natura dichiarata come divina, che induce a professare nei suoi confronti una venerazione e dedizione senza riserve. Lo stesso presupposto lo troviamo nel linguaggio della letteratura erotica, che vede (ad es. nell'elegia latina) un poeta-amante dichiararsi "schiavo" dell'amore per una donna-dea, vale a dire un rapporto di potere che oppone un *servus* alla sua *domina*, segnato da un'analoga asimmetria di ruoli. Le analogie dei moduli del corteggiamento erotico con quelli della letteratura di corte, cioè del "corteggiamento" encomiastico, rivelano una "naturale" interferenza tra due sfere espressive – fondata in entrambi i casi sull'atteggiamento psicologico dell'autore dell'encomio verso la figura-oggetto di quest'ultimo, ma anche sul rapporto intrinsecamente negoziale che lega le due parti – e contribuiscono dunque a spiegare il carattere tipicamente affettivo del linguaggio dell'encomio. [...]
Come hanno osservato vari studiosi, da Joseph Hellegouarc'h a Peter White a Sandra Citroni Marchetti, il lessico dell'amore – il verbo *amare*, insieme ai coradicali *amor*, *amicitia*, *amicus* – a partire dagli ultimi decenni della repubblica, e poi in età augustea, è il più comune per designare i legami personali, e politici, anche laddove sia implicata una forte disparità di *status* fra le persone coinvolte: anzi, l'impiego ostentato di questo lessico è proprio il mezzo con cui si cerca di mascherare questa disparità, usando un linguaggio che simula una società di uguali, legati da un saldo vincolo affettivo, ormai invece superata nei fatti da una configurazione del potere fortemente gerarchizzata. L'appello al principio dell'amore è dunque la maniera di esorcizzare, o di dissimulare, questo radicale squilibrio di potere, perpetuando l'illusione di un mondo ormai superato. La grande letteratura d'età imperiale, da Tacito a Seneca anzitutto, ci dice che simulazione e dissimulazione sono l'atteggiamento più diffuso, o anzi connaturato e necessario, nella vita di corte (dove non è lecito *sentire quae velis et quae sentias dicere*), e adeguarsi a questa generale ipocrisia collettiva è la condizione necessaria per cercare di sopravvivere in un contesto sociale altamente instabile e rischioso. »

GUIDA ALLO STUDIO

1. Qual è la differenza tra il potere del *princeps* e quello del tiranno? Da che cosa sono rispettivamente legittimati?

2. Qual è il presupposto che spinge gli autori di encomi politici ad adottare un linguaggio di tipo affettivo nei confronti del sovrano?

3. Qual è il fine con cui sin dalla prima età imperiale si fa uso del lessico amoroso per descrivere i rapporti che intercorrono fra i vertici del potere politico e i sudditi?

PROVA DI TRADUZIONE E COMMENTO

Leggi con attenzione il seguente epigramma di Marziale, quindi rispondi alle domande che ti guideranno nella comprensione. Infine, dopo che avrai analizzato e tradotto il passo, potrai rendere ragione della tua interpretazione con un testo organico di commento.

In lode a Domiziano

| Marziale, *Epigrammata* 8, 36 | distici elegiaci |

Questo è uno dei componimenti che, per il loro carattere adulatorio nei confronti dell'imperatore Domiziano, che in seguito sarebbe stato ucciso e sottoposto alla damnatio memoriae, *procurarono a Marziale la diffidenza da parte degli imperatori successivi, Nerva e Traiano. Nell'epigramma, infatti, Marziale elogia la nuova reggia di Domiziano sul Palatino facendo ricorso alle sue conoscenze di geografia e mitologia.*

Regia pyramidum, Caesar, miracula ride;
iam tacet Eoum barbara Memphis opus:
pars quota Parrhasiae labor est Mareoticus aulae?
Clarius in toto nil videt orbe dies.
Septenos pariter credas adsurgere montes,
Thessalicum brevior Pelion Ossa tulit;
aethera sic intrat nitidis ut conditus astris
inferiore tonet nube serenus apex
et prius arcano satietur numine Phoebi
nascentis Circe quam videt ora patris.
Haec, Auguste, tamen, quae vertice sidera pulsat,
par domus est caelo sed minor est domino.

GUIDA ALLA COMPRENSIONE

Per giungere a una prima comprensione (soltanto letterale) del testo, rispondi alle seguenti domande.

- Quali nomi geografici citati nel testo si riferiscono al luogo in cui si trovano le piramidi?
- Perché si dice che la città di Menfi tace mentre Cesare viene invitato a ridere?
- Quali altri nomi di monti e personaggi mitologici puoi osservare nel testo?
- Che cosa può indicare, per metonimia, la parola *dies* usata al v. 4?
- Qual è la principale caratteristica del palazzo di cui si parla nella poesia?
- Chi è il *dominus* del palazzo citato al v. 12?

GUIDA AL COMMENTO

Realizza un testo di commento dopo aver risposto alle domande seguenti.

Contestualizzazione Presenta brevemente Marziale e la sua opera, facendo riferimento al contesto cronologico in cui visse e compose le sue poesie. Rileggi gli altri testi rivolti all'imperatore che trovi in questo capitolo (→ **T14**) e spiega l'atteggiamento di Marziale nei confronti del principe.

- In particolare, osserva con quali epiteti l'imperatore viene apostrofato nei tre epigrammi.

Interpretazione e approfondimenti Per giungere a una piena comprensione del testo occorre spiegare i molti riferimenti geografici e mitologici impiegati da Marziale.

La reggia di Domiziano viene chiamata *Parrhasia* in omaggio al re Evandro, mitico personaggio che compare anche nell'*Eneide* di Virgilio.

- Con una veloce ricerca in Internet puoi verificare in quale regione si trovi la città di *Parrhasia* e che relazione abbia con il re Evandro.

Oltre al riferimento implicito all'*Eneide*, Marziale nasconde nei suoi versi altre citazioni dotte. Osserva infatti questi versi, rispettivamente di Orazio e di Lucano:

– *Alme sol... possis nil urbe Roma visere maius* (*Carmen saeculare*, vv. 9-12)

– *O miseranda domus, toto nil orbe videbis tutius Emathia* (*Bellum civile* o *Pharsalia* 6, 819)

- Quali somiglianze puoi riconoscere con il v. 4 dell'epigramma di Marziale?

I monti Ossa e Pelio, entrambi in Tessaglia, compaiono insieme nel mito dei Giganti.

- Dopo aver svolto una breve ricerca, spiega che cosa intenda dire Marziale ai vv. 5-6.

Infine, Marziale dice che anche Circe, figlia del Sole, potrà vedere il volto del padre nascente soltanto dopo la cima del palazzo di Domiziano.

- Quali complimenti potrebbe suggerire questo accostamento del principe alla figlia del Sole?

L'accostamento di Domiziano alle divinità si ottiene anche dall'uso dell'aggettivo *serenus*, che nella poesia di Marziale (e non solo) è spesso usato come epiteto di Giove.

- Quale altro elemento del testo potrebbe costituire un riferimento alle prerogative di Giove?

Lo stile del testo Marziale cura particolarmente la disposizione delle parole nel verso.

- Rintraccia i numerosi iperbati e le disposizioni intrecciate dei sintagmi.

Il genere della poesia encomiastica viene ravvivato dalla vena epigrammatica di Marziale grazie al brillante *aprosdòketon*, o *fulmen in clausula*.

- Individualo e spiegalo nel testo. Si può affermare che nel corso dell'epigramma risulti progressivamente chiara l'identificazione del palazzo di Domiziano con Domiziano stesso?

GUIDA ALLA TRADUZIONE

Le seguenti domande ti guideranno nella traduzione.

- Al v. 1, *regia pyramidum... miracula* è una ipallage: con quale elemento puoi concordare, quindi, l'aggettivo *regia* nella traduzione?
- Al v. 2, *Eoum* è attributo di *opus*, complemento oggetto di *tacet*; qual è l'*opus Eoum* a cui si riferisce Marziale?
- Al v. 3, *pars quota* è nome del predicato (con attributo) della copula *est*; qual è dunque il soggetto?
- Al v. 4, *clarius* è attributo di *nil*; che funzione logica hanno questi due neutri?
- Al v. 5, *credas* è congiuntivo potenziale riferito al presente; come lo puoi rendere in italiano?
- Al v. 6, *Thessalicum* è attributo di *Pelion*; con che cosa concorda l'aggettivo in funzione predicativa *brevior*?
- Al v. 7, *intrat* ha come soggetto a senso il palazzo di Domiziano (indicato al v. 3 come *Parrhasia aula*); quale accusativo regge?
- Ai vv. 10-11, *haec* è attributo di *domus*; qual è la funzione logica di *par*?

Tacito
L'ultimo grande storico di Roma

ZTE ONLINE
Mettiti alla prova con 20 esercizi interattivi

IL TEMPO DELL'AUTORE

CORNELIO TACITO

LA CARRIERA DI ORATORE E UOMO POLITICO Le notizie biografiche relative a Cornelio Tacito sono decisamente scarse e in prevalenza frutto di congetture. Oltre a non conoscerne il prenome (i più probabili paiono Gaio o Publio, ma è stato autorevolmente ipotizzato anche Sesto), non sappiamo con certezza né il luogo né la data di nascita. Attraverso la comparazione e l'incrocio di diverse fonti gli studiosi ritengono che Tacito nasca tra il 55 e il 58 d.C. nella Gallia Narbonese o (ipotesi più probabile) nella Gallia Transpadana: pare, infatti, che svolga i primi studi in una città di questa provincia. La famiglia di origine, si pensa di rango equestre, deve essere importante, anche se probabilmente di origine provinciale e da poco insignita della cittadinanza romana.

Tacito, forse attorno ai vent'anni, si trasferisce a Roma e approfondisce gli studi di retorica con i migliori maestri, tra i quali probabilmente c'è anche Quintiliano. A partire dal periodo degli studi nella capitale Tacito ha una relazione di stima e amicizia con Plinio il Giovane, che frequenta le medesime scuole (come Plinio stesso ricorda in diverse lettere).

Grazie alle doti di oratore e all'influenza della famiglia di origine, Tacito (come si legge in *Agricola* 1, 3) inizia una rapida carriera politica negli ultimi anni dell'impero di Vespasiano, per proseguirla durante l'impero di Tito e portarla al vertice durante quello di Domiziano. Ad agevolare la carriera (e a testimoniare dell'importanza della famiglia del futuro storico) è anche il matrimonio avvenuto nel 78 con la figlia di Giulio Agricola, uno dei più potenti generali dell'epoca.

Oltre alle cariche minori, nel *cursus honorum* di Tacito spicca la partecipazione nell'88 (anno in cui è anche pretore) al prestigioso collegio dei *quindecemviri sacris faciundis* («collegio di quindici uomini preposti all'organizzazione dei riti»), con il compito di allestire i *ludi saeculares*, circa cento anni dopo la celebrazione voluta da Ottaviano Augusto. Alla pretura segue un incarico amministrativo in una provincia, che lo tiene lontano da Roma fino al 93: sappiamo, infatti, che egli non si trova a Roma in occasione dei funerali del suocero Giulio Agricola, venuto a mancare proprio nel 93.

L'apice della carriera viene raggiunto nel 97, quando Tacito è *consul suffectus*, ossia console per una parte dell'anno (secondo una prassi, in vigore fin dai tempi di Giulio Cesare, che consentiva di premiare con l'accesso alla massima carica – puramente formale – più di due senatori all'anno). Pur essendo entrato in carica pochi mesi dopo la morte di Domiziano, si ha ragione di pensare che Tacito sia stato comunque designato come candidato al consolato proprio da costui. Da console ha l'onore di pronunciare la *laudatio funebris* di Virginio Rufo, stimatissimo generale, divenuto assai famoso per la lealtà allo Stato dimostrata durante la guerra civile dell'anno 68, quando per rispetto del senato aveva rifiutato di essere acclamato imperatore dalle sue truppe.

UOMO DI GOVERNO E SCRITTORE: *AGRICOLA* E *GERMANIA* Nell'anno del consolato, all'inizio del breve regno di Nerva, Tacito, avvertendo l'avvento di un'epoca nuova, decide di intraprendere la scrittura di opere storiche, ormai libero di esprimersi dopo la morte di Domiziano (l'imperatore dall'atteggiamento tirannico che comunque aveva favorito la sua carriera). La prima opera a cui pone mano è la biografia del suocero Giulio Agricola (*De vita et moribus Iulii Agricolae*) e si concentra in particolare sul periodo compreso tra il 78 e l'84, quando il generale si era trovato impegnato nella conquista della Britannia. Nella breve biografia spiccano anche interessi etnografici e la tendenza a riflettere sui meccanismi del potere imperiale: Agricola, infatti, aveva condotto la spedizione con notevole abilità, ma, ottenuta la vittoria sul campo di battaglia, era stato richiamato a Roma da Domiziano, che, forse geloso della gloria altrui, non gli aveva permesso di consolidare il risultato militare. L'opera viene probabilmente resa pubblica nel 98, anno in cui diviene imperatore Traiano, salutato con grande favore da Tacito: in lui, infatti, lo storico vede rinascere la speranza che il potere di Roma sia equamente amministrato da un principe attento alle istanze del senato. Gli interessi etnografici verso le popolazioni stanziate ai confini settentrionali dell'impero, già manifestati nella biografia di Agricola, trovano espressione anche in un'altra monografia pubblicata nel 98: il *De origine et situ Germanorum* («L'origine e la terra dei Germani», spesso semplicemente ricordato come «Germania»). Anche in quest'opera tuttavia è presente una profonda riflessione storica e politica, che nasce dalla considerazione del fatto che i Germani, pur poco civilizzati agli occhi dello scrittore, sembrano avere quella virtù guerriera che i Romani hanno ormai perduto, ma che aveva permesso loro di conquistare un immenso potere.

ORATORE E STORICO La carriera di oratore e di uomo politico di Tacito prosegue brillantemente anche durante l'impero di Traiano: nel 100 Tacito (insieme all'amico Plinio il Giovane) rappresenta l'accusa in un importante processo per malversazione contro Mario Prisco, proconsole d'Asia, e tra il 102 e il 104 ricopre un incarico amministrativo in una provincia dell'impero.

Dopo il 100, forse nel 102 nel il 106, viene reso pubblico il *Dialogus de oratoribus* («Dialogo sugli oratori»), opera che tratta della decadenza dell'oratoria a partire dalla fine della repubblica e che collega tale fenomeno alle mutate condizioni storico-politiche entro le quali si trovano a operare gli oratori dopo l'avvento del principato. L'opera segue il modello stilistico e linguistico dei dialoghi ciceroniani, ed è quindi lontana dall'espressione asciutta e stringata, di matrice sallustiana, che poi diventerà caratteristica dello storico. Per questo motivo stilistico in passato è stata posta in dubbio la paternità tacitiana dell'opera, anche se ora la maggior parte degli studiosi concorda sull'autenticità del dialogo.

A partire dal 100 Tacito inizia a lavorare a un'opera di vasto impegno, le *Historiae* («Storie»), dedicate alla ricostruzione del periodo di storia romana di cui l'autore può dire di essere stato testimone: dal 68, anno della guerra civile seguita alla morte di Nerone, con il rapido alternarsi di quattro imperatori, al 96, anno della morte di Domiziano. Nell'opera Tacito traccia un quadro lucidissimo delle cause profonde che portano il potere a degenerare: un fenomeno che compromette la stabilità dell'impero. Si pensa che le *Historiae* siano state pubblicate attorno al 110.

Tacito ricopre un nuovo incarico nell'amministrazione provinciale, lontano da Roma, tra il 112 e il 113. Durante tale periodo, o alla sua fine, comincia a dedicarsi agli *Annales* («Annali», detti anche *Ab excessu divi Augusti*, «Dalla morte del divinizzato Augusto»), opera che, come appare evidente anche dal titolo, intende ricollegarsi alla più tradizionale forma di storiografia senatoria. Tacito ripercorre in pagine dense e partecipate, con stile serrato e compatto, le vicende della dinastia giulio-claudia a partire dalla nomina di Tiberio a imperatore. La scelta del periodo pare in contrasto con quanto l'autore stesso aveva annunciato nel proemio dell'*Agricola*, dove dichiarava di voler dedicare i suoi sforzi alla narrazione dell'età felice inauguratasi dopo la morte di Domiziano. Può darsi che Tacito abbia progressivamente cambiato parere sulla figura di Traiano, oppure che abbia deciso di indagare le origini del principato. Certamente gli *Annales*, di cui conserviamo le parti relative agli imperatori Tiberio e Nerone, sembrano manifestare un progressivo incupirsi della visione storico-politica dell'autore. Alcuni studiosi ipotizzano che Tacito sia rimasto deluso dalla designazione assai dubbia di Adriano come successore di Traiano, anche se la gestazione degli *Annales* e del pensiero politico che da essi traspare deve essere maturata nell'arco di lungo tempo.

Non si sa nulla circa la data di morte di Tacito e quindi non si può neppure sapere quanto egli abbia visto dell'impero di Adriano: per prudenza la maggior parte degli studiosi ipotizza che la morte dello storico sia avvenuta attorno al 117, forse poco dopo la morte di Traiano.

■ **Pagina miniata dagli *Annales* di Tacito**, XVI secolo. Vienna, Oesterrichische Nationalbibliothek.

GUIDA ALLO STUDIO

1. Ripercorri la vita di Tacito dividendola in periodi e indica i fatti salienti di ciascun periodo.

2. Quali anni sono presi in considerazione nelle opere storiche di maggiore respiro di Tacito?

3. Per quale motivo gli studiosi hanno per lungo tempo ritenuto spurio il *Dialogus de oratoribus*?

L'ultimo grande storico di Roma

IL *PRAECIPUUM MUNUS ANNALIUM* «Ho stabilito di non esporre decisioni e provvedimenti a meno che non siano degni di nota per onestà o per conclamata vergogna. Questo penso sia il compito specifico della storiografia (*praecipuum munus annalium*): non lasciar passare sotto silenzio gli atti di virtù e ispirare il timore che dalle parole e dalle azioni disoneste derivi vergogna presso le generazioni future. Del resto quei tempi furono caratterizzati da uno spirito di adulazione tanto malata e sudicia che non solo i più nobili della città, che dovevano abbassarsi all'ossequio per proteggere la loro notorietà, ma anche tutti quelli che erano di rango consolare, gran parte di quelli che avevano rivestito la pretura e molti senatori di second'ordine facevano a gara a proporre e votare proposte vergognosamente eccessive» (*Annales* 3, 65). Tacito sta riferendo i provvedimenti che il senato vota in onore di Livia, moglie di Ottaviano Augusto e madre di Tiberio (fatti accaduti circa cento anni prima rispetto al momento in cui sta scrivendo), ma in queste righe possiamo riconoscere alcuni degli elementi fondamentali presenti in tutti gli scritti storici dell'autore, nelle monografie (*Agricola* e *Germania*), nelle opere maggiori (*Historiae* e *Annales*), e non assenti nemmeno dal *Dialogus de oratoribus*.

IL PUNTO DI VISTA DI UN SENATORE Come i suoi predecessori (tra gli storici a noi giunti) Sallustio e Livio, Tacito attribuisce alla storiografia un fine eminentemente morale, volto a orientare il comportamento dei lettori. A differenza di Livio, però, che compone una sorta di epopea dell'intero popolo romano, e di Sallustio, che presta particolare attenzione anche alle esigenze degli strati più bassi (e numerosi) della popolazione dell'Urbe, il campo di interesse specifico di Tacito è soprattutto il rapporto tra i membri del ceto senatorio e il potere imperiale. Si può infatti dire che, sebbene nella sua vasta produzione Tacito si occupi di numerosi temi relativi sia alla realtà storica dell'impero nel primo secolo del principato sia alla situazione dei popoli confinanti, il suo vero oggetto di studio sono le ragioni che hanno portato allo sviluppo di una vera e propria "patologia del potere" ai vertici dello Stato tra i successori di Ottaviano Augusto. Tale disfunzione si è manifestata attraverso un alternarsi di sanguinose congiure – va ricordato che sette degli undici imperatori del I secolo ebbero una morte violenta – e spietate repressioni di senatori: tensioni culminate nel 68 in un anno di vera e propria guerra civile.

Gli interessi di Tacito, quindi, sono in linea con i temi preferiti della storiografia romana, redatta per tradizione antichissima da esponenti del ceto senatorio che vantano alle loro spalle una lunga carriera di uomini di Stato. Il tema specifico, però, ha fatto in modo che dalle pagine di Tacito emerga spesso un profondo pessimismo sulla possibilità che l'impero possa continuare a reggersi, pessimismo che contrasta con la prosperità di cui allora godeva lo Stato romano. Tacito infatti trascura «i progressi del commercio, delle scienze, delle arti», come rileva lo storico Alain Michel, «e si consacra piuttosto alla descrizione dei costumi e dei loro vizi».

L'INELUTTABILITÀ DELL'IMPERO Tacito considera irreversibile il processo storico-politico che ha portato all'instaurazione di un governo di tipo monarchico a Roma. Il momento discriminante della storia romana è rappresentato dalla battaglia di Azio, nell'ormai lontano 31 a.C.: «nell'interesse della pace l'intero potere fu consegnato nelle mani di un

TACITO

uomo solo» (*Historiae* 1, 1). In effetti è la pace, intesa come stabilità delle istituzioni e assenza di lotte civili per il potere, l'obiettivo supremo a cui secondo Tacito deve aspirare il governo di Roma.

Le parole attribuite nelle *Historiae* all'imperatore Galba, nel discorso con cui egli presenta Pisone come proprio successore, all'inizio dell'anno 69, riecheggiano – secondo gli studiosi – il punto di vista dello storico stesso riguardo all'impossibilità di tornare alla *res publica* dopo la fine della dinastia giulio-claudia: «Se l'immensa struttura dell'impero potesse reggersi e rimanere in equilibrio senza un reggitore, io [*Galba*] sarei stato la persona adatta perché avesse inizio di nuovo la libera repubblica: ma ora già da tempo si è giunti a un punto tale che, data la mia età avanzata, non posso dare al popolo romano nulla più di un onesto e capace successore» (*Historiae* 1, 16 ➛ **T6**).

IL GIUDIZIO NEGATIVO SULLA «COSTITUZIONE MISTA» Del resto Tacito, valutando da un punto di vista aristocratico i secoli della *res publica*, non rimpiange il passato ordinamento e ha parole di netta riprovazione per i disordini e le guerre civili successive alle grandi conquiste avviate dopo la seconda guerra punica: «l'antica e già da tempo insita negli uomini brama di potere si sviluppò di pari passo con la crescita dell'impero fino a esplodere» (*Historiae* 2, 39). Nella condanna sono uniti sia gli ambiziosi generali, come Mario o Pompeo, sia i tribuni della plebe che agitavano le masse. Tacito del resto è molto critico verso quella forma mista di governo, teorizzata dallo storico Polibio e propugnata da Cicerone nel *De republica*, che avrebbe dovuto contemperare l'ordinamento monarchico, aristocratico e democratico. Come è spiegato chiaramente in un passo degli *Annales* (4, 33), una forma mista sarebbe in sé ammirevole, ma comunque destinata a durare brevemente, in virtù della brama di potere che anima gli uomini, brama che accelera la degenerazione delle forme di governo.

LA SUPERIORITÀ DEI *MORES* RISPETTO ALLE *LEGES* Tacito non ha particolare fiducia nelle leggi: conformemente alla sua visione conservatrice, attribuisce maggiore importanza ai *mores*. Diverso da Cicerone anche sotto questo aspetto, Tacito non pensa che esistano delle leggi insite nella natura valide per tutte le comunità umane. L'esplicita ammirazione per le tribù germaniche (alle quali è dedicata la *Germania*), pur ritenute a uno stadio assai primitivo di civiltà, deriva in Tacito proprio dalla constatazione che esse sono regolate da *boni mores*, che conferiscono una stabilità maggiore di quanto facciano le *bonae leges* in altre nazioni (*Germania*, 19, 5). In un *excursus* degli *Annales* (3, 26-28) lo storico spiega infatti che le società primitive si reggono in pace e non operano nulla contro le loro abituali consuetudini (*contra morem*) perché esenti da avidità personale. Nel momento in cui aumenta il tenore di vita e con esso l'avidità personale si scatenano le inimicizie e gli odi, viene meno la *aequalitas* («condizione di parità») tra i cittadini e il potere finisce nelle mani di uno solo.

Le leggi – sempre secondo Tacito – storicamente sono nate per porre un freno al potere dei re o per ripristinare una situazione di uguaglianza. Anche Roma come altre nazioni ha vissuto una simile esperienza, vedendo prima la monarchia, regolata dalle norme dettate da Numa, e poi la repubblica, dominata da pochi patrizi. Per equilibrare i diritti dei patrizi e quelli dei plebei i decemviri hanno stabilito le Leggi delle XII tavole (alla metà del V secolo a.C.), la cui essenzialità secondo lo storico rappresenta la perfezione del diritto. L'accumularsi di leggi nei secoli successivi alla loro codificazione fu dovuto soltanto al tentativo delle varie fazioni in lotta di tutelare i propri interessi di parte e di colpire gli avversari. Da questo processo Tacito ricava una sorta di regola della politica: maggiore è il numero delle leggi, maggiore è in realtà la corruzione dello Stato.

LA NECESSITÀ DI RINUNCIARE ALL'*AEQUALITAS* Come traspare dal suddetto *excursus* degli *Annales*, Tacito ritiene che il motivo per cui il ritorno alla *res publica* è improponibile sia lo smarrimento del rispetto dei *boni mores* da parte del popolo romano. La convinzione che l'abbandono delle antiche usanze sia causa di decadenza non è un'innovazione di Tacito, ma una caratteristica condivisa, nei secoli, dagli esponenti più conservatori della classe senatoria. Da questo pensiero, del resto, in Tacito nasce la giustificazione del principato: se la lotta all'interno dello Stato per mantenere l'*aequalitas* tra i cittadini (cosa che in realtà potrebbe essere garantita solo dal rispetto dei *boni mores* più che delle *bonae leges*) comporta un perenne stato di guerra civile, allora è meglio che i senatori rinuncino all'uguaglianza di diritti in favore di una persona sola, il principe, che in cambio della posizione dominante garantisca la pace sociale; riportare la pace è stata, infatti, la funzione storica di Ottaviano Augusto. «Perciò dopo che la situazione dello Stato era radicalmente cambiata, nulla rimaneva dell'antico e incorrotto costume: tutti, lasciata da parte l'uguaglianza di diritti, osservavano gli ordini del principe, senza alcun timore nel presente, fintanto che Augusto, nel pieno delle forze, aveva retto se stesso, la sua famiglia e la pace» (*Annales* 1, 4, 1): sono le parole con cui Tacito rievoca il passaggio dalla *res publica* al principato, avvenuto ad opera del figlio adottivo di Giulio Cesare.

LA SCELTA DEL MIGLIORE: L'*OPTIMUS PRINCEPS* L'attenzione di Tacito si concentra proprio sul *princeps* e sul suo rapporto con i senatori, i quali, rinunciando a una parte degli antichi diritti, gli accordano l'*obsequium*, la «rispettosa obbedienza». Secondo Tacito però solo molti decenni dopo la morte di Ottaviano Augusto, quando Nerva sale al potere nel 96, tale processo sembra imboccare il corso giusto per dare stabilità ai vertici dello Stato, mentre ai suoi occhi fino ad allora il rapporto tra principe e senatori è stato completamente distorto. Solo con Nerva infatti l'autore può volgersi serenamente, «senza odio e partigianeria» (*sine ira et studio*; *Annales* 1, 1, 3), all'indagine storica, dato che il nuovo imperatore è riuscito a unire ciò che prima pareva impossibile, la libertà e il principato (*principatum ac libertatem*; *Agricola* 3, 1). La libertà di cui parla Tacito è la facoltà dei senatori di esprimersi liberamente, di cui l'imperatore, che essi scelgono, è il garante: «è permesso pensare ciò che vuoi e dire ciò che pensi» (*Historiae* 1, 1, 4). Fino alla investitura di Nerva i senatori furono, di fronte all'imperatore, alla stregua di servi: alla morte di Augusto – scrive Tacito all'inizio degli *Annales* – i maggiorenti dello Stato «si precipitarono a Roma pron-

■ L'imperatore Nerva, I sec. d.C. Denmark, Ny Carlsberg Glyptotek.

ti al servizio» (*ruere in servitium*; *Annales* 1, 7) e da allora per decenni la situazione non era cambiata. Per capire quale sia il punto di equilibrio che secondo Tacito il potere di Roma deve avere, è necessario tornare alle parole che lo storico attribuisce a Galba, nel discorso pronunciato nel 69 (➤ **T6**), quando forse le cose avrebbero già potuto prendere un corso diverso: «Sotto Tiberio, Caligola e Nerone noi Romani fummo quasi il patrimonio ereditario di una sola famiglia: ora, al posto della libertà, ci sarà il fatto che abbiamo incominciato a scegliere; e, finita la famiglia giulio-claudia, l'adozione si incaricherà di trovare il migliore». Secondo Tacito, dunque, i senatori in cambio della pace devono rinunciare alle prerogative antiche, ma devono conservare la libertà di esprimere il loro pensiero e scegliere come imperatore quello fra di loro che raccoglie i maggiori consensi, l'*optimus princeps*, che a sua volta rispetterà la libertà di opinione dei senatori, coniugandola con il proprio principato. Nel pensiero di Tacito «c'è un punto fermo, irrinunciabile: l'autorità imperiale è delega del senato», come spiega lo studioso Mario Pani.

IL PROGRAMMA STORIOGRAFICO DI TACITO Dopo il 69 tuttavia gli imperatori Flavi, soprattutto con Domiziano, non apportano significativi cambiamenti rispetto ai predecessori: Roma resta quasi patrimonio ereditario di una nuova dinastia, e Tacito avverte un cambiamento epocale solo con il principato di Nerva (che adotta come successore il migliore tra i generali, Traiano, di cui non era consanguineo). Allora lo storico medita di raccontare l'età nuova, ma prima di offrirne testimonianza, come dichiara di voler fare sia nel proemio dell'*Agricola* sia in quello delle *Historiae* (➤ **T1** e **T5**), intende volgere gli occhi all'immediato passato, per capire grazie a quali meccanismi il potere di Roma sia sceso a tal punto di perversione.

TRA FATO E RESPONSABILITÀ PERSONALE Tacito è dunque mosso dal desiderio di capire e mostrare ai lettori le distorsioni del potere nel I secolo, ma ciò impone di fare i conti con il mito di Roma, la città voluta dal fato e predestinata a governare il mondo, secondo quanto la propaganda imperiale aveva codificato fin dal tempo di Ottaviano Augusto; soprattutto bisogna capire quali siano le responsabilità personali nella decadenza delle istituzioni e quali eventi vadano invece attribuiti a circostanze fortuite. Tacito ha una visione carica di dubbi, che oscilla tra l'ammissione dell'esistenza di una sorta di corso obbligato degli eventi, il fato, e il riconoscimento del ruolo primario delle scelte e delle responsabilità umane, nell'assenza di un disegno preordinato. Sono numerose le riflessioni a riguardo nelle sue opere e forse la più indicativa si trova nel sesto libro degli *Annales*, quando lo storico afferma: «Per me resta in dubbio se le vicende degli uomini si sviluppino secondo il fato e la necessità immutabile o secondo il caso» (*Annales* 6, 22).

A un esame attento dei passi che Tacito dedica a tale questione sembra che l'orientamento dominante dello storico preveda comunque l'ammissione dell'esistenza di un disegno preordinato, il fato, per cui le realtà umane seguono un ineludibile corso di sviluppo (per esempio tutto ciò che nasce e cresce un giorno perirà). Per questo motivo – secondo Tacito – ha senso credere nei vaticini e nei segni celesti, fatto salvo che gli interpreti di tali fenomeni, i vati e gli indovini, sono spesso cialtroni e imbroglioni. Tuttavia, quando si verificano circostanze tali da determinare il verificarsi di un fatto, rimane poi determinante la volontà umana perché ciò accada in un preciso momento e in una determinata maniera. Come dire: prima o poi il processo storico si compirà, ma l'uomo ha la facoltà, con le sue decisioni, di determinare numerosi aspetti della realtà, di anticipare o ritardare eventi ineludibili.

Un esempio di ciò può essere visto in quanto accadde nella corte di Nerone nel 65, in occasione della congiura organizzata da Pisone. Nerone infatti in quell'occasione, secondo il racconto di Tacito, ebbe ragione degli avversari solo perché questi esitarono a compiere quanto era in loro potere (*Annales* 15, 61), ossia eliminare il tiranno. I congiurati infatti avevano la possibilità di portare a compimento il loro piano, anche se parzialmente era già stato scoperto: mancò in quell'occasione l'iniziativa audace di qualcuno di loro, il che comportò la morte di molte persone (tra cui, per esempio, Seneca). Il corso della tirannide di Nerone era tuttavia segnato e circa tre anni dopo l'imperatore non potè sfuggire alla ribellione dei senatori.

IL PESSIMISMO Da un punto di vista filosofico la visione di Tacito, pur con diverse oscillazioni, pare vicina al pensiero degli stoici. Tuttavia egli si allontana dalle posizioni di tale scuola per il fatto che i seguaci di Zenone (e lo stesso Seneca ➛ p. 68) ritengono che l'universo sia orientato dalla volontà divina verso il bene; Tacito invece vede nei fatti accaduti durante la sua età la volontà degli dèi di inviare sciagure agli uomini, per avvertirli del fatto che essi stanno preparando non la salvezza, ma la punizione di Roma. Gli dèi dunque – ammesso che si occupino delle cose umane, dubbio che a volte lo storico esprime e che fa pensare anche a una vicinanza all'epicureismo – cospirano contro l'uomo: così, in un panorama di oscuro pessimismo, Tacito indaga le nefandezze dei prìncipi, la viltà e la piaggeria dei senatori, l'ignavia di coloro che per non perdere i privilegi acquisiti con l'adulazione rinunciano all'azione.

Forse per scavare sempre più a fondo nell'animo umano e capire l'origine della brutale bestialità degli imperatori Tacito abbandona il progetto di raccontare l'età aurea inaugurata da Nerva e da Traiano. A parere di alcuni, procedendo negli anni e giungendo a vedere la poco chiara adozione di Adriano da parte di Traiano, lo storico perse fiducia nella sua epoca e preferì intraprendere la scrittura degli *Annales*, per indagare piuttosto le origini del principato, il fenomeno che aveva cambiato il corso della storia di Roma.

TRA STORIOGRAFIA "PRAGMATICA" E STORIOGRAFIA "DRAMMATICA" Nella ricerca delle cause dei fenomeni storici, Tacito prosegue il filone della storiografia pragmatica inaugurata secoli prima ad Atene da Tucidide e applicata alla storia romana da Polibio durante l'epoca degli Scipioni. La volontà di non fermarsi alle cause accidentali, ma di concentrarsi sulle cause profonde, viene perseguita da Tacito con estrema meticolosità. La sua opera nell'immediato non avrà successori, ma nei secoli del Rinascimento rappresenterà un esempio imprescindibile per quanti si accosteranno con razionalismo alla storia umana e desidereranno analizzare i fenomeni politici prescindendo da preconcetti etici.

Con questi presupposti, trattando argomenti caratterizzati spesso da intrighi ed episodi scabrosi, è comprensibile che Tacito abbia adottato uno stile aspro e abbia scelto come modello la scrittura di Sallustio, dal quale prende la tendenza all'*inconcinnitas*, alla *brevitas*, all'espressione estremamente asciutta e concisa, con periodi che spesso terminano in lapidarie sentenze. Il lettore, in pagine che raggiungono le più alte vette di intensità artistica della prosa latina, avverte il severo giudizio dello storico attraverso la sua *incondita ac rudi voce* (*Agricola* 3), che ricorda nelle movenze l'austera espressione dei magistrati dell'epoca repubblicana.

Dagli storici che lo hanno preceduto Tacito riprende anche la tendenza a narrare attraverso sequenze modellate sulle scene delle tragedie, attribuendo ai personaggi discorsi e parole che ne rivelano le pieghe più recondite della psicologia, secondo i canoni della storiografia drammatica, originatasi nella cultura greca dell'ellenismo. Parte integrante di tale tendenza sono i ritratti dei personaggi, che riprendono e approfondiscono le tecniche già utilizzate nell'ambito della storiografia romana proprio da Sallustio.

L'ATTENDIBILITÀ DI TACITO Il proponimento di procedere nella stesura delle sue opere *sine ira et studio* viene ripetuto sia all'inizio delle *Historiae* sia all'inizio degli *Annales*. Si può pensare che siano affermazioni di circostanza e che uno storico che osservi la politica esclusivamente dal punto di vista senatorio nel tracciare a tinte fosche le azioni di tutti gli imperatori abbia offerto una ricostruzione deformata degli avvenimenti. In effetti gli storici moderni hanno appurato che in politica estera e in politica interna sia gli imperatori della dinastia giulio-claudia sia i Flavi hanno saputo prendere provvedimenti spesso utili alla stabilità sociale ed economica di Roma.

Nonostante questa circostanza è stato osservato che Tacito, anche per l'alta qualità delle fonti da lui consultate, è attendibile: forse pare un po' troppo svalutato l'impero di Tiberio. Come sottolinea Alain Michel, «bisogna imparare a leggerlo» (cioè a leggere Tacito), nel senso che fa parte dell'impostazione che lo storico aveva ricevuto nell'ambito degli studi di oratoria la tendenza a esasperare le situazioni alla ricerca del sublime. Di origine oratoria è anche la frequente introduzione di voci e dicerie di origine incerta, che affidano al lettore la valutazione ultima dei fatti. Anche l'esposizione di opinioni contrastanti in relazione agli stessi accadimenti si può collegare alla volontà di caricare di ambiguità e mistero gli intrighi della corte imperiale.

LA TENDENZA ALLA BIOGRAFIA E SVETONIO Pur disegnando un grande affresco della corte imperiale, Tacito spesso si sofferma sulle figure singole, come in vere biografie. La tendenza a scrivere di storia in forma di biografia è del resto un fenomeno diffuso all'epoca tacitiana, sia nell'ambito della letteratura greca, con Plutarco, sia in quella latina, con Svetonio: un oratore contemporaneo di Tacito, che ebbe incarichi prestigiosi nella corte di Traiano. Di Svetonio ci sono giunte le biografie dei primi imperatori, fino a Domiziano, pertanto il confronto con quanto leggiamo di Tacito è naturale.

Il genere biografico era avvertito come più affine all'antiquaria che alla storia, perciò è ricco di curiosità e aneddoti che spesso non interessano in alcun modo allo storico. Le biografie di Svetonio tendono infatti a soffermarsi su particolari, spesso insignificanti, della vita privata degli imperatori; tuttavia – come rilevato da Domenico Musti – queste biografie possono fornire un utile termine di confronto con le opere di Tacito, perché Svetonio (anche se in forma meno profonda rispetto a Tacito) è in grado di individuare connessioni tra il singolo dato biografico e la situazione dell'impero, che anch'egli valuta secondo il punto di vista del senato. Svetonio, inoltre, spesso sembra fare riferimento a documenti di ottima qualità, dato che aveva accesso all'archivio del senato.

La crisi dell'impero

PER COMPRENDERE

AGRICOLA, L'UOMO IDEALE Tacito, quando inizia l'attività di storico, nel 97, ha già in progetto opere di vasta portata, che abbiano come argomento, da un lato, l'oppressione subìta dai senatori durante l'impero di Domiziano e, dall'altro, la nuova felice età inaugurata da Nerva all'insegna della unione tra libertà e principato. Prima, tuttavia, rende omaggio a suo suocero Agricola pubblicandone la biografia.

Agricola rappresenta per Tacito il senatore, uomo di governo e generale ideale perché, pur vivendo in un periodo di tirannide, ha saputo mantenere alta la propria dignità e rendere un servizio a Roma allargandone i confini. Egli, consapevole della prepotenza di Domiziano, resta sottomesso ai suoi ordini e obbedisce anche quando l'imperatore gli intima di rientrare a Roma proprio nel momento in cui avrebbe potuto raccogliere i frutti delle sue vittorie militari nel nord della Britannia (annettendo al potere di Roma in maniera stabile tutta l'isola e probabilmente anche la vicina Irlanda): «si può essere uomini grandi anche sotto principi malvagi» (*Agricola* 42, 4) è la *sententia* che compendia la vita del suocero. La ribellione agli ordini avrebbe forse portato gloria ad Agricola, ma certamente avrebbe aperto un periodo di guerre civili di cui sarebbe stato difficile prevedere l'esito.

I POPOLI FUORI DALL'IMPERO Durante la narrazione delle aspre battaglie condotte dal suocero contro le popolazioni del nord della Britannia Tacito inserisce, come già era avvenuto nelle pagine degli storici precedenti, discorsi attribuiti ai capi dei nemici, dai quali traspare l'immagine che di Roma hanno le popolazioni confinanti e quelle sottomesse. In particolare, prima dell'ultima battaglia Tacito riferisce le parole pronunciate nell'assemblea dei Calèdoni da uno dei loro capi, Calgaco. Questi, in un accorato discorso che richiama alla memoria quello attribuito da Cesare al gallo Critognato prima della battaglia di Alesia, esorta i suoi alla resistenza fino alla morte, denunciando a chiare lettere la crudeltà di Roma, desiderosa solo di imporre su tutte le popolazioni con cui entra in contatto un pesante giogo di sfruttamento e servitù.

La pagina, assai nota, non esprime però una critica all'impero o un ripensamento di Tacito sul diritto di guerra di disporre a piacimento del nemico vinto (un diritto universalmente accettato nel mondo antico), ma ha probabilmente la funzione di illustrare al lettore il carattere fiero delle popolazioni vinte da Agricola. Tacito non ha mai parole di pietà per i vinti e racconta anche le più cruente

Barbaro che combatte un soldato romano, dal Foro di Traiano (Roma), II sec. d.C. Parigi, Museo del Louvre.

stragi operate dai Romani contro popolazioni inermi senza sentire la necessità di alcuna giustificazione. Allo scrittore è ben chiaro che l'impero si regge grazie alla forza dei suoi eserciti, che sono in grado di imporre il dominio di Roma con la violenza.

Piuttosto che nelle parole di Calgaco, è più probabile che il punto di vista di Tacito sia rispecchiato dal discorso del generale Petilio Ceriale ai galli Belgi (nelle *Historiae* ➤ **T8**), che esorta ad accettare di buon grado l'impero di Roma il quale in cambio dello sfruttamento economico garantisce la pace tra le tribù sottomesse. Come dire: se non ci fosse Roma, i barbari userebbero la loro libertà solo per distruggersi in una sequenza infinita di guerre tribali.

I GERMANI Queste convinzioni non impediscono a Tacito di osservare con particolare attenzione le popolazioni al di fuori dei confini dell'impero: proprio a una di esse, quella dei Germani, formata dalle numerose popolazioni stanziate al di là del Reno, lo storico dedica la seconda delle sue monografie, pubblicata subito dopo la biografia di Agricola. L'opera è ricca di preziose notizie, ricavate soprattutto da fonti letterarie, tuttavia l'interesse di Tacito non è puramente documentario, ma politico. Nei Germani, abituati a confrontarsi con le necessità imposte da una terra inospitale (le foreste che allora occupavano l'Europa centrale), lo scrittore vede quelle virtù che hanno fatto grande Roma, ma che ormai la popolazione dell'impero e soprattutto la classe dominante romana, dedita a una vita molle e viziosa, hanno abbandonato. Il lettore intuisce che Tacito ha in mente le sorti dell'impero e che si interroga su che cosa potrebbe succedere se tali popolazioni barbare prendessero coscienza delle loro possibilità militari e, smettendo di consumarsi al loro interno con interminabili guerre, rivolgessero le loro forze contro l'impero di Roma.

GLI SNODI NELLA STORIA DELL'IMPERO Forse l'elemento che più lascia sorpreso Tacito è il fatto che presso i Germani i re vengano scelti dal popolo e la scelta sia effettuata sulla base della virtù militare: i barbari hanno dunque l'*optimus princeps* che vanamente i Romani hanno cercato per quasi un secolo.

Il tema della successione e della trasmissione del potere è infatti il tema che accomuna le opere maggiori, *Historiae* e *Annales*, le quali prendono avvio dai momenti cruciali del I secolo, ossia quando la storia di Roma forse avrebbe potuto imboccare una via diversa, se i senatori avessero avuto il coraggio di prendere in mano la situazione e consegnare l'impero a chi fra di loro fosse stato davvero il migliore. La sconfitta del senato si svela nella sua interezza nel 68 d.C., nei giorni successivi alla morte di Nerone (descritti all'inizio delle *Historiae*), quando il nuovo imperatore, Galba, è nominato direttamente dai legionari in una provincia, in Spagna. Con quell'evento, *evolgato imperii arcano*, «reso noto il segreto del potere» (*Historiae* 1, 4), diviene chiaro che non è più il senato – ossia la più antica istituzione di Roma, voluta da Romolo – a detenere il potere, ma la volontà sovrana è nell'esercito e nel generale che sa catturarne il favore.

Già del resto alla morte di Ottaviano Augusto, momento da cui prende avvio la narrazione degli *Annales*, il potere di Tiberio non viene messo in discussione da nessuno, anzi i senatori si precipitano a Roma gareggiando in adulazione. La sensazione è che ormai la gestione del potere non sia più in senato, ma nel palazzo dell'imperatore, dove a decidere può essere anche una donna, come Livia.

Principato e libertà

T1
LATINO/ITALIANO
CICERO LECTIO

Il ritorno alla storia

| *Agricola* 1-3 |

I primi tre capitoli del De vita et moribus Iulii Agricolae *liber rappresentano il proemio dell'opera, dal quale traspare immediatamente l'intenzione di Tacito di proiettare la vicenda biografica del suocero (al quale sente doveroso rivolgere un elogio in nome della* pietas*) nel più ampio contesto dei problemi del principato durante il periodo della dinastia dei Flavi e in particolare nell'ultimo periodo di Domiziano, connotato da una oscura tirannide. Tacito presenta al lettore la propria opera come frutto dei tempi nuovi, inaugurati da Nerva, nei quali ai senatori è di nuovo consentito professare le proprie idee senza temere persecuzioni, e lascia trapelare anche il progetto di dedicare un'opera di più vasta portata dedicata alla rievocazione del passato recente.*

[1, 1] Clarorum virorum facta moresque posteris tradere, antiquitus usitatum, ne nostris quidem temporibus quamquam incuriosa suorum aetas omisit, quotiens magna aliqua ac nobilis virtus vicit ac supergressa est vitium parvis magnisque civitatibus commune, ignorantiam recti et invidiam. [2] Sed apud priores ut agere digna memoratu pronum magisque in aperto erat, ita celeberrimus quisque ingenio ad prodendam virtutis memoriam sine gratia aut ambitione bonae tantum conscientiae pretio ducebantur. [3] Ac plerique suam ipsi vitam narrare fiduciam potius morum quam adrogantiam arbitrati sunt, nec id Rutilio et Scauro citra fidem aut obtrectationi

La storiografia di età repubblicana era un esempio

[1, 1] Il tramandare ai posteri le imprese e i costumi degli uomini illustri[1], una volta prassi abituale, non lo ha tralasciato neppure la generazione dei tempi nostri[2], sebbene disinteressata ai suoi uomini migliori, tutte le volte che una grande e nobile virtù ha vinto e superato il vizio comune alle piccole e grandi nazioni, l'ignoranza del giusto e l'odio. [2] Presso gli antichi[3] tuttavia come compiere imprese degne di ricordo era agevole e più immediato, così tutte le persone che brillavano per il loro ingegno venivano condotte a tramandare memoria della virtù solamente dal premio dell'onestà di coscienza, senza interesse o secondo fine. [3] E molti ritennero che narrare di persona la propria vita fosse segno di sincerità di costumi piuttosto che di arroganza, e ciò né

La storiografia di età repubblicana era un esempio

[1, 1] **tradere**: infinito retto dal successivo *omisit.* • **antiquitus usitatum**: *antiquitus* è avverbio; *usitatum*, participio perfetto da *usitor*, è attributivo di *tradere.* • **ne... omisit**: la locuzione avverbiale *ne... quidem*, «neppure», nega *nostris temporibus*, ablativo di tempo, lett. «nei nostri tempi»; *quamquam* è avverbio da unire a *incuriosa*, attributo del soggetto *aetas*; *suorum* probabilmente è maschile e sottintende *virorum.* • **quotiens**: avverbio, introduce una proposizione temporale.
[2] **ut**: è correlativo del successivo *ita.* • **memoratu**: è supino passivo da unire a *digna*, aggettivo neutro plurale sostantivato. • **pronum... aperto**: il sintagma rappresenta la parte nominale (che ha per soggetto *agere digna*); *pronum* è aggettivo, mentre *in aperto* è locuzione avverbiale. Si nota quindi la *variatio.* • **ingenio**: ablativo di limitazione. • **ad... memoriam**: costrutto del gerundivo attributivo (*prodendam*), con valore finale. • **pretio**: ablativo di causa efficiente.
[3] **plerique... sunt**: *suam... vitam narrare* è il complemento oggetto di *arbitrati sunt*; *fiduciam* è il complemento predicativo dell'oggetto; *quam adrogantiam* è il secondo termine di paragone introdotto dall'avverbio al grado comparativo *potius.* • **nec... fuit**: costrutto del doppio dativo, *Rutilio* e *Scauro* sono dativi di vantaggio e *obtrectationi* è di effetto; a questo è coordinato il complemento *citra fidem*, per *variatio.*

1. L'esordio riprende la formula *clarorum virorum* utilizzata in apertura delle *Origines* da Catone il Censore, secondo una testimonianza di Cicerone (*Pro Planco* 66).
2. Si intende coloro che sono vissuti durante l'epoca degli imperatori Flavi.
3. Gli «antichi» dal punto di vista di Tacito sono i Romani vissuti al tempo della *res publica.*

PER COMPRENDERE
TACITO

fuit: adeo virtutes isdem temporibus optime aestimantur, quibus facillime gignuntur. [4] At nunc narraturo mihi vitam defuncti hominis venia opus fuit, quam non petissem incusaturus: tam saeva et infesta virtutibus tempora.

[2, 1] Legimus, cum Aruleno Rustico Paetus Thrasea, Herennio Senecioni Priscus Helvidius laudati essent, capitale fuisse, neque in ipsos modo auctores, sed in libros quoque eorum saevitum, delegato triumviris ministerio ut monumenta clarissimorum ingeniorum in comitio ac foro urerentur.

nel caso di Rutilio né nel caso di Scauro[4] risultò inadeguato alla loro lealtà o motivo di astio: a tal punto le virtù godono di ottima stima nei medesimi tempi nei quali facilmente fioriscono. [4] Ora[5] al contrario a me, che mi accingo a narrare la vita di una persona defunta, è stata necessaria una benevola indulgenza, che non avrei chiesto se mi fossi accinto ad accusarlo: tanto violenti e nemici della virtù sono i nostri tempi.

[2, 1] Abbiamo letto[6] che, dopo che Peto Trasea era stato lodato da Aruleno Rustico e Prisco Elvidio da Erennio Senecione[7], era stata emessa una condanna a morte, e non si è infierito solo contro gli stessi autori, ma anche contro i loro libri, dopo aver affidato ai triumviri[8] il compito di bruciare nel comizio e nel foro[9] le testimonianze di illustrissime personalità.

[4] **At nunc... fuit**: *opus fuit* regge il dativo *mihi* a cui è unito il participio futuro (attributivo) *narraturo*, e l'ablativo strumentale *venia*. • **quam... incusaturus**: proposizione relativa; *petissem* (forma sincopata per *petivissem*) ha valore irreale e ha la funzione di apodosi rispetto a *incusaturus* (participio futuro attributivo del soggetto sottinteso «io»), che ha valore di protasi implicita, «se fossi stato in procinto di accusarlo». • **tam... tempora**: con ellissi del predicato *sunt*.

[2, 1] **Legimus**: il soggetto «noi» allude al parlante e all'insieme degli ascoltatori a cui Tacito si rivolge, i suoi contemporanei; così vale anche per i successivi predicati alla 1ª persona plurale. • **cum... essent**: proposizione temporale; *Aruleno Rustico* e *Herennio Senecioni* sono dativi di agente. • **capitale fuisse**: proposizione infinitiva, lett. «è stato un delitto capitale». • **neque... saevitum**: sott. *esse*, è una proposizione infinitiva oggettiva, sempre dipendente da *Legimus*. • **delegato... urerentur**: *delegato... ministerio* è ablativo assoluto con valore temporale, che introduce la proposizione completiva volitiva *ut... urerentur*.

4. Publio Rutilio Rufo partecipò attivamente alla vita politica e militare di Roma tra la fine del II e l'inizio del I secolo a.C., divenendo console nel 105 a.C.; condannato per concussione nel 92 a.C., scrisse in esilio le sue memorie, di cui restano pochi frammenti. Marco Emilio Scauro, contemporaneo di Rufo, fu console nel 115 a.C. ed è ricordato per aver dato il via alla costruzione della Via Emilia e per aver partecipato alle vicende che sfociarono nella guerra contro Giugurta, rimanendo coinvolto negli scandali che la accompagnarono. Anch'egli scrisse le proprie memorie.
5. Il presente è rappresentato dall'impero di Nerva e, sebbene coincida con l'inizio di una nuova era, come verrà spiegato più sotto, molto dei vizi antichi è ancora presente, per la lentezza con cui gli uomini riprendono a vivere secondo usanze oneste dopo la tirannide.
6. Si pensa che Tacito faccia riferimento agli *acta diurna*, ossia una sorta di gazzetta ufficiale, conservata negli archivi del senato, su cui venivano pubblicati i provvedimenti legislativi e i processi; nell'ultima parte del suo impero, tuttavia, Domiziano proibì che fossero pubblicate le condanne a morte.
7. Sono tutti senatori che in vario modo erano stati vittime degli imperatori più sanguinari, Nerone e Domiziano. Trasea Peto, nostalgico dell'ordinamento repubblicano, ispirandosi ai dettami della dottrina stoica si era fieramente opposto agli eccessi di Nerone; venne coinvolto nella congiura di Pisone nel 65 e, a seguito di ciò, si tolse la vita l'anno successivo. Aruleno Rustico, tribuno della plebe proprio quell'anno, fece invano opposizione e cadde poi vittima di Domiziano proprio per aver composto una biografia di Trasea Peto. Elvidio Prisco, genero di Trasea Peto, anch'egli del ceto senatorio, a seguito della congiura di Pisone fu esiliato da Nerone e poi condannato a morte da Vespasiano nel 73 o 74. Fannia, la sua vedova, chiese di scriverne un elogio a Erennio Senecione, senatore di origini ispaniche, noto per la sua rettitudine: per questo motivo Senecione fu messo a morte da Domiziano.
8. Cioè i *triumviri capitales*: magistrati con compiti di polizia e con l'incarico di far eseguire le condanne a morte.
9. Il comizio, luogo dove si teneva parte delle assemblee popolari e delle riunioni popolari, e il Foro sono simbolo della passata libertà repubblicana, calpestata dalla tirannide degli imperatori; roghi di opere storiche non allineate alla volontà del principe erano avvenuti anche sotto Ottaviano Augusto (che fece bruciare le storie scritte dal pompeiano Tito Labieno) e sotto Tiberio (che fece bruciare gli scritti di

[2] Scilicet illo igne vocem populi Romani et libertatem senatus et conscientiam generis humani aboleri arbitrabantur, expulsis insuper sapientiae professoribus atque omni bona arte in exilium acta, ne quid usquam honestum occurreret. [3] Dedimus profecto grande patientiae documentum; et sicut vetus aetas vidit quid ultimum in libertate esset, ita nos quid in servitute, adempto per inquisitiones etiam loquendi audiendique commercio. Memoriam quoque ipsam cum voce perdidissemus, si tam in nostra potestate esset oblivisci quam tacere.

L'apice della degradazione è stato raggiunto durante il regno di Domiziano

[2] Chiaramente in quel rogo credevano che andasse distrutta la voce del popolo romano e la libertà del senato[10] e lo spirito critico del genere umano, dopo che inoltre i filosofi erano stati espulsi e ogni condotta virtuosa era stata mandata in esilio[11], perché mai capitasse qualche cosa di onesto. [3] Abbiamo indubbiamente dato una grande dimostrazione di pazienza; e come l'età antica è giunta a vedere quale fosse nella libertà il limite estremo[12], così noi quale fosse quello nella servitù, una volta toltaci anche la facoltà di parlare e di ascoltare grazie a indagini poliziesche[13]. Insieme alla voce avremmo perso anche la memoria, se fosse nella nostra facoltà tanto il dimenticare quanto il tacere.

L'apice della degradazione è stato raggiunto durante il regno di Domiziano

[2] **Scilicet... arbitrabantur**: *Scilicet* è avverbio, «chiaramente» (dalla contrazione di *scire* + *licet*); *vocem... aboleri* è una proposizione infinitiva retta da *arbitrabantur*, il cui soggetto sottinteso («loro») indica Domiziano e la sua cerchia, dai quali Tacito vuole prendere le distanze insieme ai suoi ascoltatori/lettori. • **expulsis... acta**: ablativi assoluti con valore temporale; *sapientiae professoribus* è il calco latino del greco *philòsophoi*.
[3] **profecto**: avverbio. • **sicut... servitute**: *sicut*, che introduce una proposizione comparativa, è correlativo di *ita*, che introduce la proposizione principale, ellittica del predicato (*vidimus*); *quid... esset* è la proposizione interrogativa indiretta, retta dalla comparativa, alla quale corrisponde *quid in servitute*, ellittica del predicato, introdotta dalla principale. • **adempto... commercio**: ablativo assoluto con valore temporale; *loquendi* e *audiendi* sono gerundi. • **Memoriam... tacere**: periodo ipotetico dell'irrealtà.

Cremuzio Cordo → **T10**). I roghi di libri comunque non sono caratteristici solo dell'età imperiale, in quanto nel 181 a.C. furono dati alle fiamme per ordine del senato libri che illustravano la filosofia pitagorica (attribuiti a Numa Pompilio). I primi roghi di libri di cui abbiamo notizia sono però avvenuti nell'Atene del V sec. a.C., quando vennero bruciati sul rogo gli scritti dei filosofi Anassagora e Protagora.

10. Tacito, conformemente alla visione aristocratica tradizionale, con il termine *libertas* esprime qui soprattutto la facoltà dei senatori di partecipare pienamente alla vita politica. Se la piena *libertas* appartiene solo ai senatori, il popolo non è suddito, ma può far sentire la propria *vox* attraverso alcuni canali istituzionali, come le assemblee popolari e i tribuni della plebe (ma il suo peso resta comunque assai meno determinante nella gestione dello Stato, rispetto alla pienezza dei diritti dei senatori). Il punto di vista di Tacito, tutt'altro che eccentrico, giustifica la nota espressione *senatus populusque Romanus* abitualmente utilizzata per indicare la cittadinanza nelle sue fondamentali (e diverse) componenti.

11. Domiziano fece espellere i filosofi da Roma attorno al 93 d.C.: anche questo provvedimento non era nuovo per l'Urbe, a partire dalla cacciata dei tre filosofi greci giunti a Roma per una ambasceria nel 155 a.C. Tacito lascia intendere che, con la partenza da Roma della filosofia, nella città fosse rimasto solo il vizio.

12. Tacito intende dire che il periodo repubblicano ha assistito al tracollo delle libere istituzioni (fondate su una partecipazione collettiva alla vita politica) a causa della faziosità dei tribuni e dei politici estremisti che, abusando della libertà concessa loro dalle leggi vigenti, hanno trasformato la libertà in licenza, ponendo le premesse per le guerre civili e la successiva affermazione del principato.

13. Domiziano, come molti dei suoi predecessori, poteva contare su una fitta rete di spie e delatori che, in cambio di una ricompensa, riferivano anche in assenza di prove comportamenti o parole che potevano costituire una minaccia per il monarca.

La nuova politica di Nerva e Traiano ha segnato un radicale cambiamento anche nella percezione della libertà di parola

[3, 1] Nunc demum redit animus; et quamquam primo statim beatissimi saeculi ortu Nerva Caesar res olim dissociabiles miscuerit, principatum ac libertatem, augeatque cotidie felicitatem temporum Nerva Traianus, nec spem modo ac votum securitas publica, sed ipsius voti fiduciam ac robur adsumpserit, natura tamen infirmitatis humanae tardiora sunt remedia quam mala; et ut corpora nostra lente augescunt, cito extinguuntur, sic ingenia studiaque oppresseris facilius quam revocaveris: subit quippe etiam ipsius inertiae dulcedo, et invisa primo desidia postremo amatur.

La nuova politica di Nerva e Traiano ha segnato un radicale cambiamento anche nella percezione della libertà di parola

[3, 1] Ora finalmente si torna a respirare; e sebbene per prima cosa Nerva Cesare[14], subito sul nascere di una felicissima era, abbia unito cose un tempo tenute separate, il principato e la libertà, e sebbene ogni giorno Nerva Traiano[15] accresca la gioia dei tempi, e la sicurezza pubblica abbia accolto non solo la speranza e il desiderio, ma anche il forte impegno di realizzazione di tale desiderio, per la natura dell'umana debolezza i rimedi sono tuttavia più lenti dei mali[16]; e come il nostro fisico si sviluppa con lentezza, mentre rapidamente muore, così le facoltà dello spirito si stroncano con più facilità di quanto si richiamino alla vita: infatti si insinua una dolcezza anche della stessa inerzia, e il disimpegno, prima fastidioso, infine viene apprezzato.

Pluteo di Traiano: la distribuzione dei libri dei debitori, 117-120 d.C. Roma, Foro romano.

[3, 1] **demum**: avverbio, «finalmente». • **quamquam... adsumpserit**: *quamquam* introduce tre proposizioni concessive; *principatum ac libertatem* sono apposizione di *res olim dissociabiles*, complemento oggetto di *miscuerit*; *fiduciam ac robur* può essere considerata una endiadi, «impegno e forza» (quindi «forte impegno»), da cui dipende il genitivo *ipsius voti*, con valore oggettivo (quindi «di realizzare il desiderio stesso»). • **ut... sic**: avverbi correlativi, «come... così»; il primo introduce una proposizione subordinata comparativa. • **oppresseris... revocaveris**: congiuntivi perfetti con valore potenziale; il soggetto è indeterminato. • **quippe etiam**: locuzione avverbiale, «anche infatti». • **invisa**: attributo del soggetto *desidia*.

14. Marco Cocceio Nerva, nato nel 30 d.C., apparteneva a una famiglia di rango senatorio di antica nobiltà; fece la sua carriera all'epoca dei Flavi e, dopo la congiura che eliminò Domiziano nel 96, fu indicato dal senato come principe, in quanto ritenuto in grado (come effettivamente avvenne) di impedire l'innescarsi di una guerra tra le fazioni. Rimase imperatore (e per questo è qui chiamato «Cesare») fino alla morte avvenuta nel 98.

15. Marco Ulpio Traiano, proveniente da una famiglia di rango senatorio di origine ispanica, dopo una brillante carriera militare, venne associato all'impero da Nerva nel 97, secondo il principio della "scelta del migliore"; per via dell'adozione Tacito lo nomina come «Nerva Traiano».

16. Il pessimismo sulla natura umana è una costante del pensiero di Tacito.

[2] Quid, si per quindecim annos, grande mortalis aevi spatium, multi fortuitis casibus, promptissimus quisque saevitia principis interciderunt, pauci et, ut ita dixerim, non modo aliorum sed etiam nostri superstites sumus, exemptis e media vita tot annis, quibus iuvenes ad senectutem, senes prope ad ipsos exactae aetatis terminos per silentium venimus? [3] Non tamen pigebit vel incondita ac rudi voce memoriam prioris servitutis ac testimonium praesentium bonorum composuisse. Hic interim liber honori Agricolae soceri mei destinatus, professione pietatis aut laudatus erit aut excusatus.

[2] Come rimanere sorpresi, se per quindici anni, uno spazio considerevole della vita umana, molti sono scomparsi per motivi legati al destino, ma tutti i più risoluti per la crudeltà del principe, e in pochi siamo sopravvissuti[17], per così dire, non solo agli altri ma anche a noi stessi, dopo che dalla parte centrale della vita sono stati tolti tanti anni, durante i quali, rimanendo zitti, siamo giunti, se adulti, alla età anziana, se anziani, quasi al termine estremo della vita? [3] Non è quindi motivo di rincrescimento aver scritto, pur con voce disadorna e aspra, memoria della passata servitù e testimonianza della felicità presente[18]. Nel frattempo questo libro, destinato alla commemorazione di mio suocero Agricola, sarà lodato o scusato come una attestazione di devozione filiale[19].

[2] **Quid**: è formula interrogativa («che cosa dire?») che funge da proposizione principale e regge le due proposizione ipotetiche *si... sumus*; il soggetto della prima è *multi* e *promptissimus quisque*, mentre il soggetto della seconda è (*nos*) *pauci*; *pauci et* è anastrofe per *et pauci.* • **ut... dixerim**: ha valore di inciso. • **exemptis... annis**: ablativo assoluto con valore temporale. • **quibus... venimus**: proposizione relativa; *quibus* (riferito ad *annis*) è ablativo di tempo determinato; *iuvenes* e *senes* sono nominativi, predicativi del soggetto sottinteso *nos*.
[3] **vel**: congiunzione, con valore concessivo. • **memoriam... testimonium**: sono complementi oggetto di *composuisse*, infinito retto da *pigebit*.

17. Tacito si riferisce alla cerchia di senatori che si riconoscono nel nuovo corso rappresentato da Nerva e che, pur avendo fatto carriera sotto i Flavi e in particolare sotto Domiziano, non si sono particolarmente compromessi con il sistema delle delazioni che aveva portato all'eliminazione di molti degli appartenenti alla loro stessa classe.
18. Questo passaggio è ritenuto un'allusione alle *Historiae*, che trattano del periodo compreso tra il 69 e il 96, e il preannuncio di una successiva opera relativa al periodo iniziato con Nerva. Tacito tuttavia cambierà il progetto e, anziché dedicarsi al presente, preferirà rivolgere la sua attenzione al periodo della dinastia giulio-claudia, con gli *Annales*.
19. Tacito presenta l'opera come un elogio funebre, secondo la tradizione romana che prevedeva che al funerale di una persona di rilievo il parente più autorevole pronunciasse pubblicamente un discorso commemorativo.

Il testo e il contesto

PRINCIPATO E LIBERTÀ Nei primi tre capitoli dell'*Agricola* Tacito chiarisce il proprio punto di vista sulla situazione politica che Roma sta vivendo, dopo l'elezione di Nerva a imperatore e la fine della tirannide di Domiziano. In questo senso l'espressione *nunc demum redit animus* (3, 1) riassume il concetto centrale, in quanto sottolinea l'entusiasmo per il nuovo corso, caratterizzato dalla capacità di Nerva di far convivere due cose, la libertà e il principato (*miscuerit... principatum ac libertatem*, 3, 1), che per molto tempo erano parse inconciliabili. Anche nelle opere successive infatti, soprattutto nelle *Historiae* e negli *Annales*, Tacito studierà a fondo come sia potuto accadere che, durante il primo secolo di impero, dopo le innovazioni apportate alla gestione dello Stato da Ottaviano Augusto, i senatori, anziché scegliere tra di loro un principe a cui delegare solo alcune funzioni (soprattutto militari), siano stati invece schiacciati dalla tirannide di imperatori che hanno considerato Roma come il proprio patrimonio personale, ricevuto in eredità. Con il termine *libertas* infatti Tacito intende la libertà di parola e di pensiero dei senatori (*libertatem senatus*, 2, 2: un concetto quindi non sovrapponibile a quello di «libertà» presente nella nostra cultura), riguadagnata dopo quindici anni (l'epoca di Domiziano) passati nel silenzio (*per silentium venimus*, 3, 2). Per Tacito il ritorno alla parola si concretizza nel progetto di una prima opera di vasto respiro (probabile annuncio delle *Historiae*) volta a narrare la passata oppressione (*prioris servitutis*, 3, 3) e di una successiva relativa al presente (*testimonium presentium bonorum*, 3, 3, opera che non verrà mai scritta), oltre al libro – appunto l'*Agricola* – dedicato al suocero (*honori Agricolae soceri mei destinatus*, 3, 3).

I TEMI DEL PROEMIO Ciascuno dei tre capitoli ha un tema centrale. Il primo è dedicato al confronto tra il passato, l'epoca repubblicana, quando era attività comune per i più brillanti ingegni dedicarsi alla scrittura delle gesta e dei costumi degli uomini illustri, e il presente che, pur non avendo abbandonato del tutto tale pratica, richiede allo storico quasi di dover chiedere scusa per aver ricordato le benemerenze di un grande generale; in un'epoca di delazioni sono infatti ormai comuni solo i discorsi di accusa. Il secondo tratteggia l'oppressione esercitata da Domiziano nei confronti della cultura, con la citazione di due esempi di persecuzione non solo contro senatori virtuosi, ma anche contro gli storici che ne avevano tramandato le gesta e addirittura contro le loro opere: entrambi gli esempi riproducono da vicino la situazione di Tacito, dato che anche lui, come Aruleno Rustico ed Erennio Senecione, ora si trova a redigere la biografia di un autorevole senatore scomparso. Il terzo capitolo, infine, richiama le novità del presente e annuncia la volontà di dedicarsi alla storia da parte di Tacito.

Il senso del testo

UN ESORDIO IMPEGNATIVO L'esordio dell'opera manifesta sia a livello tematico che stilistico caratteristiche che rimarranno presenti anche nelle opere successive. L'elemento più in evidenza è certamente il forte impegno morale. A partire dalle parole dell'esordio (*facta moresque*, 1, 1) è chiaro che a Tacito interessa una narrazione che mantenga il ricordo delle virtù morali sullo stesso piano della gloria militare. Nel primo capitolo uno dei termini più frequenti è proprio la parola *virtus*.

Il lettore percepisce una marcata tendenza a estremizzare, cioè a procedere nel ragionamento per opposizioni nette: per quanto riguarda la dimensione del tempo, viene contrapposto il passato (*antiquitus*, 1, 1; *priores*, 1, 2) al presente (*at nunc*, 1, 4; *nunc demum*, 3, 1). La frattura però è complessa, perché c'è un passato lontano (quello dei *priores*), che coincide con la libera repubblica, e un presente che è rappresentato dalla benefica azione di Nerva e di Traiano (3, 1), ma sul presente si riverbera il nefasto influsso del passato recente, caratterizzato dall'oppressione della libertà del senato e della voce del popolo (2, 2) e da provvedimenti, come l'espulsione dei filosofi da Roma, volti a impedire ogni attività onesta (*ne quid usquam honestum occurreret*, 2, 2). Quindi sull'oggi continua a proiettarsi un'ombra negativa che si materializza nell'antitesi tra il tempo in cui *agere digna memoratu* (1, 2) era agevole e tramandare memoria della gloria era considerata attività onesta (non motivata da interesse e cortigianeria: *sine gratia aut ambitione*, 1, 2), e il tempo presente, in cui bisogna scusarsi con il pubblico se non si rivolge un discorso di accusa, ma se ne fa uno di lode (*mihi venia opus fuit*, 1, 4). Anche la *libertas* unita al principato (3, 1), che appare in netta opposizione rispetto alla schiavitù del recente passato (*servitute*, 2, 3), durante il quale il regime poliziesco aveva impedito di parlare e di ascoltare (*loquendi audiendique*, 2, 3), sembra quindi parzialmente macchiata, a causa della lentezza con cui si effettua la guarigione da un male, in cui invece si cade rapidamente (3, 1).

Si nota in questo passaggio un altro elemento dominante delle opere di Tacito, ossia il pessimismo, che è dovuto anzitutto a una radicale sfiducia nei confronti della natura umana (*natura infirmitatis humanae*, 3, 1). Per questa ragione anche il gruppo formato da scrittore e lettori (i «noi» ai quali allude il diffuso uso della 1ª persona plurale nei capitoli 2 e 3), i sopravvissuti alla tirannide operata da «loro» (il soggetto sottinteso del verbo *arbitrabantur* di 2, 2, cioè quelli che credevano di opprimere le coscienze) resta parzialmente oscurato da una sorta di «disimpegno» (*desidia*, 3, 1) che lascia intuire quanto sarà difficile tornare alla passata virtù, ammesso che vi si riesca.

LA VOCE RUDE La profondità dei temi e il significato complessivo dell'opera sono sottolineati da una scelta assai accorta delle parole, che si ispira all'*inconcinnitas* e alla *brevitas* di Sallustio: si notino per esempio la tendenza alla *variatio*, già in 1, 2 (le proposizioni correlate da *ut* e *ita* hanno come soggetto la prima un infinito sostantivato, *agere*, e la seconda *celeberrimus quisque*) e la tendenza →

a sottintendere il predicato. Il tono sallustiano, che a livello connotativo conferisce al testo un austero vigore, carico di ammirazione per il passato, è poi ulteriormente amplificato da un'espressione alta, che pare innalzarsi verso il sublime, anche grazie alla tendenza a estremizzare gli opposti. L'elaborazione retorica è visibile nell'uso del procedimento bimembre (per esempio *in comitio ac foro*, 2, 1; o *fiduciam ac robur*, 3, 1), nell'uso di chiasmi (*expulsis... professoribus... bona arte... acta*, 2, 2) e allitterazioni (*virtus vicit... vitium*, 1, 1). Ma la tendenza verso uno stile assai alto è connessa soprattutto all'uso di sintetiche e icastiche *sententiae* a suggello degli snodi del discorso, per esempio *tam saeva et infesta virtutibus tempora*, in 1, 4.

L'ORATORE TACITO DIVENTA LO STORICO TACITO Particolari significati risultano connessi all'esordio dell'*Agricola,* se si considera che Tacito, pur pensando certamente anche alla posterità nel momento in cui scriveva l'opera, nel presente si rivolgeva a un pubblico di lettori e soprattutto di ascoltatori che in buona parte conosceva di persona, dato che una *laudatio* era di solito pronunciata in una *recitatio* (sorta di conferenza alla quale partecipavano, oltre a pubblico eterogeneo, soprattutto congiunti e familiari del defunto). Tacito era allora all'apice della carriera sia come politico sia come oratore, ma ovviamente non ancora conosciuto come storico. Lo studioso Dylan Sailor, riflettendo sulla composizione dell'opera di esordio, che risale all'anno del consolato (il 97, durante il quale Tacito si era particolarmente distinto per aver pronunciato l'elogio funebre dell'anziano e stimatissimo ex console Virginio Rufo) in un recente lavoro ha ipotizzato che Tacito abbia predisposto il proemio dell'opera quasi per sondare il terreno del pubblico di Roma e vedere se come storico (di impronta decisamente conservatrice) avrebbe mantenuto il favore di cui godeva come politico e oratore. In un certo senso Tacito ha utilizzato una strategia retorica che, in caso di insuccesso, non gli avrebbe procurato particolare danno, in caso di successo lo avrebbe consacrato come storico. Vediamo come.
Da un lato l'autore si presenta come il rappresentante di una intera generazione, quella di coloro che hanno subìto la tirannide di Domiziano e sono a essa sopravvissuti: a tal proposito riveste particolare importanza l'uso costante della prima persona plurale, per esempio in *nostris temporibus* (1, 1), *Legimus* (2, 1), *dedimus grande patientiae documentum* e *memoriam perdidissemus* (2, 3), *per silentium venimus* (3, 2). L'uso della prima persona ha un effetto coinvolgente sull'ascoltatore, che vede la propria esperienza riflessa nelle parole dell'oratore: è difficile ipotizzare l'interpretazione del *nos* come *pluralis maiestatis*, perché ciò tenderebbe a presentare l'autore come un isolato, mentre è sottinteso che anche tutto il suo pubblico abbia subìto le angherie di Domiziano e dunque voglia prenderne le distanze (non viene toccata la spinosa questione connessa con il fatto che autore e pubblico hanno cominciato o proseguito le loro carriere proprio durante l'impero di Domiziano).
A questo punto l'altro elemento chiave considerato dal Sailor è l'evidente matrice sallustiana dell'esordio, che risultava subito percepibile al pubblico colto, e comunque dichiarata attraverso l'espressione *incondita ac rudi voce* (3, 3), che allude allo stile del predecessore. La matrice sallustiana qualifica la voce di Tacito come quella di un austero ammiratore degli *antiqui mores*: l'esordio con richiamo di un'espressione di Catone il Censore orienta ancora di più l'ascoltatore verso questa direzione. Tuttavia per la cultura dell'epoca scrivere "alla maniera di Sallustio" (come pure alla maniera di altri classici) non era assolutamente un fenomeno raro, anzi era uno degli esercizi insegnati nelle scuole di retorica, dove si erano formate tutte le persone colte. In altre parole, una *recitatio* nello stile di Sallustio, pur di argomento serio e pronunciata da un autorevole senatore, avrebbe potuto rappresentare anche una sorta di *ludus*: quasi un diversivo per un uomo impegnato nell'amministrazione dello Stato.
Tacito, sempre secondo Sailor, chiude il proemio ricordando che l'opera che si accinge a scrivere è una sorta di *laudatio funebris* verso un caro defunto (3, 3), proprio contando sul fatto che l'opera sarebbe potuta passare per un piccolo esercizio di stile, un omaggio pietoso, stilisticamente elaborato, se non avesse destato particolare attenzione nel pubblico l'approccio alla storia da lui operato: l'annuncio delle *Historiae*, in fondo non del tutto esplicito, sarebbe stato dimenticato. Se invece l'*Agricola* avesse avuto successo, Tacito avrebbe potuto cominciare a presentarsi al pubblico, oltre che come oratore e come politico, anche come voce rappresentativa dei sentimenti della sua generazione. E ciò infatti avvenne.

LEGGO E COMPRENDO

1. Quali sono gli argomenti principali di ciascuno dei primi tre capitoli dell'*Agricola*?

2. Come dev'essere intesa la *libertas* che, secondo Tacito, il principato di Nerva ha felicemente restaurato?

3. In quali elementi del testo si può riconoscere una traccia del pessimismo tacitiano?

4. Riassumi gli argomenti sui quali si fonda l'ipotesi formulata dallo studioso Dylan Sailor sulla funzione "esplorativa" dell'*Agricola*.

L'OPERA | *L'AGRICOLA*

DATA DI COMPOSIZIONE E GENERE La biografia di Giulio Agricola, valente generale romano e suocero dell'autore, viene scritta da Tacito verso la fine del 97 (anno del suo consolato e primo anno dell'impero di Nerva) e pubblicata probabilmente all'inizio dell'anno successivo, con il titolo *De vita et moribus Iulii Agricolae* (solitamente abbreviato in *Agricola*). L'opera si presenta come biografia, a partire dal titolo e dai tre capitoli introduttivi, e pare inserirsi nel filone della *laudatio funebris*: si trattava di un genere presente fin dall'antichità a Roma e, per tema, affine ai *carmina convivalia*, ossia ai discorsi di commemorazione degli antenati che le famiglie aristocratiche tramandavano di padre in figlio e che, in occasione di solenni banchetti, magari di fronte a prestigiosi invitati, recitava il membro più autorevole di una *gens*. Tacito doveva sentire congeniale tale genere, dato che in seguito anche nelle opere maggiori inserirà diversi "necrologi", ossia passi dedicati a rievocare le azioni e le doti morali di personaggi defunti.

L'opera, però, non ha il carattere di una autentica biografia, almeno considerando gli scritti dei biografi della stessa epoca, come Svetonio nella letteratura latina e Plutarco in quella greca. Questi infatti strutturano le loro biografie per temi e tendono a far confluire nella trattazione diversi aneddoti e particolari, mentre la narrazione di Tacito pare più affine a quella della storiografia annalistica, della quale, oltre alla caratteristica scansione temporale, mantiene anche la presenza di discorsi diretti dei personaggi (frutto della libera ricostruzione dell'autore) nei momenti salienti dei fatti narrati. In comune con la storiografia annalistica politica e militare la biografia tacitiana di Agricola ha anche la presenza di *excursus* geo-etnografici, volti a illustrare i territori dove sono ambientate le campagne di guerra e gli usi e costumi delle popolazioni sottomesse. È opinione dei maggiori studiosi che l'intersecarsi di diversi generi indichi i vari interessi di Tacito, orientati prevalentemente tra l'oratoria e la storiografia: interessi che preludono alle caratteristiche che avranno le opere maggiori.

I CONTENUTI DELL'OPERA La biografia di Agricola si apre con tre capitoli nei quali l'autore rievoca la dura oppressione che la classe senatoria ha patito durante l'impero di Domiziano (quando non solo la virtù era stroncata, ma anche la libertà di espressione) e il tempo felice inaugurato da Nerva (durante il quale la libertà di pensiero comincerà a poco a poco a dare buoni frutti). L'opera poi si concentra sulle campagne sostenute da Gneo Giulio Agricola in Britannia tra il 78 e l'84 come comandante delle truppe romane e legato dell'imperatore Domiziano.

Dopo un riassunto della carriera precedente (capp. 4-9), l'opera prosegue con un *excursus* sulla Britannia (capp. 10-13) e con la rievocazione dei fatti che hanno avviato la romanizzazione dell'isola, concentrandosi sulla rivolta della regina Boudicca avvenuta durante l'impero di Nerone (capp. 14-17). Quindi segue una ventina di capitoli (capp. 18-38) sulle campagne degli anni 78-84 che portano Agricola fino all'estremo settentrionale dell'isola e che culminano con la vittoria romana nella battaglia del monte Graupio. Prima della battaglia Tacito introduce il discorso di un capo dei Britanni (Calgaco) e l'esortazione rivolta alle truppe da Agricola. Nei capitoli successivi si narra di come Domiziano, irritato per la gloria personale ottenuta dal suo generale, abbia richiamato Agricola a Roma, rendendogli impossibile il consolidamento del risultato ottenuto con la vittoria. Tacito, pur lasciando

■ Rilievo della cancelleria con **partenza di Domiziano**, 93-95 d.C. Città del Vaticano, Museo Gregoriano Profano.

l'operato dell'imperatore in un alone di ambiguità, pare rifiutare l'idea che la sua malignità lo abbia condotto a eliminare Agricola con il veleno qualche anno dopo, nel 94 (capp. 39-43). I rimanenti tre capitoli (capp. 44-46) rappresentano il vero elogio funebre del suocero, che termina con una serie di motivi caratteristici del genere consolatorio, fondati sul concetto che le anime dei grandi uomini non si estinguono con il corpo.

IL TEMA PRINCIPALE L'opera rivela la sua natura eminentemente politica nel capitolo 42, 4, quando, in una valutazione complessiva della vita del suocero, Tacito afferma: «sappiano coloro che hanno per abitudine di ammirare atti contro la legge che anche sotto prìncipi malvagi si può essere uomini grandi, e che l'ossequio e la modestia, purché siano presenti l'intraprendenza e la forza, possono raggiungere lo stesso vertice di gloria che molti, per mezzo di atti eclatanti ma di nessuna utilità per lo Stato, hanno toccato grazie a una morte ambiziosa». In altre parole Tacito, ispirandosi a una idea di *moderatio* tipicamente stoica, condanna coloro che contro il tiranno cercano il gesto di aperta ribellione, affascinante ma inutile sul piano pratico, e loda coloro che cercano di operare per il bene dello Stato anche in situazioni estremamente difficili (ossia quando la tirannide del principe schiaccia la *libertas* dei senatori, che invece possono e devono aspirare alla gloria personale in nome della nobiltà dei loro antenati).

AGRICOLA UOMO IDEALE? S.J. Bastomsky, in uno studio pubblicato alcuni anni fa, ha rilevato come la figura di Agricola che emerge dalla biografia scritta da Tacito non sia esente da velate critiche. In più luoghi si insinua tra le righe l'accusa di opportunismo e di ipocrisia. In particolare, per esempio in 7, 2, Tacito dice che Agricola abbandona in fretta e furia i funerali della madre per precipitarsi a rendere omaggio a Vespasiano appena nominato imperatore; in 21, 2, dopo aver elencato i provvedimenti presi da Agricola per abituare i figli dei nobili britanni agli usi e costumi dei Romani, avvezzandoli a frequentare le terme, la scuola e a vestirsi con la toga, Tacito commenta che gli stolti chiamano tutto questo civiltà, mentre in verità è solo uno strumento per rendere schiave le popolazioni sottomesse. In effetti Tacito considera l'arrivo della civiltà come un'arma a doppio taglio, in quanto se da un lato rende la vita più comoda, dall'altro infiacchisce la virtù.

D'altra parte, sempre secondo Bastomsky, anche in altri passi Tacito sembra lasciar trapelare l'idea che nessun membro della classe senatoria che aveva convissuto con gli imperatori tiranni del I secolo poteva essere esente da ipocrisia. Inoltre, rientrava nelle abitudini di ogni oratore dell'epoca avvalersi della retorica in maniera così abile da saper includere nelle pieghe del discorso piccole sfumature che avrebbero permesso di poter correggere o smussare o forse addirittura di ritrattare, in caso di necessità, le tesi sostenute. Nessuno, del resto, al momento di composizione dell'*Agricola*, avrebbe potuto garantire a Tacito che proprio quel discorso, a causa di un improvviso cambiamento ai vertici dello Stato, non sarebbe potuto diventare un giorno o l'altro un capo di accusa contro di lui, come era successo ad Aruleno Rustico o ad Erennio Senecione. Anche le frasi ambigue della biografia tacitiana, in altre parole, mostrano l'estrema perizia di oratori che avevano formato la loro arte in un periodo in cui da una sfumatura del discorso potevano dipendere la vita o la morte.

■ Statua di Agricola presso le terme romane di *Aquae Sulis* (Bath), 1894. Bath.

GUIDA ALLO STUDIO

1. Quali osservazioni si possono condurre sul genere letterario dell'*Agricola*?

2. Riassumi con parole tue il contenuto delle diverse sezioni in cui può essere diviso l'*Agricola*.

3. Come si possono riassumere le osservazioni di Bastomsky sull'*Agricola*?

T2 ITALIANO

Il discorso di Calgaco

Agricola 30-32

Nell'84 Agricola è ormai riuscito con le proprie legioni a raggiungere la parte più settentrionale della Britannia, l'attuale Scozia. Qui si raccolgono le forze dei Britanni, di cui i Caledoni (insediati nella parte estrema dell'isola, mai toccata da armi romane) rappresentano la parte più agguerrita. Di fronte all'esercito riunito si leva un nobile caledone, di nome Calgaco, per spronare i suoi a combattere con il massimo ardore, nella certezza che in caso di sconfitta spetterebbe loro soltanto una triste servitù. Le parole che Tacito attribuisce a Calgaco riportano le tradizionali accuse che i Romani ritenevano rivolgessero loro i popoli sottomessi, e sono divenute anche in epoche recenti un manifesto contro l'imperialismo.

La battaglia si svolse nei pressi del Monte Graupio (luogo di difficile individuazione), nella zona montuosa tra le attuali città di Inverness e Aberdeen, e si risolse in una carneficina di Britanni, i quali, pur combattendo da posizione favorevole, non ebbero scampo contro la perizia tattica di Agricola e la disciplina del suo esercito.

[30, 1] «Ogni volta che mi soffermo a considerare le cause della guerra e la nostra difficile situazione[1], nutro grandi speranze che la giornata di oggi e il vostro comune sentire rappresenteranno l'inizio della libertà per l'intera Britannia: infatti da un lato vi siete radunati tutti, voi che non avete subìto la schiavitù[2], e alle nostre spalle non ci sono altre terre e nemmeno il mare è sicuro, dato l'incalzare contro di noi della flotta romana[3]. Così rimangono la battaglia e le armi, che sono oneste per i forti e la massima protezione per gli ignavi. [2] Le precedenti battaglie[4], nelle quali si è combattuto con alterna fortuna contro i Romani, riponevano la speranza e l'aiuto nelle nostre mani, dato che noi, i più nobili dell'intera Britannia[5] e per di più, stanziati nei luoghi più inaccessibili, senza alcuna regione abitata da sottomessi di fronte agli occhi, mantenevamo anche gli occhi puri dal contatto con la dominazione[6]. [3] Noi, abitando la parte estrema della terra libera, oggi siamo difesi dall'isolamento stesso del luogo e dalla sua scarsa notorietà: ora si apre la parte terminale della Britannia, e tutto ciò che è ignoto appare inquietante; ma al di là ormai non c'è nessun altro popolo, nient'altro che onde e scogli, e ancora più pericolosi i Romani, l'arroganza dei quali invano si tenta di sfuggire con l'obbedienza e la modestia[7]. [4] Rapinatori del mondo, dopo che sono venute a mancare le terre a gente che tutto ha saccheggiato, si mettono a frugare il mare: se il nemico è ricco, sono avari, se povero, arroganti, uomini che non l'Oriente, non l'Oc-

1. L'esordio richiama una delle frasi del discorso che Sallustio attribuisce a Catilina, quando si rivolge ai suoi soldati prima della battaglia di Pistoia («Quando penso a voi e considero la vostra situazione, ho grandi speranze di vittoria», *De coniuratione Catilinae* 58, 18). Oltre alla scelta del modello, questo indica la natura letteraria assai più che documentaria del passo, secondo la prassi abituale della storiografia antica.
2. Come si comprende anche da altri passi successivi, Calgaco (come anche Tacito) considera che le nazioni che mantengono la loro indipendenza hanno carattere più fiero e bellicoso rispetto a quelle che accettano la dominazione straniera.
3. Agricola aveva allestito una spedizione navale che raggiungesse la parte settentrionale della Britannia dal mare, in appoggio alla fanteria che procedeva da terra.
4. Negli anni precedenti, l'avanzata di Agricola verso Nord era stata caratterizzata dal progressivo consolidamento dei territori acquisiti mediante costruzione di fortini e di linee di difesa.
5. La nobiltà dei Caledoni potrebbe dipendere dal fatto che essi erano autoctoni, secondo quanto si legge in Cesare (*De bello Gallico* 5, 12), oppure – più probabilmente – dal fatto che essi non sono stati toccati da altre civiltà e quindi risultano «puri». La tesi della autoctonia, infatti, non sembra accettata da Tacito.
6. Il ragionamento si spiega se si considera l'enorme importanza conferita all'esempio nella cultura romana: i Caledoni, non avendo di fronte a sé esempi di servitù, nemmeno la possono concepire.
7. Nel testo latino l'espressione è *obsequium ac modestiam*: quanto affermato pare invece non essere valido per i membri della società romana, perché Tacito nel paragrafo 42, 4 (➤ Scheda "L'opera", p. 340) sostiene invece che grazie a queste due virtù si può vivere onestamente anche sotto un imperatore malvagio.

cidente è stato in grado di saziare: unici tra tutti con la stessa brama desiderano l'altrui ricchezza e miseria. [5] Saccheggiare, trucidare, rapire lo chiamano con falsi nomi "impero" e dove fanno il deserto lo chiamano "pace"[8].

[31, 1] La natura ha voluto che i figli e i congiunti a ciascuno fossero carissimi: questi, con l'arruolamento forzato, vengono deportati altrove per prestare servizio militare[9]; mogli e sorelle, ammesso che siano sfuggite alle voglie del nemico, sotto il falso nome dell'amicizia e dell'ospitalità vengono violate. I beni e i patrimoni vanno dissolti in tasse, i campi e il raccolto in frumentazioni[10], i corpi stessi e le braccia si consumano tra frustate e insulti con i lavori di fortificazione nelle selve e nelle paludi[11]. [2] I servi nati per servire vengono messi in vendita una sola volta e per giunta vengono sfamati dai padroni: la Britannia compra tutti i giorni la sua servitù, tutti i giorni la nutre[12]. E come nella servitù domestica l'ultimo arrivato è oggetto di disprezzo anche per i compagni di servitù, così noi, ultimi arrivati e di poco valore in questa antica schiavitù che coinvolge tutta la terra, siamo votati allo sterminio; noi infatti non abbiamo campagne fertili o miniere o porti, per mantenere in attività i quali verremmo mantenuti in vita. [3] Inoltre il valore militare e la fierezza dei sottomessi non sono graditi a coloro che hanno il potere; e la lontananza e la scarsa notorietà della regione, quanto più offre riparo, tanto più crea sospetto. Quindi, lasciata qualsiasi speranza di indulgenza, fatevi coraggio, tanto quelli ai quali è carissima la salvezza, quanto quelli ai quali è carissima la gloria. [4] I Briganti[13], con una donna come comandante, hanno bruciato una colonia, espugnato un accampamento, e se la buona sorte non si fosse trasformata in pigrizia, avrebbero

Manifesto pacifista dell'Unione Goliardica Italiana, 1967.

8. Tale *sententia* è divenuta famosissima anche in tempi recenti, come *slogan* dei pacifisti contro la guerra portata nel secolo scorso in Viet-Nam dagli Stati Uniti, nel quadro dei conflitti che hanno segnato la fine del colonialismo.
9. All'epoca gli eserciti romani sempre più si avvalevano di legioni ausiliarie formate da popolazioni provinciali, soprattutto Galli e Germani, come risulta chiaro anche da un passo successivo del discorso di Calgaco, ma la leva forzata poteva essere determinata anche da altri motivi: l'imperatore Tiberio, per esempio, decretò l'espulsione da Roma degli ebrei e costrinse 4000 di essi ad arruolarsi, mandandoli in Sardegna per combattere il brigantaggio (lo racconta Tacito in *Annales* 2, 85, 4).
10. Secondo le leggi che regolavano l'amministrazione provinciale, parte del raccolto doveva essere versato dai contadini al governatore romano.
11. Come viene ribadito più avanti, dato che la Britannia non è una terra molto ricca (nel qual caso i Romani avrebbero lasciato che gli abitanti continuassero le loro tradizionali occupazioni limitandosi al prelievo fiscale), per Calgaco era facile immaginare che, una volta sconfitti, i Britanni sarebbero stati utilizzati come operai per la costruzione delle infrastrutture della nuova provincia.
12. Si intende che tutta la vita dei Britanni sarà impegnata a pagare le tasse ai dominatori, senza speranza di libertà, mentre uno schiavo, per diventare liberto, deve pagare una volta sola.
13. Nel 61, durante l'impero di Nerone, la Britannia si ribellò sotto la guida di Boudicca, regina degli Iceni (in realtà non i Briganti parteciparono alla rivolta, bensì i Trinovanti). Boudicca, alla quale per eredità spettava parte del regno del marito, re alleato di Roma, fu profondamente umiliata dai Romani, che le sottrassero il regno, la fecero frustare pubblicamente e fecero stuprare le sue figlie. Boudicca riuscì, facendo leva sul malcontento dei Britanni, provati dal malgoverno di Roma, a promuovere una sanguinosa rivolta, che causò tra i Romani stanziati in Britannia circa 70.000 vittime, e riuscì a incendiare e distruggere la colonia di *Camulodunum* e altre città. Sconfitta in battaglia, si suicidò per non cadere nelle mani del nemico.

potuto scuotersi di dosso il giogo: noi siamo puri e mai stati sottomessi, pronti a combattere per la libertà, non per qualcosa di cui dobbiamo pentirci, dimostriamo subito nel primo assalto che tipo di uomini la Caledonia si sia tenuta in serbo.

[32, 1] O forse credete che nei Romani ci sia in guerra valore militare equivalente alla mollezza che hanno in pace? Quelli, fattisi belli per le nostre divisioni e le nostre discordie interne, trasformano i difetti dei nemici in gloria del loro esercito; e come la fortuna tiene unito quell'esercito formato da genti diversissime, così i rovesci lo dissolveranno: a meno che voi crediate che i Galli e i Germani e (spiace dirlo) molti dei Britanni, sebbene versino il sangue per aumentare il potere altrui, siano trattenuti nel loro esercito per fedeltà e affezione[14]. [2] La paura e il terrore sono vincoli fragili; non appena vengono rimossi, quelli che hanno smesso di aver paura, incominceranno a odiare. Abbiamo a nostro vantaggio tutti i motivi che spingono alla vittoria: presso i Romani non ci sono le mogli, non ci sono genitori pronti a biasimare la fuga; non c'è per la maggior parte di loro nessuna patria vicina, o altro[15]. Gli dèi ve li hanno consegnati pochi di numero, paurosi per l'inesperienza, sospettosi verso lo stesso clima e mare e terreno coperto di foreste, tutte cose loro ignote. [3] E non vi spaventi l'aspetto ingannevole o lo splendore dell'oro e dell'argento, che non offre difesa né aiuta a colpire. Nello schieramento stesso dei nemici troveremo le nostre truppe: i Britanni riconosceranno la loro causa, i Galli ricorderanno l'antica libertà, tutti i Germani li abbandoneranno come poco fa li hanno abbandonati gli Usipi[16]. Non c'è in più nessun motivo di timore: fortini vuoti, colonie di vecchi, municipi deboli[17] e in discordia stretti tra cittadini che obbediscono malvolentieri e capi che comandano ingiustamente. [4] Qui un comandante, qui un esercito: là tasse e miniere e gli altri tormenti di chi è schiavo, e sopportarli in eterno o vendicarli subito sta in questo campo di battaglia. Perciò, pronti ad andare in battaglia, pensate sia ai vostri padri sia ai vostri posteri».

14. Nell'esercito romano erano presenti contigenti di Galli e di Germani fin dall'epoca di Cesare; i primi Britanni probabilmente si unirono alle legioni nel I secolo d.C.

15. Calgaco spera che i Romani, non dovendo difendere le loro famiglie, combatteranno con meno determinazione rispetto ai Caledoni, che difendono i loro cari.

16. Nel cap. 28 Tacito ha raccontato che alcuni degli Usipi, una tribù germanica sottomessa a Roma, arruolati a forza e mandati in Britannia inquadrati in una coorte, si erano ribellati e, impossessatisi di tre navi da guerra, avevano vagato lungo le coste della Britannia, fino a quando, perse le navi per inesperienza di navigazione, i pochi superstiti erano stati di nuovo catturati e venduti come schiavi.

17. Si tratta di un'amplificazione retorica, perché in Britannia, in realtà, l'unico *municipium* (città straniera ai cui cittadini viene data parte dei diritti connessi con la cittadinanza romana) era *Verulamium*, l'odierna St. Albans, nell'Hertfordshire.

PER COMPRENDERE IL TESTO

Il testo e il contesto

LE CAMPAGNE DI GIULIO AGRICOLA Dopo le due spedizioni di Cesare risalenti al 55 e 54 a.C., i Romani non si occuparono della Britannia, che di fatto non era sottomessa a Roma. Né Augusto, né i suoi primi due successori (Tiberio e Caligola), pur avendo più volte pianificato la conquista dell'isola, riuscirono a mettere in atto alcuna campagna di guerra volta a tale scopo. Fu l'imperatore Claudio che a partire dal 43 cominciò a impegnare consistenti contingenti militari per la conquista dell'isola. Alle prime fasi delle operazioni partecipò anche il futuro imperatore Vespasiano, distinguendosi per la sua abilità strategica. Le campagne, che portarono rapidamente i Romani a occupare ampi territori della parte meridionale e centrale dell'isola, continuarono an-

che dopo che a Claudio succedette Nerone; così, nel 60, venne conquistata l'Isola di Mona (Angelsey), prospiciente l'attuale Galles, sede principale del culto dei druidi. Seguirono due rivolte, prima quella della regina Boudicca e poi quella del principe dei Briganti, Venuzio, che furono sedate con cruente battaglie prima del 70. Nello stesso 70, dopo che i comandanti Svetonio Paolino e Quinto Petilio Ceriale (che avevano combattuto duramente per sedare le rivolte) furono sostituiti da Sesto Giulio Frontino, riprese la conquista romana della parte settentrionale dell'isola.
Particolare impulso alle operazioni venne proprio con l'arrivo di Giulio Agricola, nel 78, che si preoccupò di fortificare una delle zone dove le coste orientali e occidentali della Britannia sono assai poco distanti tra loro (tra la foce del Tyne e l'estuario del Solway, dove successivamente sorgerà il vallo di Adriano) e quindi marciò verso Nord, disponendo una serie di fortini mano a mano che procedeva nell'avanzata. Nel settimo anno di guerra, dopo aver abbandonato il progetto di invadere l'Irlanda, Agricola giunse a chiudere nelle zone più settentrionali gli ultimi Britanni rimasti indipendenti, tutti alleatisi con i Caledoni, abitanti della attuale Scozia. I Britanni, pur avendo sperimentato la superiorità dei Romani nelle battaglie in campo aperto, rinunciarono ad adottare una tattica fondata sulla guerriglia e, occupate le alture del Monte Graupio (non identificato con sicurezza dagli studiosi), ingaggiarono battaglia con i Romani. Per i Britanni, però, sarebbe stato possibile aspettare che l'inverno costringesse i Romani a ripiegare: la loro tattica, in effetti, si rivelò sbagliata ed essi, pur essendo numericamente superiori (circa 30.000), furono pesantemente sconfitti dalle legioni di Agricola, assai più preparate per una battaglia campale. Dopo la battaglia, che segnò la distruzione delle forze nemiche, Agricola rimase nella zona fino alla fine dell'estate, quando rientrò nei quartieri invernali senza incontrare più alcuna resistenza da parte dei nemici.

LE "VOCI ANTIROMANE" Il discorso di Calgaco si inserisce in una tradizione di testi che riportano – sempre attraverso la mediazione degli scrittori latini – il punto di vista delle popolazioni conquistate dai Romani. Gli esempi più noti sono il discorso del gallo Critognato, scritto da Cesare (*De bello Gallico* 7, 77), e alcune pagine di Sallustio, ossia le parole di Giugurta al re della Mauretania Bocco (*Bellum Iugurthinum* 81) e la lettera del re del Ponto Mitridate al re dei Parti Arsace (*Historiae* 4, 69). Tacito stesso ripropone situazioni simili, con il discorso di Giulio Civile nelle *Historiae* (4, 14) e della regina Boudicca negli *Annales* (14, 35). La critica ai Romani generalmente è relativa alla loro rapacità: la conquista si risolve in uno spietato sfruttamento dei vinti, dietro l'apparenza della civilizzazione. Il ricorrere dei medesimi temi fa sì che nelle parole di Calgaco si avvertano chiaramente echi sallustiani, in quanto per esempio l'espressione *raptores orbis* di 30, 4 richiama il *latrones gentium* proferito dal Mitridate sallustiano (lettera di Mitridate, 22). A differenza di quanto accade nelle opere di Tacito, però, nelle opere di Sallustio la rapacità della classe dominante romana viene denunciata, oltre che dagli stranieri, anche da Manlio, uno dei catilinari, nella lettera che scrive al nobile Marcio Re per spiegare le ragioni dei rivoltosi (*De coniuratione Catilinae* 33).
Una possibile origine di tali voci può essere identificata nell'ambiente della filosofia greca: già il filosofo Carneade, per esempio, durante la sua permanenza a Roma per un'ambasceria nel 155 a.C., stupì i Romani e scandalizzò i senatori più conservatori sostenendo che il dominio romano era fondato sulla saggezza, ma non sulla giustizia; se i Romani avessero voluto conseguire quest'ultima, avrebbero dovuto restituire a ciascuno dei dominati la loro terra, ma questo non sarebbe stato un comportamento saggio, perché si sarebbero presto ridotti in miseria (la vicenda è raccontata nel libro III del *De re publica* di Cicerone). Volendo dimostrare che saggezza e giustizia non necessariamente coincidono, Carneade rivelò senza mezzi termini la natura spietata della conquista romana, e ne ricavò l'espulsione da Roma per volontà di Catone il Censore.
In Oriente, dopo un iniziale entusiasmo nel II secolo a.C. per l'arrivo dei Romani (visti come i liberatori dall'oppressione esercitata dai sovrani greci ellenistici sui popoli sottomessi al tempo di Alessandro Magno), tra molte popolazioni si erano diffusi sentimenti ostili nei confronti dei conquistatori Romani: ciò trovò espressione anche negli *Oracoli Sibillini* (una raccolta di testi in lingua greca, risalenti nel loro nucleo più antico al II secolo a.C.), in cui si riconosce un odio profondo verso Roma, della quale si preannuncia la fine. La tradizione avversa a Roma poi si manifestò anche nel periodo in cui Tacito scrisse l'*Agricola*, e sempre in forma di annuncio messianico, nell'*Apocalisse* di Giovanni, in cui compare la figura della «gran meretrice» (cap. 17): stando alla lettera del testo è Babilonia, ma secondo l'interpretazione figurale (attestata da Agostino nel *De civitate Dei*) essa sarebbe Roma, destinata presto a scomparire.

Il senso del testo

UN'ABILE ORAZIONE Il discorso di Calgaco è strutturato secondo le modalità tradizionali di un'orazione appartenente al genere epidittico o dimostrativo e ha lo scopo di infondere coraggio nell'esercito. L'esordio presenta una evidente *captatio benevolentiae* (30, 1), con cui l'oratore si proclama certo dell'imminente successo. Nelle prime parole di Calgaco si può notare (in linea con un tipo di storiografia che tende verso lo stile drammatico) la presenza di una vera e propria ironia tragica, nel senso che il giorno che lui crede il vero inizio della libertà per tutta la Britannia in realtà si rivelerà essere l'opposto. All'esordio segue la parte narrativa, la *narratio* (30, 2-4). In questo caso, più che per rievocare i fatti del recente passato, che vengono riassunti nella breve formula «si è →

combattuto con alterna fortuna» (30, 2: a Calgaco non conviene troppo insistere sull'argomento, perché i Romani nel complesso fino ad allora hanno avuto la meglio), la *narratio* ha soprattutto lo scopo di presentare l'opposto carattere (l'*èthos*) dei contendenti: da un lato ci sono i Britanni e in particolare i Caledoni, uomini di razza pura e incontaminata, avvezzi alla libertà e lontano dalla corruzione dei costumi. Dall'altro invece ci sono i Romani, non solo predoni rapaci, ma anche uomini arroganti e prepotenti, che a parole portano la pace tra tribù in perenne lotta fra loro, mentre in realtà impongono una orribile schiavitù. La prima parte si conclude con una efficacissima *sententia* (30, 4), in cui tre infiniti uniti per asindeto aprono una frase che, nel testo latino, unisce alla *brevitas* la *variatio*: *auferre trucidare rapere falsis nominibus imperium atque ubi solitudinem faciunt pacem appellant* (nella seconda parte del periodo la proposizione temporale *ubi... faciunt* svolge la medesima funzione logica dei tre infiniti iniziali). Si noti che il procedimento logico su cui poggia questa *sententia* è la dissociazione tra «nome» (*imperium* e *pacem*) e «cosa» (*auferre trucidare rapere* e *solitudinem*), secondo una tecnica argomentativa particolarmente efficace, presente anche nel discorso del gallo Critognato nel *De bello Gallico* di Cesare e nel discorso di Catone l'Uticense nel *De coniuratione Catilinae* di Sallustio. La prepotenza di Roma, dal punto di vista di Calgaco, è simile a quella che caratterizza il lupo nella celebre favola di Fedro, scritta per coloro che *fictis causis innocentes opprimunt*: il lupo non solo vuole mangiare l'agnello, ma vuole avere ragione.
Segue una lunga parte argomentativa (31, 1-32, 3), che allinea una serie di ragioni per considerare non solo inevitabile il combattimento (31, 1-3), ma anche facile la vittoria (31, 4-32, 3). Tra le molteplici fasi del ragionamento si può notare ancora la dissociazione «nome» e «realtà» (31, 1), la tendenza al paradosso (31, 2: i Britanni dovranno pagare il proprio riscatto tutti i giorni, mentre gli schiavi una sola volta) e l'*exemplum* dei Briganti, che funge anche da *excursus* (31, 4: un ragionamento *a fortiori*, fondato sul maschilismo caratteristico della cultura classica, in quanto "se sono riusciti loro, che erano guidati da una donna, tanto più faremo noi"). Il cap. 32 è invece teso a illustrare il carattere corrotto dei Romani, che approfittano delle discordie dei nemici.
Chiude l'orazione una breve perorazione (32, 4), che fonda la sua forza sulla figura dell'antitesi («qui»/«là» e «in eterno»/«subito») e riassume efficacemente l'impossibilità di una mediazione e la necessità della vittoria o della morte.

LA POSIZIONE DI TACITO Come negli altri casi in cui il lettore moderno incontra negli autori le voci di dissenso è lecito domandarsi quale sia la posizione dello storico che scrive: in altre parole, secondo Tacito, Calgaco aveva ragione?
La risposta non è facile perché dobbiamo pensare che nel caso di Tacito (come di Cesare e di Sallustio) siamo sempre di fronte alle parole di abilissimi oratori, che in virtù della loro perizia retorica e della loro cultura filosofica erano portati a osservare nella realtà umana una infinita complessità e non erano propensi a dare visioni semplicistiche, che senza mezzi termini ponessero da una parte la ragione e dall'altra parte il torto. In un discorso nel Foro, di fronte al popolo, avrebbero probabilmente offerto una versione granitica e compatta delle loro idee, ma rivolgendosi al pubblico selezionato formato dalle persone del loro ambiente esprimono spesso i loro dubbi (la storiografia è rivolta ai senatori o comunque ai membri della classe dominante). Quindi, se da un lato si può osservare che Calgaco viene smentito dai fatti sul campo di battaglia (tutte le voci di dissenso sono di «perdenti»: Critognato, Mitridate e Giugurta saranno sconfitti) e quindi la prova delle armi (sempre importante nella cultura classica) dà loro torto, dall'altro Tacito come senatore, più che di un'idea astratta di giustizia, è preoccupato della stabilità di Roma ed è ben conscio del fatto che il malgoverno nelle province può minare la stabilità dello Stato e indebolire l'opera dei conquistatori. Possiamo anche aggiungere che le accuse di mollezza a carico dei Romani che aprono il cap. 32 sono le stesse che Tacito ripetutamente rivolge nelle sue opere alla classe dominante romana e, infine, che, secondo quanto Tacito stesso scrive in un noto passo della *Germania* (➛ p. 348), la fortuna di Roma risiedeva nel fatto che i Germani si consumassero in lotte intestine anziché rivolgersi compatti contro il nemico comune.

LEGGO E COMPRENDO

1. Spiega brevemente chi è Calgaco e in quali circostanze il suo discorso è stato pronunciato.

2. Dividi il discorso di Calgaco in sequenze in modo da mettere in luce la struttura tipica dell'orazione di genere epidittico o dimostrativo.

3. Spiega in che cosa consista il ragionamento per dissociazione tra «nome» e «cosa».

4. Quali parti del discorso di Calgaco possono rispecchiare il pensiero di Tacito?

T3-T4

I Germani, barbari ma affascinanti

Germania 2, 1 e 4; 18-19

Nella prima parte della Germania *Tacito traccia un quadro completo della cultura materiale, del modo di vita, della concezione del divino e della politica delle tribù germaniche. Nel primo dei due passi qui proposti, in particolare, avanza l'ipotesi che i Germani siano autoctoni: il passo, di per sé non particolarmente significativo (in quanto l'ipotesi non è suffragata da argomentazioni stringenti), in realtà è di grande importanza culturale, perché ha dato adito nell'età contemporanea a tesi razzistiche relative alla presunta superiorità della razza germanica rispetto alle altre etnie, sulla base di una lettura che ha stravolto l'effettivo punto di vista di Tacito.*

Nel secondo passo, dedicato agli usi dei Germani in fatto di matrimoni, troviamo invece uno dei veri nodi concettuali dell'opera: lo storico identifica nei semplici costumi dei Germani l'austerità di vita che i Romani paiono avere ormai perduto.

T3

LATINO

Una razza incontaminata

Germania 2, 1 e 4

[2, 1] Ipsos Germanos indigenas crediderim minimeque aliarum gentium adventibus et hospitiis mixtos, quia nec terra olim, sed classibus advehebantur qui mutare sedes quaerebant, et immensus ultra utque sic dixerim adversus Oceanus raris ab orbe nostro navibus aditur. Quis porro, praeter periculum horridi et ignoti maris, Asia aut Africa aut Italia relicta Germaniam peteret, informem terris, asperam caelo, tristem cultu aspectuque, nisi si patria sit? [...]

[4] Ipse eorum opinionibus accedo, qui Germaniae populos nullis aliarum nationum conubiis infectos propriam et sinceram et tantum sui similem gentem exstitisse arbitrantur. Unde habitus quoque corporum, tamquam in tanto hominum numero, idem omnibus: truces et caerulei oculi, rutilae comae, magna corpora et tantum ad impetum valida. Laboris atque operum non eadem patientia, minimeque sitim aestumque tolerare, frigora atque inediam caelo solove assueverunt.

[2, 1] **Ipsos... mixtos**: la proposizione principale è rappresentata da *crediderim*, congiuntivo potenziale, «sarei portato a credere», che esprime il giudizio dell'autore con formula attenuativa, perché probabilmente Tacito è al corrente anche di altre ipotesi; la proposizione principale introduce due proposizioni infinitive il cui soggetto è *Ipsos Germanos* (lett. «i Germani precisamente»: *ipsos* serve a focalizzare l'attenzione sulla popolazione dopo che nel primo capitolo si è descritta la posizione della regione) e i cui predicati sono rispettivamente *indigenas* (*esse*) e *mixtos* (*esse*). • **quia... quaerebant**: *quia* introduce una proposizione causale, dipendente dalle precedenti infinitive; il suo soggetto è rappresentato dalla proposizione relativa *qui... quaerebant.* • **et... aditur**: il soggetto è *Oceanus* che ha come attributi *immensus* (al quale va unito l'avverbio *ultra*, «immenso, che si stende al di là») e *adversus* (attenuato dall'inciso *ut... sic dixerim*, «per così dire»), che – secondo Luciano Canfora – può significare sia «ostile» sia «posto dall'altra parte del mondo»; *navibus* è ablativo di causa efficiente, da unire a *raris* («da poche navi provenienti dal nostro mondo). • **Quis... sit?**: *Quis... aspectuque* è una proposizione interrogativa, con la funzione di apodosi della irrealtà nel presente di un periodo ipotetico misto, con la protasi dell'eventualità *nisi si patria sit*, «a meno che non sia la sua patria»; *Asia... relicta* è un ablativo assoluto con valore temporale, mentre *informem*, *asperam* e *tristem* sono attributi di *Germaniam*.

[4] **Ipse... arbitrantur**: la proposizione relativa *qui arbitrantur* (il cui antecedente è *eorum*) racchiude la proposizione infinitiva oggettiva *Germaniae... exstitisse* (lett. «sia continuata ad essere»), al cui soggetto *populos* va unito il participio attributivo *infectos*; *gentem* (e i suoi attributi *propriam*, *sinceram*, *similem*) è predicativo del soggetto. • **Unde... valida**: *Unde... omnibus* è una proposizione ellittica del verbo (sott. *sunt*); *tamquam... numero* è una espressione con valore limitativo («per quanto possibili in un numero tanto elevato di individui»); *truces... valida* è pure una proposizione ellittica del verbo (sott. *sunt*); *tantum* è avverbio e *ad impetum* è complemento di fine da unire a *valida* (lett. «i corpi sono imponenti ma vigorosi solo per l'assalto»). • **Laboris... patientia**: lett. «la capacità di sopportare la fatica e il lavoro non è uguale» (sott. *est*); *eadem* è riferito a quanto detto prima relativamente ai corpi. • **minime... assueverunt**: il soggetto sott. è *Germani*, il predicato è *assueverunt tolerare* che ha due complementi oggetto, *sitim aestumque* (a cui si riferisce l'avverbio *minime*) e *frigora atque inediam*; lett. «si abituarono a sopportare il freddo e la fame in virtù del clima e del territorio, ma assai poco la sete e il caldo».

PER COMPRENDERE

TACITO

L'OPERA | LA *GERMANIA*

IL CONTENUTO Il *De origine et situ Germanorum* («L'origine e il territorio dei Germani») – opera tradizionalmente nota come *Germania* – fu probabilmente pubblicato nel 98, come si ricava dal fatto che viene usato il secondo consolato di Traiano (appunto del 98) come riferimento cronologico (al cap. 37, 2). Per quanto riguarda il contenuto, la *Germania* è divisa in due parti: la prima parte (capp. 1-27) è dedicata soprattutto a questioni etnografiche. Dopo una brevissima indicazione sulla localizzazione geografica del territorio dei Germani, l'autore si sofferma su:

- le origini mitologiche dei Germani;
- le caratteristiche fisiche della popolazione;
- le attività produttive e l'economia (è praticato più il baratto che il commercio mediante moneta);
- la religione, l'organizzazione politica e giuridica;
- il modo di concepire la guerra e di combattere;
- il modo di vivere durante la pace;
- alcuni aspetti della vita privata (il matrimonio, il ruolo delle donne, i vestiti, l'alimentazione, i giochi, le usanze funebri);
- le classi sociali, il ruolo degli schiavi e dei liberti.

Nella seconda parte (capp. 28-46) Tacito passa a descrivere tutte le varie tribù che compongono la popolazione dei Germani.

IL GENERE Il breve trattato, dedicato in forma monografica alla geografia e all'etnografia, non ha modelli precisi nella letteratura latina, poiché di solito tali temi avevano trovato posto – sotto forma di *excursus* – in opere storiche di argomento più vasto, come accade per esempio con le popolazioni galliche e germaniche nei *Commentarii* di Cesare. Allo stato attuale è impossibile verificare se Tacito avesse inizialmente pensato di inserire un *excursus* sui Germani in un'opera di più vasto respiro, ma poi, resosi conto della mole consistente delle notizie raccolte, abbia preferito comporre una monografia a se stante.

IL TEMA L'unicità dell'opera nel panorama della letteratura ha destato perplessità nei critici relativamente alle effettive intenzioni dell'autore. L'interesse per le popolazioni germaniche è stato messo in connessione con la congiuntura politico-militare del periodo, in quanto Traiano nel 97 era legato dell'imperatore in Germania e forse l'oratore ebbe intenzione di dedicargli un'opera utile alle sue campagne. Tuttavia pare, dal testo, che il principale interesse di Tacito sia morale, ossia consista nel mettere in evidenza la semplicità dei costumi dei Germani, in profondo contrasto con la civiltà di Roma, assai raffinata, ma profondamente corrotta. Dalla lettura dell'opera emerge chiaramente l'idea che l'austerità di vita e l'indole guerriera dei Germani potrebbero rappresentare un vero pericolo per la solidità dell'impero: in fondo, pur aspramente combattuti fin dall'epoca di Mario, che aveva fermato i Cimbri e i Teutoni, i Germani (diversamente dai Galli) non erano mai stati effettivamente debellati.
L'unica salvezza per l'impero, del quale Tacito avverte la fragilità, al momento pare essere la somma discordia che regna tra le tribù germaniche: «Preghiamo che rimanga e duri tra quei popoli, se non la benevolenza verso di noi, almeno la discordia al loro interno, poiché, in un momento in cui ormai il fato incalza l'impero, la sorte non può offrire alcun aiuto più valido che la discordia dei nemici» (33, 2).

■ Fibula di argento dorato di fattura germanica, IV-V sec. d.C.

GUIDA ALLO STUDIO

1. In quali parti può essere divisa la *Germania* di Tacito, in base al suo contenuto?

2. Quali ipotesi sono state formulate sulla funzione di questo scritto di Tacito?

3. Quale sembra essere il punto focale dell'interesse di Tacito in questa opera?

La *Germania* e il razzismo nazista

ALLE ORIGINI DI UN FALSO MITO Nel capitolo 2, 1 della *Germania*, Tacito avanza l'ipotesi (*crediderim...*) che i Germani siano autoctoni poiché, sulla base dei numerosi miti di fondazione nati nella civiltà greca (come il viaggio di Enea, per esempio), è convinto che le migrazioni di popoli possano essere avvenute in passato solo via mare; non può quindi credere che qualche popolazione, proveniente dall'Asia, dall'Africa o dall'Italia abbia solcato le acque dell'oceano per giungere alle coste settentrionali della Germania; il territorio infatti è troppo povero di risorse e inospitale quanto al clima. In definitiva, solo chi vi è nato può vivere in un posto simile. È piuttosto chiaro, quindi, che secondo Tacito l'autoctonia dei Germani rappresenta la conseguenza di una condizione di svantaggio, che porta i Germani a essere collocati ai limiti dell'ecumene. Da questo isolamento, sulla base di intuizioni empiriche, Tacito ricava che la diversità dei tratti somatici dei Germani rispetto agli altri popoli dovuta all'isolamento (cap. 4).
Soprattutto in relazione a questo particolare riferito da Tacito, a partire dal XVI secolo nella trattatistica tedesca cominciarono a svilupparsi una serie di teorie che esaltavano la purezza della razza germanica. Tali teorie sono state ricostruite con rigore dallo storico Luciano Canfora, che ha preso in esame gli scritti sull'argomento. Un momento cruciale a suo giudizio si è verificato quando il poeta tedesco Klopstock (vissuto nel XVIII secolo) ha trasferito «alla lingua l'elogio di autoctonia che Tacito riferisce alle genti germaniche». Da allora ha avuto sempre più successo in area germanica il mito secondo il quale i moderni tedeschi siano discendenti di un popolo originario e incontaminato, a differenza dei popoli slavi e mediterranei, frutto di incroci.

UN PROBLEMA FILOLOGICO Alla fine dell'Ottocento fu poi fondata la "Associazione pantedesca", che, con il fine di salvaguardare il sentimento nazionalistico, promosse una campagna per portare la Germania a svolgere un ruolo di primo piano tra le potenze coloniali, nella convinzione che la superiorità della razza germanica garantisse alla nazione tedesca il diritto di dominare sugli altri popoli. La "Associazione pantedesca" successivamente abbracciò le tesi del nazismo. Il sostegno ideologico alle teorie razziste fu fornito soprattutto da *I fondamenti del XIX secolo*, un'opera di Houston Stewart Chamberlain (1855-1927), inglese naturalizzato tedesco, convinto assertore della superiorità della razza ariana. Secondo Canfora, però, Chamberlain prese in attento esame la *Germania* e in particolare una delle frasi più importanti del cap. 4, ma secondo una forma filologicamente scorretta: egli infatti leggeva *Unde habitus quoque corporum, quamquam in tanto numero hominum, idem omnibus*, mentre il testo corretto prevede *tamquam* al posto di *quamquam*. La differenza, sul piano del significato è notevole, perché nel primo caso la proposizione concessiva («sebbene in un numero tanto imponente di persone») sembra dimostrare la convinzione di Tacito che la razza germanica abbia una sorta di straordinaria predisposizione a mantenere intatte le caratteristiche somatiche, mentre nel secondo caso («per quanto possibile in un numero tanto imponente di persone»), Tacito appare consapevole del fatto che la somiglianza fisica degli individui rientra in parametri ragionevolmente simili a quanto può accadere per qualunque popolazione si trovi isolata da flussi migratori.

L'ESATTO SENSO DEL TESTO Nel seguente passo Canfora chiarisce come sia assolutamente lontano dal mondo ideologico di Tacito, e più in generale di un intellettuale latino, l'ipotesi di una pretesa superiorità delle razze che potessero vantare l'autoctonia. Il mito di fondazione di Roma, infatti, evidenziava il fatto che all'origine della città ci fosse una serie di fusioni tra popolazioni diverse; quanto riferito da Tacito sulla purezza dei Germani dipende piuttosto da *tòpoi* letterari, che sono stati messi in evidenza dai più attenti filologi.

«C'è da dire che l'immediato contesto poteva spingere in direzione di interpretazioni "sovreccitate" in senso razzistico (chi si esalta di fronte a una così perfetta identità fisica ha in fondo un ideale da allevamento di animali). Parole come «nullis aliarum gentium conubiis *infectos*» sono inequivocabili: l'aggettivo *infecti*, posto in opposizione al successivo *sinceram*, non può che intendersi nel senso che i Germani non sono «macchiati» da contatti o mescolanze con altre stirpi. Del resto sul tema dei *conubia* in relazione alla «purezza» razziale Tacito ritorna alla fine dell'opuscolo, per osservare che i Bastarni «conubiis mixtis foedantur» (46, 1). [...]
Il modo in cui Tacito si esprime non deve trarre in inganno. Il mondo romano è, in quanto mondo della «mescolanza» [...], il più lontano dal culto di questi miti razziali. La stessa, mitica, origine «troiana» spingeva in tal senso. [...] E Tacito scrive quando uno spagnolo è divenuto *princeps* [Traiano], mentre qualche decennio più tardi sarà sul trono un africano, Settimio Severo. Il meccanismo di cooptazione delle élite provinciali e di allargamento progressivo della cittadinanza opera in direzione diametralmente opposta a quella della difesa di una propria presunta *sinceritas* etnica (e infatti l'improvvisazione, durante il fascismo, di una «difesa della razza» italica, proclamata seduta stante «ariana» e insignita del blasone di una "arianità" di diretta derivazione romana, fu risibile – tra l'altro –

proprio per l'inesistenza di una omogenea «stirpe romana» di partenza). Ciò non esclude, su un piano culturale, il manifestarsi in determinati momenti di pretese di superiorità verso questo o quell'altro popolo; contraddette per lo più dalla prassi. È il caso, per fare un solo esempio, dell'atteggiamento verso i Greci: nonostante tutta la retorica antigreca (*Graeculi* ecc.), l'ellenizzazione è stato il fenomeno che ha investito in modo decisivo la civiltà romana per un'intera epoca tra II secolo avanti e II secolo dopo Cristo.

In ogni caso è necessario distinguere tra mentalità razzistica ed interesse etnografico. L'attenzione che Tacito rivolge ai Britanni (*Agricola*), ai Germani (in questo opuscolo), agli Ebrei (*Storie*, V, 2-10) è stata sostanzialmente fraintesa quando, com'è accaduto alla *Germania*, se n'è voluto fare un remoto pilastro del moderno pangermanesimo.

Una analisi non inficiata da pregiudizi porta agevolmente a constatare che le stesse caratteristiche (presunte) di autoctonia, purezza e autosomiglianza, che Tacito riferiva ai Germani, ricorrono, in riferimento ad altri popoli, in fonti di molto precedenti: fonti che – è stato osservato – potrebbero essere alla base della etnografia tacitiana ben più che la diretta esperienza dell'autore.

Capitoli dell'opuscolo tacitiano, quali il 2 e il 4, assunti tradizionalmente come "tavole della legge" del razzismo germanico, perdevano molto del loro presunto carattere profetico se analizzati dal punto di vista della loro derivazione antiquaria e letteraria. Analisi in base alla quale elementi etnico-culturali originariamente riguardanti altri popoli avevano finito per essere attribuiti ai Germani. È merito di Eduard Norden di aver proceduto a siffatta analisi, nel volume sulla protostoria germanica in Tacito (*Die germanische Urgeschichte in Tacitus Germania*, Berlin 1929, ma elaborato nel quinquennio precedente). Almeno in due punti – nota il Norden – il cap. 4 trova rispondenza letterale in una fonte greca, nell'opuscolo ippocratico *Sulle arie, le acque, i luoghi*: a) *Propriam et tantum sui similem gentem* trova rispondenza al cap. 19 dell'opuscolo: «Parliamo ora del clima e dell'aspetto degli Sciti. Questa stirpe è molto diversa dagli altri uomini, e, come gli Egizi, è simile unicamente a se stessa [...]; b) *Laboris atque operum non eadem patientia* corrisponde alla formula con cui, nel cap. 15, Ippocrate descrive la non grande *patientia laboris* degli abitanti della regione attraversata dal Fasi (il fiume del Caucaso presso cui Senofonte ambiva fondare una colonia). Norden rifugge dall'indicare una diretta filiazione che conduca direttamente dallo scienziato del V secolo a.C. a Tacito. Nota invece, opportunamente, che già nell'opuscolo ippocrateo l'etnografia degli Sciti è costruita con elementi ripresi dalla descrizione di altri popoli (gli Egizi, per esempio). Si tratta dunque – è questa la sua ipotesi – di «motivi itineranti», che attraverso il gran fiume della tradizione erudito-etnografica (Norden parla opportunamente di «correnti tradizionali») hanno fissato gli stereotipi antropologici delle principali *nationes*. »

(da Luciano Canfora e Renata Roncali, *Autori e testi della letteratura latina*, Laterza, Bari 1993, pp. 753-756).

GUIDA ALLO STUDIO

1. In base a quali considerazioni Tacito ritiene che i Germani siano autoctoni?

2. Spiega in che modo Chamberlain poté convincersi, in base alla lezione errata di un passo della *Germania*, che Tacito ritenesse la "razza ariana" superiore alle altre.

3. In base a quali dati di fatto possiamo constatare che il mondo romano era estraneo a teorie di tipo razzista?

4. Che cosa è stato messo in luce da E. Norden a proposito delle descrizioni di popoli ricorrenti in diverse opere letterarie antiche?

T4

ITALIANO

Le donne e il matrimonio presso i Germani

Germania 18-19

[18, 1] Nonostante ciò[1], lì il matrimonio è una questione seria, e non troverai alcuna parte dei loro costumi più lodevole. Infatti, quasi unici tra i barbari, sono paghi di avere una sola moglie[2], tranne pochissimi, che si uniscono in più matrimoni non per piacere ma perché di rango nobiliare. [2] Non è la moglie a portare la dote al marito, ma il marito alla moglie[3]. Sono coinvolti i genitori e i parenti e danno l'approvazione ai doni coniugali, doni scelti non per la vanità muliebre e nemmeno perché siano ornamento della novella sposa, ma buoi e un cavallo completo di finimenti e uno scudo con lancia e spada. [3] In base a questi doni viene ricevuta la sposa, e in cambio lei dona al marito delle armi: ritengono che questo sia il vincolo più grande, questi i misteriosi riti, questi gli dèi delle nozze[4]. [4] Perché la donna non ritenga di essere estranea alle questioni relative alla virtù e alle vicende della guerra, nel momento stesso in cui si celebrano le nozze viene avvisata che lei giunge come consorte delle tribolazioni e dei rischi, pronta a soffrire e a osare le medesime cose in pace e in guerra: questo propriamente stanno a significare i buoi aggiogati, il cavallo bardato e le armi donate. Così bisogna vivere, così bisogna morire: lei riceve i doni per consegnarli inviolati e decorosi ai figli, perché li ricevano le nuore e a loro volta li trasmettano ai nipoti.

[19, 1] Di conseguenza vivono con una rigorosa pudicizia, non corrotte da alcuna seduzione fornita dagli spettacoli, da alcuna tentazione derivante dai banchetti[5]. Gli uomini e le donne ignorano l'abitudine di scambiarsi per scritto messaggi segreti[6]. In un popolo tanto numeroso sono rarissimi gli adulteri, la punizione dei quali è immediata e affidata al marito[7]: dopo averle rasato i capelli, il marito la caccia nuda di casa alla presenza dei parenti e la spinge a frustate per tutte le vie del villaggio; per la pudicizia prostituita non c'è infatti alcun perdono: non troverà più un marito né grazie alla bellezza, né alla giovinezza, né alla ricchezza. Là infatti nessuno ride dei vizi, né si chiama "moda di oggi" corrompere ed essere corrotti. [2] Ancora meglio si comportano quelle tribù, nelle quali solo le vergini contraggono matrimonio e si sbriga una

1. Nel paragrafo precedente Tacito ha specificato che le donne dei Germani indossano abiti che lasciano scoperte le braccia e la parte superiore del seno.
2. Si intende che i Germani non praticano la poligamia.
3. A Roma era la donna a recare la dote al marito, anche se in realtà continuava a disporre liberamente del proprio patrimonio.
4. Si intende che il dono delle armi rappresenta il pegno della promessa di fedeltà coniugale: garanti del patto matrimoniale a Roma erano invece le divinità invocate durante la cerimonia nuziale, come Giunone, Venere e Imeneo.
5. A Roma le donne avevano libero accesso a ogni genere di spettacolo (circo, teatro e anfiteatro) e ai banchetti. Da numerose testimonianze letterarie, soprattutto di poeti amorosi come Ovidio, sappiamo che tali luoghi fornivano facilmente l'occasione per incontri clandestini.
6. Sempre dai poeti d'amore sappiamo che spesso gli amanti si scambiavano messaggi segreti usando tavolette incerate oppure, nei banchetti, tracciando furtivamente segni col vino sulla mensa dopo aver intinto il dito nella coppa.
7. Secondo gli antichi *mores* a Roma gli adulteri subivano un processo all'interno della famiglia, ma le disposizioni in termini di matrimonio emanate da Augusto avevano demandato ai tribunali pubblici la facoltà di giudicare tali questioni, rendendo di fatto le sanzioni nei confronti degli adulteri poco severe.

volta sola la speranza e il desiderio di divenire moglie[8]. Così ricevono un solo marito, come un solo corpo e una sola vita, affinché non ci sia nessun ulteriore pensiero, nessun desiderio più vasto, e affinché dedichino le loro attenzioni non tanto al marito quanto al matrimonio in sé. Stabilire un termine al numero di figli o sopprimere un infante è ritenuto delitto[9], e là i buoni costumi valgono più che altrove le buone leggi.

8. Per un Romano, ormai dal tempo della tarda repubblica, contrarre o più matrimoni, con relativi divorzi, non rappresentava una eccezione.
9. A Roma invece l'aborto non era illegale; inoltre, sulla base di alcune testimonianze, come quella contenuta nell'orazione *Pro Cluentio* di Cicerone, possiamo ipotizzare che ci fossero tra i coniugi accordi matrimoniali relativi al numero di figli.

PER COMPRENDERE IL TESTO

Il testo e il contesto

LE ORIGINI DEI GERMANI Le prime notizie sulle regioni del Nord Europa e sulle popolazioni germaniche furono riferite, nel IV secolo a.C., da un viaggiatore greco di Marsiglia di nome Pitea. A noi sono in parte note perché riferite da storici e geografi successivi, come i greci Strabone e Diodoro e il latino Plinio il Vecchio. Essi non ritennero attendibili le considerazioni di Pitea, ma agli studiosi moderni, sulla base di riscontri storici e archeologici, esse paiono sostanzialmente esatte. I Germani, che nel II millenio a.C. erano stanziati lungo le coste del Mar Baltico, attorno al 1000 a.C. incominciarono a espandersi verso Sud e in età storica si stanziarono nella zona compresa tra il Reno, il Danubio, l'Elba e la costa del Mare del Nord. Tale territorio era allora coperto da foreste e in buona parte acquitrinoso.

Le numerose popolazioni germaniche, di cultura semi-nomade, avevano una organizzazione sociale fondata sulla famiglia patriarcale, senza veri e propri centri urbani, ma con insediamenti in forma di villaggi o spesso anche di fattorie isolate, in cui risiedeva una piccola comunità formata da consaguinei, servi e amici. Non ci furono effettivi raggruppamenti di tribù con organizzazione di tipo statale e ciascun gruppo mantenne il suo nome: forme di aggregazione si manifestarono tra le etnie che vennero in contatto con i Celti (i Galli, con i quali i Germani non vanno confusi), portatori di una cultura più sviluppata e articolata, e con i Romani. Il termine "Germani", che designa l'insieme delle tribù, fu probabilmente usato proprio dai Galli stanziati nella zona del Reno e giunse nella cultura greca e latina attraverso gli scritti del filosofo Posidonio.

GERMANI E ROMANI Durante l'età repubblicana i Germani ebbero scarsi contatti con i Romani, salvo le tribù, profondamente celtizzate, stanziate lungo il Reno e nella Rezia. Solo i Cimbri, i quali pare si fossero mossi dallo Jutland e a cui si unirono i Teutoni, fecero una pericolosa incursione nel territorio Romano e furono fermati e sconfitti da Mario presso *Aquae Sextiae*, nella Gallia Transalpina, nel 102 a.C. e ai Campi Raudi, nella Gallia Cisalpina (presso Vercelli), nel 101 a.C.
Testimonianze consistenti sui Germani arrivarono a Roma attraverso i *Commentarii* di Cesare, che nel 55 a.C. sconfisse pesantemente gli Usipeti e i Tencteri che avevano oltrepassato il Reno, e costrinse a rimanere al di là di tale fiume anche i Suebi. L'azione di Cesare indicò il fiume Reno come confine tra la Gallia romanizzata e il territorio dei Germani: per quanto Augusto a partire dal 12 a.C. abbia tentato di oltrepassare tale confine, la sconfitta subita dai Romani a Teutoburgo nel 9 d.C. decretò la necessità di abbandonare i progetti di una massiccia conquista dei territori al di là del Reno. Il pericolo di uno sconfinamento nel territorio delle province controllate da Roma fu prevenuto con la creazione, a presidio del confine, delle due province della Germania Superiore e della Germania Inferiore nel 17: quest'ultima comprendeva la riva sinistra del Reno verso Nord a partire dalla confluenza con la Mosella (dove i due fiumi si uniscono fu fondata *Confluentes*, oggi Coblenza, che rimase come confine tra le due province) e la sua capitale fu *Colonia Agrippinensis* (oggi Colonia); la Germania Superiore (più a Sud rispetto a quella Inferiore), comprendeva i territori (detti *agri decumates*) all'interno della linea fortificata tra i fiumi Reno, Meno e Danubio e la sua capitale era *Magontiacum* (oggi Mainz). In questi territori gli insediamenti stabili delle legioni diedero luogo a vere →

e proprie città, dotate di terme ed edifici architettonicamente simili a quelli delle città romane.

LE FONTI DI TACITO Per scrivere la *Germania* Tacito deve essersi basato sull'opera di Cesare, di cui riconosce il valore come storico e geografo, ma forse soprattutto sui perduti *Bella Germanica* di Plinio il Vecchio, in cui dovevano confluire anche informazioni di tradizione greca (per esempio da Posidonio). Molto probabilmente Tacito si è servito anche di testimonianze orali, forse raccolte da personaggi della propria famiglia o durante viaggi connessi con la sua attività di uomo politico.
Da un punto di vista letterario l'influenza dei commentari di Cesare è ben visibile nell'esordio dell'opera: *Germania omnis a Gallis Raetisque et Pannoniis Rheno et Danuvio fluminibus, a Sarmatis Dacisque mutuo metu aut montibus separatur* («L'intera Germania è divisa dai Galli dai Reti e dai Pannoni dai fiumi Reno e Danubio, dai Sarmati e dai Daci, dal reciproco terrore e dai monti»), richiama *Gallia est omnis divisa in partes tres...*, il famoso *incipit* del *De bello Gallico* cesariano.

Il senso del testo

UN'OPERA COMPLESSA Come rilevato dai critici più autorevoli, è piuttosto difficile stabilire quale sia effettivamente la finalità della *Germania*: probabilmente, escludendo che il fine sia soltanto informativo, Tacito persegue anche altri scopi oltre a quello etnografico. Si può pensare a un fine morale, che scaturisce dal confronto implicito tra la selvaggia austerità dei costumi dei Germani e la raffinata decadenza di Roma. In tal senso la proposizione chiave è quella di 19, 1: «Là infatti nessuno ride dei vizi, né si chiama "moda di oggi" corrompere ed essere corrotti». I Germani agli occhi di Tacito rappresentano quasi una sorta di "stato di natura", perduto per sempre per i Romani. Anni dopo, riflettendo negli *Annales* sull'origine dell'ordinamento sociale e giuridico, Tacito inserirà una pagina (3, 26) sullo stadio più antico dell'umanità, quando – a suo giudizio – non erano necessarie leggi, perché la condotta degli uomini era ancora pura e regolata dai *mores*: l'umanità primitiva delineata negli *Annales* ha tratti che ricordano i Germani, in quanto il suo modo di vita era regolato dai *mores*, «dove nulla era desiderato contro il costume, nulla era vietato».
Tacito è molto attento a tutto quanto riguarda la stabilità dell'impero e quindi intuisce che i Germani possono rappresentare un pericolo militare per Roma. Sottolineare la centralità delle armi nel rito del matrimonio (18, 2) esprime, per esempio, la consapevolezza del rischio rappresentato dall'avere ai confini popolazioni che vivono combattendo. Il ricordo tragico della sconfitta di Teutoburgo lasciò nei Romani come Tacito la sensazione di avere a che fare con un nemico non effettivamente domato (*triumphati magis quam victi sunt*, «furono più oggetto di trionfi che di autentiche vittorie», 37) ed è probabile che la *Germania*, come le opere maggiori di Tacito, sia stata concepita anche per far riflettere il lettore sulla fragilità di un impero sempre meno capace di sostenere con le armi il proprio potere.

Particolare del sarcofago del Portonaccio con **scena di sottomissione di Germani**, 180 d.C. Roma, Museo Nazionale Romano (Palazzo Massimo alle Terme).

LEGGO E COMPRENDO

1. Quali sono le informazioni più antiche che possediamo sulle tribù dei Germani? Quali sono le nostre fonti?

2. Su quali fonti deve essersi basato Tacito? Da quali elementi possiamo intuirlo?

3. Quali sembrano essere i motivi dell'interesse rivolto da Tacito soprattutto alla morale e all'attività militare dei Germani?

T5

LATINO/ITALIANO

Il proemio delle *Historiae*

| *Historiae* 1, 1-4, 1 |

Nei capitoli introduttivi delle Historiae *Tacito disegna un fosco ritratto del periodo che intende trattare, compreso tra l'anno dei quattro imperatori, il 69 d.C., e la fine del regno di Domiziano. Dalla pagina, densa di elementi topici (come il proposito di astenersi dalla faziosità), emerge una profonda riflessione sulla libertà di parola e di pensiero e sul ruolo dello storico durante il principato.*

[1, 1] Initium mihi operis Servius Galba iterum Titus Vinius consules erunt. Nam post conditam urbem octingentos et viginti prioris aevi annos multi auctores rettulerunt, dum res populi Romani memorabantur pari eloquentia ac libertate: postquam bellatum apud Actium atque omnem potentiam ad unum conferri pacis interfuit, magna illa ingenia cessere; simul veritas pluribus modis infracta, primum inscitia rei publicae ut alienae, mox libidine adsentandi aut rursus odio adversus dominantes: ita neutris cura posteritatis inter infensos vel obnoxios.

[1, 1] L'inizio della mia opera saranno il secondo consolato di Servio Galba e quello di Tito Vinio[1]. Molti storici infatti narrarono gli ottocentovent'anni dell'età antica successivi alla fondazione della città[2], un periodo in cui la storia del popolo romano si raccontava con eloquenza pari alla libertà di parola[3]: dopo che si combattè ad Azio e fu nell'interesse della pace che tutto il potere venne consegnato a una sola persona[4], intellettuali di quella levatura incominciarono a scomparire; contemporaneamente la verità fu calpestata in più modi, prima per ignoranza di quanto concerne il governo dello Stato, attività percepita come un dovere altrui, poi per il desiderio di adulare o, all'opposto, per odio nei confronti dei dominatori: così tra l'ostilità e l'adulazione nessuno dei due schieramenti ebbe a cuore i posteri.

■ Aureo con immagine di Otone (recto), I sec. d.C. Padova, Musei Civici Eremitani.

[1, 1] **mihi**: esprime la partecipazione e il coinvolgimento di chi scrive; è definito dativo etico o simpatetico e in questo caso indica l'appartenenza («mia»). • **pari... libertate**: *pari ac* introduce una comparazione di uguaglianza; *libertas* qui indica propriamente la «libertà di parola». • **postquam... interfuit**: *bellatum* sottintende *est*; il predicato *interfuit* è completato dal genitivo *pacis* (lett. «fu interesse della pace») e, siccome nel costrutto il genitivo esprime la persona a cui una cosa interessa, *pacis* può essere considerato una personificazione. • **cessere**: equivale a *cesserunt*. • **infracta**: sott. *est*. • **primum... dominantes**: *ut* è avverbio («come») e quindi *ut alienae* vale lett. «come (di una cosa) altrui»; *adsentandi* è gerundio; *rursus* è avverbio («all'opposto»). • **ita... obnoxios**: è sottinteso *fuit*; *neutris* è dativo di possesso (lett. «nessuno dei due») e viene chiarito da *inter infensos vel obnoxios* (lett. «tra chi era ostile e chi pronto all'adulazione»).

1. Cioè il 1° gennaio del 69, l'anno successivo alla morte di Nerone. Tito Vinio fu un generale romano ricordato per una serie di episodi di dubbia moralità; era luogotenente di Galba quando questi fu acclamato imperatore dalle sue truppe in Spagna nel 68.
2. Calcolando la fondazione di Roma dal 753 a.C. (data stabilita da Varrone) alla fine del 68 gli anni sono 821: l'ipotesi più probabile è che Tacito abbia compiuto un lieve arrotondamento.
3. Secondo Tacito, fino a quando c'era la repubblica e quindi la libertà di parola, la storiografia produsse opere di alto livello sotto il profilo sia ideologico sia stilistico, mentre con il venir meno della libertà di parola anche la storiografia è decaduta sotto ogni aspetto.
4. Secondo Tacito l'impero inizia con la vittoria di Ottaviano su Antonio e Cleopatra ad Azio nel 31 a.C.

[2] Sed ambitionem scriptoris facile averseris, obtrectatio et livor pronis auribus accipiuntur; quippe adulationi foedum crimen servitutis, malignitati falsa species libertatis inest. [3] Mihi Galba Otho Vitellius nec beneficio nec iniuria cogniti. Dignitatem nostram a Vespasiano inchoatam, a Tito auctam, a Domitiano longius provectam non abnuerim: sed incorruptam fidem professis neque amore quisquam et sine odio dicendus est. [4] Quod si vita suppeditet, principatum divi Nervae et imperium Traiani, uberiorem securioremque materiam, senectuti seposui, rara temporum felicitate ubi sentire quae velis et quae sentias dicere licet.
[2, 1] Opus adgredior opimum casibus, atrox proeliis, discors seditionibus, ipsa etiam pace saevom. Quattuor principes ferro interempti: trina bella civilia, plura externa

[2] La faziosità di uno storico, tuttavia, si può evitare con facilità, invece la calunnia e l'astio trovano orecchie ben disposte; del resto nell'adulazione è insito il turpe vizio della cortigianeria, ma nella malignità si nasconde un'apparenza falsa di libertà[5]. **[3]** Non ho conosciuto Galba, Otone e Vitellio né per benefici né per offese. Non potrei negare che la mia carriera ha avuto principio con Vespasiano, si è sviluppata con Tito, ha compiuto ampi progressi con Domiziano[6]: ma chi ha fatto il proposito di mantenere una autentica credibilità deve esprimersi su chiunque senza partigianeria e senza odio. **[4]** Perciò, se la vita sarà sufficiente, ho lasciato in serbo per la vecchiaia il principato del divinizzato Nerva e l'impero di Traiano, una materia più gradevole e più sicura[7], grazie alla rara felicità dei tempi, in cui è consentito pensare ciò che vuoi e dire ciò che pensi.
[2, 1] Mi accingo a un'opera ricchissima di accadimenti, atroce per i combattimenti, lacerata per le rivolte, violenta anche durante la stessa pace. Quattro principi eliminati[8] con

[2] **averseris**: è congiuntivo presente con valore potenziale (da *averso*) e con soggetto indeterminato. • **quippe**: avverbio.
[3] **Mihi... cogniti**: si può considerare sottinteso *sunt*; *mihi* è dativo di agente da unire a *cogniti* e indica propriamente la persona a cui giunge il processo implicato dal predicato (lett. «giunti a mia conoscenza»). • **Dignitatem... abnuerim**: *abnuerim* è congiuntivo potenziale, la 1ª persona del perfetto ha valore attenuativo (lett. «per quanto mi riguarda non negherei») e regge la precedente proposizione infinitiva, *dignitatem... provectam* (sott. *esse*); *nostram* è alla 1ª persona plurale secondo l'uso degli autori di riferirsi a se stessi con il *pluralis modestiae* o sociativo. • **incorruptam... est**: *professis* è participio sostantivato, dativo di agente, e *incorruptam fidem* è il suo complemento oggetto; il soggetto della perifrastica passiva *dicendus est* è *neque... quisquam*; lett. «nessuno deve essere giudicato da parte di chi ha fatto il proposito di mantenere una autentica credibilità...».
[4] **Quod**: nesso, «E perciò». • **principatum... Traiani**: Nerva è detto *divi*, «divino», per la precisione «divinizzato», perché al momento della stesura dell'opera era già defunto, mentre Traiano è ancora in vita; per quanto si sia assai discusso sul perché di Nerva si dica *principatum* e di Traiano *imperium*, pare che l'ipotesi più probabile sia che l'autore abbia voluto semplicemente creare una *variatio*, secondo lo stile che gli è abituale in quest'opera. • **velis... sentias**: sono congiuntivi eventuali.
[2, 1] **saevom**: equivale a *saevum*. • **Quattuor... ludibrio**: l'intero periodo può essere considerato formato da proposizioni nominali; in italiano è opportuno tradurre trasformando i participi perfetti in predicati di modo finito. • **ferro**: è metonimia per «armi». • **trina**: è un numerale distributivo; in italiano si usa il cardinale "tre", mentre il latino usa il distributivo *trina* perché le tre guerre sono combattute ciascuna da un imperatore diverso ➤ nota 9.

5. Si intende che la malignità può essere scambiata per libertà di parola.
6. È un passo fondamentale per cogliere lo sviluppo della carriera di Tacito: fatta professione di imparzialità, Tacito non vuole negare di avere raggiunto l'apice della carriera proprio grazie al più tirannico tra gli imperatori conosciuti dalla sua generazione, ossia Domiziano.
7. In realtà Tacito non realizzerà mai un'opera dedicata al principato di Nerva e di Traiano ➤ p. 329.
8. Si tratta di Galba, Otone e Vitellio (tutti uccisi nel 69) e di Domiziano (ucciso nel 96).

ac plerumque permixta; prosperae in Oriente, adversae in Occidente res: turbatum Illyricum, Galliae nutantes, perdomita Britannia et statim missa, coortae in nos Sarmatarum ac Sueborum gentes, nobilitatus cladibus mutuis Dacus, mota prope etiam Parthorum arma falsi Neronis ludibrio.
[2] Iam vero Italia novis cladibus vel post longam saeculorum seriem repetitis adflicta; haustae aut obrutae urbes, fecundissima Campaniae ora; et urbs incendiis vastata, consumptis antiquissimis delubris, ipso Capitolio civium manibus incenso. Pollutae caerimoniae, magna adulteria: plenum exiliis mare, infecti caedibus scopuli. [3] Atrocius in urbe saevitum: nobilitas, opes, omissi gestique honores pro crimine, et ob virtutes certissimum exitium. Nec minus praemia delatorum invisa quam scelera, cum alii sacerdotia et consulatus ut spolia adepti, procurationes alii et interiorem poten-

le armi: tre guerre civili, molte contro nemici esterni e per la maggior parte confuse con quelle[9]; positivi gli sviluppi in Oriente, negativi in Occidente: sconvolto l'Illirico, incerte le Gallie, sconfitta completamente la Britannia e subito persa, ribelli contro di noi le tribù dei Sarmati e dei Suebi, assurti all'onore delle cronache i Daci grazie a vittorie e sconfitte, in movimento anche gli eserciti dei Parti a causa dell'impostura di un falso Nerone[10].
[2] L'Italia poi colpita da calamità mai viste o capitate dopo una lunga serie di generazioni; sprofondate o distrutte intere città, il territorio fertilissimo della Campania; e l'Urbe devastata da incendi, bruciati templi antichissimi, il Campidoglio stesso dato alle fiamme dalle mani dei cittadini. Sacri riti profanati, adulteri scandalosi: il mare era pieno di esiliati, coperti di sangue gli scogli[11]. [3] A Roma si infierì più ferocemente: nobiltà, ricchezza, cariche pubbliche, rifiutate o accettate, vennero ritenute un crimine, e in cambio di comportamenti virtuosi assolutamente sicura la morte. I premi riservati ai delatori non meno odiosi dei delitti, dato che alcuni, ottenuti come

[2] **Iam... scopuli:** anche questo periodo è composto da frasi nominali, che è opportuno tradurre in italiano con predicati di modo finito. • **fecundissima... ora**: è apposizione del precedente *urbes*. • **exiliis**: propriamente «di esili», metonimia per «esiliati».

[3] **saevitum**: sott. *est*. • **cum... terrore**: costrutto del *cum* con il congiuntivo con valore causale; *adepti* è participio congiunto con i soggetti *alii... alii*; *ut* è avverbio («come»). • **quibus... inimicus**: proposizione relativa anticipata (prolessi del relativo).

9. Due guerre civili sono del 69, tra Otone e Vitellio e tra Vitellio e Vespasiano; la terza vide Domiziano contrapposto a Lucio Antonio Saturnino, nell'88-89. In contemporanea con le guerre civili del 69 ci furono l'attacco dei Sarmati, l'assedio di Gerusalemme e la rivolta dei Germani guidati da Giulio Civile.
10. In Oriente si risolse la guerra giudaica (70), che ebbe esito positivo per i Romani grazie a Tito. In Occidente destò preoccupazione nello stesso periodo la rivolta della tribù germanica dei Batavi guidata da Giulio Civile, alla quale si unirono anche i Galli dell'Aquitania e della Gallia Belgica; la rivolta fu faticosamente repressa dal generale Petilio Ceriale. Le guerre contro Sarmati (in Mesia, a Nord del Caucaso) e Suebi furono combattute all'incirca nel 92 da Domiziano. I Daci, stanziati nell'attuale Romania, furono sconfitti solo nel 108 da Traiano: nell'88, invece, Domiziano era stato costretto a venire a patti con il loro re Decebalo. Abbiamo poi notizia di almeno due falsi Neroni: uno, di cui parla Tacito nelle *Historiae* (2, 8), fu attivo nelle isole Cicladi ed eliminato da un governatore di Galba; un altro nell'88, dopo aver ottenuto l'appoggio dei Parti, aveva mosso guerra senza successo contro Roma.
11. Le città di Pompei, Ercolano e Stabia furono distrutte dall'eruzione del Vesuvio nel 79; il Campidoglio fu dato alle fiamme durante la guerra civile tra Vitellio e Vespasiano nel 69. Di altri incendi violenti a Roma non abbiamo notizia dopo il 64, ossia l'anno dell'incendio avvenuto sotto il principato di Nerone. Non è chiaro a quali scandali alluda Tacito, forse alla punizione inflitta da Domiziano alle vestali che non avevano osservato la castità. Gli esìli comminati da Domiziano in quel periodo furono moltissimi e sappiamo che un prefetto, esiliato, fu assassinato non appena giunto nell'isola che lo avrebbe dovuto ospitare (*Historiae* 1, 46).

tiam, agerent verterent cuncta odio et terrore. Corrupti in dominos servi, in patronos liberti; et quibus deerat inimicus per amicos oppressi. [3, 1] Non tamen adeo virtutum sterile saeculum ut non et bona exempla prodiderit. Comitatae profugos liberos matres, secutae maritos in exilia coniuges; propinqui audentes, constantes generi, contumax etiam adversus tormenta servorum fides; supremae clarorum virorum necessitates, ipsa necessitas fortiter tolerata et laudatis antiquorum mortibus pares exitus. [2] Praeter multiplices rerum humanarum casus caelo terraque prodigia et fulminum monitus et futurorum praesagia, laeta tristia, ambigua manifesta; nec enim umquam atrocioribus populi Romani cladibus magisve iustis indiciis adprobatum est non esse curae deis securitatem nostram, esse ultionem. [4, 1] Ceterum antequam destinata componam, repetendum videtur qualis status urbis, quae mens exercituum, quis habitus provinciarum, quid in toto terrarum orbe validum, quid aegrum fuerit, ut non modo casus eventusque rerum, qui plerumque fortuiti sunt, sed ratio etiam causaeque noscantur.

ricompensa sacerdozi e consolati, altri, ottenute procuratele e potere all'interno delle istituzioni, trattavano e stravolgevano ogni questione con l'odio e il terrore[12]. Servi corrotti messi contro i padroni, contro i patroni i liberti; e coloro ai quali mancavano gli avversari furono perseguitati per mezzo degli amici. [**3, 1**] Il periodo tuttavia non fu a tal punto privo di atti virtuosi da non aver lasciato anche esempi positivi. Madri accompagnarono i figli profughi, mogli seguirono i mariti in esilio; parenti si dimostrarono coraggiosi, generi si mantennero leali, anche sotto le torture rimase salda la fedeltà degli schiavi; le condanne a morte di uomini illustri, il supplizio stesso furono affrontati con fermezza e le morti furono pari a quelle gloriose degli antichi[13]. [**2**] Oltre ai molteplici accadimenti umani in cielo e in terra ci furono prodigi e moniti di fulmini e presagi degli accadimenti futuri, lieti e tristi, ambigui e chiari; mai infatti da sciagure più atroci subite dal popolo romano o da indizi più sicuri fu provato che agli dèi non sta a cuore la nostra salvezza, ma il nostro castigo. [**4, 1**] D'altra parte, prima di scrivere quanto proposto, pare opportuno esaminare quale fosse la realtà dell'Urbe, quale l'umore degli eserciti, quale la situazione delle province, che cosa ci fosse nel mondo di sano, che cosa di malato, perché siano conosciuti non solo i fatti e gli avvenimenti, che assai spesso sono accidentali, ma anche la motivazione e le cause profonde.

[3, 1] **adeo**: avverbio, prolettico di *ut* con valore consecutivo. • **Comitatae... exitus**: anche questo periodo è composto da brevi frasi nominali. • **necessitates... necessitas**: il sostantivo *necessitas* ha il senso di «circostanza ineluttabile» ed è eufemismo per «morte»; in questo caso si parla di morti per condanna capitale. [2] **caelo terraque**: ablativo di stato in luogo. • **magisve iustis**: *-ve* è congiunzione enclitica; il nesso *magis iustis* funge da comparativo perifrastico. • **non... ultionem**: proposizioni infinitive soggettive, introdotte dal precedente *adprobatum est*; *curae deis* è costrutto del doppio dativo, il primo di effetto e il secondo di vantaggio.
[4, 1] **Ceterum**: è avverbio. • **qualis... fuerit**: è una serie di cinque proposizioni interrogative indirette introdotte dal gerundivo *repetendum* (sott. *esse*, perifrastica passiva impersonale). • **ut**: ha valore finale. • **non modo**: è correlativo del successivo *sed... etiam*. • **plerumque**: è avverbio.

12. Domiziano fece ricorso a calunniatori prezzolati che intentavano processi contro senatori ostili al principe; spesso tali delatori (la cui presenza determinava un vero e proprio clima di terrore tra quanti si sentivano perennemente spiati e passibili di accuse di lesa maestà o altro) venivano ricompensati con cariche politiche.

13. Si può ricordare Fannia, la figlia di Trasea Peto, che condivise due volte l'esilio con Elvidio Prisco, il quale affrontò la morte con fermezza. Nelle *Historiae* poi si ricorda la morte di uno schiavo che ingannò i sicari del suo padrone spacciandosi per lui (4, 50).

Il testo e il contesto

UN ESORDIO GRANDIOSO I capitoli iniziali delle *Historiae* rivelano un'accorta disposizione della materia e un uso assai efficace della retorica. Ciascun capitolo assolve a una precisa funzione: il primo chiarisce la materia e, dopo una valutazione sulle opere dei predecessori, mette in evidenza, secondo un *tòpos* frequente nelle opere storiche, l'imparzialità dell'autore; a conferma di ciò, Tacito parla senza remore della sua carriera, avvenuta sotto i Flavi e in particolare sotto Domiziano, lasciando intendere che chi scrive è comunque dovuto scendere a compromessi con il potere. Il secondo capitolo, dopo aver messo in evidenza l'assassinio di ben quattro imperatori, riepiloga i principali avvenimenti dal 69, partendo dalla periferia dell'impero (2, 1), per convergere poi sull'Italia (2, 2), e infine restringere ulteriormente il campo sull'Urbe e sui suoi abitanti (2, 3). Il terzo capitolo oppone alle drammatiche scene del precedente il cenno a episodi di virtù, anche se di tono ugualmente tragico e alla fine (3, 2) torna a considerare l'impero nella sua globalità, ma in maniera ancora più allargata rispetto all'inizio, dato che abbraccia con lo sguardo il cielo e la terra. Il tono austero e solenne, in accordo con la gravità dei fatti che lo storico si appresta a narrare, è sottolineato da una serie di espedienti: in primo luogo la *brevitas* e lo stile nominale rendono le immagini particolarmente incisive e concrete, a volte anche grazie alla disposizione in climax ascendente, come per esempio in 2, 1, le quattro connotazioni di *opus, opimum... atrox... discors... saevom*. Insieme alla *brevitas*, in accordo con il modello sallustiano, si evidenzia anche il gusto per la *variatio*, che porta spesso a evitare parallelismi (come in 1, 3, *neque amore et sine odio*), peraltro non assenti (per esempio in 2, 1, *prosperae in Oriente, adversae in Occidente*). L'uso del chiasmo (per esempio in 3, 1, *propinqui audentes, constantes generi*) e delle antitesi (per esempio in 3, 2, *caelo terraque... laeta tristia, ambigua manifesta*) rende i concetti efficaci e icastici.

È però la capacità di chiudere le varie sequenze con *sententiae* folgoranti a conferire al passo un intenso tono declamatorio. Tutti e tre i primi capitoli si concludono con una memorabile *sententia*, in perfetto stile senecano, che deve la sua particolare forza proprio alla concentrazione:

- in 1, 4, *ubi sentire quae velis et quae sentias dicere licet*, in cui la disposizione sintattica di reggenti e subordinate forma un chiasmo;
- in 2, 3, *et quibus deerat inimicus, per amicos oppressi*, con la forte antitesi *inimicus/amicos*;
- in 3, 2, *non esse curae deis securitatem nostram, esse ultionem*, ancora con la antitesi *securitatem/ ultionem*.

Statua di Otone, 69 d.C. Parigi, Museo del Louvre.

Il senso del testo

UN ANNO CRUCIALE PER L'IMPERO Tacito comincia la narrazione delle *Historiae* a partire dal 69 in quanto tale anno è da lui avvertito come un momento cruciale nella storia del principato. Nel 69 l'impero precipitò a suo giudizio in uno dei periodi più bui, che sarebbe culminato con la tirannide di Domiziano. La morte di Nerone (nel 68), però, avrebbe potuto comportare una svolta: sarebbe potuto avvenire anche allora quello a cui Tacito stesso aveva assistito al momento della morte di Domiziano, nel 96, a cui era succeduto Nerva, che aveva inaugurato una nuova stagione di libertà (*sentire quae velis et quae sentias dicere*, in 1, 4).

TRA "TEODICEA" E INDAGINE RAZIONALE La funzione delle *Historiae* pare quella di capire perché l'impero dopo la morte di Nerone sia piombato nella più cupa desolazione. Nel disastro di Roma Tacito sembra avvertire una sorta di giustizia divina e così le *Historiae* paiono orientate a costruire una sorta di "teodicea", che stabilisca uno stretto rapporto tra la giustizia divina e il male in cui versa l'impero. In 3, 2, infatti, Tacito interpreta quanto accaduto dal 69 al 96 come frutto della volontà divina di punire i Romani per il loro comportamento immorale e sacrilego (*non esse curae deis securitatem nostram, esse ultionem*).

Anche se la storia di Roma sembra orientata dalla volontà divina, o in molte situazioni dal caso, Tacito non rinuncia comunque alla razionalità e riconosce che il suo compito è quello di separare le cause dagli effetti: *ut non modo casus eventusque rerum, qui plerumque fortuiti sunt, sed ratio etiam causaeque noscantur*, in 4, 1. Resta quindi in evidenza, pur nell'esame di un periodo particolarmente tormentato e dai segnali non chiari (*ambigua manifesta*, in 3, 2), la facoltà dello storico di distinguere le cause profonde dalle conseguenze, e quindi di individuare le responsabilità umane. Le *Historiae* dunque si presentano come un affresco vasto e insieme problematico, che cerca le cause del disastro, nella consapevolezza che, sebbene all'uomo molto resti nascosto (in quanto fenomeno "fortuito"), tuttavia le scelte dei singoli, spesso frutto di condotta immorale, contribuiscono in modo determinante a costruire la storia umana.

LA *RARA TEMPORUM FELICITAS*: ELOQUENZA E LIBERTÀ Il messaggio di Tacito può apparire pessimista: egli in effetti non attenua le bassezze morali dei personaggi, ma una nota di ottimismo va riscontrata proprio nell'atto di scrivere in un periodo che sente radicalmente diverso e migliore di quello oggetto dei suoi studi. Tacito sente di poter svolgere la sua indagine perché le condizioni politiche gli permettono di esprimersi *neque amore et sine odio* (1, 3) verso qualsiasi soggetto. Anche se non si nasconde che la funzione storica del principato voluto da Augusto nel lontano 31 a.C. è stata quella di riportare la pace (*omnem potentiam ad unum conferri pacis interfuit*, in 1, 1), tale ordinamento tuttavia ha comportato la perdita della libertà di pensiero e di parola con un notevole scadimento dell'attività storiografica (*veritas pluribus modis infracta*, in 1, 1), a causa della faziosità o della cortigianeria (*libidine adsentandi* e *odio*, in 1, 1). Per questo, in 1, 1, Tacito stabilisce una precisa corrispondenza tra *eloquentia* e *libertas*, per quanto riguarda il passato: ora invece, mentre scrive, senza che lo Stato sia tornato alla *res publica*, è tuttavia tornata la *libertas*. Sottesa alle *Historiae* resta perciò la ricerca del motivo per cui per tanto tempo non sia stato possibile unire *libertas* e *principatus*: il valore dell'opera consiste nel ricordare che l'uomo, con una serie di scelte dissennate, può portare sull'orlo del baratro la propria civiltà, ma ovviamente può fare anche il contrario.

LEGGO E COMPRENDO

1. Quali giudizi sono espressi da Tacito sulla storiografia romana anteriore e successiva alla battaglia di Azio?

2. Attraverso quali accorgimenti stilistici Tacito riesce a ottenere un tono austero e solenne?

3. Quale sembra essere la funzione delle *Historiae* di Tacito?

L'OPERA | LE *HISTORIAE*

DATAZIONE, TITOLO, GENERE E FONTI Tacito si dedica alla composizione delle *Historiae* durante il primo decennio del II secolo d.C.; il titolo dell'opera è dovuto al fatto che si racconta una parte della storia di Roma di cui l'autore è stato testimone. Il genere a Roma vantava una consistente tradizione: il primo a praticarlo era stato Sempronio Asellione, uomo politico del II secolo a.C. che aveva dedicato la sua opera alla narrazione di vicende a cui egli aveva assistito, gli sconvolgimenti subìti dallo Stato durante il periodo dei Gracchi. L'opera di Asellione intendeva approfondire le cause degli avvenimenti, senza limitarsi alla pura registrazione dei fatti, come avveniva invece nella tradizionale annalistica senatoria. Sulla scorta di Sempronio Asellione composero *Historiae* relative ad avvenimenti a cui avevano preso parte anche Cornelio Sisenna (nella prima metà del I secolo a.C.) e Sallustio (nella seconda). Tacito, come dichiara nel proemio all'opera, si ispira ai medesimi princìpi, affermando di aver preso parte alla vita politica nel periodo trattato (1, 1, 3) e di voler indagare le cause degli avvenimenti (1, 4, 1).
Per quanto riguarda le fonti, Tacito attinse in molte parti ai suoi ricordi personali, oltre che a quelli delle persone della sua cerchia, come il suocero Agricola. Tra gli scrittori egli ricorda esplicitamente soltanto Vipstano Messalla (oratore, storico e politico, contemporaneo di Tacito, che compare anche come uno dei protagonisti

del *Dialogus de oratoribus*) e Plinio il Vecchio. Nel corso dell'opera tuttavia accenna anche alla consultazione di altri storici.

STRUTTURA E CONTENUTO Delle *Historiae* a noi sono giunti i primi quattro libri e parte del quinto. Secondo una notizia riferita da San Girolamo la somma dei libri delle *Historiae* e degli *Annales* era di trenta, per cui gli studiosi di solito suppongono che le *Historiae* fossero contenute in quattordici libri, dato che gli *Annales* paiono terminare con il libro XVI. Esiste tuttavia una fondata ipotesi in base alla quale le opere fossero divise in esadi (gruppi di sei libri), per cui le *Historiae* avrebbero avuto 12 libri e gli *Annales* 18. Il contenuto dei libri superstiti è il seguente.

- Libro I: dopo i primi tre capitoli di proemio, c'è un sintetico riassunto degli avvenimenti del 68 successivi all'eliminazione di Nerone, quindi si narra dell'insurrezione delle legioni in Germania, con a capo Vitellio, la nomina da parte di Galba di Pisone come suo successore, la rivolta a Roma dei pretoriani, guidati da Otone, a cui fa seguito l'uccisione di Galba e Pisone. Otone, ottenuto il potere, cerca di stabilizzarlo rimanendo a Roma.
- Libro II: le legioni comandate da Vitellio si scontrano con l'esercito di Otone a Bedriaco, nei pressi di Cremona; in seguito alla vittoria di Vitellio Otone si suicida; nel frattempo in Oriente le legioni proclamano imperatore Vespasiano, che era stato designato da Nerone come generale dell'esercito inviato a sedare la rivolta giudaica.
- Libro III: Antonio Primo, al comando delle legioni di stanza in Pannonia, partigiano di Vespasiano, sconfigge sempre a Bedriaco le truppe di Vitellio (nella seconda battaglia di Bedriaco). A Roma il prefetto della città, Flavio Sabino, cerca di contrastare i fedeli di Vitellio e agevolare l'arrivo in città di Vespasiano. Negli scontri tra le fazioni che devastano l'Urbe viene incendiato il Campidoglio. Prevalgono i partigiani di Vespasiano e Vitellio viene ucciso. Roma e l'Italia sono messe a ferro e fuoco dalle legioni.
- Libro IV: dopo un *excursus* sulle delazioni che avevano avvelenato il clima politico durante l'impero di Nerone, si racconta la rivolta dei Germani guidati da Giulio Civile, repressa da Petilio Ceriale. Vespasiano riceve favorevoli presagi ad Alessandria.
- Libro V: viene narrato l'assedio di Gerusalemme, con un *excursus* sulla storia del popolo ebraico, verso il quale lo storico dimostra disprezzo, in quanto lo ritiene chiuso nelle proprie tradizioni e incapace di aprirsi ai valori della romanità (il libro per noi si interrompe al cap. 26).

Le *Historiae*, come afferma Tacito stesso nel proemio, non si limitano alla sola notazione degli avvenimenti, ma si configurano come una articolata e profonda riflessione sull'impero, sui suoi presupposti, sul modo in cui l'impero possa reggersi e mantenersi stabile. Lo sguardo dello storico non si sofferma solo sui protagonisti, ma si occupa anche delle masse (sulle quali esprime un giudizio negativo) e soprattutto sugli eserciti, paventando che le sorti dell'impero finiscano in balia dell'umore volubile dei legionari.

Legionari romani che costruiscono un accampamento fortificato: particolare della Colonna Traiana, I sec. d.C. Roma.

GUIDA ALLO STUDIO

1. Che cosa indica la scelta del titolo *Historiae* e quali precedenti latini segue?

2. Che cosa ci è rimasto delle *Historiae* e quali ipotesi sono state formulate sulla loro struttura completa?

3. Su quali aspetti si concentra la riflessione di Tacito, oltre alla narrazione dei fatti?

T6

ITALIANO

Il discorso di Galba

Historiae 1, 15-16

Nei primi giorni di gennaio del 69 a Galba – acclamato imperatore dalle legioni spagnole, nel 68 d.C. – viene recata la notizia della rivolta delle legioni di stanza nella Germania Superiore. Galba decide perciò di affrettare la nomina di un successore ufficiale all'impero, per dare stabilità al suo potere, che appariva instabile non solo per l'imminente guerra civile, ma anche per la sua età avanzata; convoca i personaggi più autorevoli dello Stato e comunica di fronte a loro la decisione di adottare il nobile Pisone, indicandolo implicitamente come successore, secondo la prassi che aveva inaugurato Augusto. Il discorso che Galba rivolge ai pochi presenti costituisce una delle pagine più note dell'intera opera di Tacito perché, sebbene probabilmente in buona parte frutto della libera ricostruzione dell'autore, in essa si ritrovano i cardini del principio della "scelta del migliore", ossia della modalità di trasmissione del potere che Tacito riteneva più utile alla salvaguardia dello Stato.

[**15, 1**] Perciò si dice che Galba, dopo aver preso la mano di Pisone[1], abbia parlato in questo modo: «Se io, da privato cittadino, adottassi te in base a una legge curiata, di fronte ai pontefici[2], sia sarebbe per me eccellente accogliere tra i miei penati la discendenza di Gneo Pompeo e Marco Crasso, sia per te onorevole aver aggiunto alla tua nobiltà gli onori dei Sulpici e dei Lutazi[3]: ora la tua nobile indole e il tuo amor di patria inducono me, chiamato all'impero con il consenso degli dèi e degli uomini, a offrirti, approfittando di un periodo di pace, il principato, per il quale i nostri antenati hanno combattuto in armi; faccio questo sul modello del divinizzato Augusto, che elevò al rango più elevato, vicinissimo a sé, Marcello figlio della sorella, poi il genero Agrippa, quindi i suoi nipoti, in ultimo il figlio adottivo Tiberio Nerone[4]. [2] Augusto tuttavia cercò il successore in famiglia, io nello Stato, non perché non abbia parenti o compagni d'armi, ma io non ho ricevuto il potere grazie all'ambizione personale, e prova del mio modo di vedere sia non tanto la mia parentela, che ho posposto a te, ma anche la tua. Tu hai un fratello di pari nobiltà, più anziano di età, degno di questo incarico, se tu non fossi migliore[5]. [3] La tua età è tale da aver ormai abbandonato le intemperanze giovanili, il tuo modo di vita tale che tu non abbia nulla da farti perdonare nel tuo passato. Finora hai incontrato solamente sfortuna: la fortuna mette l'animo alla prova con assilli più pungenti, poiché le sventure sono tollerate, ma dalla fortuna veniamo corrotti. [4] Tu di certo manterrai con inalterata costanza la lealtà, la libertà di giu-

1. Lucio Calpurnio Pisone Liciniano Frugi aveva allora circa trent'anni e apparteneva a una famiglia perseguitata da Nerone e da Claudio. Un suo parente fu tra i promotori della congiura contro Nerone del 65 a.C. nella quale morirono Seneca e Petronio. Costretto all'esilio per salvare la vita, Pisone non ebbe la possibilità di partecipare alla vita politica, fino al momento della morte di Nerone.
2. Secondo le usanze romane, l'adozione di una persona non più sottoposta alla patria potestà (come in questo caso) è una *adrogatio* (l'*adoptio* avviene con l'adozione di un minorenne) e viene convalidata dai comizi curiati (antichissima assemblea, sostituita simbolicamente da trenta littori) e dal collegio dei pontefici. Galba, in quanto imperatore, era pontefice massimo.
3. Pisone per parte di madre discendeva da Pompeo Magno e da Crasso, il triumviro. Servio Sulpicio Galba discendeva per parte di madre dalla famiglia dei Lutazi, nota per il console Lutazio Catulo, autore della vittoria determinante dei Romani sui Cartaginesi presso le Isole Egadi durante la prima guerra punica.
4. Augusto aveva indicato come successori coloro che in qualche modo erano legati a sua figlia Giulia: prima Marcello (morto nel 23 a.C.), figlio di sua sorella Ottavia e primo marito di Giulia, poi Marco Agrippa (morto nel 12 a.C.), secondo marito di Giulia; quindi Lucio e Gaio Cesare, figli di Giulia e Agrippa, morti rispettivamente nel 2 e nel 4 d.C.; per ultimo il figliastro Tiberio, terzo marito di Giulia. Tutti, tranne Agrippa, erano stati adottati da Augusto.
5. Il fratello di Pisone era Antonio Crasso Scriboniano, di cui si parla nel libro IV delle *Historiae*.

dizio, l'amicizia[6], ma altri le faranno diminuire con il servilismo: faranno irruzione l'adulazione, la cortigianeria e il peggior nemico della sincerità, l'interesse personale di ciascuno. Anche se oggi io e te parliamo con la massima semplicità tra di noi, gli altri si rivolgeranno più volentieri alla nostra posizione privilegiata che a noi stessi: infatti costa molta fatica suggerire al principe quanto sia veramente necessario, mentre la condiscendenza nei confronti di qualunque principe si compie senza patema d'animo. [**16, 1**] Se l'immensa mole dell'impero stesse in equilibrio e rimanesse bilanciata senza una guida, io sarei stato la persona adatta perché riprendesse inizio la repubblica: ora tuttavia si è giunti a una congiuntura tale che né la mia età avanzata può procurare al popolo romano più di un valido successore, né la tua giovinezza più di un valido principe. Sotto Tiberio e Caligola e Claudio siamo stati quasi il patrimonio ereditario di una sola famiglia: prenderà il posto della libertà il fatto che diamo inizio alla scelta del successore; una volta terminata la famiglia giulio-claudia il meccanismo dell'adozione si incaricherà di trovare il migliore. [**2**] Infatti vedere la luce e nascere in una famiglia di prìncipi è fenomeno casuale, né si va oltre con la valutazione: la facoltà di decidere riguardo a una adozione invece è piena e, qualora tu voglia scegliere, una indicazione viene dal consenso. [**3**] Teniamo presente Nerone, che, borioso per una lunga discendenza di Cesari, non Vindice con una provincia disarmata o io con una sola legione, ma la sua mania di grandezza, la sua lussuria hanno fatto precipitare dalla sommità dell'impero; e ancora non era capitato il caso di un principe condannato. [**4**] Noi chiamati al potere dalla guerra e dai nostri estimatori, convivremo con l'odio, sebbene integerrimi. Non spaventarti tuttavia, se due legioni non sono ancora in pace, in una rivolta che ha sconvolto il mondo[7]: neppure io ho preso il potere in un momento di stabilità e, una volta che sarà divulgata l'adozione, cesserò di apparire vecchio, la qual cosa solamente ora mi viene rinfacciata. Nerone sarà sempre rimpianto da tutti i peggiori: è compito mio e tuo fare in modo che non sia rimpianto anche dai buoni. [**5**] Non è ora il momento di dare consigli più a lungo, e ogni compito è stato concluso, una volta che io con te ho fatto una buona scelta. Il metodo più utile e allo stesso tempo più rapido per scegliere tra il bene e il male è pensare a che cosa avresti voluto o non voluto sotto un altro principe; infatti qui non c'è, come nei popoli dove vige la monarchia, una precisa casa regnante e gli altri sono sudditi, ma ti appresti a comandare su uomini che non sono capaci di sopportare né un'integrale servitù né un'integrale libertà». E Galba diceva queste parole o simili, come se stesse nominando un principe, gli altri parlavano come se ormai fosse stato eletto.

Busto dell'imperatore Galba, XVIII secolo. Cambridgeshire, Anglesey Abbey.

6. Nel testo latino *fides libertas amicitia*.
7. Si riferisce alle legioni della Germania, guidate nella rivolta da Vitellio, futuro imperatore: di fatto dalla morte di Nerone fino all'investitura di Vespasiano nel dicembre del 69 non ci fu un imperatore riconosciuto da tutto l'impero.

PER COMPRENDERE IL TESTO

Il testo e il contesto

L'IMPOSSIBILE RITORNO ALLA *RES PUBLICA* Il discorso di Galba si fonda sulla convinzione che, al momento della fine della dinastia giulio-claudia, sia ormai impensabile tornare alle istituzioni della libera repubblica (16, 1). I suoi nuclei concettuali sono i seguenti:

- l'adozione (o meglio l'*adrogatio*), che rientra nelle tradizioni di Roma, si giustifica come mezzo per la trasmissione pacifica del potere, sull'esempio di Augusto (15, 1-2);
- Augusto ha tuttavia cercato solo nella sua famiglia, mentre Galba ha cercato nell'intero Stato il migliore, ossia colui che sarà in grado di non farsi corrompere dall'adulazione (15, 3-4);
- l'unico mezzo per assicurare prosperità all'impero è trovare un successore al potere, evitando che Roma diventi la proprietà di una famiglia; la possibilità di scegliere il successore all'impero sostituisce le antiche libertà di cui il senato godeva durante la repubblica (16, 1);
- la successione ereditaria è affidata solo al caso, mentre l'adozione permette il controllo razionale sulla scelta e il consenso verso il successore designato; Nerone poteva vantare nobilissima stirpe, ma la sua condotta indegna lo ha portato alla rovina (16, 2);
- all'imperatore spetta il compito di decidere tra il bene e il male, nella consapevolezza del fatto che i Romani non sono disposti a essere sudditi, ma nemmeno sono più in grado di gestire la loro libertà (16, 3-4).

UNA PROCEDURA INSOLITA Galba per indicare il successore adotta una procedura insolita, che richiama formalmente, oltre alla procedura della *adrogatio*, anche la nomina degli antichi magistrati. Nel cap. 14, quello che precede il discorso, Tacito specifica che l'imperatore riunisce i *comitia imperii*, ossia «l'assemblea elettorale dell'impero»: istituzione mai esistita a Roma (è la prima volta che tale espressione ricorre nella letteratura e in realtà, stando al testo di Tacito, Galba convoca solo i suoi quattro più stretti collaboratori) e che pare, nella volontà di Galba, sostituire i *comitia curiata*, ossia una delle più antiche assemblee di Roma (che tra l'altro aveva l'incarico di ratificare le adozioni). Secondo l'antica procedura, Galba, in quanto presidente dell'assemblea elettorale, «nomina», nel senso che indica chiaramente il nome della persona designata (citandone gli ascendenti familiari, in 15, 1), che per i presenti risulta formalmente eletta (16, 4). La procedura scelta da Galba rappresenta quindi una sorta di mistione di tradizione e di innovazione.

Il senso del testo

DA GALBA A NERVA Del discorso di Galba non è fatta menzione nelle altre fonti su quel periodo storico, e anche per questo motivo molti studiosi del testo tacitiano hanno pensato che esso rappresenti una sorta di anticipazione (all'anno 69) del meccanismo di successione che sarà poi adottato da Nerva (nel 98), quando verrà indicato Traiano come erede dell'impero. In un certo senso Tacito rende esplicite, attribuendole a Galba, le sue idee sulla corretta gestione della successione imperiale: una prassi che, però, avrebbe preso corpo solo nel 98 con l'adozione di Traiano da parte di Nerva. L'adozione come "scelta del migliore" è valutata positivamente da Tacito (e da altri intellettuali, come Plinio il Giovane), per i motivi che emergono proprio dalle parole di Galba riferite nelle *Historiae*: l'impero non può rimanere saldo se non sotto la guida di una persona sola, e questa persona (alla quale spetta il compito di resistere alle lusinghe del potere) va scelta con estrema attenzione non nella famiglia del principe, ma tra i migliori personaggi dell'impero; il senato, accordando a un solo uomo il potere, rinuncia a una delle sue facoltà più importanti, ma nello stesso tempo, recupera la dignità che pareva irrimediabilmente perduta sotto il potere prima della famiglia giulio-claudia e poi flavia («prenderà il posto della libertà il fatto che diamo inizio alla scelta del successore», dice Tacito in 16, 1).

UN SIGNIFICATO AMBIGUO Bisogna considerare il fatto che la scelta operata da Galba nel 69 si sarebbe rivelata fallimentare: dopo pochi giorni, infatti, proprio a causa dell'adozione di Pisone, gli eventi sarebbero precipitati e il nobile Otone (il quale aspirava alla adozione e alla successione) avrebbe fatto eliminare Galba e lo stesso Pisone. Divampate nuovamente le guerre civili, in Italia e nelle province regnò il caos, fino a quando alla fine dell'anno fu chiaro il prevalere di Vespasiano. L'adozione quindi non fu una prassi risolutiva. Galba evidentemente sbagliò la scelta: Roma aveva bisogno di un imperatore energico, di un militare, mentre Pisone era un intellettuale. Nel 98 Nerva non fece il medesimo errore, perché adottò e così designò alla successione il più abile dei generali, Traiano.

LEGGO E COMPRENDO

1. Dividi il brano in sequenze e assegna a ciascuna sequenza un titolo che ne presenti brevemente il contenuto.

2. Per quali ragioni possiamo supporre che il discorso di Galba rispecchi in realtà il punto di vista di Tacito?

3. Quali somiglianze e quali differenze possiamo ravvisare tra l'adozione di Pisone da parte di Galba nel 69 e quella di Traiano da parte di Nerva nel 98?

T7

ITALIANO

La guerra nelle vie della città: l'incendio del Campidoglio

| *Historiae* 3, 71-72, 1; 83 |

Dopo una battaglia presso Bedriaco, vicino a Cremona, le forze di Vitellio, succeduto a Otone nei tumultuosi eventi dell'anno 69, sono sconfitte dalle legioni di Vespasiano. A Roma la situazione precipita nel caos, perché il prefetto della città, Flavio Sabino, cerca di preparare l'ingresso nell'Urbe del fratello Flavio Vespasiano, acclamato dalle sue truppe nuovo imperatore ma al momento ancora in Oriente; i partigiani di Vitellio, però, oppongono strenua resistenza, nonostante Vitellio stesso sia convinto della necessità di lasciare il campo all'avversario.

Nel caos degli scontri che avvengono in Roma tra vitelliani e flaviani, va a fuoco il tempio di Giove sul Campidoglio, simbolo della città, mai preso nemmeno dai più pericolosi nemici di Roma. Quando poi le legioni di Vespasiano riescono a entrare in città e ad avanzare attraverso le vie lottando contro l'aspra resistenza nemica, la plebe dell'Urbe fa il tifo per l'una o l'altra parte, in uno scenario di degradazione morale inaudito, come se si trovasse a uno spettacolo di gladiatori nell'anfiteatro.

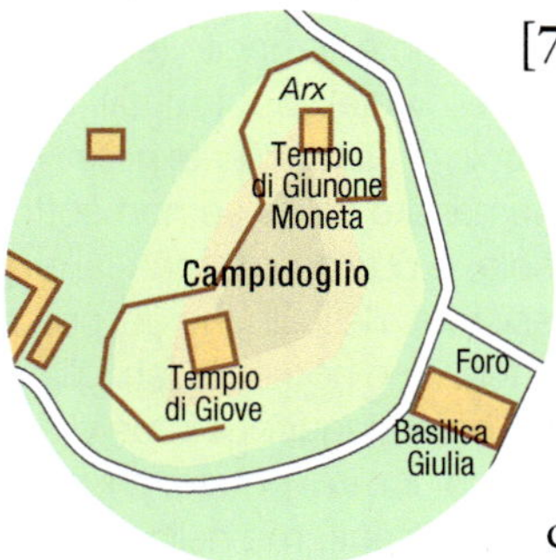

[71, 1] Non appena Marziale[1] fu di ritorno [*da Sabino*] in Campidoglio, la truppa inferocita si faceva sotto, senza un comandante, ognuno per sé. Marciando rapidamente, una volta superato il Foro e i templi che si ergono sul Foro fanno salire la schiera attraverso il colle fino alle prime porte della rocca capitolina. Fin dall'antichità, sulla destra per chi entrava, c'erano sul lato del colle dei portici, saliti sui tetti dei quali i flaviani assediati tempestavano i vitelliani con pietre e tegole. [2] Questi non avevano in mano altre armi che le spade e pareva operazione troppo lunga avvicinare macchine da lancio o armi da getto: gettavano delle torce sulla parte sporgente del portico e avanzavano seguendo il fuoco e sarebbero penetrati attraverso le porte in fiamme del Campidoglio, se Flavio Sabino non avesse ammonticchiato proprio all'ingresso le statue erette per la gloria degli antenati, una volta divelte da ogni parte. [3] Allora i vitelliani prendono d'assalto altri accessi del Campidoglio, presso il bosco sacro dell'asilo[2] e dove si accede alla rupe Tarpea[3] dai cento gradini. Esplode la lotta da entrambe le parti; infuriava più serrata e aspra nella zona dell'asilo. E non potevano essere fermati quelli che si arrampicavano sugli edifici addossati gli uni agli altri, che, in quanto assai sviluppati in altezza durante il lungo periodo di pace, arrivavano proprio all'altezza della sommità del Campidoglio[4]. [4] Qui non è chiaro se abbiano gettato il fuoco sui tetti gli assedianti o, secondo la voce

1. Cornelio Marziale è il centurione primipilare, ossia il sottufficiale più alto in grado, delle truppe di Flavio Sabino, che è asserragliato in Campidoglio per difendersi dai vitelliani. Marziale aveva trasmesso a Vitellio il disappunto di Sabino per il fatto che Vitellio non aveva rispettato i patti di resa e non aveva annunciato chiaramente alle sue truppe che non voleva più essere imperatore. I vitelliani, anche in assenza di ordini precisi, prendono l'iniziativa di assediare Sabino in Campidoglio, convinti di poter ancora tenere saldo il trono di Vitellio.
2. Il colle Campidoglio aveva due cime: a nord (a destra per chi sale dal Foro) l'*Arx* con il tempio di Giunone Moneta, e a sud (a sinistra per chi sale dal Foro) il *Capitolium* vero e proprio; tra i due rilievi vi era una zona morfologicamente simile a una sella, detta *Asylum*, con un bosco sacro, dove si diceva che Romolo avesse accolto gli sbandati e i briganti dei dintorni intenzionati a unirsi a lui per fondare Roma.
3. La rupe Tarpea era la sporgenza rocciosa del Campidoglio, verso il Tevere, che si affacciava con un salto di diversi metri sulla piana sottostante. È visibile ancora oggi.
4. Si intende che i palazzi costruiti sulle pendici del colle erano tanto alti che i loro tetti arrivavano al livello della sommità del colle.

più insistente, se lo abbiano fatto gli assediati nel respingere quelli che si sforzavano di spingersi avanti. Da lì il fuoco si propagò ai portici addossati al tempio, subito le aquile di legno antico che sostenevano il tetto attirarono e alimentarono le fiamme. Così bruciò il Campidoglio, a porte chiuse, senza essere difeso, né saccheggiato.

[72, 1] Avvenne allora il disastro più doloroso e più vergognoso capitato allo Stato di Roma dalla fondazione della città, senza nessun nemico esterno, con gli dèi propizi, se l'avessero reso possibile i nostri comportamenti: la dimora di Giove Ottimo Massimo, fondata secondo gli auspici divini dagli antenati come pegno del potere, quella che non avevano potuto insidiare né Porsenna, quando la città era stata consegnata[5], né i Galli, quando era stata espugnata[6], andò a fuoco completamente per la follia dei prìncipi[7].

[...][8]

[83, 1] Il popolo stava come spettatore a lato dei duellanti e come in un combattimento del circo faceva il tifo con urla e applausi ora per questi ora per quelli. Quando una delle due parti era risultata perdente, mentre chiedeva a gran voce che fossero stanati e sgozzati quanti si erano rifugiati nelle botteghe o nelle case private, il popolo si impossessava della maggior parte del bottino: infatti, mentre i soldati erano occupati con il sangue e la strage, le spoglie dei vinti finivano nelle mani del popolaccio. [2] L'aspetto dell'intera città era selvaggio e ributtante: da un lato combattimenti e ferite, dall'altro gente nei bagni pubblici e nelle bettole; insieme pozze di sangue e mucchi di cadaveri, lì vicino prostitute e gente degna di loro; c'era lo spettacolo della peggiore lussuria di una città in tempo di pace e la peggiore violenza di una città preda dei nemici, al punto che avresti creduto che la medesima città fosse in preda alla follia e alla lascivia. [3] Anche prima eserciti in armi avevano combattuto nella città, due volte con la vittoria di Lucio Silla, una volta con quella di Cinna, e non ci fu meno crudeltà allora[9]: ma ora c'era una indifferenza disumana e nemmeno per un attimo furono interrotti i divertimenti; come se si aggiungesse anche questo divertimento a giorni già dedicati alla festa, tutti gioivano e non si preoccupavano minimamente delle fazioni in lotta, lieti della rovina dello Stato.

5. Porsenna, re di Chiusi, cercò di ricondurre sul trono di Roma i re Tarquini, cacciati dalla città nel 509 a.C.: secondo la leggenda Porsenna, ammirato per l'eroismo dei Romani, non conquistò la città, ma proprio questo luogo di Tacito fa sospettare che prima di ottenere la pace i Romani si siano consegnati a Porsenna, il quale, pur senza restaurare la monarchia dei Tarquini, detenne il potere sulla città per alcuni anni.
6. Si tratta della presa di Roma da parte dei Galli di Brenno nel 390 circa a.C.: secondo la tradizione i Galli si ritirarono senza aver espugnato il Campidoglio.
7. Cioè Vitellio e Vespasiano; questi, poi, una volta ottenuto il potere, fece ricostruire il tempio di Giove e lo inaugurò dieci anni dopo.
8. Nei paragrafi omessi si racconta la storia del Campidoglio e poi l'ultimo assalto dei vitelliani alla rocca, con la strage dei flaviani e la cattura e uccisione di Flavio Sabino. Nel frattempo un esercito di Vitellio distrugge la guarnigione di flaviani nella città di Terracina e si appresta ad assalire Roma, ma in città giungono prima le legioni di Vespasiano, muovendo dall'Umbria, guidate da Antonio Primo. Questi entra nell'Urbe e piega la resistenza di Vitellio e dei suoi, combattendo attraverso le vie della città.
9. Silla nell'88 a.C. fece strage dei seguaci di Mario, mentre l'anno successivo Cinna fece strage dei seguaci di Silla. Nell'82 a.C. poi, di ritorno dalle campagne in Oriente, Silla fece di nuovo ingresso in armi a Roma e prese il potere con la violenza, eliminando gli avversari mariani.

Il testo e il contesto

NELL'IMPERO REGNA IL CAOS Il 69 fu un anno di terribile caos e di anarchia nell'impero: Otone il 15 gennaio fece assassinare Galba e Pisone (➤ **T6**), facendosi nominare imperatore, ma nel frattempo le legioni della Germania insorsero, acclamando come imperatore il loro generale Vitellio. Questi scese verso l'Italia e incontrò la resistenza degli otoniani attestata sul Po, tra Piacenza e Cremona. Lo scontro avvenne il 14 aprile nei pressi di Bedriaco (vicino a Cremona, con la cosiddetta "prima battaglia di Bedriaco") e determinò la sconfitta di Otone, che si suicidò. Vitellio divenne imperatore e si recò a Roma con l'intenzione di ridare all'impero un assetto pacifico, ma le legioni delle province orientali e in particolare quelle impegnate nella guerra giudaica acclamarono come imperatore il loro generale Tito Flavio Vespasiano. Questi, mentre rimaneva in Oriente per preparare adeguatamente il suo ingresso a Roma, inviò verso l'Italia parte degli eserciti, sotto la guida di alcuni suoi luogotenenti, il principale dei quali fu Antonio Primo. Antonio sconfisse le truppe dell'imperatore Vitellio sempre a Bedriaco (nella cosiddetta "seconda battaglia di Bedriaco", avvenuta il 24 ottobre) e si mosse verso Roma. Nella capitale il prefetto era allora Flavio Sabino, fratello maggiore di Vespasiano, che si preoccupò di trattare con Vitellio perché lasciasse il potere e agevolasse l'arrivo del nuovo imperatore. Vitellio non rifiutò l'idea di andarsene, ma le sue truppe di stanza nella capitale gli impedirono di ritirarsi, non volendo perdere la loro posizione di privilegio. Sabino, dunque, mentre attendeva l'arrivo di Antonio Primo (e successivamente quello di Vespasiano stesso), fu assediato dai vitelliani sul Campidoglio e il 19 dicembre durante gli scontri l'antico tempio di Giove, venerato simbolo della città, andò distrutto dal fuoco (par. 71). I vitelliani allora ebbero la meglio e Sabino venne barbaramente trucidato. Quando le truppe di Vespasiano, guidate da Antonio Primo, entrarono a Roma, i vitelliani opposero un'aspra resistenza tra le vie della città e la guerra si svolse sotto gli occhi indifferenti e talora divertiti della plebe urbana (par. 83). Alla fine Antonio sgominò la resistenza e anche Vitellio, che fino ad allora era rimasto assolutamente incerto sul da farsi, fu ucciso.

Il senso del testo

LA PLEBE URBANA E L'ESERCITO L'attenzione di Tacito si sofferma sulla completa irrazionalità del volgo, che con occhi di aristocratico lo storico osserva in modo sprezzante. Il biasimo colpisce allo stesso modo sia i soldati (di entrambe le parti) sia la plebe urbana: i primi, a causa dell'incapacità dei loro comandanti, agiscono per iniziativa personale o puro desiderio di bottino, dunque con comportamenti inammissibili per la tradizionale disciplina dell'esercito romano; la seconda non riesce a distinguere tra una vera scena di guerra e i giochi dei gladiatori nell'anfiteatro, in un misto di bestialità, follia e lussuria.

L'amarezza di Tacito si concentra nel commento del par. 72, 1, dove osserva che i Romani stessi riuscirono a compiere quanto non era riuscito ai peggiori nemici di

Rissa all'anfiteatro, 55-79 d.C. Napoli, Museo Archeologico Nazionale.

Roma, ossia la distruzione del tempio capitolino. Il punto di vista dello storico appare chiarissimo anche quando afferma che gli dèi sono favorevoli a Roma (come si può evincere dal fatto che la città ha raggiunto il dominio del mondo), ma sono i Romani stessi che in un certo modo ostacolano il cammino del fato e la volontà degli dèi, avendo abbandonato gli antichi costumi ed essendone divenuti indegni. In un passo successivo delle *Historiae* (4, 54) Tacito avrebbe poi ricordato che la notizia dell'incendio del Campidoglio destò profonda emozione nelle province e che soprattutto in Gallia venne interpretato dai Druidi come sicuro presagio della fine del potere di Roma.

La gravità dei fatti accaduti nel 69 secondo Tacito risiede proprio nella degradazione morale a cui è giunto il popolo romano: non è infatti la guerra civile tra le vie della città a dare scandalo (fenomeno gravissimo, ma non nuovo), ma l'indifferenza e la superficialità con cui questi fatti vengono percepiti e vissuti dal popolo, che non interrompe la consueta baldoria nemmeno di fronte ai mucchi di cadaveri. In tal senso, anche nel racconto delle amare vicende del 69 emerge il filo rosso delle *Historiae*, ossia la riflessione sulle cause dell'instabilità e della precarietà del potere di Roma.

LEGGO E COMPRENDO

1. Riassumi il contesto storico all'interno del quale si collocano i fatti narrati in questo brano.

2. Qual è l'atteggiamento di Tacito nei confronti della plebe urbana?

3. Come viene delineato il rapporto tra volontà divina e responsabilità umana in questo passo?

T8

LATINO

Il discorso di Petilio Ceriale

Historiae 4, 73-74

Durante i tumultuosi avvenimenti del 69, Giulio Civile, un principe della tribù germanica dei Batavi, stanziati presso la foce del Reno, decise di approfittare del malcontento suscitato nella sua e nelle altre tribù germaniche dalle leve forzate imposte da Vitellio per fronteggiare gli eserciti di Vespasiano e per istigare alla rivolta l'intera popolazione germanica e quella gallica, con l'intenzione di unire le province settentrionali dell'impero romano in un nuovo Stato gallo-germanico. I Romani, dopo aver subito una serie di sconfitte, una volta divenuto imperatore Vespasiano, nel 70 inviarono contro Giulio Civile un grosso esercito di otto legioni guidato da Petilio Ceriale, che riuscì a vincere Civile e sedare la rivolta.

*Prima della battaglia risolutiva, Tacito introduce in forma di discorso le parole dei comandanti. Qui leggiamo il discorso di Petilio Ceriale (entrato nella colonia di Treviri (*Trier*), uno dei centri della sommossa), rivolto ai capi delle tribù galliche dei Treveri e dei Lingoni, nella speranza di dissuaderli dal rimanere uniti a Giulio Civile. Il passo è molto importante perché nelle argomentazioni di Petilio Ceriale troviamo quella che si può considerare la giustificazione storica dell'impero romano secondo Tacito.*

[73, 1] Mox Treviros ac Lingonas ad contionem vocatos ita adloquitur: «Neque ego umquam facundiam exercui, et populi Romani virtutem armis adfirmavi: sed quoniam apud vos verba plurimum valent bonaque ac mala non sua natura, sed vocibus seditiosorum aestimantur, statui pauca disserere quae profligato bello utilius sit vobis audisse quam nobis dixisse.

[73, 1] **Mox... adloquitur**: il soggetto sott. è Petilio Ceriale; i Treveri e i Lingoni sono tribù galliche note ai Romani sin dai tempi di Cesare ed erano stanziate rispettivamente nella Gallia Belgica e nella zona della Marna. • **quoniam... aestimantur**: proposizioni causali, il cui senso è certamente poco diplomatico nei confronti dei Galli, in quanto li accusa di prendere decisioni più in base alle parole dei sediziosi che in base ai fatti. • **quae... dixisse**: «che, ora che la guerra è bene intrapresa, sia più utile per voi aver ascoltato che per noi aver detto»; proposizione relativa impropria con valore consecutivo; *utilius sit* concorda a senso con il pronome relativo neutro *quae* (il cui antecedente è *pauca*); *quae* è in accusativo e rappresenta il complemento oggetto degli infiniti (con funzione soggettiva) *audisse* e *dixisse*; *quam* introduce il secondo termine di paragone; *profligato bello* è un ablativo assoluto ed è riferito al fatto che l'arrivo delle legioni di Petilio Ceriale nella regione aveva reso i rivoltosi meno certi della vittoria finale.

[2] Terram vestram ceterorumque Gallorum ingressi sunt duces imperatoresque Romani nulla cupidine, sed maioribus vestris invocantibus, quos discordiae usque ad exitium fatigabant, et acciti auxilio Germani sociis pariter atque hostibus servitutem imposuerant. Quot proeliis adversus Cimbros Teutonosque, quantis exercituum nostrorum laboribus quove eventu Germanica bella tractaverimus, satis clarum. Nec ideo Rhenum insedimus ut Italiam tueremur, sed ne quis alius Ariovistus regno Galliarum potiretur. [3] An vos cariores Civili Batavisque et transrhenanis gentibus creditis quam maioribus eorum patres avique vestri fuerunt? Eadem semper causa Germanis transcendendi in Gallias, libido atque avaritia et mutandae sedis amor, ut relictis paludibus et solitudinibus suis fecundissimum hoc solum vosque ipsos possiderent: ceterum libertas et speciosa nomina praetexuntur; nec quisquam alienum servitium et dominationem sibi concupivit ut non eadem ista vocabula usurparet.
[74, 1] Regna bellaque per Gallias semper fuere donec in nostrum ius concederetis. Nos, quamquam totiens lacessiti, iure victoriae id solum vobis addidimus, quo pacem tueremur; nam neque quies gentium sine armis neque arma sine stipendiis neque stipendia sine tributis haberi queunt. Cetera in communi sita sunt: ipsi plerumque legionibus nostris praesidetis, ipsi has aliasque provincias regitis; nihil separatum clausumve.

[2] **Terram vestram**: complemento di moto a luogo da unire a *ingressi sunt*. • **maioribus... invocantibus**: ablativo assoluto con valore causale, «poiché li chiamavano i vostri antenati». Petilio Ceriale ricorda che l'intervento di Cesare in Gallia era stato giustificato con il fatto che la tribù gallica degli Edui aveva chiesto al proconsole di Roma di essere difesa dallo sconfinamento nel suo territorio della tribù dei Sequani, spinti a loro volta dall'invasione dei germani Elvezi, comandati dal re Ariovisto (che Ceriale ricorda poco sotto). • **et acciti... imposuerant**: «e i Germani chiamati in aiuto avevano imposto la schiavitù allo stesso modo agli alleati e ai nemici»; la congiunzione *et* coordina la proposizione *acciti... imposuerant* alla proposizione principale *Terram... cupidine*, anche se in realtà esprime concettualmente un fenomeno precedente a essa in ordine di tempo e quindi secondo le abitudini sintattiche della prosa classica avrebbe dovuto essere espressa con *cum* + congiuntivo (in questi casi si parla di «paraipotassi», dato che si trova in paratassi quanto necessiterebbe di ipotassi); *auxilio* è dativo di fine. • **Quot... clarum**: la proposizione principale è *satis clarum* (sott. *est*) e regge le tre proposizioni interrogative indirette precedenti, il predicato delle quali è per tutte *tractaverimus* e il complemento oggetto è *Germanica bella*; *Quot* (aggettivo interrogativo indeclinabile, «con quanti») *proeliis*, *quantis laboribus* e *quo* (*-ve* è congiunzione disgiuntiva) *eventu* sono tutti in ablativo strumentale. I Cimbri e i Teutoni sono tribù germaniche che avevano sconfinato nella Gallia Transalpina e Cisalpina alla fine del II secolo a.C. e che, dopo aver terrorizzato la popolazione delle province, erano state fermate da Mario. • **Nec... potiretur**: *Rhenum insedimus* (sott. «noi Romani») significa lett. «ci siamo stanziati sul Reno»; *ut* e *ne* introducono due proposizioni finali; *quis* è pronome indefinito; *regno* è ablativo richiesto dal verbo *potiretur*.

[3] **An... fuerunt?**: *An... creditis* è una proposizione interrogativa diretta retorica (con risposta negativa) e regge la proposizione infinitiva *vos... gentibus*, il cui soggetto è *vos* e il predicato nominale è *cariores* (sott. *esse*), che a sua volta regge la proposizione comparativa *quam... fuerunt*. • **Eadem... possiderent**: *Germanis* è dativo di possesso (è sott. il predicato *fuit*); *transcendendi* è genitivo del gerundio, complemento di specificazione del soggetto *Eadem... causa*; *libido*, *avaritia* e *amor* (di cui il costrutto del gerundivo *mutandae sedis* è specificazione, «il desiderio di mutare dimora») sono apposizioni del soggetto *Eadem causa*; *ut* introduce una proposizione completiva volitiva al congiuntivo (nella traduzione italiana si può inserire un verbo di volontà, «vogliono possedere...»); *relictis... suis* è un ablativo assoluto con valore temporale, «dopo aver lasciato le loro paludi e distese disabitate». • **ceterum... usurparet**: *ceterum* è avverbio, «del resto»; *praetexuntur* è presente da *praetexo*, «vengono addotti come causa»; «e nessuno ha desiderato la schiavitù altrui e il potere per sé in modo tale da non appropriarsi delle stesse identiche parole»; *ut* introduce una proposizione consecutiva negativa.
[74, 1] **Regna**: va inteso in senso negativo, come «tirannidi». • **fuere**: equivale a *fuerunt*: • **donec... concederetis**: «fino a quando non vi siete sottomessi alla nostra legge»; *donec* introduce una proposizione temporale che esprime azione contemporanea alla reggente. • **quamquam**: attribuisce valore concessivo al participio congiunto *lacessiti*, «sebbene più volte provocati». • **quo... tueremur**: è una proposizione relativa con il congiuntivo caratterizzante; l'antecedente di *quo* è *id*, «(solo ciò) con cui preserviamo la pace». La proposizione può essere interpretata anche come proposizione relativa finale, senza particolari variazioni di significato. • **haberi**: ha il significato di «darsi» o «stare». • **ipsi... ipsi**: rafforzano il soggetto sott. *vos*, «voi stessi». • **nihil... clausumve**: *clausum* sott. *est*; *-ve* è una congiunzione disgiuntiva enclitica.

[2] Et laudatorum principum usus ex aequo quamvis procul agentibus: saevi proximis ingruunt. Quo modo sterilitatem aut nimios imbres et cetera naturae mala, ita luxum vel avaritiam dominantium tolerate. Vitia erunt, donec homines, sed neque haec continua et meliorum interventu pensantur: nisi forte Tutore et Classico regnantibus moderatius imperium speratis, aut minoribus quam nunc tributis parabuntur exercitus quibus Germani Britannique arceantur. [3] Nam pulsis, quod dii prohibeant, Romanis quid aliud quam bella omnium inter se gentium existent? Octingentorum annorum fortuna disciplinaque compages haec coaluit, quae convelli sine exitio convellentium non potest: sed vobis maximum discrimen, penes quos aurum et opes, praecipuae bellorum causae. [4] Proinde pacem et urbem, quam victi victoresque eodem iure obtinemus, amate colite: moneant vos utriusque fortunae documenta ne contumaciam cum pernicie quam obsequium cum securitate malitis». Tali oratione graviora metuentes composuit erexitque.

[2] **Et... agentibus**: «Il vantaggio derivante dagli imperatori bravi è uguale, sebbene voi viviate lontano» (nella frase è sott. *est*); *ex aequo* è locuzione avverbiale, «ugualmente»; *agentibus* è participio sostantivato, in dativo di vantaggio, a cui sono riferiti gli avverbi *quamvis procul*. • **saevi... ingruunt**: *saevi* sottintende *principes*, «i principi tirannici sono pericolosi per coloro che stanno loro vicino». • **Quo modo... ita...**: è una correlazione, «come... così». • **dominantium**: participio sostantivato, «dei dominatori»; si intende i Romani. • **Vitia... homines**: «Ci saranno vizi finché ci saranno uomini». • **continua**: sott. *sunt*. • **nisi... arceantur**: *nisi forte... speratis* rappresenta la protasi di un periodo ipotetico della oggettività che ha come apodosi le due precedenti proposizioni; *nisi forte* ha valore esclusivo o eccettuativo e ironico («a meno che per caso voi non speriate un dominio più moderato») e va unito anche a *parabuntur*, il cui soggetto è *exercitus*, mentre la successiva *quibus... arceantur* è una proposizione relativa impropria con valore finale («o a meno che siano in futuro allestiti grazie a tributi inferiori rispetto a quelli di adesso gli eserciti con i quali si difenderanno Germani e Britanni»); *Tutore... regnantibus* è un ablativo assoluto con valore temporale. Giulio Tutore e Giulio Classico erano due Germani romanizzati che, a capo di contingenti ausiliari dell'esercito romano, avevano aderito alla rivolta di Giulio Civile.
[3] **pulsis... Romanis**: ablativo assoluto con valore temporale, «una volta cacciati i Romani»; vi è inserito un inciso introdotto dal relativo *quod*, «che gli dèi lo impediscano». • **quid... existent?**: proposizione interrogativa diretta retorica con risposta negativa («niente»); il soggetto di *existent* in realtà è il pronome interrogativo singolare *quid*, ma il predicato concorda a senso con *bella*, secondo termine di paragone (lett. «che cosa altro resterà se non guerre di tutte le tribù tra di loro?»). • **Octingentorum... non potest**: *compages* è il soggetto, lett. «edificio», dal verbo *compingo*, composto da *cum* + *pango* («fissare», «conficcare»), ed è metafora assai pregnante per indicare l'impero di Roma, sorto dalla lenta integrazione di territori sempre nuovi all'originale nucleo del territorio limitrofo ai colli; il suffisso *cum* compare anche sul predicato *coaluit*, da *cum* + *alere*, «crescere»; *fortuna disciplinaque* sono due ablativi strumentali. Nella proposizione relativa *quae... potest* (che ha per antecedente *compages*) il predicato è *convelli... potest*, mentre *convellentium* è participio sostantivato: lett. «che non può essere abbattuto senza la rovina di coloro che lo abbattono». • **sed... causae**: «ma la decisione più importante spetta a voi, presso i quali si trovano oro e ricchezze, cause principali delle guerre»; *vobis* è dativo di possesso (ed è sottinteso *est*); *penes quos* è proposizione relativa (con antecedente *vos*), il cui predicato sott. è *sunt*; *praecipuae... causae* è l'apposizione del soggetto *aurum et opes*.
[4] **urbem**: Roma. • **amate colite**: sono predicati uniti per asindeto, quasi in una formula rituale. • **moneant... documenta**: *moneant* è congiuntivo esortativo, «vi siano di avvertimento le esperienze dell'una e dell'altra sorte» (cioè di quella buona e di quella cattiva). • **ne... malitis**: proposizione completiva volitiva, «non date la preferenza all'arroganza a cui si unisce il danno piuttosto che all'obbedienza a cui si unisce la sicurezza». • **graviora metuentes**: è riferito a Treveri e Lingoni; *metuentes* è participio sostantivato, accusativo plurale, e *graviora*, comparativo neutro, è il suo complemento oggetto.

PER COMPRENDERE IL TESTO

Il testo e il contesto

LA RIVOLTA DI GIULIO CIVILE Giulio Civile intendeva fondare una nuova unità politica, opposta a Roma, sui territori dei Galli e dei Germani e contava di realizzare il progetto unendo i guerrieri germani e galli alle legioni romane di stanza nella provincia, nei ranghi delle quali si trovavano di fatto numerosissimi fanti proprio di origine gallica e germanica. Giulio Civile conosceva molto bene il modo di vita del nemico, in quanto, come gli altri →

capi della rivolta (Giulio Classico e Giulio Tutore), era un esponente di una nobile famiglia germanica da tempo romanizzata e aveva fatto carriera nell'esercito romano. Sospettato di tradimento, era stato condannato a morte da Nerone, ma nei tumultuosi avvenimenti del 68 era riuscito a salvarsi e a ottenere di nuovo il comando di reparti militari. Durante i pochi mesi di impero di Vitellio, Giulio Civile, caduto nuovamente in disgrazia, intuì che il disordine in cui versava Roma rappresentava un'occasione favorevole per tentare un'impresa che andasse al di là di una semplice rivolta: si trattava di smembrare l'impero romano.
Tacito, presentando il personaggio in 4, 17, sottolinea la vastità del progetto, riferendo che Giulio Civile intendeva emulare Annibale (sentendosi simile a lui anche per il fatto di aver perso l'uso di un occhio in battaglia).

IL DISCORSO DI GIULIO CIVILE Nei capitoli che dedica alla narrazione dell'origine della rivolta dei Batavi, all'inizio del libro IV delle *Historiae*, Tacito introduce il discorso tenuto da Giulio Civile durante un banchetto ai comandanti di origine germanica che egli intendeva unire a sé nella rivolta; poi lo storico riepiloga le parole che Civile disse ai rivoltosi per rafforzare la loro decisione (nei capp. 14 e 17). Civile, nella versione di Tacito, riprende le medesime argomentazioni che nell'*Agricola* avevano caratterizzato le parole di Calgaco (➤ **T2**): i Romani trattano tutte le popolazioni che entrano nella loro influenza come schiavi, imponendo leve e tributi; inoltre chiamano pace quella che di fatto è distruzione e rapina continua delle risorse delle province; infine uno stato di sudditanza può essere ammissibile per le popolazioni orientali dell'impero, avvezze a essere suddite, mentre Galli e Germani, non abituati a versare tributi a re stranieri, devono essere liberi. In realtà – aggiunge Civile – Roma non è nemmeno forte militarmente, dato che nelle legioni ci sono soprattutto provinciali: è quindi giunto il momento di ribellarsi e unire le forze dei Germani e dei Galli contro il nemico comune.
Tacito non manca tuttavia di sottolineare che, sebbene i disegni di Giulio Civile trovassero largo seguito (anche grazie ad alcuni immediati successi militari, tra cui la defezione di due legioni da Roma), nell'esercito dei rivoltosi si profilarono immediatamente divisioni interne, dovute al fatto che la coalizione raccoglieva tribù che da tempo immemorabile covavano tensioni tra loro.

LA REAZIONE DI ROMA Quando a Roma cessarono i tumulti causati dalla guerra civile tra Vitellio e Vespasiano, Petilio Ceriale fu mandato contro Giulio Civile. Ceriale ottenne alcuni immediati successi militari non appena entrato nel territorio della provincia, nei primi mesi del 70. Il primo provvedimento che prese fu quello di congedare le truppe ausiliarie galliche e rimandare alle proprie famiglie i provinciali arruolati, contando che ciò potesse tranquillizzare i Galli (che avrebbero potuto unirsi ai Germani nella rivolta, iniziata proprio per protesta contro le leve forzate imposte nella provincia). Quindi Ceriale convocò nella città di *Augusta Treverorum* – colonia romana fondata da Augusto nel 16 a.C., nella Gallia Belgica (corrispondente alla attuale città tedesca di Trier) – i capi delle tribù galliche più in vista per convincerli a non collaborare con i Germani rivoltosi e a non dare loro fiducia nell'illusione di migliorare la loro situazione separandosi da Roma. Successivamente Ceriale avrebbe inflitto alcune pesanti sconfitte a Giulio Civile, facendo rientrare il pericolo della rivolta e riportando la tranquillità nelle province germaniche. Non conosciamo però i dettagli della fine di Giulio Civile, dato che la narrazione di Tacito si interrompe dopo i primi capitoli del libro V.

Il senso del testo

LA "RISPOSTA" DI PETILIO CERIALE Il discorso pronunciato da Ceriale rappresenta, nell'economia delle *Historiae*, una sorta di risposta alle argomentazioni di Civile, ma più in generale – dato che le argomentazioni di Civile sono assai simili a quelle di Calgaco – anche una risposta alle pretese di libertà delle popolazioni sottomesse a Roma, e quindi costituisce una sorta di giustificazione dell'imperialismo romano. Sebbene sia tradizione nel genere storiografico inserire pagine di oratoria prima delle fasi salienti della narrazione e Tacito abbia ampia libertà di ricostruire secondo la propria fantasia le parole pronunciate in tali situazioni, in questo caso Tacito potrebbe aver avuto informazioni piuttosto precise sul contenuto del discorso, dato che Petilio Ceriale, dopo il successo ottenuto in Germania, ebbe l'incarico di condurre le operazioni in Britannia, dove ebbe tra i suoi più diretti collaboratori Agricola, suocero dello stesso Tacito. Non è quindi da escludere che le parole che leggiamo ricordino quanto effettivamente detto in quell'occasione, riferito per vie indirette da chi lo aveva ascoltato.

LA COSTRUZIONE RETORICA DEL DISCORSO Il discorso ha lo scopo di chiarire ai Galli perché conviene loro rimanere sottomessi al potere di Roma. In esso è riconoscibile l'articolazione tradizionale di un discorso epidittico, con una prima fase di esordio (in 73, 1) in cui l'oratore si presenta: secondo il *tòpos* caro ai generali, Petilio Ceriale afferma di non essersi dedicato all'eloquenza, ma alle armi (*neque ego umquam facundiam exercui... virtutem armis adfirmavi*). Poi, rivolgendosi a sudditi, la *captatio benevolentiae* è sostituita realisticamente da una manifestazione di disprezzo: *apud vos verba plurimum valent bonaque ac mala non sua natura, sed vocibus seditiosorum aestimantur*.
Segue una parte di narrazione in cui Ceriale riepiloga come sia avvenuto l'incontro tra i Romani e i Galli e i Germani: richiama l'intervento di Cesare chiamato dagli Edui per fermare l'invasione degli Elvezi di Ariovisto e le sconfitte inflitte ai tempi di Mario ai Cimbri e ai Teutoni (in 73, 2). La *narratio* ha quindi la funzione di ricordare che Roma non è intervenuta per conquistare, ma perché chiamata dagli stessi Galli per sedare le contese: *nulla cupidine, sed maioribus vestris invocantibus*.

Questo rappresenta già una risposta alle accuse di imperialismo rivolte a Roma dalle popolazioni sottomesse, ma la parte del discorso che segue, l'argomentazione (73, 3-74,3), è ancora più esplicita. Innanzitutto i Galli non hanno motivo di pensare che i Germani si comporteranno nei loro confronti meno avidamente dei Romani: in fondo essi sono sempre entrati in Gallia solo per predare (73, 3). Inoltre la Gallia stessa è sempre stata dilaniata da contese interne fino all'arrivo dei Romani (74, 1), i quali quindi hanno portato la pace e hanno anche condiviso con i prìncipi dei Galli la gestione delle province (74, 1). Per mantenere la pace saranno sempre necessari eserciti e tributi per armarli: le tasse sono da sopportare come una disgrazia periodicamente inevitabile (74, 1). Non sempre si può dire che il governo di Roma sia il migliore possibile, ma non c'è nessun motivo per pensare che i Germani saranno migliori: la cacciata dei Romani potrà anzi causare la ripresa delle guerre tra tribù (74, 3). La perorazione finale torna poi al tono minaccioso dell'esordio, invitando i Galli a riflettere sui vantaggi ottenuti dal dominio romano, ma anche sulle pesanti sconfitte loro inflitte dai suoi eserciti (74, 4).
Il più evidente richiamo alle argomentazioni tradizionali dei nemici di Roma è alla fine del par. 73, con il riferimento alla *libertas*, termine abusato da chi in realtà cerca solamente il dominio per sé (*alienum servitium et dominationem sibi*).

FORTUNA DISCIPLINAQUE In sostanza Ceriale (che presumibilmente espone il punto di vista di Tacito) prospetta per i provinciali una rinuncia a parte della libertà, in cambio dei vantaggi comportati dalla pace: è una soluzione paragonabile al comportamento che lo storico aveva raccomandato – in tal caso per bocca di Galba ➛ **T6** – ai senatori di Roma, ossia rinunciare a parte della libertà, consegnando alcune prerogative nelle mani dell'imperatore, come unica garanzia per la solidità dell'impero. Proprio questa, la solidità dell'impero, pare la preoccupazione principale di Tacito. L'impero è un "edificio" costruito in più di ottocento anni dalla *fortuna* e dalla *disciplina*: la *fortuna* va intesa come l'aggregarsi casuale degli eventi; la *disciplina* è l'insieme dei comportamenti umani che permettono la realizzazione delle possibilità che la *fortuna* mette a disposizione. Il compito dello storico, enunciato all'inizio delle *Historiae*, è proprio l'individuazione di quanto sia riferibile alla *fortuna* e quanto invece alla *disciplina*: l'allentarsi dei *mores* che hanno permesso a Roma di schierare eserciti tenaci e comandanti validi è la vera minaccia dell'impero, la cui scomparsa significherebbe il ritorno a una situazione di guerra permanente tra tutte le popolazioni ora in pace. La funzione storica di Roma quindi, secondo Tacito, è quella di estendere il suo dominio per garantire la pace: pur gravoso per le popolazioni sottomesse e rischioso per i senatori esposti alla volontà dell'imperatore, all'impero romano non esistono valide alternative.
L'azione disgregatrice di Giulio Civile, invece, pare concretizzare le paure che Tacito ha espresso nella *Germania* (in 33, 3), in cui auspica che i Germani continuino a rimanere lacerati da lotte interne, perché se si rivolgessero compatti contro Roma ne smembrerebbero facilmente l'impero.

■ **Sarcofago con battaglia tra Romani e barbari**, III secolo. Pisa, Camposanto Monumentale.

LEGGO E COMPRENDO

1. Chi è Petilio Ceriale? In quale occasione pronuncia questo discorso?

2. Con quali argomenti Ceriale cerca di convincere i Galli a rimanere fedeli all'impero romano?

3. Quale visione dell'impero di Roma viene offerta da Tacito attraverso le parole di Ceriale?

VERIFICA *IN ITINERE* PRINCIPATO E LIBERTÀ

QUESITI A SCELTA MULTIPLA

1. **ricordare** Tra i fatti certi della vita di Tacito c'è:
   - ☐ l'amicizia con Plinio il Giovane
   - ☐ gli studi compiuti presso Quintiliano
   - ☐ la nascita nella Gallia Narbonese
   - ☐ la nascita da famiglia di rango equestre

2. **ricordare** La prima opera storica di Tacito:
   - ☐ è la biografia del suocero
   - ☐ è dedicata alla Germania
   - ☐ continua l'opera di Tito Livio
   - ☐ racconta i fatti avvenuti dopo il 68

3. **ricordare** Tra le ragioni attribuite dagli studiosi all'abbandono del progetto delle *Historiae* per gli *Annales*, troviamo:
   - ☐ il desiderio di dare più spazio alla propria epoca
   - ☐ la perdita di fiducia di Tacito nei confronti della propria epoca
   - ☐ l'impronta pessimista di Tacito nei confronti del destino di Roma
   - ☐ il rifiuto di affrontare comportamenti di principi e senatori che suscitano ribrezzo

4. **comprendere** Quale giudizio complessivo possiamo formulare sull'attendibilità storica di Tacito?
   - ☐ La sua partigianeria nei confronti del senato ci obbliga a prendere le distanze dai suoi giudizi eccessivamente negativi sugli imperatori
   - ☐ La sua vasta conoscenza delle fonti ci conforta sulla validità delle sue ricostruzioni
   - ☐ Il fatto che la sua opera sia condizionata dalle convenzioni dell'oratoria ci impone di leggerla in modo critico
   - ☐ Possiamo ritenere valide soltanto le ricostruzioni biografiche che collimano con le *Vite* del contemporaneo Svetonio

5. **comprendere** Una funzione del discorso che Tacito attribuisce a Galba in **T6** sembra essere:
   - ☐ dimostrare la fedeltà dello storico alle proprie fonti
   - ☐ riconoscere la necessità che l'impero sia guidato da una sola persona
   - ☐ mettere in luce le differenti circostanze dell'adozione di Pisone rispetto a quella di Traiano da parte di Nerva
   - ☐ dimostrare la preferibilità di un imperatore forte dal punto di vista militare piuttosto che di un intellettuale

6. **comprendere** Leggendo il discorso di Ceriale (➛ **T8**), possiamo comprendere che per Tacito il dominio romano sui barbari:
   - ☐ rappresenta una missione civilizzatrice
   - ☐ è una forma di rapina mascherata
   - ☐ sarebbe in pericolo se i Germani superassero le loro divisioni interne e si alleassero contro i Romani
   - ☐ offre anche alle popolazioni sottomesse dei vantaggi, per mantenere i quali vale la pena di rinunciare alla propria libertà

QUESITI A RISPOSTA BREVE

Rispondi ai quesiti nello spazio di 7-8 righe per ciascuno. Quando lo ritieni opportuno, puoi consultare i testi.

1. Perché si può dire che il principato di Galba rappresenti per Tacito una svolta storica?
2. A quali conclusioni giunge il pensiero di Tacito sul rapporto tra fato e responsabilità personale?

TRATTAZIONE SINTETICA

Svolgi le seguenti tracce nelle spazio di 20-25 righe per ciascuna. Quando lo ritieni opportuno, puoi consultare i testi.

1. Illustra i motivi di maggiore interesse che l'osservazione dei popoli barbari suscita in Tacito e che si rispecchia nelle sue opere, con particolare riferimento:
   a. al rapporto con la dominazione romana;
   b. al tema della trasmissione del potere;
   c. al tema della virtù militare.
2. Facendo opportuni riferimenti ai testi letti, spiega perché la storiografia di Tacito presenta caratteri sia del modello "pragmatico" sia di quello "drammatico", ed esponi le considerazioni dell'autore sulla possibilità di scrivere di storia nella sua epoca.

Il dramma della *potestas*

T9

LATINO/ ITALIANO

Tiberio diventa imperatore

| *Annales* 1, 6-7 |

Il comportamento di Tiberio nei primi giorni del principato, subito dopo la morte di Augusto, è particolarmente circospetto e sospettoso: per prima cosa egli fa eliminare un nipote del defunto imperatore, probabilmente d'accordo con la madre Livia; poi sfoggia un comportamento particolarmente rispettoso del senato, come se fosse un normale magistrato dell'antica repubblica, ma in realtà cerca soltanto di spiare i pensieri più reconditi dei senatori, per poi riservarsi ritorsioni. Con l'esercito invece si comporta senza esitazione come da imperatore. Da parte loro i senatori stanno al gioco con falsità pari a quella di Tiberio.

[6, 1] Primum facinus novi principatus fuit Postumi Agrippae caedes, quem ignarum inermumque quamvis firmatus animo centurio aegre confecit. Nihil de ea re Tiberius apud senatum disseruit: patris iussa simulabat, quibus praescripsisset tribuno custodiae adposito, ne cunctaretur Agrippam morte adficere, quandoque ipse supremum diem explevisset. [2] Multa sine dubio saevaque Augustus de moribus adulescentis questus, ut exilium eius senatus consulto sanciretur perfecerat: ceterum in nullius umquam suorum necem duravit, neque mortem nepoti pro securitate privigni inlatam credibile erat, propius vero Tiberium ac Liviam, illum metu, hanc novercalibus odiis, suspecti et invisi iuvenis caedem festinavisse.

[6, 1] Il primo delitto del nuovo principato fu l'assassinio di Agrippa Postumo[1], che, per quanto colto di sorpresa e disarmato, un centurione, pur d'animo risoluto, finì a fatica. Nulla di quel fatto Tiberio riferì in senato: faceva finta che fosse un ordine del padre, con cui aveva imposto al centurione addetto alla custodia di non esitare ad uccidere Agrippa, nel momento in cui per lui fosse giunto l'ultimo giorno. **[2]** Senza dubbio Augusto, dopo aver trovato molto da ridire sui comportamenti violenti del giovane, aveva fatto in modo che gli fosse comminato l'esilio con un decreto del senato: tuttavia non si era mai irrigidito fino a condannare a morte nessuno dei suoi familiari, né era credibile che un suo nipote venisse ucciso per la salvezza di un figliastro; più vicino alla verità era che Tiberio e Livia, quello per timore, questa per un odio da matrigna[2], abbiano affrettato l'assassinio di un giovane sospetto e detestato.

[6, 1] **quamvis**: avverbio, «per quanto», da unire a *firmatus*. • **quibus... adposito**: proposizione relativa con il congiuntivo obliquo, in quanto esprime in forma indiretta il contenuto delle parole di Tiberio; *tribuno* è complemento di termine di *praescripsisset* mentre *custodiae* è dativo di fine di *adposito*. • **ne... adficere**: proposizione completiva volitiva; il soggetto sottinteso, *tribunus*, si ricava dalla frase precedente. Esprime l'ordine che secondo Tiberio sarebbe stato impartito da Augusto. • **quandoque... explevisset**: proposizione temporale con il congiuntivo obliquo; il soggetto *ipse* è riferito ad Augusto, soggetto dell'enunciazione. [2] **Multa... perfecerat**: *Multa* e *saeva* (lett. «numerosi e violenti fatti») sono complemento oggetto di *questus* (da *queror*), che è participio congiunto con il soggetto *Augustus*; *ut... sanciretur* è una proposizione completiva volitiva retta dal successivo *perfecerat*. • **ceterum**: è avverbio, «tuttavia». • **in nullius... duravit**: la locuzione *in necem durare* significa letteralmente «tenere duro fino alla morte». • **mortem... inlatam**: proposizione infinitiva soggettiva (con sott. *esse*) introdotta da *credibile erat*.

1. Agrippa Postumo era nipote di Augusto in quanto figlio di sua figlia Giulia e di Agrippa. Nato nel 12 a.C. poco dopo la morte del padre (da ciò il nome Postumo), fu adottato da Augusto nel 4 d.C., dopo la morte di entrambi i suoi fratelli maggiori, Gaio e Lucio Cesare. Augusto lo allontanò dalla corte (nel 7 d.C.) relegandolo a Pianosa, apparentemente per le sue intemperanze, in realtà per il fatto che si era mostrato assai critico verso il nonno e soprattutto verso Livia. Alla morte di Augusto uno schiavo di Agrippa Postumo, di nome Clemente, progettò di far fuggire il padrone perché raggiungesse Germanico e Agrippina Maggiore. Ciò avrebbe costituito una minaccia per la successione di Tiberio, che, in quanto figlio avuto da Livia da un precedente marito, risultava figliastro di Augusto. Agrippa Postumo fu quindi assassinato. Clemente riuscì, fingendosi Agrippa Postumo, a ottenere consensi in Italia, ma Tiberio, arrestatolo con l'inganno, lo fece uccidere nelle segrete del suo palazzo.
2. In quanto moglie di Augusto, che aveva adottato Agrippa Postumo, Livia risultava la matrigna del giovane.

[3] Nuntianti centurioni, ut mos militiae, factum esse quod imperasset, neque imperasse sese et rationem facti reddendam apud senatum respondit. Quod postquam Sallustius Crispus particeps secretorum (is ad tribunum miserat codicillos) comperit, metuens ne reus subderetur, iuxta periculoso ficta seu vera promeret, monuit Liviam ne arcana domus, ne consilia amicorum, ministeria militum vulgarentur, neve Tiberius vim principatus resolveret cuncta ad senatum vocando: eam condicionem esse imperandi, ut non aliter ratio constet quam si uni reddatur.
[7, 1] At Romae ruere in servitium consules, patres, eques. Quanto quis inlustrior, tanto magis falsi ac festinantes, vultuque composito, ne laeti excessu principis neu tristiores primordio, lacrimas gaudium, questus adulationem miscebant. [2] Sex. Pompeius et Sex. Appuleius consules primi in verba Tiberii Caesaris iuravere, apudque eos Seius

[3] Al centurione che riferiva, secondo l'uso militare, che era stato eseguito quanto egli aveva ordinato, Tiberio rispose che lui non l'aveva ordinato e che rapporto dell'accaduto andava presentato di fronte al senato. E dopo che Sallustio Crispo[3], partecipe del segreto (proprio lui aveva mandato l'ordine scritto all'ufficiale), venne a conoscenza dell'accaduto, temendo di essere fatto passare per il colpevole, dato che rilasciare dichiarazioni vere o false sarebbe risultato parimenti pericoloso, spiegò a Livia la necessità che i segreti della famiglia, i suggerimenti dei consiglieri, gli ordini impartiti ai soldati non venissero resi pubblici e che Tiberio non indebolisse la forza del principato esponendo tutte le questioni di fronte al senato: la condizione in base alla quale si mantiene il potere è che i conti tornano solo se vengono riferiti a una persona sola. [7, 1] Ma a Roma consoli, senatori, cavalieri a prostrarsi in atti di servilismo. Quanto più erano nobili, tanto più falsi e premurosi, con il volto atteggiato per non essere lieti per la morte di un principe e nemmeno troppo tristi per l'esordio del successivo, mescolavano lacrime e attestazioni di ottimismo, lamenti e adulazioni. [2] I consoli Sesto Pompeo e Sesto Appuleio[4] giurarono per primi fedeltà a Tiberio Cesare, e subito dopo di loro Seio Strabone e Gaio Turranio, quello prefetto delle co-

[3] **Nuntianti... respondit**: *Nuntianti* è participio attributivo di *centurioni* e regge l'infinito *factum esse* (di cui la proposizione relativa *quod imperasset* rappresenta il soggetto); *centurioni* è complemento di termine del predicato della proposizione principale, *respondit*, che regge le due proposizioni infinitive *imperasse sese* (Tiberio, soggetto dell'enunciazione) e *rationem... senatum* (sott. *esse*). • **Quod**: nesso relativo (= *et id*). • **ne reus subderetur**: proposizione completiva retta da *metuens*, participio congiunto del soggetto *Sallustius Crispus* (secondo il costrutto dei *verba timendi*). • **iuxta... promeret**: *iuxta* è avverbio («allo stesso modo»), riferito a *periculoso*, che è ablativo assoluto con valore causale, ellittico del predicato, e regge in funzione soggettiva la proposizione *ficta... promeret*. • **ne arcana... vocando**: proposizioni completive volitive introdotte da *monuit*; *vocando* è gerundio (in ablativo strumentale) che ha come complemento oggetto *cuncta*. • **eam... reddatur**: rappresenta in forma indiretta le parole di Sallustio Crispo; *imperandi* è gerundio; *ut... constet* è una proposizione completiva volitiva che spiega (epesegetica) *condicionem* e *quam... reddatur* è una proposizione comparativa ipotetica.
[7, 1] **At**: indica il passaggio a un nuovo argomento. • **ruere**: è infinito storico narrativo; conferisce particolare oggettività alla scena. • **Quanto... tanto**: avverbi correlativi, in ablativo di misura; il primo introduce una proposizione comparativa, il secondo appartiene alla principale, il cui soggetto si ricava dal *quis* della comparativa, ma è plurale per *variatio*. • **ne... primordio**: proposizione finale negativa, con sott. *esset* o *videretur*.
[2] **in verba... iuravere**: espressione idiomatica, lett. «giurarono sulle parole di...». Si intende che giurarono su una formula che fu loro proposta da Tiberio.

3. Era il nipote (adottato come figlio) dello storico Sallustio: era entrato a far parte dei più stretti collaboratori di Augusto già da molti anni, in sostituzione di Mecenate.
4. Entrambi i consoli di quell'anno erano parenti alla lontana di Augusto.

Strabo et C. Turranius, ille praetoriarum cohortium praefectus, hic annonae; mox senatus milesque et populus. [3] Nam Tiberius cuncta per consules incipiebat, tamquam vetere re publica et ambiguus imperandi: ne edictum quidem, quo patres in curiam vocabat, nisi tribuniciae potestatis praescriptione posuit sub Augusto acceptae. [4] Verba edicti fuere pauca et sensu permodesto: de honoribus parentis consulturum, neque abscedere a corpore, idque unum ex publicis muneribus usurpare. [5] Sed defuncto Augusto signum praetoriis cohortibus ut imperator dederat; excubiae, arma, cetera aulae; miles in forum, miles in curiam comitabatur. Litteras ad exercitus tamquam adepto principatu misit, nusquam cunctabundus nisi cum in senatu loqueretur.

orti pretorie, questo dell'annona[5]; quindi senato, esercito e popolo. [3] Infatti Tiberio prendeva tutte le iniziative per mezzo dei consoli, come se ci fosse l'antica repubblica e come se fosse incerto nell'esercitare il potere: predispose, esibendo unicamente il titolo di tribuno della plebe[6], ricevuto sotto Augusto, anche la comunicazione per mezzo della quale convocava i senatori nella curia. [4] Le parole del documento furono poche e di senso assai moderato: avrebbe chiesto consiglio relativamente alle onoranze funebri del padre, e non si separava dal feretro, ma si appropriava di quello solo tra i pubblici onori. [5] Ma, appena morto Augusto, aveva dato la parola d'ordine alle coorti pretorie in qualità di imperatore; guardie del corpo, armi, c'era tutto quello che appartiene alla corte di un re[7]; soldati di scorta stazionavano nel Foro e nel senato. Inviò dispacci agli eserciti come se avesse ottenuto il principato, mai esitante se non quando parlava in senato.

[3] **tamquam... imperandi**: *vetere re publica* è un ablativo assoluto ellittico del predicato, a cui *tamquam* dà una sfumatura comparativo ipotetica; *tamquam* introduce anche *ambiguus imperandi*, con sott. *esset*, che funge da proposizione comparativa ipotetica; la congiunzione *et* coordina quindi un costrutto implicito e uno esplicito, con notevole *variatio*. • **acceptae**: è participio attributivo di *potestatis*.
[4] **fuere**: equivale a *fuerunt*. • **sensu permodesto**: è un ablativo di qualità. • **de honoribus... usurpare**: sono proposizioni infinitive, che riferiscono in forma indiretta le parole di Tiberio; *consulturum* ha sott. *esse*.
[5] **ut**: avverbio, «come». • **excubiae... aulae**: sott. *erant*; *aulae* è genitivo di pertinenza. • **tamquam... principatu**: ablativo assoluto con valore comparativo ipotetico. • **nisi... loqueretur**: costrutto del *cum* con il congiuntivo, con valore eccettuativo («se non quando»).

5. Il prefetto delle coorti pretorie e il prefetto dell'annona erano le figure più importanti del governo imperiale: il primo in quanto responsabile delle truppe scelte di stanza a Roma, grazie alle quali il principe disponeva di un vero esercito personale, e il secondo in quanto preposto alla distribuzione di derrate alimentari alla plebe di Roma, strumento del principe per mantenere il consenso.
6. Significa che Tiberio non adotta nessuna delle titolature di cui Augusto si era fregiato (per esempio *pater patriae*); va tuttavia notato che la *tribunicia potestas* unita all'*imperium* proconsolare determinava, secondo l'innovazione inaugurata da Augusto, la supremazia assoluta del principe rispetto agli altri personaggi politici.
7. Secondo le più antiche usanze della repubblica, invece, i magistrati e tutti gli altri uomini politici dentro l'Urbe erano sempre senza alcuna scorta armata: i dodici littori che accompagnavano i magistrati con *imperium* avevano solo la funzione di far eseguire sentenze, decreti del senato o di arrestare cittadini incriminati. Particolarmente negativa era sempre stata percepita dall'opinione pubblica la presenza di soldati in città, ritenuta caratteristica di governi dispotici.

Testa di Livia, 31 d.C. ca. Parigi, Museo del Louvre.

[6] **Causa praecipua** ex formidine, ne Germanicus, in cuius **manu tot legiones**, immensa sociorum auxilia, mirus apud **populum favor**, habere imperium quam exspectare mallet. [7] **Dabat** et famae, ut vocatus electusque potius a re **publica videretur** quam per uxorium ambitum et senili **adoptione** inrepsisse. Postea cognitum est ad introspiciendas etiam procerum voluntates inductam dubitationem: nam verba vultus in crimen detorquens recondebat.

[6] Un motivo specifico proveniva dal timore che Germanico[8], **nelle cui mani si trovavano tante legioni**, immensi contingenti **di truppe ausiliarie**, straordinaria popolarità, preferisse prendere il potere piuttosto che stare ad aspettarlo. [7] Si preoccupava anche dell'opinione pubblica, per sembrare di essere stato nominato ed eletto piuttosto che di essersi insinuato di soppiatto per le tresche di una donna[9] e con l'essere stato adottato da un vecchio. In seguito si comprese che l'incertezza era simulata per indagare i pensieri anche delle persone più influenti: infatti si annotava nella memoria parole ed espressioni del volto, distorcendone il senso in atti d'accusa.

[6] **Causa... formidine**: proposizione nominale, che in italiano è meglio integrare con un predicato. • **ne... mallet**: *ne* introduce una proposizione completiva volitiva che spiega *formidine* (secondo il costrutto dei *verba timendi*), in cui è inserita la proposizione relativa *in cuius... favor*, con sott. *esset*.
[7] **et**: «anche». • **vocatus electusque**: sott. *esse* (secondo il costrutto di *videor* con nominativo e infinito). • **potius... quam**: introduce una proposizione comparativa, con sott. *videretur*. • **per... adoptione**: sono due complementi di mezzo, il primo con *per* + accusativo e il secondo con l'ablativo, per *variatio*. • **ad... dubitationem**: proposizione infinitiva soggettiva (sott. *esse*), introdotta da *cognitum est*; *ad introspiciendas... voluntates* è una costruzione del gerundivo, con valore finale. • **detorquens**: participio congiunto con il soggetto sott. *Tiberius*.

8. Germanico è figlio di Druso (fratello di Tiberio) e quindi nipote di Livia, ma anche parente di Augusto, in quanto figlio di Antonia Minore (figlia di Ottavia, sorella di Augusto, e di Marco Antonio). Germanico sposò Agrippina Maggiore, nipote di Augusto, in quanto figlia di Giulia. Giovane generale particolarmente brillante, era preferito dalle legioni di stanza nelle due Germanie, che lo avrebbero voluto imperatore, anche perché decisamente più vicino ad Augusto rispetto a Tiberio quanto a parentela. Augusto lo stimava molto e volle che Tiberio lo adottasse come figlio, indicandolo come persona adatta per la successione. La sua fama diede molto fastidio a Tiberio, che fu sospettato di aver avuto a che fare con la sua morte, avvenuta in circostanze poco chiare nel 19.

9. Livia, madre di Tiberio e moglie di Augusto.

Il testo e il contesto

LE INCERTEZZE DOPO LA MORTE DI AUGUSTO Augusto morì a Nola, mentre era in viaggio in Campania, il 19 settembre del 14 d.C.: sebbene la sua morte non sia stata improvvisa, data l'età avanzata e le precarie condizioni di salute, il momento di incertezza politica e istituzionale che si determinò in quel momento fu notevole. Augusto infatti non aveva in alcun modo ratificato il proprio potere per mezzo di leggi apposite, ma con una serie di alchimie istituzionali aveva concentrato su di sé la somma delle funzioni che durante la repubblica competevano a magistrati diversi e per decenni aveva gestito lo Stato contando sulla propria autorevolezza e prestigio. Non essendo quindi, almeno dal punto di vista formale, un monarca, nessuna legge prevedeva che egli lasciasse in eredità il potere. Poteva avere senso solo che egli arrogasse a sé anche il diritto di designare un magistrato che avrebbe avuto, come aveva avuto lui, una somma di poteri: in fondo anche in passato, per tradizione, tra il momento dell'elezione e l'entrata in carica i magistrati repubblicani trascorrevano un periodo (per i consoli di tre o quattro mesi) in cui erano semplicemente "designati"; come per decenni Augusto aveva scelto personalmente i candidati alle magistrature ormai formali dello Stato, così avrebbe potuto scegliere un successore "designato".
Il problema risiedeva, però, nel fatto che non c'era nessun motivo legale perché tale successore fosse accettato dal senato, dall'esercito e dal popolo. Per questo alla morte di Augusto il pericolo maggiore era non tanto che ci fossero disordini causati dalla volontà di qualcuno di tornare al passato regime repubblicano, quanto che si aprisse una nuova stagione di guerre civili tra i possibili eredi, che avrebbero cercato la legittimazione al proprio potere con le armi: in fondo la storia del secondo triumvirato era stata in buona parte la storia delle lotte tra gli eredi di Cesare.

UNA SCOMODA PARENTELA È ipotizzabile che Augusto abbia cercato i propri eredi nella sua famiglia confidando nel fatto che molto del suo successo fin dall'esordio era stato dovuto al fatto che il popolo lo aveva amato come figlio di Cesare: probabilmente, sul suo autorevole esempio, sarebbe stato più facile che un suo figlio, anche se adottivo, risultasse ben accetto al popolo e alle legioni. Questa scelta tuttavia determinò il problema più profondo della dinastia giulio-claudia: il successore all'impero, nel momento in cui prendeva il potere, era costretto a temere soprattutto coloro che potevano vantare una discendenza da Augusto e dunque potevano, agli occhi del popolo e delle legioni, presentarsi come legittimi imperatori e successori di Augusto.
In questo senso i due capitoli dedicati da Tacito all'esordio dell'impero di Tiberio sono assai indicativi: l'impegno del nuovo principe è innanzitutto neutralizzare i possibili concorrenti, che in quei giorni potevano essere due, ossia Agrippa Postumo e Germanico, entrambi fra l'altro di parentela più stretta con Augusto rispetto a Tiberio. Il primo venne eliminato (a questo è dedicato il cap. 6), mentre per quanto riguardava il secondo non restava altro da fare che controllare con atteggiamento circospetto che non volesse usare la sua popolarità per proporsi come successore (cap. 7, 6: fatto che effettivamente non si verificò). Per questo motivo Tiberio da un lato si affrettò a comunicare ai legionari la propria funzione di capo supremo (in 7, 5), dall'altro spiò con diffidenza il comportamento di chi gli stava intorno. I senatori invece mantennero una condotta formalmente ineccepibile, evitando di urtare la suscettibilità di chi deteneva il potere militare, ben visibile in città (7, 1 e 7, 5), e forse consapevoli del fatto che sarebbero stati esposti a ogni sorta di pericolo, se si fosse aperta una lotta per il potere tra i generali.

Il senso del testo

DALLE *HISTORIAE* AGLI *ANNALES* Tacito inizia il racconto degli *Annales* dal momento in cui si rivela la natura monarchica del principato. Quanto accadde nel 14 può essere messo in relazione con quanto avvenne nel 68/69, cioè nel momento in cui prende avvio la narrazione delle *Historiae*: in entrambi i casi (la morte di Augusto per gli *Annales* e la morte di Nerone per le *Historiae*), con la fine di una fase storica l'istituzione imperiale si trova a un bivio. Posto che il governo di una sola persona – secondo Tacito – non può più essere messo in discussione, in teoria rimane la possibilità che esso si risolva in un governo illuminato. Invece, come nel 69 gli errori di Galba aprirono la strada a un anno di sanguinose lotte civili, da cui emerse di nuovo una dinastia (i Flavi) che si avvalse dello Stato come di un patrimonio personale, così già nel 14 nulla impedì che lo Stato si snaturasse al punto da diventare patrimonio personale di una famiglia (i Giulio-Claudi).
Il disastro delle istituzioni, secondo il punto di vista di Tacito, che incarna l'ottica senatoria, è efficacemente riassunto nelle parole di Sallustio Crispo: non è il senato la sede del potere, la *condicio imperandi* impone che gli *arcana domus* non siano resi pubblici e siano quindi gestiti in famiglia, nel palazzo, da Livia e Tiberio. La svolta del 14, però, forse avrebbe potuto essere evitata se i senatori non avessero così prontamente ceduto tutte le loro antiche prerogative. In questo senso l'esordio del cap. 7 (*At Romae ruere in servitium consules patres eques*) è forse una delle frasi più pregnanti dell'intera opera di Tacito (resa icastica anche dalla climax discendente *consules patres eques*): la congiunzione *at*, pur avendo una giustificazione grammaticale per l'introduzione di un nuovo argomento, pare lasciare intendere la possibilità di un comportamento meno servile da parte degli eredi dell'antico senato; cosa che però non si verificò.

TIBERIO, OVVERO LA SIMULAZIONE Tiberio è uno degli imperatori che in Tacito assume i contorni più negativi, mentre la storiografia moderna ha riconosciuto diversi meriti alla sua amministrazione. Tacito rimprovera al secondo imperatore soprattutto l'ipocrisia: non è infatti in questione l'aver accettato il principato (ritenuto irrinunciabile anche dallo storico), ma la falsità con cui tale processo si è svolto. Nelle prime azioni del nuovo imperatore c'è già tutta la sinistra evoluzione che avrà la sua figura, che si trasfomerà in uno spietato despota in balia del suo braccio destro, Seiano. La malignità di Tiberio, che si dispiega lungo la narrazione dei primi sei libri degli *Annales*, è tutta contenuta nella proposizione finale del cap. 7 (*verba vultus in crimen detorquens recondebat*): secondo l'abituale capacità di Tacito di condensare in frasi a effetto i nodi salienti della narrazione, l'imperatore si distinguerà per l'abilità nel preparare lentamente le proprie vendette, guidato da una sorta di malevolenza e sfiducia verso l'intero genere umano.

Un'altra preziosa fonte su Tiberio, ossia la *Vita* a lui dedicata dallo storico Svetonio, pur confermando sostanzialmente il racconto di Tacito, evidenzia una personalità più ansiosa, che ipocrita e falsa. Secondo Ronald Syme la presa del potere da parte di Tiberio fu raffigurata in modo tanto negativo da Tacito perché lo storico in essa ravvide un meccanismo simile a quanto, con suo disappunto, stava accadendo alla morte di Traiano nel 117, proprio negli anni della stesura degli *Annales*: anziché rimettere al senato la scelta del migliore, o quantomeno condividerla con esso, come avvenuto con Nerva, le tresche della moglie dell'imperatore defunto avevano messo sul trono un suo favorito, Adriano, forse addirittura manipolando il testamento del defunto imperatore.
L'ipotesi di Syme è accattivante, considerando la complessità ideologica sottesa alle opere di un abilissimo maestro della parola come Tacito, tuttavia non verificabile, data l'incerta cronologia della composizione degli *Annales* e della data di morte dello scrittore.

LEGGO E COMPRENDO

1. Scrivi un elenco dei personaggi storici citati in questo brano e spiega brevemente chi essi siano; può esserti di aiuto disegnare un albero genealogico (anche parziale) della famiglia di Augusto.

2. Quali sono i maggiori difetti rimproverati a Tiberio da Tacito?

3. Qual è l'ipotesi formulata da Syme sulle ragioni dell'astio di Tacito nei confronti di Tiberio?

L'OPERA | GLI *ANNALES*

UNA PROMESSA NON MANTENUTA Gli *Annales* non rientrano nel progetto, annunciato da Tacito nel proemio delle *Historiae*, di dedicarsi al racconto del felice periodo iniziato con Nerva, dopo aver esaminato l'oscuro periodo di Domiziano. Forse Tacito, che dovrebbe aver posto mano all'opera successivamente alla conclusione delle *Historiae* e probabilmente dopo il proconsolato in Asia databile al periodo 112-114 circa, provò delusione per la presa del potere di Adriano, ritenendola non in linea con la pratica della "adozione del migliore" inaugurata da Nerva. Per questo motivo egli avrebbe abbandonato il proposito di narrare il presente e si sarebbe rivolto alle fasi iniziali dell'impero. È però impossibile stabilire se effettivamente una parte dell'opera, e quale, sia stata composta durante il periodo di Adriano.

CONTENUTO DELL'OPERA, FONTI E METODO Gli *Annales* erano composti da almeno 16 libri (secondo alcuni studiosi da 18), di cui possiamo leggere i libri 1-4, l'inizio del 5, il 6, parte dell'11, 12-15 e parte del 16. Nel complesso abbiamo il resoconto quasi completo del principato di Tiberio, manca completamente quello di Caligola, mentre abbiamo quello relativo agli ultimi sette anni dell'impero di Claudio e quello di Nerone, fino all'anno 66.
Tacito si documentò su un vasto insieme di opere, in parte storiche, come per esempio quelle di Plinio il Vecchio, in parte di biografia o di autobiografia, come i commentari di Agrippina Minore. Certamente egli attinse anche ai documenti ufficiali, presenti nell'archivio del senato, ossia i verbali delle sedute (gli *acta senatus*) e i bollettini diffusi ufficialmente a Roma e nelle province (gli *acta diurna*). Per la caratterizzazione dei personaggi e per la coloritura delle scene Tacito spesso cita anche «dicerie», *rumores*: probabilmente voci raccolte anche nell'ambito della tradizione familiare o senatoria.
Tacito operò una accurata disamina delle fonti, senza

affidarsi acriticamente a una sola fonte prevalente per ciascun periodo. Egli stesso, del resto, dichiara già nel proemio delle *Historiae* di trovare nei predecessori pochi autori degni di fede. Il modo di vedere il periodo oggetto di trattazione e gli imperatori della dinastia giulio-claudia, valutati nel complesso in modo negativo, risale con ogni verosimiglianza a una scelta precisa di Tacito, solo parzialmente presente nelle sue fonti. La narrazione mantiene di base un andamento annalistico, in omaggio al genere assai antico nella storiografia latina, anche se l'ampiezza del disegno porta alcune volte Tacito a inserire *excursus* con temi di lungo periodo che esulano dall'impianto fondamentale (come per esempio la riflessione sulla natura del diritto di 3, 27-28). Talora è stato possibile confrontare le notizie riferite da Tacito con documenti dell'epoca: per esempio il discorso con cui l'imperatore Claudio concede la cittadinanza alla Gallia Comata (*Annales* 11, 23-25) è conservato nella versione ufficiale da una iscrizione (la cosiddetta "Tavola di Lione", *ILS,* 212); in questi casi è emersa una sostanziale attendibilità di Tacito, che però, con la sua straordinaria abilità letteraria, riesce a far emergere il proprio punto di vista anche dove la narrazione appare più oggettiva.

OBIETTIVI E FINALITÀ DELL'OPERA «Gli *Annales* sono una meditazione sulla corruzione del potere: come lo si trasmette, come lo si conquista, come lo si perde, come lo si pratica, come lo si subisce». Con queste parole Mario Pani riassume efficacemente le intenzioni di Tacito. Nell'opera si avverte un crescente sconforto, una sorta di discesa verso il basso, nella quale particolare rilievo assumono i primi piani dei personaggi, sotto forma di ritratti, presentazioni o necrologi. Tacito conserva il punto di vista dell'aristocrazia romana e valuta secondo i parametri sanciti dal *mos maiorum*; la sua polemica è quindi particolarmente acre contro il ceto senatorio, che non conserva nessuna delle virtù che nei secoli precedenti ne avevano decretato il prestigio e, anzi, lascia che gli imperatori usino quanto resta della *res publica* come patrimonio personale.

Il ricorso allo stile sallustiano, spesso in forme esasperate, con sintassi franta, periodi asimmetrici dominati dalla *brevitas*, conferisce alle parole dello storico un tono grave e austero: quasi fosse la voce di un antico romano che osserva con occhio scandalizzato la bassezza a cui è giunta l'Urbe.

IL "TACITISMO" La riscoperta degli *Annales* in epoca umanistico-rinascimentale provocò una intensa attività di studio e di commento e stimolò la riflessione sulla politica e sull'assetto istituzionale degli Stati moderni. Prende il nome di "tacitismo" il rilevante interesse dimostrato tra XVI e XVIII secolo per gli scritti di Tacito, in particolare gli *Annales*, sia da parte di coloro che vedevano in essi una difesa della libertà e dei valori repubblicani, sia da parte di coloro che, assimilando Tacito a Machiavelli, ne ricavavano una giustificazione della "ragion di Stato".

Gli studi più recenti tendono a una visione più oggettiva, anche nella consapevolezza del fatto che la visione negativa del primo secolo dell'impero che emerge dalle opere di Tacito è in buona parte dovuta al moralismo dello storico (comune nel mondo antico), ma non tiene in alcuna considerazione i miglioramenti nella vita materiale che hanno caratterizzato una delle epoche di maggiore splendore culturale ed economico dell'impero.

■ **Frammento di iscrizione sepolcrale** con dedica probabilmente riferita a Tacito, I-II sec. d.C. Roma, Terme di Diocleziano.

LEGGO E COMPRENDO

1. Quali parti degli *Annales* possiamo ancora leggere?

2. Quali sono le fonti di Tacito per quest'opera?

3. Che cosa è il "tacitismo"?

TESTI E TEMI

DALLA STORIA ALLA BIOGRAFIA: IL TIBERIO DI SVETONIO (SVETONIO, *VITA DI TIBERIO* 22; 24-26)

IL GENERE BIOGRAFICO IN GRECIA La tendenza a occuparsi delle "vite" (in greco *bìoi*) di singoli personaggi, ossia di scriverne la biografia, fu sviluppata nella cultura greca non tanto da storici, quanto soprattutto da filosofi, come Aristotele e i membri della sua scuola. I successori di Aristotele diedero dignità letteraria ai *bìoi*, raccontando le vite di uomini politici o di intellettuali e artisti al fine di dimostrare se le loro azioni fossero degne di lode o di biasimo: la biografia peripatetica, perciò, si sviluppò condividendo alcuni presupposti essenziali dell'oratoria epidittica. Proprio l'interesse per l'*ethos* del personaggio di cui si narra la vita, assai più che il suo inquadramento nel contesto storico, fece sì che i biografi si occupassero anche di fatti apparentemente insignificanti, di curiosità spesso frutto di malignità o di pettegolezzi, nei quali tuttavia lo scrittore vedeva rivelarsi il carattere dell'uomo. Per queste caratteristiche, la cultura moderna, di matrice positivista ottocentesca e novecentesca, ha spesso liquidato le opere dei biografi antichi come raccolte di frivolezze, scritte solo per soddisfare la curiosità del pubblico: l'opera dei biografi antichi, in realtà, oltre a conservare una mole straordinaria di dati, che di solito non rientrano negli interessi della storiografia, chiarisce molti aspetti della visione del mondo e dei fondamenti etici caratteristici della cultura antica.

LA BIOGRAFIA A ROMA: SVETONIO La tradizione biografica di matrice greca a Roma si saldò con l'uso tipicamente latino di conservare memoria delle imprese dei membri delle *gentes* più illustri: l'*elogium* trascritto sul monumento funebre (come nel celebre caso della tomba degli Scipioni) riepilogava, per esempio, la *laudatio funebris* pronunciata durante il funerale. Solitamente *elogia* e *laudationes* seguivano uno schema prefissato, che prevedeva una serie di rubriche: del defunto si specificavano gli ascendenti familiari, la relazione tra la nobile indole e l'aspetto fisico (secondo una concezione dell'uomo assimilabile all'ideale della *kalokagathìa* greca), le cariche pubbliche rivestite e le imprese militari, di cui si sottolineava il successo.
L'eredità dei maggiori biografi romani – soprattutto Cornelio Nepote, autore del I secolo a.C., che aveva scritto un'opera (il *De viris illustribus*) con l'intenzione di mettere a confronto personalità greche e latine – fu raccolta tra la fine del I e l'inizio del II secolo d.C. da Gaio Svetonio Tranquillo (70-122 circa), a cui risale una raccolta con le vite dei primi dodici imperatori: le *Vite dei dodici Cesari* (che giungono fino a Domiziano, dato che il primo è Gaio Giulio Cesare). Le vite degli imperatori sono raccontate secondo una tipologia fissa, che prevede prima la narrazione della vita pubblica (secondo una serie di elementi come data e luogo di nascita, genitori, studi, carriera, imprese, prodigi, circostanze della morte e testamento), per poi volgersi agli aspetti della vita privata. Svetonio compose anche una raccolta di 36 vite di letterati (*De grammaticis et rhetoribus*) di cui ci restano le vite di Terenzio, Orazio e Lucano (mentre quella di Virgilio è confluita nella biografia redatta da Elio Donato). Sono invece andate completamente perdute altre due opere: una raccolta di biografie di uomini celebri (*De viris illustribus*) suddivisa in categorie di poeti, storici, retori ecc.; i *Prata*, «Prati», che erano un'opera di erudizione.
Svetonio occupò un posto di rilievo nell'amministrazione imperiale, come curatore di tutte le biblioteche pubbliche sotto Traiano e sovrintendente dell'archivio imperiale sotto Adriano, almeno fino al 122, anno in cui cadde in disgrazia e fu allontanato dall'incarico: successivamente a tale data non abbiamo più notizie certe su di lui. Dato che Svetonio aveva accesso a documentazione di primissima qualità, le sue opere risultano per noi particolarmente importanti.

TIBERIO PRENDE IL POTERE Nella *Vita di Tiberio*, per quanto riguarda i momenti subito successivi alla morte di Augusto, Svetonio conferma in sostanza quanto Tacito dice negli *Annales*, ma sottolinea assai meno l'ipocrisia dell'imperatore e tende a presentare l'incertezza che caratterizzò l'esordio del potere come frutto più di paura che di doppiezza. Tacito, del resto, inserisce l'operato di Tiberio in una riflessione più vasta sulla natura stessa del potere imperiale, sulla individuazione di un meccanismo perverso che esclude il senato dagli *arcana domus*, mentre a Svetonio interessa più in generale il carattere di Tiberio, di cui sottolinea le debolezze:

> [22] [*Tiberio*] non rese nota la morte di Augusto se non dopo che fu tolto di mezzo il giovine Agrippa. Questo fu ucciso da un tribuno militare datogli come custode, in obbedienza a un ordine scritto che ricevette. Non si seppe poi se tale ordine fosse stato lasciato da Augusto morituro per evitare dopo la propria morte un motivo di torbidi politici, o se fosse stato emanato da Livia, in nome di Augusto, e se Tiberio ne fosse o non ne fosse consapevole. Tiberio, al tribuno che gli annunziava di aver eseguito il

suo ordine, rispose che non aveva dato tale ordine, e che egli avrebbe dovuto rispondere del suo atto al Senato; e certo così evitò a sé, sul momento, l'odiosa responsabilità. Di poi, infatti, seppellì col silenzio la cosa. [...] [24] Benché non esitasse né ad assumere immediatamente né a esercitare il principato, ed anzi formandosi un corpo di guardia si arrogasse le forme e la dura realtà della signoria, pure, con impudentissima commedia lo rifiutò per lungo tempo, ora garrendo gli amici, che lo esortavano, col dir loro che ignoravano qual gran belva fosse il potere, ora lasciando in sospeso con ambigue risposte e con astuti indugi il Senato che lo supplicava prostrandoglisi alle ginocchia: tanto che alcuni perdettero la pazienza, e un tale tra la folla gridò: «O accetti o rinunci!», e un altro lo rimproverò di presenza perché, mentre tutti mantengono con ritardo le cose che han promesso, egli con ritardo prometteva ciò che già manteneva. Finalmente, quasi sforzato, e dolendosi della miseranda e grave servitù che gli si imponeva, assunse il potere, non però senza dar la speranza che una volta o l'altra l'avrebbe deposto: «Finché», disse, «io sia giunto a quell'età in cui vi possa parer giusto dare qualche riposo alla mia vecchiezza». [25] Motivo delle sue esitazioni era il timore dei pericoli che d'ogni parte sovrastavano, sì che spesso diceva di «tenere il lupo per le orecchie»; infatti un servo d'Agrippa [*Postumo*], di nome Clemente, aveva messo insieme una schiera non trascurabile di gente per vendicare il padrone; e inoltre Lucio Scribonio Libone, nobile cittadino, macchinava copertamente rivolta; e una doppia sedizione militare era scoppiata nell'Illirico e in Germania. I due eserciti pretendevano molte concessioni straordinarie, e innanzi tutto la perequazione dello stipendio con quello dei pretoriani. Le truppe di Germanico rifiutavano anzi il principe, perché non creato da loro, e con grande insistenza incitavano Germanico, che allora era lor comandante, a insignirsi dello Stato, benché egli opponesse ferma resistenza. Onde [*Tiberio*], sopra ogni cosa paventando questo evento, chiese al Senato di affidargli quella parte del governo che a lui piacesse, poiché nessuno poteva bastare a sostenerlo tutto da solo; con un altro, o magari con parecchi, esso doveva essere diviso. E, perché Germanico aspettasse più pazientemente o una successione imminente o almeno la partecipazione sicura al principato, simulò una malattia. Represse le sedizioni, ebbe in sua mano, prendendolo a inganno, anche Clemente. Quanto a Libone, per non iniziare il suo nuovo governo con troppo rigore, lo accusò nel Senato soltanto l'anno dopo, limitandosi nel frattempo a tenersi in guardia. Infatti, mentre un giorno sacrificava insieme con lui circondato dai pontefici, ebbe cura che invece della secespita [*coltello di ferro per i sacrifici*] gli si desse un coltello di piombo; e quando quello gli chiese un colloquio segreto non glielo concesse se non in presenza del figlio Druso, e, passeggiando con lui, gli tenne il braccio destro come per appoggiarvisi finché non ebbe fine il colloquio. [26] Liberatosi poi da ogni timore, dapprima si comportò molto moderatamente, e quasi come un privato.

(trad. di G. Vitali)

GUIDA ALLO STUDIO

1. Da quale ambito trae origine l'interesse dell'antichità per le biografie?

2. Chi sono i maggiori biografi romani e che cosa ci è rimasto delle loro opere?

3. Come sono strutturate le biografie degli imperatori scritte da Svetonio e qual è la loro attendibilità?

4. Quali informazioni possediamo sulla vita di Svetonio?

5. Quali considerazioni si possono fare mettendo a confronto il ritratto di Tiberio tracciato da Svetonio e quello che emerge dalle pagine di Tacito?

T10

ITALIANO

Il processo di Cremuzio Cordo

Annales 4, 34-35

*Nel 25 d.C., durante una delle fasi più buie dell'impero di Tiberio, quando l'imperatore era sotto la nefasta azione del prefetto del pretorio Elio Seiano, per la prima volta uno storico, Cremuzio Cordo, viene incriminato per le opinioni da lui espresse nelle sue opere, ossia per il fatto che aveva lodato senza mezzi termini i cesaricidi e in particolare Cassio. Il delitto rientra in quanto previsto dalle leggi che puniscono la lesa maestà (*de maiestate*), presenti da tempo nell'ordinamento giuridico romano, ma mai applicate in questo modo: normalmente infatti la lesa maestà riguardava coloro che avevano messo in atto o istigato azioni contro lo Stato. Tacito riferisce il fatto e riporta anche l'arringa difensiva di Cremuzio, prendendo spunto per chiarire l'importanza della storiografia e la sua superiorità rispetto a ogni persecuzione.*

[34, 1] Durante il consolato di Cornelio Cosso e di Asinio Agrippa viene posto sotto accusa Cremuzio Cordo[1] per un crimine nuovo e allora udito per la prima volta, ossia per il fatto che negli annali da lui pubblicati, una volta lodato Marco Bruto, aveva definito Gaio Cassio come "l'ultimo dei Romani"[2]. Lo accusavano Satrio Secondo e Pinario Natta[3], clienti di Seiano[4]. [2] Questa circostanza risultò funesta per l'accusato, e anche Tiberio che seguiva con sguardo bieco la difesa[5], che Cremuzio, deciso a lasciare la vita, incominciò in questo modo: «Le mie parole, senatori, sono messe sotto accusa: a tal punto io, quanto alle azioni, risulto innocente[6]. Ma nemmeno quelle sono rivolte contro il principe o il padre del principe, che le norme in materia di lesa maestà tutelano: io sono accusato di aver esaltato Bruto e Cassio, le cui imprese, pur narrate da moltissimi storici, nessuno ha ricordato senza lode. [3] Tito Livio, tra i primi a essere famoso per lo stile e l'affidabilità, elevò Gneo Pompeo con tali lodi, che Augusto lo chiamava "il pompeiano"; e ciò non ha danneggiato la loro amicizia. Scipione, Afranio[7], questo stesso Cassio, questo Bruto, da nessuna parte li chiama ladri e parrici-

1. Cremuzio Cordo nacque probabilmente tra il 35 e il 25 a.C. Della sua opera storica conserviamo pochissimo, tra cui però si segnala un frammento in cui lo storico rievoca fatti immediatamente successivi alla morte di Cicerone, quando per volontà del triumviro Marco Antonio le mano destra e il capo del grande oratore, mozzati, furono esposti nel Foro di Roma. Relativamente al processo che portò alla sua morte disponiamo di diverse fonti antiche, una delle quali, molto importante, è la rievocazione della sua nobile figura da parte di Seneca nella *Consolatio ad Marciam* (➛ p. 79).
2. Forse, secondo Cremuzio, dopo la morte in seguito alla battaglia di Filippi di Bruto e Cassio, ispiratori della congiura delle Idi di marzo del 44 a.C. contro Cesare, a Roma nessuno aveva avuto più la dignità degli antichi senatori, ma tutti erano divenuti sudditi.
3. Già all'epoca del principato di Tiberio, oratori prezzolati intentavano processi con accuse spesso infondate contro personaggi di spicco, ma scomodi. I giudici, temendo ritorsioni, condannavano senza dubbi gli accusati.
4. Elio Seiano (➛ **T16**), di origine equestre, fece parte dei pretoriani fin dal 16 d.C. e riuscì a convincere Tiberio, attorno al 21-23, della necessità di riunire tutte le coorti pretorie nell'Urbe. Esercitando una profonda influenza sull'imperatore, fu l'uomo più potente di Roma fino al 31, quando Tiberio, con una lettera spedita da Capri, lo incriminò davanti al senato causandone l'immediata condanna a morte.
5. Tiberio assiste al processo in apparenza come semplice senatore, al pari di Cremuzio (pure senatore), anche se la presenza di Tiberio non può che condizionare le scelte degli altri senatori: anche il fatto che il collegio di accusa fosse formato da clienti di Seiano era garanzia di condanna. Tiberio viene ritratto caricaturalmente nei panni di un eroe omerico: lo sguardo «bieco» (il latino *truci vultu*) nell'epica è riservato agli eroi che si accingono a un glorioso duello, mentre l'imperatore si appresta ad assistere a una squallida farsa da lui organizzata.
6. L'accusa *de maiestate* non era rivolta alle opinioni, ma alle azioni ➛ "Per comprendere il testo", p. 384.
7. Sono due partigiani di Pompeo, particolarmente accaniti durante la guerra civile contro Cesare: Quinto Metello Pio Scipione divenne suocero di Pompeo dopo la morte di Giulia, figlia di Cesare, sua precedente sposa; Afranio, generale delle truppe pompeiane stanziate nelle Spagne, si oppose aspramente a Cesare nel 49 a.C.

di, termini che ora vengono loro imposti, ma spesso ne parla come di uomini insigni. [4] Gli scritti di Asinio Pollione tramandano egregia memoria di loro; Messalla Corvino ricordava volentieri Cassio come il suo generale: ed entrambi continuarono a essere colmati di ricchezze e onori[8]. Al libro di Marco Cicerone, con il quale esalta fino alle stelle Catone, il dittatore Giulio Cesare che cosa altro rispose se non una orazione difensiva, come se si fosse trovato davanti ai giudici[9]? [5] Le lettere di Antonio, i discorsi di Bruto contengono molte ingiurie contro Augusto, certamente false, ma assai violente[10]; vengono lette le poesie di Bibaculo e di Catullo piene di contumelie nei confronti dei Cesari[11], ma lo stesso divinizzato Cesare, lo stesso divinizzato Augusto[12] sia le sopportarono sia le lasciarono stare, non saprei dire se più per mitezza d'animo o per calcolo politico. Infatti le ingiurie lasciate cadere vengono dimenticate: se uno se la prende, sembrano riconosciute come vere.

[35, 1] Non tocco l'argomento Greci, dei quali non solo la libertà di espressione, ma anche la sfrenatezza di linguaggio rimaneva impunita; oppure se uno ha inteso reagire, ha vendicato l'offesa verbale con altre offese verbali[13]. Ma soprattutto fu privo di critica scrivere riguardo a quelli che la morte aveva sottratto all'odio o all'amore. [2] Forse che, mentre Cassio e Bruto sono in armi sui campi di Filippi, infiammo la passione popolare con comizi nelle piazze[14]? Oppure quei due, morti da oltre settant'anni, come risultano riconoscibili attraverso le loro maschere funebri (che neppure il vincitore ha fatto distruggere), così continuano a mantenere un ruolo nella memoria degli storici[15]? [3] La posterità compensa ciascuno sulla base dei suoi meriti, e non mancheranno, se

8. Asinio Pollione fu un valente generale di Cesare, ma, trovando poco veritieri i suoi commentari, scrisse un'opera storica in 17 libri sul periodo delle guerre civili. Appoggiò il secondo triumvirato e favorì l'alleanza tra Antonio e Ottaviano, rivestendo il consolato nel 41 a.C., ma mantenne una posizione indipendente. A lui si deve la prima biblioteca pubblica di Roma (un progetto di Cesare). Messalla Corvino, che redasse memoriali sulla sua esperienza politica, dopo aver militato a Filippi con i cesaricidi, entrò nelle file di Ottaviano solo nel 31 a.C.; conservò tuttavia una spiccata indipendenza, esercitando la sua influenza sulla cultura del tempo attraverso un circolo poetico non allineato alla politica di Ottaviano quanto quello di Mecenate.
9. Cicerone nel 46 a.C. dedicò un breve scritto a Catone Uticense, esaltandolo come irriducibile avversario di Cesare; l'opera non è conservata, tuttavie ne parla Cicerone stesso in alcune lettere ad Attico. Da questo passo sappiamo che Cesare rispose al grande oratore componendo a sua volta un libello, concepito come una arringa difensiva: questa operetta potrebbe essere identificata con l'*Anticato*, «Anti-Catone», in due libri, che Svetonio e altre fonti attribuiscono al generale.
10. Evidentemente all'inizio dell'età imperiale circolavano lettere di Marco Antonio e discorsi di Marco Bruto che a noi non sono giunti.
11. Catullo nelle sue poesie attaccò solo Giulio Cesare: da questo passo gli studiosi ricavano che Furio Bibaculo, uno dei *poetae novi* contemporaneo di Catullo, visse e operò fino all'epoca di Augusto.
12. Il fatto che siano «divinizzati», *divi*, comporta che le loro azioni debbano essere prese a esempio dai successori.
13. Il riferimento va inteso rivolto ad Atene, dove fiorì la libertà di parola, non solo nell'assemblea, ma anche a teatro, con la commedia.
14. Ironia per assurdo: Cremuzio intende dire che il pericolo che le sue parole fomentino guerre civili non c'è più perché quei personaggi appartengono al passato.
15. Si intende che in realtà Bruto e Cassio sono ancora amati per i loro meriti, tanto che molti ancora riconoscono le loro *imagines*, ossia le maschere funebri. Dal viso dei defunti delle *gentes* patrizie veniva ricavata per calco una maschera funebre che veniva conservata nell'atrio della casa, in modo tale che tutti i visitatori, entrando in una nobile dimora, avessero la possibilità di vedere il prestigio del casato dell'ospite. Tali maschere poi, indossate da figuranti, venivano esibite in occasione del funerale di un membro della famiglia. Era vietato che le *imagines* di coloro che erano stati colpiti da *damnatio memoriae* venissero portate fuori dalla casa, per i funerali o altre processioni, ma solo in rarissimi casi se ne decretava per legge la distruzione. Tacito stesso (in 3, 76) ricorda che nel 22 d.C. alla morte, avvenuta a 91 anni, di Giunia Terzia, sorella di Bruto e moglie di Cassio, tutti i presenti notarono l'assenza delle *imagines* dei cesaricidi, in quanto colpite da *damnatio*, ma sappiamo che un discendente di Cassio ne conservava ancora l'*imago* in epoca neroniana.

la *damnatio* si accanisce contro di me, non solo quelli che si ricorderanno di Bruto e Cassio, ma anche di me». [4] Uscito quindi dal senato, pose fine alla propria vita lasciandosi morire di fame. I senatori decretarono che i libri dovessero essere bruciati a cura degli edili; rimasero tuttavia, segreti, ma passati di mano in mano[16]. [5] A maggior ragione c'è motivo di farsi beffe della stupidità di coloro che, confidando nel loro potere, si illudono che possa essere eliminato il ricordo nelle età successive. Al contrario infatti aumenta il prestigio degli ingegni perseguitati, e i sovrani assoluti orientali o quelli che hanno usato la medesima violenza non hanno generato altro che vergogna per sé e gloria per gli altri.

16. I particolari della morte di Cremuzio Cordo ci sono noti attraverso il racconto di Seneca, che li ricorda come esempio di coerenza e saggezza nella *consolatio* che rivolge a Marcia, sua figlia. La sentenza dei senatori non prevede la morte dell'imputato, perché Cremuzio nel frattempo si era già dato la morte; in tal senso la decisione senatoria verte solo sui suoi libri. Contrariamente all'opinione tradizionale Luciano Canfora ha sostenuto con argomenti stringenti che qui Tacito non alluda al fatto (riferito con precisione da Svetonio, ma accennato anche da Seneca) che gli scritti di Cremuzio Cordo fossero poi stati riabilitati da Caligola, ma sostenga che, anche prima della riabilitazione, essi avessero continuato a circolare senza aver subìto tagli delle parti più scottanti.

PER COMPRENDERE IL TESTO

Il testo e il contesto

IL REATO *DE MAIESTATE* Il reato *de maiestate*, ossia la lesione della dignità e della grandezza (*maiestas*) del popolo romano, è presente nell'ordinamento romano fin dall'epoca della repubblica. Era di fatto assimilabile a quello che negli Stati moderni è considerato "alto tradimento", perciò ne erano passibili soprattutto i magistrati superiori, che, in quanto dotati di *imperium*, avessero usato le legioni loro affidate per prendere iniziative militari non autorizzate dal senato, oppure, più genericamente, coloro che avessero messo a repentaglio la grandezza del popolo romano. Spesso le leggi che ne regolavano i termini e le pene vennero usate come strumento di lotta politica, per eliminare avversari potenti, fin dalla redazione stabilita da Lucio Apuleio Saturnino (*lex Appuleia de maiestate*, del 103 a.C.), alla quale apportarono modifiche sia Silla sia Cesare. È oggetto di dibattito presso gli studiosi se potessero rientrare nel crimine di lesa maestà anche declamazioni particolarmente offensive nei confronti di cittadini, quindi non solo azioni, ma anche parole.
Augusto allargò alla persona del principe (la cui persona era già «sacrosanta» in virtù della *tribunicia potestas*) e ai suoi congiunti la protezione che le norme *de maiestate* riservavano alla *dignitas* del popolo romano – grazie a ciò, con un provvedimento che Tacito in *Annales* 3, 24 giudica come eccessivo, vennero condannati a morte gli amanti della figlia e della nipote del *princeps* – e certamente usò la legge per punire opinioni oltre che azioni, prendendo provvedimenti contro chi scriveva libelli contro di lui. Proprio durante il principato di Augusto vennero condannate al rogo opere di storia, come gli scritti dell'oratore Labieno. Tiberio, come afferma Tacito in *Annales* 1, 72, proseguì l'uso iniziato dal predecessore, lasciando che fossero istruiti processi di lesa maestà anche contro chi avesse espresso opinioni non allineate al potere imperiale, pur senza aver intrapreso azioni sovversive.

LA COLPA DI CREMUZIO CORDO Luciano Canfora ha riesaminato accuratamente le fonti relative al processo, che comprendono anche la testimonianza di Svetonio e dello storico greco Cassio Dione (II-III sec. d.C.): secondo lo studioso, la condanna contro Cremuzio Cordo, avvenuta nel 25, fu comminata in virtù di testi diffusi da poco tempo. Questo sembrerebbe inconciliabile con il fatto che Svetonio specifica chiaramente che Augusto, all'epoca morto da undici anni, aveva letto l'opera di Cremuzio Cordo: per questo motivo si ha ragione di credere che lo storico per prudenza durante il principato di Augusto avesse pubblicato solo parti dell'opera che non toccassero questioni particolarmente sensibili per il principe, come per esempio la battaglia di Filippi del 42 a.C., riservandosi di pubblicare solo in un secondo tempo le parti più orientate ideologicamente contro Augusto. Questa ipotesi è sostenuta dal fatto che Cremuzio Cordo nella difesa che pronuncia di fronte al senato non dice mai di aver già letto, senza conseguenze penali, la sua opera ad Augusto (fatto che avrebbe costituito un ottimo argomento di difesa), proprio perché era di dominio pubblico che la parte incriminata fosse stata divulgata dopo la morte del principe. A sostegno della pubblicazione in tempi diversi delle diverse parti dell'opera, Canfora, sulla scorta di Ronald Syme, ritiene probabile che anche Livio avesse adottato un espediente simile, posticipando a un momento successivo alla morte di Augusto la pubblicazione dei libri dell'*Ab Urbe condita* che trattavano in particolare di Cassio, il cesaricida.

L'ARRINGA DIFENSIVA La difesa di Cremuzio si basa anzitutto sul fatto che le sue parole non possono aver offeso né il principe (Tiberio), né suo padre (Augusto, anche se il testo latino è ambiguo, in quanto il termine *parentem* potrebbe essere interpretato come «madre», ossia Livia Augusta). Tale assunto non è a rigore corretto, perché la norma poteva essere estesa fino a Cesare, capostipite della famiglia imperiale. Particolarmente interessante, però, è la disposizione delle prove di innocenza che Cremuzio esibisce in 34, 3-4, fornendo una serie di esempi ordinati cronologicamente dai più recenti (Livio), fino ai più lontani (Catullo e Bibaculo), citando poi gli autori greci del periodo classico, pur con una preterizione (ossia facendo finta di non volerne parlare).

Il senso del testo

LA DECADENZA DELLA STORIOGRAFIA La narrazione del processo a carico di Cremuzio Cordo segue due paragrafi (*Annales* 4, 32-33) in cui Tacito si scusa con il lettore: chi vuole scrivere del periodo imperiale ha a disposizione fatti molto meno accattivanti rispetto a chi ha deciso di narrare il periodo arcaico e repubblicano – e forse in tal senso Tacito allude a Livio – perché, da quando di necessità il potere è confluito nelle mani di una persona sola, non ci sono più gesta nobili di personalità virtuose e di eserciti valorosi, ma avvenimenti interni alla corte e processi di fronte al senato derivanti da delazione e calunnie volte a eliminare oppositori politici. In un certo senso Tacito, prima di narrare il «crimine nuovo e allora udito per la prima volta», si lamenta della «decadenza della storiografia», che non ha da occuparsi se non di fatti moralmente vergognosi.

IL RISCATTO DELLA STORIOGRAFIA SENATORIA Nonostante il fatto che gli storici dell'età imperiale siano costretti a occuparsi di fatti piccoli e meschini, la storiografia in sé assume un ruolo determinante, ponendosi come forma di «resistenza» rispetto al potere imperiale. In tal senso il significato profondo della vicenda di Cremuzio Cordo è riassunto nell'accorato commento del narratore in 35, 5, che riprende l'ultima argomentazione dello stesso Cremuzio (35, 2-3): in questo passo si stabilisce una correlazione tra la repressione della libera circolazione delle idee da parte del potere tirannico e l'effettivo risultato che essa ottiene nel tempo, ossia l'opposto rispetto all'obiettivo («aumenta il prestigio degli ingegni perseguitati»).
Se si considera il fatto che per tradizione a Roma si occupavano di storia gli esponenti del senato (la «storiografia senatoria»), non è difficile pensare che Tacito intendesse assegnare alla storiografia la funzione di difendere la *libertas* che gli imperatori tentavano di sopprimere: forse per questo Tacito ha sentito come più impellente occuparsi dei periodi in cui la *libertas* del senato era stata maggiormente calpestata, piuttosto che dedicarsi alla felice età di Nerva e di Traiano; perciò, dopo le *Historiae*, passò agli *Annales* (➤ p. 329).

Rilievo rappresentante **un processo in tribunale con notai che trascrivono**, IV sec. d.C.
Ostia, Museo Archeologico Ostiense.

TACITO PER COMPRENDERE

LEGGO E COMPRENDO

1. Quali sono le ragioni di novità del processo per lesa maestà a Cremuzio Cordo?

2. Con quali argomenti Cremuzio sostiene la propria autodifesa?

3. Spiega il riferimento alle maschere funebri di Bruto e Cassio nelle parole di Cremuzio Cordo.

T11-T12 Nerone elimina Agrippina

Agrippina Minore alla morte del marito, l'imperatore Claudio, ne 54, rivestì a tutti gli effetti il ruolo di guida dell'impero, data la giovane età di Nerone, suo figlio. Per impedire che un'altra donna la scalzasse dalla sua posizione di dominio, Agrippina volle che Nerone sposasse Ottavia, la figlia che Claudio aveva avuto da Messalina, lasciando che il figlio dedicasse il suo amore a una liberta di nome Atte, che, data la sua posizione sociale, non avrebbe potuto ottenere credito a corte. Nerone tuttavia si mostrò insofferente nei confronti della madre, soprattutto da quando si innamorò dell'aristocratica Poppea Sabina, che non faceva mistero di voler diventare sua sposa.

In un primo tempo Nerone fece il vuoto attorno alla madre, nella speranza che essa non si intromettesse più nell'amministrazione dell'impero, ma quando comprese che, pur di rimanere al centro della corte, Agrippina non avrebbe esitato di fronte a nulla, Nerone decise di uccidere la madre, istigato da Poppea, che vedeva in Agrippina l'unico ostacolo al divorzio dell'imperatore da Ottavia. Nel 59, per mettere in atto il matricidio senza lasciare tracce evidenti, Nerone meditò con l'aiuto dei suoi collaboratori un finto incidente in mare. Il piano tuttavia fallì per una serie di casi fortuiti (➤ **T11***), perciò l'imperatore fu costretto, su consiglio di Seneca, a inviare degli assassini che uccidessero Agrippina, prima che ella potesse fomentare una rivolta (*➤ **T12***).*

T11 Un naufragio sospetto

ITALIANO

| *Annales* 14, 3-5 |

[3, 1] Perciò Nerone evitava gli incontri con lei, la incoraggiava quando si ritirava nei giardini o nelle tenute di Tuscolo o di Anzio, perché lì si sarebbe svagata[1]. In seguito, ritenendola un grave pericolo ovunque si trovasse, stabilì di eliminarla, rimanendo in dubbio solo su un punto, se con il veleno o con una pugnalata o con un qualsiasi altro metodo. [2] In un primo momento scelse il veleno. Tuttavia se fosse stato somministrato durante un banchetto organizzato dal principe, non sarebbe stato possibile pensare a una disgrazia accidentale, con una morte simile a quella di Britannico[2]; e pareva difficile corrompere i camerieri personali di una donna resa vigile contro i rischi dall'abitudine a ordire delitti[3]; lei stessa del resto aveva rinforzato il fisico assumendo antidoti. Nessuno capiva in che modo si potesse tenere nascosto un assassinio compiuto a pugnalate; e Nerone temeva che la persona incaricata di un delitto tanto enorme non obbedisse agli ordini[4]. [3] Trovò la soluzione il liberto Aniceto, prefetto della flotta di stanza a Miseno e precettore di Nerone fanciullo[5], malvisto da Agrippina per via di un odio cordialmente ricam-

1. Gli eventi erano precipitati da quando Agrippina, pur di non perdere il controllo su Nerone, approfittando dell'ebbrezza di un banchetto, aveva cercato di sedurre incestuosamente il figlio: Agrippina del resto aveva usato la propria bellezza come strumento di potere fin da giovanissima, arrivando a sposare suo zio paterno Claudio (per regolarizzare tale unione, contraria al costume romano, fu necessaria una legge *ad hoc*). Nerone era venuto a sapere che le legioni non avrebbero più accettato ordini da un imperatore che fosse giunto a tal punto di depravazione.
2. Britannico, figlio di Claudio e fratello di Ottavia, sarebbe stato il più naturale successore al trono nel 54, ma fu proprio Agrippina che fece in modo che fosse preferito suo figlio Nerone. Quando Nerone incominciò a manifestare insofferenza verso la madre, questa lasciò intendere che avrebbe potuto mettere sul trono Britannico: a questo punto, di propria iniziativa, nel 55 Nerone fece avvelenare Britannico, durante un banchetto. Da quel momento Agrippina comprese che la sua autorità sul figlio era assai diminuita.
3. Agrippina durante la sua vita si rese responsabile di diversi delitti, tra i quali il più noto forse è l'avvelenamento di Claudio; probabilmente in combutta con il figlio, all'inizio del regno di questi, eliminò quanti potessero in qualche modo ostacolarne l'azione o pretendere il trono.
4. Agrippina godeva di moltissimo rispetto tra i legionari, che ricordavano con affetto suo padre Germanico, che l'aveva cresciuta negli accampamenti militari della Germania.
5. È stato recentemente sostenuto che Tacito abbia scambiato, forse per la poca chiarezza delle sue fonti, due personaggi

biato. Perciò suggerisce di apprestare un'imbarcazione, una parte della quale, apertasi grazie a un marchingegno, una volta al largo, l'avrebbe mandata a fondo senza che se ne accorgesse: nulla quanto il mare è esposto a eventi fortuiti; e se fosse morta in un naufragio, chi sarebbe stato maligno al punto da ritenere frutto di dolo il fatto che i venti e le onde avessero causato un incidente? Il principe avrebbe dedicato alla defunta un tempio e altari e tutte le altre cose che servono per ostentare l'affetto filiale.

[**4, 1**] Fu approvata l'idea ingegnosa, anche favorita dal momento, dato che Nerone trascorreva a Baia i giorni di festa delle Quinquatrie[6]. Lì attira la madre, continuando a ripetere in giro che l'ira dei genitori va sopportata e che bisogna placarne l'animo, e con questo espediente spargeva la voce di una riconciliazione alla quale Agrippina potesse credere data la facile disponibilità delle donne a credere alle buone notizie. [**2**] Facendosi quindi incontro a lei sul litorale (lei infatti proveniva da Anzio) la accolse prendendola per mano e tenendola sottobraccio la accompagnò a Bauli. Quello è il nome della villa, che si affaccia sull'insenatura tra Capo Miseno e il lago di Baia. [**3**] Tra le altre imbarcazioni si trovava una nave alquanto lussuosa, come se anche quell'omaggio si volesse offrire alla madre: era infatti abituata a navigare su una trireme da guerra e con un equipaggio della marina militare. E in quel momento veniva invitata al banchetto, perché la notte offrisse al delitto l'opportunità di rimanere occulto. [**4**] Risulta abbastanza sicuro che un traditore ci sia stato, e Agrippina, incerta se credere o no al pericolo di un attentato, si recò a Baia con una portantina. Lì la cordialità cancellò il sospetto: fu ricevuta con affabilità e fatta accomodare al posto d'onore. Ormai Nerone con molti discorsi, ora con giovanile confidenza, poi di nuovo serio, come se la mettesse al corrente di questioni importanti, protratto il banchetto fino a tardi, la accompagna mentre se ne va, fissandola intensamente negli occhi e stringendola al petto, forse per rendere completo l'inganno, forse perché l'ultima vista della madre destinata a morire tratteneva il suo animo, ancorché spietato.

[**5, 1**] Gli dèi concessero una notte luccicante di stelle e tranquilla sul mare placido, quasi per favorire il delitto. E non si era mossa di molto la nave, su cui si trovavano due del seguito che accompagnava Agrippina, uno dei quali, Crepereio Gallo, stava in piedi non lontano dal timone, mentre l'altra, Acerronia, sdraiata ai piedi dell'imperatrice magnificava il pentimento del figlio e il ritrovato amore della madre, quando a un segnale convenuto crollò il soffitto della cabina, appesantito da una notevole quantità di piombo, e Crepereio, schiacciato, morì all'istante: Agrippina e Acerronia furono protette dalle pareti che si levavano attorno al letto e che per caso risultarono troppo resistenti per cedere sotto il peso. [**2**] E nemmeno fece seguito l'apertura del fasciame anche perché, tra l'agitazione generale, la maggior parte dell'equipaggio, all'oscuro del piano, ostacolava quelli che ne erano al corrente. Perciò ai rematori la soluzione migliore parve inclinare lo scafo su un lato e affondare così la nave; ma anche tra loro mancò la rapida intesa per agire in sincronia, e gli altri che facevano massa sulla fiancata

omonimi (➤ p. 389), e che un Aniceto sia stato maestro di Nerone, mentre un altro omonimo sia stato comandante della flotta. Quest'ultimo, datosi alla pirateria, secondo una tesi sostenuta dallo studioso David Woods, avrebbe poi appoggiato uno schiavo fuggitivo che si era spacciato per Nerone, nel 69.

6. Feste celebrate a marzo in onore di Minerva, durante le quali, tra altri giochi e gare poetiche, si svolgeva anche la danza dei sacerdoti Salii, secondo un'antichissima usanza.

opposta provocarono un affondamento piuttosto lento. [3] Acerronia poi, mentre con imprudenza gridava di essere Agrippina[7] e di venire in soccorso della madre dell'imperatore, viene ammazzata a colpi di pertiche e di remi e di tutti gli oggetti contundenti che di solito si trovano su una barca. Agrippina, rimanendo in silenzio, perciò meno riconoscibile (ricevette tuttavia una ferita alla spalla), prima a nuoto poi trasportata nel Lago Lucrino[8] grazie al soccorso offerto da alcune piccole imbarcazioni, giunge nella sua villa[9].

7. Dal testo di Tacito non si può stabilire se il comportamento di Acerronia sia dettato da un subdolo tentativo di salvarsi, tradendo la padrona, o se in realtà ella avesse intuito qualcosa e volesse stornare gli assassini: non sono rari episodi di servi che si immolano per i padroni. Certamente da questo episodio ad Agrippina risultò chiaro di essere stata vittima di un attentato.
8. Lago presente sulla costa campana nei pressi di Napoli: nel 37 a.C. Agrippa aveva fatto tagliare il sottile istmo di terraferma che lo separava dal mare per poter realizzare una base, che venne denominata *Portus Iulius*, per la flotta da usare nelle operazioni contro Sesto Pompeo. A causa del bradisismo caratteristico della zona, in epoca tardo-medievale lo sprofondamento del terreno fece sì che il mare sommergesse completamente la zona, mentre nel XVI secolo, in connessione con violenti fenomeni sismici, il livello del terreno si innalzò per poi in parte di nuovo sprofondare, riformando il Lago Lucrino, anche se di dimensioni inferiori rispetto a quello di epoca romana.
9. Nei due capitoli successivi la scena si sposta nella villa di Nerone, dove l'imperatore apprende del fallimento dell'attentato e viene preso dal panico. Tacito riferisce che Nerone convocò immediatamente Seneca e Burro, i suoi consiglieri, e specifica che non si sa se essi fossero al corrente del tentativo di matricidio. Alla fine, dopo un lungo silenzio, fu Seneca a decidere il da farsi: Aniceto doveva assolutamente portare a termine l'assassinio di Agrippina.

STORIA, CULTURA, CIVILTÀ

L'IMPERATORE NERONE NEL TALMUD

UNA STRANA LEGGENDA La figura di Nerone lasciò un'impressione profonda anche nei popoli delle province dell'impero. Nel Talmud, il testo sacro della religione ebraica che raccoglie le tradizioni rabbiniche formatesi durante la diaspora, si legge che Nerone si era recato a Gerusalemme e che lì, avendo avuto un oracolo favorevole alla campagna giudaica da lui intrapresa nel 66 (che sarebbe terminata con la presa di Gerusalemme e la distruzione del tempio per opera di Tito nel 70), ma anche uno ostile a Roma, si convertì alla religione ebraica; dalla sua discendenza sarebbe nato il rabbino Meir, religioso venerato per la sua bontà e sapienza, realmente vissuto nell'età di Adriano.

> Egli [*l'imperatore*] mandò contro di loro [*gli Ebrei*] Nerone Cesare. Non appena egli arrivò scagliò una freccia verso Est, ed essa cadde su Gerusalemme. Poi lui ne scagliò un'altra verso Ovest, e di nuovo cadde su Gerusalemme. Egli scagliò frecce verso tutti e quattro i punti cardinali, e ogni volta caddero su Gerusalemme. Egli disse a un ragazzo: «Ripetimi l'ultimo verso della Scrittura che hai imparato». Egli disse: «E io [*Dio*] farò scendere su Edom [*termine usato per Roma*] la mia vendetta per mano di Israele, il mio popolo». Egli disse: «L'Altissimo, sia benedetto, desidera far scendere la distruzione sulla sua casa e far ricadere la colpa su di me». Così egli corse via e si convertì, e Rabbi Meir discese da lui.
>
> (Talmud di Babilonia, Gittin V fol. 56a)

La leggenda contiene elementi presenti in varie tradizioni folkloriche comuni, come l'uso di scagliare frecce per ottenere un responso, oppure ricavarlo a caso dalla lettura di un versetto dal testo sacro. Il significato è evidente: il tempio di Gerusalemme sarà distrutto (come indicano le frecce miracolosamente cadute tutte sulla città), ma i Romani ne pagheranno il fio (secondo quanto preannunciato dal versetto biblico recitato dal ragazzo, che proviene da *Ezechiele* 25, 14). L'elemento decisamente singolare della leggenda è dovuto al fatto che uno dei più rinomati nemici degli Ebrei non solo si sia convertito, ma che da lui sia disceso un venerabile rabbino. Tanto più che, da quanto sappiamo, Nerone non si era mai recato in Giudea.

L'ORIGINE DELLA LEGGENDA S.J. Bastomsky ha studiato la questione per cercare di capire come possa essersi formata la leggenda e, esaminando le fonti primarie e secondarie, ha escluso che ciò possa essere avvenuto in seguito alla suggestione dei "falsi Neroni", ossia di quei personaggi che, anche anni dopo la morte del famigerato imperatore, spacciandosi per lui, avevano cercato di fomentare rivolte nell'impero. Ne conosciamo almeno due, uno comparso nel 69 e uno in anni successivi: il primo era uno schiavo fuggitivo (ne parla Tacito in *Historiae* 2, 8-9), forse appoggiato da un pirata ex comandante della flotta di Miseno, identificato da alcuni proprio con l'Aniceto assassino di Agrippina (➤ p. 386 nota 5); al secondo allude Svetonio, in *Vita di Nerone*, 57.
Secondo Bastomsky la presenza di Nerone in Giudea, del tutto leggendaria, è derivata dall'interpretazione di alcuni versetti degli *Oracoli Sibillini*: una raccolta in versi, in lingua greca, di predizioni oracolari (in buona parte riferite a posteriori a fatti già accaduti), formatasi tra il II secolo a.C. e il IV secolo d.C. in ambiente giudaico (e, dal I secolo d.C., anche cristiano); versi intonati a un acceso spirito antiromano. In particolare un passo del libro IV (vv. 116-136) riguarda la distruzione del tempio di Gerusalemme da parte dei Romani: in seguito a ciò un imperatore esule da Roma avrebbe passato l'Eufrate e poi la guerra si sarebbe abbattuta anche sull'Occidente e Roma. Bastomsky suggerisce che la leggenda di Nerone nel Talmud si fosse formata per la volontà degli Ebrei della diaspora di trovare un senso nei tragici eventi accaduti in seguito alla presa di Gerusalemme, facendo di Nerone uno strumento del Bene (fine annunciata di Roma, conversione dell'imperatore e discendenza rabbinica) che continua a operare anche in presenza del Male (distruzione del tempio di Gerusalemme).

GUIDA ALLO STUDIO

1. Riassumi l'episodio narrato nel Talmud di Babilonia su Nerone.

2. Chi sono i "falsi Neroni"? Esiste, secondo Bastomsky, un collegamento tra questi personaggi e il Talmud di Babilonia?

3. Che cosa sono gli *Oracoli Sibillini*?

4. Come si sarebbe originato, secondo Bastomsky, l'episodio della conversione di Nerone nel Talmud?

T12 LATINO

Agrippina affronta la morte

Annales 14, 8

[8, 1] Interim vulgato Agrippinae periculo, quasi casu evenisset, ut quisque acceperat, decurrere ad litus. Hi molium obiectus, hi proximas scaphas scandere; alii, quantum corpus sinebat, vadere in mare; quidam manus protendere. Questibus votis clamore diversa rogitantium aut incerta respondentium omnis ora compleri; adfluere ingens multitudo cum luminibus, atque ubi incolumem esse pernotuit, ut ad gratandum sese expedire, donec adspectu armati et minitantis agminis deiecti sunt. [2] Anicetus villam statione circumdat refractaque ianua obvios servorum abripit, donec ad fores cu-

[8, 1] **vulgato... periculo**: ablativo assoluto con valore temporale, «una volta diffusa la notizia della brutta avventura di Agrippina». • **quasi... evenisset**: proposizione comparativa ipotetica. • **ut**: con valore temporale. • **decurrere**: infinito storico narrativo. • **Hi molium... protendere**: i predicati *scandere*, *vadere* e *protendere* sono infiniti storico-narrativi; *molium obiectus*, lett. «le barriere dei moli», quindi «i moli». • **Questibus... expedire**: prosegue il racconto mediante gli infiniti storico-narrativi (*compleri*, *adfluere*, *expedire*); *rogitantium* e *respondentium* sono participi sostantivati che specificano *Questibus votis clamore* e hanno come complemento oggetto rispettivamente *diversa* e *incerta*, neutri sostantivati; a *incolumem* è sottinteso *Agrippinam*; *ut* è avverbio ed è riferito al successivo gerundio con valore finale *ad gratandum*, «come per congratularsi». • **donec... deiecti sunt**: il soggetto sottinteso sono i soccorritori improvvisati accorsi sul luogo della sciagura; *armati... agminis* indica la pattuglia di militari, guidata da Aniceto, che Nerone ha prontamente inviato sul posto, su consiglio di Seneca, per finire Agrippina. Aniceto ha ricevuto l'incarico di portare a compimento il delitto.
[2] **refracta... ianua**: ablativo assoluto con valore temporale. • **obvios servorum**: *servorum* è genitivo partitivo, «quanti dei servi si facevano incontro». • **cui**: nesso relativo, «e di fronte ad

biculi veniret; cui pauci adstabant, ceteris terrore inrumpentium exterritis. [3] Cubiculo modicum lumen inerat et ancillarum una, magis ac magis anxia Agrippina, quod nemo a filio ac ne Agermus quidem: aliam fore laetae rei faciem; nunc solitudinem ac repentinos strepitus et extremi mali indicia. [4] Abeunte dehinc ancilla, «Tu quoque me deseris?», prolocuta respicit Anicetum, trierarcho Herculeio et Obarito centurione classiario comitatum: ac, si ad visendum venisset, refotam nuntiaret, sin facinus patraturus, nihil se de filio credere; non imperatum parricidium. [5] Circumsistunt lectum percussores et prior trierarchus fusti caput eius adflixit. Iam in mortem centurioni ferrum destringenti protendens uterum, «Ventrem feri», exclamavit multisque vulneribus confecta est.

essa». • **ceteris... exterritis**: ablativo assoluto con valore causale. [3] **anxia**: sott. *erat*. • **quod... quidem**: proposizione causale in cui è sottinteso il predicato, con il senso di «ritornava». Agrippina, dopo aver capito di aver subìto un attentato da parte del figlio, sospettando che Nerone non avrebbe desistito dal proposito assassino, si affrettò a inviargli un messo, di nome Agermo, facendo finta di non aver capito che cosa le era successo, nella speranza che l'imperatore esitasse a proseguire verso il matricidio. Nerone, da parte sua, aveva fatto arrestare Agermo con una falsa accusa, volendo far credere a chi lo aveva visto arrivare nella sua villa che fosse stato mandato dalla madre per farlo uccidere. • **aliam... indicia**: «in altro modo avrebbe dovuto presentarsi la situazione a fronte di un buon esito della faccenda; ora la solitudine e i rumori improvvisi erano indizi anche dell'avvicinarsi della soluzione peggiore»; in forma di proposizioni infinitive del discorso indiretto sono riferiti i pensieri di Agrippina; la seconda proposizione sottintende *esse*.
[4] **Abeunte... ancilla**: ablativo assoluto con valore causale; *dehinc*, avverbio, «poi». • **«Tu... deseris?»**: la battuta di Agrippina, rivolta all'ancella, è introdotta dal successivo *prolocuta*, participio congiunto del soggetto, con valore temporale. • **ac... parricidium**: le parole rivolte da Agrippina ad Aniceto sono riferite in forma indiretta, e nella traduzione italiana possono essere introdotte da un verbo di dire, «disse che...»; il verbo reggente è il congiuntivo volitivo *nuntiaret*, che regge l'infinito *refotam* (sott. *esse se* = *Agrippinam*), che è l'apodosi dipendente di un periodo ipotetico dell'oggettività; la protasi è *si... venisset*, «riferisse che lei si era ripresa, nel caso fosse venuto per fare una visita»; *sin... credere* è un altro periodo ipotetico dipendente, la cui apodosi è *nihil... credere*, «se invece fosse venuto pronto a compiere un delitto, lei non imputava nulla al figlio»; *non... parricidium* sottintende il soggetto *Neronem* e il predicato *esse*. Il termine *parricidium* è usato anche per l'omicidio della madre da parte del figlio.
[5] **fusti**: è un ablativo strumentale, «con un bastone». • **eius**: è riferito ad Agrippina. • **in mortem... uterum**: *protendens* è participio congiunto con il soggetto sott. *Agrippina*, mentre *uterum* è il suo complemento oggetto e *centurioni* è il suo oggetto indiretto (complemento di termine), a cui è unito il participio attributivo *destringenti*, che a sua volta ha il complemento oggetto *ferrum*. • **«Ventrem feri»**: sono le ultime parole di Agrippina rivolte al suo assassino, «Colpisci il ventre».

PER COMPRENDERE IL TESTO

Il testo e il contesto

UN PUNTO DI SVOLTA Nerone è ormai al potere da cinque anni, quando nel 59 decide di eliminare la madre. Il motivo immediato consiste nel fatto che Agrippina si oppone a una sua unione con Poppea Sabina, di cui l'imperatore è innamorato. In realtà Nerone desiderava da tempo liberarsi della madre, che aveva brigato perché lui fosse imperatore al posto di Britannico, il figlio dell'imperatore Claudio, per avere nella corte un ruolo di primo piano. Il matricidio (avvertito nella cultura romana di pari gravità del parricidio, tanto da essere indicato con il medesimo termine) segna una svolta nel principato, perché progressivamente, con la scomparsa di Agrippina, viene meno sull'imperatore anche l'influenza del filosofo Seneca e del prefetto del pretorio Afranio Burro. Per quanto all'interno della famiglia imperiale ogni depravazione e crimine fosse ormai abituale, nei cinque anni in cui l'impero fu retto con i consigli di Seneca e di Burro, sotto l'occhio vigile di Agrippina, l'amministrazione dello Stato nel complesso manifestò equilibrio ed efficienza, mentre i rimanenti nove anni di governo di Nerone videro progressivamente maturare una crisi non solo politica, ma anche economica e sociale.

Il senso del testo

LA RAGION DI STATO SULL'ORLO DELL'ABISSO Il matricidio di Agrippina costituisce il punto più basso a cui arriva la dinastia giulio-claudia e rappresenta il fallimento del sistema di successione al potere imperiale: un problema lasciato irrisolto da Augusto e che i senatori, con la loro propensione al servilismo, non avevano fatto nulla per risolvere. Tacito sente che questo episodio è particolarmente importante nella sua riflessione sulla storia di Roma e lo pone in particolare risalto, dedicando a esso i capitoli di apertura del libro XIV. Come evidente dal confronto con altre fonti (come Svetonio), Tacito risparmia al lettore una serie di particolari, perché è interessato a concentrare l'azione drammatica su pochi passaggi essenziali: il progetto, in *Annales* 4, 1-3; l'inganno, in 4, 4; l'attentato fallito, in 5; le reazioni della folla, che passano immediatamente dall'affetto alla paura alla comparsa delle guardie, in 8, 1; il senso di disperazione che si impossessa di Agrippina, sola nell'immensa villa in cui rimbombano i passi dei militari, in 8, 2-4; l'efferato assassinio, con il gesto simbolico e coraggioso di Agrippina, che vuole che sia colpito il grembo che ha generato lo stesso matricida, in 8, 5.

Nella tragedia pare che abbiano un ruolo anche gli dèi, che in 5, 1 sembrano preparare il contesto ideale per l'assassinio. In realtà la mano divina, come spesso in Tacito, è indecifrabile: proprio la tranquillità della notte e la calma delle acque infatti permettono ad Agrippina di raggiungere la riva incolume; forse, se il moto ondoso fosse stato un po' più vigoroso, la nave si sarebbe effettivamente sfasciata, una volta azionato il meccanismo.

Bisogna infine considerare il ruolo di Seneca, che è colui che stabilisce che Aniceto deve assolutamente eliminare Agrippina, dopo il naufragio fallito. Il filosofo, pur legato ad Agrippina da riconoscenza e forse affetto (➤ p. 69), antepone a tutto l'unità dell'impero: di fronte al rischio che la madre dia inizio a una vera e propria guerra civile contro il figlio, lacerando lo Stato, anche il crimine più efferato può essere accettato. Torna quindi in una delle ultime pagine degli *Annales* il tema che Tacito aveva toccato nell'*Agricola*, l'opera di esordio: anche sotto un imperatore indegno possono essere adottati comportamenti nell'interesse dello Stato. Ora, però, in un contesto tanto drammatico e problematico, distinguere il bene dal male è tanto più difficile e forse impossibile.

LEGGO E COMPRENDO

1. Attraverso quali strategie narrative Tacito conferisce all'episodio un tono drammatico?

2. Dividi in sequenze i brani e assegna a ciascuno un titolo che ne presenti brevemente il contenuto.

3. Per quali ragioni la morte di Agrippina rappresenta un momento di svolta nel principato di Nerone e al contempo serve a Tacito per mettere in evidenza la crisi dell'impero?

4. Qual è il ruolo di Seneca nella vicenda e quale sembra essere il giudizio di Tacito sul suo operato?

TESTI E TEMI

NERONE, LA MAGA LOCUSTA, BRITANNICO E AGRIPPINA (SVETONIO, *VITA DI NERONE* 33-34)

UNA MAGA ALLA CORTE IMPERIALE Svetonio, nella biografia dedicata a Nerone, dedica ampio spazio ai delitti compiuti dall'imperatore, tra cui spiccano quello di Britannico, figlio di Claudio, che il principe elimina durante un banchetto quando comprende che sua madre avrebbe potuto complottare per fargli avere il trono, e quello di Agrippina. Nel racconto compare il nome di una certa Locusta (in latino *lucusta* significa «aragosta»), esperta di veleni, considerata una vera maga, che era tenuta segregata nel palazzo imperiale, da quando Agrippina se ne era servita per avvelenare Claudio, e veniva consultata solo quando era necessario un veleno che non solo fosse mortale, ma che anche non lasciasse tracce. Su di lei abbiamo diverse testimonianze: oltre a Svetonio ne parlano Tacito e il greco Cassio Dione, ma l'avvelenatrice è citata anche in una satira di Giovenale. Locusta fornì a Nerone del veleno pure quando ormai l'imperatore avvertì la sua prossima fine, anche se poi non lo usò per suicidarsi. L'avvelenatrice venne messa a morte da Galba, dopo essere stata fatta sfilare in catene per la città insieme ad altri collaboratori di Nerone. Relativamente alla morte di Agrippina, Svetonio riferisce molti particolari in più rispetto a Tacito e ritrae Nerone in una luce molto sinistra, anche se il suo racconto resta più distaccato e non tocca i toni tragici che invece caratterizzano la prosa drammatica degli *Annales* di Tacito.

[33] [*Nerone*] usò il veleno contro Britannico tanto per gelosia della voce, che questi aveva più soave, quanto per paura che una volta o l'altra per il ricordo del padre egli lo vincesse nel favore della cittadinanza. Ebbe il veleno da una certa Locusta, famosa avvelenatrice; ma esso agì più lentamente di quel che si aspettava avendo

a Britannico soltanto mosso il ventre, ond'egli, fatta venire la donna, la flagellò di sua mano accusandola di aver dato invece che veleno una medicina. Si scusò costei dicendo di averlo fornito più debole per occultare l'odiosità del misfatto; ed egli disse: «Davvero che io ho paura della Legge Giulia!» [*probabile allusione ironica alle norme* de maiestate]; e la costrinse a cuocerne in sua presenza, nella camera da letto, uno quanto più poteva rapido ed efficace. Lo esperimentò poi in un capretto, e, poiché questo resistette per cinque ore, lo fece bollire e ribollire, dandolo poi a un porcellino. E come questo morì immediatamente, ordinò che il veleno si portasse nel triclinio e si desse a Britannico che cenava con lui. Quello cadde appena l'ebbe assaggiato; e Nerone, detto ai commensali che il giovine era stato come sempre assalito dal mal caduco, l'indomani sotto dirottissima pioggia lo fece seppellire a furia di esequie ordinarie. A Locusta per l'opera prestata diede l'impunità e vasti poderi, e anche alunni.

[34] La madre, che molto severamente osservava e riprendeva le sue parole e i suoi atti, era ormai sì mal sopportata da lui che cercò spesso di renderla odiosa, dicendo di voler rinunziare all'impero e andarsene a Rodi; poi la privò di tutti gli onori e d'ogni potere, e toltale la guardia militare germanica la scacciò anche dalla sua presenza e dal Palazzo. E nel vessarla non usò riguardo alcuno, anzi le mise intorno alcuni che la tormentassero con incriminazioni fin ch'ella stette a Roma, con irrisioni e schiamazzi quando si fu ritirata in solitudine, passandole accanto o per terra o per mare. Ma poi, atterrito dalle violente minacce di lei, si risolse a farla perire. Tre volte tentò con veleno ma si accorse che si era premunita con antidoti; allora predispose un soffitto che, sfasciandosi per mezzo d'un meccanismo, le precipitasse addosso la notte mentre dormiva. Siccome però questa insidia non fu ben celata da quelli che n'erano a parte, immaginò una nave sfasciabile, sì che ella perisse o per naufragio o per il crollo della volta della cabina. Così, simulata una riconciliazione, la invitò a Baia con tenerissime lettere per celebrare con lei le feste Quinquatrie, e, dato ordine ai comandanti delle triremi di fracassare, come per un urto accidentale, la liburnica su cui ella era venuta, protrasse a lungo il convito. E quando ella si accinse a tornare a Bàuli le offerse in luogo della nave spezzata quella ch'egli aveva fatta costruire; e l'accompagnò con lieto volto, e nel congedarsi le baciò anche le mammelle, rimanendosi poi tutto il resto della notte in gran trepidazione, aspettando l'esito. Ma quando seppe che la cosa era mal riuscita e ch'ella si era salvata a nuoto, restò senza saper che fare. Se non che, essendo venuto il liberto di lei ad annunziargli tutto lieto ch'ella era sana e salva, gli gettò nascostamente ai piedi un pugnale e diede ordine che, come sicario da Agrippina mandato a colpirlo, fosse preso e messo in ceppi, e che la madre fosse uccisa, facendo credere ch'ella con volontaria morte aveva voluto sottrarsi alla pena del flagrante suo misfatto. A queste notizie si aggiungono, da narratori attendibili, particolari ancor più atroci: che egli accorse a vedere il cadavere dell'uccisa, che ne brancicò le membra, che alcune di esse lodò e altre biasimò, e che nel frattempo ebbe sete e bevve. Ma, sebbene rassicurato dalle congratulazioni dei soldati e del Senato e del popolo, né allora né poi poté sottrarsi al rimorso della scelleraggine compiuta, e spesso confessò di essere esagitato dalla visione della madre e dalle faci ardenti delle Furie [*le divinità della vendetta*].

(trad. di G. Vitali)

GUIDA ALLO STUDIO

1. Quali altre informazioni abbiamo sulla maga Locusta di cui parla Svetonio?

2. Individua analogie e differenze tra la narrazione della morte di Agrippina nel racconto di Svetonio e in quello di Tacito.

3. Per quale ragione il veleno non ha effetto su Agrippina?

VERIFICA *IN ITINERE* IL DRAMMA DELLA *POTESTAS*

QUESITI A SCELTA MULTIPLA

1. ricordare Chi è Agrippa Postumo (➤ **T9**)?

- ☐ Un nipote di Augusto, in quanto figlio di sua sorella Ottavia
- ☐ Un nipote di Augusto, in quanto figlio di sua figlia Giulia
- ☐ Un figliastro di Augusto, in quanto concepito dalla moglie Livia in seguito al precedente matrimonio con Vipsanio Agrippa
- ☐ Un figliastro di Augusto, in quando adottato da sua moglie Livia

2. ricordare Gli *Annales* di Tacito:

- ☐ trattano il periodo della dinastia giulio-claudia
- ☐ continuano il racconto delle *Historiae*
- ☐ sono stati composti certamente prima delle *Historiae*
- ☐ trattano il periodo della dinastia flavia

3. ricordare Quale fu la sorte di Cremuzio Cordo (➤ **T10**)?

- ☐ Fu condannato per lesa maestà
- ☐ Fu condannato al rogo
- ☐ Si suicidò ferendosi con un pugnale
- ☐ Si lasciò morire di fame

4. comprendere Tacito sembra ritenere che la morte di Agrippina:

- ☐ sia stata voluta dal destino
- ☐ rappresenti la dimostrazione che il sistema di successione dinastica non è efficace per il mantenimento dello Stato
- ☐ sia stata ritardata per volere degli dèi
- ☐ sia da imputarsi interamente alla decisione di Seneca

5. comprendere La presenza di Nerone nel *Talmud di Babilonia*:

- ☐ deve essere intesa come una falsificazione storica
- ☐ si è originata a partire dalla conoscenza di un viaggio compiuto da Nerone in Palestina
- ☐ è nata, secondo S.J. Bastomsky, in seguito alla suggestione dei "falsi Neroni"
- ☐ è nata probabilmente dall'esigenza di trovare un senso a un avvenimento tragico come la distruzione del tempio di Gerusalemme

6. comprendere Dal racconto di Tacito sull'uccisione di Agrippina (➤ **T12**), possiamo dedurre:

- ☐ che l'autore voleva mettere in rilievo il deterioramento dei sentimenti materni di Agrippina
- ☐ che l'autore condannava Agrippina per la sua ambizione al comando
- ☐ il sentimento di ammirazione dell'autore per il coraggio dimostrato dalla donna
- ☐ la volontà di rappresentare drammaticamente l'odio provato dalla donna nei confronti di ciò che il figlio le stava facendo

QUESITI A RISPOSTA BREVE

Rispondi ai quesiti nello spazio di 7-8 righe per ciascuno. Quando lo ritieni opportuno, puoi consultare i testi.

1. Quali caratteristiche di Tiberio sono messe in luce rispettivamente da Tacito e da Svetonio?

2. Per quale motivo l'accusa di lesa maestà era anomala nel caso di Cremuzio Cordo (➤ **T10**)?

TRATTAZIONE SINTETICA

Svolgi le seguenti tracce nelle spazio di 20-25 righe per ciascuna. Quando lo ritieni opportuno, puoi consultare i testi.

1. Facendo riferimento al discorso di autodifesa di Cremuzio Cordo (➤ **T10**), metti in luce le considerazioni di Tacito sulla perdita della libertà di espressione come segno della crisi dell'impero.

2. Facendo opportuni riferimenti ai testi letti, metti a confronto le narrazioni di Tacito e di Svetonio della morte di Agrippina e metti in luce i differenti punti di interesse delle due narrazioni.

VERIFICA PER LA COMPRENSIONE

QUESITI A SCELTA MULTIPLA

1. ricordare Possiamo collocare l'attività politica di Tacito durante il principato di Domiziano:
- ☐ grazie a una delle sue opere
- ☐ grazie alle testimonianze dei contemporanei
- ☐ grazie ai ricordi di Giulio Agricola
- ☐ grazie alle lettere di Plinio il Giovane

2. ricordare Tacito raggiunge l'apice del suo prestigio politico:
- ☐ nell'88 come *consul suffectus*
- ☐ come pretore
- ☐ come propretore
- ☐ probabilmente per volere di Domiziano

3. ricordare Il genere della biografia si è originato nella civiltà greco-romana:
- ☐ a partire dall'interesse dei filosofi peripatetici interessati all'etica
- ☐ a partire dall'interesse dei primi storici greci
- ☐ nell'ambito delle *laudationes funebres* e degli *elogia*
- ☐ a partire dall'opera di Cornelio Nepote

4. comprendere Nel proemio delle *Historiae*, le proteste di imparzialità dell'autore usano come argomento:
- ☐ la dimostrazione della propria estraneità ai fatti narrati
- ☐ l'affermazione che è più facile trovare un pubblico desideroso di ascoltare critiche che lodi
- ☐ la dichiarazione di disponibilità a narrare fatti che un tempo sarebbe stato proibito esporre
- ☐ l'ammissione dei benefici ricevuti dagli imperatori della dinastia flavia

5. comprendere All'interno del discorso di Galba in *Historiae* 1, 15-16 (➤ **T6**):
- ☐ si trova enunciato il principio della scelta del migliore che da quel momento governerà lo Stato romano
- ☐ si trova enunciato il principio della scelta del migliore, probabilmente nella ricostruzione formulata da Tacito
- ☐ si trova espressa la volontà di restaurare la repubblica in quanto migliore forma di governo
- ☐ si trova espressa la preferenza per il principato in quanto forma di governo che rispecchia il *logos* che governa il mondo

6. comprendere Nel discorso di Petilio Ceriale (➤ **T8**):
- ☐ Tacito giustifica l'imperialismo romano
- ☐ Tacito denuncia l'imperialismo romano
- ☐ troviamo espresso il pensiero di Tacito sull'imperialismo romano
- ☐ troviamo un esempio di *oratio in utramque partem*

QUESITI A RISPOSTA BREVE

Rispondi ai quesiti nello spazio di 7-8 righe per ciascuno. Quando lo ritieni opportuno, puoi consultare i testi.

1. Su quale aspetto del potere si focalizza la ricerca storica di Tacito?
2. Come si può descrivere lo stile di Tacito?

TRATTAZIONE SINTETICA

Svolgi le seguenti tracce nelle spazio di 20-25 righe per ciascuna. Quando lo ritieni opportuno, puoi consultare i testi.

1. Spiega qual è secondo Tacito l'assetto istituzionale preferibile per Roma: qual è, in particolare, il suo punto di vista sulla costituzione mista? Per quale motivo Tacito non ha particolare fiducia nelle leggi? Perché ritiene necessario rinunciare all'*aequalitas*?
2. Illustra il giudizio espresso da Tacito sulla *libertas*: che cosa si possa intendere con questa parola, quale senso abbia nella sua epoca, quali siano i suoi limiti.

CICERO LECTIO Raccontare senza avversione né partigianeria *Annales* 1, 1

I volti dell'impero

PER ANALIZZARE

LA RESPONSABILITÀ PERSONALE Nelle opere di Tacito hanno particolare importanza le azioni dei singoli personaggi, di cui lo storico non manca di delineare la personalità. L'approfondimento psicologico dei protagonisti è dovuto a ragioni inscindibili dalla concezione della storia espressa dall'autore: gli eventi storici, sia piccoli sia grandi, secondo Tacito sono sempre riconducibili a scelte umane, che danno luogo a processi di cui il caso ha aggregato le premesse. Le scelte sono sempre dei singoli, non sono collettive, e soprattutto le responsabilità maggiori ricadono sempre sui capi.

Un piccolo fatto relativo a Vitellio narrato nelle *Historiae* è indicativo di come Tacito concepisca la responsabilità personale dei comandanti: dopo aver sconfitto il suo avversario Otone, il nuovo principe Vitellio, secondo il suo abituale costume, si abbandona ai piaceri della tavola con i suoi ospiti in un clima di rilassamento che si propaga anche alle truppe. Nell'ebbrezza generale un legionario romano e un gallo delle truppe ausiliarie si sfidano a un'amichevole gara di lotta. Il combattimento tuttavia degenera, perché il romano non accetta la sconfitta; i suoi commilitoni prendono le sue parti, mentre gli ausiliari difendono il soldato gallo, e in breve nasce un tumulto nel quale vengono sterminate due coorti ausiliarie. Tacito imputa il disastro alla negligenza di Vitellio, che non ha mantenuto la disciplina, ed enuncia una legge generale: «Gli attendenti e gli ufficiali, in base al modo di vivere dei generali, ne imitano la serietà, oppure se la godono in festini continui; in conseguenza i soldati si comportano coscienziosamente o con lassismo» (*Historiae* 2, 68, 1).

IL METRO DI GIUDIZIO DI TACITO Di conseguenza Tacito cerca spesso le cause dei processi storici nelle pieghe della personalità dei protagonisti, soprattutto degli individui che occupano il vertice dell'impero: le sorti di Roma dipendono dalla loro moralità, dalla loro propensione a operare scelte etiche o, viceversa, dalla loro assenza di valori. Ogni personaggio è valutato da Tacito con commenti sull'indole e sui suoi cambiamenti nel tempo, in pagine che sono veri e propri ritratti, oppure necrologi, quando il commento dello storico segue la morte del personaggio. La questione principale è quindi la determinazione di quali siano i valori positivi e quali quelli negativi, da cui discendono le scelte dei singoli e il giudizio da consegnare alla storia sulle loro azioni.

Tacito osserva dal punto di vista della classe senatoria e perciò incarna i valori tradizionali della romanità, anche se va tenuto conto che questi sono mediati dall'etica della nuova classe dominante di origine provinciale formatasi durante il I secolo d.C.: come ha osservato Mario Pani, per comprendere il punto di vista dello storico è necessario capire che, pur in un'ottica conservatrice, lo «storicismo tacitiano» sente la «necessità di adeguarsi ai tempi» e «la valutazione del comportamento umano va adeguata alla *condicio temporum*».

I *NOVI HOMINES IN SENATUM ADSUMPTI* In una pagina degli *Annales* Tacito spiega con chiarezza come sia giunta al vertice dello Stato, durante l'epoca dei Flavi, una nuova classe dominante, alla quale lui stesso appartiene; una classe che ha abbandonato lo sfarzo e il lusso della corte neroniana, ripristinando l'antica sobrietà di costumi: «Il fasto nei banchetti, mantenuto con enorme dispendio per cento anni dalla fine della guerra di Azio ai fatti d'arme che portarono Galba al potere [*dunque dal 31 a.C. al 68*

PER ANALIZZARE

TACITO

d.C.], cadde lentamente in disuso. Mi sembra interessante cercare le cause di questo mutamento. In passato le ricche famiglie di nobili o quelle resesi celebri si lasciarono prendere dal fascino della magnificenza. Infatti era ancora lecito corteggiare la plebe, gli alleati, i re stranieri e ricevere il loro favore. Chi più era splendido per disponibilità di mezzi, sontuosità d'abitazione e sfarzo, più era illustre per nome e clientele. Ma da quando infierirono le stragi e la grandezza e la fama significava morte [*nel 69, anno dei quattro imperatori*], i superstiti piegarono a comportamenti più ragionevoli. Intanto uomini nuovi, chiamati di frequente in senato dai municipi, dalle colonie e anche dalle province, introdussero la parsimonia dei loro paesi e, benché non pochi, grazie alla loro fortuna e alle loro capacità, fossero giunti in vecchiaia alla ricchezza, rimase viva la loro precedente mentalità» (*Annales* 3, 55; trad. di M. Stefanoni).

Per spiegare i motivi del ritorno all'antica austerità di vita, Tacito suppone non solo cause riferibili al mutamento della situazione sociale e politica dell'impero, ma anche cause puramente accidentali, riportabili a un periodico alternarsi dei costumi nelle società umane. A commento del passo degli *Annales* sopra riportato, Tacito infatti aggiunge: «Forse in ogni cosa umana esiste una sorta di ciclicità, sicché i comportamenti si alternano come le stagioni».

L'EVOLUZIONE DEI VALORI NELLA NUOVA CLASSE DIRIGENTE Il ritorno al passato non è una banale riproposizione di modelli fuori dal tempo, anzi, la nuova età (quella in cui vive l'autore, quella di Nerva e Traiano) potrà dare esempi nuovi e validi per i posteri: «Non tutto il meglio fu degli antichi, e anche il nostro tempo ha prodotto molti esempi di virtù e di ingegno, degni dell'imitazione dei posteri» (ulteriore riflessione con cui si chiude il paragrafo citato sopra sul cambiamento della classe senatoria). La nuova mentalità portata dai senatori provinciali non si sovrappone completamente all'antica tradizione catoniana, ma in Tacito è ben presente la traccia di un processo di trasformazione in atto, che in realtà è adeguamento dei valori alla nuova condizione sociale e politica dei senatori durante l'impero. C'è in Tacito la consapevolezza che la cessione al principe da parte dei senatori di alcune loro prerogative, in cambio della pace, fin dai tempi di Augusto aveva lasciato al termine *libertas* solo la possibilità di esprimere la libertà di parola e pensiero (➤ **T1**).

La *virtus* quindi, durante l'impero, esige un adeguamento, per cui l'uomo onesto manterrà un comportamento improntato alla *modestia*, ossia alla «moderazione», rimanendo in posizione intermedia tra la bassezza dell'adulazione e la superbia: in questo senso il vero eroe di tutta la storiografia di Tacito resta il suocero Agricola, che, pur a fronte dell'ingratitudine di Domiziano, non reagisce con gesti che metterebbero a repentaglio la stabilità dello Stato.

Subisce un'evoluzione anche l'*industria*, ossia l'impegno personale opposto all'ozio infruttuoso, che non è più necessariamente il duro lavoro dei campi al quale si accompagna l'attività politica disinteressata, secondo l'antica concezione di Catone il Censore: anche arricchirsi grazie al proprio spirito di inziativa è onorevole per un cittadino (si veda sopra la lode ai provinciali giunti alla ricchezza in vecchiaia, e anche la lode dell'*industria* in *Annales* 2, 38, 3).

"RITRATTI PARADOSSALI" La coscienza di un cambiamento di valori nella società romana apre a forme di relativismo e contribuisce alla realizzazione di ritratti di personaggi dal profilo psicologico sfaccettato e problematico. Questi "ritratti paradossali", eredità della storiografia sallustiana, assumono nelle pagine di Tacito sfumature molto interessanti: la convivenza di vizi e virtù nella stessa persona è dovuta alla compresenza di vecchio e di nuovo e, in un quadro di profondi contrasti, è ammessa a volte una doppia lettura. Lo storico in alcuni casi pare sospendere il giudizio, ricordando che ad alcuni appare un vizio quanto ad altri pare virtù; a proposito di Pisone, il senatore adottato da Galba, Tacito per esempio dice: «secondo una corretta valutazione era una persona seria, ma, a giudizio di chi interpretava in senso peggiorativo, era ritenuto troppo severo» (*Historiae* 1, 14, 2).

STORIOGRAFIA TRAGICA E STILE ADATTO AL SOGGETTO La possibilità di una doppia lettura in realtà è funzionale alla ricerca di un tono tragico, che riverbera il pessimismo profondo dello scrittore. Oltre alla presenza di vizi e virtù che non sempre trovano interpretazione univoca, Tacito spesso proietta ombre sui personaggi riferendo anche le voci incontrollate, i *rumores*, che si diffondono in seguito a fatti drammatici sul conto dei potenti. Sebbene distingua sempre tra le interpretazioni suffragate da prove e le chiacchiere, tuttavia, riferendo anche queste per dovere di cronaca, Tacito lascia nel lettore immagini ambigue e complesse. Secondo la concorde opinione dei maggiori interpreti, i personaggi velati da maggiori sospetti sono Tiberio, con il suo perfido collaboratore Seiano, e Domiziano, torvo personaggio dal carattere opposto rispetto ad Agricola.

Di fronte all'oscurità del soggetto la narrazione di Tacito si fa tesa: la *concinnitas* di Cicerone è assai lontana, sebbene in quegli anni venisse riproposta come ineguagliabile modello di stile nelle maggiori scuole di retorica, mentre domina la *variatio*, che conferisce andamento spigoloso ai periodi spesso chiusi da fulminee *sententiae*, che a volte sono vere e proprie condanne.

LINGUA E STILE

LA LINGUA DELLA PROSA DI TACITO

UNA SCELTA PRECISA Tacito adotta nelle opere storiche un tipo di prosa simile a quella di Sallustio, con cui del resto condivideva una visione pessimistica della storia. Con uno stile aspro e asimmetrico Tacito esprime l'incertezza sulle sorti dell'impero; la coscienza della possibilità che si possa giungere a un punto di non ritorno, ossia allo smembramento dello Stato, si traduce in un risentito biasimo verso la corruzione dei costumi della classe dominante, imperatori e senatori; una riprovazione che si trasmette agli eserciti e alla plebe urbana, che, se privati della autorevolezza dei comandanti, danno sfogo a istinti bassi e bestiali. Il pessimismo complessivo si evidenzia anche attraverso la forte limitazione nell'uso di termini di valenza positiva: in Tacito sono rari gli aggettivi come *iucundus*, *benignus*, *blandus*, *urbanus*, *tranquillus*.

Come rilevato da Mario Stefanoni, uno dei maggiori traduttori italiani di Tacito, la scelta stilistica dello storico è stata molto attenta, in quanto egli ha scartato il classicismo filo-ciceroniano proposto da Quintiliano (di cui forse Tacito fu alunno), in quanto tale stile troppo da vicino ricordava i gusti in voga nella corte di Domiziano. Allo stesso modo Tacito non si è orientato verso i modi espressivi della cultura greco-orientale, rappresentata dai conferenzieri che iniziavano a riscuotere largo credito nell'epoca di Traiano, e che avrebbero dominato la scena letteraria nell'epoca di Adriano. Tacito, oltre al modello stilistico sallustiano, adottò con sicurezza l'andamento asimmetrico della prosa di Seneca (➛ p. 131) e le tendenze drammatiche della lingua del poeta Lucano (➛ p. 58), da cui trasse l'ispirazione per le sue pagine più intense. Certamente si può riconoscere alla prosa di Tacito quella austerità (*semnòtes*, in greco) che Plinio il Giovane avvertiva nella sua oratoria.

UNA "LINGUA A BANDA LARGA" Le opere di Tacito manifestano comunque una serie di caratteristiche comuni alla lingua letteraria della sua epoca, che, secondo l'analisi del latinista Innocenzo Mazzini, «deborda dagli argini dei singoli generi» e mira alla ricerca di *verba insperata atque inopinata* («termini insperati e inattesi»), per usare le parole che il retore Frontone (100-170 circa) impiega nelle sue *Epistulae ad Marcum Caesarem* (4, 3, 3) proprio in riferimento a Tacito. Oltre al lessico proprio della storiografia, Tacito attinge arcaismi dagli scritti del passato e poetismi dalle opere soprattutto virgiliane. Ne risulta una lingua molto ricca, a «banda sempre più larga», con numerose forme nuove o sintagmi innovativi e sorprendenti, per soddisfare le esigenze e i gusti di un pubblico sempre più vasto, colto e attento.

ARCAISMI, POETISMI E SINTAGMI INNOVATIVI Si possono considerare arcaismi l'uso (anche se raro) dell'ottativo arcaico *ausim* (sempre con la funzione di sottolineare un intervento in prima persona dello storico, ➛ **T14**), le forme con apocope, come *dein* per *deinde*, «poi», o come *exin* per *exinde*, «a partire da»; le forme *forem* al posto di *essem* o *quis* al posto di *quibus*. Numerosi sono i termini desunti dalla lingua poetica, come *mortales* per *homines* o *sidera* per *stellae*. Tacito tende soprattutto a sostituire i sintagmi abituali con altri di nuova formazione, come *civium bellum* per *bellum civile*; allo stesso modo sostituisce termini tecnici e comuni come *praetura* e *consolatus*, evidentemente avvertiti come troppo comuni, con *ius praetorum* e *ius consulum*. Evita con cura tutti i termini che richiamano la cultura popolare, per mantenere il tono alto dell'espressione: anziché dire *palae* e *ligones* («badili» e «zappe») preferisce una perifrasi come *quae egeritur humus aut exciditur caespes*, «l'attrezzo che leva la terra o rompe le zolle».

INCONCINNITAS, BREVITAS, VARIATIO, SENTENTIAE La ricerca dell'*inconcinnitas* è portata alle estreme conseguenze: i periodi tendono a essere brevi, o composti da proposizioni brevi, con la paratassi più frequente che l'ipotassi e la tendenza a confluire in una chiusa epigrammatica, la *sententia*, spesso fondata su un'antitesi tra i termini più espressivi. La *brevitas* rende la frase spesso molto ellittica, lasciando sottintesi il soggetto, o il predicato, o il complemento oggetto, mentre i parallelismi sono regolarmente disattesi da improvvisi cambi di costrutto, per *variatio*.
Si può porre in relazione una tendenza espressiva tanto esasperata con la necessità di esprimere con un periodare franto una società e un periodo storico nei quali risulta smarrito ogni riferimento.

EVOLUZIONE DELLO STILE Per molto tempo gli studiosi hanno riconosciuto un progressivo raffinamento dello stile di Tacito, che troverebbe la sua massima espressione (e concentrazione) nelle pagine degli *Annales*. Recentemente, però, questa tesi è stata oggetto di discussione, in quanto pare che lo stile più marcatamente "tacitiano" termini con il libro VI degli *Annales* e che negli ultimi sia riconoscibile una sorta di ritorno al periodare ciceroniano. È comunque opportuno sospendere il giudizio in merito a questa valutazione: in effetti nell'ultima parte dell'opera anche il lessico tende a diventare più comune, ma non possiamo escludere che a Tacito sia soltanto mancato il tempo per una revisione stilistica degli ultimi libri, al fine di renderli omogenei allo stile dei precedenti.

■ **Parete affrescata con maschere**, dalla Villa Farnesina, I sec. a.C. Roma, Museo Nazionale Romano.

GUIDA ALLO STUDIO

1. Per quali motivi Tacito sembra volersi distanziare dalle scelte stilistiche del suo tempo?

2. Spiega perché la lingua di Tacito può essere definita "a banda larga".

3. Attraverso quali accorgimenti Tacito ottiene l'*inconcinnitas* che caratterizza il suo stile?

T13-14

Sulle orme di Sallustio

| *Annales* 13, 45-46 | *Historiae* 2, 50 |

CICERO LECTIO

*Nel clima di corruzione che segna l'ultima parte dell'impero di Nerone spiccano le figure di Poppea Sabina e di Otone. Poppea, donna bellissima e ambiziosa, grazie alle sue arti seduttive, conquista il cuore dell'imperatore Nerone, divenendone sposa: nel primo dei due passi seguenti (➛ **T13**) leggiamo le tappe della sua ascesa sociale e il ritratto che ne fa Tacito negli* Annales, *per certi aspetti vicino a quello della nobile Sempronia del* De coniuratione Catilinae *di Sallustio.*

Legato a Poppea è anche il destino di Otone, che era stato suo marito prima di Nerone. Otone, divenuto per pochi mesi imperatore nel 69, si suicidò dopo la sconfitta subita da parte delle truppe di Vitellio. Tacito, che racconta questi fatti nelle Historiae, *dedica dopo la narrazione della morte un commento alla vita di Otone, mettendone in luce gli aspetti "paradossali" (➛ **T14**), anche in questo caso secondo la linea stilistica della storiografia romana tracciata da Sallustio.*

T13

LATINO/ ITALIANO

Il ritratto di Poppea

| *Annales* 13, 45-46 |

[45, 1] Non minus insignis eo anno impudicitia magnorum rei publicae malorum initium fecit. Erat in civitate Sabina Poppaea, T. Ollio patre genita, sed nomen avi materni sumpserat, inlustri memoria Poppaei Sabini consularis et triumphali decore praefulgentis; nam Ollium honoribus nondum functum amicitia Seiani pervertit. [2] Huic mulieri cuncta alia fuere praeter honestum animum. Quippe mater eius, aetatis suae feminas pulchritudine supergressa, gloriam pariter et formam dederat; opes claritudini generis sufficiebant. [3] Sermo comis nec absurdum ingenium.

[45, 1] Quell'anno[1] un atto di scandalosa impudicizia diede inizio a gravi disgrazie dello Stato. C'era in città Poppea Sabina[2], discendente per parte di padre da Tito Ollio, anche se aveva aveva assunto il nome del nonno materno, il consolare Poppeo Sabino, di illustre memoria e assai noto per aver avuto l'onore del trionfo; l'amicizia con Seiano infatti aveva rovinato Ollio quando non aveva ancora incominciato la carriera politica. [2] Questa donna ebbe assolutamente tutto tranne l'animo onesto. In effetti sua madre, che aveva superato tutte le donne della sua generazione quanto a bellezza, le aveva dato una fama pari all'aspetto; il patrimonio era adeguato alla nobiltà della famiglia. [3] La conversazione era gradevole e l'intelligenza non trascurabile.

[45, 1] **T. Ollio patre**: è ablativo di origine. • **sed... sumpserat**: grammaticalmente risulta una proposizione coordinata alla principale, ma, secondo lo stile asimmetrico di Tacito, è concettualmente unita a *T. Ollio patre genita*. • **inlustri... praefulgentis**: il genitivo *Poppaei Sabini* è apposizione del precedente *avi*, a cui sono uniti *consularis* e il participio attributivo *praefulgentis*. • **functum**: participio attributivo di *Ollium*, si completa con l'ablativo *honoribus*, lett. «cariche».

[2] **Huic mulieri**: dativo di possesso. • **fuere**: vale *fuerunt*. • **Quippe**: avverbio con valore asseverativo, lett. «In effetti». • **supergressa**: participio congiunto con *mater*, con valore causale; si completa con l'ablativo di limitazione *pulchritudine*.

[3] **Sermo... ingenium**: è una proposizione nominale; in italiano è meglio integrare il predicato.

1. Si tratta del 58 a.C.
2. Poppea Sabina naque attorno al 30-32 d.C. e quindi all'epoca aveva attorno ai 28 anni; suo padre Tito Ollio, amico di Seiano (il famigerato prefetto del pretorio di Tiberio), aveva raggiunto la carica di pretore, mentre il nonno Poppeo Sabino era stato console nel 9 e celebrò il trionfo in seguito a una campagna contro i Traci nel 26.

Modestiam praeferre et lascivia uti; rarus in publicum egressus, idque velata parte oris, ne satiaret adspectum, vel quia sic decebat. Famae numquam pepercit, maritos et adulteros non distinguens; neque adfectui suo aut alieno obnoxia, unde utilitas ostenderetur, illuc libidinem transferebat. [4] Igitur agentem eam in matrimonio Rufri Crispini equitis Romani, ex quo filium genuerat, Otho pellexit iuventa ac luxu et quia flagrantissimus in amicitia Neronis habebatur. Nec mora quin adulterio matrimonium iungeretur.
[46, 1] Otho sive amore incautus laudare formam elegantiamque uxoris apud principem, sive ut accenderet ac, si eadem femina potirentur, id quoque vinculum potentiam ei adiceret. Saepe auditus est consurgens e convivio Caesaris se quidem ire ad illam, sibi concessam dictitans nobilitatem pulchritudinem, vota omnium et gaudia felicium.

Ostentava morigeratezza, ma si godeva una vita licenziosa; rare le uscite in pubblico, e in tal caso sempre con una parte del volto velata, per non appagare completamente il desiderio di guardarla, o perché era bene così. Mai si è fatta scrupoli del suo buon nome, non facendo distinzione tra mariti e amanti; non vincolata dai sentimenti propri o da quelli altrui, dove compariva un'opportunità vantaggiosa, lì dirigeva i propri desideri. [4] Perciò, mentre era sposata al cavaliere romano Rufrio Crispino[3], da cui aveva avuto un figlio, la attirò Otone con la sua giovanile prestanza e la vita lussuosamente elegante e per il fatto che veniva ritenuto in rapporto di strettissima amicizia con Nerone. Non ci fu alcun ostacolo a che all'adulterio seguisse il matrimonio.
[**46, 1**] Otone lodava al principe la bellezza e l'eleganza della moglie, forse imprudente per l'amore, forse per infiammarlo e perché, se avessero condiviso la medesima donna, anche quel vincolo con l'imperatore avrebbe aggiunto a lui potere. Spesso, mentre si levava da un festino di Nerone, fu sentito dire che si recava senza indugio da lei, dicendo che a lui era stata concessa la nobiltà e la bellezza, ciò che tutti desiderano e le delizie della felicità.

• **praeferre... uti**: infiniti storici narrativi. • **rarus... egressus**: è un'altra proposizione nominale. • **idque**: è riferito alla proposizione precedente. • **velata parte**: è un ablativo strumentale, complemento di modo. • **ne... adspectum**: è una proposizione finale negativa, con soggetto sott. *Poppaea*; *adspectum* indica lett. «lo sguardo». • **distinguens**: participio congiunto con il soggetto sott. *Poppaea*, con valore causale. • **obnoxia**: attributo del soggetto sott., si completa con il dativo *adfectui suo aut alieno*. • **unde... transferebat**: *unde... ostenderet* è una proposizione relativa/locativa, con il congiuntivo eventuale, anticipata rispetto alla sua reggente, che è *illuc... transferebat*; *illuc* è avverbio di moto a luogo.
[4] **agentem eam in matrimonio**: *agentem* è participio attributivo di *eam* (Poppea); il verbo *ago*, usato intransitivamente, significa «vivere», perciò *agens* qui può essere inteso lett. «lei che era sposata». • **flagrantissimus**: complemento predicativo del soggetto sott. *Otho*. • **quin... iungeretur**: proposizione completiva volitiva, introdotta dall'espressione *Nec mora* (sott. *fuit*) che esprime impedimento.
[46, 1] **Otho... adiceret**: *laudare* è un infinito storico narrativo e funge da predicato della proposizione principale; a *incautus*, attributo del soggetto, si unisce l'ablativo di causa *amore*, che con *variatio* è coordinato da *sive... sive* alle successive proposizione finali *ut... accenderent ac... adiceret*; *si... potirentur* è proposizione condizionale, protasi della oggettività, mentre la reggente è la successiva proposizione finale, con soggetti sott. Otone e il principe. • **se... illam**: è una proposizione infinitiva che esprime in forma indiretta le parole di Otone (a cui è riferito *se*); è introdotta da un verbo di "dire", sottinteso. • **sibi... felicium**: *dictitans*, participio congiunto con il soggetto sott. *Otho*, introduce la proposizione infinitiva il cui predicato è *concessam* (*esse*).

3. Rufrio Crispino fu comandante dei pretoriani durante l'impero di Claudio; odiato da Nerone, fu falsamente accusato di aver preso parte alla congiura di Pisone nel 65 e si suicidò.

[2] His atque talibus inritamentis non longa cunctatio interponitur, sed accepto aditu Poppaea primum per blandimenta et artes valescere, imparem cupidini et forma Neronis captam simulans; mox acri iam principis amore ad superbiam vertens, si ultra unam alteramque noctem attineretur, nuptam esse se dictitans, nec posse matrimonium omittere, devinctam Othoni per genus vitae, quod nemo adaequaret: illum animo et cultu magnificum; ibi se summa fortuna digna visere. At Neronem, paelice ancilla et adsuetudine Actes devinctum, nihil e contubernio servili nisi abiectum et sordidum traxisse. [3] Deicitur familiaritate sueta, post congressu et comitatu Otho, et ad postremum, ne in urbe aemulatus ageret, provinciae Lusitaniae praeficitur; ubi usque ad civilia arma non ex priore infamia, sed integre sancteque egit, procax otii et potestatis temperantior.

[2] Con allettamenti di tal fatta non si frappone una lunga attesa, ma, create le occasioni, Poppea in un primo tempo accresceva il suo ascendente con ammaliatrice seduzione, facendo finta di non resistere al desiderio e di essere vinta dalla prestanza di Nerone: divenuta poi in breve altezzosa grazie alla passione pungente provata dal principe, se veniva trattenuta per una notte o due[4], continuando a ripetere che lei era sposata, diceva di non poter trascurare il matrimonio, di essere unita ad Otone con uno stile di vita che nessuno avrebbe imitato: lui era magnifico come persona e come modo di fare; in lui lei vedeva doti degne del massimo successo. Nerone al contrario – secondo lei –, con una schiavetta come concubina, legato da una relazione con Atte[5], non aveva ricavato dalla convivenza con una serva nulla che non fosse abietto e squallido. [3] Otone viene privato della consueta intimità, poi allontanato dalla compagnia e dalla cerchia di amici, e alla fine, perché non si mettesse in città a recitare la parte del rivale, viene nominato prefetto della provincia di Lusitania[6]; e là fino alla guerra civile si comportò non secondo l'inveterata depravazione, ma in modo onesto e leale, dissoluto nella vita privata e alquanto equilibrato nella gestione del potere.

[2] **valescere**: infinito storico narrativo. • **imparem... simulans**: *simulans* è participio congiunto con il soggetto *Poppaea* e introduce la proposizione infinitiva *imparem... captam (esse)*. • **mox... visere**: è una sezione del periodo che ha come proposizione principale il precedente *Poppaea... valescere*; *vertens* e *dictitans* sono participi congiunti con il soggetto, il primo sottintende un complemento oggetto *se* e il secondo introduce le proposizioni infinitive che hanno come soggetto *se* (Poppea) e come predicati *nuptam esse* e *omittere*; *si... attineretur* è una proposizione ipotetica, protasi dell'eventualità, la cui apodosi è rappresentata da *dictitans*; *adaequaret* è congiuntivo obliquo; *illum... visere* sono due proposizione infinitive introdotte da un verbo di "dire" sottinteso ed esprimono in forma indiretta le parole di Poppea a proposito della magnificenza di Otone; *summa fortuna* è ablativo strumentale unito a *digna*, neutro plurale sostantivato. • **At... traxisse**: prosegue in forma indiretta il discorso di Poppea; *Neronem* è il soggetto e *nihil* il complemento oggetto; *Actes* è genitivo singolare femminile, secondo la declinazione greca.
[3] **ne... ageret**: proposizione finale negativa; *aemulatus* è accusativo plurale • **procax... temperantior**: *otii* e *potestatis* sono genitivi di relazione che determinano gli attributi del soggetto *procax* e *temperantior*.

4. Secondo la legge romana una donna sposata non poteva trascorrere più di tre notti di fila lontano dal tetto coniugale.
5. Nerone fu per molto tempo legato da una relazione con la liberta Atte, che gli rimase vicina fino alla morte. Atte era assai gradita a Agrippina, perché, essendo di origine servile, non sarebbe mai potuta divenire moglie di Nerone e insidiare il suo ruolo di donna più influente nella corte.
6. La Lusitania si trova nella parte occidentale della Penisola Iberica e corrisponde all'incirca all'attuale Portogallo.

T14

LATINO

Il necrologio di Otone

Historiae 2, 50

[50, 1] Origo illi e municipio Ferentio, pater consularis, avus praetorius; maternum genus impar nec tamen indecorum. Pueritia ac iuventa, qualem monstravimus. Duobus facinoribus, altero flagitiosissimo, altero egregio, tantundem apud posteros meruit bonae famae quantum malae. [2] Ut conquirere fabulosa et fictis oblectare legentium animos procul gravitate coepti operis crediderim, ita vulgatis traditisque demere fidem non ausim. Die, quo Bedriaci certabatur, avem invisitata specie apud Regium Lepidum celebri luco consedisse incolae memorant, nec deinde coetu hominum aut circumvolitantium alitum territam pulsamve, donec Otho se ipse interficeret; tum ablatam ex oculis: et tempora reputantibus initium finemque miraculi cum Othonis exitu competisse.

[50, 1] **illi**: dativo di possesso, riferito a Otone. • **Ferentio**: è una città di origine etrusca. • **Pueritia ac iuventa**: sott. *fuerunt*. • **qualem monstravimus**: in uno dei primi capitoli delle *Historiae* (1, 13) Tacito ha riassunto la vicenda del matrimonio di Otone con Poppea e dell'amicizia con Nerone, fatti che successivamente avrebbe raccontato negli *Annales* nel passo sopra riportato (➛ T13). • **Duobus... malae**: il soggetto sott. è *Otho*; *bonae famae* e *malae* (*famae*) sono genitivi partitivi che determinano rispettivamente *tantundem* e *quantum*, accusativo neutro sostantivato, complemento oggetto; i *duo facinora* sono l'assassinio di un imperatore (Galba, azione negativa) e il suicidio dopo la sconfitta (azione positiva secondo la morale accettata dalla classe colta romana dell'epoca).

[2] **Ut... crediderim**: è una proposizione concessiva soggettiva, dove il congiuntivo perfetto *crediderim*, che regge gli infiniti *conquirere* e *oblectare*, funge da forma attenuativa, «posto che io sia convinto che cercare notizie favolose e dilettare lo spirito dei lettori con fatti di fantasia risulti lontano dallo spirito dell'opera»; *coeptis operis* significa lett. «dell'opera intrapresa». • **ita... ausim**: è la proposizione principale, «nello stesso tempo non oserei togliere credibilità a fatti noti e tramandati»; *ausim* è una forma di antico ottativo, assimilabile a un congiuntivo potenziale; *ita* è correlativo dell'*Ut* iniziale; *vulgatis* e *traditis* sono participi sostantivati. • **Die... interficeret**: la proposizione principale è *incolae memorant*, che regge la proposizione infinitiva *avem... consedisse*, «che un volatile di specie sconosciuta si sia posato in un rinomato bosco sacro presso Reggio Lepido» (ora Reggio Emilia); *Bedriaci* è locativo, «a Bedriaco», località nei pressi di Cremona dove si svolse la battaglia tra le truppe di Otone e quelle di Vitellio. • **nec... pulsamve**: proposizione infinitiva coordinata alla precedente; i predicati sono *territam* e *pulsam* (sott. *esse*); *circumvolitantium* è participio attributo di *alitum*, lett. «di uccelli volteggianti». • **tum... oculis**: con sott. *esse*, è una proposizione infinitiva sempre dipendente da *memorant*; il soggetto sott. è *avem*. • **et tempora... competisse**: è l'ultima proposizione del discorso indiretto, «e, secondo coloro che hanno tenuto conto dei tempi, l'inizio e la fine del fatto inusitato sono avvenuti in corrispondenza con la morte di Otone»; *reputantibus* è participio sostantivato, dativo del punto di vista.

PER ANALIZZARE IL TESTO

Il testo e il contesto

DUE DESTINI INCROCIATI: POPPEA E OTONE Poppea Sabina e Otone rappresentano meglio di chiunque altro l'atmosfera della corte neroniana, che unisce all'ambizione del potere la ricerca esasperata del lusso e dello sfarzo. Poppea giunse effettivamente al vertice della corte, grazie al matrimonio con Nerone, avvenuto nel 62, ma morì nel 65, probabilmente vittima di un accesso di ira dello stesso Nerone. Per divenire moglie del principe, Poppea non si era fatta scrupoli a indurre l'imperatore ad assassinare la madre Agrippina, nel 59, e a eliminare Ottavia, la sua precedente moglie, figlia di Claudio (➛ **T11** e **T12**).

Otone, compagno assiduo di Nerone nella vita dissipata di corte (fino all'allontanamento, con l'incarico in Lusitania), si sentì chiamato alla successione al trono imperiale, tanto che non accettò la designazione di Pisone da parte di Galba (➛ **T6**), di cui aveva aiutato l'ascesa al trono, nel gennaio del 69. Per questo fomentò una rivolta dei pretoriani, che, dopo aver assassinato Galba, lo acclamarono imperatore. Tacito specifica tuttavia che la gioia più profonda giunse a Otone dalla morte di Pisone, che egli avvertiva come il vero rivale al trono («nessuna morte Otone accolse con più grande gioia», *Historiae* 44, 1). Otone tuttavia non fu in grado di fronteggiare le legioni germaniche di Vitellio, già in rivolta prima di questi fatti. Lo scontro avvenne a Bedriaco (vicino a Cremona) nell'aprile del 69, quindi solo pochi mesi dopo l'uccisione di Galba e Pisone, perpetrata a gennaio. Ancora prima che lo scontro decisivo ne decretasse la sconfitta, Otone decise di suicidarsi, avendo in orrore una strage di concittadini: il proposito, di cui tutte le fonti lodano la nobiltà, anche secondo Tacito (*Historiae* 2, 49) venne messo in atto in modo lucido e razionale, in conformità a un codice di comportamento improntato alla morale stoica. Nel necrologio, infatti, lo storico valuta questa come l'unica azione davvero positiva compiuta da Otone (*egregio*, in 50, 1).

IL PRODIGIO Dopo aver tratteggiato per sommi capi l'esistenza terrena di Otone (➛ **T14**), Tacito riferisce per scrupolo un fatto ritenuto prodigioso, pur dando a intendere di non fidarsi troppo di tale racconto. Il ricordo di fatti prodigiosi non è del resto raro nelle pagine dello storico: la presenza di fenomeni di origine divina non è in contrasto con la sua impostazione razionalistica, in quanto, come in questo caso, sembra semplicemente ricordare la possibilità che esista una connessione tra tutti gli avvenimenti dell'universo, anche se a volte inspiegabile per l'uomo, secondo un'ottica assimilabile alla dottrina stoica.

Lo stile del testo

IL "COLORE" DELLE PAGINE DI TACITO Entrambi i ritratti (quello *post mortem* è generalmente definito "necrologio") hanno il tono lapidario caratteristico delle pagine di Tacito. In primo luogo è evidente la tendenza alla *brevitas*: spesso vengono omessi elementi essenziali della frase principale, in primo luogo il predicato e il soggetto. Per esempio in ➛ **T13**, nel periodo *Modestiam praeferre et lascivia uti; rarus in publicum egressus, idque velata parte oris, ne satiaret adspectum, vel quia sic decebat* (45, 3), notiamo che il soggetto *Poppaea* è sottinteso e che manca la copula da unire a *rarus*. Così, ➛ **T14**, compaiono solo due predicati (*monstravimus* e *meruit*), in 50, 1. La *brevitas* può comunicare un senso di estrema oggettività, come nel primo passo, o un austero arcaismo: il secondo passo richiama lo stile delle epigrafi antiche, come quelle del sepolcro degli Scipioni. La *brevitas* rappresenta anche un rifiuto della *concinnitas*, che si evidenzia pure nella tendenza all'asimmetria, ben visibile in diversi luoghi dei due passi, come per esempio in ➛ **T13**, *iuventa ac luxu et quia flagrantissimus* (45, 4), con la coordinazione tra un complemento di causa e una proposizione causale, e la correlazione *sive... sive...* (in 46, 1), che mette in rapporto un complemento e una proposizione subordinata. Il tono austero è enfatizzato dal ricorso, a livello lessicale, a *desueta verba*: per esempio in ➛ **T14** (50, 2) troviamo l'antico ottativo *ausim* e il termine *alitum*, da *ales*, assai più raro di *aves*. Inoltre lo stile lapidario emerge dalla tendenza a sigillare il periodo con una *sententia* enfatica: un esempio è il ritratto di Poppea (➛ **T13**), prima della narrazione dei suoi matrimoni, che termina con *unde utilitas ostenderetur, illuc libidinem transferebat* (45, 3). Assai parco, proprio per effetto della ricerca di una prosa essenziale, è il ricorso ad altre figure: il chiasmo, quando impiegato, ha una notevole potenza espressiva, come per esempio *procax otii et potestatis temperatior* (46, 3) e *sermo comis nec absurdum ingenium* (45, 3).

POPPEA, UNA SEMPRONIA DI ETÀ IMPERIALE Proprio quest'ultima frase, quasi una citazione, indica al lettore che il modello da cui prende le mosse Tacito è il noto ritratto dedicato da Sallustio a Sempronia, nel *De coniuratione Catilinae*: qui, in 25, 5, compare il nesso *ingenium eius haud absurdum*. Anche *famae numquam pepercit* (➛ **T13**: 45, 3) può essere considerato una ripresa di Sallustio (*pecuniae an famae minus parceret*, in *De con. Cat.* 25, 3). Sallustio, però, spiegava in che cosa si esplicasse l'intelligenza di Sempronia (una profonda cultura letteraria e artistica), mentre Tacito non dice nulla, forse proprio per non ripetere quanto già l'allusione al modello implicava: possiamo dunque immaginare Poppea come una donna di grande cultura, non aliena dagli interessi artistici del principe.
Il confronto tra il passo di Sallustio e quello di Tacito, autorizzato dalle precise riprese testuali, permette di concludere che Poppea, al pari di Sempronia, rappresenta l'opposto della *matrona* romana tratteggiata secondo l'ideale del *mos maiorum*, nel senso che in lei è assente quell'insieme di valori che dovrebbero caratterizzare la donna di condizione libera e che vengono riassunti nel termine *pudicitia* (comprendente la dedizione al marito e ai figli). Al contrario, le azioni di Poppea sono guidate dalla ricerca di vantaggi personali, come Tacito dice in 45, 3: ....
Nel ritratto offerto da Tacito si notano tuttavia le tracce di una morale "nuova", nel senso che lo storico non pare rimproverare alla donna la mancanza dei valori della tradizionale *pudicitia*, in quanto l'atto di somma *impudicitia* (45, 1) è riportabile all'assenza di un altro valore: l' .... (45, 2). Di Poppea, in effetti, è sottolineata soprattutto la doppiezza, in particolare in 46, 2 dove è specificato *forma Neronis captam simulans*. In questo senso pare che Tacito prenda atto, con una notevole apertura verso i valori di una nuova società, che è impensabile che le donne aristocratiche dell'età imperiale possano coltivare la *pudicitia* secondo l'ideale antico. Tacito stesso, infatti, rimprovera Augusto per aver preteso dalla figlia e dalla nipote un comportamento inadeguato ai tempi, condannando con troppa severità i loro adulteri (*Annales* 3, 24).

IL "RITRATTO PARADOSSALE" DI OTONE Il profondo legame tra Tacito e Sallustio è stato analizzato da Antonio La Penna, che ha evidenziato come i ritratti di Tacito sviluppino la tendenza di Sallustio a comporre ritratti "paradossali" dei personaggi-chiave delle sue opere. L'aspetto paradossale, secondo l'analisi di La Penna, consiste nel fatto che nel medesimo personaggio convivono vizi e virtù che non dovrebbero trovarsi nella medesima persona. Le virtù caratteristiche dell'uomo romano sono la *parsimonia* e l'*industria*, ossia l'attitudine a vivere senza la ricerca del lusso, ma con intraprendenza; a esse si aggiunge la *pietas*, il rispetto per i membri della famiglia (vivi e morti) e quindi per gli dèi che proteggono la famiglia e la città. In generale, si tratta di virtù riferibili →

al modello di comportamento rappresentato da Catone il Censore. Assodato questo paradigma, due sono i "paradossi" possibili, ossia quello "sillano" e quello "catilinario": nel primo caso è assente la *parsimonia*, sostituita dalla *luxuria* («desiderio di lusso»), mentre nel secondo è assente la *pietas*, sostituita dalla *crudelitas*; il paradosso è rappresentato dal fatto che in entrambi i casi, Catilina e Silla, è tuttavia ben presente l'*industria*.
La Penna non si astiene dal sottolineare i limiti che può comportare un'analisi eccessivamente formalizzata e schematica di pagine dall'intenso rilievo artistico, come quelle tacitiane; Otone, del resto, sembra riassumere entrambi i modelli. Egli infatti:

- non possiede *parsimonia* (➤ **T13**), ma seduce Poppea grazie a .... (45, 4) e Poppea ne magnifica la vita dallo splendore inimitabile (.......... ...., 46, 2);
- non possiede *pietas*, sostituita dalla *crudelitas* con cui compie l'assassinio di Galba e di Pisone, ricordato nel necrologio come delitto .... (50, 1); ma Otone si riabilita quando evita la strage di Romani e si proclama sconfitto da Vitellio, praticamente senza combattere, decidendo di suicidarsi;
- possiede *industria* (➤ **T13**), dimostrando doti insospettabili quando viene mandato a governare la Lusitania (...., 46, 3).

Il paradosso perciò consiste nella presenza dell'*industria* nonostante l'assenza delle altre due virtù.
Il giudizio definitivo di Tacito su Otone resta comunque sospeso, in quanto nel personaggio bene e male si equilibrano (come in 50, 1). Questa situazione può essere ricondotta alla revisione dei valori tradizionali, notata anche a proposito di Poppea, che rende difficile dare una valutazione definitiva del personaggio sulla base dei valori del passato. Questa medesima situazione ha colto, del resto, anche Marziale (➤ p. 274), che in riferimento al suicidio con cui Otone aveva riabilitato la sua figura osserva: «Ammettiamo pure che Catone Uticense, da vivo, sia stato più grande di Cesare: / ma nel momento della morte Otone non è stato più grande ancora?» (*Epigrammi* 6, 32, vv. 5-6).

TRACCE DI UN'ETICA NUOVA: LA *MODESTIA* Se Otone riassume in sé le caratteristiche di Silla (con cui condivide la propensione a una vita dissoluta, ma, nel momento del bisogno, risoluzione ed energia) e di Catilina (perché come lui intende realizzare il sovvertimento dell'ordine costituito, uccidendo Galba e Pisone e dando sfogo alla sua *crudelitas*) e se Poppea è una Sempronia di età imperiale, con ciò – come abbiamo anticipato – non bisogna credere che Tacito abbia in mente l'immagine della virtù secondo il modello dell'età repubblicana. La virtù somma sembra essere, piuttosto, la moderazione nell'esercizio del potere, nel rispetto delle disposizioni dell'imperatore: in questo senso la positività per Otone è rappresentata dall'esercizio *temperantior* («con alquanta moderazione») della *potestas* (46, 3).
Come ha evidenziato un attento studio del lessico tacitiano, compiuto da Ugo Zuccarelli, nello storico la virtù consiste nella capacità dell'uomo di limitare la propria ambizione personale, di non turbare l'equilibrio dello Stato nel tentativo di giungere al vertice del potere, riconoscendo all'imperatore il ruolo di guida e cedendo a lui una parte della propria *libertas* in cambio della pace nell'impero. In questo senso la vera virtù consiste nella *modestia*, intesa come comportamento volto a contenere le proprie ambizioni: a tale virtù è informato l'operato di Agricola (il vero modello etico di Tacito), che era giunto alla massima gloria con l'*obsequium* e la *modestia* (*Agricola* 42, 4).

LEGGO E ANALIZZO

1. Dividi i brani letti in sequenze e assegna a ciascuna sequenza un titolo che ne presenti brevemente il contenuto.

2. Per quali motivi il ritratto di Otone può essere considerato un ritratto "paradossale" secondo la definizione inaugurata da Antonio La Penna?

3. In che cosa consiste il prodigio che accompagna la morte di Otone e quali sono le ragioni per le quali Tacito decide di riportarlo?

4. Oltre al confronto con la terna tradizionale delle virtù arcaiche (*parsimonia*, *industria*, *pietas*), quale "nuova" virtù viene assunta da Tacito come paradigma per giudicare i comportamenti degli uomini politici dell'età imperiale?

5. Quali collegamenti si possono istituire tra il ritratto di Sempronia nel *De coniuratione Catilinae* di Sallustio e la descrizione di Poppea in questi brani?

TESTI E TEMI | SVETONIO RITRAE OTONE

L'ASPETTO DI OTONE Secondo Antonio La Penna la paradossalità del ritratto di Otone in Tacito è resa evidente dal fatto che nelle altre fonti a nostra disposizione, in particolare in Svetonio e nello storico greco Plutarco, essa non compare come tratto caratterizzante delle descrizioni. Anche se in tutte viene presentato un uomo dalla personalità ricca di contrasti, il "paradosso" costituito dalla presenza di una particolare energia nell'amministrazione della Lusitania, in palese contraddizione con l'abituale mollezza di vita, in Tacito viene accentuato: la presentazione tacitiana deve quindi rispondere a una precisa volontà dell'autore. Già nelle *Historiae* si parla del governo della Lusitania svolto da Otone, ma in termini assai più vaghi (in 1, 13, 4), e si può perciò concludere che la definizione del personaggio fu modificata in seguito negli *Annales*, con la ricerca di un effetto esasperato: qui infatti (➤ **T13**) Otone, contrariamente a quanto il lettore potrebbe aspettarsi in relazione a un personaggio tanto debosciato, *integre sancteque egit* (*Annales* 13, 46, 3).
Anche per queste ragioni risulta molto interessante la lettura del ritratto che Svetonio dedica a Otone, dove si può notare che la "paradossalità" del personaggio si risolve a livello puramente fisico, in quanto alla nobiltà d'animo di Otone (resa evidente dal suicidio) non corrispose un fisico armonioso, sebbene Otone vi dedicasse infinite cure.

Al sì grande animo di Otone non corrisposero affatto né la persona né l'aspetto. Si dice infatti che era basso di statura, sbilenco e male in piedi. Era però di femminea ricercatezza nelle cure del corpo, con la cute depilata, con in capo, per la rarità dei capelli, un parrucchino accomodato e aderente in modo che non appariva. E usava radersi il volto ogni giorno e spalmarlo di pane bagnato, cosa che aveva cominciato a fare sin da quando gli spuntò la prima lanugine per non essere mai barbuto. Sovente celebrò anche riti sacri a Iside, pubblicamente, in vesti sacerdotali di lino. Per ciò io credo che tanta ammirazione abbia destata la sua morte, così dissimile alla vita».

(trad. di G. Vitali)

T15-16 L'arte del sospetto

| *Agricola* 43 | *Annales* 4, 10-11 |

Tacito spesso riferisce, oltre a dati verificati, anche voci incontrollate e dicerie; in questi casi, in linea con le dichiarazioni programmatiche comprese nei proemi delle sue opere, ammette l'impossibilità di verificare quanto dice. Dato il rilievo che i rumores, *le «dicerie», hanno in alcune parti delle sue opere, essi sono stati oggetto di attento studio, per capire gli obiettivi perseguiti da Tacito nel diffondere queste voci, che conferiscono un'aura di mistero e di sospetto ai personaggi più tenebrosi.*

*Leggiamo due passi altamente indicativi: nel primo, tratto dall'*Agricola *(➤ **T15**), Tacito racconta la morte del suocero, dando spazio anche alla diceria in base alla quale l'imperatore Domiziano potrebbe non essere rimasto estraneo al fatto. Nel secondo passo, tratto dagli* Annales *(➤**T16**), Tacito, dopo aver raccontato la prematura morte di Druso figlio di Tiberio, riferisce una diceria insistente, in base alla quale sarebbe stato addirittura il principe a porgere al proprio figlio la coppa con la bevanda avvelenata.*

PER ANALIZZARE — TACITO

T15 Ambiguità di Domiziano

| *Agricola* 43 |

LATINO/ITALIANO

[43, 1] Finis vitae eius nobis luctuosus, amicis tristis, extraneis etiam ignotisque non sine cura fuit. Vulgus quoque et hic aliud agens populus et ventitavere ad domum et

[43, 1] La fine della sua vita[1] fu luttuosa per noi, triste per gli amici, non senza partecipazione anche per gli estranei e gli sconosciuti. Anche il volgo e questa plebe che si

[43, 1] **ventitavere**: è un perfetto indicativo, per *ventitaverunt*. • **audita... Agricolae**: è ablativo assoluto con valore temporale.

1. Si parla della morte di Agricola, avvenuta a Roma nel 93, mentre Tacito (con la moglie) era lontano dalla capitale per un incarico nell'amministrazione statale (➤ p. 323).

per fora et circulos locuti sunt; nec quisquam audita morte Agricolae aut laetatus est aut statim oblitus. [2] Augebat miserationem constans rumor veneno interceptum: nobis nihil comperti adfirmare ausim. Ceterum per omnem valetudinem eius crebrius quam ex more principatus per nuntios visentis et libertorum primi et medicorum intimi venere, sive cura illud sive inquisitio erat. [3] Supremo quidem die momenta ipsa deficientis per dispositos cursores nuntiata constabat, nullo credente sic adcelerari quae tristis audiret. Speciem tamen doloris animo vultuque prae se tulit, securus iam odii et qui facilius dissimularet gaudium quam metum. [4] Satis constabat lecto testamento Agricolae, quo coheredem optimae uxori et piissimae filiae Domitianum scripsit, laetatum eum velut honore iudicioque. Tam caeca et corrupta mens adsiduis adulationibus erat, ut nesciret a bono patre non scribi heredem nisi malum principem.

occupa di tutt'altro[2] sia venne ripetutamente in visita a casa sia ne parlò nelle piazze e nei capannelli; nessuno, una volta udita la morte di Agricola, o ne rimase lieto o se ne dimenticò subito. [2] La persistente diceria che fosse stato tolto di mezzo con il veleno aumentava la compassione: per quanto mi riguarda, non oserei affermare nulla di provato. Del resto durante tutto il periodo della sua malattia, più frequentemente rispetto a quanto prevedeva l'uso della corte imperiale di mandare a fare visita per mezzo di messaggeri, si presentarono sia i più ragguardevoli dei liberti sia i più intimi dei medici, o che quella fosse preoccupazione o che fosse intenzione indagatoria[3]. [3] Di certo è noto che l'ultimo giorno per mezzo di appositi messaggeri venisse riferito in tempo reale il momento stesso della morte, ma nessuno credeva che il principe affrettasse in tal modo l'arrivo di notizie che riceveva con tristezza. Palesò tuttavia un'espressione di dolore nell'animo e nel volto, ormai al sicuro dall'odio[4], da persona che dissimulava più facilmente la gioia che il timore. [4] Una volta letto il testamento di Agricola, nel quale aveva nominato Domiziano coerede con l'ottima moglie e la devotissima figlia, risultava in modo sufficientemente attendibile che egli ne fosse rimasto contento come di un'onorificenza o di un'attestazione di stima. La sua mente era tanto cieca e corrotta dalle ininterrotte manifestazioni di adulazione che non capiva che da un padre onesto non viene nominato erede un principe se non malvagio[5].

[2] **veneno interceptum**: sott. *esse Agricolam*; è una proposizione infinitiva che esplicita il contenuto del *rumor*. • **nobis... ausim**: *comperti* è genitivo partitivo da unire a *nihil*; *ausim* è forma arcaica di ottativo, che vale come un congiuntivo potenziale. • **Ceterum**: è avverbio. • **visentis**: è participio attributivo di *principatus*. • **venere**: è perfetto indicativo, per *venerunt*.
[3] **Supremo... nuntiata**: sott. *esse*; è una proposizione infinitiva soggettiva, retta dal successivo *constabat*. • **nullo... audiret**: l'ablativo assoluto con valore causale *nullo credente* regge l'infinito *adcelerari*, il cui soggetto è rappresentato dalla proposizione relativa *quae... audiret*, con il congiuntivo obliquo; *tristis* è predicativo del soggetto sott. Domiziano. • **tulit**: il soggetto è sempre Domiziano. • **securus... et qui... metum**: per *variatio* sono coordinati un attributo e una proposizione relativa impropria, con valore consecutivo, entrambi riferiti al soggetto sott. Domiziano.
[4] **lecto... Agricolae**: ablativo assoluto con valore temporale. • **coheredem**: predicativo del complemento oggetto *Domitianum*. • **laetatum... iudicioque**: sott. *esse*; è una proposizione infinitiva soggettiva, dipendente dal precedente *constabat*, il cui soggetto è *eum*, cioè Domiziano. • **a bono... principem**: è una proposizione infinitiva oggettiva; *heredem* è predicativo del soggetto *principem*.

2. Abitualmente Tacito ostenta disprezzo per la folla plebea di Roma.
3. A Domiziano probabilmente interessava non solo che Agricola morisse, ma anche che nessuno notasse i sintomi dell'avvelenamento.
4. Nel senso che Domiziano ormai si sentiva al sicuro, in quanto non era apparso manifesto l'avvelenamento.
5. Tacito indente dire che chi nominava l'imperatore nel testamento di solito lo faceva perché temeva ritorsioni contro i suoi eredi.

IL PARERE DEGLI ALTRI AUTORI

UN AMMIRATORE DI TACITO: PLINIO IL GIOVANE

STORIA DI UN'AMICIZIA A Tacito sono indirizzate ben undici lettere dell'epistolario di Plinio il Giovane (➛ p. 449). Il profondo legame di amicizia che unì i due oratori fu probabilmente rinforzato dal fatto che entrambi erano originari della Gallia e che avevano compiuto un percorso di studi simile, giungendo a essere oratori rispettati e validi amministratori imperiali. Certamente condivisero anche una visione politica e, pur avendo ottenuto il successo durante il periodo di Domiziano, fu con Traiano che entrambi poterono sviluppare le proprie doti letterarie.
Plinio ammirava lo stile oratorio di Tacito, che definisce *laudator eloquentissimus* quando nel 97, come console, pronuncia l'elogio funebre di Virginio Rufo (*Epistulae ad familiares* 2, 1, 6); altrove fa spesso riferimento alla notorietà acquisita dall'amico per i meriti culturali. La stima di cui godeva Tacito presso i contemporanei è testimoniata anche dal fatto che Plinio, desiderando che nella sua città natale (Como) fosse aperta una scuola superiore (che non costringesse i giovani a trasferirsi a Milano per proseguire gli studi oltre il livello elementare), chiese proprio a Tacito di indicare chi fosse più adatto per tenere lezioni ai giovani, tra le numerose persone che lo frequentavano per imparare da lui i segreti dell'attività oratoria (*Epistulae ad familiares* 4, 13, 10).
Spesso i due amici si scambiavano le opere ancora in bozza, per ottenere consigli ed eventuali correzioni e precisazioni; Plinio certamente fu tra i primi lettori delle opere di Tacito e in alcuni casi forniva notizie che l'amico gli richiedeva. Il caso più noto è la lettera che Plinio indirizza a Tacito per descrivere la morte di suo zio (Plinio il Vecchio), avvenuta in seguito all'eruzione del Vesuvio che distrusse Pompei ed Ercolano ➛ p. 233). Evidentemente Tacito cercava fonti documentarie per tale episodio, che rientrava nel periodo preso in considerazione per le *Historiae*.

UNA ATTESTAZIONE DI STIMA Una straordinaria testimonianza della collaborazione tra i due oratori è fornita da una delle lettere indirizzate da Plinio a Tacito (*Epistulae ad familiares* 7, 20).

> Caro Tacito, ho letto il tuo libro [*forse uno delle* Historiae], e con la maggior diligenza possibile ho indicato ciò che mi sembrerebbe da mutare o da togliere. Infatti io sono solito dire ciò che penso, e tu con piacere l'ascolti. E del resto nessuno sopporta con maggiore pazienza le correzioni di chi maggiormente merita lode. Ora io aspetto il mio libro con le tue osservazioni. Oh caro e bello scambio! Come gioisco al pensare che, se i posteri si interesseranno di noi, si racconterà dappertutto in quale concordia di animi, in quale franchezza, in quale lealtà siamo vissuti! Si reputerà cosa rara e degna di attenzione che due persone quasi uguali per l'età e la situazione, di un certo nome nel campo delle lettere (sono obbligato a dir di te modestamente, poiché contemporaneamente parlo di me) si siano a vicenda aiutati nei lavori letterari. Ancor giovinetto, mentre tu già brillavi per la fama e la gloria, ti seguii "prossimo a te, ma prossimo d'un tratto lontano" [*citazione dall'*Eneide *5, 320, riferito a Eurialo e Niso*] e desideravo esserlo davvero e apparir tale. Eppure ve n'erano di ingegni famosi; ma tu (così lo voleva la somiglianza delle nostre indoli) mi sembravi colui che soprattutto potevo, dovevo imitare. Perciò maggiormente godo che, se il discorso cade sulle attività letterarie, noi siamo assieme ricordati, e a coloro che parlano di te io venga subito alla mente. [...] Tutto ciò tende a far sì che ci amiamo più ardentemente ancora, avendoci stretti con tanti vincoli gli studi, i modi di vivere, la fama, e infine le ultime volontà degli uomini. Addio.
>
> (trad. di L. Rusca)

GUIDA ALLO STUDIO

1. Quali dati biografici accomunano Tacito e Plinio il Giovane?

2. Quali testimonianze ci sono rimaste dell'amicizia che legava i due autori?

3. Qual è la più famosa delle lettere che Plinio scrisse a Tacito?

PER ANALIZZARE
TACITO

T16 Mostruosità di Seiano

ITALIANO

Annales 4, 10-11

[10, 1] Nel raccontare la morte di Druso[1] ho riferito i fatti che sono ricordati da moltissimi storici degni della massima fede: non potrei tuttavia omettere una diceria diffusasi in quei tempi, a tal punto tenace da non essersi ancora spenta. [2] Dopo aver indotto al delitto Livia[2], Seiano avrebbe circuito anche la volontà dell'eunuco Ligdo con un rapporto carnale, poiché egli, per l'età e la bellezza, era caro al padrone e tra i servitori preferiti; poi, quando tra le persone messe a parte del piano era stato fissato il luogo e il momento dell'avvelenamento, Seiano giunse a tal punto di audacia da invertire la situazione e, accusando con una denuncia anonima Druso di volere avvelenare il padre, da avvisare Tiberio di rifiutare la coppa che per prima gli fosse stata offerta durante il banchetto in casa del figlio. [3] Cascato in quell'inganno, il vecchio[3], dopo che il banchetto era iniziato, passò a Druso la coppa ricevuta e, dato che il giovane apparentemente ignaro l'aveva svuotata con giovanile esuberanza, aumentò il sospetto, come se per paura e vergogna avesse voluto dare a sé la morte che aveva architettato per il padre.
[11, 1] Dicerie come queste, a parte il fatto che non vengono confermate da nessun autore certo, prontamente vengono confutate. Quale uomo infatti, anche di mediocre intelligenza (figuriamoci poi un Tiberio, reso esperto da intrighi tanto mostruosi), avrebbe dato la morte al figlio senza averlo ascoltato, e per giunta di sua mano e senza offrire una possibilità di ripensarci e pentirsi? Piuttosto Tiberio avrebbe interrogato sotto tortura il cameriere che aveva fornito il veleno, avrebbe fatto indagini sul mandante, si sarebbe avvalso della circospetta prudenza, che abitualmente usava perfino nei confronti degli estranei, pure nei riguardi del figlio, mai fino ad allora trovato colpevole di alcun delitto. [2] Ma poiché Seiano era ritenuto l'autore di tutti i misfatti, a causa dell'eccessiva benevolenza di Tiberio nei suoi confronti e dell'odio di tutti contro entrambi, si dava credito a qualsivoglia delle fandonie più assurde, stante anche il fatto che le dicerie riguardo la fine dei potenti sono sempre più terribili. Del resto il piano del delitto fu divulgato da Apicata, moglie di Seiano, e reso noto nei particolari durante l'interrogatorio sotto tortura di Eudemo e di Ligdo; ma nessuno storico si rivelò tanto ostile, da rinfacciare a Tiberio quel delitto, pur pronto a mettere tutto il resto sotto accusa e a rinfacciarglielo. [3] Il motivo per cui io ho riferito e dimostrato falsa la diceria è stato quello di respingere con un esempio lampante le voci false e di chiedere a coloro nelle cui mani giungerà l'opera nostra di non anteporre le falsità popolari e incredibili, pur accolte con pettegola curiosità, alla verità e alle notizie non stravolte per il gusto di impressionare.

1. È Nerone Claudio Druso, conosciuto come "Druso Minore": nacque a Tiberio dalla prima moglie Vipsania nel 15 a.C.; Augusto preferì che Tiberio adottasse e indicasse per la successione Germanico, ma quando questi morì nel 19 d.C. Druso Minore divenne il più probabile tra gli eredi di Tiberio, tanto che nel 22 ricevette la *tribunicia potestas*. Insofferente delle esitazioni del padre, nutrì un profondo odio per Seiano, di cui intuiva le mire. Morì, probabilmente avvelenato, nel 23.
2. Si tratta di Claudia Livilla Giulia (13 a.C.-31 d.C.), sorella di Germanico. Rimasta vedova dopo aver sposato Caio Cesare, nipote di Augusto, divenne sposa di Druso Minore. Le viene attribuita una relazione con Seiano, secondo quanto riferisce Tacito.
3. Tiberio.

Il testo e il contesto

AGRICOLA E DOMIZIANO Agricola, dopo aver condotto vittoriosamente la campagna in Britannia (uno dei pochissimi successi militari registrati durante l'impero di Domiziano), avrebbe avuto diritto al trionfo e a ricevere il governo di una provincia ricca e prosperosa (➛ p. 323). Tacito tuttavia mette in rilievo l'invidia e la gelosia di Domiziano nei suoi confronti, timoroso che qualcuno oscurasse il nome dell'imperatore con la sua gloria. Dopo la campagna vittoriosa, ad Agricola nell'85 viene chiesto di rientrare a Roma in pieno anonimato, di notte. A corte non trova alcun vero appoggio e resta privato cittadino fino alla morte, avvenuta nel 93. Con tutto ciò Agricola non dimostra insofferenza nei confronti dell'imperatore, ma dimostra tutta la sua grandezza d'animo accettando di rimanergli sottomesso, piuttosto che sfruttare la sua popolarità per cercare il potere personale e turbare la pace dello Stato.

SEIANO, DRUSO E TIBERIO Il prefetto del pretorio Elio Seiano acquisì presso Tiberio un potere sempre maggiore fino al punto, forse, di accarezzare l'idea di divenire imperatore (➛ p. 7). L'ostacolo maggiore era naturalmente rappresentato dal fatto che Tiberio aveva discendenti maschi, principalmente Druso Minore, suo figlio, e oltre a questo, c'erano i figli di Germanico (morto nel 19). Seiano, per portare a compimento il suo disegno, in primo luogo sedusse Claudia Livilla, aristocratica donna della famiglia giulio-claudia e moglie di Druso Minore, e con il suo aiuto eliminò proprio questi, nella speranza che successivamente Tiberio gli concedesse la mano della donna. Una volta entrato a far parte della famiglia imperiale, sarebbe stato assai più facile per lui mettere le mani sul sommo potere.
Secondo il racconto di Tacito, a Druso Minore venne somministrato dallo schiavo Ligdo un veleno ad azione lenta e la morte parve effetto di una malattia. Tiberio non sospettò nulla. Tiberio tuttavia non acconsentì al matrimonio tra Claudia Livilla e Seiano, che perciò, per rimanere solo al potere, nel 27 riuscì a convincere l'imperatore a ritirarsi a Capri. Rimasto solo a Roma, e praticamente detentore della gestione dell'impero, Seiano cercò di sterminare gli eredi di Tiberio, che però, resosi conto della situazione, lo fece condannare nel 31.

Lo stile del testo

IL COLORE DEL SOSPETTO Il capitolo sulla morte di Agricola (➛ **T15**) insinua nella narrazione un forte sospetto, pur in assenza di prove certe, ossia che nella morte del glorioso generale e suocero dello scrittore ci sia stato l'intervento di Domiziano. Come spesso accade nelle sue opere, Tacito riferisce il diffondersi di un *rumor* in coincidenza col luttuoso evento (*constans rumor veneno interceptum*, 43, 2), specificando però di non avere prove per accertare i fatti (.. ...., 43, 2).
Uno studio completo della funzione dei *rumores* nelle opere di Tacito è stato effettuato dallo studioso Israel Shatzman, che ha messo in luce come lo scrittore abbia utilizzato i *rumores* in parte in accordo con la sua visione della storia e in parte per fini artistici. Se consideriamo infatti il proposito espresso nel proemio delle *Historiae* (➛ **T5**), di separare le cause dagli eventi fortuiti, lo scrittore riferisce anche le notizie non accertate, dichiarando che tali sono, per offrire al lettore un panorama completo del periodo in questione: Tacito è consapevole che le dicerie, per quanto incontrollate, hanno comunque un ruolo nello svolgimento degli eventi. Nel caso in questione l'intensità straordinaria della partecipazione popolare al lutto per la morte di Agricola è determinata proprio dal diffondersi del *rumor*: *augebat miserationem constans rumor* (43, 2).
D'altra parte, nella caratterizzazione del personaggio di Domiziano, i *rumores* diffusi alla morte di Agricola hanno una funzione fondamentale e, da un punto di vista artistico, contribuiscono a delineare la personalità dell'imperatore come ambigua, sfuggente e torbida. Tacito, infatti, dopo aver riferito il *rumor*, dal quale ha preso le distanze, elenca alcuni atteggiamenti anomali dell'imperatore negli ultimi giorni di vita di Agricola: atteggiamenti che il lettore sarà portato a interpretare come indizi di una colpevolezza, pur non dichiarata, dell'imperatore stesso. Domiziano invia medici con maggiore solerzia rispetto al solito (*crebrius quam ex more*, 43, 2); si tiene informato della salute di Agricola, ma forse più che di umana pietà si tratta di un vero e proprio spionaggio: .... (43, 2). A sostegno del sospetto che l'imperatore quantomeno si auguri la morte del generale c'è anche la pubblica opinione, che lo ritiene poco propenso a darsi tanto da fare se non nell'attesa di notizie liete: *nullo credente sic adcelerari quae tristis audiret* (43, 3). Anche l'espressione dolorosa con cui Domiziano accoglie la morte di Agricola potrebbe, paradossalmente, costituire una "prova" del suo coinvolgimento nella morte del generale, in quanto egli è noto come abile dissimulatore soprattutto della gioia: .... (43, 3).
Il testamento di Agricola a questo punto è la prova che dimostra come il generale avesse ragione di temere per l'incolumità propria e dei propri cari da parte dell'imperatore: chi nominava erede il sovrano, infatti, secondo una prassi presente fin dalla dinastia giulio-claudia, di solito sapeva di essere inviso al principe e con questo intendeva palesare di non aver alcun motivo di rancore nei suoi confronti e proteggere i suoi eredi da ritorsioni. Proprio il testamento permette a Tacito, dopo che Domiziano è stato circondato da un alone di sospetto per la morte di Agricola, di esprimere un giudizio perentoriamente nega- →

tivo sul principe, opponendo con una delle consuete chiuse epigrammatiche l'onestà di Agricola alla malignità di Domiziano: .... (43, 4).

LA STORIA TRA VERO E FALSO Uno dei casi presi in attenta considerazione da Shatzman è la diceria riferita sulla morte di Druso (➛ **T16**). In questo passo, a differenza del precedente (➛ **T15**), è Tacito stesso che esibisce una serie di argomentazioni per sostenere che la diceria sia infondata (in 11, 1): pare, quindi, che l'intenzione sia quella di togliere da Tiberio il sospetto di un terribile delitto. Tuttavia a una attenta analisi non è detto che il passo abbia solo questo significato. Shatzman infatti nota che, come afferma lo stesso Tacito, nessuno storico riferisce tale *rumor*. Se è dunque vero che Tacito vuole respingere dalla sua opera affermazioni non suffragate da prove certe (in 11, 3), l'episodio in realtà dà modo all'autore di arricchire di una sfumatura particolarmente negativa Seiano e soprattutto Tiberio: il fatto che una così colossale maldicenza si potesse diffondere e potesse rimanere viva ancora dopo tanti anni (come Tacito dice in 10, 1) è la prova della malvagità di Seiano (dal quale ci si poteva attendere ogni sorta di nefandezza) e della riprovevole sottomissione di Tiberio alla volontà di un suo consigliere (in 11, 2).
Anche in questo caso, quindi, il *rumor* ha una funzione artistica perché consente di delineare il carattere dei personaggi e contribuisce a caricare le loro figure di sfumature peggiorative.

LEGGO E ANALIZZO

1. Riassumi i fatti narrati spiegando l'identità di ciascuno dei personaggi nominati.

2. Quali sono le dicerie riferite da Tacito insieme alla narrazione dei fatti accertati?

3. Che funzione artistica Shatzman riconosce ai *rumores* riportati da Tacito?

TRADUZIONI A CONFRONTO | I GIUDIZI IMPLICITI NELLO STILE DI TACITO

UNO STILE INIMITABILE Dopo la vittoria riportata dalle sue legioni sulle truppe di Otone, il nuovo imperatore, Vitellio, che non era stato presente allo scontro, desidera vedere il luogo della battaglia (avvenuta a Bedriaco nel 69), su cui giacciono ancora insepolti i cadaveri degli sconfitti. È una situazione tragica: un imperatore gode nello spettacolo della strage di concittadini. Tacito, dopo aver chiarito la situazione, rende il colpo d'occhio che si presenta in quell'occasione con un periodo esclusivamente nominale: *Inde Vitellius Cremonam flexit et [...] insistere Bedriacensibus campis ac vestigia recentis victoriae lustrare oculis concupivit, foedum atque atrox spectaculum. Intra quadragensimum pugnae diem lacera corpora, trunci artus, putres virorum equorumque formae, infecta tabo humus, protritis arboribus ac frugibus dira vastitas* (*Historiae* 2, 70, 1).
La scena è presentata come *foedum atque atrox spectaculum* ed è chiusa con *dira vastitas*: solo implicito, in queste espressioni, troviamo il giudizio dello scrittore; il resto è occupato dall'oggettività del cumulo nominale.
Normalmente i traduttori sono portati a rispettare l'originale latino, lasciando, ove possibile, la costruzione sintattica tacitiana. Un ottimo esempio è fornito dalla versione di Mario Stefanoni:

- Da Pavia Vitellio piegò verso Cremona [...] e fu preso dal desiderio di fermarsi sul campo di Bedriaco a contemplare le tracce della recente vittoria, orrendo e atroce spettacolo. A distanza di quaranta giorni dalla battaglia, corpi lacerati, membra troncate, cadaveri di uomini e carcasse di cavalli in putrefazione, intrisa la terra di marciume, in una devastazione di alberi e messi calpestate.
(Tacito, *Storie*, Garzanti, Milano 2009[5], p. 187).

Si può notare che Stefanoni, pur conservando il tono epigrammatico della chiusa, ha rinunciato a lasciare *dira vastitas* alla fine della frase e l'ha sintetizzato in «devastazione», mentre ha deciso di attribuire *protritis* solo a *frugibus*, mentre il participio pare valido anche in collegamento a *arboribus*.
Un altro traduttore esperto di Tacito, Francesco Mascialino, rinunciando alla forza epigrammatica della chiusura di tale periodo, preferisce ampliare l'immagine e tradurre con due aggettivi diversi *protritis* e in particolare *dira vastitas*:

- un'immensa distesa orrendamente ingombra di alberi divelti e di raccolti calpestati.
(Tacito, *Le storie*, Zanichelli, Bologna 1981, vol. 1, p. 213).

Concetto Marchesi, invece, forzando la sintassi italiana, conserva nella chiusa la medesima disposizione dell'originale latino, introducendo un'anastrofe che eleva il tono e lo rende altamente drammatico:

- e d'alberi e messi abbattute spaventosa devastazione. (*Tacito*, ed. Giuseppe Principato, Messina-Milano, 1942², pp. 276-277).

Indubbiamente la soluzione di Marchesi, pur lontana dall'espressione corrente dell'italiano moderno, conserva intatta la suggestione del testo di Tacito.

FILIPPO TOMMASO MARINETTI Nonostante l'accesa polemica contro la cultura classica e in particolare contro tutto quanto fosse collegato con l'insegnamento scolastico e accademico, il futurista Filippo Tommaso Marinetti nel 1928 pubblicò una propria traduzione della *Germania* di Tacito. Lo studioso Bruno Giancarlo ha recentemente dimostrato che l'operazione condotta da Marinetti rientrava in un progetto di riavvicinamento della poetica futurista alla classicità, nel quadro di una valorizzazione della cultura nazionale promosso dalla politica del fascismo. Restano però interessanti le motivazioni addotte da Marinetti per la scelta dell'autore e dell'opera a cui rivolgere la propria attenzione di traduttore: a suo avviso infatti la prosa di Tacito è assai vicina al «paroliberismo» propugnato dai Futuristi, ossia la tendenza a disporre le parole nella frase secondo un criterio puramente espressivo, senza alcun vincolo grammaticale. A quanti si dimostravano stupiti per l'operazione intrapresa, Marinetti specificava, nell'introduzione all'opera, che «Tacito, maestro di concisione sintesi e intensificazione verbale, è lo scrittore latino più futurista e molto più futurista dei maggiori scrittori moderni». Marinetti intendeva anche rivoluzionare la prassi scolastica, legata a schemi troppo angusti: egli, come spiega sempre nell'introduzione, traduce «perché venga dimostrata l'assurdità dell'insegnamento scolastico latino, basato su traduzioni scialbe, errate e su cretinissime spiegazioni di professori abbrutiti, tarli di testi e di teste».
All'impegno intellettuale tuttavia, come è stato notato dalla critica, è mancato un risultato effettivamente apprezzabile: il lavoro di Marinetti infatti è costellato di grossolani errori di traduzione. Osserviamone per esempio due, di differente natura, secondo l'analisi condotta da Bruno Giancarlo, che riporta il testo latino e commenta la corrispondente traduzione di Marinetti.

- Tacito, *Germania* 5, 2: *Argentum et aurum propitiine an irati Dii negaverint dubito* «Non so se gli dei abbiano negato ai Germani l'oro e l'argento per favorirli oppure perché a loro ostili». Marinetti: «Dubito che gli Dei favorevoli o irati abbiano loro negato l'argento e l'oro». Non è riconosciuta la proposizione dubitativa disgiuntiva e pertanto la traduzione è inesatta.
- Tacito, *Germania* 5, 2-3: *Possessione et usu haud proinde afficiuntur* «Sono presi dal possesso e dall'uso dell'oro e dell'argento in modo diverso da noi». Marinetti: «Li posseggono ed usano come noi». Non è chiaro se Marinetti non veda la negazione o sbagli il significato dell'avverbio; sta di fatto che intende il passo al contrario.

A quanto pare Marinetti non fu turbato dalle numerose critiche di cui fu oggetto il suo lavoro e dichiarò di aver realizzato una traduzione «perfetta per agilità, piacevolezza, precisione, allo scopo di comunicare agli scrittori italiani contemporanei il mio amore per le sintesi rapide e il mio orrore per le prolissità» (tutte le citazioni sono da Bruno Giancarlo, *Tacito e il Futurismo. La Germania di Tacito tradotta da Filippo Tommaso Marinetti*, in "Rivista di cultura classica e medievale", Accademia Editoriale, vol. 50, n. 2, 2008, p. 402, 404 e *passim*).

LEGGO, CONFRONTO E VALUTO...

Prendi in esame le diverse traduzioni proposte e rispondi alle seguenti domande.

- Come viene concordato l'aggettivo *protritis* nella traduzione di Mario Stefanoni?
- Che cosa puoi osservare a proposito della collocazione degli aggettivi nel testo di Tacito e nella traduzione di Stefanoni? Osserva in particolare la sua traduzione di *infecta tabo humus*: trova altre possibili soluzioni nell'ordine delle parole e valuta l'effetto di ciascuna.
- Osserva la funzione degli aggettivi *propitiine an irati* in Tacito, *Germania* 5, 2 e nella traduzione di Marinetti; che cosa noti?

ORA TRADUCO IO

Scegli un estratto da un brano di Tacito proposto in latino nelle pagine precedenti; prendendo spunto dall'analisi dei passi tradotti da C. Marchesi e F. Mascialino, prova a realizzare due differenti traduzioni:

- la prima, in modo che sia il più possibile fedele alle scelte di *brevitas* e di *variatio* di Tacito; potrai fare appello alle risorse della lingua poetica italiana sia per la resa del lessico sia per la possibilità di usare inversioni rispetto al normale ordine delle parole;
- la seconda, in modo che sia più "esplicativa" del senso del passo e più normalizzante rispetto alle consuetudini sintattiche dell'italiano moderno.

Leggi le due traduzioni a due compagni e discutete insieme i diversi effetti che avrai ottenuto attraverso le differenti scelte compiute.

LABORATORIO DI ANALISI

Leggi il testo seguente aiutandoti con le note; poi esegui quanto richiesto, realizzando un testo organico e armonizzando le risposte ai quesiti con opportuni connettivi testuali. Se lo desideri, puoi anche modificare l'ordine delle risposte nel modo che ti sembra più efficace.

Torbidi sospetti sull'avvento al potere di Tiberio

Annales 1, 4, 2-5, 4

Lo studioso I. Shatzman ha messo in evidenza come i rumores *riferiti da Tacito negli* Annales *assolvano una funzione drammatica in quanto contribuiscono a delineare un ritratto e a riprodurre il clima di un determinato periodo persino meglio della narrazione dei fatti stessi. In questo passo vengono riportati i dubbi che, a quanto ci rivela Tacito, vennero avanzati sulla morte di Augusto: dubbi che gettavano sinistre ombre sulla moglie, Livia Augusta, e sul figliastro, Tiberio. Alcuni mesi prima di morire Augusto, in compagnia di poche persone, era andato a visitare Agrippa Postumo (*➝ **T9***) nel suo luogo di esilio, cioè sull'isola di Planasia (oggi Pianosa): la visita al nipote avrebbe generato in Livia il timore che Augusto potesse avere dei ripensamenti sulla successione di Tiberio.*

[1, 4, 2] Pars multo maxima inminentis dominos variis rumoribus differebant: [3] trucem Agrippam et ignominia accensum non aetate neque rerum experientia tantae moli parem, Tiberium Neronem maturum annis, spectatum bello, sed vetere atque insita Claudiae familiae superbia, multaque indicia saevitiae, quamquam premantur, erumpere. [4] Hunc et prima ab infantia eductum in domo regnatrice; congestos iuveni consulatus, triumphos; ne iis quidem annis quibus Rhodi specie secessus exul egerit aliud quam iram et simulationem et secretas libidines meditatum. [5] accedere matrem muliebri impotentia: serviendum feminae [...]. [1, 5, 1] Haec atque talia agitantibus, gravescere valetudo Augusti, et quidam scelus uxoris suspectabant. Quippe rumor incesserat paucos ante mensis Augustum, electis consciis et comite uno Fabio Maximo, Planasiam vectum ad visendum Agrippam; multas illic utrimque lacrimas et signa caritatis spemque ex eo fore ut iuvenis penatibus avi redderetur: [2] quod Maximum uxori Marciae aperuisse, illam Liviae. Gnarum id Caesari; neque multo post extincto Maximo, dubium an quaesita morte, auditos, in funere eius, Marciae gemitus, semet incusantis quod causa exitii marito fuisset. [3] Utcumque se ea res habuit, vixdum ingressus Illyricum Tiberius properis matris litteris accitur; neque satis compertum est spirantem adhuc Augustum apud urbem Nolam an exanimem reppererit.

[4, 4] **inminentis**: è attributo di *dominos*.
[4, 3] **parem**: sott. *esse*, regge il dativo *tantae moli*.
[4, 5] **muliebri impotentia**: è un ablativo di qualità.
[5, 1] **ut**: introduce una subordinata completiva epesegetica rispetto a *spem(que)*. • **penatibus**: le divinità protettrici della patria indicano per metonimia il ritorno dall'esilio di Agrippa Postumo.
[5, 2] **quod**: è un nesso relativo e ha come antecedente l'intero periodo precedente. • **illam Liviae**: sott. *aperuisse*. • **gemitus**: è soggetto di *auditos* (sott. *esse*). • **incusantis**: è participio attributivo riferito a *Marciae* e ha come complemento oggetto *semet*. • **quod**: ha valore dichiarativo.
[5, 3] **reppererit**: è il predicato di una subordinata interrogativa indiretta introdotta da *neque satis compertum est*.

[4] Acribus namque custodiis domum et vias saepserat Livia, laetique interdum nuntii vulgabantur, donec, provisis quae tempus monebat, simul excessisse Augustum et rerum potiri Neronem fama eadem tulit.

[5, 4] **provisis**: è ablativo assoluto con un *iis* sottinteso (sostituito dalla relativa *quae tempus monebat*). • **Neronem**: anche se era già stato adottato da Augusto e non si chiamava più Nerone, Tiberio viene qui indicato con il *cognomen* di suo padre, il precedente marito di Livia Drusilla.

PRIMA PARTE **COMPRENSIONE DEL TESTO**

1. Spiega chi sono i personaggi nominati nel brano: Agrippa Postumo, Tiberio Claudio Nerone, Livia, Fabio Massimo, Marcia, Cesare Augusto.

2. Quali sono i difetti attribuiti a Tiberio?

3. Quale dovrebbe essere, secondo la ricostruzione delle dicerie, il ruolo di Marcia nella morte di Fabio Massimo e in quella di Augusto?

SECONDA PARTE **ANALISI DEL TESTO**

1. Individua nel brano tutte le ellissi del predicato (soprattutto del verbo *sum*) e spiega quale effetto stilistico vuole ottenere Tacito anche attraverso di esse.

2. Individua tutte le ricorrenze del campo semantico dei *rumores* e del sospetto.

3. Osserva il lessico del brano: l'aggettivo *regnatrix* è un *hapax* tacitiano al femminile, mentre al maschile si trova usato in opere poetiche fin dall'età arcaica. Qual è la funzione degli arcaismi e dei poetismi nella lingua di Tacito?

TERZA PARTE **INTERPRETAZIONE COMPLESSIVA E APPROFONDIMENTI**

1. Nella prima parte del brano Tacito riporta le dicerie sul confronto tra Agrippa Postumo e Tiberio; di Agrippa era stato detto in precedenza che si trattava di un uomo privo di buone qualità. Quale messaggio indiretto si può ricavare dal fatto che le voci di popolo facevano confronti tra Agrippa Postumo e Tiberio senza pronunciarsi definitivamente in favore di quest'ultimo?

2. Rileggi questo brano con la sua continuazione (➤**T9**) e traccia un ritratto complessivo di Tiberio; quali virtù tradizionali romane mancano al suo ritratto? Riepiloga gli altri passi letti in cui compare Tiberio e fai un confronto anche con i ritratti svetoniani.

3. Come ha messo in rilievo I. Shatzman, la successione di Tiberio era ormai un dato certo: Augusto lo aveva adottato e gli aveva fatto conferire la *tribunicia potestas*, cosa che corrispondeva in un certo senso a una associazione al potere. Che funzione può avere, dunque, il fatto che Tacito riporti la diceria fondata sulla paura di Livia e Tiberio che nella successione potesse essere coinvolta un'altra persona?

CICERO LECTIO Malumori per l'elezione di Galba *Historiae* 1, 5-7

La coscienza dell'impero

PER APPROFONDIRE

L'AUTORITÀ DELLO STORICO Nelle opere di Tacito sono numerosi gli elementi che contribuiscono a lasciare nel lettore l'impressione di essere di fronte a uno scrittore autorevole. A parte il rigore a livello documentario, che denota il serio lavoro condotto da Tacito, e la tendenza a concentrarsi su fatti di primaria rilevanza, senza indulgere a curiosità o a pettegolezzi (i *rumores*, quando riferiti, hanno rilievo nella vicenda storica ➤ **T15-T16**), anche lo stile assume un ruolo determinante: l'austerità dell'espressione, che non lascia mai spazio a toni facilmente narrativi o romanzeschi, sottolinea l'importanza degli argomenti trattati.

Oltre a questo, gli studi più recenti hanno evidenziato che l'autorevolezza dello storico è affidata anche a tecniche narrative raffinate, che hanno la funzione, soprattutto in merito a fatti controversi, di mettere in evidenza la correttezza del punto di vista del narratore, rispetto alla versione più divulgata o a quella ufficiale fornita dall'imperatore. La voce di Tacito assume così il ruolo di autentica coscienza dell'impero, essendo in grado di ristabilire la corretta interpretazione di eventi che la cortigianeria dei senatori e la falsità degli imperatori hanno cercato in ogni modo di occultare o deformare.

LA NARRAZIONE "A SPECCHIO" La studiosa statunitense Cynthia Damon ha individuato nei numerosi capitoli degli *Annales* dedicati alla morte di Germanico, nipote di Tiberio, e nel processo che ne seguì a carico di Pisone, legato dell'imperatore, un caso evidente in cui la struttura narrativa scelta da Tacito diviene il mezzo attraverso il quale il lettore può giungere a una conoscenza obiettiva di quanto realmente accaduto. Tale episodio è esposto mediante una *mirror story*, ossia una narrazione "a specchio", o "narrazione replicata": si tratta di una struttura narrativa presente nella letteratura di ogni tempo (compare anche nei poemi omerici), in base alla quale in un primo tempo il narratore (onnisciente) racconta i fatti; poi, in un secondo momento, sono introdotti uno o più personaggi che raccontano, in forma diretta, dal loro punto di vista, quanto il lettore già ha conosciuto dalla voce del narratore.

Il confronto tra l'interpretazione dei fatti fornita dai personaggi e quella del narratore dà modo al lettore di comprendere le deformazioni a cui la storia va soggetta nelle diverse versioni del medesimo fatto e apprezzare l'indipendenza di giudizio e la correttezza del narratore principale, lo storico, che è l'unico a dare un quadro completo della situazione.

LA MORTE DI GERMANICO E IL PROCESSO DI PISONE Germanico morì in un clima di sospetto e di mistero, anche se, probabilmente, per malattia, in Siria nel 19 d.C.; l'anno successivo fu istruito un processo contro Pisone, legato dell'imperatore in quella regione, per accertare sue eventuali responsabilità. Pisone tuttavia, ancora prima della sentenza (che comunque fu di condanna), si suicidò e non mancarono di circolare le più incontrollabili dicerie sull'intera vicenda, dato

■ Testa di Germanico.
Perugia, Museo Archeologico Nazionale dell'Umbria.

che Germanico era l'esponente della famiglia giulio-claudia più amato dal popolo, in grado di insidiare il potere di Tiberio e di aspirare alla sua successione, a discapito di Druso, figlio dell'imperatore.

IL RACCONTO DI TACITO Nel libro II degli *Annales* Tacito racconta con dovizia di particolari le vicende degli anni 17-19 d.C., le circostanze in cui era avvenuta la morte di Germanico e il ruolo svolto da Tiberio in questa oscura vicenda. L'imperatore, d'accordo con la madre Livia, aveva infatti inviato Pisone come suo legato in Siria, con il preciso mandato di evitare che Germanico (a cui era stato affidato il riassetto delle province orientali) acquisisse una popolarità tale da consentirgli la scalata al sommo potere. All'inizio del libro III, Tacito riferisce il processo istruito a Roma nell'aprile del 20 contro lo stesso Pisone, per volontà degli amici e dei familiari di Germanico, certi di una responsabilità di Pisone nella prematura scomparsa dell'erede al trono. A questo punto, attraverso la voce dei vari attori del processo, il lettore sente di nuovo raccontare quanto già conosce: Tiberio riepiloga i fatti e le accuse, prima di dare la parola agli accusatori, i quali a loro volta offrono la propria versione dei fatti. Anche la difesa oppone la sua ricostruzione. Prima della sentenza Pisone si suicida, sentendosi abbandonato da Tiberio.

LA CORTE DI TIBERIO VITTIMA DELL'*OBSEQUIUM* Il confronto tra la versione dei fatti fornita (anche dalla difesa) nel processo-farsa, narrato nel libro III, e quanto il lettore conosce già dal libro II, evidenzia le subdole manovre dell'imperatore volte a impedire che emergesse il fatto che Pisone era in Siria per suo mandato e rivela come Tiberio abbia orientato il dibattito processuale per impedire che i sospetti rivolti su Pisone ricadessero sulla sua persona.

La cura con cui gli accusatori argomentano, per far convergere tutta la responsabilità su Pisone e per non coinvolgere in alcun modo l'imperatore nella vicenda, e nello stesso tempo il senso di impotenza della difesa, che non osa esibire prove che avrebbero finito per rivelare le trame dell'imperatore contro Germanico, diventano un chiarissimo esempio del livello di servilismo e di cortigianeria a cui era giunta la classe senatoria nell'epoca di Tiberio e l'intero racconto costituisce una profonda riflessione sulle aberrazioni del potere assoluto.

LE FONTI STORICHE DI TACITO Non molti anni fa un eccezionale ritrovamento epigrafico avvenuto in Spagna ha portato alla luce il decreto del senato con la sentenza contro Pisone (il cosiddetto *Senatus consultum de Cneo Pisone patre*). Il documento, confrontato con la versione di Tacito, ha evidenziato l'acume e la cura con cui Tacito ha lavorato nella collazione delle sue fonti. Pisone nella sentenza viene condannato per lesa maestà, per aver mantenuto un comportamento inappropriato e non collaborativo nei confronti di Germanico, membro della famiglia imperiale, e il suicidio è spiegato come il mezzo trovato dal reo per sottrarsi ad accuse ancora più gravi. La sentenza (che secondo gli studiosi fu certamente conosciuta da Tacito) replica con scrupolo la volontà di Tiberio di non essere in alcun modo coinvolto nella vicenda, mentre il racconto degli *Annales*, certamente dipendente anche da fonti che permettevano di dare uno sguardo al di là della versione ufficiale del regime, chiarisce che Pisone si

Eròfilo di Dioscuride, cammeo con profilo di Tiberio, I sec. d.C. Vienna, Kunsthistorisches Museum.

trovava in Siria per ostacolare Germanico: una circostanza che invece nella sentenza è lasciata decisamente nel vago. Anche in questo caso, dunque, Tacito si conferma una fonte indispensabile per la conoscenza dei reali meccanismi del potere imperiale.

Della lunga sezione degli *Annales* che Tacito dedica alla vicenda leggiamo due testi tratti dal racconto del narratore (➤ **T17-T18**) e uno dalla "narrazione a specchio", ossia dalle deposizioni al processo (➤ **T19**).

INTERTESTUALITÀ, FONTI, MODELLI

UNA *MIRROR STORY* NELL'*ILIADE*

QUANDO TETI ANDÒ DA EFESTO Nel canto XVIII dell'*Iliade* si racconta della costruzione da parte di Efesto di una nuova armatura destinata ad Achille, rimasto privo delle armi dopo che l'amico Patroclo aveva indossato le sue, ma era poi stato ucciso e spogliato dai Troiani. Teti, divina madre di Achille, si reca da Efesto, il fabbro degli dèi, e per giustificare la richiesta di nuove armi racconta al dio per quale motivo il figlio ne sia rimasto privo. Il lettore sente, dalla viva voce di Teti, un breve riassunto della contesa che ha opposto Agamennone ad Achille e i successivi sviluppi dell'ira dell'eroe. Questa "nuova" *Iliade*, però, confezionata da Teti per Efesto, presenta una significativa deformazione dei fatti, a tutto vantaggio di Achille, rispetto al racconto del poeta, fatto agli inizi del poema. Le parole di Teti sono un "racconto replicato", o *mirror story*, e mettono in evidenza il punto di vista interno a un personaggio, che risulta differente rispetto a quello equilibrato del narratore principale.

LA VOCE DI UNA MADRE Teti, dopo aver raccontato ad Efesto di quando Achille era partito per la guerra di Troia, dove lei sa che è destinato a perire, rievoca dal suo punto di vista l'onta subìta dal figlio per opera di Agamennone (*Iliade* XVIII, vv. 442-461).

E mentre ancora l'ho vivo [*Teti parla del figlio Achille*], mi vede la luce del sole, / è afflitto, e io non posso, anche andando, aiutarlo. / La fanciulla che gli scelsero in dono i figli degli Achei, / questa il potente Agamennone gli strappò dalle mani. / Per essa dolente si consumava il cuore: ed ecco i Troiani / chiusero gli Achei fra le poppe; né fuori / li lasciavano uscire; e lo pregavano gli anziani / degli Argivi, e molti doni gloriosi enumeravano; / ma rifiutò d'evitare lui stesso quella rovina, e Patroclo fece vestire delle sue armi, / e mandò lui alla guerra, e grande esercito dietro. / Lottarono tutto il giorno presso le porte Scee; / e certo quel giorno distruggevano la rocca, se Apollo / il forte figlio di Menezio [*cioè Patroclo*], che molti mali faceva, / non uccideva fra i primi, dava a Ettore gloria. / Così vengo ora ai tuoi ginocchi, se vuoi / pel figlio dal breve destino darmi elmo e scudo / e belle gambiere, munite di copricaviglia, / e corazza; quelli che aveva gli perse il fedele compagno / vinto dai Teucri; e lui ora mi giace in terra afflitto in cuore!».

(trad. di R. Calzecchi Onesti)

Teti qui omette le cause della lite tra Achille e Agamennone e le motivazioni che hanno portato il re dei Greci a esigere una schiava come risarcimento: in questo modo suo figlio Achille risulta una vittima innocente della prepotenza del solo Agamennone; un motivo in più per convincere Efesto ad assecondare la sua richiesta di nuove armi.

GUIDA ALLO STUDIO

1. Spiega che cosa è una *mirror story* e quali funzioni può svolgere.

2. Quali differenze si possono notare tra il racconto di Teti e ciò che il lettore conosce?

3. Qual è la funzione delle deformazioni nel racconto di Teti?

T17

LATINO/ ITALIANO

CICERO LECTIO

Pisone in Siria

Annales 2, 43; 55, 5-6

Nel 17 d.C. la situazione politica ai confini orientali dell'impero appare turbata dalle manovre dei sovrani di alcuni Stati satelliti, come la Commagene e l'Armenia, che minacciano di abbandonare l'alleanza con Roma. Il malcontento rischia di trasmettersi anche alle province dell'impero e portare disordini in Cilicia, Siria e Palestina. La gravità della crisi richiederebbe un intervento politico e militare dell'imperatore, ma, data l'età ormai avanzata, Tiberio decide di inviare Germanico, suo nipote, per riordinare quei territori: Druso, figlio di Tiberio, era ancora troppo giovane per un incarico tanto delicato.

L'imperatore può però prevedere che le legioni romane e la perizia di Germanico risulteranno risolutive, quindi, temendo che questo arrechi troppa gloria al giovane nipote, invia come legato in Siria Gneo Calpurnio Pisone, discendente di una famiglia fieramente avversa al potere imperiale, con il compito segreto di controllare che Germanico non ponga le basi per sostituirsi a Tiberio: sia Tiberio sia Livia (madre di Tiberio) desideravano infatti che non ci fossero ostacoli alla successione di Druso.

Pisone, non appena giunto in Siria, mentre Germanico è diretto in Armenia, si affretta con provvedimenti demagogici a carpire il favore delle truppe.

[43, 1] Igitur haec et de Armenia quae supra memoravi apud patres disseruit, nec posse motum Orientem nisi Germanici sapientia componi; nam suam aetatem vergere, Drusi nondum satis adolevisse. Tunc decreto patrum permissae Germanico provinciae, quae mari dividuntur, maiusque imperium, quoquo adisset, quam iis qui sorte aut missu principis obtinerent. [2] Sed Tiberius demoverat Syria Creticum Silanum, per adfinitatem conexum Germanico, quia Silani filia Neroni vetustissimo liberorum eius pacta erat, praefeceratque Cn. Pisonem, ingenio violentum et obsequii ignarum, insita

[43, 1] Trattò dunque Tiberio in senato tali problemi, oltre a quelli, già ricordati, relativi all'Armenia[1], sostenendo che solo la saggezza di Germanico poteva dare assetto all'Oriente in fermento: la sua propria età infatti piegava verso il tramonto e Druso non aveva ancora maturità sufficiente[2]. Allora, per decreto senatorio, vennero affidate a Germanico le province d'oltremare e gli fu conferito un potere, valido ovunque si fosse recato, superiore a quello dei governatori, designati per sorteggio o per mandato del principe. [2] Peraltro Tiberio aveva rimosso dalla Siria Cretico Silano, legato da parentela a Germanico, in quanto la figlia di Silano era stata promessa a Nerone, il maggiore dei figli di Germanico, e vi aveva insediato Gneo Pisone, dal temperamento

[43, 1] **disseruit**: il soggetto sottinteso è Tiberio. • **nec... adolevisse**: sono tre proposizioni infinitive oggettive, che riferiscono in forma indiretta le parole di Tiberio al senato; il soggetto di *posse componi* è *motum Orientem* (lett. «l'Oriente in fermento»), di *vergere* è *suam aetatem* (*suam* è riferito a Tiberio, soggetto dell'enunciazione), di *adolevisse* è ancora *aetatem*, sottinteso. • **permissae**: sott. *sunt*. • **maiusque imperium**: sott. *permissum est*. • **quam iis**: è secondo termine di paragone del comparativo *maius*, lett. «rispetto a quelli». • **qui... obtinerent**: è una proposizione relativa propria, con il congiuntivo caratterizzante.
[2] **Syria**: è un ablativo di allontanamento. • **eius**: è riferito a Germanico. • **ingenio**: è un ablativo di qualità. • **insita... Pisone**: è un ablativo assoluto con valore causale.

1. In quel periodo erano morti alcuni sovrani di Stati satellite alleati di Roma sui confini orientali dell'impero e si profilava il rischio che fossero sostituiti da regnanti ostili a Roma, pronti a sfruttare il malcontento delle popolazioni di Siria e Palestina, sottomesse a Roma.
2. Tiberio all'epoca aveva 59 anni, mentre Druso Minore aveva 31 anni.

ferocia a patre Pisone qui civili bello resurgentis in Africa partis acerrimo ministerio adversus Caesarem iuvit, mox Brutum et Cassium secutus concesso reditu petitione honorum abstinuit, donec ultro ambiretur delatum ab Augusto consulatum accipere. [3] Sed praeter paternos spiritus uxoris quoque Plancinae nobilitate et opibus accendebatur; vix Tiberio concedere, liberos eius ut multum infra despectare. [4] Nec dubium habebat se delectum qui Syriae imponeretur ad spes Germanici coercendas. Credidere quidam data et a Tiberio occulta mandata; et Plancinam haud dubie Augusta monuit aemulatione muliebri Agrippinam insectandi. [5] Divisa namque et discors aula erat tacitis in Drusum aut Germanicum studiis. Tiberius ut proprium et sui sanguinis Drusum fovebat: Germanico alienatio patrui amorem apud ceteros auxerat, et quia claritudine materni generis anteibat, avum M. Antonium, avunculum Augustum ferens.

fieramente passionale e insofferente di ogni subordinazione per la naturale fierezza, ereditata dal padre Pisone. Quest'ultimo, nel corso della guerra civile contro Cesare, aveva aiutato, con accanita sollecitudine, la parte pompeiana, che cercava la riscossa in Africa[3]; più tardi, benché avesse seguito Bruto e Cassio[4], gli fu concesso il ritorno in patria, ed egli evitò di presentarsi candidato per cariche pubbliche, finché non venne convinto ad accettare il consolato offertogli da Augusto. [3] Oltre alla tempra paterna, traeva orgoglio anche dalla nobiltà e dalla ricchezza della moglie Plancina[5]; cedeva con fatica il passo a Tiberio e guardava dall'alto i figli di lui come molto inferiori a sé. [4] Capiva perfettamente di essere stato scelto come governatore della Siria per contenere le mire di Germanico. Secondo alcuni Tiberio gli avrebbe affidato incarichi segreti[6]; certo è che Augusta[7], puntando sulle gelosie femminili, indusse Plancina a perseguitare Agrippina. [5] La corte era divisa, in tacite simpatie, tra Druso e Germanico. Tiberio era tutto per Druso, perché sangue del suo sangue; le scarse simpatie dello zio verso Germanico avevano dilatato in altri l'amore per lui, grazie anche alla superiorità del suo ramo materno, in fatto di nobiltà, potendo vantare Marco Antonio come nonno e Augusto come zio[8].

• **qui... iuvit**: *partis* (= *partes*) è accusativo, complemento di *iuvit*, lett. «aiutò le fazioni (pompeiane)»; *resurgentis* (= *-es*) è un suo participio attributivo. • **secutus**: è participio congiunto del soggetto sott., cioè «il padre di Pisone», con valore concessivo. • **concesso reditu**: è un ablativo assoluto con valore temporale. • **ultro**: lett. «spontaneamente» (avverbio).
[3] **concedere... despectare**: sono due infiniti storici narrativi. • **ut**: funge da avverbio, «come».
[4] **se delectum**: sott. *esse*, è il predicato di una proposizione infinitiva introdotta dalla precedente espressione *Nec dubium habebat*. • **qui... coercendas**: è una proposizione relativa impropria, con valore finale; *coercendas* è un gerundivo, attributivo di *spes*, con valore finale. • **Plancinam... insectandi**: *Plancinam* è complemento oggetto di *monuit*, che regge il gerundivo *insectandi* (lett. «di perseguitare»), il cui complemento oggetto è *Agrippinam*.
[5] **tacitis... studiis**: è un ablativo di causa, lett. «a causa di non dichiarati interessi». • **ut... sanguinis**: lett. «come proprio e appartenente al suo sangue»; *ut* è avverbio, «come», e serve per introdurre una connotazione di *Drusum*; *sui sanguinis* è genitivo di appartenenza. • **Germanico**: è un ablativo di allontanamento, da unire a *alienatio patrui*, lett. «l'allontanamento dello zio da Germanico». • **et quia**: la congiunzione *et* qui vale «anche».

3. Si riferisce ai fatti accaduti dopo Farsalo, che portarono alla battaglia di Tapso, nell'aprile del 46 a.C.
4. A Filippi.
5. È Munazia Plancina, il cui nonno, Munazio Planco, fu un abile luogotenente di Cesare.
6. ➛ **T19** nota 11.
8. È Livia Drusilla, moglie di Augusto, alla quale il senato aveva assegnato come onorificenza il titolo di Augusta.
9. Madre di Germanico era Antonia Minore, figlia di Marco Antonio triumviro e di Ottavia, sorella di Ottaviano Augusto. Antonia Minore ebbe Germanico da Druso Maggiore, figlio di Livia e fratello di Tiberio.

[6] Contra Druso proavus eques Romanus Pomponius Atticus dedecere Claudiorum imagines videbatur: et coniunx Germanici Agrippina fecunditate ac fama Liviam uxorem Drusi praecellebat. Sed fratres egregie concordes et proximorum certaminibus inconcussi. [...]
[55, 5] Et postquam Syriam ac legiones attigit, largitione, ambitu, infimos manipularium iuvando, cum veteres centuriones, severos tribunos demoveret locaque eorum clientibus suis vel deterrimo cuique attribueret, desidiam in castris, licentiam in urbibus, vagum ac lascivientem per agros militem sineret, eo usque corruptionis provectus est ut sermone vulgi parens legionum haberetur. [6] Nec Plancina se intra decora feminis tenebat, sed exercitio equitum, decursibus cohortium interesse, in Agrippinam, in Germanicum contumelias iacere, quibusdam etiam bonorum militum ad mala obsequia promptis, quod haud invito imperatore ea fieri occultus rumor incedebat. Nota haec Germanico, sed praeverti ad Armenios instantior cura fuit.

[6] Il padre del nonno di Druso era invece un semplice cavaliere romano, quel Pomponio Attico[9], che sembrava sfigurare di fronte alle immagini dei Claudii. Agrippina[10] poi, coniuge di Germanico, superava per fecondità e buon nome Livia, moglie di Druso. Ma i fratelli andavano di perfetto accordo, non turbati dalle rivalità dei parenti. [...]
[55, 5] Raggiunte le legioni in Siria [Pisone], con ricorso a donativi, con gesti demagogici e privilegiando gli ultimi tra i soldati, mentre destituiva i vecchi centurioni e i rigidi tribuni, rimpiazzandoli con i suoi protetti e con elementi screditati, e consentendo ai soldati di oziare liberamente nel campo o di scatenarsi nelle città o che per le campagne vagabondasse una soldataglia sfrenata, arrivò a consentire tanta corruzione da farsi chiamare, nel linguaggio corrente, "padre delle legioni". [6] Da parte sua Plancina, in trasgressione al decoro femminile, interveniva alle esercitazioni dei cavalieri e alle manovre delle coorti, lanciava ingiurie contro Agrippina e Germanico, tra la compiacente disponibilità anche di bravi soldati, perché si andava mormorando che ciò avveniva non senza il consenso dell'imperatore. Germanico ne era al corrente, ma a lui premeva soprattutto di arrivare presto in Armenia.

(trad. di M. Stefanoni)

[6] **Contra**: «Al contrario» (avverbio). • **Druso... videbatur**: è una costruzione personale di *videor*, con soggetto *proavus eques Romanus Pomponius Atticus* e l'infinito *dedecere* (a cui va unito l'accusativo *imagines*), lett. «sembrava che a Druso l'avo Pomponio Attico, cavaliere romano, disonorasse le immagini dei Claudi». • **fecunditate ac fama**: doppio ablativo di limitazione. • **Sed... inconcussi**: sott. *erant*.
[...]
[55, 5] **largitione... iuvando**: *iuvando* è gerundio, in ablativo strumentale, con l'accusativo di persona *infimos* (a cui si collega il genitivo partitivo *manipularium*); la proposizione principale si completa con il successivo *eo... provectus est*. • **cum... demoveret... attribueret... sineret**: sono tre costrutti coordinati del *cum* con il congiuntivo, con valore causale; il soggetto sott. è sempre *Piso*. • **ut... haberetur**: è una proposizione consecutiva.
[6] **interesse... iacere**: sono due infiniti storici narrativi. • **quibusdam... promptis**: è un ablativo assoluto, con valore temporale. • **quod... incedebat**: è una proposizione causale; *occultus rumor* regge, con sottinteso il verbo che introduce l'enunciazione, la proposizione infinitiva *ea fieri*; *haud invito imperatore* è ablativo assoluto. • **Nota haec**: sott. *erant*. • **praeverti ad Armenios**: funge da soggetto di *instantior cura fuit*.

9. Si tratta di Tito Pomponio Attico, il noto amico di Cicerone, una figlia del quale sposò Marco Agrippa. Da questa unione nacque Vipsania Agrippina, la prima moglie di Tiberio, madre di Druso Minore.

10. È Agrippina Maggiore, nata da un successivo matrimonio di Marco Agrippa con Giulia, figlia di Augusto: da Agrippina e Germanico nacquero, tra gli altri, Caligola e Agrippina madre di Nerone.

PER APPROFONDIRE IL TESTO

Il testo e il contesto

LE TRAME DI TIBERIO Tacito illustra nei particolari le dinamiche interne alla corte imperiale: Tiberio intende favorire l'ascesa del suo giovane figlio Druso, e quindi teme la gloria di Germanico, nipote (e figlio adottivo) dell'imperatore, assai più caro di questi ad Augusto. Germanico al momento è il generale romano più prestigioso. Per questo Tiberio, costretto dalla crisi politica che si sta profilando nelle province orientali d'oltremare a ricorrere ai servigi di Germanico, medita di ridurne la libertà d'azione sottraendogli nella zona delle operazioni un possibile alleato, Cretico Silano, suo futuro genero (43, 2), allora legato imperiale in Siria, sostituendolo con Gneo Calpurnio Pisone, animato da antichi spiriti repubblicani e perciò avversario dichiarato dei membri della famiglia giulio-claudia. Tacito – fatto che nel racconto dell'intera vicenda si rivelerà determinante – dice in modo esplicito che tale operazione fu decisa e messa in atto direttamente da Tiberio (*Tiberius demoverat Syria Creticum Silanum... praefeceratque Cn. Pisonem*). Indipendentemente dal fatto che Pisone avesse anche precisi mandati scritti (*credidere quidam*, 43, 4), il senso del gesto di Tiberio risulta evidente: frenare Germanico (*nec dubium habebat... ad spes Germanici coercendas*, 43, 4).

Alle trame dell'imperatore partecipa anche la madre Livia Augusta, che istiga Plancina, la nobile moglie di Pisone, ad agire contro Agrippina Maggiore, moglie di Germanico, popolarissima tra i militari in quanto figlia di Giulia (figlia di Augusto) e di Agrippa, il grande generale di Augusto. L'odio di Livia Augusta nei confronti di Agrippina è giustificato da Tacito, secondo un'ottica prettamente maschilista, con «rivalità femminili» (*aemulatione muliebri*, 43, 4): Agrippina infatti è più feconda di Claudia Livilla, la moglie di Druso. In effetti da Agrippina e Germanico sarebbero nati sei figli, tra cui Caligola e Agrippina Minore, futura moglie di Claudio e madre di Nerone.

PISONE E GERMANICO Nei capitoli 44-55, 4 (qui omessi) Tacito racconta che Germanico, dotato del potere proconsolare (che era inferiore solo a quello dell'imperatore: *maius imperium*, 43, 1), all'inizio del 18 d.C. si era recato in Oriente con la moglie Agrippina, ricevendo di città in città onori trionfali dalla popolazione. Il viaggio di Germanico e Agrippina assume le proporzioni di una splendida crociera con visita ai luoghi di maggior fama e cultura del mondo antico e culmina con il passaggio da Atene e dalla Troade, dove Germanico si reca a visitare la rocca di Ilio.

Dal canto suo invece Pisone e Plancina raggiunsero la Siria, dove con mezzi non propriamente corretti (55, 5) conquistarono il favore delle legioni, tanto che Pisone veniva definito "padre delle legioni": i soldati del resto erano convinti che Pisone agisse per conto di Tiberio (*haud invito imperatore*, 55, 6).

T18

ITALIANO

La morte di Germanico

| *Annales* 2, 69-72; 73, 4-74 |

Germanico riesce in breve tempo a ridare stabilità alle province orientali ponendo sul trono di Armenia un re gradito al popolo e favorevole all'alleanza con i Romani. Manda invece al confino un altro pretendente al trono, a lui sgradito, sebbene amico di Pisone e di sua moglie Plancina. I rapporti tra i due diventano particolarmente tesi, anche per il fatto che Pisone non mette in atto le disposizioni impartitegli da Germanico sulla dislocazione delle legioni nella provincia assegnatagli. Pisone poi, per il suo spirito repubblicano, disapprova gli onori, degni di un monarca, che Germanico lascia gli siano tributati dai re alleati di Roma secondo la prassi tipica dei sovrani orientali.

Germanico, sebbene ormai sia ostile a Pisone, non si avvale del suo potere e intraprende insieme ad Agrippina una nuova splendida crociera nella valle del Nilo, dove visita i monumenti degli antichi faraoni, contravvenendo a una disposizione di Augusto, in base alla quale nessun senatore o cavaliere sarebbe dovuto entrare in quella provincia, tanto ricca e potente, senza il permesso dell'imperatore. Il viaggio di Germanico e Agrippina, divenuto di dominio pubblico per il suo sfarzo, suscita notevole irritazione in Tiberio.

Poi, quando Germanico rientra in Siria, la convivenza con Pisone diventa impossibile e questi decide di lasciare la provincia, ma all'improvviso Germanico si ammala e in breve tempo muore, convinto di essere stato avvelenato da Pisone.

[69, 1] Intanto Germanico, al suo ritorno dall'Egitto, viene a sapere che tutte le disposizioni impartite, relative alle legioni e alle città, erano state o annullate o stravolte. Da qui pesanti addebiti a Pisone, ma non meno aspre erano le rimostranze di quest'ultimo

nei confronti di Germanico. [2] In seguito Pisone decise di lasciare la Siria. Ma poi, trattenuto da una malattia di Germanico, come seppe di una ripresa e che si scioglievano voti agli dèi per la sua incolumità, ricacciò via, coi suoi littori, le vittime ormai pronte agli altari, interruppe le cerimonie sacrificali e disperse la folla di Antiochia[1] in festa. Poi si sposta a Seleucia[2], in attesa degli esiti della malattia, che aveva di nuovo colpito Germanico. [3] L'idea di essere stato avvelenato da Pisone esasperava, in lui, la virulenza del morbo; inoltre, si erano trovati, a terra o sui muri, resti umani dissepolti, formule magiche, incantesimi, e il nome di Germanico inciso su tavolette di piombo[3], ossa mezzo bruciate e impastate a grumi di sangue e malefici del genere, con cui si crede di poter consacrare le anime agli dèi infernali. E ai messi inviati da Pisone si addossava l'accusa di spiare il peggioramento della salute.

[70, 1] Queste notizie erano vissute da Germanico non meno con ira che con sgomento. Se la porta di casa sua era sorvegliata, se gli toccava spirare sotto gli occhi dei suoi avversari, quale destino sarebbe dunque toccato alla infelicissima consorte e ai figli ancora piccoli? Lento pareva l'effetto del veleno: Pisone dunque accelerava, anzi precipitava la fine, per avere da solo la provincia e le legioni. Ma Germanico non era ancora a tal punto finito, e l'assassino non avrebbe goduto il premio del delitto. [2] Scrive una lettera a Pisone, con cui tronca la sua amicizia; molti aggiungono che contenesse l'ordine di lasciare la provincia. Pisone, senza più indugiare, s'imbarcò per andarsene, ma veleggiava senza fretta, pronto a tornare da località non distanti, se la morte di Germanico gli avesse aperto la Siria.

[71, 1] Germanico riprese un poco a sperare ma poi, stremato, sentendo vicina la fine, così parla agli amici che gli si stringevano intorno: «Se me ne andassi per volere del destino, avrei ragione di dolermi anche verso gli dèi, perché con morte prematura mi strappano, nel fiore della giovinezza, ai genitori, ai figli, alla patria. Ora, vittima degli scellerati intrighi di Pisone e Plancina, affido ai vostri cuori le mie ultime preghiere: riferite al padre e al fratello da quali amarezze straziato, da quali insidie avvolto io abbia concluso questa vita infelicissima con una morte tremenda. [2] Quanti s'interessavano a me, in vita, per le speranze che di me davo o per i miei legami di sangue o per gelosia, piangeranno il fatto che io, un giorno al vertice della fortuna e sopravvissuto a tante guerre, sia caduto per l'inganno di una donna. Avrete il modo di lamentarvi in senato e di invocare le leggi. [3] Compito primo degli amici non è accompagnare il defunto con sterile lamento, ma ricordarne i desideri e attuare le sue volontà. Anche degli sconosciuti piangeranno Germanico, ma sarete voi a vendicarmi, se il vostro attaccamento era a me e non alla mia fortuna. [4] Mostrate al popolo romano la nipote del divo Augusto, che è pure la mia sposa, additate i miei sei figli: la pietà starà con gli accusatori e a chi, mentendo, parlerà di ordini scellerati, nessuno potrà credere o concedere il perdono». [5] Stringendo la destra del morente, gli amici giurarono che avrebbero rinunciato alla vita piuttosto che alla vendetta.

1. Città della Siria, sul fiume Oronte.
2. Città alla foce del fiume Oronte: era di fatto il porto di Antiochia.
3. Sono le cossiddette *tabellae defixionum*, ossia lamine di metallo, spesso piombo, su cui venivano incise maledizioni. Di solito la maledizione consisteva nel votare a una divinità infernale la persona odiata, il cui nome veniva scritto con estrema precisione, perché il dio non si sbagliasse. La laminetta poi veniva depositate in sepolcri (di persone estranee, perché non si scoprisse l'autore), in modo che il messaggio giungesse più rapidamente agli Inferi.

[72, 1] Rivolto poi alla moglie, la scongiurò, per la memoria di sé e per i figli comuni, di deporre la sua fierezza, di piegarsi alla crudeltà del destino e, al suo ritorno in città, di non inasprire i più forti in un conflitto rivaleggiando con loro. Questo disse apertamente e poi altro a lei sola in segreto: si pensava che le avesse manifestato la paura che gli ispirava Tiberio. [2] E poco dopo si spense tra il vasto compianto della provincia e dei popoli adiacenti. S'afflissero stati e re stranieri: tanta era in lui l'umanità verso gli alleati e la clemenza verso i nemici; l'aspetto e le parole di lui ispiravano eguale profondo rispetto, perché, pur serbando l'austera solennità del suo grado, aveva saputo evitare l'impopolarità e l'arroganza.

[...] [73, 4] Prima della cremazione il corpo fu esposto, denudato, nel Foro di Antiochia, luogo destinato alla sepoltura, e non ci sono prove certe che mostrasse segni di veleno: si avanzavano infatti interpretazioni diverse, a seconda che prevalesse la pietà per Germanico e, quindi, il pregiudizio del sospetto, oppure le simpatie per Pisone.

[74, 1] Si tenne poi, tra i legati e gli altri senatori presenti, consiglio su chi si dovesse porre a capo della Siria. Poiché gli altri avanzarono solo deboli candidature, rimasero a lungo in lizza Vibio Marso e Gneo Senzio: poi Marso lasciò il campo al più anziano e più ostinato Senzio. [2] Questi spedì a Roma una donna di nome Martina, famigerata in quella provincia per i suoi avvelenamenti e assai cara a Plancina, su richiesta di Vitellio, di Veranio[4] e degli altri che istruivano il processo e raccoglievano capi d'accusa, quasi avessero già individuato i responsabili.

(trad. di M. Stefanoni)

4. Sono personaggi del seguito di Germanico.

Nicolas Poussin, *La morte di Germanico*, 1627. Minneapolis, Minneapolis Institute of Arts.

Il testo e il contesto

IL PUNTO DI VISTA DI TACITO Tacito racconta la morte di Germanico con toni alti e tragici: il discorso diretto introdotto per le ultime parole del giovane generale contribuisce a tale scopo espressivo. Molto patetico è il desiderio espresso dal morente che gli amici, una volta tornati a Roma, mostrino alla gente il dolore della vedova Agrippina e dei sei figli, quasi con la volontà di affidare al popolo romano i più diretti eredi di Augusto. L'animo del malato è sconvolto dal sospetto di essere stato avvelenato dall'avversario e da qui deriva la richiesta accorata agli amici di ottenere vendetta (71, 3). La richiesta non lascia indifferenti i congiunti che assistono Germanico sul letto di morte, tanto che gli promettono pronta vendetta (71, 5) e passano rapidamente all'azione, catturando una rinomata avvelenatrice, che ha l'aggravante di essere anche intima di Plancina, l'odiata moglie di Pisone.
Tacito tuttavia non sembra affatto convinto dell'avvelenamento da parte di Pisone. L'ipotesi di un attentato è presentato come frutto della suggestione dovuta alla malattia (69, 3). Altri elementi, non necessariamente connessi con una volontà assassina di Pisone, sono interpretati come prove, ma in modo arbitrario: è il caso dei resti di riti di magia nera (69, 3) e la presenza dei messi di Pisone, visti come spie con il compito di osservare se il veleno facesse l'effetto sperato. Anche in tal caso, però, è solo Germanico a convincersi che Pisone ha sempre più fretta di rimanere unico governatore della Siria.
È importante anche ciò che avviene al funerale: l'esposizione del corpo nudo del defunto Germanico nelle intenzioni dei familiari dovrebbe dimostrare a tutti i segni dell'avvelenamento, ma questi non sono affatto chiari e vengono ritenuti evidenti solo da quanti sono prevenuti (73, 4). Infine Tacito rende esplicita la sua convinzione che di avvelenamento non si sia trattato quando accusa gli amici di Germanico di aver già stabilito da soli, senza aspettare un eventuale processo, chi fossero i colpevoli. Tacito ha molti dubbi sull'avvelenamento, anzi è probabilmente sicuro che esso non sia mai avvenuto: lo dimostra anche il fatto che, in occasioni simili, non manca di inserire nella narrazione particolari sul veleno e sul momento della somministrazione; elementi che qui sono del tutto assenti. Viene invece presentata come un fatto la gioia con cui Pisone è pronto ad accogliere la notizia della morte di Germanico, tanto che un parziale miglioramento della salute dell'avversario, quando tutto era ormai pronto per i festeggiamenti, è accolta con deciso disappunto (69, 2). È inoltre un fatto che Germanico, esasperato, abbia inviato una lettera a Pisone per dichiarargli la sua ormai aperta ostilità; ma è solo un *rumor* l'idea che con la missiva Germanico intimasse a Pisone anche di lasciare il potere (70, 2). Proprio sulla base di queste voci, d'altro canto, gli amici di Germanico si affrettarono a nominare un successore di Pisone al governo della Siria (74, 1).

RIASSUNTO *Annales* 2, 75-83 e 3, 1-11

[2, 75-82] Agrippina – addolorata, ma decisa a ottenere vendetta – parte immediatamente dalla Siria alla volta di Roma, con l'urna recante le ceneri del marito. Da parte sua Pisone, che aveva lasciato la Siria, riceve la notizia della morte di Germanico quando ormai è nell'isola greca di Coo. Dopo essersi lasciato andare a manifestazioni di giubilo, decide di ritornare in Siria sicuro che i legionari che gli avevano accordato il favore lo avrebbero appoggiato e non si sarebbero uniti al suo successore, Senzio, scelto in tutta fretta dagli amici di Germanico (➛ **T18**). Tenta inutilmente di dissuaderlo da tale scelta il figlio Marco Pisone, convinto che in questo caso avrebbe potuto essere accusato di fomentare una guerra civile, mentre fino ad allora non aveva commesso nulla di grave. Pisone padre, invece, convinto di avere ancora il favore di Tiberio e di Livia, chiede rinforzi ai re amici di Roma, spedisce all'imperatore una lettera con accuse contro l'operato di Germanico e si dirige verso la Siria. Per caso, durante la navigazione, incrocia la flotta di Agrippina e dei suoi e si fa beffe delle loro minacce di intentargli a Roma un processo per veneficio. Una volta raggiunto Senzio, però, le truppe di Pisone hanno la peggio in una piccola scaramuccia e Pisone, abbandonato dai soldati, viene costretto da Senzio ad imbarcarsi per Roma. A Roma si diffonde la notizia della malattia di Germanico e i *rumores* tendono ad attribuire la causa della sciagura a un accordo segreto orchestrato da Livia Augusta.

[3, 1-11] Tra il cordoglio generale della popolazione, assai affezionata a Germanico, Agrippina giunge a Roma con le ceneri del marito, scortata da un imponente corteo di pretoriani, appositamente inviati da Tiberio. I centurioni si alternano nel portare a spalle l'urna dell'amato generale. Tiberio e Livia Augusta non escono dal palazzo imperiale, ufficialmente perché troppo addolorati, ma secondo Tacito per paura che il popolo cogliesse i loro veri sentimenti. Il popolo tuttavia biasima l'assenza dello zio e della nonna alle manifestazioni pubbliche di cordoglio.

La folla rivolge poi il suo odio su Pisone, allora ancora in viaggio, nella certezza che abbiano fondamento le voci di avvelenamento. La circostanza che Martina, l'avvelenatrice inviata a Roma dagli amici di Germanico, muoia improvvisamente non appena sbarcata in Italia fa subito supporre che Pisone voglia cancellare le prove a suo carico. Giunto a Roma, Pisone, oggetto della riprovazione popolare, viene messo sotto processo, in quanto accusato di fronte a Tiberio da Vitellio e Veranio, gli amici di Germanico. Non spiace a Pisone che sia Tiberio il magistrato chiamato a giudicarlo, sicuro che otterrà la sua protezione; ma Tiberio si libera della causa, consapevole dei sospetti che gravavano in merito a un suo coinvolgimento, e la rimette al senato.

T19
ITALIANO

Processo a Pisone

Annales 3, 12-16; 17, 7-18, 1; 19

Nella primavera del 20 si svolgono le udienze del processo a carico di Pisone. Siccome la questione riguarda un membro della famiglia imperiale, anziché nel Foro, come per qualsiasi processo, il dibattimento avviene nel senato. Tiberio, che ha ricevuto l'incarico di istruire la causa, presenta al senato, che ha la funzione di collegio giudicante, i capi di imputazione nei confronti di Pisone. Dopo che si sono alternati i discorsi di accusa e di difesa, Pisone perde le speranze quando si accorge della precisa volontà del principe di proteggere sua moglie Plancina, lasciando invece lui in balia dei giudici, convinti della sua colpevolezza. Nel frattempo, al di fuori della curia, il popolo manifesta il suo odio per Pisone e chiede una condanna adatta a un traditore.

Prima della ripresa delle udienze, Pisone viene trovato morto, probabilmente suicida, nella sua camera da letto. Si arriva comunque alla sentenza: per Pisone vengono proposte la damnatio memoriae *e la confisca dei beni. Tiberio provvede a mitigare la sentenza, in modo che i figli di Pisone possano mantenere un patrimonio dignitoso. Plancina viene assolta da ogni accusa.*

[12, 1] Il giorno dell'udienza in senato, Tiberio tenne un discorso calibratissimo. Pisone, disse, era stato legato e amico di suo padre ed egli, su proposta del senato, l'aveva assegnato a Germanico come collaboratore[1] per l'amministrazione dell'Oriente. Ora si trattava di giudicare con scrupolosa imparzialità se, in quella sede, avesse esasperato il giovane Germanico con la sua ostinazione e con atteggiamenti conflittuali e se si fosse allietato della sua morte, oppure se l'avesse provocata col delitto. **[2]** «Se infatti come legato ha violato i limiti della sua carica e la deferenza dovuta al suo comandante e se si è compiaciuto della sua morte e del mio dolore, lo odierò, lo allontanerò dalla mia casa, ma non sfogherò la mia avversione privata con il mio potere di principe[2]; se, invece, si scopre un delitto da punirsi con la morte, qualunque sia la vittima, allora sarete voi a dare la giusta consolazione ai figli di Germanico e a me, suo padre. **[3]** E ancora tocca a voi valutare se Pisone abbia provocato disordini e ribellioni nell'esercito, se abbia

1. Nel testo latino c'è *adiutorem*, lo stesso termine che compare nella sentenza, a noi nota per via epigrafica ➤ p. 430.
2. Tiberio intende dire che questi non sono reati che rientrano nella lesa maestà, ma sono regolati secondo la comune etica romana, che prevedeva che si ripagassero gli avversari con l'odio.

cercato popolarità[3] tra i soldati con mezzi illeciti, se abbia tentato di riavere la provincia con le armi, o se invece si tratta di esagerazioni false divulgate dai suoi accusatori, [4] del cui eccesso di zelo non posso non essere giustamente irritato. Infatti a quale scopo esibire il suo corpo nudo ed esporlo agli occhi della folla, perché lo potesse toccare, e quale lo scopo di far correre la voce, anche fra popoli stranieri, che doveva essere vittima di un avvelenamento, se tutto è ancora in dubbio e oggetto di inchiesta? [5] Sì, io piango mio figlio e sempre lo piangerò, ma non impedisco certo all'accusato di produrre tutte le prove, che servano a far valere la sua innocenza o anche a mettere in chiaro i torti di Germanico, se mai vi furono; vi chiedo di non prendere come fondate le accuse riversategli addosso, per il solo fatto che questa causa è connessa al mio dolore. [6] E se i legami di sangue e i doveri dell'amicizia gli hanno dato dei difensori, voi difensori, con tutta l'eloquenza e la passione di cui siete capaci, aiutate quest'uomo in pericolo. Richiamo gli accusatori allo stesso impegno e alla stessa coerente fermezza. [7] Solo in una cosa daremo a Germanico un privilegio al di sopra delle leggi, nell'aprire l'indagine sulla sua morte nella curia invece che nel Foro, davanti al senato e non davanti ai giudici comuni. Per il resto ogni cosa deve essere all'insegna dello stesso senso della misura. Nessuno tenga conto delle lacrime di Druso, nessuno del mio sconforto, neppure se si imbastiscono maldicenze contro di noi».

[**13, 1**] Si fissarono quindi due giorni per la formulazione delle accuse e, dopo un intervallo di sei giorni, altri tre per la difesa dell'accusato. Esordisce quindi Fulcinio[4] con accuse vecchie e inconsistenti, sostenendo che Pisone aveva governato la Spagna con pratiche dispotiche e con avidità; il che, quand'anche dimostrato, non poteva recare alcun danno all'accusato, qualora si fosse scrollato di dosso gli addebiti recenti; se invece fossero state controbattute, non gli garantivano l'assoluzione, quando lo si fosse ritenuto responsabile di ben più gravi reati. [2] Dopo di lui Serveo e Veranio e Vitellio[5], con pari impegno (e con molta eloquenza Vitellio), misero in campo l'accusa, secondo cui Pisone, per odio verso Germanico e con mire sovversive, aveva corrotto la truppa, consentendo l'indisciplina e attraverso prevaricazioni nei confronti degli alleati, al punto da farsi chiamare "padre delle legioni" dalla peggiore soldataglia; mentre, per converso, avrebbe infierito contro i migliori e, in particolare, contro i compagni e gli amici di Germanico; alla fine era giunto a sopprimerlo con sortilegi e con il veleno; quindi illustravano i sacrifici e le offerte sacrileghe di vittime compiuti da lui e da Plancina. Gli imputavano, infine, d'aver rivolto le armi contro lo Stato tanto che, per sottoporlo a giudizio, era stato necessario vincerlo in battaglia[6].

[**14, 1**] La difesa ebbe difficoltà su quasi tutti i punti. Non era infatti possibile smentire né la sua pratica di intrighi presso l'esercito né che avesse messo la provincia in mano ai peggiori elementi[7], né le offese rivolte a Germanico. Solo l'accusa di veneficio parve

3. Tiberio suggerisce che quanto ha fatto Pisone in Siria sia imputabile unicamente al suo desiderio di ricavare popolarità personale, mentre nel libro precedente Tacito aveva spiegato che egli aveva precisi mandati dell'imperatore (➤ **T17**).
4. Fulcinio è un avvocato che vuole mettersi in luce attaccando un personaggio ormai impopolare come Pisone. Il fatto che venissero accorpate in un unico processo accuse diverse a carico dello stesso imputato era prassi normale. Tacito specifica che alla difesa non serviva nemmeno ribattere a tali accuse, perché ininfluenti rispetto alla causa principale.
5. Sono gli amici di Germanico.
6. ➤ p. 423 (Riassunto).
7. I difensori avrebbero dovuto rivelare gli ordini che Pisone e Plancina avevano ricevuto da Tiberio e Livia (➤ **T17**), mettendo sotto accusa il principe e sua madre: una procedura troppo rischiosa.

non reggere, perché neppure gli accusatori le davano un solido fondamento, quando sostenevano che, nel corso di un banchetto in casa di Germanico, stando Pisone nel posto superiore al suo, gli aveva avvelenato il cibo con le sue mani. [2] Appariva infatti incredibile che, in mezzo a servitori non suoi, osservato da tante persone presenti e sotto gli occhi dello stesso Germanico, avesse osato tanto. L'accusato chiamava a testimoni gli schiavi e insisteva perché se ne raccogliessero le dichiarazioni rese sotto tortura. [3] Ma i giudici erano implacabili per motivi diversi: Tiberio per la guerra portata in una provincia; il senato perché non aveva mai creduto davvero che Germanico fosse morto senza una trama delittuosa ...[8] chiedendo cosa avessero scritto, ma rifiutarono Tiberio non meno di Pisone. [4] Intanto davanti alla curia si udivano le grida della folla: l'avrebbero fatto a pezzi loro, se fosse sfuggito alla condanna del senato. E avevano già trascinato la statua di Pisone sulle Gemonie[9], pronti a farla a pezzi, se, per ordine dell'imperatore, non fosse stata loro sottratta e rimessa al suo posto. [5] Pisone fu quindi fatto salire su una lettiga e condotto via da un tribuno della coorte pretoria, fra commenti contrastanti: lo accompagnava a custodia della sua incolumità o per eseguire la condanna a morte?

[**15, 1**] Egualmente odiata era Plancina, ma più protetta, sicché non appariva ben chiaro quanto potere avesse su di lei Tiberio. Costei, finché Pisone ebbe discrete speranze, prometteva che sarebbe rimasta al suo fianco di fronte a qualsiasi evenienza e che, se doveva succedere, gli sarebbe stata compagna nella morte; ma quando, per le segrete intercessioni di Augusta, fu certa di salvarsi, cominciò a staccarsi, poco alla volta, dal marito e a condurre una propria linea di difesa. [2] Pisone capì, da ciò, che per lui era finita ed era in dubbio se continuare a lottare, ma, su pressione dei figli, si fa forza e si presenta di nuovo in senato. Là ebbe a subire la ripresa dell'accusa, le espressioni di ostilità dai senatori, una atmosfera satura di spietata avversione, ma nulla lo paralizzò tanto quanto il vedere Tiberio senza pietà, senza collera, fermo e impenetrabile, senza ombra di emozioni[10]. [3] Ricondotto a casa, quasi preparasse la difesa per il giorno dopo, scrive poche righe, le sigilla e le consegna a un liberto; poi attende alle solite cure della propria persona. A notte tarda, quando la moglie fu uscita dalla camera, ordinò di chiudere la porta; all'alba lo trovarono con la gola trapassata e la spada sul pavimento.

[**16, 1**] Mi ricordo d'aver sentito raccontare dai vecchi che Pisone fu visto molto spesso con un libretto[11], tra le mani, da lui però non divulgato, ma che i suoi amici insistevano nell'asserire che contenesse una lettera di Tiberio e le istruzioni contro Germanico e che Pisone era deciso a produrle in senato e mettere sotto accusa il principe, se non lo avesse distolto Seiano con vane promesse; e si diceva che la sua morte non fu suicidio, bensì opera di un sicario fatto entrare nella sua stanza. Non mi pronuncio per nessuna

8. Nel testo c'è una lacuna insanabile, nella quale forse si fa riferimento a ordini scritti di Tiberio a Pisone, che tuttavia la difesa si rifiuta di leggere, in quanto troppo compromettenti per il principe, dal quale invece Pisone si attendeva un aiuto spontaneo.
9. Scalinata di accesso al Campidoglio, da cui venivano fatti rotolare i corpi dei condannati a morte.
10. L'atteggiamento di Tiberio in apparenza è improntato all'ideale del saggio stoico, privo di passioni, ma in realtà cela l'intenzione di abbandonare Pisone al suo destino.
11. Ennesimo riferimento agli ordini scritti ricevuti da Tiberio.

delle due ipotesi; tuttavia non potevo stendere il silenzio su un fatto raccontato da uomini vissuti fino agli anni della mia giovinezza. [2] Tiberio, con il volto improntato a mestizia, lamentò in senato che con tale morte si mirava a farlo apparire odioso, e poi, convocato Marco Pisone, gli rivolse molte domande su come il padre avesse trascorso l'ultimo giorno e l'ultima notte. E di fronte alle risposte, in genere misurate, salvo qualche affermazione troppo avventata, gli dà lettura dello scritto di Pisone, il cui tenore era sostanzialmente questo: [3] «Vittima di una congiura dei miei avversari e dell'odiosità di una falsa accusa, visto che non si lascia spazio alcuno alla verità della mia innocenza, chiamo a testimoni gli dèi immortali, o Cesare, di essere stato in vita sempre leale verso di te e altrettanto devoto a tua madre[12]. E vi scongiuro di provvedere ai miei figli, dei quali Gneo Pisone non è mai stato legato al mio destino, qualunque fosse, poiché è rimasto in tutto questo tempo a Roma, mentre Marco Pisone mi sconsigliò di tornare in Siria. Avessi io ascoltato il mio giovane figlio e non lui il vecchio padre[13]! [4] Ecco perché tanto più caldamente supplico che su di lui, innocente, non ricada la pena dei miei errori. Per quarantacinque anni di obbedienza, per l'essere stato tuo collega nel consolato, onorato dalla stima del divo Augusto, tuo padre, e legato a te da amicizia, io – e poi non chiederò più nulla – ti chiedo la salvezza di questo mio figlio infelice». E per Plancina, non aggiunse una parola. [...]

[17, 7] Il console Aurelio Cotta, che fu il primo a esprimere il suo parere (infatti quando era il principe a fare la relazione, i magistrati in carica svolgevano anche quel compito), propose la cancellazione di Pisone dai fasti consolari, una confisca parziale dei beni, riservandone una parte al figlio Gneo Pisone, che avrebbe però dovuto mutare il suo prenome; la relegazione per dieci anni di Marco Pisone, privato della dignità senatoria, con il beneficio però del sussidio di cinque milioni di sesterzi; e proponeva di accordare l'immunità a Plancina, grazie alle intercessioni di Augusta.

[18, 1] In molti punti la proposta venne mitigata dal principe: nessuna cancellazione del nome di Pisone dai fasti, dal momento che nella lista rimanevano quello di Marco Antonio, che aveva mosso guerra alla patria, e quello di Iullo Antonio, che aveva profanato la casa di Augusto; e sottrasse dall'infamia Marco Pisone e gli concesse i beni paterni, mostrandosi saldo, come spesso ho ricordato, di fronte alle tentazioni del denaro e, in quella circostanza, più disposto alla clemenza per la vergogna dell'assoluzione accordata a Plancina[14]. [...]

[19, 1] Pochi giorni dopo, Tiberio propose al senato di conferire cariche sacerdotali a Vitellio, Veranio e Serveo; nel promettere il suo appoggio a Fulcinio per la carriera politica, lo ammonì a non compromettere la sua abilità oratoria con l'impulsiva veemenza. [2] E con ciò si esaurirono gli atti intesi a vendicare Germanico, la cui morte

12. Pisone non rivolge nessuna accusa al principe per essere stato abbandonato al suo destino, perché altrimenti avrebbe di fatto condannato alla rovina i suoi eredi.

13. Dopo la morte di Germanico, in effetti, Marco Pisone aveva consigliato al padre di non tornare in Siria, ma di rientrare a Roma (➛ p. 423).

14. Tiberio di fatto limita la pena perché non vuole insistere con il reato di lesa maestà, nel quale sarebbe stato assai difficile non coinvolgere anche Plancina.

fu oggetto di disparati commenti non solo da parte dei contemporanei, ma ancora nei tempi successivi. Tale, in verità, è l'ambiguo volto degli avvenimenti più importanti, poiché alcuni tengono per certo ciò che hanno sentito dire, qualunque ne sia la fonte, mentre altri rovesciano la verità nel suo contrario: duplice deformazione che i posteri gonfiano.

(trad. di M. Stefanoni)

PER APPROFONDIRE IL TESTO

Il testo e il contesto

IL DISCORSO DI TIBERIO Il discorso introduttivo del processo pronunciato da Tiberio occupa interamente il cap. 12. Questi in sintesi gli argomenti: si deve stabilire

- se Pisone, persona che Tiberio aveva affiancato a Germanico come collaboratore «su proposta del senato» (12, 1), si fosse limitato a un comportamento scorretto nei confronti di Germanico (una questione privata, non penalmente rilevante), o se ne avesse causato in qualche modo la morte, fatto assai più grave (12, 1-2);
- se Pisone avesse sobillato i soldati e se per desiderio di «popolarità» (12, 3, in latino *ambitionem*) avesse cercato di riavere la provincia con le armi;
- se le accuse di avvelenamento fossero esagerate, culminate nell'atto di esibire in pubblico il corpo nudo del defunto Germanico, come se fosse già manifesto quello che solamente un giusto processo avrebbe potuto provare (12, 4).

L'imperatore termina l'introduzione con una serie di frasi di circostanza, volte a dimostrare il suo desiderio di mantenere l'imparzialità anche in una causa che vede come parte lesa un membro della sua famiglia (12, 5-7).

L'ACCUSA, LA DIFESA, L'OPINIONE PUBBLICA Le accuse presentate dagli amici di Germanico sono precise: Pisone

- ha sobillato i soldati, fino a farsi chiamare «padre delle legioni» (13, 2 ➤ **T18**);
- ha provocato la morte di Germanico «con sortilegi e col veleno» (13, 2, dove vengono anche esibite "prove" dei sortilegi, in cui è coinvolta anche Plancina);
- ha rivolto le armi contro lo Stato (13, 2).

La difesa da parte sua riesce a smontare solo l'accusa di veneficio. Pisone stesso può esibire testimoni (14, 2). L'opinione dei giudici tuttavia è chiaramente a sfavore di Pisone: i senatori perché convinti del coinvolgimento nella morte di Germanico, Tiberio per i disordini militari che sono stati provocati (14, 3). Il popolo per parte sua inizia ad abbattere una statua di Pisone e a inscenare una condanna a morte (14, 4).

LA MORTE DI PISONE La svolta nel processo è narrata nel cap. 15: Plancina si sfila dal dibattimento, protetta dalla volontà occulta di Livia. La vista di Tiberio «fermo e impenetrabile, senza ombra di emozioni» chiarisce a Pisone di non avere più l'appoggio del principe (15, 2). Pisone viene trovato morto senza che si possa avere la certezza del suicidio (15, 3).

A questo punto Tacito inserisce una sua testimonianza personale: da testimoni dell'epoca, ancora in vita quando lui era giovane, ha saputo che Pisone durante le udienze teneva tra le mani un libello, che tuttavia non lesse in pubblico su invito di Seiano. Forse conteneva le disposizioni che aveva ricevuto da Tiberio, quando era partito per la Siria: se le avesse usate, avrebbe messo sotto accusa il principe (16, 1). Nella lettera trovata accanto al cadavere, Pisone si definisce vittima di una falsa accusa e proclama di non essere mai venuto meno ai mandati di Tiberio (16, 2-3).

LA CONCLUSIONE DEL PROCESSO Pisone viene riconosciuto colpevole (Tacito non lo specifica, ma è lecito pensare che solo l'accusa di veneficio fosse caduta). La sentenza è mitigata dal principe in favore degli eredi (18, 1-2). Sorprendentemente, però, Tiberio ricompensa in forma privata gli accusatori, compiendo così gli atti necessari per completare la vendetta per la morte di Germanico («gli atti intesi a vendicare Germanico», in 19, 2).

Oltre il testo

IL LETTORE DI FRONTE ALLA *MIRROR STORY* Il lettore, riascoltando durante il dibattimento processuale fatti già appresi dalla narrazione dello storico, può facilmente accorgersi di alcune significative differenze: in primo luogo, come premessa di tutto il dibattimento, Tiberio elimina ogni traccia del fatto che fosse stato lui a mandare Pisone in Siria. In 2, 43 (➤ **T17**) lo storico aveva insistito parecchio su questa circostanza e ne aveva data una motivazione esaustiva: nella corte Tiberio e Livia temevano che la gloria di Germanico offuscasse quella di Druso. È credibile che l'incarico di Pisone fosse stato ratificato con un decreto del senato, ma non si può certo dire che l'iniziativa fosse del senato, come invece afferma esplicitamente Tiberio (in 3, 12, 1). Questa premessa fatta dal principe, del resto, orienterà l'intero dibattimento: nessuno oserà fare cenno a quanto probabilmente tutti sanno, cioè che la scelta di Pisone (con sostituzione di Cretico Silano, amico di Germanico) era stata iniziativa di Tiberio (e di Livia).

Tiberio, dopo aver specificato che non è stata sua l'idea

di mandare Pisone in Siria, chiede al senato di valutare il comportamento di Pisone nei confronti delle truppe in Siria, partendo dal presupposto che eventuali scorrettezze siano imputabili solo alla sua *ambitio*, «desiderio di popolarità» (in 12, 3). Il lettore sa invece che Pisone eseguiva mandati dell'imperatore (e la voce si era diffusa anche tra le truppe, come traspare da 2, 55, 6 ➛ **T17**).
L'accusa da parte sua insiste su veneficio e magia nera (13, 2): il veneficio viene smentito, ma non cade l'accusa di magia nera; eppure il lettore sa che le presunte prove esibite all'udienza (13, 2) non hanno un reale collegamento con quanto operato da Pisone (2, 69, 3, ➛ **T18**).

LA CONDANNA Dalla sentenza (3, 17, 7) risulta evidente che Pisone, ormai defunto, viene condannato per aver provocato disordini nella provincia, sobillando i militari e cercando di rientrarvi con le armi. Ha prevalso dunque la linea del principe, che non è mai apparso convinto di un coinvolgimento di Pisone nella morte di Germanico, ma decisamente irritato per la battaglia tra soldati romani (3, 14, 3). Tiberio infatti mitiga le richieste dei senatori, che, prevedendo la totale confisca dei beni e la *damnatio memoriae*, ritenevano Pisone colpevole anche di lesa maestà e di aver provocato la morte di Germanico. L'imperatore deve proteggere Plancina e non vuole che Pisone sia condannato perché coinvolto nella morte di Germanico: per salvare la moglie, appare necessario liberare anche il marito dall'accusa di aver provocato la morte del nipote.
Stranamente però, a processo concluso, Tiberio premia gli accusatori per aver permesso la vendetta della morte di Germanico, esaudendo le ultime volontà del nipote e come se si fosse accertato il coinvolgimento di Pisone (3, 19). Come possiamo valutare questi fatti?

L'*OBSEQUIUM* Il confronto tra la versione dei fatti offerta da Tacito nel libro II (➛ **T17-T18**) e il dibattimento processuale permette al lettore di capire quanto profondamente l'andamento del processo sia stato influenzato dall'*obsequium* dei senatori nei confronti dell'imperatore, come questi abbia abilmente condotto la causa per arrivare a una completa deformazione dei fatti a suo vantaggio e soprattutto come Tacito abbia con estrema maestria ricostruito quello che in realtà è un processo-farsa. L'*obsequium* nei confronti del principe è visibile soprattutto nella difesa, che non può smentire l'accusa, perché questo comporterebbe rivelare l'incarico segreto che Pisone e Plancina avevano ricevuto da Tiberio e Livia. Mettere sotto accusa il principe era un rischio troppo grande. Il suicidio di Pisone si spiega con il fatto che egli aveva compreso che, se Tiberio non era intenzionato a difenderlo, nemmeno avrebbe lasciato in vita un testimone tanto scomodo delle trame sue e di Livia.
La lettera lasciata da Pisone rappresenta a sua volta un atto di *obsequium*: se *post mortem* avesse lanciato accuse contro Tiberio, i suoi familiari sarebbero sicuramente caduti in disgrazia. Meglio quindi una lettera con frasi di circostanza, che potesse indurre il principe, come di fatto avvenne, a un gesto di clemenza nei confronti dei figli. L'*obsequium* è presente anche nell'accusa e nel senato: quando è chiaro che il principe non vuole che ci siano cenni al veleno (è già evidente dal biasimo verso chi ha organizzato l'esposizione del cadavere di Germanico, in 3, 12, 4), la questione viene lasciata cadere (14, 1-2). Era già di per sé eloquente il fatto che la avvelenatrice Martina non era mai giunta a Roma, ma era stata uccisa non appena sbarcata in Italia: come non pensare che ci fosse la mano di Tiberio dietro al delitto?

TRE VERITÀ PER UN PROCESSO La sconsolata affermazione di Tacito di 19, 2, posta a conclusione della vicenda, è dovuta al fatto che per quanto riguarda la morte di Germanico il lettore si trova di fronte a tre verità differenti:
- la verità emersa dal processo, che scagiona Pisone dall'avvelenamento, ma lo condanna per avere "di sua iniziativa" creato disordini militari nella provincia di Siria, senza rispettare gli ordini di Germanico;
- la verità creduta dal popolo, ossia che Germanico sia stato avvelenato da Pisone; questa verità viene avvalorata dal gesto finale di Tiberio di premiare gli accusatori di Pisone per aver vendicato Germanico, poiché gli onori loro riservati sono certamente un messaggio assai chiaro per il popolo;
- la verità storica, dovuta a Tacito, ossia che la provincia di Siria era stata assegnata da Tiberio a Pisone (estraneo alla morte di Germanico) insieme al compito (condiviso con la moglie Plancina) di ostacolare la popolarità di Germanico e di Agrippina.

Tacito quindi, attraverso l'espediente letterario della "narrazione replicata", mette in luce in modo efficace il grado di deformazione della verità connesso con la pratica del potere autoritario di Tiberio: l'abilità dello scrittore risulta funzionale al compito dello storico.

- Per un'esercitazione di *mirror story*. Partecipa alla riunione di un organo collegiale della tua scuola (per esempio il consiglio di classe), quindi stendi una breve relazione di quanto hai osservato, indicando in particolare:
- dove e quando si è tenuta la riunione;
- chi era presente;
- quale atteggiamento si poteva notare nei presenti;
- quali argomenti sono stati trattati, in quale forma (con partecipazione, con distacco ecc.);
- quali persone hanno parlato e quali sono rimaste prevalentemente in silenzio;
- quale impressione complessiva hai ricavato.

In un secondo momento chiedi a qualcuna delle persone che hanno partecipato alla stessa riunione di riferirti le sue impressioni sui punti che hai preso in considerazione e stendi anche di questo una breve relazione.
Infine consulta la parte pubblica del verbale redatto dal segretario dell'assemblea ed elabora un breve testo, mettendo a confronto le tue considerazioni, l'opinione degli altri presenti e il verbale ufficiale.

INTERTESTUALITÀ, FONTI, MODELLI | IL CASO DEL *SENATUS CONSULTUM DE CNEO PISONE PATRE*

UN RITROVAMENTO ECCEZIONALE Negli anni Novanta del secolo scorso è stata rinvenuta in Spagna un'iscrizione che riporta la sentenza del processo a carico di Pisone, redatta a Roma nel dicembre del 20 ed esposta in alcune città dell'impero. Lo studio di tale testo ha fornito importantissimi elementi per capire come Tacito, che consultava con attenzione i documenti ufficiali reperibili nell'archivio del senato, abbia operato rispetto alle sue fonti.
Il testo, molto lungo e articolato, riporta:

- la relazione di Tiberio al senato con i quesiti a cui i giudici sono chiamati a rispondere (se Pisone si sia dato giustamente la morte in quanto colpevole di reati gravi, se Pisone figlio fosse colpevole, se Plancina fosse colpevole);
- un ringraziamento dei senatori agli dèi per il fatto che Pisone si sia giustamente dato la morte per i suoi evidenti crimini e a Tiberio per il fatto che abbia istruito il processo, consentendo l'accertamento della verità;
- i reati di cui Pisone è riconosciuto colpevole, i principali dei quali sono di non aver rispettato Germanico, suo superiore, di aver causato una guerra civile in una provincia, di aver gioito della morte di Germanico, membro della famiglia imperiale;
- le pene riservategli (assimilabili a quanto riferito da Tacito), con la specificazione che Pisone si era sottratto a pene maggiori grazie al suicidio, messo in atto perché consapevole di aver commesso crimini assai peggiori di quelli di cui era accusato.

TACITO E LA SENTENZA La studiosa statunitense Cynthia Damon, che ha effettuato un approfondito confronto tra il contenuto dell'epigrafe e il racconto degli *Annales*, sostiene che Tacito conoscesse non solo il testo della sentenza, ma che conoscesse molto di più (per esempio le tesi dell'accusa e quelle della difesa), ricavando notizie dagli atti del processo, contenuti nell'archivio del senato, e da ricordi personali (come quelli menzionati in 3, 16, 1 → **T19**): Tacito, infatti, aggiunge molti particolari relativi al dibattito in senato. Nella sentenza non c'è traccia dell'ipotesi dell'avvelenamento: si ricorda soltanto che Germanico aveva attribuito la causa della propria malattia a Pisone, in virtù del comportamento maligno di questi nei suoi confronti.
Riguardo all'incarico con cui Pisone si era recato in Siria, uno dei punti più delicati della vicenda, Damon ha rilevato che il testo epigrafico si esprime in forma piuttosto oscura, evidenziando l'imbarazzo dei senatori. Di Pisone infatti si dice che è stato unito a Germanico come *adiutorem*, «collaboratore» (alla riga 29 dell'epigrafe): un termine inusuale nella pratica amministrativa imperiale, che però usa anche Tacito (in 12, 1), ma senza che sia specificato da chi Pisone avesse ricevuto tale incarico. Inoltre, da un successivo periodo, molto poco chiaro, si deduce che Pisone avesse l'imperio proconsolare, anche se inferiore a quello di Germanico.
L'imbarazzo che la sentenza tradisce si accorda con il racconto di Tacito, che invece chiarisce, grazie alla "narrazione replicata", le trame occulte di Tiberio (e di Livia) e la volontà che nel processo non emergesse in alcun modo nulla in merito al ruolo svolto dallo stesso Tiberio nell'intera faccenda. Tacito volle quindi, in questo caso, gettare luce su un episodio oscurato dalla sentenza ufficiale e dal dibattito processuale che aveva favorito la diffusione dei *rumores* popolari circa l'avvelenamento: *rumores* che tutto sommato non erano sgraditi al principe, dato che addossavano ogni colpa della morte di Germanico a Pisone.

GUIDA ALLO STUDIO

1. Quali informazioni si possono reperire nell'epigrafe rinvenuta negli anni Novanta del secolo scorso?

2. Qual è la tesi sostenuta da Cynthia Damon dopo aver confrontato con gli *Annales* di Tacito la sentenza conservate nell'epigrafe?

3. Quale può essere stato l'intento di Tacito nel duplicare la ricostruzione dei fatti senza limitarsi alla ricostruzione ufficiale?

PROVA DI TRADUZIONE E COMMENTO

Leggi con attenzione il seguente passo tratto dagli *Annales*, quindi rispondi alle domande che ti guideranno nella comprensione. Infine, dopo che avrai analizzato e tradotto il passo, potrai rendere ragione della tua interpretazione con un testo organico di commento.

Come giudicare il principato di Augusto?

Annales 1, 10, 1-7

Tacito inizia gli Annales *dagli ultimi fatti della vita di Augusto, riassumendo con poche parole il suo principato per poi concentrarsi sul problema della sua successione. Quando giunge al racconto dei funerali di Augusto, però, Tacito riporta, in forma indiretta, i discorsi che si potevano raccogliere tra la folla che accompagnava la salma: inizia dalle dicerie sulle prodigiose coincidenze legate alla vita e alla morte di Augusto e poi si sofferma sulle opinioni degli uomini più avveduti, che si dividevano tra coloro che lodavano e coloro che mettevano in discussione il suo operato. In primo luogo vengono riportati i pareri positivi sul suo ruolo nelle guerre civili successive alla morte di Cesare, sull'assetto istituzionale di Roma, sulla prosperità dell'impero. Poi, nel passo che segue, Tacito dà spazio alle ben più ampie accuse nei confronti di Augusto.*

[10, 1] Dicebatur contra: pietatem erga parentem et tempora rei publicae obtentui sumpta; ceterum, cupidine dominandi concitos per largitionem veteranos, paratum ab adulescente privato exercitum, corruptas consulis legiones; simulatam Pompeianarum gratiam partium. [2] Mox, ubi decreto patrum fasces et ius praetoris invaserit, caesis Hirtio et Pansa (sive hostis illos, seu Pansam venenum vulneri adfusum, sui milites Hirtium et machinator doli Caesar abstulerat), utriusque copias occupavisse; extortum invito senatu consulatum, armaque quae in Antonium acceperit contra rem publicam versa; proscriptionem civium, divisiones agrorum ne ipsis quidem qui fecere laudatas. [3] Sane Cassii et Brutorum exitus paternis inimicitiis datos, quamquam fas sit privata odia publicis utilitatibus remittere: sed Pompeium imagine pacis, sed Lepidum specie amicitiae deceptos; post Antonium, Tarentino Brundisinoque foedere et nuptiis sororis inlectum, subdolae adfinitatis poenas morte exsolvisse. [4] Pacem sine dubio post haec, verum cruentam: Lollianas Varianasque cladis, interfectos Romae Varrones, Egnatios, Iullos. Nec domesticis abstinebatur: abducta Neroni uxor et consulti per ludibrium pontifices an concepto necdum edito partu rite nuberet [... 5]. Postremo Livia gravis in rem publicam mater, gravis domui Caesarum noverca. [6] Nihil deorum honoribus relictum, cum se templis et effigie numinum per flamines et sacerdotes coli vellet. [7] Ne Tiberium quidem caritate aut rei publicae cura successorem adscitum, sed, quoniam adrogantiam saevitiamque eius introspexerit, comparatione deterrima sibi gloriam quaesivisse. Etenim Augustus paucis ante annis, cum Tiberio tribuniciam potestatem a patribus rursum postularet, quamquam honora oratione, quaedam de habitu cultuque et institutis eius iecerat quae velut excusando exprobraret.

GUIDA ALLA COMPRENSIONE

Per giungere a una prima comprensione del testo, rispondi alle seguenti domande.

Dopo aver riportato, nel capitolo 1, 9, le lodi del principe appena morto, nel capitolo 1, 10 Tacito dà spazio alle voci, sensibilmente più ricche di argomenti, di coloro che dietro ogni gesto di Ottaviano Augusto riconoscevano motivazioni meno nobili di quelle dichiarate.

- Che cosa si celerebbe dietro il pretesto di aver voluto vendicare la morte di Giulio Cesare, padre adottivo (*parentem*, r. 1) di Ottaviano?
- Come viene definito l'iniziale (presunto) avvicinamento di Ottaviano alla causa del senato contro Antonio?

Nel par. 2, si accenna ai fatti legati alla guerra contro Antonio, alla marcia di Ottaviano su Roma per ottenere il consolato insieme a Quinto Pedio, alla formazione del triumvirato, alle proscrizioni e alle confische dei terreni per compensare i veterani.

- Quali sospetti vengono riportati sulla morte dei consoli Irzio e Pansa nella battaglia di Modena?
- Per quale motivo si afferma che le confische dei terreni non soddisfecero nemmeno coloro che le avevano stabilite?

Nel par. 3, i detrattori di Ottaviano fanno una parziale concessione alla decisione di perseguire Bruto e Cassio, i cesaricidi.

- Come vengono giudicati, invece, i rapporti di Ottaviano con Sesto Pompeo e con Marco Emilio Lepido?

Così come Sesto Pompeo e Lepido, anche Antonio viene presentato come una vittima degli inganni di Ottaviano.

- Che cosa prevedevano gli accordi di Taranto e Brindisi qui ricordati?

Uno dei punti principali della propaganda di Ottaviano contro Antonio era stato il ripudio da parte di quest'ultimo della sua legittima moglie romana, Ottavia, per il turpe amore di una regina straniera, Cleopatra.

- Come viene definito qui il matrimonio tra Antonio e Ottavia?

Nel par. 4, il mito della *pax Augusta* viene rovesciato con la definizione di *pax cruenta* (rr. 13-14).

- Quali esempi di persone perseguitate da Augusto vengono riportati?

Dal punto di vista personale, a Ottaviano viene rimproverato il matrimonio con Livia Drusilla, già moglie di Tiberio Claudio Nerone.

- Per quale motivo il matrimonio con Livia poteva essere motivo di ludibrio?

Infine, le maldicenze colpiscono anche il rapporto tra Augusto e Tiberio.

- Per quale motivo Augusto avrebbe scelto Tiberio come proprio successore?

GUIDA ALLA TRADUZIONE

Le seguenti domande ti guideranno nella traduzione.

- Alla r. 2 il participio neutro *sumpta* si riferisce sia a *pietatem* sia a *tempora* e regge il dativo *obtentui*; qual è la funzione del dativo?
- Alla r. 7 l'infinito *occupavisse* fa sempre parte del discorso indiretto introdotto da *Dicebatur* (r. 1); qual è il suo soggetto (sottinteso)?
- Alla r. 9 *ipsis* è dativo d'agente; a quale verbo si riferisce? Che voce verbale è *fecere*?
- Alle rr. 9-13, quali voce di *sum* sono sottintese?
- Che tipo di subordinata è *an... nuberet* (r. 16)?
- Alla r. 21 *ante* è usato come avverbio; quale complemento è *paucis... annis*?
- Alla r. 23 *quae* ha come antecedente *quaedam*; che tipo di relativa introduce?

GUIDA AL COMMENTO

Contestualizzazione Per prima cosa, riassumi il brano inserendolo nel contesto dei primi capitoli degli *Annales*, alcuni dei quali hai già avuto modo di leggere (➛ **T9**).

- Attraverso quali tecniche Tacito mette il lettore in condizione di formarsi un proprio personale e disincantato giudizio sull'avvento al potere di Tiberio?

Interpretazione e approfondimenti I capitoli 9 e 10 del primo libro degli *Annales* possono essere considerati un esempio di *oratio in utramque partem*.

- In che cosa consiste la differenza tra questo procedimento dimostrativo e la tecnica della *mirror story* usata invece per il processo a Pisone (➛ **T17-19**)?

Gli argomenti portati da coloro che lodano Augusto nel capitolo 1, 9 degli *Annales* riprendono sostanzialmente il resoconto fornitoci da Augusto stesso nelle sue *Res gestae*.

- Ricorda brevemente che cosa sono le *Res gestae*, come sono state tramandate e quali informazioni contengono; poi metti in luce le principali differenze rispetto alla ricostruzione dei fatti che puoi leggere in questo capitolo.

Il capitolo 10 sembra voler rovesciare punto per punto le lodi formulate in precedenza; in più, si chiude con un aspro giudizio sia su Livia (ormai divenuta Augusta, secondo il testamento del *princeps* defunto) sia su Tiberio.

- Quale può essere la funzione narrativa della chiusura del discorso su questi due personaggi?

Lo stile del testo Prendi in esame gli aspetti formali di questo passo e verifica se anche qui si possano riconoscere i tratti stilistici ricorrenti nelle opere di Tacito.

- Come potresti descrivere la sintassi di questo passo?
- Grazie a quali accorgimenti Tacito ottiene *brevitas* espositiva?
- Riconosci nel testo alcuni esempi di *variatio* sintattica o lessicale.

Osserva la presenza di alcune frasi a effetto, particolarmente cariche di espressività nella *brevitas* della loro formulazione.

- Quali sottintesi si possono riconoscere nell'espressione anaforica *gravis in rem publicam mater, gravis domui Caesarum noverca* (r. 17)?

CICERO LECTIO **Elogi in morte di Augusto** *Annales* 1, 9, 3-5

L'oratoria, la politica, la cultura

ZTE ONLINE
Mettiti alla prova con 20 esercizi interattivi

IL DIBATTITO SULL'ELOQUENZA

PER COMPRENDERE

T1 **Quintiliano contro le declamazioni di scuola**
Quintiliano, *Institutio oratoria* 5, 12, 17-23 .... LAT/IT

T2-T3 **Il parere di Plinio il Giovane e di Tacito**
Plinio il Giovane, *Epistulae ad familiares* 8, 14, 1-10;
Tacito, *Dialogus de oratoribus* 36, 1-4; 40 .... IT

- VERIFICA PER LA COMPRENSIONE

IL CANONE DELL'IMITAZIONE

PER ANALIZZARE

T4-T5 **Dalla letteratura all'oratoria**
Quintiliano, *Institutio oratoria* 10, 1, 46-51; 10, 2, 1-9 .... LAT/IT IT

- LABORATORIO DI ANALISI **Un classico dell'oratoria: Cicerone**
Quintiliano, *Institutio oratoria* 10, 106-112

L'ORATORE E IL PRINCIPE

PER APPROFONDIRE

T6 **Traiano, imperatore d'adozione per volontà degli dèi**
Plinio il Giovane, *Panegyricus Traiano imperatori dictus* 5 e 7 .... IT

- PROVA DI TRADUZIONE E COMMENTO **L'ingresso di Traiano a Roma**
Plinio il Giovane, *Panegyricus* 20, 1-4

Cesare Maccari, *Cicerone pronuncia in senato la prima Catilinaria*, 1880. Roma, Palazzo Madama.

L'oratoria, la politica, la cultura

L'ORATORIA NEL I SECOLO D.C. Successivamente alla morte di Cicerone e al passaggio dalla *res publica* all'impero l'oratoria politica – quella che per decenni era stata animata dalle violente contrapposizioni proprie dei dibattiti in senato – di fatto scomparve. Sebbene le sedute del senato abbiano sempre continuato a essere caratterizzate dagli interventi dei suoi esponenti, si può dire che il genere prevalente divenne quello epidittico, in quanto i senatori spesso si limitavano a pronunciare discorsi nei quali dimostravano le ragioni per approvare quanto disposto dal principe o per disapprovare quanto da lui rifiutato. Gli interventi in senato inoltre diventavano spesso di pura lode dell'imperatore e delle sue iniziative: l'orazione pronunciata da Valerio Messalla Corvino nel 2 a.C. in occasione del conferimento ad Augusto del titolo di *Pater Patriae* fu uno dei primi evidenti esempi di questa tendenza. Dopo circa un secolo da quell'episodio, il discorso di lode di Plinio il Giovane nei confronti dell'imperatore Traiano (il *Panegirico*) divenne un modello delle orazioni di elogio.

Se dopo Azio l'oratoria politica venne a coincidere con quella epidittica, anche l'oratoria giudiziaria vide un cambiamento, in quanto si moltiplicarono i casi di processi a carico di senatori (quindi con dibattimenti tenuti in senato) accusati di lesa maestà o di altri reati sempre riconducibili ad atteggiamenti poco allineati alla volontà dell'imperatore. Il fenomeno prese piede soprattutto dall'età di Tiberio e fu molto evidente anche nell'età dei Flavi, in particolare sotto Domiziano. Spesso rivestire il ruolo di accusatore poteva essere un sistema per intraprendere una brillante carriera politica, o comunque per accumulare grandi ricchezze, che l'imperatore dispensava a chi gli dimostrava assoluta fedeltà. Gli accusatori di professione, veri e propri delatori, dominarono l'oratoria giudiziaria di Roma nel I secolo d.C. e contribuirono a svilire il ruolo dell'eloquenza.

LE SCUOLE DI ORATORIA E LE *DECLAMATIONES* Durante tutto il primo secolo dell'impero la competenza in campo oratorio venne ritenuta l'unico strumento in grado di garantire la possibilità di fare carriera politica e quindi di entrare nei livelli alti dell'amministrazione imperiale, con incarichi di governo nelle province, di solito assai remunerativi. Era in realtà impensabile che si ripetesse quanto accaduto nei secoli precedenti, ossia che *homines novi* come Catone, Mario o Cicerone raggiungessero l'apice della carriera grazie alla loro capacità di arringare l'esercito, il popolo o il senato: a determinare la carriera di un individuo era ormai solo la volontà dell'imperatore. Nonostante questi cambiamenti, i membri dell'ordine senatorio continuarono a ritenere essenziale l'apprendimento dell'eloquenza, come era stato nella tarda repubblica. Per questo motivo a partire dall'età di Augusto si moltiplicarono e fiorirono le scuole di retorica, a Roma come in tutte le città dell'impero; erano vere e proprie università (a partire da Domiziano sovvenzionate dall'imperatore), dove confluivano alunni che avevano frequentato le scuole primarie (presenti anche in centri assai piccoli).

L'effettiva inutilità dell'oratoria nella vita politica fece sì che l'eloquenza trovasse spazio soprattutto all'interno di tali scuole, secondo un processo che riproduceva in ambito romano quanto era accaduto nel mondo greco durante l'ellenismo, con l'instaurarsi delle monarchie assolute dei successori di Alessandro Magno. L'intensa attività all'interno delle scuole aveva il suo culmine nelle *declamationes*, che erano una sorta di saggio (spesso aperto anche al pubblico esterno alla scuola) che gli allievi sostenevano, trattando un argomento stabilito. L'abitudine alle *declamationes* (che potevano presentarsi come *controversiae* o *suasoriae*) venne a creare quasi un genere di oratoria a sé stante, finalizzato solo all'attività declamatoria, in cui veniva perseguita l'abilità persuasiva dell'oratore fine a se stessa, in quanto esercitata su temi fittizi.

LA DECADENZA DELL'ORATORIA L'insieme di questi fenomeni – l'enorme diffusione della cultura retorica da un lato, dall'altro la sua quasi nulla incidenza nella vita politica – determinò, a livello comune, la coscienza del fatto che l'oratoria avesse imboccato la strada della decadenza, soprattutto se confrontata con l'oratoria dell'epoca ciceroniana. Il fenomeno fu ben chiaro già ai contemporanei, anche se sulle sue cause e sui possibili rimedi ci fu ampio dibattito, del quale sentiamo l'eco già nell'opera di Seneca il Vecchio e di Seneca filosofo, come pure nel romanzo di Petronio, e che è proseguito durante l'età dei Flavi per giungere all'età degli Antonini.

ORATORIA E LETTERATURA Il dibattito sull'oratoria ha un riflesso diretto anche sulla letteratura, dato che l'oratoria rappresenta il sapere condiviso da tutta la classe colta dell'impero, quella che si occupa anche di letteratura. Pur con le cautele necessarie nel momento in cui si applicano schemi esemplificativi, si può dire che le consistenti differenze stilistiche presenti tra la prosa di Livio, quella di Seneca e quella di Plinio il Giovane (oratore attivo tra il I e il II secolo d.C.) risentono, al di là delle scelte personali dei singoli autori, del cambiamento di gusto e di modelli che le varie epoche hanno manifestato in fatto di oratoria. È dunque comprensibile come l'attenzione per l'eloquenza, per i suoi sviluppi e per la sua decadenza siano imprescindibili per comprendere la cultura di quello che è il periodo di massimo splendore del mondo romano, se considerato da un punto di vista socio-economico.

Charles Meynier, *Cicerone (o Legario) in Senato difende un imputato davanti a Cesare*, inizio XIX sec. Parigi, Museo del Louvre.

Il dibattito sull'eloquenza

PER COMPRENDERE

IL DIBATTITO SULL'ORATORIA Il dibattito sulla decadenza dell'oratoria dopo Cicerone culmina nell'età dei Flavi con le sintesi di Quintiliano (35 circa-96 d.C.), nel suo manuale per l'insegnamento della retorica (*Institutio oratoria*, «L'educazione dell'oratore»), e poi di Tacito, nel *Dialogus de oratoribus*; a queste due opere si possono aggiungere i pareri espressi da Plinio il Giovane (61 circa-114 d.C.) nel suo epistolario. Questo dibattito si innesta sulle discussioni avviate già all'epoca di Cicerone sui diversi stili degli oratori: è negli scritti di Cicerone infatti che troviamo per la prima volta allusioni a due differenti stili di oratoria, lo stile "attico" e quello "asiano". La scarsità di testimonianze permette di avanzare soltanto ipotesi sulla incidenza di questioni simili anche nel mondo greco, anche se è assai probabile che quanto avvenuto a Roma sia l'eco di un dibattito già presente nelle scuole di retorica ellenistiche.

L'ATTICISMO Cicerone nell'*Orator*, una delle sue opere teoriche sulla retorica, usa il termine *novi Attici* («nuovi atticisti»), con tono dispregiativo, per indicare la generazione di giovani oratori che muove critiche al suo stile oratorio. La definizione richiama da vicino quella di *poetae novi*, finalizzata a caratterizzare poeti della medesima generazione, come Catullo, ugualmente di tono dispregiativo. Lo stile di tali oratori, per quanto possiamo capire in un contesto povero di dati, cercava semplicità di espressione, rigore, ordine espositivo ed estrema chiarezza, avvalendosi di un lessico particolarmente controllato e depurato da forme troppo vicine al *sermo cotidianus*. La definizione data da Cicerone è dovuta al fatto che tali oratori si ispiravano agli oratori attici del V-IV secolo a.C., come Lisia e Iperide. Nel gruppo dei *novi Attici* possiamo includere personaggi assai vicini a Cicerone come Celio Rufo (82-48 a.C., il giovane amante di Lesbia, che lei stessa coinvolse in un processo politico), o Marco Giunio Bruto (85 circa-42 a.C.), il cesaricida, al quale Cicerone dedicò il trattato di oratoria che prende il titolo dal suo nome, *Brutus*.

Alla base delle scelte linguistiche compiute da questi oratori c'erano le dottrine analogiste, che raccomandavano l'uso di una lingua che non prevedesse neologismi o termini rari o di intonazione popolaresca. La critica che Cicerone muove a questi oratori è di essere poco incisivi e di risultare freddi. Forse come oratore anche Gaio Giulio Cesare appartenne alla linea atticista, tuttavia bisogna considerare che la prosa dei *Commentarii*, pensati come rapporti al senato, non è detto che fosse la medesima delle sue orazioni; inoltre tutte le testimonianze su Cesare oratore, comprese quelle di Cicerone, affermano che il condottiero aveva un'oratoria tutt'altro che fredda, anzi addirittura travolgente.

L'ASIANESIMO Anche il termine *Asiatici* («asiatici» o «asiani») riferito ad alcuni oratori compare per la prima volta nelle opere teoriche di Cicerone (per esempio in *Brutus* 51, 8), sempre con intonazione negativa: con tale epiteto infatti Cicerone designa gli oratori attivi nelle città dell'Asia successivamente alla grande stagione dell'oratoria politica ateniese. A suo giudizio una certa incompetenza nell'uso della lingua greca aveva determinato forme espressive poco controllate, che avevano prodotto il moltiplicarsi di perifrasi ridondanti. Sempre secondo Cicerone l'asianesimo si manifestava secondo due tendenze, una che prediligeva periodi brevi e andamento sentenzioso, un'altra, viceversa, caratterizzata da espressione piena e vigorosa, un *flumen orationis* (*Brutus* 325).

Inoltre Cicerone, individuando una tendenza che la moderna critica denomina "rodiese", ricorda che i retori delle scuole di Rodi, pur asiani, mantenevano un'espressione più controllata, più vicina a quella degli oratori attici del V-IV secolo.

ATTICISMO E CLASSICISMO Dopo la morte di Cicerone, con l'instaurazione da parte di Ottaviano del principato, a Roma prevalse l'atticismo: abbiamo testimonianza di ciò dagli scritti di retori successivi o dai passi inseriti nella raccolta antologica di Seneca il Vecchio. A questo fenomeno contribuirono due circostanze: in primo luogo la presenza a Roma di Cecilio di Calatte (vissuto nella seconda meta del I secolo a.C.) e di Dionigi di Alicarnasso (60-7 a.C.), due retori greci decisamente schierati per l'atticismo (a Cecilio risale la codificazione del canone degli oratori attici del V-IV secolo a.C.); in secondo luogo la preferenza manifestata verso l'atticismo da Ottaviano, il cui gusto certamente influenzò la sua epoca. Come sottolineato dai maggiori studiosi del fenomeno, l'importanza di questo fatto va individuata nel formarsi di quello che si può considerare il primo "classicismo" presente nella letteratura latina, dove si intende come "classicismo" la tendenza a imitare i lineamenti estetici di un nucleo di autori considerati canonici, nei quali si riconoscono movenze espressive equilibrate, ordinate e regolari.

TRA AUGUSTO E TIBERIO: LA TESTIMONIANZA DI SENECA IL VECCHIO A notare un progressivo cambiamento nella qualità dell'oratoria, in atto tra l'età di Augusto e quella di Tiberio, è Seneca il Vecchio, il quale nella prefazione al primo libro della sua antologia di *controversiae* e *suasoriae*, redatta in età tiberiana, fa questa osservazione: «Tutti i pregi che possiede l'eloquenza romana, tali da essere opposti o preferiti alla superbia dei Greci, hanno avuto la loro massima fioritura intorno a Cicerone; tutti gli ingegni che hanno dato splendore alla nostra cultura sono nati allora. La situazione è poi peggiorata di giorno in giorno, sia per la vita lussuosa tipica del periodo (nulla infatti è tanto mortifero per lo spirito quanto l'eccessivo benessere) sia perché, dato che il valore dell'arte più bella era precipitato in basso, le contese si sono rivolte verso obiettivi spregevoli, sebbene tenuti in grande considerazione e molto richiesti, sia per volere del fato, in virtù di una sua maligna ed eterna legge insita in tutte le cose, in base alla quale qualsiasi realtà, una volta giunta a perfezione, di nuovo torna verso il punto più basso, ma in modo decisamente più rapido rispetto a quando era ascesa» (*Controversiae* 1, *praefatio* 6-7). A parte una sorta di legge di natura, menzionata alla fine, Seneca il Vecchio dunque propende per una causa di ordine morale, individuando l'origine della decadenza nella rilassatezza dei costumi e nella pratica delle delazioni, che avevano trasformato l'oratoria in una odiosa fonte di guadagno per oratori spregiudicati: sarebbero questi gli «obiettivi spregevoli» a cui fa cenno.

Non è facilissimo capire (non essendo pervenuti discorsi integrali di questo periodo) a quali cambiamenti si riferisca Seneca il Vecchio; tuttavia è lecito pensare che egli consideri decadente l'oratoria nervosa, carica di emotività e di passione nata nelle scuole di declamazione, dove certamente era importante saper strappare al pubblico applausi fragorosi con *sententiae* pungenti e scoppiettanti (stile poi diffusosi nei tribunali).

TRA TIBERIO E NERONE Lo stile dei declamatori, che ebbe il sopravvento nel periodo compreso tra l'impero di Tiberio e quello di Nerone, si contrappone all'atticismo in quanto imita la concitazione del linguaggio vivo, accogliendo espressioni provenienti dal *sermo cotidianus* e neologismi e puntando su disposizioni asimmetriche. Il miglior testimone di questa tendenza è per noi la prosa di Seneca il filosofo, il quale, tuttavia, riteneva in decadenza l'eloquenza a lui contemporanea, incolpando la corruzione dei costumi, come suo padre. Si è soliti far rientrare questo stile nell'"asianesimo", anche se tale definizione si applica semplicemente per via contrastiva a quanto non è classicismo, o meglio "non è atticismo", dato che solo questo è lo stile codificato, quello che riconosce un canone di autori di riferimento negli autori ateniesi.

Molto importante, infine, è considerare che, dietro allo stile passionale che caratterizza gli ultimi decenni della dinastia giulio-claudia, c'è probabilmente la nostalgia per la passata libertà repubblicana: questa nostalgia produce il rifiuto dell'atticismo, avvertito come lo stile "approvato" di questa imperatori di questa dinastia.

QUINTILIANO E IL RITORNO DEL CLASSICISMO Il panorama muta dopo la scomparsa di Nerone. A Roma durante il periodo dei Flavi e in particolare durante l'impero di Domiziano la retorica è dominata dalla figura di Quintiliano. Il suo magistero diviene talmente stimato che Domiziano decide di sovvenzionare la sua scuola assegnandogli un cospicuo stipendio annuo. Dopo circa vent'anni di insegnamento, attorno al 90 d.C., Quintiliano compone un manuale di retorica, l'*Institutio oratoria*, in cui tra l'altro espone le sue opinioni in merito al dibattito sulla decadenza dell'oratoria. Egli senza dubbi si schiera contro lo stile "moderno" e in particolare contro lo stile di Seneca (➤ p. 131); Quintiliano, però, non individua cause di ordine morale all'origine della decadenza dell'oratoria, ma accusa le scuole di retorica in cui si insegna uno stile poco vigoroso. A suo giudizio a questo male si può porre rimedio riformando completamente l'insegnamento della retorica; per questo scopo egli propugna il ritorno allo stile di Cicerone, di cui loda la *concinnitas* e in cui individua la perfezione della prosa latina.

L'operazione di Quintiliano rappresenta di fatto l'individuazione di un nuovo "classicismo": il "classico" è diventato Cicerone, mentre in epoca augustea erano gli oratori ateniesi del V-IV secolo a.C.; resta tuttavia inalterata la valenza ideologica dell'operazione, in quanto Quintiliano, che è in sintonia con il potere imperiale, respinge con vigore lo stile drammatico nel quale si erano espressi i senatori avversi all'assolutismo degli imperatori della dinastia giulio-claudia.

IL PARERE DI PLINIO IL GIOVANE E DI TACITO Plinio il Giovane fu attivo tra l'epoca di Domiziano e quella di Traiano: in una importante lettera scritta dopo la morte di Domiziano spiega a un collega che durante l'impero di questo *princeps* si è verificata un'indubbia decadenza dell'oratoria. L'interesse della sua analisi consiste nel fatto che egli mette in correlazione il fenomeno con il mutare della situazione politica: la fioritura oratoria avvenuta un tempo era dovuta soprattutto alla libertà di parola di cui i senatori godevano in senato. Secondo Plinio, la mancanza di libertà che ha caratterizzato il periodo imperiale fino a Nerva e Traiano ha determinato un indebolimento dell'impegno ideologico, con un conseguente scadimento dell'oratoria, in un ambiente dove la libertà di espressione era negata. Tacito a sua volta, amico e collega di Plinio, nel *Dialogus de oratoribus* (composto dopo la morte di Domiziano), fa dapprima il punto sulla questione dei cambiamenti avvenuti nello stile degli oratori e quindi stabilisce una relazione tra la situazione politica e l'oratoria. Anch'egli è convinto che la stagione che ha visto fiorire l'eloquenza ciceroniana sia tramontata, per gli stessi motivi che adduce Plinio, tuttavia afferma che un'oratoria di quel tipo poteva svilupparsi solo nel clima arroventato delle guerre civili. Se un'oratoria grande, viva e battagliera si può avere solo a prezzo della rovina delle istituzioni statali – conclude Tacito – è meglio rinunciare a essa e godersi la pace con il governo di un principe illuminato.

IL TEMPO DELL'AUTORE

MARCO FABIO QUINTILIANO

IL MAESTRO DI UN'EPOCA Quintiliano nasce nella Spagna Tarragonese, probabilmente a Calagurris (odierna Calahorra) tra il 35 e il 40 d.C.; suo padre (forse il Quintiliano *senex* citato da Seneca il Vecchio) è declamatore a Roma e la formazione di Quintiliano (figlio) avviene nella capitale, dove ha occasione di ascoltare dal vivo i migliori oratori della sua epoca (tra cui Seneca) e di frequentare le lezioni dei migliori maestri (tra cui il grammatico Remmio Palemone, che proponeva nella sua scuola gli scrittori latini del I secolo a.C. e in particolare Virgilio come autori di riferimento per quanto riguarda lingua e stile). Quintiliano rientra in Spagna attorno al 60, ma nel 68 Galba lo vuole al suo seguito e lo richiama a Roma. Qui Quintiliano esercita con estremo successo l'attività di avvocato in cause civili e penali; nelle arringhe dimostra un'abilità particolare nel convincere i giudici con la sola narrazione dei fatti.

Le sue orazioni giudiziarie iniziano a circolare, seppure in forma di riassunti, non autorizzati dall'autore, ma realizzati dai presenti in sede di dibattimento. Nello stesso tempo Quintiliano insegna anche retorica, attività alla quale si dedica per vent'anni, probabilmente dal 68 all'88. L'attività di insegnamento riscuote notevole successo e le teorie di Quintiliano sono assai apprezzate dall'imperatore Domiziano, che accorda al retore uno stipendio annuo di 100.000 sesterzi, rendendo quindi la sua scuola una effettiva "scuola statale". Una volta ritiratosi dall'insegnamento, Quintiliano si dedica alla scrittura di opere di retorica, anche per contrastare la diffusione delle sue teorie mediante opere apocrife, realizzate con gli appunti presi dagli studenti alle sue lezioni. Tra il 91 e il 92 compone il *De causis corruptae eloquentiae* («Le cause della corruzione dell'eloquenza»), opera perduta, i cui contenuti tuttavia sono compresi nell'opera maggiore, l'*Institutio oratoria* («L'educazione dell'oratore»), composta tra la fine del 93 e l'inizio del 96. Tra i numerosi allievi di Quintiliano vanno ricordati Plinio il Giovane e forse anche Tacito, che, se non fu propriamente suo allievo, ebbe certamente modo di conoscere i suoi insegnamenti.

Nel 94 Domiziano affida a Quintiliano l'educazione dei suoi due pronipoti, indicando così in lui la massima autorità dell'impero per quanto riguarda la retorica. L'imperatore nello stesso anno lo onora con il titolo di console (che a quell'epoca era ormai una mera onorificenza). Alle numerose gratificazioni in campo professionale corrisponde una vita familiare dolorosa, in quanto Quintiliano perde la moglie (assai più giovane di lui) nel 91 e pochi anni dopo, mentre è impegnato nella composizione dell'*Institutio oratoria*, entrambi i figli, ancora fanciulli (come spiega l'autore stesso in una pagina commossa all'inizio del libro VI dell'opera).

Quintiliano muore nel 96, pochi mesi dopo aver pubblicato l'*Institutio*. La tradizione manoscritta ha tramandato sotto il suo nome anche due raccolte di declamazioni, ossia orazioni nate come esercitazioni scolastiche. La prima, le *Declamationes minores* («Declamazioni brevi»), conta 145 composizioni. La seconda, le *Declamationes maiores* («Declamazioni lunghe»), contiene 19 declamazioni completamente sviluppate. La critica ha molti dubbi sulla effettiva paternità di tali raccolte, che insieme ad altre simili ebbero per secoli ampia diffusione nelle scuole: sulla base di criteri linguistici, le *minores* sembrano dell'epoca di Quintiliano (e forse alcune sono effettivamente sue o di suoi allievi), mentre le *maiores* paiono da ascrivere a epoche successive.

GUIDA ALLO STUDIO

1. Quale attività svolge Quintiliano, una volta tornato a Roma al seguito di Galba?

2. Perché la scuola di retorica fondata a Roma da Quintiliano può essere definita "statale"?

3. Quale decisione di Domiziano indica in Quintiliano la massima autorità dell'impero per quanto riguarda la retorica?

T1
LATINO/ITALIANO

Quintiliano contro le declamazioni di scuola

Quintiliano, *Institutio oratoria* 5, 12, 17-23

Dopo aver esposto gli accorgimenti necessari perché un'argomentazione sia efficace (tema del libro V), con particolare attenzione al metodo per costruire le prove di ragionamento (i cosiddetti «sillogismi retorici»), Quintiliano specifica che tanta accuratezza è dovuta al fatto che le orazioni preparate per le esercitazioni di scuola, le declamationes, *spesso sono infarcite di ragionamenti oziosi, che rendono il complesso del discorso debole, se non ridicolo. Con una metafora di forte impatto emotivo, l'autore paragona l'atteggiamento degli autori di arzigogolate declamazioni, gradevoli all'ascolto, ma prive di sostanza, a quello dei venditori di schiavi che evirano i fanciulli prima di metterli in vendita, nella convinzione che i giovani dai tratti effeminati riscuoteranno maggior favore presso i clienti. In questa parte del testo Quintiliano riprende il tema che caratterizzava la sua opera, per noi perduta,* De causis corruptae eloquentiae.

La soppressione del vigore oratorio

[12, 17] Quod eo diligentius faciendum fuit quia declamationes, quibus ad pugnam forensem velut praepilatis exerceri solebamus, olim iam ab illa vera imagine orandi recesserunt, atque ad solam compositae voluptatem nervis carent, non alio medius fidius vitio dicentium quam quo mancipiorum negotiatores formae puerorum virilitate excisa lenocinantur. [18] Nam ut illi robur ac lacertos barbamque ante omnia et alia quae natura proprie maribus dedit parum existimant decora, quaeque fortia, si liceret, forent ut dura molliunt: ita nos habitum ipsum orationis virilem et illam vim stricte robusteque dicendi tenera quadam elocutionis cute operimus et, dum levia sint ac nitida, quantum valeant nihil interesse arbitramur.

La soppressione del vigore oratorio

[12, 17] Ho dovuto spiegare questo[1] in modo particolarmente attento in quanto le declamazioni, con le quali eravamo soliti prepararci alle battaglie forensi come si fa con le armi da addestramento, si sono ormai allontanate dalla funzione originaria di arringhe simulate e, composte solo per diletto, mancano di nerbo, sebbene per chi parli in pubblico non ci sia difetto maggiore, a dire il vero, di quello che è in uso tra i venditori di schiavi che rendono più graziosi i fanciulli evirandoli. **[18]** Come infatti quelli ritengono poco eleganti in primo luogo il vigore dei muscoli e la barba e poi gli altri attributi che la natura propriamente ha assegnato al maschio, e ammorbidiscono in quanto duri tutti i caratteri che dovrebbero essere robusti, se fosse consentito, così noi copriamo con uno strato sdolcinato di bello stile la consistenza propriamente virile di un discorso e la capacità di parlare con rigore e veemenza e, purché tutte le frasi sono levigate e nitide, crediamo che non abbia alcuna importanza il loro effettivo valore.

[12, 17] **Quod**: è un nesso relativo e vale *et id*. • **praepilatis**: è un ablativo strumentale; l'aggettivo *praepilatus* significa «con la punta smussata» ed è sott. *pilis*, «giavellotti». • **olim**: l'avverbio (lett. «un tempo») è riferito a *vera imagine*, lett. «dall'immagine un tempo vera». • **medius fidius**: è una esclamazione, lett. «sinceramente», corrisponde in italiano a un'espressione del tipo «in nome di Dio»; *Fidius* è la divinità che garantisce la verità, spesso assimilato a Giove. • **quam quo**: *quam* introduce il secondo termine di paragone, richiesto dal precedente *non alio... vitio*, ma è sottinteso un dimostrativo (*eo*), antecedente del pronome relativo *quo*. • **virilitate excisa**: è un ablativo assoluto con valore temporale. [18] **maribus**: da *mas, maris*, «maschio». • **quaeque... forent**: è un periodo ipotetico dell'irrealtà con apodosi (*quaeque fortia... forent*) dipendente; *quaeque* equivale a *et quae* e introduce una proposizione relativa; *forent* è congiuntivo imperfetto ed equivale a *essent*. • **ut.. molliunt**: è la proposizione principale, reggente del periodo ipotetico dipendente; *ut* è avverbio, «come», riferito a *dura*. • **quantum valeant**: questa proposizione interrogativa indiretta è introdotta dal successivo *nihil interesse arbitramur*.

1. Come costruire le prove di ragionamento.

[19] Sed mihi naturam intuenti nemo non vir spadone formosior erit, nec tam aversa umquam videbitur ab opere suo providentia ut debilitas inter optima inventa sit, nec id ferro speciosum fieri putabo quod si nasceretur monstrum erat. Libidinem iuvet ipsum effeminati sexus mendacium, numquam tamen hoc continget malis moribus regnum, ut si qua pretiosa fecit fecerit et bona. [20] Quapropter eloquentiam, licet hanc (ut sentio enim, dicam) libidinosam resupina voluptate auditoria probent, nullam esse existimabo quae ne minimum quidem in se indicium masculi et incorrupti, ne dicam gravis et sancti, viri ostentet.

■ Policleto, *Doriforo*, 450 a.C. circa. Napoli, Museo Archeologico.

[19] Al contrario per me, basandomi sulla natura, un uomo sarà più bello di un eunuco, né la saggezza sarà mai tanto contraria rispetto al suo naturale corso in modo da operare che la debolezza sia da collocare tra le virtù, né mai riterrò che diventi bello grazie a un bisturi ciò che, se fosse nato così, sarebbe stato ritenuto una deformità. Un corpo artificialmente reso femminile gioverà forse ai piaceri dell'erotismo, ma alla depravazione[2] non toccherà mai la facoltà di rendere anche onesto ciò che ha reso pregiato. **[20]** Perciò, per quanto gli spettatori con passivo compiacimento approvino questa eloquenza viziata (dirò infatti come penso), io riterrò che non ci sia nessuna eloquenza che non mostri in sé nemmeno il minimo indizio di provenire da un uomo di autentica mascolinità, per non dire austero e venerando[3].

[19] **mihi... intuenti**: è un dativo del punto di vista; *intuenti* è participio presente, lett. «a me che osservo». • **nemo non vir**: litote, lett. «non nessuno maschio». • **spadone**: questo ablativo funge da secondo termine di paragone del comparativo *formosior*. • **ut debilitas... sit**: proposizione consecutiva. • **quod... erat**: è un periodo ipotetico dell'oggettività, con apodosi che mantiene l'indicativo (la proposizione relativa *quod monstrum erat*) e protasi al congiuntivo (*si nasceretur*): l'apparente irregolarità non deve stupire (l'apodosi all'indicativo esprime con forza ciò che chi parla sente come dato oggettivo, ossia «se nasce così, è un mostro!»), in quanto è Quintiliano stesso che spiega che parlare in latino corretto (*latine loqui*) non necessariamente coincide con tenere sempre in considerazione la grammatica (*grammatice loqui*, in 1, 6, 27). • **Libidinem... mendacium**: il soggetto è *ipsum mendacium*; *sexus* è genitivo; *libidinem* è accusativo retto da *iuvet*, che è congiuntivo con valore concessivo. • **ut... bona**: *ut fecerit et bona* è proposizione completiva che esprime una circostanza di fatto, epesegetica rispetto a *hoc... regnum*; *si... fecit* è una proposizione ipotetica, mentre *qua* è aggettivo indefinito; l'insieme rappresenta un periodo ipotetico dipendente dell'oggettività (per l'indicativo *fecit* vedi nota precedente a *quod... erat*).

[20] **eloquentiam**: è da unire al successivo *nullam*; il marcato iperbato esprime l'enfasi che l'autore pone sul concetto. • **licet**: conferisce valore concessivo al successivo congiuntivo *probent*. • **quae**: introduce una proposizione relativa con il congiuntivo eventuale, *ostentet*; *ne... quidem* è una locuzione avverbiale negativa, «neppure»; *masculi et incorrupti (viri)* è genitivo oggettivo di *indicium*. • **ne... viri**: è una proposizione finale negativa.

2. La pederastia è ritenuta da Quintiliano una forma di depravazione, secondo i principi dell'etica romana, assai diversa da quella greca e orientale.
3. Per comprendere questo giudizio di Quintiliano è necessario ricordare che la cultura greco-romana era profondamente maschilista, e l'attività politica e giudiziaria, in cui si esercitava l'arte oratoria, era riservata esclusivamente all'uomo. Anche se non era vietato che una donna si difendesse da sola in tribunale, non era pensabile che svolgesse attività di patronato. Per questo, oltre che per il veemente modello ciceroniano, Quintiliano chiede all'oratoria caratteri assolutamente virili.

La bellezza del modello virile

L'esigenza di imitare la realtà

[21] An vero statuarum artifices pictoresque clarissimi, cum corpora quam speciosissima fingendo pingendove efficere cuperent, numquam in hunc ceciderunt errorem, ut Bagoam aut Megabuzum aliquem in exemplum operis sumerent sibi, sed doryphoron illum aptum vel militiae vel palaestrae, aliorum quoque iuvenum bellicorum et athletarum corpora decora vere existimarunt: nos qui oratorem studemus effingere non arma sed tympana eloquentiae demus? [22] Igitur et ille quem instituimus adulescens quam maxime potest componat se ad imitationem veritatis, initurusque frequenter forensium certaminum pugnam iam in schola victoriam spectet, et ferire vitalia ac tueri sciat, et praeceptor id maxime exigat, inventum praecipue probet. Nam ut ad peiora iuvenes laude ducuntur, ita laudati in bonis manent. [23] Nunc illud mali est, quod necessaria plerumque silentio transeunt, nec in dicendo videtur inter bona utilitas.

La bellezza del modello virile

L'esigenza di imitare la realtà

[21] Del resto i più noti scultori e pittori, desiderando realizzare con la scultura o la pittura corpi i più belli possibile, mai sono caduti nell'errore di prendersi un Bagoa o un Megabizo[4] come modello dell'opera, ma giudicarono il doriforo[5] il soggetto adatto per raffigurare il mestiere del soldato o l'attività sportiva, e anche di altri giovani combattenti e atleti ritennero veramente bello il corpo: e noi, che pretendiamo di formare un oratore, daremo alla sua eloquenza non armi vere ma dei sonaglietti[6]? **[22]** Perciò il giovane che stiamo educando si ispiri il più possibile all'imitazione della realtà, e, pronto a intraprendere frequentemente la battaglia delle contese forensi, già a scuola miri alla vittoria, e sappia colpire e individuare le parti vitali, e l'insegnante esiga soprattutto quello, e una volta ottenutolo dia senza riserve l'approvazione. Infatti, come i giovani con gli elogi sono allettati addirittura al male, così, se opportunamente gratificati, permangono nei buoni costumi[7]. **[23]** Attualmente di male c'è questo, che per lo più si passa sotto silenzio il necessario e nell'oratoria l'utile non sembra compreso tra i pregi.

[21] **cum... cuperent**: il costrutto del *cum* con il congiuntivo ha qui valore temporale; *fingendo pingendove* sono gerundi, in ablativo strumentale. • **ut... sibi**: è una proposizione completiva che esprime una circostanza di fatto, epesegetica rispetto al precedente *hunc... errorem*. • **demus**: è congiuntivo presente, con valore dubitativo.
[22] **componat**: congiuntivo esortativo. • **initurusque... pugnam**: il participio futuro *initurus*, che esprime l'imminenza dell'azione, congiunto con il soggetto (*ille... adulescens*), regge l'accusativo di moto a luogo *pugnam*. • **ferire... tueri**: è detto per metafora proveniente dall'ambito militare, in quanto in battaglia i legionari con il gladio cercavano di colpire di punta l'avversario al collo o all'inguine, tenendo allo stesso tempo il più possibile al riparo le medesime parti del proprio corpo. • **exigat... probet**: sono due congiuntivi esortativi. • **ut... ducuntur**: è una proposizione comparativa.
[23] **quod**: ha valore dichiarativo, con funzione epesegetica rispetto al precedente *illud mali*. • **in dicendo**: lett. «nel dire», ossia «nell'oratoria».

4. Secondo il racconto di Curzio Rufo, «Bagoa» è il nome di un eunuco caro a Dario III, re dei Persiani, che Alessandro Magno tenne presso di sé e amò teneramente dopo aver conquistato l'impero persiano. «Megabizo» è termine persiano che indica i sacerdoti evirati di Artemide, quindi sinonimo di «eunuco»; era usato anche come nome proprio, generalmente di dignitari dell'imperatore persiano, che spesso erano appunto eunuchi. Nel ragionamento di Quintiliano è sottinteso il tradizionale rifiuto da parte della cultura propriamente latina dei costumi degli orientali, ritenuti effeminati.
5. Lett. «portatore di lancia», ossia «guardia»: è una nota statua di Policleto, databile al 450 a.C.
6. Piccoli strumenti a percussione che usavano i sacerdoti orientali nelle cerimonie religiose.
7. Il metodo di insegnamento di Quintiliano prevede sempre che l'insegnante premi gli alunni quando ottengono buoni risultati.

Il testo e il contesto

LE *DECLAMATIONES* Nel par. 12, 17 Quintiliano spiega chiaramente che la declamazione è nata come esercizio di scuola. Da Seneca il Vecchio sappiamo che l'abitudine di trattare di fronte al pubblico un argomento assegnato dall'insegnante è stata introdotta nelle scuole di retorica ad Atene fin dal IV secolo a.C.; a Roma l'abitudine alla declamazione si diffuse nelle scuole dal I secolo a.C. (*declamare* significa lett. «recitare ad alta voce»; successivamente il termine *declamatio* prese il significato di «discorso fittizio»). Il pubblico, come in moderni saggi scolastici, era composto anche da persone esterne alla scuola, amici e parenti; d'altra parte anche oratori ormai in carriera potevano saltuariamente tornare a declamare per amici e parenti. Un significativo cambiamento intervenne verso la fine del I secolo a.C., sempre secondo la testimonianza di Seneca il Vecchio, quando la declamazione divenne uno spettacolo indipendente dalla pratica scolastica. In vere e proprie conferenze, in cui non mancava la mondanità, si esibivano gli oratori più famosi. Per ottenere l'applauso del pubblico furono adottati espedienti sempre più appariscenti e artificiali (par. 18), poiché la scelta di argomenti astrusi dava modo agli oratori di mettere in luce la loro abilità argomentativa. Questo fenomeno è per Quintiliano una mostruosità (parr. 19-20): il vero male dell'eloquenza del suo tempo è quello di aver perso il contatto con la realtà (par. 23), concetto espresso anche con la similitudine fondata sull'esempio dei grandi scultori del passato (par. 21).

Il senso del testo

QUINTILIANO E SENECA IL VECCHIO A parere di Quintiliano la causa della decadenza dell'oratoria è un fenomeno che dipende esclusivamente da un processo avvenuto all'interno delle scuole. Aver trasformato un esercizio scolastico in una forma di spettacolo ha condotto a cercare soggetti sempre meno collegati con l'effettiva pratica forense (*nec in dicendo videtur inter bona utilitas*, in 23), tanto che i maestri, pensando ormai di dover preparare declamatori più che effettivi oratori, trascurano nell'insegnamento quanto è davvero necessario (*necessaria plerumque silentio transeunt*, in 23). Lo stile di eloquenza che Quintiliano rigetta con forza, come artificiale e vuoto, è quello che egli attribuisce a Seneca, come spiega nella parte del libro X in cui prende in considerazione lo stile del filosofo, franto e sentenzioso, ma di grande impatto emotivo sui giovani di quella generazione. Ed è probabile che un parere di questo tipo fosse espresso anche nell'opera perduta *De causis corruptae eloquentiae*.

Quintiliano sembra però ottimista di fronte alla decadenza dell'oratoria, in quanto ritiene che si possa porre rimedio cambiando il metodo di insegnamento e sostituendo i modelli da indicare agli alunni come riferimento. La similitudine del par. 21, con il riferimento all'arte di Policleto, è indicativa di una concezione "classicistica" dell'eloquenza, che non deve cercare modelli al di fuori di quelli consacrati dalla tradizione e soprattutto ispirati a un criterio di chiarezza ed equilibrio formale. La posizione di Quintiliano è quindi diversa rispetto a quella di Seneca il Vecchio, che, pur lamentando il medesimo problema, presuppone per la decadenza dell'oratoria cause riconducibili a un peggioramento morale del mondo romano: ciò ha ridotto l'oratoria a uno strumento di facile arricchimento.

Anche Seneca filosofo, la cui eloquenza è additata da Quintiliano come decadente, lamenta un forte peggioramento della qualità dell'oratoria ai suoi tempi. Seneca dedica all'argomento una delle lettere a Lucilio (la 114) e si mostra d'accordo con le affermazioni del padre, individuando nello scadimento morale dei Romani una delle principali cause della decadenza dell'oratoria. Entrambi i Seneca, quindi, rispetto a Quintiliano manifestano un netto pessimismo riguardo alle possibilità che l'oratoria possa tornare allo splendore del passato.

LEGGO E COMPRENDO

1. Che cosa sono le *declamationes*?

2. Qual è secondo Quintiliano la causa della decadenza dell'eloquenza?

3. Quale rimedio indica Quintiliano per contrastare la decadenza dell'oratoria?

L'OPERA | L'*INSTITUTIO ORATORIA*

CONTENUTO DELL'OPERA L'*Institutio oratoria* si compone di dodici libri nei quali Quintiliano, rivolgendosi agli insegnanti di retorica, intende spiegare in modo esaustivo come debba avvenire la formazione dell'oratore, dai primissimi gradi dell'insegnamento (da quando il bambino impara a parlare) fino alla completa padronanza della disciplina. L'opera ha i seguenti contenuti.

LIBRO I	L'ambiente familiare e l'istruzione elementare, impartita dal *grammaticus*, fino all'età di circa 14 anni.
LIBRO II	I fondamenti della retorica e i metodi di insegnamento più adeguati.
LIBRO III-VI	Le parti dell'orazione (schematicamente riassumibili in esordio, narrazione, argomentazione, digressione, perorazione) e la prima parte dell'oratoria, l'*inventio*.
LIBRO VII-IX	Altre due parti dell'oratoria, la *dispositio* e l'*elocutio*; nella trattazione di quest'ultima l'autore si sofferma con scrupolo sui tropi (lett. «cambiamenti», per esempio la metafora), sulle figure di parola (per esempio l'allitterazione o l'iperbato) e quelle di pensiero (per esempio la prosopopea).
LIBRO X	Gli autori greci e latini da considerare come modelli (in questo libro troviamo, tra l'altro, informazioni preziosissime sulla letteratura e sugli autori antichi).
LIBRO XI	Le ultime due parti dell'oratoria, *memoria* e *actio*.
LIBRO XII	Le qualità del perfetto oratore.

PUBBLICAZIONE E FINALITÀ DELL'*INSTITUTIO ORATORIA* A quasi tutti i libri è premessa una introduzione che chiarisce l'argomento; all'inizio dell'opera c'è una lettera dell'autore a Trifone, da considerarsi un vero e proprio editore, in quanto titolare della bottega libraria che avrebbe diffuso le copie del trattato. Quintiliano si mostra preoccupato, per non aver avuto tempo per rifinire l'opera, date le continue sollecitazioni dell'editore per affrettare la pubblicazione: i due anni impiegati nella composizione sono perlopiù stati occupati dalle ricerche bibliografiche. Dà comunque l'assenso alla pubblicazione.
Il fine eminentemente pratico dell'*Institutio oratoria* è dimostrato dal fatto che l'autore ha allegato all'opera un indice dettagliato degli argomenti trattati nei singoli libri. L'oratore formato potrà esercitare l'attività di avvocato o quella di funzionario statale, in grado di interpretare e di redigere correttamente ogni tipo di editti e leggi, di amministrare la giustizia, di mantenere i rapporti con l'imperatore e con i subalterni, intesi sia come le truppe sia come la popolazione provinciale, rivolgendosi a ciascuno con efficacia e proprietà al fine di garantire una buona gestione dello Stato.

"CLASSICISMO" E "CICERONIANESIMO" Il libro XII riveste un'importanza particolare, in quanto l'autore dichiara che, oltre alla tecnica, l'oratore completo avrà anche una specchiata moralità, da mettere al servizio dello Stato (ossia nel rispetto della volontà dell'imperatore). Questo oratore è il *vir bonus dicendi peritus* (12, 1, 31). Secondo Quintiliano perciò l'educazione completa proviene dalla retorica e non dalla filosofia, in quanto la retorica dà all'uomo le armi per difendere con la parola il bene, dopo aver imparato a distinguerlo nella complessità delle situazioni della vita, mentre la filosofia insegna a distinguere il male e il bene in sé: la *communis utilitas* può chiedere di perorare una causa in sé ingiusta, come potrebbe essere l'eliminazione di un nemico del principe. Forse, però, il primato assegnato alla retorica sulla filosofia (secondo un dibattito molto antico, risalente alla Atene del IV secolo a.C. e riflesso nelle differenti posizioni di Isocrate, retore, e Platone, filosofo) e anche l'ostilità nei confronti di Seneca (anche se solo sul piano dello stile) risentono anche del fatto

■ Frontespizio miniato dell'*Institutio oratoria* realizzato da Francesco d'Antonio del Chierico (1433-1484). Firenze, Biblioteca Medicea Laurenziana.

che Domiziano, timoroso della diffusione di idee di libertà, nel 93 aveva disposto l'espulsione da Roma dei filosofi. Per ottenere un buon risultato l'insegnante di retorica deve curare che l'alunno abbia una profonda cultura, fondata sulla lettura e lo studio di opere letterarie, storiche e filosofiche: in questo senso Quintiliano riprende il concetto di *humanitas* affermato da Cicerone nella *Pro Archia*. Il metodo da seguire si fonda sull'imitazione dei modelli, anche se non pedissequa, e Cicerone non è solo il modello per quanto riguarda la concezione dell'educazione, ma anche per quanto riguarda lo stile e la lingua. Per questi motivi, nel caso di Quintiliano, si può parlare di "classicismo" (in quanto egli individua un preciso modello di stile chiaro, corretto e regolare) e di "ciceronianesimo".
Le idee di Quintiliano ebbero ampia diffusione e, anche se nelle epoche successive il concetto di lingua letteraria subì vari cambiamenti, la cultura latina rimase sempre improntata al classicismo e al principio dell'imitazione.

LA "PEDAGOGIA" DI QUINTILIANO Molto interessanti sono le osservazioni di Quintiliano in campo pedagogico, frutto di osservazioni personali e di esperienza. Quintiliano, in modo originale rispetto alla trattatistica antica, si occupa delle primissime fasi dell'apprendimento linguistico del bambino, raccomanda estrema gradualità nell'insegnamento e soprattutto chiede che l'apprendimento sia più stimolato da elogi e premi che da punizioni, soprattutto se umilianti. In particolare si dichiara avverso alle punizioni corporali, inutili se non dannose, anche se tanto diffuse nella scuola di quel tempo.

GUIDA ALLO STUDIO

1. Perché sono particolarmente importanti i libri X e XII dell'*Institutio oratoria*?

2. Perché a proposito di Quintiliano si può parlare di "classicismo" e di "ciceronianesimo"?

3. Perché destano particolare interesse le teorie di Quintiliano in campo pedagogico?

T2-T3

Il parere di Plinio il Giovane e di Tacito

Plinio il Giovane, *Epistulae ad familiares* 8, 14, 1-10; Tacito, *Dialogus de oratoribus* 36, 1-4; 40

Plinio il Giovane e Tacito manifestano opinioni differenti da quelle di Seneca il Vecchio e di Quintiliano riguardo alla decadenza dell'oratoria, e sono sicuramente influenzati dalle mutate condizioni storiche del loro tempo (scrivono dopo la morte di Domiziano), rispetto all'epoca delle dinastie giulio-claudia e flavia. Entrambi collegano l'indebolimento della forza dell'eloquenza romana alla situazione politica creatasi nell'impero da Augusto in poi, fino all'avvento di un'epoca nuova che è coincisa con Nerva e soprattutto Traiano. L'assenza di libertà di espressione all'interno del senato, dove l'unica possibilità per chi non volesse essere perseguitato era quella di mostrare assenso verso la politica dell'imperatore, ha praticamente distrutto l'eloquenza.

Plinio traccia in una desolata lettera a un amico la tristissima situazione dei senatori della sua generazione che, assuefatti al silenzio in virtù dell'oppressione esercitata da Domiziano, hanno praticamente dimenticato la grandezza dell'eloquenza (→ **T2**).

Tacito, il cui parere nel Dialogus de oratoribus *è rappresentato dalle parole di Curiazio Materno, conferma la stretta relazione tra la grandezza dell'oratoria e la libertà di espressione, quindi concorda sull'opinione (dominante al suo tempo) secondo cui l'epoca di Cicerone non possa avere uguali. Tacito però invita anche a non dimenticare che il periodo in cui l'oratoria è stata grande è anche coinciso con le guerre civili* (→ **T3**).

T2
ITALIANO

Plinio: la mancanza di libertà ha ucciso l'oratoria

Plinio il Giovane, *Epistulae ad familiares* 8, 14, 1-10

Caro Aristone[1], [1] dato che sei un grande conoscitore sia del diritto privato sia del diritto pubblico, di cui quello senatorio rappresenta una parte, desidero assai sapere da te se nel mio recente intervento in senato io abbia sbagliato[2], per avere le opportune istruzioni non tanto per il passato – infatti è tardi –, ma per il futuro, casomai accadesse qualcosa di simile. [2] Tu dirai: «Perché domandi quello che avresti dovuto conoscere?». La mancanza di libertà dei tempi passati, come ha recato con sé un certo oblio e dimenticanza di altre discipline liberali, così anche del diritto senatorio. [3] Quanti sono infatti quelli tanto pazienti da voler imparare ciò che non dovranno usare? Aggiungi che è difficile ricordare le nozioni che hai appreso se non le eserciti. E così la libertà, una volta ritornata[3], ci ha sorpresi ignoranti e inesperti; tuttavia, eccitati dalla sua bellezza, siamo indotti a fare alcune cose prima di conoscerle. [4] Era invece un tempo abitudine che non solo con le orecchie, ma anche con gli occhi imparassimo dagli anziani quanto avremmo dovuto ben presto mettere in pratica e che a nostra volta avremmo dovuto trasmettere ai più giovani. [5] Quindi molto per tempo i giovani imparavano la vita militare negli accampamenti, per abituarsi a comandare per mezzo dell'obbedire, a comportarsi da generali, seguendone l'esempio; poi, intenzionati a percorrere la carriera politica, assistevano alle riunioni del senato[4] rimanendo in piedi accanto alla porta della curia ed erano spettatori delle pubbliche assemblee prima di esservi direttamente coinvolti. [6] A ciascuno faceva da maestro il padre, o, a chi era privo del padre, il membro più anziano e rispettabile, in sostituzione del padre. Si insegnava per mezzo dell'esempio quale potere avevano quelli che facevano un rapporto, quali diritti quelli che emettevano un decreto, che autorità i magistrati, che libertà gli altri, quando bisognava fare un passo indietro, quando rimanere saldi, qual era il momento per tacere, qual era il modo per esprimersi, quale differenza c'era tra pareri contrapposti, quale sviluppo nasceva modificando decisioni precedentemente prese. [7] In verità anche noi da giovani siamo stati nell'accampamento[5]; ma quando il valore era guardato con sospetto, l'inerzia ritenuta un pregio, quando i comandanti non avevano alcuna autorità, i soldati nessun pudore, da nessuna parte c'era il comando, da

1. Il destinatario è Tizio Aristone, insigne giurista e consigliere di Traiano.
2. Plinio si riferisce al processo seguito alla morte, avvenuta nel 105, del senatore Afranio Destro, trovato senza vita nella sua abitazione, non si sa per cause naturali o per omicidio. Secondo la legge romana in caso di assassinio del padrone in casa tutti gli schiavi avrebbero dovuto essere messi a morte. L'incertezza sulla causa della morte del senatore, unita al fatto che da molto tempo il senato non era chiamato a deliberare su questioni simili, fece emergere pareri assai discordanti, soprattutto perché non era chiaro come ci si sarebbe dovuti comportare con i liberti. Alla fine prevalse, pur con una procedura di votazione molto complessa, la decisione di mandare costoro al confino, secondo il parere di Plinio, che ora vuol sapere dal giurista se il provvedimento sia stato lecito.
3. Plinio manifesta la stessa opinione che Tacito esprime nel proemio dell'*Agricola* sulla rinata libertà dopo l'elezione di Nerva al trono imperiale.
4. Augusto aveva emanato disposizioni perché i giovani assistessero alle sedute del senato, anche se l'usanza è attestata già in età repubblicana.
5. Plinio da giovane ha prestato servizio militare presso le legioni di Siria, dove non ha mai partecipato ad azioni di guerra. Nelle truppe stanziate in Oriente spesso la disciplina era assai più rilassata che in quelle stanziate sul *limes* renano e danubiano.

nessuna l'obbedienza, tutto fuori controllo, sconvolto, quand'anche non completamente capovolto, infine più cose da dimenticare che da ricordare. [**8**] Un senato anche noi l'abbiamo visto, ma un senato tremebondo e privo di parola, dato che era pericoloso dire quello che avresti voluto e umiliante dire quello che non avresti voluto[6]. Allora che cosa si sarebbe potuto imparare, che cosa sarebbe stato utile imparare, mentre il senato era invitato o alla più completa inerzia o all'assoluta iniquità, e, trattenuto ora dalla vergogna ora dal dolore, mai si esprimeva su questioni serie, spesso su questioni tristi? [**9**] Per molti anni abbiamo visto e abbiamo sopportato i medesimi mali, ora da semplici senatori, ora da vittime delle iniquità[7]; da queste esperienze le nostre menti, anche per il tempo a seguire, sono rimaste ottuse, frante, annientate. [**10**] Da poco tempo – infatti tutto il tempo è tanto più breve quanto più felice – da quando si può sapere che cosa siamo, si può mettere in pratica quello che sappiamo.

6. Si riferisce al periodo del regno di Domiziano.
7. È un'allusione ai processi intentati dai delatori a carico dei senatori malvisti da Domiziano.

IL TEMPO DELL'AUTORE

PLINIO IL GIOVANE

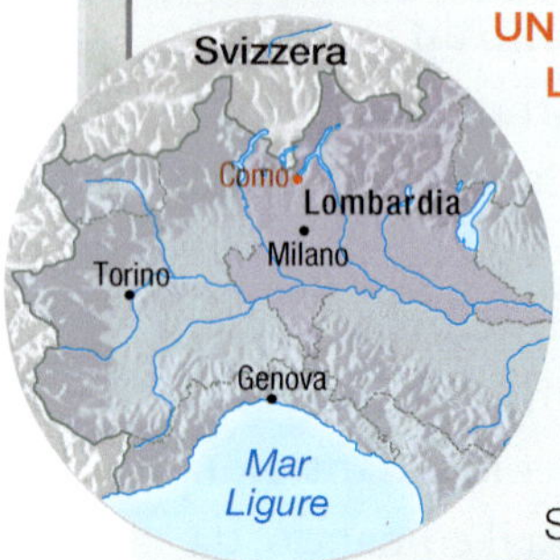

UN SENATORE APPASSIONATO DI LETTERATURA Plinio nasce a Como tra il 61 e il 62 d.C. Il suo nome è Cecilio Secondo, ma, avendo perso il padre in giovane età, prende il nome dello zio materno, il noto erudito e scienziato Plinio il Vecchio (➛ p. 229); il suo nome diventa quindi Gaio Plinio Cecilio Secondo e, per distinguerlo dallo zio (Plinio, detto "il Vecchio"), viene di solito chiamato Plinio "il Giovane". La famiglia di Plinio è assai abbiente e il giovane è avviato a Roma agli studi di retorica e alla carriera forense. Plinio frequenta la scuola di Quintiliano e l'alta aristocrazia della capitale, tanto che suo tutore è Virginio Rufo (il generale che nel 68 rifiuta il titolo imperiale offertogli dalle legioni germaniche, dopo che ha debellato l'insurrezione di Vindice, rimanendo un simbolo per i senatori che detestano il potere assoluto degli imperatori). Nel 79 assiste all'eruzione del Vesuvio, nella quale trova la morte lo zio, accorso per osservare il fenomeno: Plinio lascia una dettagliata testimonianza di quegli avvenimenti in due famose lettere comprese nel suo epistolario (➛ p. 449). La brillante carriera di oratore si affianca al *cursus honorum*, che avvia durante l'impero di Domiziano e che culmina nel 100 con l'elezione al consolato. Come funzionario dell'amministrazione imperiale ricopre il ruolo di legato consolare in Bitinia tra il 111 e il 113. Muore poco dopo, appena rientrato in patria.
Come oratore Plinio è protagonista di importanti processi, come quello in cui insieme a Tacito, di cui è amico e sincero ammiratore, forma il collegio di accusa contro un governatore corrotto della provincia d'Africa, o quello in cui riesce a far condannare uno dei più temibili delatori dell'epoca di Domiziano, a causa del quale avevano trovato la morte insigni senatori. Delle sue orazioni tuttavia non si è conservato nulla, tranne il *Panegyricus Traiano imperatori dictus*, «Panegirico (ossia "discorso celebrativo ufficiale") pronunciato in onore dell'imperatore Traiano» nel 100, in occasione del suo insediamento come console.
Plinio il Giovane dimostra per tutta la vita una profonda passione per la letteratura, intervenendo spesso alle *recitationes* (le letture poetiche, frequenti nella capitale e nelle maggiori città dell'impero) e componendo numerosi testi di poesia lirica, di cui però ci sono pervenuti solo due frammenti. L'opera per cui è conosciuto è l'epistolario, che raccoglie centinaia di lettere destinate a parenti e amici, oltre a un consistente scambio epistolare con l'imperatore Traiano durante il governatorato in Bitinia (➛ p. 570). Dalle lettere, preziosissime per ricostruire

sia aspetti della vita privata sia aspetti dell'amministrazione imperiale nel periodo di Traiano, emerge la personalità di un intellettuale assai ambizioso, ma onestamente impegnato in favore della diffusione della cultura, che favorisce con atti di disinteressato mecenatismo, soprattutto nei confronti del territorio di Como, sua città natale. Peraltro Plinio, che è in contatto con tutte le maggiori personalità della sua epoca, non manca di prestare aiuto, in caso di bisogno, anche ad altri intellettuali, come Svetonio e il poeta Marziale.

GUIDA ALLO STUDIO

1. A quali importanti processi partecipò Plinio il Giovane?

2. Che cos'è il *Panegyricus Traiano imperatori dictus*?

3. Come dimostrò Plinio il Giovane la propria passione per la letteratura?

L'OPERA

L'EPISTOLARIO DI PLINIO IL GIOVANE

TRA VITA E LETTERATURA L'epistolario di Plinio il Giovane (*Epistularum libri*) si compone di 247 lettere, indirizzate a oltre cento destinatari differenti, generalmente parenti e amici (per cui spesso l'opera è denominata *Ad familiares*), raccolte in nove libri. Il decimo libro comprende invece le lettere indirizzate a Traiano, con molte sue risposte, scritte nel periodo del governo di Plinio in Bitinia. Le lettere dei primi nove libri sono state pubblicate dallo stesso Plinio, senza la data di redazione: nella lettera che presenta la pubblicazione l'autore afferma di aver seguito un ordine casuale, ma in realtà attenti studi hanno evidenziato come egli abbia disposto le lettere in modo che gli argomenti si alternassero per creare varietà ed evitare noia nel lettore. Per quanto riguarda la cronologia, si ritiene che le lettere risalgano al periodo 96-109 d.C.

In funzione della pubblicazione, le lettere certamente sono state riviste, anche se è probabile che siano in gran parte autentiche, ossia effettivamente spedite.

Nell'epistolario è presente una gran varietà di temi: descrizioni di luoghi (celebre la lettera che ricorda la visita alle fonti del fiume Clitumno, in Umbria), di ville (spesso di proprietà dell'autore, come le sue due dimore sul lago di Como, denominate "Commedia" e "Tragedia"), questioni di diritto, affari privati, episodi curiosi (per esempio case infestate da fantasmi). Una particolare menzione meritano le lettere che rievocano l'eruzione del Vesuvio (6, 16 e 20), in cui il resoconto è preciso e scientifico, tanto da rappresentare una delle più importanti testimonianze sull'evento (➛ p. 233), e le numerosissime lettere che trattano di letteratura e della vita culturale dell'impero. La critica più recente ha sottolineato come i giudizi dell'autore siano a volte particolarmente penetranti e soprattutto rivelino un interesse per il "moderno", dimostrando una decisa indipendenza nei confronti del "classicismo ciceroniano" su cui era stata impostata la sua educazione. Già Plinio, per esempio, aveva riconosciuto in Tacito il maggior scrittore della sua epoca.

Molto studiato è il carteggio con l'imperatore Traiano, non tanto per ricostruire la personalità dello scrittore (deferente nei confronti dell'imperatore, ma sempre franco e sincero nel segnalare i problemi più scottanti che si ponevano nell'amministrazione dell'impero), quanto come importante documento per capire alcuni aspetti del sistema di amministrazione imperiale delle province in un momento, quello appunto del principato di Traiano, non rappresentato nella storiografia a noi pervenuta.

GUIDA ALLO STUDIO

1. A chi sono indirizzate le lettere dell'epistolario di Plinio il Giovane?

2. Quali temi sono trattati nelle lettere?

3. Perché è importante il carteggio con Traiano?

T3 ITALIANO

Tacito non rimpiange l'antica oratoria

Tacito, *Dialogus de oratoribus* 36, 1-4; 40

[36, 1] «La grande eloquenza[1], come una fiamma, si alimenta col combustibile, si ravviva col movimento e ardendo diviene brillante. Questa stessa logica ha fatto progredire anche nella nostra città l'eloquenza degli antichi[2]. [2] Sebbene infatti anche gli oratori di oggi abbiano ottenuto lodi che era lecito fossero loro attribuite da una città armoniosa e quieta e felice, tuttavia pareva che in quel disordine e in quella licenza[3] ce ne si procurasse di maggiori, quando, essendo tutto sottosopra e senza un governatore unico, qualsiasi oratore valeva nella misura in cui riusciva ad avere presa sul popolo ignorante. [3] Di qua una legge dietro l'altra e il nome dei demagoghi[4] sulla bocca del popolo, di là pubbliche assemblee tenute da magistrati che quasi passavano anche la notte sulla tribuna degli oratori, da un'altra parte l'abitudine a incriminare personaggi potenti e rancori trasmessi di padre in figlio tra le grandi famiglie, da un'altra parte ancora fazioni di aristocratici e interminabili lotte dei senatori contro la plebe. [4] Ciascuna di queste storture, sebbene facesse a brandelli lo Stato, teneva tuttavia in esercizio l'eloquenza di quei tempi e pareva che la arricchisse di splendidi doni, dato che quanto più potere ciascuno acquisiva in quanto a oratoria, tanto più facilmente percorreva la carriera politica, tanto più superava i suoi colleghi nelle elezioni alle cariche pubbliche, tanto più si procurava il favore della gente che conta, l'autorevolezza nei confronti dei senatori, la fama e il nome di fronte alla plebe. [...]
[40, 1] Quanto ardore infondevano negli animi, quali fiamme ispiravano negli oratori le assemblee senza fine e il diritto di mettere sotto accusa tutti i più potenti e la gloria che proveniva dagli odi politici, quando moltissimi non si astenevano dall'attaccare neppure uno Scipione o un Silla o un Pompeo e per incalzare le persone più in vista, secondo una regola caratteristica dell'invidia, anche attori e comici si mettevano a sbraitare nelle orecchie della gente! [2] Non stiamo parlando infatti di un'attività tranquilla e quieta, che si compiace dell'onestà e della modestia, ma quella grande e famosa eloquenza è figlia della licenza, che gli stolti chiamano libertà[5], è compagna delle ribellioni, è istigatrice del popolaccio irrazionale, priva di rispetto e di serietà, sfrontata, temeraria, arrogante, e non nasce nelle città dotate di una buona costituzione. [3] Quale oratore ci è venuto infatti da Sparta, quale da Creta[6]? – Città di cui si ricor-

1. Ha preso la parola Curiazio Materno, dopo che il dialogo, aperto dalla questione se sia meglio dedicarsi all'oratoria o alla poesia, si è spostato sul tema della decadenza dell'oratoria.
2. Sono «antichi» quanti hanno vissuto prima dell'instaurazione del principato.
3. È un'allusione alle tensioni che hanno caratterizzato l'età di Cicerone. Nel testo, come si capisce proseguendo la lettura, viene operata una distinzione lessicale tra «licenza» (*licentia*), da interpretare come assenza di norme certe, quasi «anarchia», e «libertà» (*libertas*), che invece va intesa (come nel proemio dell'*Agricola*) come la facoltà dei senatori di esprimere liberamente il loro pensiero entro uno Stato regolato dalla volontà di un unico reggitore illuminato.
4. Sono i tribuni della plebe, che dall'epoca dei Gracchi fino alla fine della repubblica hanno dominato la scena politica di Roma.
5. L'argomentazione di Materno si fonda sulla "dissociazione delle nozioni", in questo caso tra nome, «libertà», e realtà, «licenza»: un procedimento assai comune nell'oratoria, presente anche nel discorso di Calgaco nell'*Agricola*, in frasi come «fanno il deserto e lo chiamano pace» (➛ p. 342).
6. Secondo un'opinione diffusa nel mondo greco, Sparta e l'isola di Creta avevano leggi ottime, che garantivano la stabilità sociale in ordinamenti di tipo oligarchico. La costituzione di Atene invece veniva avvertita come pericolosa, in quanto, favorendo il dibattito nelle assemblee aperte a tutto il popolo, portava invariabilmente al varo di sempre nuove disposizioni.

dano severissima disciplina e severissime leggi. Ma non conosciamo nemmeno l'eloquenza dei Macedoni e dei Persiani e di ogni altra popolazione che ha vissuto appagata da un potere saldo. Qualche oratore ci fu a Rodi, moltissimi ad Atene, dove il popolo poteva tutto, gli ignoranti potevano tutto, tutti, per così dire, potevano tutto. [4] Anche la nostra città, finché rimase nell'errore, finché si consumò tra fazioni e disordini e guerre civili, finché nel Foro non ci fu nessuna pace, nessuna concordia in senato, nessun equilibrio nei tribunali, nessun rispetto verso l'autorità, nessuna moderazione nella gestione delle cariche pubbliche, diede luogo a una eloquenza decisamente vigorosa, come un campo mal coltivato fa nascere alcune piante rigogliose. L'eloquenza dei Gracchi tuttavia per lo Stato non era così preziosa da sopportarne le leggi[7], né Cicerone, con quella morte, ebbe adeguata ricompensa per la fama conseguita grazie alla sua eloquenza».

7. La critica mossa ai Gracchi, fin dal loro apparire, è stata quella di voler riformare lo Stato proponendosi tuttavia non come magistrati ordinari, ma come uomini superiori alle leggi.

PER COMPRENDERE IL TESTO

Il testo e il contesto

LA TIRANNIDE DI DOMIZIANO La lettera di Plinio ad Aristone (➛ **T2**) individua con precisione il danno recato da Domiziano alla classe senatoria durante il periodo più oscuro del suo principato, che coincise con alcuni storici processi, come quello contro Aruleno Rustico ed Erennio Senecione, ricordati da Tacito nel proemio dell'*Agricola*. La lettera di Plinio del resto ricorda assai da vicino i primi tre capitoli dell'*Agricola*: lì Tacito loda il ritorno della libertà grazie a Nerva e a Traiano, tuttavia osserva che, a causa della debolezza umana, i rimedi sono più lenti dei mali, quindi il danno provocato nelle coscienze dal silenzio forzato non sarà facilmente recuperato. Con disarmante sincerità Plinio confessa che «la libertà ci ha sorpresi ignoranti e inesperti» (par. 3).

LA SINTESI DI MATERNO Tacito, per bocca di Materno, stabilisce un rapporto diretto tra la libertà di espressione e la brillantezza dell'oratoria con una analisi lucida e razionale che inquadra il problema della decadenza dell'oratoria in un fenomeno storico di lungo periodo (➛ **T3**), senza disperdersi solo in disquisizioni stilistiche (e rivelando un approccio che ricorda da vicino l'acutezza delle osservazioni presenti nelle opere maggiori, *Historiae* e *Annales*). Tacito però non si rifugia in un nostalgico rammarico per la grandezza del passato e ricorda quale prezzo Roma dovette pagare in cambio di una politica che vedeva ampia partecipazione popolare. Secondo un'ottica che ritiene impossibile il governo di uno Stato di tali proporzioni se non a opera di un solo reggitore, Tacito pone di fatto fine al dibattito sulla presunta decadenza dell'oratoria, osservando che anche i contemporanei possono ricevere la lode, per quanto è possibile fare in una società che non è attraversata da tensioni politiche laceranti («Sebbene infatti anche gli oratori di oggi abbiano ottenuto lodi che era lecito fossero loro attribuite da una città armoniosa e quieta e felice», in 36, 2).
Crea una certa difficoltà pensare che questo dialogo sia ambientato nel 75, durante l'impero di Vespasiano, nel momento in cui la tensione tra i senatori e l'imperatore iniziava a farsi sentire, come era accaduto durante la dinastia giulio-claudia; tuttavia l'ammissione che l'oratoria moderna possa ricevere una lode commisurata con la situazione politica del tempo in cui si sviluppa ricorda da vicino il giudizio espresso sulla persona di Giulio Agricola nella conclusione della monografia a lui dedicata: «Sappiano quanti sono soliti ammirare gli atti di ribellione che anche sotto principi malvagi si può essere grandi uomini» (*Agricola* 43).

Il senso del testo

LA DECADENZA DELLA VITA POLITICA Rispetto al parere manifestato da Quintiliano, che punta il dito sull'insegnamento inadeguato dell'eloquenza al suo tempo, sia Plinio sia Tacito, riflettendo sullo scadimento dell'oratoria ai loro tempi, spostano l'attenzione sulla situazione politica. Secondo Plinio la ferita inferta da Domiziano alla *libertas* dei senatori ha lasciato l'aula della massima assemblea di Roma senza parola, anche quando Nerva e Traiano hanno di nuovo restaurato la libertà di espressione. In un passo del *Panegirico* Plinio ricorda del resto

che il senato veniva consultato da Domiziano solo su questioni banali, riguardanti i giochi gladiatori o i mesi da intitolare alla gloria dell'imperatore.
Anche Tacito non si illude che la colpa sia della scuola, tuttavia esprime un parere in generale non inconciliabile con quello di Quintiliano, il quale vuole che l'oratore presti la sua opera allo Stato e all'imperatore: Tacito rifiuta l'oratoria che mira soprattutto ad accrescere la gloria politica personale dell'oratore, di cui sono esempio paradigmatico i Gracchi e soprattutto Cicerone (in 40, 4).

LA PERCEZIONE DELLA DECADENZA Nel complesso, tra l'opinione di Seneca il Vecchio, Quintiliano, Plinio e Tacito, si può dire che nel I secolo d.C. sono state elaborate tre risposte in merito al problema del decadere dell'eloquenza rispetto all'età ciceroniana:

- una risposta morale da Seneca il Vecchio, che incolpa la corruzione dei costumi (condivisa anche da Seneca filosofo nella lettera 114 a Lucilio);
- una risposta tecnica da Quintiliano, che incolpa il metodo di insegnamento finalizzato alle declamazioni (presente anche nel *Satyricon* di Petronio, anche se in un contesto parodistico ➛ p. 204);
- una risposta politica da Plinio e Tacito, che individuano le cause del declino nei cambiamenti indotti dal principato, soprattutto in presenza di principi particolarmente tirannici.

Se un certo ottimismo su un possibile rimedio è prospettato da Quintiliano, nelle parole degli altri non si lascia intravedere un ritorno dell'oratoria al passato splendore (anche solo per mantenere la stabilità dello Stato, come suggerito in Tacito). Il dibattito sembra perciò inquadrarsi nel generico pessimismo sulle sorti di Roma presente in diverse espressioni della cultura latina in età imperiale, come per esempio già in Livio, nella prefazione alla sua opera storica (*res iam magnitudine laboret sua...*), e riconducibile a una concezione biologica di ogni realtà: la «maligna ed eterna legge insita in tutte le cose» di cui parla Plinio il Vecchio (➛ p. 229). Secondo questa lettura, Roma, partita da un ordinamento monarchico, fiorita durante la *res publica* e giunta nuovamente al governo di uno solo pareva aver compiuto la sua parabola di vita e aver raggiunto il declino della vecchiaia.

Rilievo funerario di un magistrato del circo, 120-140 d.C.
Città del Vaticano, Musei Vaticani.

LEGGO E COMPRENDO

1. Secondo Plinio quali conseguenze ha avuto l'impero di Domiziano sull'oratoria?

2. Nel *Dialogus de oratoribus* quali personaggi sono dell'opinione di Tacito?

3. Perché Tacito non è favorevole a un ritorno all'oratoria di età ciceroniana?

L'OPERA

IL *DIALOGUS DE ORATORIBUS*

UN DIALOGO CICERONIANO Il *Dialogus de oratoribus* si propone di esaminare i motivi che hanno causato la decadenza dell'oratoria, come asserisce l'autore nella dedica a Fabio Giusto. In realtà la prima parte riflette sulla maggiore o minore importanza della poesia rispetto all'oratoria, mentre al tema principale è riservata la seconda parte. Secondo la convenzione comune nei dialoghi di stampo ciceroniano, l'autore racconta di aver assistito, da giovane (nel 75 d.C. secondo gli studiosi moderni), a una conversazione tra alcuni importanti oratori riguardo a tale tema. L'impostazione dialogica permette di presentare le varie ipotesi e lasciare all'operetta una dimensione problematica, senza determinare il prevalere di un'ipotesi rispetto a un'altra.

- Capp. 1-4: Marco Apro e Giulio Secondo (oratori, come sono tutti i protagonisti dell'opera) fanno visita a Curiazio Materno, che si sta dedicando alla composizione di tragedie, mediante le quali vuole mettere in scena le disfunzioni del potere.
- Capp. 5-13: Apro invita Materno a lasciar perdere la poesia, dato che solo l'oratoria garantisce fama e successo; Materno invece sostiene che ai loro tempi gli oratori non sono altro che sudditi dell'imperatore, tenuti all'ossequio e all'adulazione; la poesia è l'unica attività che consente l'espressione del libero pensiero.
- Capp. 14-35: arriva anche Vipstano Messalla e la conversazione si sposta sulle cause della decadenza dell'oratoria. Apro difende l'oratoria contemporanea, di cui ammira la vivacità, mentre Messalla ne critica gli eccessi e individua le cause del fenomeno nell'educazione: alunni indolenti e genitori ambiziosi, che pretendono rapidi successi, si rivolgono a insegnanti poco preparati.
- Capp. 36-42: dopo l'opinione di Messalla c'è una lacuna, che probabilmente comprendeva il parere di Giulio Secondo; il testo riprende con le parole di Curiazio Materno. Questi spiega che la decadenza dell'oratoria è indubbia, tuttavia essa va connessa con la mutata situazione politica generatasi successivamente alla fine della repubblica. La libertà di parola, al tempo di Cicerone, ha animato una oratoria veemente e infuocata, irripetibile al di fuori di quelle condizioni. Materno tuttavia sottolinea che tale libertà in fondo ha prodotto contrapposizioni laceranti in seno allo Stato, sfociate in sanguinose guerre civili. Gli Stati bene ordinati non hanno bisogno di un'oratoria tanto appassionata; è meglio avere uno Stato governato da un buon reggitore, senza oratoria infuocata, ma con la pace tra le sue componenti.

SIGNIFICATO, AUTENTICITÀ E DATAZIONE L'opera è problematica in quanto Materno all'inizio sembra, mediante le tragedie (ha appena completato un *Catone*), voler inneggiare alla *libertas*, mentre nell'ultima parte preferisce la rinuncia a essa in nome della pace sociale. A parte questo, secondo i maggiori studiosi, il pensiero di Tacito è rappresentato in parte da Vipstano Messalla (che propugna un classicismo ciceroniano conforme alle teorie di Quintiliano) e in parte da Curiazio Materno, che, asserendo la necessità di rinunciare a parte della libertà per consegnarla a un principe garante della pace allo stato, esprime un concetto assai simile a quanto troviamo nelle *Historiae* (nel discorso di Galba per esempio ➛ p. 361).
Il *Dialogus* è stato ritrovato in età umanistica, all'inizio del Quattrocento, in un manoscritto che ne attribuiva la paternità a Tacito. Nonostante ciò, sulla base del fatto che è scritto con stile ciceroniano, quindi in modo assai diverso rispetto alle opere storiche dello stesso autore, per molto tempo si è ritenuta impossibile tale attribuzione. Allo stato attuale, nella consapevolezza che per gli autori antichi lo stile dipendeva dal genere (quindi un dialogo sul modello ciceroniano esigeva una conforme espressione linguistica) e che un esperto oratore come Tacito, formatosi nel periodo del classicismo ciceroniano, non avrebbe certo avuto difficoltà ad alternare stili differenti a seconda del genere, la maggior parte degli studiosi ritiene che il *Dialogus de oratoribus* sia di Tacito e considera data probabile per la sua composizione il periodo attorno al 102, dopo la composizione dell'*Agricola* e della *Germania* e prima delle *Historiae* (➛ p. 323).

GUIDA ALLO STUDIO

1. Quali sono i vantaggi della trattazione in forma dialogica?

2. Perché si è dubitato dell'autenticità del *Dialogus de oratoribus*?

3. Il parere espresso da Tacito relativamente all'oratoria è avvicinabile alle posizioni espresse dall'autore in campo politico in altre sue opere?

VERIFICA PER LA COMPRENSIONE

QUESITI A SCELTA MULTIPLA

1. **ricordare** Il genere dell'oratoria epidittica:
   - ☐ comprende i discorsi di tipo dimostrativo
   - ☐ consiste in un discorso con marcato impegno politico e civile
   - ☐ comprende i discorsi di tipo deliberativo
   - ☐ comprende i discorsi di tipo giudiziario

2. **ricordare** La definizione di *novi Attici* nell'*Orator* di Cicerone:
   - ☐ si riferisce al famoso destinatario ed editore delle *Familiares* di Cicerone
   - ☐ si riferisce alla generazione di poeti che si opponevano alla tradizione arcaica latina
   - ☐ ha valore dispregiativo
   - ☐ serve a distinguere questi oratori dagli atticisti, che Cicerone apprezza

3. **ricordare** Secondo Plinio il Giovane, la decadenza dell'oratoria è dovuta a cause:
   - ☐ morali
   - ☐ politiche
   - ☐ letterarie
   - ☐ socio-economiche

4. **ricordare** Le *declamationes*:
   - ☐ sono nate come esercizio di scuola ai tempi di Quintiliano
   - ☐ sono un'innovazione tipicamente romana
   - ☐ sono nate come forma di spettacolo in pubblico
   - ☐ possono essere *controversiae* o *suasoriae*

5. **comprendere** Secondo Quintiliano, la decadenza dell'oratoria (➤ **T1**), è avvenuta:
   - ☐ per le stesse cause indicate da Seneca il Vecchio
   - ☐ per l'allontanamento dai migliori modelli di perfezione formale
   - ☐ per colpa dell'imitazione di Seneca il Vecchio
   - ☐ per l'avidità di guadagno dei senatori

6. **comprendere** Un punto focale della lettera 8, 14 di Plinio il Giovane (➤ **T2**) è che:
   - ☐ gli schiavi del padrone trovato morto in casa propria dovevano essere messi a morte
   - ☐ gli schiavi del padrone trovato morto in casa propria avevano diritto a un regolare processo e una soluzione di compromesso poteva essere l'esilio
   - ☐ esercitare la libertà richiederebbe un lungo apprendistato
   - ☐ la disciplina militare durante il principato di Domiziano era soltanto apparente

7. **comprendere** Secondo Tacito (➤ **T3**):
   - ☐ l'oratoria non può dirsi veramente decaduta rispetto al tempo delle guerre civili
   - ☐ non è possibile raggiungere la perfezione dell'eloquenza se non in una città quieta e felice
   - ☐ l'oratoria trae alimento dalle discordie
   - ☐ la vera libertà non esiste, esiste solo la sfacciata licenziosità

QUESITI A RISPOSTA BREVE

Rispondi ai quesiti nello spazio di 7-8 righe per ciascuno. Quando lo ritieni opportuno, puoi consultare i testi.

1. Quale fu la sorte delle scuole di retorica durante l'impero, cioè in un periodo in cui era venuta meno l'utilità politica dell'oratoria?
2. Qual è la funzione dell'oratore in età imperiale secondo Quintiliano?

TRATTAZIONE SINTETICA

1. Illustra la concezione di "classicismo" inaugurata nella letteratura latina durante il principato di Augusto, spiega quale sia la sua valenza politica e quale evoluzione conobbe nell'ambito dell'oratoria.
2. Facendo opportuni riferimenti ai testi letti, riassumi le posizioni degli autori studiati sulle cause della decadenza dell'oratoria in età imperiale.

Il canone dell'imitazione

PER ANALIZZARE

ELOQUENZA E LETTERATURA NELLA CULTURA CLASSICA «A quanto pare noi correttamente dobbiamo cominciare da Omero. Questi infatti, come lui stesso dice che dall'Oceano traggono l'inizio del loro corso i fiumi e le sorgenti, ha dato il modello e l'origine a tutte le parti dell'eloquenza»: con queste parole (*Institutio oratoria* 10, 1, 46 ➤ T4) Quintiliano apre la sezione in cui tratta delle conoscenze letterarie che il buon oratore deve possedere. In modo inequivocabile secondo Quintiliano la letteratura e l'eloquenza sono inscindibili, tanto che in Omero, indiscusso modello per la poesia, si trovano anche i fondamenti dell'eloquenza. Le teorie di Quintiliano erano probabilmente condivise, in quanto tutti i poeti e i letterati latini successivi alla metà del II secolo a.C. (ossia da quando la retorica greca aveva iniziato a diffondersi capillarmente nel mondo romano) si sono formati nelle scuole di retorica: questo significa che dal medesimo campo di studi si formavano sia gli oratori (quindi le persone impegnate nell'amministrazione dell'impero) sia i poeti, e anzi spesso nella stessa persona convivevano l'interesse per l'oratoria e quello per la poesia.

L'ARTE COME IMITAZIONE DELLA NATURA Per capire in che modo la retorica sia sempre alla base delle espressioni della letteratura classica, non solo dell'oratoria, bisogna ricordare che per gli antichi l'arte è sempre una forma di imitazione della natura, o di un modello ritenuto autorevole. Per questo motivo nella descrizione di un paesaggio, o di un gesto, o delle parole di un personaggio il poeta cerca sempre di fare in modo che agli occhi del lettore la rappresentazione, più che realistica, risulti verisimile, ossia che risulti credibile che in una determinata situazione un personaggio compia un certo gesto, in un certo modo, pronunciando certe parole.

Questa circostanza non pone un limite alla creatività del poeta, anzi la stimola. È sufficiente un esempio: posto che Enea, dopo aver amato Didone, l'ha lasciata per proseguire il viaggio, in che termini Didone ha espresso il dolore per l'abbandono subito? Il poeta può raffigurare con infinite variazioni il medesimo tema: il lettore apprezzerà la sua abilità nello svelargli aspetti dei sentimenti dei personaggi fino ad allora rimasti nascosti, ma "verisimili". Anche un soggetto di pura fantasia, mitologico, risponde alle medesime esigenze: per esempio, posto che Dafne si sia trasformata in pianta, come può essere avvenuta la metamorfosi? Questo concetto è riassunto in una massima di Aristotele che si può considerare paradigmatica a proposito della concezione che gli antichi avevano della poesia: «L'impossibile verisimile è da preferire al possibile non credibile» (*Poetica* 24, 1460 a 26 e ss.; trad. di Giovanni Reale).

Veduta di giardino, 40-20 a.C. Affresco staccato dalla Villa di Livia a Prima Porta (o Delle galline bianche). Roma, Museo Nazionale di Palazzo Massimo alle Terme.

L'IMPORTANZA DELLA *TOPICA* Poste queste premesse, l'attività di ricerca (*inventio*) di quanto possa rendere verisimile una scena e l'accorta disposizione degli elementi (*dispositio*) accomunano l'attività del poeta a quella dell'oratore, che ha infatti l'esigenza di raffigurare al giudice o all'uditorio situazioni verisimili. Per esempio, in tribunale l'avvocato deve presentare il proprio assistito come persona onesta e l'avversario come truffatore (senza ovviamente entrare in contraddizione con eventuali prove di fatto). Il poeta perciò, e così anche l'oratore, deve attingere (oppure creare partendo da modelli letterari) da un repertorio di situazioni standardizzate che presentino, nei vari ambiti, tratti di verisimiglianza. Tale "arsenale" è costituito dalla *topica*, cioè l'insieme dei «luoghi» (dal greco *tòpos*) su cui fondare la dimostrazione: la *topica* riveste per il poeta e per l'avvocato la medesima importanza, senza ovviamente vincolare la creatività del primo e nemmeno l'onestà intellettuale del secondo, che può sempre evitare di asserire il falso. A differenziare il poeta dall'oratore è il fine: mentre il primo cerca di suscitare il *pàthos* (e spesso pone all'attenzione del lettore questioni di importanza universale, come i sentimenti, il dramma della guerra ecc.), l'oratore si concentra sul fine immediato, ossia il successo in una causa giudiziaria.

L'ORALITÀ ALLA BASE DELLA CULTURA LETTERARIA CLASSICA L'intersezione tra l'eloquenza e la letteratura nella cultura antica avviene poi anche su un altro piano: durante tutta l'epoca romana la lettura individuale non era pratica particolarmente diffusa e spesso una opera letteraria, in prosa o in poesia, veniva letta ad alta voce; a partire dalla tarda repubblica si tenevano regolarmente le cosiddette *recitationes*, «letture» private tra un ristretto gruppo di amici, oppure pubbliche, in apposite sale; in certi casi le letture poetiche erano effettuate anche a teatro, soprattutto per alcuni generi, dove la lettura espressiva poteva essere sostenuta dalla musica e da coreografie danzate (➛ p. 462).

Questo tipo di fruizione dell'opera letteraria ha determinato il fatto che la letteratura nel mondo classico non si sia mai propriamente separata dalla dimensione dell'oralità, per cui il poeta cercava soprattutto di raggiungere l'animo degli spettatori attraverso le orecchie, assai più che attraverso gli occhi. Risultò quindi particolarmente utile ai letterati la conoscenza delle tecniche retoriche, per ottenere il coinvolgimento dell'uditorio mediante il fascino della parola (*elocutio*): ogni poeta – e in generale chiunque componeva opere ritenute di valore artistico, quindi anche la storia, definita da Quintiliano «poesia in prosa», *carmen solutum* (*Institutio oratoria* 10, 1, 31) – sapeva che le sue parole sarebbero state recitate di fronte all'attento uditorio di una sala da conferenze. L'attenzione che la retorica pone nel mettere a fuoco gli strumenti per suscitare il *pàthos* e lo studio filosofico delle passioni e dei sentimenti fanno quindi parte integrante della formazione tanto dell'oratore quanto del letterato.

LA "LETTERATURIZZAZIONE" DELLA RETORICA Se la poesia è profondamente influenzata dalle norme che regolano l'eloquenza, a sua volta la poesia offre all'oratoria, a livello di *inventio* e di *argumentatio*, uno sconfinato patrimonio di *exempla*, ma soprattutto, a livello di *elocutio*, la possibilità di attingere al lessico e alle *iuncturae* dei poeti. Si compie così, proprio a partire dalla fine del I secolo d.C., quella che Adriano Pennacini ha definito come "letteraturizzazione" della retorica, alludendo alla tendenza degli oratori a riprendere usi linguistici dei poeti (➛ p. 462). Nell'età di Quintiliano il modello linguistico indiscusso fu Virgilio, mentre la tendenza del II secolo d.C. fu quella di accogliere anche usi dei poeti del III e II secolo a.C., secondo un gusto sempre più arcaizzante.

T4-T5

Dalla letteratura all'oratoria

| Quintiliano, *Institutio oratoria* 10, 1, 46-51; 10, 2, 1-9 |

La concezione della cultura di Quintiliano è classicistica e si fonda perciò sull'identificazione di alcuni modelli di riferimento, che deve imitare chi vuole ottenere buoni risultati. Per questo nel libro X del suo manuale di retorica Quintiliano inserisce una vera e propria "storia della letteratura", indicando i modelli letterari che conviene mettere di fronte ai giovani perché possano formarsi come buoni oratori. Quintiliano spiega che in Omero è già possibile trovare tutte le soluzioni necessarie per la composizione di un discorso efficace (→ **T4***): ne emerge un'idea portante dell'*Institutio oratoria*, ossia che la poesia e l'oratoria abbiano entrambe fondamento la retorica. Ma, sempre nel libro X, Quintiliano si sofferma anche sull'imitazione, spiegando i vantaggi a essa connessi e soprattutto come ci si debba regolare per evitare che l'imitazione dia luogo a una acritica riproduzione dell'originale (*→ **T5***).*

T4

Omero è il più grande degli oratori

LATINO/ ITALIANO

| Quintiliano, *Institutio oratoria* 10, 1, 46-51 |

[1, 46] Igitur, ut Aratus ab Iove incipiendum putat, ita nos rite coepturi ab Homero videmur. Hic enim, quem ad modum ex Oceano dicit ipse amnium fontiumque cursus initium capere, omnibus eloquentiae partibus exemplum et ortum dedit. Hunc nemo in magnis rebus sublimitate, in parvis proprietate superaverit. Idem laetus ac pressus, iucundus et gravis, tum copia tum brevitate mirabilis, nec poetica modo sed oratoria virtute eminentissimus.

[1, 46] Perciò, come Arato[1] ritiene che si debba principiare a partire da Giove, così a quanto pare noi correttamente dobbiamo cominciare da Omero. Questi infatti, come egli stesso dice che dall'Oceano traggono l'inizio del loro corso i fiumi e le sorgenti[2], ha dato il modello e l'origine a tutte le parti dell'eloquenza. Nessuno lo supererà in sublimità quando si tratta di argomenti alti, nessuno in precisione quando si tratta di argomenti bassi. Egli è allo stesso tempo riccamente ornato e sobrio, faceto e serio, ammirevole ora per l'abbondanza ora per la stringatezza, il più insigne non solo sotto il profilo dell'invenzione poetica, ma anche dello stile oratorio.

[1, 46] **incipiendum**: è sott. *esse*. • **coepturi**: sott. *esse*, vale come infinito futuro, concordato con il nominativo *nos*, secondo la costruzione personale di *videmur*. • **Hic... Idem**: si intende Omero. • **eminentissimus**: sott. *est*.

1. Il greco Arato (315-240 a.C. circa), di Soli, in Cilicia, è l'autore dei *Phaenòmena*, un poema didascalico in cui descrive le costellazioni e gli indizi celesti che preannunciano i cambiamenti del tempo. Arato, probabilmente seguace dello stoicismo, apre l'opera con un breve inno a Zeus. Tale poema ebbe notevole influenza sulla letteratura latina, e se ne avverte l'eco sia nell'opera di Lucrezio sia nelle *Georgiche* di Virgilio. Cicerone ne iniziò la traduzione (di cui conserviamo frammenti), ma la traduzione completa, intitolata *Aratea* (conservata), fu realizzata da Germanico; una successiva traduzione, sempre intitolata *Aratea* (anch'essa conservata), fu poi realizzata da Rufio Festo Avieno tra il IV e il V secolo d.C.
2. Nei poemi omerici la Terra pare immaginata come un disco circolare, circondata all'esterno dalle acque dell'Oceano, da cui traggono la prima origine i corsi d'acqua principali.

[47] Nam ut de laudibus exhortationibus consolationibus taceam, nonne vel nonus liber, quo missa ad Achillem legatio continetur, vel in primo inter duces illa contentio vel dictae in secundo sententiae omnis litium atque consiliorum explicant artes? [48] Adfectus quidem vel illos mites vel hos concitatos nemo erit tam indoctus qui non in sua potestate hunc auctorem habuisse fateatur. Age vero, non utriusque operis ingressu in paucissimis versibus legem prohoemiorum non dico servavit, sed constituit? Nam et benivolum auditorem invocatione dearum quas praesidere vatibus creditum est et intentum proposita rerum magnitudine et docilem summa celeriter comprensa facit. [49] Narrare vero quis brevius quam qui mortem nuntiat Patrocli, quis significantius potest quam qui Curetum Aetolorumque proelium exponit? Iam similitudines, amplificationes, exempla, digressus, signa rerum et argumenta ceteraque quae probandi ac refutandi sunt ita multa, ut etiam qui de artibus scripserunt plurima earum rerum

[47] Infatti, per tacere dei passi contenenti elogi, esortazioni, consolazioni, il libro nono, in cui compare l'ambasceria ad Achille[3], o la famosa contesa tra i capi del libro primo[4] o le frasi pungenti del secondo[5] non contemplano forse tutti gli espedienti dell'oratoria giudiziaria e di quella deliberativa? [48] Nessuno certamente sarà tanto ignorante da non ammettere che questo autore ha la perfetta padronanza nell'espressione dei sentimenti, sia quelli miti sia quelli agitati. Orsù, non ha forse, con il proemio di entrambi i poemi, condensato in pochissimi versi, non dico mantenuto, ma addirittura dato fondamento alle regole degli esordi? Infatti rende l'ascoltatore sia benevolo, grazie all'invocazione delle divinità, che si crede proteggano i vati, sia attento, grazie all'importanza della materia affrontata, sia pronto a seguire il racconto, dato un rapido sommario della trama. [49] Chi in verità può fare una narrazione più sinteticamente rispetto a colui che dà l'annuncio della morte di Patroclo[6], chi può farlo con maggiore brevità e chiarezza di quello che riferisce lo scontro tra i Cureti e gli Etoli[7]? E poi le similitudini, le amplificazioni, gli esempi, le digressioni, le prove e le argomentazioni e tutto per quello che com-

[47] **ut**: introduce una proposizione finale. • **nonne**: introduce una proposizione interrogativa diretta retorica che presuppone risposta affermativa, il cui predicato è *explicant*. • **missa**: è participio attributivo di *legatio*. • **dictae**: è participio attributivo di *sententiae*. • **omnis**: è accusativo plurale, per *omnes*, da unire a *artes*.
[48] **Adfectus... concitatos**: il sintagma forma il complemento oggetto di *habuisse*, predicato della proposizione infinitiva retta da *fateatur*; la sua dislocazione a inizio frase, con marcata anastrofe, ha la funzione di enfatizzare il concetto. • **Age**: esclamazione, lett. «orsù». • **benivolum... intentum... docilem**: sono complementi predicativi di *auditorem*, complemento oggetto di *facit*. • **proposita... magnitudine**: è un ablativo assoluto con valore causale, come il successivo *summa... comprensa*.
[49] **Narrare**: è da unire al successivo *potest*. • **quam... Patrocli**: *quam* introduce il secondo termine di paragone (rappresentato da una proposizione relativa) dell'avverbio al grado comparativo *brevius*; così successivamente *quam... exponit* rispetto al

3. Nel libro IX dell'*Iliade* si racconta che si reca da Achille una delegazione di capi greci, di cui fanno parte Ulisse, Aiace Telamonio e Fenice: nel libro hanno ampio spazio i discorsi di questi tre delegati per convincere Achille a tornare a combattere.
4. È la contesa tra Agamennone e Achille per il possesso della schiava Briseide.
5. Si riferisce allo scambio di battute tra Tersite e Ulisse avvenuto nell'assemblea di tutto l'esercito greco, indetta per decidere se continuare la guerra.
6. In maniera accorata ma succinta Antiloco, figlio di Nestore, reca ad Achille la triste notizia della morte di Patroclo nel libro XVIII dell'*Iliade*, vv. 18-21.
7. Il riferimento è a un episodio di guerra tra due popolazioni greche, i Cureti e gli Etoli, per il possesso della città di Calidone, cui accenna brevemente Fenice nel suo discorso ad Achille nel libro IX (vv. 529-599).

testimonia ab hoc poeta petant. [50] Nam epilogus quidem quis umquam poterit illis Priami rogantis Achillem precibus aequari? Quid? In verbis, sententiis, figuris, dispositione totius operis nonne humani ingenii modum excedit? Ut magni sit viri virtutes eius non aemulatione, quod fieri non potest, sed intellectu sequi. [51] Verum hic omnis sine dubio et in omni genere eloquentiae procul a se reliquit, epicos tamen praecipue, videlicet quia durissima in materia simili comparatio est.

pete la dimostrazione e la confutazione sono così numerosi che anche quelli che hanno scritto moltissimo riguardo alla retorica attingono citazioni da questo poeta. **[50]** Infine quale perorazione potrà mai stare alla pari con le famose preghiere che Priamo rivolge ad Achille[8]? E che? Non supera forse la misura dell'ingegno umano quanto a parole, frasi a effetto, figure retoriche, disposizione degli argomenti nell'intera opera? Ne segue che è da persona saggia imitare i suoi pregi non con spirito di emulazione, che non è possibile, ma con intelligenza. **[51]** In verità Omero ha lasciato di un bel pezzo dietro a sé tutti senza ombra di dubbio e in tutti i generi dell'eloquenza, anche se soprattutto i poeti epici, in quanto è assolutamente ingrato il confronto nello stesso campo.

comparativo *significantius*. • **quae**: è pronome relativo riferito a *argumenta cetera(que)*. • **probandi ac refutandi**: sono gerundi in genitivo di pertinenza. • **ut... petant**: è una proposizione consecutiva, il cui soggetto è rappresentato dalla proposizione relativa *qui... scripserunt*.
[50] **rogantis**: è participio attributivo di *Priami* e ha come complemento oggetto *Achillem*, acc. secondo la declinazione greca. • **excedit**: il soggetto sott. è *Homerus*. • **Ut**: introduce una proposizione completiva esprimente circostanza di fatto; è sottinteso il verbo di accadimento che la introduce. • **magni**: è genitivo di pertinenza, lett. «tipico di una persona grande».
[51] **omnis**: accusativo plurale maschile, per *omnes*.

8. Nell'ultimo libro dell'*Iliade* si racconta dell'anziano re Priamo che riesce a commuovere Achille e a farsi restituire il corpo di Ettore per potergli rendere gli onori funebri.

PER ANALIZZARE

ORATORIA

IL PARERE DEGLI ALTRI AUTORI

UNA LODE AMBIGUA, MA SINCERA

MARZIALE A QUINTILIANO Quintiliano godette durante la vita di indubbia fama, come dimostra il fatto che l'imperatore Domiziano ufficializzò la sua funzione di retore accordandogli uno stipendio. Una testimonianza della sua rinomanza si trova negli epigrammi di Marziale (2, 90 → p. 282), il quale, poco propenso all'esercizio dell'attività forense, pur riconoscendo la grandezza del retore, dichiara di avere obiettivi di vita assai differenti: Marziale rivendica implicitamente il valore della poesia rispetto a quello della oratoria, in un confronto che ricorda uno dei temi del *Dialogus de oratoribus* di Tacito.

Quintiliano, sommo riferimento della volubile gioventù, Quintiliano, gloria della romana toga, perdonami per il fatto che da anni mi preparo a vivere da povero, ma non inutile. Nessuno si prepara abbastanza a vivere. Rimandi questa decisione chi aspira a superare il patrimonio dei suoi padri e stipa l'atrio di immagini degli antenati [*ossia desidera fare sfoggio della propria nobiltà*].
Mi rende contento un focolare con il fumo che annerisce travi di un soffitto che non se ne ha a male e una fonte di acqua pura ed erbe dei campi. Possa io avere un ben pasciuto schiavo nato in casa e una moglie non troppo colta, la notte con il riposo, senza liti in tribunale il giorno.

T5

ITALIANO

Il principio dell'imitazione | Quintiliano, *Institutio oratoria* 10, 2, 1-9 |

[**10, 2, 1**] Da questi[1] e dagli altri autori degni di essere letti va ricavata la ricchezza lessicale, la varietà delle figure retoriche e l'ordine della composizione, e del resto bisogna rivolgere l'attenzione a un modello per quanto riguarda tutte le virtù. Non può certo essere messo in dubbio che gran parte dell'arte retorica consista nell'imitazione. Come infatti inventare fu ed è il primo e il principale merito, così è utile seguire quanto di buono è stato ritrovato. [**2**] Ogni aspetto della vita del resto funziona in modo tale che anche noi vogliamo mettere in pratica quello che ci piace negli altri. Così i bambini seguono il tracciato delle lettere dell'alfabeto[2], perché si sviluppi la capacità di scrivere, così i musicisti prendono a esempio la voce dei maestri, i pittori le opere degli antichi, i contadini i metodi di coltivazione accreditati dall'esperienza, in definitiva osserviamo che gli inizi di ogni disciplina si uniformano al modello posto loro innanzi. [**3**] E, per Ercole, si impone che noi siamo o simili o diversi dai buoni modelli. Di rado è la natura a garantire la somiglianza, spesso è l'imitazione. Ma proprio questa circostanza, che ci rende la realizzazione di tutte le cose tanto più facile di quanto lo è stata per quelli che non hanno avuto nulla da imitare, risulta dannosa, a meno che non se ne faccia uso con cautela e con giudizio.

[**4**] In primo luogo dunque l'imitazione di per sé non è sufficiente, anche per il fatto che è indice di ingegno pigro accontentarsi di quanto sia stato inventato da altri. Che cosa sarebbe infatti accaduto in quei tempi che furono senza esempio, se gli uomini avessero pensato di non dover fare o pensare se non quello che già conoscevano? Nulla evidentemente sarebbe stato inventato. [**5**] Per qual motivo dunque è vietato che da parte nostra venga inventato qualcosa che prima non ci sia stato? I primitivi sono stati guidati dalla pura natura dell'istinto a produrre tante cose: noi dunque non dovremmo essere stimolati alla ricerca proprio per il fatto stesso che sappiamo con certezza che le scoperte sono venute da parte di coloro che si sono messi a cercare? [**6**] E, dato che coloro che non hanno avuto alcun maestro di alcuna arte hanno lasciato ai posteri moltissimo, a noi l'uso di alcune conoscenze non servirà a crearne di nuove, e non avremo nulla se non benefici prodotti da altri? Saremmo come certi pittori che si preoccupano solamente di imparare a copiare i dipinti misurando col righello. [**7**] È infatti una vergogna accontentarsi di ottenere ciò che si può imitare. Che cosa mai sarebbe capitato se nessuno avesse fatto qualcosa in più rispetto a colui che aveva preso a modello? Non avremmo niente per quanto riguarda la poesia oltre Livio Andronico, niente per quanto riguarda la storia al di là degli annali dei pontefici; navigheremmo ancora con le zattere, non ci sarebbe pittura se non la riproduzione del perimetro delle ombre che gli oggetti proiettano quando esposti alla luce del sole. [**8**] E se si osserva

1. Quintiliano ha appena terminato la lunga disamina di autori greci e latini che necessariamente vanno proposti come lettura a chi vuole diventare oratore. L'ultimo citato è stato Seneca, di cui Quintiliano critica aspramente lo stile, assai di moda tra i giovani oratori a quel tempo, pur riconoscendo i meriti intellettuali delle sue opere per quanto riguarda la filosofia morale.

2. Come spiegato dallo stesso Quintiliano nelle parti dell'opera dedicate all'istruzione elementare, nelle prime fasi dell'apprendimento gli alunni si esercitavano a riprodurre le lettere dell'alfabeto seguendo con lo stilo le tracce preparate dal maestro.

tutto con attenzione, nessuna arte si trova nella situazione di quando sul principio è stata fondata: a meno che noi per caso vogliamo ora condannare solo la nostra epoca a una povertà di questo tipo, ossia che nulla più abbia sviluppo; nulla del resto migliora grazie alla sola ammirazione. [9] E se non è concesso aggiungere qualcosa a quanto ci ha preceduto, come possiamo sperare di formare il perfetto oratore? Giacchè in quelli che finora riconosciamo grandissimi nessuno è stato trovato nel quale non ci sia qualcosa che manca o qualcosa che vada criticato.

PER ANALIZZARE IL TESTO

Il testo e il contesto

OMERO, "PADRE DELL'ORATORIA" Nel primo brano (➛ **T4**) si vede realizzata la "letteraturizzazione" della retorica: Quintiliano infatti nota che nei manuali di retorica numerosi esempi sono tratti da Omero (*qui de artibus scripserunt plurima earum rerum testimonia ab hoc poeta petant*, in 49) e afferma che nell'*Iliade* sono presenti passi che possono insegnare tutti e tre i generi di oratoria. Per esempio:

- nel libro IX il genere epidittico (*de laudibus exhortationibus consolationibus*, in 47)
- nel libro I quello giudiziario (.. ...., in 47).
- nel libro II quello deliberativo (.................................... ...., in 47).

Inoltre da Omero si possono ricavare anche modelli per le parti dell'orazione:

- l'esordio, con *captatio benevolentiae*, nei proemi (*legem prohoemiorum... constituit*, in 48);
- la narrazione che deve essere breve e chiara (*narrare quis brevius... quis significantius potest...?*, in 49)
- l'argomentazione, con ragionamenti atti a provare o confutare (.., in 49), non priva di digressioni (*digressus*);
- la perorazione finale (*epilogus*, in 50).

Nella sua disamina Quintiliano rileva che in Omero è anche ravvisabile la dottrina degli stili, per cui gli argomenti alti possono elevarsi a un tono che tocca il sublime, mentre per argomenti bassi è opportuno uno stile più dimesso: *in magnis rebus sublimitate, in parvis proprietate*, in 46.

Omero è poi maestro per quanto riguarda la *dispositio*: .... , in 50. Ma nei due poemi non manca neppure ciò che riguarda l'*elocutio*, sia sotto il profilo dei *colores*, sia sotto quello della necessità ora di periodi ampi ora di far ricorso alla *brevitas* (*laetus ac pressus, iucundus et gravis, tum copia tum brevitate mirabilis*, in 46).

IMITAZIONE ED EMULAZIONE Nel secondo brano (➛ **T5**) Quintiliano enuncia un principio radicato nell'estetica del mondo antico, in base al quale l'artista, come l'oratore e il poeta, deve sempre partire dall'imitazione di modelli riconosciuti validi dalla tradizione. A fondamento di questa mentalità si possono individuare due differenti circostanze.

In primo luogo l'arte in sé nel mondo antico è ritenuta una forma di imitazione di quanto offre la natura. Le prime teorizzazioni di ciò si trovano in Platone e in Aristotele, anche se con significato opposto. Secondo Platone la *mìmesis* («imitazione») della natura, frutto di un processo tutto sommato irrazionale in virtù di una facoltà che gli dèi accordano ad alcuni uomini («invasamento divino», *enthousiasmòs*), non può produrre alcunché di positivo, in quanto producendo quella che è da ritenersi una "imitazione dell'imitazione" (essendo a sua volta la natura una imitazione delle idee) non fa che allontanare dalla vera conoscenza. Platone sviluppa questa teoria per confutare l'opinione, diffusa nella cultura greca, che i poeti siano sapienti e per affermare che solo dalla dialettica proviene l'effettiva sapienza. Viceversa Aristotele accorda alla mimesi artistica un notevole potere conoscitivo: parlando della poesia, infatti, afferma che il poeta raffigura ciò che è "verisimile", ossia le cose «quali possono accadere in date occasioni», e per questo la sua opera consegue un valore conoscitivo estremamente profondo, maggiore per esempio rispetto alla storiografia in quanto «lo storico descrive fatti realmente accaduti, il poeta fatti che possono accadere. Perciò [...] la poesia tende piuttosto a rappresentare l'universale, la storia il particolare» (*Poetica* 9, 1451 a 36 e ss.; trad. di G. Reale).

In secondo luogo il concetto di imitazione di un modello è profondamente radicato nel *mos maiorum*, fondamento dell'etica romana, che propone ai giovani di seguire il modello costituito dal comportamento degli antenati.

L'imitazione propugnata da Quintiliano non prevede tuttavia un mero adeguamento all'esistente, ma, come spiegato con dovizia di argomentazioni in 10, 2, 4-8, è necessario che ciascuno sviluppi anche una ricerca pro- →

pria, pur partendo dai modelli canonici; e ciò vale per l'oratoria come per tutte le altre arti. Più che imitazione, quindi, si tratta di "emulazione", ossia di una sorta di competizione che porta l'artista a misurarsi con il modello cercando di superarlo. In realtà, proprio su questa linea di emulazione rispetto ai modelli greci, si può dire che si sia mossa tutta la letteratura latina, a partire già dall'opera di Ennio.

Lo stile del testo

IL CLASSICISMO CICERONIANO Le concezioni di Quintiliano portano verso il classicismo. Questo termine deriva da *classis*, nell'accezione di «ordine sociale» e in particolare di «prima classe», ossia l'aristocrazia, cioè il meglio della società, da proporre come esempio a tutta la cittadinanza; il *classicus* è il cittadino della prima classe. Cicerone applica l'aggettivo anche ai filosofi, suddividendoli in "classi", per cui tra i migliori, i *classici*, pone per esempio Democrito. Solo nel II secolo d.C. il retore Frontone (➤ p. 265) estese il termine *classicus* agli scrittori e l'espressione si mantenne anche nei secoli successivi, fino a noi. Buona parte della cultura di età imperiale anche al di fuori della letteratura tende verso il classicismo, ossia l'imitazione di modelli codificati per ragioni ideologiche: per esempio le famiglie di origine provinciale, che a partire dall'età augustea si trovavano proiettate ai vertici dell'aristocrazia senatoria, tendevano a fondersi con la nobiltà della capitale, e pertanto erano più che favorevoli a imitare tutti i costumi accreditati dalla tradizione come autenticamente romani. Il classicismo perciò influenzò particolarmente le scuole di retorica, dove spesso si trovavano i rampolli delle nuove *élites*, e da lì in maniera piuttosto naturale la letteratura.

Il modello ciceroniano è facilmente individuabile dietro la scrittura di Quintiliano, che tende alla *concinnitas*: secondo Quintiliano, «Cicerone va reputato non il nome di una persona, ma della stessa eloquenza» (10, 1, 112). Si può notare per esempio la tendenza a costruire il periodo su strutture bimembri, in 10, 1, 46 (➤ **T4**), come *amnium fontiumque* ed *exemplum et ortum*, ma anche a volte su strutture trimembri, come *et benivolum... et intentum... et docilem*, oppure anche su evidenti simmetrie: *in magnis rebus sublimitate*, ...; e anche *laetus ac pressus*; *iucundus et gravis*; *tum copia tum brevitate mirabilis*; *nec poetica modo, sed oratoria virtute eminentissimus*. Il tono viene notevolmente innalzato da diverse domande retoriche, presenti in tutti i paragrafi da 47 a 50, a fronte di un argomento tanto rilevante.

Infine si può notare l'assoluta assenza di *sententiae*, che invece caratterizzano lo stile drammatico e "inconcinno" di Seneca. E, a questo proposito, va anche rilevato che l'ultima frase di ciascun periodo non tende mai ad abbreviarsi, ma piuttosto a completare armoniosamente ciò che precede.

STORIA, CULTURA, CIVILTÀ | LE *RECITATIONES*

UN'ABITUDINE ANTICA L'incontro tra la letteratura e l'oratoria avvenne anche sul piano della fruizione, in quanto la recitazione di opere poetiche (o in generale di letteratura, per esempio anche letture di storici e di testi filosofici, come i dialoghi di Seneca) in età imperiale divenne uno spettacolo apprezzato quanto le *declamationes*. Letture pubbliche di opere letterarie, le cosiddette *recitationes*, a Roma furono presenti fin dalle origini, ossia dal tempo di Livio Andronico: la poesia, essendo concepita in funzione dell'oralità, trovava il suo naturale spazio nella recitazione ad alta voce, senza escludere la possibilità che la natura ritmica del verso fosse accompagnata anche dalla musica. La diffusione delle opere letterarie del resto cominciava proprio nel momento in cui il poeta riuniva alcuni amici e faceva ascoltare i propri carmi, per accogliere il loro parere, magari prima ancora di dare un assetto definitivo ai suoi testi. In caso di successo, grazie al passaparola tra gli appassionati, venivano poi prodotte copie del testo. Secondo una notizia di Seneca il Vecchio fu con Asinio Pollione, a partire dal 43-42 a.C., che le *recitationes* divennero una vera e propria presenza fissa e quasi istituzionale nella vita culturale dell'Urbe, sotto forma di incontri periodici ai quali diveniva quasi un obbligo sociale partecipare. A volte la recitazione veniva affiancata da coreografie oppure era affidata a esperti attori o attrici di teatro. Così infatti sappiamo che conobbero il loro strepitoso successo anche le *Bucoliche* di Virgilio, immediatamente a ridosso della loro pubblicazione.

Secondo l'attenta ricostruzione di Adriano Pennacini, «a partire dall'età augustea a Roma ci sono almeno quattro tipi diversi di *recitationes*: dell'autore *in aede* – nel tempio di Apollo Palatino, perché ivi risiedeva il *Collegium poetarum* –; davanti a un giudice per concorrere a un premio di poesia; dell'autore in teatro; di cantanti o di attori professionisti in teatro: e quest'ultima assunse presto la forma di uno spettacolo del genere dell'opera lirica o del varietà» (da *L'arte della parola*, in *Lo spazio letterario di Roma antica*, Salerno editrice, Napoli 1989, vol. 2, p. 260).

LABORATORIO DI ANALISI

Leggi il testo seguente aiutandoti con le note; poi esegui quanto richiesto, realizzando un testo organico e armonizzando le risposte ai quesiti con opportuni connettivi testuali. Se lo desideri, puoi anche modificare l'ordine delle risposte nel modo che ti sembra più efficace.

Un classico dell'oratoria: Cicerone

Quintiliano, *Institutio oratoria* 10, 106-112

*Nel decimo libro dell'*Institutio oratoria *Quintiliano stabilisce il canone degli autori da imitare: perciò ripercorre la storia letteraria greca e latina presentando l'opera di ciascun autore con un giudizio sullo stile. Secondo Quintiliano nell'arte oratoria, per merito di Cicerone, gli autori latini hanno raggiunto il livello dei Greci. Egli non intende scandalizzare coloro che ritengono Cicerone inferiore a Demostene, autore greco che Quintiliano stesso considera imprescindibile; tuttavia si spinge ad affermare che, per quanto riguarda l'organizzazione dei discorsi e il reperimento degli argomenti, non si notano differenze sostanziali tra Demostene e Cicerone; per quanto concerne invece lo stile, Cicerone è per diversi aspetti superiore, almeno nelle opere per cui è possibile operare un confronto diretto: l'unico vantaggio indiscutibile di Demostene sembra essere quello di essere nato prima e di aver posto le basi per la grandezza di Cicerone.*

[106] Quorum ego virtutes plerasque arbitror similes: consilium, ordinem, dividendi praeparandi probandi rationem, omnia denique quae sunt inventionis. In eloquendo est aliqua diversitas: densior ille, hic copiosior; ille concludit adstrictius, hic latius; pugnat ille acumine semper, hic frequenter et pondere; illic nihil detrahi potest, hic nihil adici; curae plus in illo, in hoc naturae. [107] Salibus certe et commiseratione, quae duo plurimum in adfectibus valent, vincimus. Et fortasse epilogos illi mos civitatis abstulerit, sed et nobis illa quae Attici mirantur diversa Latini sermonis ratio minus permiserit. In epistulis quidem, quamquam sunt utriusque, dialogisve, quibus nihil ille, nulla contentio est. [108] Cedendum vero in hoc: quod et prior fuit et ex magna parte Ciceronem quantus est fecit. Nam mihi videtur M. Tullius, cum se totum ad imitationem Graecorum contulisset, effinxisse vim Demosthenis, copiam Platonis, iucunditatem Isocratis. [109] Nec vero quod in quoque optimum fuit studio consecutus est tantum, sed plurimas vel potius omnes ex se ipso virtutes extulit inmortalis ingenii beatissima ubertas. Non enim «pluvias», ut ait Pindarus, «aquas colligit, sed vivo gurgite exundat», dono quodam providentiae genitus in quo totas vires suas eloquentia expe-

[106] **Quorum**: nesso relativo riferito a Cicerone e Demostene. • **ille**: sott. *est*, si intende Demostene. • **hic**: Cicerone.
[107] **fortasse epilogos... abstulerit**: Quintiliano si riferisce al fatto che ad Atene era proibito concludere l'orazione con una perorazione finale, perciò non abbiamo un termine di confronto con le perorazioni di Cicerone. • **illa quae... permiserit**: Quintiliano afferma che la lingua latina non consente alcune peculiarità di stile particolarmente apprezzate dagli Attici, perciò non è possibile valutare la competenza di Cicerone a parità di mezzi espressivi.
[108] **quod**: ha valore dichiarativo. • **videtur**: costruzione personale con nominativo (*M. Tullius*) e infinito (*effinxisse*). • **cum**: ha valore causale.
[109] **quod**: pronome relativo; ha funzione di complemento oggetto rispetto al verbo reggente *consecutus est* e di soggetto rispetto al predicato nominale *optimum fuit*. • **in quoque**: si riferisce agli autori menzionati prima. • **studio**: ablativo strumentale. • **dono quodam**: ablativo di causa. • **genitus**: si intende Cicerone. • **eloquentia**: funge da soggetto.

riretur. [110] Nam quis docere diligentius, movere vehementius potest, cui tanta umquam iucunditas adfuit? – ut ipsa illa quae extorquet impetrare eum credas, et cum transversum vi sua iudicem ferat, tamen ille non rapi videatur sed sequi. [111] Iam in omnibus quae dicit tanta auctoritas inest ut dissentire pudeat, nec advocati studium sed testis aut iudicis adferat fidem, cum interim haec omnia, quae vix singula quisquam intentissima cura consequi posset, fluunt inlaborata, et illa qua nihil pulchrius auditum est oratio prae se fert tamen felicissimam facilitatem. [112] Quare non inmerito ab hominibus aetatis suae regnare in iudiciis dictus est, apud posteros vero id consecutus, ut Cicero iam non hominis nomen sed eloquentiae habeatur. Hunc igitur spectemus, hoc propositum nobis sit exemplum, ille se profecisse sciat cui Cicero valde placebit.

[110] **cui**: è un pronome interrogativo (in dativo, in dipendenza da *adfuit*). • **ut**: riprende, con valore consecutivo, *tanta... iucunditas* nella interrogativa precedente e introduce i congiuntivi *credas* e *videatur*. • **cum**: ha valore concessivo, rafforzato dal *tamen* che segue. • **vi sua**: ablativo di mezzo. • **ille**: si intende il giudice.

[111] **omnibus**: sott. *rebus*. • **adferat**: dipende sempre da *ut* consecutivo, come il precedente *pudeat*, e ha come complementi oggetto *advocati studium* e *fidem*. • **cum... fluunt**: è una proposizione temporale che ha come soggetto *haec omnia*. • **quae... consequi posset**: è una proposizione relativa con il congiuntivo che marca la possibilità rispetto all'oggettività; ha come soggetto *quisquam*. • **inlaborata**: predicativo del soggetto. • **illa**: è attributo di *oratio*. • **qua**: è ablativo di paragone rispetto al comparativo neutro *pulchrius*, riferito a *nihil*. • **tamen**: il valore avversativo segnala la contrapposizione con *qua nihil pulchrius auditum est*.

[112] **id**: è complemento oggetto di *consecutus* (sott. *est*) ed è esplicitato dalla proposizione epesegetica *ut... habeatur*. • **spectemus**: congiuntivo esortativo, come *sit* e *sciat*.

PRIMA PARTE **COMPRENSIONE DEL TESTO**

1. Quali punti di forza ha tratto Cicerone dai maggiori autori greci? Grazie a che cosa è riuscito a ottenere ciò?
2. In quali azioni Cicerone è insuperabile?
3. Quali effetti producono i discorsi di Cicerone in chi li ascolta?
4. Quale esortazione finale rivolge Quintiliano al suo lettore?

SECONDA PARTE **ANALISI DEL TESTO**

1. Osserva la sintassi di questo passo e stabilisci se in essa prevalga la compostezza armoniosa del periodare "ciceroniano" oppure l'enfasi della predicazione celebrativa.
2. Individua nel par. 108 un esempio di *tricolon* con parallelismo.
3. Quale risposta presuppongono le interrogative retoriche del par. 110?
4. Che frequenza hanno nel brano le proposizioni avversative e consecutive, e che funzione svolgono in relazione alla finalità celebrativa del passo?

TERZA PARTE **INTERPRETAZIONE COMPLESSIVA E APPROFONDIMENTI**

1. Spiega chi sia Demostene, basandoti sulle tue conoscenze o cercando altre informazioni su di lui e sul suo stile oratorio. Spiega anche chi siano gli altri autori greci citati al par. 108.
2. Individua nel confronto tra le qualità di Cicerone e di Demostene i riferimenti alle partizioni e alle funzioni dell'oratoria e spiega brevemente in che cosa esse consistano.
3. In che relazione sembrano stare, per Quintiliano, lo studio e la predisposizione naturale, in base a quanto emerge dalla lode di Cicerone?
4. Osserva la paronomasia *felicissimam facilitatem* (par. 111), con la quale Quintiliano riassume la principale dote dell'oratoria di Cicerone, e spiega in che cosa essa consista.

L'oratore e il principe

PER APPROFONDIRE

LA *GRATIARUM ACTIO* IN ETÀ IMPERIALE «Bisogna adempiere alla prescrizione del senato, in base alla quale si è deciso che dalla voce di un console, sotto forma di discorso di ringraziamento, i principi virtuosi riconoscano quanto già effettivamente fanno, quelli malvagi, quello che devono fare» (*Panegyricus Traiano imperatori dictus* 4, 1): con questa affermazione Plinio il Giovane, quando nel settembre del 100 ottiene il consolato, spiega la ragione del discorso che rivolge a Traiano, discorso tramandato a noi con il nome di «panegirico», ossia «discorso ufficiale di ringraziamento». Traiano era allora imperatore da due anni, tuttavia era giunto da poco a Roma, in quanto era stato impegnato a ordinare le province sul *limes* renano e danubiano. Secondo una disposizione legislativa di età imperiale, quindi, era obbligo che i magistrati appena eletti rivolgessero un discorso di ringraziamento, una *gratiarum actio*, all'imperatore. Il ringraziamento era dovuto in quanto la carriera dei magistrati spesso era favorita dall'imperatore stesso, nel senso che al consolato, come alle altre cariche, si giungeva perché segnalati dall'imperatore, che veniva quindi ringraziato per il favore concesso.

***LIBERTAS* E PRINCIPATO** Era abitudine che il magistrato appena eletto, nell'atto di ringraziare l'imperatore per l'onore ricevuto, oltre a porgere lodi generiche, elencasse quanto fino a quel momento il monarca aveva fatto per l'impero. Secondo Plinio, quindi, la *gratiarum actio* rappresenta l'occasione migliore per evidenziare i meriti dell'imperatore, se questi è virtuoso, mentre, se questi è malvagio, il discorso dà la possibilità di lasciare intendere le sue mancanze. Il momento della *gratiarum actio* sarebbe uno di quelli in cui si concretizza l'unione di *libertas* e *principatus*, in quanto i senatori, per bocca di un loro autorevole rappresentante, esaminano la situazione dello Stato con l'imperatore. In tal modo si realizzerebbe anche l'ideale del *vir bonus dicendi peritus* propugnato da Quintiliano nel libro XII dell'*Institutio oratoria*, sotto forma di un oratore che finalizza la sua eloquenza all'utilità pubblica, nel rispetto della supremazia dell'imperatore.

In base a un uso codificato fin dai tempi di Augusto, il senato inoltre non aveva frequenti occasioni per riunioni plenarie: generalmente l'assemblea era convocata due volte al mese, alle calende e alle idi. Siccome il consolato a poco a poco era divenuto un mero titolo onorifico, necessario per accedere ai gradi più alti dell'amministrazione provinciale, accadeva che in un anno si alternassero normalmente tre o quattro coppie di consoli (a volte anche di più): perciò le varie *gratiarum actiones* (di solito pronunciate da uno solo dei due eletti in nome di tutti e due) avrebbero dovuto avere anche la funzione di fare periodicamente il punto sulla situazione dell'impero.

TRA *LIBERTAS* E PROPAGANDA È tuttavia difficile stabilire nel discorso di Plinio a Traiano quanto vada ascritto a espressione di *libertas* e quanto invece non sia altro che appoggio incondizionato alla politica dell'imperatore, o vera e propria propaganda ufficiale. Da un lato infatti Plinio, nella parte centrale del discorso, ricorda che sotto Traiano la vita dei senatori è divenuta assai più tranquilla e all'insegna della libertà di espressione rispetto a quanto era accaduto nel recente passato (sotto Domiziano): con particolare entusiasmo viene rievocato uno dei primi provvedimenti del nuovo imperatore, in base al quale erano stati stipati in barchette e affidati alle onde del mare i delatori, che al tempo di Do-

■ Statua di Traiano.
Ostia, Museo Ostiense.

miziano avevano provveduto a seminare il terrore, incriminando per lesa maestà chiunque non avesse dimostrato di adeguarsi alla volontà dell'imperatore. Ma a Plinio preme soprattutto sottolineare quanto i provvedimenti di Traiano abbiano garantito ai ceti possidenti la certezza dei patrimoni, non più esposti al rischio di arbitrarie confische da parte del *princeps*.

A parte questo, l'insistenza di Plinio sull'elezione divina dell'imperatore (➤ **T6**) sembra più che altro un tema funzionale alla propaganda di Traiano, che intende così giustificare il proprio potere e proiettare in una luce divina il gesto con cui Nerva lo aveva adottato. Se confrontato con il *De clementia* di Seneca, che appare il discorso al principe di un consigliere che delinea i criteri a cui informare l'azione di governo, l'elencazione dei buoni provvedimenti presi da Traiano nel *Panegirico* assume piuttosto l'aspetto di un bilancio redatto da un funzionario, che non riveste in alcun modo il ruolo di consigliere del principe.

L'OPERA | IL *PANEGIRICO* DI PLINIO A TRAIANO

DALLA *GRATIARUM ACTIO* AL *PANEGIRICO* Il *Panegirico* di Plinio è l'unico discorso di oratoria politica pervenutoci del periodo compreso tra la morte di Cicerone e la tarda antichità (➤ p. 552). Non coincide, però, con quanto effettivamente pronunciato, in quanto l'autore stesso afferma, nella sua corrispondenza epistolare, che il testo è stato notevolmente ampliato in vista della pubblicazione (secondo i calcoli di alcuni studiosi addirittura triplicato come dimensioni). Il testo è definito da Plinio stesso come una *gratiarum actio*; è comunque giustificato indicarlo con il termine di «panegirico», inteso come «discorso di lode» (*laudatio*), piuttosto che come *gratiarum actio*: «panegirico» (dal greco *panègyris*, «assemblea» in genere solenne) è il termine con cui è designato il discorso composto da Isocrate (retore greco del IV sec. a.C.) per i suoi allievi, come modello dei discorsi politici da tenere di fronte all'assemblea panellenica (che accoglieva i rappresentanti di tutte le città greche e si riuniva alla fine di guerre importanti per celebrare la gloria degli eroi morti). In latino il termine diventa sinonimo di *laudatio* (senso non compreso nel termine originario greco) solo attorno al 300 d.C., ma la sua applicazione al testo di Plinio intende evidenziare la novità di questo testo, che a noi è giunto come primo (e quindi modello) in una raccolta di scritti simili formatasi nella tarda antichità (discorsi di lode rivolti all'imperatore, databili tra il 289 e il 389 d.C.) e redatta nell'ambito delle scuole di retorica. L'orazione di Plinio è definita *Panegyricus* del retore Sidonio Apollinare in una lettera del 473 unita a tale raccolta.
In effetti il *Panegyricus* di Plinio, che probabilmente attinge alla tradizione delle *laudationes funebres* romane e a discorsi simili dell'oratoria greca, non ha modelli nell'oratoria latina a lui precedente. Gli studiosi hanno identificato suoi possibili precedenti nell'orazione *Pro Marcello*, rivolta da Cicerone a Cesare nel 46 a.C. come *gratiarum actio* per la clemenza dimostrata dopo la vittoria contro i pompeiani, oppure nella lode di Tiberio inserita nell'opera storica di Velleio Patercolo. Il tono complessivo, come già segnalato, ricorda quello del *De clementia* di Seneca, fatto salvo che, oltre alle differenze già rilevate, Seneca esorta il principe soprattutto alla *clementia*, mentre Plinio ne loda la *modestia*, «moderazione».

IL CONTENUTO DELL'OPERA Il *Panegirico* tratta i seguenti argomenti.

- Parr. 1-4: esordio con dichiarazione del tema, difficoltà ad affrontarlo e preghiera di invocazione agli dèi.
- Parr. 5-10: rievocazione dell'adozione di Traiano da parte di Nerva (nel 97 d.C.), provvedimento che ha sventato una guerra civile. Va rilevato che Plinio tace le origini provinciali della famiglia di Traiano (che fu il primo imperatore di origine provinciale), forse perché tema sgradito alla propaganda di Traiano.

- Parr. 11-19: il rapporto con Nerva; la vita militare di Traiano prima di diventare imperatore.
- Parr. 20-23: ingresso di Traiano a Roma tra la folla festante dopo la nomina a imperatore (Traiano viene nominato nel 98, mentre è in Germania, ma entra a Roma solo nel 100, essendo impegnato in delicate questioni politiche e militari); rispetto dell'imperatore per la città e per il popolo, diversamente da quanto fatto dai precedenti imperatori.
- Parr. 24-55: elogi per il buon funzionamento delle istituzioni di Roma, la cacciata dei delatori, la vita tranquilla per i possidenti, la moderazione in confronto ai predecessori.
- Parr. 56-80: elogio del rispetto per il senato e per la dignità consolare.
- Parr. 81-89: aspetti della vita privata di Traiano.
- Parr. 90-95: ringraziamenti.

Il *Panegirico* è composto in uno stile decisamente ridondante, tendente al concettoso, e non molto fedele al modello ciceroniano.

GUIDA ALLO STUDIO

1. Che cosa è una *gratiarum actio*?

2. Quali possono essere i modelli del *Panegirico* di Plinio?

3. Quale stile caratterizza il *Panegirico* di Plinio?

T6

ITALIANO

Traiano, imperatore d'adozione per volontà degli dèi

Plinio il Giovane, *Panegyricus Traiano imperatori dictus* 5 e 7

Poco dopo l'esordio del Panegirico, *Plinio rievoca il momento, da collocarsi tra la fine del 96 e l'inizio del 97 d.C., in cui Traiano, poco dopo la morte di Domiziano, viene nominato legato imperiale in Germania e si reca sul Campidoglio (secondo una prassi comune ai magistrati in procinto di recarsi in una nuova provincia). Durante la salita al colle egli incrocia la folla lì riunita per rivolgere le preghiere a Giove: il saluto rivolto per caso dalla gente alla divinità (*Iupiter imperator, *il cui tempio si trovava sul Campidoglio) proprio nel momento in cui passava Traiano, venne allora interpretato come presagio divino dell'impero, che tuttavia, con modestia, l'allora generale delle legioni germaniche rifiutò.*

Ma, alla luce di quanto poi effettivamente accaduto, anche la scelta del nuovo imperatore, operata da Nerva mediante l'adozione di una persona estranea alla sua famiglia (prassi assai differente rispetto a quanto accaduto fino ad allora), si rivela certamente guidata dagli dèi.

[5, 1] Tale[1] doveva essere colui che non le guerre civili, né la repubblica oppressa dalle armi, ma la pace, l'adozione, i numi ormai placati con la terra ci hanno donato. [2] Era forse possibile che nessuna differenza si scorgesse tra un Imperatore eletto dagli uomini

1. Plinio ha appena dato una sommaria descrizione fisica di Traiano, allora quasi cinquantenne, ma decisamente in ottima forma, data l'austera disciplina militare a cui era sempre stato sottoposto.

e un altro eletto dagli dèi[2]? Certo che la scelta, il favore di questi verso di te, Cesare Augusto, subitamente e anche in modo inusitato apparve allorquando movevi verso l'esercito[3]. [3] Poiché gli altri principi, a coloro che investigavano il futuro, venivano annunciati o dalla gran copia di sangue delle vittime, o dal volo a sinistra degli uccelli; ma a te nel salire, secondo il costume, il Campidoglio, il festoso grido dei cittadini, sebbene ad altro intenti, venne incontro come se già fossi stato proclamato Principe[4]; [4] poiché tutta la moltitudine che ingombrava la soglia, aperte alla tua entrata le porte, salutando, come credeva, la divinità, te, come l'hanno provato gli avvenimenti, salutava Imperatore. [5] Né diversamente fu da tutti interpretato l'augurio; solo tu non volevi capirlo, ricusando di regnare, e questo era un presagio che avresti regnato bene[5]. [6] Bisognò quindi farti violenza. Né altro poteva costringerti a ciò se non il pericolo della patria e la rovina della repubblica. Poiché tu eri nel fermo proponimento di non accettare l'impero se non per salvarlo. [7] Quindi io son d'avviso essere avvenuto quel furore e quella sedizione militare perché da grande violenza e pericolo dovevasi vincere la tua modestia[6]. [8] E siccome i turbini e le tempeste rendono più gioconda la calma del mare e la serenità del cielo, così riterrei che sia avvenuta quella sedizione per aumentare la grazia della tua pace. [9] Tale vicenda è propria dei mortali, ché le cose avverse nascano dalle prospere e queste da quelle. Delle une e delle altre tiene dio celati i germi e sovente le cagioni dei beni e dei mali si nascondono sotto apparenze opposte[7]. [...]
[7, 1] O nuova e non nota via per salire al principato! Principe ti ha fatto non la tua ambizione, non il tuo timore, ma l'altrui vantaggio, l'altrui paura[8]. [2] Quantunque sembri che tu abbia conseguito quella che tra gli uomini è la maggiore maestà umana, più felice nondimeno era la tua condizione di prima, quando invece cessasti di vivere da privato sotto un buon Principe. [3] Fosti chiamato a parte delle pene e delle fatiche; né le liete e ridenti cose di questa posizione, bensì le gravose e spinose ti mossero ad abbracciarla; accettasti l'impero dopo che altri[9] era pentito d'averlo accettato. [4] Niuna parentela, nessuna attinenza passava tra l'adottato e colui che l'adottava se non che l'uno e l'altro erano ottimi personaggi e l'uno di essere eletto, l'altro era ben degno di eleggere. Dunque non fosti adottato per compiacere a una moglie come di più altri avvenne nei tempi addietro, poiché ti nominò figliuolo, non già il patrigno,

2. Plinio vuol dire che gli dèi e gli uomini hanno scelto la medesima persona come guida dell'impero, come dimostrerà con il successivo racconto di ciò che lui ritiene un prodigio.
3. Viene ricordato il fatto accaduto quando la folla riunita sul Campidoglio per una celebrazione esclamò *Iupiter imperator* proprio mentre Traiano stava salendo verso il tempio di Giove per un sacrificio, all'inizio del suo mandato come legato imperiale presso le legioni della Germania (e dunque non ancora adottato da Nerva).
4. Plinio intende dire che il prodigio che ha annunciato l'impero di Traiano, quando questi era ancora un semplice legato, è decisamente più significativo rispetto a quelli misteriosi o cruenti che avevano annunciato il potere dei precedenti imperatori.
5. Il rifiuto dell'impero da parte dei neoeletti era in realtà piuttosto comune, almeno nelle primissime fasi, anche per studiare con calma la situazione ed evitare attentati: così fece per primo Tiberio.
6. Quando Nerva divenne imperatore, ebbe un'immediata e violenta opposizione da parte dei pretoriani, che sotto Domiziano avevano goduto di ampi privilegi. Perciò, forse su suggerimento dei senatori a lui più vicini, si affrettò ad adottare un valente generale come Traiano, già piuttosto popolare, per preparare la successione. In effetti Traiano, quando seppe di essere stato nominato imperatore alla morte di Nerva, rimase in Germania e provvide immediatamente a eliminare il capo dei pretoriani che era pronto a scatenare una ribellione.
7. In forma adulatoria Plinio sfrutta un'argomentazione caratteristica dello stoicismo (le sventure sono inviate dagli dèi per mettere in rilievo la virtù dei buoni) per coprire il fatto che l'impero di Nerva è stato caratterizzato da forti tensioni e che Traiano è giunto all'impero con la forza.
8. Allude al timore di Nerva di essere rovesciato dai pretoriani.
9. Nerva.

ma il Principe[10]; e il divo Nerva diventò tuo padre con lo stesso sentimento che lo faceva padre di tutti[11]. [5] Né è decoroso che un principe adotti un figliuolo se non appunto con tale disposizione d'animo. Forse che dovendosi trasmettere a un solo il Senato e il popolo romano, gli eserciti, le province, gli alleati, non vorresti prendere che dal grembo della moglie il successore, o ricercarlo soltanto entro il recinto domestico? [6] Non volgerai piuttosto gli occhi attorno per tutta la cittadinanza e giudicherai essere a te il più prossimo congiunto quello che ti parrà il migliore e il più somigliante agli dèi? Chi a tutti deve comandare deve essere scelto fra tutti; ché non si tratta di assegnare un padrone a vili schiavi, in modo da essere contenti di un erede «necessario», ma per un Imperatore di dare un Principe ai propri cittadini. Superbo e tirannico atto sarebbe se non si adottasse uno che anche senza una tale adozione apparisse degno di governare. [7] Così ha fatto Nerva, persuaso che non vi sarebbe alcuna differenza tra il generare e lo scegliere, se non che i figliuoli non si possono senza discernimento adottare così come si accettano quando nascono; e i popoli sopportano meglio uno che il Principe ha poco felicemente generato, piuttosto di un altro che sia stato male scelto.

(Trad. di E. Faelli)

10. Tiberio era figliastro di Augusto, come Nerone di Claudio: entrambi erano stati nominati prìncipi per volontà delle rispettive madri, Livia e Agrippina Minore.

11. L'imperatore dal tempo di Augusto aveva il titolo di *Pater Patriae*.

PER APPROFONDIRE IL TESTO

Il testo e il contesto

VERSO L'*ELOCUTIO NOVELLA* Come è facile rilevare, anche dalla traduzione italiana, lo stile di Plinio è particolarmente ridondante: la *copia verborum* va ben oltre l'insegnamento di Quintiliano, ispirato al modello di Cicerone, ma è estesa si può dire a ogni enunciato, come per esempio «pericolo della patria e rovina della repubblica» (in 5, 6). La prosa del *Panegirico* è dominata dagli espedienti che secondo la dottrina retorica relativa all'*elocutio* (presente per esempio nel libro VIII dell'*Institutio oratoria*) regolano l'*amplificatio*, ossia «l'ingrandimento» (in greco *àuxesis*). È sufficiente osservare la *climax* che si trova in apertura del cap. 5, «pace... adozione... numi», o quella presente in 7, 5, «il Senato, e il popolo romano, l'esercito, le province, gli alleati». L'ingrandimento del soggetto si realizza anche per mezzo della *comparatio*, il «confronto» (in greco *sýnkrisis*), sistematicamente operato a svantaggio dei predecessori di Traiano, per esempio in 5, 3 o in 7, 4, dove viene ricordata con dileggio l'adozione di principi come Tiberio o Nerone, frutto di riprovevole ossequio verso la moglie da parte di Augusto e Claudio: adozione assai diversa da quella operata da Nerva nei confronti di Traiano. Inoltre si può notare la presenza di *sententiae* (per esempio in 7, 6, «chi a tutti deve comandare deve essere scelto fra tutti») e di frasi che tendono a usare i paradossi (tipici dello stoicismo) in forme lambiccate e concettose, come nella giustificazione delle tensioni militari che hanno caratterizzato il regno di Nerva: prova divina perché la virtù di Traiano si estrinsecasse (in 5, 7-8).
Questi procedimenti sono sintomo di un gusto ormai lontano dal classicismo ciceroniano, e ormai proiettato verso quella che di lì ad alcuni anni il retore Frontone avrebbe teorizzato come *elocutio novella*: il modo di esprimersi dalle forme sempre più ricercate tipico dei declamatori del II secolo d.C.

Oltre il testo

HISTORIAE* E *PANEGYRICUS È possibile rilevare significative corrispondenze tra questi passi del *Panegirico* e il discorso che Galba pronuncia di fronte alle truppe nel momento in cui adotta Pisone, all'inizio delle *Historiae* di Tacito. Indipendentemente dal fatto che uno dei due testi possa dipendere dall'altro – questione assai dibattuta, ma allo stato attuale delle conoscenze impossibile da risolvere –, si può pensare che la circostanza della adozione, da parte dei due diversi imperatori, sia stata riletta alla luce di una comune ideologia da parte dei membri della classe senatoria, riflettendo sul ruolo che →

l'imperatore deve rivestire rispetto allo Stato e ai cittadini. Nerva assume i tratti di Galba nel momento in cui sceglie il successore al di fuori dei propri congiunti (in 7, 3-6), evitando così che l'impero divenga *unius familiae hereditas* secondo la definizione di Tacito (*Historiae* 1, 16 ➛ p. 361) e che – secondo quanto afferma Plinio – «il Senato, e il popolo romano, l'esercito, le province, gli alleati» (in 7, 5) ricevano un padrone, come si fa con «vili schiavi» (in 7, 6). Il meccanismo dell'adozione è ritenuto l'unico atto a garantire l'*optimus princeps*: con tale titolo ufficiale viene onorato Traiano e così è appellato all'inizio del *Panegirico*.

IL *PANEGIRICO* COME PROPAGANDA IMPERIALE

Se il confronto con Tacito permette di evidenziare nel *Panegirico* una componente risalente all'ideologia senatoria, non è difficile però identificare anche temi che hanno più a che vedere con la propaganda imperiale e che possiamo ipotizzare siano stati toccati dall'oratore come forma di ossequio al principe, se non perché direttamente imposti da Traiano. Uno degli argomenti che rendono il *Panegirico* un testo della propaganda ufficiale dell'imperatore consiste, per esempio, nell'esaltazione del favore divino accordato dagli dèi alla scelta di Traiano. L'argomento della convergenza del favore degli dèi e degli uomini nella scelta del successore è una questione presente anche nel discorso di Galba in Tacito (*deorum hominumque consensu*, in *Historiae* 1, 15), ma è un tema risalente alla propaganda augustea (Augusto si presenta al popolo come figlio del «divinizzato», *divus*, Cesare): nel *Panegirico* la questione è amplificata dalla narrazione del prodigio annunciante l'impero di Traiano. Il favore divino è l'argomento propagandistico che permette a Traiano, come è stato per i suoi predecessori, di giustificare la propria presenza al vertice dell'impero, senza lasciar trasparire il fatto che ciò è in realtà dovuto soprattutto al favore dell'esercito, anzi della sua parte più forte, ossia le legioni germaniche e danubiane.
Nel *Panegirico* la presenza della propaganda di Traiano, che mira a presentarsi come imperatore legittimo, potrebbe essere ravvisabile anche nel fatto che nel discorso non vi è mai menzione delle sue origini provinciali: un argomento certamente scomodo da toccare, in quanto avrebbe indotto i presenti a chiedersi se fosse vero che in Italia e a Roma non ci fosse nessuno degno dell'impero. Andrea Giardina, in uno studio della letteratura panegiristica latina (di cui l'orazione pliniana rappresenta il modello), ha evidenziato come gli intellettuali dell'età imperiale, soprattutto cristiani, avessero perfettamente chiara la coscienza del fatto che il panegirico era in realtà un discorso di propaganda. Al panegirista toccava il compito di esporre in senato il punto di vista del principe. Per spiegare la situazione imbarazzante del panegirista, Giardina cita un passo delle *Confessiones* di Agostino (➛ p. 580), che ricorda un fatto del 385 d.C., quando, come insegnante di retorica a Milano, gli fu conferito l'incarico di comporre un panegirico per il giovane imperatore Valentiniano II: «Quanto ero misero, dunque, e tu come hai operato per farmi sentire la mia miseria! Quel giorno mi preparavo a recitare un elogio dell'imperatore, infarcito di menzogne, ma capace di conciliare al mentitore i favori di altre persone, ben consapevoli. Il cuore ansimante di preoccupazioni e riarso dalle febbri di rovinosi pensieri, nel percorrere un vicolo milanese scorsi un povero mendicante, che, credo, oramai saturo di vino, scherzava allegramente. Sospirando feci rilevare agli amici che mi accompagnavano le molte pene derivanti dalle nostre follie: tutti i nostri sforzi, quali quelli che proprio allora sostenevo traendo sotto il pungolo dell'ambizione il fardello della mia insoddisfazione e ingrossandolo per via, a che altro miravano, se non al traguardo di una gioia sicura, ove quel povero mendico ci aveva già preceduti e noi, forse, non saremmo mai arrivati?» (*Confessiones* 6, 6, 9-13; trad. di C. Carena, in A. Giardina, *Il principe e il testo*, *5. Il panegirico tra storia e «propaganda»*, in *Lo spazio letterario di Roma antica*, Salerno editrice, Roma 1989, vol. 2, p. 605).

- A differenza di quanto accadeva al tempo di Plinio il Giovane, in uno Stato democratico qualsiasi cittadino può rivolgersi a chi ha funzioni di governo anche con una semplice lettera, perché il potere appartiene al popolo, che mediante elezioni libere affida ad alcuni cittadini il compito di legiferare e di applicare le leggi secondo norme valide per tutti. Dopo aver svolto opportune ricerche, immagina di rivolgerti con una lettera indirizzata a un quotidiano o con un intervento su un blog a una persona che abbia incarichi di governo (a livello locale o nazionale) e di segnalare quanto, a tuo avviso, nella sua azione possa essere lodato o sia da rivedere.

Dettaglio del pluteo di Traiano con scena di istituzione degli *alimenta* (particolare). 117-120 d.C. Roma, Foro romano.

PROVA DI TRADUZIONE E COMMENTO

L'ingresso di Traiano a Roma

| Plinio il Giovane, *Panegyricus* 20, 1-4 |

La rievocazione dell'arrivo a Roma di Traiano permette a Plinio di mettere in luce le qualità morali di Traiano e soprattutto la sua profonda alterità rispetto a Domiziano, che non può essere considerato nemmeno un termine di confronto per un principe.

[20, 1] Iam te civium desideria revocabant, amoremque castrorum superabat caritas patriae. Iter inde placidum ac modestum et plane a pace redeuntis. [2] Nec vero ego in laudibus tuis ponam, quod adventum tuum non pater quisquam, non maritus expavit: adfectata aliis castitas, tibi ingenita et innata, interque ea quae imputare non possis. [3] Nullus in exigendis vehiculis tumultus, nullum circa hospitia fastidium; annona quae ceteris; ad hoc comitatus accinctus et parens. Diceres magnum aliquem ducem ac te potissimum ad exercitus ire: adeo nihil aut certe parum intererat inter imperatorem factum et futurum. [4] Quam dissimilis nuper alterius principis transitus! Si tamen transitus ille, non populatio fuit, cum abactus hospitum exsereret, omniaque dextera laevaque perusta et attrita, ut si vis aliqua, vel ipsi illi barbari quos fugiebat inciderent. Persuadendum provinciis erat illud iter Domitiani fuisse, non principis.

GUIDA ALLA COMPRENSIONE

Per giungere a una prima comprensione del testo, rispondi alle seguenti domande.

- Perché Traiano torna a Roma?
- Qual è l'atteggiamento di Traiano nei confronti del trasporto, del cibo, dell'alloggio?

GUIDA AL COMMENTO

Contestualizzazione Indica a quale genere appartiene questa orazione di Plinio il Giovane, che importanza ha nel panorama dell'oratoria di età imperiale e come si può riassumere il suo contenuto.

Interpretazione e approfondimenti Delinea il ritratto di Traiano che emerge da questa pagina del *Panegirico*.

- Perché Plinio sembra sottolineare maggiormente la morigeratezza di Traiano e la sua trasparenza nella rendicontazione delle spese imperiali?

Lo stile del testo

- Individua un esempio di preterizione al par. 2.
- Come viene chiamato, con una mirabile dissociazione tra nome e cosa, il *transitus* di Domiziano a suo tempo?

GUIDA ALLA TRADUZIONE

Le seguenti domande ti guideranno nella traduzione.

- Individua nel brano tutte le ellissi del verbo *sum*.
- Qual è il valore di *quod* al par. 2?
- Quali funzioni hanno i congiuntivi indipendenti presenti nel brano?

Apuleio
Autobiografia fra metamorfosi, iniziazione e magia

ZTE ONLINE
Mettiti alla prova con 20 esercizi interattivi

IL ROMANZO DI LUCIO

PER COMPRENDERE

LA FAVOLA DI AMORE E PSICHE

PER ANALIZZARE

L'AUTODIFESA NEL PROCESSO PER MAGIA

PER APPROFONDIRE

IL TEMPO DELL'AUTORE | APULEIO

LA FORMAZIONE FILOSOFICA E RETORICA La vicenda biografica di Apuleio si presenta affascinante e intrigante, mantiene dei punti oscuri e si ricostruisce primariamente sulla base di notizie autobiografiche. Il primo dubbio riguarda il *praenomen*, *Lucius*, in quanto coincide in misura sospetta con il nome del protagonista del suo romanzo, le *Metamorfosi*. È certa invece la sua nascita a Madaura nella regione africana della Numidia attorno al 125 d.C.; l'appartenenza a una famiglia agiata gli consente di studiare prima a Cartagine, dove intraprende gli studi di retorica ed è iniziato al culto di Asclepio, poi ad Atene, città in cui studia in particolare il pensiero filosofico greco e approfondisce la conoscenza del neoplatonismo (a quell'epoca intriso di misticismo e di curiosità per il mondo della magia). Apuleio mostra grande interesse anche per i misteri di Eleusi. Viaggia moltissimo nell'area mediterranea, giunge fino a Roma dove intraprende la carriera di avvocato e viene iniziato ai culti di Iside e Osiride (che tanta importanza avranno poi nella sua vita e nella sua produzione letteraria); si reca anche in Egitto.

I VIAGGI E IL MATRIMONIO CON PUDENTILLA Nel viaggio di ritorno verso casa, giunto ad Oea (oggi Tripoli in Libia), Apuleio è ospite di un suo vecchio amico di studi, un certo Ponziano, e ne conosce la madre, Emilia Pudentilla, vedova benestante in cerca di marito. Dopo alcune resistenze da parte di Apuleio, i due decidono di unirsi in matrimonio. Alla morte dell'amico Ponziano, però, i parenti della donna, per motivi di eredità, accusano Apuleio di aver costretto Pudentilla a sposarlo ricorrendo a pratiche magiche e quindi plagiandola; il processo è celebrato fra il 158 e il 159 d.C. a Sabratha, nella Tripolitania, alla presenza del governatore della provincia, il proconsole romano Claudio Massimo. Apuleio esce assolto dopo essersi difeso personalmente (l'orazione per la difesa è stata tramandata con il titolo di *Apologia* o *De magia*). Tornato a Cartagine, si dedica all'attività religiosa e culturale: è nominato *sacerdos provinciae*, carica di grande prestigio, in quanto legata al culto dell'imperatore romano; si afferma come brillante e stimato conferenziere, a tal punto da ottenere statue pubbliche in suo onore. Muore presumibilmente intorno al 170 d.C., in quanto dopo tale data non si hanno più notizie certe su di lui.

APULEIO, TESTIMONE DI UN'EPOCA Apuleio si segnala come uno degli autori più fertili e originali del II secolo d.C. nell'ambito della letteratura latina; inoltre rappresenta per noi un testimone autorevole e significativo del suo periodo storico, soprattutto per le scelte che compì nell'ambito della sua vita personale e professionale, ma anche per il ruolo che decise di assumere nel panorama culturale della sua epoca; e la sua vita, d'altro canto, trovò eco e diretta testimonianza nelle sue opere più importanti.
Apuleio palesa i suoi interessi filosofici (indirizzati soprattutto verso il platonismo) in opere come il *De mundo* (un trattatello di scienze naturali), il *De deo Socratis* (una trattazione sistematica della teoria dei demoni), il *De Platone et eius dogmate* (in due libri, sulla fisica e sull'etica di Platone).
La passione legata a una retorica di stampo itinerante trova invece espressione nei *Florĭda*: una raccolta di 23 composizioni oratorie su temi vari, probabilmente stralciate da conferenze o pubbliche letture tenute da Apuleio dopo il suo rientro a Cartagine. La sua straordinaria perizia in campo retorico e in ambito giudiziario si manifesta, invece, nella già citata orazione di autodifesa *De Magia*, l'unica orazione giudiziaria di età imperiale – notoriamente "ostile" a questo genere letterario – giunta fino a noi, in una forma probabilmente rielaborata successivamente dall'autore stesso. Anche in virtù di questa multiforme produzione, Apuleio ci appare come un esponente del movimento culturale noto come "Seconda Sofistica", che si esprimeva appunto nelle performance di famosi retori ma anche in produzioni intrise di curiosità, inquietudine, irrazionalità.
L'opera più famosa di Apuleio è il romanzo in 11 libri intitolato *Metamorfosi* (*Metamorphoseon libri*), probabilmente scritto dopo il 158 d.C., quando l'autore era ormai rientrato a Cartagine; nel testo viene narrata la storia di trasformazione di un uomo, Lucio, in asino e poi la sua contro-metamorfosi; all'interno del romanzo c'è una lunga digressione novellistica che racconta la favola di Amore e Psiche.

GUIDA ALLO STUDIO

1. In quali città si realizzò la formazione di Apuleio?

2. Quale accusa venne rivolta ad Apuleio dai parenti della moglie, dopo la morte di lei?

3. Ricapitola i generi letterari e gli argomenti delle opere di Apuleio che conosciamo.

Autobiografia fra metamorfosi, iniziazione e magia

UN'EPOCA DI CONTRADDIZIONI L'epoca in cui Apuleio visse si caratterizzò per la sua stabilità politica ed economica, conseguenza del governo illuminato degli imperatori Adriano (117-138 d.C.), Antonino Pio (138-161 d.C.) e Marco Aurelio (161-180 d.C.), e per il compimento ormai definitivo del processo di assimilazione culturale fra Roma e le province dell'impero, specie in territorio d'Africa; tuttavia, accanto a questo quadro politicamente solido e tranquillizzante, cominciarono ad affiorare segnali di inquietudine e spie della crisi ormai imminente di un sistema amministrativo stanco ed obsoleto nella sua staticità. Tale incipiente agitazione trovò espressione soprattutto in ambito religioso: si moltiplicarono, infatti, fenomeni di ricerca di soluzioni sincretiche e di nuove esperienze offerte da culti misterici e percorsi iniziatici, accanto al radicale mutamento del rapporto con la divinità e con gli uomini promosso dal cristianesimo.

Un secolo di contrasti, dunque, un secolo carico di passioni, istinti e godimenti, ma anche di ricerche interiori, di cammini di consapevolezza e di fermenti intimistici.

L'IMPOSTAZIONE AUTOBIOGRAFICA DELL'OPERA DI APULEIO In tale guazzabuglio di sensazioni ed esperienze Apuleio sceglie una strada precisa: non rinuncia mai a sperimentare e vivere in prima persona situazioni diversificate in risposta alla sua innata *curiositas*; di ogni suo personale cammino lascia traccia nei suoi scritti, in forma esplicita o attraverso il ricorso all'allegoria, a tal punto che si può affermare che la sua produzione letteraria sia in gran parte autobiografica.

Questa ricca produzione, oltre che in trattati filosofici e discorsi epidittici, si esprime soprattutto attraverso tre generi letterari: il romanzo, la novella e l'oratoria.

Le vicende autobiografiche di Apuleio si possono rintracciare nel suo romanzo *Metamorfosi*, e, in particolare, nell'identificazione dell'autore con Lucio, il protagonista del testo, anch'egli mosso come Apuleio da una irrefrenabile *curiositas*, condizionato nelle sue avventure dalla magia e dalla fortuna, costretto a subire una trasformazione fisica nel corpo di un animale da soma, affascinato e catturato dalla religione, che consentirà poi la sua piena riabilitazione.

All'interno della cornice del romanzo l'esperienza biografica e psicologica dell'autore trova ulteriore espressione nel genere letterario della novella attraverso la favola di Amore e Psiche, nella quale Psiche, allegoria di Apuleio, vive le medesime dinamiche sperimentate da Lucio nel romanzo; Apuleio in particolare si vela dietro il cammino di punizione e redenzione dettato dalla divinità e compiuto da Psiche.

Infine le vicende personali dell'autore si possono conoscere in modo diretto attraverso il genere letterario dell'orazione giudiziaria nel discorso *De magia*, pronunciato e successivamente scritto da Apuleio come ponderata e arguta autodifesa contro l'accusa di magia a lui rivolta dai parenti della moglie Pudentilla.

Anche solo da questa breve esemplificazione si capisce come il percorso letterario di Apuleio sia sempre personale, ora velato ora senza veli, ora semplicemente narrato ora invece indagato e approfondito; tutto ciò consente di cogliere e di apprezzare anche la ricchezza della cultura, della lingua, dello stile di questo fertilissimo e originalissimo autore della latinità africana.

Il romanzo di Lucio

PER COMPRENDERE

IL GENERE DEL ROMANZO Il romanzo è un genere letterario fortunato, diffusosi in Grecia soprattutto in età tardo-ellenistica e a Roma in misura più significativa in età imperiale: il romanzo antico raccontava solitamente le peripezie di uomini o eroi, normalmente a lieto fine; e non a caso l'*Odissea* di Omero (opera che però è classificata all'interno della poesia epica) è considerata come il primo romanzo della tradizione letteraria greco-latina. Le *Metamorfosi* di Apuleio sono invece l'unico romanzo in latino giunto a noi nella sua stesura integrale; nel secolo precedente fu prodotto un altro romanzo importante, il *Satyricon* di Petronio (➤ p. 168), che condivide con l'opera di Apuleio alcune scelte quali il ricorso alla novella, il tema della metamorfosi, la trama fantastica in un contesto realistico, il lieto fine; il *Satyricon* però non ci è stato tramandato nella sua forma completa.

IL ROMANZO DI APULEIO Apuleio in apertura delle *Metamorfosi* presenta la sua opera tramite la voce del protagonista Lucio; dichiara in particolare che la trama del romanzo sarà arricchita da inserti novellistici, sarà resa più frizzante e intrigante tramite il ricorso all'arguzia alessandrina, sarà composta in un latino variegato. Non è immediatamente chiaro che nel protagonista Lucio si debba individuare l'autore, anzi solo verso la fine dell'ultimo libro Apuleio renderà esplicito questo collegamento; è comunque abbastanza comprensibile da subito come le vicende di Lucio, *mutatis mutandis*, coincidano con quelle dell'autore, dato che entrambi sono mossi dalla medesima *curiositas* e, dopo molte avventure e peripezie, perverranno alla conversione redentrice verso il medesimo culto, ovvero quello della dea Iside.

LE CONSEGUENZE DELLA CURIOSITÀ SFRENATA Le *Metamorfosi* di Apuleio sono un chiaro esempio di come la magia e la fortuna, attivate dal desiderio sfrenato di fare esperienze, possano ridurre l'uomo alla condizione di animalità; la curiosità di Lucio – che coincide con la curiosità sperimentata anche dall'uomo Apuleio, come si capirà alla fine del libro – è impudente e istintiva, e costituisce la molla passionale e irrazionale della degenerazione dell'uomo in asino; si tratta di una curiosità incontrollata che il cristianesimo condannerà in quanto espressione di quella tracotanza che spinge l'uomo a volersi appropriare di tutto e a sfidare divinità e leggi naturali; si tratta di quella curiosità che, nonostante tutti gli inconvenienti da essa provocati, suscita – in Apuleio e nella natura umana in generale – meraviglia, interesse, ammirazione, passione. Nella trasformazione in asino l'uomo è privato di ciò che maggiormente lo identifica, ovvero l'aspetto e la parola, mentre mantiene la sua capacità riflessiva, che tuttavia gli altri non possono riscontrare; è il dramma di chi si trova a essere diverso da come viene visto dal prossimo.

LA FIDUCIA NELLA DIVINITÀ Proprio la curiosità, del resto, nel caso di Lucio diventa anche motore di un cammino di consapevolezza, responsabilità e redenzione, portando così l'asino a ritornare uomo, a riappropriarsi della sua identità. Ma questo non accade solo grazie a una magia: serve infatti che l'uomo accantoni il suo orgoglio, che provi vergogna e che si affidi alla divinità, tutte condizioni indispensabili per realizzare la contro-metamorfosi. Alla base della salvezza di Lucio, insomma, sta per prima cosa la scelta umana di rinunciare a uno stile di vita senza limiti; e a questo punto l'uomo, pienamente riabilitato e "redento", può coltivare anche un nuovo rapporto con la divinità, ma in modo più intimo, aderendo – sempre nel caso di Lucio – a un percorso iniziatico che conduce alla verità.

T1

LATINO

Apuleio presenta se stesso e la sua opera

| *Metamorfosi* 1, 1 |

Il primo capitolo delle Metamorfosi *di Apuleio è dedicato alla presentazione del romanzo e del suo protagonista. Si tratta di un inizio* ex abrupto*: il narratore e protagonista (Lucio) entra direttamente e bruscamente in dialogo con il suo lettore e gli indica i temi principali su cui poi verterà l'intero romanzo. Lucio presenta se stesso, mischiando riferimenti alla Grecia, dove egli ha avuto i natali, dove ha imparato il dialetto attico e da dove si è poi trasferito a Roma, e alla terra d'Egitto (da cui invece proveniva Apuleio). La* praefatio *termina con un rimando alla tecnica retorica della* captatio benevolentiae*: il narratore chiede perdono al suo lettore se la sua lingua presenterà termini non adeguati o appartenenti a contesti diversi, con una tecnica per certi versi simile a quella dell'acrobata, a cui Lucio si rifà saltando fra i diversi registri e i vari contenuti. Tutto ciò sarà però garanzia di divertimento per quanti avranno la pazienza di leggere il testo con attenzione.*

In questo prologo risulta chiaro, dunque, che colui che parla è il protagonista del romanzo, ma appare altrettanto evidente come, nella sua presentazione, si intreccino elementi che rimandano direttamente all'autore (come nel caso della menzione dell'Africa, terra natale di Apuleio). Questa sorta di sovrapposizione fra autore e narratore caratterizzerà tutta l'opera, che da una parte si presenta come un romanzo all'interno della cui cornice si alternano novelle e racconti di vario genere, dall'altra può essere interpretata come l'autobiografia di Apuleio criptata attraverso la tecnica dell'allegoria e finalizzata a mettere in luce la curiositas *dell'autore, il suo cammino interiore e infine la sua iniziazione ai culti di Iside e Osiride.*

Il rapporto con la tradizione della favola milesia

[1, 1] At ego tibi sermone isto Milesio varias fabulas conseram auresque tuas benivolas lepido susurro permulceam – modo si papyrum Aegyptiam argutia Nilotici calami inscriptam non spreveris inspicere –, figuras fortunasque hominum in alias imagines conversas et in se rursum mutuo nexu refectas ut mireris.

■ Papiro del Libro dei morti di Kha (particolare), 1428-1351 a.C. Torino, Museo delle Antichità Egizie.

[1] **At**: «Ecco». • **sermone... Milesio**: sulle "favole milesie" di Aristide di Mileto, cfr. "Per comprendere il testo". • **varias... permulceam**: «intreccerò (*conseram*) favole di vario genere e addolcirò (*permulceam*) le tue benevole orecchie con un grazioso mormorio»; la forma *permulceam* presenta desinenza di congiuntivo presente, ma ha funzione di futuro, secondo un uso tipico del latino arcaico e tardo, proprio del registro basso del parlato; il verbo *consero* indica il lavoro paziente di tessitura della trama del romanzo e richiama la tecnica dei racconti inseriti in altri racconti; il verbo *permulceo* esprime la volontà dell'autore di accarezzare l'udito ben disposto di chi legge tramite il dolce suono della sua prosa, magistralmente riprodotto nella frase tramite la marcata allitterazione del suono "s". Nel mondo antico la lettura si svolgeva prevalentemente ad alta voce, non in silenzio come accade ai nostri tempi. • **modo... inspicere**: «se solo (*modo si*) non disprezzerai (*sperno*) di dare un occhio a un papiro egiziano inciso con la finezza tipica di una canna per scrivere del Nilo»; Apuleio richiama in tal modo la produzione alessandrina ma forse vuole anche offrire un rimando alla religiosità egizia, che caratterizzerà in modo determinante la conclusione dell'opera. • **figuras... mireris**: «per ammirare (*ut mireris*) forme e fortune umane modificate (*conversas*) in figure diverse e poi di nuovo ritornate (*refectas*) come prima in un mutuo scambio".

Exordior. "Quis ille?" Paucis accipe. Hymettos Attica et Isthmos Ephyrea et Taenaros Spartiatica, glebae felices aeternum libris felicioribus conditae, mea vetus prosapia est; ibi linguam Atthidem primis pueritiae stipendiis merui. Mox in urbe Latia advena studiorum Quiritium indigenam sermonem aerumnabili labore nullo magistro praeeunte aggressus excolui. En ecce praefamur veniam, si quid exotici ac forensis sermonis rudis locutor offendero. Iam haec equidem ipsa vocis immutatio desultoriae scientiae stilo quem accessimus respondet. Fabulam Graecanicam incipimus. Lector intende: laetaberis.

Allusioni geografiche al protagonista del romanzo e all'autore

La finalità principale dell'intero romanzo

• **Exordior... accipe**: Apuleio introduce la presentazione di Lucio, protagonista del romanzo, in una forma colloquiale. Segue la descrizione del luogo in cui l'autore radica le origini del protagonista dell'opera, ovvero la Grecia (*prosapia* significa «origine», «progenie»); tale luogo è ulteriormente delimitato dal monte Imetto a sud-est di Atene, dall'Istmo di Corinto che separa la penisola ellenica dal Peloponneso e dal promontorio di Tenaro all'estremità sud della Laconia (la regione di Sparta). Dunque l'Attica, Corinto e Sparta, luoghi carichi di memorie letterarie e tradizioni culturali e religiose: queste regioni sono definite «terre felici, celebrate in eterno da opere ancor più felici», con un chiaro riferimento alla produzione letteraria greca. • **primis... merui**: per indicare di aver imparato la lingua attica Lucio-Apuleio ricorre a un'espressione tipica del linguaggio militare, quasi a identificare nell'apprendimento della lingua una specie di milizia. • **Mox... excolui**: «In seguito nella città del Lazio io, straniero alla cultura romana (*advena studiorum*), con enorme fatica dopo avere intrapreso lo studio della lingua locale senza la guida di alcun maestro ne perfezionai la conoscenza»; l'autore sottolinea con orgoglio la sua dimensione di autodidatta nei confronti della lingua latina. • **En ecce praefamur... offendero**: «Ed ecco chiediamo perdono, se da rozzo parlatore incapperò in qualche espressione straniera o forestiera»; periodo ipotetico di primo tipo. La protasi ha il verbo al futuro anteriore (*offendero*) e l'apodosi al presente indicativo (*praefamur*); Apuleio si definisce con falsa modestia *rudis locutor* (apposizione del soggetto sottinteso *ego*), ovvero «rozzo parlatore». Il verbo *offendo* (col significato di «incappare in») regge il complemento diretto *quid* (pronome in cui è caduto il prefisso *ali-*, in quanto preceduto dalla congiunzione *si*), che a sua volta regge il genitivo partitivo *exotici ac forensis sermonis*. Dei due aggettivi il primo sottolinea con evidenza la condizione di straniero; anche il secondo probabilmente va inteso come sinonimo, con la valenza di «forestiero» (*forensis* starebbe per *forasticus*, quindi è sinonimo del precedente). • **Iam haec... respondet**: «Del resto questo cambiamento di tono si accorda alla capacità di passare da una vicenda ad un'altra propria dell'argomento da noi intrapreso»; l'aggettivo *desultorius* rimanda al verbo *desilio*, «saltare», e appartiene al lessico dell'equitazione, indicando il cavallerizzo che in corsa sa passare da un cavallo a un altro; fuor di metafora l'aggettivo indica l'abilità dell'autore di districarsi fra i variegati livelli linguistici oppure il potere della magia di far cambiare forma alle cose. • **Fabulam Graecanicam**: Apuleio definisce il suo romanzo un racconto «alla greca»; segue l'invito al lettore a prestare attenzione (*intende*). • **laetaberis**: con questo futuro si esprime la certezza che il romanzo procurerà piacere a chi lo saprà leggere con cura; non viene dichiarato nessun intento moralistico o didascalico (che invece caratterizzerà l'ultimo libro del romanzo). Questa conclusione dell'*exordium* richiama le chiusure dei prologhi teatrali della commedia latina.

PER COMPRENDERE IL TESTO

Il testo e il contesto

IL MODELLO DELLE *METAMORFOSI* Nel suo romanzo Apuleio, tramite la voce del suo *alter ego* Lucio (il protagonista dell'opera), afferma di rifarsi direttamente alla *fabula Milesia*, cioè a quel tipo di produzione novellistica dai contenuti fantasiosi ed erotici che risaliva ad Aristìde di Mileto (II sec. a.C.): una narrativa finalizzata prevalentemente all'evasione, anche se alcuni studi ipotizzano che tale produzione potesse assumere anche finalità formative e pedagogiche. Non sappiamo, peraltro, se l'esplicita dichiarazione di rifarsi a fonti greche non celi in realtà anche il ricorso a – o almeno l'influenza di – fonti latine, dato che già autori come Sisenna, Varrone e Petronio avevano prodotto novelle.

In realtà, sulla base di indicazioni fornite dal patriarca bizantino Fozio nella sua *Biblioteca* (metà del IX sec. d.C.), è stato ipotizzato che una fonte o un modello del romanzo di Apuleio fosse uno scritto greco intitolato *Lucio o l'asino*, attribuito a Luciano di Samosata. Molti studiosi, tuttavia, pensano che entrambi i romanzi – sia quello greco di Luciano sia quello latino di Apuleio – si rifacciano a un'altra fonte comune, ossia al *Lucio o l'asino* di un certo Lucio di Patre. Su queste basi, comunque, Apuleio avrebbe lavorato con particolare cura e originalità, arricchendo la storia di inserti novellistici, ma soprattutto aggiungendo il libro undicesimo, che sembra costituire la vera novità della versione latina: in quest'ultimo libro, →

infatti, si respira un'atmosfera marcatamente religiosa di carattere misterico ed iniziatico e quindi si trasmette al lettore un significato ben più profondo e ricco rispetto a quello mediato da un romanzo di avventura.
Si conferma così la duplice finalità dell'autore: far divertire il lettore con racconti di vicende fantasiose e pagine anche licenziose, ma anche farlo riflettere; il primo obiettivo è dichiarato nel testo della *praefatio* attraverso il verbo *laetaberis* che la chiude, il secondo resta criptato e si svelerà solo nell'ultimo libro, appunto l'undicesimo (numero del resto non casuale, in quanto richiama il giorno in cui, dopo dieci giorni di preparazione, si compiva l'iniziazione del neofita al culto di Iside); va tuttavia precisato come una parte della critica colga nell'impiego del verbo *laetor* già un rimando alla gioia interiore dell'anima che si affida totalmente al divino.

L'AMBIENTAZIONE Nella pagina iniziale del romanzo affiorano due diversi contesti geografici: uno è quello greco, in cui si ambienta la vicenda; l'altro è quello egiziano, al quale rimanda chiaramente il riferimento al *calamus Niloticus* con cui l'autore ha tracciato il suo testo sulla *papyrus Aegyptia*, e che proietta direttamente nella terra d'Africa (luogo originario di Apuleio e sede privilegiata del culto di Iside, divinità determinante nella conclusione della vicenda). Si tratta dunque di riferimenti geografici tanto precisi quanto allusivi, evocativi, che si modificano e si trasformano nel corso del romanzo in linea con i cambiamenti (di stato, di luogo, di coscienza ecc.) che interessano i suoi protagonisti.

Il senso del testo

L'IDENTIFICAZIONE NARRATORE-PROTAGONISTA Nel corso del romanzo, dunque, le due figure di Lucio e di Apuleio si sovrappongono e si scambiano i ruoli e le presenze in un gioco raffinato di luci e ombre, di epifanie e velature; è interessante anche constatare come il riferimento a un'origine straniera (espresso con evidenza dagli aggettivi *exoticus* e *forensis*) non identifichi con precisione l'uno o l'altro, dato che entrambi, avendo avuto origine Lucio in Grecia e Apuleio in Africa, non sono di madre lingua latina e quindi rischiano di commettere imprecisioni di carattere lessicale; meno evidente forse, ma altrettanto efficace, è poi il riferimento all'arte dell'acrobazia, che riguarda anch'essa entrambe le figure, la prima in relazione alle numerose e svariate peripezie vissute, la seconda in rapporto alla straordinaria flessibilità linguistica e alla capacità di trasformare una *fabula Graeca* in una *fabula Graecanica*, ovvero adattata all'utilizzo della lingua latina (tale infatti è la differenza fra i due aggettivi, il primo dei quali indica l'origine, il secondo un riadattamento).

UNA GRANDE VARIETÀ DI STILE E DI LINGUA La ricchezza lessicale e la ricercatezza formale del romanzo emergono già in questa pagina iniziale, così ricca di aggettivi che, abbinati a precisi vocaboli, creano effetti sonori di grande efficacia; con il nesso *lepido susurro*, per esempio, l'autore intende accarezzare le orecchie del lettore (e lo fa definendo «grazioso» il mormorio della narrazione rievocato e riprodotto grazie al termine onomatopeico); il ricorso al termine arcaico *Ephyrea*, per indicare l'Istmo di Corinto, comporta invece un riferimento dotto e una conseguente coloritura erudita (perché Corinto anticamente era appunto chiamata Efira); l'accumulo di aggettivi (*exoticus*, *forensis*, *rudis*) per definire il *sermo* e il *locutor* (ovvero il discorso e il parlatore) e la marcata allitterazione del suono "r" esprimono anche in forma sonora la durezza di un latino non pienamente posseduto. Dunque la coppia Lucio-Apuleio sarà pure rude e rozza nel parlare, come si autodefinisce, ma certo non appare – almeno agli occhi del lettore – priva di una formazione retorica e di una sensibilità stilistica di alto livello.

■ Medaglione con ritratto di Apuleio, IV secolo. Collezione privata.

LEGGO E COMPRENDO

1. Quali sono le possibili fonti delle *Metamorfosi* di Apuleio? In che cosa consiste la vera novità del romanzo rispetto a queste stesse fonti?

2. Quale termine latino nel testo suggerisce che lo scrittore sia come un acrobata, impegnato a destreggiarsi tra varie vicende e varietà linguistiche?

3. Quale modello letterario si può riconoscere nell'apostrofe conclusiva al lettore (*Lector*, *intende*: *laetaberis*)?

L'OPERA | LE *METAMORFOSI*

GENERE E STRUTTURA DELL'OPERA Le *Metamorfosi* **appartengono al genere** letterario del romanzo, un genere **peraltro non del tutto** definito nel mondo antico (e in **special modo in quello** latino) ma piuttosto da identificarsi **come esito del processo** di contaminazione fra generi letterari diversi (biografia, mitografia, satira menippea, epica). Nel caso del testo di Apuleio, inoltre, non si può trascurare l'influsso della *fabula Milesia* (direttamente citata dall'autore stesso): un genere novellistico di origine greca e di carattere erotico, che a Roma aveva avuto come seguaci autori del calibro di Sisenna, Varrone e Petronio.
La struttura del romanzo, alquanto complessa e articolata, può essere opportunamente suddivisa in quattro sezioni nelle quali classificare gli undici libri che lo costituiscono.

• **LIBRI 1, 2, 3:** sono interamente occupati dalle avventure di Lucio, un giovane che, giunto a Hypata in Tessaglia (terra di magia), viene immediatamente trascinato dalla sua innata *curiositas* nelle vicende misteriose e tormentate della città. Ospite di un ricco possidente di nome Milone e di sua moglie Prànfile, avvezza a pratiche magiche, grazie ai favori della serva Fòtide, Lucio assiste alla trasformazione in gufo della padrona di casa attraverso l'impiego di un unguento. Il giovane, ammaliato da tale metamorfosi, esprime un incontrollabile desiderio di provare la medesima esperienza e convince Fotide ad aiutarlo; ma la serva sbaglia unguento e Lucio, al posto di un uccello, viene trasformato in un asino nel corpo, mantenendo tuttavia il raziocinio proprio della natura umana. Da Fotide, disperata per l'errore commesso, apprende che l'antidoto consiste nel cibarsi di rose: da ora in poi tutto il percorso di Lucio sarà tracciato proprio dalla ricerca dell'antidoto per recuperare pienamente la sua natura umana.

• **LIBRI 4, 5, 6:** Lucio, rapito da alcuni banditi, viene condotto in una grotta su un monte dove ha sede il covo dei malviventi; lì incontra una ragazza prigioniera, di nome Càrite. La fanciulla viene accudita da una vecchia custode che, per distrarla dalla sua penosa condizione e per consolarla, le racconta la **favola di Amore e Psiche**. Questo mito, incastonato nella cornice del romanzo, narra dell'amore fra il dio Cupido (Amore) e una giovane mortale di nome Psiche, la più giovane delle tre figlie di un re. La straordinaria bellezza della fanciulla suscita l'invidia di Venere, madre di Cupido, la quale assegna a suo figlio l'incarico di far innamorare Psiche dell'uomo più brutto sulla terra; in realtà è Cupido stesso a innamorarsi della ragazza, ferendosi con una delle sue frecce magiche; egli allora rinchiude Psiche in un castello e si unisce a lei ogni notte senza mai mostrarle il suo volto. Le sorelle della ragazza, invidiose, seminano nella mente di Psiche il dubbio sulla reale natura dell'amante e la spingono a vederne di nascosto il volto; la ragazza una notte con una lucerna viola il segreto, ma brucia involontariamente il viso di Cupido con una goccia d'olio bollente; il dio, scoperto l'accaduto, abbandona Psiche. A questo punto Venere sottopone Psiche a quattro prove "impossibili": raccogliere in modo ordinato semi e granaglie, recuperare lana dorata, attingere a una fonte posta in cima a un dirupo inaccessibile, scendere agli Inferi e procurarsi un po' della bellezza di Proserpina. Psiche supera tutte le prove anche grazie a molti aiuti; ma, risalendo dagli Inferi, per curiosità apre l'ampolla ricevuta da Proserpina e viene avvolta dal Sonno contenuto in essa. A questo punto Cupido riesce a risvegliare l'amata e, grazie anche all'intervento di Giove, si unisce in matrimonio con lei; il padre degli dèi dona a

■ **Pagina miniata con l'*incipit* dell'*Asino d'oro* di Apuleio** (particolare), XV secolo.
Vienna, Oesterreichische Nationalbibliothek.

Psiche l'immortalità e i due metteranno al mondo un figlio, il Piacere. Così, infine, il sentimento amoroso, osteggiato da molteplici ostacoli e sviluppatosi fra mille peripezie, trova una sua consacrazione.

• **LIBRI 7, 8, 9, 10:** questa sezione del romanzo si apre con la liberazione di Càrite e di Lucio grazie all'intervento del fidanzato di lei, Tlepòlemo, che con astuzia riesce a penetrare nel covo. Prende avvio a questo punto una lunghissima serie di peripezie dell'asino in un continuo alternarsi di toni e di situazioni, ora tragiche ora comiche: prima Lucio diviene proprietà di un gruppo di sacerdoti della dea Siria, poi cade nelle grinfie di un mugnaio (ucciso successivamente dalla moglie), poi ancora nelle mani di diverse altre figure delle cui vicende è spettatore, infine in quelle di due fratelli, uno cuoco e l'altro pasticcere, che per primi si accorgono della doppia natura di Lucio e ne parlano al loro padrone. Costui allora compra l'asino-uomo e ne fa bella mostra in diverse circostanze fino all'imposizione di un'ultima oscena e squallida esibizione, ovvero l'accoppiamento sessuale dell'asino con una donna condannata a morte in un'arena a Corinto. Lucio, però, disgustato e non disposto a sottoporsi a una simile umiliazione, riesce a fuggire e raggiunge di gran carriera una spiaggia deserta, ove si addormenta stremato.

• **LIBRO 11:** a questo punto il tono del racconto muta radicalmente; disperato e costernato, l'asino si abbandona a una intensa e commovente preghiera alla Luna; subito gli appare in sogno la dea Iside, che gli predice quanto accadrà il giorno successivo e che puntualmente si verifica nel racconto: durante una processione in onore della dea stessa Lucio intravede le rose di una corona portata sul capo da un sacerdote, se ne nutre e, grazie a tale antidoto dai connotati non più magici ma divini, recupera la sua natura umana. Il romanzo si chiude in un'atmosfera di intensa e sentita religiosità: Lucio viene iniziato al culto della dea e poi a quello di Osiride, per volere del quale inizia ad esercitare la professione di avvocato.

GUIDA ALLO STUDIO

1. Quale particolarità presenta il genere letterario al quale appartengono le *Metamorfosi* di Apuleio?

2. Con quale espediente narrativo viene inserita nelle vicende di Lucio la favola di Amore e Psiche?

3. Perché si può affermare che l'ultimo libro delle *Metamorfosi* cambia completamente di tono rispetto ai libri precedenti?

T2-T3

La *curiositas* di Lucio e la trasformazione in asino

Metamorfosi 3, 21-26

La serva Fotide, innamorata di Lucio, consente all'amato di assistere alla metamorfosi della padrona Panfile in uccello, grazie al ricorso alle arti magiche della donna e all'utilizzo di sostanze dotate di particolari poteri. Alla metamorfosi di Panfile in gufo, perfettamente riuscita, segue dapprima una sorta di trasformazione psicologica di Lucio che, avendo assistito all'evento, denuncia la sua condizione di frenetica esaltazione e quindi la perdita di lucidità; poi avviene la vera e propria metamorfosi fisica, intensamente desiderata da Lucio e realizzata grazie alla complicità della serva. Purtroppo però qualcosa non funziona e Lucio alla fine si troverà ridotto nella condizione di asino; e anche le rassicurazioni di Fotide sulla facile reperibilità dell'antidoto si dimostreranno in realtà poco veritiere: Lucio-asino dovrà così vivere una lunghissima serie di peripezie prima di poter recuperare le sue sembianze di uomo.

Nella descrizione delle metamorfosi si intrecciano diversi stati d'animo dei vari protagonisti delle vicende: si va dal desiderio alla sorpresa, all'esaltazione, alla delusione, alla disperazione, alla speranza, in un fantastico carosello di sensazioni accompagnate da trasformazioni sia fisiche sia mentali e dal ricorso a varie tecniche di scrittura, che si traducono in racconti, dialoghi, silenzi. In queste pagine particolarmente efficaci sul piano narrativo prende corpo e diviene concreta la metafora, presentata da Apuleio nel capitolo iniziale del romanzo, del desultor, il cavallerizzo che sa saltare con la naturalezza di un acrobata e l'efficacia di un professionista del colpo di scena.

T2 ITALIANO

La trasformazione di Panfile in uccello

| *Metamorfosi* 3, 21-22 |

[3, 21] ... Un giorno Fotide[1], eccitata e agitata, mi corre incontro e mi rivela che la sua padrona, poiché con gli altri suoi sortilegi non riusciva sino allora a ottenere alcun risultato nei suoi affari amorosi, voleva la notte seguente trasformarsi in un uccello rivestito di penne e poi, in tali sembianze, recarsi in volo verso il suo amore[2]; pertanto mi dovevo preparare con prudenza ad assistere a uno spettacolo straordinario. Così nella prima parte della notte Fotide, in punta di piedi e senza far rumore, mi conduce lei stessa fino alla camera posta al piano superiore e mi invita a spiare attraverso una fessura della porta. Ed ecco come andarono le cose. Dapprima Panfile si spoglia di tutte le vesti, poi, aperto un bauletto, ne estrae alcuni vasetti, toglie il coperchio a uno di essi, ne estrae un unguento, si sfrega con esso a lungo le mani e si unge tutta la persona, dalle unghie dei piedi alla cima dei capelli[3]; quindi, dopo aver parlato a lungo e in segreto con la lucerna[4], è scossa per tutto il corpo da un tremito insistente. Poi, mentre al tremito subentra un lieve palpitare, sul corpo spunta una leggera peluria, fuoriescono delle robuste penne, il naso si incurva e si indurisce, le unghie s'ispessiscono e diventano adunche[5]. Così Panfile diviene un gufo. Emesso uno stridulo lamento, saltella per terra a piccoli balzi per sperimentare le sue capacità, poi levatasi in aria vola via ad ali spiegate. [3, 22] Panfile, dunque, s'era trasformata a suo piacere grazie alle arti magiche, ma io, sebbene non fossi stato sottoposto a nessun incantesimo, sbalordito di fronte all'accaduto, mi pareva d'essere qualunque altra cosa fuorché il Lucio di prima[6].

Mosaico pavimentale raffigurante una civetta usata come richiamo per l'uccellagione, II secolo. Oderzo, Museo Civico.

1. Fotide è la serva di Panfile, una maga della Tessaglia, terra in cui è ambientato il romanzo di Apuleio. Di Fotide si innamora Lucio, il protagonista dell'opera che è ricambiato.
2. L'utilizzo dei filtri magici, dalla composizione misteriosa, era diffuso nel mondo antico, soprattutto nei casi di amore non corrisposto: in questo caso, per esempio, Panfile sembra non riuscire a catturare la attenzione del suo amato.
3. Interessante la descrizione dell'incantesimo: il corpo di Panfile è nudo e la donna si spalma tutta con una specie di unguento. In alcuni carmi di Catullo si fa riferimento a uno stesso tipo di prodotto per cercare di conquistare le grazie di qualche donna. Tali filtri d'amore erano però anche pericolosi: esisteva una tradizione, per esempio, secondo cui il poeta Lucrezio sarebbe divenuto pazzo proprio a causa di un *amatorium poculum*.
4. Anche il dialogo con la lucerna rientra nel rito; la lucerna, simbolo del fuoco celeste, era ritenuta un oggetto dalle caratteristiche magiche, impiegato non solo in ambito erotico; nelle *Metamorfosi* (3, 11) Panfile annuncia che la giornata successiva sarebbe stata carica di pioggia, in quanto la lucerna lo presagiva; dunque l'oggetto aveva persino il potere di effettuare previsioni meteorologiche.
5. Molto efficace la descrizione della metamorfosi in gufo di Panfile, raccontata in forma paratattica, nella quale a sensazioni fisiche (tremore e palpitazioni) seguono trasformazioni del corpo presentate dall'autore dettagliatamente e con dovizia di particolari.
6. Lucio, pur non avendo usufruito dei magici poteri dell'unguento, è anch'egli coinvolto in una sorta di metamorfosi psichica, che assume le caratteristiche del sogno ad occhi aperti, dello stordimento, della frenesia. È un anticipo di quello che succederà in seguito, quando però la mente di Lucio non sarà obnubilata dalla metamorfosi, mentre il corpo si trasformerà completamente.

E così io, fuori di me, come stordito da una frenetica esaltazione, sognavo ad occhi aperti; mi stropicciai le palpebre a lungo, per accertarmi se fossi sveglio davvero. Alla fine, dopo essere tornato a riprendere coscienza della realtà, afferrata la mano di Fotide e accostatala agli occhi, chiesi: "Concedimi, ti prego, visto che se ne presenta l'occasione, una dimostrazione solenne e unica del tuo amore per me; ti scongiuro per questi tuoi occhi, dammi un po' di quell'unguento, dolcezza mia, e lega il tuo schiavo con un beneficio che non si può ripagare, in modo tale che io possa restare al fianco della mia Venere divenuto Cupido alato[7]".

7. Mentre la richiesta di Lucio conferma come il campo d'azione di queste pozioni magiche sia soprattutto quello erotico-amoroso, il riferimento allegorico a Venere e Cupido da un lato richiama tale sfera, dall'altro anticipa la vicenda che occuperà la parte centrale del romanzo, ovvero la favola di Amore e Psiche. In questo passaggio del testo va segnalata la notevole arguzia di Lucio, che per ottenere ciò che vuole paragona la sua amata nientemeno che alla dea della bellezza.

RIASSUNTO

Nel capitolo 23 Lucio cerca di tranquillizzare Fotide – timorosa che Lucio, divenuto uccello, possa volare presso tutte le altre donne – sostenendo che nessuna donna potrà trovare il suo piacere con un gufo. Lucio poi chiede a Fotide come, una volta divenuto uccello, potrà tornare uomo; la serva lo tranquillizza dicendo che la padrona le ha fornito l'antidoto, composto da semi di aneto e da un po' di alloro, il tutto macerato in acqua.

T3

LATINO/ITALIANO

La trasformazione di Lucio in asino

| *Metamorfosi* 3, 24-26 |

[3, 24] Haec identidem adseverans summa cum trepidatione inrepit cubiculum et pyxidem depromit arcula. Quam ego amplexus ac deosculatus prius utque mihi prosperis faveret volatibus deprecatus abiectis propere laciniis totis avide manus immersi et haurito plusculo uncto corporis mei membra perfricui. Iamque alternis conatibus libratis brachiis in avem similis gestiebam; nec ullae plumulae nec usquam pinnulae, sed plane pili mei crassantur in setas et cutis tenella duratur in corium et in extimis pal-

[3, 24] Mentre ripeteva continuamente queste assicurazioni, con grandissima agitazione [Fotide] entrò nella stanza e dallo scrigno tirò fuori un vasetto. Io, dopo averlo abbracciato e baciato e pregato di favorirmi con un prospero volo, gettati via di tutta fretta i vestiti, avidamente immersi le mani nel contenitore e dopo aver attinto un bel po' di unguento strofinai con esso tutte le parti del mio corpo. E ormai, muovendo le braccia con sforzi alterni, gesticolavo come un uccello; ma niente piume e niente penne in nessuna parte del corpo, al contrario i miei peli si ispessivano in setole e la tenera

[3, 24] **Haec... arcula**: *arcula* è ablativo retto dalla preposizione *de* con cui è composto il verbo *depromo*. • **Quam ego... perfricui**: il periodo si apre con il nesso relativo *quam* riferito a *pyxis*; seguono tre participi perfetti con valore temporale (*amplexus... deosculatus... deprecatus*), il terzo dei quali (*deprecatus*) regge *ut* + congiuntivo, seguono un ablativo assoluto (*abiectis propere laciniis totis*) e le due proposizioni principali, i cui verbi al perfetto sono *immersi* e *perfricui*. Lucio con grande concitazione abbraccia e bacia il vasetto, lo prega di poter usufruire di un volo felice, si spoglia e poi si unge tutto il corpo con l'unguento: vengono in pratica riproposte le medesime azioni compiute da Panfile nella sua trasformazione in uccello. • **nec ullae plumulae... auctibus**: si avvia la descrizione dettagliata della metamorfosi;

mulis perdito numero toti digiti coguntur in singulas ungulas et de spinae meae termino grandis cauda procedit. Iam facies enormis et os prolixum et nares hiantes et labiae pendulae; sic et aures inmodicis horripilant auctibus. Nec ullum miserae reformationis video solacium, nisi quod mihi iam nequeunti tenere Photidem natura crescebat.
[25] Ac dum salutis inopia cuncta corporis mei considerans non avem me sed asinum video, querens de facto Photidis sed iam humano gestu simul et voce privatus, quod solum poteram, postrema deiecta labia umidis tamen oculis oblicum respiciens ad illam tacitus expostulabam. Quae ubi primum me talem aspexit, percussit faciem suam manibus infestis et: "Occisa sum misera!" clamavit. "Me trepidatio simul et festinatio fefellit et pyxidum similitudo decepit.

pelle si induriva in cuoio e all'estremità dei palmi delle mani, smarritasi la distinzione delle dita, queste si contraevano in singoli zoccoli e dalla parte estrema della mia spina dorsale spuntava una lunga coda. Ormai il muso era enorme, la bocca ampia, le narici spalancate, le labbra penzolanti; allo stesso modo anche le orecchie erano cresciute a dismisura coperte di peli.[1] E non intravedevo alcuna consolazione a questa mia sventurata metamorfosi se non il fatto che a me, anche se ormai non ero più nella condizione di abbracciare Fotide, si ingrossava il pene.[2]
[25] Mentre osservando tutte le parti del mio corpo senza trovare rimedio vedevo che ero diventato non uccello ma asino, intendendo esprimere a Fotide la lamentela per quanto mi aveva fatto ma trovandomi ormai privato sia del gesto che della voce umana, alla fine, cosa che sola potevo fare, dopo aver abbassato il muso e guardandola di traverso con gli occhi bagnati di lacrime, la supplicavo in silenzio[3]. E quella, non appena mi vide in quello stato, prese a sberle il suo volto ed esclamò: "Disgraziata me! Sono rovinata! L'agitazione e la fretta mi hanno fatto sbagliare e anche la somiglianza dei vasetti mi ha ingannato.

sul piano narrativo essa si caratterizza per l'elisione della voce verbale in un paio di frasi (*nec ullae plumulae nec usquam pinnulae*; *iam facies enormis et os prolixum et nares hiantes et labiae pendulae*) e per il ricorso al presente storico (*crassantur*, *duratur*, *coguntur*, *procedit*, *horripilant*), che esprime immediatezza e rende più avvincente il racconto • **tenere**: questo verbo assume nel contesto valenza erotica.
[25] **Ac dum... expostulabam**: il lungo periodo si apre con una proposizione temporale (*dum* + l'indicativo presente *video*) al cui interno è inserita una subordinata espressa dal participio *considerans*; la subordinazione continua poi con un altro participio presente, *querens* (da *queror*); seguono la relativa *quod solum poteram*, l'ablativo assoluto *deiecta labia*, un altro participio presente *respiciens* e infine la principale *expostulabam*. • **Quae... clamavit**: la temporale con nesso relativo è seguita dalla proposizione principale.

PER COMPRENDERE

APULEIO

1. Prosegue la descrizione della metamorfosi, costruita con frasi brevi ed essenziali strutture paratattiche (talvolta con elisione del verbo), che danno immediatezza e rendono quasi visibile e tangibile al lettore la scena grottesca. Ora tocca alla testa che diviene enorme, alla bocca che si allarga a dismisura, alle narici che si ingrossano, alle labbra che ciondolano e alle orecchie che si coprono di orribili peli.
2. La descrizione della metamorfosi termina con questo riferimento divertente all'organo genitale (*natura*), che cresce a dismisura come le altre parti del corpo, ma inutilmente, poiché inutilizzabile nell'atto sessuale: Lucio-asino è ormai impotente, in quanto animale, nei confronti della sua amata Fotide.
3. L'operazione di magia non ha funzionato. L'agitazione, la fretta e la confusione dei vasetti provoca la trasformazione di Lucio in asino. La metamorfosi in questo animale non è casuale: l'asino è l'espressione dell'imbestialirsi dell'uomo a causa della magia nera; nella religione legata al culto di Iside l'asino rappresenta la morte; infine nella tradizione l'asino è spesso simbolo di lussuria. Fa quasi tenerezza questa rappresentazione di Lucio trasformatosi in animale e incapace di usare qualsiasi forma umana di espressione; quel muso abbassato e quegli occhi lucidi simboleggiano magistralmente il totale smarrimento e turbamento del protagonista, suscitando solidarietà e compassione nel lettore.

Sed bene, quod facilior reformationis huius medela suppeditat. Nam rosis tantum demorsicatis exibis asinum statimque in meum Lucium postliminio redibis. Atque utinam vesperi de more nobis parassem corollas aliquas, ne moram talem patereris vel noctis unius. Sed primo diluculo remedium festinabitur tibi". [26] Sic illa maerebat, ego vero quamquam perfectus asinus et pro Lucio iumentum sensum tamen retinebam humanum.

Ma per fortuna l'antidoto di questa trasformazione si può trovare alquanto facilmente: infatti, dopo aver morsicato delle rose, uscirai dal corpo dell'asino e di nuovo ritornerai immediatamente il mio Lucio[4]. Volesse il cielo che questa sera avessi allestito come di consuetudine qualche ghirlanda di rose, affinché tu non sopportassi alcun ritardo nemmeno per una sola notte. Ma subito all'alba si troverà per te il rimedio". [26] Così Fotide diceva piangendo. Ma io, benché fossi diventato asino perfetto e una bestia da soma al posto di Lucio, tuttavia conservavo ancora l'intelligenza umana[5].

• **utinam... tibi:** la congiunzione *utinam* seguita dal congiuntivo piuccheperfetto *parassem* (forma sincopata per *paravissem*) esprime un desiderio irrealizzabile nel passato; segue una proposizione finale negativa.

[26] **pro Lucio**: in questo caso *pro* + ablativo significa «al posto di».

4. All'angoscioso rassegnato silenzio dell'asino fa riscontro la parola gridata di disperazione di Fotide, che ammette l'errore ma trova subito l'antidoto, identificandolo nelle rose: fiori che, nella tradizione sia pagana sia poi cristiana, hanno una marcata valenza misterica e sacra.
5. Si tratta di una caratteristica tipica di situazioni metamorfiche di uomini in animali; è solo la fisicità che muta (e che quindi viene percepita all'esterno), mentre le facoltà restano umane. Un altro esempio di tale situazione si rintraccia nell'episodio omerico della maga Circe (*Odissea* 10, 237-240), in cui i compagni di Odisseo sono trasformati in porci; Odisseo, raccontando la disavventura, afferma: «Circe li percuote con una verga e li rinchiude in un porcile; essi avevano la testa, il corpo, le setole e la voce di porci, ma solo mantenevano integra la mente di prima».

PER COMPRENDERE IL TESTO

Il testo e il contesto

LA METAMORFOSI E LA MAGIA La magia riveste un ruolo determinante in questi episodi di metamorfosi; gli esiti però sono opposti; infatti nel primo caso viene conseguito il risultato atteso, nel secondo invece la conclusione del processo metamorfico è inaspettata. Sono l'esperienza e la competenza della maga Panfile a portare a buon fine l'operazione, sono l'inesperienza e la sbadataggine della schiava Fotide a provocarne il fallimento.
In entrambi i casi di metamorfosi riveste un ruolo essenziale il sentimento dell'amore: nel primo evento esso è il vero motore dell'azione della donna, intenta a conquistare il cuore dell'amante riottoso, nel secondo esso è lo stimolo messo in campo dal giovane per ottenere l'aiuto della serva innamorata e fargli così vivere l'esperienza di trasformazione. Anche l'esito puramente fisico delle due metamorfosi è opposto: benché in entrambe l'uomo si tramuti in animale, nel caso di Panfile la donna-uccello spicca il volo e sperimenta il sentimento di libertà nella possibilità di librarsi nell'aria, nel caso di Lucio l'uomo-asino si trova inchiodato alla terra e sperimenterà il dramma della schiavitù a servizio di diversi padroni.
Gli episodi si svolgono in una casa privata, in un contesto caratterizzato da ammiccamenti, furtive e illecite spiate, gesti definiti e rituali, sentimenti contrastanti, reazioni emotive.

Il senso del testo

IL VALORE SIMBOLICO DELLA METAMORFOSI È chiaramente riconoscibile nell'episodio di trasformazione vissuta dal protagonista una chiave di interpretazione allegorica. La natura umana, alla ricerca di esperienze e di risposte, si trasforma in una natura animale, si imbe-

stialisce, si degrada a livelli infimi; a tal proposito la scelta dell'asino non è casuale, in quanto nell'immaginario collettivo esso è un animale ignorante e testardo, in una visione simbolica rappresenta la materia grezza chiamata a compiere un cammino di purificazione e trasformazione per approdare alla conoscenza; in altri termini l'asino raffigura qualcuno o qualcosa che deve riemergere dalla bassezza per tornare alla sua piena identità.
Tale percorso di svelamento a ostacoli non può che passare attraverso numerose peripezie, che l'uomo-asino deve affrontare e superare: una catena di prove che, sempre nel romanzo di Apuleio, caratterizza anche la favola di Amore e Psiche (➛ p. 496).

L'IDENTIFICAZIONE DI APULEIO CON LUCIO Il peccato commesso dal protagonista è da rintracciare nella sua insana *curiositas*: un sentimento che, se vissuto con esasperazione, porta l'uomo a degenerare e ne provoca il degrado. La medesima *curiositas* caratterizza storicamente anche il personaggio di Apuleio, pensatore attratto dalla filosofia fino all'ammirazione totale per Platone e il platonismo, fedele affascinato da ogni forma di religione misterica fino alla scelta di sperimentare numerose esperienze di iniziazione, oratore incantato e forgiato dalla retorica fino al conseguimento della fama di brillante conferenziere, viaggiatore indefesso a tal punto da visitare la maggior parte delle terre allora conosciute. La *curiositas* dunque espone anche Apuleio a molteplici e variegate esperienze e peripezie, alcune delle quali non piacevoli – come per esempio il processo subìto per l'accusa di magia intentata dai parenti della defunta moglie Pudentilla (➛ p. 511) –, fino al ritorno definitivo a Cartagine, la medesima città in cui da giovane Apuleio si era formato culturalmente, con l'assunzione del ruolo di sacerdote e il compimento del suo percorso di formazione. Appare quindi evidente come nella metamorfosi di Lucio sia inequivocabilmente riflessa la natura di Apuleio stesso e come tale avventura esprima da un lato l'importanza del desiderio di conoscere ma dall'altro anche il rischio che tale desiderio si trasformi in un'ansia sfrenata e incontrollabile, dunque alquanto pericolosa.

LEGGO E COMPRENDO

1. Rileggi i brani, dividili in sequenze e assegna a ciascuna sequenza un titolo che ne presenti brevemente il contenuto.

2. Chi sono Panfile e Fotide?

3. Quali punti in comune e quali differenze presentano la metamorfosi di Panfile e quella di Lucio? Quale interpretazione di tipo allegorico può rivestire la metamorfosi di Lucio in asino?

4. Qual è la causa principale del "peccato" commesso da Lucio-Apuleio?

5. Perchè possiamo indentificare Lucio con Apuleio stesso?

T4

ITALIANO

Le avventure di Lucio

| *Metamorfosi* 9, 30-34 |

Le Metamorfosi *sono soprattutto un romanzo di avventura, nel quale cioè le vicende, le peripezie, le esperienze e i rivolgimenti propri dell'esistenza umana si rincorrono a ritmo incalzante, aprono e chiudono in continuazione scene sempre nuove e spaccati di vita in una sorta di teatro, che ora assume connotati fortemente realistici, ora invece palesemente fantastici. Un esempio di questo entusiasmo creativo di Apuleio e della sua straordinaria fantasia è la vicenda del mugnaio tradito, della sua morte e delle avventure dell'ortolano: una testimonianza di abilità narrativa con ripetuti cambi di situazione e di protagonisti, e con una varietà di temi che contempla vita, morte, amori, prodigi e coinvolge sentimenti variegati e contrastanti fra dolore, solidarietà, stupore, paura. Queste sono le esperienze (anche macabre e tragiche) che Lucio è costretto a vivere e subire, ma sono anche le pagine del romanzo di Apuleio che più divertono e affascinano il lettore.*

[9, 30] Ma forse, lettore scrupoloso, avrai da ridire sul mio racconto, e penserai: "Ma come hai fatto tu, mascalzone di un asino, a startene chiuso nel recinto del mulino e sapere lo stesso quello che tramavano quelle donne? Eppure, l'hai detto tu che lo facevano di nascosto!". Allora stammi a sentire, che ti racconto come sono riuscito, io, uomo curioso sotto la maschera d'asino, a sapere tutto quello che stavano organizzando ai danni del mio mugnaio[1]. Verso mezzogiorno comparve al mulino una donna con una faccia spaventosamente triste, come quella di un impiccato. Era coperta a malapena da un mantello tutto stracciato, scalza, pallida come un morto, i capelli brizzolati tutti sporchi di polvere e arruffati, che le piovevano sul viso nascondendoglielo. La donna prese dolcemente per mano il mugnaio, e lo fece entrare nella sua camera, come se dovesse dirgli qualcosa in segreto; chiuse la porta, e stette lì per un bel po'. Intanto il grano consegnato agli operai era già stato tutto macinato, e dovevano chiederne dell'altro; allora andarono a chiamare il padrone perché gliene consegnasse ancora. Lo chiamarono parecchie volte a squarciagola, ma nessuno rispondeva; picchiarono alla porta, niente; quando si accorsero che era sprangata cominciarono a pensar male, buttarono giù i battenti con uno spintone, e riuscirono a entrare. La donna era sparita, e il padrone penzolava da una trave, ormai morto. Staccarono la corda, lo tirarono giù con grandi lacrime e lamenti, poi lavarono il suo corpo, gli fecero il funerale e, seguiti da un folto corteo, lo portarono a seppellire[2].

[31] Il giorno dopo arriva la figlia, andata sposa tempo prima in un paese vicino, tutta in lacrime, che si strappava i capelli scarmigliati e si dava colpi nel petto. Nessuno di casa l'aveva avvertita della disgrazia, ma lei aveva saputo tutto lo stesso, perché di notte le era apparso lo spettro del padre, ancora con la corda al collo, e le aveva rivelato la perfidia della matrigna, l'adulterio, il maleficio, e come, così stregato, era sceso agli inferi. La figlia pianse a lungo, si disperò, poi, consolata da tutta la famiglia, riuscì a calmarsi. Dopo nove giorni, finite le cerimonie funebri presso la tomba, mise all'asta tutto quello che aveva ereditato, servi, mobilia, animali. E così quella svendita lasciata al caso disperse ciò che era stato un unico capitale[3].

Io fui comprato da un povero ortolano per cinquanta nummi: ero caro, diceva lui, ma del resto doveva pur procurarsi da vivere col nostro comune lavoro.

[32] A questo punto mi sento in dovere di raccontarvi in che cosa consisteva il mio nuovo lavoro. Di buon mattino il padrone mi portava, con un carico di verdure varie, alla città vicina. Una volta consegnata la merce ai rivenditori, tornava al suo orto sulla mia groppa. Qui lui zappava, irrigava e faceva altri lavori, mentre io per tutto quel tempo ero impegnato in un dolce far niente. Ma ecco che il regolare corso delle stelle – passano i giorni, passano i mesi – portò l'anno nuovo, e alle

1. Lucio, rivolgendosi direttamente al lettore e coinvolgendolo nella vicenda, ricorda come la sua condizione sia quella di uomo sotto la maschera d'asino; è la condizione tipica di coloro che si trasformano fisicamente ma mantengono il controllo della propria ragione. Il termine "maschera" evoca inoltre il contesto teatrale.
2. Merita di essere sottolineata la rapidità con cui vengono descritti i fatti. In pochissime righe si succedono diversi avvenimenti: i servi abbattono la porta, trovano il mugnaio impiccato, recuperano il cadavere, gli fanno il funerale e lo seppelliscono; e subito, senza perdita di tempo, ecco una nuova scena.
3. Lo spettro del mugnaio compare di notte alla figlia e la informa dei torti subìti dalla moglie; il momento di incontro fra la ragazza e il genitore morto è dunque il sogno, che nel mondo antico spesso svela la verità. Rapido anche in questo caso è l'evolversi della situazione: alle lacrime della figlia segue la sua consolazione e poi l'asta dei beni paterni, che dà il via a una nuova avventura per Lucio, venduto a un ortolano.

dolci vendemmie dell'autunno seguì la gelida brina del Capricorno; e io, chiuso in una stalla senza tetto, a cielo aperto, esposto a tutte le intemperie delle piogge continue e del gelo notturno, ero senza sosta tormentato dal freddo. Il mio padrone era molto povero, e non poteva procurare un comodo giaciglio o un riparo qualsiasi non dico a me, ma nemmeno a se stesso, e doveva vivere anche lui in una capannuccia di frasche. Al mattino dovevo poi mettere i piedi sul fango gelato e sui ghiaccioli appuntiti; e non potevo nemmeno riempirmi la pancia col solito cibo, perché io e il padrone mangiavamo sì le stesse cose, ma di una miseria tremenda: lattughe vecchie e amare, di quelle grosse e dure come scope, che lasciano andare un'acquerugiola marcia e fangosa.

[33] In una notte senza luna un signore di un villaggio vicino, bloccato dall'oscurità e fradicio di pioggia, in groppa al suo cavallo ormai sfinito, si era perso, e dalla via maestra era arrivato al nostro orto. Fu accolto con grande gentilezza, data la situazione, e pur senza grandi comodità riuscì comunque a trovare quel po' di riposo che gli era necessario. Perciò voleva ricompensare l'affabile ospitalità del mio padrone, e promise che gli avrebbe regalato del grano e dell'olio delle sue terre e anche due orci di vino. Allora l'ortolano prese subito con sé un sacco e degli otri vuoti, mi montò in groppa, e si mise in viaggio. C'erano sessanta stadi da fare; e alla fine giungemmo al podere che ho detto, e quel signore invitò subito il mio padrone a un bel banchetto. Mentre loro due facevano a gara coi bicchieri in mano, ecco che avvenne un fatto incredibile. Una gallina venuta fuori dal pollaio si era messa a correre su e giù per l'aia, col solito verso di quando le galline fanno l'uovo. Il padrone la guardò e disse: "Mia buona e feconda ancella, che tutti i giorni ci ingrassi sempre con i tuoi parti! Anche adesso vedo che ci vuoi fare un antipastino!". Poi aggiunse: "Ehi, ragazzo! Metti al solito posto il cesto per le uova!". Il servo eseguì l'ordine ricevuto, ma la gallina non guardò neppure il suo consueto nido e venne a deporre proprio davanti ai piedi del padrone il suo parto prematuro, che avrebbe causato grande inquietudine: infatti non un uovo noi vedemmo partorire, ma un pulcino già formato, con le piume, le zampe, gli occhi, persino la voce, che subito si mise a seguire la madre[4].

[34] E subito dopo ecco un altro prodigio, più stupefacente del primo, che ci fece tutti inorridire a ragion veduta. Sotto la tavola, che portava ancora gli avanzi del pranzo, la terra si spalancò in una voragine profonda, e ne uscì fuori una larga fontana di sangue, e grosse gocce schizzarono a contaminare la tavola. Proprio nel momento in cui noi, impietriti dallo spavento, guardavamo tremanti quel fenomeno, ecco che arriva di corsa un servo dalla cantina, dicendo che tutto il vino travasato già da tanto tempo nelle botti

4. Nel racconto è evidente il contrasto fra la povertà dell'ortolano e la ricchezza del signore. Ma ancora una volta si assiste a un colpo di scena: quando sembra che la situazione per l'ortolano (e quindi anche per Lucio) si evolva in positivo, ecco il capovolgimento, che qui prende forma in avvenimenti prodigiosi dal chiaro sapore di premonizione: una gallina che partorisce non un uovo ma direttamente un pulcino, poi la voragine sotto il tavolo da cui esce un liquido rosso che si fatica a comprendere se sia sangue o vino, poi ancora strani comportamenti di animali; tutto ciò anticipa l'esito drammatico di questa nuova vicenda, ovvero la morte dei tre figli del padrone.

bolliva forte, come se gli avessero acceso sotto un gran fuoco. Nello stesso istante si vide una faina tirar fuori coi denti dal suo buco un serpente morto, e dalla bocca di un cane pastore saltar fuori una rana: e subito dopo un montone che era lì vicino assalì il cane e lo uccise con un sol morso. Tutti questi grandi prodigi avevano riempito il signore e tutti gli altri della casa di stupore e terrore, e non sapevano cosa bisognasse fare per placare le minacce delle forze celesti, quali atti compiere, in che ordine e quante e quali vittime sacrificare.

(trad. di M. Cavalli)

PER COMPRENDERE IL TESTO

Il testo e il contesto

LUCIO, DAL MUGNAIO ALL'ORTOLANO Nel testo presentato in queste pagine si intrecciano due vicende, quella del mugnaio e quella dell'ortolano.
Le avventure di Lucio lo portano a essere acquistato da un mugnaio, un brav'uomo che lo utilizza con altri animali per far girare la macina. La scena viene ben presto occupata dalla moglie del mugnaio, una donna infedele al marito, che tradisce prima con un giovane che tuttavia non la soddisfa, poi, su consiglio della serva, con un certo Filesitero, di cui sono famose le *performance* erotiche. Ma proprio mentre avviene un incontro amoroso fra i due, il mugnaio torna inaspettatamente a casa, l'amante si nasconde, ma interviene l'asino, che calpesta le dita del giovane costringendolo a svelarsi. Il mugnaio escogita un'originale punizione per l'adultero, ovvero lo costringe a passare una notte con lui, poi caccia di casa i due amanti. Ma la mattina seguente una strega, su istigazione della moglie, porta il mugnaio alla morte.
Lucio allora viene venduto a un ortolano onesto e generoso, che utilizza l'asino nei suoi lavori e gli si affeziona. Una sera l'ortolano viene invitato a cena da un ricco signore che vuole ricompensare il povero per un'ospitalità ricevuta. La cena però termina in modo inaspettato e fortemente tragico: al padrone di casa viene annunciata la morte dei suoi tre figli ed egli, per la disperazione, si toglie la vita sgozzandosi con un coltello da tavola.

Il senso del testo

LA "LEGGEREZZA" NARRATIVA DI APULEIO Si tratta di due vicende scabrose e dagli epiloghi drammatici; tuttavia Apuleio è capace di dilettare il lettore non caricando in modo eccessivo i toni macabri delle due vicende e alternando nel racconto momenti e aspetti diversi e complementari. La chiave di lettura rimangono sempre l'occhio attento e la mente vigile di Lucio, in parte protagonista (come quando fa scoprire al mugnaio l'amante della moglie), in parte spettatore delle avventure.
Ancora una volta, inoltre, si assiste alla preponderante presenza del fantastico: la donna che porta il mugnaio alla morte è un'anima in pena (e come tale è descritta: stracciona, pallida, con i capelli disordinati), mentre il terribile destino dei tre figli del ricco ospite è preceduto da molti segni premonitori. Apuleio, uomo di straordinaria intelligenza e razionalità, presenta sempre con molta enfasi ciò che l'uomo, nella sua limitatezza, non è in grado di comprendere.

LEGGO E COMPRENDO

1. Riassumi il brano dopo averlo diviso in sequenze.

2. Cos'hanno in comune le due vicende del mugnaio e dell'ortolano?

3. Come è cambiato l'atteggiamento di Lucio verso la stregoneria, rispetto all'inizio del romanzo?

T5 LATINO

Il ritorno alla condizione di uomo

| *Metamorfosi* 11, 13 |

Siamo alla svolta della vicenda, ovvero la contro-metamorfosi, il ritorno di Lucio alla condizione di uomo, dopo le molteplici sventure subite e vissute dal protagonista nel corpo di asino. La vicenda è ambientata di notte; l'asino fa un bagno purificatore in mare immergendo per sette volte il muso nell'acqua, poi prega la regina del cielo con i suoi vari e diversi epiteti (Cerere, Venere, Proserpina) chiedendole di restituirgli il corpo di uomo; la dea si presenta personalmente a Lucio dichiarando di essere Iside e gli fornisce le istruzioni per realizzare il suo desiderio. Segue, nella successiva giornata, la processione sacra, nella quale l'asino identifica tutti i particolari che aveva già incontrato nel sogno premonitore e le indicazioni dategli da Iside durante la sua apparizione. A questo punto si innesta il passo che viene proposto di seguito e che descrive il ritorno di Lucio alla sua originaria condizione di uomo.

Per Lucio è la fine di un incubo, è il ritorno all'antica natura dalla quale la sua curiositas *lo aveva separato e che, dopo un lungo travaglio e l'indispensabile mediazione della dea, egli può finalmente recuperare. Il tutto si compie in un'atmosfera carica di ritualità e di sacralità, in un contesto dai chiari contorni religiosi e in presenza di un marcato influsso divino, grazie al quale l'uomo riconosce la sua dipendenza dalla volontà della dea e dà piena voce al suo afflato religioso.*

[11, 13] At sacerdos, ut reapse cognoscere potui, nocturni commonefactus oraculi miratusque congruentiam mandati muneris, confestim restitit et ultro porrecta dextera ob os ipsum meum coronam exhibuit. Tunc ego trepidans, adsiduo pulsu micanti corde, coronam, quae rosis amoenis intexta fulgurabat, avido ore susceptam cupidus promissi devoravi. Nec me fefellit caeleste promissum: protinus mihi delabitur deformis et ferina facies. Ac primo quidem squalens pilus defluit, ac dehinc cutis crassa tenuatur, venter obesus residet, pedum plantae per ungulas in digitos exeunt, manus non iam pedes sunt, sed in erecta porriguntur officia, cervix procera cohibetur, os et caput rutundatur, aures enormes repetunt pristinam parvitatem, dentes saxei redeunt ad humanam minutiem, et, quae me potissimum cruciabat ante, cauda nusquam! Populi mirantur, religiosi venerantur tam evidentem maximi numinis potentiam et consimilem nocturnis imaginibus magnificentiam et facilitatem reformationis claraque et consona voce, caelo manus adtendentes, testantur tam inlustre deae beneficium.

[11, 13] **sacerdos**: è il sacerdote che guida il corteo in onore di Iside; tiene in mano una corona di rose; egli, come Lucio ha di fatto potuto verificare (*ut reapse cognoscere potui*), era stato preavvisato (*commonefactus*) in sogno e, sorpreso (*miratus*) per la corrispondenza dei fatti, si ferma (*restitit*) e stende la corona di rose sotto la bocca dell'asino. • **Tunc ego... devoravi**: il periodo si apre con il participio presente *trepidans*, che esprime chiaramente lo stato d'animo di Lucio, segue l'ablativo assoluto *adsiduo pulsu micanti corde* («con il cuore che pulsava a colpi incalzanti»); la principale ha come verbo *devoravi* e come oggetto *coronam*, a cui è legata la successiva proposizione relativa («che sfavillava di rose intrecciate»). Nell'espressione *avido ore* («con avida bocca»), nell'aggettivo *cupidus* e nel verbo *devoravi* l'autore esprime l'ansia e la bramosia del gesto dell'asino. • **Nec me fefellit**: si apre una fase descrittiva incalzante e molto efficace grazie all'impiego di strutture paratattiche, scandite nella prima parte dai connettivi *protinus... Ac primo... ac dehinc...*, nella seconda parte solo dalla punteggiatura. • **Ac primo... nusquam**: il ritorno di Lucio nella condizione di uomo è descritto in modo essenziale attraverso frasi minime: il pelo ruvido scompare (*defluit*), la dura pelle si assottiglia (*tenuatur*), il ventre obeso si contrae (*residet*), le piante dei piedi attraverso lo zoccolo fanno uscire le dita (*in digitos exeunt*), le mani tornano a essere tali (*non iam pedes sunt*), il collo si ritrae (*cohibetur*), la bocca e la testa si arrotondano (*rutundatur*), le orecchie riprendono la primitiva dimensione (*repetunt pristinam parvitatem*), i denti recuperano la piccolezza tipica dell'uomo (*redeunt ad humanam minutiem*), la coda sparisce (*nusquam*, avverbio utilizzato con l'ellissi del verbo per dare maggiore efficacia all'evento). • **Populi... religiosi**: molto d'effetto questa contrapposizione fra i profani e i sacerdoti, nella quale si esprime la meraviglia dei primi (*mirantur*) e la devozione dei secondi (*venerantur*), che riconoscono nell'accaduto la potenza della divinità espressa nella facilità della metamorfosi (*facilitatem reformationis*), oltretutto corrispondente alla visione notturna. • **claraque... beneficium**: è la logica conclusione di un evento straordinario di carattere divino; i sacerdoti in coro (*consona voce*), alzando le mani al cielo in atteggiamento di preghiera e di lode, testimoniano a tutti (*testantur*) la straordinaria grazia concessa da Iside a Lucio.

Il testo e il contesto

I SIMBOLI La scena in cui si compie l'evento è una processione in onore della dea Iside; ci si trova quindi in un contesto dalla marcata valenza religiosa e tutto accade in perfetta coincidenza con quanto i due protagonisti della scena, l'asino e il sacerdote, avevano potuto vedere in sogno nella notte precedente (il sogno è una delle modalità privilegiate con cui la divinità si mette in contatto con l'umano). Ruolo determinante assume nell'episodio il fiore della rosa, antidoto alla magia.

Nella mitologia la rosa è strettamente connessa al tema dell'amore, sia che essa rappresenti l'esito della metamorfosi di una ninfa per volontà di Afrodite (versione greca), sia che esprima la trasformazione delle lacrime di Venere versate a causa della morte di Adone, di cui la dea si era innamorata (versione latina); anche la rosa, quindi, è frutto di una metamorfosi. Nella religione egiziana, inoltre, la rosa è una pianta sacra ad Iside.

I fiori non sono offerti dal sacerdote all'asino in forma sparsa, bensì raccolti in una corona, che nella cultura greco-latina rappresenta la vittoria (in questo caso il successo di Lucio sulla sua *curiositas* e sulla sorte accanitasi contro di lui), nella tradizione egizia è espressione del culto di Osiride, marito di Iside e dio legato al mondo dei morti. Grazie dunque a questo fiore raccolto in una simbolica composizione si verifica il "miracolo": divorata la corona, prende avvio la rapida perdita dei connotati bestiali e la graduale riacquisizione delle caratteristiche umane, mentre una folla di fedeli prega e glorifica la potenza di Iside.

Il senso del testo

IL RUOLO DI ISIDE Nei capitoli che precedono il ritorno di Lucio alla condizione umana Iside si presenta a Lucio con questa definizione di sè: «madre della natura, signora di tutti gli elementi, principio e origine dei secoli, la suprema fra gli dèi, regina dei Mani, prima fra gli esseri celesti, aspetto uniforme degli dèi e delle dee». Iside, espressione unitaria delle molteplici forme e dei diversi nomi con cui gli uomini adorano gli dèi, lei che esprime l'esigenza di sincretismo religioso propria di un'epoca che segna la crisi irreversibile della religione politeista, grazie alla sua potenza pone termine alle disavventure di Lucio e ne consente la "rinascita".

Il messaggio è chiaro: solo una forza divina è in grado di contrastare gli effetti negativi di una magia sbagliata e gli esiti dirompenti di una *curiositas* sfrenata e immorale; il sacerdote diventa lo strumento attraverso cui la divinità agisce nel mondo.

L'IDENTIFICAZIONE DI APULEIO IN LUCIO Dunque Lucio riconquista la sua natura umana grazie a riti e pratiche religiose espressione di un culto iniziatico; in un rito di morte e resurrezione si verifica la definitiva metamorfosi, che consiste non tanto nel cambio di condizione fisica quanto nel recupero di una dimensione umana più piena e finalmente stabile, in quanto frutto di conversione e purificazione. Anche Apuleio completerà il suo percorso di formazione assumendo la carica di sacerdote al servizio delle divinità egizie; la sua realizzazione non consisterà, però, nel rinnegamento né nel rifiuto degli interessi filosofici, retorici, culturali manifestati in passato, ma nel loro compimento e superamento grazie alla dimensione privilegiata di diretto contatto con il mondo degli dèi.

La descrizione dell'ultima metamorfosi è stupenda, costruita sul forte contrasto fra aggettivi che esprimono la rozzezza della condizione asinina e verbi che ne denotano l'annullamento: la pelle *crassa* diviene sottile, il ventre *obesus* ritorna piatto, il muso *procera* riprende la forma rotonda, i denti *saxei* si fanno piccoli. È una prosa essenziale quella scelta da Apuleio, priva di strutture sintattiche complesse, fatta di pennellate descrittive che rendono semplice, quasi naturale, un processo che in realtà è miracoloso.

LEGGO E COMPRENDO

1. I diversi epiteti con i quali Iside si presenta possono essere considerati dimostrazione del sincretismo religioso caratteristico dell'epoca di Apuleio?

2. Qual è il ruolo del sacerdote nella vicenda di Lucio?

3. Qual è la simbologia connessa al gesto che Lucio compie per abbandonare la forma asinina e tornare uomo? In particolare, quali sono i significati della rosa nella mitologia classica?

4. Per quale motivo Lucio insiste sulla corrispondenza tra la visione notturna e ciò che avviene di giorno?

5. Descrivi la contro-metamorfosi e mettila a confronto con il racconto della metamorfosi (➛ **T3**).

6. Attraverso quali scelte stilistiche Apuleio riproduce la naturalezza con la quale avviene il miracolo della metamorfosi?

INTERTESTUALITÀ, FONTI, MODELLI | LE METAMORFOSI DI PINOCCHIO

LE METAMORFOSI DI PINOCCHIO Fra le numerose opere della letteratura mondiale nelle quali viene trattato il tema della metamorfosi, è interessante effettuare un confronto con *Le avventure di Pinocchio* di Carlo Collodi (1881). Il burattino di legno Pinocchio, realizzato dalla mano del falegname-papà Geppetto, dopo una lunghissima serie di avventure, fra cui anche quella di essere trasformato in asino insieme al suo compagno di gozzoviglie Lucignolo, alla fine, recuperato un atteggiamento corretto, rispettoso ed educato, viene premiato dalla Fata e diventa uomo.
Il primo passo proposto (dal capitolo 32) riguarda la trasformazione in asino di Pinocchio quando egli si trova nel paese dei balocchi, dopo essere fuggito da casa e da scuola. Pinocchio una mattina, dopo un sogno premonitore, si sveglia e si accorge di avere due orecchie grandissime. Dopo averle accuratamente nascoste con un berretto, si reca a trovare il suo amico Lucignolo, il quale però si trova nelle stesse condizioni del burattino. E qui avviene per entrambi la metamorfosi.

E allora avvenne una scena, che parrebbe incredibile, se non fosse vera. Avvenne, cioè, che Pinocchio e Lucignolo, quando si videro colpiti tutti e due dalla medesima disgrazia, invece di restar mortificati e dolenti, cominciarono ad ammiccarsi i loro orecchi smisuratamente cresciuti, e dopo mille sguaiataggini finirono col dare in una bella risata.
E risero, risero, risero da doversi reggere il corpo: se non che, sul più bello del ridere, Lucignolo tutt'a un tratto si chetò, e barcollando e cambiando di colore, disse all'amico:
- Aiuto, aiuto, Pinocchio!
- Che cos'hai?
- Ohimè! non mi riesce più di star ritto sulle gambe.
- Non mi riesce più neanche a me - gridò Pinocchio, piangendo e traballando.
E mentre dicevano così, si piegarono tutti e due carponi a terra e, camminando con le mani e coi piedi, cominciarono a girare e a correre per la stanza. E intanto che correvano, i loro bracci diventarono zampe, i loro visi si allungarono e diventarono musi, e le loro schiene si coprirono di un pelame grigiolino chiaro brizzolato di nero. Ma il momento più brutto per que' due sciagurati sapete quando fu? Il momento più brutto e più umiliante fu quello quando sentirono spuntarsi di dietro la coda. Vinti allora dalla vergogna e dal dolore, si provarono a piangere e a lamentarsi del loro destino.
Non l'avessero mai fatto! Invece di gemiti e di lamenti, mandavano fuori dei ragli asinini; e ragliando sonoramente, facevano tutti e due in coro: j-a, j-a, j-a.

Il testo descrive con grande efficacia la metamorfosi dei due amici in asini: le mani e le gambe diventano zampe e costringono i due a mettersi in posizione prona, i volti si trasformano in musi (le orecchie erano già in precedenza diventate asinine), la schiena si copre di grigio pelo, spunta la coda, i due si esprimono a ragli. Anche Collodi descrive con frasi minute e sintetiche, in forma paratattica, i vari passaggi della trasformazione; la differenza rispetto al romanzo di Apuleio sta nel fatto che in quello la mutazione in asino avviene a causa della *curiositas* di Lucio, qui invece per il cattivo comportamento dei due compagni; da ciò risulta con molta evidenza il risvolto moralistico della vicenda in cui i due amici sono coinvolti.
Nel secondo passo (dal capitolo 36) si verifica il passaggio di Pinocchio dalla sua dimensione di burattino a quella di umano. Da parecchio tempo Pinocchio ha cominciato a comportarsi da bravo bambino e quindi si sono create le condizioni per quest'ultima metamorfosi, promossa dalla Fata come premio e riconoscimento.

Quella sera Pinocchio, invece di vegliare fino alle dieci, vegliò fino alla mezzanotte sonata: e invece di far otto canestri di giunco, ne fece sedici.
Poi andò a letto e si addormentò. E nel dormire, gli parve di vedere in sogno la Fata, tutta bella e sorridente, la quale, dopo avergli dato un bacio, gli disse così: "Bravo Pinocchio! In grazia del tuo buon cuore, io ti perdono tutte le monellerie che hai fatto fino a oggi. I ragazzi che assistono amorosamente i propri genitori nelle loro miserie e nelle loro infermità, meritano sempre gran lode e grande affetto, anche se non possono esser citati come modelli d'ubbidienza e di buona condotta. Metti giudizio per l'avvenire, e sarai felice".

A questo punto il sogno finì, e Pinocchio si svegliò con tanto d'occhi spalancati.

Ora immaginatevi voi quale fu la sua meraviglia quando, svegliandosi, si accòrse che non era più un burattino di legno: ma che era diventato, invece, un ragazzo come tutti gli altri. Dètte un'occhiata all'intorno e invece delle solite pareti di paglia della capanna, vide una bella camerina ammobiliata e agghindata con una semplicità quasi elegante. Saltando giù dal letto, trovò preparato un bel vestiario nuovo, un berretto nuovo e un pajo di stivaletti di pelle, che gli tornavano una vera pittura.

Illustrazione per *Pinocchio in Africa* di G. Cherubini, 1911.

Appena si fu vestito, gli venne fatto naturalmente di mettere le mani nelle tasche e tirò fuori un piccolo portamonete d'avorio, sul quale erano scritte queste parole: "La Fata dai capelli turchini restituisce al suo caro Pinocchio i quaranta soldi e lo ringrazia tanto del suo buon cuore". Aperto il portafoglio, invece dei soldi di rame, vi luccicavano quaranta zecchini d'oro, tutti nuovi di zecca.

Dopo andò a guardarsi allo specchio, e gli parve d'essere un altro. Non vide più riflessa la solita immagine della marionetta di legno, ma vide l'immagine vispa e intelligente di un bel fanciullo coi capelli castagni, cogli occhi celesti e con un'aria allegra e festosa come una pasqua di rose.

In mezzo a tutte queste meraviglie, che si succedevano le une alle altre, Pinocchio non sapeva più nemmeno lui se era desto davvero o se sognava sempre a occhi aperti.

- E il mio babbo dov'è? - Gridò tutt'a un tratto: ed entrato nella stanza accanto trovò il vecchio Geppetto sano, arzillo e di buon umore, come una volta, il quale, avendo ripreso subito la sua professione d'intagliatore, stava appunto disegnando una bellissima cornice ricca di fogliami, di fiori e di testine di diversi animali.

- Levatemi una curiosità, babbino: ma come si spiega tutto questo cambiamento improvviso? - Gli domandò Pinocchio saltandogli al collo e coprendolo di baci.

- Questo improvviso cambiamento in casa nostra è tutto merito tuo - disse Geppetto.

- Perché merito mio?...

- Perché quando i ragazzi, di cattivi diventano buoni, hanno la virtù di far prendere un aspetto nuovo e sorridente anche all'interno delle loro famiglie.

- E il vecchio Pinocchio di legno dove si sarà nascosto?

- Eccolo là - Rispose Geppetto: e gli accennò un grosso burattino appoggiato a una seggiola, col capo girato sur una parte, con le braccia ciondoloni e con le gambe incrocicchiate e ripiegate a mezzo, da parere un miracolo se stava ritto.

Pinocchio si voltò a guardarlo; e dopo che l'ebbe guardato un poco, disse dentro di sé con grandissima compiacenza:

- Com'ero buffo, quand'ero un burattino! e come ora son contento di esser diventato un ragazzino perbene!... -

Si tratta della pagina conclusiva del romanzo: le molteplici avventure del burattino terminano con la metamorfosi in bambino in carne e ossa grazie al suo ravvedimento e alla scelta di comportarsi bene. È questa la logica conseguenza della finalità moralistico-pedagogica che permea tutta l'opera di Collodi; niente a che vedere pertanto con il percorso iniziatico di Lucio in Apuleio: gli avvenimenti che coinvolgono i protagonisti sono simili e simili risultano anche alcune tecniche narrative, mentre assai diversi appaiono gli scopi dei due autori.

T6

ITALIANO

Autobiografia e iniziazione

Metamorfosi 11, 27

È l'atto finale della vicenda: a Lucio, tornato uomo e votato ai culti di Iside, manca ancora l'iniziazione ai culti di Osiride per completare la sua definitiva consacrazione; infatti nei culti egiziani Iside ed Osiride, insieme a Serapide, erano divinità fortemente associate. Anche in questo caso il rito viene preceduto da un duplice sogno, uno che coinvolge Lucio stesso con la visione di un sacerdote dalla particolare andatura e che sarà chiamato a guidare il protagonista nella sua nuova esperienza misterica, l'altro (come si scoprirà poco dopo) che riguarda il medesimo sacerdote che viene preavvisato di quanto dovrà capitare. I due quindi si riconoscono e da tale incontro prenderà le mosse l'ultima tappa del romanzo, ovvero il completamento del processo di consacrazione di Lucio.

[11, 27] E mentre ora esaminavo nella mia coscienza il mio dubbio mistico[1], ora lo sottoponevo ai consigli dei sacerdoti, feci una nuova mirabile scoperta: io ero stato certamente iniziato ai riti sacri della dea, ma non ero ancora stato illuminato dai misteri di Osiride, dio grande e sommo padre degli dèi; sebbene infatti le due divinità e i loro culti fossero legati, anzi in verità uniti, tuttavia c'era una grandissima differenza nei riguardi dell'iniziazione; pertanto avrei dovuto accorgermi di essere chiamato a diventare servitore anche di quel grande dio[2]. Non a lungo la situazione rimase irrisolta. Infatti nella notte successiva mi apparve un sacerdote coperto da una veste di lino, il quale tenendo in mano dei tirsi e delle edere e altri oggetti che non posso nominare[3] li collocava nei pressi della mia casa e, occupato il mio posto, dava disposizioni per il banchetto della grande religione. Egli al fine certamente di darmi con un certo segno la prova della sua identità, avanzava lentamente e con passo incerto, avendo il tallone del piede sinistro un poco ripiegato all'indietro. Dunque dopo una manifestazione tanto chiara della volontà degli dèi tutta la nebbia del dubbio svanì e, dopo aver subito compiuto il saluto mattutino alla dea, con grandissima cura cominciai ad osservare uno a uno i sacerdoti, se qualcuno camminasse come quello visto nel sogno. E così avvenne. Infatti fra i pastofori[4] ne adocchiai subito uno che, oltre all'indizio del piede, anche nel resto della persona e dell'abito era perfettamente corrispondente alla visione notturna; in seguito venni a sapere che il suo nome era Asinio Marcello, un nome che si adattava alla mia metamorfosi[5]. Senza indugio mi avvicinai a lui che peraltro non era affatto ignaro

1. Dopo un anno dal suo ritorno alla condizione di uomo Lucio, divenuto assiduo praticante del culto di Iside, durante un sogno assiste a un'apparizione della dea che gli parla di iniziazione e consacrazione. Il significato di tale visione costituisce il dubbio mistico a cui il testo fa riferimento.
2. Il dio Osiride, la più importante divinità maschile della religione egiziana, costituisce una coppia indivisibile con la dea Iside, di cui egli è marito. La versione più comune lo presenta come il dio degli inferi, dopo essere stato resuscitato da Iside che ne aveva raccolto le membra seminate dal suo assassino Seth: in questo mito si coglie agevolmente la speranza dell'uomo di rivivere, dopo la morte, in un regno guidato da un sovrano giusto. I misteri legati al culto di Osiride dovevano essere simili e nel contempo distinti da quelli relativi ad Iside; era naturale, quindi, che il fedele di Iside fosse chiamato anche al culto del marito Osiride.
3. La veste di lino è l'abito del sacerdote; il tirso è un bastone attorno al quale sono avvolti tralci di vite e di edera; nella religione greca è legato al culto di Dioniso, dio dell'ebbrezza, e rappresenta forse un simbolo fallico; l'edera, presente nel culto egiziano della resurrezione di Osiride oltre che nel culto greco di Dioniso, simboleggia l'immortalità in quanto pianta sempreverde (tale valore simbolico si ritroverà successivamente anche nel culto cristiano). Lucio non può nominare altri oggetti: il silenzio su alcune pratiche o simbologie è tipico delle religioni misteriche.
4. Nella religione egizia i pastofori erano membri di un collegio di sacerdoti incaricati di portare in giro per le strade delle piccole edicole o are contenenti le immagini della divinità; essi, fermandosi e inginocchiandosi, mostravano ai passanti le immagini sacre ottenendo l'elemosina.
5. Asinio Marcello è nel racconto il pastoforo che corrisponde perfettamente alla visione notturna avuta da Lucio.

di quanto gli avrei detto, poiché in precedenza attraverso una simile visione era stato avvertito di dovermi amministrare gli ordini sacri. Infatti nella notte precedente era apparsa a lui una visione: mentre confezionava corone per il grande dio da quella bocca con cui il dio detta i destini dei singoli aveva sentito dire che gli veniva inviato un uomo di Madaura[6], purtroppo assai povero, al quale doveva subito impartire l'iniziazione al suo culto; in seguito infatti egli, grazie alla sua provvidenza, avrebbe procurato a quell'uomo la fama nelle lettere e al sacerdote stesso un notevole guadagno.

6. L'uomo di Madaura è Apuleio, l'autore del romanzo. In questo punto la finzione termina e al greco Lucio si sostituisce la persona storica dell'africano Apuleio: l'autore scioglie l'allegoria che ha caratterizzato l'intero romanzo e, finalmente "rinato", si rivela al lettore.

PER COMPRENDERE IL TESTO

Il testo e il contesto

FRA SOGNO E REALTÀ L'episodio conclusivo del cammino iniziatico di Lucio presenta un doppio contesto, uno onirico e uno reale; il contesto onirico propone come tempo la notte e come luogo la casa privata del protagonista, che diviene nella visione una sorta di tempio in cui organizzare e celebrare il banchetto sacro; il contesto reale propone come tempo il giorno (più precisamente il mattino) e come spazio la strada lungo la quale si svolge la processione. Infine il racconto termina con un breve *flashback*, anch'esso ambientato di notte e di carattere onirico, nel quale è descritta la visione rivelatrice al sacerdote. Tanto il tempo (notte e giorno) quanto lo spazio (luoghi chiusi e luoghi aperti) veicolano un'idea di totalità e completezza; ed è proprio in questo compimento della vicenda metamorfica che si realizza la definitiva maturazione del protagonista. Il romanzo si chiuderà poi con una terza iniziazione di Lucio, non specificata esattamente dal racconto (forse a Iside ed Osiride insieme), con cui la vicenda troverà pienezza anche tramite la simbologia del numero tre, sacro per definizione; alla fine il protagonista sarà nominato pastoforo del collegio sacerdotale romano di Iside.

Il senso del testo

L'IDENTIFICAZIONE DI LUCIO CON APULEIO Attraverso il riferimento all'«uomo di Madaura» si svela definitivamente l'enigma del romanzo: al protagonista della vicenda si sostituisce il suo autore. Vale la pena fermarsi sull'autodefinizione che Apuleio dà di sé tramite la bocca della divinità apparsa al sacerdote. Innanzitutto egli si definisce «assai povero» (*admodum pauper*) così come Lucio stesso si era definito *pauper* al cap. 25 del libro undicesimo, durante la sua accorata preghiera a Iside: la povertà, che di certo non aveva afflitto Apuleio durante la sua vita in quanto membro di una famiglia agiata, potrebbe forse richiamare la dispendiosità delle pratiche iniziatiche che, a parte la loro valenza religiosa, costituivano un vero *businnes* per i santuari e i loro adepti.
L'uomo povero di Madaura tuttavia sarà destinato alla *gloria studiorum* e a un *grande compendium*, quindi alla gloria e alla ricchezza, grazie alla sua cultura messa al servizio dell'attività forense: Apuleio divenne famoso proprio per la sua fama di oratore e brillante conferenziere.
Questa sorta di firma apposta dall'autore come sigillo al suo romanzo e come valorizzazione del suo livello culturale costituisce la sorpresa finale, l'ultima metamorfosi, che ha lo scopo di segnalare al lettore come la vicenda paradossale di Lucio, ripulita delle sue valenze simboliche, possa rientrare fra le possibili vicende umane.
A livello narrativo tutto questo passo presenta un marcato processo introspettivo e di lettura critica della situazione: Lucio non racconta tanto gli eventi quanto piuttosto li rilegge alla luce del suo «dubbio mistico» e del processo graduale di svelamento che si sta compiendo; questo processo si conclude con la definitiva scomparsa della «nebbia» legata all'incertezza e all'insoddisfazione generate da un processo iniziatico non ancora pienamente realizzato.

LEGGO E COMPRENDO

1. Come si intrecciano nell'episodio conclusivo il contesto onirico e quello reale?

2. Chi è Seth nel mito di Iside e Osiride?

3. Perché si può dire che nell'ultimo capitolo Lucio, il protagonista, si trasformi in Lucio Apuleio, l'autore?

VERIFICA PER LA COMPRENSIONE

QUESITI A SCELTA MULTIPLA

1. ricordare Un dato certo della vita di Apuleio è la sua nascita:
- ☐ a Cartagine
- ☐ a Madaura
- ☐ ad Atene
- ☐ a Roma

2. ricordare Nell'ultima fase della sua vita, Apuleio:
- ☐ compì diversi viaggi in Grecia e a Roma per approfondire le sue conoscenze filosofiche
- ☐ venne imprigionato a causa dell'accusa di veneficio nei confronti della moglie
- ☐ ottenne incarichi pubblici e una brillante fama di studioso e conferenziere
- ☐ si dedicò alla scrittura delle sue opere e morì in totale isolamento

3. comprendere Dal punto di vista culturale, il II secolo d.C.:
- ☐ si caratterizza per l'affermazione ufficiale del cristianesimo
- ☐ vede la compresenza sincretica di differenti teorie filosofiche e dottrine religiose
- ☐ presenta caratteri di conservatorismo e omogeneità tra i diversi territori dell'impero
- ☐ vede una notevole espansione dei commerci

4. comprendere All'inizio le *Metamorfosi* (➤ **T1**) troviamo un esempio di:
- ☐ *captatio benevolentiae* nei confronti del lettore
- ☐ invocazione alla divinità ispiratrice, in questo caso Iside
- ☐ *excursus* storico-mitologico sul culto di Iside
- ☐ dissertazione filosofica per spiegare la scelta dell'attività letteraria

5. comprendere Nella sequenza della trasformazione di Lucio (➤ **T3**), è Fotide a rivelare come mai la trasformazione in uccello non sia riuscita: «L'agitazione e la fretta mi hanno fatto sbagliare e anche la somiglianza dei vasetti mi ha ingannato» (*Met.* 3, 24). Possiamo affermare che l'ordine della narrazione:
- ☐ presenta una coincidenza tra *fabula* e intreccio
- ☐ contiene un'analessi o *flashback*
- ☐ contiene una prolessi o *flash forward*
- ☐ ha una struttura ad anello

6. comprendere Facendo un confronto tra le *Metamorfosi* di Apuleio e *Le avventure di Pinocchio* di Collodi:
- ☐ possiamo osservare la coincidenza della premonizione in sogno della contro-metamorfosi
- ☐ riscontriamo il medesimo intento pedagogico, nonostante le differenti scelte stilistiche
- ☐ gli scopi dei due autori risultano molto simili
- ☐ nonostante si assista in entrambi i casi a un percorso di formazione, si può osservare che l'intento moralistico di Apuleio è assente in Collodi

7. comprendere La conclusione del romanzo:
- ☐ realizza un ritorno all'equilibrio iniziale, rispetto al quale le vicende di Lucio trasformato in asino sono state solo un pretesto per divertire il lettore
- ☐ porta a compimento un percorso di formazione in seguito al quale Lucio è chiamato a rinnegare la propria insana *curiositas* e a cambiare completamente vita
- ☐ porta a compimento un percorso di formazione in seguito al quale Lucio acquisisce maggiore consapevolezza dei propri interessi intellettuali
- ☐ avviene tramite il rovesciamento della situazione iniziale, in cui il protagonista si trovava in una condizione di degradazione e attesa di riscatto

QUESITI A RISPOSTA BREVE

Rispondi ai quesiti nello spazio di 7-8 righe per ciascuno. Quando lo ritieni opportuno, puoi consultare i testi.

1. In che senso si può affermare che Apuleio fonda tutta la sua produzione letteraria sull'autobiografia?

2. Come viene vissuto il rapporto tra Lucio e la divinità alla fine del romanzo?

TRATTAZIONE SINTETICA

Svolgi le seguenti tracce nelle spazio di 20-25 righe per ciascuna. Quando lo ritieni opportuno, puoi consultare i testi.

1. Dopo aver riepilogato brevemente la vicenda principale del romanzo, spiega in che senso la *curiositas* di Lucio è il motore dell'azione e come essa possa essere interpretata in chiave allegorica.

2. Illustra brevemente il significato e le diverse tipologie di metamorfosi nella letteratura antica e spiega come questo *topos* venga affrontato nel romanzo di Apuleio.

La favola di Amore e Psiche

PER ANALIZZARE

NOVELLA, FIABA E FAVOLA Nel capitolo di apertura delle *Metamorfosi* (➤ **T1**) Apuleio dichiara l'intenzione di intrecciare novelle in stile milesio, cioè brevi racconti di argomento erotico e licenzioso. Con il termine "novella" si intende una narrazione in prosa, avente come protagonisti personaggi del mondo reale e della quotidianità, solitamente di estensione piuttosto limitata, che racconta una vicenda caratterizzata da una trama semplice e lineare e che si chiude in un lieto fine. La novella si distingue soprattutto dalla "fiaba" e dalla "favola", in quanto la prima presenta personaggi di fantasia (fate, giganti, eroi, divinità ecc.) e offre al lettore avvenimenti spesso poco realistici e frutto di interventi magici, la seconda invece ha come protagonisti animali o esseri inanimati. La novella nasce in seno alla tradizione orale e probabilmente ha le sue radici nel mondo orientale. Nella letteratura greco-latina non si presenta mai in autonomia, ma sempre inserita all'interno di altri generi letterari: si trovano novelle, per esempio, nell'opera storiografica di Erodoto, nel *Satyricon* di Petronio e nelle stesse *Metamorfosi* di Apuleio. Ma, al di là della dichiarazione proemiale di Apuleio, è certo limitante definire con la semplice etichetta di "novella" (o ancor più "novella milesia") la vicenda di Amore e Psiche (➤ Scheda "L'opera", p. 479), dato che in essa si incontrano personaggi tipici sia della favola sia della fiaba e le vicende potrebbero rimandare a ciascuna delle tre diverse forme letterarie (novella, favola e fiaba). Come da convenzione, quindi, continueremo a definirla "favola", sebbene essa assommi carattere fantastico, travestimenti di natura allegorica e chiave di lettura moraleggiante.

AL CENTRO DEL ROMANZO La favola di Amore e Psiche è posta non casualmente al centro del romanzo e anche per questo motivo non può non essere considerata in stretta corrispondenza con le vicende vissute da Lucio; una stessa *curiositas* spinge entrambi i personaggi (Lucio e Psiche) a comportamenti ingenui e istintivi finalizzati alla ricerca di una conoscenza che superi anche i limiti imposti dalla natura umana o dalle leggi che ne regolano l'esistenza. Alquanto simile, inoltre, è la condizione di schiavitù subita dai due come conseguenza della colpa commessa: da Lucio divenuto ormai asino e succube dei suoi diversi padroni, da Psiche schiava della sua nemica Venere e costretta a obbedire alle sue assurde pretese. Ma sovrapponibili sono anche i processi e gli esiti dei cammini riparatori, vissuti entrambi con angoscia e intensa partecipazione emotiva ed entrambi conclusisi felicemente solo grazie all'intervento divino, di Iside nel caso di Lucio con la sua nomina a sacerdote, di Cupido e poi di Giove in quello di Psiche con il dono dell'immortalità.

IL CAMMINO DELL'UOMO Anche la favola di Amore e Psiche segue e ricostruisce in modo simbolicamente evidente il percorso dell'esse-

Antonio Canova, *Amore e Psiche che si abbracciano*, 1788-1793. Parigi, Museo del Louvre.

re umano alla ricerca di se stesso. Psiche è bella, è la più bella, e questa sua dote straordinaria la rende attraente agli occhi degli uomini, odiosa a quelli delle donne. La disgrazia e il conseguente cammino catartico di Psiche traggono la loro origine da due fattori, uno esterno e uno interno al personaggio. Il fattore esterno rimanda a sentimenti di gelosia e di invidia coltivati sia da esseri umani (le due sorelle di Psiche, a lei ostili a causa della sua bellezza e della conseguente attenzione da parte degli uomini) sia da entità divine (Venere, dea dell'amore e madre di Amore, ma avversa a Psiche proprio per l'amore generato dalla sua bellezza); il fattore interno si rintraccia nella *curiositas* di Psiche stessa, che non accetta di fare l'amore con uno sposo a lei invisibile e ignoto in quanto sempre nascosto dal buio della notte, ma desidera ardentemente dare un volto al suo amante, che si tratti di un uomo qualunque o di un re, di un mostro o di un dio, squarciando le tenebre con la luce della conoscenza.

Questa è la colpa di Psiche, questa è la tracotanza umana insita nella volontà di svelare il mistero, per definizione velato e quindi non accessibile. Il cammino di purificazione dell'uomo (rappresentato simbolicamente nella favola da quattro difficili prove da superare) è lungo, pieno di ostacoli, spesso assai arduo; e quando sembra di essere ormai giunti al traguardo, ecco affacciarsi il rischio della ricaduta, così come succede a Psiche che non resiste alla tentazione di aprire il vasetto donatole da Proserpina. A questo punto solo l'intervento divino può soccorrere e salvare l'uomo e portare a compimento il cammino catartico; il destino dell'anima (Psiche appunto) trova la sua pace nel momento in cui si riconsegna alla divinità e si ricongiunge ad essa.

PSICHE, LUCIO E APULEIO La storia di Psiche è la medesima storia di Lucio, ma le due storie sono simili anche a quella di Apuleio nel suo continuo anelito di conoscere l'uomo attraverso la filosofia, di indagare le potenzialità della natura attraverso la scienza e la magia, di scrutare il divino attraverso le numerose pratiche di iniziazione. Non è allora forzata una lettura autobiografica anche della vicenda di Psiche, in quanto la ragazza mostra il volto di Apuleio e di chiunque sbaglia, accetta di redimersi e alla fine è capace di ritrovare se stesso in una condizione di pienezza.

Edward Coley Burne-Jones, *Cupido rianima Psiche*, 1895. Bedford, The Higgins Art Gallery & Museum.

LINGUA E STILE | LO STILE DI APULEIO

APULEIO, «MAGO DEL LINGUAGGIO» Sullo stile incredibilmente elaborato di Apuleio molte pagine di analisi e critica sono state scritte, suddivise equamente fra esaltatori e denigratori dell'arte di questo autore.
Viene qui proposta una pagina tratta dall'introduzione all'edizione delle *Metamorfosi*, pubblicata da Einaudi (2010) e curata da Alessandro Fo; in essa si trovano sintetizzate molte delle caratteristiche della scrittura apuleiana, e alcune costituiscono ulteriori spunti per indagare e approfondire lo stile di questo grande autore.

«La qualità della scrittura occupa nelle *Metamorfosi* un ruolo assolutamente centrale e del tutto paritario, a dire poco, rispetto agli stessi contenuti. Apuleio è uno scrittore "tutto stile" che ha eletto a propria insegna una tassativa fuga dal banale, e di conseguenza, anche se narra con velocità e scioltezza, sceglie e soppesa attentamente pressoché ogni singola parola, non concedendo nulla al caso o alla sciatteria. Alternando e intrecciando reciprocamente discorsivo e manierato, egli si ispira, come costante, a una festosità espressiva, uno smalto, uno scatto, che si disciplinano in alcune risorse sistematicamente applicate lungo tutto il romanzo... Si tratta di risorse come: la rarità lessicale a sorpresa (arcaismi, poetismi, volgarismi) e anzi spesso l'invenzione lessicale stessa; il gusto per i giochi di parole; l'autentica fissazione per i bisticci allitterativi; un'assidua cura per l'ornato in genere; i bilanciamenti ritmici delle frasi, soprattutto tramite i giochi di parallelismi; la strategica amministrazione dei pesi sillabici, il ricorso ad asindeti o polisindeti "a effetto". Il tutto in una vorticosa varietà che coinvolge anche i toni: humor e ironia, orroroso, patetico, declamatorio.
Al di là delle occasionali critiche anche aspre – come quelle mosse da Eduard Norden, che pur gli riconosce il titolo di *Sprachzauberer*, cioè «mago [!] del linguaggio» – questa costante tensione non affatica il lettore come una cappa imposta dall'esterno, ma è sostenuta da un virtuosismo geniale che ne fa all'opposto un ingrediente di levità. E sul suo tenore, già sostenuto, Apuleio innesca qua e là ulteriori sfide, chiamando tutti i propri mezzi a impennarsi in singole esibizioni di parata, con evidenza studiate per tali. Si tratta di alcuni pezzi forti della cosiddetta Seconda Sofistica greca [...]. L'estro che Apuleio profonde nell'orchestrare la danza della sua prosa le imprime verve, giocosità, delicatezza ironica, determinandosi così per uno dei principali "segreti" del successo del suo romanzo [...]. Apuleio manovra le parole come un giocoliere i suoi attrezzi: un compiaciuto virtuosismo, che cela però un rispetto e una considerazione della loro natura che rasentano la religione; e invitano quasi a pensare che amasse sondare, e non solo metaforicamente, le potenzialità magiche e fascinatorie insite nelle loro associazioni».

GUIDA ALLO STUDIO

1. Quali sono le caratteristiche del lessico di Apuleio?

2. Quali toni si alternano nella narrazione di Apuleio?

3. Secondo A. Fo, qual è l'effetto del virtuosismo linguistico di Apuleio?

T7 LATINO

La presentazione di Psiche

Metamorfosi 4, 28

Un lungo inserto novellistico, una sorta di racconto nel racconto, si apre nella seconda parte del libro quarto delle Metamorfosi *e occupa circa un quinto dell'intero romanzo: si tratta della favola di Amore e Psiche (**➛ Scheda "L'opera", p. 479**), certamente la più importante e significativa fra le digressioni narrative presenti nell'opera e tanto famosa nel tempo da costituire modello per produzioni artistiche di alto livello (si pensi in particolare alle raffigurazioni scultoree di Canova). Questo lungo racconto, scritto da Apuleio con molta cura e con la sua consueta maestria linguistica, costituisce una composizione letteraria alquanto complessa e articolata, nella quale non è difficile riscontrare la presenza di vari influssi: il folklore popolare (il modello di questa favola sarebbe da rintracciare in una saga orientale); gli influssi della mitologia, evidenti in alcuni spunti narrativi tipici dei miti e nella natura stessa dei protagonisti; tematiche e modelli propri della letteratura erotica di stampo alessandrino (ma ampiamente diffusa ormai in tutta* *l'area dominata dall'impero romano); evidenti significati di carattere filosofico e religioso, arricchiti e ulteriormente complicati dall'impiego di chiavi di lettura allegoriche e simboliche. Tutto ciò, perfettamente armonizzato e miscelato dalle abilità dell'autore, costituisce il fascino di questo racconto meraviglioso.*

[4, 28] Erant in quadam civitate rex et regina. Hi tres numero filias forma conspicuas habuere, sed maiores quidem natu, quamvis gratissima specie, idonee tamen celebrari posse laudibus humanis credebantur, at vero puellae iunioris tam praecipua tam praeclara pulchritudo nec exprimi ac ne sufficienter quidem laudari sermonis humani penuria poterat. Multi denique civium et advenae copiosi, quos eximii spectaculi rumor studiosa celebritate congregabat, inaccessae formonsitatis admiratione stupidi et admoventes oribus suis dexteram primore digito in erectum pollicem residente ut ipsam prorsus deam Venerem religiosis [venerabantur] adorationibus. Iamque proximas civitates et attiguas regiones fama pervaserat deam quam caerulum profundum pelagi peperit et ros spumantium fluctuum educavit iam numinis sui passim tributa venia in mediis conversari populi coetibus, vel certe rursum novo caelestium stillarum germine non maria sed terras Venerem aliam virginali flore praeditam pullulasse.

[4, 28] **Erant**: si tratta di un *incipit* tradizionale, una sorta di «c'era una volta»; ha inizio così la favola di Amore e Psiche, che occupa il cuore del romanzo e si estende per la seconda parte del libro quarto, per tutto il libro quinto e per buona parte del libro sesto. • **Hi... poterat**: il periodo, semplice nella struttura e nel significato, consta di tre proposizioni: la prima ha come verbo la forma arcaica *habuere* (per *habuerunt*), la seconda l'imperfetto passivo *credebantur*, la terza la forma *poterat* che regge gli infiniti passivi *exprimi* e *laudari*. Fra i complementi in ablativo si segnalano il complemento di limitazione *forma*, il complemento di qualità *gratissima specie*, il complemento di mezzo *laudibus humanis* e il complemento di causa *penuria*. • **denique**: introduce la prima conseguenza della presentazione precedentemente offerta al lettore: l'arrivo di folle per contemplare la ragazza e l'adorazione della stessa come se fosse Venere, fatto che susciterà l'invidia non solo delle sorelle di Psiche ma anche della dea stessa. • **quos... congregabat**: «che (pronome relativo riferito ai soggetti precedenti) la notizia di quello spettacolo straordinario ammassava con affluenza zelante»; si noti il nesso raffinatissimo *studiosa celebritate* per indicare l'accorrere curioso delle persone. • **stupidi**: «sbalorditi», «stupefatti»; l'aggettivo ha la radice del verbo *stupeo*, da cui derivano anche *stupens* e *stupor*. • **admoventes... adorationibus**: «portando alle loro bocche la mano destra con il pollice teso e l'indice ripiegato sopra di quello (*primore digito... residente*) con gesti devoti di adorazione (veneravano) proprio lei direttamente come se fosse la dea Venere»; il verbo *venerabantur* è integrato; l'accostamento delle due dita (o anche dell'intera mano) alla bocca come per dare un bacio è un gesto di adorazione, a testimonianza di come la bellezza di Psiche fosse giudicata divina e quindi meritasse i medesimi scrupoli religiosi riservati alla dea della bellezza. • **Iamque... coetibus**: il periodo si apre con la proposizione principale *fama pervaserat*; questa regge le infinitive *deam... conversari* (al cui interno c'è la relativa *quam... peperit et... educavit*) e *Venerem aliam pullulasse* (forma sincopata di infinito perfetto per *pullulavisse*); si notano nel periodo i nessi raffinati *caerulum profundum pelagi*, cioè «la celeste profondità del mare» da cui – a detta degli ammiratori – come Venere sarebbe nata Psiche, e *ros spumantium fluctuum*, ovvero «la rugiada delle onde spumeggianti» che avrebbe nutrito e fatto crescere la fanciulla; questa, concesso ormai il favore della sua presenza divina (*tributa venia* è un ablativo assoluto), si aggirava fra la gente. • **vel certe... pullulasse**: «o che un'altra volta con un nuovo seme di stille celesti non i mari ma le terre avessero generato una seconda Venere dotata del fiore della verginità». Venere era nata dalla spuma del mare fecondato dal sangue di Crono; la verginità, da tempo perduta da Venere, rende Psiche persino superiore alla dea.

PER ANALIZZARE IL TESTO

Il testo e il contesto

L'INIZIO DEL RACCONTO Nel primo capitolo della favola di Amore e Psiche, come in ogni *incipit* relativo a narrazioni novellistiche, sono presentati il contesto in cui la vicenda è ambientata e i principali protagonisti della stessa. Tale contesto è indefinito, in quanto la favola non ha luogo né tempo, come si evince agevolmente dall'espressione indeterminata *Erant in quadam civitate*; attori della vicenda sono una famiglia reale costituita da un re, da sua moglie e da tre figlie (numero ricorrente nelle leggende), delle quali la più giovane (Psiche) appare dotata di straordinaria bellezza. Già dalle prime righe affiorano con chiarezza il motivo dell'invidia delle sorelle, che costituirà uno dei temi conduttori della vicenda, e quello della gelosia di Venere, che fornirà l'innesco del *topos* della collera divina nei con- →

fronti di un mortale: proprio questo, anzi, sarà il vero motore delle vicende raccontate in questa fiaba, così come di tanti racconti mitologici della tradizione letteraria antica.

LA PRESENZA DELL'AUTORE Non si coglie, in questa pagina di avvio della fiaba, la presenza diretta di Apuleio, ma si può forse già tentare un parallelismo – un po' ardito – fra Psiche e l'autore stesso. L'elemento di reciproca identificazione potrebbe essere rintracciato nella fama di cui Psiche gode grazie alla sua bellezza e di cui godette in vita anche Apuleio per la sua maestria dialettica che lo rese nel mondo un apprezzato conferenziere; l'aggirarsi fra la folla di tale fama (*proximas civitates et attiguas regiones fama pervaserat*) accomuna i due personaggi.
Un altro spunto interessante si ricava dal personaggio di Psiche, nome ovviamente non casuale e che indica simbolicamente l'anima; costei nel corso della leggenda dovrà subire per ben due volte gravi conseguenze a causa della sua *curiositas* e si riscatterà solo grazie all'intervento divino. Lucio è lo specchio di Apuleio, ma Psiche raffigura anch'essa Lucio, divenendo dunque – per una sorta di sillogismo – anche una espressione di Apuleio.

Lo stile del testo

UNO STILE RICERCATO Dall'analisi dell'aspetto formale del testo emerge come l'autore impieghi con equilibrio strutture paratattiche e strutture ipotattiche, privilegiando la paratassi nella prima parte del brano, l'ipotassi nella seconda. L'ipotassi è realizzata soprattutto tramite il ricorso a proposizioni .... (*quos... congregabat*; *quam... peperit*) e a costrutti impliciti di ablativo assoluto (*primore digito... residente*; *tributa venia*). Anche la struttura sintattica delle frasi appare complessivamente semplice e ripete simmetricamente la successione oggetto-soggetto-verbo, come si riscontra nel periodo *iamque... educavit*, in cui i complementi oggetto *proximas civitates*, *attiguas regiones*, *quam* precedono i tre soggetti *fama*, ..., *ros* e le tre voci verbali *pervaserat*, *peperit*, ...
Per quanto riguarda la scelta di soluzioni narrative finalizzate a enfatizzare alcuni concetti essenziali per la comprensione del testo, merita una particolare sottolineatura l'opzione attuata da Apuleio nella prima parte del testo (da *Hi tres* a *poterat*) utilizzando due soggetti di natura profondamente diversa, il primo dei quali, *maiores natu*, cioè le sorelle maggiori di Psiche, è concreto, mentre il secondo, *pulchritudo puellae iunioris*, ovvero la bellezza della sorella più giovane, è astratto, in evidente contrasto con il precedente e impiegato allo scopo di porre in particolare rilievo il tema della grazia di Psiche, che costituirà uno degli elementi essenziali nella evoluzione del racconto.
Moltissime sono le figure di suono presenti nel testo, e ne costituiscono la cifra. Nelle prime righe si riscontrano due marcate allitterazioni, una della lettera "s" nella frase *Hi tres numero filias forma conspicuas habuere, sed maiores quidem natu, quamvis gratissima specie, idonee tamen celebrari posse laudibus humanis credebantur*, l'altra della lettera "p" nella frase *at vero puellae iunioris tam praecipua tam praeclara pulchritudo nec exprimi ac ne sufficienter quidem laudari sermonis humani penuria poterat*; la medesima allitterazione della lettera "p" si ripropone anche nelle successive righe (in particolare tale figura retorica si evidenzia tramite la ripetizione del suono all'inizio delle parole nel nesso *profundum pelagi peperit*). In un caso l'allitterazione è ulteriormente rafforzata tramite l'impiego della figura retorica dell'anafora dell'avverbio ...., nella frase *at vero puellae iunioris tam praecipua tam praeclara pulchritudo*.

LE SCELTE LESSICALI Nell'ultimo periodo si coglie una sorta di *climax* nell'impiego del lessico, finalizzato a colpire il lettore con un costante incremento dell'effetto di "solennità"; in particolare Apuleio vuol far passare con forza l'idea dell'incredibile bellezza di Psiche.
Nella frase *Iamque... pullulasse* quasi ogni termine è accompagnato da un aggettivo qualificativo: *civitates* da *proximas* e *regiones* da ....
(con disposizione simmetrica della coppia aggettivo-nome), *profundum* da *caerulum* e *fluctuum* da ....
.... (anche in questo caso disposti simmetricamente), *germine* da *novo* e *stillarum* da ....
(con iperbato di *novo... germine*), *flore* da *virginali*. Oltretutto i vocaboli impiegati sono via via più rari; particolare attenzione meritano l'impiego di *germen* per indicare il «seme» (il termine è attestato solo in poesia o nel latino tardo), di *stilla* a indicare la goccia celeste, il nesso *flore virginali* ad enfatizzare la condizione di verginità di Psiche.

LEGGO E ANALIZZO

1. Qual è il motore della vicenda che causerà l'allontanamento di Psiche dalla sua città d'origine?

2. Che rapporto si può individuare tra Psiche, Lucio e Apuleio?

3. Quali scelte lessicali mettono in rilievo la bellezza di Psiche nella descrizione di Apuleio? In particolare, qual è lo scopo del massiccio ricorso all'allitterazione?

T8

LATINO/ITALIANO

La *curiositas* di Psiche e la sua punizione

Metamorfosi 5, 23-25

La favola di Amore e Psiche giunge a un punto cruciale: Psiche, sollecitata dall'invidia perfida delle sorelle, decide di rompere il patto di fiducia con Cupido e, al termine di un rapporto d'amore, di vedere il suo amato. Ma la ragazza, definita da Apuleio satis et curiosa, *si punge con una freccia sottratta dalla faretra di Cupido e attraverso la ferita procuratasi è posseduta dall'amore per Amore. Tale passione spinge Psiche a coprire di baci l'amato e poi a volerlo scrutare alla luce di una lanterna; da essa però cade una stilla di olio bollente che sveglia Cupido e lo porta a fuggire, levandosi in volo. Psiche, in un disperato gesto dettato dal desiderio di non perdere colui che ama, si attacca alla gamba destra dell'amato, lasciandosi trasportare nell'aria, finchè non cade a terra; il giovane dio però non la ignora, scende su un albero vicino e le confessa la verità – ovvero il suo amore per lei e la violazione degli ordini di sua madre Venere –, ma poi vola via definitivamente. Psiche, colta da una profonda disperazione, tenta il suicidio gettandosi nelle acque di un fiume, ma il fiume stesso la salva dalla morte. Infine la ragazza viene soccorsa dal dio Pan, che riconosce in lei i sintomi dell'amore e la invita a non demordere nel suo progetto e a far di tutto per conquistare i favori di Cupido.*

Il racconto appare incalzante e avvincente, in un continuo cambio di scena e in un alternarsi serrato di vicende determinate da rapporti di causa-effetto.

[5, 23] Quae dum insatiabili animo Psyche, satis et curiosa, rimatur atque pertrectat et mariti sui miratur arma, depromit unam de pharetra sagittam et punctu pollicis extremam aciem periclitabunda trementis etiam nunc articuli nisu fortiore pupugit altius, ut per summam cutem roraverint parvulae sanguinis rosei guttae. Sic ignara Psyche sponte in Amoris incidit amorem. Tunc magis magisque cupidine flagrans Cupidinis prona in eum efflictim inhians patulis ac petulantibus saviis festinanter ingestis de somni mensura metuebat.

[5, 23] Psiche, piena di curiosità, con l'animo ardente continua a rimirare [*le armi di Amore*], a prenderle in mano[1]. Tira fuori dalla faretra una freccia, prova la punta contro il pollice, ma con un movimento un po' brusco del suo ditino ancora tremante si punge piuttosto profondamente, e a fior di pelle stillano come rugiada piccole gocce di roseo sangue. E così, senza saperlo, Psiche si ferì da se stessa con l'amore di Amore. Allora, più che mai ardente e cupida di Cupido, si chinò su di lui con le labbra socchiuse, e si affrettò a dargli tanti arditi baci, nel timore che il suo sonno non durasse più a lungo.

[5, 23] **Quae... arma**: *quae* è nesso relativo. • **depromit... guttae**: la frase principale ha come soggetto Psiche e come verbo *depromit*; ad essa è coordinata la proposizione successiva avente come verbo *pupugit* (perfetto indicativo da *pungo*); segue la consecutiva *ut roraverint*, il cui soggetto è *guttae*. Psiche è ancora tremante (*periclitabunda*) per la visione del suo stupendo amante, e perciò con il pollice tocca troppo forte la punta di una freccia, pungendosi. • **Tunc... metuebat**: il nesso *patulis ac petulantibus saviis festinanter ingestis* (ablativo assoluto) significa propriamente «impressi frettolosamente baci aperti (*patulis*) e sfacciati (*petulantibus*)»; anche l'uso del verbo *ingero* contribuisce a enfatizzare questo atto d'amore istintivo e quasi violento. Questo stato di follia della ragazza trova riscontro anche nella frase successiva, in particolare nel participio *percita* («eccitata», dal verbo *percieo*) e nel nesso *saucia mente*, che indica la ferita d'amore inferta nella mente della ragazza.

1. Le armi di Cupido sono la faretra e le frecce, come è stato esplicitato alla fine del paragrafo precedente (5, 22).

Sed dum bono tanto percita saucia mente fluctuat, lucerna illa, sive perfidia pessima sive invidia noxia sive quod tale corpus contingere et quasi basiare et ipsa gestiebat, evomuit de summa luminis sui stillam ferventis olei super umerum dei dexterum. Hem audax et temeraria lucerna et amoris vile ministerium, ipsum ignis totius dominum aduris, cum te scilicet amator aliquis, ut diutius cupitis etiam nocte potiretur, primus invenerit. Sic inustus exiluit deus visaque detectae fidei colluvie prorsus ex osculis et manibus infelicissimae coniugis tacitus avolavit.
[24] At Psyche statim resurgentis eius crure dextero manibus ambabus adrepto sublimis evectionis adpendix miseranda et per nubilas plagas penduli comitatus extrema consequia tandem fessa delabitur solo. Nec deus amator humi iacentem deserens involavit proximam cupressum deque eius alto cacumine sic eam graviter commotus adfatur: "Ego quidem, simplicissima Psyche, parentis meae Veneris praeceptorum immemor, quae te miseri extremique hominis devinctam cupidine infimo matrimonio addici iusserat, ipse potius amator advolavi tibi. Sed hoc feci leviter, scio, et praeclarus

Ma mentre così eccitata dal grande piacere ondeggia con l'anima ferita, ecco che quella lucerna, o per tremenda perfidia o perché anche lei voleva toccare e quasi baciare quel corpo, dalla punta del suo lucignolo fa schizzar fuori una goccia d'olio bollente, che va a cadere sull'omero destro del dio. O audace e temeraria lucerna, vile ministra dell'amore, tu osi bruciare proprio colui che è dio di tutti i fuochi, che tu certo fosti inventata da un innamorato desideroso di godere per tutta la notte l'oggetto della sua brama! A quel bruciore, il dio balzò su: vide tradita la sua fede, e volò via senza far parola dai baci e dalle mani dell'infelicissima sposa[2].
[24] Ma Psiche riuscì velocemente ad afferrare con entrambe le mani la gamba destra del dio mentre stava per alzarsi in volo: e così, misera appendice di quel volo sublime, lo seguì appesa al suo piede nella regione delle nuvole, finché le forze la sostennero; ma alla fine, stremata, cadde al suolo. Il suo innamorato divino, però, non volle abbandonarla così distesa a terra; volò su un cipresso lì vicino, e dall'alto le disse, commosso nel profondo del cuore: "Povera, ingenua Psiche! Anch'io ho disobbedito agli ordini di mia madre Venere, che ti voleva schiava del desiderio di un uomo meschino e miserando e mi aveva comandato di procurarti un vile matrimonio. E invece proprio io sono volato da te per essere il tuo sposo. Ho agito con troppa leggerezza, lo so bene: io, il famo-

• **lucerna illa... dexterum**: molto efficaci sono sia la personificazione della lucerna, che prova sentimenti umani, sia il lessico scelto da Apuleio per esprimere tali sentimenti e azioni: *perfidia, invidia, evomuit*; in particolare quest'ultimo verbo risulta estremamente crudo e realistico. • **Hem... invenerit**: con un raffinatissimo espediente retorico l'autore si rivolge direttamente alla lucerna, definendola *audax, temeraria, vile ministerium amoris* (cioè «indegno strumento d'amore»); segue poi il rimprovero. Molto erudito è anche lo spunto eziologico sull'origine "erotica" della lucerna.
[24] **At Psyche... solo**: costruisci: *At Psyche, statim crure dextero adrepto* (ablativo assoluto) *manibus ambabus eius resurgentis, adpendix miseranda sublimis evectionis et extrema consequia penduli comitatus per nubilas plagas* (*adpendix* e *consequia* sono apposizioni del soggetto *Psyche*), *tandem fessa delabitur solo*. Sono da notare nella frase i sostantivi rari utilizzati da Apuleio per definire, in tono patetico, la situazione della fanciulla, «commovente appendice» e «coda estrema» del corteo sospeso fra le nuvole. • **Nec deus... adfatur**: Cupido non abbandona la sua donna al destino ma, dall'alto di un cipresso, le rivolge la parola; l'attributo *graviter commotus* esprime l'intensa commozione del giovane dio. • **Ego... tibi**: il periodo si apre e si chiude con

2. Il silenzio del dio interrompe ogni relazione con Psiche attraverso una reazione immediata e brusca.

ille sagittarius ipse me telo meo percussi teque coniugem meam feci, ut bestia scilicet tibi viderer et ferro caput excideres meum quod istos amatores tuos oculos gerit. Haec tibi identidem semper cavenda censebam, haec benivole remonebam. Sed illae quidem consiliatrices egregiae tuae tam perniciosi magisterii dabunt actutum mihi poenas, te vero tantum fuga mea punivero". Et cum termino sermonis pinnis in altum se proripuit.

[25] Psyche vero humi prostrata et, quantum visi poterat, volatus mariti prospiciens extremis affligebat lamentationibus animum. Sed ubi remigio plumae raptum maritum proceritas spatii fecerat alienum, per proximi fluminis marginem praecipitem sese dedit. Sed mitis fluvius in honorem dei scilicet qui et ipsas aquas urere consuevit metuens sibi confestim eam innoxio volumine super ripam florentem herbis exposuit. Tunc forte Pan deus rusticus iuxta supercilium amnis sedebat complexus Echo montanam deam eamque voculas omnimodas edocens reccinere; proxime ripam vago pastu lasciviunt comam fluvii tondentes capellae.

■ Francois Gerard, *Amore e Psiche*, 1798. Parigi, Museo del Louvre.

so arciere, mi sono ferito da solo e ti ho fatto mia sposa, e tutto questo perché tu poi mi credessi una belva, e mi tagliassi la testa, questa testa dove brillano i miei occhi innamorati di te! Eppure ti avevo detto di stare attenta, e con quanto amore ti avvertivo! Ma quelle ottime donne che ti hanno consigliato, me la pagheranno subito per le belle lezioni che ti hanno dato [3]! Quanto a te, la tua unica pena sarà la mia fuga". Detto questo, se ne volò via.

[25] Psiche, prostrata al suolo, seguì fin che poté con i suoi occhi il volo del marito, tormentandosi e versando amare lacrime. Poi, quando il battito delle sue ali rapì quello sposo nello spazio infinito, Psiche si buttò nel fiume che scorreva lì vicino. Ma il fiume gentile, forse per compiacere il dio che infiamma anche le acque, o forse temendo qualche guaio per sé, subito con un'onda benigna la depose sui fiori e sulla tenera erba della sua riva. C'era per caso, seduto lì vicino, il dio dei campi, Pan, che teneva in braccio Eco, la dea che vive tra i monti, e le insegnava a cantare, seguendo la sua voce, tante canzoncine. Lungo la riva ruzzavano e pascolavano le sue caprette, e brucavano l'erbosa chioma del fiume.

PER ANALIZZARE

due pronomi personali, che isolano i protagonisti della vicenda. Cupido, che definisce Psiche con il bellissimo aggettivo *simplicissima*, atto ad esprimere la purezza e l'ingenuità della ragazza, si colpevolizza per non aver rispettato gli ordini della madre Venere, che aveva destinato Psiche a un matrimonio infimo; ma Cupido giustifica la sua disobbedienza definendosi *amator*, apposizione con cui esprime il suo sentimento d'amore verso Psiche. • **Sed… punivero**: Cupido promette che le sorelle della moglie, definite in tono ironico *consiliatrices egregiae*, pagheranno la pena dei loro dannosi consigli, mentre la punizione della ragazza è già iniziata (in tale logica va letto anche il futuro anteriore *punivero*) e consiste nel suo abbandono da parte del dio. [25] **Psiche… animum**: *visi* è infinito passivo. • **remigio plumae**: letteralmente «con il remare delle ali»; Cupido svanisce nella vastità dello spazio (*proceritas spatii*) e Psiche si getta in un fiume vicino. • **Sed mitis fluvius**: molto tenera e toccante questa personificazione del fiume, il quale, quasi accarezzando Psiche con pudore (*innoxio volumine*), depone la fanciulla sulla riva. • **Tunc… capellae**: si apre una scena agreste di grande efficacia, che addolcisce e stempera la drammaticità della situazione e crea un clima di solidarietà e di coinvolgimento emotivo.

3. Le sorelle, per invidia, avevano insinuato in Psiche il dubbio che il suo amante in realtà fosse una bestia mostruosa.

Hircuosus deus sauciam Psychen atque defectam, utcumque casus eius non inscius, clementer ad se vocatam sic permulcet verbis lenientibus: "Puella scitula, sum quidem rusticanus et upilio sed senectutis prolixae beneficio multis experimentis instructus. Verum si recte coniecto, quod profecto prudentes viri divinationem autumant, ab isto titubante et saepius vacillante vestigio deque nimio pallore corporis et assiduo suspiritu immo et ipsis maerentibus oculis tuis amore nimio laboras. Ergo mihi ausculta nec te rursus praecipitio vel ullo mortis accersito genere perimas. Luctum desine et pone maerorem precibusque potius Cupidinem deorum maximum percole et utpote adolescentem delicatum luxuriosumque blandis obsequiis promerere".

Il dio caprino chiamò dolcemente a sé la povera, distrutta Psiche, di cui non sapeva la storia, e così, con tenere parole, la consolava: "Leggiadra fanciulla, io sono un po' rustico, sì, un pecoraio, ma la mia lunga vecchiaia mi ha dato il dono dell'esperienza. Se non mi sbaglio – e questa è la profezia del buon senso – il tuo passo incerto e vacillante, il pallore del tuo viso e i tuoi continui sospiri, e anche questi tuoi occhi addolorati, mi dicono che tu sei malata d'amore[4]. Dammi retta: non tentare più di annegarti o di ammazzarti in qualche altra maniera! Smetti di piangere e di tormentarti! Mettiti a pregare Cupido, invece, che è il più grande degli dèi, e siccome è un giovinetto delicato e lussurioso, renditelo propizio con dolci voti".

(trad. di M. Cavalli)

• **Hircuosus... lenientibus**: l'aggettivo *hircuosus*, ovvero «simile a un caprone», ribadisce la natura animalesca del dio, che invece si mostra molto tenero verso Psiche e la addolcisce con parole rassicuranti. • **Puella scitula**: l'aggettivo significa «grazioso», «elegante», è utilizzato raramente ed attestato solo in Plauto ed Apuleio. Segue il discorso di Pan, che si definisce anch'egli *rusticanus* (attributo che richiama il *rusticus* precedente) e *upilio*, cioè «pastore», ma anche *multis experimentis instructus*, ovvero «ricco di esperienza» grazie alla sua età. Proprio questa capacità di leggere la realtà porta Pan a intuire il motivo della sofferenza di Psiche. • **ausculta**: l'imperativo va tradotto con «dammi retta»; si tratta anche in questo caso di un verbo usato raramente e in prevalenza nella produzione comica arcaica. Pan chiede a Psiche di rinunciare al tentativo di togliersi la vita, poi il discorso del dio continua con altri imperativi (*desine*, *pone*, *percole* e *promerere*, quest'ultimo dal verbo deponente *promereor*); l'invito è quello di abbandonare i sentimenti di tristezza e di cercare i favori di Cupido, un consiglio che, vista la situazione, fa certamente sorridere il lettore.

4. I sintomi di un sentimento intenso vengono così individuati e interpretati correttamente da Pan.

PER ANALIZZARE IL TESTO

Il testo e il contesto

LA VICENDA Lo schema con cui Vladimir J. Propp (1895-1970), insigne studioso di antropologia e letteratura, legge la struttura delle fiabe è costituito da alcune funzioni principali, ovvero azioni compiute dai personaggi, tutte riscontrabili anche nella favola di Amore e Psiche:

- l'allontanamento dell'eroe/eroina dal contesto noto per entrare in un contesto nuovo e sconosciuto (nel nostro caso è l'uscita di Psiche da casa sua);
- la proibizione, a cui fa seguito una violazione della stessa proibizione (a Psiche è vietato di vedere in faccia il suo sposo, ma la ragazza non resiste al desiderio di conoscerne la natura e non rispetta il divieto);
- il danneggiamento conseguente alla violazione (Psiche non avrà più la possibilità di stare con Cupido e di godere del suo amore);
- le prove da superare per poter riacquistare la condizione precedente (nel caso di Psiche, ma in genere nella fiaba, tali prove vengono superate attraverso contributi esterni magici o divini);
- la salvezza e la nuova condizione di felicità (Psiche, per volontà di Giove, sposa Cupido, diventa madre e ottiene il privilegio dell'immortalità).

In questi essenziali passaggi si riassume tutta la vicenda, che vive di parecchie interferenze esterne, alcune delle quali malvagie e perverse (come per esempio l'intervento denigratore delle sorelle), altre benevole e utili (come l'azione salvifica del fiume nei confronti del tentativo di suicidio della ragazza e l'intervento del dio Pan, grazie al quale la disperazione di Psiche si tramuta in una volontà di riscatto).

LA PRESENZA DELL'AUTORE In questo episodio si manifesta chiaramente la possibilità di identificare Apuleio nella protagonista della fiaba. La chiave di lettura per compiere tale processo è ancora una volta il tema della *curiositas*, dettata da istinti incontrollabili o da sentimenti irrazionali; come la curiosità di Psiche nella favola porta la ragazza a prendere coscienza dell'identità per nulla mostruosa del marito, ma anche a perderne la presenza (Cupido fugge a causa del patto di fiducia violato), come la curiosità di Lucio nel romanzo porta il protagonista a trasformarsi in asino e a subire molti soprusi derivanti da tale natura, così la curiosità di Apuleio nella vita lo porta a vivere molteplici esperienze. Psiche, Lucio e Apuleio, in contesti e modalità differenti, saranno messi alla prova per conseguire la salvezza e portare a compimento il loro percorso di crescita e maturazione.
In questo senso la microstruttura della fiaba rappresenta ed esplicita la macro-struttura del romanzo e, potremmo dire, la maxi-struttura della vita umana incarnata in Apuleio stesso; in tutte le vicende il motore è dato dal desiderio irrefrenabile di conoscere e dalle azioni conseguenti, esposte alla caduta ma sostenute dalla presenza divina fino al conseguimento della felicità piena; alla curiosità, che si illude di conoscere attraverso le apparenze ed è costretta a constatare la propria stoltezza e il proprio limite, subentra la rivelazione che, attraverso percorsi iniziatici affidati all'iniziativa divina, porta l'uomo alla salvezza.

Lo stile del testo

LA TECNICA NARRATIVA La scena è molto dinamica e trova la sua vivacità e vitalità nella continua alternanza dei luoghi e delle sensazioni, delle reazioni e dei gesti dei protagonisti. Apuleio tratteggia mirabilmente la passione senza freni di Psiche, che le fa perdere ogni inibizione, la decisione forzata di Cupido di abbandonare la ragazza non prima di averle dichiarato il suo amore, l'umanità dolce del fiume che soccorre e salva la ragazza, la sapiente ed esperta lungimiranza del dio Pan che sa riconoscere l'amore nel cuore di Psiche e che la invita a non rinunciare a realizzare il suo desiderio.
Apuleio varia di conseguenza i toni del racconto, secondo i momenti. Il capitolo 23 si presenta al lettore come una cronaca di eventi, realizzata ora con ritmi più lenti (come nelle prime righe, in cui la narrazione è puntuale e meticolosa, quasi frenata), ora con ritmi più rapidi (come nelle ultime righe, in cui si coglie quasi la fretta di terminare la presentazione di una vicenda sciagurata), ora con elencazioni e constatazioni, ora con analisi e ipotesi. In questo capitolo Apuleio passa anche dalla terza persona singolare, che presuppone il ricorso al narratore esterno, alla seconda persona singolare, con cui il narratore diventa protagonista e si rivolge personalmente alla lucerna, definendola, tramite un processo di personificazione, *audax*, *temeraria* e *amoris vile ministrum*.

Il capitolo 24, dopo i precipitosi spunti narrativi delle prime righe, interrompe la vicenda inserendo le parole di Cupido tramite il ricorso alla *oratio recta*. Nel suo discorso Cupido esprime tre fondamentali concetti:

- la confessione del suo amore per Psiche e la conseguente violazione degli ordini ricevuti dalla madre Venere;
- l'ammissione del suo errore dovuto a leggerezza;
- la minaccia nei confronti delle sorelle di Psiche (che in effetti subiranno la punizione della morte) e l'annuncio del destino della ragazza, costretta a rimanere sola.

Il capitolo 25, infine, alterna con notevole vivacità la descrizione della disperazione di Psiche, l'intervento del fiume che la salva dalla morte e infine il sostegno del dio Pan, espresso tramite la tecnica della *oratio obliqua*. Sapiente dunque è la regia di queste pagine fondamentali del racconto, nelle quali si passa dalla descrizione della cause alla narrazione delle conseguenze.
Interessanti risultano anche un paio di spunti eruditi presenti nel testo. Il primo è un riferimento eziologico di chiaro gusto alessandrino relativo all'origine della lucerna. Ma ancor più interessante è il secondo: il dio Pan descrive i sintomi dell'innamoramento, che riprendono alcune delle manifestazioni descritte dalla poesia erotica di età augustea e prima ancora da Catullo nel carme 51, a sua volta ripreso dalla poetessa greca Saffo.

UNO STILE MOLTO RICERCATO Lo stile, molto curato, è impreziosito dal ricorso a numerose figure retoriche. Nal capitolo 23 l'espressione *satis et curiosa* invece che *et satis curiosa* propone la figura della ...., il cui impiego rimarca maggiormente il concetto di *curiositas* attribuito a Psiche; nella proposizione consecutiva *ut… guttae* si evidenzia la presenza di un .... nell'espressione *parvulae sanguinis rosei guttae*, ulteriormente arricchita dalla presenza del diminutivo *parvulae*. Successivamente, nella frase *Sic ignara Psyche sponte in Amoris incidit amorem*, i vocaboli *ignara* e *sponte* creano un ossimoro, che ben rimarca la contraddizione insita nel comportamento di Psiche, ulteriormente enfatizzata dalla presenza dei poliptoti (e giochi di parole) *amoris-Amorem* e *cupidine-Cupidinis*, quest'ultimo preceduto dall'anafora di .... Per segnalare con maggiore forza la responsabilità della lucerna, in un'analisi alquanto raffinata di ricerca dei motivi del suo comportamento (anche in questo caso siamo in presenza di un processo di personificazione), Apuleio ricorre all'anafora della congiunzione *sive* abbinata alla *variatio* dei costrutti, in quanto nei primi due casi *sive* introduce due complementi di causa, nel terzo caso invece una proposizione causale.
Nelle ultime righe del capitolo 24 spicca la coppia verbale *censebam* e *remonebam*, che costituisce un omoteleuto efficace per esprimere il lamento di Cupido nel momento in cui si congeda dall'amata; anche l'azione →

del distacco è riferita in tono epico con l'espressione solenne *pinnis in altum se proripuit* che chiude il capitolo.

Nel capitolo 25 spicca all'inizio l'iperbato *extremis... lamentationibus*, coppia di aggettivo e nome separati e dunque amplificati dal verbo *affligebat*; notevole è poi la scelta della *variatio* con cui l'autore definisce il fiume, identificato con tre diversi sostantivi, cioè *flumen*, *fluvius* (accompagnato dall'aggettivo *mitis* che ne rimarca la personificazione) e .... Verso la fine del capitolo si riconosce l'anafora dell'aggettivo *nimio*, attribuito con ricorso a un chiasmo ora a *pallore* ora ad *amore*; un chiasmo infine si rintraccia anche nell'esortazione pronunciata da Pan, *Luctum desine et pone maerorem.*

Numerose sono anche le figure di suono, soprattutto allitterazioni e giochi di parole; considerando solo le prime righe del capitolo 24, si riscontrano marcate allitterazioni delle consonanti "s" e "p". Quanto ai giochi di parole, merita di essere sottolineato il ricorso al verbo *involavit*, che riprende il verbo *avolavit* in chiusura del precedente capitolo e anticipa la forma *avolavi* impiegata più oltre; in entrambi i casi il soggetto dei verbi *involavit* e .... viene definito *amator,* con il ricorso all'anafora.

LE SCELTE LESSICALI Nel capitolo 23 l'impiego raffinato e delicatissimo del verbo *rorare* etimologicamente richiama la rugiada (*ros, roris*), ma in questo contesto è riferito all'affiorare delle gocce di sangue sulla pelle di Psiche; un marcato realismo connota invece il ricorso al verbo *evomuit* riferito alla lucerna, che espelle una goccia di olio facendola cadere sul corpo di Cupido, e al termine *colluvie*, con cui l'autore definisce il tradimento della fede (il vocabolo significa «lordura», «spazzatura»). Si segnalano, inoltre, la scelta popolare nell'impiego del verbo *basiare*, in alternativa al più classico *osculari*, e il bisticcio di parole *rimatur* e *miratur*, fortemente allitteranti.

Nel capitolo 25 vanno evidenziati il ricorso all'astratto *proceritas* (Apuleio ama alternare termini concreti a termini astratti) e il realismo dei termini *rusticus*, *hircuosus*, *rusticanus* e *upilio*, tutti riferiti al dio Pan in perfetta sintonia con la sua natura agreste.

Apuleio dunque si conferma autore dal brillante ingegno e dalle straordinarie competenze linguistiche: un autore capace di variare i toni e i registri, passando da arcaismi a neologismi a grecismi, di esprimersi con semplicità e spontaneità ma anche con stile manierato e lezioso, in funzione dell'occasione e del momento.

GUIDA ALLO STUDIO

1. In che modo le funzioni di Propp possono essere applicate alla favola di Amore e Psiche?

2. Individua nel testo il riferimento eziologico all'origine della lucerna fornito da Apuleio.

3. Qual è il ruolo della divinità del fiume e di Pan nella vicenda di Psiche?

T9

LATINO

Il perdono di Psiche e il matrimonio con Cupido

Metamorfosi 6, 23-24

La favola di Amore e Psiche è a lieto fine: la riunione degli dèi presieduta da Giove sancisce le nozze fra la mortale Psiche e il divino Cupido e per evitare che tale unione generi problemi derivanti dalla diversità delle due nature il padre degli dèi decide di donare anche a Psiche l'immortalità. Dunque tutte le prove affrontate dalla ragazza per sanare la propria colpa dovuta alla curiositas *hanno buon esito, ma è richiesto anche in questo caso un intervento superiore non solo per mettere fine al travaglio della fanciulla ma anche per placare le ire di Venere, che non ha mai accettato Psiche anche per invidia nei confronti della sua bellezza. L'azione di Giove in questo caso ha pertanto un duplice scopo: risolvere i problemi di Psiche e creare le condizioni affinché il matrimonio sia possibile e accettato.*

La favola termina così in una grande festa, a cui partecipano tutti gli dèi e nella quale scorrono fiumi di nettare, tra danze e canti, in un'atmosfera impreziosita da profumi; infine, avviene anche la nascita della primogenita della nuova coppia celeste.

L'epilogo della favola assomiglia con molta evidenza all'epilogo del romanzo, anche se vissuto in un'atmosfera meno mistica e più festosa (del resto la scena è ambientata in cielo e ha gli dèi come protagonisti); come le avventure di Lucio si concluderanno, dopo il suo ritorno alla condizione di uomo, con la sua ammissione nel consesso dei sacerdoti di Iside e Osiride attraverso il processo iniziatico favorito dalle divinità, allo stesso modo le vicende di Psiche si compiono con la sua accoglienza nel consesso divino grazie al dono dell'immortalità, che costituisce una sorta di iniziazione verso una nuova condizione di vita.

[6, 23] Sic fatus iubet Mercurium deos omnes ad contionem protinus convocare, ac si qui coetu caelestium defuisset, in poenam decem milium nummum conventum iri pronuntiare. Quo metu statim completo caelesti theatro pro sede sublimi sedens procerus Iuppiter sic enuntiat: "Dei conscripti Musarum albo, adolescentem istum quod manibus meis alumnatus sim profecto scitis omnes. Cuius primae iuventutis caloratos impetus freno quodam coercendos existimavi; sat est cotidianis eum fabulis ob adulteria cunctasque corruptelas infamatum. Tollenda est omnis occasio et luxuria puerilis nuptialibus pedicis alliganda. Puellam elegit et virginitate privavit: teneat, possideat, amplexus Psychen semper suis amoribus perfruatur". Et ad Venerem conlata facie: "Nec tu", inquit, "filia, quicquam contristere nec prosapiae tantae tuae statuque de matrimonio mortali metuas. Iam faxo nuptias non impares sed legitimas et iure civili congruas", et ilico per Mercurium arripi Psychen et in caelum perduci iubet. Porrecto ambrosiae poculo: "Sume", inquit, "Psyche, et immortalis esto, nec umquam digredietur a tuo nexu Cupido sed istae vobis erunt perpetuae nuptiae".

[6, 24] Nec mora, cum cena nuptialis affluens exhibetur. Accumbebat summum torum maritus Psychen gremio suo complexus. Sic et cum sua Iunone Iuppiter ac deinde per ordinem toti dei. Tunc poculum nectaris, quod vinum deorum est, Iovi quidem suus pocillator ille rusticus puer, ceteris vero Liber ministrabat, Vulcanus cenam coquebat; Horae rosis et ceteris floribus purpurabant omnia, Gratiae spargebant balsama, Musae quoque canora personabant. Tunc Apollo cantavit ad citharam, Venus suavi musicae superingressa formonsa saltavit, scaena sibi sic concinnata, ut Musae quidem chorum canerent, tibias inflaret Saturus, et Paniscus ad fistulam diceret. Sic rite Psyche convenit in manum Cupidinis et nascitur illis maturo partu filia, quam Voluptatem nominamus.

[6, 23] **Sic... pronuntiare**: «Dopo aver detto ciò (Giove) ordina a Mercurio di convocare subito a consiglio tutti gli dèi e di annunciare che se qualcuno fosse mancato alla riunione dei celesti sarebbe incappato in una multa di diecimila sesterzi»; nella frase si trova un periodo ipotetico, con apodosi dipendente da una proposizione infinitiva. • **Quo... enuntiat**: raccolti tutti gli dèi anche grazie a quella specie di ricatto, Giove dal suo trono proclama la sua volontà che Cupido sposi Psiche. • **Dei... perfruatur**: il linguaggio è solenne e rievoca un contesto politico; Giove afferma che Cupido, da lui cresciuto, è stato tenuto a freno nei suoi ardori giovanili, ma ora la sua fama di adultero deve essere eliminata tramite il matrimonio con la ragazza che egli ha privato della verginità. Il periodo, semplice nella sua struttura sintattica, descrive molto chiaramente le opinioni su Cupido e presenta il matrimonio come una sorta di punizione per i suoi eccessi sessuali (il nesso *nuptialibus pedicis*, «lacci matrimoniali» esprime tale concetto in maniera inequivocabile). Di grande effetto è anche la parte conclusiva del periodo, costituita da cinque verbi: i primi due (*elegit... privavit*) indicano la scelta e il comportamento di Cupido nei confronti di Psiche; gli ultimi tre (*teneat, possideat... perfruatur*) esprimono le tre esortazioni del padre degli dèi al marito, cui la ragazza è data in possesso. • **Nec tu... congruas**: l'ultima attenzione è per Venere, la madre di Cupido, la cui condizione potrebbe essere inficiata dal matrimonio del figlio con una mortale; Giove ha la soluzione, ovvero rendere immortale Psiche. Si notano nella frase alcune scelte lessicali interessanti; in particolare si segnala la forma arcaica *faxo* del futuro anteriore di *facio*, che dà solennità alla decisione del dio anche perché è abbinata a termini che definiscono un contesto di legittimità del matrimonio nel rispetto del diritto civile (le nozze saranno *legitimas et iure civili congruas*). • **Porrecto... nuptiae**: dalla promessa Giove passa all'azione; fa accompagnare Psiche in cielo da Mercurio e le offre un calice di ambrosia rendendo in tal modo la ragazza immortale e perenne il matrimonio con Cupido. Anche in questo caso la volontà di Giove è resa più solenne dal ricorso all'imperativo futuro *esto*.

[6, 24] **Nec mora... toti dei**: si apre la bellissima scena del banchetto nuziale. La posizione degli invitati rispetta le gerarchie; al centro della scena è sdraiata la coppia Cupido-Psiche in tenero abbraccio (*summum torum* rappresenta il posto d'onore), vicino a loro la coppia Giove-Giunone, poi via via tutti gli altri dèi. • **Tunc poculum... personabant**: la coppa di nettare, che con una nota esplicativa è definito il vino degli dèi (*vinum deorum*), viene servita a Giove dal suo coppiere personale Ganimede (*rusticus puer*), a tutti gli altri da Libero, il dio del vino (spesso assimilato a Bacco). Segue poi la descrizione della festa: Vulcano fa il cuoco, le Ore cospargono la scena di fiori, le Grazie la inondano di profumi, le Muse di canti; è una scena ricca di sensazioni. • **Tunc Apollo... diceret**: i festeggiamenti proseguono con la partecipazione di Apollo cantore e Venere danzatrice, l'intervento delle Muse, di un Satiro e di un Panisco (cioè un membro del corteo di Pan, talora inteso come figlio del dio). È una meravigliosa festa collettiva, a cui tutti gli dèi contribuiscono in base alle loro specifiche competenze. • **Sic... nominamus**: il matrimonio termina con la nascita di una figlia, "Voluttà" (*Voluptas*), frutto dell'amore dei due sposi. Con questo riferimento alla nuova creatura termina la favola di Amore e Psiche.

Il testo e il contesto

LA CONCLUSIONE DELLA FAVOLA L'iniziativa di Giove, che intende chiudere le disavventure di Amore e Psiche con un lieto fine, si delinea come un'azione ecumenica, nel senso che coinvolge l'intero mondo degli dèi: tutti infatti devono partecipare alla riunione che sancirà l'unione fra Cupido e Psiche, pena una salatissima multa per gli assenti. L'assemblea convocata da Giove ha una chiarissima connotazione politica: gli *dei conscripti* rievocano con evidenza i *partes conscripti* del senato romano, l'*album Musarum* in cui sono iscritte le divinità richiama l'*album senatorium* che riportava la lista dei membri del senato. Il discorso pronunciato da Giove inoltre è degno di un *princeps senatus*: la sua volontà di controllare gli eccessi della lussuria di Cupido, la decisione di imporre al giovane dio il matrimonio riparatore (dato che egli non solo aveva privato Psiche della sua verginità ma l'aveva anche messa incinta), la paterna e tenera ma nel contempo ferma e risoluta consolazione nei confronti di Venere, ancora in preda alla sua cocente gelosia, ma soprattutto la determinazione di concedere a Psiche il privilegio dell'immortalità al fine di rendere legittimo il matrimonio – vale la pena ricordare che dai tempi di Augusto erano vietate le nozze fra persone appartenenti a classi sociali troppo distanti, con lo scopo precipuo di tutelare la purezza della classe aristocratica – rientrano a pieno titolo nelle decisioni e negli atteggiamenti propri di un sovrano illuminato.
Assodate la serietà e l'ufficialità del contesto in cui si verifica questa scena collettiva, va però sottolineato come in ogni passaggio non manchino spunti di ironia; questa atmosfera ironica viene inoltre enfatizzata anche dal tono retorico con cui Giove si rivolge agli dèi utilizzando certi formulari tipici delle orazioni di Cicerone rivolte al senato. Anche la descrizione della festa di nozze, con l'elencazione dettagliata e puntuale di tutti i servizi svolti dalle varie divinità e dagli esseri celesti, appare nel contempo solenne e divertente: in tale logica va interpretato il riferimento al Panisco, che serve anche per richiamare in tono ironicamente sottile il dio Pan in dimensione "ridotta".

LA PRESENZA DI APULEIO In questa pagina conclusiva Apuleio è assente, nel senso che non viene citato, ma nemmeno evocato in alcun modo, diversamente da quanto accade nella maggior parte dei passi precedentemente analizzati. Ciò, del resto, non è più necessario: il matrimonio di Psiche è la lieta conclusione della travagliata vicenda personale della ragazza che diventa dea, la vicenda personale di Apuleio (così come quella di Lucio) vedrà invece una conclusione diversa, anche se nella medesima direzione del riscatto dagli errori commessi in vita e della maturazione dell'anima che si affida al divino. In tal senso, la sfavillante festa di nozze descritta al termine della fiaba può essere intesa come rappresentazione allegorica – o proiezione nel futuro – della gioia intima e contagiosa di Apuleio (e Lucio) per il compimento del percorso di crescita e della esperienza di iniziazione.

Lo stile del testo

L'ARTE COMPLESSA Dal punto di vista della struttura, i capitoli 23 e 24 offrono al lettore una notevole varietà di soluzioni; merita attenzione nel capitolo 23 la scelta di far prevalere il discorso diretto, che richiama con molta evidenza le orazioni politiche sia nell'esortazione iniziale agli *dei conscripti*, sia negli ordini intimati da Giove, ora nei confronti del giovane e spensierato Cupido tramite il ricorso ai tre congiuntivi esortativi *teneat*, *possideat* e .... (dei quali i primi due hanno la medesima terminazione e quindi formano la figura retorica dell'omoteleuto), ora nei confronti di Psiche attraverso l'imperativo *sume* con cui il padre degli dèi offre il dono dell'immortalità alla fanciulla.
La descrizione della scena della festa di nozze è assai semplice e lineare, la struttura è paratattica, la disposizione dei termini nelle frasi è prevalentemente simmetrica. Non mancano però le figure retoriche; in particolare nella frase *Horae... personabant* le tre proposizioni principali coordinate fra loro per asindeto si aprono con i soggetti *Horae*, *Gratiae*, *Musae*, ma mentre nelle prime due i complementi oggetto *omnia* e *balsama* seguono il verbo, nella terza il complemento oggetto *canora* lo precede; la medesima differenza si riscontra nella successiva proposizione consecutiva introdotta dalla congiunzione *ut*, in cui i soggetti *Musae*, *Saturus* e *Paniscus* sono il primo e il terzo in posizione incipitaria, il secondo in posizione finale, mentre i tre verbi *canerent*, *inflaret* e .... si propongono nelle medesime coppie ma in posizione opposta.

LE SCELTE LESSICALI Vista la dimensione assembleare imposta da Giove alle decisioni da lui assunte e

■ *Amore e Psiche* si abbracciano, affresco del I sec. d.C. Napoli, Museo Archeologico Nazionale.

comunicate a tutti, si segnala nel passo il lessico della politica: il termine *contionem* identifica l'assemblea degli dèi, che sono *conscripti*, le nozze con il dono dell'immortalità alla sposa sono rese .... , cioè «legittime», e *iure civili congruas*, ovvero «conformi al diritto civile». Si segnala poi l'impiego di termini rari o di prestiti linguistici, a conferma della propensione di Apuleio a giocare con la lingua:

- *theatro*, termine di derivazione greca (nel contesto indica il luogo di raduno degli dèi in risposta alla convocazione di Giove);
- *alumnatus sim*, congiuntivo perfetto del verbo deponente *alumnor*, che significa «allevare» (vocabolo raro utilizzato soltanto da Apuleio);
- *caloratos*, aggettivo da tradursi con «ardenti», costituito da *calor* + il suffisso *-atus*, termine di impiego molto raro e attestato solo nel latino imperiale.

LEGGO E ANALIZZO

1. Per quale motivo, in particolare, l'assemblea convocata da Giove per sancire il matrimonio fra Cupido e Psiche assume una connotazione politica?

2. Quale forza imprime alla scena la scelta di Apuleio di ricorrere prevalentemente all'*oratio recta*?

3. In che senso si può affermare che la vicenda di Psiche prefigura l'esito del romanzo di Lucio?

LABORATORIO DI ANALISI

Leggi il testo seguente aiutandoti con le note; poi esegui quanto richiesto, realizzando un testo organico e armonizzando le risposte ai quesiti con opportuni connettivi testuali. Se lo desideri, puoi anche modificare l'ordine delle risposte nel modo che ti sembra più efficace.

Il percorso iniziatico di Psiche

Metamorfosi, 6, 20, 4-21, 4

Dopo che Amore, ferito alla spalla dall'olio della lucerna, si è rifugiato da Venere, questa manda Mercurio a prendere Psiche, dichiarandola una sua schiava fuggita. La dea infierisce sulla fanciulla schernendola e maltrattandola, poi la sottopone a una serie di prove. Psiche si dimostra incapace di superare le prove con le proprie forze, anzi vorrebbe darsi la morte; ma in ogni occasione riesce a portare a compimento l'incarico che le è stato affidato grazie ad aiuti soprannaturali. L'ultima prova è un viaggio agli Inferi: Venere invia Psiche nell'Ade per chiedere a Proserpina un po' della sua bellezza in prestito. Psiche, ancora una volta, pensa al suicidio, ma la torre dalla quale lei vorrebbe gettarsi si anima e le indica il modo di riuscire nell'impresa. Psiche esegue puntualmente le raccomandazioni della torre e riceve da Proserpina la scatola della divina bellezza, che non dovrà essere aperta per nessun motivo.

[20, 4] Statimque secreto repletam conclusamque pyxidem suscipit et offulae sequentis fraude caninis latratibus obseratis residuaque navitae reddita stipe longe vegetior ab inferis recurrit. [5] Et repetita atque adorata candida ista luce, quamquam festinans obsequium terminare, mentem capitur temeraria curiositate

[20, 4] **caninis... obseratis**: abl. assol.; si riferisce al fatto che Psiche, istruita dalla torre parlante, aveva placato Cerbero con delle focacce. • **residua... reddita stipe**: abl. assol.; Psiche aveva portato con sé due monete per Caronte (*navitae*, dat.), una per il viaggio di andata e una per il viaggio di ritorno.
[20, 5] **repetita... luce**: abl. assol. • **festinans**: part. congiunto (con valore concessivo) riferito a Psiche; ha funzione fraseologica rispetto a *obsequium terminare*.

APULEIO PER ANALIZZARE

et: [6] "Ecce" inquit "inepta ego divinae formonsitatis gerula, quae nec tantillum quidem indidem mihi delibo vel sic illi amatori meo formonso placitura", [21, 1] et cum dicto reserat pyxidem. Nec quicquam ibi rerum nec formonsitas ulla, sed infernus somnus ac vere Stygius, qui statim coperculo revelatus invadit eam crassaque soporis nebula cunctis eius membris perfunditur et in ipso vestigio ipsaque semita conlapsam possidet. [2] Et iacebat immobilis et nihil aliud quam dormiens cadaver. Sed Cupido iam cicatrice solida revalescens nec diutinam suae Psyches absentiam tolerans per altissimam cubiculi quo cohibebatur elapsus fenestram [3] refectisque pinnis aliquanta quiete longe velocius provolans Psychen accurrit suam detersoque somno curiose et rursum in pristinam pyxidis sedem recondito Psychen innoxio punctulo sagittae suae suscitat et: [4] "Ecce" inquit "rursum perieras, misella, simili curiositate. Sed interim quidem tu provinciam quae tibi matris meae praecepto mandata est exsequere naviter, cetera egomet videro". His dictis amator levis in pinnas se dedit, Psyche vero confestim Veneri munus reportat Proserpinae.

[20, 6] **gerula**: «portatrice». • **tantillum**: diminutivo di *tantum* (sott. *divinae formonsitatis*), compl. oggetto di *delibo*. • **vel**: «almeno». • **placitura**: part. attributivo con valore finale. [21, 1] **dicto**: participio sostantivato. • **rerum**: genitivo partitivo riferito al neutro *quicquam*. • **eam**: Psiche. • **conlapsam**: participio sostantivato, riferito a Psiche.

[21, 2] **elapsus**: participio congiunto riferito a Cupido, come *tolerans* e *provolans*.
[21, 3] **aliquanta quiete**: ablativo di causa. • **velocius**: avverbio comparativo. • **deterso somno et recondito**: abl. assol.
[21, 4] **provinciam**: «incarico». • **praecepto**: dativo di fine. • **exsequere**: imperativo.

PRIMA PARTE **COMPRENSIONE DEL TESTO**

1. Dividi il testo in sequenze e assegna a ciascuna sequenza un titolo che ne riassuma brevemente il contenuto.

2. Con quale pretesto Psiche disobbedisce al divieto che le è stato imposto?

3. Che cosa contiene la scatola di Proserpina, anziché la bellezza?

SECONDA PARTE **ANALISI DEL TESTO**

1. Individua nel testo i termini appartenenti a diversi campi semantici:
   a. quello del potere, usato ironicamente, rappresentato da Venere nei confronti di Psiche;
   b. quello della *curiositas*, ossia la colpa che caratterizza Psiche così come Lucio;
   c. quello della morte, soprattutto nella descrizione del sonno di Psiche.

2. Di quale costrutto sintattico si serve Apuleio, nella prima parte del brano, per riprodurre l'immediatezza con la quale Psiche esegue le istruzioni fornitele dalla torre parlante?

3. Riepiloga la favola di Amore e Psiche riconducendola alle funzioni di Propp e spiega quali siano i ruoli di Venere e di Cupido in questo brano.

TERZA PARTE **INTERPRETAZIONE COMPLESSIVA E APPROFONDIMENTI**

1. Dopo aver riflettuto sul significato della prova assegnata da Venere a Psiche, spiega perché l'atteggiamento di *curiositas*, che accomuna Psiche a Lucio, costituisca una colpa.

2. Considerando l'aiuto ricevuto da Psiche nel superamento delle prove, spiega qual è il significato del percorso di crescita da lei compiuto, con particolare riferimento al corretto rapporto con la divinità che anche Lucio, il protagonista delle *Metamorfosi*, deve apprendere.

3. Istituisci un confronto tra questo e altri testi letti che presentano il *topos* della discesa agli Inferi, facendo emergere gli elementi di continuità e la novità introdotta da Apuleio.

L'autodifesa nel processo per magia

PER APPROFONDIRE

IL GENERE DELL'ORATORIA Si può affermare che l'oratoria è un genere letterario che nasce con l'uomo e con la sua capacità comunicativa; ogni volta che qualcuno si rivolge a un altro per giudicarlo, persuaderlo, dilettarlo si profilano i contorni di un contesto in cui il discorso è assoluto protagonista e, in base agli scopi da raggiungere, assume caratteristiche e modalità diversificate. Per questo motivo già nei poemi omerici si riscontrano pagine di poesia nelle quali le finalità e le tecniche adottate per raggiungere l'obiettivo anticipano con evidenza il genere oratorio; basti pensare al libro nono dell'*Iliade*, in buona parte occupato dal racconto dell'ambasceria dei Greci ad Achille con l'intento di convincerlo a rientrare in guerra (dopo il suo abbandono provocato dallo sgarbo subito da Agamennone per il "furto" della sua schiava).

L'oratoria vive di libertà di parola e di espressione, pertanto fiorisce in particolare nelle epoche in cui si affermano strutture politiche che prevedono una partecipazione al potere allargata; non a caso la troviamo ampiamente documentata soprattutto nell'Atene del V e IV sec. a.C. e nella Roma repubblicana del I sec. a.C.; invece, nei periodi di regimi assolutistici, l'oratoria si ritaglia i suoi spazi soprattutto all'interno di conferenze o di momenti di intrattenimento. Ecco per quale motivo il *De magia* di Apuleio – il discorso giudiziario pronunciato dall'accusato stesso per difendersi dall'accusa di praticare arti magiche per scopi disonesti – costituisce un documento di valore eccezionale, in quanto rappresenta l'unica testimonianza per noi del genere giudiziario in un'epoca politicamente non certo favorevole a questo tipo di produzione letteraria.

IL CAMMINO DELL'UOMO Nel *De magia* l'autore, Apuleio, libero da veli o mascheramenti, privo di coperture allegoriche, parla di sé, della sua vita, delle sue scelte, delle conseguenze dei suoi comportamenti. Non ricorre nemmeno al supporto di un avvocato (procedura tipica nel mondo romano dove, a differenza della Grecia, era in vigore l'abitudine di farsi assistere da un professionista della parola che prendesse nel processo le parti dell'accusato o dell'accusatore e parlasse per lui). Apuleio non ne ha la necessità: ha studiato retorica, ha alte competenze in campo oratorio ed è sufficientemente lucido e abile per poter gestire personalmente la propria difesa. La singolare coincidenza è che anche in questo discorso giudiziario l'oggetto della contesa, ovvero la magia e con essa la *curiositas*, sia il medesimo che ha messo nei guai Lucio nelle *Metamorfosi* e Psiche nella novella che la vede protagonista.

Apuleio non nega mai esplicitamente di praticare la magia, preferendo invece adottare la linea della distinzione fra due tipi di magia (buona e cattiva) e dell'uguaglianza fra mago, filosofo, scienziato e sacerdote. Il diverso modo in cui viene trattato il tema della magia rispetto al romanzo e alla novella si riflette, ovviamente, nella conduzione razionalmente ponderata che Apuleio adotta nell'orazione: il riscatto dall'accusa di praticare la magia non avviene in questo caso grazie a un intervento divino (che aveva riportato Lucio a recuperare la sua condizione umana e Psiche a riabbracciare il suo amato Cupido), ma grazie alla lucidissima regia con cui viene condotto il ragionamento; le competenze e l'intelligenza portano Apuleio ad adottare fin dall'inizio strategie efficaci per attirare i favori del pubblico e del giudice, a smontare con sapienza e marcata ironia le accuse della parte avversa dando sfoggio nel contempo alla sua cultura e al suo eclettismo in campo letterario, a coinvolgere idealmente nel processo la filosofia e la religione attraverso l'astuta identificazione fra le figure del mago, del filosofo e del sacerdote.

In conclusione agli occhi del lettore risulta possente, articolata, coerente la costruzione realizzata da Apuleio, che, da abile oratore qual è, si mostra capace di continue variazioni di toni e sa impiegare ora l'arguzia sottile di chi possiede la cultura, ora la malizia di chi conosce a fondo i giochi della retorica e i meccanismi del processo: ne nascono una narrazione enfatica o asciutta in base alle diverse esigenze dettate dal contesto momentaneo, uno stile ora disinvolto ora lineare ora ricercato. Anche questa straordinaria perizia è parte dell'uomo Apuleio e ne caratterizza il cammino esistenziale e professionale.

T10

LATINO

Il processo: l'*exordium* della difesa

| *De magia* 1-3 |

Il discorso apologetico che Apuleio pronuncia in sua difesa si apre con un ampio e articolato exordium, *nel quale Apuleio adotta i principali schemi della tecnica oratoria antica. In particolare, in questa pagina iniziale (di una lunghezza significativa per un discorso giudiziario), l'autore definisce con meticolosità l'ambito in cui si sviluppa il processo contro di lui, si preoccupa di tratteggiare con cura e dettaglio la meschina immagine dell'accusatore Sicinio Emiliano, presenta con cenni sporadici ma molto efficaci la dignitosa e austera figura del giudice Claudio Massimo. Apuleio delinea inoltre i contorni dell'accusa, che non si limita al presunto ricorso di Apuleio a pratiche magiche per fini illeciti, ma – presupponendo l'identificazione della figura del mago con quella del filosofo – diviene una sorta di attacco diretto contro la filosofia mosso da persone ignoranti e rozze. In questo modo e tramite queste precisazioni, illustrando la situazione e smontando fin dall'inizio le presunte accuse nei suoi confronti, Apuleio cattura astutamente e abilmente l'attenzione dei lettori e la benevolenza di chi sarà chiamato a emettere il verdetto.*

[1, 1] Certus equidem eram proque vero obtinebam, Maxime Claudi quique in consilio estis, Sicinium Aemilianum, senem notissimae temeritatis, accusationem mei prius apud te coeptam quam apud se cogitatam penuria criminum solis conviciis impleturum; [2] quippe insimulari quivis innocens potest, revinci nisi nocens non potest. [3] Quo ego uno praecipue confisus gratulor medius fidius, quod mihi copia et facultas te iudice obtigit purgandae apud imperitos philosophiae et probandi mei;

[1, 1] **Certus... impleturum**: l'orazione si apre con un'ostentazione di certezza (*Certus equidem eram*): rivolgendosi al proconsole della provincia d'Africa e ai suoi consiglieri, presso i quali si celebrava il processo, Apuleio afferma che Sicinio Emiliano, colui che ha intentato l'atto giudiziario e che viene duramente apostrofato come *senem notissimae temeritatis* («un vecchio di ben nota sfrontatezza»), riempirà l'accusa (*impleturum accusationem*, con sott. *esse*) soltanto di insulti (*conviciis*) a causa della mancanza di oggettive incriminazioni (*penuria criminum*); la linea dell'autodifesa di Apuleio è subito chiara: non sussistono reali capi d'accusa contro di lui. [2] **quippe... potest**: la maestria dell'autore si esplica in questa frase ad effetto («di certo qualsiasi innocente può essere accusato, ma solo del colpevole può essere dimostrata la colpevolezza»), costruita sulla contrapposizione fra *innocens* e *nocens* e impreziosita stilisticamente dall'anafora di *potest* e dalla simmetria *insimulari... innocens / revinci... nocens*. [3-4] **Quo... fuere**: il periodo si apre con un nesso relativo (*Quo... uno*), si chiude con una forma verbale arcaica (*fuere* per *fuerunt*) e presenta all'interno l'espressione esclamativa *medius fidius*, «che dio mi aiuti» (*fidius* era probabilmente epiteto di

[4] quamquam istae calumniae ut prima specie graves, ita ad difficultatem defensionis repentinae fuere. [5] Nam, ut meministi, dies abhinc quintus an sextus est, cum me causam pro uxore mea Pudentilla adversus Granios agere aggressum de composito necopinantem patroni eius incessere maledictis et insimulare magicorum maleficiorum ac denique necis Pontiani privigni mei coepere. [6] Quae ego cum intellegerem non tam crimina iudicio quam obiectamenta iurgio prolata, ultro eos ad accusandum crebris flagitationibus provocavi. [7] Ibi vero Aemilianus cum te quoque acrius motum et ex verbis rem factam videret, quaerere occepit ex diffidentia latibulum aliquod temeritati.

Giove protettore della fede), che si ritrova anche nell'oratoria ciceroniana. Apuleio indica i suoi due obiettivi: difendere la filosofia contro gli ignoranti (*purgandae apud imperitos philosophiae*) e provare la sua innocenza (*probandi mei*) nei confronti di calunnie tanto gravi da rendere particolarmente difficile la difesa. Nell'espressione *te iudice* si coglie un apprezzamento dell'autore nei confronti di Claudio Massimo, in parte giustificato dalla *captatio benevolentiae*, in parte corrispondente alle reali qualità del personaggio. [5] **Nam... coepere**: Apuleio, chiamato a difendersi dall'accusa mossagli dai Granii (non meglio noti avversari di Pudentilla) riguardo alla vicenda di sua moglie, si trova in realtà implicato in qualcosa di ben più grave, ovvero nel sospetto di esercitare pratiche magiche (*magicorum maleficiorum*) e di aver ucciso (*necis*) Ponziano (l'amico di studi di Apuleio), entrambe imputazioni che avrebbero potuto portare alla condanna a morte dell'imputato. Per la seconda volta in poche righe Apuleio impiega il verbo *insimulare*, cioè «accusare sulla base di calunnie», a rinforzo della linea difensiva da lui sostenuta; come il precedente paragrafo, anche questo si chiude con un arcaismo (*coepere* per *coeperunt*). [6] **Quae... temeritati**: il periodo inizia anche in questo caso con un nesso relativo (*Quae*): «E poiché comprendevo che non tanto erano addotte accuse per il processo quanto ingiurie a scopo di litigio, spontaneamente con frequenti richieste li sfidai a portare un'accusa regolare»; degna di nota è la struttura simmetrica *non tam crimina iudicio quam obiectamenta iurgio prolata* (*esse*). Apuleio conferma la sicurezza della sua innocenza con una aperta sfida agli accusatori; Emiliano allora, verificando anche l'impazienza del proconsole, a detta di Apuleio cominciò a cercare un nascondiglio (*latibulum*) alla sua sfrontatezza (*temeritati*).

RIASSUNTO

*Nel paragrafo 2 dell'*exordium *Apuleio afferma che l'unica accusa rimasta contro di lui è quella di magia, certamente più sostenibile da parte di un falso accusatore in quanto più difficilmente dimostrabile. Tale capo d'imputazione, per giunta, viene avanzato da Sicinio Pudente, l'altro figlio di Pudentilla (e dunque figliastro di Apuleio stesso), dietro al quale però si cela vigliaccamente Sicinio Emiliano, personaggio palesemente disprezzato dall'autore a causa del suo comportamento codardo e meschino.*

[3, 1] Quam quidem vocem et tua aequitate et mea innocentia fretus spero in hoc quoque iudicio erupturam, quippe qui sciens innocentem criminatur eo sane facilius, quod iam, ut dixi, mentiens apud praefectum urbi in amplissima causa convictus est. [2] Namque peccatum semel ut bonus quisque postea sollicitius cavet, ita qui ingenio malo est confidentius integrat ac iam de cetero quo saepius, eo apertius delinquit. [3] Pudor enim veluti vestis quanto obsoletior est, tanto incuriosius habetur. [4] Et ideo necessarium arbitror pro integritate pudoris mei, priusquam ad rem aggrediar, maledicta omnia refutare.

[3, 1-2] **Quam... delinquit**: Apuleio dichiara di fidarsi (*fretus*) della giustizia del giudice e della sua propria innocenza (*et tua aequitate et mea innocentia*; si noti l'anafora di *et*); ciò genera la speranza che l'accusatore venga riconosciuto nel torto, come già era accaduto in un altro processo non meglio identificato tenuto a Roma; molto efficace risulta nel testo l'ossimoro *innocentem criminatur*. L'oratore teorizza poi il suo ragionamento: la persona onesta (*bonus quisque*) sbaglia una volta sola, il malvagio (*qui ingenio malo est*, con una *variatio* e il ricorso a un ablativo di qualità) invece persevera. Nella frase si segnala l'utilizzo ripetuto di comparativi neutri atti a rimarcare un'idea di eccesso rispetto alla norma: *sollicitius*, *confidentius*, *saepius* e *apertius*.
[3-4] **Pudor... refutare**: il ricorso alla similitudine, con cui si paragona il pudore a un vestito che più è vecchio meno è curato, dà forza all'idea dell'integrità del pudore di Apuleio e quindi della necessità di preservarlo confutando le accuse. Il termine chiave è ripetuto due volte in poliptoto (*pudor... pudoris*); si insiste ancora sull'impiego di forme comparative (*obsoletior... incuriosius*), come nella frase precedente.

[5] Sustineo enim non modo meam, verum etiam philosophiae defensionem, cuia magnitudo vel minimam reprehensionem pro <ma>ximo crimine aspernatur, [6] propter quod paulo prius patroni Aemiliani multa in me proprie conficta et alia communiter in philosophos sueta ab imperitis mercennaria loquacitate effutierunt. [7] Quae etsi possunt ab his utiliter blaterata ob mercedem et auctoramento impudentiae depensa haberi, iam concesso quodam more rabulis id genus, quo ferme solent linguae suae virus alieno dolori locare, [8] tamen vel mea causa paucis refellenda sunt, ne is, qui sedulo laboro ut ne quid maculae aut inhonestamenti in me admittam, videar cuipiam, si quid ex frivolis praeteriero, id agnovisse potius quam contempsisse. [9] Est enim pudentis animi et verecundi, ut mea opinio fert, vel falsas vitu<pe>rationes gravari, cum etiam hi, qui sibi delicti alicuius conscii sunt, tamen, cum male audiunt, impendio commoveantur et obirascantur, [10] quamquam, exinde ut male facere coeperunt, consueverint male audire, quod, si a ceteris silentium est, tamen ipsi sibimet conscii sunt posse se merito increpari. [11] Enimvero bonus et innoxius quisque rudis et imperitas auris ad male audiendum habens et laudis assuetudine contumeliae insolens multo tanta ex animo laborat ea sibi immerito dici, quae ipse possit aliis vere obiectare. [12] Quod si forte inepta videbor et oppido frivola velle defendere, illis debet ea res vitio vorti, quibus turpe est etiam haec obiectasse, non mihi culpae dari, cui honestum erit etiam haec diluisse.

Affresco con viandante e fattucchiera, I secolo. Napoli, Museo Archeologico Nazionale.

[5-6] **Sustineo... effutierunt**: Apuleio allarga la prospettiva e coinvolge nella sua azione di difesa anche la tutela della filosofia, che non tollera neppure il minimo rimprovero (*minimam reprehensionem*); attacca poi gli avvocati di Emiliano che hanno inventato false accuse contro di lui e contro la filosofia. Il lessico usato è dispregiativo: l'azione è stata sostenuta da gente ignorante (*ab imperitis*) che ha vomitato accuse (*effutierunt*; il verbo *effutio* significa «cianciare», «parlare a vanvera») con una loquacità prezzolata (*mercennaria loquacitate*). Da segnalare è anche l'impiego del pronome relativo *cuia*, forma femminile di *cuius, cuia, cuium*, «di cui», di uso raro.

[7-8] **Quae... contempsisse**: si acuisce il disprezzo nei confronti degli avvocati: le offese dette a vanvera (*blaterata*) solo per un guadagno personale (*ob mercedem*) da ciarlatani che riversano il veleno delle loro bocche (*linguae suae virus*) sul dolore altrui devono essere tutte confutate e respinte da Apuleio, affinchè il silenzio non sia letto come una conferma (*ne is... contempsisse*, «affinché non sembri a qualcuno che io, che con scrupolo mi do da fare affinché non consenta nei miei confronti alcuna macchia o disonore, abbia ammesso piuttosto che disprezzato qualcosa di queste stupidaggini che io abbia trascurato»). Gli avvocati della difesa sono definiti con il termine *rabula*, di uso raro, che significa «ciarlone», «abbaiatore»; si conferma così la tendenza dell'oratore all'impiego di vocaboli non comuni.

[9-12] **Est enim pudentis... diluisse**: si avvia a conclusione l'*exordium* dell'orazione. Apuleio rimarca che è proprio di un animo incline al pudore e alla modestia ribellarsi a offese inventate, anche perché persino i colpevoli di qualche misfatto si adirano di fronte ai rimproveri, nonostante siano abituati a riceverne per il loro comportamento e la loro coscienza sia consapevole di meritarli. Invece un uomo buono e onesto (*bonus et innoxius quisque*), non abituato alla cattiva fama ma alle lodi, non sopporta di ricevere rimproveri ingiusti e che egli potrebbe a buon diritto muovere ad altri (*rudis et auris* sono accusativi plurali per *rudes* e *aures*). Il testo termina infine con una giustificazione: l'eventuale frivolezza degli argomenti della difesa sarà imposta dalla bassezza delle accuse mosse dagli avversari: la colpa ricada su di loro. Degna di nota è l'espressione *illis debet ea res vitio vorti* («quell'accusa deve essere attribuita come colpa a coloro...»), nella quale è applicata la costruzione del doppio dativo (*illis... vitio*) e spicca l'allitterazione della lettera *v* in *vitio vorti*.

Il testo e il contesto

LE PARTI DELL'ORAZIONE L'orazione *De magia* è l'unica di età imperiale pervenuta in forma integrale fino ai nostri giorni; essa ci consente da un lato di ricostruire un quadro significativo ed efficace della società del tempo, dall'altro di recuperare alcuni concetti essenziali della retorica di carattere giudiziario della tarda latinità; siamo infatti in presenza di un discorso appartenente al *lògos dikanikòs* (ovvero al genere legato alle pratiche processuali), anche se in esso si possono riscontrare tracce e caratteri propri del *lògos epideiktikòs*, cioè del genere dimostrativo.
Nell'analizzare la struttura di una orazione Cicerone (e dopo di lui anche Quintiliano) aveva evidenziato sei parti principali: *exordium*, *narratio*, *partitio*, *confirmatio*, *confutatio* e *conclusio* (o *peroratio*). Nell'*exordium*, in particolare, l'oratore presenta l'oggetto del discorso, si pone come scopo principale e dichiarato quello di chiarire la struttura e le caratteristiche della sua orazione, come scopo meno evidente ma più importante la conquista dei favori del pubblico (si tratta della cosiddetta *captatio benevolentiae*); infine nell'*exordium* si trova spesso anche una dichiarazione di consapevolezza della difficoltà del percorso che l'oratore si accinge ad affrontare.

UN *EXORDIUM* "TRADIZIONALE" Apuleio rispetta sostanzialmente le caratteristiche dell'*exordium* tradizionale.

- Viene da lui definito l'ambito nel quale il processo si colloca e si sviluppa; l'autore si preoccupa di dimostrare come tale ambito abbia subìto una significativa evoluzione rispetto a quanto proposto dai suoi avversari, poiché passa da un'iniziale accusa di magia nera (aggravata dalla responsabilità relativa a un omicidio) all'accusa più semplice e più sostenibile (in quanto non scientificamente dimostrabile ma neppure confutabile) che Apuleio sia semplicemente un mago.
- Viene subito tratteggiato con dovizia di particolari il ritratto dell'accusatore Sicinio Emiliano, presentato come un soggetto audace, falso, ma soprattutto vigliacco, in quanto, nel timore di essere smascherato nella sua falsità, si copre dietro la figura di Sicinio Pudente (giovane figliastro di Apuleio), che è appunto il firmatario dell'accusa ma che non è punibile nel caso venisse smascherato come menzognero, per la sua giovane età; Apuleio non rinuncia poi a sottolineare come Emiliano oltre che meschino sia recidivo, in quanto protagonista anche in passato di atteggiamenti poco dignitosi in ambito giuridico.
- Viene suggerita con pochi ma efficacissimi riferimenti la fisionomia del giudice, quel Claudio Massimo degno di stima per la sua sapienza, acutezza e correttezza, con il quale Apuleio mostra fin dall'inizio una certa confidenza, complicità e consonanza di giudizio; in questo modo, oltre che acquisire i favori del giudice, l'oratore condiziona in modo evidente l'opinione di chi ascolta.
- Si propone da parte dell'accusato l'identificazione "mago = filosofo", peraltro non inconsueta all'epoca (quando un certo tipo di filosofia, allontanandosi dalla razionalità, si stava addentrando nei sentieri tortuosi dell'occultismo e del mistero, confondendosi in effetti con procedure proprie ora dei maghi ora dei sacerdoti ora degli iniziati); stabilendo tale uguaglianza Apuleio ottiene l'effetto di proiettare l'accusa verso di lui su un orizzonte molto più ampio e indefinito, provocandone fin da subito un evidente indebolimento.

CONTRO LA MAGIA NERA Apuleio desidera realizzare un'opera dal respiro ampio e dai toni variegati e articolati, oltre che retta da una abilissima regia. A tale proposito, l'allargamento dell'accusa alla filosofia e a tutti coloro che la praticano, oltre che indebolire l'azione di attacco dell'avversario, allontana l'occhio del giudice dal tema della magia: una pratica che Apuleio non ha mai apertamente negato e che anzi è espressione della sua personalità eclettica e affascinata dalle credenze e dai culti misterici che proliferavano alla sua epoca.
Apuleio credeva nella magia nobile, attaccava piuttosto la magia volgare, condividendo in tal modo la distinzione propria della filosofia che appunto rimarcava le differenze fra la teurgìa (ovvero la magia buona) e la goetìa (cioè la magia cattiva). Pertanto, nella prima parte dell'opera, in cui l'autore si dedica all'autodifesa dall'accusa di magia, egli in realtà vuole soprattutto liberare il campo da eventuali attribuzioni di atteggiamenti legati a forme di magia nera.

Oltre il testo

UN CONFRONTO CON CICERONE L'*exordium* è una parte fondamentale di ogni discorso giudiziario, in quanto indirizza in modo spesso determinante il parere degli ascoltatori. Naturalmente i diversi *exordia* risentono dei contesti diversificati in cui si collocano i discorsi e delle variegate motivazioni che portano gli oratori a pronunciarli: è quindi un'operazione interessante mettere a confronto diversi *incipit* per cogliere le analogie e le differenze fra oratori nelle scelte e negli stili.

- Un confronto produttivo può essere fatto anzitutto con l'oratoria giudiziaria di Cicerone, a cui Apuleio senza dubbio si richiama come modello indiscusso di perizia oratoria. Se, per esempio, consideriamo l'*incipit* della prima orazione *In Verrem* (il discorso di accusa pronunciato da Cicerone nel 70 a.C. contro il pretore Gaio Verre, che aveva depredato la Sicilia per interesse personale e che quindi era accusato di corruzione e appropriazione indebita), notiamo subito parecchie differenze.

«L'occasione che era più ardentemente desiderabile, signori giudici, l'unica che più di ogni altra era adatta →

a placare l'ostilità verso la vostra classe e il discredito della giustizia, vi è evidentemente offerta, in un momento particolarmente critico per lo Stato, non dal senno degli uomini ma per così dire dalla benevolenza degli dèi. Già da un pezzo infatti ha messo radici un'opinione esiziale per la repubblica e pericolosa per voi, un'opinione che si è straordinariamente diffusa per il gran parlare che ne fanno tutti non solo da noi ma pure tra i popoli stranieri: cioè che da tribunali come quelli attuali nessun uomo facoltoso, per quanto colpevole, potrebbe mai uscire condannato. [2] E adesso, proprio in un momento così critico per la vostra classe e per la giustizia che è nelle vostre mani, quando c'è gente pronta a tentare di attizzare con pubblici comizi e proposte di legge l'odio che si nutre contro il senato, ecco portato in tribunale come imputato G. Verre, un uomo già condannato dalla pubblica opinione per la sua vita e le sue azioni, ma già assolto, stando alle sue speranze e alle sue affermazioni, per le immense ricchezze che possiede» (Trad. di G. Bellardi).

L'orazione ciceroniana si colloca in una dimensione politica di carattere collettivo e quindi riguarda tutto il popolo romano, non soltanto un singolo individuo come accade invece nell'orazione di Apuleio; si contrappongono quindi una prospettiva individuale e personale (nel caso di Apuleio) a una dimensione popolare e statale (nel caso di Verre). Ciò determina anche un'evidente differenza di toni: più tragico e teso quello ciceroniano, che enfatizza la tensione del momento nello scontro politico fra il senato e il popolo, più ironico e sottile quello apuleiano, finalizzato a creare un sarcastico contrasto fra la sua integrità morale e i goffi tentativi dell'avversario di accusarlo ingiustamente.

- Possiamo poi considerare un altro *incipit* ciceroniano, ossia quello dell'orazione *Pro Milone* (pronunciata nel 52 a.C. da Cicerone in difesa del nobile Annio Milone, accusato di avere ucciso il filopopolare Clodio), per rilevare ulteriori differenze.

«[1] Per quanto, giudici, io tema che sia cosa vergognosa lasciarsi prendere dal timore nel momento in cui ci si accinge a parlare in difesa d'un uomo tanto coraggioso, e che non convenga punto, mentre è proprio T. Annio a preoccuparsi della salvezza dello Stato più ancora che della sua, non esser capace di difendere la sua causa con pari forza d'animo, tuttavia questo aspetto senza precedenti di un processo senza precedenti incute spavento agli occhi che, dovunque si posino, ricercano invano il Foro di sempre e l'antica procedura giudiziaria. [2] Il tribunale dove voi sedete non è più circondato dalla solita cerchia di uditori, noi non siamo più attorniati dalla solita calca, e quei drappelli che vedete davanti a tutti i templi, per quanto dislocati per prevenire la violenza, generano nonostante tutto in chi parla un po' di panico, sicché qui nel foro e in tribunale, per quanto circondati da indispensabili misure di sicurezza, non riusciamo nemmeno a rassicurarci totalmente, perché resta pur sempre qualche timore» (Trad. di G. Bellardi).

In questo *incipit*, il contesto risulta ancora più tragico, in quanto il processo venne celebrato in una situazione anomala di forte tensione sociale, alla presenza di drappelli armati che rischiavano di togliere lucidità e tranquillità a chi era chiamato a parlare e a giudicare. Tale realtà è ben lontana da quella in cui Apuleio, protetto da un condizione di legalità e forte della sua perizia e intelligenza, può pronunciare il suo discorso in tono disinvolto e quasi canzonatorio nei confronti dell'avversario.

- Sia a Cicerone sia a Apuleio piace utilizzare la lingua latina in tutte le sue valenze espressive, ma al colorito proprio dell'età repubblicana, fatto di strutture accuratamente pensate e di figure retoriche sapientemente impiegate, viene sostituito da Apuleio uno stile più ricercato e vario, ricco di neologismi, arcaismi, volgarismi, tanto apprezzati dal latino d'Africa e più in generale dai gusti letterari dell'età imperiale.

- Considerando queste differenze, prova a scrivere in italiano l'*incipit* di una breve orazione di accusa che Pudente potrebbe aver rivolto ad Apuleio, istigato da Sicinio Emiliano: costruisci il tuo testo sul modello dell'orazione di Apuleio, cercando di riprodurne i tratti stilistici peculiari.

L'arringatore (Aulo Metello), fine II-inizio I sec. a.C. Firenze, Museo Archeologico.

IL *DE MAGIA*

NATURA E STRUTTURA DELL'ORAZIONE Il *De magia* è una lunga orazione di carattere giudiziario pronunciata da Apuleio in occasione di un processo intentato contro di lui e successivamente messa per iscritto (secondo l'abitudine degli oratori latini). Gli antefatti sono noti: un amico di studi di Apuleio, Sicinio Ponziano, lo aveva convinto a sposare, nonostante la significativa differenza d'età, sua madre Emilia Pudentilla, donna non più giovane e nemmeno particolarmente avvenente, ma molto ricca. Dopo la morte di Ponziano, un cognato di Pudentilla, Sicinio Emiliano, e il suocero della vedova, Erennio Rufino, avevano spinto il giovane figlio di Pudentilla, Sicinio Pudente, a denunciare Apuleio con l'accusa di avere utilizzato la magia nera per sedurre la vedova, convincerla a sposarlo dopo quattordici anni di vedovanza e quindi ereditarne gli averi; la pena in caso di accertamento della colpa sarebbe stata la condanna a morte, in osservanza della *lex Cornelia de sicariis et veneficis* emanata da Silla nell'81 a.C. Gli accusatori portarono come dimostrazione della fondatezza delle loro accuse diverse pratiche e comportamenti sospetti tenuti dall'imputato. Il processo si tenne nel 158 d.C. nella città africana di Sabratha, poco distante dalla città di Oea (l'odierna Tripoli) dove si svolsero i fatti posti sotto processo. L'azione giudiziaria si svolse alla presenza, in qualità di giudice, del proconsole Claudio Massimo e si concluse con l'assoluzione di Apuleio.
L'orazione, che la tradizione ci ha tramandato divisa in due libri, consta in realtà di tre parti fondamentali.

- **Capp. 1-25**: l'oratore smantella con sistematicità e con dovizia di particolari i vari capi d'accusa che si riferiscono a pratiche e comportamenti di carattere personale e privato (la sua eccessiva bellezza, l'abitudine di portare i capelli lunghi, l'utilizzo di una pasta dentifricia sospetta, la stesura di versi dal contenuto amoroso, l'impiego per scopi di magia di uno specchio, la responsabilità per l'improvviso svenimento di un ragazzo in sua presenza). Apuleio avanza per ciascun capo d'accusa osservazioni e riflessioni atte a sminuire e persino a ridicolizzare gli attacchi dei suoi avversari.
- **Capp. 26-65**: viene chiarito da Apuleio il significato del termine "mago" in relazione alla filosofia, alla religione, alla fisica, con la distinzione fra magia buona o bianca, espressione di somma sapienza, e magia cattiva o nera, finalizzata a soggiogare le forze naturali e divine per conseguire interessi personali; Apuleio si dichiara estraneo a quest'ultimo tipo di magia. Questa sezione termina poi con la precisazione di aver acquistato certi tipi di pesci dall'aspetto osceno, in quanto simili agli organi genitali maschili e femminili, solo per interessi scientifici e di possedere una piccola statuetta di Mercurio che non ha nulla a che spartire con immagini di spettri o con talismani legati a pratiche magiche occulte.
- **Capp. 66-103**: nell'ultima parte dell'orazione, Apuleio si difende dall'accusa di aver sposato Pudentilla per interesse, palesando l'utilizzo distorto da parte degli avversari di alcune lettere della sua sposa e dimostrando di non aver avuto alcun vantaggio economico che gli sia derivato dalla presunta azione di seduzione della donna. Ciò si evince anche dal testamento di Pudentilla, nel quale le clausole matrimoniali e le disposizioni testamentarie sull'eredità risultano sfavorevoli al marito: dalla lettura di tale testamento infatti risulta che l'unico erede dei beni della donna sia il figlio Pudente, e ciò fa cadere l'accusa.

LO STILE DEL *DE MAGIA*
Riguardo allo stile, oltre all'impiego di tutte le tecniche retoriche proprie dell'arte oratoria, che Apuleio padroneggia grazie ai suoi studi, spicca l'impiego dell'ironia, che costituisce il filo conduttore di tutto il discorso. Il testo riveste un'importanza fondamentale per la conoscenza della vita e delle abitudini di Apuleio, in quanto si tratta di un componimento autobiografico; non manca però la tendenza dell'autore a enfatizzare e nobilitare talvolta in modo eccessivo la propria immagine.

Disegni di piante medicinali in un manoscritto miniato dell'erbario greco del Pseudo-Apuleio, 1190-1199. Londra, British Library.

T11

LATINO

Il dentifricio di Apuleio

| *De magia* 5-6 |

Uno dei temi ricorrenti nel De magia *è la rivendicazione, da parte di Apuleio, del suo grande e ricco bagaglio culturale. Sinceramente orgoglioso della propria eloquenza, al conseguimento della quale ha dedicato tutta la vita, Apuleio propone subito una dimostrazione della sua eclettica produzione letteraria, espressione di dottrina, e nel contempo della sua arte assai raffinata e ricercata, citando una sua composizione poetica scritta per accompagnare il recapito di una pasta dentifricia a un tal Calpurniano, che glieľaveva richiesta. L'oratore, terminata l'autocitazione del carme poetico, chiude il suo ragionamento con un dotto riferimento a un verso di Catullo riguardante il medesimo argomento.*

Verrebbe da chiedersi se parlare di dentifricio sia davvero espressione di cultura; tuttavia la banalità della tematica passa presto in secondo piano e viene dimenticata grazie a una sconcia battuta a effetto che chiude l'episodio e che intende suscitare il riso dell'ascoltatore, ammaliato da uno stile così affascinante e disincantato.

[5, 1] De eloquentia vero, si qua mihi fuisset, neque mirum, neque invidiosum deberet videri, si ab ineunte aevo unis studiis litterarum ex summis viribus deditus omnibus aliis spretis voluptatibus ad hoc aevi haud sciam anne super omnis homines impenso labore diuque noctuque cum despectu et dispendio bonae valetudinis eam quaesissem. [2] Sed nihil ab eloquentia metuant, quam ego, si quid omnino promovi, potius spero quam praesto. [3] Sane quidem, si verum est quod Statium Caecilium in suis poematibus scripsisse dicunt, innocentiam eloquentiam esse, ego vero profiteor ista ratione ac praefero me nemini omnium de eloquentia concessurum. [4] Quis enim me hoc quidem pacto eloquentior vivat, quippe qui nihil unquam cogitavi quod eloqui non auderem? [5] Eundem me aio facundissimum esse, nam omne peccatum semper nefas habui; eundem disertissimum, quod nullum meum factum vel dictum extet, de quo di<s>serere publice non possim [6] ita, ut iam de vorsibus dis<s>ertabo quos a me factos quasi pudendos protulerunt, cum quidem me animadvertisti cum risu illis suscensentem, quod eos absone et indocte pronuntiarent.

[5, 1] **De eloquentia... quaesissem**: la frase, che si apre ponendo in primo piano il tema che sarà oggetto di trattazione (*De eloquentia*), è costituita da un periodo ipotetico dell'irrealtà (protasi *si qua mihi fuisset*, apodosi *deberet videri*) e dalla interrogativa indiretta *si... quaesissem* (forma sincopata per *quaesivissem*). Il tema affrontato dall'oratore è la sua competenza in campo oratorio e quindi la sua eloquenza, alla quale egli si è dedicato per tutta la vita con grande sforzo (*impenso labore*), in ogni momento della giornata (*diuque noctuque*, espressione impreziosita dall'allitterazione e dall'omoteleuto), a prezzo della salute (*cum despectu et dispendio bonae valetudinis*). [2] **Sed nihil... praesto**: «Ma nulla temano (soggetto sottinteso del congiuntivo esortativo sono gli avversari) dalla mia eloquenza, la quale io, se ho raggiunto comunque qualche risultato, spero (di ottenere) piuttosto che mostrare»; un'affermazione molto stringata (e quindi efficace) di falsa modestia. Da notare è la differenza di funzione dei due *quam*, il primo dei quali è un pronome relativo, il secondo invece introduce il secondo termine di paragone. [3-4] **Sane quidem... auderem?**: Apuleio ricorre all'autorevolezza del commediografo arcaico Cecilio Stazio (III-II sec. a.C., evidentemente ancora in auge all'epoca del nostro autore, caratterizzata dal gusto arcaizzante) per riaffermare la sua innocenza attraverso la sua eloquenza; *innocentiam eloquentiam esse* rientra in quel campionario di sentenze che accrescono la solennità di un testo e alle quali gli oratori amano ricorrere per elevare il tono. Il ragionamento è semplice: se è vero che l'innocenza è eloquenza, allora Apuleio, poiché è il massimo esperto di eloquenza, risulta essere del tutto innocente. Segue un'interrogativa diretta retorica con il congiuntivo potenziale, in cui, oltre all'espressione *hoc pacto* («a questa condizione») ci imbattiamo soltanto in pronomi e forme verbali, che mettono in forte rilievo l'unico aggettivo presente in forma comparativa *eloquentior*, preceduto dal secondo termine di paragone *me* collocato in posizione di particolare enfasi. [5-6] **Eundem... pronuntiarent**: si tratta anche in questo caso di un'affermazione molto solenne, costruita simmetricamente con l'anafora del pronome *eundem* e i due aggettivi superlativi che l'oratore attribuisce a se stesso, ovvero *facundissimum* e *disertissimum*, «assai facondo e assai eloquente», seguiti il primo da una esplicativa introdotta da *nam*, il secondo da una causale introdotta da *quod*. Questa operazione di autocelebrazione serve ad Apuleio per introdurre la questione di alcuni suoi versi citati di seguito, oggetto di disprezzo da parte dei suoi avversari; l'autore dichiara di non aver potuto trattenere il riso, sentendo quelli pronunciati *absone* e *indocte*, «senza il rispetto del ritmo e da persone ignoranti».

[6, 1] Primo igitur legerunt e ludicris meis epistolium de dentifricio vorsibus scriptum ad quendam Calpurnianum, qui cum adversum me eas litteras promeret, non vidit profecto cupiditate laedendi, si quid mihi ex illis fieret criminosum, id mihi secum esse commune. [2] Nam petisse eum a me aliquid tersui dentibus vorsus testantur:

[3] Calpurniane, salve properis vorsibus.
Misi, ut petisti, <tibi> munditias dentium,
nitelas oris ex Arabicis frugibus,
tenuem, candificum, nobilem pulvisculum,
complanatorem tumidulae gingivulae,
converritorem pridianae reliquiae,
ne qua visatur tetra labes sordium,
restrictis forte si labellis riseris.

[4] Quaeso, quid habent isti vorsus re aut verbo pudendum, quid omnino quod philosophus suum nolit videri? [5] Nisi forte in eo reprehendendus sum, quod Calpurniano pulvisculum ex Arabicis frugibus miserim, quem multo aequius erat spurcissimo ritu Hiberorum, ut ait Catullus, sua sibi urina «dentem atque russam pumicare gingivam».

[6, 1-2] **Primo... commune**: fra i testi scherzosi scritti da Apuleio (*e ludicris*, termine che ha in sé la radice del verbo *ludo*) ora viene ricordato un suo *epistolium*, cioè una sua breve composizione poetica sul dentifricio; questo testo era stato scritto per un certo Calpurniano, che lo presentò poi in tribunale per danneggiare l'oratore, anche se in realtà era stato composto in risposta a una sua richiesta di indicargli qualcosa per la pulizia dei denti. Il sostantivo *tersui* è dativo di *tersus, -us*, «pulizia», termine utilizzato solo una volta da Plauto prima di Apuleio. [3] **Calpurniane... riseris**: Ti saluto, Calpurniano, con dei rapidi versi. / Ti ho mandato, come mi hai chiesto, la pulizia dei denti, / lo splendore della bocca dalle messi arabiche, / una polverina sottile, biancheggiante, nobile, / che fa scomparire il gonfiore della piccola gengiva, / che spazza via i resti di ieri, / affinché non si veda qualche ripugnante macchia di sporcizia, / se per caso riderai con le labrucce socchiuse». Si tratta di una poesia semplice nella struttura e facilmente compensibile nel messaggio, ma molto ricercata nella forma e impreziosita da una raffinatissima ricerca lessicale. Si nota il ricorso all'omoteleuto alla fine del verso (*vorsibus-frugibus, dentium-sordium*) ma anche all'inizio del verso (*complanatorem-converritorem*); si riscontra un marcato iperbato nell'ultimo verso (*restrictis... labellis*), in cui è presente anche l'allitterazione del suono *s* (presente anche nel verso precedente). Il lessico offre una significativa ricorrenza di forme diminutive, tanto care al gusto dell'epoca (*pulvisculum, tumidulae gingivulae, labellis*), e di termini rari (il vocabolo *nitela* per indicare la lucentezza, termine attestato anche in Catullo; l'aggettivo *candificum* usato solo da Apuleio; i termini *complanator* e *converritor*, che sono due *hapax*). Apuleio si mostra così poeta di spirito ma anche di tecnica raffinata ed elegante. [4-5] **Quaeso, quid... gingivam**: alla citazione poetica seguono la domanda retorica sul presunto contenuto vergognoso dei versi, dei quali invece Apuleio ritiene che un filosofo non debba affatto vergognarsi, e la battuta a effetto, carica di sarcasmo e di comicità: l'oratore cita un verso del carme 39 di Catullo in cui il poeta attribuisce agli Iberi la sporca abitudine che Apuleio vorrebbe attribuire anche a Calpurniano, cioè di utilizzare l'urina per «strofinare i denti e la rossa gengiva». Si segnalano l'impiego dell'aggettivo superlativo *spurcissimus*, di rara attestazione, e la sostituzione (difficile dire se voluta o casuale) del verbo *defricare* impiegato da Catullo con il verbo *pumicare*, anch'esso poco ricorrente.

PER APPROFONDIRE IL TESTO

Il testo e il contesto

L'ELOQUENZA COME TRAGUARDO Dopo essersi difeso dall'accusa di aver conquistato i favori dell'anziana Pudentilla grazie al suo fascino e alla sua avvenenza fisica, sostenendo al contrario che il suo corpo è emaciato ed esangue a causa del continuo studio, Apuleio approfondisce un tema a lui molto caro, ossia quello della sua competenza nel campo dell'eloquenza. Procedendo per strutture ipotetiche egli giunge a negare di avere incantato e quindi traviato la vedova attraverso la sua dialettica, afferma di contro che l'eloquenza non è per lui un risultato ormai conseguito e dunque un motivo di vanto, quanto piuttosto un traguardo da centrare e dunque una costante aspirazione, che richiede sacrificio e persino una sorta di trascuratezza nei confronti della salute. Tutta la prima parte della pagina proposta, che ruota attorno alla questione dell'eloquenza, è realizzata tramite un ricorso as- →

sillante al lessico legato alla sfera della parola e del "dire" (*de eloquentia*, *ab eloquentia*, *eloquentiam*, *de eloquentia*, *eloquentior*, *eloqui*, *facundissimum*, *disertissimum*, *dictum*, *disserere*), posto in rilievo anche attraverso l'impiego delle figure retoriche dell'anafora e del poliptoto.

APULEIO *POETA NOVELLUS* L'orazione *De magia*, appartenente al genere giudiziario, presenta al suo interno anche alcune digressioni proprie del discorso dimostrativo: il loro impiego ha lo scopo di dilettare l'ascoltatore e nel contempo di far emergere le doti dell'oratore. In questa logica deve essere interpretata la digressione sul dentifricio e la conseguente proposta di un raffinato testo poetico composto dall'oratore stesso. Il contesto in cui tale componimento si inquadra è quello dei *poetae novelli*, che si rifanno direttamente alla poesia arcaica e preneoterica (e a tale produzione rimandano direttamente sia la citazione della massima di Cecilio Stazio sia l'impiego del verso giambico) e quello dei *poetae novi* (rievocato con grande evidenza attraverso la citazione finale del verso catulliano).
Nella poesia di Apuleio affiorano i leziosi preziosismi di una letteratura tardo imperiale languida e povera di significati, ma di accuratissima maniera e dottrina, e i giochi letterari fatti di richiami, citazioni, emulazioni.

IL DENTIFRICIO COME ESPEDIENTE RETORICO La questione del dentifricio ripropone il tema della magia: la pasta innocentemente celebrata e inviata da Apuleio a Calpurniano potrebbe essere intesa come una specie di polvere magica. Claudio Moreschini fa persino notare come «il dentifricio, su cui scherza così amabilmente Apuleio, era composto da polveri d'Arabia (mirra, cassia, cinnamomo), le quali potevano servire non soltanto per la pulizia della bocca, ma anche per suffumigi magici». È allora ancor più degna di nota (e di ammirazione) l'abilità dell'oratore di sminuire l'accusa spostando l'attenzione del lettore prima sulla comicità della battuta finale, poi, nel paragrafo successivo, su un dotto riferimento alla bocca come *vestibulum animi*, *orationis ianua* (si noti il chiasmo) e *cogitationum comitium*, impreziosito ulteriormente tramite il ricorso all'autorevolezza di Omero per sostenere la tesi che la bocca deve essere sempre linda e che quindi la sua accurata pulizia si addice a un uomo libero. L'accusa ad Apuleio di avere impiegato una pasta magica o persino velenosa per realizzare i suoi loschi progetti svanisce in tal modo nelle pieghe di un ragionamento solenne e nobile, infarcito di riferimenti dotti.

Oltre il testo

IL CONFRONTO CON ADRIANO E FLORO

- Il carme di Apuleio può essere messo a confronto con alcuni testi coevi di altri poeti, in particolare dei *poetae novelli*, a partire per esempio da una famosa poesia scritta dall'imperatore Adriano in cui egli si rivolge alla sua anima avviata verso la morte (➛ p. 242, anche per la traduzione):

Animula vagula blandula
hospes comesque corporis,
quae nunc abibis in loca
pallidula rigida nudula,
nec, ut soles, dabis iocos.

- Interessante è anche il confronto con una poesia di Anneo Floro, caratterizzata da una linea di ragionamento che viene costruita sul contrasto di situazioni, ma sull'analogia di esiti:

Tam malum est habere nummos, non habere quam malum est;
tam malum est audere semper quam malum est semper pudor;
tam malum est tacere multum quam malum est multum loqui;
tam malum est foris amica quam malum est uxor domi;
nemo non haec vera dicit, nemo non contra facit.

Tanto è male avere soldi quanto è male la povertà;
Tanto è male osare sempre quanto è male la costante modestia;
Tanto è male tacere quanto è male l'eccessiva loquacità;
Tanto è male un'amante fuori casa quanto è male una moglie in casa;
Tutti dicono che tutto ciò è vero, tutti fanno l'opposto.

- Non è difficile cogliere le somiglianze fra i testi proposti, espressione di una poesia minore e dalle forme assai diversificate, non innovativa, piuttosto arcaizzante e nostalgica, e testimonianza di un'epoca che, manifestamente impacciata nel proporre avanguardie e sperimentazioni che intraprendano strade nuove rispetto alla grande poesia classica, si rifugia nel passato e cerca di far rivivere forme e soluzioni ormai tramontate. Si tratta di produzioni tecnicamente molto raffinate ma alquanto povere di contenuto o perlomeno piuttosto superficiali anche nell'affrontare argomenti di maggior peso; le ricorrenti figure retoriche, la presenza insistita di diminutivi e vocaboli rari, l'insistenza nel giocare con il lessico evidenziate nel componimento di Apuleio si ritrovano con facilità ed evidenza anche nelle produzioni di Adriano e di Floro. Tutto ciò da un lato è espressione di superficiale giocosità e spensieratezza, dall'altro tradisce i primi evidenti segnali di una crisi incipiente.

- Alla luce di queste considerazioni, scrivi un breve testo per illustrare la funzione della digressione di Apuleio sul dentifricio; esprimi, in particolare, la tua personale valutazione sulla sua efficacia in termini di persuasione del pubblico presente.

PROVA DI TRADUZIONE E COMMENTO

Leggi con attenzione il seguente passo tratto dal *De magia*, quindi rispondi alle domande che ti guideranno nella comprensione. Infine, dopo che avrai analizzato e tradotto il passo, potrai rendere ragione della tua interpretazione con un testo organico di commento.

Il fazzoletto magico

| *De magia* 55-56 |

Apuleio dimostra che gli indizi presentati dai suoi accusatori per dichiararlo un mago sono privi di qualsiasi efficacia probatoria. Così, dopo aver chiarito quale origine abbia la sua eloquenza, perché faccia uso di dentifricio (➛ **T11***) e a quale scopo possieda uno specchio, Apuleio deve rispondere anche dell'accusa di aver nascosto degli oggetti magici, che nessuno ha mai potuto vedere, sotto un fazzoletto di lino. L'oratore, del resto, non nega di custodire presso i Lari della casa del suo figliastro alcuni simboli sacri velati di lino, esattamente come fanno coloro che sono seguaci di un culto misterico. È questo forse il passaggio più delicato della sua autodifesa, e insieme quello che ci permette di collegare lo spirito dell'autore del* De magia *al messaggio iniziatico del suo romanzo.*

[55] [...] Vin dicam, cuius modi illas res in sudario obvolutas laribus Pontiani commendarim? Mos tibi geretur. Sacrorum pleraque initia in Graecia participavi. Eorum quaedam signa et monumenta tradita mihi a sacerdotibus sedulo conservo. Nihil insolitum, nihil incognitum dico. Vel unius Liberi patris mystae qui adestis scitis, quid domi conditum celetis et absque omnibus profanis tacite veneremini. At ego, ut dixi, multiiuga sacra et plurimos ritus et varias cerimonias studio veri et officio erga deos didici. Nec hoc ad tempus compono, sed abhinc ferme triennium est, cum primis diebus quibus Oeam veneram publice disserens de Aesculapii maiestate eadem ista prae me tuli et quot sacra nossem percensui. Ea disputatio celebratissima est, vulgo legitur, in omnibus manibus versatur, non tam facundia mea quam mentione Aesculapii religiosis Oeensibus commendata. Dicite aliquis, si qui forte meminit, huius loci principium. "Audisne, Maxime, multos suggerentis? immo, ecce etiam liber offertur. Recitari ipsa haec iubebo, quoniam ostendis humanissimo vultu auditionem te istam non gravari".

[56] Etiamne cuiquam mirum videri potest, cui sit ulla memoria religionis, hominem tot mysteriis deum conscium quaedam sacrorum crepundia domi adservare atque ea lineo texto involvere, quod purissimum est rebus divinis velamentum? Quippe lana, segnissimi corporis excrementum, pecori detracta iam inde Orphei et Pythagorae scitis profanus vestitus est; sed enim mundissima lini seges inter optumas fruges terra exorta non modo indutui et amictui sanctissimis Aegyptiorum sacerdotibus, sed opertui quoque rebus sacris usurpatur.

GUIDA ALLA COMPRENSIONE

- Ti forniamo di seguito, in ordine errato, la descrizione delle sequenze in cui può essere suddiviso il brano. Ristabilisci la corretta successione delle sequenze, numerandole da 1 a 3; indica inoltre la prima e l'ultima parola di ogni sequenza e il numero, o i numeri, di riga che la individuano nel testo.
  - ☐ Si spiega perché il fazzoletto fosse di lino e non di lana.
  - ☐ Poiché il giudice, Massimo, lo vuole, Apuleio spiegherà che cosa ci fosse sotto il fazzoletto.
  - ☐ Inizia una digressione: Apuleio ricorda di essere stato iniziato a molteplici culti misterici, circostanza ben nota a tutti i cittadini di Oea.

GUIDA ALLA TRADUZIONE

Le seguenti domande ti guideranno nella traduzione.

- Che tipo di subordinata è quella da cui dipende *commendarim* (= *commendaverim*), introdotta dalla principale *Vin* (= *vis-ne*) alla r. 1?
- Come puoi rendere in questo contesto l'espressione *ista* (= *istas res*) *prae aliquo ferre* della r. 8?
- Da quale verbo dipende la subordinata interrogativa *quot sacra nossem* (= *novissem*) alle rr. 8-9?
- Con quale significato è usato *locus* alla r. 11, considerato che Apuleio si riferisce al testo scritto di un'orazione?
- In che funzione è usato il participio *suggerentis* della r. 12, considerato che è concordato con l'aggettivo sostantivato *multos*, complemento oggetto del predicato *Audisne* (= *audis-ne*)?

GUIDA AL COMMENTO

Dopo aver tradotto il testo, realizza un testo organico di commento a partire dalle risposte che avrai dato alle domande seguenti.

Contestualizzazione Per prima cosa inserisci questo brano nel contesto del *De magia*; se lo ritieni opportuno, puoi consultare i testi antologizzati.

Interpretazione e approfondimenti In questo passo vediamo come Apuleio riesca a stabilire con il giudice (Claudio Massimo, proconsole d'Africa) e con il pubblico (probabilmente composto dai decurioni, i membri delle famiglie più in vista della città) una relazione di complicità e reciproca confidenza.

- Sottolinea nel brano i punti in cui Apuleio si rivolge direttamente a Claudio Massimo o all'uditorio.

Non ti sarà sfuggito che all'inizio del par. 56 Apuleio fa slittare l'attenzione dell'ascoltatore dal contenuto del fazzoletto a una digressione sul perché il fazzoletto fosse di lino.

- Quale può essere la funzione di tale digressione?
- Quale ragione viene addotta per la scelta del tessuto?
- Quali autorità vengono chiamate in causa per sostenere la validità di tale scelta?

Dal rapporto di stima che Apuleio costruisce con l'uditorio è escluso Emiliano, l'accusatore di Apuleio. Per comprenderlo più chiaramente puoi continuare a leggere il capitolo 56, che puoi reperire facilmente in una traduzione italiana.

Apuleio rappresenta Emiliano come un uomo empio, paragonabile addirittura a Mezenzio, personaggio virgiliano noto per la sua crudeltà. Emiliano infatti non osserva alcun precetto religioso (non compie gesti di adorazione, non fa sacrifici, non conserva oggetti sacri) e in definitiva non è capace di mostrare alcun segno di riconoscenza nei confronti degli dèi.

- Alla luce di ciò, quale considerazione puoi fare sull'importanza che ha per Apuleio il senso religioso?

Osserva infine il riferimento ai *sanctissimis Aegyptiorum sacerdotum* alla r. 19 e spiega come esso possa essere messo in relazione con il romanzo di Apuleio.

- Come puoi giustificare, in particolare, l'apparente discrepanza tra la concezione positiva della magia in questa orazione e la visione negativa che della magia viene fornita nelle *Metamorfosi*?

Lo stile del testo

- Quale impressione si vuole produrre con la sintassi semplice, quasi monoproposizionale, dei primi periodi (fino alla r. 4)?
- Quali segni di ricercatezza mostra il periodo *nihil incognitum, nihil insolitum dico* alle rr. 3-4?
- Individua nel brano alcuni esempi di strutture bimembri e trimembri.
- Indica il nome della figura retorica riconoscibile nella progressione *celebratissima est, vulgo legitur, in omnibus manibus versatur* (rr. 9-10).

INDICAZIONI BIBLIOGRAFICHE

FEDRO LUCANO PERSIO

Il **testo latino** proposto è, salvo piccole variazioni, quello stabilito in: (per Fedro) Phèdre, *Fables*, a c. di Alice Brenot, Les Belles Lettres, Parigi 1969; (per Lucano) *Lucani Bellum civile*, ed. A.E. Housman, Oxford 1926; (per Persio) *A. Persi Flacci saturarum liber*, ed. W.V. Clausen, Oxford 1956.

Traduzioni e approfondimenti sono reperibili in: (per Fedro) *Fedro, Marziale e il nuovo impegno del lusus poetico*, in P. Arduini et all. (a cura di), *Studi offerti ad Alessandro Perutelli*, Aracne, Roma 2008, pp. 191-203; A. Cavarzere, introduzione all'edizione Newton Compton 2005, a c. di S. Saglimbeni; G. Solimano, *La favola latina* in *Favole di Fedro e Aviano*, a c. di G. Solimano, UTET, Torino 2005; (per Lucano) Lucano, *Farsaglia*, a c. di L. Griffa, prefazione di G. Pontiggia, Bompiani, Milano 1984; Lucano, *La guerra civile o Farsaglia*, a c. di L. Canali, premessa al testo e note di F. Brena, BUR, Milano 1997; Lucano, *La guerra civile*, a c. di R. Badalì, UTET, Torino 2006; E. Narducci, *La provvidenza crudele. Lucano e la distruzione dei miti augustei*, Giardini, Pisa 1979; (per Persio) Persio, *Satire*, traduzione e cura di M. Veronesi, prefazione D. Monda, Medusa, Milano 2012; *Satire*, saggio di A. La Penna, premessa al testo di F. Bellandi, traduzione e note di E. Barelli, BUR, Milano 2009; Persio, *Satire*, a c. di L. Canali, Mondadori, Milano 2003.

SENECA

Il **testo latino** proposto è, salvo piccole variazioni, quello stabilito in: per le *Epistulae ad Lucilium*, L.D. Reynolds, Oxford University Press, Oxonii 1965, 1991[10], in Seneca, *Lettere morali a Lucilio*, a cura di F. Solinas, prefazione di C. Carena, Mondadori, Milano 2007; per le *Naturales quaestiones*, P. Parroni, Fondazione Lorenzo Valla, Milano 2002. I testi dei dialoghi e dei trattati provengono dal *TLL*, tranne che per le *Consolationes*, il cui testo è quello stabilito da A. Traina in Seneca, *Le consolazioni*, BUR, Milano 1987.

Le **traduzioni italiane** dei testi antologizzati sono a cura di Augusto Balestra, dove non altrimenti indicato.

Per le **tematiche** affrontate nel corso della trattazione: (per il periodo della vita di Seneca e il suo rapporto con gli imperatori della dinastia giulio-claudia) *Storia antica dell'Università di Cambridge*, Milano 1968, X 2, pp. 807-1029; E. Gabba, *Seneca e l'impero*, in *Storia Einaudi dei greci e dei romani*, Torino 2008, vol. 16, pp. 253-263; L. Capogrossi Colognesi, *Storia di Roma tra diritto e potere*, Bologna 2009, pp. 296-297; (per comprendere il mondo in cui è vissuto Seneca) L. Storoni Mazzolani, *Tiberio o la spirale del potere*, Rizzoli, Milano 1981; P. Grimal, *Memorie di Agrippina*, Garzanti, Milano 1984; (per le questioni generali relative all'opera – comprese le tragedie – e al pensiero di Seneca) C. Marchesi, *Seneca*, Messina-Milano, 1934 e 1944[2]; P. Grimal, *Seneca*, Milano, 2001 (la prima edizione francese è del 1978); G. Reale, *La filosofia di Seneca come terapia dei mali dell'anima*, Tascabili Bompiani, Milano 2004/2008 (che in forma quasi integrale riproduce il saggio introduttivo a Seneca, *Tutte le opere*, a cura di G. Reale, Bompiani, Milano 2000); (per gli aspetti stilistici e letterari) A. Traina, *Lo stile "drammatico" del filosofo Seneca*, Bologna 1974 e 1995[4] (i cui contenuti essenziali si trovano anche nell'introduzione al già citato Seneca, *Le consolazioni*); M. Erler, in F. Graf, *Introduzione alla filologia latina*, Roma, 2003, pp. 714-715 e 746-751; A. Traina, *Seneca. Letture critiche*, Milano 2000[2]. Per altri aspetti particolari trattati nel capitolo: G. Viansino, *Seneca felix, infelix, beatus*, in «Aevum» 79, 1 (2005), pp. 49-59; A. Schiavone, *La struttura nascosta. Una grammatica dell'economia romana*, in *Storia di Roma*, Einaudi, Torino 1989, vol. 4, pp. 7-69; (per l'approccio secondo la pragmatica della comunicazione) R. Raccanelli, *Esercizi di dono. Pragmatica e paradossi nel* de beneficiis *di Seneca*, Palermo 2010, pp. 47-50.

PETRONIO

Il **testo latino** proposto è, salvo piccole variazioni, quello stabilito da Pétrone, *Le Satiricon*, a c. di A. Ernout, Les Belles Lettres, Parigi 1923.

Per le **traduzioni italiane** dei testi antologizzati si vedano: Petronio Arbitro, *Satyricon*, a c. di A. Aragosti, BUR, Milano 1995; Petronio Arbitro, *Satyricon*, a c. di P. Chiara, Mondadori, Milano 1991; Petronio Arbitro, *Satyricon*, a c. di L. Canali, Bompiani, Milano 1992; Petronio Arbitro, *Satyricon*, a c. di V. Ciaffi, Einaudi, Torino 2003 (1967).

Per le **tematiche** affrontate nel corso della trattazione si vedano: V. Ciaffi, *Struttura del* Satyricon, "Public. Fac. Lettere Torino" VII, 1, Torino 1955; E. Auerbach, *Fortunata*, in *Mimesis. Il realismo nella letteratura occidentale*, Einaudi, Torino 1956; J.P. Sullivan, *Il* Satyricon *di Petronio*, Firenze, La Nuova Italia 1977; M. Barchiesi, *L'orologio di Trimalcione*, in *I moderni alla ricerca di Enea*, Bulzoni, Roma 1980; P. Fedeli, *Il tema del labirinto nel* Satyricon *di Petronio*, in "Atti del Convegno Internazionale di Lettere Classiche e Narratologia", Roma 1981; L. Canali, *L'erotico e il grottesco nel* Satyricon, Laterza, Roma-Bari 1986; T. Pinna, *Una problematica antropologica nel* Satyricon*: il rapporto verità-menzogna*, in «Sandalion», 10-11 (1987-1988); M.A. Cervellera, *Petronio il multiforme*, Edimanni, Lecce 1988; P. Veyne, *Vita di Trimalchione*, in *La società romana*, Laterza, Roma-Bari 1990; G.B. Conte, *L'autore nascosto. Un'interpretazione del* Satyricon, Il Mulino, Bologna 1997; A. Barchiesi, *Il romanzo antico. Forme, testi, problemi*, Carocci, Roma 2006; A. D'Agostino, *La matrona di Efeso e la vedova consolata. Il personaggio della vedova nella letteratura medievale*, CUEM, Milano 2008; M. Gioseffi, Poeta non humillimi spiritus. *Invito alla lettura del* Satyricon *di Petronio*, in AA.VV., *Narrazioni di ieri e di oggi. Autori, editori, librai*, Unicopli, Milano 2010.

Per le questioni più propriamente legate alla **lingua** del *Satyricon* si vedano: J.B. Hofmann, *La lingua d'uso latina*, introd. trad. italiana e note a cura di L. Ricottilli, Pàtron, Bologna 2003; I. Mazzini, *Storia della lingua latina e del suo contesto. II. Lingue socialmente marcate*, Salerno, Roma 2010.

SCIENZA E TECNICA

Per i **testi latini** e le **traduzioni**: (per Vitruvio) *De architectura*, a c. di P. Gros, trad. e commento di A. Corso e E. Romano, Einaudi, Torino 1997 (testo latino fondato su V. Rose e H. →

Mueller-Struebing, ed. Teubner, Leipzig 1867); (per Celso) *De medicina*, trad. (di inizio Novecento) di A. Del Longo, introduzione di D. Pieraccioni, Sansoni, Firenze 1990; tra le edizioni parziali, Celso, *La chirurgia* (libri VII e VIII del *De medicina*), trad. e commento di I. Mazzini, Istituti editoriali e poligrafici internazionali, Pisa-Roma 1999, e Celso, *De medicina. Libro 4*, a c. di R.M. Ciulla, Sellerio, Palermo 1990; (per Apicio) *L'arte culinaria, manuale di gastronomia classica*, a cura di G. Carazzali, presentazione di F. Maspero, Bompiani, Milano 1990; (per Columella) *L'arte dell'agricoltura* e il *Libro sugli alberi*, trad. di R. Calzecchi Onesti, introd. e note di C. Carena, Einaudi, Torino 1977; (per Plinio il Vecchio) *Storia Naturale*, ed. diretta da G.B. Conte, con la collaborazione di A. Barchiesi e G. Ranucci, 5 voll., Einaudi, Torino, di cui fa parte il vol. IV, *Medicina e Farmacologia*, trad. e note di U. Capitani e I. Garofalo; (per Manilio) *Astronomica*, ed. G.P. Goold, Teubner, Lipsia 1985; *Il poema degli astri (Astronomica)* a c. di S. Feraboli, E. Flores e R. Scarcia, Fondazione Lorenzo Valla, 2 voll., Milano 1996. Per un inquadramento complessivo dell'argomento si può consultare: A. Gara, *Progresso tecnico e mentalità classicista*, in *Storia Einaudi dei Greci e dei Romani*, Einaudi, vol. II/3, Torino 1992 (="Il sole 24 ore", vol. 17, Milano 2008, pp. 361-380); F. Stok, *La letteratura tecnica e scientifica*, in C. Santini, C. Pellegrino, F. Stok, *Dimensioni e percorsi della letteratura latina*, Carocci, Roma 2010, pp. 225-241.

Per gli aspetti propriamente linguistici sono importanti, nel tomo 2 della *Storia della lingua latina e del suo contesto (Lingue socialmente marcate)* di I. Mazzini, Salerno editrice, Roma 2010, soprattutto l'introduzione, il cap. 5 (*Latino agricolo o degli agricoltori*) e il cap. 6 (*Latino medico o dei medici*).

MARZIALE E GIOVENALE

Per Marziale, il **testo latino** proposto è, salvo piccole variazioni, quello stabilito da D.R. Shackleton Bayley, *M. Valerii Martialis Epigrammata*, Teubner, Stutgardiae 1990. Per le **traduzioni italiane** dei testi antologizzati si vedano: *Epigrammi*, a c. di A. Carbonetto, Garzanti, Milano 1984; *Epigrammi*, intr. di M. Citroni, trad. di M. Scàndola, BUR, Milano 1996. Per le **tematiche** affrontate nel corso della trattazione si vedano: C. Salemme, *Marziale e la poetica degli oggetti. Struttura dell'epigramma di Marziale*, Società Editrice Napoletana, Napoli 1976; M. Salanitro, *Il sale romano degli epigrammi di Marziale*, in «A&R» 36, 1991; M. Citroni, *Pubblicazione e dediche dei libri in Marziale. Gli epigrammi di fronte a imperatori, amici, lettori,* in Marziale, *Epigrammi*, BUR, Milano 1996; A. Borgo, *Retorica e poetica nei proemi di Marziale*, Napoli, Loffredo, 2003; L. Piazzi, *Elementi diatribico-moralistici negli epigrammi di Marziale*, «Atene e Roma» 49, 2-3 (2004); C. Salemme, *Marziale e la poesia delle cose*, Loffredo, Napoli 2005; C. Bianconi, *Il patrono come* amicus *e come* dominus *in Marziale*, Maia 57, 2005; D. Fabbrini, *Il migliore dei mondi possibili. Gli epigrammi ecfrastici di Marziale per amici e protettori*, Firenze 2007; P. Rapezzi, *Marco Valerio Marziale. Temi e forme degli Epigrammi*, Edizioni Helikon, Arezzo 2008; A. Morelli, *Epigramma longum. Da Marziale alla tarda antichità – From Martial to late antiquity*, "Atti del convegno internazionale, Cassino, 29-31 maggio 2006", Cassino 2008.

Per Giovenale, il **testo latino** proposto è, salvo piccole variazioni, quello stabilito da W.V. Clausen, *A Persi Flacci er D. Iuni Iuvenalis saturae*, OUP, Oxonii 1992. Per le **traduzioni italiane** dei testi antologizzati si vedano: Giovenale, *Satire*, a c. di E. Barelli, BUR, Milano 1980; Giovenale, *Satire*, a c. di M. Ramous, Garzanti, Milano 1996; Giovenale, *Satire*, a c. di B. Santorelli, Mondadori, Milano 2011. Per le **tematiche** affrontate nel corso della trattazione si vedano: L. Miori, *Interpretazione di Giovenale*, in «AARov» 23, 1983; F. Bellandi, *Contro le donne. Giovenale, satira VI*, Marsilio, Venezia 1995; D.G. Battisti, *Retorica della misoginia. La satira sesta di Giovenale*, presentazione di L. Edmunds, Osanna, Venosa 1996; P. Fedeli, *Introduzione a Persio – Giovenale, Le satire*, Salerno Ed., Roma 1996; K.F. Reudenberg, A. Cucchiarelli, A. Barchiesi, *Musa pedestre: storia e interpretazione della satira in Roma antica,* Roma 2007; A. Stramaglia, *Giovenale, Satire 1, 7, 12, 16. Storia di un poeta*, Pàtron, Bologna 2008; G. Alfano, *La satira in versi. Storia di un genere letterario europeo*, Carocci, Roma 2015. Per le questioni più propriamente legate alla **lingua** di Marziale e di Giovenale si vedano i volumi già citati in relazione a Petronio.

TACITO

Il testo latino proposto è, salvo piccole variazioni, quello stabilito in: (per l'*Agricola* e la *Germania*), Corneli Taciti *Opera Minora*, edd. M. Winterbottom e R.M. Ogilvie, Oxford Classical Texts 1975; (per le *Historiae*) Corneli Taciti *Historiae*, ed. E. Kœstermann, Teubner, Leipzig 1969; (per gli *Annales*) Corneli Taciti *Annales*, ed. E. Kœstermann, Teubner, Leipzig 1934-1936.

Le **traduzioni italiane** dei testi antologizzati sono a cura di Augusto Balestra, dove non altrimenti indicato.

Per le **tematiche affrontate** nel corso della trattazione e, in particolare, per l'inquadramento generale, il pensiero storico, politico e giuridico e per il metodo, i lavori più utili sono: la voce "Tacito", a cura di M. Pani, in *Dizionario degli scrittori greci e latini*, vol. III, Marzorati editore, Settimo Milanese 1990; il saggio, sempre di M. Pani, *Tacito e la fine della storiografia senatoria*, in Tacito, *Annali*, Garzanti editore, Milano 1990, pp. XXXVII-LIII (anche in Tacito, *Storie*, Garzanti editore, Milano 1991, pp. XXXVII-LIII); il saggio *Storiografia di senatori e storiografia di letterati* di A. La Penna, in *Aspetti del pensiero storico latino*, Einaudi, Torino 1978, pp. 43-104; R.R. Syme, *Tacito*, edizioni Paideia, trad. italiana a c. di C. Marocchi Santandrea, Brescia 1967, 2 voll.; A. Michel, *Tacito e il destino dell'impero*, Einaudi, Torino 1973; P. Grimal, *Tacito*, Garzanti, trad. italiana a c. di A. Salsano, Milano 1991; L. Storoni Mazzolani, *Tacito o della* potestas, Passigli editore, Firenze 1996. Sullo **stile** tacitiano, in particolare, si può consultare I. Mazzini, *Storia della lingua latina e del suo contesto*, Salerno editrice, Napoli 2007, vol. 1, pp. 220-233. Per il **lessico** l'opera fondamentale è U. Zuccarelli, *Psicologia e semantica di Tacito*, Paideia, Brescia 1975.

Per i vari approfondimenti si è fatto ricorso ai seguenti saggi: (per l'*Agricola*) D. Sailor, *Becoming Tacitus*, in «CA», 23, 1 (2004), pp. 139-177; S.J. Bastomsky, *The not-so-perfect* →

man, Some Ambiguities in Tacitus' Picture of Agricola, in «Latomus», 44, 2 (1985), pp. 388-393; (per la *Germania*) L. Canfora, *Autoctonia e purezza razziale dei Germani*, in L. Canfora, R. Roncali, *Autori e testi della letteratura latina*, Laterza, Bari 1993, pp. 751-766; B. Giancarlo, *Tacito e il Futurismo*, in «RCCM», 50, 2 (2008), pp. 385-417; (per le *Historiae* e gli *Annales*) I. Shatzman, *Tacitean Rumours*, in «Latomus», 33, 3 (1974), pp. 549-578; L. Canfora, *Studi di storia della storiografia romana*, Edipuglia, Bari 1993, pp. 221-262; D.S. Potter, C. Damon, in «The American Journal of Philology», 120, 1 (1999), Special Issue, *The "Senatus Consultum de Cn. Pisone Patre": Text, Translation, Discussion*, pp. 13-42 (per il processo a Cremuzio Cordo); S.J. Bastomsky, *The emperor Nero in Talmudic Legend*, in «The Jewish Quarterly Review», 59, 4 (1969), pp. 321-325.

Per **Svetonio** il testo di riferimento è *Le vite dei dodici Cesari*, a c. di G. Vitali, Zanichelli, Bologna 1990, 2 voll.; per l'inquadramento nel contesto della letteratura biografica si vedano: C. Santini, C. Pellegrino, F. Stok, *Dimensioni e percorsi della letteratura latina*, Carocci, Roma 2010, pp. 220-223; C. Ferone, *Suet.* Nero *34 e la nave di Agrippina*, in «RhM», N.F. 147, 1 (2004), pp. 80-87.

ORATORIA

I testi di **Quintiliano** provengono dall'edizione curata da R. Faranda e P. Pecchiura, UTET, Torino 1979 (rist. 1996), fondata sul testo stabilito da M. Winterbottom (Oxford 1970).

I testi di **Plinio il Giovane** sono nella lezione stabilita da M. Schuster, Teubner, 1933[1], 1952[2], 1958[3] (a cura di R. Hanslik), rist. Stuttgard-Leipzig 1992, e sono presenti in Plinio il Giovane, *Lettere ai familiari, Carteggio con Traiano, Panegirico a Traiano*, trad. di L. Rusca e E. Faelli, commento di L. Lenaz, BUR, 2 voll., Milano 2011[5]. Il testo di riferimento per il ***Dialogus de oratoribus*** di Tacito è Corneli Taciti *Opera Minora*, a cura di M. Winterbottom e R.M. Ogilvie, Oxford Classical Texts 1975.

Per un inquadramento generale dell'oratoria nella cultura latina è utile lo studio di A. Pennacini, *L'arte della parola*, in *Lo spazio letterario di Roma antica*, Salerno Editore, Roma 1989, vol. 2, pp. 215-267, e nella stessa opera, di A. Giardina e M. Silvestrini, *Il principe e il testo*, vol. 2, pp. 579-613. Per quanto riguarda l'importanza della retorica nella cultura latina, in particolare in quella giuridica, con numerosissimi riferimenti all'opera di Quintiliano, è consigliabile consultare *Scienza giuridica e retorica forense*, di A. Bellodi Ansaloni, Maggioli Editore, Santarcangelo di Romagna 2012; in *Dizionario degli Scrittori Greci e Latini*, Marzorati Editore, Settimo Milanese 1990, s.v. "Tacito", curata da M. Pani, viene approfondito quanto riguarda il *Dialogus de oratoribus*. Per approfondire la questione relativa alla rivalutazione della retorica nella cultura contemporanea l'opera di riferimento è C. Perelman, L. Olbrechts-Tyteca, *Trattato dell'argomentazione. La nuova retorica*, Einaudi, Torino 1966 (l'originale francese è del 1958), opera di cui è disponibile anche una versione più agile, sempre di Perelmann, ossia *Il dominio retorico*, Piccola Biblioteca Einaudi, Torino 1981. Per conoscere le nuove frontiere aperte dallo studio della retorica si possono leggere, sul versante propriamente linguistico, *Il potere del discorso*, di F. Venier, Carocci, Roma 2008, e su quello neurocognitivo, *Letteratura e scienze cognitive*, di M. Bernini e M. Caracciolo, Carocci, Roma 2013.

APULEIO

Il **testo latino** proposto è, salvo piccole variazioni, tratto da SNS – Greek & Latin – Scuola Normale Superiore di Pisa, ed. 2007. Si sono consultati anche i testi delle seguenti edizioni: Apuleio, *Le Metamorfosi o l'Asino d'oro*, a cura di A. Fo, Torino 2010; Apuleio, *Le Metamorfosi o l'Asino d'oro*, introd. di R. Merkelbach, premessa al testo di S. Rizzo, trad. di C. Annaratone, Milano 1994; Apuleio, *La magia*, a c. di C. Moreschini, Milano 1994.

Le **traduzioni italiane** dei testi antologizzati sono a cura di Lucio Sisana, dove non altrimenti indicato.

Per le **tematiche** affrontate nel corso della trattazione si vedano: Apuleio, *Metamorfosi (L'asino d'oro)*, a c. di M. Cavalli, Mondadori, Milano 1988; Apuleio, *Le Metamorfosi o l'Asino d'oro*, a cura di A. Fo, Torino 2010, pp. V-LII; Apuleio, *La magia*, a c. di C. Moreschini, Milano 1994, pp. 5-61; Apuleio, *Le Metamorfosi o l'Asino d'oro*, introd. di R. Merkelbach, premessa al testo di S. Rizzo, trad. di C. Annaratone, Milano 1994, pp. 5-60; C. Moreschini, *Il mito di Amore e Psiche in Apuleio*, Napoli 1994; Apuleio, *Della Magia*, a c. di C. Marchesi, Palermo 1992; AA.VV., *Apuleio. Storia del testo e interpretazioni*, a c. di G.F. Gianotti e G. Magnaldi, Alessandria 2000; C. Facchini Tosi, *Forma e suono in Apuleio*, «Vichiana» 15 (1986). Si sono consultati anche i seguenti studi: *Apuleio*, a c. di G. Paolini, nel sito http://www.filosofico.net/apuleio.htm; *Lo straniero che è in noi: l'asino d'oro di Apuleio*, a c. di R. D'Alfonso, nel sito http://griseldaonline.it/didattica/lo-straniero.

LA CRISI DELL'IMPERO 193-476 D.C.

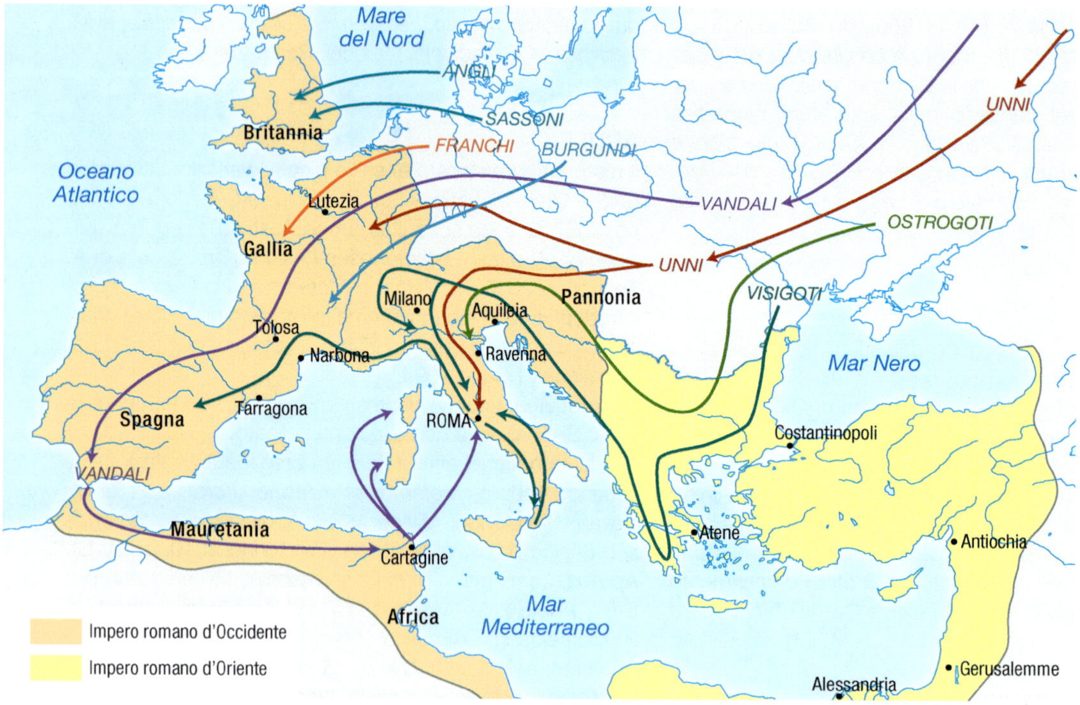

■ Territori dell'impero romano (occidentale e orientale) e spostamenti delle popolazioni barbariche.

STORIA

193 d.C. Elvio Pertinace è proclamato imperatore

193-211 d.C. Settimio Severo: inizia la dinastia dei Severi

211-217 d.C. Caracalla

212 d.C. *Constitutio Antoniniana*

217-218 d.C. Macrino

218-222 d.C. Elagabalo

222-235 d.C. Severo Alessandro

235-285 d.C. fase di instabilità istituzionale

II secolo d.C.

III secolo d.C.

155-230 d.C. circa Tertulliano

197 d.C. Tertulliano inizia a comporre l'*Apologeticum*

200-270 d.C. circa Plotino (fondatore del neoplatonismo)

213 d.C. Tertulliano aderisce alla setta dei montanisti

CULTURA

«Non indugerò sulle calamità del momento. Essere nell'esiguo numero dei superstiti non è merito nostro, bensì misericordia del Signore. Popoli ferocissimi e innumerevoli occuparono ogni angolo della Gallia. I Quadi, i Vandali, i Sarmati, gli Alani, i Gepidi, gli Eruli, i Sassoni, i Burgundi, gli Alemanni, i nemici di Pannonia possiedono quanto si trova fra le Alpi e i Pirenei, fra il Reno e l'Oceano, tutto devastando in un impero su cui non resta che piangere. [...]. Taccio il resto perché non si abbia a credere che disperi della clemenza di Dio. Quanto va dal Ponto alle Alpi Giulie, ora sotto il dominio dell'impero, un tempo non era nostro; ma, rotto il confine del Danubio, si è combattuto per trent'anni nel cuore dell'impero romano. La lunga prova ha inaridito le nostre lacrime. Tolti pochi vecchi, tutti gli altri sono nati nella servitù e nella costrizione, senza nemmeno poter desiderare una libertà che non hanno conosciuto. Chi potrebbe crederlo? Quali storie potranno tramandare attendibile il fatto di una Roma costretta a combattere nel suo interno non per la gloria, ma per la salvezza? Anzi nemmeno combattere, se deve comprare con l'oro e con le suppellettili il diritto di sopravvivere. [...] Ora nella più favorevole delle ipotesi, noi non riprenderemmo ai nemici, vincendoli, se non quanto ci hanno rapinato. Il poeta, esaltandosi nel descrivere la potenza di Roma, cantò: "Se Roma è poco, che cosa vi sarà di bastante?". Sentenza che noi siamo costretti a sostituire con quest'altra: se Roma perisce, che altro mai si salverà?»

(Girolamo, *Lettere* 6, 123;
a c. di S. Gasparri e F. Simoni)

285-305 d.C.
Diocleziano: introduzione della tetrarchia

313 d.C.
Costantino riconosce la libertà di culto (editto di Milano)

325 d.C.
concilio di Nicea

330-400 d.C. circa
Ammiano Marcellino

354-430 d.C.
Agostino

361-363 d.C.
Giuliano "l'Apostata"

378 d.C.
i Goti sconfiggono i Romani ad Adrianopoli

380 d.C.
Teodosio proclama il cristianesimo religione di Stato (editto di Tessalonica)

384 d.C.
dibattito tra Simmaco e Ambrogio per l'altare della Vittoria

396 d.C.
Agostino diventa vescovo di Ippona

397-401 d.C.
Agostino compone le *Confessiones*

410 d.C.
i Visigoti di Alarico saccheggiano Roma

430 d.C. circa
Saturnali di Macrobio

476 d.C.
Odoacre depone l'ultimo imperatore Romolo Augustolo: fine dell'impero romano d'Occidente

IV secolo d.C.

V secolo d.C.

LA TARDA ANTICHITÀ E LA FINE DI ROMA

Processu pelagi iam se Capraria tollit;
squalet lucifugis insula plena viris.
Ipsi se monachos Graio cognomine dicunt,
quod soli nullo vivere teste volunt.
Munera fortunae metuunt, dum damna verentur.
Quisquam sponte miser, ne miser esse queat?
Quaenam pervasi rabies tam stulta cerebri,
dum mala formides, nec bona posse pati?
Sive suas repetunt factorum ergastula poenas,
tristia seu nigro viscera felle tument.
Sic nimiae bilis morbum assignavit Homerus
Bellerophonteis sollicitudinibus;
nam iuveni offenso saevi post tela doloris
dicitur humanum displicuisse genus.

(Rutilio Namaziano, *De reditu suo* 1, vv. 432-452)

Continuando a navigare, ecco levarsi davanti Capraia: è un'isola squallida, piena di uomini che fuggono la luce. Essi si definiscono, con un nome greco, "monaci", poiché vogliono vivere isolati, senza testimoni. Hanno paura dei favori della sorte e nello stesso tempo ne temono i castighi. Chi si fa misero di sua volontà, per non avere la possibilità di esserlo? Quale follia di una mente sconvolta è insana fino al punto di aver paura dei mali e di non essere capaci di sopportare i beni? Cercano carceri come punizione per le loro azioni o ingrossano le tristi viscere di nero fiele. Così Omero spiegò le inquietudini di Bellerofonte con la malattia di eccesso di bile. Si dice infatti che il giovane, afflitto dai dardi di un crudele dolore, abbia iniziato a dispiacersi del genere umano.

È il 417 d.C.: Rutilio Namaziano, prefetto pagano di Roma, appartenente a una famiglia dell'aristocrazia latifondista della Gallia Narbonese (forse dei dintorni di Tolosa), ritorna nelle sue terre d'origine per procedere all'opera di ricostruzione delle sue proprietà dopo il rovinoso passaggio dei Goti, una di quelle popolazioni barbare che stava penetrando nei territori dell'impero d'Occidente. I Goti, infatti, dopo il sacco di Roma del 410 d.C. e la morte del loro re Alarico, avevano risalito la penisola sotto la guida di Ataulfo e attraversato la Gallia per giungere alla fine in Spagna, dove poi si erano insediati. A causa della pericolosità delle comunicazioni via terra, Rutilio decise di raggiungere la Gallia via mare, ma l'inclemenza della stagione (autunno/inverno) aveva fatto sì che la navigazione si svolgesse a piccole tappe, costeggiando l'Italia e la Provenza, con lunghi periodi di sosta in casa di amici o presso ostelli.

Rutilio compose un diario in versi di questo viaggio, con ogni probabilità *a posteriori*: si tratta del *De reditu suo* («Il ritorno»), in due libri, giunto a noi incompleto. Nel poemetto l'autore trasforma le tappe del suo viaggio in una galleria di luoghi, un tempo prosperi e popolosi, ormai ridotti a rovine e a territori desolati. Le stesse modalità del viaggio per mare acuiscono il senso desolato dell'osservazione straniata di un mondo inospitale, conferendo al ritorno di Rutilio nella sua terra caratteri molto malinconici.

La decadenza dei luoghi è l'effetto del dilagare di barbari e di cristiani nell'impero, forze primitive e irrazionali ignare dei valori spirituali della civiltà romana. Con questo convincimento, per esempio, Rutilio descrive la Capraia, un isolotto situato tra la Corsica e la Toscana: l'isola selvaggia ospitava monaci, interpreti radicali di quel cristianesimo che si era imposto nel corso del IV secolo sull'antica religione di Roma. Rutilio li vede come esseri animati da un'assurda volontà di fuga dalla luce della civiltà; ne cerca le ragioni in quei luoghi comuni che avevano alimentato da sempre la diffidenza della plebe e il disprezzo delle classi colte romane nei confronti dei cristiani, dichiarando che il desiderio di separatezza dei monaci dipende dal fatto che hanno commesso crimini o che nutrono un cupo risentimento verso gli uomini. Una paura indiscriminata delle cose del mondo, infatti, sembra spingere questi uomini a chiudersi volontariamente in un isolamento che non ammette testimoni, finendo per trasformarsi in carcerieri di se stessi. A tutto ciò Rutilio oppone l'evocazione poetica dei luoghi che attraversa, per celebrarne l'appartenenza alla gloriosa civiltà romana. Per questo motivo all'inizio del poemetto è posto un elogio di Roma, a illuminare il sistema di valori perenne che accomuna le città e i territori imperiali, pur sconfitti dalla violenza della storia.

Ma la geografia interiore del poeta è definita non solo dai luoghi, bensì anche dagli amici incontrati durante il viaggio, rappresentanti dell'aristocrazia senatoria. Il loro ritratto costituisce il monumento celebrativo di un gruppo sociale esclusivo per nobiltà di valori etici e raffinatezza di stile di vita: unico baluardo politico-culturale della paganità romana dinanzi all'affermazione delle forme di vita più rozze, incarnate soprattutto dai barbari e dalle comunità religiose cristiane. Rutilio, in fondo, di fronte alla crisi della civiltà pagana e all'emergere di nuovi soggetti storici sa solo ribadire la sua fede nella storia di Roma, capace di rinascere più forte dai suoi mali, in sintonia con la legge cosmica che ordina il corso degli eventi.

La letteratura pagana degli ultimi secoli dell'impero (soprattutto il III e il V) si darà lo stesso compito: affermare l'eternità dei valori di Roma di fronte a ciò che li minaccia. E questa difesa della tradizione romana da un lato porterà i ceti colti pagani a chiudersi in un esclusivismo perdente sul piano politico, dall'altro consentirà comunque la trasmissione dei valori classici a una nuova società di barbari e di cristiani: una delle pietre angolari della civiltà medievale.

Carrozza da viaggio di età imperiale. Klagenfurt, Chiesa di Maria Saal.

Il contesto storico e sociale

1. I SEVERI, UNA DINASTIA DI MILITARI

La morte di Commodo (nel 192 d.C.) aveva segnato la fine della dinastia antonina e l'inizio di una serie di conflitti per la conquista del potere, che riprodussero, in modo più drammatico, la situazione del 69 d.C. Anche in questo caso fu proclamato imperatore un vecchio membro del senato garante delle istituzioni, P. Elvio Pertinace, ma la pressione dei pretoriani portò alla sua rapida eliminazione. L'acclamazione di Didio Giuliano da parte della guardia imperiale trovò, a sua volta, l'opposizione dei comandanti delle legioni provinciali: Settimio Severo, governatore della Pannonia, Pescennio Nigro, governatore di Siria, Clodio Albino, governatore di Britannia, acclamati tutti imperatori dalle rispettive truppe. Dal lungo scontro tra questi capi (193-197 d.C) uscì infine vincente Settimio, che legittimò la sua autorità imperiale proclamandosi continuatore di Pertinace e sostenendo di essere figlio adottivo di Marco Aurelio e dunque fratello di Commodo.

Con il regno di Settimio (193-211 d.C.) ebbe così inizio la dinastia dei Severi, che avrebbe poi compreso i regni dei figli Marco Aurelio Antonino, meglio noto come "Caracalla" (211-217 d.C.), per via del cappuccio portato sulla tunica, e Geta (211-212 d.C.). Dopo un breve periodo di interregno del prefetto del pretorio Macrino (217-218 d.C.), la dinastia proseguì con i regni di Vario Avito Bassiano, detto "Elagabalo" (218-222 d.C.), e Severo Alessandro (222-235 d.C.). Il potere di questi prìncipi si caratterizzò sempre per uno stretto legame con l'esercito, motivo per cui quella dei Severi è stata definita anche una "monarchia militare".

Settimio Severo era un esponente dell'aristocrazia militare della provincia d'Africa (era originario di Leptis Magna, colonia fondata da Traiano) e sapeva che la forza militare era ormai divenuta decisiva per la stabilità politica del principato: rafforzò quindi l'esercito, accrescendo il numero delle legioni e stanziandone una a Roma sotto il suo diretto controllo; aumentò gli stipendi dei militari, finanziando i costi dell'esercito con una tassa aggiuntiva in natura e una forte svalutazione del denario; migliorò infine la condizione giuridica del soldato romano e ne favorì l'inserimento e l'avanzamento nella società civile al termine del servizio. La politica militarista dell'imperatore si accompagnò a una valorizzazione del ruolo dei cavalieri

■ Settimio Severo ritratto con la moglie Giulia Domna e i figli Caracalla e Geta, 199 d.C. ca. Berlino, Antikensammlungen.

nell'amministrazione delle province e nei comandi militari: Settimio, infatti, affidò loro il comando delle legioni di stanza nella nuova provincia di Mesopotamia, istituita dopo due campagne contro i Parti e la distruzione nel 198 d.C. della capitale Ctesifonte.

LA *CONSTITUTIO ANTONINIANA*

Settimio morì nel 211 d.C. in Britannia, mentre era impegnato a difendere il *limes* dalla minaccia dei Caledoni: gli succedettero i figli Caracalla e Geta, per i quali il padre aveva predisposto una gestione diarchica del potere, ma dopo poco tempo Caracalla assassinò il fratello per affermare la propria supremazia. Caracalla coltivava l'ambizione di essere a capo di un impero cosmopolita, alla maniera di Alessandro Magno: questa visione gli derivava sia dalla sua origine provinciale sia dalla concezione universalistica dell'uomo propria dello stoicismo, che aveva ispirato anche l'attività di grandi giuristi come Papiniano e Ulpiano, attivi alla corte dei Severi.

In tal senso, l'evento più significativo del regno di Caracalla fu la promulgazione, nel 212 d.C., di un editto con cui l'imperatore estendeva la cittadinanza romana a tutti gli abitanti liberi dell'impero (con l'eccezione dei soli *dediticii*, cioè forse i sudditi barbari assogettati di recente): l'editto fu emblematicamente denominato *Constitutio Antoniniana*, per via dell'assimilazione dinastica dei Severi agli Antonini. Esso eliminava l'anacronistica distinzione tra italici e provinciali, in nome di una visione ecumenica dello Stato romano, capace di integrare e di rappresentare con pari dignità tutti gli uomini liberi dell'impero. Più concretamente, l'editto creava anche le basi per aumentare il numero di coloro che pagavano le tasse: in questo modo Caracalla poteva reperire risorse economiche per mantenere l'apparato difensivo dell'impero e garantirsi la fedeltà dell'esercito, secondo le direttive che Settimio Severo aveva dato ai suoi figli.

Il sogno di un impero universale aveva infatti implicazioni innanzitutto militari: Caracalla difese il *limes* renano-danubiano contro gli Alamanni e avviò una campagna contro i Parti. Ma, proprio durante la spedizione in Oriente, Caracalla cadde vittima di una congiura in Siria (nel 217 d.C.). L'esercito acclamò allora come imperatore uno dei congiurati, Macrino, prefetto del pretorio di origine africana: per la prima volta conquistava così il principato una personalità appartenente al ceto equestre, sull'onda, del resto, di quella promozione politica dei cavalieri che già Settimio Severo aveva favorito. Un membro femminile della *domus* dei Severi, Giulia Mesa, sorella di Giulia Domna (moglie di Settimio), contrappose però alla nomina di Macrino quella di un suo nipote, il giovane Vario Avito Bassiano. Macrino, dopo solo quattordici mesi di regno, finì per essere ucciso dai soldati del suo rivale.

GIOVANI IMPERATORI E DONNE DI POTERE

Vario Bassiano aveva solo quattordici anni quando salì al potere ed era sacerdote del culto siriaco del dio solare Helios-Baal, dalla cui denominazione prese il soprannome di "Elagabalo", o "Eliogabalo". Questo spiega anche perché volle essere un imperatore-sacerdote: impose a corte dei comportamenti eccentrici e sessualmente torbidi, ispirati forse alla sua spiritualità orientale, cercando di innalzare il culto di cui era ministro e la sua icona sacra (una pietra nera di forma conica) a religione di Stato. Questo orientamento del principe causò però uno scontro aperto con le concezioni politico-religiose dei Romani e fece sì che il giovane imperatore fosse considerato dall'aristocrazia senatoria (e quindi rappresentato sul piano storiografico) come una personalità deviata e decadente. Questi elementi portarono le donne della *domus* (in particolare Giulia Mesa e Giulia Mamea) a operare perché Elagabalo adottasse suo cugino Gessio Alessiano Bastiano (figlio di Giulia Mamea), affinché la dinastia fosse messa al sicuro da eventuali turbolenze politiche. In breve, però, i due cugini entrarono in conflitto e, nel corso di una sommossa di pretoriani, Elagabalo e la madre furono uccisi: Alessiano Bastiano fu acclamato imperatore con il nome di Severo Alessandro (222 d.C.).

Alessandro, che all'epoca era un ragazzino, regnò sotto la guida della madre Giulia Mamea e del grande giurista Ulpiano: la conseguenza fu l'instaurazione di un principato formalmente rispettoso del senato, culturalmente vivace e attento alla formazione di una nuova classe di funzionari imperiali. Ma l'impegno principale del giovane Alessandro fu quello, ancora una volta, della difesa dei confini dell'impero: l'avvento della dinastia sasanide (224 d.C.) aveva portato a un epocale mutamento di strategia dei Parti nei confronti dell'impero romano; il nuovo sovrano Artaserse I aveva infatti attaccato le province romane di Mesopotamia e di Siria in nome dell'antica ambizione degli Achemenidi (Ciro, Dario I, Serse) di costruire un grande impero persiano che arrivasse fino al Mediterraneo. Alessandro rintuzzò la minaccia, benché in modo non definitivo, ma fu anche costretto a intervenire a difesa del confine renano-danubiano, minacciato dagli Alamanni.

Il giovane principe morì nel 235 d.C. a Magonza insieme alla madre, per una congiura di militari, che lo accusavano di contrastare i barbari in modo poco incisivo. Anche la fine dell'ultimo Severo dimostrò, in tal modo, la dipendenza ormai assoluta dell'impero dall'esercito, che aveva consentito l'ascesa di tutti i membri della dinastia e ora ne aveva decretato la fine.

2. LA CRISI DEL III SECOLO D.C.

La fine della dinastia dei Severi aprì un lungo periodo di conflitti per il potere tra capi militari di rango senatorio e di rango equestre che, grazie all'acclamazione delle legioni, riuscivano a farsi acclamare al principato: una fase di profonda instabilità che si sarebbe conclusa solo nel 285 d.C., con la salita al potere di Diocleziano.

Dopo l'uccisione di Alessandro Severo l'esercito acclamò imperatore Massimino il Trace, semplice ufficiale equestre di origine tracio-danubiana, le cui notevoli vittorie contro i barbari non bastarono a vincere l'ostilità dell'aristocrazia senatoria. Dopo la caduta di Massimino (nel 238 d.C.), dovuta alla ribellione del suo esercito, i pretoriani elessero il tredicenne Gordiano III, che però morì nel 244 d.C. durante una campagna in Mesopotamia contro il re persiano Sapore I. Fu acclamato allora imperatore il prefetto del pretorio Filippo l'Arabo (perché originario della provincia d'Arabia), che trattò pesanti condizioni di resa con i Persiani, ma governò per cinque anni impegnandosi nel recupero delle tradizioni romane e nel contrasto della nuova grande minaccia rappresentata dai Goti, che premevano sulla frontiera danubiana. Contro di essi Filippo inviò il senatore Messio Decio, che però nel 249 d.C. si fece a sua volta acclamare imperatore dalle truppe. Sotto il regno di Decio avvenne la prima persecuzione di Stato contro i cristiani, per effetto di un editto con cui l'imperatore obbligava tutti i cittadini a certificare con un sacrificio pubblico, da svolgersi in uno stesso giorno, la propria fede nei culti ufficiali.

Decio morì nel 251 d.C. in battaglia contro i Goti: era la prima volta che un imperatore trovava la morte in uno scontro con i barbari.

Dopo il rapido avvicendamento degli imperatori Treboniano Gallo ed Emiliano, salì infine al potere il senatore Publio Valeriano (253-260 d.C.), che, per contrastare le penetrazioni sempre più minacciose dei barbari sul *limes* renano-danubiano e la minaccia sasanide in Oriente, decise di decentrare il governo dell'impero, riservandosi il controllo delle province orientali ed affidando al figlio Gallieno quelle occidentali. Il regno di Valeriano ebbe termine con una grave sconfitta dell'imperatore a Edessa (nel 260 d.C.) contro i Persiani e la sua morte in prigionia. Gallieno, divenuto unico imperatore (253-268 d.C.), riuscì a bloccare sul Danubio gli Alamanni e i Goti, pur al prezzo di un arretramento del *limes*, e si garantì la fedeltà delle legioni affidandone il comando ai cavalieri. Ma le altre aree di confine dell'impero più direttamente minacciate dai barbari e dai persiani diedero vita, per difendersi, a due regni che per un periodo di tempo furono politicamente e militarmente autonomi da Roma: il regno delle Gallie (258-274 d.C.), che arrivò a estendersi alla Spagna e alla Britannia, e il regno di Palmira, in Siria (260-272 d.C.).

Gallieno fu ucciso nel 268 d.C. e gli succedette Claudio II (detto "il Gotico" per via dei suoi successi contro i barbari), con cui fu inaugurata una serie di imperatori illirici (dalla regione di provenienza), tutti ex ufficiali equestri. La morte di Claudio per peste nel 270 d.C. portò al potere Aureliano (270-275 d.C.), che riuscì a respingere le popolazioni barbariche che avevano ormai invaso l'Italia e riportò sotto il controllo dell'impero gli stati autonomi delle Gallie e di Palmira. Per contrastare il rischio sempre più concreto di attacchi alla città di Roma, Aureliano dotò l'Urbe di un'importante cinta muraria, capace di proteggerla da ogni minaccia esterna. Fu però ucciso in una congiura nel 275 d.C.: dopo il breve regno di un anno di un imperatore di rango senatorio (Tacito), dal 276 al 285 d.C. si succedettero al potere alcuni ufficiali equestri (Probo, Caro e i figli di quest'ultimo, Numeriano e Carino), che riportarono successi militari significativi contro barbari e Persiani, ma caddero tutti vittime di congiure militari.

DUE NUOVI PROTAGONISTI: L'ESERCITO E I CRISTIANI

Nel corso del III secolo d.C. l'esercito assunse una funzione sempre più decisiva per garantire la stabilità e la sopravvivenza dell'impero, ormai esposto alle continue minacce dei barbari. L'esercito era composto prevalentemente da soldati arruolati in periferia, negli stessi territori provinciali dove erano collocati i reparti. Il controllo delle truppe consentiva quindi ai diversi capi militari di mettere in discussione l'unità politica dell'impero e l'autorità di ogni imperatore, con continue spinte centrifughe e usurpazioni di potere. Il sovrano, d'altro canto, per imporre il suo potere sui soldati, cercava di esaltare il carattere autoritario e sacro della sua figura, servendosi dei culti religiosi più diffusi fra i militari (per esempio quello del Dio Sole o di Mitra).

L'alto costo degli eserciti imponeva politiche fiscali oppressive, soprattutto nei confronti dei ricchi (*honestiores*), che videro così incrinarsi il sistema dei privilegi di cui avevano sempre goduto, e perciò spesso entrarono in conflitto con gli imperatori. Il reclutamento e le continue guerre, insieme a ripetute epidemie di vaiolo, danneggiavano anche i poveri (*humiliores*), spesso provocando lo spopolamento delle campagne, l'inurbamento di grandi masse di nullatenenti, talora l'impoverimento di intere aree geografiche.

Un altro elemento "corrosivo" per lo Stato romano era costituito dal cristianesimo, che, nel corso del III secolo, si era ormai organizzato in strutture sempre più coese, stabili e radicate sul territorio: la Chiesa era attiva anche sul piano assistenziale e spesso compensava le lacune degli stessi poteri statali, assenti o in crisi. Il cristianesimo continuava a diffondersi in tutti i ceti sociali, anche perché forniva risposte alla crisi spirituale, oltre che economico-sociale, ormai dilagante: la dottrina cristiana offriva una spiegazione morale dell'indebolirsi dell'impero pagano, come conseguenza della sua natura peccaminosa, e proponeva la fede in un dio venuto a salvare tutti gli uomini sulla terra, indistintamente. La diffusione della fede cristiana indusse perciò gli imperatori Decio e Valeriano a condurre le prime persecuzioni sistematiche, come tentativi di riaffermare l'autorità imperiale, il culto dell'imperatore e dunque la coesione sociale necessaria per difendere la compagine statale.

3. DIOCLEZIANO E LA GRANDE RIFORMA DELL'IMPERO

Nel 285 d.C. divenne imperatore l'ufficiale dalmata Diocleziano, il cui lungo regno (285-305 d.C.) segnò la fine della lunga crisi che aveva caratterizzato il secolo. Diocleziano si preoccupò di regolamentare la successione imperiale, ridando così stabilità istituzionale al potere del principe e garantendo l'ordine in tutti i territori, e introdusse perciò il sistema della "tetrarchìa", ossia governo di quattro sovrani: l'impero fu diviso in due grandi aree geografiche (Oriente e Occidente), ognuna delle quali governate da un "Augusto"; ogni Augusto sceglieva come co-reggente un "Cesare", a cui affidava il controllo di una parte del proprio territorio. Era la prima volta, nella storia di Roma, che il governo dell'impero veniva sistematicamente ripartito per aree territoriali e anche regolato secondo un preciso criterio di successione: nelle intenzioni di Diocleziano, infatti, i due Cesari sarebbero succeduti ai due Augusti e avrebbero provveduto, a loro volta, alla scelta dei nuovi Cesari, senza conflitti dinastici traumatici per lo Stato, ma il sistema non resse alla morte del suo ideatore.

Diocleziano introdusse il sistema tetrarchico progressivamente, in conseguenza dei problemi incontrati nel governo dei territori: tra il 285 ed il 286 d.C. nominò prima "Cesare" e poi "Augusto" Massimiano, un suo compagno d'arme, e gli affidò la parte occidentale dell'impero; nel 293 d.C. furono poi nominati i due rispettivi "Cesari", ossia Galerio (Cesare di Diocleziano) e Costanzo Cloro (Cesare di Massimiano). L'investitura dei tetrarchi si basava sulla scelta degli uomini migliori e non sulla discendenza familiare di Diocleziano, ma i sovrani tendevano poi a caratterizzarsi come una famiglia imperiale, definendosi ufficialmente *fratres* fra di loro e facendo sposare le figlie degli Augusti con i Cesari.

Ritratto di Diocleziano, III sec. d.C. Nicomedia (Turchia).

Diocleziano scelse come sua sede Nicomedia (in Turchia), ma il decentramento politico-militare comportò anche la nascita di altre capitali, vere e proprie basi operative dei singoli sovrani per le loro strategie di difesa dei confini: Milano per Massimiano, Sirmio (in Serbia) per Galerio, Treviri (in Germania) per Costanzo Cloro. Rispetto all'importanza militare ed economica crescente dei territori settentrionali e orientali dell'impero, a Roma e all'Italia restava così solo una centralità simbolica. Ma la moltiplicazione delle sedi imperiali dimostra anche l'evoluzione che il governo dell'impero aveva dovuto subire proprio a partire dall'epoca di Diocleziano: il centro dell'impero non corrispondeva più a un luogo preciso, ma coincideva con i posti dove, di volta in volta, si manifestava la presenza dell'imperatore, che doveva essere itinerante per garantire la protezione dei suoi territori. Proprio grazie alla ripartizione dei compiti, del resto, i tetrarchi furono in grado di soffocare una rivolta in Egitto (Diocleziano), respingere l'attacco degli Alamanni sul Reno (Massimiano) e quello dei Goti e dei Persiani (Galerio), riconquistare la Gallia e la Britannia (Costanzo Cloro).

LA DIFESA DELLA RELIGIONE DI STATO

La restaurazione dell'autorità imperiale operata da Diocleziano si basava sull'affermazione di una nuova figura di sovrano, che si presenta come il padrone assoluto (*dominus*) dello Stato e impone ai suoi sudditi una completa subalternità. L'imperatore legittimava il suo potere davanti agli eserciti e al popolo (ormai i soli garanti della stabilità politica) diventando un'autorità sacra, superiore e distante, che governava sulla base di una grazia divina. L'investitura divina di Diocleziano discendeva da Giove Ottimo Massimo, suprema divinità tradizionale romana, ma aveva il valore universale tipico dei culti orientali; e si collocava gerarchicamente sopra quella di Massimiano, che discendeva da Ercole. Questa condizione semidivina rendeva l'imperatore un'autorità da venerare in modo assoluto ed esclusivo, in quanto incarnazione della giustizia del mondo: a essa i sudditi dovevano offrire tutto il loro sostegno materiale e la loro fedeltà per la sicurezza e la stabilità dell'impero. La difesa delle tradizioni politico-religiose romane, come fondamento sia del potere teocratico dell'imperatore sia dell'ordine economico-sociale dell'impero, portò i tetrarchi a varare una serie di quattro editti contro i cristiani (tra il 303 e il 304 d.C.), che prevedevano: la distruzione delle chiese e dei libri sacri, la confisca dei beni della Chiesa e il divieto di riunione dei fedeli (I editto); l'arresto del clero con amnistia per gli apostati (II e III editto); l'obbligo per la popolazione di fare sacrifici agli dei (IV editto). I tetrarchi, tuttavia, non applicarono con la stessa severità i provvedimenti, che produssero effetti particolarmente gravi in Oriente. La fine formale delle persecuzioni fu sancita da un editto di Galerio del 311 d.C.

LE RIFORME AMMINISTRATIVE E BUROCRATICHE

Diocleziano impostò un colossale riordino dell'amministrazione statale per controllare in modo sistematico i territori dell'impero, a fini politico-militari e fiscali. Introdusse reparti militari mobili, di pronto intervento a supporto delle truppe di frontiera. Per contrastare sul piano politico il potere dei governatori provinciali e razionalizzare la riscossione delle imposte, riformò le province: aumentò il loro numero, riducendone la grandezza, e poi le raggruppò amministrativamente in dodici regioni ("diocesi"), con a capo dei "vicari". L'Italia perse definitivamente l'antico privilegio di non pagare le tasse e diventò essa stessa un territorio provinciale a tutti gli effetti.

Per evitare concentrazioni di potere nelle mani dei funzionari imperiali, del resto, Diocleziano separò le carriere civili da quelle militari e, all'interno di quelle civili, le carriere politiche da quelle amministrative. La divisione del territorio in unità amministrative più piccole implicò la moltiplicazione degli incarichi e degli uffici burocratici, organizzati in modo gerarchico come grande apparato al servizio dell'imperatore. La sua figura sacrale si poneva al vertice di una corte non più costituita da persone legate a lui da un rapporto personale, ma strutturata come una complicata macchina burocratica che si relazionava al monarca secondo un rigido e solenne cerimoniale orientaleggiante e lo seguiva nei suoi spostamenti.

4. COSTANTINO E L'IMPERO CRISTIANO

Il primo maggio del 305 d.C. Diocleziano e Massimiano abdicarono (su decisione di Diocleziano) a favore di Costanzo Cloro e di Galerio, i quali elessero "Cesari", rispettivamente, Severo e Massimino Daia. Alla morte di Costanzo Cloro (306 d.C.), però, l'esercito acclamò imperatore suo figlio Costantino, riaffermando il principio della dinastia familiare. Questo atto di forza provocò l'acclamazione imperiale anche di Massenzio, figlio di Massimiano, e l'accendersi di un conflitto tra i vari tetrarchi. Solo con la battaglia di Ponte Milvio, nel 312 d.C., presso Roma, Costantino si impose su Massenzio, affermando il suo controllo sull'impero occidentale, ma divenne imperatore unico nel 324 d.C., sconfiggendo il suo collega orientale Licinio a Crisopoli, sul Bosforo.

A Costantino si devono alcuni interventi molto importanti nella regolamentazione dei rapporti tra lo Stato romano e la Chiesa cristiana: molto più difficile (se non impossibile) è stabilire quale fosse il vero credo dell'imperatore, che passò comunque alla storia come il primo imperatore convertito al cristianesimo. Uno degli atti più importanti del regno di Costantino avvenne già nel 313 d.C., quando l'imperatore riconobbe la libertà di culto, sulla scorta dell'editto con cui Galerio aveva posto fine alle persecuzioni: in base a questo editto, anche il dio dei cristiani veniva riconosciuto fra le divinità ufficiali dell'impero. La Chiesa non era più, in tal modo, un'organizzazione estranea e nemica, e cominciò a godere di donazioni imperiali, benefici fiscali e tutele sociali. Costantino avviava in questo modo un lento e contraddittorio processo di cristianizzazione della società, a cui però si oppose gran parte dell'aristocrazia senatoria, che legava la sua egemonia storico-politica alle tradizioni della Roma pagana.

Costantino si impegnò anche nella lotta contro le eresie, che stavano lacerando l'unità del cristianesimo; anche questa azione aveva del resto una forte valenza politica: combattere le eresie spesso coincideva, infatti, con la repressione di tendenze autonomistiche che si manifestavano a livello locale. Costantino in persona, per esempio, presie-

■ **Testa colossale di Costantino**, 313-324 d.C. ca. Roma, Musei Capitolini, Palazzo dei Conservatori.

dette il Concilio di Nicea del 325 d.C., che definì il Figlio (Gesù) *homoúsios* (cioè «fatto della stessa sostanza») del Padre (Dio), condannando così l'arianesimo (la dottrina del presbitero alessandrino Ario), secondo cui invece il Padre aveva creato il Figlio con caratteristiche divine inferiori. Con il passare del tempo, del resto, Costantino si riavvicinò all'arianesimo, che continuava a essere radicato in Oriente e soprattutto rappresentava la confessione cristiana a cui si convertirono quasi tutte le popolazioni barbariche nel corso del IV secolo d.C.: una eccessiva repressione di questa eresia avrebbe quindi costituito una manovra politicamente rischiosa.

Nel 330 d.C. Costantino fondò la sua nuova capitale, Costantinopoli, sullo stretto del Bosforo. Si trattava, però, di un'operazione diversa rispetto a quella sperimentata dagli Augusti e dai Cesari della tetrarchia: questa volta, infatti, l'imperatore non si limitava a trasferire il centro politico-strategico dell'impero da Roma in un'area geografica a cavallo tra Oriente e Occidente, ma ne duplicava le simbologie; per Costantinopoli furono scelti una collocazione geografica (la città fondata su sette colli), complessi monumentali (Fori, Circo ecc.) e organismi politici (un senato) identici a quelli di Roma. Sul piano religioso, però, il segno urbano dominante nella nuova capitale era quello delle numerose chiese cristiane: la seconda Roma diventava così il luogo-simbolo della rinascita dell'unità politico-morale dell'impero, realizzata sulle ceneri della Roma pagana.

Costantino si ammalò mentre preparava una spedizione contro i Persiani: secondo la tradizione, ricevette il battesimo in punto di morte e si spense nel 337 d.C., dopo trentun anni di regno.

5. VERSO LA FINE DELL'IMPERO DI ROMA

Alla morte di Costantino i suoi tre figli, Costantino II, Costante e Costanzo II, si divisero il governo dell'impero. Costanzo II, uscito superstite da un periodo di contrasti con i fratelli, scelse come Cesare il cugino Giuliano, che poi (alla morte dello stesso Costanzo II nel 361 d.C.) detenne il potere assoluto per il biennio successivo (361-363 d.C.), morendo infine durante una campagna contro i Persiani. Il regno di Giuliano fu però molto importante dal punto di vista storico, perché l'imperatore, raffinato intellettuale e uomo di profonda moralità, cercò di reintrodurre la religione pagana, attraverso l'imposizione di un culto solare intriso di filosofia neoplatonica. Contrastò i privilegi che, a partire da Costantino, si andavano riconoscendo alla Chiesa ed escluse i cristiani dall'amministrazione statale (ma non avviò persecuzioni di massa). La personalità austera e intellettuale di Giuliano rendeva però il suo progetto astratto ed estraneo alle esigenze concrete delle popolazioni dell'impero; per i cristiani l'imperatore divenne tradizionalmente noto come "l'Apostata", cioè «colui che rinnega la fede».

Dopo la breve parentesi di Gioviano, nel 364 d.C. l'impero fu diviso fra l'ufficiale pannonico Valentiniano I (in Occidente) e suo fratello Valente (in Oriente): il primo ottenne importanti successi nella difesa del confine renano-danubiano e alla sua morte (375 d.C.) gli succedettero i figli Graziano e Valentiniano II, quest'ultimo di appena quattro anni e perciò affidato alla tutela della madre Giustina, ariana. Graziano dovette perciò farsi carico anche della gestione della parte orientale dell'impero dopo la disfatta militare e la morte in battaglia dello zio Valente contro i Goti, ad Adrianopoli (nel 378 d.C.): lo scontro era stato originato dal fatto che questi barbari, una volta autorizzati a insediarsi dentro i confini dell'impero (per sfuggire alla pressione da nord degli Unni, una temibile popolazione nomade di origine asiatica), non avevano accettato le pesanti condizioni di asservimento imposte dai romani. La sconfitta fu epocale: i Romani dovevano per la prima volta accettare la presenza all'interno dell'impero di barbari che non erano stati assoggettati militarmente alla loro autorità. Lo storico pagano Ammiano Marcellino, per esempio, associò la battaglia di Adrianopoli a quella persa da Roma a Canne contro Annibale.

TEODOSIO E IL CRISTIANESIMO COME RELIGIONE DI STATO

A riconoscere con un trattato l'autonomia dei Goti all'interno dell'impero fu Teodosio, un comandante militare spagnolo, chiamato da Graziano dopo Adrianopoli a coadiuvarlo nella gestione dell'impero orientale. Teodosio, influenzato da Ambrogio (vescovo di Milano), nel 380 d.C. varò un editto (noto come "editto di Tessalonica") in base al quale proclamò religione di Stato il cristianesimo, secondo il credo stabilito al Concilio di Nicea, e perseguì i seguaci dei culti pagani. Si aprì così una nuova fase dello scontro tra cristiani e pagani, che venne emblematicamente rappresentata dalla discussione aperta nel 384 d.C. tra l'oratore pagano Simmaco e il vescovo Ambrogio circa la richiesta a Valentiniano II di ripristinare in senato l'altare della Vittoria: l'ara sacrificale su cui i senatori celebravano, prima di ogni seduta, la vittoria di Augusto ad Azio (ara che era stata fatta rimuovere da Graziano). Simmaco ne chiedeva la restituzione in nome del prestigio storico della religione romana e della pari dignità spirituale di ogni esperienza del divino; Ambrogio ne difendeva la rimozione in base al principio che l'imperatore cristiano deve operare al servizio della fede cristiana. Valentiniano accolse le richieste di Ambrogio.

ROMA IN MANO AI BARBARI

Teodosio morì a Milano nel 394 d.C.: gli succedettero, secondo le sue volontà, i figli Arcadio in Oriente e Onorio in Occidente, posti per la loro giovane età sotto la tutela del generale Stilicone, che era di origine barbara (vandalo). Stilicone riuscì a respingere a più riprese i Goti che avevano invaso l'Italia, guidati dai capi Alarico e Radagaiso; tuttavia, quando il *limes* renano fu travolto da numerose popolazioni germaniche che dilagarono in Gallia (Franchi, Alamanni ecc.) e in Spagna (Vandali e Svevi), il generale cercò di patteggiare con i Goti per evitare almeno la minaccia diretta dell'Italia. Questa iniziativa suscitò la reazione della corte imperiale, trasferitasi intanto da Milano a Ravenna, che mise a morte per tradimento Stilicone, nel 404 d.C.

Morto Stilicone, però, Alarico non incontrò più resistenze e nel 410 d.C. saccheggiò Roma: era la seconda volta per la città, dopo l'occupazione dei Galli nel 390 a.C., e quindi l'evento provocò un trauma collettivo, rappresentando il vero simbolo della caduta dell'impero e alimentando riflessioni di segno opposto sul suo significato. I pagani, in particolare, videro in esso l'effetto dello snaturamento subito dalla civiltà romana a causa del cristianesimo; **Agostino**, vescovo di Ippona, vi lesse la caducità della *Civitas hominis* (il regno terreno dell'uomo), fondata sulla legge della sopraffazione, rispetto alla indistruttibilità della *Civitas Dei* (la comunità celeste), fondata sulla legge dell'amore cristiano.

"Il tempo dell'autore", p. 576

La divisione dell'impero tra Oriente e Occidente si fece sempre più netta e vennero man mano meno i princìpi della collegialità del potere e del soccorso reciproco tra sovrani in

Tavoletta in avorio in cui è rappresentato il generale vandalo **Stilicone**, fine IV sec. Monza, Tesoro della Cattedrale.

caso di pericolo esterno: anche questo contribuì al tracollo dell'impero occidentale, sottoposto ormai alle continue pressioni di popolazioni barbariche. Il nuovo imperatore Valentiniano III aveva dapprima governato grazie alla reggenza della madre Galla Placidia e alla tutela di Ezio, un altro valido generale di origine barbara, che sconfisse gli Unni guidati da Attila ai Campi Catalaunici (in Gallia settentrionale) nel 451 d.C.; ma Ezio, come Stilicone, cadde vittima dell'opposizione di palazzo e dei contrasti con l'imperatore, mentre Valentiniano fu a sua volta ucciso nel 455 d.C. dai seguaci di Ezio. Gli imperatori che si succedettero al potere nel corso del V secolo d.C. non ebbero la forza di contrastare i barbari, che ormai iniziavano a creare Stati autonomi nei territori imperiali in cui si stanziavano. L'impero d'Occidente cadde «senza rumore» (A. Momigliano): i contemporanei, cioè, non ebbero la percezione di una fine improvvisa dello Stato romano, ma furono immersi in un lungo processo di dissoluzione dell'unità amministrativa e di transizione verso una nuova realtà storica.

La caduta formale dell'impero romano d'Occidente avvenne nel 476 d.C., con la deposizione dell'ultimo imperatore Romolo Augustolo per opera di Odoacre, re degli Eruli, che inviò le insegne imperiali a Zenone, imperatore d'Oriente, e nel contempo si autoproclamò *Rex Italiae*, costituendo anche nella penisola un regno romano-barbarico. L'impero d'Oriente (poi Impero bizantino) sopravvisse invece per un altro millennio, fino a quando, nel 1453, Bisanzio (l'antica Costantinopoli) cadde in mano ai turchi selgiuchidi.

STORIA, CULTURA, CIVILTÀ

LE INVASIONI BARBARICHE

UN SECOLO DI INVASIONI Nel corso del V secolo d.C. alcuni popoli, peraltro di modesta consistenza numerica e impegnati in continui spostamenti, entrarono nel territorio dell'impero e diedero vita ai cosiddetti "regni romano-barbarici": gli Ostrogoti (ossia "Goti dell'Est") penetrarono in Italia, i Visigoti ("Goti dell'Ovest") in Gallia, i Burgundi nella valle del Rodano ecc. (➛ 526). In questi regni i barbari convivevano con le popolazioni indigene, senza mettere in discussione l'ordinamento socio-economico e le strutture amministrative dei Romani. Solo in seguito, tra il V e il VI secolo d.C., altri popoli oltrepassarono il *limes* e si imposero con rafforzamenti progressivi dei loro possedimenti sulle popolazioni residenti, dando vita a trasformazioni radicali e durature: i Longobardi nel Norico, in Pannonia e poi in Italia, i Franchi in Gallia, gli Angli e i Sassoni in Britannia ecc. I Visigoti, scacciati dai Franchi dai territori gallici, si spostarono in Spagna dove imposero il loro dominio dalla metà del V secolo d.C.

I VANDALI E GLI UNNI Il V secolo d.C. fu segnato anche dalle invasioni di due popolazioni barbariche, che furono, in modo diverso, incapaci di costruire regni stabili per la mancanza di radicamento nei territori occupati, dove però produssero disordini, devastazioni e panico: i Vandali agli ordini di Genserico saccheggiarono Roma nel 455 d.C. e cancellarono l'Africa romana (ma qui imposero un regno effimero, basato solo sul dominio militare del territorio, che perciò fu abbattuto dopo solo un secolo dall'imperatore d'Oriente Giustiniano); gli Unni guidati da Attila, invece, al termine di una lunga serie di rovinose scorrerie, ritornarono in Asia, anche grazie alla attività di mediazione di Papa Leone I in Italia e soprattutto per la morte del loro re.

VERSO LA SOCIETÀ MEDIEVALE

Dal III secolo d.C. la società dell'impero romano subì profondi cambiamenti dovuti alla variazione dei sistemi di governo e di produzione: cambiamenti diversi secondo le aree, ma significativi per gli assetti socio-economici dell'intero mondo mediterraneo.

L'agricoltura diventò centrale rispetto al commercio e all'artigianato, in contrazione anche per la chiusura delle vie di scambio che erano fiorite nell'impero unitario dei primi secoli. I latifondi diventarono sempre più grandi, con il progressivo declino del lavoro schiavile e la diffusione dei contratti di "colonato": tramite questi contratti si vincolavano alla terra i contadini liberi, che prendevano in affitto parti di un grande latifondo con il compito di lavorarlo. Diocleziano e Costantino, inoltre, emanarono leggi che legavano in modo ereditario le persone al loro lavoro, secondo il luogo d'origine: provvedimenti di questo tipo tendevano a vincolare le fasce di popolazione più bassa ai loro sistemi produttivi, per garantire sia il pagamento delle tasse sia la produzione dei beni di base; ma questo riduceva sempre più le differenze sociali tra liberi e schiavi, aumentando invece le differenze di puro ordine economico tra persone abbienti e persone povere e dipendenti dal loro lavoro. Per fare fronte alle sempre più frequenti situazioni di assalti e invasioni, inoltre, i proprietari terrieri spesso fortificavano militarmente i loro possedimenti, rendendoli aree economicamente autosufficienti in grado di proteggere i coloni che risiedevano e lavoravano in esse, anche attraverso legami personali (*patrocini*). Ciò andava di pari passo con il progressivo declino della civiltà urbana che aveva caratterizzato l'impero romano: molte città si spopolarono a favore delle campagne.

La mobilità sociale risultò in tal modo bloccata e impedita, se non per gli esponenti delle classi militari, e dunque anche per i barbari che facevano parte dell'esercito. Si andarono man mano dissolvendo anche gli ordini tradizionali: sotto Costantino, per esempio, scomparve il ceto dei cavalieri, che ancora nel III secolo d.C. aveva costituito la spina dorsale delle riforme militari e burocratiche di imperatori come Diocleziano. Il ceto equestre fu assorbito dal ceto senatorio, che si allargò a dismisura fino a comprendere tutti i detentori delle più alte cariche militari e burocratiche, selezionati e ordinati gerarchicamente dall'imperatore e dal suo apparato.

GUIDA ALLO STUDIO

1. In che modo Settimio Severo rafforzò il ruolo dei militari nella società imperiale?

2. Quali furono le conseguenze della *Constitutio Antoniniana*?

3. Per quali motivi le autorità imperiali iniziarono a perseguitare i cristiani?

4. In che cosa consiste la riforma della tetrarchia introdotta da Diocleziano?

5. Che cosa è l'arianesimo?

6. Quale fu il ruolo del vandalo Stilicone nella difesa dell'impero romano?

7. Quali furono i principali regni romano-barbarici?

8. Quali furono le conseguenze delle leggi emanate da Diocleziano e Costantino sui contratti di colonato?

Il contesto culturale

1. UN'EPOCA DI TRANSIZIONE

Il periodo storico che va dai regni di Diocleziano e Costantino (IV secolo d.C.) all'invasione dei Longobardi in Italia (568 d.C), per l'Occidente, e alla fine del regno di Giustiniano (565 d.C.), per l'Oriente, viene comunemente denominato "tarda antichità". La periodizzazione è però controversa: alcuni storici ne retrodatano l'inizio alla fine del II secolo d.C. (cioè dopo la fine della dinastia antonina) e ne prolungano l'estensione fino al IX secolo d.C. (cioè all'età carolingia). L'espressione "tarda antichità" fu coniata nel 1901 da uno storico dell'arte austriaco, Alois Riegl, e si è imposta sulla scia del cambiamento radicale, intervenuto negli ultimi decenni, del modo di interpretare gli ultimi secoli dell'impero romano: questi oggi non sono visti solo come l'epoca del progressivo tracollo politico-sociale dell'Occidente davanti ai barbari e l'inizio di una lunga decadenza culturale, ma come una fase storica di transizione complessa e contraddittoria dal mondo antico al Medioevo; una fase ricca di elementi di continuità col passato e di innovative fioriture culturali.

BILINGUISMO E LETTERATURA CRISTIANA

La produzione culturale di quest'epoca si presenta bilingue (in latino e in greco), in continuità con i secoli precedenti. Questo bilinguismo rifletteva la padronanza delle due lingue da parte della maggior parte degli autori dell'epoca, l'assorbimento completo dei modelli greci all'interno della cultura latina, l'avvenuta creazione di tradizioni comuni e di un analogo immaginario culturale. Su questa realtà omogenea intervenne il cristianesimo, con effetti sconvolgenti sul piano dell'elaborazione culturale e della produzione letteraria: la nuova dottrina e i testi sacri che la testimoniavano (anzitutto la Bibbia) esprimevano contenuti e forme letterarie di tradizione giudaica, il cui influsso produsse profonde modifiche nei generi letterari tradizionali o portò alla formazione di nuovi generi (omelie, commenti biblici, atti dei martiri, vite dei santi ecc.), funzionali all'elaborazione dottrinale e alle pratiche di fede delle comunità cristiane.

I cristiani avevano inizialmente adottato il greco come lingua "ufficiale", in quanto lingua egemone per prestigio culturale e diffusione nell'impero: già dal III secolo a.C. la Bibbia ebraica era stata tradotta in greco nell'ambiente dei giudei di Alessandria d'Egitto (nella versione detta "dei Settanta"); dalla seconda metà del I secolo d.C. erano stati composti in greco i testi sacri cristiani che sarebbero andati a costituire il Nuovo Testamento (➤ p. 542); greca era anche la lingua impiegata nei riti liturgici.

■ Miniatura dalla Genesi di Vienna, manoscritto greco. VI sec. d.C. Vienna, Oesterreichische Nationalbibliothek.

Il latino dei primi cristiani, in Occidente, era molto semplice e pieno di grecismi lessicali e sintattici, anche perché la predicazione si rivolgeva spesso a persone di ambienti popolari e grecofoni. L'affermazione progressiva del cristianesimo fra i ceti colti e nella società romana favorì il superamento del dislivello tra latino cristiano e pagano: gli autori cristiani cercarono, infatti, di conciliare la semplicità della forma (che rimaneva un punto fermo, per testimoniare l'umiltà dello spirito cristiano) con la ricercatezza dei contenuti e delle strategie comunicative. Il cristianesimo, dunque, influenzò il latino fondamentalmente sul piano del lessico e dello stile: entrò in uso un nuovo lessico religioso fatto di grecismi (*angelus*, *martyr*, *prophēta* ecc.) e cambiò il significato di diverse parole (*orare* da «chiedere» a «pregare»; *paganus* da «abitante di un villaggio» a «pagano» ecc.).

2. LA FORMAZIONE DEL "CANONE" CRISTIANO

La Chiesa delle origini riconosceva l'ispirazione divina della Bibbia ebraica (di solito letta nella versione greca), ma la interpretava come profezia di Gesù, il "Cristo" (cioè l'"unto", il "consacrato", figlio di Dio): questo antico "patto" tra Dio e l'uomo avrebbe dunque trovato il suo compimento con la predicazione e le opere di Gesù; i testi che documentavano questo patto furono perciò chiamati "Antico Testamento". La necessità di diffondere in contesti più ampi e in modo corretto il messaggio cristiano impose, nel corso della seconda metà del I secolo d.C., il passaggio dalla predicazione orale alla stesura di una nuova serie di testi, diversi per funzione e impostazione teologica: questi testi, a partire dal II secolo d.C., andarono a costituire il canone dei libri riconosciuti come sacri dalla Chiesa, riuniti nel "Nuovo Testamento". "Apocrifi", invece, furono detti tutti quei testi, simili per tipologia a quelli inclusi nel Nuovo Testamento, ma portatori di concezioni minoritarie o eretiche, che furono man mano condannate dalla Chiesa ufficiale nel corso del II, III e IV secolo d.C.

Il canone del Nuovo Testamento è costituito da:

- i quattro vangeli;
- gli *Atti degli apostoli*;
- l'*Apocalisse*;
- le lettere di Paolo;
- altre lettere e lettere pseudepigrafe.

IL NUOVO TESTAMENTO

I quattro "vangeli" (dal greco *euanghèlion*, cioè "buona notizia") sono raccolte di fatti e di detti di Gesù, che la Chiesa antica ha attribuito a due dei primi apostoli (Matteo e Giovanni) e a due seguaci delle predicazioni apostoliche (Marco e Luca); la loro redazione, frutto delle elaborazioni delle comunità cristiane, avvenne negli ultimi decenni del I secolo d.C. I primi tre vangeli (Matteo, Marco, Luca) vengono definiti "sinottici" per via delle concordanze testuali che si possono trovare tra di loro. Marco e Matteo intendono avvalorare il radicamento di Gesù nella tradizione ebraica, dimostrando che si tratta del Messia inviato da Dio e che gli avvenimenti decisivi della sua opera erano stati predetti dagli antichi profeti d'Israele; Luca evidenzia il valore universale del messaggio di Gesù, rivolto ai peccatori e agli emarginati. L'autore del quarto vangelo canonico, Giovanni, pone al centro la riflessione sulla natura divina di Gesù, principio spirituale (*lògos*) incarnato, che si rivela agli uomini chiamandoli a una rinascita e contrapponendosi alla legge giudaica.

L'evangelista Luca compose anche una storia, canonizzata, della prima comunità cristiana, detta "Atti degli apostoli": questa storia celebra l'azione (ispirata dallo Spirito Santo disceso a loro protezione) degli apostoli Pietro e Paolo, che riuscirono a diffondere il cristianesimo da Gerusalemme a Roma. A Giovanni, invece, sono attribuiti altri testi riconosciuti come sacri dalla Chiesa: tre lettere e l'*Apocalisse* (cioè "rivelazione"): un testo profetico, quest'ultimo, che rivela in un oscuro linguaggio visionario e simbolico gli avvenimenti che segneranno la fine del mondo corrotto dal male e l'avvento vittorioso di Cristo.

Fa parte del canone l'insieme delle lettere attribuite a Paolo di Tarso, l'apostolo che non apparteneva al gruppo dei testimoni diretti della predicazione di Gesù, ma a cui si deve un ruolo decisivo nell'apertura del cristianesimo alla società greco-romana, con la fondazione di diverse comunità cristiane (Tessalonica, Corinto, Filippi, Roma ecc.) nella prima metà del I secolo d.C.: centrale in questi testi è il rapporto tra verità cristiana e religione ebraica, e l'affermazione della venuta di Cristo per salvare tutti gli uomini, quindi anche i pagani. Entrarono nel canone del Nuovo Testamento anche altre lettere, dette "pseudoepigrafe": si tratta di testi composti da anonimi seguaci di Paolo, ma anche di altri importanti testimoni della prima generazione cristiana (Pietro, Giovanni, Giuda, Giacomo). Anonima è invece la *Lettera agli Ebrei*: un vero trattato di ispirazione paolina, che celebra la nuova alleanza tra Dio e gli uomini, istituita attraverso il sacrificio sulla croce di Cristo.

Su richiesta di Papa Damaso, nel IV secolo d.C., Girolamo (➤ p. 548) stabilì la versione ufficiale della Bibbia secondo la Chiesa latina (*Vulgata*): tradusse, infatti, l'Antico Testamento dall'originale ebraico, ma in uno stile che non contrastasse troppo con la tradizione e le abitudini liturgiche dei fedeli, formate sulla Bibbia dei Settanta e sulle sue numerose versioni latine (*Vetus latina*); con la stessa finalità revisionò e uniformò, sulla base degli originali greci, le traduzioni latine dei Vangeli e dei testi di Paolo, già circolanti a partire dalla metà del II secolo d.C. Ciò non evitò i contrasti con **Agostino**, per il venir meno di un unico testo sacro, comune con la Chiesa orientale; ma l'Occidente trovò nella *Vulgata* di Girolamo il libro della sua nuova unità spirituale.

"Il tempo dell'autore", p. 576

LA LETTERATURA DEI MARTIRI CRISTIANI

L'avvio delle persecuzioni nei confronti dei cristiani, dal I secolo d.C. e poi soprattutto nel corso del III secolo d.C., determinò il fenomeno dei "màrtiri" («testimoni», in greco), ossia persone che sacrificavano la vita per affermare la loro obbedienza assoluta a Gesù e la fede nel regno dei cieli da lui promesso, contro lo Stato romano che imponeva l'abiura del loro credo. Dalla metà del II secolo d.C. fiorì, di conseguenza, una letteratura bilingue che celebrava questi testimoni della fede, attraverso resoconti epistolari del loro sacrificio, la riproduzione delle scene del processo che ne aveva determinato la condanna (sulla base dei verbali ufficiali o di appunti presi da testimoni durante il dibattimento), le rielaborazioni di memorie private (in cui però spesso prevalsero gli elementi fantastici e leggendari sui dati documentari).

Il più antico testo martiriale in lingua latina è rappresentato dagli *Atti dei martiri di Scilium* (Numidia), che riporta le fasi dell'inquisizione nel 180 d.C. di tre uomini e tre donne, compiuta dal proconsole romano di Cartagine. Intensa e complessa è anche la *Passione di Perpetua e Felicita*, costruita sulla base del diario della matrona Perpetua, incarcerata a Cartagine (nel 203 d.C.) insieme a quattro suoi servi (fra cui Felicita) che si stavano preparando a ricevere il battesimo e al loro catechista.

3. "L'ETÀ DELL'ANGOSCIA"

La crisi del III secolo d.C. si tradusse anche in una diffusa crisi spirituale, dovuta al senso di profonda incertezza che la situazione politica e sociale comunicava: ciò portò sia a forme di chiusura nella difesa della tradizione politico-religiosa romana, sia alla ricerca di nuove risposte nelle religioni orientali, nei culti misterici e, infine, anche nella religione cristiana. I culti di Cibele, Mitra e Iside, già diffusi nell'impero, insieme ad altri più recenti (come il culto di Mani) offrivano ai loro adepti percorsi di purificazione e di salvezza individuali. Le soluzioni erano numerose e disparate: gli stessi imperatori di quest'epoca veneravano privatamente divinità di diverse tradizioni; negli ambienti di corte operavano intellettuali di formazione filosofica e spirituale diversa; gli stessi cristiani, inizialmente oggetto di persecuzioni, vivevano la propria religiosità in modo ansioso e problematico. Per tutti questi motivi il grande storico Eric Dodds ha parlato di questo periodo storico come di "età dell'angoscia".

IL CRISTIANESIMO E LA FILOSOFIA PAGANA

Le contraddizioni e i problemi di quest'epoca posero, del resto, anche le premesse per un profondo ripensamento dei valori del mondo romano, e dunque per l'integrazione del cristianesimo. Il filosofo Origene, erede della tradizione cristiana di Alessandria d'Egitto, operò per esempio una sintesi fondamentale tra filosofia greca (in particolare il platonismo) e verità cristiana, che consentì l'assimilazione della nuova religione all'interno della cultura filosofica delle classi colte. Origene presentava il cristianesimo come compimento del bisogno di conoscenza di ogni uomo, che la filosofia greca aveva soddisfatto sul piano esclusivamente razionale; per questo teorizzava una ascesi mistica che, superando la realtà materiale, consentisse a ogni individuo di attingere Dio nella sua assoluta incorporeità. Una conseguenza di questa concezione fu anche il riconoscimento, sulla scorta dell'ebreo Filone Alessandrino, di più livelli di interpretazione della Bibbia e della necessità di passare dal livello letterale dei significati a quello spirituale, in un percorso di perfezionamento filosofico e morale del credente.

Un importante tentativo di interpretazione (e aggiornamento) del pensiero di Platone fu compiuto da Plotino (200 d.C. circa-270 d.C.), autore di una vasta serie di opere che furono ordinate per gruppi di nove (*Enneadi*) dal discepolo Porfirio. Secondo Plotino, la filosofia doveva mostrare il percorso attraverso il quale l'uomo poteva portare il principio divino che è in lui alla piena contemplazione dell'Uno, inteso come Sommo Bene. La filosofia di Plotino – detta "neoplatonismo" – presentava quindi caratteri che la rendevano in parte simile ai culti religiosi orientali e ai saperi magico-astrologici, facendone un temibile concorrente anche per il cristianesimo; nel contempo questa filosofia incontrava i favori dell'aristocrazia senatoria, in quanto l'ordine gerarchico attribuito al mondo giustificava l'ordine politico-sociale che ne legittima la supremazia. Proprio sui fondamenti del neoplatonismo, quindi, anche l'imperatore Giuliano cercò nel IV secolo d.C. di fondare la rivincita politico-religiosa del paganesimo (➤ p. 537).

TESTI E TEMI

AGOSTINO E LA "NUOVA" CONCEZIONE DEL TEMPO (AGOSTINO, *CONFESSIONES* 11, 27, 36)

LA PERCEZIONE DEL TEMPO IN AGOSTINO Uno degli aspetti della cosiddetta "età della angoscia" fu certo la crisi dei valori e delle forme di pensiero che avevano innervato la mentalità tradizionale romana; questo fenomeno, però, associato agli stimoli delle culture emergenti (come le religioni orientali "di salvezza", tra cui anche la religione cristiana), produsse in alcuni autori riflessioni originali proprio sugli aspetti di percezione e valutazione della realtà. Nell'ambito della sua riflessione sul racconto biblico della creazione, per esempio, Agostino (➛ p. 580) si chiedeva che cosa fosse il tempo e come potesse essere misurato. Partendo dalla ricerca di una definizione e di un criterio di misurazione oggettivi del tempo, Agostino giungeva così alla constatazione che il tempo ha anzitutto una dimensione soggettiva: il tempo infatti esiste nell'anima, che vive il presente attraverso l'attenzione a ciò che accade, il passato nella memoria di ciò che è stato e il futuro nell'attesa di ciò che sarà; sempre nell'anima, dunque, avviene la misurazione del tempo, attraverso il confronto tra la durata di ciò che si vuole misurare e la durata percepita di altre esperienze vissute dal soggetto.

È in te, spirito mio, che misuro il tempo. Non strepitare contro di me: è così; non strepitare contro di te per colpa delle tue impressioni, che ti turbano. È in te, lo ripeto, che misuro il tempo. L'impressione che le cose producono in te al loro passaggio e che perdura dopo il loro passaggio, è quanto io misuro, presente, e non già le cose che passano, per produrla; è quanto misuro, allorché misuro il tempo. E questo è dunque il tempo, o non è il tempo che misuro. Ma quando misuriamo i silenzi e diciamo che tale silenzio durò tanto tempo, quanto durò tale voce, non concentriamo il pensiero a misurare la voce, come se risuonasse affinché noi possiamo riferire qualcosa sugli intervalli di silenzio in termine di estensione temporale? Anche senza impiego della voce e delle labbra noi percorriamo col pensiero poemi e versi e discorsi, riferiamo tutte le dimensioni del loro sviluppo e le proporzioni tra i vari spazi di tempo, esattamente come se li recitassimo parlando. Chi, volendo emettere un suono piuttosto esteso, ne ha prima determinato l'estensione col pensiero, ha certamente riprodotto in silenzio questo spazio di tempo, e affidandolo alla memoria comincia a emettere il suono, che si produce finché sia condotto al termine prestabilito: o meglio, si produsse e si produrrà, poiché la parte già compiuta evidentemente si è prodotta, quella che rimane si produrrà. Così si compie. La tensione presente fa passare il futuro in passato, il passato cresce con la diminuzione del futuro, finché con la consumazione del futuro tutto non è che passato.

(Agostino, *Confessioni* 11, 27, 36; trad. di C. Carena)

LE INFLUENZE NEOPLATONICHE Nella sua riflessione Agostino si confronta con il pensiero dei filosofi che l'hanno preceduto nella ricerca su che cosa sia il tempo: Platone e Aristotele, anzitutto, ma anche Lucrezio, Seneca e infine Plotino. Agostino è infatti vicino alla concezione del tempo elaborata dalla dottrina neoplatonica: secondo Plotino, la temporalità nasceva dall'operazione con la quale l'Anima ("ipostasi", cioè emanazione, del principio dell'Uno) conferisce un ordine al mondo fisico.

C'era infatti nell'Anima una potenza inquieta che voleva sempre far passare in altro ciò che aveva contemplato nel mondo intelligibile, e non sopportava che l'essere intelligibile le fosse presente tutto insieme. [...] Così l'Anima produce il mondo sensibile ad immagine di quello intelligibile e (lo fa) mobile non del movimento intelligibile, ma di uno che è simile a quello e che aspira ad esserne immagine, e temporalizza anzitutto se stessa producendo il tempo in luogo dell'eternità; poi pone il mondo da lei generato alle dipendenze del tempo e lo pone tutt'intero nel tempo racchiudendo in esso tutti i suoi movimenti. Infatti (il mondo) muovendosi nell'Anima – e il luogo dell'universo non è che l'Anima – si muove anche nel tempo che all'Anima appartiene. L'atto che l'Anima compie segue sempre ad un altro ed è sempre nuovo; con un atto essa produce quello che vien dopo e con un altro pensiero che segue al precedente effettua ciò che prima non era, poiché né il suo pensiero era già tutto compiuto né la sua vita presente è simile a quella precedente. E proprio perché è una vita differente, essa anche occupa perciò un tempo differente. E così la dispersione della vita dell'Anima occupa del tempo; la parte di quella vita che procede occupa ad ogni istante un tempo nuovo, quella passata occupa un tempo passato. Se si dicesse dunque che il tempo è la vita dell'Anima che muovendosi trapassa da uno stato di vita ad un altro, non si affermerebbe forse qualcosa? E poiché l'eternità è una vita nella quiete e nell'identità, vita identica a se stessa ed indefinita, necessariamente il tempo è immagine dell'eternità e sta ad essa come il mondo sensibile sta a quello intelligibile. [...] Perciò è stato detto che il tempo è nato con questo universo, poiché l'Anima l'ha generato con questo universo. Infatti anche questo universo è stato generato per opera di un tale atto: questo atto è il tempo, e l'universo è nel tempo. Perché prima dell'Anima non c'è che l'eternità che né l'accompagna né le si estende. L'Anima dunque è la prima che va verso il tempo e lo genera e lo possiede coi suoi atti. E perché il tempo è ovunque? Perché l'Anima non è assente da nessuna parte dell'universo, come l'anima nostra non è assente da nessuna parte del nostro corpo.

(*Enneadi* 3, 7 *passim*, da: Plotino, *Enneadi*, traduzione, introduzione, note e bibliografia di G. Faggin; presentazione e iconografia plotiniana di G. Reale; revisione finale dei testi, appendici e indici di R. Radice, Rusconi, Milano 1992)

LA FORTUNA DELLA RIFLESSIONE AGOSTINIANA A sua volta, la riflessione di Agostino è stata ripresa dai filosofi del Novecento che hanno rivendicato la dimensione soggettiva del tempo, contrapponendosi alla concezione meccanica del tempo come relazione matematica. In particolare, il filosofo H. Bergson (1859-1941) ha introdotto il concetto di tempo come durata vissuta, caratterizzata dal cambiamento e aperta alla novità.

Non c'è dubbio che, per noi, il tempo non si confonde innanzitutto con la continuità della nostra vita interiore. Cos'è questa continuità? Quella di un flusso o di un passaggio, ma di un flusso o di un passaggio che bastano a se stessi, poiché il flusso non implica una cosa che scorre e il passaggio non presuppone degli stati attraverso i quali si passa: la cosa e lo stato sono solamente delle istantanee prese artificialmente sulla transizione: e questa transizione, l'unica a essere sperimentata naturalmente, è la durata stessa. Essa è memoria, ma non memoria personale, esteriore a ciò che trattiene, distinta da un passato di cui assicura la conservazione; è una memoria interiore al cambiamento stesso, memoria che prolunga il prima nel dopo e impedisce loro di essere dei puri istanti che appaiono e scompaiono in un presente che rinasce incessantemente. Una melodia che ascoltiamo con gli occhi chiusi, pensando solo a essa, viene quasi a coincidere con questo tempo che è la fluidità stessa della nostra vita interiore; ma ha ancora troppe qualità, troppa determinazione, e bisognerebbe cancellare dapprima la differenza tra i suoni, poi abolire le caratteristiche distintive del suono stesso, trattenerne solo la continuazione di ciò che precede in ciò che segue e la transizione ininterrotta, molteplicità senza divisibilità e successione senza separazione, per ritrovare infine il tempo fondamentale. Questa è la durata immediatamente percepita, senza la quale non avremmo alcuna idea del tempo.

(Henry Bergson, *Durata e simultaneità (a proposito della teoria di Einstein)*, a cura di P. Taroni, Pitagora, Bologna 1997, p. 39)

GUIDA ALLO STUDIO

1. In quale contesto si colloca la riflessione di Agostino sul tempo?

2. Perché Agostino si rivolge al proprio animo chiedendogli di non disturbarlo?

3. Che cosa viene misurato come presente, secondo Agostino?

4. Come si misura il tempo del silenzio?

5. Come considera Agostino il presente, il passato e il futuro?

6. Quali somiglianze puoi notare tra la concezione del tempo presente, passato e futuro secondo Agostino e secondo Bergson?

7. Individua i punti in comune e le differenze tra le due similitudini usate rispettivamente da Agostino e da Bergson per descrivere la misurazione soggettiva del tempo.

4. LA LETTERATURA APOLOGETICA CRISTIANA

Durante il II secolo d.C. in Oriente il cristianesimo si trovò a dover rispondere agli attacchi esterni da parte dei pagani e alle crisi interne dovute alle prime eresie (Marcione, Montano ecc.): quest'azione di difesa fu svolta dagli "apologisti" (i «difensori»), cioè da autori – come Giustino, Taziano, Atenagora – che difendevano le comunità cristiane dai pregiudizi popolari (ossia dalle accuse di infanticidio, immoralità, sovversione ecc.), rivendicavano la superiorità morale della loro condotta rispetto a quella dei pagani, produssero infine trattazioni teoriche su temi dottrinali come l'anima, la resurrezione, l'autorità di Dio ecc., che sarebbero state decisive nella costituzione di una teologia cristiana.

In Occidente, invece, la prima produzione apologetica fiorì in Africa e a Roma nel III secolo d.C.: in ciò tradiva un ritardo secolare, dovuto al modesto e marginale sviluppo del cristianesimo latino rispetto a quello greco. I primi apologisti latini si presentano come degli isolati rispetto al loro contesto culturale: pagani convertiti al cristianesimo, spesso privi di una preparazione filosofico-dottrinale, ma ricchi di una formazione retorica. Il loro cristianesimo è pieno di echi del Vecchio Testamento e di attese apocalittiche (come la fine del mondo e l'avvento di un tempo di prosperità universale). Autori come **Tertulliano** e Cipriano, del resto, avrebbero contribuito in modo significativo alla costituzione della teologia cristiana e della sua lingua letteraria. Tertulliano, in paticolare, risentendo delle inquietudini politico-religiose dell'Africa romana, condusse aspre battaglie contro i pagani, con veemenza retorica e profondità di analisi, ma condannò con rigore moralistico anche le derive eretiche e morali interne al cristianesimo. Cipriano (vescovo di Cartagine, poi martirizzato), invece, si concentrò sulle problematiche relative alla sua funzione di vescovo, intervenne sulla questione dei *lapsi* (cioè «quelli che erano caduti», abiurando la fede durante le persecuzioni) e sul battesimo amministrato dagli eretici, propose penitenze severe ma in una logica di recupero del peccatore.

"Il tempo dell'autore", p. 592

Tra il III e il IV secolo visse poi Commodiano, cartaginese, autore di un *Carmen apologeticum*, che racconta la storia del mondo fino alla sua fine, preceduta dal riscatto in terra dei diseredati. Le spiegazioni dottrinali nel testo sono grossolane o generiche: all'autore interessa minacciare, con immagini vigorose e ispirate alla tradizione apocalittica giudaica, gli avversari e le persone tiepide verso la fede. Commodiano intendeva farsi portavoce dei ceti popolari, adottandone anche la lingua e usando l'esametro secondo una sintassi semplice e un lessico ripetitivo. Alla stessa epoca di Commodiano risale anche l'opera di Arnobio, databile al tempo della persecuzione di Diocleziano: nel suo *Adversus nationes* (in sette libri), Arnobio espone la sua concezione del cristianesimo su richiesta del suo vescovo, per dimostrare la verità della sua conversione. L'apologista conosce poco la dottrina cristiana e per nulla la Bibbia, teorizza quindi la centralità di Cristo sulla base di una concezione radicalmente negativa della realtà umana e della visione di Dio come lontano e indifferente.

Firmiano Lattanzio, maestro di retorica e precettore di un figlio di Costantino, cercò nelle *Divinae institutiones* (in sei libri) di confutare gli attacchi di due intellettuali pagani. Lattanzio tradisce, del resto, scarsa preparazione teologico-scritturale nell'affrontare le questioni dottrinali: è più efficace quando confuta il politeismo, di cui studia razionalmente le origini, e quando tratta problemi morali, dove applica una sensibilità stoica desunta dai testi di Cicerone e Seneca.

Un'apologia cristiana fra le più antiche è, infine, l'*Octavius* di Minucio Felice, agiato avvocato cartaginese che operò a Roma tra il II ed il III secolo d.C.: si tratta di un dialogo che illustra la serena e raffinata controversia, condotta sullo sfondo ameno del lido di Ostia, tra il pagano Cecilio, il cristiano Ottavio e lo stesso Minucio, giudice del confronto, sulla superiorità delle rispettive fedi: il confronto si conclude col riconoscimento della sconfitta da parte di Cecilio. I modelli letterari di Minucio sono Cicerone e Seneca: il testo intendeva infatti rivolgersi ai ceti dirigenti latini, rappresentando il cristianesimo in sintonia con i valori della cultura classica e la difesa della loro egemonia sociale.

5. PAGANI E CRISTIANI DI FRONTE AL CROLLO DI ROMA

I "PADRI DELLA CHIESA"

Il riconoscimento del cristianesimo da parte di Costantino (con l'editto del 313 d.C., ➛ p. 536) avviò una stagione di lenta affermazione della nuova religione nell'impero, segnata anche dallo scontro con le classi dirigenti pagane, della cui resistenza l'imperatore Giuliano fu interprete e simbolo. Ma tra il IV e il V secolo d.C. giunse anche a maturazione l'immenso processo di sintesi tra cristianesimo e cultura classica (opera dei "Padri della Chiesa", fra cui svettano Girolamo, Ambrogio e Agostino) e fiorì la letteratura latina cristiana (➛ p. 560). I cristiani cercarono di dare uno spessore intellettuale e una veste formale al loro credo, per essere all'altezza della cultura pagana, in ciò aiutati dalla diffusione in latino delle opere filosofico-religiose del cristianesimo orientale (di Origene soprattutto) e della tradizione neoplatonica. Il neoplatonismo latino, in particolare, da un lato avrebbe alimentato la reazione pagana di Ambrogio Macrobio (autore per esempio di un commento filosofico al *Somnium Scipionis* di Cicerone) e dello stesso imperatore Giuliano, dall'altra, attraverso figure come il retore Mario Vittorino, avrebbe contribuito allo sviluppo della teologia di Ambrogio e di Agostino.

Ma il IV fu per la Chiesa anche il secolo delle grandi dispute dottrinali. La trattatistica cristiana latina venne segnata dalla battaglia contro l'arianesimo, che avrebbe portato, sotto l'azione decisiva di Ambrogio, alla sconfitta dell'eresia in Occidente. Uno dei protagonisti fu Ilario di Poitiers, che introdusse in Occidente il pensiero di Origene (➛ p. 544), rielaborandolo con originalità. Sul piano del metodo Ilario affrontò le questioni con potente rigore dimostrativo e con una solida documentazione biblica; la sua opera

■ Costantino fa bruciare i libri ariani, condannati come eretici. Miniatura dai testi di diritto canonico di Vercelli, manoscritto, IX sec. Vercelli, Museo Capitolare.

principale è *Il trattato sui misteri*, un manuale di esegesi biblica. Lo stile riflette la rielaborazione del modello ciceroniano in forme solenni e dense sul piano concettuale. Altro protagonista della lotta all'eresia fu Mario Vittorino, il quale elaborò un'interpretazione della Trinità in chiave neoplatonica: Vittorino, retore di formazione, utilizza un linguaggio dove l'altissima raffinatezza stilistica della dimostrazione serve a costruire procedimenti razionali sofisticati e innovativi.

LA DIFESA DEL PATRIMONIO CLASSICO

La consapevolezza della crisi della cultura antica portò nel contempo gli autori pagani a un intenso lavoro di raccolta sistematica e di commento di materiali relativi alla lingua e alle tradizioni latine. Ne sono esempi il *De compendiosa doctrina* (in 20 libri) di Nonio Marcello e i due trattati (*artes*) grammaticali di Elio Donato, fondamentale libro di testo di lingua latina nelle scuole medievali: l'opera di Nonio, in particolare, raccoglie nella sua prima parte una serie di lemmi tratti da opere di autori antichi (Livio Andronico, Nevio, Ennio, Sallustio ecc.) di cui fornisce la spiegazione, citando frammenti di opere andate perdute e dunque costituendo per noi una importante fonte testimoniale. Significativa in questo periodo fu anche la redazione di edizione critiche dei testi classici e quindi la compilazione di commenti, fra cui spicca quello all'opera di Virgilio composto da Servio (allievo di Donato). Rientrano in uno sforzo di sistemazione e difesa della cultura pagana anche i *Saturnali* (del 430 d.C.) composti dal già ricordato Macrobio: sette libri di dialoghi fra colti aristocratici, impegnati a discutere, nei conviti durante le festività in onore di Saturno, argomenti eruditi e questioni religiose in una visione idealizzata della tradizione pagana.

Un decisivo fattore di conservazione della cultura latina, fino alla caduta dell'impero, fu rappresentato dal sistema scolastico, che era sempre fondato su un rigoroso apprendimento delle norme retorico-linguistiche e sulla conoscenza dei testi della tradizione letteraria latina. Nel IV secolo d.C. fu aumentato il numero delle scuole pubbliche per venire incontro alle esigenze formative di un nuovo ceto di funzionari provenienti da fasce sociali più ampie, da impiegare in una macchina burocratica sempre più complessa. La formazione, basata sui classici, si allargò nel contempo alla conoscenza manualistica di saperi scientifici e tecnici.

Gruppo di fanciulli dal mosaico proveniente dal Tempio di Diana a Capua, III sec. d.C. Capua, Museo Campano.

Anche i cristiani, del resto, in queste prime fasi entrarono nelle scuole come insegnanti e allievi, ma senza pretendere di trasformarle in senso confessionale, bensì riconoscendosi in un modello comune di formazione culturale. Le scuole di grammatica e retorica, però, rappresentavano anche «uno degli strumenti principali per l'individuazione dell'appartenenza all'*élite* romana» (R. Kaster), per la forte selezione degli accessi, dovuta agli alti costi di frequenza e alla scarsa distribuzione delle scuole sul territorio, oltre che per i modelli culturali aristocratici e cittadini che trasmettevano.

Intellettuali come Agostino e Girolamo vissero per questo il conflitto tra la loro formazione culturale pagana e l'adesione ai valori cristiani. La soluzione del contrasto fu teorizzata da Agostino nel *De doctrina christiana*: le *litterae* sono formative per l'uomo non in senso assoluto, ma solo in funzione di una conoscenza più profonda e vera della fede cristiana. In questo modo Agostino fornì la giustificazione ideologica all'impiego del sistema educativo latino nel mondo medievale.

La storiografia pagana, di fronte alla crisi dell'impero, mantenne le sue caratteristiche, continuando a perseguire l'obiettivo di testimoniare la grandezza della storia di Roma. Si diffusero compendi di storia romana (breviari) per opera di Aurelio Vittore, Eutropio, Rufio Festo, con l'intenzione di fornire facili e chiare informazioni alla nuova classe dirigente, e circolavano anche sunti dell'opera di Livio (le cosiddette *Periŏchae*). Continuò anche la tradizione svetoniana della biografia, ma nell'*Historia Augusta*: una controversa raccolta di biografie imperiali da Adriano a Carino composta forse al tempo di Giuliano, che spesso scade in una serie di rappresentazioni mistificate o eccessive dei personaggi, esasperando la tendenza tacitiana all'osservazione psicologica e al moralismo.

L'ultimo autorevole storico di Roma fu Ammiano Marcellino (330-400 d.C. circa): un greco di Siria (nato ad Antiochia), autore di 31 libri (i primi 17 dei quali perduti) di *Annali* in latino; l'arco cronologico di quest'opera di largo respiro andava da Nerva

TESTI E TEMI

GIULIANO VIENE NOMINATO CESARE (AMMIANO MARCELLINO, *STORIE* 15, 8, 3-17)

LA FINE DI UN MONDO Il 6 novembre dell'anno 355 d.C. a Milano l'imperatore Costanzo II, figlio di Costantino il Grande, elevò al grado di Cesare il giovane cugino Flavio Claudio Giuliano. Il compito del nuovo Cesare sarebbe stato quello di tenere a freno le orde di barbari che tentavano di penetrare nelle Gallie. Giuliano, dotato di un'ottima cultura letteraria e filosofica, fu l'ultimo imperatore pagano (per questo definito "l'Apostata", lett. "il rinnegatore" del cristianesimo). Divenuto imperatore, morì assai giovane, nel 363, durante una campagna militare in Oriente.
L'elezione a Cesare è raccontata da Ammiano Marcellino. La scena richiama un rituale ormai antico, con l'imperatore che, rivolgendosi alle legioni radunate per l'occasione, presenta il suo successore designato; tuttavia, nei particolari riferiti dallo storico – l'espressione tesa di Giuliano, che medita tra sé un verso di Omero sulla caducità della sorte umana, l'ansia dei soldati di capire se sarà un generale degno, capace di ridare dignità a un impero sempre meno stabile – il lettore avverte un mondo che sta per finire. Scene come questa, che ricordano l'antico valore militare degli eserciti di Roma, sono destinate a ripetersi con sempre minore frequenza. Il progressivo disfacimento dell'amministrazione imperiale, l'indebolimento del potere centrale, la penetrazione nelle province di confine di popolazioni con usi e costumi diversi, la diffusione tra la popolazione di una mentalità nuova portata dal cristianesimo segnano infatti l'inevitabile declino delle antiche strutture dell'impero.

Finalmente, dopo molte incertezze, lasciata da parte ogni vana discussione, Costanzo decise di innalzare Giuliano alla dignità di Cesare. Ed essendosi presentato nel giorno stabilito, da un'alta tribuna, circondata dalle aquile e dalle insegne militari, preso per mano il cugino, l'imperatore rivolse alle milizie adunate questo pacato discorso: «A voi ci rivolgiamo, valorosi difensori dell'impero, quali sostenitori di una giustissima causa, e a voi, come a giudici imparziali, dirò brevemente il mio pensiero. Dopo la morte degli usurpatori, che rabbioso furore incitò alle più audaci imprese, quasi desiderosi di placare con sangue romano i loro empi Mani [*spiriti dei morti*], i barbari, turbata la pace dei confini, devastano con frequenti scorrerie le Gallie, imbaldanziti dal fatto che dure necessità ci tengono impegnati in terre lontane. Se a questo malanno delle incursioni, che già si estendono oltre le terre di frontiera, soccorrerà la mia decisione confermata dal vostro voto, i confini dell'impero saranno intatti e la superbia dei barbari sarà fiaccata. Dipende da voi rafforzare con il vostro favore la mia speranza. Questo mio cugino Giuliano, giovane di splendido ingegno e di sperimentata energia, da noi meritatamente ammirato per la sua modestia non meno di quanto ci è caro per i vincoli di parentela, io desidero elevare al grado di Cesare, sperando che i miei intendimenti, se a voi sembrano utili, siano confermati dal vostro consenso».
I soldati, acclamando con dolce violenza, impediscono al principe di continuare il discorso, presagendo, quasi leggessero nel futuro, che non da mente umana, ma da avvertimento divino era suggerita quella decisione. L'imperatore, immobile, fino a che di nuovo non fu tornato il silenzio, proseguì con maggiore fiducia: «Queste liete acclamazioni mi rivelano il vostro favore e il vostro consenso. Assurga quindi questo giovane vigoroso e sereno, il cui equilibrio è degno di essere imitato piuttosto che lodato, all'onore che merita: il fatto che io l'abbia prescelto vi dimostra quanto sia preclara la sua indole, educata nelle buone arti. E dunque, nel nome di Dio che è nei cieli [*Costanzo II era cristiano*], io lo vestirò col manto imperiale».
Così disse, e a Giuliano, che rivestito della porpora avita e proclamato Cesare tra la gioia dell'esercito, aveva nel volto contratto una espressione quasi dolorosa, rivolse queste parole: «In giovane età, amatissimo cugino, hai ricevuto lo splendido fiore della tua stirpe. Ne sarà accresciuta, lo riconosco, la mia gloria, poiché nel conferirti un potere pari alla tua nobiltà consanguinea, ritengo di essere giusto non meno che grande nell'esercizio del potere. Siimi dunque compagno nell'affrontare travagli e pericoli: assumi la difesa delle Gallie, sollevando con ogni mezzo quelle regioni afflitte. E se mai sarà necessario affrontare ostilità, poniti con piede saldo tra le insegne stesse, a tempo opportuno esortando con ponderazione all'audacia; avanza tra i primi, ma con cautela, infiammando i combattenti, sostenendo coloro che cedono, incitando senza asprezza i fiacchi, testimonio obiettivo ai prodi e agli ignavi. Ove la necessità ti chiami, accorri, valoroso condottiero di soldati valorosi. Noi due, con saldezza e costanza d'affetto, ci offriremo sostegno a vicenda e insieme combatteremo per reggere unitamente il mondo pacificato, purché Dio lo voglia, con pari amore e moderazione. Dovunque tu sia, mi sembrerà di averti vicino; né mai io ti verrò meno, qualunque cosa tu intraprenda. Va' dunque ed affrettati, accompagnato dai voti di tutti, a difendere con vigile cura il tuo posto, quasi che lo Stato stesso te l'abbia assegnato».
Dopo queste parole nessuno rimase in silenzio. Ma tutti i soldati, battendo con orrendo fragore gli scudi sul ginocchio, – e così fanno, secondo il costume in segno di approvazione, mentre percuotono gli scudi con le aste per esprimere ira e dolore – manifestavano, ad eccezione di pochi, il proprio giubilo per la decisione dell'imperatore, e salutavano con meritata ammirazione Cesare risplendente nel fulgore della porpora imperiale. E guardando a lungo e attentamente gli occhi belli e terribili di Giuliano ed anche il suo volto, pieno di fascino in tanta eccitazione, cercavano di indovinare quale egli sarebbe stato in futuro, come avessero appreso da antichi libri a conoscere i segreti dell'animo attraverso i lineamenti esteriori. E per rispetto a colui che era più elevato in grado acclamavano Giuliano con misura, ma non in modo sconveniente alla sua dignità: perciò quelle sembravano voci di censori più che di soldati [*è una lode all'esercito, presentato non come soldataglia irrazionale, ma come baluardo dello Stato*]. Fatto poi salire sul cocchio imperiale e accolto nella reggia, Giuliano ripeteva tra sé questo verso d'Omero: «Lo colse fosca morte e acerbo fato» [*Omero,* Iliade *5, v. 83*]. Questo avvenne il 6 di novembre durante il consolato di Arbizione e di Lolliano.

(Ammiano Marcellino, *Storie* 15, 8, 3-17; trad. di A. Resta Barrile)

fino al 378 d.C. (battaglia di Adrianopoli). Ad Ammiano non interessa approfondire le cause della crisi dell'impero, ma riaffermare i valori eterni che hanno reso grande Roma. Questo lo spinge, per contrasto, a denunciare la corruzione dell'aristocrazia senatoria e la follia della plebe, e a guardare con disprezzo ai barbari. Il suo pessimismo radicale sul presente è motivato dall'amarezza per il fallimento del progetto politico dell'imperatore Giuliano, a cui dedica nell'opera un enorme spazio, presentandolo non come semplice campione della religione pagana quanto come un principe ideale che riassume in sé le qualità dei grandi imperatori antonini (➤ p. 551).

La storiografia cristiana, invece, nacque su presupposti completamente diversi, dal punto di vista sia contenutistico sia stilistico. Eusebio di Cesarea, l'autore della prima *Storia ecclesiastica* in greco (del 340 d.C.), creò una sorta di cronistoria, ricca di documenti reali, del percorso trionfante della Chiesa dalle origini alla vittoria di Costantino. In questa prospettiva, da un lato, la storia romana perdeva la sua autonomia, entrando a far parte di un disegno divino più generale, dall'altro, Roma veniva chiamata (grazie a Costantino) a svolgere un ruolo di guida universale sotto l'autorità del Dio cristiano. Nello stesso periodo, in ambito latino, anche Lattanzio, nell'opera *De mortibus persecutorum* («La morte dei persecutori»), interpretava l'avvento di Costantino come voluto da Dio, a risollevare l'impero dopo la punizione inflitta agli imperatori per aver condotto le persecuzioni contro i cristiani.

La produzione oratoria di quest'epoca si espresse essenzialmente nella forma del "panegirico", un elogio ufficiale e solenne dell'imperatore (e delle autorità in genere), che in età tardo-antica servì anche a scandire l'ascesa politica e sociale degli autori. Questi elogi, osteggiati dai primi cristiani, rappresentavano una pratica cortigiana, ma servivano anche a proporre un modello di imperatore ideale sul quale ci si augurava si sarebbe modellato anche l'imperatore reale. Il genere è documentato da una raccolta di 11 discorsi (*Panegyrici latini*) datati tra il III e il IV secolo d.C.: il primo è quello di Plinio a Traiano (del 100 d.C. ➤ p. 466). Il più importante oratore del IV secolo d.C. fu Aurelio Simmaco, esponente dell'aristocrazia senatoria e difensore della cultura pagana. Il suo impegno politico-culturale è illustrato dalle quarantanove *Relationes* («rapporti») presentate all'imperatore Valentiniano II quando era prefetto di Roma: particolarmente significativa la terza, sul ripristino in senato dell'Altare della Vittoria, che suscitò la reazione veemente di Ambrogio (➤ p. 538). Il suo epistolario, in 10 libri, è un documento importante di come l'aristocrazia senatoria pagana, per difendere la propria egemonia politico-culturale, si stesse chiudendo in una dimensione isolata ed esclusiva, definita da raffinati codici di riconoscimento e di autocelebrazione.

LA POESIA PAGANA E CRISTIANA

Il III secolo d.C. si era caratterizzato per una produzione poetica poco significativa, mentre la rinnovata centralità politica delle corti imperiali portò nel IV secolo d.C. a una ripresa, segnata dal culto degli autori classici dell'età augustea (in particolare Virgilio) e da poetiche raffinate e cortigiane. La rifioritura artistica del IV secolo d.C. influì anche sul primo sviluppo della poesia cristiana, che fino ad allora non era stata praticata o era stata circoscritta alla funzione di illustrare episodi biblici o vicende della storia di Gesù "cucendo" insieme emistichi (mezzi versi) virgiliani, secondo la prassi dei "centoni".

Al vertice della produzione poetica di quest'epoca si pone Decimo Magno Ausonio, nativo della Gallia, professore di retorica e consigliere dell'imperatore Graziano; la sua produzione spazia dagli scritti celebrativi della famiglia e di colleghi professori a epigrammi in cui gli accenti più sinceri sono riservati alla moglie. Il suo componimento più celebre è la *Mosella*, un poemetto in esametri che racconta di un viaggio a Tréviri, dove scorre il fiume che dà il titolo all'opera: una successione di singole scene in cui i piccoli particolari (per esempio le specie dei pesci) vengono cesellati con finezza e pazienza minuziosa. La personalità di Ausonio non è problematica: la situazione storica drammatica dei luoghi che egli attraversa non scalfisce l'obiettivo encomiastico di cantare la civilizzazione portata da Roma. Anche il cristianesimo che Ausonio professa non lo mette in conflitto con la sua cultura: il suo epistolario, specchio della vita disimpegnata dell'aristocrazia gallo-romana, mostra l'incomprensione dell'autore per la scelta di un suo allievo quando questi diventa un asceta cristiano (➛ p. 554).

Alla fine del IV secolo d.C. fu attivo Claudio Claudiano, originario di Alessandria (e dapprima scrittore in greco) e poeta itinerante alla corte di Stilicone. I componimenti di Claudiano, pur fortemente caratterizzati in senso encomiastico, tradiscono la coscienza dei problemi del suo tempo: le opere principali appartengono, infatti, al genere epico-storico (*De bello Gothico*, *De bello Gildonico* ecc.), sul modello di Lucano e Stazio, e affrontano tematiche contemporanee, celebrando per esempio le imprese compiute da Stilicone in difesa dell'impero. Nel poemetto mitologico *De raptu Proserpinae* («Il

TESTI E TEMI

UN AMORE CHE SUPERA LE ETÀ (AUSONIO, *EPIGRAMMI* 18)

UNA POESIA D'AMORE PER LA MOGLIE Nella vasta produzione di Ausonio trova spazio anche il tema amoroso, come appare in questo breve epigramma, di intensa originalità, che è un rarissimo esempio di poesia d'amore dedicata alla moglie.

Uxor vivamus ut viximus et teneamus
nomina, quae primo sumpsimus in thalamo;
nec ferat ulla dies, ut commutemur in aevo,
quin tibi sim iuvenis tuque puella mihi.
Nestore sim quamvis provectior aemulaque annis
vincas Cumanam tu quoque Deiphoben,
nos ignoremus quid sit matura senectus.
Scire aevi meritum, non numerare decet.

Moglie, viviamo come abbiamo vissuto e continuiamo a usare i nomi che ci siamo dati la prima volta in camera da letto; e non venga il giorno, cambiati dall'età, in cui io non sarò più per te un ragazzo e tu per me una ragazza. [v. 5] Sebbene io sia più vecchio di Nestore, sebbene anche tu, pari a me, per gli anni superi la Sibilla cumana, rimaniamo pure all'oscuro di che cosa sia l'estrema vecchiaia. È bene conoscere il valore del tempo, non tenerne il conto.

(Ausonio, *Epigrammi* 18; trad. di A. Balestra)

ratto di Proserpina») le inquietudini di Claudiano sono invece risolte nella dimensione atemporale del mito: viene infatti celebrata la sconfitta delle forze oscure (Plutone) che minacciano la luce (Proserpina).

Il primo tentativo – poco riuscito – di compiere una vera sintesi culturale tra la rivelazione cristiana e i modelli poetici augustei fu compiuto da Giovenco, che adottò l'esametro epico virgiliano per illustrare i Vangeli. Prudenzio, invece, poeta di origini galliche come Ausonio, si confrontò con la tradizione letteraria latina nei due generi dell'innografia e dell'epica: compose, infatti, due raccolte di inni liturgici, a celebrare cristianamente le fasi della giornata e le festività (*Cathemèrinon liber*) e le virtù eroiche di santi martiri (*Peristèphanon liber*). I modelli di Prudenzio sono Orazio, sul piano metrico-stilistico, Seneca e Lucano, per la descrizione insistita degli aspetti più crudi dei martìri, mentre la mitologia è sostituita dai contenuti cristiani e la simbologia è attinta dall'opera di Ambrogio. Per quanto riguarda l'epica, Prudenzio scelse di celebrare la lotta contro il male, desumendo dalla tradizione latina la personificazione allegorica dei vizi e delle virtù, messi in scena in una serie di duelli (*Psycomàchia*) alternati a discorsi.

L'allievo che deluse Ausonio scegliendo la strada dell'ascetismo era Paolino, rampollo dell'aristocrazia gallo-romana e vescovo della città campana di Nola. Paolino sciolse il conflitto tra poesia e cristianesimo teorizzando l'utilizzo della prima come esercizio spirituale per raggiungere Dio; l'aristocrazia, con le sue convenzioni e il suo linguaggio raffinato, rimase comunque la destinataria delle sue produzioni poetiche e dei suoi scambi epistolari. Dalle opere di Paolino in ogni caso emerge sempre la sincerità del suo sentimento religioso, anche grazie alla cordialità dei modi e alle descrizioni ispirate della fede degli umili: feste popolari (come quella di S. Felice, patrono di Nola), racconti di miracoli ecc.

LA CRISI DEL V SECOLO D.C.

Le invasioni barbariche contribuirono nel corso del V secolo d.C. ad accentuare la divisione fra le due parti dell'impero, occidentale e orientale, e in particolare a far precipitare la situazione dell'impero occidentale, frantumato in una serie di realtà politico-amministrative autonome (i "regni romano-barbarici" ➤ p. 538). Le vecchie forme organizzative del tardo impero continuavano a sopravvivere, in modi e con tempi diversi, per via delle modeste potenzialità demografiche e politico-culturali degli invasori di incidere sui territori conquistati; d'altro canto, la crisi delle città, del sistema scolastico e della produzione culturale, l'isolamento territoriale e le difficoltà di integrazione dei barbari avrebbero portato a un deterioramento progressivo della situazione economica, sociale e culturale dell'Occidente.

Il sacco di Roma del 410 d.C. (➤ p. 538) aveva messo in crisi le concezioni trionfalistiche, pagane e cristiane, sul destino dell'impero; sarebbe toccato al vescovo **Agostino**, nel *De civitate Dei*, fornire un'interpretazione della storia in grado di giustificare il terribile evento, a dimostrazione dell'egemonia culturale ormai conquistata dal cristianesimo. Secondo Agostino, la crisi dell'impero costituiva una tappa, tragica ma positiva, del processo universale che avrebbe condotto all'edificazione di una società perfetta al di là del tempo (la "città di Dio"). Il riconoscimento del valore provvidenziale della storia

"Il tempo dell'autore", p. 576

portò, del resto, a una ridefinizione della funzione dell'impero e del suo rapporto con i barbari: vi era chi, come Orosio (autore di *Historiae adversus paganos*, in sette libri), credeva nella sacralità dell'impero al servizio del cristianesimo e nella sua capacità di integrare i barbari in un disegno ecumenico di incivilimento dell'umanità; e vi era chi, come Salviano di Marsiglia (autore di un *De gubernatione Dei*, in otto libri), vedeva nei barbari lo strumento della punizione divina per la degenerazione dei costumi della società imperiale.

I primi due libri superstiti (il secondo incompleto) del poema *De reditu suo* di Rutilio Namaziano, alto funzionario dell'impero di origine gallica, documentano invece il punto di vista pagano davanti al crollo della società imperiale: le responsabilità della crisi storica sono da cercare, secondo Rutilio, nell'affermazione dei cristiani e dei barbari all'interno dell'impero; affermazione favorita, in quest'ultimo caso, dal tradimento di Stilicone, che era sceso a patti con i nemici di Roma. L'ultimo tentativo pagano di riassumere e conservare la cultura antica fu compiuto nella prima metà del V secolo d.C. dal retore cartaginese Marziano Capella, autore dell'opera *De nuptiis Mercuri et Philologiae* («Le nozze di Mercurio e Filologia»): una dotta illustrazione allegorica dei saperi teorici ("liberali"), che avrebbe costituito un riferimento fondamentale per l'organizzazione delle scuole medievali.

GUIDA ALLO STUDIO

1. Quali erano le caratteristiche del latino usato dai primi cristiani in Occidente?

2. Quali testi entrarono a far parte del canone del Nuovo Testamento?

3. Chi sono gli "apologisti"?

4. Grazie a quali fattori fu possibile la conservazione della cultura pagana latina?

5. Quali sono i principali contributi alla storiografia in età imperiale?

6. Chi furono i principali poeti del IV secolo?

7. In quali generi si cimentò il poeta Prudenzio?

8. Quali furono le diverse reazioni degli intellettuali al capovolgimento dei rapporti tra barbari e Romani nel V secolo?

INDICAZIONI BIBLIOGRAFICHE

Un quadro essenziale dell'età tardoantica è in A. Marcone, *Il mondo tardoantico*, Roma 2011; un agile ma rigoroso profilo letterario è invece fornito da G. Polara, *Letteratura latina tardoantica e altomedievale*, Roma 1987. I tre volumi di M. Simonetti e E. Prinzivalli, *Letteratura cristiana antica. Antologia di testi*, Casale Monferrato 1996, forniscono una ricchissima antologia dei primi testi cristiani. In G. Filoramo e S. Roda, *Cristianesimo e società antica*, Roma-Bari 1992, è riportata una ricca documentazione contrastiva su diverse questioni (città, ricchezza, tempo, matrimonio) circa il rapporto tra cristiani e pagani. Per un'idea delle modalità di trasmissione della cultura latina nell'Alto Medioevo, si veda I. Gualandri, *L'eredità tardo-antica*, in *Lo spazio letterario del Medioevo*, Vol. 1, I, Roma 1992, pp. 15-44.

SINTESI

La crisi dell'impero (193-476 d.C.)

Il contesto storico e sociale

- La morte di Commodo segnò l'inizio di un lungo scontro tra capi militari da cui uscì vincitore **Settimio Severo**, che diede inizio alla dinastia dei Severi. Il suo successore, Caracalla, estese nel 212 d.C. con la ***Constitutio Antoniniana*** la cittadinanza romana a tutti gli abitanti liberi dell'impero, in nome di una visione ecumenica dello Stato romano. Dopo la breve parentesi di Macrino, la dinastia dei Severi continuò con **Elagabalo**, la cui religiosità orientale entrò presto in conflitto con le concezioni politico-religiose dei Romani, e con **Severo Alessandro**, che regnò sotto la guida della madre e del giurista Ulpiano e morì in una congiura.
- La fine della dinastia dei Severi aprì un lungo periodo di conflitti per il potere tra capi militari di rango senatorio e di rango equestre. In questa fase – spesso indicata come "crisi del III secolo" – l'esercito divenne decisivo per la stabilità del principe e per la sopravvivenza dell'impero; iniziarono anche le **prime persecuzioni sistematiche dei cristiani**. La lunga crisi si concluse nel 285 d.C. con l'avvento al potere di **Diocleziano**.
- Diocleziano introdusse il governo dei quattro sovrani ("**tetrarchìa**"); si moltiplicarono le sedi imperiali, e Roma mantenne una centralità solo simbolica. Diocleziano riformò le province e le raggruppò in dodici **diocesi**, ponendo fine ai privilegi amministrativi dell'Italia; separò le carriere civili da quelle militari e, all'interno di quelle civili, le carriere politiche da quelle amministrative: si formò così un **grande apparato burocratico** organizzato gerarchicamente intorno alla figura sacrale dell'imperatore. La difesa delle tradizioni romane portò i tetrarchi a varare una grande **persecuzione contro i cristiani**, che si concluse nel 311 con l'editto di Galerio.
- Nel conflitto tra i tetrarchi che si sviluppò dopo l'abdicazione di Diocleziano si impose **Costantino**, il quale nel 313 riconobbe il cristianesimo tra le religioni ufficiali dell'impero, avviando un lento e contraddittorio processo di **cristianizzazione della società**. Per difendere l'unità del cristianesimo, Costantino si impegnò nella **lotta contro le eresie**, in particolare l'arianesimo. L'imperatore fondò nel 330 d.C. la sua nuova capitale, Costantinopoli, duplicando le simbologie di Roma ma connotandola sul piano religioso con numerose chiese cristiane. Dopo Costantino, l'imperatore **Giuliano**, noto come "l'Apostata", cercò di reintrodurre la religione pagana, ma il suo progetto non ebbe successo. L'imperatore **Teodosio** con l'editto di Tessalonica del 380 riconobbe, infine, il cristianesimo come religione di Stato.
- La disfatta dell'imperatore **Valente** contro i Goti nel 378 ad **Adrianopoli** aveva imposto la presenza all'interno del territorio romano di barbari non soggetti all'autorità di Roma. Il crollo del *limes* renano per opera di popolazioni germaniche all'alba del V secolo e il **saccheggio di Roma** nel 410 d.C. da parte dei Goti di Alarico segnarono la divisione sempre più netta dei destini della parte occidentale rispetto a quella orientale dell'impero: gli imperatori del V secolo non riuscirono, infatti, a impedire l'occupazione delle aree occidentali da parte di popolazioni barbariche. La caduta formale dell'impero d'Occidente si ebbe nel **476 d.C.**, con la deposizione dell'ultimo imperatore **Romolo Augustolo** per opera di Odoacre, re degli Eruli.

Il contesto culturale

- La tarda antichità costituisce una fase storica di transizione complessa dal mondo antico al Medioevo. La produzione culturale e letteraria di quest'epoca si presenta **bilingue** e risente degli effetti prodotti dall'avvento del cristianesimo. I cristiani adottarono inizialmente il greco come lingua ufficiale; successivamente la diffusione del cristianesimo tra i ceti colti in Occidente favorì lo sviluppo del latino cristiano.

- A partire dal II secolo d.C. si formò il canone dei libri del **Nuovo Testamento**. L'avvio delle persecuzioni nei confronti dei cristiani fece fiorire, dalla metà del II secolo d.C., una letteratura bilingue che celebrava i **martiri**. La crisi del III pose anche le premesse per l'integrazione culturale del cristianesimo, mediante sintesi (come quella di Origene) tra filosofia greca e verità cristiana. Nel IV secolo **Girolamo** stabilì la versione ufficiale della Bibbia secondo la Chiesa latina, la ***Vulgata***.

- In Occidente la prima produzione apologetica cristiana fiorì in Africa e a Roma nel III secolo. **Tertulliano** condusse aspre battaglie polemiche contro i pagani, ma condannò con rigore anche le derive interne al cristianesimo. **Cipriano** si concentrò sulle problematiche relative alla sua funzione di vescovo, mentre **Commodiano** volle soprattutto minacciare con descrizioni apocalittiche gli avversari della fede. **Arnobio** si sforzò di dimostrare la verità della sua conversione; **Lattanzio** di confutare gli attacchi degli intellettuali pagani; **Minucio Felice**, infine, rappresentò per i ceti dirigenti latini il cristianesimo come compatibile con i valori classici.

- Tra IV e V secolo il cristianesimo si affermò lentamente nell'impero attraverso uno scontro con le classi dirigenti pagane; nel contempo, giunse a maturazione, per opera dei **Padri della Chiesa**, il processo di sintesi tra cristianesimo e cultura classica: esemplare in tal senso è l'opera di **Agostino**.

- Gli autori pagani intensificarono il lavoro di raccolta e di interpretazione dei materiali relativi alla cultura antica. Il **sistema scolastico** favorì fino alla caduta dell'impero un modello di formazione comune per i pagani ed i cristiani, imperniato sull'insegnamento dei saperi retorico-letterari latini.

- La storiografia pagana continuò a perseguire l'obiettivo di testimoniare la grandezza della storia di Roma, attraverso breviari o con narrazioni storiche di ampio respiro, come quella di **Ammiano Marcellino**, in cui lo storico mostra tutta la sua amarezza per il fallimento del progetto dell'imperatore Giuliano. La **storiografia cristiana**, invece, iniziò a presentare la storia romana come inserita in un disegno divino più generale, che chiamava Roma a continuare a svolgere il suo ruolo-guida nel mondo.

- Il III secolo si caratterizzò per una produzione poetica poco significativa, mentre il IV secolo vide la ripresa del culto degli autori augustei e di poetiche raffinate e cortigiane: al vertice della poesia del IV secolo si pose **Ausonio**, la cui produzione spazia da scritti celebrativi a epigrammi.

- Questa rifioritura artistica influì sul primo sviluppo della poesia cristiana: Giovenco cercò una sintesi tra cristianesimo e poesia augustea; **Prudenzio** si confrontò con la tradizione letteraria latina nei due generi dell'innologia e dell'epica; Paolino teorizzò l'utilizzo della poesia come esercizio spirituale per raggiungere Dio.

LABORATORIO DELLE COMPETENZE

IMPARARE A IMPARARE

• ORGANIZZARE IL PROPRIO APPRENDIMENTO SIA A LIVELLO INDIVIDUALE CHE IN GRUPPO, A SECONDA DELLE PROPRIE NECESSITÀ, E DELLA CONSAPEVOLEZZA RELATIVA A METODI E OPPORTUNITÀ

A VOI LA PAROLA!

Potete organizzare in completa autonomia lo studio ed eventualmente un approfondimento della letteratura latina della tarda antichità.

OBIETTIVI

Lavorando individualmente, a coppie o in piccoli gruppi, dovete preparare l'esposizione dell'argomento avvalendovi dei contenuti di questo capitolo, dei testi e di altri materiali a vostra scelta, aiutandovi con un supporto multimediale.
Entro la data della verifica sommativa (stabilita dall'insegnante), tutta la classe dovrà aver appreso i contenuti proposti da ciascun compagno.

MATERIALI

I materiali che potrete usare come fonti per documentarvi, indicandone sempre la provenienza aggiornando costantemente la bibliografia/sitografia, sono:

- libro di testo e approfondimenti bibliografici indicati a p. 555;
- opere degli autori con traduzione a fronte e commentate, facilmente reperibili in biblioteca o in libreria;
- eventuali saggi di approfondimento reperibili su siti come www.academia.edu, www.jstor.org o simili.

CRITERI DI AUTOVALUTAZIONE

Anche prima dell'esposizione dei vostri lavori alla classe e della verifica sommativa, potrete rendervi conto della buona riuscita dei vostri lavori monitorando *in itinere* il raggiungimento dei seguenti obiettivi formativi interdisciplinari:

- rispettare i tempi di lavoro, nonché le istruzioni e correzioni fornite dall'insegnante;
- collaborare in modo significativo con i membri del gruppo;
- ricercare informazioni da più fonti criticamente vagliate;
- usare in modo creativo ed efficace gli strumenti informatici (software per le presentazioni come PowerPoint, Google Presentations, Prezi, Glogger ecc.; sistemi di storage per la conservazione, condivisione e scrittura collaborativa dei materiali).

Sarà inoltre necessario curare l'esposizione affinché non sia uno sfoggio di conoscenze a beneficio del solo insegnante, ma perché sia efficace in termini didattici e aiuti i compagni a studiare l'argomento.

ORGANIZZAZIONE E FASI DI LAVORO

DATA	ATTIVITÀ PREVISTA
___ /___ /______	Formazione dei gruppi e individuazione dell'argomento comune, a scelta tra i seguenti. • Contesto storico • Contesto culturale: i cambiamenti del latino con l'avvento del cristianesimo e delle invasioni barbariche • La letteratura dei martiri cristiani • L'integrazione tra la cultura filosofica classica e il cristianesimo • L'innografia cristiana: Ambrogio e Prudenzio • Il commento di Servio a Virgilio • La formazione del canone della Bibbia e l'opera di San Girolamo • La storiografia di Eutropio e Ammiano Marcellino • La storiografia cristiana: Eusebio di Cesarea • Lettura di alcune poesie di Ausonio • Le opere allegoriche: lettura di alcuni passi della *Psycomachia* di Prudenzio e del *De nuptiis Mercurii et Philologiae* di Marziano Capella Scambio delle informazioni ricavate dalla prima lettura sommaria del libro di testo. Formulazione di domande-guida per l'approfondimento. Selezione degli strumenti di ricerca per trovare ulteriori risposte alle proprie domande.
___ /___ /______	Leggere e analizzare i testi in latino e/o in traduzione. Progettare un supporto per la presentazione sintetica ai compagni (diapositive, schemi, mappe concettuali, poster interattivi ecc.). Sottoporre i progetti all'insegnante.
___ /___ /______	Ricevute le correzioni dell'insegnante, realizzare i progetti con supporto multimediale. Salvare i materiali realizzati su una cartella ad accesso condiviso da tutti i compagni di classe.
___ /___ /______	Esercitarsi per l'esposizione: ascoltarsi reciprocamente tra compagni, dandosi dei feedback per il miglioramento continuo.
___ /___ /______	Esposizioni. Studiare volta per volta gli argomenti spiegati dai compagni.
___ /___ /______	Eventuale ripasso in piccoli gruppi e chiarimenti prima della verifica.
___ /___ /______	VERIFICA SOMMATIVA

Gli autori cristiani
Il rapporto fra paganesimo e cristianesimo

ZTE ONLINE
Mettiti alla prova con 20 esercizi interattivi

Il rapporto fra paganesimo e cristianesimo

DALL'EBRAISMO AL CRISTIANESIMO La religione cristiana non ha avuto origine nel mondo romano, ma è un "prodotto d'importazione": essa affonda le sue radici nel territorio attualmente definito "Medio Oriente" e si innesta sull'ebraismo, religione monoteista molto antica fondata sul culto di un unico dio, Jahvé, e strettamente connessa alla storia del popolo d'Israele e alla conquista della terra promessa. Le vicissitudini del popolo d'Israele, la sua vicenda e il suo intimo legame con Javhé (che parla attraverso la parola e l'azione di uomini scelti) sono narrati nei testi sacri che costituiscono la Bibbia, più precisamente la parte della Bibbia chiamata "Antico Testamento".

Il passaggio dall'ebraismo al cristianesimo si compie tramite la figura di Gesù di Nazareth, considerato il figlio di Dio incarnatosi, vissuto in Palestina per oltre trent'anni, condannato a morte per crocifissione dai Sommi Sacerdoti e risorto: la vita di Gesù veniva intesa dai suoi seguaci come il compimento di quanto era stato annunciato dalle Scritture, nelle quali, attraverso la parola dei Profeti, era stata indicata la venuta nel mondo del Messia, ovvero del figlio di Javhé, per la salvezza dell'umanità. Attorno a Gesù, detto il "Cristo", si aggrega un gruppo di discepoli che credono nel suo messaggio e il cui numero con il tempo aumenta; dopo la morte e la resurrezione del Maestro e su mandato dello stesso essi iniziano in tutto il mondo la predicazione del "Vangelo", cioè della "buona notizia" (questo il senso della parola greca *euanghèlion*) che Cristo ha vinto la morte e rende gli uomini partecipi della sua resurrezione. I "Vangeli" di alcuni primi discepoli di Gesù andranno a costituire il nucleo del "Nuovo Testamento": la seconda parte della Bibbia, riconosciuta dai cristiani.

IL CRISTIANESIMO E L'IMPERO ROMANO Ai tempi della vita di Gesù – la cui esistenza è testimoniata da diverse fonti storiche, non solo cristiane ma anche pagane – la Palestina era una regione marginale del vasto impero romano: gli eventi fondamentali della vita di Gesù si svolsero all'epoca dell'imperatore Tiberio (14-37 d.C.). La predicazione di Cristo e la sua testimonianza crearono problemi al governatore romano della Palestina allora in carica, Ponzio Pilato, il cui atteggiamento fu di strategica indifferenza nei confronti di Cristo e dei suoi seguaci. Pilato non si oppose alla condanna a morte di Gesù per non inimicarsi i Sommi Sacerdoti e il popolo, rischiando di dare il via a possibili disordini.

Il cristianesimo giunse a Roma solo in seguito, attraverso la predicazione dei discepoli di Cristo, in particolare due convinti testimoni del messaggio evangelico: Pietro l'apostolo, a cui Cristo affidò l'edificazione della sua Chiesa, e Paolo di Tarso, un pagano persecutore dei cristiani che dopo la conversione divenne un fervente predicatore della nuova religione in molte regioni del Mediterraneo. Entrambi soggiornarono a Roma nel periodo dell'impero di Nerone (54-68 d.C.) e lì trovarono la morte, proprio come il loro maestro, divenendo martiri a causa della loro fede.

■ Ritratto di Tiberio, metà I secolo. Città del Vaticano, Musei Vaticani.

LE TRE FASI DEL RAPPORTO TRA PAGANESIMO E CRISTIANESIMO Il rapporto fra la cultura e la religione pagana di Roma da un lato e il cristianesimo dall'altro lato vive tre fasi ben distinte.

- In un primo momento si registra una totale incomprensione da parte della cultura dominante nei confronti del cristianesimo, i cui seguaci vengono perseguitati sia in quanto ritenuti socialmente pericolosi sia in quanto capro espiatorio cui attribuire la responsabilità di disgrazie ed eventi calamitosi. Questa prima fase si estende fino all'editto di Costantino del 313 d.C., sottoscritto a Milano dai due Augusti dell'impero, ovvero Costantino per l'Occidente e Licinio per l'Oriente, e definito anche "editto di tolleranza": con esso è posta fine alle persecuzioni di natura religiosa ed è concessa la libertà di culto a tutti i cittadini dell'impero romano. Durante questa fase i cristiani sono vittima del potere imperiale e sono costretti a vivere e professare di nascosto la loro fede; è la fase della persecuzione e del silenzio.
- In una seconda fase, che in parte si sovrappone alla prima, i seguaci del cristianesimo trovano il coraggio e la forza di uscire sempre più allo scoperto e di difendersi dalle accuse mosse dai pagani: è la fase dell'apologetica, ovvero della conferma della fede e della difesa dei dogmi da opposizioni e attacchi esterni. Tale fenomeno si protrae fino al III secolo d.C. ed è alimentato anche dal costante incremento del numero dei seguaci di Cristo, nonostante le persecuzioni.
- Nella terza fase il cristianesimo cessa di essere oggetto di persecuzione: viene prima accettato al pari di altre religioni (con il già ricordato editto di Milano del 313 d.C. ➤ p. 536) e poi diviene l'unica religione dell'impero romano (con l'editto di Tessalonica dell'imperatore Teodosio, del 380 d.C.). Grazie a questa evoluzione la Chiesa diviene pertanto una forza sociale determinante e si consolida nella sua struttura e nei suoi insegnamenti attraverso l'azione dei cosiddetti "Padri della Chiesa": questa fase è quindi nota anche come fase della patristica, cioè della definizione dei sistemi di dottrina cristiana anche attraverso il dialogo con la cultura pagana.

Decorazioni murali della Catacomba di Domitilla, 230 ca. Roma.

Tanti dèi o un solo dio? Pagani e cristiani a Roma

PER COMPRENDERE

L'ATTACCO DELLA CULTURA PAGANA AL CRISTIANESIMO La prima importante indagine sui cristiani testimoniata all'interno della letteratura latina, accompagnata da giudizi critici, si trova in Tacito (➤ **T1**), che nel XV libro degli *Annales*, affrontando la narrazione dell'impero di Nerone (54-68 d.C.), tratta la spinosa vicenda del terribile incendio di Roma, scoppiato nel 64 d.C. per cause mai del tutto chiarite: un evento talmente devastante da distruggere interamente o parzialmente ben dieci dei quattordici quartieri della città. Tacito racconta che l'imperatore Nerone, per trovare un capro espiatorio a quella nefasta tragedia e sviare da sé le accuse che circolavano fra il popolo e che lo additavano come l'artefice dell'incendio, scaricò la responsabilità sui cristiani e avviò una crudele persecuzione. Nel commentare l'accusa palesemente pretestuosa mossa ai cristiani da Nerone, lo storico esprime la sua compassione nei loro confronti; tuttavia, non rinuncia a formulare un'opinione molto negativa su di loro, testimoniando *apertis verbis* l'ostilità dei pagani nei confronti della nuova religione, che proprio all'epoca di Nerone aveva iniziato a radicarsi maggiormente nella società romana.

IL PROBLEMA GIURIDICO-AMMINISTRATIVO DEI CRISTIANI La posizione da assumere nei confronti dei cristiani costituiva un problema non solo (e forse non tanto) di carattere etico-religioso, quanto piuttosto di carattere giuridico-amministrativo, in quanto aveva importanti implicazioni sulla gestione della giustizia. A questo proposito è illuminante lo scambio epistolare fra Plinio il Giovane, governatore della Bitinia, e l'imperatore Traiano (98-117 d.C.): questo prezioso documento esprime l'imbarazzo del potere nei confronti di un movimento superficialmente giudicato come una setta e quindi ritenuto destabilizzante nei confronti delle ideologie socio-politiche del tempo.

IL "DIALOGO" FRA PAGANESIMO E CRISTIANESIMO Con il passare dei secoli e fra mille vicissitudini storiche e confronti ideologici e filosofici, il dialogo fra la cultura pagana e la cultura cristiana consentì il superamento dei pregiudizi e il sorgere di un rapporto di reciproca stima e valorizzazione; tale dialogo, fatto inizialmente di contrapposizioni e poi di confronti, favorì da parte dei pagani una maggiore comprensione della nuova religione e da parte dei cristiani il riconoscimento alla cultura pagana del ruolo di *ancilla* a percorsi di conversione (intendendo con il termine *ancilla* la funzione di servizio e di viatico della filosofia pagana verso una graduale adesione al cristianesimo).

La più limpida testimonianza di ciò si trova nelle *Confessiones* di Agostino, opera autobiografica in cui l'autore riflette *a posteriori* sulla sua vita e sul suo faticoso ma vincente cammino di adesione al Vangelo: Agostino dichiara che l'approccio alla cultura pagana (in particolare all'*Hortensius* di Cicerone) gli ha consentito in una prima fase di riconoscere e condannare certi suoi atteggiamenti amorali tenuti in gioventù, poi di accostarsi gradualmente all'etica cristiana e infine di giungere alla piena conversione. L'*Hortensius* di Cicerone, un'esortazione alla filosofia, diviene per Agostino lo stimolo alla riflessione e quindi l'*input* per intraprendere un percorso che, fra mille tormenti, dubbi e contraddizioni, lo porta alla piena e convinta adesione alla fede cristiana.

Lo scoppio dell'incendio e il pregiudizio sui cristiani

T1

ITALIANO

Lo scoppio dell'incendio

Tacito, *Annales* 15, 38-39

Tacito introduce il drammatico racconto dell'incendio di Roma, scoppiato nel mese di luglio del 64 d.C.: la rapida diffusione delle fiamme fu favorita, a detta dello storico, dalla situazione urbanistica della capitale, in cui gli edifici erano per lo più costruiti in legno e ammassati gli uni sugli altri senza soluzione di continuità. La descrizione dell'incendio è accompagnata fin da subito da una serie di acute e penetranti notazioni di carattere psicologico, che nel loro insieme danno l'idea della varietà di stati d'animo e sentimenti causati dall'evento: il pianto delle donne, l'ansia dei soccorritori, l'azione di ostacolo agli aiuti da parte di sciacalli che volevano trarre profitto dalla situazione ormai fuori controllo. Lo storico si sofferma poi sul comportamento tenuto da Nerone in quella drammatica occasione: rientrato immediatamente a Roma da Anzio, dopo essere stato informato che anche il suo palazzo era in fiamme, Nerone mette i suoi giardini a disposizione della popolazione, fa allestire alloggi di fortuna, procura generi di prima necessità, diminuisce il prezzo del grano. Dal racconto degli Annales *emerge l'immagine di un imperatore solerte e preoccupato di soccorrere la sua gente; tuttavia, nonostante questo atteggiamento filantropico, inizia a diffondersi la diceria (*rumor*) che Nerone stesse assistendo al drammatico evento come a uno spettacolo e cantasse fra le fiamme l'incendio di Troia.*

[38, 1] Seguì poi un disastro, non si sa se dovuto al caso o alla perfidia del principe (le fonti offrono entrambe le versioni[1]), ma certamente più grave e terribile di ogni altro che mai si sia abbattuto su Roma per la violenza del fuoco. **[2]** L'incendio ebbe inizio in quella parte del circo[2] che è contigua ai colli Palatino e Celio, dove, estendendosi alle botteghe in cui era accumulato materiale combustibile, il fuoco appena scoppiato divampò subito con violenza e, spinto dal vento, si diffuse per tutta la lunghezza del circo. Infatti, a rallentare il fuoco, non si trovavano là né palazzi protetti da recinti, né templi circondati da muri, né qualsiasi altro tipo di ostacolo. **[3]** L'incendio dilagò prima con violenza nel piano, poi salì verso le alture e ne ridiscese nelle zone più basse, portandovi la sua furia devastatrice e prevenendo ogni rimedio per la velocità con cui si estendeva il flagello nella città, facile preda delle fiamme per le sue vie strette e tortuose e i quartieri irregolari, quali erano quelli della vecchia Roma. **[4]** A ciò si aggiungevano le urla delle donne in preda al panico, l'impaccio dei vecchi privi di forze e dei bambini senza esperienza; alcuni si davano pensiero della propria salvezza, altri di quella altrui, trascinando via gli invalidi o fermandosi ad aspettarli; e tutti, parte con l'indugio, parte con la precipitazione, contribuivano a creare una condizione di caotico impedimento. **[5]** Spesso, mentre si guardavano alle spalle, alcuni venivano investiti dalle fiamme ai fianchi o di fronte; oppure, se riuscivano a fuggire nelle vicinanze, poiché anche queste erano già invase dalle fiamme, trovavano avvolte nella medesima rovina quelle zone stesse che avevano creduto lontane dal pericolo. **[6]** Infine, non sapendo più da dove fuggire e dove cercare scampo, affollavano le strade o si gettavano a terra qua e là per le campagne; e, pur avendo aperta una via di salvezza, alcuni si lasciarono morire per aver perduto tutti i loro beni, anche il necessario

1. Tacito non prende posizione su ipotetiche responsabilità dirette di Nerone nell'incendio della città.

2. Si tratta del Circo Massimo, posto fra il Palatino e l'Aventino.

per il vitto quotidiano, altri per la disperazione di non aver potuto salvare i propri cari. [7] E nessuno osava arrestare il fuoco per le pressanti minacce di molti che proibivano di spegnerlo, mentre altri lanciavano apertamente tizzoni ardenti e andavano dicendo che c'era chi glielo aveva ordinato, sia che così volessero essere più liberi di compiere saccheggi, sia che veramente ubbidissero a un ordine.

[39, 1] In quella circostanza Nerone si trovava ad Anzio[3] e non ritornò a Roma finché il fuoco non si avvicinò al suo palazzo con cui aveva messo in comunicazione tra loro i giardini di Mecenate e il Palatino. Tuttavia non si poté impedire che il fuoco inghiottisse il Palatino, il suo palazzo e ogni altra cosa intorno. [2] Ma, per recar sollievo al popolo rimasto privo di case e costretto ad andar vagando qua e là, Nerone fece aprire il Campo Marzio, i monumenti di Agrippa[4] e perfino i propri giardini e fece costruire degli alloggiamenti improvvisati che accogliessero la massa dei cittadini rimasti privi di ogni mezzo; da Ostia[5] e dai municipi vicini furono fatti arrivare generi di prima necessità e il prezzo del grano fu ridotto sino a tre sesterzi al moggio. [3] Tutte queste misure, pur adottate nell'interesse del popolo, non diedero a Nerone la popolarità desiderata, perché si era diffusa la voce che, nel momento stesso in cui la città era in preda alle fiamme, egli era salito sul palcoscenico del palazzo imperiale e aveva cantato la caduta di Troia, raffigurando in quell'antica sciagura il presente disastro.

(trad. di L. Pighetti)

3. È la località in cui nacque Nerone e nella quale spesso si recava.
4. Il genero di Augusto (in quanto marito di Giulia): fu un abile generale, ma soprattutto un fedele collaboratore del principe. A lui si devono molti interventi di sistemazione e monumentalizzazione della Roma augustea.
5. A Ostia confluiva il grano proveniente dall'Egitto.

PER COMPRENDERE IL TESTO

Il testo e il contesto

L'INCENDIO Il XV libro degli *Annales* di Tacito affronta tre importanti episodi di storia e di politica interna dell'epoca di Nerone: l'incendio di Roma, la persecuzione dei cristiani e la congiura dei Pisoni (cioè un complotto senatorio ordito nel 65 d.C. contro il principe, ma fallito). Tutti questi episodi hanno come protagonista la figura dell'imperatore romano, non solo in quanto promotore di interventi, condanne, punizioni e persecuzioni, ma anche come vittima di situazioni che, volente o meno, lo vedono coinvolto. L'incendio, in particolare, scoppiò nella calda notte del 19 luglio del 64 d.C.; dalla zona del Circo Massimo, dove si generarono le fiamme, il fuoco si propagò rapidamente in altre parti della città; durò ben nove giorni e provocò pesantissime perdite sia in termini di vite umane sia in termini di danni a edifici pubblici e privati.

Anche se Nerone non si trovava a Roma quando scoppiò l'incendio, egli rientrò immediatamente in città. La sua presenza si fece sentire in molti sensi: sia per gli importanti interventi a soccorso della popolazione che Nerone attuò, sia per la preoccupazione che egli sembrava esprimere, sia perché il *rumor* che serpeggiava fra il popolo non lo rendeva totalmente estraneo all'evento calamitoso, generando timori e quindi reazioni.

Il senso del testo

IL RACCONTO DEL FATTO La narrazione tacitiana dell'incendio di Roma risulta molto puntuale e dettagliata e ci offre un quadro di terribile desolazione, sia ambientale sia psicologica: vengono offerti al lettore i particolari sulle zone coinvolte dall'incendio, sono proposte alcune plausibili giustificazioni al rapido diffondersi delle fiamme, viene ipotizzata come concausa la struttura urbanistica della città di Roma, sviluppatasi senza particolare pianificazione e quindi facilmente esposta agli incendi (che nella città erano davvero molto frequenti). Nell'offrire questi particolari, Tacito è alquanto scrupoloso e produce un'a- →

nalisi accurata dell'avvenimento; il periodare spezzettato, nervoso, asimmetrico – percepibile anche nella resa italiana – esprime con grande efficacia la successione incalzante degli eventi. Intensi e talvolta toccanti sono anche i ritratti della popolazione, colta nelle sue diverse espressioni che hanno il volto delle donne piangenti, dei vecchi e dei bambini indifesi, di chi è rassegnato e di chi si affretta a correre in aiuto, di chi scappa e di chi cerca rifugio per le vie e negli spazi aperti; insomma, un realistico quadro di un'umanità sconvolta e spaventata dalla funesta vicenda.
Quando poi Tacito è chiamato a esprimere giudizi sulle reali – o almeno presunte tali – cause dell'evento e sulle eventuali responsabilità, non si sbilancia. All'inizio (in 38, 1) assume la posizione di neutralità (espressa in latino attraverso la proposizione *incertum*, sott. *est...*, «non si sa se...») e considera entrambe le possibilità, ovvero la *fors* e il *dolum*, la «casualità» oppure il «dolo». Del resto, precisando che gli storici hanno sostenuto entrambe le teorie, Tacito preferisce non esporsi troppo, nonostante la possibilità di accusare Nerone gli venisse offerta su un piatto d'argento; l'autore si limita a chiudere il cap. 38 aprendo la strada al sospetto che Nerone sia stato il mandante dell'incendio al fine di procurarsi lo spazio necessario per la costruzione del suo nuovo palazzo (quella che poi sarebbe stata la *domus aurea*).

LA PRESENTAZIONE DI NERONE Ciò che ancor più sorprende e genera ammirazione nei confronti dell'oggettività dello storico è la presentazione di Nerone, mostrato in questo contesto di tragedia come un principe attento al dramma della sua città e del suo popolo, prodigo di aiuti e di interventi, disposto a concedere persino spazi privati come rifugio ai senzatetto; un principe sensibile, coinvolto, attivo e partecipe.
Tuttavia, ancora nell'ultima parte del par. 39, riaffiora il dubbio relativo alla responsabilità diretta di Nerone: dubbio che lo storico attribuisce al *rumor*, cioè alle dicerie, ai pettegolezzi, così facili a sorgere e a diffondersi fra la gente. L'immagine di Nerone che recita i versi della caduta di Troia mentre assiste alla distruzione della sua città non collima minimamente con il ritratto che ne fa Tacito, e anzi enfatizzando il paradosso sembra accentuarne il senso di falsità. Ma proprio da questa ricostruzione fantasiosa o persino forzata da parte della folla si genererà per Nerone la necessità di trovare un responsabile, che sarà identificato nei seguaci della dottrina cristiana.

LEGGO E COMPRENDO

1. Per quali ragioni, secondo Tacito, l'incendio del 64 fu particolarmente grave ed esteso?

2. Quali provvedimenti prese Nerone a favore della popolazione colpita dall'incendio?

3. Quale fu l'atteggiamento del popolo nei confronti del principe, in risposta alle sue cure?

T2
LATINO

La prima persecuzione

Tacito, *Annales* 15, 44

Dopo aver narrato del primo incendio che ha devastato Roma nel luglio del 64 d.C. (→ **T1***) Tacito si sofferma anche sul secondo incendio che a breve distanza di tempo colpisce nuovamente la città. Lo storico descrive dapprima nel dettaglio le conseguenze degli incendi (le fiamme distruggono o danneggiano circa il 70% della città); quindi passa a parlare degli accorgimenti impiegati nella ricostruzione, fornendo così, seppur in modo indiretto, importanti elementi per chiarire le cause degli incendi e della loro straordinaria violenza distruttiva: strade troppo strette, edifici alti e con pareti in comune, assenza di porticati a protezione delle facciate degli isolati, impiego quasi esclusivo del legno.*

Lo storico torna poi a descrivere le pratiche e i riti religiosi di espiazione compiuti in onore degli dèi. Dato che, però, le dicerie secondo cui l'incendio era stato doloso non si estinguevano, Nerone cercò un colpevole e lo identificò nei cristiani; da ciò ebbe origine la prima persecuzione nei confronti dei seguaci della religione, che da poco era approdata a Roma ma che già aveva fatto proseliti. Tacito si sofferma a descrivere i caratteri della violenta offensiva nei confronti di donne e uomini già malvisti dalla popolazione a causa del loro comportamento "anomalo"; lo storico ci illustra inoltre la crudeltà dell'imperatore che, oltre a torturare i cristiani, giudicati colpevoli senza essere in realtà responsabili di alcuna colpa, li rende anche oggetto di scherno e li offre mentre ardono vivi come spettacolo alla folla.

[44, 1] Et haec quidem humanis consiliis providebantur. Mox petita dis piacula aditique Sibyllae libri, ex quibus supplicatum Volcano et Cereri Proserpinaeque ac propitiata Iuno per matronas, primum in Capitolio, deinde apud proximum mare, unde hausta aqua templum et simulacrum deae perspersum est; et sellisternia ac pervigilia celebravere feminae quibus mariti erant. [2] Sed non ope humana, non largitionibus principis aut deum placamentis decedebat infamia, quin iussum incendium crederetur. Ergo abolendo rumori Nero subdidit reos et quaesitissimis poenis adfecit, quos per flagitia invisos vulgus Christianos appellabat. [3] Auctor nominis eius Christus Tiberio imperitante per procuratorem Pontium Pilatum supplicio adfectus erat; repressaque in praesens exitiabilis superstitio rursum erumpebat, non modo per Iudaeam, originem eius mali, sed per urbem etiam, quo cuncta undique atrocia aut pudenda confluunt celebranturque. [4] Igitur primum correpti qui fatebantur, deinde indicio eorum multitudo ingens haud proinde in crimine incendii quam odio humani generis convicti sunt. Et pereuntibus addita ludibria, ut ferarum tergis contecti laniatu canum interirent aut crucibus adfixi aut flammandi atque, ubi defecisset dies, in usum nocturni luminis urerentur. [5] Hortos suos ei spectaculo Nero obtulerat et circense ludicrum edebat, habitu aurigae permixtus plebi vel curriculo insistens. Unde quamquam adversus sontes et novissima exempla meritos miseratio oriebatur, tamquam non utilitate publica, sed in saevitiam unius absumerentur.

[44, 1] **Et... providebantur**: «E questi provvedimenti venivano presi». • **petita... aditi... supplicatum... propitiata**: è sempre sottinteso il verbo "essere"; i *piacula* sono i sacrifici espiatori e propiziatori agli dèi. Vista la situazione, furono consultati (*aditi*) anche i libri oracolari della Sibilla Cumana e si svolsero sacrifici e suppliche in onore di varie divinità. • **unde... perspersum est**: «da dove (cioè dal *mare proximum*, ovvero dal mare di Ostia), attinta l'acqua (*hausta aqua* è ablativo assoluto) furono aspersi (*perspersum est* è indicativo perfetto passivo da *perspergo*) il tempio e la statua della dea», ossia di Giunone. • **et... erant**: le donne sposate e non vedove, come richiedevano i riti di purificazione, celebrarono cerimonie pubbliche fatte di banchetti e veglie; *celebravere* è forma arcaica per *celebraverunt*.
[2] **deum**: = *deorum*. • **decedebat... crederetur**: «veniva meno l'infamante accusa (*infamia*) per cui (*quin* introduce una proposizione completiva) si credeva che l'incendio fosse stato ordinato». • **abolendo rumori**: costruzione del gerundivo in caso dativo con valore finale. • **subdidit reos**: «fece passare come colpevoli». • **quos**: riferito a un antecedente sottinteso *eos*; con il pronome relativo concordano sia *invisos* che *Christianos*. • **per flagitia**: «per le loro nefandezze», da intendersi come un complemento di causa.
[3] **Auctor**: «Iniziatore». • **supplicio adfectus erat**: Cristo era stato condannato a morte e ucciso per crocifissione. • **repressaque in praesens**: «al momento sopita»; il participio perfetto si riferisce a *superstitio*, termine con cui Tacito definisce la religione cristiana. • **per urbem**: complemento di moto per luogo; si tratta di Roma, città che nella successiva proposizione relativa viene presentata in termini fortemente negativi, come luogo «dove tutte le atrocità e le vergogne da ogni parte confluiscono e si diffondono».
[4] **correpti**: con sottinteso *sunt*, mentre al successivo pronome relativo *qui* va sottinteso un antecedente *illi*. • **indicio eorum**: «su denuncia di quelli», cioè di coloro che evidentemente, oltre ad aver confessato la propria colpevolezza, avevano anche tradito i propri correligionari. • **haud... convicti sunt**: il verbo (plurale) concorda a senso con *multitudo* (singolare) e si può tradurre «furono giudicati colpevoli»; riguardo alla sentenza di colpevolezza, Tacito chiarisce che i cristiani furono condannati «non tanto per il misfatto dell'incendio quanto per il loro odio verso il genere umano». • **pereuntibus**: «a loro che stavano per morire». • **addita**: sottinteso *sunt*. • **ut... urerentur**: si tratta di proposizioni completive, che esplicano il precedente termine *ludibria* («scherni»); i cristiani, «coperti con pelli di animali» (*ferarum tergis contecti*), morivano dilaniati dai cani, oppure venivano crocifissi o erano destinati a essere arsi vivi (*flammandi*), così da servire allo scopo di illuminare la notte (*in usum nocturni luminis*) dopo il tramonto del sole (*ubi defecisset dies*).
[5] **Nero**: in quest'ultimo paragrafo diventa protagonista Nerone, che concede i suoi giardini per assistere allo spettacolo dei supplizi dei cristiani e offre anche giochi del circo. • **habitu... insistens**: «mescolatosi alla folla in abito di auriga o stando in piedi sul carro». • **quamquam... meritos**: «sebbene contro persone colpevoli e meritevoli di punizioni esemplari». • **tamquam... absumerentur**: subordinata di natura suppositiva; traduci «come se fossero immolati non per l'utilità di tutti ma per la crudeltà di uno solo».

Il testo e il contesto

LE PRATICHE RELIGIOSE DI ESPIAZIONE Questa pagina degli *Annales* di Tacito è molto famosa, anche in ragione della cruda descrizione degli eventi che sono oggetto della narrazione, e costituisce poi una preziosa testimonianza del pregiudizio di cui i seguaci della religione cristiana furono fin da subito vittime nell'impero di Roma. Il capitolo si apre con puntuali riferimenti ad alcune pratiche e riti di carattere religioso messi in atto dai Romani a fini di espiazione; infatti, nella mentalità pagana si riteneva che gli eventi calamitosi potessero costituire una sorta di punizione da parte delle divinità offese per una qualche mancanza degli uomini, divinità che dunque necessitavano di essere placate. Ecco allora, dopo la consultazione dei Libri Sibillini di Cuma (particolarmente importanti per il loro carattere oracolare), i riti compiuti in onore di Vulcano, il dio del fuoco, di Cerere e di Proserpina, divinità della terra e dei raccolti, e infine di Giunone, moglie di Giove e protettrice dello Stato. A queste pratiche di espiazione si aggiungono anche i riti di purificazione tramite aspersione con l'acqua nonché i banchetti e le veglie sacre (*sellisternia* e *pervigilia*).

L'ACCUSA E LA PERSECUZIONE DEI CRISTIANI Tuttavia, i provvedimenti descritti nel corso del par. 1 (e sinteticamente riassunti, ad apertura del par. 2, in azioni compiute dagli uomini, donazioni offerte dal principe e riti religiosi di espiazione) non mettono a tacere le voci relative al fatto che l'incendio fosse stato doloso; di conseguenza, Nerone – anche per sviare il sospetto circa sue presunte responsabilità – decide di additare quali colpevoli del disastro i cristiani, già odiati dal popolo per le loro "nefandezze". Al par. 3 Tacito fa dapprima cenno all'origine del cristianesimo, identificandone l'iniziatore nella figura di Cristo, vissuto in Giudea ai tempi di Tiberio e messo a morte da Ponzio Pilato: corretto, da parte dello storico, è il riferimento all'età di Tiberio, meno corretta sul piano storico l'informazione su Pilato come esecutore della condanna di Cristo, che invece fu messo a morte dal Sinedrio, ovvero dall'assemblea legislativa e giudiziaria ebraica costituita dai sacerdoti e dagli anziani, con il tacito consenso del governatore romano. Tacito poi sottolinea la diffusione su vasta scala di questa nuova religione, ormai giunta dalla Giudea anche a Roma.
Ai parr. 4-5, in modo estremamente sintetico, sono riportate le fasi del procedimento giudiziario contro i cristiani: vengono arrestati sia i cristiani che confessano (non è chiaro se il loro credo religioso o i loro misfatti), sia quelli che sono denunciati da altri con la motivazione di nutrire odio verso il genere umano; i cristiani arrestati vengono quindi condannati a morte; infine vengono dati in pasto ai cani oppure crocifissi oppure ancora arsi vivi di notte per offrire ai Romani un macabro spettacolo. Tutto ciò genera divertimento, ma anche pietà nei confronti dei cristiani, pur ritenuti colpevoli e perciò meritevoli di punizioni esemplari.

■ **Lunetta con orante**; cubicolo della *Velatio*, 230 ca. Roma, Catacombe di Priscilla.

Il senso del testo

COME ERANO CONSIDERATI I CRISTIANI? Per comprendere il giudizio di Tacito sul cristianesimo e sui cristiani è opportuno soffermarsi sul lessico impiegato nel corso del capitolo. Innanzitutto, lo storico afferma che i cristiani erano *invisos per flagitia* (par. 2) alla massa, ossia erano odiati per le loro nefandezze. L'odio, oltre che dall'ignoranza che portava a confondere i cristiani con gli ebrei, popolazione biasimata dai romani per il suo particolarismo religioso e per la tendenza a isolarsi e distinguersi, era generato da un modo molto diverso di vivere il rapporto con il potere politico: la vita in comunità dei cristiani e la loro astensione dalle cerimonie pubbliche costituivano la spia di un potenziale atteggiamento sovversivo contro lo Stato (il che rende peraltro la persecuzione nei loro confronti di natura non religiosa, ma politica). Il fraintendimento dei gesti e dei riti cristiani portava a intendere il battesimo per immersione come infanticidio, l'eucarestia come cannibalismo, la vita comunitaria come promiscuità sessuale, l'amore fraterno come pratica incestuosa; tutto ciò giustifica la lapidaria definizione tacitiana della religione cristiana come *malum* (par. 3). Anche la definizione del cristianesimo come *exitiabilis superstitio* (par. 3), ossia «rovinosa superstizione», mira a presentare il cristianesimo come una religione nemica delle istituzioni e del loro culto (da ciò un'ulteriore conferma del carattere politico della persecuzione), come fenomeno da collocare fra *atrocia et pudenda* (a cui Roma era – purtroppo, agli occhi di Tacito – particolarmente esposta). I cristiani sono dunque condannati *odio humani generis* (par. 4), ossia «per odio verso il genere umano»:

causa riconducibile sempre più a un contesto socio-politico e psicologico che non religioso, in quanto dipendente dal carattere eversivo e fuorviante della religione, e che propone un'interpretazione del cristianesimo come setta elitaria. Anche quando affiora nel testo una senso di pietà per la persecuzione subita dai cristiani, Tacito non rinuncia a definirli *sontes* (par. 5), cioè «colpevoli», e quindi meritevoli di quelle pene esemplari che, alcune righe prima, erano state definite «ricercatissime» (*quaesitissimis poenis*).

LA PRESENTAZIONE DI NERONE Marcato risulta in questo capitolo il giudizio negativo di Tacito nei confronti dell'imperatore, a partire dal tono di condanna con cui è presentata, al par. 2, la lucida razionalità che Nerone dimostra nell'individuare dei presunti colpevoli dell'incendio da dare in pasto al popolo: il ricorso al verbo *subdo* nell'ambito dell'espressione *Nero subdidit reos et quaesitissimis poenis adfecit* (dove è da notare la disposizione chiastica dei termini) rimanda all'astuzia subdola con cui i colpevoli vengono di soppiatto identificati, per poi essere torturati con punizioni ricercatissime. Nerone ricompare poi nell'ultima parte del capitolo, al par. 5, come regista e attore dello spettacolo circense che ha per vittime i cristiani condannati a morte: spettacolo organizzato nel parco della sua reggia e destinato alla popolazione. L'immagine di Nerone che in vesti di auriga sta in piedi sul suo carro doveva senz'altro suscitare le simpatie della massa, alla quale piacevano il gusto estetizzante e l'atteggiamento istrionesco dell'imperatore; allo stesso tempo, però, questa immagine genera *miseratio* verso vittime innocenti immolate alla crudeltà e al sadismo di un imperatore-tiranno.

In definitiva, la figura di Nerone non esce bene dalla vicenda dell'incendio di Roma, così come essa ci è narrata negli *Annales*, per quanto Tacito riconosca che l'imperatore ha agito opportunamente in diversi momenti e si è segnalato per l'attenzione e la preoccupazione verso il suo popolo e la sua città. Probabilmente per Tacito non è Nerone il colpevole dell'incendio, così come non lo sono neppure i cristiani, ma è Nerone il responsabile unico di una carneficina senza senso.

Statuetta di Nerone, I sec. d.C. Londra, British Museum.

IL GIUDIZIO SULLA PERSECUZIONE Resta non chiarita la questione relativa alla natura di questa persecuzione contro i cristiani: fu un intervento repressivo avviato da un decreto dell'imperatore contro la religione cristiana oppure si trattò di un'azione estemporanea e occasionale, semplicemente legata all'evento dell'incendio e alla necessità di identificare un colpevole? In altri termini, i cristiani sono qui perseguitati in quanto cristiani, cioè seguaci di una specifica religione, oppure in quanto ritenuti colpevoli dell'incendio? Il testo di Tacito non chiarisce questo punto, né è possibile ricavare elementi utili dall'affermazione relativa alle confessioni dei cristiani e alle denunce da parte degli stessi, forse avvenute sotto tortura.

A Roma, comunque, era impensabile una persecuzione di natura puramente religiosa; anche quando in età repubblicana Roma si era trovata a dover intervenire mettendo un freno a culti e pratiche rituali (si pensi, per esempio, alla vicenda dei Baccanali, vietati con un decreto del senato nel 186 a.C.), la volontà non era di colpire il rito in sé, quanto piuttosto di annientarne la potenziale natura sovversiva sul piano etico-politico.

LEGGO E COMPRENDO

1. Per quale motivo Nerone inizia a perseguitare i cristiani? Che genere di supplizi vengono praticati sui cristiani?

2. Quali parole ed espressioni usa Tacito per caratterizzare i seguaci della nuova religione?

3. Quale reazione suscita, secondo Tacito, la spettacolarizzazione dei supplizi dei cristiani?

T3-T4 Il problema giuridico dei cristiani

Plinio il Giovane, *Epistulae* 10, 96-97

Plinio il Giovane fu un illustre esponente dell'aristocrazia italica, senatore romano e scrittore fecondo (➛ p. 448); concluse la sua carriera politica con la nomina a governatore delle province del Ponto e della Bitinia nel 111 d.C., sotto il regno di Traiano, principe con cui ebbe anche legami di amicizia, come testimonia lo scambio epistolare fra i due.

Nello svolgimento della sua funzione di governatore Plinio si trova alle prese con il problema dei cristiani, presenti in numero considerevole nelle province da lui amministrate: come comportarsi nei loro confronti? Nella lettera che riportiamo qui di seguito (➛ **T3***) Plinio illustra a Traiano l'iter che ha seguito fino a quel momento, ma solleva dubbi di legittimità, giustificati anche dal fatto che le inchieste sui cristiani non hanno portato all'identificazione di alcuna violazione delle leggi. Plinio, peraltro, nella lettera mostra di avere un'idea molto confusa sui cristiani, dei quali non conosce culti e pratiche ma che considera un potenziale pericolo per lo Stato romano e per i valori su cui esso si fonda.*

La risposta dell'imperatore alla lettera di Plinio (➛ **T4***) è essenziale, puntuale e precisa, chiara nell'indicare la linea da tenere. Traiano non teme i cristiani, al punto da affermare che non devono essere ricercati; di conseguenza, essi vanno puniti solo ed esclusivamente se, nel momento in cui siano denunciati, non manifestino pentimento e disponibilità a ritrattare la loro fede religiosa.*

T3 Plinio a Traiano: prendere misure straordinarie contro i cristiani?

ITALIANO

Plinio il Giovane, *Epistulae* 10, 96

C. Plinio all'imperatore Traiano

È mia abitudine, o signore, interpellarti riguardo a ogni mio dubbio. Chi infatti potrebbe meglio o indirizzare la mia esitazione o risolvere la mia difficoltà? Non mi sono mai trovato coinvolto in inchieste riguardanti i cristiani: pertanto non so per quale motivo e fino a che punto si sia soliti punirli o indagarli. Sono stato molto in dubbio se vi sia qualche differenza in base all'età, oppure se i bambini in tenera età non differiscano in nulla dagli adulti; se sia concessa indulgenza al pentimento o se a colui che sia stato cristiano non giovi l'aver rinunciato (a esserlo); se si debba punire il nome (di cristiano) in se stesso anche in assenza di azioni infamanti oppure (se si debbano punire) i misfatti connessi con il nome. Per il momento[1] nei confronti di coloro che mi venivano denunciati come cristiani, ho applicato il seguente procedimento. Li ho interrogati se fossero cristiani. Dopo aver minacciato loro un supplizio, li ho interrogati una seconda e una terza volta; ho ordinato che venissero giustiziati coloro che persistevano. Infatti non avevo alcun dubbio, qualunque fosse la religione che confessavano, che si dovesse punire la loro testardaggine e inflessibile ostinazione. Altri poi, di simile pazzia, poiché erano cittadini romani, decisi di rinviarli a Roma.

Ben presto per lo stesso svolgimento dei processi, come suole accadere, a causa del diffondersi dell'imputazione, si presentarono molti casi diversi. È stata resa pubblica una denuncia anonima contenente molti nomi. Io ritenni di dover lasciare liberi coloro che negavano di essere o di essere stati cristiani, invocando gli dèi su mia indicazione

1. Cioè in attesa del parere di Traiano.

e facendo suppliche con vino e incenso al tuo simulacro, che per questo scopo avevo ordinato di portare insieme con le statue degli dèi, inoltre maledicendo Cristo, nessuna delle quali cose si dice che coloro che sono realmente cristiani possono essere indotti a fare. Altri denunciati da un delatore dissero di essere cristiani ma poi subito lo negarono; dissero che erano stati cristiani ma avevano cessato di esserlo, alcuni da tre anni, altri da più anni, qualcuno da un ventennio. Anche tutti questi venerarono il tuo simulacro e le statue degli dèi e maledirono Cristo.

Affermavano che questa era stata la sostanza della loro colpa o sbaglio, il fatto che erano stati soliti riunirsi in un giorno stabilito prima dell'alba e recitare un'invocazione a due cori a Cristo come se fosse un dio, impegnarsi con un giuramento non a compiere un qualche misfatto ma a non commettere furti o adulteri, a non negare la restituzione di un prestito, se fosse stato loro richiesto. Dopo aver compiuto questi atti affermavano di aver avuto l'abitudine di allontanarsi e poi di nuovo di riunirsi per consumare cibo, tuttavia comune e innocente[2]; ma avevano cessato di fare ciò dopo il mio editto, con cui secondo le tue direttive avevo vietato le associazioni[3]. Per questo ho ritenuto necessario informarmi più a fondo, anche attraverso la tortura, da due schiave, che erano chiamate diaconesse[4], su che cosa ci fosse di vero. Null'altro ho trovato se non una superstizione perversa e sfrenata.

Pertanto, rinviata l'inchiesta, mi sono affrettato a chiedere la tua opinione. Mi è sembrata infatti una questione degna di consultazione, soprattutto a causa del numero di coloro che si cimentano in tale superstizione. Molti infatti di ogni età, di ogni ordine sociale, anche di entrambi i sessi, sono e saranno chiamati a processo. E il contagio di tale superstizione si è diffuso non solo nelle città, ma anche nei villaggi e nei campi; ma mi sembra che tale contagio si possa ancora bloccare e guarire. Di certo è sufficientemente appurato che i templi ormai abbandonati hanno ricominciato a essere frequentati, le cerimonie consuete, da tempo interrotte, cominciano di nuovo a essere celebrate e un po' dovunque viene venduta la carne delle vittime, di cui finora molto raramente si trovava un compratore[5]. Da ciò è facile dedurre quale massa di persone si possa correggere, qualora si conceda possibilità al pentimento.

■ Reliquiario dei Santi Quirico e Giuditta (madre e figlio), martiri nel 304 durante le persecuzioni di Diocleziano, V secolo. Ravenna, Museo Arcivescovile.

2. Plinio fa riferimento a riunioni *ad capiendum cibum*, definito *promiscuum et innoxium*, ovvero «comune e innocente», per scacciare l'accusa di cannibalismo che gravava sui cristiani: ➛ **T9**.
3. Sono le associazioni che gli imperatori vietavano per motivi politici e di ordine pubblico.
4. Il testo latino indica queste due schiave come *ministrae*, ovvero «diaconesse», donne addette al culto.
5. Plinio vuole rassicurare Traiano sul fatto che la situazione sta lentamente tornando alla normalità: sono riprese la frequentazione dei templi, le cerimonie religiose e la vendita delle carni delle vittime immolate nei sacrifici pagani.

T4

LATINO

Traiano a Plinio: adottare fermezza, ma equilibrio

Plinio il Giovane, *Epistulae* 10, 97

Traianus Plinio

[97, 1] Actum quem debuisti, mi Secunde, in excutiendis causis eorum, qui Christiani ad te delati fuerant, secutus es. Neque enim in universum aliquid, quod quasi certam formam habeat, constitui potest. [2] Conquirendi non sunt; si deferantur et arguantur, puniendi sunt, ita tamen ut, qui negaverit se Christianum esse idque re ipsa manifestum fecerit, id est supplicando dis nostris, quamvis suspectus in praeteritum, veniam ex paenitentia impetret. Sine auctore vero propositi libelli <in> nullo crimine locum habere debent. Nam et pessimi exempli nec nostri saeculi est.

[97, 1] **Actum quem debuisti... secutus est**: «Hai seguito la prassi (*actum*) che avresti dovuto seguire»; *debuisti* è una forma di falso condizionale. • **in excutiendis causis**: gerundivo, «nella conduzione dei processi». • **Christiani**: predicativo del soggetto *qui*. • **Neque... potest**: «Infatti non si può stabilire una norma valida per tutti, tale che abbia per così dire un carattere stabile»; *quod... habeat* è una proposizione relativa impropria con valore consecutivo.
[2] **si deferantur et arguantur**: protasi di un periodo ipotetico della possibilità, il cui soggetto sottinteso sono i cristiani e la cui apodosi è *puniendi sunt*. • **ita tamen ut... impetrent**: proposizione consecutiva; al suo interno troviamo due relative prolettiche (*qui negaverit... fecerit*), dalla prima delle quali dipende l'oggettiva *se Christianum esse*, e una concessiva (*quamvis suspectus in praeteritum*, «sebbene in passato sia stato sospettato»). • **id... nostris**: «cioè rendendo culto ai nostri dèi», questa proposizione incidentale esplicita la relativa immediatamente precedente. • **Sine auctore**: «Senza la possibilità di identificare il delatore», cioè in caso di denuncia anonima. • **propositi... debent**: «le denunce avanzate non devono avere considerazione alcuna in nessun processo». • **Nam... saeculi est**: «Infatti costituiscono un pessimo modo di procedere e non si addicono alla nostra epoca»; *exempli* è genitivo di qualità, *saeculi* genitivo di pertinenza.

PER COMPRENDERE IL TESTO

Il testo e il contesto

I DUBBI DI PLINIO Il fatto che un amministratore si rivolga al suo imperatore per chiedere delucidazioni su una procedura giudiziaria costituisce un chiaro indizio di quanto la situazione creatasi sia anomala e pertanto difficilmente inquadrabile nel consueto *iter*. La questione dei cristiani risulta problematica e necessita appunto di chiarimenti procedurali: da un lato, il numero dei seguaci di questa nuova religione sta aumentando in tutto l'impero; dall'altro lato, non si ravvisano colpe specifiche a fronte delle indagini e inchieste operate dall'amministrazione, anche tramite il ricorso alla tortura.
Nella sua lettera a Traiano (➛ **T3**) Plinio illustra innanzitutto la procedura che ha seguito e che si articola nei seguenti punti: interrogatorio dei presunti colpevoli denunciati in quanto cristiani; in caso di perseveranza nel confessare l'appartenenza alla nuova religione, condanna a morte o trasferimento a Roma (per i cittadini romani); in caso di abiura, verificata attraverso atti di sottomissione agli dèi pagani o bestemmia nei confronti di Cristo, assoluzione e libertà. Evidentemente, però, Plinio non è convinto di aver agito in modo adeguato; pertanto la questione di quale procedura si debba seguire viene posta nei seguenti termini: ci si deve comportare con tutti i cristiani allo stesso modo oppure è necessario distinguere fra giovani e anziani? Il pentimento è motivo di assoluzione oppure chi è stato cristiano deve essere comunque condannato? Va punita l'appartenenza alla religione oppure solo il comportamento malvagio?
Plinio si mostra tanto più preoccupato e incerto sul da farsi in quanto il numero dei seguaci del cristianesimo sta aumentando e questa religione annovera tra i suoi fedeli persone di ogni età, ceto sociale e sesso sia nei villaggi sia nelle campagne.

LE INDICAZIONI DI TRAIANO Anche Traiano, nella sua risposta alla lettera di Plinio (➛ **T4**), riconosce la "anomalia" del fenomeno: dopo aver rassicurato il suo interlocutore sulla correttezza delle procedure da lui seguite, ribadisce che la questione dei cristiani non è riconducibile a norme generali e a uno standard procedurale. Quindi riassume in tre passaggi le linee da tenere: i cri-

stiani non vanno ricercati; vanno puniti se sono denunciati e confermano la loro appartenenza alla religione, ma vanno rilasciati in caso di abiura; non devono essere prese in considerazione le denunce anonime.
È chiaro che le indicazioni date dall'imperatore rispondono a criteri di moderazione e di tolleranza; allo stesso tempo, però, esse dimostrano la scarsa conoscenza che Traiano, al pari di Plinio, ha della dottrina cristiana.

Il senso del testo

LA CONSIDERAZIONE DEL CRISTIANESIMO E DEI CRISTIANI Per quanto riguarda il giudizio nei confronti del cristianesimo, la lettera di Plinio trova molti punti di contatto con la pagina di Tacito sull'incendio di Roma (➛ **T1**). La prima caratteristica dei cristiani che l'autore sottolinea è la *pertinacia* e la *inflexibilis obstinatio*, ovvero la «caparbietà» e la «inflessibile cocciutaggine». Nell'ottica di un amministratore pagano si tratta di atteggiamenti negativi e sufficienti per una condanna; gli stessi atteggiamenti, però, valutati nell'ottica cristiana, esprimono coerenza, profonda convinzione e fedeltà al Vangelo. È molto significativa, a questo proposito, l'affermazione di Plinio secondo cui i cristiani convinti non sono disposti in nessun caso a lanciare imprecazioni nei confronti di Cristo: evidentemente, era già stata sperimentata e quindi era nota la fedeltà totale e non negoziabile del vero cristiano alla sua religione.
Successivamente Plinio elenca le pratiche attribuite come colpa ai cristiani e che costituiscono il cuore della nascente chiesa: innanzitutto le riunioni all'alba in giorni stabiliti (cioè la domenica, il giorno del Battesimo, il giorno di Pasqua) per pregare insieme, professare la fede e confermare l'intenzione di una retta condotta di vita; quindi il pasto in comunità. Nulla di illegittimo dunque, nulla di pericoloso o sovversivo all'apparenza. Anche Plinio, come Tacito, liquida sbrigativamente il cristianesimo con la generica definizione di *superstitio*, senza fare alcuno sforzo di interpretare più a fondo il fenomeno. Ciò che preoccupa maggiormente è il fatto che questa deleteria allucinazione di massa sia ormai diventata un *contagium*, una specie di peste da combattere e debellare.

Nella risposta di Traiano (➛ **T4**) non si ravvisano invece definizioni che denotino giudizi nei confronti del cristianesimo: Traiano è preoccupato soltanto di precisare le procedure da seguire. Traiano, del resto, suggerisce di adottare una linea di compromesso fra tolleranza e repressione, che però – a ben vedere – costituisce una contraddizione in ambito giuridico: se i cristiani fossero realmente ritenuti colpevoli, sarebbero stati sempre da ricercare e sempre passibili di condanna. Anche da ciò traspare dunque il senso di una evidente incomunicabilità, causata soprattutto dalla chiave di lettura etico-politica con cui viene interpretato da parte dei pagani un fenomeno esclusivamente religioso.

TRAIANO E NERONE Rispetto alla persecuzione messa in atto da Nerone a seguito dell'incendio di Roma (➛ **T2**), il carteggio fra Plinio e Traiano denota un approccio certamente meno emotivo e impulsivo nei confronti del cristianesimo. Non viene meno la condanna del fenomeno e quindi la volontà di ostacolarlo e, se serve, perseguitarlo; si ripropone il dubbio se debba essere punita l'appartenenza stessa alla religione cristiana oppure solo i comportamenti criminosi e non si rinuncia alle torture pur di strappare confessioni o abiure. Tuttavia, si comincia a operare in misura più razionalmente ordinata e nel rispetto di procedure definite o in via di definizione.
Passa soprattutto un concetto fondamentale: i cristiani non vanno ricercati come si fa con i malfattori e i delinquenti, si riconosce implicitamente, quindi, la loro sostanziale estraneità a fatti criminosi e a comportamenti aberranti. Ciò renderà i cristiani più forti nella professione della loro fede e nella difesa della loro scelta, avviando quella fase apologetica che porterà gradualmente a una chiara definizione della natura del culto e delle pratiche e al riconoscimento del cristianesimo come una religione praticabile liberamente nell'impero romano (con l'editto di Costantino del 313 d.C.).

■ **Affresco del Buon Pastore**, 230 ca. Roma, Catacombe di Priscilla.

LEGGO E COMPRENDO

1. Quale procedura ha seguito finora Plinio nel trattare con i cristiani?

2. Per quale motivo il governatore ritiene di dover ora coinvolgere Traiano?

3. Qual è la posizione di Traiano nei confronti delle denunce anonime?

STORIA, CULTURA, CIVILTÀ

CRISTO E I CRISTIANI IN SVETONIO E FRONTONE

Accanto ai testi di Tacito, Plinio il Giovane e Traiano già considerati nelle pagine precedenti (➛ **T1-T4**), possediamo altre testimonianze che consentono di farci un'idea di come nel corso del II secolo d.C. il cristianesimo fosse valutato dalla dominante cultura pagana di Roma.

LA TESTIMONIANZA DI SVETONIO... Iniziamo da un passo della *Vita di Nerone* di Svetonio (16, 2, 1): *Afflicti suppliciis Christiani, genus hominum superstitionis novae ac maleficae*, «Furono sottoposti a supplizi i cristiani, una razza di uomini seguaci di una superstizione nuova e malefica».

Il passo si riferisce a una persecuzione di Nerone ai danni dei cristiani, non riconducibile però all'incendio di Roma come in Tacito. Identica a quella tacitiana è la terminologia utilizzata da Svetonio: i cristiani sono sottoposti a *supplicia* (torture e crudeltà); la loro religione è definita mediante il termine *superstitio* (come anche in Plinio il Giovane oltre che in Tacito, a conferma di una lettura univoca del fenomeno), specificato dai due aggettivi *nova* e *malefica*, «nuova» e «produttrice di male». Quanto poi al termine *genus* con cui sono identificati i cristiani, esso potrebbe essere impiegato a indicare sia una generica categoria di persone sia, più specificamente, una comunità di individui dall'identità ben definita.

Più incerta è la testimonianza offerta da un altro passo di Svetonio, tratto dalla *Vita di Claudio* (25, 3, 1): *Iudaeos impulsore Chresto assidue tumultuantes Roma expulit*, «(Claudio) espulse da Roma i Giudei che generavano disordini su istigazione di Cristo».

Il passo presenta alcune difficoltà interpretative. Innanzitutto si parla di Giudei e non di cristiani; poi viene utilizzato il termine *Chresto* e non *Christo*. Il testo potrebbe perciò far riferimento a un decreto di espulsione da Roma dei cristiani (che nel mondo romano spesso sono confusi con i Giudei) in quanto sovversivi nel nome di Cristo; ma potrebbe anche richiamare un decreto di espulsione da Roma di Giudei istigati da un tal Cresto (a un decreto di espulsione dei Giudei da Roma da parte di Claudio si fa peraltro riferimento negli *Atti degli Apostoli*).

... E QUELLA DI FRONTONE Particolarmente emblematica dell'opinione del tutto negativa che i pagani si erano fatti del culto cristiano è poi il seguente passo di un'orazione contro i cristiani pronunciata da Frontone, oratore illustre al tempo di Adriano e Antonino Pio (II sec. d.C.), e tramandataci da Minucio Felice, autore cristiano vissuto anch'egli nel II secolo d.C., che inserisce tale testo nel suo dialogo *Octavius* (8, 4-9, 7): dal passo di Frontone emergono, in particolare, tutte le distorsioni che dovevano circolare in merito al senso dei riti celebrati dai cristiani, privati di qualsiasi valore simbolico e intesi alla stregua di atti di violenza e crudeltà inaudita.

«Essi, raccogliendo dalla feccia più ignobile i più ignoranti e le donne, credulone per la debolezza del loro sesso, formano una banda di empia congiura, che si raduna in aggregazioni notturne per celebrare le sacre vigilie o per banchetti disumani, non con lo scopo di compiere un rito, ma per scelleratezza; una razza che ama nascondersi e rifugge la luce, muta in pubblico e pettegola in segreto. Disprezzano ugualmente i templi e i sepolcri, irridono gli dèi, scherniscono i sacri riti; miseri (se è lecito dirlo) commiserano i sacerdoti, disprezzano le cariche e le toghe, essi che sono mezzi nudi! [...] Regna tra loro la licenza sfrenata, quasi come un culto, e si chiamano confusamente fratelli e sorelle, cosicché, con la copertura di un nome sacro, anche la consueta impudicizia diventi incesto. E così la loro vana e folle superstizione si vanta dei misfatti. Sento dire che venerano una testa d'asino consacrata, non saprei per quale stupida credenza [...]. Altri raccontano che venerano e adorano le parti genitali del medesimo celebrante e sacerdote [...]. E chi parla di un uomo punito per un delitto con il sommo supplizio e il legno della croce, che costituiscono le sostanze della loro liturgia, attribuisce a quei scellerati e malfattori l'altare che più a loro è confacente [...]. Un bambino cosparso di farina, per ingannare gli inesperti, viene posto innanzi al neofita, [...] viene ucciso. Orribile a dirsi, ne succhiano avidamente il sangue, spartiscono a gara le membra di costui e tramite questa vittima stringono un sacro patto [...]. Il loro banchetto è ben conosciuto: tutti ne parlano».

GUIDA ALLO STUDIO

1. Quali osservazioni possiamo condurre sulla definizione della religione cristiana come *superstitionis novae ac maleficae* nella biografia svetoniana di Nerone?

2. Quali dubbi interpretativi esistono sul racconto svetoniano dell'espulsione dei Giudei da Roma durante il principato di Claudio?

3. Come veniva giudicata dai non cristiani, secondo la testimonianza di Frontone, l'abitudine degli adepti della nuova religione di chiamarsi "fratelli" e "sorelle"?

VERIFICA *IN ITINERE* LO SCOPPIO DELL'INCENDIO E IL PREGIUDIZIO SUI CRISTIANI

QUESITI A SCELTA MULTIPLA

1. ricordare Il cristianesimo nasce:
- ☐ nel mondo romano
- ☐ con la predicazione di Gesù durante il regno di Tiberio
- ☐ con l'Antico Testamento
- ☐ con la predicazione di Pietro e Paolo

2. ricordare La prima fase del rapporto tra cristianesimo e paganesimo:
- ☐ è quella caratterizzata dall'incomprensione e dalla persecuzione
- ☐ consiste nella nascita della patristica
- ☐ è la fase dell'apologetica
- ☐ vede il rapido diffondersi del cristianesimo per la curiosità dei Romani nei confronti del nuovo culto

3. ricordare La prima testimonianza sul rapporto tra i cristiani e il mondo romano:
- ☐ è il resoconto di Tacito dell'insurrezione dei cristiani contro Nerone
- ☐ è il resoconto di Tacito sui provvedimenti presi da Nerone in seguito all'incendio di Roma
- ☐ è l'indagine sulle cause dell'incendio di Roma
- ☐ è una difesa dei cristiani, ingiustamente accusati da Nerone dell'incendio di Roma

4. comprendere Il giudizio di Tacito sui cristiani (➛ **T2**):
- ☐ pur nell'ambito di un giudizio negativo sull'operato di Nerone, riconosce la validità degli interventi del principe a favore del popolo
- ☐ è di profonda compassione per l'ingiustizia delle pene inflitte a persone innocenti di ogni colpa
- ☐ è di cauto riconoscimento del rinnovamento morale e sociale promosso dal messaggio evangelico
- ☐ è di sostanziale incomprensione e pregiudizio, nonostante la compassione suscitata dall'enormità dei supplizi inferti loro per volere di Nerone

5. comprendere Plinio si rivolge a Traiano (➛ **T3**) per sapere dall'imperatore:
- ☐ quali supplizi debba usare per i bambini figli di genitori cristiani
- ☐ come comportarsi nel caso in cui i cristiani godano della cittadinanza romana
- ☐ quante persone debbano essere messe a morte per una denuncia anonima
- ☐ se debba usare lo stesso criterio per punire tutti i cristiani o si debbano fare delle distinzioni

6. comprendere L'espressione *conquirendi non sunt*, nella lettera di Traiano a Plinio (➛ **T4**):
- ☐ è espressione della tolleranza di Traiano
- ☐ è espressione dell'intolleranza di Traiano
- ☐ indica la volontà di Traiano di reprimere i cristiani
- ☐ indica il divieto di ricercare i cristiani

QUESITI A RISPOSTA BREVE

Rispondi ai quesiti nello spazio di 7-8 righe per ciascuno. Quando lo ritieni opportuno, puoi consultare i testi.

1. Quali giudizi vengono espressi da Svetonio sui cristiani nelle sue *Vite dei Cesari*?

2. In che senso i cristiani costituivano un problema giuridico-amministrativo per i governatori romani?

3. Che cosa è l'apologetica e in che periodo si diffuse?

4. Qual è il rapporto della cultura cristiana con quella pagana durante la fase della patristica?

TRATTAZIONE SINTETICA

Svolgi le seguenti tracce nelle spazio di 20-25 righe per ciascuna. Quando lo ritieni opportuno, puoi consultare i testi.

1. Riassumendo il resoconto di Tacito sull'incendio di Roma durante il principato di Nerone, metti in evidenza la parte della narrazione che coinvolge i cristiani e spiega quale testimonianza ci venga offerta sul rapporto tra il cristianesimo e il mondo romano.

2. In che modo le pratiche del culto cristiano venivano deformate dall'opinione comune dei Romani, secondo la testimonianza di Minucio Felice su un'orazione di Frontone?

Agostino: un pagano che si fa cristiano

IL TEMPO DELL'AUTORE | AGOSTINO

UNA VITA INTENSA, TRA VIAGGI E CONVERSIONI Aurelio Agostino nacque nel 354 d.C. a Tagaste in Numidia (l'odierna Algeria) da padre pagano di nome Patricio e madre cristiana di nome Monica, una donna che avrà molta rilevanza nel percorso di conversione del figlio. Il giovane si formò nell'ambito degli studi liberali, in particolare della retorica, prima in patria, poi a Madaura e infine a Cartagine. Il periodo della formazione viene descritto dallo stesso Agostino come una fase esistenziale caratterizzata da dissolutezza e da svariate esperienze amorose, al punto che nel 372, quindi solo diciottenne, Agostino divenne prematuramente padre di un figlio, Adeodato, nato da una relazione irregolare con una donna (con la quale resterà legato fino all'anno 384).

Nel 373 si verificò la prima svolta nella vita di Agostino: attraverso la lettura dell'*Hortensius* di Cicerone il giovane cominciò ad avvicinarsi alla filosofia (➛ **T6**). Questa nuova esperienza generò in lui una diversa sensibilità che, unitamente al disprezzo nei confronti della fede cristiana professata da sua madre, lo portò ad aderire al manicheismo: una religione di origine persiana fondata su una concezione dualistica della realtà, determinata dal bene (luce) e dal male (tenebre) come principi operativi distinti e contrapposti, e su una morale conseguentemente rigidissima, finalizzata a separare nell'uomo l'io divino dall'io demoniaco.

Sempre nel 373, terminati gli studi, Agostino divenne insegnante di retorica prima a Tagaste, poi a Cartagine (374-383), quindi a Roma e infine a Milano dove, grazie alla raccomandazione di Simmaco, prefetto di Roma, ottenne la cattedra municipale di retorica. Il periodo milanese (384-387) determinò la vera definitiva svolta nella vita di Agostino, ovvero la sua conversione, alla quale contribuirono diversi fattori: i dubbi sempre più marcati sul manicheismo insieme a un'inquietudine intima e a un'infelicità profonda, l'incontro con il vescovo di Milano Ambrogio e l'ascolto dei suoi sermoni di illustrazione allegorica dei testi biblici, l'apertura al neoplatonismo tramite la lettura delle opere di Plotino e Porfirio, unitamente all'ascolto delle meditazioni del sacerdote di indirizzo neoplatonico Simpliciano (che succederà ad Ambrogio nella guida dell'episcopato milanese), la fine della relazione durata quattordici anni con la concubina da cui aveva avuto Adeodato e quindi la rinuncia alle passioni e agli istinti carnali, la graduale maturazione dell'idea che la fede fosse uno strumento indispensabile di incontro con Dio, la diretta conoscenza di altri uomini convertiti, *in primis* quella del celebre retore neoplatonico Vittorino.

Questo travaglio interiore, complesso e lacerante ma nel contempo purificatore, sfociò nella definitiva adesione al cristianesimo avvenuta nel 386, grazie – stando al resoconto dello stesso Agostino – alla lettura casuale di un passo della lettera di Paolo ai Romani (13, 13 s.) nel giardino di un suo amico (➛ **T7**). Pochi mesi dopo Agostino rinunciò alla cattedra milanese di retorica e si ritirò a *Cassiciacum*, vicino a Milano, a meditare e a prepararsi ad entrare nella chiesa tramite il sacramento del battesimo, che avrebbe ricevuto nel 387 dalle mani di Ambrogio. Completato il cammino di conversione, Agostino decise di tornare in Africa ma si fermò ad Ostia per assistere l'amata madre Monica, ormai in punto di morte; tornò poi a Tagaste nel 388 e lì visse per tre anni in ritiro e meditazione, conducendo vita monastica. Nell'anno 391 fu consacrato al sacerdozio dal vescovo africano Valerio, a Ippona; lì fondò un monastero e, grazie alla riflessione favorita dalla vita ascetica, passò definitivamente dagli studi filosofici alla coltivazione di interessi teologici. Nel 396 Agostino divenne vescovo

■ **Affresco con un ritratto di Sant'Agostino,**
fine V-inizio VII secolo.
Roma, San Giovanni in Laterano.

di Ippona succedendo a Valerio; il suo episcopato fu caratterizzato da uno stile di vita cenobitico, da una zelante e accurata predicazione, da una particolare cura verso i poveri e da una fervente e indefessa attività di scrittore.
Agostino morì nel 430 mentre Ippona era assediata dai Vandali. I suoi resti furono portati dapprima in Sardegna e infine, nel 722, dal re longobardo Liutprando a Pavia, dove tuttora riposano nel Duomo della città lombarda.

IL GRANDE *CORPUS* DELLE OPERE AGOSTINIANE

La ricchissima e variegata produzione letteraria di Agostino può essere suddivisa sulla base degli ambiti di interesse dell'autore e delle caratteristiche che presenta.

A. Opere filosofiche: la loro produzione si concentra soprattutto nel periodo 386-390; in questi scritti Agostino, utilizzando prevalentemente la forma dialogica, affronta diversi temi già approfonditi dalle filosofie di età classica alla luce della dottrina cristiana e giunge a dichiarare la convergenza tra fede (ovvero religione) e ragione (ovvero filosofia) ai fini della ricerca umana della felicità. Si segnalano in particolare:

- *Contra Academicos*, sul tema gnoseologico e sulla figura del vero sapiente;
- *De vita beata*, attorno al tema morale;
- *De immortalitate animae*, sul destino dell'uomo;
- *De magistro*, attorno alla figura del maestro come trasmettitore, non inventore, della verità.

B. Scritti polemici contro le eresie e altri culti: vengono stesi dopo la consacrazione di Agostino al sacerdozio in polemica con i numerosi e vari movimenti religiosi contrari alla dottrina cristiana e giudicati quindi di natura eretica. Vanno ricordati:

- *Psalmus contra partem Donati* e *De baptismo contra Donatistas*, opere che attaccano l'eresia donatista, favorevole a una chiesa fatta di uomini perfetti e quindi elitaria;
- *De peccatorum meritis et remissione et de baptismo parvolorum* e *De natura et gratia*, controversie contro il pelagianesimo, eresia che sosteneva la capacità della natura umana di operare autonomamente il bene senza l'intervento della grazia divina;
- *Adversus Judaeos*, violento attacco contro gli ebrei accusati da Agostino dell'assassinio di Cristo;
- diverse altre opere contro il manicheismo, l'arianesimo ed altre eresie minori.

C. Scritti autobiografici: in essi Agostino parla di sé, della sua vita, del suo percorso umano, spirituale, letterario. Si segnalano:

- *Confessiones*, ➛ p. 580;
- *Retractationes*, testo composto negli ultimi anni di vita, nel quale Agostino ripercorre e sottopone a esame tutta la sua produzione letteraria;
- *Epistulae*, raccolta di alcune centinaia di lettere, utili per approfondire la vita e la dottrina dell'autore.

D. Scritti apologetici: in essi Agostino difende la dottrina cristiana. I principali sono:

- *De civitate Dei*, ➛ p. 625;
- *De vera religione*, trattato composto nel 390, nel quale l'autore sostiene la coincidenza fra la vera filosofia e la vera religione, in quanto per entrambe l'oggetto dell'indagine è l'essere divino.

E. Scritti esegetici: in queste opere Agostino illustra testi biblici tramite interpretazioni di carattere mistico e allegorico; mostra il suo fervore e la sua acutezza nell'esegesi, ma anche i suoi limiti nella conoscenza delle lingue bibliche (ebraico e greco). Da menzionare:

- *De doctrina christiana*, opera in 4 libri che Agostino iniziò a scrivere nel 397 e che tratta di predicazione, di esegesi biblica e di rapporti fra retorica pagana e cristiana.

F. Scritti dogmatici: in essi sono affrontati i principali temi della teologia (la Trinità, la creazione, la salvezza ecc.). Spiccano:

- *De Trinitate*, opera in 15 libri composta fra il 399 e il 419; si tratta di un punto fermo nella produzione patristica sul tema della Trinità (in essa Agostino cerca di approfondire e indagare tale mistero tramite il ricorso ad analogie con lo spirito umano);
- *Enchiridion de fide, spe et charitate*, sintesi della teologia agostiniana attorno alle tre virtù teologali di fede, speranza e carità.

GUIDA ALLO STUDIO

1. Che cosa è il manicheismo e quando Agostivo vi entrò in contatto?

2. Come cambiò la vita di Agostino dopo la definitiva adesione al cristianesimo?

3. Che tipo di argomenti possono contenere degli scritti "esegetici"?

T5

ITALIANO

Il furto delle pere

Agostino, *Confessiones* 2, 4, 9

La vita di Agostino si caratterizzò per molte esperienze, giudicate a posteriori dallo stesso Agostino come peccaminose e scellerate. Nel passo delle Confessioni *proposto qui di seguito l'autore ricorda un furto di pere commesso durante una notte in compagnia di una brigata di ragazzotti e interpreta questo gesto, allora compiuto con incoscienza e leggerezza, come un atto di malvagità generato dal gusto stesso del male, che esercita una forte attrazione sull'uomo.*

Dio viene invocato come testimone e giudice dell'iniquità umana, ma anche come misericordioso padre disposto a perdonare gli errori generati dalla debolezza e dalla fragilità delle coscienze.

Un furto commesso senza giustificazioni

La misericordia di Dio di fronte agli errori dell'uomo

L'errore e la malvagità visti come allontanamento da Dio

[4, 9] Di certo la tua legge punisce il furto, o Signore, allo stesso modo lo punisce anche la legge scritta nel cuore degli uomini, che neppure la malvagità stessa cancella: quale ladro infatti sopporta di buon animo di essere derubato? Un ladro ricco non tollera neppure un ladro costretto dalla miseria. Tuttavia io volli commettere un furto e lo commisi spinto da nessun bisogno se non dalla mancanza e dal disgusto del senso di giustizia e dalla sovrabbondanza della malvagità. Infatti rubai ciò che io possedevo in gran quantità e di qualità migliore, né volevo godere di ciò che cercavo di procurarmi col furto, ma del furto in sé e del peccato[1]. C'era nelle vicinanze della nostra vigna una pianta di pere carica di frutti non allettanti né nell'aspetto né nel sapore. Noi, giovinetti assai dissoluti, nel cuore della notte, dopo aver protratto il nostro divertimento nelle piazze secondo un costume riprovevole, ci avviammo a scuotere la pianta e a saccheggiarla, e da lì sottraemmo un ingente carico di pere non per mangiarle noi ma addirittura per gettarle ai maiali; se ne morsicammo qualcuna, ciò fu solo per il piacere dell'illecito[2]. Ecco il mio cuore, o Dio, ecco il mio cuore, di cui tu hai avuto compassione mentre ormai stava nelle profondità dell'abisso. Ecco, ora il mio cuore ti confesserà che cosa cercava laggiù, tanto da essere malvagio senza motivo e senza che vi fosse alcuna giustificazione alla mia malvagità se non la malvagità stessa[3]. Essa era ripugnante e io l'amai; amai la morte, amai il mio annientamento, amai non ciò per cui mi stavo rovinando ma la mia rovina in sé, io anima turpe che si sradicava dal tuo sostegno verso la propria rovina, non cercando qualcosa con disonestà, ma cercando solo la disonestà.

1. In apertura del passo il furto è stato presentato come azione che non ammette giustificazione alcuna, condannata non solo dalla legge di Dio ma anche dalla legge scritta nel cuore degli uomini, ossia dalla legge morale. Successivamente Agostino chiarisce come la motivazione del furto delle pere sia da ricercare non nel bisogno, e dunque nel desiderio di migliorare la propria condizione, ma solo nella frenesia e nella cattiveria gratuita derivante dallo smarrimento dei valori etici.
2. Il furto dei frutti avviene di notte e in gruppo: la presenza di complici funge da elemento deresponsabilizzante dell'individuo, che in tale presenza trova forza e giustificazione per compiere azioni illecite.
3. Il dialogo aperto e franco con Dio porta Agostino a confessare l'origine del suo gesto, ora chiaramente identificata nella malvagità e nella disonestà: stati d'animo e atteggiamenti negativi che sradicano e allontanano l'uomo dal divino.

Il testo e il contesto

LA LETTURA RETROSPETTIVA DEL FURTO Le *Confessiones* rappresentano un'indagine retrospettiva della propria vita compiuta dallo stesso Agostino; non si tratta, dunque, di una semplice cronaca di eventi o di una ricostruzione storica, perché Agostino adotta una chiave di lettura univoca e singolare, che lo porta a reinterpretare ogni avvenimento alla luce della sua conversione. Le *Confessioni* non sono quindi un'autobiografia, bensì un esame di coscienza che riconsidera i momenti più importanti della vita dell'autore con occhio nuovo e cuore puro e secondo un criterio di giudizio che non era presente e che non agiva nel momento in cui quegli avvenimenti si erano verificati.
Un furto, per esempio, può essere letto come atto in sé (sottrazione di un bene che non appartiene a colui che compie il gesto), come atto da giudicare secondo la legge umana che condanna il furto (non è lecito appropriarsi di ciò che non ci appartiene), come gesto di cui indignarsi alla luce della legge divina (il furto è un gesto malvagio di un'anima che agisce in modo contrario all'insegnamento del Vangelo). Tuttavia, mentre la legge umana condanna il ladro, l'amore divino lo perdona, se egli si ravvede e ammette la propria colpa, come è accaduto ad Agostino.
Se poi si osserva con attenzione e con anima sgombra da condizionamenti e pregiudizi, si scopre che questa legge divina è già iscritta nella coscienza umana, come Agostino stesso chiarisce proprio in apertura di passo: «Di certo la tua legge punisce il furto, o Signore, allo stesso modo lo punisce anche la legge scritta nel cuore degli uomini, che neppure la malvagità stessa cancella».

Il senso del testo

L'ABBONDANZA E LA MANCANZA Un'importante chiave di lettura per questa pagina è costituita dal rapporto fra i concetti antitetici di abbondanza e di mancanza, di pieno e di vuoto. Già il gesto del furto comporta un passaggio da uno stato di pienezza e di abbondanza a uno stato di mancanza e di vuoto: l'albero carico di pere, scosso dai ragazzotti, si svuota mentre si riempiono le mani dei ladri, mani che a loro volta si svuotano per riempire la pancia dei maiali a cui i frutti vengono gettati. Questa analisi si definisce e si conferma anche a livello lessicale, nel testo latino, e in una dimensione più profonda: il furto è una *iniquitas*, ovvero una carenza di *aequitas*, di equità e giustizia (il prefisso *in-* nel termine svolge una funzione privativa); il furto delle pere, dice Agostino, non è dettato dalla *egestas* («mancanza») di frutti da mangiare bensì dalla *penuria* («scarsezza») del senso di giustizia, quindi dalla *iniquitas* (appunto mancanza di equità).
Ecco allora che quell'albero carico di pere viene svuotato non per riempire i banchetti dei giovani ma per saziare il loro disonesto e stupido divertimento. Non è dunque una fame materiale a dettare il gesto, ma una fame interiore, una fame malvagia e perversa; il furto delle pere, così come altri gesti compiuti in compagnia, riempie di soddisfazione e appagamento l'adolescenza sregolata di un gruppo di ragazzi, ma la svuota di valori morali ingolfandola di cattiveria gratuita.

Uomo tra vizio e virtù, in una illustrazione di un manoscritto di *La città di Dio* di Agostino, 1486-1487. Abbeville, Museo Municipale.

LEGGO E COMPRENDO

1. Qual è la chiave di lettura adottata da Agostino per reinterpretare questo episodio della sua prima adolescenza?

2. Quale relazione si pone, secondo Agostino, tra la legge divina e la coscienza umana?

3. Individua nel passo i termini e le espressioni riconducibili ai concetti di "pienezza" e di "vuoto" e spiegane il valore simbolico.

L'OPERA | LE *CONFESSIONES*

Le *Confessioni* di Agostino costituiscono una straordinaria rilettura meditata della vita dell'autore alla luce della sua adesione al Vangelo. In un dialogo con Dio, con se stesso e con la propria coscienza Agostino ripercorre le tappe essenziali della propria esistenza reinterpretandole secondo la fede conquistata dopo un lungo e travagliato cammino di conversione.

L'opera, appartenente al genere letterario dell'autobiografia, fu composta fra il 397 e il 401, cioè dopo la piena e definitiva adesione di Agostino al cristianesimo, e consta di 13 libri; nei primi dieci l'autore rilegge la sua esistenza con i nuovi occhi illuminati dalla fede in Dio (l'autore, nelle *Ritrattazioni*, dirà a proposito di questa decade che tali libri *de me scripti sunt*), negli ultimi tre libri invece commenta i primi versetti della *Genesi* (Agostino dichiarerà *de Scripturis sanctis scripti sunt*). Un diverso esame però porta alla divisione 1-9 e 10-13: nel primo blocco Agostino descrive *qualis fuerim*, cioè il passato, nel secondo blocco *qualis sim*, ovvero il presente. In dettaglio: i libri I e II parlano rispettivamente del periodo dell'infanzia-fanciullezza e dell'adolescenza dell'autore; il III libro presenta Agostino studente a Cartagine e ammaliato dall'eresia manichea; nel IV e nel V libro sono illustrati l'attività di insegnante condotta da Agostino a Tagaste e Cartagine e poi il suo viaggio a Roma e Milano; nel VI e nel VII libro Agostino rilegge il suo travaglio interiore e il suo lento cammino verso la fede e la verità passando per l'incontro con il neoplatonismo; l'VIII libro, cardine di tutta l'opera, descrive le fasi della conversione fino all'episodio decisivo nel giardino dell'amico Alipio (➛ **T7**); nel libro IX viene rievocato il battesimo ricevuto dalle mani del vescovo di Milano Ambrogio e il ritorno del neofita in Africa passando per Ostia, dove avviene la perdita dolorosissima della madre Monica; nel libro X l'autore rilegge se stesso nella sua nuova realtà di convertito e tratta ampiamente il tema filosofico della memoria; il libro XI propone un'estesa meditazione sulle parole del primo versetto della *Genesi* «In principio Dio creò...» e offre vasto spazio all'approfondimento di un altro importante tema filosofico, il tempo; il libro XII prosegue la meditazione partendo dalle successive parole bibliche «... il cielo e la terra» e riflettendo sull'interpretazione delle Scritture; infine il libro XIII approfondisce il significato spirituale della creazione.

Il titolo *Confessiones* deve essere inteso in senso biblico e rimanda al verbo latino *confiteri*, da intendersi nel significato più specifico di «celebrare»; l'opera non è pertanto un'ammissione di colpa o semplicemente una narrazione, ma piuttosto una preghiera che esprime ammirazione per l'azione divina nell'anima umana e quindi intende celebrare la gloria di Dio.

Il tema portante dell'intera opera è l'idea che la provvidenza sia la vera artefice della storia dell'umanità e di ciascun individuo: l'uomo, incapace di autonomia, trova la retta via della propria esistenza solo grazie alla luce donatagli da Dio, al quale ognuno è chiamato a obbedire. Secondo Agostino, infatti, la grazia divina precede i meriti umani, agisce per vie insondabili ma certe.

La critica ha molto dibattuto sulla storicità dell'opera. L'autore appare assai schietto nel richiamare i fatti, nel dichiarare omissioni e dubbi ma anche certezze. Le *Confessiones*, però, non sono un'autobiografia in senso stretto; Agostino non ha inteso raccontare tutta la sua vita, ma solo ciò che ha ritenuto opportuno e utile al suo scopo primario, quello cioè di testimoniare la misericordia divina. Tale preoccupazione religiosa, del resto, non compromette necessariamente la veridicità delle informazioni e la fedeltà con cui esse vengono proposte e rilette.

GUIDA ALLO STUDIO

1. A quale genere letterario possono essere ascritte le *Confessioni*?

2. In quali diversi modi è possibile dividere in sezioni i libri delle *Confessioni*, in base al contenuto?

3. In quale parte delle *Confessioni* si colloca la riflessione di Agostino sul tempo?

4. Come deve essere inteso il significato del titolo (*Confessiones*)?

5. In che rapporto stanno, secondo Agostino, la grazia di Dio e i meriti umani?

6. Qual è il principale obiettivo di Agostino nella composizione delle *Confessioni*?

T6

LATINO

La lettura dell'*Hortensius* di Cicerone

Agostino, *Confessiones* 3, 4, 7

Durante il suo iter *formativo a Cartagine, Agostino avverte il desiderio di imparare l'arte retorica, competenza essenziale per poter scalare la piramide sociale. Ciò lo porta a studiare Cicerone, che era considerato nel panorama culturale un maestro indiscusso di oratoria; casualmente Agostino inizia la lettura dell'*Hortensius *(un'opera di carattere protrettico, cioè di esortazione alla filosofia) e questo dialogo, a noi giunto in forma estremamente frammentaria, accende in lui l'amore per la sapientia.*

La lettura del testo ciceroniano consente ad Agostino di avvicinarsi per la prima volta in modo diretto alla filosofia, di infiammarsi d'amore per essa e soprattutto di superare gradualmente l'idea di filosofia racchiusa all'interno di steccati alzati da sette, da ideologie o da correnti, insomma di accostarsi alla sapienza in quanto tale. E in questo innamoramento per il sapere cominciano ad affiorare la passione per la conoscenza e il desiderio di raggiungerla, benché tale anelito risulti imperfetto in quanto ancora privo del riconoscimento della grandezza di Dio: solo in seguito, infatti, Agostino capirà come la ragione non sia sufficiente per raggiungere la verità.

La volontà di capire spinge poi Agostino (in Confessiones *3, 5, 9) a confrontare lo stile dell'*Hortensius *con quello delle Sacre Scritture applicando i canoni classici; l'esito è ovviamente a tutto discapito di queste ultime: l'oratoria di Cicerone appare decisamente superiore per stile ai testi sacri, mentre erano incomprensibili ancora a quei tempi, per Agostino, la profondità e l'acutezza dei loro contenuti.*

[3, 4, 7] Inter hos ego inbecilla tunc aetate discebam libros eloquentiae, in qua eminere cupiebam fine damnabili et ventoso per gaudia vanitatis humanae. Et usitato iam discendi ordine perveneram in librum cuiusdam Ciceronis, cuius linguam fere omnes mirantur, pectus non ita. Sed liber ille ipsius exhortationem continet ad philosophiam et vocatur "Hortensius". Ille vero liber mutavit affectum meum, et ad te ipsum, Domine, mutavit preces meas, et vota ac desideria mea fecit alia. Viluit mihi repente omnis vana spes, et immortalitatem sapientiae concupiscebam aestu cordis incredibili, et surgere coeperam ut ad te redirem. Non enim ad acuendam linguam, quod videbar emere maternis mercedibus, cum agerem annum aetatis undevicesimum iam defuncto patre ante biennium, non ergo ad acuendam linguam referebam illum librum, neque mihi locutionem sed quod loquebatur persuaserat.

[3, 4, 7] **Inter hos:** sono i compagni di scuola che Agostino frequentava a Cartagine. • **inbecilla tunc aetate**: «a quell'età allora malferma»; Agostino aveva 19 anni. • **discebam**: «studiavo». • **fine... humanae**: «per una finalità riprovevole e volubile attraverso i piaceri dell'umana vanità». • **Et usitato iam discendi ordine**: «e secondo l'ormai consueto programma di studi». • **cuiusdam Ciceronis**: Cicerone è accompagnato dall'aggettivo indefinito *quidam*, «un tale» che sembra volere sottolineare una scarsa considerazione del personaggio; naturalmente tale giudizio va rapportato all'età e al livello culturale di Agostino giovane; qualcuno però vi coglie una sottile polemica antipagana. • **linguam... pectus**: l'autore afferma che tutti ammirano l'oratoria ciceroniana (*linguam*), non altrettanto l'uomo (*pectus*); da rilevare la figura retorica della metonimia applicata ai due termini latini. • **vocatur**: «si intitola». • **Hortensius**: di questo dialogo filosofico restano solo un centinaio di frammenti. • **affectum**: «condizione», «stato d'animo». • **mutavit preces meas**: «orientò le mie preghiere». • **vota**: «desideri». • **alia**: si tratta di un complemento predicativo dell'oggetto riferito a *vota* e *desideria*; il verbo *fecit* è da tradurre con «rese». • **Viluit... redirem**: Agostino descrive tre conseguenze derivate dalla lettura dell'*Hortensius*: la perdita di valore delle speranze terrene, il desiderio di sapienza mosso da un incredibile ardore del cuore (*aestu cordis incredibili*) e l'inizio del cammino di conversione a Dio (*surgere*). • **Non enim ad acuendam linguam**: «Non infatti per affinare la mia capacità retorica»; si tratta di una proposizione finale implicita. • **quod... mercedibus**: costruzione personale di *videor*, da cui dipende l'infinito *emere*, «ottenere»; l'ablativo *mercedibus*, «con le spese», allude al fatto che la madre di Agostino continuò a pagare gli studi al figlio nonostante il padre fosse morto già da due anni. • **referebam**: «consideravo». • **persuaserat**: regge il complemento oggetto *locutionem* e un pronome sottinteso *id*, ripreso dal relativo *quod*.

Il testo e il contesto

LA LETTURA DELL'*HORTENSIUS* All'epoca di Agostino l'*iter* degli studi prevedeva tre livelli graduali di acquisizione di conoscenze e competenze. Il primo livello proponeva lo studio delle *litterae* e portava lo studente a imparare a leggere e a scrivere (si trattava quindi del livello base, che garantiva anzitutto il superamento dell'analfabetismo); il secondo livello accostava lo studente allo studio della *grammatica*, intesa soprattutto come letteratura greco-latina (era il livello intermedio, che conduceva a un grado accettabile di cultura letteraria); il terzo livello era quello della *rhetorica*, nel quale si approfondiva l'arte del parlare in pubblico, attraverso lo studio degli autori della tradizione classica (era il livello elevato di formazione). All'età di 19 anni Agostino si trovava al terzo livello del suo percorso di formazione, dove era del tutto naturale affrontare la lettura di Cicerone, nell'ottica di acquisire competenze relative alla tecnica retorica e alle sue applicazioni pratiche nel campo dell'oratoria. Nell'*Hortensius*, in particolare, Cicerone confutava la tesi sostenuta dal suo contemporaneo Ortensio Ortalo, oratore di chiara fama, relativa all'inutilità della filosofia: Cicerone dimostrava non solo che la filosofia è utile ma anche, con orgoglio, che lo stile dell'avversario era superato da quello ciceroniano, per perfezione ed efficacia. Agostino, giovane e promettente studente, nel seguito del passo dimostra del resto già una buona capacità di analisi critica dello stile impiegato dagli autori; e su tale piano sono del tutto comprensibili sia la lode tributata a Cicerone sia il disprezzo nei confronti dello stile delle Sacre Scritture (in *Confessiones* 3, 5, 9), che vertono appunto solo su criteri estetici e stilistici, non di contenuto e di fede: «quando allora mi dedicai a quella scrittura, non provai le stesse impressioni che ora provo e affermo, ma essa mi sembrò indegna di essere paragonata alla dignità di Cicerone».

Il senso del testo

IL CONFLITTO TRA FORMA E CONTENUTO Agostino riconosce il valore della filosofia difesa con accanimento e convinzione da Cicerone e soprattutto, riflettendo sulle argomentazioni, dichiara di cominciare a comprendere come lo stile non possa essere considerato un valore assoluto, ma meriti più rilievo il contenuto rispetto all'eleganza formale e alla raffinatezza stilistica.
La conversione di Agostino, quindi, trova il suo spunto iniziale nel "cosa" viene detto da Cicerone e non nel "come" è scritto, ma l'autore riconosce anche che il contenuto, seppur affascinante, può risultare pericoloso qualora diventi seduttivo. L'approccio migliore verso la conoscenza resta, almeno all'apparenza, quello razionalistico, cioè quell'atteggiamento che evita giudizi emotivi o scelte selettive di adesione a sette o correnti; tuttavia, a posteriori, Agostino ammette che nemmeno la ragione è in grado di penetrare il mistero e di iniziare l'anima umana a percorsi spirituali profondi, lungo i quali la Bibbia, pur nella sua disarmante semplicità, è invece capace di avviare il lettore.
Agostino giunge così al capovolgimento della situazione di partenza e alla determinazione di alcuni punti fermi: ciò che da giovane Agostino riteneva pessimo nella forma e incomprensibile nel contenuto (le Sacre Scritture) diventa ottimo nel contenuto, mentre l'importanza della forma passa decisamente in secondo piano; ciò che era giudicato ottimo sia nella forma che nel contenuto (l'opera di Cicerone) mantiene il primato nella forma, ma lo perde nel contenuto, in quanto la mancanza del nome di Cristo rende l'opera insoddisfacente e inefficace. La lettura dell'*Hortensius* avvia il cammino di conversione di Agostino al cristianesimo e getta i primi semi della azione divina.

LO STILE DI AGOSTINO A margine del discorso relativo ai contenuti del passo, non è qui fuori luogo un breve cenno anche alla forma con cui il testo è stato scritto. Agostino dimostra di aver assimilato appieno le norme che caratterizzano uno stile elegante, quindi sa scrivere bene e ama la ricercatezza formale. Oltre alle numerose figure retoriche, che accrescono l'efficacia comunicativa del testo, è opportuno segnalare anche il ritmo della narrazione, caratterizzata da un periodare ampio e ordinato, impreziosito dalla frequente presenza di strutture trimembri: gli effetti della lettura dell'*Hortensius*, per esempio, sono enfatizzati tramite il ricorso a tre verbi con i rispettivi complementi diretti (*mutavit affectum meum, … mutavit preces meas, vota ac desideria mea fecit alia*, con anafora di *mutavit*, poliptoto dell'aggettivo possessivo e chiasmo fra le prime due frasi e la terza); lo stesso schema a tre verbi si ripete nel periodo successivo (*Viluit… concupiscebam… coeperam*). Agostino dunque mostra non solo di aver apprezzato da giovane l'oratoria ciceroniana, ma anche di averla assimilata e di non rinunciare a impiegarla quando l'importanza dei contenuti lo richieda.

LEGGO E COMPRENDO

1. Qual è il giudizio di Agostino su Cicerone?

2. Quale effetto produce sul giovane Agostino la lettura dell'*Hortensius*?

3. Cerca qualche esempio dell'imitazione agostiniana dello stile di Cicerone.

T7

LATINO/ ITALIANO

La conversione

Agostino, *Confessiones* 8, 12, 28-30

Siamo nell'agosto del 386 d.C. e Agostino si trova a Milano. Dopo aver definitivamente rifiutato il manicheismo ed essersi accostato al neoplatonismo, egli avverte comunque un'insoddisfazione profonda, generata e alimentata dall'incapacità di rompere i legami con gli allettamenti del mondo e della carne; si rifugia così nella rilettura delle Sacre Scritture. Le prediche di Ambrogio, il racconto delle conversioni dell'africano Mario Vittorino e dell'eremita egiziano Antonio, la vicinanza dell'amico Alipio e soprattutto uno stato d'animo ormai adeguatamente predisposto creano le condizioni per la sua definitiva conversione, che costituisce comunque un momento di intensa drammaticità.

L'episodio è ambientato in un giardino; lì Agostino vive in modo molto intenso la definitiva conversione, che si compie grazie alla voce di un bambino e alla conseguente lettura di un passo delle Lettere *di S. Paolo. Il travaglio, trascinatosi per molti anni e infine risoltosi in pochi ma intensissimi istanti, sfocia nella definitiva convinta adesione alla dottrina cristiana da parte di Agostino. Immediatamente egli riferisce l'accaduto alla madre Monica, che tanto aveva sofferto a motivo del figlio; la sua adesione a Dio e alla Chiesa diventa fonte di giubilo anche per la donna, che vede finalmente compiersi il suo intimo desiderio.*

È questa una pagina di alto valore spirituale, ma anche di grande elaborazione artistico-letteraria, con cui Agostino ha voluto dare la giusta enfasi alla vicenda che gli cambiò per sempre la vita.

[8, 12, 28] Ubi vero a fundo arcano alta consideratio traxit et congessit totam miseriam meam in conspectu cordis mei, oborta est procella ingens ferens ingentem imbrem lacrimarum. Et ut totum effunderem cum vocibus suis, surrexi ab Alypio (solitudo mihi ad negotium flendi aptior suggerebatur) et secessi remotius quam ut posset mihi onerosa esse etiam eius praesentia. Sic tunc eram, et ille sensit: nescio quid enim, puto, dixeram in quo apparebat sonus vocis meae iam fletu gravidus, et sic surrexeram.

[8, 12, 28] Quando infine dalle misteriose profondità del cuore una severa meditazione ebbe spurgata ed ammucchiata davanti alla mia visione interiore tutta quanta la mia miseria, scoppiò una fiera tempesta apportatrice di una ingente pioggia di lacrime. E, per dar libero sfogo ad essa e ai singhiozzi che la accompagnavano, mi alzai e, poiché la perfetta solitudine mi pareva più adatta al bisogno di piangere, mi allontanai da Alipio[1] quel tanto che mi rendesse non grave la sua presenza. Così ero: ed egli ne ebbe l'intuizione: credo anche di aver detto qualche cosa che tradiva nel suono della voce il nodo del pianto; e così mi ero alzato.

[8, 12, 28] **Ubi:** introduce una proposizione temporale. • **a fundo arcano**: cioè «dalla segreta profondità (della coscienza)». • **alta consideratio**: lett. «una profonda introspezione», «meditazione». • **traxit et congessit**: il primo verbo (da *traho*) ha significato di «attirare», il secondo (da *congero*) di «accumulare». • **oborta est**: indicativo perfetto da *oborior*, «sorgere». • **procella**: Agostino, da abile retore, utilizza la metafora della tempesta per indicare il profondo turbamento del suo animo; da tale tempesta scaturisce un *imbrem* («pioggia») *lacrimarum*; l'aggettivo *ingens* accostato in poliptoto a entrambi i termini enfatizza ancor più l'intensità dell'esperienza. • **ut... effunderem**: si ricollega sempre alla metafora della tempesta e della pioggia. • **ad negotium flendi**: lett. «allo sforzo del pianto». • **secessi... posset**: proposizione consecutiva. • **sensit**: Alipio si accorse dello stato d'animo di Agostino e dunque *mansit*, «restò», dov'erano seduti *nimie stupens*, «profondamente turbato». • **quid**: costituisce con *nescio* un nesso dal significato «non so cosa».

1. Alipio è l'amico di Agostino, che lo sta ospitando.

Mansit ergo ille ubi sedebamus nimie stupens. Ego sub quadam fici arbore stravi me nescio quomodo, et dimisi habenas lacrimis, et proruperunt flumina oculorum meorum, acceptabile sacrificium tuum, et non quidem his verbis, sed in hac sententia multa dixi tibi: «Et tu, Domine, usquequo? Usquequo, Domine, irasceris in finem? Ne memor fueris iniquitatum nostrarum antiquarum». Sentiebam enim eis me teneri. Iactabam voces miserabiles: «Quamdiu, quamdiu, 'cras et cras'? Quare non modo? Quare non hac hora finis turpitudinis meae?».

[8, 12, 29] Dicebam haec et flebam amarissima contritione cordis mei. Et ecce audio vocem de vicina domo cum cantu dicentis et crebro repetentis, quasi pueri an puellae, nescio: «Tolle lege, tolle lege». Statimque mutato vultu intentissimus cogitare coepi utrumnam solerent pueri in aliquo genere ludendi cantitare tale aliquid. Nec occurrebat omnino audisse me uspiam, repressoque impetu lacrimarum surrexi, nihil aliud interpretans divinitus mihi iuberi nisi ut aperirem codicem et legerem quod primum caput invenissem.

Egli rimase là dove eravamo stati seduti, profondamente stupito. Io mi gettai a terra, non so come, sotto un albero di fico[2], e lasciai libero corso al pianto, che proruppe a guisa di torrente dagli occhi, sacrificio a te gradito. E parlai, parlai a lungo, non proprio con queste parole, ma certo con questi sentimenti[3]: "E Tu, Signore, fino a quando? Quando, o Signore, avrà fine la tua collera? Oh, dimentica i miei peccati antichi[4]!". Sentivo di essere ancora legato[5]. Mandavo gemiti imploranti pietà: "Fino a quando, fino a quando: domani, domani? Perché non subito? Perché in questo stesso istante non finirla con la mia vergogna?".

[8, 12, 29] Parlavo e piangevo, gonfio il cuore di amarissima contrizione. Ed ecco dalla casa vicina mi giunge canterellata una voce – di bambino o di bambina, non so – che ripeteva a guisa di ritornello: "Prendi, leggi; prendi, leggi[6]". Di colpo, il volto si muta[7]: e il mio pensiero va ricercando attentamente se quella sia una delle cantilene che i fanciulli sogliono ripetere in qualche loro giuoco; ma non rammento affatto di averla già udita. Frenai il corso delle lagrime, mi alzai, sicuro che quella voce non era altro che un ordine del cielo di aprire il libro e di leggere il primo capitolo che mi capitasse sotto gli occhi.

• **stravi**: indicativo perfetto di *sterno*, «mi sdraiai». • **usquequo**: «fino a quando». • **Ne ... fueris**: forma classica di imperativo negativo. • **Iactabam voces miserabiles**: lett. «Emettevo lamenti pieni di compassione»; tali lamenti sono resi magistralmente evidenti dalle interrogative dirette seguenti, ellittiche del verbo.

[8, 12, 29] **contritione**: ha la medesima radice del verbo *contero* («triturare», «logorare»). • **Et ecce**: l'espressione introduce nella vicenda un elemento inaspettato di novità. • **quasi... nescio**: interrogativa indiretta disgiuntiva; l'autore non riconosce se la voce è maschile o femminile. • **Tolle lege**: sono due imperativi. • **utrumnam**: forma rafforzata di *utrum*; introduce un'interrogativa indiretta («se»). • **ludendi**: è gerundio al genitivo; si può rendere con il sostantivo «gioco». • **cantitare**: verbo frequentativo di *cano*; assume il valore di «cantare ripetutamente». • **uspiam**: «in nessun luogo». • **repressoque... surrexi**: la conversione prende corpo anche nelle azioni di Agostino: egli ora reprime il «fiume di lacrime» (cfr. paragrafo precedente) e se prima si era sdraiato (*stravi*) ora si alza. • **nihil ... invenissem**: il participio *interpretans*, concordato con il soggetto, regge l'infinitiva *mihi iuberi* che, a sua volta, regge *ut aperirem... et legerem*; quest'ultimo verbo introduce la relativa *quod invenissem* (il congiuntivo si giustifica per attrazione modale). • **caput**: da intendersi come

2. Il fico richiama in Agostino il peccato originale e il desiderio della carne.
3. Agostino non ricorda esattamente le parole rivolte a Dio, ma ne riporta la *sententia*, cioè il significato essenziale.
4. Si tratta di citazioni tratte dal libro biblico dei *Salmi*.
5. Agostino si accorge di essere ancora prigioniero delle sue malvagità.
6. In questi due imperativi, ripetuti, si esprime, attraverso una nenia infantile, l'invito ad Agostino a prendere e leggere: ancora un libro (➛ **T6**) diventa protagonista nel suo cammino di conversione.
7. È il primo segno evidente della conversione.

Audieram enim de Antonio quod ex evangelica lectione cui forte supervenerat admonitus fuerit, tamquam sibi diceretur quod legebatur: «Vade, vende omnia quae habes, et da pauperibus et habebis thesaurum in caelis; et veni, sequere me», et tali oraculo confestim ad te esse conversum. Itaque concitus redii in eum locum ubi sedebat Alypius: ibi enim posueram codicem Apostoli cum inde surrexeram. Arripui, aperui, et legi in silentio capi-

Avevo poco prima sentito raccontare di Antonio[8] che da una lettura del Vangelo a cui per caso assisteva, come se essa fosse stata indirizzata a lui personalmente, aveva ricevuto l'invito: "Va', vendi tutto quello che hai, distribuiscilo ai poveri e avrai un tesoro nel cielo; poi vieni e seguimi[9]",e che era stato istantaneamente convertito a Te da quella parola divina. Pertanto, tutto eccitato, ritornai là dove Alipio stava seduto e dove avevo posto il volume dell'Apostolo[10] nell'atto di alzarmi. Lo afferrai, lo apersi e, in silenzio, lessi il primo verset-

Bonino da campione, arca di Sant'Agostino, 1362: conversione di Sant'Agostino e Dialogo di San Simpliciano. Pavia, San Pietro in Ciel d'oro.

«capitolo», «versetto» delle Sacre Scritture; non si deve scordare che tutto ciò sta avvenendo *divinitus*, ovvero per volontà divina. • **tamquam ... legebatur**: è una proposizione comparativa ipotetica («come se proprio a lui fosse rivolto ciò che vi si leggeva»). • **Vade**: imperativo del verbo *vado*; segue una sequenza di imperativi (*vende... da... veni, sequere*). • **concitus:** l'aggettivo si riferisce al soggetto ed esprime la fretta dell'azione ma anche la commozione dell'animo. • **codicem Apostoli**: cfr. nota 10. • **Arripui, aperui, et legi**: tre verbi in rapida successione per esprimere l'ansia e la fretta con cui Agostino vuole eseguire quell'ordine ricevuto,

8. Viene richiamata l'esperienza del monaco egiziano Antonio, la cui conversione era dipesa dall'ammonimento ricevuto dalla lettura di un passaggio del Vangelo (*ex evangelica lectione*), in cui si era casualmente imbattuto (*cui forte supervenerat*).
9. Il testo appartiene al Vangelo di Matteo 19, 21.
10. Cioè il libro delle Lettere di Paolo.

tulum quo primum coniecti sunt oculi mei: «Non in comissationibus et ebrietatibus, non in cubilibus et impudicitiis, non in contentione et aemulatione, sed induite dominum Iesum Christum et carnis providentiam ne feceritis in concupiscentiis». Nec ultra volui legere nec opus erat. Statim quippe cum fine huiusce sententiae quasi luce securitatis infusa cordi meo omnes dubitationis tenebrae diffugerunt.

[8, 12, 30] Tum interiecto aut digito aut nescio quo alio signo codicem clausi et tranquillo iam vultu indicavi Alypio.

At ille quid in se ageretur (quod ego nesciebam) sic indicavit. Petit videre quid legissem. Ostendi, et adtendit etiam ultra quam ego legeram. Et ignorabam quid sequeretur. Sequebatur vero: «Infirmum autem in fide recipite». Quod ille ad se rettulit mihique aperuit. Sed tali admonitione firmatus est placitoque ac proposito bono et congruentissimo suis moribus, quibus a me in melius iam olim valde longeque distabat, sine ulla turbulenta cunctatione coniunctus est. Inde ad matrem ingredimur, indicamus: gaudet.

to che mi cadde sotto gli occhi: "Non nella crapula e nell'ubriachezza, non nelle impudicizie del letto, non nella discordia e nell'invidia: rivestitevi invece del Signore Gesù Cristo, e non prendetevi cura della carne nelle concupiscenze[11]". Non volli leggere altro, né altro occorreva. Subito, appena finito il versetto, come per una luce rassicurante infusa nel mio spirito, tutte le tenebre dell'incertezza scomparvero.

[8, 12, 30] Chiusi allora il libro, tenendovi il dito o non so quale altra cosa come segno[12], e, con volto ritornato sereno ormai del tutto, misi al corrente Alipio.

Questi alla sua volta mise me al corrente di quello che si stava svolgendo in lui, del che io non mi ero accorto, in questo modo: volle vedere il brano che avevo letto, ed io glielo mostrai: ma egli pose mente anche più in là di quello che io avevo letto e che ancora ignoravo. Seguivano queste parole: "Se poi qualcuno è debole nella fede, porgetegli la mano[13]". Queste egli applicò a se stesso, e me lo disse. Ma un tale ammonimento servì a confermarlo in quella santa risoluzione che, del resto, era pienamente conforme ai suoi costumi nei quali era tanto e da tanto tempo migliore di me: si unì a me, così, senza alcuna esitazione e senza lotte interne.

Tolle lege. • **quo**: avverbio di moto a luogo. • **coniecti sunt**: lett. «si gettarono». • **Non... concupiscentiis**: *comissatio* significa «baldoria», «gozzoviglia»; *ebrietas* significa «ubriachezza»; *cubile* è il «letto», quindi il termine indica gli atteggiamenti lussuriosi; *impudicitia* significa «scostumatezza»; *contentio* indica la «contesa»; *aemulatio* è la «gelosia». Cfr. anche nota 11.
[8, 12, 30] **interiecto... signo**: ablativo assoluto. • **At... indicavit**: lett. «Ma egli mi rivelò ciò che stava accadendo in lui (*quid in se ageretur* è una interrogativa indiretta) e che io non sapevo». • **quid legissem**: un'altra proposizione interrogativa indiretta. • **Infirmum**: «la persona debole»; è accusativo complemento oggetto di *recipite*. • **Quod**: nesso relativo. • **tali admonitione**: complemento di causa efficiente. • **indicamus**: «e rendiamo nota (la decisione)»; è degno di rilievo l'uso del presente, che rende l'immediatezza della situazione.

11. Il testo paolino (*Lettera ai Romani* 13, 13 s.) invita a rivestirsi di Cristo e a non accondiscendere ai desideri della carne.
12. L'agitazione e l'emozione non consentono ad Agostino di ricordare quale segno avesse messo (un dito o altro) prima di chiudere il libro e di rivolgersi all'amico Alipio.
13. La citazione è tratta dalla *Lettera ai Romani* di Paolo (14, 1).

Narramus quemadmodum gestum sit: exultat et triumphat et benedicebat tibi, qui potens es ultra quam petimus et intellegimus facere, quia tanto amplius sibi a te concessum de me videbat quam petere solebat miserabilibus flebilibusque gemitibus. Convertisti enim me ad te, ut nec uxorem quaererem nec aliquam spem saeculi huius, stans in ea regula fidei in qua me ante tot annos ei revelaveras, et convertisti luctum eius in gaudium multo uberius quam voluerat, et multo carius atque castius quam de nepotibus carnis meae requirebat.

Rientriamo in casa, dalla madre: gliene do l'annuncio; ella ne gioisce. Al racconto particolareggiato, esulta come di un trionfo ed innalza benedizioni a Te, "che nel tuo operato vai tanto oltre le nostre richieste e la nostra visuale": vedeva bene che Tu le avevi concesso nei miei riguardi assai più di quanto soleva chiederti tra gemiti e pianto. Mi avevi infatti così convertito a Te, che io non pensavo più a cercarmi una moglie, né ad altre speranze mondane[14], saldo in quella regola di fede in cui le ero stato mostrato da Te tanti anni prima. Tramutasti il suo dolore in una gioia ben più intensa di quella che aveva desiderato, più dolce e più casta di quella che si sarebbe potuta aspettare da nipoti nati dalla mia carne.

(trad. di C. Vitali, con variazioni)

• **quia**: proposizione causale che esprime i motivi di gioia di Monica. • **tanto … quam**: Dio le ha concesso (*concessum* con sott. *esse*) più di quanto lei era solita chiedere piangendo (*miserabilibus flebilibusque gemitibus*). • **ut**: introduce una proposizione consecutiva. • **et convertisti… requirebat**: la conversione del figlio diventa conversione anche della madre, che passa dal dolore alla gioia; il *gaudium* è definito *uberius* («più abbondante»), *carius* («più prezioso») e *castius* («più puro») rispetto al *gaudium* che si aspettava dalla nascita dei nipoti.

14. Dopo la conversione Agostino non cercherà più moglie né coltiverà alcuna speranza e ambizione terrena.

PER COMPRENDERE IL TESTO

Il testo e il contesto

IL TRAVAGLIO DELLA CONVERSIONE Dopo tante avventure e peregrinazioni in varie regioni e terre, dall'Africa all'Italia, la solitudine di un giardino privato e appartato diventa il teatro di una delle più intense e coinvolgenti pagine di azione del divino sull'umano. Agostino è molto confuso e sconcertato, la consapevolezza delle sue colpe e dei suoi limiti diventa tormento interiore e dramma psicologico e spirituale; anche la vicinanza dell'amico Alipio è per lui motivo di fastidio. In questo desolato abbandono, fra il pianto e lo sconforto, Agostino rivolge un'implorazione accorata a Dio pregandolo con i versetti dei Salmi.

Ed ecco il miracolo, che prende improvvisamente corpo in una voce reale o presunta di un bambino; Agostino, dopo un tentativo di razionalizzazione del messaggio, si affida a quella voce misteriosa e ne esegue gli ordini: va, afferra il testo di Paolo e, imitando il processo di conversione di Antonio, apre a caso e legge; improvvisamente la luce della certezza dissipa le tenebre del dubbio. Agostino sente l'irrefrenabile desiderio dapprima di riferire l'accaduto all'amico Alipio, che già illuminato dalla fede sta vivendo contemporaneamente un'esperienza simile, poi di rivelarlo alla madre Monica, che gioisce e benedice Dio per averle concesso più di quanto lei stessa avesse sperato.

L'affermazione dell'autore che esprime la gioiosa certezza di aver ormai superato i desideri peccaminosi della carne e della mondanità e di aver aderito pienamente al Vangelo chiude questa straordinaria cronaca di una conversione avvenuta grazie all'azione della grazia divina.

Il senso del testo

DAL RAZIONALISMO ALLA FEDE La personalità di Agostino, caratterizzata da una forte propensione speculativa e dallo sforzo costante di dare risposte, si trova desolatamente in crisi: il pianto e il tormento interiore sono la prova di una incapacità della ragione di giusti- →

ficare e spiegare quanto è accaduto e accade nella sua vita. Agostino finalmente si abbandona e concede spazi e tempi all'azione salvifica dello Spirito; il pianto dell'uomo diviene processo di purificazione dell'anima.
Il momento essenziale del superamento della ragione si avverte in presenza della voce che ripete a cantilena *Tolle lege*, «Prendi, leggi!». La reazione immediata di Agostino, istintiva ma ancora suggerita dalla razionalità (che rimane viva e attiva fino all'ultimo), si esprime nella volontà di dare una spiegazione a quella voce e di comprenderne l'origine: è di maschio o di femmina? Appartiene a qualche filastrocca ripetuta nei giochi?
Il *nescio* pronunciato dal filosofo suona come un'ammissione di resa e segna il momento del definitivo abbandono alla fede. Non importa capire: Dio ha parlato e parla all'uomo in vari modi, nelle Sacre Scritture, tramite la voce dei profeti, attraverso la sorte ecc.; in questo caso Dio fa sentire la sua voce attraverso quella di un bambino, una voce che penetra nell'anima dell'uomo e ne squarcia la scorza di scetticismo e di dubbio.

LE CHIAVI DI LETTURA Nel racconto della conversione Agostino ricorre a molte immagini per cercare di comunicare in una modalità efficace e intensa l'emozione dell'esperienza da lui vissuta. Costante è innanzitutto la presenza dell'acqua, sotto forma di pianto, impiegata come metafora per rendere l'intensità dell'angoscia e della contrizione di Agostino, ma anche per richiamare la valenza purificatrice di questo elemento. Ciò che colpisce in particolare nell'episodio è il rapporto fra dinamicità e staticità. L'autore ricorre più volte al verbo *surgo* che, letteralmente, indica l'azione dell'alzarsi, ma se viene interpretato in chiave metaforica e simbolica esprime il superamento della staticità dell'anima nella sua condizione di peccato (ricorrono nel testo parecchi verbi indicanti stato) e l'idea di rinascita a una vita nuova illuminata dalla fede, una rinascita che richiama con evidenza l'evento straordinario della resurrezione.
Mentre nella prima parte del testo si avverte ancora l'alternanza fra atteggiamenti dinamici e statici (Agostino si alza di colpo ma poi si sdraia sotto l'albero di fico), dopo l'ascolto della voce prevale nettamente il movimento, che porta Agostino a correre prima da Alipio e poi dalla madre. Molto evidente anche il rapporto fra solitudine e condivisione: l'anima tormentata e depressa di Agostino lo porta a isolarsi, l'anima rassicurata e confortata lo spinge a comunicare e a condividere l'esperienza vissuta.
Tutto l'episodio infine si costruisce attraverso l'alternanza fra silenzio e suono; all'inizio l'isolamento ambientale in cui Agostino si trova contrasta con la fragorosa tempesta interiore, che lo porta a formulare un'incontrollata successione di domande a Dio; poi una voce indefinita rompe il silenzio del giardino e riempie l'anima di Agostino grazie alla lettura delle Sacre Scritture; infine l'esperienza si fa voce umana, nella frenesia di Agostino (che applica a se stesso l'aggettivo *concitus*) di riferire l'accaduto alle persone a lui più care.
Nelle ultime righe del racconto viene impiegato due volte il verbo *converto*, mai utilizzato nei paragrafi precedenti; in entrambi i casi il verbo ha come soggetto Dio (*convertisti*), al quale Agostino riconosce il merito della sua conversione, intesa etimologicamente come un volgersi lontano dalla condizione di peccato e un rivolgersi a lui mutando direzione.

UNO STILE PARATATTICO E INCALZANTE Fra i numerosi artifici retorici che caratterizzano questa pagina delle *Confessiones* merita particolare attenzione quello più semplice e per questo più efficace, cioè il ricorso alla paratassi e all'asindeto nei punti chiave del testo. La voce udita da Agostino si esprime attraverso una coppia di imperativi (*Tolle lege*) coordinati per asindeto e ripetuti in anafora; la citazione dal Vangelo di Matteo riferita alla conversione di Antonio presenta anch'essa una successione prima di tre imperativi (*Vade, vende... da*) e poi di altri due (*veni, sequere*) in struttura paratattica e asindetica; lo stesso accade nel momento in cui Agostino esprime la reazione alla voce udita tramite l'impiego di tre indicativi perfetti in successione paratattica (*Arripui, aperui et legi*); infine, quando Agostino informa il lettore di aver riferito alla madre l'accaduto ed esprime le reazioni della donna, utilizza anche in questo caso un incalzante elenco di verbi (*ingredimur, indicamus: gaudet. Narramus... exultat et triumphat et benedicebat*).
Il ricorso alla paratassi e all'asindeto è chiaramente studiato da Agostino al fine di dare rapidità alla narrazione e di esprimere la concitazione e l'intensità dei momenti che lo hanno definitivamente liberato dalle catene del peccato.

LEGGO E COMPRENDO

1. In quale contesto biografico (periodo della vita, luogo, relazioni interpersonali e occasione) si colloca l'episodio narrato in questo passo?

2. Quale risoluzione è necessaria perché Agostino accolga la conversione che sta avvenendo dentro di lui?

3. Quali elementi simbolici e parole che rimandano a un significato spirituale sono presenti nel testo?

VERIFICA *IN ITINERE* AGOSTINO: UN PAGANO CHE SI FA CRISTIANO

QUESITI A SCELTA MULTIPLA

1. **ricordare** Agostino si accosta alla lettura delle opere di Cicerone (➛ **T6**):
   - ☐ nell'ambito dei suoi studi di retorica
   - ☐ allo scopo di approfondire la sua conoscenza del cristianesimo
   - ☐ con l'intento di avvicinarsi agli studi filosofici
   - ☐ per entrare in contatto con l'ambiente dei filosofi, che gli consentiranno l'accesso ai vertici della scala sociale

2. **ricordare** All'epoca di Agostino, l'*iter* di studi prevedeva:
   - ☐ come primo livello la *grammatica*, cioè l'acquisizione dell'abilità di lettura e scrittura
   - ☐ come secondo livello la *grammatica*, che consisteva nello studio della letteratura
   - ☐ come primo livello la *grammatica*, cioè lo studio teorico delle regole grammaticali
   - ☐ come primo livello le *litterae*, che consistevano nello studio della letteratura

3. **ricordare** La conversione di Agostino avviene:
   - ☐ nel 354 a Tagaste
   - ☐ nel 354 a Milano
   - ☐ nel 386 a Milano
   - ☐ nel 386 a Ippona

4. **comprendere** Agostino racconta di essersi allontanato dalla presenza dell'amico Alipio (➛ **T7**):
   - ☐ perché l'angoscia gli rende insopportabile il contatto con gli altri
   - ☐ per il bisogno di sfogare da solo nel pianto il tormento interiore
   - ☐ per poter pregare in solitudine, leggendo un passo delle Sacre Scritture
   - ☐ incuriosito dal canto di un bambino che giunge da una casa vicina

5. **comprendere** Le citazioni scritturali riportate da Agostino nel racconto della sua conversione:
   - ☐ sono le medesime che guidarono alla conversione sant'Antonio eremita
   - ☐ sono le parole che Agostino ha udito provenire da una casa vicina
   - ☐ sono pronunciate, come per miracolo, da una voce proveniente dal cielo
   - ☐ costituiscono finalmente una risposta alla sua lunga ricerca interiore

6. **comprendere** Agostino riproduce la grande gioia della madre alla notizia della sua conversione attraverso:
   - ☐ un elenco incalzante di verbi al perfetto, allitteranti e asindetici
   - ☐ l'accumulo di aggettivi relativi alla gioia e riferiti alla donna
   - ☐ il ricorso a una serie di verbi al presente storico, accostati per asindeto
   - ☐ le esclamazioni e le interrogative retoriche pronunciate dalla donna

QUESITI A RISPOSTA BREVE

Rispondi ai quesiti nello spazio di 7-8 righe per ciascuno. Quando lo ritieni opportuno, puoi consultare i testi.

1. Come fu possibile che un'opera di Cicerone desse avvio al processo di conversione di Agostino al cristianesimo (➛ **T6**)?
2. Quale cambiamento interiore fu avvertito da Agostino nel momento in cui decise di vivere secondo la morale cristiana (➛ **T7**)?

TRATTAZIONE SINTETICA

Svolgi le seguenti tracce nelle spazio di 20-25 righe per ciascuna. Quando lo ritieni opportuno, puoi consultare i testi.

1. Dopo aver spiegato in che modo, dopo una prima fase di contrapposizione, il cristianesimo e la cultura classica cominciarono a dialogare tra loro, illustra come ciò sia esemplificato dalle *Confessiones* di Agostino.
2. Scegli uno dei brani antologizzati in questa sezione e, dopo averlo contestualizzato e averne riassunto brevemente il contenuto, indicane le principali caratteristiche stilistiche facendo opportuni riferimenti al testo.

VERIFICA PER LA COMPRENSIONE

QUESITI A SCELTA MULTIPLA

1. **ricordare** Il cristianesimo cessa di essere oggetto di persecuzione:
   - ☐ con l'editto di Milano del 380
   - ☐ con l'editto di Tessalonica
   - ☐ con la fase dell'apologetica
   - ☐ all'inizio del IV secolo d.C.

2. **ricordare** Tacito si occupa dei cristiani in una delle sue opere storiche, gli *Annales*, in quanto:
   - ☐ la loro persecuzione fu uno dei fatti salienti del principato di Nerone
   - ☐ furono responsabili dell'incendio che devastò Roma durante il principato di Nerone
   - ☐ era necessario difendere i cristiani dalle ingiuste accuse rivolte loro dai Romani
   - ☐ elogiando il principato di Nerone, approva le persecuzioni contro i cristiani

3. **ricordare** Plinio il Giovane si occupa dei cristiani:
   - ☐ in un'opera storica
   - ☐ nel suo epistolario
   - ☐ nel suo panegirico di Traiano
   - ☐ nella propria autobiografia

4. **analizzare** Nel ricordare i peccati commessi durante la propria adolescenza (➤ **T5**), Agostino:
   - ☐ è tormentato dal senso di colpa e racconta l'accaduto con evidente imbarazzo
   - ☐ sembra interessato soprattutto a cercare una scusante per il peccato commesso
   - ☐ invoca angosciato la misericordia di Dio, disperando di poter essere perdonato
   - ☐ si mostra umilmente e senza pudori di fronte allo sguardo misericordioso di Dio

5. **comprendere** Ciò che maggiormente ha colpito Agostino della lettura dell'*Hortensius* di Cicerone (➤ **T6**) è:
   - ☐ l'esortazione a convertirsi al cristianesimo
   - ☐ l'invito a ricercare la sapienza
   - ☐ la sapienza linguistica dell'oratore
   - ☐ la sua utilità per perfezionare lo stile

6. **comprendere** Lo stile scelto da Agostino per le sue *Confessiones*:
   - ☐ si rivolge prevalentemente all'imitazione di quello biblico, che Agostino giudicava superiore persino alla retorica ciceroniana
   - ☐ è trascurato, in quanto il contenuto dell'opera è posto nettamente in primo piano rispetto alla forma
   - ☐ mostra chiaramente i segni dei proficui studi retorici di Agostino
   - ☐ pur nella varietà dei livelli impiegati in diversi passi dell'opera, raggiunge sempre risultati piuttosto modesti

QUESITI A RISPOSTA BREVE

Rispondi ai quesiti nello spazio di 7-8 righe per ciascuno. Quando lo ritieni opportuno, puoi consultare i testi.

1. Come può essere riepilogata, suddividendola in diverse fasi, la storia della penetrazione del cristianesimo nel mondo romano?
2. Che rapporto c'è, secondo Agostino, tra l'approccio razionalistico e l'esperienza spirituale?

TRATTAZIONE SINTETICA

Svolgi le seguenti tracce nelle spazio di 20-25 righe per ciascuna. Quando lo ritieni opportuno, puoi consultare i testi.

1. Riassumendo il contenuto dello scambio epistolare tra Plinio il Giovane e Traiano (➤ **T3-T4**), spiega quale testimonianza ci venga offerta sul rapporto tra il cristianesimo e il mondo romano.
2. *Nec ultra volui legere nec opus erat. Statim quippe cum fine huiusce sententiae quasi luce securitatis infusa cordi meo omnes dubitationis tenebrae diffugerunt*. Dopo aver individuato l'origine di questo passo, contestualizzalo nell'opera dell'autore e nel brano da cui è stato tratto e forniscine un breve commento, senza trascurare le caratteristiche formali più evidenti.

CICERO LECTIO **Il peccato è innato nell'uomo** Agostino, *Confessiones* 1, 7

La difesa del cristianesimo: Cristo "mediatore"

PER ANALIZZARE

DIFENDERSI DAGLI ATTACCHI DEI PAGANI La fase "apologetica" – cioè "di difesa" – della letteratura cristiana, che ha inizio fin dai tempi della predicazione di Cristo e che termina con il 313 d.C, anno dell'Editto di Milano dell'imperatore Costantino, è caratterizzata dalla difesa della religione cristiana nei confronti degli attacchi contro di essa mossi dai pagani e delle prassi giuridiche non rispettose dei diritti dell'imputato spesso adottate contro i cristiani.

Questo atteggiamento di difesa del cristianesimo traspare con particolare evidenza nell'*Apologeticum* di Tertulliano, opera che si scaglia contro le principali accuse rivolte dal mondo pagano alla nuova dottrina. Tertulliano, con la forza e la convinzione che gli derivano dalla sua fede, costruisce un potente attacco contro i nemici, ne smaschera la malafede e l'ignoranza, si sforza di dimostrare con dovizia di ragionamenti l'infondatezza dei pesanti capi d'accusa. Il tono risulta ora polemico e ironico, ora risentito e aggressivo, in un incedere logico non privo di fiammate emotive.

IL PASSAGGIO GRADUALE DALL'APOLOGETICA ALLA PATRISTICA L'astio nei confronti della religione cristiana, testimoniato da tutta la produzione apologetica greca e latina soprattutto nel II e III secolo d.C., con il tempo tende a esaurirsi per l'aumento degli adepti della nuova religione e grazie a una maggiore conoscenza reciproca tra pagani e cristiani. Si verifica pertanto un graduale passaggio da posizioni antitetiche a prove di dialogo fra il paganesimo e il cristianesimo, nelle quali la tradizione culturale pagana (specie quella filosofica) diviene strumento per favorire una sempre più puntuale definizione della dottrina, sia nei confronti del paganesimo stesso sia (e sempre più spesso) in opposizione alle eresie, cioè a quelle dottrine religiose che, durante la fase di chiarificazione dei dogmi, hanno spesso minato l'ortodossia, talvolta ricorrendo anch'esse a tesi filosofiche tratte dalla tradizione greco-latina. Gli autori che contribuiscono a questa fase di definizione delle dottrine di fede sono detti "Padri della Chiesa", e perciò la produzione letteraria che ne deriva è detta "patristica".

LA DIFESA DALLE ERESIE Un autorevolissimo esempio di tale processo si riscontra nelle *Confessiones* di Agostino, più precisamente nelle pagine dedicate al confronto e al dibattito sulla natura di Cristo. Agostino, che aveva personalmente sperimentato il fascino e il rischio dell'eresia manichea (➤ p. 576), combatte la natura eterodossa di alcune posizioni che erano sorte all'interno della Chiesa e che tendevano a dubitare ora della natura umana ora di quella divina di Cristo, negando di fatto la sua duplice natura, umana e divina. Agostino, confutando queste tesi che trovavano la loro genesi nella filosofia neoplatonica, ribadisce e conferma la natura mediatrice di Cristo, che è vero uomo e vero Dio, persona uguale e distinta esattamente come le altre due persone (il Padre e lo Spirito Santo) della Trinità. Tale articolata, delicata e profonda riflessione viene espressa dall'autore nella forma letteraria del diario autobiografico, nel quale l'autore dialoga con se stesso e con Dio; l'arduo progetto produce un testo originalissimo, scritto in uno stile efficace e particolare, espressione limpida e coerente di un'anima complessa ed entusiasta della propria fede.

IL TEMPO DELL'AUTORE

TERTULLIANO

UN CRISTIANO INTRANSIGENTE Quinto Settimio Fiorente Tertulliano è uno degli autori più significativi della letteratura latina: espressione autorevole dell'apologetica cristiana, è considerato il primo teologo latino cristiano e uno dei creatori del latino ecclesiastico.

Tertulliano nacque a Cartagine nel 155 d.C. e morì probabilmente intorno al 230; la sua esistenza quindi trascorse soprattutto sotto i regni degli imperatori romani Settimio Severo e Caracalla. I genitori pagani (il padre era un centurione al servizio del proconsole d'Africa) garantirono al figlio un'accurata formazione in ambito giuridico e retorico e lo studio del greco; questo *iter* portò Tertulliano a svolgere la professione di avvocato prima in Africa e poi a Roma.

Intorno al 195 si convertì al cristianesimo e si trasferì definitivamente a Cartagine. Non sono del tutto chiari i motivi della sua adesione alla dottrina cristiana: pare che abbiano giocato un ruolo determinante in tal senso gli esempi dei martiri cristiani, modello di intransigenza e fedeltà alle proprie convinzioni, particolarmente apprezzabili per un carattere determinato e fermo, contrario a compromessi e sotterfugi, come quello del giovane africano.

Sappiamo che fu consacrato sacerdote, anche se egli non fa mai menzione di ciò nei suoi scritti, coerentemente con la sua riservatezza. Da presbitero della Chiesa cattolica assunse via via posizioni sempre più intransigenti, che lo portarono a cadere in eresia con l'adesione, intorno al 213, alla setta dei montanisti, che predicavano l'immimente ritorno di Cristo, rifiutavano le gerarchie ecclesiali e imponevano una vita ascetica e il totale distacco dalle "cose del mondo". Nell'ultima parte della sua vita Tertulliano fondò un suo movimento ereticale più estremista, chiamato dei "tertullianisti", ancora presente ai tempi di Agostino: questo movimento predicava la necessità di una Chiesa che sapesse testimoniare purezza senza compromessi e che emarginasse i deboli e i peccatori.

LA PRODUZIONE POLEMICA E APOLOGETICA Molto intensa risulta l'attività letteraria di Tertulliano, favorita dalle profonde conoscenze delle letterature greca e latina, della retorica e della filosofia classica, e caratterizzata oltretutto da uno stile originalissimo, fatto di antitesi, giochi di parole, neologismi. In tutti i suoi scritti si afferma nettamente il tono polemico.

Incerta è la cronologia: tra le prime opere, da considerare anche tra le principali, sono da segnalare gli scritti di natura apologetica *Apologeticum* (➛ p. 593) e *Ad nationes*, nei quali si denuncia l'ignoranza dei pagani riguardo alla dottrina cristiana e si rivendica il diritto alla libertà religiosa; in tale ambito si colloca anche l'opera più tarda *Ad Scapulam*, composta nel 212 d.C. e rivolta a Scapula, proconsole romano in Africa, che aveva ripreso a perseguitare i cristiani.

Sono degni di menzione anche alcuni trattatelli morali, scritti fra il 200 e il 212, nei quali vengono affrontati i problemi della comunità cristiana: *De baptismo* (sui sacramenti dell'iniziazione cristiana), *De oratione*, *De patientia*, *De poenitentia*, *De idololatria* (attacco all'economia pagana), *De virginibus velandis*, *De cultu feminarum* (Tertulliano sosteneva l'idea dell'inferiorità della donna rispetto all'uomo; da ciò la necessità che le donne portassero il velo e adottassero un abbigliamento consono).

È però nelle opere di carattere polemico che lo spessore di Tertulliano emerge in modo particolare. Significativo è il *De praescriptione haereticorum*, riguardante questioni procedurali nei processi contro i cristiani, ma importanti sono anche gli scritti contro lo gnosticismo, come *Adversus Hermogenem* (un pittore gnostico di Cartagine), *Adversus Valentinianos* (Valentiniano era un seguace dello gnosticismo), *Adversus Marcionem* (che sosteneva l'esistenza di un Dio buono in cielo e di un Dio giusto sulla terra) e su questioni teologiche (*De carne Christi*, *De resurrectione carnis*, sulla natura di Cristo e sulla resurrezione del corpo in polemica con quanti la negavano). L'opera *Adversus Iudaeos* è invece un duro attacco contro gli ebrei.

Al periodo montanista (213-222) appartengono: *De fuga in persecutione* (sulla necessità che un vero cristiano sappia affrontare anche la morte in nome della fede), *Adversus Praxean* (sulla questione trinitaria), *De monogamia*, *De pudicitia* (in cui si condannano i rapporti sessuali al di fuori del matrimonio).

Negli scritti degli ultimi anni la prospettiva si evolve ulteriormente; da un lato Tertulliano continua la polemica nei confronti dei nemici del cristianesimo; dall'altro si accentua lo scontro con la Chiesa di Roma (il *De ieiunio* è rivol-

Incisione con il ritratto di Tertulliano, da *Les vrais pourtraits et vies des hommes illustres* di André Thevet, 1584. Collezione Privata.

to contro la mollezza dei cristiani e in difesa di pratiche di digiuno più rigide). Anche in altri testi di morale ed ecclesiologia Tertulliano afferma con sempre maggiore convinzione la sua lontananza dalla Chiesa madre.
Tuttavia, nonostante queste posizioni estreme e critiche, Tertulliano nei dibattiti, negli studi e nelle riflessioni riguardanti la Chiesa è rimasto una costante presenza fino ai nostri giorni, tanto da essere citato in diverse encicliche papali. In particolare gli va riconosciuto il merito di aver gettato le fondamenta della teologia trinitaria: la formula, da lui coniata nei termini e nella sostanza, che definisce la Trinità come «una natura in tre persone» rappresenta un'acquisizione definitiva nell'ambito della teologia cristiana.

GUIDA ALLO STUDIO

1. Che tipo di formazione ricevette Tertulliano nella prima fase della sua vita?

2. Quali sono le ragioni della conversione di Tertulliano al cristianesimo?

3. Che cosa credevano rispettivamente i "montanisti" e i "tertullianisti"?

L'OPERA | *L'APOLOGETICUM*

L'*Apologeticum*, scritto da Tertulliano a partire dal 197 d.C., costituisce un'orazione dimostrativa di difesa del cristianesimo ed è chiaramente inquadrabile nel genere letterario dell'oratoria epidittica: si riconosce al suo interno un destinatario (si tratta dei magistrati romani della provincia d'Africa chiamati a giudicare i cristiani); si evidenzia una struttura in cui si rintracciano le parti fondamentali di un'orazione; c'è una tesi da confutare e smontare; si incontrano gli artifici retorici propri dell'arte oratoria, che trovano amplificazione e risonanza attraverso l'utilizzo di una prosa da un lato preziosa e rigorosa, dall'altro sublime e grandiosa; si evincono chiari influssi di stile asiano ma anche tracce ed esempi significativi dello stile proprio dell'oratoria classica.
L'orazione consta di 50 capitoli; dopo la parte iniziale (capp. 1-6), in cui sono presenti l'*exordium*, la *propositio* dell'argomento e una discussione preliminare di carattere giuridico, si apre la *refutatio* (capp. 7-49), ovvero la confutazione delle accuse mosse contro i cristiani e le presunte illegalità da loro commesse in privato e in pubblico, raccolte soprattutto sotto due principali capi d'accusa, ovvero la *irreligiositas* (il sacrilegio) e il *crimen maiestatis* (la lesa maestà). Nella *peroratio* che chiude l'orazione (cap. 50) si afferma trionfalmente come la persecuzione contro i cristiani, attraverso il sangue dei martiri, sortisca l'effetto contrario rispetto alle intenzioni dei persecutori pagani, ovvero non la distruzione bensì la diffusione e la proliferazione dei seguaci di Cristo.
Come già anticipato, il testo non è un'arringa difensiva riguardante un processo specifico, bensì un documento che da un lato deve rispondere ai canoni dell'oratoria giudiziaria, dall'altro si deve adattare a qualunque situazione di attacco contro la religione professata dai seguaci di Gesù; si tratta pertanto, relativamente agli argomenti affrontati, di una sorta di "manuale" di apologia del cristianesimo. Tertulliano sfoggia la sua abilità di avvocato e rende palesi le contraddizioni della legislazione romana nei confronti della questione cristiana, già evidenti nella posizione assunta da Traiano in risposta alla lettera di Plinio il Giovane (➛ **T3-T4**): se i cristiani sono realmente malfattori per *manifesta facinora* (delitti evidenti) e per *occulta facinora* (infanticidi, incesti, cannibalismo ecc.) vanno ricercati e condannati, se non lo sono vanno lasciati liberi di professare la loro fede. Nel testo emerge con evidenza il carattere focoso dell'autore, che vuole condannare il paganesimo, esaltare il cristianesimo e affermarne la superiorità rispetto al razionalismo filosofico, sostenendo con orgoglio che *semen est sanguis Christianorum*, (50, 13), cioè «la semente che fa crescere la Chiesa è il sangue dei martiri».

GUIDA ALLO STUDIO

1. A quale genere letterario appartiene l'*Apologeticum*?

2. Come è strutturato l'*Apologeticum* di Tertulliano?

3. Qual è la posizione di Tertulliano nei confronti delle persecuzioni contro i cristiani?

La difesa del cristianesimo: Tertulliano

T8

LATINO

L'odio verso il nome dei cristiani

Tertulliano, *Apologeticum* 1, 1-8

CICERO LECTIO

*Il testo costituisce la pagina di apertura dell'*Apologeticum *di Tertulliano: un esordio molto formale e che assume i toni dell'ufficialità. Tertulliano si rivolge ai funzionari dell'impero che hanno il compito di amministrare la giustizia chiedendo disponibilità all'ascolto e sforzo di comprendere la reale natura della religione in questione prima di emettere verdetti di condanna. La prima accusa dalla quale l'autore intende difendere i cristiani è l'odio pagano nei confronti del loro nome, dettato solamente da ignoranza e quindi non giustificabile.*

[1, 1] Si non licet vobis, Romani imperii antistites, in aperto et edito, in ipso fere vertice civitatis praesidentibus ad iudicandum, palam dispicere et coram examinare, quid sit liquido in causa Christianorum; si ad hanc solam speciem auctoritas vestra de iustitiae diligentia in publico aut timet aut erubescit inquirere; si denique, quod proxime accidit, domesticis indiciis nimis operata infestatio sectae huius os obstruit defensioni: liceat veritati vel occulta via tacitarum litterarum ad aures vestras pervenire. [2] Nihil de causa sua deprecatur, quia nec de condicione miratur. Scit se peregrinam in terris agere, inter extraneos facile inimicos invenire, ceterum genus, sedem, spem, gratiam, dignitatem in caelis habere. Unum gestit interdum, ne ignorata damnetur. [3] Quid hic deperit legibus in suo regno dominantibus, si audiatur? Hoc magis gloriabitur potestas earum, quod etiam inauditam damnabunt veritatem? Ceterum inauditam si damnent, praeter invidiam iniquitatis etiam suspicionem merebuntur alicuius conscientiae, nolentes audire quod auditum damnare non poterant.

[1, 1] **Si… examinare**: è la protasi di un periodo ipotetico della realtà; seguiranno altre due protasi (*si ad hanc… aut timet aut erubescit* e *si denique… obstruit*); l'apodosi è espressa dal successivo congiuntivo esortativo *liceat… pervenire*. • **antistites**: «magistrati»; il termine è in caso vocativo. • **praesidentibus**: concorda con *vobis* e regge *ad iudicandum*: «(a voi) che presiedete ai processi». • **palam… examinare**: «indagare apertamente e alla presenza di tutti esaminare»; segue un'interrogativa indiretta. • **liquido**: si tratta di un avverbio con il significato di «chiaramente», «distintamente». • **speciem**: da tradurre con «tipo (di processo)». • **de iustitiae diligentia**: «riguardo a un'accurata gestione della giustizia». • **quod proxime accidit**: proposizione relativa; da tradurre con «cosa che recentemente si è verificata». • **domesticis indiciis**: «alle delazioni domestiche». • **nimis operata… huius**: «l'ostilità verso questa setta (*sectae huius* è un genitivo oggettivo), troppo attenta…» (regge il precedente *domesticis indiciis*). • **vel… litterarum**: «almeno attraverso la via occulta di un'opera letteraria silenziosa».
[2] **deprecatur**: il soggetto è *veritas*, valore che in questo contesto viene personificato. • **nec**: «neppure». • **agere**: sottintende il complemento oggetto *vitam*. • **ceterum genus**: «un'altra famiglia». • **gratiam**: assume in questo passaggio del testo la valenza di «credito». • **Unum… damnetur**: «Frattanto ha dentro di sé un solo desiderio, di non essere condannata senza essere stata conosciuta».
[3] **Quid… dominantibus**: interrogativa diretta e apodosi di un periodo ipotetico misto: «Che cosa in questa circostanza (*hic* è avverbio) si perde (dal verbo *depereo*) per le vostre leggi che sono padrone nel loro regno»; segue la protasi *si audiatur*, il cui soggetto è ancora *veritas*. • **Hoc… veritatem?**: «Forse il loro (= delle leggi) potere otterrà maggior gloria, perché condanneranno la verità pur senza averla ascoltata?». • **Ceterum… damnent**: protasi del periodo ipotetico misto; *ceterum* assume valore di avverbio avversativo. • **praeter**: «oltre» + accusativo. • **invidiam iniquitatis**: «odio per un iniquo procedimento»; si tratta di genitivo oggettivo. • **merebuntur**: «si procureranno». • **conscientiae**: qui assume il significato di «preconcetto», «pregiudizio». • **nolentes… poterant**: «non volendo ascoltare ciò che, se ascoltato, non potrebbero condannare».

[4] Hanc igitur primam causam apud vos collocamus iniquitatis odii erga nomen Christianorum. Quam iniquitatem idem titulus et onerat et revincit, qui videtur excusare, ignorantia scilicet. Quid enim iniquius, quam ut oderint homines quod ignorant, etiam si res meretur odium? Tunc etenim meretur, cum cognoscitur, an mereatur. [5] Vacante autem meriti notitia, unde odii iustitia defenditur, quae non de eventu, sed de conscientia probanda est? Cum ergo propterea oderunt, quia ignorant quale sit quod oderunt, cur non liceat eiusmodi illud esse, quod non debeant odisse? Ita utrumque ex alterutro redarguimus, et ignorare illos, dum oderunt, et iniuste odisse, dum ignorant. [6] Testimonium ignorantiae est, quae iniquitatem dum excusat, condemnat, cum omnes, qui retro oderant, quia ignorabant, simul desinunt ignorare, cessant et odisse. Ex his fiunt Christiani, utique de comperto, et incipiunt odisse quod fuerant, et profiteri quod oderant, et sunt tanti, quanti et denotamur. [7] Obsessam vociferantur civitatem; in agris, in castellis, in insulis Christianos; omnem sexum, aetatem, condicionem, etiam dignitatem transgredi ad hoc nomen quasi detrimento maerent. [8] Nec tamen hoc ipso ad aestimationem alicuius latentis boni promovent animos. Non licet rectius suspicari, non libet propius experiri! Hic tantum curiositas humana torpescit! Amant ignorare, cum alii gaudeant cognovisse.

■ Monogramma di Cristo, secolo IV. Città del Vaticano, Museo Pio Cristiano.

[4] **causam... Christianorum**: è la prima accusa che Tertulliano formula contro i magistrati romani, ossia di odio ingiusto verso il nome di cristiani. • **Quam**: è nesso relativo. • **titulus**: «ragione», «causa»; si tratta dell'ignoranza che, mentre sembra giustificare (*excusare*) l'ingiustizia, in realtà la aggrava (*onerat*) e la rinforza (*revincit*). • **Quid iniquius**: sottinteso *est*; *iniquius* è una forma di comparativo neutro. • **quam ut oderint**: proposizione comparativa «del fatto che gli uomini provino odio (*oderint*, congiuntivo perfetto del verbo difettivo *odi*, *-isse*) per ciò che non conoscono». • **cum... mereatur**: proposizione temporale (*cum* + indicativo) seguita da un'interrogativa indiretta introdotta da *an*.
[5] **Vacante... notitia**: è un ablativo assoluto che svolge la funzione di protasi di un periodo ipotetico misto: «Se manca la conoscenza di ciò che merita». • **unde**: introduce un'interrogativa diretta; *iustitia* va tradotto con «legittimità»; segue una relativa introdotta da *quae* al cui interno si trova una perifrastica passiva; *de eventu, sed de conscientia*: «non in base a un fatto, ma alla conoscenza». • **Cum... odisse?**: periodo complesso, costituito da una temporale (*Cum... oderunt*), da una causale (*quia ignorant*), da un'interrogativa indiretta (*quale sit*) seguita da una relativa (*quod oderunt*), dalla principale interrogativa diretta con il verbo al congiuntivo indipendente (*cur liceat*, nella forma del cosiddetto falso condizionale) seguita dall'infinitiva (*eiusmodi esse*) e infine da una relativa impropria con valore consecutivo (*quod non debeant odisse*). Traduci: «Quando dunque odiano poiché non conoscono cosa sia ciò che odiano, perché non potrebbe essere lecito che ciò sia di tal genere da non doverlo odiare?». • **Ita utrumque... ignorant**: «Entrambi gli atteggiamenti e ciascuno in base all'altro noi biasimiamo»; seguono due infinitive epesegetiche correlative (*et ... et*) aventi per soggetto *illos*.
[6] **Testimonium**: «prova». • **cum**: «mentre». • **retro**: «in passato». • **simul**: introduce una temporale, «non appena». • **Ex his... comperto**: «Da costoro si generano dei cristiani assolutamente (*utique*) consapevoli», lett. «del tutto accertati», «di assoluta certezza» (*de comperto*). • **quod**: relativo, «ciò che». • **et sunt... denotamur**: «e sono così tanti, quanti anche siamo riconosciuti tali».
[7] **Obsessam**: sottinteso *esse*, che è verbo dell'infinitiva retta dal verbo deponente *vociferantur* («gridano»); Tertulliano, qui e nella frase successiva, sottolinea l'idea espressa dai nemici che la città sia sotto assedio per colpa dei cristiani, che sono ovunque, e che persone di ogni genere si convertano alla religione cristiana (*transgredi ad hoc nomen*, lett. «passano a questo nome»); le infinitive sono rette dal verbo *maerent*, «si lamentano». • **quasi detrimento**: «come se fosse un danno», lett. «quasi a danno».
[8] **Nec... animos**: «E tuttavia, nonostante questo, non arrivano ad avere il sospetto che ci sia nascosto qualcosa di buono». • **Non licet... experiri**: l'autore gioca sulla contrapposizione fra *licet* («è lecito») e *libet* («piace»), fra i due avverbi comparativi *rectius* («in maniera più diretta») e *propius* («più da vicino»), fra i due infiniti *suspicari* («sospettare») ed *experiri* («sperimentare»), al fine di ribadire ulteriormente la contraddizione dell'operato di chi è avverso alla religione cristiana. • **Hic tantum**: «Soltanto in questa situazione». • **cum**: «mentre».

Il testo e il contesto

L'*EXORDIUM* E LA PERSONIFICAZIONE DELLA *VERITAS* L'*exordium* dell'*Apologeticum* di Tertulliano ci introduce nel contesto in cui si ambienta l'orazione di difesa: la città è Cartagine, il luogo preciso a cui l'autore si riferisce è l'acropoli (dove aveva sede il consesso dei magistrati che amministravano la giustizia), come si evince nel par. 1 dalla frase *in ipso fere vertice civitatis*. Viene immediatamente evidenziato il presunto imbarazzo dei giudici nell'affrontare la questione dei cristiani, stato d'animo chiaramente espresso dai verbi *timet* e *erubescit*, correlati dalle congiunzioni *aut... aut*. Tertulliano contrappone alla pubblica accusa una difesa muta, affidata a un testo letterario: in tale ottica deve essere interpretata la frase *liceat veritati vel occulta via tacitarum litterarum ad aures vestras pervenire*.

L'orazione prosegue con la personificazione della *veritas*, espressa nel periodo di apertura del par. 2. Viene marcata con forza la contrapposizione fra la condizione di difficoltà vissuta dalla verità sulla terra e la situazione di privilegio goduta *in caelis*, dove essa trova la sua naturale collocazione ma dove continua a provare sentimenti umani espressi dai termini *spem*, *gratiam* e *dignitatem*. La verità mette alla prova le leggi; se essa restasse *inauditam*, cioè «inascoltata», la sua condanna potrebbe generare odio e sospetto nei confronti delle leggi stesse.

LA RADICE DELL'OSTILITÀ VERSO I CRISTIANI Con la fine del par. 3 ha termine l'*exordium*. Segue l'enunciazione della prima causa dell'ostilità verso i cristiani, ovvero l'odio *erga nomen Christianorum* (par. 4); esso è generato dall'*ignorantia*. Tertulliano, con un ragionamento articolato, smonta il senso e l'efficacia di un sentimento di ostilità che non si fondi su conoscenze e prove concrete, come si evince dalla frase di chiusura del par. 5, anch'essa costruita sulla correlazione delle congiunzioni *et... et*: *et ignorare illos, dum oderunt, et iniuste odisse, dum ignorant*. Nel successivo paragrafo l'autore offre al lettore una dimostrazione di come odio e ignoranza siano connessi: quando gli uomini cessano di ignorare, *cessant et odisse*. Tale processo di acquisizione di consapevolezza attiva conversioni e adesioni sempre più numerose e diffuse alla dottrina: con un'iperbole si sostiene che la città è *Obsessam* (par. 7); che i cristiani sono ovunque, *in agris, in castellis, in insulis*; che il fenomeno di proselitismo riguarda *omnem sexum, aetatem, condicionem*. Tuttavia, nonostante ciò, si continua a sospettare e a non conoscere, tanto che la curiosità umana *torpescit*.

Lo stile del testo

UNA SINTASSI COMPLESSA Sul piano sintattico il testo si caratterizza per la presenza ripetuta di alcuni costrutti.

- Interrogative dirette, come al par. 3 *Quid hic deperit legibus in suo regno dominantibus, si audiatur?*, ma presenti in quantità significativa anche nei paragrafi successivi; esse contribuiscono a dare maggiore potenza al tono inquisitorio e polemico dell'autore.
- Interrogative indirette; esempi si rintracciano al par. 4 .... e al par. 5 *quale sit*.
- Periodi ipotetici, come per es. al par. 3 *si damnent* (protasi), ... (apodosi).
- La chiusura esclamativa al par. 8 *Non licet rectius suspicari, non libet propius experiri! Hic tantum curiositas humana torpescit!*, che esprime lo stupore di Tertulliano nei confronti del comportamento anomalo dei detrattori del cristianesimo.

Il tono interrogativo nella forma diretta e indiretta e la frequenza di costrutti ipotetici testimoniano, oltre alla complessità sintattica del testo, anche la problematicità della situazione, che per la sua delicatezza e particolarità pretende approfondimenti, pone condizioni e conseguenze, genera dubbi e domande.

Sempre sul piano strutturale si riscontrano anche frequenti simmetrie e parallelismi, che giocando sulle corrispondenze formali e sulle contrapposizioni semantiche accentuano l'efficacia della comunicazione. Al par. 2 alla frase *nihil de causa sua deprecatur* corrisponde simmetricamente la frase *nec de condicione miratur* (con omoteleuto nelle forme verbali *deprecatur* e *miratur*); nel medesimo paragrafo all'espressione *se peregrinam in terris agere* si pone in costrutto parallelo, ma in opposizione di significato, ...; facilmente identificabile la stessa struttura in chiusura del par. 5: *et ignorare illos, dum oderunt, et iniuste odisse, dum ignorant*, con anafora della congiunzione .... e poliptoto delle forme verbali *ignorare*/ ....

Pagina di codice dell'*Apologeticum* di Tertulliano, XV secolo. Firenze, Biblioteca Medicea Laurenziana.

e *oderunt/* ....; ancora al par. 6 troviamo *et incipiunt odisse quod fuerant, et profiteri quod oderant*, con anafora del pronome relativo *quod*. Un'ultima efficacissima struttura simmetrica si evidenzia al par. 8: *Non licet rectius suspicari, non libet propius experiri!*; in questa frase esclamativa sono presenti anche gli omoteleuti *rectius/* .... e *licet/* .... e l'anafora della negazione *non*.

LE SCELTE LESSICALI Anche l'analisi lessicale aiuta a comprendere meglio il testo; i termini maggiormente ricorrenti sono *iniquitas*, presente in poliptoto per ben quattro volte (e ripreso nel suo significato anche dal comparativo .... al par. 4); *odium*, ripetuto ossessivamente sia nella sua forma di sostantivo sia nel suo esito di voce verbale nei par. 4, 5, 6 (nei quali ricorre frequentemente anche il vocabolo *ignorantia* come nome e nel suo esito verbale); *veritas*, utilizzato due volte nel corso del testo, una al par. .... e una al par. ....
Si ha la sensazione che la potenza apparente dell'ingiustizia e dell'odio, la trascuratezza e la deresponsabilizzazione generate dalla non-conoscenza, la forza del pregiudizio, della cattiveria, dell'iniquità possano essere scalfite dalla verità, che, nonostante subisca i tentativi di essere soffocata, compie inesorabilmente la sua opera di redenzione e presto saprà trionfare grazie anche al numero di cristiani che l'avranno riconosciuta e definitivamente scelta.

LEGGO E ANALIZZO

1. Dividi in sequenze il brano e assegna a ciascuna sequenza un titolo che ne riassuma brevemente il contenuto.

2. A chi si rivolge Tertulliano e a quale scopo?

3. Qual è, secondo Tertulliano, la prima causa di odio nei confronti del nome dei cristiani?

4. Che tipo di costrutti caratterizza questo testo dal punto di vista sintattico?

5. Qual è il campo semantico prevalente nel brano?

6. Commenta l'antitesi che conclude il brano spiegando a chi si riferisce.

LINGUA E STILE | IL REALISMO NELLA PROSA DI TERTULLIANO

Lo stile di Tertulliano presenta alcune caratteristiche evidenti, che ne esprimono la creatività e la genialità. Difensore indefesso della religione cristiana, egli è ritenuto dalla critica moderna anche colui che ha dato vita alla lingua latina cristiana. Tertulliano è senza dubbio uno scrittore difficile, a volte oscuro: E. Norden afferma che è l'autore più difficile che abbia scritto in latino e che nessuno quanto lui pretende così tanto dal lettore. Il modo di scrivere di Tertulliano, del resto, esprime appieno la sua personalità originale. In particolare il suo stile presenta un doppio influsso: da un lato appare evidente il contributo dello stile ciceroniano, caratterizzato da una dizione distesa e da un ponderato equilibrio nella costruzione delle frasi; dall'altro lato si riconosce il peso retorico dello stile asiano, che genera un periodare irregolare e difforme, spezzettato e talvolta duro (l'asianesimo era quella corrente retorica che puntava alla elaborazione stilistica, alla ricercatezza e agli effetti impressionistici, anche a scapito della linearità e semplicità del dettato).
In altri termini un lettore, leggendo Tertulliano, si imbatte sia in costrutti simmetrici, di ampio respiro, basati sul parallelismo (di stampo ciceroniano), sia in strutture concise, nervose, spezzate (di matrice asiana).
Si coglie poi nella prosa di Tertulliano il gusto compiaciuto del preziosismo, fatto di giochi retorici, di scherzi e battute a effetto, di paradossi ed esagerazioni; tale modo di scrivere rimanda con evidenza alla Seconda Sofistica, ovvero a quella corrente letteraria sviluppatasi soprattutto nel II-III sec. d.C. nelle scuole di retorica e oratoria che, disinteressandosi di argomentazioni etico-filosofiche (delle quali invece si era preoccupata la Sofistica di epoca classica), si concentrò esclusivamente sulla forma e sulla ricercatezza stilistica. Tertulliano, a differenza di quanto facevano i neosofisti che davano sfoggio delle loro abilità in gare di retorica vuote di significato, ricorre alla cura formale per dare maggio-

re risalto e forza persuasiva alle sue argomentazioni. Nello stile di Tertulliano, infine, colpisce in particolare il realismo, che porta l'autore tra l'altro a disprezzare i poeti. Un esempio fastidioso per il lettore, quasi imbarazzante ma anche alquanto affascinante di realismo si riscontra nel cap. IV del *De carne Christi*, un'opera di polemica teologica scritta contro il vescovo eretico Marcione. Per celebrare l'umanità di Cristo e affermare con certezza la realtà della sua carne umana Tertulliano scrive il seguente passo:

«[1] Tu dunque respingi l'incarnazione, non perché sia impossibile o rischiosa per Dio, ma per altro motivo. Non può essere che il seguente: tu rifiuti e biasimi l'incarnazione come qualcosa di indegno per Dio. Coraggio, dunque, svolgi con ordine la tua requisitoria, visto che hai in odio la nascita: sfogati contro gli elementi genitali che insozzano l'utero, contro i fetidi impasti di acqua e sangue, contro la carne che, per nove mesi, si deve nutrire del medesimo fango. Descrivi l'utero, di giorno in giorno più pesante ed abnorme, che non trova riposo neppure nel sonno, tormentato ora dalla nausea, ora dal desiderio di cibo. E adesso dirigi il tuo sdegno contro i vergognosi organi della donna partoriente, che la rendono, al contrario, degna di rispetto perché rischia la vita, e che sono per natura qualcosa di sacro. [2] Avrai certamente ribrezzo anche del bambino, dato alla luce con i resti del suo involucro; senz'altro susciterà il tuo disprezzo il vederlo lavare, coprire di panni, spalmare di pomata, vezzeggiare con carezze. Tu disprezzi, o Marcione, la cosa più sacra della natura: e tu come sei nato? Odi la nascita dell'uomo, e come puoi amare qualcuno? ... [3] La nostra certezza è questa: Cristo ha amato l'uomo, formato nelle immondizie dell'utero, venuto al mondo per canali vergognosi, nutrito di carezze ingannevoli. Per lui è disceso dal cielo, per lui ha predicato, per lui si è umiliato in ogni modo sino alla morte, e alla morte di croce...».

(Tertulliano, *De carne Christi*, IV, 1-3; trad. di Claudio Micaelli)

Il testo esprime in modo magistrale la forza della fantasia di Tertulliano, la ricchezza delle immagini che l'autore è capace di creare e impiegare, la focosità di un carattere impetuoso e battagliero.
Sulla stessa linea di aggressività e di violenza espressiva si pongono anche i numerosi esempi della sua ironia, talvolta particolarmente pungente, quasi urtante, che attacca l'avversario, lo mette alle corde e lo annienta. Heinrich Hoppe, nel suo studio sulla sintassi e lo stile di Tertulliano, arriva ad affermare che egli è «un uomo d'odio più che d'amore... non tende mai la mano per far la pace, non fa mai concessioni al suo avversario, mai ritiene qualche cosa indifferente, mai ammette la possibilità di un altro punto di vista».

■ **Sarcofago dell'Anastasis con raffigurate scene della passione di Cristo**, 325-350 d.C. ca. Città del Vaticano, Museo Pio Cristiano.

LEGGO E ANALIZZO

1. Quali caratteristiche dello stile asiano si possono riconoscere nel modo di scrivere di Tertulliano?

2. Che cosa è la Seconda Sofistica? Quali aspetti della prosa di Tertulliano possono rimandare a essa?

3. Quale caratteristica dello stile di Tertulliano emerge con maggiore evidenza dalla lettura del passo del *De carne Christi* riportato sopra?

T9

LATINO/ITALIANO

La difesa dalle accuse contro i cristiani

Tertulliano, *Apologeticum* 7, 1-5

Con questo testo si entra nel cuore della strategia apologetica di Tertulliano; l'autore infatti prende in considerazione e cerca di svuotare di senso e di credibilità le accuse più infamanti rivolte ai cristiani dal mondo pagano: l'infanticidio, il cannibalismo, l'incesto. Tali pesantissime e gravissime imputazioni sono da sempre state mosse contro i seguaci della nuova religione, ma non sono mai state dimostrate; mancando la prova di colpevolezza, deve necessariamente decadere anche l'accusa. L'origine di tale astio, secondo l'opinione di Tertulliano, ha diverse motivazioni e risale ai tempi di Tiberio, quindi al periodo in cui la nuova dottrina ha avuto inizio. Questa situazione, che dunque si trascina da lungo tempo, ha prima innescato e poi consolidato atteggiamenti di sospetto, spionaggio, tradimento verso i cristiani, senza tuttavia che un seguace di Cristo sia mai stato colto sul fatto in uno dei comportamenti aberranti e riprovevoli che vengono rinfacciati.

Il tono di Tertulliano si fa in questa pagina alquanto accalorato e aggressivo, la sua logica nell'argomentare risulta ferrea ed estremamente lucida, efficaci e convincenti risultano agli occhi del lettore l'analisi da lui condotta e le argomentazioni prodotte a difesa.

[7, 1] Dicimur sceleratissimi de sacramento infanticidii et pabulo inde et post convivium incesto, quod eversores luminum canes, lenones scilicet tenebrarum, in libidinum impiarum verecundiam procurent. [2] Dicimur tamen semper, nec vos quod tamdiu dicimur, eruere curatis. Ergo aut eruite, si creditis, aut nolite credere, qui non eruitis! De vestra vobis dissimulatione praescribitur, non esse quod nec ipsi audetis eruere. Longe aliud munus carnifici in Christianos imperatis, non ut dicant quae faciunt, sed ut negent quod sunt.

[7, 1] Siamo gli uomini più scellerati, voi dite, perché ci macchiamo di infanticidio, ci nutriamo delle carni delle vittime immolate e, dopo il banchetto, commettiamo l'incesto[1] con la complicità di cani che rovesciano i lumi e, quasi lenoni nelle tenebre, ci risparmiano la vergogna della più empia delle libidini.

[2] Questo, da sempre, si dice di noi: e tuttavia, ciò che da molto tempo andate dicendo di noi, non vi siete mai curati di dimostrarlo. Dimostratelo dunque, se ci credete; cessate di crederlo, se non potete dimostrarlo. Così grande trascuratezza da parte vostra prova l'inesistenza di quanto voi stessi non avete il coraggio di dimostrare. Del tutto nuovo è infatti il compito che imponete al carnefice nei confronti dei cristiani: non di costringerli a confessare ciò che fanno, ma di forzarli a negare ciò che sono.

[1] **Dicimur**: costruzione personale del verbo *dicor*, verbo copulativo che regge il doppio nominativo; il soggetto sottinteso è *nos*, da intendersi come «noi cristiani». • **de**: in questo caso introduce un complemento di causa; il termine *sacramentum* assume nel contesto valore di «rito» di infanticidio. • **pabulo... incesto**: i due ablativi *pabulo* e *incesto* sono sempre retti dalla preposizione *de*. • **quod... procurent**: lett. «al quale (riferito a *incesto*) attendono dei cani, s'intende (*scilicet*) mercanti delle tenebre, che spengono le luci (*eversores luminum*) al fine di stendere un velo di riservatezza sulle loro empie libidini».
[2] **Dicimur**: riprende in anafora il verbo di apertura del paragrafo precedente. • **quod**: «ciò che», proposizione relativa prolettica. • **eruere curatis**: lett. «vi preoccupate di rendere chiaro». • **nolite credere**: «non credetelo», imperativo negativo. • **vobis**: dativo di svantaggio. • **non esse**: ossia «non esiste». • **audetis**: da *audeo*. • **Longe aliud munus**: lett. «un ben diverso compito».

1. Dopo l'omicidio dei bambini, secondo le accuse più diffuse, i cristiani consumerebbero le carni dei bambini uccisi e, dopo il banchetto, compirebbero incesti.

[3] Census istius disciplinae, ut iam edidimus, a Tiberio est. Cum odio sui coepit veritas; simul apparuit, inimica est. Tot hostes eius quot extranei, et quidem proprie ex aemulatione Iudaei, ex concussione milites, ex natura ipsi etiam domestici nostri.
[4] Cottidie obsidemur, cottidie prodimur, in ipsis etiam plurimum coetibus et congregationibus nostris opprimimur. Quis umquam taliter vagienti infanti supervenit? [5] Quis cruenta, ut invenerat, Cyclopum et Sirenum ora iudici reservavit? Quis vel in uxoribus aliqua immunda vestigia deprehendit? Quis talia facinora, cum invenisset, celavit aut vendidit, ipsos trahens homines? Si semper latemus, quando proditum est quod admittimus?

[3] L'inizio della nostra dottrina, che voi calunniate e biasimate, risale, come ho già detto, all'età di Tiberio: e fu immediatamente detestata perché conteneva la verità, la quale, non appena appare, suscita inimicizia[2]. Tanti sono i suoi nemici, quanti sono coloro che non la professano: e l'odio contro di noi è alimentato dalla gelosia dei Giudei, dalla avidità dei soldati, dalla natura stessa dei nostri servi. [4] Ogni giorno noi siamo spiati, ogni giorno siamo traditi e sorpresi nelle nostre stesse riunioni e assemblee. Ma chi mai, giungendo all'improvviso, riuscì a cogliere il vagito di un infante? [5] Chi poté mai presentare al giudice, così come le avrebbe trovate, le bocche insanguinate di questi Ciclopi e di queste novelle Sirene[3]? Chi mai, pur nella propria sposa, ha scoperto qualche traccia di tali nefandezze? E chi, infine, venuto a conoscenza di delitti di tal genere, li tenne nascosti o vendette il suo silenzio, pur trascinando dinanzi ai tribunali i supposti colpevoli? Se sempre ci nascondiamo, quando poté divulgarsi ciò di cui siamo accusati?

(trad. di A. Resta Barrile)

Banchetto dei sette discepoli. Roma, Catacombe di San Callisto.

[3] **Census istius disciplinae**: lett. «La denuncia di questa dottrina». • **coepit**: «ha avuto origine»; soggetto è *veritas*, a cui si riferisce anche il pronome personale in genitivo *sui*. • **simul**: introduce una proposizione temporale. • **Tot hostes... extranei**: è da sottintendere due volte il verbo *sunt*. • **quidem proprie**: lett. «e in particolare». • **ex aemulatione**: «per rivalità», complemento di origine, come i successivi.
[4] **plurimum**: «spessissimo», avverbiale. • **opprimimur**: da intendere «siamo presi alla sprovvista». • **Quis... supervenit?**: lett. «Chi mai sorprese un bambino che vagiva trattato in tal modo (*taliter*)?».
[5] **Quis... reservavit?**: lett. «Chi conservò (*reservavit*) per il giudice le bocche (*ora*) insanguinate di tali Ciclopi e delle Sirene, così come le aveva trovate?» • **aut... homines?**: lett. «o mise in vendita, trascinandoli (in tribunale), gli autori stessi dei misfatti?» • **quod admittimus**: proposizione relativa.

2. In pratica, secondo Tertulliano, con la fede cristiana (la «verità») nacque subito anche l'odio nei suoi confronti.
3. Creature mitologiche che in vario modo conducevano alla rovina chi si imbatteva in loro.

Il testo e il contesto

ACCUSE PRIVE DI FONDAMENTO Tertulliano affila le armi della dialettica, elenca in rapida successione le più infamanti accuse rivolte ai cristiani ma non accetta di subirle passivamente senza che siano sostenute da alcuna prova. Passa poi a indagare sull'origine di tale astio, sorto ai tempi dell'imperatore Tiberio, e identifica tre agenti fondamentali che ne determinarono il sorgere: i Giudei, in quanto notoriamente ostili ai cristiani per motivi religiosi e sociali; i soldati, in quanto desiderosi di sfruttare la situazione per scopi di estorsione; gli schiavi, portati all'odio dalla loro stessa natura.

Tuttavia, nonostante la presenza di potenziali nemici così numerosi, mai nessuno colse un cristiano mentre abusava di un bambino e con la bocca sporca di sangue o mentre godeva di amori illeciti e incestuosi: per dare ulteriore forza alla sua argomentazione Tertulliano ricorre in questo caso al linguaggio metaforico citando mostri mitologici come i Ciclopi e le Sirene. In poche righe l'autore torna a mettere al centro della sua analisi la condizione misera dei cristiani, vittime innocenti di atteggiamenti persecutori privi di motivazioni.

Lo stile del testo

POTENZA ED EFFICACIA DEL DISCORSO L'importanza delle argomentazioni addotte da Tertulliano giustifica la ricerca di uno stile particolarmente curato. La scelta della forma più efficace per dimostrare la veridicità delle proprie affermazioni porta l'autore a soluzioni ponderate anche riguardo a elementi semplici, come la diatesi verbale. Per esempio il frequente ricorso nei parr. 1-5 alle forme verbali passive (*dicimur*, ripetuto per ben tre volte in anafora; *praescribitur*; ....; *prodimur*; *opprimimur*; *proditum est*) vuole enfatizzare la condizione dei cristiani, costretti a subire le angherie dei persecutori.

Nel corso del testo l'autore pronuncia sentenze drastiche; la più aggressiva e severa si ritrova al par. 2, espressa per giunta in forma esclamativa: *Ergo aut eruite, si creditis, aut nolite credere, qui non eruitis!* Tale sentenza è ulteriormente accentuata nella sua efficacia dall'anafora di *aut*, dalla ripetizione in poliptoto delle forme verbali derivanti dai verbi *eruo* e ...., dall'impiego dell'imperativo negativo ....

Sempre per accrescere la potenza del discorso, Tertulliano utilizza ripetizioni a due, tre e quattro membri: al par. 3 l'anafora della preposizione *ex* introduce tre complementi di origine espressi dai tre ablativi *aemulatione*, *concussione* e ...., abbinati ai tre soggetti della frase, che sono *Iudaei*, *milites*, *domestici*; al par. 4 l'anafora dell'avverbio *cottidie* si accompagna alle forme verbali *obsidemur* e *prodimur* in omoteleuto (l'uscita verbale *-mur* è ripresa anche alla fine del periodo nell'impiego del verbo *opprimimur*); in seguito l'anafora del pronome interrogativo *quis* serve a introdurre quattro osservazioni polemiche che, proprio nella ripetitività della loro forma incipitaria ulteriormente accentuata dal tono inquisitorio, rimarcano l'assurdità della situazione. Anche le proposizioni finali poste in chiusura del par. 2 (*non ut dicant quae faciunt, sed ut negent quod sunt*) presentano una struttura simmetrica di particolare efficacia, con .... della congiunzione *ut* e .... del pronome relativo *quae* e *quod*.

LEGGO E ANALIZZO

1. Quali accuse rivolte comunemente ai cristiani Tertulliano intende confutare in questo passo?

2. Per quale motivo, secondo Tertulliano, il cristianesimo fu avversato fin dal suo primo apparire nell'età di Tiberio?

3. Come si spiega il riferimento ai Giudei, ai soldati e agli schiavi come agenti dell'odio nei confronti dei cristiani?

4. Per quale motivo la scelta della diatesi passiva per i verbi riferiti ai cristiani è particolarmente efficace in questo testo?

5. Grazie all'uso di quale figura di ripetizione Tertulliano accresce la potenza del suo discorso?

T10-T11

Il dio dei cristiani nella visione pagana

Tertulliano, *Apologeticum* 16, 1-14

La parte strettamente apologetica dell'opera di Tertulliano volge al termine; prima di passare alla fase successiva, nella quale saranno esposte le principali caratteristiche della religione cristiana, l'autore si accinge a confutare l'ultima accusa, relativa alla natura del dio adorato: i cristiani, secondo alcune letture pagane, venerano una testa d'asino, secondo altre una croce, per altre ancora il sole; per questi loro oggetti di culto essi meriterebbero la condanna e la persecuzione.

La responsabilità della teoria del culto nei confronti di una testa asinina viene attribuita da Tertulliano a Tacito, che, confondendo ebrei e cristiani o piuttosto sovrapponendo gli uni agli altri, narra nelle Historiae *come gli ebrei fuoriusciti dall'Egitto e dispersi nel deserto avessero trovato sorgenti d'acqua grazie agli asini che cercavano di dissetarsi dopo il pasto; da ciò avrebbe tratto origine il culto per una testa asinina. Tertulliano annulla il peso di questa accusa dimostrando come i pagani stessi adorino ogni tipo di animale: come si può incolpare qualcuno di qualcosa quando si è "colpevoli" del medesimo atteggiamento? Il ragionamento vale anche per la questione del culto di una croce, dato che anche i pagani la adorano o in singoli pezzi o rivestita di immagini, insegne e drappi. Infine il culto per il sole renderebbe i cristiani simili ai persiani, la cui religione mai venne perseguitata dai romani.*

L'ultima parte della confutazione assume poi toni ironici, rimarcando l'arbitrarietà delle argomentazioni e la loro inefficacia e infondatezza: Tertulliano non solo nega le false attribuzioni di culto ma, stando al gioco, dimostra che, se anche corrispondessero al vero, non si differenzierebbero dai culti pagani; pertanto non c'è motivo che vengano condannate.

T10

LATINO

Le "menzogne" di Tacito

Tertulliano, *Apologeticum* 16, 1-5

[16, 1] Nam, ut quidam, somniastis caput asininum esse deum nostrum. Hanc Cornelius Tacitus suspicionem eiusmodi inseruit. [2] Is enim, in quarto Historiarum suarum de bello Iudaico exorsus ab origine gentis et tam de ipsa origine quam de nomine et religione gentis quae voluit argumentatus, Iudaeos refert Aegypto expeditos sive, ut putavit, exterminatos vastis Arabiae in locis et aquarum egentissimis cum siti macerarentur, onagris, qui forte de pastu potum petituri aestimabantur, indicibus fontis usos ob eam gratiam consimilis bestiae superficiem consecrasse. [3] Atque ita inde praesumptum, opinor, nos quoque, ut Iudaicae religionis propinquos, eidem simulacro initiari.

[1] **Nam**: «invero». • **ut quidam**: ellissi del verbo. • **somniastis**: forma sincopata per *somniavistis*; il verbo ha il significato di «sognare», «vaneggiare». • **Cornelius Tacitus**: è il grande storico di età imperiale, autore delle *Historiae* e degli *Annales* (→ p. 322).
[2] **in quarto**: «nel quarto libro»; in realtà l'*excursus* sugli ebrei si trova nel quinto libro delle *Historiae*. • **exorsus**: «avendo iniziato a raccontare», participio perfetto da *exordior*. • **argumentatus**: participio perfetto da *argumentor*, «dopo aver congetturato», che regge *quae voluit*, «ciò che ha voluto»; il participio regge i complementi di argomento che lo precedono. • **expeditos**: «essendo stati liberati», participio perfetto da *expedio*. • **sive... exterminatos**: «o piuttosto, come egli ritenne, cacciati in esilio». • **vastis**: «in luoghi deserti»; l'aggettivo concorda con il successivo *locis*. • **cum siti macerarentur**: «essendo tormentati dalla sete». • **onagris... consecrasse**: il periodo è complesso; l'infinitiva *consecra(vi)sse superficiem* («l'immagine») *consimilis bestiae* è retta da *refert* e ha per soggetto *Iudaeos*; il participio *usos*, riferito a *Iudaeos*, regge l'ablativo *onagris... indicibus*, che esprime un complemento di mezzo più predicativo («servendosi di asini come rivelatori della sorgente d'acqua»); *qui* si riferisce a *onagris* e introduce una proposizione relativa avente come verbo *aestimabantur*, mentre *potum* è accusativo singolare del sostantivo *potus, -us* (il costrutto è dunque da tradurre «che per caso dopo il pasto si pensava stessero cercando acqua»).
[3] **Atque... opinor**: «E così ritengo che da questo fatto sia sorta la supposizione (*praesumptum*, sott. *esse*)»; segue la proposizione infinitiva avente per soggetto *nos* e per verbo *initiari*. • **ut pro-**

At enim idem Cornelius Tacitus, sane ille mendaciorum loquacissimus, in eadem Historia refert Gnaeum Pompeium, cum Ierusalem cepisset proptereaque templum adisset speculandis Iudaicae religionis arcanis, nullum illic repperisse simulacrum. [4] Et utique, si id colebatur quod aliqua effigie repraesentabatur, nusquam magis quam in sacrario suo exhiberetur, eo magis quia nec verebatur extraneos arbitros quamquam vana cultura. Solis enim sacerdotibus adire licitum; etiam conspectui ceterorum velo oppanso interdicebatur. [5] Vos tamen non negabitis, et iumenta omnia et totos cantherios cum sua Epona coli a vobis. Hoc forsitan improbamur, quod inter cultores omnium pecudum bestiarumque asinarii tantum sumus.

pinquos: «come parenti»; Tertulliano ribadisce la confusione originaria fra ebrei e cristiani. • **At enim**: «Nonostante ciò». • **mendaciorum loquacissimus**: giudizio molto pesante su Tacito, definito «verbosissimo di menzogne»; *sane* è avverbio rafforzativo. • **proptereaque**: «e in conseguenza di ciò». • **adisset**: congiuntivo piuccheperfetto sincopato da *adeo*; regge l'accusativo *templum*. • **speculandis arcanis**: gerundivo in dativo con valore finale, «per esplorare i misteri».
[4] **Et utique**: «E senza dubbio». • **quod**: è pronome relativo e riprende l'antecedente *id*. • **nusquam... exhiberetur**: «in nessun luogo più che nel suo sacrario sarebbe potuto essere esposto (*exhiberetur*)»; è apodosi di un periodo ipotetico misto. • **eo magis quia**: «tanto più che». • **nec... cultura**: il termine *cultura* è soggetto della frase e ha significato di «culto», definito *quamquam vana*, ossia «seppur vano»; tale culto, dice Tertulliano, non aveva da temere testimoni estranei. • **Solis... licitum (esse)**: «Infatti era consentito entrare nel tempio soltanto ai sacerdoti». • **conspectui ceterorum**: «alla vista degli altri», cioè di coloro che non fossero sacerdoti. • **velo... interdicebatur**: «era impedita da un velo disteso»; *oppanso* è participio perfetto in caso ablativo del verbo *oppando*.
[5] **Vos... vobis**: La frase principale, il cui verbo è *negabitis*, regge l'infinitiva avente come verbo *coli*, infinito passivo di *colo*, «venerare». • **cantherios**: sono i cavalli castrati, i ronzini. • **Epona**: è una divinità di origine celtica passata poi nella religione romana; si tratta della dea protettrice degli asini e dei cavalli; il suo nome deriva da *epo*, che in lingua celtica indicava appunto il cavallo • **Hoc forsitan improbamur**: «Ma forse per questo noi siamo disapprovati»; segue una proposizione introdotta da *quod* con valore dichiarativo-causale («per il fatto che...»). Tutto il periodo ha una forte connotazione ironica: i cristiani sarebbero criticati, da parte di adoratori di ogni tipo di animali, perché venerano solo asini.

T11
ITALIANO

Altre false dicerie sul dio dei cristiani

Tertulliano, *Apologeticum* 16, 6-14

[16, 6] Ma anche chi ci ritiene adoratori di una croce sarà nostro correligionario. Quando si venera un legno, non ha alcuna importanza il suo aspetto, dato che medesima è la qualità della materia; non ha alcuna importanza la forma, purché quello stesso legno rappresenti il corpo di un dio. E tuttavia quanto poco si differenziano dal legno di una croce Pallade Attica e Cerere Faria[1], che si mostrano senza una figura ma solo come un rozzo palo e un pezzo di legno informe! [7] Ogni legno che viene piantato in posizione verticale è parte di una croce. Noi, se mai, adoriamo un dio intero e completo. Abbiamo già affermato che l'origine dei vostri dèi fu ricavata da una croce da parte degli scultori. Ma voi adorate anche le Vittorie nei trofei, benché le croci siano la parte inferiore dei trofei.

1. Pallade è epiteto della greca Atena (corrispondente alla latina Minerva), dea della ragione; Cerere invece è la divinità romana della terra, della fertilità, dei raccolti. L'epiteto Faria deriva dal termine *Pharia* che gli antichi assegnarono all'Egitto dal nome dell'isola di Faro (poi inglobata con la terraferma): Cerere ebbe questo epiteto o in quanto assimilata a Iside, dea egizia del mare, o perché il suo culto proveniva dalle colonie dell'Egitto.

[8] Tutta la religione dei Romani legata al mondo castrense venera le insegne, giura in nome delle insegne, antepone le insegne a tutti gli dèi. Tutti quegli apparati di immagini sulle insegne sono monili di croci; quelle stoffe di stendardi e di vessilli sono rivestimenti di croci[2]. Lodo il vostro buon gusto: non avete voluto consacrare croci disadorne e nude.

[9] Altri, in modo chiaramente più umano e verisimile, credono che il nostro dio sia il sole. In tal caso saremo stimati fra i Persiani, benché noi non adoriamo il sole dipinto su un lenzuolo, ma lo stesso ovunque nella sua orbita[3]. [10] Infine un tale sospetto deriva dal fatto che è noto che noi preghiamo rivolti verso oriente[4]. Ma anche la maggior parte di voi, fingendo talvolta di adorare entità celesti, muove le labbra verso il sorgere del sole. [11] E se noi concediamo il giorno del sole alla gioia, lo facciamo per una ragione ben diversa dal culto del sole e ugualmente teniamo dietro a coloro che dedicano il giorno di Saturno all'ozio e ai banchetti allontanandosi essi stessi dal costume giudaico, che ignorano.

[12] Ma di recente una nuova rappresentazione del nostro dio è stata resa pubblica in codesta città, da quando un malfattore assoldato per eccitare le bestie espose un dipinto con un'iscrizione di tal genere: "Il dio dei cristiani razza d'asino". Quel dio aveva orecchie d'asino, uno dei due piedi munito di zoccolo, reggeva un libro e indossava la toga[5]. Ridemmo sia dell'uomo sia dell'effigie. [13] Ma senza indugio avrebbero dovuto adorare il dio bifronte quelli che accolsero dèi con testa di cane e di leone e con corna di becco e di ariete e capri a partire dai lombi e serpenti nelle gambe e alati nei piedi e sulla schiena[6]. [14] Tutto ciò ho detto in abbondanza, al fine di non aver trascurato nessuna diceria senza averla confutata in un certo senso consapevolmente. Da tutte ci libereremo, volgendoci ormai alla presentazione della nostra religione.

2. Le insegne romane (*signa militaria*), di derivazione etrusca, erano l'emblema della legione e ne rappresentavano l'integrità e il valore (per questo era ritenuto disonorevole che cadessero in mano nemica). Erano composte da un'asta di legno sulla cui sommità erano fissati un drappo e una piccola statua metallica di un animale predatore (aquila, lupo, leone, pantera ecc.).
3. Moltissime religioni hanno associato l'idea del sole a quella della divinità celeste, attribuendogli nomi diversi. Nell'iconografia cristiana, per esempio, il sole, che sorge a oriente, diviene simbolo dell'immortalità e della resurrezione, tanto che Cristo stesso viene rappresentato circondato da un'aureola che richiama i raggi solari.
4. Anche i pagani spesso pregavano rivolti a oriente, là dove sorge il sole: questo atteggiamento diventa per i cristiani una sorta di profezia riguardante l'attesa del vero sole, della vera luce, ovvero Cristo. Ma c'è anche un'altra motivazione del comportamento cristiano. Gesù, dopo la sua resurrezione, sale al cielo; l'ascensione avviene sul Monte degli Ulivi, che si trova a est di Gerusalemme: poiché i cristiani vivono nell'attesa del ritorno di Cristo, nella preghiera e nelle celebrazione guardano il luogo da cui Gesù ha promesso di tornare. Si verifica in tal modo una sintesi fra il culto solare cosmico e la religione cristiana.
5. Nella fase di espansione del cristianesimo furono realizzate diverse crocifissioni blasfeme, finalizzate a deridere la nuova religione e i suoi seguaci. La più nota è il cosiddetto "graffito del Palatino", datato intorno al 200 d.C., che raffigura un uomo in croce con la testa d'asino e una persona in atto di adorazione. La scritta in greco che accompagna l'immagine, «Alexamenos adora dio», indica come il graffito sia una caricatura del culto cristiano ed esprima la derisione di un neofita.
6. La rappresentazione zoomorfica delle divinità è fenomeno molto diffuso nei culti antichi, in particolare nell'area orientale e nella regione egiziana: in quest'ultima troviamo divinità generalmente rappresentate con corpo di uomo e testa di animale (montone, falco, cane, gatto, vacca ecc.). L'origine probabilmente è da ricercare in antichi culti totemici.

Il testo e il contesto

TRE CONFUTAZIONI: L'ONOLATRIA... Tertulliano riprende in successione e confuta tre accuse rivolte ai cristiani: 1. l'adorazione di una testa d'asino; 2. l'adorazione di una croce; 3. l'adorazione del sole.
È chiara da subito la posizione dell'apologista nei confronti dell'accusa di onolatria (ossia di essere adoratori di un asino): si tratta di un *somnium*, come esprime senza equivoco il verbo iniziale *somniastis*. L'artefice e l'iniziatore di tale vaneggiamento è lo storico Tacito; dopo aver riferito al par. 2 il racconto tratto dalle *Historiae* (giudicato oltretutto soggettivo, come si evince chiaramente dalla proposizione relativa *quae voluit* e, successivamente, dall'espressione *ut putavit*), nel paragrafo successivo Tertulliano precisa come l'accusa nasca da un equivoco generato dalla confusione fra ebrei e cristiani. Merita risalto la definizione con cui viene apostrofato Tacito, definito *mendaciorum loquacissimus*: *loquax*, in particolare, assume la valenza negativa di «logorroico», «ciarliero». Giudizio pesantissimo è dunque quello di Tertulliano su Tacito, forse condizionato da un astio personale nei confronti dello storico a causa delle sue posizioni anticristiane (➛ **T1-T2**). Del resto lo stesso Tacito fornisce la prova che l'accusa di onolatria è falsa: nel tempio di Gerusalemme, frequentato solo dai sacerdoti, non c'è traccia di effigie di animale, come è stato confermato da Pompeo che, in occasione della presa di Gerusalemme del 63 a.C., non si imbatté in nulla del genere.
Il par. 5 termina con una nota fortemente ironica: forse i pagani, che adorano ogni tipo di animale, se la prendono con i cristiani in quanto venerano solo gli asini. Siamo in presenza della consueta strategia di Tertulliano volta a sottolineare la sua azione apologetica con un'apostrofe di carattere sarcastico.

... L'ADORAZIONE DELLA CROCE... Il passo affronta poi una seconda accusa rivolta ai cristiani, ovvero quella di adorare una croce. Tertulliano in questo caso non si sofferma (come ci si sarebbe potuto aspettare) sulla legittimità e relativa difesa del culto di Cristo crocifisso; piuttosto si dilunga a dimostrare come il legno sia oggetto di pratiche cultuali anche da parte dei pagani in varie modalità, forme e travestimenti: l'autore, a riprova delle sue argomentazioni, cita divinità della tradizione pagana e fa riferimento a insegne e trofei (parr. 6-8).

... E L'ADORAZIONE DEL SOLE Infine, Tertulliano affronta la difesa relativa all'accusa rivolta ai cristiani di adorare il sole. In questo caso l'azione apologetica è agevole, in quanto l'astro è oggetto di culto presso molti popoli e culture (parr. 9-10) e ciò non ha mai creato scandalo. Nemmeno in questo frangente l'autore rinuncia al ricorso all'ironia (par. 11): il giorno del sole, ovvero la domenica, in cui si celebra la resurrezione di Cristo e che sostituisce il sabato ebraico, è vissuto dai cristiani nella gioia che scaturisce dalla vittoria del Signore sulla morte, invece dai pagani o dagli ebrei nell'ozio e nelle gozzoviglie.
Il passo termina con un riferimento a una rappresentazione offensiva della crocifissione apparsa a Cartagine (e non solo), in cui appeso alla croce c'è un uomo con la testa d'asino, gli zoccoli al posto dei piedi, un libro in mano e la toga come abito. Si tratta di una palese caricatura blasfema di Cristo crocifisso; l'autore reagisce a tale provocazione con un sorriso e, in tono ancora una volta polemico, ricorda l'abitudine dei pagani di venerare dèi antropomorfi con parti umane e parti di animali (come per es. il dio Pan, mezzo uomo e mezzo caprone, o i Satiri, uomini dotati di corna, coda e zampe).
Con quest'ultima puntualizzazione ha termine la *pars destruens* dell'apologia di Tertulliano, a cui seguirà la *pars construens*, nella quale, abbandonati i toni polemici e di difesa, prenderà corpo la volontà dell'autore di far conoscere la vera natura di Cristo e del cristianesimo (➛ **T14-T15**).

Lo stile del testo

UNO STILE "DIVERSO" E SEMPLICE La struttura del testo latino (parr. 1-5) pone alla nostra attenzione una forma sintattica più semplice del solito e piuttosto lineare, priva delle numerose simmetrie e dei parallelismi abituali in Tertulliano (come invece in **T8** e **T9**): una struttura moderatamente ipotattica, agevolmente analizzabile. Si tratta quindi di un esempio di stile diverso, a conferma

■ **Graffito di Alessameno** raffigurante Cristo in croce con la testa d'asino (disegno), I-III secolo. Roma, *Paedagogium* del Palazzo Domiziano.

della varietà formale con cui si presenta la prosa di Tertulliano.

Anche le figure retoriche, benché non del tutto assenti, sono utilizzate con misura. Le principali sono:

- l'iperbato *hanc... suspicionem* al par. 1, utile a mettere in maggiore evidenza il nome di Tacito;
- un altro più marcato iperbato *vastis Arabiae in locis* al par. 2, espressione nella quale si riscontra anche l' .... della preposizione *in*;
- un ulteriore iperbato *nullum... simulacrum* al par. 3; anche in questo caso la figura retorica enfatizza l'aggettivo *nullum* e il sostantivo *simulacrum*, termini essenziali per dimostrare la tesi sostenuta da Tertulliano;
- l'allitterazione della consonante "p" a inizio di parola nell'espressione *pastu potum petituri* al par. 2;
- l'anafora dell'avverbio .... al par. 4., impiegata per rafforzare l'intensità delle argomentazioni.

Riguardo alla parte proposta in traduzione, nei parr. 6-8, nei quali la difesa riguarda il simbolo adorato dai cristiani, ricorre con particolare frequenza il termine "legno", ovvero la materia prima per costituire una croce, altro vocabolo assai presente nella riflessione dell'autore. Infine, riguardo alla parte successiva e soprattutto ai parr. 12-13, riaffiora un tono ironico legato soprattutto all'immagine di divinità con la testa diversa dal corpo.

Particolare della croce del mosaico absidale di Sant'Apolinnare in Classe, metà del VI secolo. Ravenna.

LEGGO E ANALIZZO

1. Con quale verbo viene riferita da Tertulliano, nel par. 16, 1, l'accusa di onolatria rivolta ai cristiani?

2. Per quale motivo l'incomprensione nei confronti del culto cristiano viene ricondotta a Tacito?

3. Con quale argomentazione Tertulliano confuta la validità delle accuse di idolatria nei confronti dei cristiani?

4. Per quale motivo questo testo si presenta, dal punto di vista sintattico, differente rispetto a quelli di Tertulliano precedentemente analizzati?

5. Individua la frase con la quale Tertulliano fa iniziare la *pars construens* della sua dissertazione.

6. Che funzione ha la ripetizione del termine "legno" nel par. 16, 6?

La figura di Cristo “mediatore” in Agostino

T12
ITALIANO

Verso la piena conoscenza di Cristo

Agostino, *Confessiones* 7, 18-19

Nella ricostruzione del percorso verso la conversione, questa pagina delle Confessioni *offre una significativa testimonianza delle difficoltà incontrate da Agostino per giungere a una piena e corretta conoscenza di Cristo e dei rischi latenti (ma sempre presenti) di cadere in forme eterodosse e quindi eretiche. La chiave per conoscere il Padre è il Figlio, ovvero Cristo uomo, l'incarnazione di Dio. Proprio la debolezza dell'umanità di Cristo, scelta e atto consapevole della sapienza divina, diventa testimonianza e tracciato per innalzare gli umili alla verità e alla fede. Cristo, vero uomo e vero Dio, che assunse in modo completo la natura umana nelle sue dimensioni di corpo, anima e intelligenza, è l'unica via per giungere a Dio.*

Proprio sulla natura di Gesù opinioni diverse e contrastanti, portate a ridimensionare la piena umanità del Figlio o la sua piena divinità, generarono eresie che da un lato rischiarono di allontanare dalla ortodossia, ma dall'altro ne favorirono la definizione e portarono alla piena adesione dei cristiani alla verità, una volta che fu definita.

Questa pagina delle Confessioni *dimostra il travaglio intellettuale e spirituale dell'autore nel percorso di avvicinamento all'ortodossia, lo sforzo continuo di confrontare le proprie acquisizioni e convinzioni con le opinioni altrui, spesso devianti, il graduale consolidamento delle sue posizioni alla luce della parola di Dio che, nella rilettura agostiniana, diventa la traccia da seguire e la cartina al tornasole dei progressi compiuti lungo il percorso di conversione.*

[18, 24] E cercavo la via per procurarmi la forza necessaria per godere di Te, ma non l'avrei trovata finché non avessi abbracciato il mediatore fra Dio e gli uomini, l'uomo Cristo Gesù, che è sopra tutto Dio benedetto nei secoli, Cristo che ci chiama e ci dice «Io sono la via, la verità e la vita»[1] e che mescola al cibo, che io non ero in grado di assimilare, la carne, poiché «Il Verbo si è fatto carne» affinché la tua sapienza, per mezzo della quale hai creato ogni cosa, diventasse latte per nutrire la nostra infanzia. Infatti io non ero ancora umile tanto da possedere il mio Dio, l'umile Gesù, né conoscevo ciò di cui fosse maestra la sua debolezza. Infatti il tuo Verbo, eterna verità che sovrasta le parti più elevate della tua creazione, innalza fino a sé quanti si sono sottomessi, tuttavia nelle parti più basse ha edificato per sé con il nostro fango una dimora umile, attraverso la quale facesse scendere dalla loro altezza e attraesse a sé quanti avessero piegato il capo, guarendo il gonfiore e nutrendo l'amore, affinché per eccessiva presunzione non si allontanassero troppo, ma piuttosto fossero resi deboli, vedendo davanti ai loro piedi la divinità abbattuta per aver condiviso la nostra tunica di pelle, e stanchi si prostrassero sopra di lei e quella rialzandosi li risollevasse.
[19, 25] Io in verità pensavo diversamente e avevo un giudizio su Cristo mio Signore come di un uomo di straordinaria sapienza a cui nessuno potesse essere comparato, soprattutto perché egli, miracolosamente nato da una vergine, a riprova del disprezzo dei beni temporali come condizione per il conseguimento dell'immortalità, mi sembrava avesse ottenuto per il suo magistero un'autorità grandissima grazie alla

1. La citazione è tratta dal Vangelo di Giovanni (14, 6), come anche la successiva «Il Verbo si è fatto carne» (1, 14), che è poi ripetuta nel corso del passo.

sollecitudine divina per noi. Ma non potevo neppure sospettare quale mistero racchiudesse in sé «Il Verbo fatto carne». Conoscevo soltanto, dalle notizie che di lui le Scritture tramandavano, poiché egli mangiò e bevve, dormì, camminò, gioì e si rattristò, conversò, che quella carne non si attaccò al tuo Verbo se non con un'anima e un'intelligenza umane. Ciò conosce chiunque conosce l'immutabilità del tuo Verbo, che ormai io conoscevo per quanto ne fossi capace, ma senza nutrire alcun dubbio. In verità il muovere le membra del corpo per volontà, ora il non muoverle, ora il provare un sentimento, ora il non provarlo, ora l'esprimere attraverso parole concetti sapienti, ora starsene in silenzio, sono atti propri di un'anima e di una mente mutevoli. E se su di lui fossero state scritte falsità, anche tutto il resto correva il rischio di essere falso, e in quegli scritti non rimaneva più alcuna salvezza nella fede per il genere umano. Pertanto poiché erano scritti corrispondenti a verità, io riconoscevo in Cristo un uomo completo, non soltanto il corpo di un uomo o un'anima con un corpo senza intelligenza, ma ritenevo che egli, un uomo vero, fosse superiore a tutti gli altri non per essere la Verità in persona, ma per un'eccellenza straordinaria della sua natura umana e per una partecipazione più perfetta alla sapienza. Alipio[2] riteneva che da parte dei cattolici si credesse a un Dio rivestito di carne cosicché in Cristo tranne Dio e la carne non vi fosse nulla, e non pensava che in quello fossero attribuite l'anima e l'intelligenza umane. E poiché era convinto fermamente che le opere a lui attribuite dalla tradizione non potessero compiersi senza una creatura vitale e razionale, era spinto piuttosto lentamente verso la fede cristiana. Ma in seguito conoscendo che questo è l'errore degli eretici apollinaristi[3] si adattò con gioia alla fede cattolica. Io da parte mia confesso di aver capito alquanto più tardi come nell'espressione «Il Verbo si è fatto carne» la verità cattolica si separi dalla menzogna di Fotino[4]. Di certo la condanna degli eretici fa primeggiare il pensiero della tua Chiesa e la sostanza del suo sano insegnamento. Fu opportuno infatti che si manifestassero anche delle eresie, affinché tra i deboli nella fede i saldi si mostrassero chiaramente[5].

2. ➛ **T1** e nota 1.
3. Gli apollinaristi prendono il nome da Apollinare di Laodicea in Siria (IV secolo d.C.), teologo e forte oppositore dell'eresia ariana (che negava la divinità di Cristo sostenendo che la sua natura fosse diversa da quella del Padre), successivamente vescovo della sua città. Nel tentativo di smontare le opinioni di Ario, Apollinare cadde in eresia. La tesi cristologica eterodossa sostenuta da Apollinare è la seguente: Cristo non possiede un'anima razionale sua propria, in quanto nell'incarnazione il Verbo ha assunto un corpo senz'anima, le cui manifestazioni di natura intellettiva sono da attribuire unicamente al Verbo stesso. La teoria di Apollinare muove dalla concezione filosofica platonica, che distingue nell'uomo corpo, anima sensitiva e anima intellettiva; il Verbo, incarnandosi nella figura di Gesù, assume solo il corpo e l'anima sensitiva, non assume l'anima intellettiva. Si tratta di una posizione eretica, in quanto essa nega la completezza della natura umana di Cristo e quindi ne mette in discussione anche l'opera di redenzione, che trova il suo senso e compimento proprio nella sofferenza e nella morte del Figlio-uomo. Apollinare venne definitivamente condannato durante il Sinodo di Roma da papa Damaso, nel 377 d.C.
4. Fotino (IV secolo d.C.), vescovo di Sirmio in Pannonia, fu condannato per eresia da papa Damaso nel 382 d.C. durante il Concilio di Costantinopoli. Rifacendosi alle teorie del suo maestro Marcello di Ancyra (il quale sosteneva che Gesù fosse stato adottato da Dio per le sue qualità eccezionali), Fotino riconosce nella Trinità la persona del Padre, mentre Figlio e Spirito Santo sarebbero espansioni della sostanza del Padre (*Lògos*) rimaste latenti fino all'incarnazione. Il fotinianesimo dunque è l'eresia che sostiene che Gesù sia stato semplicemente un uomo e che quindi, di fatto, nega la Trinità.
5. Il termine "eresia" deriva dal sostantivo greco *aìresis* che significa «scelta»; in un contesto religioso esso identifica una dottrina che si colloca in opposizione o in contraddizione rispetto a un dogma o a una verità riconosciuti dalla Chiesa. Agostino sottolinea l'importanza storica rivestita dalle eresie per il rafforzamento dell'ortodossia cristiana.

Il testo e il contesto

LA LOTTA CONTRO LE ERESIE Superata l'epoca delle persecuzioni da parte dei pagani, il cristianesimo si trovò a dover lottare contro le eresie: questo testo di Agostino testimonia appunto il passaggio fra le due diverse tipologie di difesa. L'autore, ancora alla ricerca della verità, connette la possibilità di godere di Dio alla conoscenza di Cristo, definito mediatore fra il Padre e gli uomini; questa funzione che Agostino attribuisce a Gesù è suffragata dalla definizione che Gesù stesso dà di sé: «Io sono la via, la verità e la vita».
Il linguaggio agostiniano si presenta molto concreto; il filosofo parla di cibo, carne e latte. In particolare nell'impiego di quest'ultimo vocabolo si riconosce una metafora appartenente alla sfera del nutrimento: il latte, che alimenta l'infanzia dell'uomo, è assimilato alla sapienza, che nutre l'infanzia della fede.
Il vero ostacolo alla piena conoscenza di Dio è la mancanza di umiltà; proprio per questo motivo Dio si è incarnato, per ridimensionare e abbassare i superbi. Anche per chiarire questo concetto, Agostino ricorre a una nuova metafora: la natura umana è paragonata al fango, il corpo umano a un'umile dimora e a una tunica di pelle; Dio, nella figura del Figlio Gesù Cristo, ha preso casa nell'umanità, assumendo la condizione di uomo, per redimerla.
La parte successiva del passo approfondisce proprio le caratteristiche della figura di Cristo. All'inizio Agostino giudicava Gesù come un uomo di straordinaria sapienza; la sua stessa nascita da una vergine sarebbe stata espressione di disprezzo dei beni temporali. L'umanità di Cristo, del resto, è testimoniata dalle Sacre Scritture, nella quali il Figlio di Dio è presentato mentre compie azioni che esprimono appieno sia la condizione fisiologica di un uomo, come mangiare, bere, dormire, camminare, sia la sua dimensione psicologica, come gioire, rattristarsi, conversare. Questi comportamenti, afferma Agostino, sono atti di un'anima e di una mente. A questa dichiarazione si aggancia l'analisi che l'autore fa dell'opinione del suo amico Alipio, secondo il quale Cristo è solo divinità e carne, non intelligenza; questa risulta essere anche la posizione eretica degli apollinaristi. Ed è a questo punto che Agostino ribadisce con forza l'importanza delle eresie, che fanno primeggiare il pensiero della Chiesa e i suoi insegnamenti.

Lo stile del testo

LE CITAZIONI SCRITTURALI Questa pagina di Agostino, come tutte le pagine delle *Confessiones*, è ricchissima di citazioni tratte dalle Sacre Scritture; oltre a quelle già segnalate nelle note («Io sono la via, la verità e la vita» e «Il Verbo si è fatto carne») si possono evidenziare anche le seguenti citazioni:

- «... al mediatore fra Dio e gli uomini, l'uomo Gesù Cristo» (1 *Tim*. 2.5);
- «... che è sopra tutto Dio benedetto nei secoli» (*Rom*. 9.5);
- «... si edificò una dimora umile» (*Prov*. 9.1);
- «... prodursi infatti anche delle eresie, affinché... chi era saldo nella fede» (1 *Cor*. 11.19).

Colpisce il lettore questo impiego massiccio (ma non eccessivamente invasivo) di citazioni dai testi sacri: la parola di Dio, insieme alle riflessioni ed emozioni umane espresse dall'autore, costruisce il percorso verso la Verità.

Cristo docente, IV sec. d.C. Roma, Museo Nazionale Romano (Palazzo Massimo alle Terme).

LEGGO E ANALIZZO

1. Dividi il testo in sequenze e assegna a ciascuna sequenza un titolo che ne riassuma brevemente il contenuto.

2. Come viene presentato da Agostino il mistero dell'incarnazione di Gesù?

3. Quali eresie cristologiche vengono citate in questo passo?

4. Qual è, secondo Agostino, l'aspetto positivo delle eresie?

5. Qual è l'aspetto stilistico più rilevante di questo brano?

LINGUA E STILE

LA LINGUA DELLE *CONFESSIONES*

LA LINGUA DELLE *CONFESSIONES* Le *Confessioni* documentano in modo chiaro lo stile di Agostino scrittore. La ricerca di una prosa elegante e raffinata, a cui Agostino non rinuncia, non soffoca mai la volontà di esprimere contenuti importanti e significativi e quindi non cade mai in una vuota e fatua vanità; la prima preoccupazione resta la comunicazione del messaggio cristiano. Detto ciò, per usare la definizione di A. Trapé, tre sono le fonti da cui le opere agostiniane derivano il loro stile: 1. la formazione retorica dell'autore; 2. il grande amore per la Sacra Scrittura; 3. il temperamento personale di Agostino.

LA FORMAZIONE DI AGOSTINO Nelle *Confessioni* va riconosciuto anzitutto il peso della retorica classica, che Agostino studiò e insegnò: quella retorica che si avverte in qualche eccesso formale, in qualche artificio, in qualche gioco di parole, ma che ha comunque come scopo primario quello di convincere il lettore. Non manca mai, infatti, in questo ricorso alle figure e agli strumenti propri della retorica, la coerenza profonda e sincera fra la forma e il contenuto; l'impiego talvolta insistito di anafore e poliptoti ha come fine lo sforzo di porre in evidenza parole e concetti essenziali per la comprensione del messaggio.

LA CULTURA BIBLICA Le *Confessioni* sono ricchissime di citazioni bibliche; nei passaggi più carichi di sensazioni, nelle situazioni in cui il *pathos* raggiunge livelli di grande intensità, nei momenti in cui si sente l'esigenza di fissare un concetto o sottolineare un valore, Agostino fa generoso ricorso a frasi tratte dalla Bibbia, note ai lettori del suo tempo, assai pregnanti e dense di concetto e quindi adatte a esprimere gioia, dolore, sofferenza, pentimento, preghiera. Dice M. Pellegrino: «Agostino ha usato le immagini bibliche non certo per capriccio di erudito e neppure soltanto per pietà di cristiano, ma perché ha sentito nel linguaggio biblico, talvolta arcano, spesso duro all'orecchio classico, un mezzo di espressione atto a colmare l'insufficienza della lingua letteraria».

LA PERSONALITÀ DELL'UOMO Nel diario intimo di Agostino ha poi un ruolo determinante, anche nella scelta dello stile, la ricchissima personalità dell'autore, un uomo concreto e profondo, che ha conosciuto e vissuto la fragilità umana, la sofferenza del peccato, il travaglio e la gioia della conversione. Agostino scrivendo sa trasmettere la sua intimità, la ricchezza di immagini esprime la sua ricchezza interiore. Nel dialogo con Dio l'autore mostra senza segreti la sua personalità straordinaria e la traduce in uno stile variopinto ed eclettico.

UN GRANDE ORATORE Possiamo quindi dire che Agostino sia stato un grande oratore, in quanto capace di *delectare* e *flectere*, e un abile comunicatore in grado di variare le strutture del periodo alternando frasi semplici e lineari a periodi complessi, ma anche un acuto genio poetico (come afferma F. Di Capua). L'introspezione presente nelle *Confessioni* si esprime attraverso uno stile spezzato, dal ritmo alterno e dai toni variegati, attraverso una scelta che predilige la paratassi e ricorre spesso a frasi interrogative ed esclamative; la finalità non è però soltanto quella di provocare piacere nel lettore, bensì di esternare gli stati d'animo, le sensazioni, le esperienze che caratterizzano il cammino di conversione. E questo dar voce al proprio sentire più intimo è espressione indiscutibile di uno spirito poetico.

■ Vittore Carpaccio, *Sant'Agostino nello studio*, 1502. Venezia, San Giorgio degli schiavoni.

GUIDA ALLO STUDIO

1. In che rapporto stanno, nella scrittura di Agostino, la cura formale e l'attenzione al contenuto?

2. Per quale motivo, secondo M. Pellegrino, Agostino ha fatto largo uso di immagini bibliche nelle sue *Confessioni*?

3. Qual è lo scopo dell'alternanza di ritmi e toni nelle *Confessioni* di Agostino?

T13

LATINO

Cristo *verax mediator*

Agostino, *Confessiones* 10, 42-43

Agostino ha ormai risolto i travagli che hanno tormentato il suo percorso di conversione e ha aderito pienamente e consapevolmente alla dottrina cristiana. In questa pagina, che esprime l'ultima riflessione del decimo libro delle Confessiones, si afferma senza più dubbi da parte dell'autore il ruolo di mediatore fra Dio Padre e gli uomini svolto dal Figlio Gesù Cristo. Molti in passato, sostiene Agostino, cercarono di identificare e definire gli artefici dell'opera mediatrice fra la divinità e l'umanità e spesso li identificarono nelle potenze dell'aria; in realtà, in questa specie di angeli si nascondeva il diavolo. Il mediatore vero non può che assomigliare sia a Dio sia all'uomo: Gesù Cristo è mortale come l'uomo, ma giusto e senza peccato come Dio, quindi è l'unico e autentico mediatore, è la via che riunisce la terra al cielo.

Le domande con cui si apre il brano trovano man mano risposte nell'analisi puntuale dei falsi mediatori e nella individuazione del solo vero mediatore; la convinzione dell'autore acquista forza nelle numerose citazioni bibliche presenti nel testo e sfocia nella sincera dichiarazione di fede con cui ha termine la riflessione agostiniana.

[10, 42] Quem invenirem, qui me reconciliaret tibi? Ambiendum mihi fuit ad angelos? Qua prece? Quibus sacramentis? Multi conantes ad te redire neque per se ipsos valentes, sicut audio, temptaverunt haec et inciderunt in desiderium curiosarum visionum et digni habiti sunt inlusionibus. Elati enim te quaerebant doctrinae fastu exserentes potius quam tundentes pectora, et adduxerunt sibi per similitudinem cordis sui conspirantes et socias superbiae suae potestates aeris huius, a quibus per potentias magicas deciperentur, quaerentes mediatorem per quem purgarentur, et non erat. Diabolus enim erat transfigurans se in angelum lucis, et multum inlexit superbam carnem, quod carneo corpore ipse non esset. Erant enim illi mortales et peccatores, Tu autem, Domine, cui reconciliari superbe quaerebant, immortalis et sine peccato. Mediator autem inter Deum et homines oportebat ut haberet aliquid simile Deo, aliquid simile hominibus, ne in utroque hominibus similis longe esset a Deo, aut in utroque Deo similis longe esset ab hominibus atque ita mediator non esset. Fallax itaque ille mediator, quo per secreta iudicia tua superbia meretur inludi, unum cum hominibus habet, id est peccatum, aliud videri vult habere cum Deo, ut, quia carnis mortalitate non tegitur, pro immortali se ostentet. Sed quia stipendium peccati mors est, hoc habet commune cum hominibus, unde simul damnetur in mortem.

[10, 42] **Quem... sacramentis**: il paragrafo si apre con una serie di interrogative dirette che esprimono il dubbio di Agostino; *invenirem* è un congiuntivo potenziale nel passato («Chi avrei potuto trovare»); *qui* introduce una relativa impropria con valore consecutivo; *Ambiendum... fuit* è da tradurre con «Avrei dovuto girare attorno agli angeli», con *mihi* dativo d'agente. • **neque... valentes**: «e non essendo in grado di farlo da soli». • **in desiderium curiosarum visionum**: «nel desiderio di strane visioni», complemento di moto a luogo. • **inlusionibus**: è l'ablativo retto da *digni*, da tradurre con «visionari». • **Elati**: da *effero*, significa «esaltati». • **doctrinae fastu**: «con la superbia della scienza»; *fastu* è ablativo di *fastus*. • **exserentes... pectora**: «mettendo in mostra piuttosto che percuotendosi il petto», atteggiamento tipico del superbo il primo, del penitente il secondo. • **et adduxerunt... huius**: «e attirarono a sé per affinità del cuore come complici (*conspirantes*, apposizione di *potestates*, come il successivo *socias*) e alleate della loro superbia le potenze di quest'aria». • **a quibus... deciperentur**: queste potenze dell'aria ingannano gli uomini attraverso magici poteri. • **mediatorem**: è colui che sta nel mezzo, il "mediatore" appunto. • **et non erat**: «ma non era lui». • **Diabolus**: il diavolo – termine derivato dal greco, che significa propriamente «colui che è gettato in mezzo» – si trasfigura in angelo. • **et multum... esset**: «e molto adescò (*inlexit*, da *illicio*) la loro carne superba, poiché (*quod* introduce una causale) esso non era fatto di un corpo di carne». • **Erant... sine peccato**: marcata è la contrapposizione fra la mortalità e il peccato degli uomini e l'immortalità e l'assenza di peccato di Dio. • **Mediator**: il vero mediatore fra Dio e gli uomini era opportuno che avesse (*oportebat ut haberet*) qualcosa di simile a Dio e qualcosa di simile agli uomini. • **ne in utroque... a Deo**: «affinché da una parte del tutto simile agli uomini non fosse lontano da Dio»; per essere mediatore Cristo deve essere simile a entrambe le nature, qualla umana e quella divina. • **quo per secreta... inludi**: il pronome si riferisce al *fallax mediator*, «dal quale per opera dei tuoi giudizi misteriosi la superbia umana merita di essere ingannata». • **unum**: «una sola cosa in comune». • **aliud... cum Deo**: «ma vuole sembrare di averne un'altra in comune con Dio». • **ut... ostentet**: proposizione consecutiva, «così da vantarsi di essere immortale»; precede la proposizione causale che spiega il motivo di tale vanto (*quia... non tegitur*). • **stipendium**: la morte è il tributo del peccato. • **unde**: «da cui».

[10, 43] Verax autem mediator, quem secreta tua misericordia demonstrasti hominibus et misisti, ut eius exemplo etiam ipsam discerent humilitatem, mediator ille Dei et hominum, homo Christus Iesus, inter mortales peccatores et immortalem Iustum apparuit, mortalis cum hominibus, iustus cum Deo, ut, quoniam stipendium iustitiae vita et pax est, per iustitiam coniunctam deo evacuaret mortem iustificatorum impiorum, quam cum illis voluit habere communem. Hic demonstratus est antiquis sanctis, ut ita ipsi per fidem futurae passionis eius, sicut nos per fidem praeteritae, salvi fierent. In quantum enim homo, in tantum mediator, in quanto autem Verbum, non medius, quia aequalis Deo et Deus apud Deum et simul unus Deus.

[10, 43] **Verax... communem**: si tratta di un periodo molto lungo; la principale è *Verax autem mediator... apparuit*; al suo interno si trovano una relativa (*quem... misisti*) e una finale (*ut... discerent humilitatem*); segue un'altra proposizione finale (*ut... evacuaret mortem*) che si espande in una relativa (*quam... communem*). Il periodo è così traducibile: «Ma il mediatore autentico, che Tu con la tua segreta misericordia mostrasti agli uomini e inviasti loro, affinché grazie al suo esempio anche loro imparassero proprio l'umiltà, quel mediatore fra Dio e gli uomini, Gesù Cristo uomo, si mostrò fra i peccatori mortali e il Giusto immortale, mortale (*mortalis*, concordato a *mediator*) in unità con gli uomini, giusto in unità con Dio, affinché, dato che (*quoniam*) la vita e la pace sono il tributo della giustizia, in nome della giustizia congiunta con Dio annientasse la morte degli empi perdonati, morte che con quelli volle avere in comune». • **Hic... sanctis**: il mediatore, cioè Cristo, si rivelò in passato ai santi; segue una proposizione finale, nella quale si afferma che la rivelazione ha reso salvi coloro che hanno creduto nella futura passione di Gesù e rende salvi coloro che credono nella sua passata passione. • **In quantum ... unus deus**: «In quanto infatti è uomo, in tanto è mediatore, in quanto invece Verbo, non è a metà, poiché è uguale a Dio e Dio presso Dio e insieme unico Dio».

PER ANALIZZARE IL TESTO

Il testo e il contesto

UN MEDIATORE TRA DIVINITÀ E UOMINI Ogni dubbio è ormai definitivamente svanito: Agostino, saldo nella fede, torna a scandagliare il suo passato di dubbi e a rievocare la tentazione – seguita da molti, nella ricerca di un "ponte" fra la terra e il cielo – di affidarsi ad angeli e visioni, alla scienza e alla magia, alla tracotanza e alla superbia che gonfiano il petto dell'uomo. In modo particolare sono rievocate le potenze dell'aria (con una citazione ripresa da Paolo, *Eph*. 2,2), nelle quali si nasconde il diavolo. L'immagine è attinta dal neoplatonismo, filosofia che si sviluppò verso la metà del II secolo d.C. e che vide in Plotino il suo massimo esponente; il neoplatonismo raccolse contributi da diverse altre filosofie e correnti di pensiero ed elaborò una dottrina originale, fondata su un concetto essenziale: l'esistenza di un «Uno», che si manifesta nell'«Intelligenza Universale» e nell'«Anima» (una sorta di prefigurazione della Trinità cristiana).
Secondo Agostino i pensatori che aderivano a filosofie di questo tipo, gonfi di superbia, pretendevano di trovare una mediazione fra l'umano e il divino attraverso entità astratte, senza comprendere che l'unico mediatore può essere solo Cristo, in quanto simile a Dio e nel contempo simile all'uomo; il falso mediatore, invece, condividendo con la natura umana l'esperienza del peccato, è destinato alla morte insieme all'uomo che non aderirà al messaggio di salvezza.
L'unico vero mediatore, Gesù Cristo, offre agli uomini esempi straordinari di umiltà e annulla il potere della morte (condivisa con l'umanità) per quei peccatori convertitisi e quindi divenuti giusti. Il Vangelo, ovvero la notizia della vittoria di Cristo sulla morte e sul peccato, fu annunciato in passato ai santi dell'epoca e oggi viene offerto a noi: la fede degli antichi, quindi, era rivolta alla futura passione di Cristo, la nostra fede alla compiuta passione di Cristo.

Lo stile del testo

UN RAGIONAMENTO BEN SCANDITO Questo testo di Agostino offre una grande varietà di strutture sintattiche; nel par. 42, dalle proposizioni interrogative iniziali si passa alla presentazione di un'articolata riflessione, che procede con una successione di subordinate implicite (*conantes*, *valentes*, *exserentes*, *tundentes*, ... , *quaerentes*, tutti participi presenti in omoteleuto). Segue poi una proposizione principale (aperta dal termine *Diabolus* in opposizione di significato con il successivo *angelum*), dalla quale dipende una proposizione causale introdotta dalla congiunzione *quod*.
Efficacissima risulta anche la successiva frase paratattica *Erant enim illi mortales... sine peccato*, costruita con simmetria di posizioni e con contrasto di significati: a *illi* corrisponde *Tu*, a *mortales et peccatores* corri-

spondono *immortalis* .... (con *variatio* dall'aggettivo sostantivato *peccatores* con il complemento ....). Più complessi sintatticamente appaiono invece l'ultimo scorcio del par. 42 e tutto il par. 43, ricchi di subordinate.

I TERMINI CHIAVE DEL BRANO In questo testo la potenza della prosa agostiniana trova la sua realizzazione nell'impiego di figure retoriche abbinate ad alcuni termini chiave. Consideriamo in particolare il periodo *Mediator autem inter Deum et homines… atque ita mediator non esset* (par. 42). In esso si riscontrano:

- l'anafora del termine *mediator*, posto all'inizio e alla fine del periodo e ripreso anche in apertura del periodo successivo;
- l'anafora del termine *hominibus*, ripetuto tre volte in questa frase, ripreso poi nell'ultima riga del par. 42, ma anticipato anche dal termine *homines* (in .... rispetto a *hominibus*);
- l'anafora e il poliptoto del termine *Deus*, ripreso per ben .... volte e presente anche nella frase successiva;
- l'anafora e il poliptoto dell'aggettivo *similis*, presente anch'esso .... volte;

Tutti questi termini, ripresi più volte nei vari costrutti anaforici, sono vocaboli essenziali per comprendere la teoria sostenuta da Agostino; in particolare in questo caso la figura retorica enfatizza con molta evidenza i tre termini su cui si costruisce la relazione fra cielo e terra, ovvero l'uomo, Dio e Cristo come mediatore.
La medesima situazione si riscontra al par. 43, nel quale i precedenti termini chiave (*mediator*, *homo*, *Deus* e *mortalis*) ritornano spesso formando le medesime figure retoriche, fino all'efficacissima struttura della sentenza conclusiva, nella quale la simmetria, espressa dalla correlazione *In quantum… in tantum*, viene enfatizzata dalla martellante ripetizione del termine *deus*, riproposto in .... per ben quattro volte nelle ultime nove parole del brano.
Si tratta di uno stile incalzante ed efficace, che colpisce il lettore coinvolgendolo attraverso un crescendo di intensità e densità, teso ad esaltare e celebrare la verità del messaggio incarnata in un lessico essenziale, quasi povero, ma che diviene protagonista assoluto proprio grazie al ricorso costante all'anafora e al poliptoto.

Mosaico del catino della basilica di San Lorenzo, metà del IV secolo. Milano.

LEGGO E ANALIZZO

1. Dividi il testo in sequenze e assegna a ciascuna sequenza un titolo che ne presenti brevemente il contenuto.

2. In quali errori può incorrere, secondo quanto dice Agostino, chi cerca Dio?

3. Spiega che cosa intende dire Agostino affermando che Gesù Cristo è mediatore tra Dio e gli uomini.

4. A quale scopo, secondo Agostino, era necessario che Cristo possedesse sia la natura divina sia quella umana?

5. Che funzione hanno le frequenti ripetizioni lessicali in questo testo?

6. Come si può definire lo stile di questo testo?

LABORATORIO DI ANALISI

Leggi il testo seguente aiutandoti con le note; poi esegui quanto richiesto, realizzando un testo organico e armonizzando le risposte ai quesiti con opportuni connettivi testuali. Se lo desideri, puoi anche modificare l'ordine delle risposte nel modo che ti sembra più efficace.

Tardi ti ho amato

Agostino, *Confessiones* 10, 25-27

Mentre i primi nove libri delle Confessioni *hanno un andamento prevalentemente narrativo, negli ultimi quattro Agostino sembra quasi lasciare libero sfogo al dialogo con Dio in forma di preghiera e meditazione. L'espressione dei sentimenti più intimi non è disgiunta dalla ricerca filosofica, che è sempre però sorvegliata: Agostino infatti chiede a Dio di assisterlo affinché la sua curiosità intellettuale non divaghi, alimentata dalla superbia di studioso, verso la speculazione fine a se stessa, bensì conduca il fedele verso una più profonda conoscenza della verità di Dio, quindi a un approfondimento della fede e alla felicità. Servendosi degli strumenti acquisiti con la sua formazione retorica e filosofica, Agostino indaga prima le facoltà dell'uomo, tra cui la memoria e le percezioni sensoriali.*

Ti proponiamo la lettura di un passo in cui Agostino, dopo aver identificato la verità con la felicità e con Dio, si chiede in quale parte della memoria egli possa risiedere.

[25] Sed ubi manes in memoria mea, domine, ubi illic manes? Quale cubile fabricasti tibi? Quale sanctuarium aedificasti tibi? Tu dedisti hanc dignationem memoriae meae, ut maneas in ea, sed in qua eius parte maneas, hoc considero. Transcendi enim partes eius, quas habent et bestiae, cum te recordarer (quia non ibi te inveniebam inter imagines rerum corporalium), et veni ad partes eius, ubi commendavi affectiones animi mei, nec illic inveni te. Et intravi ad ipsius animi mei sedem (quae illi est in memoria mea, quoniam sui quoque meminit animus), nec ibi tu eras, quia sicut non es imago corporalis nec affectio viventis, qualis est, cum laetamur, contristamur, cupimus, metuimus, meminimus, obliviscimur, et quidquid huius modi est, ita nec ipse animus es, quia Dominus Deus animi tu es, et commutantur haec omnia, tu autem incommutabilis manes super omnia, et dignatus es habitare in memoria mea, ex quo te didici. Et quid quaero, quo loco eius habites, quasi vero loca ibi sint? Habitas certe in ea, quoniam tui memini, ex quo te didici, et in ea invenio, cum recordor te. [26] Ubi ergo te inveni, ut discerem te? Neque enim iam eras in memoria mea, priusquam te discerem. Ubi ergo te inveni, ut discerem te, nisi in te supra me? Et nusquam locus, et recedimus et accedimus, et nusquam locus. Veritas, ubique praesides omnibus consulentibus te simulque respondes omnibus etiam diversa consulentibus. Liquide tu respondes, sed non

[25] **illic**: pleonasmo, come *ibi* (serve a conferire maggiore determinatezza ma si può omettere nella traduzione). • **fabricasti... aedificasti**: forme sincopate per *fabricavisti* e *aedificavisti*. Quasi tutti i perfetti con tema in *-vi* del brano sono sincopati. • **ut... maneas**: completiva epesegetica rispetto a *hanc dignationem*. • **hoc**: pronome in funzione epanalettica (o di ripresa) rispetto all'interrogativa indiretta *in qua parte... maneas*. • **et bestiae**: «anche le bestie». • **illi**: dativo di possesso (riferito ad *animus*). • **sui**: genitivo in dipendenza da *meminit*. • **cum... obliviscimur**: la serie di temporali introdotte da *qualis est* esemplifica le *affectiones* (cioè i sentimenti). • **Et quid quaero**: *quid* è avverbio interrogativo («perché?»). • **quasi... sint**: comparativa ipotetica. • **in ea**: riferito a *memoria*.

[26] **Veritas**: vocativo con il quale Agostino si rivolge in seconda persona a Dio. • **consulentibus**: participio in funzione attributiva di *omnibus*, dativo retto da *praesides*. • **Liquide**: «chiaramente», «in modo perfettamente intellegibile».

liquide omnes audiunt. Omnes unde volunt consulunt, sed non semper quod volunt audiunt. Optimus minister tuus est, qui non magis intuetur hoc a te audire quod ipse voluerit, sed potius hoc velle quod a te audierit. [27] Sero te amavi, pulchritudo tam antiqua et tam nova, sero te amavi! Et ecce intus eras et ego foris, et ibi te quaerebam, et in ista formosa, quae fecisti, deformis inruebam. Mecum eras, et tecum non eram. Ea me tenebant longe a te, quae si in te non essent, non essent. Vocasti et clamasti et rupisti surditatem meam: coruscasti, splenduisti et fugasti caecitatem meam: fragrasti, et duxi spiritum, et anhelo tibi, gustavi et esurio et sitio, tetigisti me, et exarsi in pacem tuam.

[27] **ista formosa:** neutro sostantivato, si riferisce alle «cose belle» create da Dio. • **deformis:** predicativo del soggetto. • **Ea:** neutro sostantivato, antecedente della relativa *quae... non essent* (apodosi di periodo ipotetico dell'irrealtà nel presente).

PRIMA PARTE **COMPRENSIONE DEL TESTO**

1. Individua l'inizio e la fine delle seguenti sequenze del testo:
- **a.** Ricerca del luogo in cui ha sede il ricordo di Dio
- **b.** Luoghi esclusi dalla ricerca
- **c.** Rinuncia alla speculazione
- **d.** La presenza trascendente di Dio

2. Quali sono i luoghi nei quali Agostino è certo di non trovare Dio e per quali motivi ne è certo?

3. Qual è il corretto atteggiamento di chi vuole conoscere Dio, secondo Agostino?

SECONDA PARTE **ANALISI DEL TESTO**

1. Individua tutti i termini appartenenti al campo semantico della memoria e osserva come siano organizzati secondo figure retoriche di ripetizione; osserva inoltre la frequenza delle ripetizioni di altri termini e intere frasi e valutane l'efficacia rispetto alle intenzioni comunicative dell'autore.

2. Dopo aver osservato con quali termini Agostino chiami Dio e quali sentimenti dichiari di nutrire per lui in questo testo, descrivi il tipo di rapporto instaurato tra il fedele e la divinità.

3. Analizza le caratteristiche sintattiche di questo testo e valuta quale effetto producano nel lettore.

TERZA PARTE **INTERPRETAZIONE COMPLESSIVA E APPROFONDIMENTI**

1. Al paragrafo 26 troviamo dei riferimenti al principio della presenza di Dio nell'anima in modo trascendente (cioè senza che si possa identificare in un preciso luogo fisico) e alla teoria della conoscenza. Riesci a individuare i punti di contatto e le differenze con la teoria platonica delle idee? Se lo desideri, puoi approfondire in modo autonomo la questione documentandoti sulla teoria agostiniana dell'illuminazione.

2. Secondo Agostino, il rapporto tra fede e ragione si può riassumere con la doppia formula (variamente presente nelle sue opere) "*crede ut intelligas*" e "*intellige ut credas*". Ti sembra che anche questi capitoli esemplifichino adeguatamente tali esortazioni? Rispondi facendo opportuni riferimenti al testo e spiega per quali motivi si può affermare che, con la sua riflessione, Agostino realizzi una perfetta sintesi tra classicità e cristianesimo.

CICERO LECTIO **Il ruolo salvifico della grazia divina** Agostino, *Confessiones* 2, 7

Il cristiano di fronte alle scelte civili e morali

PER APPROFONDIRE

Pagani e cristiani: differenti stili di vita

DALLA POLEMICA ALLA PROPOSTA Gli autori cristiani furono a lungo e in diversi modi impegnati nel difendere la dottrina cristiana, dapprima nei confronti del paganesimo e successivamente nei confronti delle eresie. A poco a poco, però, l'apologia del cristianesimo, pur senza essere mai del tutto abbandonata (anche per il fatto che posizioni atee, politeiste ed eterodosse continuavano a nascere), tende a essere sostituita da una letteratura che esprime il suo impegno e il suo sforzo maggiori nella definizione "in positivo" della proposta evangelica.

Tale messa a punto, sempre più necessaria in relazione al parallelo cammino di crescita della Chiesa, riguarda gli aspetti teorici e dogmatici della dottrina, che necessitano di essere chiariti con molta cura e di essere condivisi da tutta la comunità dei credenti; ma riguarda anche le implicazioni pratiche della dottrina cristiana nella vita socio-politica, nelle vicende umane collettive e individuali e nella quotidianità dei singoli. Si passa in tal modo da messaggi e toni polemici e critici a riflessioni che coinvolgono l'idea stessa di uomo e di Stato e che spesso implicano proposte e progetti di vita.

I DUE CARDINI DELLA PROPOSTA Sia Tertulliano sia anche Agostino, benché appartengano a epoche diverse e lontane fra loro, concordano su alcuni princìpi essenziali sui quali si fonda il cristianesimo; e la consonanza fra autori così distanti nel tempo dimostra peraltro quanto fossero saldi i fondamenti della dottrina stessa. Tali princìpi sono espressione e testimonianza di grande civiltà e di intensa umanità e mirano a valorizzare la persona. In primo luogo, viene rivendicato con forza il diritto alla libertà che, dato il contesto in cui si muovono le riflessioni dei due autori, diventa soprattutto pressante richiesta di libertà religiosa. Tale diritto garantisce a ciascuno la possibilità di professare la propria fede e non è discriminatorio per nessuno, come invece erano state le posizioni di intransigenza e radicalità sostenute in passato sia dai pagani sia anche da certi cristiani.

Altro punto fondamentale è la proposta di Cristo come paradigma di comportamento e quindi la valorizzazione del principio etico che deve ispirare l'uomo, il cristiano, in ogni sua azione: il seguace di Cristo, infatti, ha la grande fortuna di non misurare la moralità delle proprie azioni su teorie o astrazioni, ma di avere in Gesù il modello di uomo da seguire per il conseguimento della felicità e della salvezza.

■ Sarcofago di Giunio Basso, 359 d.C. Città del Vaticano, Museo del Tesoro di San Pietro.

LE RICADUTE SOCIALI Il cristiano vive nella storia, così come il suo Dio si è calato nelle vicende umane tramite l'incarnazione di suo Figlio. Vivere nella storia e star dentro la società significa misurare ogni giorno la propria fede in relazione alla realtà circostante; ciò comporta da parte dei cristiani una continua riflessione sul rapporto fra il mondo civile e la dimensione celeste, si potrebbe dire fra il tempo e l'eternità. Quest'ultima è un obiettivo e una speranza da coltivare, ma deve essere ricercata con pazienza e meritata grazie alla corretta partecipazione alla società e alle sue dinamiche, giocate in particolare sul rapporto fra chi detiene il potere e chi è chiamato a obbedire. La vera novità del cristianesimo in campo socio-politico risiede proprio nell'idea del potere come servizio e non come affermazione di sé; colui che riveste cariche di governo, sia nello Stato sia nella Chiesa, è chiamato a servire i suoi sudditi, riconoscendo in Dio l'autorità massima al cui servizio si sottopone l'autorità terrena. Così, in modo diretto e inequivocabile, l'etica cristiana entra nella politica, nella società e nella storia.

T14

LATINO

CICERO LECTIO

Il diritto alla libertà religiosa

| Tertulliano, *Apologeticum* 24, 1-10 |

*Questo testo si allontana dall'atteggiamento marcatamente difensivo che costituisce la cifra caratteristica della produzione di Tertulliano, e in particolare dell'*Apologeticum*; l'autore appare qui impegnato ad affermare alcuni princìpi sui quali fonda la propria fede in Dio. Pur non rinunciando del tutto al tono polemico, egli ricorre a un linguaggio più assertivo e normativo; nella sua prosa non abbandona il ricorso a interrogative retoriche e a qualche sentenza, tuttavia riflette con più pacatezza e sviscera con maggiore tolleranza la questione religiosa nel rapporto fra politeismo e monoteismo. Lo scopo è l'affermazione di un grande principio di civiltà, ovvero la libertà di professione religiosa e di culto, di cui ogni uomo ha il diritto di godere. Si tratta di affermare un valore, non certo di conseguire un vantaggio per fare proselitismo; infatti, l'assenza di libertà e la persecuzione non hanno impedito la diffusione capillare del cristianesimo.*

Nel testo, arricchito e nobilitato anche da contributi e rimandi ad altri autori e ad altre tradizioni culturali, sono proposti con convinzione da Tertulliano i valori della pluralità e della libertà, che tuttavia trovano il loro pieno significato e, in un certo senso, il loro superamento nell'affermazione finale: che lo si voglia o meno, tutti appartengono a un unico Dio.

[24, 1] Omnis ista confessio illorum, qua se deos negant esse quaque non alium deum respondent praeter unum, cui nos mancipamur, satis idonea est ad depellendum crimen laesae publicae et maxime Romanae religionis. Si enim non sunt dei pro certo, nec religio pro certo est; si religio non est, quia nec dei, pro certo nec nos pro certo rei sumus laesae religionis.

[24, 1] **confessio**: nei precedenti capitoli Tertulliano si è sforzato di dimostrare che quelli che i pagani ritengono dèi sono in realtà demoni, anche per loro stessa ammissione; sono quei demoni del male che Cristo nel Vangelo aveva condannato e che potevano essere cacciati dai suoi discepoli. Il termine *confessio* dunque esprime una ipotetica confessione degli stessi dèi pagani i quali ammetterebbero che non sono in realtà dèi, ma demoni, e che non esiste altro dio tranne l'unico Dio a cui i cristiani prestano culto. Una tale confessione allontanerebbe, inoltre, dai cristiani il *crimen laesae publicae et maxime Romanae religionis*, ossia «l'accusa di offendere la religione pubblica e specialmente quella romana» (*laesae publicae... religionis* significa lett. «di lesa religione pubblica»: *laesae* è participio perfetto di *laedo*, «danneggio», «offendo», «oltraggio», e concorda con *religionis*). Peraltro, continua Tertulliano, se non esistono dèi, non può esistere neanche quella religione che sul culto di tali dèi si basa. • **mancipamur**: ricorrendo al verbo *mancipo*, che significa propriamente «assoggettare», Tertulliano intende sottolineare la sottomissione totale del fedele al dio cristiano.

[2] At e contrario in vos exprobratio ista resultabit, qui mendacium colentes veram religionem veri Dei non modo neglegendo, quin insuper expugnando, in verum committitis crimen verae irreligiositatis. [...] [5] Colat alius Deum, alius Iovem; alius ad caelum manus supplices tendat, alius ad aram Fidei manus; alius (si hoc putatis) nubes numeret orans, alius lacunaria; alius suam animam deo suo voveat, alius hirci. [6] Videte enim ne et hoc ad irreligiositatis elogium concurrat, adimere libertatem religionis et interdicere optione divinitatis, ut non liceat mihi colere quem velim, sed cogar colere quem nolim. Nemo se ab invito coli volet, ne homo quidem.
[7] Atque adeo et Aegyptiis permissa est tam vanae superstitionis potestas avibus et bestiis consecrandis et capite damnandis qui aliquem huiusmodi deum occiderint. [8] Unicuique etiam provinciae et civitati suus deus est, ut Syriae Atargatis, ut Arabiae Dusares, ut Noricis Belenus, ut Africae Caelestis, ut Mauritaniae reguli sui. Romanas, ut opinor, provincias edidi, nec tamen Romani dei earum, quia Romae non magis coluntur quam qui per ipsam quoque Italiam municipali consecratione censentur: Casiniensium Delventinus, Narnensium Visidianus, Aesculanorum Ancharia, Volsiniensium Nortia, Ocriculanorum Valentia, Sutrinorum Hostia; Faliscorum in honorem patris Curis et accepit cognomen Iuno. [9] Sed nos soli arcemur a religionis proprietate! Laedimus Romanos nec Romani habemur, quia nec Romanorum deum colimus. [10] Bene quod omnium Deus est, cuius, velimus ac nolimus, omnes sumus. Sed apud vos quodvis colere ius est praeter Deum verum, quasi non hic magis omnium Deus sit, cuius omnes sumus.

[2] **exprobratio**: il biasimo derivante dall'offesa alla religione cristiana si proietta ora sui pagani che, venerando una menzogna e attaccando l'unica vera religione, sono colpevoli di «empietà» (*irreligiositatis*, vocabolo in cui il prefisso *in-* ha valore privativo). • **neglegendo... expugnando**: nei due verbi, in *climax*, si denuncia l'atteggiamento dei pagani che non solo (*non modo*) trascurano, ma persino (*quin insuper*) attaccano la vera religione.
[5] **Colat alius... alius hirci**: «Uno veneri pure Dio, un altro Giove»; il paragrafo si apre con un congiuntivo indipendente concessivo; l'anafora del pronome *alius* serve a introdurre l'elencazione delle diverse convinzioni religiose: c'è chi venera Dio, chi Giove, chi la dea Fede, c'è chi prega contando le nubi o guardando i soffitti, c'è chi offre a Dio la sua vita, chi quella di un capro. Nella enumerazione delle diverse pratiche religiose si colgono anche le differenze fra l'atteggiamento dei cristiani e quello dei pagani, non senza una nota di sarcasmo da parte dell'autore nei confronti dei pagani.
[6] **Videte enim ne... homo quidem**: Tertulliano mette in guardia dall'introdurre atteggiamenti di costrizione religiosa, per non incorrere nell'accusa di empietà. Si noti il ricorso al lessico giuridico nell'espressione *ad... elogium concurrat*, ovvero «concorra nell'accusa»; *hoc* è prolettico della frase esplicativa *adimere libertatem religionis et interdicere optione divinitatis*, cioè «soffocare la libertà di culto e impedire la scelta della divinità», a cui fa seguito una proposizione consecutiva. La libertà dell'uomo è posta come diritto assoluto, rafforzato anche dal concetto che né un dio né un uomo vorrà essere venerato da qualcuno che lo faccia controvoglia.
[7] **Aegyptiis... potestas**: si richiama la libertà presente nella religione egiziana (non casualmente definita *vana superstitio*, espressione ben nota alla propaganda anticristiana: ➤ **T11**), nella quale è data la facoltà di divinizzare uccelli e bestie e dalla quale viene quindi condannato a morte chi uccide una divinità di tal natura.
[8] **Syriae Atargatis... Caelestis**: l'applicazione del principio di libertà religiosa è ribadita tramite l'elencazione di diverse divinità di altre aree geografiche: Astarte in Siria, Dusare in Arabia, Beleno nel Norico, Celeste in Africa, gli stessi sovrani della Mauritania. E, dopo aver elencato divinità che pur non essendo romane sono venerate nelle province romane, Tertulliano passa a elencare una serie di divinità che sono oggetto di culto in alcuni municipi dell'Italia: Delventino a Cassino, Visidiano a Narni, Ancaria ad Ascoli, Norzia a Volsini, Valenzia a Ocricoli, Ostia a Sutri, Giunone a Falisco.
[9] **nos soli**: nonostante ognuno veneri la divinità che crede, solo ai cristiani è impedito di professare la propria religione.
[10] **Bene quod**: «Meno male che»; si ribadisce l'esistenza di un Dio di tutti, al quale tutti apparteniamo, che lo si voglia o meno; ciò però non è riconosciuto nell'impero romano, nel quale è diritto (*ius*, termine di marcata valenza giuridica) onorare qualsiasi cosa (*quodvis colere*) tranne l'unico vero Dio, come se questo non esistesse.

PER APPROFONDIRE IL TESTO

Il testo e il contesto

MONOTEISMO E POLITEISMO La crisi ormai dichiarata e irreversibile della religione politeista anche fra i pagani stava indirizzando le società verso forme sempre più diffuse di monoteismo. La differenza principale fra il cristianesimo e queste religioni, professate in vari territori dell'impero romano, è la seguente: mentre nel cristianesimo Dio è unico (in tre persone uguali e distinte), nelle religioni monoteiste pagane tende ad affermarsi un dio superiore agli altri; ma queste divinità "minori", dèi o demoni che siano, continuano a esistere e a essere riconosciute e onorate, pur essendo sottoposte alla divinità superiore. La ferrea volontà di Tertulliano di ribadire in modo esclusivo l'unicità del Dio cristiano non deve essere attribuita a differenze di razza o di etnia, ma solo alla ferma determinazione di celebrare l'unico vero Dio: atteggiamento comunque poco gradito alla romanità colta, che per secoli aveva professato una religione politeista.

Accanto alla tendenza monoteista, del resto, nel mondo pagano era ancora ben presente una sostanziale frammentazione del divino: divinità locali, divinità minori, divinità politiche, divinità dalle sembianze umane o dalle forme animali, divinità alquanto diverse fra loro nelle grandi regioni e nelle piccole comunità; a questa ricchezza e varietà di entità religiose corrispondevano anche forme e atteggiamenti assai diversificati e alternativi di culto. Una tale abbondanza di pratiche celebrative era consentita e garantita grazie alla libertà religiosa dell'impero romano: un valore assoluto e imprescindibile che Tertulliano rivendica come diritto anche a favore dei cristiani, che al suo tempo erano gli unici a non poterne godere.

Oltre il testo

LA LIBERTÀ RELIGIOSA Il tema della libertà religiosa risulta particolarmente caro a Tertulliano, poiché coinvolge la dignità stessa della persona umana, la sua ricerca interiore e intima, la sua piena realizzazione. Per questo motivo tale argomento ricompare nella produzione letteraria dell'apologista africano come una sorta di motivo conduttore. Nella lettera *Ad Scapulam*, per esempio, scritta da Tertulliano nel 212 d.C. (quindi parecchi anni dopo l'*Apologeticum*), l'autore, rivolgendosi direttamente a Scapula, proconsole romano in Africa che aveva ripreso a perseguitare i cristiani, ribadisce nuovamente il valore assoluto della libertà religiosa, che è essenza del concetto stesso di religione: «Noi adoriamo un solo Dio, che tutti conoscete in forza della natura umana, alle saette e ai tuoni del quale tremate, per i benefici del quale provate gioia. Ma voi ritenete che siano dèi anche gli altri, che noi invece riteniamo demoni. Tuttavia è caratteristica propria del diritto umano e della possibilità legata alla natura la libertà per ciascuno di venerare chi egli ritiene; né la religione di un altro nuoce o giova ad alcuno. Ma non è proprio della religione imporre una religione, che deve essere accolta spontaneamente, non imposta con la forza» (Tertulliano, *Ad Scapulam* 2, 1-2).

Tertulliano rimarca qui l'unicità del Dio cristiano, una divinità che nel testo mantiene ancora alcuni caratteri di durezza e intransigenza tipici dell'Antico Testamento, ma del quale si sottolineano anche la bontà nei confronti dell'uomo e la disponibilità a elargire benefici. Rilancia poi la riflessione sulla libertà soggettiva di aderire alla religione ritenuta maggiormente veridica.

- Alla luce della riflessione proposta, ricerca nel testo della lettera a Scapula quei termini e quei concetti già incontrati nel brano dell'*Apologeticum* antologizzato. Soffermati in particolare sull'espressione «non è proprio della religione imporre una religione», analizzala e commentala in base alle tue conoscenze storiche – ammesso infatti che l'affermazione di Tertulliano sia vera, non è certo stata sempre considerata tale e quindi applicata nel corso della storia – e alle tue personali opinioni.

T15

LATINO

I cristiani rispettano l'imperatore

Tertulliano, *Apologeticum* 33-34, 1

Il testo affronta una questione di capitale importanza nel rapporto fra religione cristiana e politica, ovvero la considerazione in cui doveva essere tenuta la figura dell'imperatore. Fin dall'epoca di Nerone, quando iniziarono le persecuzioni, fra le accuse mosse contro i cristiani vi fu sempre quella che essi rifiutavano il culto dell'autorità imperiale. Questo atteggiamento dei cristiani diventa oggetto di un'accurata analisi da parte di Tertulliano, il quale non può che approvarlo: infatti, un vero cristiano, fedele al suo Dio, non potrà mai ritenere e quindi definire "dio" l'imperatore. Di contro, un cristiano, in quanto uomo calato nella storia, avrà sempre a cuore la figura del princeps *e quindi la onorerà, seppure mai la potrà adorare.*

Tertulliano propone le sue accurate e dettagliate argomentazioni in modo puntuale e preciso, mettendo ben in evidenza i nessi di causa-effetto. Quanto alla scelta di citare nientemeno che Augusto, il fondatore dell'impero romano e il suo primo imperatore, essa conferisce ulteriore peso e autorevolezza alle argomentazioni proposte.

[33, 1] Sed quid ego amplius de religione atque pietate Christiana in imperatorem, quem necesse est suspiciamus ut eum, quem Dominus noster elegit, ut merito dixerim: "Noster est magis Caesar, a nostro Deo constitutus"? [2] Itaque, ut meo, plus ego illi operor in salutem, si quidem non solum ab eo postulo eam, qui potest praestare, aut quod talis postulo, qui merear impetrare, sed etiam quod temperans maiestatem Caesaris infra Deum magis illum commendo Deo, cui soli eum subicio; subicio autem cui non adaequo. [3] Non enim deum imperatorem dicam, vel quia mentiri nescio, vel quia illum deridere non audeo, vel quia nec ipse se deum volet dici. Si homo sit, interest homini Deo cedere. Satis habeat appellari imperator: grande et hoc nomen est, quod a Deo traditur. Negat illum imperatorem qui deum dicit: nisi homo sit, non est imperator. [4] Hominem se esse etiam triumphans in illo sublimissimo curru admonetur; suggeritur enim ei a tergo: "Respice post te! Hominem te memento!". Et utique hoc magis gaudet tanta se gloria coruscare, ut illi monitio condicionis suae sit necessaria. Minor erat, si tunc deus diceretur, quia non vere diceretur. Maior est qui revocatur, ne se deum existimet. [34, 1] Augustus, imperii formator, ne dominum quidem dici se volebat. Et hoc enim Dei est cognomen. Dicam plane imperatorem dominum, sed more communi, sed quando non cogor, ut dominum Dei vice dicam. Ceterum liber sum illi; dominus enim meus unus est, Deus omnipotens, aeternus, idem qui et ipsius.

[33, 1] **Sed quid... constitutus?**: *quid* introduce un'interrogativa retorica che sottintende il verbo («per quale motivo dovrei parlare più a lungo»); seguono poi due complementi di argomento, mentre i due *quem* successivi introducono due relative proprie, la prima delle quali presenta la costruzione di *necesse est* + il congiuntivo *suspiciamus* («che è necessario che noi veneriamo»); dei due *ut* presenti di seguito, il primo ha funzione di avverbio di modo («come»), l'altro introduce una proposizione consecutiva il cui verbo è *dixerim*. Viene così introdotta la questione del culto dell'imperatore, che il cristianesimo non può accettare in quanto solo Dio è degno di culto; tuttavia, la posizione di Tertulliano è di riconoscere nell'imperatore la volontà di Dio che lo ha scelto e che quindi rende l'imperatore *noster magis*, «maggiormente nostro» (ovvero più dei cristiani che dei pagani). Merita attenzione l'utilizzo dei termini *religio* e *pietas*, mutuati dal paganesimo: in questo contesto, il primo assume la valenza di «obblighi religiosi», il secondo di «devozione».
[2] **Itaque... non adaequo**: proprio perché appartenente soprattutto ai cristiani l'imperatore è maggiormente tutelato dai cristiani stessi, in quanto la sua salute viene richiesta a colui (Dio) che solo la può concedere (poiché gli è superiore). È molto evidente, nel paragrafo, il ricorso a un lessico indicante inferiorità e subordinazione dell'imperatore nei confronti di Dio: *temperans maiestatem Caesaris infra deum* («riducendo al di sotto di quella di Dio la dignità di Cesare», intendendo con «Cesare» il titolo con cui veniva indicato ogni imperatore romano), *subicio* (impiegato in anafora con il significato di «sottometto»), *non adaequo* («non eguaglio»). *Meo* e *illi* sono due dativi di interesse; *in salutem* è complemento di fine; *qui merear impetrare* è una relativa impropria con valore consecutivo.
[3] **Non enim... volet dici**: Tertulliano ribadisce il suo rifiuto di chiamare l'imperatore «dio» e porta come giustificazione di ciò tre cause, introdotte tutte dalla congiunzione causale *quia* (in anafora): «non so mentire», «non oso deriderlo», «nemmeno lui lo vorrà». • **interest homini**: si noti la costruzione post-classica di *interest*, che in età classica non regge il dativo (*homini*), bensì il genitivo. • **habeat**: congiuntivo esortativo.
[4] **Hominem... memento!**: La natura umana dell'imperatore gli viene ricordata anche dallo schiavo che, posto alle sue spalle sul carro del trionfo, ripete al principe «Guardati alle spalle! Ricordati che sei un uomo!»; l'invito a guardarsi alle spalle può riguardare metaforicamente lo stimolo a rivedere la propria vita passata; ma può trattarsi anche di un invito realistico a tenere d'occhio i soldati che, durante il trionfo, sfilavano dietro al carro dell'imperatore e ai quali in quell'occasione era consentito di criticare e prendere in giro l'imperatore stesso (con funzione apotropaica nei confronti del malocchio: si tratta della cosiddetta *militaris licentia*). • **Et utique... necessaria**: *hoc* è prolettico della frase esplicativa introdotta dalla congiunzione *ut*: «E in verità egli gode maggiormente di ciò, cioè di risplendere di tanta gloria da rendere necessario per lui il ricordo della sua condizione umana». • **Minor erat... exixtimet**: definire l'imperatore "dio" significa sminuirlo in quanto non corrisponde a verità (*Minor... diceretur*, periodo ipotetico misto, con apodosi della realtà e protasi dell'irrealtà, seguito da proposizione causale), mentre la vera grandezza sta nella consapevolezza del proprio limite (*Maior... existimet*, con proposizione relativa che introduce una completiva negativa).
[34, 1] **Augustus... et ipsius**: Augusto, colui che ha fondato l'impero romano, non voleva essere chiamato *dominus*, cioè «signore», in quanto *dominus* è un appellativo di Dio. L'unico «signore» dunque, al quale siamo tutti sottomessi, è il Dio onnipotente ed eterno. In tale ottica l'autore si dichiara *liber* nei confronti dell'imperatore mentre è sottomesso nei confronti del solo e unico *dominus*, cioè Dio.

Il testo e il contesto

AUTORITÀ POLITICA E POTERE DIVINO Si contrappongono con grande evidenza due idee di fondo: da un lato il rifiuto categorico di ogni forma di culto dell'imperatore, dall'altro la lealtà dei cristiani verso lo Stato e il suo sovrano, per il quale i cristiani stessi pregano e implorano Dio. Tale atteggiamento di considerazione e di rispetto nei confronti del potere politico è espresso anche da Cristo nel Vangelo, laddove egli, distinguendo il potere terreno dal culto rivolto a Dio, afferma: «Date a Cesare quello che è di Cesare e a Dio quello che è di Dio» (*Matteo* 22, 21), riconoscendo in tal modo l'autorità politica dell'imperatore ma distinguendola e separandola dal potere divino.

IL *DOMINUS* CELESTE E IL *DOMINUS* TERRENO Tertulliano sottolinea con molta chiarezza la distanza fra Dio e l'imperatore; proprio nella subordinazione al *Dominus* celeste il potere del *dominus* terreno acquista legittimità, in quanto è emanazione della volontà divina di garantire sulla terra equità e giustizia, e acquista sicurezza, in quanto oggetto di particolare benedizione da parte del Signore, di protezione da parte dei sudditi e di preghiera da parte dei cristiani. Questi ultimi, proprio attraverso la preghiera, oltre che attraverso l'obbedienza, esprimono il loro servizio all'imperatore.

L'*EXEMPLUM* DI AUGUSTO L'episodio del rifiuto da parte di Augusto, primo imperatore romano, dell'appellativo di *dominus* in quanto attributo divino – cfr. anche Svetonio, *Aug.* 53, 1: *Domini appellationem et maledictum et obprobrium semper exhorruit* – conferma la necessità che il potere terreno debba assumere piena coscienza dei propri limiti, evidenti nella caducità propria dell'uomo e della sua natura; Tertulliano lo ribadisce per contrasto, ricordando a tutti che il *Dominus* è *unus*, *omnipotens* e *aeternus*.

Oltre il testo

L'ESEMPIO "PAGANO" DI TRASEA PETO Che il rifiuto di venerare l'imperatore fosse motivo di sventura, di condanna e quindi di persecuzione nei confronti di chi osasse mantenere un tale comportamento non lo si riscontra solo nei confronti dei cristiani: illuminante è a tal proposito la vicenda del pagano Trasea Peto, un senatore romano dell'età di Nerone che dall'imperatore venne condannato per simili ragioni. Ecco il testo tratto dagli *Annales* di Tacito:

«A queste accuse altre se ne aggiungevano: che al principio dell'anno Trasea sfuggiva la solennità del giuramento, non assisteva alla cerimonia dei voti, benché appartenesse al collegio quindecemvirale dei sacerdoti; non aveva mai offerto sacrifici per la salute dell'imperatore e per la sua voce celestiale… Era un comportamento da dissidente e da fazioso» (Tacito, *Annales* 16, 22).

Successivamente, rivolgendosi direttamente a Nerone, l'accusatore Cossunziano afferma:

«Trasea ha seguaci, o meglio satelliti, che non condividono ancora le sue ardite opinioni, ma si adeguano al suo contegno e al suo volto… A lui solo nulla importa della tua incolumità, né si cura della tua arte. Disdegna i successi del principe: e non è neppure sazio dei suoi lutti e dei suoi dolori. Il rifiuto di credere alla divinità di Poppea equivale a non giurare nel nome del divino Augusto e del divino Cesare. Egli mostra disprezzo per la religione, ignora le leggi» (*ibid.*).

OPINIONI SULLA DIVINITÀ DEL SOVRANO Come si evince dal passo di Tertulliano e da questo testo di Tacito, anche l'atteggiamento degli imperatori romani è stato molto diverso e variegato; da una parte troviamo figure come Augusto che non accettano di essere ritenute delle divinità (Augusto sarà divinizzato solo *post mortem*), dall'altra figure come Nerone che invece lo pretendono e dunque condannano coloro che non vi si adeguano.

- Scrivi un saggio breve di ambito storico-politico sul rapporto tra regalità e sacralità nell'impero romano, organizzando il tuo testo secondo i seguenti suggerimenti: ripercorrendo la storia dell'impero romano da Augusto a Costantino, colloca in un elenco gli imperatori che maggiormente hanno fondato il loro potere sulla pretesa di essere considerati dèi e valuta quanto e come questo loro atteggiamento abbia influito sulla loro politica e sul loro rapporto con i sudditi; cerca poi di individuare da dove sorga questa idea del potere e se, nella storia successiva, sia stata ulteriormente coltivata; soffermati in particolare sulla figura di Carlo Magno, che costituisce in un certo senso la sintesi fra le due posizioni antitetiche.

Augusto con le sembianze di Giove: particolare della decorazione di un fodero di una spada rinvenuta a Mainz, Germania, 16-15 d.C. Londra, British Museum.

Spunti di etica cristiana in Agostino

T16

LATINO/ ITALIANO

L'etica del potere: il principe

| Agostino, *De civitate Dei* 5, 24 |

Il dibattito sulle caratteristiche del principe ideale percorre nel tempo tutta la storia dell'umanità; da sempre le culture, alle prese con posizioni politiche di tipo monarchico o assolutistico, si sono interrogate su tale questione. In particolare la letteratura latina, attraverso i ritratti degli imperatori di Tacito e Svetonio, ci ha consegnato analisi e profili assai illuminanti, ma anche alquanto contrastanti tra loro.

Agostino approfondisce tale tematica attraverso una chiave di lettura del tutto nuova e originale: non attacca le figure di potere e le strutture politiche che regolano la vita sociale del suo tempo, ma le reinterpreta secondo criteri di carattere morale. Il cristianesimo – secondo la posizione di Agostino – non intende essere una minaccia alla stabilità dello Stato, ma promuove un'immagine del principe come uomo che non miri all'affermazione personale e che eserciti il proprio potere con un atteggiamento di servizio. I termini chiave del testo, che si propongono come elementi privilegiati di lettura e di interpretazione dello stesso e che segnano la novità della lettura agostiniana, sono felicitas, iustitia, servitium, venia, caritas, *naturalmente interpretati secondo le innovative valenze introdotte nella riflessione dalla dottrina cristiana di Agostino.*

[5, 24] Neque enim nos Christianos quosdam imperatores ideo felices dicimus, quia vel diutius imperarunt vel imperantes filios morte placida reliquerunt, vel hostes rei publicae domuerunt vel inimicos cives adversus se insurgentes et cavere et opprimere potuerunt. Haec et alia vitae huius aerumnosae vel munera vel solacia quidam etiam cultores daemonum accipere meruerunt, qui non pertinent ad regnum Dei, quo pertinent isti; et hoc ipsius misericordia factum est ne ab illo ista qui in eum crederent velut summa bona desiderarent.

[5, 24] Se noi dichiariamo felici alcuni imperatori cristiani, non è per la lunga durata del loro regno, o per la trasmissione del trono ai figli dopo una morte serena, o per le vittorie sui nemici esterni dello Stato e il successo nel prevenire o nel soffocare le insurrezioni degli avversari interni. Questi ed altri favori e consolazioni di questa vita d'affanni, anche alcuni adoratori di demoni li meritarono, pur non appartenendo al regno di Dio come invece gli altri[1]. Fu tutta opera della misericordia di Dio, affinché i suoi fedeli non Gli richiedano questi doni come fossero i beni supremi.

[5, 24] **Neque enim... potuerunt**: l'ablativo (di modo) *morte placida* indica la morte per cause naturali e non in conseguenza di congiure, causa di morte assai frequente per gli imperatori romani. • **Haec... solacia**: lett. «Questi e altri tipi di onori e consolazioni di questa vita travagliata»; anche molti imperatori pagani, definiti *cultores daemonum*, hanno goduto di tali privilegi, che però non costituiscono i *summa bona* a cui tendono i cristiani. Da notare l'attrazione modale presente nella proposizione relativa *qui... crederent*.

1. La "felicità" degli imperatori cristiani, secondo Agostino, non dipende da fattori legati alla loro carica, quali la durata del regno, la sua trasmissione ereditaria, il successo contro i nemici. L'aggettivo *felix* utilizzato come soprannome esprime in latino l'idea della fortuna, intesa come favore divino; diversi imperatori sia pagani sia cristiani si fregiarono di tale epiteto: per esempio l'imperatore pagano Caracalla e l'imperatore cristiano Costantino.

Sed felices eos dicimus, si iuste imperant, si inter linguas sublimiter honorantium et obsequia nimis humiliter salutantium non extolluntur, et se homines esse meminerunt; si suam potestatem ad Dei cultum maxime dilatandum maiestati eius famulam faciunt; si Deum timent, diligunt, colunt; si plus amant illud regnum, ubi non timent habere consortes; si tardius vindicant, facile ignoscunt; si eandem vindictam pro necessitate regendae tuendaeque rei publicae, non pro saturandis inimicitiarum odiis exserunt; si eandem veniam non ad inpunitatem iniquitatis, sed ad spem correctionis indulgent; si, quod aspere coguntur plerumque decernere, misericordiae lenitate et beneficiorum largitate compensant; si luxuria tanto eis est castigatior, quanto posset esse liberior;

Li dichiariamo felici se il loro impero è giusto[2], se si mantengono umili, ricordando di essere uomini, fra i discorsi di chi li esalta fino al cielo e gli omaggi di chi li saluta prostrandosi al suolo; se pongono la loro potenza al servizio della maestà di Dio, per estenderne quanto più possibile il culto; se temono, amano, venerano Dio; se più del proprio, amano quel Regno che non temono di condividere con altri; se tardi puniscono, facilmente perdonano; se la pena stessa viene inflitta per obbligo di governo e protezione dello Stato, non per appagamento di un'animosità privata, e se il perdono stesso è accordato non per lasciare impunita un'ingiustizia, ma per la speranza del ravvedimento; se la necessità d'intervenire spesso duramente è compensata dalla dolcezza della misericordia e dalla larghezza dei benefici; se la sensualità è in loro tanto più contenuta quanto più potrebbe essere sfrenata;

La *libertas* dell'imperatore: particolare dell'arco di Costantino, 312-315/316 d.C. Roma.

• **Sed felices... famulam faciunt**: l'aggettivo *famulam* è utilizzato come predicativo dell'oggetto *suam potestatem* (*famulus* è in latino il servitore, ma anche il ministro della divinità e dunque, in un'ottica cristiana, il servo di Dio). • **Deum timent, diligunt, colunt**: i tre verbi in asindeto esprimono i tre atteggiamenti fondamentali verso Dio, cioè la venerazione, l'amore, il culto. • **consortes**: il termine indicava proriamente i «colleghi» nella gestione del potere, introdotti dalla riforma dell'imperatore Diocleziano (284-305 d.C.), che aveva diviso l'impero fra due Augusti e, in posizione subalterna, due Cesari. • **si tardius... felicitatis aeternae**: nei due complementi di causa *propter ardorem inanis gloriae* e *propter caritatem felicitatis aeternae* è molto evidente e assai efficace la contrapposizione fra *ardorem* e *caritatem*, fra *inanis* e *aeternae*, fra *gloriae* e *felicitatis*, espressione in cui l'autore, con una costruzione simmetrica, pone in antitesi il desiderio di una vana gloria all'amore di una eterna felicità.

2. Inizia qui la "carta d'identità" che Agostino tratteggia degli imperatori cristiani: essi governano *iuste*, «con giustizia», non si esaltano di fronte agli onori e agli ossequi che vengono loro tributati, sono consapevoli dei limiti derivanti dalla loro natura umana, pongono al servizio di Dio il loro potere.

si malunt cupiditatibus pravis quam quibuslibet gentibus imperare et si haec omnia faciunt non propter ardorem inanis gloriae, sed propter caritatem felicitatis aeternae; si pro suis peccatis humilitatis et miserationis et orationis sacrificium Deo suo vero immolare non neglegunt. Tales Christianos imperatores dicimus esse felices interim spe, postea re ipsa futuros, cum id quod exspectamus advenerit.

se preferiscono il dominio sulle basse passioni a quello su qualsiasi popolo; e se tutto questo fanno non per brama di una gloria vuota ma per amore della felicità eterna[3]; se non mancano di offrire per i loro peccati in sacrificio al loro vero Dio l'umiltà, la misericordia, la preghiera. Questi sono gli imperatori cristiani che definiamo felici, ora nella speranza, poi nella realtà del futuro, quando le nostre attese si attueranno[4].

• **humilitatis et miserationis et orationis sacrificium**: nei tre genitivi (ancora una successione trimembre) si riassumono i tre principali atteggiamenti del cristiano, ovvero l'umiltà, la misericordia e la preghiera, come sacrificio per l'espiazione dei peccati.

3. Continua l'elencazione delle caratteristiche dell'imperatore cristiano; in particolare, si segnalano la disponibilità al perdono, considerata una manifestazione di umanità e clemenza, il ricorso alla dolcezza della misericordia (*misericordiae lenitate*) e alla generosità dei benefici (*beneficiorum largitate*), il rifiuto della *luxuria*, cioè della dissolutezza, l'autocontrollo e il dominio delle passioni, l'amore per la felicità eterna.
4. Il paragrafo si chiude ad anello con la ripresa del concetto iniziale di *felicitas*, concetto che è stato ampiamente illustrato nel corso del testo e che nell'ultima frase apre alla speranza della vita eterna.

PER APPROFONDIRE IL TESTO

Il testo e il contesto

LA "FELICITÀ" DEL POTENTE Il concetto di "felicità" del potente nell'ottica cristiana varia profondamente rispetto alla visione pagana e, riassumendo l'analisi di Agostino, possiamo identificare alcuni punti fermi.
Nell'ottica pagana la "felicità" del potente è determinata dai seguenti fattori:
- una lunga durata del regno;
- una morte serena e non violenta;
- una discendenza maschile che possa continuare la dinastia;
- vittorie sui nemici sia esterni che interni.

Nell'ottica cristiana, invece, la "felicità" del potente è determinata da ben altre costanti:
- un governo retto secondo giustizia;
- l'umile consapevolezza dei limiti della natura umana;
- una concezione del potere come impegno al servizio di Dio;
- l'amore verso il regno di Dio prevalente rispetto a quello verso il potere personale;
- la disponibilità al perdono e al recupero di chi ha sbagliato;
- la disponibilità alla misericordia e alla generosità;
- la moderazione verso gli altri e verso se stessi nel controllo delle passioni;
- la prospettiva non di una gloria mondana e caduca, ma di una felicità eterna.

L'ETICA DEL POTERE La bontà umana diviene una qualità irrinunciabile anche nella logica del potere; Agostino non contesta mai la legittimità del potere politico imperiale, ma piuttosto le modalità con cui esso viene gestito. La questione non riguarda dunque il potere in sé, ma l'etica del potere, vissuto non come espressione e affermazione di egocentrismo ma come servizio umile e disponibile verso i sudditi, in sintonia con l'insegnamento di Cristo che, nella sua condizione di re, umiliò se stesso. L'imperatore cristiano, inoltre, deve governare anche secondo una prospettiva escatologica: non solo (e forse non tanto) in una logica terrena, ma in una proiezione verso l'eternità e la realizzazione del regno di Dio.

LA FORZA DELLE ARGOMENTAZIONI Le argomentazioni di Agostino acquistano forza e risultano convincenti anche grazie al ricorso nella sua prosa alle strutture tri- →

membri; due in questo passo risultano particolarmente significative:

1. *Deum timent, diligunt, colunt*;
2. *humilitatis et miserationis et orationis sacrificium*.

I tre verbi che esprimono le azioni del cristiano verso Dio, ossia *timeo*, *diligo* e *colo* («venerare», «amare» e «adorare»), sono collegati ai tre termini che esprimono gli atteggiamenti del cristiano verso Dio, ossia *humilitas*, *miseratio* e *oratio* («umiltà», «misericordia» e «preghiera»): nella venerazione e nel timore di Dio il cristiano esprime infatti il suo senso di umiltà; l'amore verso il Signore trova applicazione nella misericordia verso i fratelli e il prossimo; infine, l'adorazione prende forma e forza nella preghiera.

Oltre il testo

DUE VISIONI DEL POTERE Dal passo di Agostino emergono due visioni del potere profondamente diverse fra loro: mentre nell'ottica pagana domina una prospettiva egoistica (ciò che conta è l'autorità del *princeps*, il suo successo e la sua personale felicità), nell'ottica cristiana la visione del potente non è centrata sull'individuo ma si apre in un atteggiamento altruistico (è importante soprattutto la felicità del popolo, per raggiungere la quale servono scelte di umiltà, generosità, perdono).

Proviamo ora ad accostare un'altra visione del potere: in una famosa pagina del *Principe* di Niccolò Machiavelli (opera del 1512-1513) viene formulata, in un contesto storico-sociale ovviamente diverso, una visione nuova, si direbbe rivoluzionaria, del principato. Molto interessante è soprattutto il capitolo 15, che Machiavelli intitolò *De his rebus quibus homines et praesertim principes laudantur aut vituperantur*, cioè «Di quelle cose per le quali gli uomini, e specialmente i principi, sono laudati o vituperati».

«Resta ora a vedere quali debbano essere e' modi e governi di uno principe con sudditi o con li amici. [...] [Io] dico che tutti li uomini, quando se ne parla, e massime e' principi, per essere posti più alti, sono notati di alcune di queste qualità che arrecano loro o biasimo o laude. E questo è che alcuno è tenuto liberale, alcuno misero [...]; alcuno è tenuto donatore, alcuno rapace; alcuno crudele, alcuno pietoso; l'uno fedifrago, l'altro fedele; l'uno effeminato e pusillanime, l'altro feroce et animoso; l'uno umano, l'altro superbo; l'uno lascivo, l'altro casto; l'uno intero, l'altro astuto; l'uno duro, l'altro facile; l'uno grave l'altro leggiero; l'uno relligioso, l'altro incredulo, e simili. Et io so che ciascuno confesserà che sarebbe laudabilissima cosa uno principe trovarsi di tutte le soprascritte qualità, quelle che sono tenute buone: ma, perché non si possono avere né interamente osservare, per le condizioni umane che non lo consentono, li è necessario essere tanto prudente che sappia fuggire l'infamia di quelle che li torrebbano lo stato, e da quelle che non gnene tolgano guardarsi, se elli è possibile; ma, non possendo, vi si può con meno respetto lasciare andare. Et etiam non si curi di incorrere nella infamia di quelli vizii sanza quali possa difficilmente salvare lo stato; perché, se si considerrà bene tutto, si troverrà qualche cosa che parrà virtù, e seguendola sarebbe la ruina sua; e qualcuna altra che parrà vizio, e seguendola ne riesce la securtà et il bene essere suo».

La pagina, che ha lo scopo di approfondire i modi di comportamento e di relazione del principe con i suoi sudditi, entra di fatto nell'elencazione di caratteristiche opposte fra loro per poi avanzare, nella parte conclusiva, la tesi dell'autore su quale debba essere la caratteristica principale di un sovrano.

- Scrivi ora un saggio in cui, dopo aver brevemente ricostruito il contesto storico in cui la teoria machiavelliana è stata avanzata, si mettano a confronto le tre visioni del principe (quella pagana, quella cristiana, quella di Machiavelli), cercando di cogliere almeno un elemento su cui esse convergano e l'elemento essenziale su cui esse divergano.

L'OPERA

IL *DE CIVITATE DEI*

L'OPERA DELLA MATURITÀ Il *De civitate Dei* fu composto da Agostino vescovo nell'ultimo periodo della sua vita, fra il 413 e il 426 d.C. L'opera consta di 22 libri e può essere suddivisa in due parti fondamentali: nella prima (libri I-X) spicca il carattere apologetico della trattazione, finalizzata a confutare l'illusione della religione pagana di poter garantire prosperità e fortuna in questa vita e salvezza ultraterrena, a causa della sua insufficienza sociale (messa in luce nei libri I-V) e spirituale (dimostrata nei libri VI-X); nella seconda parte (libri XI-XXII), vengono delineati i caratteri contrapposti delle due *civitates*, quella *terrena* e quella *caelestis*: la loro origine (libri XI-XIV), il loro sviluppo e progresso nella storia (libri XV-XVIII) e l'esito escatologico (libri XIX-XXII). Naturalmente le due parti sono fortemente intrecciate tra loro e la prima costituisce la premessa indispensabile per comprendere

la seconda; i destinatari di questa opera monumentale sono sia i pagani sia i cristiani, entrambi bisognosi di risposte di fronte alla perdita di certezze determinata dalla difficile situazione storica.
La genesi del *De civitate Dei* va infatti ricercata nel contesto socio-politico dell'epoca, caratterizzata dalle pressioni dei popoli barbarici, sempre più allarmanti, e dall'evidente e ormai inarrestabile declino dell'impero romano d'Occidente. In particolare, nel 410 i Visigoti di Alarico avevano saccheggiato Roma per tre giorni consecutivi (il precedente saccheggio della città risaliva a otto secoli prima, quando nel 390 a.C. Roma era stata devastata dai Galli). Tale catastrofe provocò sconcerto e paura in tutti e costituì per i pagani un argomento di accusa contro il monoteismo cristiano e la morale dei seguaci di Cristo: in sostanza si attribuiva loro la responsabilità dell'indebolimento politico e morale dell'impero.

LE DUE CITTÀ Dopo la fase apologetica, nella quale Agostino critica in particolare il culto degli idoli pagani e rimarca l'inadeguatezza del politeismo, incapace di offrire felicità sia sulla terra che dopo la morte, l'opera sviluppa una sorta di teologia della storia: l'uomo può vivere la sua vita secondo la carne o secondo lo spirito; tale possibilità genera l'alternativa fra due città, la *civitas terrena*, la città della carne, fondata dal contadino Caino (il contadino è legato alla terra) e generata dall'egoismo umano, e la *civitas Dei*, la città dello spirito, fondata dal pastore Abele (il pastore sfrutta la terra ma non è stanziale) e nata dall'amore verso Dio. Entrambe le città aspirano alla pace; mentre però la prima identifica la pace nel benessere temporale, la seconda aspira alla pace eterna, che si raggiunge solo nella dimensione ultraterrena grazie alla visione salvifica di Dio.
Nella storia le due città non sono nettamente separate, in quanto sia nell'impero (città terrena) sia nella Chiesa (città celeste) coesistono il bene e il male, i buoni e i cattivi, ed entrambe sono condizionate dalla provvisorietà della storia: solo dopo il giudizio universale tale distinzione sarà sancita in via definitiva. La vera distinzione fra le due città va intesa soprattutto alla luce di una diversa concezione della vita: da un lato un'egoistica affermazione di sé avallata dalla copertura politica e religiosa del paganesimo, che crea gli dèi e li pone al proprio servizio; dall'altro, una fiduciosa apertura alla speranza sostenuta dalla fede in Dio, che preesiste rispetto all'umanità, e nella Chiesa, da lui voluta e fondata da suo figlio Gesù Cristo.

GUIDA ALLO STUDIO

1. Chi sono i destinatari ideali del *De civitate Dei*?

2. Quali fatti storici si erano verificati negli anni di composizione del *De civitate Dei*?

3. Come si devono intendere le due città di cui parla Agostino?

T17

LATINO

Le due città

Agostino, *De civitate Dei* 14, 28

La storia dell'umanità è storia di aggregazioni; sempre l'uomo ha ricercato le condizioni più favorevoli per una convivenza civile e ha condotto profonde riflessioni in ambito politico sul tema della miglior forma di governo. Nelle vicende umane si sono alternate esperienze di monarchia, aristocrazia, democrazia (e delle relative forme deteriori, ovvero tirannide, oligarchia, oclocrazia), progetti politici concreti e praticabili e disegni ideali e talvolta utopici di conduzione della comunità.

Agostino affronta la questione soprattutto nell'opera intitolata De civitate Dei, *in cui afferma come, al di là delle diverse forme di governo, la preoccupazione prima dell'uomo debba essere sempre l'amore per Dio, anche quando si parla di una dimensione propriamente terrena come la politica. Agostino non nega il valore della storia, nella quale è pienamente inserito, ma va oltre la storia; nella distinzione fra città terrena e città celeste i contorni e i contesti sono diversi: la città sulla terra ha tempo, spazio, confini definiti, la città del cielo non ha tempo né spazio se non l'infinito, che per definizione è atemporale e aspaziale. Pertanto la riflessione di Agostino tende a elevare il discorso da un piano socio-politico a un livello etico, che condiziona la vita sociale dell'uomo (non a caso l'autore parla di potere e di gloria), con una modifica radicale del concetto di sapienza. Per Agostino le due città convivono: quindi è responsabilità dell'uomo la scelta e la realizzazione di entrambe.*

[14, 28] Fecerunt itaque civitates duas amores duo, terrenam scilicet amor sui usque ad contemptum Dei, caelestem vero amor Dei usque ad contemptum sui. Denique illa in se ipsa, haec in Domino gloriatur. Illa enim quaerit ab hominibus gloriam; huic autem Deus conscientiae testis maxima est gloria. Illa in gloria sua exaltat caput suum; haec dicit Deo suo: "Gloria mea et exaltans caput meum". Illi in principibus eius vel in eis quas subiugat nationibus dominandi libido dominatur; in hac serviunt invicem in caritate et praepositi consulendo et subditi obtemperando. Illa in suis potentibus diligit virtutem suam; haec dicit Deo suo: "Diligam te, Domine, virtus mea". Ideoque in illa sapientes eius secundum hominem viventes aut corporis aut animi sui bona aut utriusque sectati sunt, aut qui potuerunt cognoscere Deum, "non ut Deum honoraverunt aut gratias egerunt, sed evanuerunt in cogitationibus suis, et obscuratum est insipiens cor eorum; dicentes se esse sapientes", id est dominante sibi superbia in sua sapientia sese extollentes, "stulti facti sunt et inmutaverunt gloriam incorruptibilis Dei in similitudinem imaginis corruptibilis hominis et volucrum et quadrupedum et serpentium": ad huiuscemodi enim simulacra adoranda vel duces populorum vel sectatores fuerunt, "et coluerunt atque servierunt creaturae potius quam Creatori, qui est benedictus in saecula". In hac autem nulla est hominis sapientia nisi pietas, qua recte colitur verus Deus, id expectans praemium in societate sanctorum non solum hominum, verum etiam angelorum, "ut sit Deus omnia in omnibus".

[14, 28] **Fecerunt itaque civitates duas amores duo**: Agostino introduce le due città, quella terrestre e quella celeste, nate da due diversi «amori»; tutta la prima parte del capitolo è costruita su questa contrapposizione, resa evidente dall'alternanza dei pronomi *illa* (la città terrena) e *haec* (la città celeste); da notare che il pronome *illa*, usato per indicare la città terrena, indica qualcosa di lontano, mentre il pronome *haec*, usato per la città celeste, indica qualcosa di vicino a chi parla. Mentre la città terrena (*illa*) ha origine nell'*amor sui* («amore di sé», quindi in un atteggiamento egoistico), quella celeste (*haec*) ha origine nell'*amor Dei*. Questi due diversi tipi di amore hanno come conseguenza che la prima si gloria di se stessa e cerca la sua gloria negli uomini; per la seconda, invece, la *maxima gloria* è Dio (definito *conscientiae testis*, «testimone della coscienza»). • **Gloria mea et exaltans caput meum**: è una citazione tratta da *Salmi* 3, 4: «Tu sei mia gloria e sollevi il mio capo». • **Illi in principibus... obtemperando**: continua il ricorso alle contrapposizioni; alla *libido dominandi* della città terrena (dei suoi *principes*, nonché delle popolazioni da essi assoggettate) si contrappone nella città celeste l'idea del potere come servizio (*in hac serviunt*), idea condivisa sia dai «capi» (*praepositi*) sia dai «sudditi» (*subditi*), ovvero sia da parte di chi è chiamato a comandare sia da parte di chi è chiamato a obbedire (*consulendo* e *obtemperando* sono due gerundi con valore modale). Da sottolineare è l'impiego del termine *caritas*, che nel latino classico significa «affetto», «stima», mentre nel latino cristiano assume la valenza di «amore vicendevole», «amore fraterno». • **Illa in suis potentibus... virtus mea**: il verbo *diligo* («apprezzo», «amo») assume valenze molto diverse: mentre la città terrena genera in sé un amore egoistico, autoreferenziale, la città celeste si offre all'amore di Dio; la citazione è dal Salmo 18. • **Ideoque in illa... in saecula**: in questo lungo periodo viene analizzata la posizione dei sapienti nella città terrena. Essi vivono secondo l'uomo, ovvero prestando attenzione soprattutto alla dimensione umana, e, se hanno conosciuto Dio, non lo hanno onorato, ma si sono persi in ragionamenti vani, per cui il loro cuore è divenuto *insipiens*, cioè *non sapiens*; vivono nella superba illusione e di essere saggi, ma in realtà sono *stulti* in quanto adorano non Dio, ma immagini umane e animali. *Non ut Deum... et serpentium* è un'ampia citazione tratta dalla lettera di Paolo ai Romani, 1, 21-23: «non gli hanno dato gloria né gli hanno reso grazie come a un Dio, ma hanno vaneggiato nei loro ragionamenti e si è ottenebrata la loro mente ottusa. Mentre si dichiaravano sapienti [...], sono diventati stolti e hanno cambiato la gloria dell'incorruttibile Dio con l'immagine e la figura dell'uomo corruttibile, di uccelli, di quadrupedi e di rettili». Anche la successiva frase *et coluerunt... in saecula* è una citazione tratta dalla lettera di Paolo ai Romani, 1, 25: «e hanno venerato e adorato la creatura al posto del creatore, che è benedetto nei secoli». • **In hac autem**: molto più sintetica l'ultima affermazione sulla città celeste, nella quale la sapienza umana è data dalla *pietas*, dalla venerazione verso il Dio *verus*, nell'attesa della ricompensa (*premium*) che sarà goduta nella *societas sanctorum*, cioè nella comunità dei santi. • **ut sit Deus omnia in omnibus**: il testo termina con una citazione tratta dalla prima lettera di Paolo ai Corinzi 15, 28: «perché Dio sia tutto in tutti».

PER APPROFONDIRE IL TESTO

Il testo e il contesto

LA CITTÀ TERRENA E LA CITTÀ CELESTE
Nella prima parte del capitolo Agostino presenta le due città sottolineandone gli aspetti antitetici.

Illa = *civitas terrena*		***Haec*** = *civitas celestis*
Amor sui usque ad contemptum Dei, «amore di sé fino all'indifferenza per Dio»	simmetria, anafora	*Amor Dei usque ad contemptum sui*, «amore per Dio fino all'indifferenza per sé»
Illa in se ipsa (gloriatur), «quella si gloria di se stessa»	simmetria	*Haec in Domino gloriatur*, «questa si gloria in Dio»
Illa... quaerit ab hominibus gloriam, «quella cerca la sua gloria negli uomini»	*variatio*, poliptoto	*Huic... Deus... maxima est gloria*, «per questa Dio è la gloria più grande»
Illa in gloria sua exaltat caput suum, «quella leva in alto la testa nella sua gloria»	*variatio*, poliptoto, anafora	*Haec dicit Deo suo: "Gloria mea et exaltans caput meum"*, «questa dice al suo Dio: "Tu sei la mia gloria e levi in alto la mia testa"»
Illa in suis potentibus diligit virtutem suam, «quella apprezza la propria virtù nei suoi capi»	*variatio*, poliptoto	*Haec dicit Deo suo: "Diligam te, Domine, virtus mea"*, «questa dice al suo Dio: "Ti amerò, o Signore, mia virtù"»

Dal punto di vista delle scelte retoriche, oltre alle ripetute anafore e ai poliptoti, si può notare che a formulazioni simmetriche si alternano formulazioni in cui è invece evidente la ricerca di *variatio*. È in ogni caso netta, anche sul piano formale, la contrapposizione fra le due realtà, che esprimono visioni contrastanti di potere e di gloria.
Il testo è nobilitato dalla presenza di ampie citazioni dalle Scritture.

LA FIGURA DEL SAGGIO Anche l'analisi della figura del saggio distingue il sapiente della città terrena da quello della città celeste. Il primo, nutrito di filosofia pagana, pur non rinunciando a coltivare ora il corpo ora lo spirito, non riconosce Dio; il secondo invece mostra la sua sapienza nell'adorazione di Dio e nell'attesa della beatitudine eterna. Per descrivere la figura del saggio pagano Agostino ricorre a un'ampia citazione dalla *Prima Lettera ai Romani* di Paolo di Tarso (1, 21-23; 25), che insiste proprio sulla contrapposizione fra sapienza cristiana e stoltezza pagana.

L'ATTACCO CONTRO L'IDOLATRIA Significativo e di grande effetto risulta anche l'attacco mosso contro l'idolatria, frutto proprio della stoltezza umana e generata da atteggiamenti di superbia. L'idolatria è la sostituzione di Dio con simulacri di uomini o di animali, cioè di creature al posto del creatore. È la *pietas*, da intendersi in chiave cristiana come ricerca umile dell'unica verità, che sconfigge l'idolatria, abbatte i simulacri e porta a riconoscere la presenza di Dio in tutti.

Oltre il testo

L'INDIVIDUO E LA COLLETTIVITÀ La vicenda autobiografica della conversione di Agostino, descritta nelle *Confessiones*, e la riflessione sulla dimensione socio-politica del cristiano, approfondita soprattutto nel *De civitate Dei*, focalizzano in apparenza aspetti fra loro lontani e sembrano entrare in relazione con difficoltà. Sarebbe però limitante e persino fuorviante non cercare di far dialogare fra loro le due opere e dunque, più concretamente, la dimensione individuale e soggettiva dell'uomo con la sua dimensione collettiva e pubblica. A questo proposito può essere utile leggere la seguente pagina critica di Agostino Trapè.

«Cristo compie la sua missione di mediazione attraverso l'esempio, che per noi è un modello perfetto di virtù, e, soprattutto, attraverso il sacrificio di sé. I due aspetti sono ricordati dalle *Confessioni*. Il primo, per esempio, in queste parole: «Discese nel mondo la nostra vita, la vera, si prese sulle sue spalle la nostra morte e l'uccise con la sovrabbondanza della sua vita, ci gridò tuonando di tornare dal mondo a lui... corse gridando a parole, e a fatti, con la morte e la vita, con la discesa e l'ascesa, gridando affinché tornassimo a lui». Il secondo in quelle altre giustamente celebri che esprimono l'identità in Cristo tra il sacerdozio e il sacrificio [Si intende la doppia natura di Cristo, da un lato sacerdote celebrante nel nome di suo Padre, dall'altro vittima sacrificale (con la sua morte) del medesimo atto celebrativo. *N.d.R.*]. Sono le parole con le quali si chiude il libro decimo: «Quanto ci amasti mai, Padre buono, che non risparmiasti il tuo unico Figlio, consegnandolo agli empi per noi! ... Lui... vittorioso e vittima per noi al tuo cospetto, e vittorioso in quanto vittima; sacerdote e sacrificio per noi al tuo cospetto, e sacerdote in quanto sacrificio; che ci rese, di servi, tuoi figli, nascendo da te e servendo a noi». La mediazione di Cristo com'è la fonte di ogni grazia così è la ragione di ogni nostra speranza. «Senza di lui, conclude Agostino, dispererei. Molte, infatti, e gravi sono le mie infermità, molte e gravi. Ma più abbondante è la tua medicina».

Ma questo non è che un abbozzo. L'ampio svolgimento di questa dottrina bisogna cercarlo in altre opere agostiniane, particolarmente nel *De Trinitate* e nel *De civitate Dei*, dove troviamo esposto e difeso il concetto di mediazione e illustrato quello della missione di Cristo, il quale per mezzo del sacrificio di sé – sacrificio verissimo, liberissimo, perfettissimo – è diventato Mediatore di libertà, di vita, di salvezza per tutti gli uomini».

(da Agostino, *Confessioni*, a cura di C. Carena, intr. di A. Trapé, ed. Città Nuova, Roma, 1982, p. CIII)

Trapé ritorna sulla dimensione di Cristo mediatore (già ampiamente affrontata nelle analisi di ➛ **T12-T13**) e identifica proprio in questa funzione del Figlio di Dio la chiave di lettura della doppia relazione a cui l'uomo è chiamato nella sua vita terrena: quella con se stesso e con Dio, quella con gli altri. Una relazione che, in definitiva, risolve la questione del rapporto fra la sfera personale e la sfera sociale.

- Quali siano i contorni di questa funzione mediatrice di Cristo deve essere indagato e approfondito: scrivi ora un saggio breve in cui, partendo dal brano critico di Trapé e dal passo antologizzato del *De civitate Dei*, cercherai di definire quali siano gli aspetti caratterizzanti di Cristo mediatore sia in relazione alla dimensione soggettiva dell'uomo sia in relazione alla sua dimensione relazionale, socio-politica; chiarisci in particolare in che senso si possa affermare che il sacrificio di Cristo sia mediazione di libertà per l'umanità intera.

■ Visione dell'inferno da un codice miniato del De civitate dei di Sant'Agostino, XV secolo. Parigi, Biblioteca Sainte-Genevieve.

PROVA DI TRADUZIONE E COMMENTO

Leggi con attenzione il seguente passo tratto dal *De civitate Dei*, quindi rispondi alle domande che ti guideranno nella comprensione. Infine, dopo che avrai analizzato e tradotto il passo, potrai rendere ragione della tua interpretazione con un testo organico di commento.

I cristiani, cittadini di pace

Agostino, *De civitate Dei* 19, 17

In uno dei libri conclusivi del De civitate Dei *Agostino prende in considerazione il problema dei confini del bene e del male e del fine ultimo, cioè si interroga su che cosa sia il sommo bene verso cui ciascuno deve dirigersi per ottenere la felicità. Basandosi principalmente sul* De philosophia *di Varrone, Agostino prende in esame le teorie proposte dagli antichi filosofi (accademici, peripatetici e cinici, definizione che egli sembra applicare genericamente alle filosofie ellenistiche) e ne individua i punti critici. Nella nuova ottica del cristianesimo, Agostino identifica il sommo bene a cui l'uomo deve aspirare nella vita eterna e nella pace. Inizia pertanto una lunga dissertazione sulla pace: Agostino dimostra che tutti gli uomini la desiderano, i cristiani come i non cristiani, ma c'è diversità nello scopo per il quale gli uni e gli altri la ricercano; i cristiani godono dei beni terreni (compresa la pace) in attesa della perfezione della vita ultraterrena, mentre i pagani ne usufruiscono come fini a se stessi. Inoltre, gli abitanti della città terrena, dice Agostino, hanno sbagliato credendo che per assicurarsi la pace fosse necessario ingraziarsi una molteplicità di dèi e hanno perseguitato i cristani in quanto questi, credendo in un unico Dio, non potevano obbedire alle leggi che imponevano loro di adorare molte divinità.*

Nel passo che segue Agostino dichiara che, memori dell'esperienza negativa delle persecuzioni, gli abitanti della città del cielo, fintanto che vivranno sulla terra, saranno accoglienti nei confronti di chi vorrà collaborare al mantenimento della pace, anche se si tratterà di una persona di diversa cultura, ma sempre che si impegni a non ostacolare la religione monoteista.

Haec ergo caelestis civitas dum peregrinatur in terra, ex omnibus gentibus cives evocat atque in omnibus linguis peregrinam colligit societatem, non curans quidquid in moribus legibus institutisque diversum est, quibus pax terrena vel conquiritur vel tenetur, nihil eorum rescindens vel destruens, immo etiam servans ac sequens, quod licet diversum in diversis nationibus, ad unum tamen eumdemque finem terrenae pacis intenditur, si religionem, qua unus summus et verus Deus colendus docetur, non impedit. Utitur ergo etiam caelestis civitas in hac sua peregrinatione pace terrena et de rebus ad mortalem hominum naturam pertinentibus humanarum voluntatum compositionem, quantum salva pietate ac religione conceditur, tuetur atque appetit eamque terrenam pacem refert ad caelestem pacem, quae vere ita pax est, ut rationalis dumtaxat creaturae sola pax habenda atque dicenda sit, ordinatissima scilicet et concordissima societas fruendi Deo et invicem in Deo; quo cum ventum erit, non erit vita mortalis, sed plane certeque vitalis, nec corpus animale, quod, dum corrumpitur, aggravat animam, sed spiritale sine ulla indigentia ex omni parte subditum voluntati. Hanc pacem, dum peregrinatur in fide, habet atque ex hac fide iuste vivit, cum ad illam pacem adipiscendam refert quidquid bonarum actionum gerit erga Deum et proximum, quoniam vita civitatis utique socialis est.

GUIDA ALLA COMPRENSIONE

Per giungere a una prima comprensione del testo, rispondi alle seguenti domande.

- Con quale metafora viene definita la vita terrena degli abitanti della città del cielo?
- Quale concetto astratto viene definito in questo testo «perfettamente ordinata e concorde compartecipazione del godimento di Dio e reciproco in Dio»?

- Come viene concepita da Agostino la vita dell'uomo, rispetto alle relazioni sociali?
- Che cosa si intende con i termini *vita vitale* e *corpus spiritale subditum voluntati*?

GUIDA ALLA TRADUZIONE

Le seguenti domande ti guideranno nella traduzione.

- Come puoi rendere, perché sia meglio comprensibile in italiano, la metonimia *in omnibus linguis* alla r. 2?
- Qual è il complemento oggetto del participio congiunto *curans* (r. 2)?
- Qual è l'antecedente (o quali sono, se più d'uno) del pronome relativo in ablativo strumentale *quibus* (r. 3)?
- Quali sostantivi sostituisce il pronome *eorum* (r. 4)?
- Con quale elemento concordano i participi congiunti *rescindens... destruens... servans ac sequens* (r. 4)?
- Di quale verbo è soggetto il pronome *quod* (r. 4)?
- In che funzione viene usato il gerundivo *colendus* (r. 6)?
- Qual è l'ablativo strumentale retto da *utitur* (r. 6)?
- Qual è l'elemento prolettico nella reggente della consecutiva *ut... dicenda sit* (rr. 10-11)?
- A quale luogo astratto si riferisce il nesso relativo *quo* (r. 12)?
- Qual è il soggetto (sottinteso) del predicato principale *habet* nell'ultimo periodo (r. 14)?
- Che valore ha il costrutto con il gerundivo *ad illam pacem adipiscendam* (r. 15)?

GUIDA AL COMMENTO

Dopo aver tradotto il testo, realizza un testo organico di commento a partire dalle risposte che avrai dato alle domande seguenti.

Contestualizzazione Per prima cosa, inserisci il passo nel contesto dell'opera dal quale è stato tratto, raccogliendo le tue conoscenze sul tema del rapporto tra cristianesimo ed etica politica nel *De civitate Dei*. Se lo ritieni opportuno, puoi consultare i testi antologizzati (➛ **T16-T17**). Nella tua esposizione dovrai toccare i seguenti punti.

- Qual è l'argomento del *De civitate Dei*?
- Che cosa sono le due città messe a confronto nel trattato? Sono identificabili con città concrete?
- Come vengono concepite la gestione del potere e l'etica nella città del cielo?

Interpretazione e approfondimenti Riassumi il contenuto del passo che hai preso in esame, soffermandoti a commentare i punti dai quali si evince che Agostino ritiene che la *civitas Dei* abbia una missione universale.

- Quale dev'essere l'atteggiamento dei cristiani nei confronti di chi è diverso?
- Qual è la funzione riconosciuta a costumi, leggi e istituzioni?
- Che rapporto c'è, secondo Agostino, tra la pace terrena e la pace celeste?

Questo passo ci permette di capire chiaramente che Agostino, nel teorizzare la città del cielo, pensa a un modello ideale la cui perfetta realizzazione, da compiersi progressivamente, coinciderà con l'avvento del regno dei cieli sulla terra. Per capire meglio, puoi leggere il prosieguo della trattazione di Agostino e rispondere alle domande che ti guideranno nella comprensione.

[20] Pertanto il sommo bene della città di Dio è la pace eterna definitiva, non quella attraverso la quale i mortali passano col nascere e il morire, ma quella in cui gli immortali rimangono senza alcuna soggezione ai contrari. Chi dunque può negare che quella vita è sommamente felice e nel confronto non giudica sommamente infelice questa che trascorre nel tempo anche se è colma dei beni dell'anima, del corpo e del mondo esteriore? Ma chiunque la giudica in maniera da riferire il suo scorrere al fine di quella vita che ama con grande ardore e che spera con grande fiducia, non assurdamente si può considerare felice anche in questo tempo di quella speranza anziché di questa vicenda. La vicenda presente senza la speranza è una falsa felicità e una grande infelicità. Difatti non ha esperienza dei veri

beni dell'anima poiché non è vera saggezza quella la quale, nelle azioni che giudica con la prudenza, compie con la fortezza, frena con la temperanza, distribuisce con la giustizia, non orienta la propria scelta a quel fine in cui «Dio sarà tutto in tutti» [1 *Cor.*, 15, 28], in un'eternità certa e in una pace definitiva.

(trad. di D. Gentili)

- Gli "immortali" di cui parla Agostino sono:
  - ☐ gli uomini che vivono secondo gli insegnamenti di Cristo
  - ☐ gli dèi pagani, che sono ritenuti immortali
  - ☐ gli uomini che hanno raggiunto il paradiso
  - ☐ gli uomini che hanno ricevuto il dono dell'immortalità
- Maggiormente felice, secondo Agostino, è la vita:
  - ☐ sulla terra, dopo che si sarà raggiunta la pace dalle guerre
  - ☐ eterna, rispetto alla quale la vita terrena è come un esilio
- Secondo Agostino, la sapienza:
  - ☐ si può ottenere anche da parte di chi non crede, se esercita le virtù della morale cristiana (prudenza, fortezza, temperanza, giustizia)
  - ☐ anche esercitando le virtù della morale cristiana (prudenza, fortezza, temperanza, giustizia), non può essere ottenuta se non si ha fede nella vita eterna
- Secondo Agostino, nella vita terrena:
  - ☐ è comunque possibile essere felici nella speranza della vita eterna
  - ☐ si è destinati all'infelicità di chi vive come in esilio in attesa della vita vera nel cielo

Lo stile del testo Prendi in esame le caratteristiche stilistiche di questo passo e valutane l'efficacia in base alle intenzioni comunicative dell'autore. In particolare, rifletti sui seguenti punti.

- A quale tipo di lettori è indirizzato questo passo?
- Come puoi definire la sintassi di questo testo? Osserva in particolare la struttura dei periodi e la loro articolazione in strutture binarie.
- Osservi nel lessico il ricorso a ripetizioni utili a mantenere la coesione del testo?
- Ci sono metafore e termini usati con un significato specifico nell'ambito religioso?

CICERO LECTIO **L'uomo spirituale creato a immagine di Dio** Agostino, *Confessiones* 11, 22-23

INDICAZIONI BIBLIOGRAFICHE

AUTORI CRISTIANI

Le fonti dei **testi latini** impiegati sono le seguenti: i testi di Tacito e Plinio il Giovane sono tratti da SNS – Greek & Latin – Scuola Normale Superiore di Pisa, ed. 2007 (per Tacito, si veda anche Tacito, *Annali. Libri XI-XVI*, a c. di L. Pighetti, Mondadori, Milano 1995); i testi di Agostino proposti sono, per le *Confessiones*, quelli stabiliti da F. Skutella nella Bibliotheca Teubneriana, Leipzig 1934 (ripresi, con poche modifiche, dall'edizione della Nuova Biblioteca Agostiniana, Città Nuova, Roma 1982[4]) e, per il *De civitate Dei*, quelli riportati in *Opera omnia*, Nuova Biblioteca Agostiniana, Città Nuova, Roma 1968; i testi dell'*Apologeticum* di Tertulliano sono quelli utilizzati in Tertulliano, *Apologia del cristianesimo – La carne di Cristo*, introd. di C. Moreschini e C. Micaelli, trad. di L. Rusca e C. Micaelli, Milano 2013.

Le **traduzioni italiane** dei testi antologizzati sono a cura di Lucio Sisana, dove non altrimenti indicato.

Per le tematiche affrontate nel corso della trattazione si vedano: C. Moreschini, *Cristianesimo e impero*, Firenze 1973; Sant'Agostino, *Le confessioni*, a c. di Ch. Mohrmann, trad. di C. Vitali, Milano 1996; Sant'Agostino, *Le Confessioni*, introd. di A. Trapé, trad. e note di C. Carena, Roma 1982; H. Hoppe, *Sintassi e stile di Tertulliano*, a cura di G. Allegri, Brescia 1985; A. De Prisco, *Il latino tardo antico e altomedievale*, Roma 1991; Tertulliano, *Apologetico*, a c. di A. Resta Barrile, Milano 1992; Tertulliano, *Apologia del cristianesimo – La carne di Cristo*, introd. di C. Moreschini e C. Micaelli, trad. di L. Rusca e C. Micaelli, Milano 2013.

GLOSSARIO DELLE FIGURE RETORICHE E DEI TERMINI METRICI

- **ALLITTERAZIONE** figura retorica di suono, consistente nella ripetizione degli stessi suoni all'inizio di due o più parole. Di solito conferisce enfasi ai termini coinvolti. Es. *pecudes persultant pabula* (Lucrezio, *De rerum natura* 1, v. 14).

- **ANAFORA** figura retorica di sintassi che consiste nella ripetizione di una stessa parola all'inizio di frasi successive. Es. *Ille mi par esse deo videtur, / ille, si fas est, superare divos* (Catullo, carme 51, vv. 1-2).

- **ANASTROFE** figura retorica di sintassi che consiste nell'inversione dell'ordine abituale dei termini all'interno della frase. Es. *caeli subter labentia signa* (invece di *subter labentia signa caeli*) (Lucrezio, *De rerum natura* 1, v. 2).

- **ANTITESI** figura retorica di significato che si realizza mediante l'accostamento di due termini o espressioni di significato opposto. Es. *potentioresque humiliores possessionibus expellant* (Cesare, *De bello Gallico* 6, 22, 3).

- **BRACHILOGIA** espressione abbreviata e concisa. Ottiene l'effetto di enfatizzare il valore semantico dei termini dell'enunciato. Es. *in magna copia rerum aliud alii natura iter ostendit* (Sallustio, *De coniuratione Catilinae* 3, 1).

- **CHIASMO** figura retorica di sintassi che consiste nel disporre in modo incrociato i membri corrispondenti di due sintagmi. Es. *nobis cum semel occidit brevis lux, / nox est perpetua una dormienda* (Catullo, carme 5, vv. 5-6).

- ***CLIMAX*** dal greco, lett. «scala»; disposizione di una serie omogenea di termini (sostantivi, aggettivi, verbi, ecc.) in ordine crescente o decrescente di intensità semantica. Es. *est mulier audax, pecuniosa, crudelis* (Cicerone, *Pro Cluentio* 18).

- **DATTILO** piede (vedi) formato dalla successione di una sillaba lunga seguita da due sillabe brevi. L'arsi, ossia l'elemento forte del piede su cui batte l'accento ritmico (o *ictus*), è costituita dalla sillaba lunga (–́∪∪).

- **DISTICO ELEGIACO** strofa di due versi formata da un esametro (vedi) e da un pentametro o, più correttamente, "verso elegiaco". Il "verso elegiaco" è formato da due tripodie (ossia gruppi di tre piedi: vedi «piede») dattiliche e il piede finale di ciascuna tripodia presenta solo la prima sillaba. Una cesura (= pausa) fissa dopo la prima tripodia divide il verso in due emistichi («mezzi versi»). Il primo emistichio prevede la sostituzione di uno o di entrambi i dattili (vedi «dattilo») con spondei (vedi «spondeo»). Il secondo emistichio presenta invece uno schema fisso; l'ultima sillaba del verso elegiaco è *indifferens* (⌒), ossia può essere lunga o breve.

  –́∪∪, –́∪∪, –́∪∪, –́∪∪, –́∪∪, –́⌒
  –́∪∪̄, –́∪∪̄, –́ || –́∪∪̄, –́∪∪̄, ⌒́

  Es. *Ód(i) et amó. Quar(e) íd faciám fortásse requíris.*
  Néscio, séd fierí || sénti(o) et éxcruciór.
  (Catullo, carme 85)

- **ENDIADI** figura retorica che consiste nel sostituire un sintagma costituito da due membri (per es. sost. + agg.) con due espressioni separate coordinate fra loro. Es. *Non enim verbi neque criminis augendi causa complector omnia*, «Infatti non elenco tutti gli oggetti per amplificare il discorso accusatorio (lett. il discorso e l'accusa)» (Cicerone, *Actio secunda in Verrem* 4, 2).

- ***ENJAMBEMENT*** dal francese, lett. «inarcatura»; procedimento che avviene quando la struttura sintattica della frase supera l'unità ritmica del verso. Ottiene l'effetto di dilatare il ritmo del discorso poetico. Es. *Si qua recordanti benefacta priora voluptas / est homini* (Catullo, carme 76, vv. 1-2).

- **ESAMETRO** verso formato da sei piedi (vedi «piede»), dattili (vedi «dattilo») o spondei (vedi «spondeo»). L'ultimo piede è sempre bisillabo: o uno spondeo o un dattilo senza l'ultima sillaba breve (ovvero un trocheo: vedi); l'ultima sillaba dell'esametro è dunque *indifferens* (⌒), ossia può essere lunga o breve. Se il quinto piede è un dattilo, come avviene nella maggior parte dei casi, l'esametro è definito dattilico. Se invece il quinto piede è uno spondeo, l'esametro è definito "spondaico".

  –́∪∪̄, –́∪∪̄, –́∪∪̄, –́∪∪̄, –́∪∪̄, –́⌒

  Le cesure (ovvero le pause) possibili all'interno dell'esametro si distinguono in "maschili", se cadono dopo la prima sillaba lunga del piede, ossia dopo il tempo forte, e "femminili", se cadono dopo la prima sillaba breve del piede, ossia dopo un tempo debole. Le cesure dette "principali", ossia le più frequenti, sono:
  - dopo la prima sillaba lunga del terzo piede (cesura semiquinaria, «dopo il quinto mezzo piede»);
  - dopo la prima sillaba lunga del quarto piede (cesura semisettenaria, «dopo il settimo mezzo piede»);

- dopo la prima sillaba breve del terzo dattilo (cesura detta "del terzo trocheo", perché la prima parte del dattilo così diviso equivale a un trocheo).

FALECIO (o **ENDECASILLABO FALECIO**) verso composto da undici sillabe (da cui appunto il nome "endecasillabo"); è costituito da una pentapodia, ossia da un gruppo di cinque piedi (vedi «piede»). Il primo piede è formato da due sillabe ancipiti (ossia che possono essere lunghe o brevi); seguono poi un dattilo (vedi) e tre trochei (vedi «trocheo»); l'ultimo trocheo può essere sostituito da uno spondeo (vedi):

⏓́⏓, –́⏑⏑, –́⏑, –́⏑, –́⏑̄

FIGURA ETIMOLOGICA figura retorica basata sull'accostamento di due parole che hanno in comune la medesima radice. Es. *ne dentes dentiant* (Plauto, *Miles gloriosus*, v. 34).

GIAMBO piede (vedi) formato dalla successione di una sillaba breve seguita da una sillaba lunga. L'arsi, ossia l'elemento forte su cui batte l'accento ritmico (o *ictus*), è costituito dalla sillaba lunga (⏑–́).

IPALLAGE (o **ENALLAGE DELL'AGGETTIVO**) figura retorica che consiste nel concordare grammaticalmente un aggettivo con un termine diverso da quello cui è semanticamente collegato. Es. *impia te rationis inire elementa*, «di accostarti ai princìpi di una dottrina empia (lett. "ai princìpi empi di una dottrina")» (Lucrezio, *De rerum natura* 1, v. 81).

IPERBATO figura retorica di sintassi per cui due termini normalmente uniti in un sintagma vengono separati. Es. *tibi suavis daedala tellus / summittit flores* (Lucrezio, *De rerum natura* 1, vv. 7-8).

METAFORA dal greco *metaphorà*, lett. «trasferimento», «traslazione»; implica la sostituzione di un termine usato in senso proprio con uno di significato corrispondente, ma usato in senso traslato. Es. *nihil mali timuit, quod non totum a matre esset conflatum*, «non ha temuto alcuna disgrazia che non fosse stata interamente causata dalla madre» (Cicerone, *Pro Cluentio* 18).

METONIMIA figura retorica di significato che consiste nella sostituzione di una parola con un'altra che appartiene a un campo semantico contiguo a quello della parola sostituita. Es. *pascit amore avidos inhians in te, dea, visus*, «pasce d'amore gli occhi avidi, bramandoti, o dea» (Lucrezio, *De rerum natura* 1, v. 36).

OMOTELEUTO figura retorica di suono che nasce dall'accostamento di due o più parole che presentano identità fonica della terminazione. Es. *Sed ea saepe antehac fidem prodiderat, creditum abiuraverat, caedis conscia fuerat* (Sallustio, *De coniuratione Catilinae* 25, 4).

OSSIMORO dal greco *oxýmoron* (composto di *oxýs*, «acuto», e *moròs*, «ottuso»); figura retorica che si realizza mediante l'accostamento di due termini di significato antitetico, che dovrebbero escludersi reciprocamente. Es. *casta inceste* (Lucrezio, *De rerum natura* 1, v. 98).

PARALLELISMO figura retorica di sintassi che prevede l'accostamento di sintagmi i cui membri corrispondenti si trovano nella medesima posizione. Es. *et qui fecere et qui facta aliorum scripsere, multi laudantur* (Sallustio, *De coniuratione Catilinae* 3, 1).

PERIFRASI uso di una proposizione oppure di un sintagma per sostituire un singolo termine. Es. *primum Graius homo mortalis tollere contra / est oculos ausus* (Lucrezio, *De rerum natura* 1, vv. 66-67), dove *Graius homo*, «uomo greco», sostituisce «Epicuro».

PIEDE unità di misura in cui è suddiviso un verso. Il piede deve essere composto di almeno due sillabe, una delle quali reca l'accento (*ictus*) ed è detta "arsi", dal greco *àrsis*, lett. «elevazione (della voce)». Le sillabe non accentate sono dette "tesi", dal greco *thèsis,* lett. «depressione (della voce)».

POLIPTÒTO dal greco, lett. «molte terminazioni»; figura retorica di sintassi basata sulla ripetizione a breve distanza del medesimo termine modificandone il caso, il genere, il numero, il modo o il tempo. Es. *Faciuntne intellegendo ut nihil intellegant?* (Terenzio, *Andria*, v. 17).

PRETERIZIONE dal latino *praetereo,* «passo oltre»; procedimento che consiste nell'affermare di voler evitare un argomento, nel momento stesso in cui lo si menziona.

PROSOPOPEA (o **PERSONIFICAZIONE**) dal greco *pròsopon*, «volto», «maschera» e quindi anche «personaggio»; procedimento che consiste nell'attribuire caratteristiche umane, per esempio la capacità di parlare, a entità inanimate.

SENARIO GIAMBICO verso formato dalla successione di sei giambi (vedi «giambo»). Particolarmente usato dai poeti comici, di regola solo l'ultimo piede (vedi) è sempre un giambo puro; nei piedi precedenti la sillaba breve può essere sostituita da una lunga (in questo caso è definita “sillaba irrazionale”) oppure da due brevi (definite “brevi irrazionali”), mentre la sillaba lunga può essere sciolta in due brevi. Ne consegue che la scansione dei senari giambici risulta assai complessa per le numerose combinazioni possibili. L’accento ritmico (o *ictus*) cade sulla sillaba lunga di ciascun piede; se questa è sciolta in due brevi, cade sulla prima delle due.

SIMILITUDINE procedimento attraverso il quale le caratteristiche di un personaggio, di un oggetto o di una situazione sono precisate mediante un paragone esplicito. Es. *quoius tu legiones difflavisti spiritu, / quasi ventus folia aut peniculum tectorium*, «le sue legioni tu le hai spazzate via come fa il vento con le foglie o le pannocchie sul tetto» (Plauto, *Miles gloriosus*, vv. 17-18).

SINEDDOCHE figura retorica di significato che consiste nella sostituzione di una parola con un’altra che appartiene a un campo semantico che è sottoinsieme o sovrainsieme rispetto a quello della parola sostituita. Genericamente si tratta del tutto per la parte o della parte per il tutto. Es. *Sed tamen esto iam quantovis oris honore* (Lucrezio, *De rerum natura* 4, v. 1171), dove la parte (*os*, *oris*, «bocca») è detta per il tutto («viso»).

SPONDEO piede (vedi) formato dalla successione di due sillabe lunghe. L’arsi, ossia l’elemento forte su cui batte l’accento ritmico (o *ictus*), è costituito dalla prima sillaba lunga (–́ –).

TRIMETRO GIAMBICO verso formato dalla successione di sei giambi (vedi «giambo») raccolti in tre dipodie, ossia in tre gruppi di due piedi. L’arsi, ossia l’elemento forte su cui batte l’accento ritmico (o *ictus*), è costituito dalla prima sillaba lunga di ciascuna dipodia.

TRIMETRO GIAMBICO SCAZONTE (o **COLIAMBO**) verso formato da un trimetro giambico (vedi) il cui ultimo piede è un trocheo (vedi) o uno spondeo (vedi). Nella recitazione l’accento del trocheo o dello spondeo, in controtempo rispetto all’accento dei giambi, conferisce al verso un andamento zoppicante, da cui il nome (“scazonte”, dal greco *skàzon*, «claudicante»; “coliambo”, dal greco *colòs*, «zoppo»).

TROCHEO piede (vedi) formato dalla successione di una sillaba lunga e di una sillaba breve. L’arsi, ossia l’elemento forte su cui batte l’accento ritmico (o *ictus*), è costituito dalla sillaba lunga (–́ ∪).

VARIATIO, lett. «variazione»; principio retorico che evita la ripetizione dei medesimi termini o costrutti in un contesto limitato. Es. *Litteris Graecis Latinis docta, psallere saltare* [...], *multa alia* (Sallustio, *De coniuratione Catilinae* 25, 2), dove il predicato *docta* (*est*) regge tre differenti costrutti (ablativo di limitazione, infinito, accusativo di relazione).

FONTI ICONOGRAFICHE

Alamy: p. 341 (World History Archive); p. 358 (VPC Travel Photo).
Archivi Alinari: p. 45 (Veneranda Biblioteca Ambrosiana / DeA Picture Library); p. 49 (Bridgeman Images); p. 297 (De Agostini Picture Library / G. Dagli Orti); p. 327 (Tarker); p. 579 (Bridgeman Images); p. 354 (De Agostini Picture Library / A. DagliOrti); p. 376 (De Agostini Picture Library / A. DagliOrti); p. 414; p. 492 (Archives Charmet / Bridgeman Images); p. 517 (British Library Board); p. 629.
photaki: p. 154 (Miguel López Morales).
Scala, Firenze: p. 17 (Fotografica Foglia su concessione del Ministero dei Beni Culturali); p. 30 (De Agostini Picture Library); p. 38 (Photo MNP); p. 47 (concessione del Ministero dei Beni Culturali); p. 58 (De Agostini Picture Library); p. 77 (De Agostini Picture Library); p. 79 (bpk, Bildagentur fuer Kunst, Kultur und Geschichte, Berlin); p. 95 (De Agostini Picture Library); p. 101 (concessione del Ministero dei Beni Culturali); p. 102 (DeAgostini Picture Library); p. 135 (De Agostini Picture Library); p. 137 (Photo Josse); p. 149 (De Agostini Picture Library); p. 157 (White Images); p. 163 (The Metropolitan Museum of Art / Art Resource); p. 170 (concessione del Ministero dei Beni Culturali); p. 183 (The Trustees of the British Museum); p. 187 (Fotografica Foglia su concessione del Ministero dei Beni Culturali); p. 201; p. 219 (Fotografica Foglia su concessione del Ministero dei Beni Culturali); p. 258 (concessione del Ministero dei Beni Culturali); p. 287 (concessione del Ministero dei Beni Culturali); p. 288 (concessione del Ministero dei Beni Culturali); p. 311 (De Agostini Picture Library); p. 348 (De Agostini Picture Library); p. 353 (De Agostini Picture Library); p. 362 (NTPL); p. 398 (Luciano Romano su concessione del Ministero Beni e Attività Culturali); p. 422 (Photo Josse); p. 481 (De Agostini Picture Library); p. 534 (De Agostini Picture Library); p. 541 (De Agostini Picture Library); p. 569 (The Trustees of the British Museum c/o Scala, Firenze); p. 571 (A. Dagli Orti); p. 585 (M. Ranzani); p. 598; p. 600; p. 609 (concessione del Ministero dei Beni Culturali); p. 610.

INDICE DELLE SCHEDE

GENERI LETTERARI

IL PARERE DEGLI ALTRI AUTORI

IL TEMPO DELL'AUTORE

INTERTESTUALITÀ, FONTI, MODELLI

L'OPERA

LESSICO

LETTURA CRITICA

LINGUA E STILE

STORIA, CULTURA, CIVILTÀ

TRADUZIONI A CONFRONTO